Alexej Silytsch Nowikow-Priboi

Tsushima

A. S. Nowikow-Priboi

Tsushima

Militärverlag
der Deutschen Demokratischen
Republik

Originaltitel:
А. С. Новиков-Прибой
Цусима
Ins Deutsche übertragen von Manfred von Busch

ISBN 3-327-00251-7

1. Auflage

Lizenz-Nr. 5
Printed in the German Democratic Republic
Gesamtherstellung: Offizin Andersen Nexö, Graphischer Großbetrieb, Leipzig III/18/38
Kartenzeichnung: Rita Koopke
Schutzumschlag und Einband: Wolfgang Ritter
Typografie: Helmut Herrmann
Bildnachweis: Archiv (18), Deutsche Fotothek (3)
LSV: 7203
Bestellnummer: 746 860 4
01800

Vorbemerkungen des Verfassers

Seitdem es Kriegsschiffe auf der Welt gibt, sind in der Geschichte der Menschheit viele Seeschlachten geschlagen worden. Aber nur drei Schlachten können ihren grandiosen Ausmaßen und Ergebnissen nach mit der Schlacht von Tsushima verglichen werden. Die erste dieser Schlachten, die Schlacht bei Salamis, ereignete sich im Altertum, im Jahre 480 v.u.Z. Die Gegner stießen in der Bucht von Salamis, in der Nähe des Hafens Piräus bei Athen aufeinander. Die kleine griechische Flotte vernichtete unter der Führung des Themistokles die riesige persische Flotte des Königs Xerxes. Im Jahre 1571 fand die zweite dieser Seeschlachten bei Lepanto im Meerbusen von Korinth statt. Die vereinigte Flotte der christlichen Mächte unter dem Befehl des Don Juan d'Austria zerschlug die Schiffe der Türken. Das Kap von Trafalgar an der Meerenge von Gibraltar war im Jahre 1805 der Schauplatz der dritten großen Seeschlacht. Hier errang der berühmte Admiral Nelson, der in früheren Kämpfen ein Auge und einen Arm eingebüßt hatte, als Befehlshaber der englischen Flotte einen glänzenden Sieg über die vereinigte französisch-spanische Flotte, die von den Admiralen Villeneuve und Gravina geführt wurde. Nelson fiel, die Verbündeten aber verloren den Admiral Gravina, neunzehn Schiffe und fast die ganze Besatzung.

Die vierte Schlacht spielte sich in den fernöstlichen Gewässern, in der Nähe der Insel Tsushima ab, und zwar im Russisch-Japanischen Kriege, am 14. Mai (27. Mai)* 1905. Sie gehört ebenfalls zu den größten Ereignissen der Kriegsgeschichte. Darüber wird noch zu berichten sein. Hier will ich nur sagen, auf welchem Material dieses Buch aufgebaut ist und warum es erst fünfundzwanzig Jahre nach der Schlacht erschienen ist.

Ich nahm an dieser ungewöhnlich dramatischen Schlacht als Matrose auf dem Linienschiff «Orjol» selbst teil. Die gegnerischen Granaten verschonten mich, ich geriet in Gefangenschaft. Einige Tage verbrachten wir in Baracken eines japanischen Hafens, später wurden wir in die Stadt Kumamota auf der im Süden Japans liegenden Insel Kiu-Shiu übergeführt. Hier verblieben wir bis zur Rückkehr nach Rußland in einem Lager, das sich am Stadtrand befand.

* Im weiteren erfolgen alle Zeitangaben nur nach der heute gebräuchlichen Datierung.

Ich war mir über die Bedeutung der Ereignisse, die sich bei Tsushima zugetragen hatten, im klaren und begann sofort meine eigenen Eindrücke über das Geschehen auf meinem Schiff niederzuschreiben. Dann trug ich Material über unser ganzes Geschwader zusammen. Ein Mensch allein konnte aber mit einer so großen Aufgabe nicht fertig werden. Ich sammelte deshalb etwa fünfzehn der fortschrittlichsten Matrosen um mich, mit denen ich mich angefreundet hatte und die mir begeistert helfen wollten. Sehr günstig für uns war es, daß Mannschaften von fast allen Schiffen, die an der Tsushima-Schlacht teilgenommen hatten, in diesem Lager versammelt waren. Wenn wir über ein Schiff berichten wollten, interessierte uns zunächst vor allem, wie der Dienst organisiert gewesen war und wie sich das Verhältnis zwischen Offizieren und Mannschaften gestaltet hatte. Dann erst gingen wir dazu über, Angaben über die Rolle dieses Schiffes im Kampf zusammenzustellen. Schon 1905 waren die meisten Kriegsschiffe so kompliziert und groß gewesen, daß die Mannschaften der einen Station nicht wissen konnten, was in einer andern vor sich ging. Um die Vorgänge bis in alle Einzelheiten zu erforschen, mußten wir jeden Abschnitt eines Schiffes für sich behandeln, wenn wir unsere Fragen an die Teilnehmer der Schlacht richteten. Zum Beispiel: Was geschah im Kommandoturm vom Morgen des 27. Mai bis zum Schluß der Schlacht, was in diesem Geschützturm, in jener Kasematte, auf dem Batteriedeck, in der Torpedoabteilung, dem Maschinenraum, dem Kesselraum, der Lazarettstation? Wer sagte etwas und was? Welche Anordnungen gab das Kommando und wie wurden sie ausgeführt? Wie sahen die einzelnen Persönlichkeiten aus, was für Gewohnheiten, für Charakterzüge hatten sie? Wie beurteilten die Teilnehmer die Schlacht, die sie auf dem von uns beschriebenen Schiff miterlebt hatten?

Die Matrosen erzählten uns gern und aufrichtig alles, denn sie hatten Kameraden vor sich, Matrosen wie sie und nicht eine offizielle Kommission aus Admiralen und Offizieren des Admiralstabes, wie sie später eingesetzt wurde. Wenn einer der Befragten unrichtige Angaben machte, so wurde er von anderen Teilnehmern der Schlacht berichtigt. Die Matrosen brachten mir auch von selbst ihre Notizen über irgend eine bestimmte Episode. Auf diese Weise habe ich in einigen Monaten einen ganzen Koffer mit ungeheuer wertvollem Material gesammelt. Man kann ruhig sagen, daß über keine andere Seeschlacht so viel gesammelt worden ist, wie von uns über Tsushima. Wenn ich dieses Material studierte, gewann ich von jedem einzelnen Schiff eine so klare Vorstellung, als sei ich selbst beim Zusammenstoß mit den Japanern an Bord gewesen. Es braucht wohl nicht erwähnt zu werden, daß unsere Notizen von den offiziellen Beschreibungen dieser berühmten Schlacht abwichen.

Und diese unsere Arbeit wurde vernichtet – auf eine ganz unsinnige Art vernichtet!

Hierüber berichtete, ein wenig triumphierend, der Artillerieoffizier des Panzerkreuzers «Uschakow», Leutnant N. Dmitrijew, in seinen Erinnerungen «In japanischer Gefangenschaft», die in der Zeitschrift «More» Nr. 2, 1908, erschienen sind. Gewiß, er selbst hatte sich in der Stadt Senda befunden, und daher konnte er nicht wissen, was sich bei uns zutrug; er führte aber Briefe an, die er von seinen Untergebenen aus Kumamota erhielt. In einem solchen Brief schrieb der Unteroffizier Filippow: «Mannschaften der Schiffe ‹Orjol›, ‹Bedowy› und anderer, die sich ergaben, bemühten sich, die Gefangenen aufzuhetzen, und haben auch eifrige Komplizen gefunden, mit deren Hilfe sie Bücher politischen Inhalts und Zeitungen mit falschen Gerüchten über Rußland verbreiteten; noch mehr waren sie aber bemüht, bei der Mannschaft Feindschaft gegen die Offiziere zu entfachen. Zum Glück befanden sich unter den Gefangenen verständige Elemente, die eine Ausbreitung dieses Übels verhinderten.

Am 22. November verlor die Mannschaft die Geduld und verprügelte die Agitatoren. Zwei werden wohl kaum mit dem Leben davongekommen sein, die übrigen wurden von den Japanern abgeführt. Alle ihre Bücher und Notizen wurden verbrannt, ihre Schreibmaschine wurde demoliert.»

Ein Matrose begann seinen Brief mit den Worten: «Meinem allergnädigsten Herrn ...» und erzählte dann verschiedene Dinge über die Revolutionäre:

«Obwohl sie das alles geheim taten, wurde es doch bald offenbar. Am 21. November kam ein Offizier des Landheeres mit der Nachricht zu uns, daß mit dem Abtransport der Gefangenen nach Wladiwostok begonnen werde und daß es zu einem Aufstand gekommen sei. Er bat uns, beim Abtransport Ruhe zu bewahren und nicht zu meutern.

Da riefen diese politischen Wüstlinge: ‹Schlagt ihn, schlagt ihn!› Der Offizier erkannte, daß es zu Unruhen kommen werde, und entfernte sich; während sie aber schrien, notierten einige Matrosen die Namen der Aufrührer.

Am nächsten Tag, dem 22. November, entschlossen sich die Matrosen, die nicht wünschten, daß unsere liebe Heimat von ihren Feinden geschmäht wurde, die Gefangenen zu vernichten, die sich gegen den Zaren und die Regierung aufgelehnt hatten.

Wir versammelten uns am Büro und an der Baracke, in der sich diese aufrührerischen Elemente befanden. Als wir sie um politische Bücher und Listen baten, bewaffneten sie sich mit Messern und wurden frech.»

Weiter wurde in diesem kriecherischen Brief erwähnt, wie die Gefangenen meine «Bücher und Notizen» vernichteten.

Und nun will ich selbst berichten, was sich zugetragen hat.

Als sich in Japan viele russische Gefangene angesammelt hatten, traf dort Dr. Russel ein, ein einflußreicher Politiker von den Hawaii-Inseln, der ursprünglich russischer politischer Emigrant gewesen war. Er gab für die Gefangenen eine Zeitschrift «Japan und Rußland» heraus, in der auch ich hin und wieder kleine Berichte veröffentlichte. Die ersten Nummern der Zeitschrift waren aus taktischen Gründen recht gemäßigt gehalten worden, dann wurde sie aber immer revolutionärer. Außerdem befaßte sich Dr. Russel mit der Verbreitung illegaler Literatur unter den Gefangenen. Nach Kumamota schickte er diese Literatur an meine Adresse. Insassen aller Baracken kamen zu mir, um Broschüren und Zeitungen zu holen. Die Soldaten lasen sie vorsichtig, immer noch Bestrafung fürchtend, während die Matrosen mutiger waren.

Dieses Eindringen revolutionärer Ideen in die breite Masse der Kriegsgefangenen erweckte bei einigen Offizieren, die im anderen Lager von Kumamota lagen, Besorgnis. Sie verbreiteten verschiedene Gerüchte unter den Mannschaften, etwa derart, daß alle, die unzensierte Zeitungen und Bücher läsen, registriert und nach ihrer Rückkehr nach Rußland gehängt würden.

Der Herbst kam. Im August schlossen Rußland und Japan Frieden. Wir wurden aber trotzdem nicht in die Heimat entlassen. Das beunruhigte die Gefangenen sehr.

Am Abend des 21. November erschienen in unserem Lager zwei Offiziere, ein Infanteriehauptmann und ein Kosakenrittmeister, die mit den Mannschaften eine Unterhaltung anknüpften. Um die Kanzlei versammelten sich etwa zweihundert Soldaten und einige Dutzend Matrosen. Beide Offiziere standen auf der Vortreppe und beobachteten lauernd die Menge. Der Kosakenoffizier, ein älterer Mann mit dichtem graumeliertem Bart, führte das Wort. Er wollte wissen, wie bei uns das Leben sei. Jemand aus der Menge fragte ihn: «Ist es wahr, Euer Hochwohlgeboren, daß in Rußland die Freiheit ausgerufen worden ist?»

Der Rittmeister lächelte gezwungen und sagte: «Wozu braucht ihr die Freiheit? Ihr habt doch immer frei fluchen dürfen.»

Ein anderer Soldat, ein Reservist von vierzig Jahren, stellte die Frage, die allen am Herzen lag: «Euer Hochwohlgeboren, warum entläßt man uns nicht in die Heimat? Der Krieg ist schon lange aus, und wir sind immer noch hier.» Gespannt lauschten alle auf die Antwort. Der Rittmeister erwiderte, immer noch lächelnd: «Was für Wünsche ihr habt – in die Heimat wollt ihr zurück? Nie mehr werdet ihr sie sehen!»

«Wie ist denn das zu verstehen?» fragte verwundert derselbe Reservist, während er näher an die Vortreppe rückte.

Ein Schatten von Unruhe und Besorgnis huschte über die Gesichter der übrigen Gefangenen. Sie reckten die Hälse und starrten den Rittmeister schweigend und gespannt an.

Ernst geworden, fuhr dieser fort: «Ich will euch mal die Sache erklären. Bei euch haben sich Elemente eingeschlichen, die zweifellos von den Japanern bestochen worden sind. Sie verbreiten schändliche Bücher, die von unseren Gegnern herausgegeben werden und euch gefährliche Gedanken einimpfen; etwa, daß wir keinen Zaren, keine Regierung und keine Religion mehr brauchen. Wozu geschieht das? Um im rechtgläubigen Volk Verwirrung, allgemeines Gemetzel, Anarchie hervorzurufen. Ihr habt doch gehört, daß in Rußland ohnehin schon der Teufel los ist. Wer ein bißchen Verstand hat, der kann sich vorstellen, was daraus entstehen muß. Der Zar weiß, daß diese politischen Hetzer, diese bestochenen Geschöpfe, euch schon zersetzt haben. Und wenn dem so ist, dann könnt ihr doch nicht glauben, daß er so dumm ist, den Japanern Geld zu bezahlen und euch zu seinem Schaden wieder zu sich zu nehmen. Es kann doch niemandem einfallen, seine Feinde aus einer mißlichen Lage zu befreien, wenn er weiß, daß sie ihm nichts als Schaden zufügen werden. Nein, die Heimat werdet ihr nicht wieder sehen! Verderben werdet ihr hier!»

Der Rittmeister hatte ins Schwarze getroffen. Seine Argumente klangen so überzeugend, daß die Mehrheit der Leute ihre Richtigkeit nicht anzweifelte. Es mußte doch tatsächlich einen Grund dafür geben, daß man die Gefangenen nicht nach Rußland abtransportierte, obwohl der Frieden schon längst geschlossen war.

Ein Matrose rief: «Wer sagt denn das, ihr Tölpel? Der quatscht doch!»

Die Gefangenen lärmten aufgeregt. Der Rittmeister wartete bis es wieder ruhiger war, um dann mit erhobener Stimme zu sagen: «Ich, ein Kosakenoffizier, treuer Diener des Vaterlandes, soll quatschen? Wenn ihr es wissen wollt – ich bin an der Front dreimal verwundet worden!»

Wahrscheinlich waren ihm hier zum ersten Mal von Soldaten höhnische Worte zugerufen worden. Tief erschüttert, zuckte er seltsam mit dem Kopf und brach dann plötzlich in Tränen aus. Er nahm die Mütze ab, zeigte auf seine grauen Haare und rief schmerzerfüllt: «Wenn ihr mir nicht glaubt, dann glaubt doch meinen grauen Haaren, daß ich die Wahrheit sage. Jeder von euch hat eine Mutter. Was kann teurer sein, als der Name der Mutter? Ich schwöre euch bei meiner Mutter, daß eure Knochen in japanischer Erde bleichen werden. Ich sage es nur deswegen, weil ich aufrichtiges Mitleid mit euch habe.»

Es schien so, als hätte ihn eine echte Rührung erfaßt, als glaubte er selbst an seine Worte. Auf die Soldaten wirkten sie erschütternd. Besonders aufgebracht waren die Reservisten. Am Herzen eines jeden nagten die ständigen Gedanken an das ferne Zuhause und an die verlassene Familie. Erregte und gramvolle Rufe wurden laut:

«Oh, diese Schufte! Diese Politischen! Was haben sie mit uns gemacht!» – «Ich habe Kinder zu Hause ...» – «Verloren ist für uns die Heimat ...»

Der Augenblick für eine Entgegnung war verpaßt. Jedes Wort von uns konnte bei den Soldaten nur Zorn auslösen. Verhetzt und blind, waren sie bereit, sich an jedem beliebigen Menschen zu rächen – für den Trennungsschmerz, für all ihr Mißgeschick, für die Last der verlängerten Gefangenschaft.

Ein Gefangener schrie verzweifelt: «Was sollen wir denn tun, Euer Hochwohlgeboren?»

Kalt und streng, wie das metallene Klappern eines Gewehrverschlusses, kam unverzüglich die Antwort: «Diese Hetzer müssen gründlich zur Vernunft gebracht werden. Dann schreibt ihr ein Gesuch an den Zaren. Vielleicht läßt er Gnade walten und verzeiht euch.»

Die Offiziere verschwanden, ihre Ideen aber flogen, unheimlichen Nachtvögeln gleich, aus einer Baracke in die andere und erregten die Gefangenen.

Am nächsten Tage nach dem Frühstück kamen Infanteriesoldaten vor die Baracke Nr. 2, in der ich lag. Als sich einige Dutzend angesammelt hatten, verlangten sie nach mir und meinem nächsten Mitarbeiter, dem Torpedomaat Konstantin Boltyschew vom Kreuzer «Oslabja», um mit uns abzurechnen. In der Baracke wohnten einhundertfünfzig Matrosen, und wir wiesen die Angreifer mühelos ab. Insgesamt gab es aber im Lager doppelt soviel Infanteristen wie Seeleute. Die Menge wuchs schnell und umringte unsere Baracke von allen Seiten. Einige Soldaten hatten sich mit Küchenmessern bewaffnet, andere hielten

Knüppel und Steine in den Händen. Rufe wurden laut: «Her mit Nowikow!» – «Und auch mit Boltyschew!» – «Beide sollen vor das Volksgericht!»

Vor dieser bedrohlichen Kraft verschwanden die Matrosen unserer Baracke einer nach dem andern bis auf zwanzig treue Genossen, die entschlossen waren, sich dem Untergang preiszugeben. Was konnten wir gegen Dreitausend ausrichten! Ich versuchte mehrfach mit der Menge zu sprechen, es war aber ebenso sinnlos, als wollte man im Sturm gegen die rollenden Wogen anschreien, die das Schiff überspülen. Es war die gleiche Elementarkraft. Vor den Türen und Fenstern drängten sich die Menschen und lärmten. Ihr Lärm steigerte sich, je länger sie standen, trunken von der eigenen Wut. Meine Gedanken erstarrten im Schreck, als ich diese vor Erregung verzerrten Gesichter, diese schief verzogenen Mäuler, diese hervorquellenden Augen sah. Es gab keinen Zweifel, daß sie mich und meine Kameraden nicht nur töten, sondern hernach auch unsere Leichen schänden würden. Konnte es Sinnloseres geben, als heil aus der Hölle von Tsushima entkommen zu sein und wenige Monate später im fremden Lande von den eigenen Landsleuten umgebracht zu werden?

Die ersten Infanteristen drangen in die Baracke, keiner wagte aber zunächst, sich auf uns zu stürzen. Unter den Gefangenen war das Gerücht verbreitet worden, wir hätten Revolver, Bomben und Höllenmaschinen. Das wandte vorerst die Gefahr von uns ab. In Wirklichkeit besaßen wir nur japanische dolchartige Messer. Jeder von uns hielt unter dem übergeworfenen Mantel solch ein Messer bereit.

Ein heranstürmender Soldat hielt eine sandgefüllte Flasche in der Hand. Offenbar wollte er mir einen Schlag über den Kopf versetzen oder mich mit dem Sand blenden und so verhindern, daß ich auf ihn schösse, wenn ich einen Revolver hätte. Im letzten Augenblick wagte er aber nicht zuzuschlagen, sondern schleuderte die Flasche. Sie traf meinen Kameraden Golubew und zerschnitt ihm die Wange. Das Ende nahte. Der Barackenälteste und Gardebootsmann Wassili Tscherwonenko warnte uns freundschaftlich-geheimnisvoll: «Sie werden gleich die Baracke in Brand stecken. Sie holen schon Fackeln! Dann verbrennt ihr alle bei lebendigem Leibe!»

Die Baracke war aus Brettern gebaut und mit trockenem Reisstroh gedeckt. Sie konnte in wenigen Minuten in hellen Flammen stehen, und wir würden uns im Feuer winden.

Ein Hauch aus dem Mittelalter wehte mich bei diesen Worten an. Ich zuckte zusammen, als hätten mich schon Feuerzungen berührt. Draußen tobte der rasende Lärm von dreitausend Menschen, während ich, in meinem Bewußtsein erschüttert, nichts anderes denken konnte als immerzu nur: «Volkes Stimme ist Gottes Stimme – Volkes Stimme ist Gottes Stimme!» Ich wechselte mit Boltyschew einen Blick. Er war ein kräftiger Bursche, breitschultrig, mit schwarzer Mähne und festen Muskeln. Ein wenig vorgeneigt, stand er in gespannter Stellung, wütend und schwer atmend, während seine braunen Augen fast unter der Stirn verschwanden, unter zusammengezogenen Brauen spähten sie hervor wie unter einem Zaun. Ich riß mich zusammen, entschloß mich zu einem verzweifelten Schritt und sagte zu Boltyschew: «Kostja, wir müssen sie selbst angreifen!»

Er hatte eine solche Anregung von mir erwartet und erwiderte entschlossen: «Ja, ich gehe als erster!»

Die andern waren damit einverstanden.

Boltyschew wandte sich dem Ausgang zu, wir folgten ihm. Während wir zur Tür gingen, schien mir, als wäre im Weltall nichts anderes übrig geblieben als dieser Haufen Menschen, der uns in blutige Fleischklumpen verwandeln wollte. Tierische Wut packte mich, als hätte ich niemals wunderbare Bücher gelesen, geniale Werke, die zur Menschenliebe aufriefen. Jeder Muskel war gespannt. Ein einziger Gedanke, hell und klar wie ein Sonnenstrahl am frostigen Morgen, durchdrang mich: Kein Schlag daneben, den Gegner mit einem Hieb erledigen!

Als Boltyschew auf der Vortreppe erschien, wurde das Gebrüll der Masse noch lauter, und Hunderte von Armen streckten sich nach ihm aus wie nach einer kostbaren Beute. In diesem entscheidenden Augenblick hörte ich ganz deutlich, wie sich eine ungewöhnlich hohe Stimme aus dem allgemeinen Toben löste, hoch über die Menge hinaufstieg und in der Luft hängenblieb: «Sie haben mich erstochen! Ersto-chen!»

Die vorderen Reihen der gefangenen Soldaten wankten, waren sekundenlang still. Ich sah das verzerrte Gesicht des Verwundeten, den weit aufgesperrten Mund, die kleinen Zähne und die herausgetretenen, großen Augen, die über den Wangen hingen wie zwei matte, elektrische Birnen. Und dann sah ich Boltyschew ... Wutentbrannt, mit dem Gesicht eines Wahnsinnigen hob er das Messer hoch, von dem Blut triefte. Auch wir andern hatten die Mäntel abgeworfen und die Messer erhoben. Und da geschah etwas, was wir nicht erwartet hatten: Die dreitausendköpfige Menge stob auseinander. Panik hatte die Soldaten erfaßt, sie liefen die breite Straße entlang, einander stoßend, stürzend, als wenn sie niemals an der Front gewesen wären. Einige versteckten sich vor Schreck unter der Vortreppe. Wir verfolgten sie so lange, bis wir sahen, daß ringsum niemand mehr war. Dann stürmten wir, alle zwölf Mann, aus dem Lager in die Stadt und liefen durch die Straßen, bis uns die Polizei verhaftete.

Man sperrte uns in ein Gefängnis.

Nach zwei Tagen erfuhr ich vom japanischen Dolmetscher, daß die Soldaten in ihrer Wut gegen mich alle meine Sachen, Bücher und Koffer mit den Notizen aus der Baracke getragen und im Hof verbrannt hatten.

Der Dolmetscher kniff listig die Augen zu und bemerkte: «Das war ja ein richtiger Krieg. Einerseits mehrere durch Messerstiche verwundete Personen, andererseits – nach Ihrer Flucht – zwei fast zu Tode geprügelte Männer.»

So wurde mein ganzes Material über Tsushima vernichtet.

Ich war so erschüttert, daß ich eine ganze Woche keinen Schlaf finden konnte. Ich litt unter Anfällen. Dankbar gedenke ich des japanischen Arztes, der mich vor dem Irrenhaus bewahrte.

Die Japaner untersuchten unsere Angelegenheit, kamen zum Ergebnis, daß unsere Flucht erzwungen worden war, und wollten uns ins Lager zurückbringen. Wir baten sie aber, uns noch weiter im Gefängnis zu behalten. Etwa zwei Wochen später wurden wir in einem Lazarett untergebracht, wo wir frei und unbewacht leben und die Stadt besuchen durften. Matrosen aus dem Lager besuchten uns, wir erfuhren von ihnen, daß nach dem Tumult viele Soldaten ihre Handlungen bereut hatten. Übrigens ereigneten sich solche Ausschreitungen mit teilweise sehr großen Menschenopfern in allen japanischen Städten, in denen sich russische Gefangene aufhielten.

Auch unter den Offizieren war eine Spaltung entstanden. Schon vor der «Ausrufung der Freiheit» in Rußland, unmittelbar nach der Schlacht von Tsushima, die die ganze Rückständigkeit unserer Flotte und die Narrheit des absolutistischen Regimes erwiesen hatte, neigten viele von ihnen zu revolutionären Ansichten. Zu dem Zeitpunkt, an dem sich der beschriebene Vorfall ereignet hatte, war ihre Anzahl erheblich gestiegen. Und gerade solche Offiziere, in der Hauptsache Marineoffiziere und insbesondere vom Linienschiff «Orjol», kamen aus einer anderen Stadt nach Kumamota. Sie sprachen in unserem Lager auf einem Meeting und erklärten den Gefangenen den Sinn des Zarenmanifestes über die Freiheit.

«Die ganze Sibirische Eisenbahn befindet sich in den Händen der Revolutionäre!» rief ein Marineoffizier mutig den zweitausend Zuhörern zu. «Wenn sie nun erfahren, daß ihr gegen die Freiheit seid, – wie sollen sie sich zu euch verhalten? Glaubt ihr denn wirklich, daß sie solche Finsterlinge, wie ihr es seid, mit der Bahn in die Heimat befördern werden?»

Jetzt zweifelte kein Gefangener mehr, daß in Rußland tatsächlich die Freiheit ausgerufen worden war. Die Offiziere würden sonst nicht so offen davon gesprochen haben. Wieder murrten die Soldaten. Dieses Mal verprügelten sie die Anführer, die den Mordanschlag auf uns verübt hatten. Die japanische Kanzlei erhielt nun von jeder Baracke ein Gesuch mit der Unterschrift des Barackenältesten, in dem es hieß, daß wir die besten Menschen der Welt und unschuldige Opfer seien, daß man uns unverzüglich ins Lager zurückholen müsse, und daß alle für unsere Unversehrtheit einstünden.

Einen ganzen Monat hatten wir außerhalb des Lagers verbracht. Als ich mit meinen Kameraden in unsere Baracke Nr. 2 zurückkehrte, empfand ich immer noch die Furcht vor der unbeständigen, launischen Menge. Die Gefangenen empfingen uns sehr feierlich mit einer roten Fahne und revolutionären Liedern. Viele Arme ergriffen mich, und ich wurde unter Hurrarufen hochgeschleudert. Mir brach kalter Schweiß aus, und ich fühlte mich wie ein Kätzchen in den Tatzen des Tigers, der mit ihm spielt.

Schon im Gefängnis hatte ich mit der Neufassung des vernichteten Tsushima-Materials begonnen. Im Lager setzte ich diese Arbeit fort. Wieder halfen mir die Genossen, wieder befragten wir die Matrosen. Wir beeilten uns zwar, es gelang uns aber nicht mehr, Angaben über das gesamte Geschwader zu erhalten. Unsere Gefangenschaft ging zu Ende. Die genauen Umstände der Vernichtung vieler Schiffe blieben deshalb unerforscht.

Unser Zug, der ausschließlich Matrosen beförderte, hatte schon längst Wladiwostok verlassen. Bedächtig rollte er über den langen, eingleisigen Schienenstrang. Eintönig rasselten seine Puffer und Ketten. Auf den verstopften Stationen hielten wir zwei bis drei Tage, ehe wir weiterfahren konnten. Wie groß schien uns Sibirien mit seiner weiten Taiga, den Bergrücken, den weiten Steppen und der geringen Bevölkerung! Es war eine beschwerliche Reise, die sechs Wochen dauerte. In jedem Viehwagen waren vierzig Mann untergebracht, bekleidet mit gegerbten Halbpelzen mit Holzknöpfen und mit zottigen Fellmützen. Durch diese Kleidung hatten wir jede Ähnlichkeit mit Matrosen der Kriegsmarine eingebüßt. Die Februarfröste wurden von heulenden Schneestürmen abgelöst. Unausgesetzt brannte das eiserne Öfchen, das den Raum aber nur ungleichmäßig erwärmte. Auf den Pritschen konnte man es vor Hitze nicht aushalten, während unter den Pritschen die Kälte sogar durch den Pelz drang. Unterwegs konnten wir kein einziges Mal baden, wir waren schmutzverkrustet und verlaust. Die Verpflegungsstellen versorgten uns mit widerwärtigen Suppen, das Brot war gefroren und so hart, daß die Laibe mit Säge und Beil in Portionen geteilt werden mußten. Das alles brachte die Matrosen natürlich auf, sie randalierten und plünderten auf den Bahnhöfen. Zur selben Zeit wüteten in Sibirien die Straftrupps der Generale Rennenkampf und Möller-Sakomelski. Einige aus unserem Zuge gerieten in ihre Hände und verloren noch auf dem Wege zur Heimat ihr Leben.

Mein Tsushima-Material machte mir die meiste Sorge. Wenn nun die Generale unsere Waggons durchsuchen ließen? Was wurde dann aus mir? Es gab aber keinen solchen Zwischenfall. Im März erreichte ich mein Heimatdorf Matwejewskoje im Gouvernement Tambow. Hier erwartete mich ein neuer Schlag – zwei Wochen vor meinem Eintreffen war meine geliebte Mutter gestorben.

Im Heimatdorf bekam ich die Nummer der «Nowoje wremja» vom 1. April 1906, die eine Skizze von mir enthielt.

Diese Skizze erinnerte mich an den Matrosen Juschtschin, den ich in der japanischen Gefangenschaft kennengelernt hatte. Er war Marsgast auf dem Linienschiff «Borodino» gewesen. In der Tsushimaschlacht war dieses Schiff versenkt worden. Juschtschin entging dem Untergang, das Grab hatte ihn wieder freigegeben.

Ich hatte ihn damals nach der Katastrophe ausgefragt, die er miterlebt hatte, und schrieb die Skizze «Der Untergang des Linienschiffs ‹Borodino›». Es war mir nicht schwer gefallen, den Untergang dieses Schiffes zu rekonstruieren, weil ich selbst auf einem Schiff gleichen Typs gewesen war und an der Schlacht teilgenommen hatte. Ich hatte meine Skizze Juschtschin vorgelesen, der gab seine Zustimmung: «Alles ist richtig. Man könnte glauben, du wärst selbst auf dem Schiff gewesen. Gib mir doch eine Abschrift zum Andenken.»

Ich erfüllte damals seinen Wunsch.

Als ich nun mein Werk, dessen politische Tendenz von der Redaktion wesentlich geändert worden war, in der Zeitung sah, hatte ich ein unangenehmes Gefühl. Es war mir peinlich, daß meine erste Veröffentlichung in einem konservativen Organ erfolgt war. Ich war ein revolutionär gesinnter Mensch und wollte mit der reaktionären Presse nichts zu tun haben!

Wer hatte denn eigentlich die «Nowoje wremja» zum Abdruck veranlaßt?

Die revolutionären Stürme, die in den Hauptstädten entstanden, rasten weiter in die abgelegenen Provinzstädtchen und in die Dörfer, wo sie die alttestamentarische Lebensweise Rußlands störten. Es war eine

Zeit, in der kein denkender Mensch unbeteiligt bleiben konnte. Ich mußte Ende des Sommers aus meinem Dorf verschwinden, weil mich die Polizei verfolgte, und geriet nach Petersburg. Meine Kameraden, Teilnehmer der Tsushimaschlacht, hatten mir dort eine Stelle bei einem gewissen Toporow verschafft, dem Gehilfen eines Rechtsanwalts. Toporow war ein prächtiger Mensch, der mir die Benutzung seiner Bibliothek gestattete.

In Petersburg erhielt ich auch die Erklärung, wie meine Skizze ohne mein Wissen in die Öffentlichkeit gelangt war. Die Witwe des Kommandeurs des Linienschiffs «Borodino», Serebrennikowa, hatte es veranlaßt. Der Matrose Juschtschin war ihr begegnet und hatte ihr mein Heft gezeigt. Meine Skizze gefiel ihr, und sie hatte sie der Zeitung «Nowoje wremja» gegeben.

Hin und wieder kam ich mit meinen früheren Kameraden zusammen. Fast alle waren, vom allgemeinen revolutionären Schwung schon in der japanischen Gefangenschaft erfaßt, Mitglieder revolutionärer Organisationen geworden.

Einmal hatten wir uns in der Wohnung eines Kameraden versammelt und Erinnerungen über Tsushima ausgetauscht. Wir hatten das Verlangen, unser Wiedersehen zu feiern, aber niemand besaß Geld. Ein Kamerad fragte mich: «Hast du noch nichts für deine Skizze in der ‹Nowoje wremja› bekommen?»

«Nein.»

«Worauf wartest du denn?»

Ich hatte zwar auch gehört, daß die Redaktion die Artikel honoriere, schämte mich aber hinzugehen und erwiderte: «Und wenn sie ablehnen? Und mich noch einen Tölpel nennen ...»

«Dazu haben sie keine Veranlassung, zumal sie deine Skizze abgedruckt haben. Es kann doch ein Drei- oder gar ein Fünfrubelschein dabei herausspringen. Dann könnten wir deine erste literarische Arbeit begießen.»

Die andern griffen den Gedanken auf und redeten auf mich ein: «Man kann auf solch ein Geld nicht verzichten! Wir gehen mit dir.»

Schließlich stimmte ich zu, und wir gingen gemeinsam in die Redaktion, um das Honorar zu holen.

Fünf Mann blieben an der Haustür stehen, während ich mit zwei Matrosen in die Redaktion hinaufging. Meine Beine gehorchten mir schlecht, mein Gesicht brannte, als wär ich im Begriff, ein Verbrechen zu begehen. Meine Kameraden ermunterten mich: «Schlimmer als bei Tsushima wird es nicht sein, du verrücktes Huhn!»

In der Redaktion wies ich meine Ausweispapiere vor und erklärte stammelnd den Zweck meines Kommens. Ein älterer Mann mit gepflegtem Bart hörte mich herablassend an. Nachdem er Erkundigungen eingezogen hatte, sagte er: «Das Honorar können Sie bekommen. Zuvor müssen Sie aber die Einwilligung von Frau Serebrennikowa, der Witwe des gefallenen Kommandanten, einholen. Sie vermittelte Ihr Material an die Redaktion. Die Adresse haben wir.»

In hellem Haufen zogen wir auf die Suche nach dem Haus der Serebrennikows. Dieses Mal blieben aber alle meine Kameraden unten. Ich ging allein über die Hintertreppe zur Wohnung hinauf.

Als die Witwe Serebrennikows erfuhr, daß ich der Verfasser der Skizze sei, bat sie mich in ihr elegantes Wohnzimmer. Sie dankte mir, daß ich so gut über ihren Mann geschrieben hatte. Ich erwiderte ihr: «Ihr verstorbener Mann war ein Kommandeur mit reichem Wissen und ein prächtiger Mensch. Die Mannschaft schätzte ihn sehr.»

Das war durchaus nicht geschmeichelt, es war wirklich so gewesen. In seiner Jugend hatte der Kommandeur revolutionären Organisationen angehört, und das war nicht spurlos an ihm vorübergegangen.

«Ihre Darstellung zeigt ein furchtbares Bild vom Untergang des Schiffes. Welche Schrecken muß mein armer Mann ausgestanden haben! Ich bin heute noch wie benommen davon ...»

Sie weinte.

Eine halbe Stunde später eilten wir, ihre Einwilligung in der Tasche, in die Redaktion zurück. Wieder begleiteten mich zwei Kameraden hinauf. Nach einigen Formalitäten zogen wir drei zur Kasse, wo mir gesagt wurde: «Unterschreiben Sie, daß Sie zweiundfünfzig Rubel erhalten haben.»

Der Betrag ließ mich erstarren, so hoch erschien er mir. Ich fragte schüchtern: «Haben Sie sich auch nicht geirrt?»

Der eine meiner Begleiter zupfte mich am Rock, der andere gab mir einen Rippenstoß, was bedeuten sollte, daß ich ein Esel sei. Auch der Kassierer nahm mir die Frage übel und sagte streng: «Was für einen Irrtum kann es denn da geben? Es sind fünfhundertzwanzig Zeilen. Zehn Kopeken je Zeile. Das ergibt zweiundfünfzig Rubel.»

Ganz langsam malte ich mit zitternder Hand meine Unterschrift hin. Dafür rannten wir aber dann mit unglaublicher Geschwindigkeit die Treppe hinunter.

Stolz erklärte ich den Kameraden, die Banknoten schwenkend:

«Hier sind sie – zweiundfünfzig Rubel!»

«Zweiundfünfzig?» hauchten sie staunend.

«Ja!»

Beschwingt kehrten wir nach Hause zurück. Jeder trug ein Paket.

Wir hatten fast das ganze Geld für Wodka, Wein und eine Menge verschiedener Delikatessen ausgegeben. In einem Kellerraum wurden alle die Schätze auf einem großen Tisch ausgebreitet.

«Nun, Freund Aljoscha, auf das Wohl deiner literarischen Arbeit!»

Wir stießen an, tranken und schmausten. Es wurde immer lebhafter. Die Kameraden sagten mir ein über das andere Mal: «Du warst doch ein einfacher Matrose, dem jeder Vorgesetzte die Fresse zerschlagen durfte. Und nun bist du ein Schriftsteller. Was sagst du dazu?»

Die revolutionären Sturmfluten von 1905 hatten Rußland sich drohend aufbäumen lassen, aber sie verebbten, sie versiegten. Unsere Herzen waren aber jung und ungestüm. Es schien uns, als könne es keine dunklen Kräfte geben, die unser flammendes Streben in die Zukunft zu erdrücken vermochten. Wir schworen uns, wir würden den Kampf für die Freiheit bis zu Ende führen.

Meine Freunde drangen in mich: «Du mußt mehr schreiben, Aljoscha! Beschreibe unser ganzes Leben, alle unsere Leiden. Alle sollen wissen, wie die Matrosen bei Tsushima starben!»

Andere lachten gutmütig: «Und wegen des Honorars brauchst du keine Bedenken zu haben. Da sind wir immer dabei und gehen in jede Redaktion mit!»

Das war das fröhlichste Fest in meinem literarischen Leben.

Wo seid ihr jetzt, meine lieben Freunde? Ich weiß, daß es zweien von euch nicht vergönnt war, die Luft der Freiheit zu atmen, für die ihr so leidenschaftlich und selbstlos gekämpft habt. Der Elektriker Golubew wurde bald darauf verhaftet und in Kronstadt gehängt. Sein Kollege Fedoss Alferenko wurde, wie aus einem Brief seines Neffen ersichtlich ist, von den zaristischen Henkern zu Tode gequält und starb im Neshingefängnis im Jahre 1910. Wo aber sind die anderen Kameraden, die in der ersten Reihe gegen die zaristische Selbstherrschaft gekämpft haben? Euren Auftrag und meinen Wunschtraum konnte ich erst nach der Oktoberrevolution erfüllen, indem ich das Buch «Tsushima» schrieb.

Mehrere Monate verbrachte ich in St. Petersburg und in Finnland. Als die grausame Reaktion einsetzte, fuhr ich ins Ausland.

Erst 1913 kehrte ich mit einem fremden Paß wieder in mein Dorf zurück, wo ich mehrere Tage verbrachte, ohne mich jemandem zu erkennen zu geben.

Mein sechzehn Jahre älterer Bruder Silwestr, ein großer Bücherfreund, der in jungen Jahren schon den Wissensdurst in mir geweckt hatte, erzählte mir nach der langen Trennung: «Was sich hier alles ereignet hat! Sie haben uns überlaufen, diese Schnüffler, Polizisten und Gendarmen! Bald gab es eine Haussuchung, bald ein Verhör. Alle wollten wissen, wohin du verschwunden warst. Auch deine literarischen Erzeugnisse wollten sie sehen. Zwei Jahre haben sie uns so gequält. Und deine Sachen haben mir erst Sorgen gemacht! Zum Verbrennen waren sie mir zu schade. Hatte ich sie in der Scheune versteckt, so quälte mich der Gedanke, sie könnten sie dort finden, und ich brachte sie in die Getreidedarre, dann in den Eiskeller. Schließlich steckte ich alle deine Bücher, Zeitungen und Briefe in Blechbüchsen, verlötete und vergrub sie.»

Alles hatte mein Bruder für mich wieder hervorgeholt – alles außer dem wichtigsten, dem Material über Tsushima. Das brachte mich in eine solche Verzweiflung, als hätte ich mein leibliches Kind verloren. Erschüttert starrte ich meinen Bruder an, sein rundes Gesicht mit der breiten Stirn und dem schwarzen, krausen Bart. Als ich dann das Staunen in seinen grauen Augen sah, erzählte ich ihm, wie meine Notizen in der Gefangenschaft vernichtet worden waren, wie ich sie erneut gesammelt hatte und mit welcher Mühe es mir gelungen war, sie aus Japan nach Hause zu bringen.

«Verstehst du nun, was geschehen ist?» rang es sich stöhnend aus meiner Brust.

Er faßte sich an den Kopf.

«Schlag mich tot – ich habe es vergessen, wo ich deine Papiere versteckt habe. Ich weiß nur, daß sie vorhanden sind. Es kann ihnen nichts widerfahren.» Er versuchte, sich zu rechtfertigen: «Diese gottverdammten Schufte, die Gendarmen, können aber auch jedem normalen Menschen das Gedächtnis rauben. Wenn ihnen deine Literatur oder deine Notizen in die Finger geraten wären, dann hätten sie mich unweigerlich nach Sibirien geschickt.»

Mein Bruder durchwühlte seinen ganzen Hof, konnte aber nichts finden. Ich gab die Hoffnung auf. Mein Neffe Georgi vereinbarte mit dem Bezirksschreiber, daß mir ein unbefristeter Paß ausgestellt wurde. Ich fuhr zunächst nach Petersburg und siedelte dann nach Moskau über, wo ich halb illegal lebte.

So vergingen mehrere Jahre. Mein Bruder starb. Sein aus der Roten Armee zurückgekehrter Sohn Iwan Silwestrowitsch übernahm den Hof.

Die zaristische Zensur hatte meine Werke nur zögernd zum Druck freigegeben. Obwohl ich sehr viel Material besaß, schrieb ich damals wenig und wurde nur selten gedruckt. Erst nach der Revolution wurde es mir möglich, mich ausschließlich der literarischen Arbeit zu widmen.

Mit meiner engeren Heimat verband mich nur noch die Tatsache, daß ich fast jede Jagdsaison dort verbrachte. Das ersetzte mir das Sanatorium, festigte meine Gesundheit, erfrischte den Kopf und gab mir viele Möglichkeiten zu neuen Beobachtungen. So war es auch 1928. Mit mir fuhren die Schriftsteller Pawel Nisowoi, Alexander Peregudow, Pjotr Schirjajew und Leonid Swadowski. Etwa zwei Wochen verbrachten wir in den Wäldern und kehrten vor der Rückreise nach Moskau bei meinem Neffen in Matwejewskaja ein. Als wir gerade beim Teetrinken waren, legte Iwan Silwestrowitsch ein unförmiges, längliches Papierbündel vor mich hin, das ein Bastfaden zusammenhielt.

«Ich glaube, du wirst es brauchen können», sagte er lächelnd. Er trat vom Tisch zurück, mittelgroß, mit starken Schultern, in abgetragenem, braunem Rock.

Ich erkannte die Papiere sofort und rief: «Wo hast du sie denn her?»

Er setzte sich wieder an den Tisch und erklärte: «Kennst du noch die Bienenstöcke an der Scheune bei der Badehütte? Sie hatten wohl schon dort gestanden, ehe du einberufen wurdest. Diese Scheune brach eines Tages ein. Du weißt doch, daß ich in meiner Imkerei zu einem anderen System übergegangen bin. Ich brauchte die alten Bienenstöcke nicht mehr und sah nach, in was für einem Zustand sie waren. Die brauchbaren wollte ich verkaufen, die verfaulten wegschmeißen. Ich öffnete jeden Korb, und in einem entdeckte ich ein Bündel Papiere. Vom verstorbenen Vater hatte ich gehört, daß er wichtige Dokumente von dir verlegt und daß ihn das lange Jahre gequält hatte.»

Aufgeregt löste ich die Schnur, sah meine Freunde freudig bewegt an und rief: «Alle meine Notizen über Tsushima habe ich wiederbekommen! Zweiundzwanzig Jahre waren sie verschwunden! Und nun halte ich sie wieder in Händen! Jetzt muß ich sie nur noch unbeschadet nach Moskau bringen.»

Ich hatte das wiedergefundene Material noch nicht durchgelesen. Schon der Anblick all dieser Hefte, Blocks und Blätter mit der verblichenen Tinte genügte, alle Erlebnisse wieder ins Gedächtnis zu rufen. Die verjährten Eindrücke hatten einen Stoß erhalten; sie stiegen aus der Erinnerung auf und gerieten sofort wie ein Filmstreifen in Bewegung. Das geistige Auge sah mit verblüffender Schärfe die unheimlichen Bilder der Tsushimaschlacht in Einzelheiten, die ich völlig vergessen glaubte.

Als ich nach Moskau zurückgekehrt war, nahm ich sofort die Arbeit auf. Hierbei benutzte ich natürlich nicht nur meine Notizen, sondern auch offizielle Dokumente der Archive, die mir vor der Revolution unzugänglich gewesen waren. Über die Schlacht von Tsushima hatte ich alles gelesen, was von russischen und ausländischen Autoren geschrieben worden war; ich studierte die Aussagen der Admirale, Offiziere und Matrosen vor der Untersuchungskommission, die Gerichtsprozesse, die wegen der Übergabe einiger Schiffe angestrengt worden waren, und lernte die japanischen Quellen kennen. Dieser ganze Haufen von Büchern, Dokumenten und privaten Notizen mußte sortiert, das eine Material mit dem andern verglichen werden, um den Kern der Wahrheit zu finden und um die Legenden zu beseitigen, die um dieses Geschehen entstanden waren.

Außerdem regte ich wieder Teilnehmer der Tsushimaschlacht zur Mitarbeit an. Mit einigen korrespondierte ich, mit andern unterhielt ich mich, tauschte mit ihnen Erinnerungen an längst Vergangenes, gemeinsam Erlebtes aus und besprach jede kleine Einzelheit. So vervollständigte sich das von mir gesammelte Tsushima-Material durch immer neue Angaben. In dieser Hinsicht halfen mir besonders folgende Mitarbeiter: der Schiffsingenieur W. P. Kostenko, L. W. Larionow, der Bootsmann M. I. Wojewodin, der Obersignalgast W. Sefirow u. a. Jedes Kapitel ist erst in Druck gegeben worden, nachdem ich es meinen alten Kameraden vorgelesen hatte. Das Buch wäre aber trotz des umfangreichen Materials anders geschrieben worden, wenn ich nicht selbst Teilnehmer an der Tsushimaschlacht gewesen wäre und nicht die Schrecken dieser beispiellosen Tragödie miterlebt hätte.

Erstes Buch

DIE FAHRT

Wir ziehn in Verderben und Tod.
Ein steinernes Herz trug in der Brust, wer uns sandte
in diese würgende Not.
Zum Opfer ein drohendes Schicksal uns wählte,
doch einst flammt die Rache empor
und stürzt das Gebäude der Welt, der vermorschten,
die uns sich zur Stütze erkor.

O Tag, da im Lichte erstrahlt einst die Freiheit –
dein Morgen trifft uns nicht mehr an.
Doch wenn es so sein muß, nimm hin unser Leben ...
Voran ins Verderben! Voran!

Unter der Andreasflagge

Meine Ernennung

Der September kürzte die Tage und verlängerte die Nächte. Morgens war es angenehm kühl. Klarer wurde die Sicht, deutlicher zeichneten sich die Ufer des Finnischen Meerbusens ab.

Am Vortag war die Artillerie-Lehrabteilung von den Übungen nach Kronstadt zurückgekehrt, hatte mit den üblichen sieben Salutschüssen die Festung begrüßt und war auf der großen Reede vor Anker gegangen. An der Spitze der Abteilung stand der Flaggkreuzer 1. Ranges «Minin», auf dem ich als Proviantmeister die Sommermanöver von 1904 mitgemacht hatte. Unsere Fahrt war beendet. Wir warteten auf den Befehl des Oberbefehlshabers der Baltischen Flotte, in den Hafen einzulaufen und abzurüsten. Bis zum nächsten Frühjahr würden unsere Schiffe den Winter über im Hafen liegen, festgeschmiedet im Eis. Wir selbst sollten während des Winters in dem riesigen, dreistöckigen Ziegelgebäude der Marinekaserne an der Pawlowstraße Quartier nehmen.

Es war windstill. Der wolkenlose Himmel strahlte noch sommerliche Wärme aus. Im Osten zeichneten sich die Umrisse von St. Petersburg (Leningrad) verschwommen ab. In entgegengesetzter Richtung zog sich, immer breiter werdend, die Wasserstraße gegen den Horizont. Sie führte zur Ostsee und verschwand, bleiern glitzernd, ins Uferlose. Dort, in den Sonnenstrahlen, glaubte man den Tolbuchin-Leuchtturm zu erkennen, der, einem Zeigefinger gleich, den Seeleuten den Kurs wies.

Aus Kronstadt, aus dem Park, in dem das Denkmal für Zar Peter I., den Schöpfer der russischen Flotte steht, dröhnte ein Kanonenschuß herüber, der die Mittagstunde ankündigte. Auf den Schiffen glasten die Glocken. Ich verzichtete auf die Mittagsruhe und ging auf die Back, wo ich mich auf Deck ausstreckte, um aus den Zeitungen vorzulesen. Etwa dreißig Matrosen kamen herbei, um mir zuzuhören, alle barfuß in Segeltuchanzügen. Sie saßen in verschiedenen Stellungen oder hatten sich ebenfalls ausgestreckt, die Fäuste unterm Kopf. Die Berichte vom Krieg mit Japan erweckten ihr besonders lebhaftes Interesse für die Zeitungen.

Trotz der strengen Zensur wußten wir, daß unsere Sache im Fernen Osten sehr schlecht stand. Vom früheren Ruhm geblendet, hatten unsere Führer geglaubt, den Gegner siegreich schlagen und den Frieden in Tokio diktieren zu können. Es war anders gekommen. Die russischen Landtruppen hatten dem Druck des Gegners nicht standhalten können und sich aus Korea in die Mandschurei zurückgezogen. Port Arthur (Lüshun) wurde belagert. Das Erste Pazifische Geschwader lag, von der feindlichen Flotte blockiert, in diesem Hafen untätig fest.

Heute nun war mit großer Verspätung ein Artikel erschienen, der mehr oder weniger ausführlich zwei Seeschlachten beschrieb.

Am 10. August hatte das Erste Pazifische Geschwader den Versuch unternommen, nach Wladiwostok durchzubrechen. Der Versuch endete mit einem vollständigen Mißerfolg. Im Morgengrauen hatte das Geschwader die Reede verlassen und stieß gegen 12 Uhr, etwa vierzig Seemeilen von Port Arthur entfernt, auf die Japaner. Es entspann sich ein Artillerieduell auf weite Entfernung. Auf unserer Seite nahmen sechs Linienschiffe unter der Führung des «Zessarewitsch» mit der Flagge des Admirals Witthöft am Kampf teil. Die Japaner unter Admiral Togo, der seine Flagge auf dem Linienschiff «Mikasa» gesetzt hatte, stellten sich ihnen mit vier Linienschiffen und drei Panzerkreuzern zum Kampf. Die kleineren Schiffe auf beiden Seiten hatten auf den Gang der Ereignisse keinen Einfluß. Schon bald trennten sich beide Geschwader und gingen auf Gegenkurs, ohne sich Schaden zugefügt zu haben. Erst um vier Uhr nachmittags lebten die Kampfhandlungen wieder auf, jetzt jedoch auf Parallelkurs. Sie dauerten bis in die Nacht hinein, keine Partei wollte nachgeben. Um sechs Uhr abends detonierte ein schweres japanisches Geschoß auf «Zessarewitsch», unmittelbar am Kommandoturm. Admiral Witthöft wurde getötet, die Stabsoffiziere und der Schiffskommandant wurden schwer verwundet. Das Linienschiff hatte einen Ruderschaden erhalten, scherte aus und kreiste. Das Linienschiff «Retwisan» wollte das Flaggschiff schützen und stürzte sich auf den Feind. Die Japaner wichen vor dem mutigen Angriff zurück. Die Nacht brach an. Der Weg nach Wladiwostok stand unserem Geschwader noch offen. Aber innerhalb des Geschwaders entstand Verwirrung. Ein Teil der Schiffe nahm Kurs auf neutrale Häfen, während die übrigen unter der wankelmütigen Führung des Admirals Uchtomski nach Port Arthur zurückkehrten.

Nicht viel besser verhielt es sich mit der Wladiwostok-Abteilung, die aus drei Kreuzern bestand: «Rossija», «Gromoboi» und «Rjurik». Sie war ausgelaufen, um sich mit dem Port-Arthur-Geschwader zu vereinigen, stieß aber am 14. August auf die Schiffe des japanischen Admirals Kamimura. Es kam zu einem Gefecht. «Rjurik» sank sofort, während die beiden andern Kreuzer gezwungen wurden, in ihren Hafen zurückzukehren.

«Nun ist es aus mit ihnen», sagte der Steuermaschinist Sytschew. Einige Matrosen wandten sich ihm zu.

«Mit wem ist es aus?»

Sytschew lag auf dem Rücken und hielt die Augen geschlossen, um nicht von der Sonne geblendet zu werden. Sein Gesicht war bleich. Nach einer kurzen Pause erwiderte er müde: «Mit den Schiffen des Ersten Pazifischen Geschwaders. Aus Port Arthur kommen sie nie mehr raus. Unsere Seestreitkräfte wurden geschwächt, während die Japaner kein Schiff verloren. Unseren Kriegstreibern sollte das eine Lehre sein. Nur um die Menschen ist es schade.»

Der Artillerieunteroffizier Bobkow, ein munterer, pausbäckiger Bursche, erwiderte leise: «Das Zweite Pazifische Geschwader wird bald auslaufen und sie befreien.»

Sytschew stützte sich auf die Ellbogen, schlug seine dunklen durchdringenden Augen auf und starrte den Artilleristen an.

«Einen Kopf hast du wie ein Büffel, drin ist aber nichts als Stroh! Versteh doch: Während dein Zweites Geschwader sich sammelt, aufmacht und hinschleicht, fällt Port Arthur den Japanern wie ein reifer Apfel in den Schoß, und alle Schiffe, die dort stationiert sind, liegen bald auf dem Meeresgrund.»

Als das Zweite Geschwader noch in der Ausrüstung war, hatten viele nicht daran geglaubt, daß es tatsächlich nach dem Fernen Osten entsandt werden sollte. Jetzt war aber der größte Teil des Geschwaders aus Kronstadt nach Reval (Tallinn) übergeführt worden. Wir hatten sie selbst gesehen. Auf der Reede lagen die Linienschiffe: «Suworow», «Imperator Alexander III.», «Borodino», «Osljabja», «Sissoi Weliki» und «Nawarin», die Kreuzer 1. Ranges: «Aurora», «Admiral Nachimow», «Dmitri Donskoi» und «Swetlana»; der Kreuzer 2. Ranges: «Almas»; die Torpedoboote: «Bedowy», «Besupretschny», «Blestjaschtschi», «Bodry», «Buiny» und «Brawy». Das Kommando führte der Admiral Roshestwenski, dessen Flagge auf «Suworow» wehte. Später sollten noch das Linienschiff «Orjol» und zwei Kreuzer – «Oleg» und «Isumrud» – zum Geschwader stoßen. Diese Schiffe wurden zur Zeit in Kronstadt fertig ausgerüstet.

Ich las einen schöngefärbten Zeitungsartikel vor. Der Verfasser setzte alle Hoffnungen auf das Zweite Pazifische Geschwader, das sich mit den Resten des Ersten vereinigen, die japanische Flotte schlagen und die Herrschaft über das Meer gewinnen werde. Dann würden sich auch die japanischen Landtruppen, ihrer Nachschubbasis beraubt, ergeben müssen. Kurzum – der Sieg sei uns sicher.

Einer der Matrosen murmelte: «Es heißt, unsere Flotte sei dreimal so stark wie die japanische. Und trotzdem werden wir verdroschen.»

«Tölpel beziehen auch im Altarraum Prügel», bemerkte wiederum Sytschew. Er steckte sich eine Zigarette an und sagte: «Aus diesem ganzen Unternehmen wird nichts. Das Erste Geschwader war stärker als das Zweite, hatte Kampferfahrungen, kannte die fernöstlichen Seeverhältnisse. Und was ergab sich? Man sperrte es in Port Arthur ein wie in eine Falle. Und was sollen wir erst mit diesem Geschwader hier?»

Andere stimmten ihm zu: «Ja, die Schiffe sind in aller Eile irgendwie ausgrüstet und mit Reservisten bemannt worden. Wie können die schon ausgebildet sein?»

«Wenn der Krieg wenigstens ein Ziel hätte! Aber so – um Brennholz?»

In den Gesprächen wurde trotz anders lautender offizieller Erklärungen immer häufiger auf die Waldkonzessionen in Korea, am Jalu-Fluß, als Ursache für den Kriegsausbruch hingewiesen. An den Konzessionen, so hieß es, seien die Admirale Abasa, Besobrasow und Mitglieder des Kaiserhauses beteiligt. Diese Gerüchte waren auch auf die Schiffe gedrungen. Unter den Matrosen wurde auf diese Weise das Ansehen der Regierung untergraben, und der Krieg verlor immer mehr an Popularität.

Eine Bootsmannspfeife trillerte an Deck, eine Stimme rief: «Der Proviantmeister Nowikow zum Kommandanten!»

Es mußte etwas Besonderes geschehen sein, wenn ich zum Kommandanten gerufen wurde! Ich warf die Zeitungen hin und lief zur Kapitänskajüte, während ich noch rasch meine Bluse zurechtzupfte. Als ich über die Schwelle der offen stehenden Tür getreten war, riß ich die Mütze vom Kopf und erstattete Meldung.

Der Kapitän 1. Ranges, ein typischer Deutscher und Paragraphenreiter, suchte gerade etwas im Bücherschrank. Als er meine Stimme hörte, wandte er sich um, groß und breitschultrig. Voll Unruhe starrte ich ihn an und versuchte zu erraten, weshalb er mich hatte kommen lassen. Weder in den Zügen des groben Gesichtes mit dem kurzen, borstigen Bart, noch in den strengen, grauen Augen waren Anzeichen einer Gereiztheit zu erkennen. Er begrüßte mich friedlich, trat an den Tisch, nahm ein Blatt Papier auf und sagte ein wenig heiser: «Hier ist eine Anordnung des Hafenstabes. Ich lasse dich, einen erfahrenen Proviantmeister, sehr ungern von meinem Schiff gehen, kann aber nichts dagegen tun. Du bist auf ein anderes Schiff versetzt. Du mußt sofort alle Bestände dem Revisor übergeben und dann deinen neuen Bestimmungsort aufsuchen.»

Ich starrte ihn aus aufgerissenen Augen an.

«Darf ich fragen, Euer Hochwohlgeboren, wohin?»

«Auf das Linienschiff ‹Orjol›.»

Er sagte das leise, und doch dröhnten diese Worte in meinem Kopf wie Hammerschläge. Ich hatte nicht das geringste Verlangen, Krieg zu führen. Andere Gedanken bewegten mich. Ich war voll Erwartung: Große politische Veränderungen innerhalb des Landes standen bevor. Ich bereitete mich auf die revolutionäre Arbeit vor, widmete mich dem Selbststudium und hatte mir schon einen Stundenplan für meine freie Zeit im Winter ausgearbeitet. Ich hatte auch vor, mir an Land mehrere neue Bücher zu kaufen. Irgend jemand aber hatte über mein Schicksal anders entschieden.

«Dir steht eine sehr interessante Fahrt bevor, du wirst viel sehen, mit den Japanern kämpfen. Vor allem aber hast du die Möglichkeit, das Verbrechen wieder gutzumachen, in das du aus Unwissenheit, wie ich annehme, verwickelt wurdest.»

Das war eine Andeutung, daß ich als «Politischer» unter Aufsicht stand. Der Kommandant machte eine Pause und fügte hinzu: «Ich meine, du könntest mit deiner Abkommandierung zufrieden sein.» In meinem Kopf kreiste der Gedanke, daß ich mit dieser Versetzung ebenso zufrieden sein konnte wie ein Ochse, der zur Schlachtbank geführt wird. Ich sagte aber wie üblich: «Ich bin sehr froh, Euer Hochwohlgeboren.»

Der Schweiß brach mir aus allen Poren, meine Lippen bebten. Der Kommandant hielt mich aber immer noch fest: «Das will ich meinen. Da kann ich dir ja gratulieren.»

Hätten wir in diesem Augenblick unsere Rollen doch tauschen können! Wie gern hätte ich ihm gratuliert, wieviel schöne Worte hätte ich ihm sagen können. Wollte mich der Kommandant verhöhnen? Er blieb aber ernst und blickte mich in Erwartung der Antwort streng an. Kaum noch meiner Zunge mächtig, murmelte ich die vorgeschriebene Formel: «Ich danke ergebenst, Euer Hochwohlgeboren.»

Ganz benommen verließ ich die Kajüte, blieb auf Deck stehen, sah mich um. Nichts hatte sich verändert. Neben unserm Schiff lagen die andern Schiffe: «Europa», «Abrek», «Posadnik», «Wojewoda». In der Ferne schimmerte in leichtem Nebel der Hafen mit den zahlreichen Schiffen, dahinter dehnte sich auf der Insel Kotlin die Seefestung Kronstadt mit ihren Militärlagern, Docks, Kanälen, Schiffswerkstätten, mit ihren Lehranstalten und Bordellen. Fünf Jahre lang hatte ich in dieser Stadt Dienst getan, jetzt erschien sie mir fremd und kalt. Auf der glitzernden Oberfläche des Finnischen Meerbusens ragten hier und da Erdfesten wie bucklige, grüne Flicken hervor – die drohenden Forts, die unsere Hauptstadt nach dem Meer hin schützten. Die Sonne schwamm im Blau des Äthers wie ein goldener Albatros, während in meinem Kopf ein hoffnungsloses Durcheinander von Gedanken schwirrte. Ich sollte nun unmittelbar an den Kriegshandlungen teilnehmen. In wenigen Stunden mußte ich mich in meiner neuen Dienststelle auf dem Linienschiff «Orjol» einfinden. Und ich konnte nicht anders handeln, weil mein Wille der Militärdisziplin unterworfen war.

Auf dem neuen Linienschiff

Das Linienschiff «Orjol» lag im Hafen, am Innenkai vertäut. Ich war von der Größe des Schiffes überrascht. Verglichen mit meinem alten Kreuzer, schien es ein Riese, eine finstere Schönheit zu sein. Es war ganz schwarz, mit Kruppstahl gepanzert, mit einer Menge Decksaufbauten versehen. Auf dem Vordeck stand ein massiger Drehturm, aus dessen Schießscharten zwei lange 152-mm-Rohre ragten. Ein ähnlicher Turm drohte auf dem Achterdeck, weitere sechs Türme mit je zwei 152-mm-Geschützen waren an Bord entlang verteilt. In dieser Artillerie lag hauptsächlich der Gefechtswert des Schiffes. Zwei Decks tiefer befand sich das Batteriedeck mit 75-mm-Schnellfeuergeschützen, die das Linienschiff vor Torpedobooten zu schützen hatten. Über das Deck spannten sich Brücken: die vordere mit dem Kommandoturm dreistöckig und die hintere zweistöckig. Sie waren mit kleinen 47-mm-Kanonen bestückt. Um den Gegner auch in der Dunkelheit sichten zu können, waren auf den Brücken elektrische Scheinwerfer montiert. Inmitten des Schiffes ragten zwei große, gelbe Schornsteine mit schwarzem Rand hervor. Zwischen ihnen befanden sich auf Bootsbarrings die Minen- und Dampfkutter, Barkassen und Boote. Fock- und Großmast waren durch eine Antenne verbunden. Jeder Mast trug einen Mars, eine von Eisenplatten umgebene runde Plattform, von der aus das Nahen feindlicher Schiffe schon von weitem beobachtet werden konnte.

Auf dem «Orjol» arbeiteten die Handwerker noch an Einzelteilen des Schiffes. Aus den Barkassen, die am Schiff festgemacht hatten, luden Matrosen Munition, Kisten und Fässer aus. Die Matrosen schrien, die Maate pfiffen, Eisen klapperte, Krane kreischten.

Ich stieg zunächst auf das Oberdeck, mitten in den Lärm und das Menschengewühl und dann hinunter ins Büro, wo ich den Oberschreiber Solnyschkow antraf. Solnyschkow war ein kecker, fröhlicher Bursche. Von ihm erfuhr ich, wer meine unmittelbaren Vorgesetzten waren: der Oberproviantmeister Pjatowski und der Zahlmeister Burnaschew. Der Schreiber erzählte über Pjatowski: «Ein durchschnittliches Menschlein, nicht schwarz, nicht weiß. Ein Bastschuh auf Hochglanz poliert, geizig, jagt dem Pfennig nach, ist aber dumm. Der kann, wie man so sagt, mit einer Haarnadel keine Fische fangen.»

«Und wie ist der Zahlmeister?»

«Der wird dick vor Faulheit, kümmert sich um nichts, gibt seine Unterschrift, ohne erst das Schriftstück gelesen zu haben. An Bord ist er mehr der Form halber, wie ein Möbelstück, das nicht benutzt wird.»

Während der Erzählung zuckte der Schreiber mit den Brauen und lachte sorglos. Er war sehr gesprächig. Auf alle Fälle war es ratsam, sich bei ihm auch über andere Vorgesetzte Auskunft zu holen: welche Eigenarten der 1. Offizier hatte und wie die Bootsleute waren. Sie spielen auf jedem Schiff für die Mannschaft die wichtigste Rolle.

«Erster Offizier ist bei uns der Kapitän 2. Ranges Sidorow, er stammt aus St. Petersburg. Früher hat er die Offiziersmesse in den Marinekasernen am Krjukowkanal verwaltet. Er ist ein eifriger Tänzer und ein Schürzenjäger, wie es wenige gibt, sieht furchterregend aus, macht auch hin und wieder Radau, aber kein Mensch fürchtet ihn ... Wie? Die Bootsleute? Das sind Wojewodin und Pawlikow, man kann gut mit ihnen auskommen. Der Oberbootsmann Sajom dagegen ist ein Fresser, der überglücklich ist, daß er diesen Rang erreicht hat. Mehr will er nicht. Er kriecht vor den Offizieren, obwohl er seine Sache gut versteht. Diese drei Bootsleute kutschiert der 1. Offizier Sidorow wie ein Dreigespann ...»

Ein Mann mit den silbernen Achselstücken eines Oberproviantmeisters trat ins Büro. Sein hageres, graues Gesicht mit dem hellbraunen kleinen Schnurrbart zeichnete sich durch nichts aus. Es war mein Vorgesetzter Pjatowski. Als er erfuhr, wer ich war, sagte er: «Ich bin Ihnen sehr dankbar, daß Sie gekommen sind. Wir werden also die Arbeit unter uns aufteilen. Ich bin schon ganz kaputt vor lauter Arbeit.»

Ich ging zum Revisor. Zahlmeister Burnaschew saß in seiner Kajüte am Schreibtisch. Als ich die Grußformel sagte, wandte er sich um. Sein rundes, pickliges Gesicht mit den dicken Lippen war verschlafen, als habe er sich heute nicht gewaschen. Er betrachtete mich lange, als überlege er, und zischte dann: «Gut. Melde dich beim 1. Offizier.»

Lange suchte ich den Kapitän 2. Ranges Sidorow. Endlich wiesen mich die Matrosen auf dem Batteriedeck zu ihm. Ich überreichte ihm meine Papiere im verschlossenen Umschlag. Während er sie durchsah, betrachtete ich meinen Vorgesetzten. Er machte mit seinem grauen Kopf und den breiten Schultern den Eindruck eines unerschütterlichen Menschen. Das satte Gesicht lief in einen Spitzbart aus. Über den wulstigen Lippen prangte ein großer Schnurrbart wie zwei weiße Mohrrüben, deren Enden nach beiden Seiten ragten. Als er mir die Dokumente zurückgab, betrachtete er mich von Kopf bis Fuß, dabei zwinkerte er bald mit dem einen, bald mit dem andern Auge, und die Schnurrbarthälften stiegen wie Signale der Eisenbahn auf und ab.

«Nun an die Arbeit! Du wirst viel zu tun haben. Alle deine Räume mußt du mit Lebensmitteln vollstopfen.»

«Zu Befehl, Euer Hochwohlgeboren.»

«Der Mannschaft gibst du nur die vorgeschriebene Ration Schnaps. Wenn ich erfahre, daß du mehr ausgegeben hast, darfst du keine Gnade erwarten. Trinkst du selbst?»

«Ich war noch niemals in meinem Leben betrunken.»

«Vorzüglich. Mir gefällt nur eines nicht – du bist nicht forsch genug!»

«So bin ich nun einmal zur Welt gekommen.»

Er war über die Antwort nicht sonderlich ärgerlich, und nur um mir seine Überlegenheit zu zeigen, schimpfte er und ging dann fort. Die Audienz war beendet. Nach fünf Dienstjahren war ich so abgestumpft, daß ich keine Kränkungen mehr empfand.

Am Abend erhielt ich eine Hängematte mit einer Matratze aus feinem Kork. In den Listen der Schiffsmannschaft wurde mein Name mit einer Nummer versehen, unter der ich der Dienstordnung gemäß bei Alarm meinen Pflichten nachzukommen hatte. Mein bisheriges Mützenband vertauschte ich mit einem, das die Aufschrift «Orjol» trug.

Ich war nun Mitglied einer neuen Familie von über neunhundert Männern geworden, die aus allen Teilen Rußlands stammten. Die Tage vergingen, angefüllt von Mühen, und jeder Tag versank im Nichts wie der Tropfen in der Erde. Auf dem Schiff ging es heiß her. Die Büroarbeiten mußten erledigt, Abrechnungen geschrieben, Anforderungen ausgefüllt, Rechnungen ausgestellt werden, und gleichzeitig wurde Salzfleisch in Fässern, Butter in verlöteten Blechdosen, wurden Zwiebackkisten, Graupen, Salz, Mehl geladen. Alles geschah in großer Hast. Immer wieder fehlte es an Händen, die helfen konnten. Beim Verladen trieb uns der Oberproviantmeister an: «Lebhaft, lebhaft! Fleisch essen könnt ihr, schleppen wollt ihr es aber nicht!»

Außer den Proviantmeistern gab es an Bord noch andere Verwalter des staatlichen Eigentums, zum Beispiel den Maschinen- und Artilleriemeister und den Geräteverwalter. Auch sie mußten für verschiedene Vorräte sorgen, jeder auf seinem Gebiet. So legten am «Orjol» unablässig Barken, Barkassen und Kutter an, und der eiserne Riese schluckte alles, was sie brachten. Es schien, als käme nie der Tag, an dem die riesigen Vorratsräume des Schiffes gefüllt sein würden.

In der Freizeit, die bei mir sehr knapp war, sah ich mir die innere Einrichtung des Linienschiffes an. Vor allem fiel mir die Verteilung der Wohnräume auf. Das Heck des Schiffes war für die Offizierskajüten reserviert, unter denen sich sogar Reservekajüten befanden, für den Fall, daß der Admiral selbst mit seinem Stabe zu uns übersiedeln würde. Von hier gingen alle Anordnungen aus, die wir zu befolgen hatten, weil hier unsere Gebieter wohnten – drei Dutzend Offiziere. In der andern – der Bughälfte – befanden sich die Matrosen mit ihren Maaten und Bootsleuten, insgesamt etwa neunhundert Mann. Die Maate und Bootsleute hatten ihre eigenen Kajüten, wir dagegen hausten in unglaublicher Enge. Mich beschäftigte jedoch besonders die Inneneinrichtung des Linienschiffes, das nach neuester Konstruktion gebaut war. Ich stieg die Steigleitern von Stockwerk zu Stockwerk hinunter, blickte in alle Räume und Winkel, in die zahlreichen eisernen Labyrinthe. Abgesehen von den Hauptmaschinen, Kesseln, Türmen, der Artillerie, den Torpedoanlagen und der Funkkabine, stieß ich vielerorts auf rätselhafte Hilfsmaschinen und zusätzliche Geräte. In allen Schottabteilungen zogen sich bald ineinandergeflochtene, bald auseinanderstrebende elektrische Leitungen, Sprachrohre, Dampf- und Wasserrohre mit einer Unzahl von Ventilen entlang. Das

Batteriedeck und die Türme waren mit den tief unter Deck liegenden Munitionskammern durch Aufzüge verbunden. Dort unten mußten riesige Mengen von Pulver und Geschossen lagern, kurzum – mein Staunen über dieses komplizierte eiserne Ungeheuer kannte keine Grenzen.

Ein Gespräch mit dem Bootsmann

Irgendein Philosoph hat einmal gesagt: «Lerne gut zuhören, weil es nützlicher ist, als gut zu sprechen.» In meiner Lage blieb mir nichts anderes übrig, als diesen Ausspruch zum Leitfaden für mein Verhalten an Bord zu wählen. Ich wußte, daß ich unter Beobachtung stand. Es hatte also seinen Grund, daß der Erste Offizier sich mein Gesicht gemerkt hatte und mich bei jeder Begegnung mißtrauisch betrachtete. Ich hätte gern gewußt, wer den besonderen Auftrag hatte, mich zu überwachen.

Das hinderte mich aber nicht, auszukundschaften, was die Mannschaft bewegte, und die Charaktere der Offiziere sowie die Organisation des Dienstes an Bord und später in unserem ganzen Geschwader zu studieren. Am meisten interessierten mich die Menschen. Viele Matrosen waren bereits Reservisten gewesen und nun wieder eingezogen worden. Diese älteren Leute waren den Dienst in der Kriegsmarine nicht mehr gewohnt, lebten in Erinnerungen an die Heimat, litten unter der Trennung von daheim, von den Kindern, der Frau. Der Krieg war wie ein furchtbares Unheil über sie gekommen. Nun bereiteten sie sich zu dieser beispiellosen Kriegsfahrt vor und führten ihre Arbeit wie Menschen aus, die den Galgen vor sich sehen. Unter der Mannschaft gab es aber auch viele Rekruten. Sie konnten einem leid tun. Alles und jedes sahen sie mit schreckerfüllten Augen an – sie waren völlig verschüchtert und fürchteten sich vor dem Meer, das sie zum ersten Mal sahen, noch mehr aber vor der ungewissen Zukunft. Sogar unter den aktiven Matrosen, die verschiedene Spezialschulen absolviert hatten, vermißte man die übliche Fröhlichkeit. Nur die vorbestraften Matrosen 2. Klasse verhielten sich mehr oder weniger munter. Das Küstenkommando hatte sich, um diese «schädlichen Elemente» loszuwerden, des einfachsten Mittels bedient – sie wurden auf die Schiffe abgeschoben, die in den Krieg zogen. Auf diese Weise bildeten sie, zum Entsetzen des Ersten Offiziers, auch bei uns über sieben Prozent der Mannschaft.

Von Zeit zu Zeit brach bei den Vorbestraften eine verzweifelt-vergnügte Stimmung durch: «Laßt die Nasen nicht hängen, Brüder, wir schaffen es schon!» – «Vielleicht heiraten wir Japanerinnen!» – «Das Geschoß ist dumm, es macht keinen Unterschied zwischen einem Vorbestraften und den anderen. Es werden alle erledigt – und ganz ohne Totenmesse.»

Einen Abend verbrachte ich in einer kleinen Kajüte auf dem Wohndeck, in der zwei Unterbootsleute wohnten. Beide waren gut gewachsen, hatten breite Schultern und eine gesunde, braune Gesichtsfarbe. Iwan Jepifanjewitsch Pawlikow hatte ein rundes Gesicht, blondes Haar und lange Wimpern, unter denen helle Augen hervorblitzten. Auf Deck schritt er bedächtig und gewichtig wie ein Gutsherr einher. Ihn bedrückte mehr als der Krieg die Trennung von seinen Geliebten, deren Bilder über dem Tischchen hingen. Von seinen Erfolgen bei Frauen erzählte er schmunzelnd und mit allen Einzelheiten. Der andere Bootsmann, Maxim Iwanowitsch Wojewodin, der ernster und verschlossener war, gefiel mir besser. Zuweilen nahm sein Gesicht mit den grauen Augen, der hohen Stirn und den goldgelben Bartenden einen Ausdruck an, als löse er eine schwierige Aufgabe.

Die Bootsleute waren auf die Freundschaft mit mir angewiesen. Denn ich verwaltete den Schnaps, auf den sie viel zu versessen waren, als daß sie sich mit der vorgeschriebenen Ration begnügt hätten. Das brachte sie in eine gewisse Abhängigkeit von mir.

Ich hatte schon von den seltsamen Vorfällen gehört, die sich an Bord von «Orjol» ereignet hatten. Nun erfuhr ich darüber Einzelheiten.

Pawlikow erzählte mit seinem vollen Bariton: «Schon in St. Petersburg fing es an. Unser Linienschiff kam in einen schlechten Ruf. Als es noch im Bau war, wäre es beinahe auf der Galernyi-Insel verbrannt. Und 1903, als es schon vom Stapel gelaufen war, wurde es während einer Überschwemmung ans Ufer gedrängt und lief auf. Mit knapper Not konnte es geborgen werden. In jenem Frühjahr wurde das Schiff nach Kronstadt gebracht und, wie auch jetzt, steuerbords an der Mauer vertäut. Die dicken Taue waren fest um die Pfosten auf der Mauer geschlungen. Am selben Tage drängte das Schiff unbegreiflicherweise nach Backbord. Gegen Abend erreichte die Neigung dreißig Grad. Was war geschehen? Niemand wußte es. Die Mannschaft ging zur Ruhe. Da, plötzlich brachen in der Nacht alle Belegtrossen. Das Schiff glitt auf die Seite. Alle Gegenstände, die nicht festgemacht waren, rumpelten durcheinander. Auf dem Batteriedeck gurgelte das Wasser. Die Männer sprangen aus ihren Kojen und stürzten halb angezogen zu den Ausgängen. In der Dunkelheit entstand ein unglaubliches Durcheinander. Eine Panik bemächtigte sich der Menschen, als sei das Schiff von einem Torpedo getroffen worden. Wir kletterten alle auf den Kai hinüber und kamen langsam wieder zu uns. Unser ‹Orjol› lag ganz auf der Seite, er war ohne Krieg im eigenen Hafen abgesoffen. Nur gut, daß es seicht war. Zwei Wochen haben wir uns geplagt, das Schiff wieder flott zu kriegen.»

«Was war denn geschehen?» fragte ich.

Pawlikow zuckte nur die Schultern, Wojewodin antwortete für ihn: «Das ist doch klar! Der Kanal zwischen St. Petersburg und Kronstadt ist nicht tief genug. Damit unser Schiff ihn passieren konnte, mußten die Panzerplatten des unteren Gürtels abmontiert werden. Die Nietlöcher wurden mit Holzpfropfen dichtgemacht. Jemand hatte nun diese Pfropfen herausgeschlagen, durch die Löcher drang das Wasser ins Innere. Als das Schiff sich immer stärker neigte, drang das Wasser auch durch die Stückpforten. Wer war der Schuldige? Es hieß, daß sich Japaner nachts aufs Schiff geschlichen hätten. Das ist aber Unsinn! Es werden wohl unsere eigenen Matrosen gewesen sein. Kürzlich, als wir zur Probefahrt auslaufen sollten, wurden in den Wellenlagern der Maschine Stahlspäne entdeckt. Wenn wir das nicht rechtzeitig bemerkt hätten, wären wir für lange Zeit in Kronstadt hängengeblieben. Vielleicht hätten wir gar nicht in den Krieg ziehen können. Auf anderen Schiffen waren ähnliche Dinge vorgekommen, zum Beispiel auf dem Kreuzer ‹Oleg›, der zur Maschinenkontrolle ausgelaufen war. Im Niederdruckzylinder klopfte es. Der Zylinder wurde auseinandergenommen, seine Wandung wies Riefen auf, und man fand Stahlsplitter. Wie kamen diese Splitter in den geschlossenen Zylinder?»

Ich fragte: «Ihrer Ansicht nach tun das alles die Matrosen, um nicht in den Krieg zu müssen?»

Wojewodin zupfte an seinem Schnurrbart und sah mich prüfend an. Sein Gesicht nahm einen strengen Ausdruck an, als wollte er losschimpfen. Stattdessen hörte ich aber eine leise Stimme mit einem Unterton von Enttäuschung: «Ich weiß es nicht bestimmt, es sieht aber aus, als wäre es so. Der Dienst ist schwer geworden. Jeden Augenblick kann selbst unsereins von den Matrosen verprügelt werden.»

«Warum sollten sie denn zuschlagen, wenn Sie selbst ihnen nichts tun?»

«Sie verstehen noch vieles nicht. Wir haben Subjekte an Bord, die sich in den Gesetzen auskennen und ein Vergehen ausfindig machen, das ihnen etwa ein Jahr Gefängnis einbringt. Kürzlich haben drei Matrosen auf dem Kreuzer ‹Almas› einen Bootsmann vertrimmt. Auf anderen Schiffen haben die Maate was abgekriegt. Bei uns sind bisher nur Vergehen anderer Art vorgekommen. Aber was macht es den Burschen schon aus, ein Jahr Gefängnis abzusitzen? Dafür bleiben sie am Leben. Die Rechnung stimmt.»

Dann erzählte Wojewodin, wie die Matrosen sich selbst verstümmelten, um ins Lazarett zu kommen: «Einige rauchen auf nüchternen Magen bis zum Erbrechen und trinken dann starken Tabakaufguß. Das tun sie wochenlang, Tag für Tag. Wenn solch ein Mensch dann ins Lazarett kommt, zittern seine Hände wie die eines Paralytikers, das Gesicht hat eine grünlichgelbe Farbe, die Augen irren trübe umher. Aber auch im Lazarett fahren manche fort, sich selbst weiter zu vergiften, um länger dort bleiben zu können. Mitunter endet das tödlich. Ein Rekrut hatte sich mit einem Nagel das Trommelfell durchgestoßen. Er schrie vor Schmerz, drehte sich um sich selbst und hüpfte wie ein Irrer. Man durchschaute ihn aber, und er kam vor Gericht. Es gab auch andere Verstümmelungen. Ein älterer Heizer aus der Reserve beschloß, sich einen Tripper zu holen, in der Hoffnung, daß die Ärzte ihn erst in zwei, drei Monaten wieder ausheilen würden. Wenn er dann aus dem Lazarett käme, würde das Schiff schon längst unterwegs sein. Er besuchte die verrufensten Kneipen, verausgabte sich, verkaufte alles, was er besaß, und blieb gesund. Schließlich machte jemand einen Geschlechtskranken ausfindig und riet dem Heizer, sich anstecken zu lassen. Der Heizer befolgte diesen Rat prompt. Dann wartete er lange auf die Anzeichen der Krankheit und meldete sich endlich im Schiffslazarett. Der Arzt untersuchte ihn, fragte: ‹Verheiratet?› – ‹Jawohl, Euer Hochwohlgeboren›. – ‹Hast du Kinder?› – ‹Drei›. – ‹Esel! Das hast du nun von der Hurerei, die Syphilis hast du.› Der Heizer hatte sich eine andere, weniger schwere Geschlechtskrankheit gewünscht. Das Urteil des Arztes ließ ihn erblassen.»

Wojewodin stieß einen Seufzer aus und murmelte: «Ja, Krieg und Krieg ist zweierlei. Diesen Krieg will niemand mitmachen.»

Tief in Gedanken verließ ich die Bootsleute. Warum verlief denn dieser Krieg so mißlich? Früher hatten doch die Russen alle ihre Feinde schlagen können, zu Wasser und zu Lande. Wahrscheinlich zogen sie damals freudiger in den Krieg.

«Orjol» gehörte derselben Klasse wie «Borodino», «Alexander III.» und «Suworow» an. Diese Linienschiffe neuester und stärkster Bauart glichen einander, als wären sie Vierlinge. Sie bildeten den Kern des Geschwaders. Ohne unser Schiff konnte das Geschwader nicht auslaufen. Admiral Roshestwenski drängte daher zur Eile.

Endlich war «Orjol» randvoll mit den verschiedensten Vorräten beladen und so schwer geworden, daß der untere Streifen des Panzergürtels unter Wasser lag. Einige kleinere Bauarbeiten waren noch zu erledigen, daher hatte man beschlossen, etwa hundert Handwerker mitzunehmen. Sie sollten nach Abschluß der Arbeiten wieder von Bord gehen. Das Schiff mußte nun von Kronstadt Abschied nehmen, die Belegtrossen abwerfen und sich auf die lange Reise begeben. Wir liefen am 30. September 1904 um 16.00 Uhr aus.

Zwei Schleppdampfer wirbelten mit ihren Schrauben schaumige Wellen hoch und zogen das Linienschiff langsam auf die Reede. Ein leichter, sorglos hinzunehmender Wind kräuselte die Oberfläche des Finnischen Meerbusens und schob kleine Wellen vor sich her. Dünne Wolken zogen über den Himmel. Die Sonne schien so, als stünde sie unter Wasser. Vom Kai aus winkten uns Freunde und Verwandte mit Militärmützen, Hüten und Tüchern. An Bord legte sich allmählich die Unruhe des Abschieds. Bald hier, bald dort erschien die gedrungene, plumpe Gestalt des Ersten Offiziers Sidorow mit seinem besorgten, bärtigen Gesicht. Auf der vorderen Kommandobrücke fiel der Leutnant S. Pawlinow durch seine hohe Gestalt besonders auf, ein stattlicher Mann mit schwarzen Brauen. Dort stand auch der Kommandant, Kapitän 1. Ranges Nikolai Viktorowitsch Jung. Dieser mittelgroße, gutgebaute, ältere Junggeselle trug wie immer eine neue Uniformjacke mit goldenen Achselstücken, dazu einen blendendweißen, gestreiften Kragen. Trotz seines vorgerückten Alters hatte er ein erstaunlich frisches Gesicht. Seine roten Backen, sein dunkelblonder Bart und der freundliche Blick seiner braunen Augen hatten etwas Anziehendes. Ihm verdankten wir es, daß es verboten worden war, die Mannschaft zu schlagen. Nur einen Fehler hatte er: Bei seinen Anordnungen zeigte er eine unnötige Nervosität und übertriebene Hast. Zwei Stunden später drangen von der Kommandobrücke Alarmrufe herunter. Der Kommandant schwenkte verzweifelt die Arme. Es war nicht gleich zu verstehen, was vorgefallen war. Endlich erfuhren wir, daß unser Linienschiff, von den Schleppern bugsiert, in der Fahrrinne auf Grund geraten war und festsaß.

Die Matrosen freuten sich: «Unsere Kriegsfahrt ist beendet.» – «Holt euch die Koffer, Leute, und zurück in die Kaserne.»

Auf der Kommandobrücke geriet alles durcheinander. Der Maschinentelegraf schrillte bald «Voraus», bald «Zurück»! Die Schlepper versuchten, das Schiff nach Backbord, dann wieder nach Steuerbord zu ziehen. Aber der Koloß rührte sich nicht vom Fleck. Der Kommandant schrie: «Die Lote auswerfen! Wie tief?»

Das Fahrwasser war siebenundzwanzig Fuß tief. Infolge der Überbelastung hatte das Schiff anderthalb Fuß Tiefgang mehr.

Das war ein unerhörtes Ereignis! Alle Vorgesetzten der Hafenbehörde mit dem Hafenkommandanten und dem Kommandierenden der Baltischen Flotte, Vizeadmiral Biriljow, an der Spitze, erschienen an Bord des Linienschiffs «Orjol».

Wer in der Flotte kannte nicht Biriljow, diesen schlauen Alten! Die gedrungene, kräftige Gestalt, der entschlossene Gang, das zerknitterte, fast bronzefarbene Gesicht, der Spitzbart, der kurzgeschorene Schnurrbart, scharfe, dunkle Augen, große Ohren – alle diese äußeren Züge waren uns vertraut. Biriljow stammte aus einer alten Adelsfamilie, besaß ausgedehnte Güter und war sehr reich. Seine Mahlzeiten waren wundervoll, von einem guten Koch zubereitet und mit teuren Weinen gewürzt, obwohl er selbst nicht viel trank. Nach alter Marinetradition hielt der Admiral seinen ganzen Stab frei, alle Fachoffiziere seines Stabes und sogar die Ordonnanzen. Zwar galt er als ein gastfreier Chef, war aber im Dienst streng und verlangte von den Untergebenen viel. Er liebte es, häufig Besichtigungen abzuhalten, bei denen es nie ohne Verhöhnung der Schiffskommandanten und anderer Offiziere abging; alles geschah ohne viel Lärm, aalglatt, aber giftig.

Es lag ihm viel an einem guten Verhältnis zur Mannschaft. Öfters kam es vor, daß er einen Matrosen wegen irgendeiner Kleinigkeit in äußersten Schrecken versetzte und ihn mit hoher Stimme anfuhr: «Was soll ich nun mit dir machen, du Räuber? Zum Hängen bist du mir zu schade, die Verbannung würde auch nicht ausreichen. Was tue ich nur ...?»

Der erschrockene Matrose starrte den Admiral an, der dann plötzlich gnädig wurde und fortfuhr: «Dein Glück, daß ich deiner Visage ansehe, daß du nicht unverbesserlich bist. Ein andermal lasse dich nicht von mir erwischen! Sonst kriegst du die Schlinge um den Hals und baumelst an der Rahe!»

Der Matrose durfte dann mit einem Zwanzigkopekenstück abziehen.

Biriljow verließ sich weniger auf die moderne Technik, als auf den unerschütterlichen Geist des russischen Seemannes. Es bereitete ihm großes Vergnügen, wenn die Offiziere ihn zum Mittagessen in die Messe einluden. Dann erzählte er ihnen stundenlang von seinen Seeabenteuern und von seinen Zusammenstößen mit den Admiralen Makarow und Werchowski; dabei flunkerte er recht erheblich, um seine Kenntnisse in Marineangelegenheiten herauszustreichen. Immer wieder gebrauchte er die Wendung: «Ich als Kriegsadmiral ...»

Der Leutnant Roschtschakowski, der eines Tages mit am Tisch saß, wandte sich an den Admiral mit der Frage: «Darf man erfahren, Euer Exzellenz, an welchen Schlachten Sie teilgenommen haben?»

Biriljow bekam einen roten Kopf und erwiderte verärgert: «An Kämpfen habe ich nicht teilgenommen, aber mein ganzes Bestreben geht dahin, unsere Flotte kampffähig zu machen. Das trifft auf die anderen Admirale nicht zu. Mir gibt es das Recht, mich als Kriegsadmiral zu bezeichnen.»

In der Flotte war Biriljow hauptsächlich wegen seiner Leidenschaft für ausländische Orden bekannt. In dieser Hinsicht konnte es niemand in der Flotte mit ihm aufnehmen. Als er noch Konteradmiral war und ein Schiffsgeschwader im Mittelmeer befehligte, befaßte er sich weniger mit Marinedingen als mit Besuchen bei gekrönten Häuptern verschiedener Staaten. In Italien fanden große Nationalfeiern statt. Unsere Mittelmeerflotte erschien in Neapel. Admiral Biriljow fuhr in Begleitung seines Adjutanten Michailow nach Rom, wo er von König Viktor Emanuel III. und der Königin Helene empfangen wurde. Während des Festessens unterhielt der Admiral die Königin durch seine stets witzigen Erzählungen. Der König verlieh ihm einen italienischen Orden. – In Tunis erhielt er einen Stern vom Bey von Tunesien. – Der türkische Sultan feierte sein fünfundzwanzigjähriges Regierungsjubiläum. Eine solche Gelegenheit durfte natürlich nicht verpaßt werden. Der Admiral begab sich auf dem Kanonenboot «Kubanez» in die Dardanellen, bestieg den Zug und fuhr nach Konstantinopel, um den Sultan zum Jubiläum seiner weisen, ruhmreichen und glücklichen Regierung zu beglückwünschen. Gerührt von so viel Aufmerksamkeit, verlieh der Sultan ihm den «Medschidije»-Stern. – Und wie sollte man Griechenland nicht einen Besuch abstatten, da doch auf der Insel Korfu die Hochzeit des Großfürsten Georgi Michailowitsch mit der griechischen Prinzessin Maria Georgijewna stattfand? Die Rechnung ging auf. Nach der Feier erschien ein neuer Stern auf der Brust des Admirals. – In der bulgarischen Hauptstadt Sofia besuchte er den König Ferdinand und wurde ebenfalls mit einem Orden ausgezeichnet. – Dann begab er sich nach Serbien zu einer Begegnung mit dem König

Alexander und der Königin Draga in Belgrad. Offensichtlich war es kein günstiger Augenblick für eine Audienz. Die Königin hatte eine Fehlgeburt gehabt und war in Trauer. Der König tobte so, daß sich niemand in seine Nähe wagte. Weder unser Gesandter noch die serbischen Minister vermochten es, dem Admiral Biriljow eine Audienz zu verschaffen. Der Admiral aber war hartnäckig und verzagte nicht. Nach zwei Wochen hatte er sich durch eine Hofdame eine Audienz bei der Königin Draga erwirkt. Er beruhigte die Königin so meisterhaft, daß sie ihm für sein verständnisvolles Verhalten dankte. Durch ihre Vermittlung gelang es ihm dann, an den König heranzukommen. Im Endergebnis vergrößerte sich seine Kollektion um einen weiteren Ordensstern. – Stets hatte der Admiral Glück. Wo auch immer er einer gekrönten Persönlichkeit begegnete, wurde er mit einem Orden ausgezeichnet. Er scheute dabei keine Finten und steigerte sie bis zur Virtuosität. In Madrid verbrachte er mehr als eine Woche in Erwartung einer Audienz beim König. Es war vor Ostern, Alfons XIII. und die Königin fasteten und empfingen niemanden. Der Admiral wartete geduldig und wurde ihnen endlich am zweiten Ostertage während eines Stierkampfes vorgestellt. Der König befand sich in vorzüglicher Stimmung, unterhielt sich gnädig mit dem russischen Admiral, nahm schließlich einen Stern vom Rock eines seiner Seeoffiziere ab und steckte ihn Biriljow an. Nun hatte Biriljow nichts weiter in der Arena zu suchen. Er ließ sich sofort zum Bahnhof fahren und bestieg den Zug. In Barcelona, wo ihn sein Geschwader erwartete, wechselte er auf das Kanonenboot «Chrabry» über. Es war keine Zeit zu verlieren: In Villafranca hielt sich Loubet, der Präsident der französischen Republik, auf. Das Boot jagte übers Meer und ließ die übrigen Schiffe weit hinter sich. Der Heizer hatte die Kessel so überheizt, daß der Schornstein auf dem «Chrabry» glühendrot wurde und durchbrannte. Die Begegnung mit dem Präsidenten fand trotzdem statt. Biriljows Brust schmückte ein neuer Orden – das Kreuz der Ehrenlegion.

Als er mit seinen Schiffen in die Heimatgewässer zurückkehrte, sagte man in der Flotte von ihm: «Seine Exzellenz hat seinen Kreuzzug erfolgreich abgeschlossen.» Ich habe Biriljow wiederholt in seiner Paradeuniform gesehen und staunte immer wieder über die Vielzahl seiner Orden. Medaillen, Kreuze, große und kleine Sterne fanden keinen Platz mehr auf seiner Brust und strömten auf Rippen und Hüften über. Er glänzte wie ein reich geschmückter Weihnachtsbaum. Die jungen Offiziere witzelten: «Admiral Biriljow glänzt nicht so sehr durch seinen Verstand, als durch seine Sterne.»

Unser zweites Geschwader verursachte ihm viel Kummer, denn mit ihm vermochte er keine neuen Auszeichnungen zu gewinnen. Er war bemüht, diese Schiffe möglichst schnell loszuwerden, rüstete sie ohne viel Federlesen aus und bemannte sie mit auf den Krieg völlig unvorbereiteter Besatzung. Und nun mußte zu alldem noch das Linienschiff «Orjol» festlaufen, gleichsam als wollte es die Absicht bekunden, für immer in Kronstadt zu bleiben.

Der Admiral war sehr unzufrieden. An Deck begegnete er dem Kommandanten und machte ihm heftige Vorwürfe, wobei er noch mehr als sonst stotterte. Dann stieg er schnell auf die Kommandobrücke und befahl: «Die Mannschaft alarmieren; sie soll das Schiff zum Schlingern bringen!»

Den beiden Schleppern waren noch weitere Zugmaschinen beigegeben worden, die mit vereinten Kräften das Linienschiff nach einer Seite ziehen sollten, um es vom Fleck zu bekommen. Gleichzeitig liefen etwa vierhundert Matrosen auf Kommando von einer Bordseite zur andern hin und her. Sie mühten sich lange, doch der «Orjol» saß fest auf Grund.

Konnten denn vierhundert Mann, die zusammen knapp dreißig Tonnen wogen, ein Linienschiff mit fünfzehntausend Tonnen Wasserverdrängung zum Schlingern bringen? Das war ebenso töricht, als würden vierhundert Küchenschaben versuchen, einen Trog mit Wasser und Wäsche zum Schaukeln zu bringen. Die Matrosen erkannten die Unsinnigkeit dieses Befehls. Während sie hin und her rannten, riefen sie sich zu: «Sachte, sachte, Leute! Sonst kentert das Schiff!» – «Guckt doch! Es neigt sich wirklich!» – «Wir ersaufen noch, ehe wir in den Krieg gezogen sind.»

Ein Hafenbeamter flüsterte Biriljow zu: «Mir scheint, Exzellenz, daß das geringfügige Gewicht der Matrosen den Gang der Dinge wenig beeinflussen wird. Wir werden auf Bagger nicht verzichten können, die den Grund ausheben müssen.»

Das Gesicht des Admirals, bisher kalt und düster, mit streng eingekniffenen Lippen, leuchtete bei dieser Bemerkung auf: «Denken Sie mal an, genau dieser Gedanke ist mir auch gekommen! Ich erwäge ihn schon seit fünf Minuten. Ja, Sie haben vollkommen recht.»

Die oberen Hafenbeamten verließen das Schiff.

Ich traf mit dem Bootsmann Wojewodin zusammen, der brummig sagte: «Ich wußte doch, daß es nicht ohne Zwischenfall abgehen würde. Es ist, als verfolge uns der Böse!»

Die Matrosen sprachen ihre Wünsche offen aus: «Wenn wir doch für den ganzen Winter stecken blieben!» – «Ja, dann würden wir Geld für hundert Seelenmessen sammeln!»

Die Nacht verbrachten wir in Ruhe und ohne Alarm. Am nächsten Morgen wurden drei Bagger an das Schiff herangeschleppt, die den ganzen Tag und die darauf folgende Nacht um das Schiff herum den Grund ausbaggerten. Dieses Mal erwiesen sich die Maßnahmen als wirksam: Im Morgengrauen des 2. Oktober war das Schiff flott und nahm Kurs auf Reval.

Unter dem düsteren Himmel verstärkte sich der Wind, die Wellen gingen höher. Das Linienschiff qualmte aus beiden Schornsteinen und fuhr ruhig, ohne zu schlingern. Längst schon hatten wir die Schiffe «Oleg» und «Shemtschug», die noch auf der großen Reede lagen und später dem Geschwader nachkommen sollten, passiert. Möwen kreisten um unser Schiff, die Hämmer der Handwerker sangen ihr Arbeitslied.

Ich stand lange auf der Heckbrücke, den Blick traurig landwärts gerichtet, auf die vertrauten Ufer, auf die in der Ferne verschwindende Stadt. Leb wohl, Kronstadt! In meinen fünf Dienstjahren habe ich in deinen Mauern viel Schlechtes und doch auch viel Gutes erlebt. Auf der Promenade durften wir Matrosen nur auf der linken Seite gehen, als wären wir Parias. An den Parktoren prangten Schilder mit der beschämenden Aufschrift: «Hunden und Soldaten ist der Zutritt verboten.» Seit meiner Rekrutenzeit hatte man mich geplagt, um einen guten Matrosen aus mir zu machen, einen treuen Verteidiger des Zarenthrones. Ich erhielt Rüffel im Dienst, saß in Arrest und in der Einzelzelle des Gefängnisses, weil ich mehr wissen wollte, als meinesgleichen zustand. Und trotzdem würde ich, wenn ich die bevorstehende Schlacht mit den Japanern überstünde, dankbar an diese Stadt zurückdenken. Aus dem Dorf Matwejewskoje, aus den dichten Wäldern und undurchdringlichen Sümpfen im Norden des Tambow-Gouvernements, wo es Wild aller Art, auch Bären, gab, geriet ich, ein naiver Bursche, ein Wilder, einst in die Flotte, wo sofort die Gymnastik des Gehirns, das Schärfen des Verstandes einsetzte. Nicht alle Offiziere waren schlecht, nicht alle waren grausam. Es fanden sich auch solche, von denen man bei einiger Geschicklichkeit und Beharrlichkeit sogar allerlei Nutzen haben konnte. Aber das Wesentliche für mich waren die Spezialkurse für Proviantmeister, die Schiffstechnik, die Fahrten auf See, die Einrichtung der Häfen, die Sonntagsschule, die Freundschaft mit entwickelten und fortgeschrittenen Kameraden, die Bekanntschaft mit Studenten, das Lesen illegaler Literatur. Alles das war für mich vollkommen neu gewesen, hatte meinen Verstand bereichert und mich veranlaßt, das Leben anders zu sehen.

Ich dachte an die Vergangenheit.

Vor zwei Jahren hatte ich Heimaturlaub bekommen und die zwei Wochen zu Hause verbracht. Es war im Frühherbst gewesen, als das Laub sich schon verfärbte. Mein Erscheinen in der Familie wurde ein Fest für mich und meine Verwandten. Einer nach dem andern war gekommen, um die Matrosenuniform zu bewundern, die man bei uns noch nie gesehen hatte: das Flanellhemd mit dem blauen Kragen, die glockenförmigen langen Hosen, die silbernen Schulterlitzen, das Seidenband an der Mütze mit dem Namen des Schiffs in goldener Aufschrift. Die Kinder meines älteren Bruders Silwestr und meine unmündigen Neffen und Nichten – Polja, Jegor, Manja, Wanja, Petja und Fedja – betrachteten mich so verwundert, als wäre ich frisch vom Himmel gefallen. Endlos war die Fragerei: ob das Meer sehr breit sei, wie tief es sei, ob ich die drei Walfische gesehen hätte, auf denen, nach einem alten Volksmärchen, die Welt ruhe, wie groß mein Schiff sei. Ich erklärte ihnen alles, und sie staunten: «Oh! Oh! Einen Monat muß man schwimmen, um ans Ufer zu kommen!» – «Unser Glockenturm kann im Meer versaufen! Mein Gott!» – «Das muß aber ein Schiff sein! Unser ganzes Dorf könnte es aufnehmen!»

Meine Mutter war ordentlich jung geworden vor Glück. Jeden Tag trug sie das Kleid, in dem sie sonst nur in die Kirche ging. Ich sah sie an und dachte: Wo ist die Grenze der Mutterliebe? Sie hatte eine große Flasche Himbeersaft für mich aufgehoben und steckte mir Äpfel und heiße Pfannkuchen zu. Am meisten verwunderte es mich, daß sie mich mit «Sie» anredete. Ich verwahrte mich dagegen, sie winkte aber mit breit ausladender Gebärde ab: »Nein, nein, Aljoscha. Da brauchen Sie gar nichts zu sagen. Ich stamme aus Polen und kenne die Anstandsregeln besser als die hiesigen Frauen. Und Sie sind jetzt etwas geworden! In keinem Dorf gibt es einen zweiten Menschen wie Sie.»

Sie glaubte, daß ich einen sehr hohen Rang habe, und ich konnte sie nicht davon abbringen.

«Mein Gott, daß der Alte das nicht erleben durfte! Er hätte doch nur zweieinhalb Jahre warten müssen! Der wäre aber mit Ihnen zufrieden gewesen.»

Freundlich-liebevoll wie die gedämpfte Melodie einer Geige klang mir ihre Stimme, ihre sanften Augen strahlten vor Freude.

Einem farbenfrohen Sonnenuntergang gleich verlosch mein Urlaub, und ich kehrte wieder zur Flotte zurück.

Und nun hatte ich, als Antwort auf meine Nachricht, daß man mich in den Krieg schickte, noch vor der Abfahrt des Schiffs einen Brief von der Mutter erhalten. Wenn ich diese Zeilen voll Sorge und tiefen

Kummers las, konnte ich nur mit Mühe die Tränen unterdrücken. Am Schluß schrieb sie, daß sie Tag und Nacht für mich beten werde, während ich stets an ihren Segen denken und wissen müsse: «Der Mutter Gebet rettet den Sohn vom Meeresgrund.»

Ich blickte von der Brücke auf Deck hinunter, wo die Matrosen unter Aufsicht des Ersten Offiziers und der Bootsleute arbeiteten. Überall waren Menschen: auf der Brücke, in den Türmen, auf dem Batteriedeck, in den Zwischendecks, in den Maschinenräumen. Abgesehen von den Arbeitern, die bald an Land zurückgehen würden, bedienten neunhundert Seeleute das Schiff, das uns in unbekannte Länder führen sollte, dorthin, wo Feuerstürme wüten, die alles Menschenleben auslöschen. Dort würden wir entweder den Feind besiegen oder selbst in die Tiefe sinken. Beten nicht auch die Mütter all dieser Matrosen und Offiziere ebenso, wie es die meine tut? Haben denn unsere Gegner nicht dieselben liebenden Mütter, die im Gebet zu ihren Göttern ebensolche Tränen vergießen? Wen von uns erwartet das kalte Grab?

Schweren Herzens verließ ich die Brücke.

Das Linienschiff «Orjol» legte unter der Andreasflagge Seemeile um Seemeile zurück.

Allerhöchste Besichtigung

Am zweiten Tag erblickten wir um die Mittagszeit Leuchttürme und Inseln.

Rein und tief blaute der Himmel, als hätte jemand den Schmutz der Wolken mit einem nassen Lappen weggefegt. Der Wind ließ nach, war aber immer noch kräftig genug, die Segelboote fortzubewegen, die auf der weiten Wasserfläche verstreut dahinglitten. Auf einer Anhöhe trat die Stadt Reval aus dem Dunst hervor, mit ihren spitzen Kirchtürmen, den steilen Ziegeldächern und den alten Gebäuden auf den Felsen. Trotz aller Bemühungen der zaristischen Regierungen, Estland zu russifizieren, hatte sich hier die gotische Architektur erhalten. Nicht weit vom Hafen lagen auf der Reede die Schiffe des Zweiten Geschwaders. «Orjol» scherte in die Kolonne der Linienschiffe ein und warf Anker.

Tage und Nächte lösten nun einander ab wie zwei Posten. Wir befanden uns in der Periode der Kampfvorbereitungen und ergriffen die notwendigen Maßnahmen zum Schutz des Geschwaders vor überraschenden Angriffen, obwohl der Feind noch sehr weit von uns entfernt war. Wir lernten das Auswerfen der Torpedonetze. Nach Sonnenuntergang übernahm stets ein Schiff den Schutz der Reede, indem es die Einfahrt mit einem Scheinwerfer beleuchtete. Seewärts patrouillierten zwei Torpedoboote und einige Minenkutter. Zur größten Zufriedenheit des Kommandanten gingen die Arbeiter endlich von Bord. Es war schon lange notwendig geworden, die Mannschaft straffer zu halten und für Sauberkeit zu sorgen. Die Arbeiter hatten durch ihre Anwesenheit die innere Ordnung gestört. Es wurde zudem befürchtet, daß sie Unruhen anzetteln könnten. Ich selbst hatte einmal eine Unterredung mit einem Arbeiter. Er sah mich mit seinen runden Augen an, kratzte sich am Kopf und fragte: «Somit geht es jetzt in den Krieg?»

«Ja», erwiderte ich kurz.

«Na, dann Gott mit euch!»

«Was hat denn Gott damit zu tun?»

«Oho! Dann also der Teufel?»

«Auch der hat damit nichts zu tun.»

«Oh! So bist du wohl ungläubig?»

«Gibt es denn so etwas nicht?»

Der Arbeiter überlegte ein wenig und antwortete vielsagend: «Ja, es gibt vieles auf der Welt, zum Beispiel auch, daß die Frau den Popen betrügt. Ich kenne im Dorf ein Paar: Der Mann ist Diakon, und die Frau ist eine Popenfrau. Wie kommt das?»

Ich antwortete ebenfalls mit einer Redensart: «Daß im Gemüsegarten Unkraut wuchert, ist noch nicht so arg, und selbst dazu, daß Kirchen brennen, sagt man nichts.»

«Oho, du bist ja sehr kühn. Daß du nur nicht stolperst!»

«Auch das ist schon vorgekommen.»

Behutsam, sehr vorsichtig, impfte er mir politische Erfahrungen ein. Er sprach mehr in Andeutungen, ich verstand ihn aber gut. Er gab mir zu verstehen, daß ein Sieg über den Gegner die zaristische Regierung nur stärken würde. Das hatte ich auch an Land schon von vielen gehört. Alle fortschrittlichen Menschen freuten sich über unsere Mißerfolge. Es sah aus, als seien alle Teile der russischen Bevölkerung noch niemals von kritischen Ideen so stark durchsetzt gewesen, wie in diesem Krieg, der das Volk zur Siedehitze brachte und alle Pestbeulen unseres Staates bloßlegte. In welch törichter Situation waren doch wir Seeleute, die nach dem Fernen Osten zogen: Wenn wir die Japaner besiegten, so würden wir der heranreifenden Revolution schaden, die das erstickende Rußland so dringend brauchte wie einen frischen Luftzug. Andererseits aber konnten wir uns doch nicht widerstandslos von den feindlichen Geschossen niedermähen lassen. Unsere Niederlage und unser Tod würden als Schande gelten, und die Zurückkehrenden würden verspottet werden: «Das sind sie, die Seeleute des zerschlagenen Geschwaders!»

Ich sagte dem Arbeiter: «Laß gut sein, Freund. Von dieser Speise habe ich schon gekostet.»

«Das ist sehr erfreulich. Nun denn, so wollen wir hier wie da in unserem Sinne tätig sein.»

Ich zweifelte nicht mehr daran, daß der lange Aufenthalt der Arbeiter an Bord die Matrosen beeinflußt hatte!

Die innere Organisation des Schiffsdienstes machte nur langsame Fortschritte. Selbst auf dem Flaggschiff «Suworow», das schon lange Zeit in Dienst stand, hatte die Mannschaft eine völlig unzureichende Gefechtsausbildung. Admiral Roshestwenski bemerkte hierzu in seinem Befehl Nr. 69:

«Heute nacht um 2.00 Uhr befahl ich dem Wachhabenden, Alarm zur Abwehr eines Torpedoangriffs zu geben. Acht Minuten nach Ausgabe des Befehls waren noch keinerlei Anzeichen einer Vorbereitung zur Abwehr zu beobachten. Mannschaften und Offiziere schliefen noch; nur einige Männer der Schiffswache konnten mit Mühe aus den Schlafräumen hervorgeholt werden, aber auch sie wußten nicht, was sie zu tun hatten. Kein einziger Schweinwerfer war bereit, das Ziel anzustrahlen, die auf Torpedowache gehenden Matrosen fehlten; niemand hatte für die Deckbeleuchtung gesorgt, die die Artillerie für die Feuerführung braucht.»

Weiter bat der Admiral seine Kommandanten, zu überprüfen, wie es in dieser Beziehung auf den anderen Schiffen aussähe, und ihm die Ergebnisse sofort zu melden.

Auch «Orjol» kam an die Reihe und mußte mit anderen Schiffen an einer Übung zur Abwehr eines Torpedoangriffs teilnehmen.

Eine dunkle Herbstnacht hing über dem Meere. Es war still. Plötzlich durchbrach Gefechtsalarm die Ruhe. Auf allen Schiffen des Geschwaders flammten die Scheinwerfer auf, die Lichtstreifen spalteten die Finsternis, glitten über die Wasserfläche auf der Suche nach den Zielscheiben, die von Torpedobooten gezogen wurden. Andere Schiffe eröffneten, wenn auch verspätet, das Artilleriefeuer auf die Ziele, während bei uns die Mannschaft immer noch aufgeregt über Deck und Treppen umherlief. Einige Matrosen, besonders die jungen Rekruten, glaubten unter dem Einfluß verschiedener Gerüchte, daß die Japaner bereits nahe seien und eine wirkliche Schlacht begonnen habe. Unsinnige Rufe wurden laut. Die Offiziere beschimpften die Maate, die ihrerseits die Matrosen schlugen. Es verging eine lange Zeit, ehe auf dem Linienschiff einigermaßen die Ordnung wieder hergestellt war. Auch unsere 75-mm-Geschütze traten schließlich in Tätigkeit.

Ich hatte den Eindruck, im Falle eines ernstlichen Angriffs hätten die Japaner unter Ausnutzung des Wirrwarrs unser Linienschiff dreimal versenken können.

Für uns schloß dieser nächtliche Alarm damit, daß «Orjol» vom Befehlshaber des Geschwaders eine Rüge erhielt.

In den darauffolgenden Tagen hatten wir andere Sorgen. Wir mußten uns auf eine Allerhöchste Inspektion gebührend vorbereiten. Auf unserem Schiff wurde geschrubbt und gescheuert. Wiederholt wurden die Gänge mit Seife gewaschen, das Deck ständig unter Wasser, die Schiffswände wurden neu gestrichen, die Kupferteile auf Hochglanz poliert. Auch die Maschinen- und Heizräume waren davon nicht ausgenommen. Es konnte ja sein, daß der gekrönte Besucher auch dahinein einen Blick werfen wollte. Ungeachtet seines vorgeschrittenen Alters tobte der Erste Offizier Sidorow wie ein unbändiges Füllen auf dem Schiff umher, kümmerte sich um jeden Raum, schrie und schimpfte, bis er heiser war. In seinem Übereifer bemerkte er nicht einmal mehr die wirklichen Mängel. Andere Offiziere halfen ihm, jeder in seinem Bereich, Ordnung zu schaffen. Dann besichtigte der Kommandant Jung das Schiff. Er war mit dem, was getan worden war, noch nicht zufrieden. Nun begann erneut das Schrubben einiger Schiffsteile, das Waschen, das Anstreichen. Es schien, als wären die Menschen von einem Sauberkeitswahn befallen worden.

Die Besichtigung sollte am 9. Oktober stattfinden. Um acht Uhr morgens schmückte sich das ganze Geschwader mit bunten Flaggen, die auf jedem Schiff vom Bug bis zum Heck über die Topps der Masten aufgezogen wurden. Ein prächtiges Wetter herrschte, sauber und frisch war die Herbstluft. Vom Meer her wehte ein mäßiger Wind, uferwärts rollten die Wellen und schüttelten ihre schaumigen Locken. Die Matrosen hatten neue blaue Blusen und schwarze Hosen an. Die Offiziere trugen Paraderock und Dreispitz. Auf den Flaggschiffen spielten die Kapellen.

Wir warteten lange auf den seltenen Gast, Mittag war schon vorbei. Auf den andern Schiffen wurde bereits Hurra geschrien, während wir immer noch nicht an der Reihe waren. Erst um drei Uhr nachmittags legte ein Dampfkutter mit den zwei langen, flatternden Zipfeln des kaiserlichen Breitwimpels am Steuerbordfallreep an, wo der Fallreepoffizier den Zaren empfing.

Der Zar ging mit seinem Gefolge und den Admiralen an Bord. Sein

Gesicht war bleich und alltäglich, es paßte gar nicht zu diesem feierlichen Augenblick. Zerstreut blickte er die aufgebaute Front entlang und begrüßte die Offiziere und Mannschaften. Die Vorgesetzten hatten uns eingeschärft, möglichst laut auf den Gruß zu antworten, und wir gaben uns alle Mühe.

Der Zar stieg dann auf eine Brücke und hielt eine kleine Ansprache. Er rief uns auf, uns am frechen Feind zu rächen, der Rußlands Ruhe gestört habe, und den Ruhm der russischen Flotte zu mehren. Er sprach ohne jeden Schwung, gelangweilt, weil er auf jedem Schiff dasselbe hatte sagen müssen.

Ich sah ihn an und dachte: Ob er selbst wohl an unseren Sieg glaubt? Wir haben doch im Fernen Osten schon so viele Menschenleben aufs Spiel gesetzt. Vielleicht weiß der gekrönte Befehlshaber nicht, daß er mit der Entsendung des Zweiten Geschwaders den letzten Trumpf aus der Hand gibt? Oder hofft er, daß der Geschwaderkommandant Rußland vor dem vollständigen Bankrott retten wird?

Auf unserem Panzerschiff befand sich auch Sinowij Petrowitsch Roshestwenski in Paradeuniform, der Admiral, der unsere Schiffe in den Kampf auf Tod und Leben führen sollte. Seine massiven Schultern glänzten im Silber der Konteradmirals-Epauletten mit den Initialen und den schwarzen Adlern. Breite Silberstreifen liefen die Hosenbeine entlang. Medaillen und Sterne schmückten die breite Brust. Von der linken Schulter lief das rote Seidenband des St. Annenordens, von der rechten Schulter hingen die geflochtenen Silberschnüre eines Generaladjutanten herab. Seine mächtige Gestalt erdrückte nicht nur die des Zaren, sondern auch die der anderen Mitglieder der Suite. In den strengen Zügen des Gesichts mit dem kurzen, dunkelgrauen Bart und in dem festen Blick der schwarzen, durchdringenden Augen stand der Ausdruck unerschütterlichen Willens. Entgegen seiner Gewohnheit, eigensinnig den Kopf zu neigen, sah er den Zaren aufmerksam an. Aufrecht, monumental und selbstsicher stand er da, so, als ob es für ihn keine unüberwindbaren Hindernisse gäbe.

Seine beiden Flaggoffiziere, der Befehlshaber der zweiten Panzerschiffdivision, Konteradmiral von Fölkersam, und der Befehlshaber der Kreuzerabteilung, Konteradmiral Enquist, standen neben ihm. Konteradmiral von Fölkersam kannte ich gut von einer Sommerübungsfahrt her. Nach Aussagen der Offiziere wußte er über die Kriegsmarine besser Bescheid als Roshestwenski. Sein seltsames Äußere verdarb ihm aber alle Aussichten auf weitere Karriere. Er hatte eine massige, fette Gestalt, die ihn jedoch nicht hinderte, sich mit kleinen, schnellen Schritten fortzubewegen. Sein aufgedunsenes Gesicht, das jeder Frische entbehrte und fast gar keinen Bartwuchs aufwies, erinnerte an das eines Kastraten. Wenn er sich aufregte, machte er seinen fingerhutgroßen Mund ganz rund und brachte die Worte mit einer dünnen Weiberstimme hervor, die weder seinem Admiralsrang noch seiner breiten, fülligen Gestalt entsprach.

Enquist, dessen Vorfahren väterlicherseits Schweden waren, sah ich zum ersten Mal. Ich hatte schon viel von ihm gehört. Er litt an Gedächtnisschwäche, vergaß alles, was er gesehen und gehört hatte, nötigenfalls fand er Rettung bei den Notizen seines stets anwesenden Flaggoffiziers. Der große, sehr sorgfältig gekämmte Bart gab ihm das Aussehen eines soliden und «schönen» Admirals und machte alle fehlenden geistigen Eigenschaften wett.

Ich sah den Zaren, sein Gefolge, die Admirale und die Flaggoffiziere und staunte über den Glanz, der einem die Augen schmerzen ließ.

Die letzten Worte des Zaren blieben mir im Gedächtnis haften: «Ich wünsche euch allen eine siegreiche Fahrt und glückliche Heimkehr.»

Darauf antworteten die neunhundert Mann der Besatzung mit lauten Hurrarufen.

Der Zar stieg von der Brücke herab und ging wieder zum Steuerbordfallreep. Längs der Reeling hatten sich die Schiffsoffiziere aufgestellt. Am Reep stand der Kommandant, ihm folgte der Erste Offizier, dann kamen die Spezialisten im Offiziersrang und die Leutnants. Jeder stand, die Hand an der Mütze, zu einer Bildsäule erstarrt da. Die Gesichter waren dem Zaren zugewandt und drehten sich wie Sekundenzeiger der weiterschreitenden Gestalt des Zaren nach. Die Augen der Offiziere – blaue, graue, braune – geleiteten den Monarchen und hatten sich so festgesaugt, als könnten sie sich gar nicht mehr lösen. Dem Zaren folgten der Großfürst Alexej Alexandrowitsch, der Marineminister Awelan, die Admirale Roshestwenski, Fölkersam, Enquist und andere hohe Persönlichkeiten. Trotz der vielen Menschen, die wie gebannt an der Reeling standen, herrschte an Deck eine solche Stille, als ob etwas Ungewöhnliches geschehen müßte.

In der Tat erfolgte etwas, das alle Herzen stillstehen ließ.

Wir hatten einen Hund, einen ganz gewöhnlichen Dorfköter von dunkelbrauner Farbe, mit hochstehenden Ohren und Ringelschwanz. Er war zufällig auf unser Schiff gekommen. Eines Tages, als der Offizierskutter vom Ufersteg abgelegt hatte, war er mit einem mächtigen Satz auf das Heck gesprungen. Die Offiziere waren nicht sehr erbaut davon, der Hund aber wedelte freundlich mit dem Schwanz und sah jeden einzelnen mit seinen braunen Augen strahlend an. Er freute sich offensichtlich, auf den Kutter gekommen zu sein. Man war sich darüber einig, daß dieser Hund wohl schon irgendwo an Bord gewesen sein mußte und daß er gewiß sein Schiff verloren hatte. So nahm man ihn mit. Das hatte sich an einem Dienstag ereignet. Da niemand den Namen des Hundes kannte, wurde ihm kurzerhand der Name des Wochentags Dienstag «Wtornik» gegeben. Der Hund gewöhnte sich sehr rasch an uns. Oft konnte man ihn unter der Mannschaft auf Zwischendeck sehen, am meisten aber hielt er sich in der Offiziersmesse auf. Das Essen war dort besser. Er liebte auch das Meer. Stundenlang konnte er auf Achterdeck oder auf der Brücke sitzen und wie ein Dichter oder Künstler sich an der Schönheit des nassen Elementes ergötzen. Aber ebenso wie die Seeleute fühlte er hin und wieder Sehnsucht nach dem Festland, wo er sich austoben und andere Hunde beschnüffeln konnte. Er hielt sich dann aber stets in der Nähe der Anlegestelle auf, offenbar um nicht wieder zurückzubleiben. Er schien ein ausgezeichnetes Gedächtnis zu haben. Er kannte nicht nur die Offiziere, sondern auch die ganze Mannschaft und alle Schiffsboote.

Für die Dauer der Besichtigung war Dienstag in den Maschinenraum eingesperrt worden. Er hatte sich damit abgefunden, besichtigte die arbeitenden Hilfsmaschinen und beschnupperte sie, wie es eben Hundeart ist. Plötzlich hatte er die Ohren gespitzt. Durch die Lichtluken war kaum vernehmbar das Kommando des Wachhabenden gedrungen, das er so sehr liebte: «Kutter am Steuerbordfallreep!»

Wtornik stürzte davon und stürmte mit gewohnter Behendigkeit die Treppen hinauf. Jemand hatte die Tür zum Maschinenraum offen gelassen, und er gelangte an Deck. Zunächst reckte und schüttelte er sich, wie es Hunde zu tun pflegen, die sich von der Kette losgerissen haben. Dann hob er den Kopf mit den spitzen Ohren hoch und sah sich um. Offenbar wollte er sich vergewissern, was hier vorging, wer wegfahre und an wen er sich also anzuschließen habe. Sein Erscheinen verwirrte das Schiffskommando. Das war aber noch nicht alles. Der Hund sah die goldstrotzende Menschengruppe, die sich auf das bekannte Fallreep zu bewegte. Er überholte sie und stürzte freudig bellend im Galopp über Deck. Die gesamte Schiffsbesatzung vergaß vor Entsetzen, Atem zu holen. Die tollen Sprünge des Hundes versetzten die Schiffsoffiziere in einen solchen Schrecken, als drohe ihnen zumindest der sofortige Untergang in die tiefste Tiefe. Was würde geschehen?! Die Spannung stieg aufs Höchste, konnte doch Wtornik im ungehemmten Streben, auf den Kutter zu gelangen, den Zaren vom Fallreep ins Meer stoßen. Was dann? Dem Kommandanten wurden vor Grauen die Knie weich, seine Gestalt schrumpfte ein, er öffnete den Mund, als wolle er einen Schrei ausstoßen, aber er vermochte es nicht. Der Erste Offizier stöhnte und hob hilflos die linke Hand zum Dreispitz. Leutnant Wrednyi zog den Kopf ein, als bedrohe ihn jemand mit einem Holzhammer. In voller Verwirrung standen auch alle übrigen Offiziere. Die einen waren erblaßt, anderen zuckten die Lippen. Man konnte wohl mit Gewißheit sagen, daß sich jeder die gleiche grausige Frage vorlegte: Wegen dieses lausigen Köters soll meine Karriere bedroht sein? Wahrscheinlich erweckte in diesem Augenblick der Hund einen solchen Haß beim Schiffskommando, daß sein Schicksal besiegelt schien: Nach der Besichtigung würde er mit einem Stein am Hals über Bord fliegen!

Der Großfürst Alexej Alexandrowitsch sah sich vorwurfsvoll nach Roshestwenski um, der seinerseits den Offizieren vernichtende Blicke zuwarf, als wollte er sagen: «Na, nun ist alles aus! Ihr werdet alle degradiert!»

Der Zar befand sich bereits auf der unteren Plattform des Fallreeps und wollte gerade den Kutter besteigen, als Wtornik ihm vor die Füße rollte. Er zuckte zusammen, griff nach dem Geländer und machte eine ungeschickte Bewegung. Einer der beiden Leutnants, die auf der Plattform standen, war vor Überraschung unfähig, einzugreifen, der andere aber ließ sich nicht verblüffen. Er faßte Wtornik am Wickel und preßte ihn fest an sich. Alles spielte sich in wenigen Sekunden ab, und jedermann erwartete, daß nun Blitz und Donner folgen würden. Der Zar aber faßte sich schnell, lächelte, streichelte den Hund, murmelte: «Ein Hundchen! Welch liebes Hundchen ...» und ging wieder an Bord des Kutters.

Die gespannte Atmosphäre lockerte sich sofort auf. Wie auf Kommando erhellte ein Lächeln die Gesichter des goldfunkelnden Zarengefolges. Jeder, vom Großfürsten bis zu den Admiralen, hielt es nun für seine Pflicht, im Vorübergehen Wtornik zu streicheln, und jeder sagte auf seine Art eine Schmeichelei.

«Ein wunderbarer Hund.» – «Ein prächtiger Köter.» – «Und so kluge Augen.» – «Eine seltene Schönheit.»

Selbst auf Roshestwenskis stets düsterem Gesicht lag der Anflug eines Lächelns. Er tätschelte Wtornik und brummte: «Ein vierbeiniger Seemann. Offenbar ein Patriot!»

Auch unser Kommandostab kam wieder zu sich. Der Kommandant straffte sich, lächelte und gewann seine übliche Gestalt wieder. Der Erste Offizier ließ seine linke Hand sinken und wölbte die Brust. Die übrigen Offiziere strahlten, als erwarteten sie eine Allerhöchste Auszeichnung. Nun sahen sie alle mit solcher Begeisterung auf den Hund, als hätte er eine militärische Heldentat begangen.

Nur Wtornik freute sich nicht. Von den Armen des Leutnants blickte er verständnislos auf den Kutter und konnte nicht verstehen, warum man ihn diesmal zurückhielt. Der Hund begriff auch nicht, womit er sich die hohe Gnade des Herrschers zugezogen hatte, die – mit Ausnahme der Revolutionäre – einen jeden der Mannschaft auf «Orjol» beglückt hätte.

Der Dampfkutter stieß vom Schiff ab.

«Die Zieselratte aus Zarskoje selo», wie die Revolutionäre den Zaren nannten, begab sich auf das nächste Kriegsschiff.

Zar und Kaiser

Ich erinnerte mich der Feierlichkeiten, die auf dieser Reede im Jahre 1902 stattgefunden hatten. Hier war die «berühmte» Begegnung der beiden Herrscher Nikolaus II. und Wilhelm II. erfolgt. Hier hatte die schwindelerregende Karriere des Admirals Roshestwenski begonnen, der damals als Kommandeur der Artillerie-Lehrabteilung seine Flagge auf dem Kreuzer «Minin» gesetzt hatte. Von hier zogen sich die unsichtbaren Fäden zum Fernöstlichen Krieg.

Der 6. August 1902 war ein klarer Tag gewesen. Vor der Revaler Reede lagen vierzehn große Kriegsschiffe und fünfzehn Torpedoboote. Zwei in Amerika gebaute Schiffe fielen durch ihre weiße Farbe auf: «Warjag» und «Retwisan»; die übrigen waren schwarz gestrichen. Hier befanden sich auch die Jachten des Zaren «Standarte» und «Polarnaja swesda», die am Tage vorher eingetroffen waren. Alle Kommandanten der Baltischen Flotte waren anwesend. Das Ufer und die Kais des Hafens waren voll Menschen, die sich das ungewöhnliche Schauspiel ansehen wollten.

Aufgeregt wartete die Menge vom frühen Morgen an auf Wilhelm II. Endlich zeigte sich am Horizont bei der Insel Nargö (Naissaar) die Rauchfahne des deutschen Geschwaders, dem die Jachten und der Kreuzer «Swetlana» sofort entgegenfuhren. Sie hatten vornehme Zuschauer an Bord. Auch einige geschmückte Privatjachten setzten sich in Fahrt.

Um 8.00 Uhr flatterten auf allen Schiffen bunte Fahnen. In der Ferne dröhnten Salutschüsse. Zwei Stunden später näherten sich die Schiffe der Reede. Dem deutschen Geschwader gehörten an: der Panzerkreuzer «Prinz Heinrich», der Kreuzer «Nymphe», das Begleitboot

«Sleipnir» und die Jacht «Hohenzollern». Alle Schiffe prangten in weißem Anstrich. Wilhelm war schon von seiner Jacht auf die russische umgestiegen, und nun standen beide Herrscher auf der Brücke der Jacht «Standarte».

Jedes unserer Schiffe begrüßte, gehüllt in Pulverrauch, mit einunddreißig Schüssen den Kaiser. Es donnerte wie im Krieg. Auf den Flaggschiffen und Jachten dröhnte die Musik: Die Deutschen spielten die russische, wir die deutsche Hymne. Auf den Kommandobrücken der russischen und der deutschen Schiffe standen die Offiziere in Galauniform auf den Oberdecks, die Bordwände entlang waren die Fronten der Matrosen in weißen Blusen mit blauem Kragen aufgestellt. Ein Teil der Mannschaft befand sich auf den Wanten. Auf den Segelschiffen «Perwenez» und «Kreml» waren die Matrosen auf die Rahen geklettert. Von allen Seiten erklangen laute Hurrarufe. Nach dem Mittagessen, etwa um 15 Uhr, wurde auf den Schiffen der Artillerie-Lehrabteilung die Festbeflaggung eingeholt. Die Offiziere zogen die Dienstuniform an und alles bereitete sich darauf vor, den Allerhöchsten Persönlichkeiten die Kunst des Artillerieschießens vorzuführen.

Beide Herrscher stiegen an Bord des Kreuzers «Minin», gefolgt vom Prinzen Heinrich und dem Chef unserer Flotte, Großfürst Alexej Alexandrowitsch, dem Chef des Marineministeriums Tyrtow, dem deutschen Staatssekretär des Marineamtes Alfred von Tirpitz sowie den Admiralen und dem Gefolge beider Herrscher. Noch niemals zuvor hatte unser Schiff soviel vornehme Persönlichkeiten beherbergt.

Unsere Abteilung lichtete die Anker und lief zum Übungsschießen aus.

Auf der Kommandobrücke standen die Menschen dicht gedrängt. Außer den Gästen befanden sich hier der Schiffskommandant und der Admiral Roshestwenski mit seinem Stabe. Ich stand ebenfalls dort, in einem Winkel verborgen. Ich hatte die Aufgabe, das Aufschlagen der Geschosse zu verfolgen und Kurzschüsse, Weitschüsse und Treffer in ein Heft einzutragen.

Nikolaus trug die Uniform eines deutschen Admirals, während Wilhelm die Uniform eines russischen Admirals mit dem blauen Andreasband angelegt hatte. Unser kleiner Zar wurde durch die Gegenwart seines Kollegen völlig in den Schatten gestellt. Aller Augen waren auf den Kaiser gerichtet. Die ungewöhnlich hohen Absätze verbargen seinen kleinen Wuchs, seine Brust war gewölbt, vermutlich von der reichlichen Watte unter dem Rock. Er war recht stattlich, trug eine ungewöhnlich militärische Haltung zur Schau und hatte einen sicheren

Gang. Seinen linken Arm, der kürzer war als der rechte, suchte er geschickt zu verbergen. Wenn er mit seiner hohen Stimme zum Zaren sprach, zuckte die rechte Gesichtshälfte leicht. Die Narbe auf der Wange, der dichte, flott aufwärts gedrehte Schnurrbart, der wie eine Klammer die gerade Nase zu stützen schien, die großen, dunkelumrandeten Augen, sein ganzes Äußeres, seine Art sich zu geben – alles machte ihn zu einem Bild grimmiger Streitbarkeit.

Unter diesen berühmten Persönlichkeiten fühlte ich mich wie ein Mensch, der auf dünnen zerbrechlichen Ästen die Spitze eines Baumes erklettert hat. Bei der geringsten unvorsichtigen Bewegung droht der Absturz. Nervöse Schauer liefen mir über den Rücken. Meine Uniform saß gut, das hatte ich hundertmal nachgeprüft, ich selber hatte auch eine gute Haltung. Und dennoch bohrte unablässig der Gedanke in mir: wenn nun ein Knopf an der Hose abspringt, wenn ein Riemen sich löst oder wenn ich mich nicht vorschriftsmäßig bewege, was wird man mit mir anfangen?

Die Schiffe der Artillerie-Lehrabteilung manövrierten unter wehenden Gefechtsflaggen. Sie boten ein schönes Bild, wenn sie die verschiedenen Bewegungen ausführten, bald in Kiellinie gingen, bald in Dwarslinie schwenkten. Diese grandiosen schwimmenden Festungen bewegten sich auf dem Wasser mit derselben Leichtigkeit wie ein Zug Soldaten an Land.

Nun dröhnten die Geschütze. Zuerst wurde nach Zielscheiben auf der Karlosinsel geschossen, dann nach schwimmenden Zielen, die von Torpedobooten gezogen wurden.

Roshestwenski schien weder den Zaren noch den Kaiser zu sehen und verfolgte gespannt die Bewegungen seiner Schiffe. Mitunter rief er: «Schneller schießen!»

Wenn er bemerkte, daß ein Schiff einen Fehler gemacht hatte, ärgerte er sich wie immer. Die Anwesenheit der Allerhöchsten Personen hinderte ihn nicht, sein Fernglas vor Wut über Bord zu schleudern. Der Kapitän 2. Ranges Clapier de Colongue reichte ihm das seine. Der Zar bemerkte es und lächelte.

Drei Stunden währten die Manöver und Schießübungen. Die Schießergebnisse waren besser als sonst. Alle Scheiben waren gefallen. Ich staunte über diese Treffsicherheit.

Nach Schluß der Übungen beglückwünschte Wilhelm II. den Zaren und sagte: «Ich wäre glücklich, wenn ich in meiner Flotte solch begabte Admirale hätte wie Ihren Roshestwenski.»

Das sagte er im Beisein von Tirpitz. Natürlich heuchelte Wilhelm, der Zar glaubte es ihm aber. Er schätzte die Meinung des Kaisers und lächelte froh. Zuerst umarmte er unseren Flottenchef, den Großfürsten Alexej Alexandrowitsch, und dann Roshestwenski. Der Admiral beugte sich unter dem Druck untertänigster Gefühle zur Hand des Zaren und küßte sie innig. Dann richtete er sich auf und erklärte mit fester Stimme, wie um den Eindruck noch zu verstärken: «Jetzt müssen wir Krieg führen, Eure Kaiserliche Majestät.»

Auf der Stelle wurde Roshestwenski in das Gefolge seiner Majestät übernommen.

Als am Abend die Schreiber von den Torpedobooten die Post bei uns abholten, erfuhren wir erstaunliche Einzelheiten. Sie erzählten, daß die geschleppten Scheiben, höchst oberflächlich gezimmert, schon vom Luftzug umgefallen waren, den die vorüberfliegenden Geschosse verursacht hatten. Auf der Insel Karlos waren die Scheiben so aufgestellt worden, daß schon ein Splitter oder ein Stein sie umwarf.

Auch nachts fand ein Übungsschießen statt. Am zweiten Tag wurde eine Landungsübung durchgeführt. Dann wurde eine Gefechtsübung gezeigt, bei der eine Schiffsdivision die andere angriff.

Die Feier dauerte drei Tage. Nachts bot die Revaler Reede ein bezauberndes Bild. An den Masten der kaiserlichen Jachten leuchteten die Standarten. Sämtliche Schiffe, die russischen wie die deutschen, waren festlich erleuchtet. Einige Schiffe hatten ihre Bordwände mit ganzen Ketten von Glühlampen geschmückt. Der Flaggkreuzer «Minin» fiel besonders auf. Über ihm hingen leuchtend die Initialen «W» und «N» mit roten Kronen darüber.

Beide Herrscher wetteiferten offenbar in ihrer Freigebigkeit. Wilhelm schenkte dem Zaren eine goldene Schreibtischgarnitur. Nikolaus stand ihm nicht nach und schenkte seinem Kollegen einen goldenen Bojarenhelm mit Edelsteinen. Auch die Admirale vergaß man nicht, sie wurden mit verschiedenen Orden ausgezeichnet.

Etwa um 16 Uhr am 8. August lichtete das deutsche Geschwader die Anker und stach, begleitet von Hurrarufen und dem Donner der Salutschüsse aller Schiffe, in See. Die Jacht «Standarte» geleitete die lieben Gäste. Als die deutsche Jacht «Hohenzollern» sich der Insel Nargö näherte, hißte sie ein Signal nach internationalem Kode: «Der Admiral des Atlantischen Ozeans grüßt den Admiral des Pazifischen Ozeans.»

Auf dem «Standarte» begriff man wohl nicht gleich den Sinn dieses Signals. Dann aber wurden zur Antwort die Flaggen gehißt, die bedeuteten: «Verstanden.»

Auf Befehl des Zaren wurde noch hinzugefügt: «Ich danke und wünsche gute Fahrt.»

Kaiser Wilhelm war schlau. Sein Signal sollte besagen, er sei der Admiral des Atlantischen Ozeans und empfehle unserem Zaren, Admiral des Pazifischen Ozeans zu werden. Nikolaus schenkte seinem Freund Glauben. Von jenem Zeitpunkt an setzte bei uns eine fieberhafte Tätigkeit im Fernen Osten ein. Auf der Revaler Reede war im Kopf des Zaren der Gedanke an den Krieg mit Japan gereift. Hier hatte er dem Kaiser auch sein Einverständnis zur Besetzung des chinesischen Hafens Tsing-tau (Qingdao) erteilt.

Auch für Roshestwenski entsprang aus der Begegnung der zwei Herrscher das Glück. Er wurde Chef des Admiralstabes und blieb es, bis er zum Befehlshaber des Zweiten Pazifischen Geschwaders ernannt wurde.

Wir fahren nach Libau

Nun war es soweit! In der Nacht war unser Geschwader weit in See hinausgelaufen. Der nächste Morgen begann auf «Orjol», wie üblich, nach der für alle Schiffe geltenden Ordnung: Punkt fünf Uhr pfiff der Bootsmann über der Luke des Oberdecks, dann erklang die bekannte Stimme des wachhabenden Unteroffiziers: «Aufstehen! Hängematten zurren!»

In den Schlafräumen der Matrosen wurde dieses Kommando von den Backschaftsunteroffizieren wiederholt und weitergegeben. Die Rufe wurden von derben Flüchen begleitet. Sofort geriet das Mannschaftsdeck in Bewegung, lautes Stimmengewirr setzte ein. Die Männer stürzten aus ihren Hängematten und sprangen aus ihren Backkästen, als ob sie mit kaltem Wasser bespritzt worden wären. Man mußte sich beeilen, wollte man sich in kürzester Zeit anziehen und die Matte sorgfältig in einen Segeltuchsack zurren, daß sie aussah wie ein Seidenkokon.

Etwa zehn Minuten später kam ein anderes Kommando: «Hängematten auf Deck!»

Hunderte von Menschen stürzten die Treppen hinauf, einander stoßend und überholend. Am oberen Deck wurden die Matten in die Kästen gelegt. Wer zu spät kam, erhielt einen Rüffel.

Dann liefen alle zum Gemeinschaftswaschraum, in dem lange Rinnen mit zahlreichen Wasserhähnen angebracht waren. Hier war es sehr eng. Wir spülten schnell das Gesicht mit Salzwasser ab.

«Zum Gebet!»

Diesem Ruf suchten viele Matrosen wie einer Peitsche zu entgehen und versteckten sich in den entferntesten Räumlichkeiten. Die übrigen versammelten sich auf dem Oberdeck. Der Priester, Vater Paissij, erschien und sang das Vaterunser. Viele Stimmen fielen ein. Jeden Morgen sangen wir diese Gebete, nachdem wir vorher sattsam Flüche gehört und selbst ausgestoßen hatten.

Eine halbe Stunde war für das Frühstück vorgesehen. Da ein jeder seine Zuteilung an Butter erhielt und die drei Pfund Brot pro Tag vollauf ausreichten, beeilten wir uns mit der Teemahlzeit nicht. Wir hatten Zeit zum Lachen und zur Unterhaltung. Einige fanden nach dem Frühstück noch Muße, einen versonnenen Blick auf das Meer und die Schiffe zu werfen.

Ringsum war es trübe und grau. Feiner Regen fiel. Kalter Wind bewegte das Meer. Von Zeit zu Zeit kam Nebel auf, der die Sicht verschlechterte.

Unser Geschwader zog in zwei Kielkolonnen dem trüben Horizont entgegen.

Zur rechten Kolonne gehörten die Linienschiffe «Suworow», «Imperator Alexander III.», «Borodino» und «Orjol», das Werkstattschiff «Kamtschatka», das eine schwimmende Werkstatt war, die Kreuzer «Aurora», «Swetlana», «Almas». Die linke Kolonne bestand aus den Linienschiffen «Osljabja», «Sissoi weliki» und «Nawarin», den Kreuzern «Admiral Nachimow» und «Shemstschug» sowie dem Transportschiff «Anadyr». Außerdem folgten für gewöhnlich die Torpedoboote «Bedowy», «Blestaschtschi», «Bystry», «Buiny», «Brawy», «Bodry» und «Besupretschny». An diesem Tag aber hatten sie sich auf Befehl des Geschwaderkommandanten vom Verband gelöst und das Geschwader überholt. Bald waren sie am Horizont verschwunden.

Auf den Masten des Flaggschiffes «Suworow» erschienen ununterbrochen Signale. Alle übrigen Schiffe wiederholten sie, indem sie die gleichen Flaggen hißten. Das Linienschiff «Borodino», das vor uns fuhr, scherte häufig nach beiden Seiten aus und erhielt deswegen vom Admiral einen Verweis.

Um sieben Uhr begann auf «Orjol» das Saubermachen. Das Deck wurde gescheuert, Staub gewischt, die Kupferteile wurden geputzt. Die wachhabenden Offiziere und Maate führten die Aufsicht. Heute war ein junger Leutnant, den die Matrosen «Spätzchen» nannten, wachhabender Offizier. Er hatte ein zartes Jungengesicht mit sorglosen grauen Augen hinter den blitzenden Gläsern des Kneifers. Klein und hurtig, war er in ständiger Bewegung, bald auf der Brücke, bald auf Deck. Er feuerte die Matrosen mit gekünstelt tiefer Stimme an: «Ihr Sauertöpfe! Ihr arbeitet ja nicht, ihr verpestet nur die Luft! Das Deck muß ordentlich gescheuert werden.»

Man konnte es ihm kaum recht machen. Er lärmte ohne jeden Anlaß und gebrauchte auch mitunter die Fäuste. Die Matrosen haßten ihn und brummten: «Unser Spatz tschilpt schon wieder blöd.» – «Das ist der nutzloseste Vogel auf der Welt.» – «Ein Spatz hat im Pferdemist zu wühlen; der da hat einen Dolch um und teilt Befehle aus.»

Anders der wachhabende Leutnant Slawinski. Er war mittelgroß, gedrungen, sein sommersprossiges Gesicht zeigte stets einen ruhigen Ausdruck. In jeder Situation wahrte er Haltung. Ihn kannten wir als einen Offizier, der für alles Verständnis hatte.

Vorschriftsmäßig waren die Säuberungsarbeiten an Deck in einer Dreiviertelstunde beendet. Weder der Erste Offizier noch der Kommandant hatten etwas auszusetzen. Slawinski überzeugte sich davon und rief: «Bootsmann! Den Rapport!»

Der Bootsmann Sajom, dieser ausgekochte vierzigjährige Seebär, stand in der Nähe. Mit sicheren Schritten ging er, seinen Schnauzbart zwirbelnd, auf den Wachhabenden zu, blieb stehen, hob mit scharfer Bewegung die rechte Hand an den Mützenrand, überreichte mit der linken den Rapportzettel und sagte: «Euer Hochwohlgeboren, auf dem Geschwader-Linienschiff ‹Orjol› sind ...»

Er meldete die Zahlen, die im schriftlichen Rapport vermerkt waren – wie stark die Mannschaft an Deck sei, wieviel Kranke und Inhaftierte es gebe, wie groß der Kohlenvorrat sei, wie lange der Vorrat an Süßwasser und Maschinenmaterial ausreichen werde.

Der Wachhabende ging zum Ersten Offizier Sidorow, überreichte ihm den schriftlichen Rapport und wiederholte alles, was er soeben vom Bootsmann vernommen hatte.

Fünf Minuten vor acht, als auf den Masten des Flaggschiffs «Suworow» das Signal hochging, sich zur Flaggenparade bereit zu halten, gab der Erste Offizier den Befehl: «Die Wache, Trompeter und Trommler an Deck! Die Mannschaft in Backschaften antreten! Das Glockenzeichen in die Offiziersmesse!»

Die Zeremonie nahm ihren Verlauf. Auf Deck traten an: die Trommler und Trompeter auf dem linken, die Offiziere auf dem rechten Hinterdeck, die Mannschaft in Wachabteilungen auf dem Mitteldeck.

Inzwischen lief eine Ordonnanz zum Schiffskommandanten mit der Meldung, daß alles zur Flaggenparade bereit sei. Sobald der Kapitän 1. Ranges Jung an Deck erschien, kommandierte der Wachhabende: «Stillgestanden! Präsentiert das Gewehr!»

Zehn Matrosen führten exakt die Griffe aus und hielten die Gewehre wie Kerzen vor sich, bis der Kommandant abwinkte.

Hierauf erstatteten der Erste Offizier, der Chefarzt und die älteren Fachoffiziere dem Kommandanten Bericht. Nach der Berichterstattung begrüßte der Kommandant die Offiziere, dann die Bootsleute und schließlich die Mannschaften.

Bis zum feierlichen Akt blieb nur noch eine Minute.

Der Wachhabende kommandierte: «Zur Flagge!»

Punkt acht Uhr, genau zur selben Zeit wie auf dem Flaggschiff «Suworow», ertönte laut und gedehnt, mit vibrierender Stimme der Befehl: «Stillgestanden! Heißt Flagge!»

Die Heckflagge mit dem Andreaskreuz schob sich langsam zum Nock der Gaffel. Wieder wurde präsentiert, alle Offiziere und Mannschaften nahmen die Mützen ab, Trompeter und Trommler rührten das Spiel, die Maate bliesen auf ihren Pfeifen, der Backwachhabende schlug acht Glasen. Auf den Flaggschiffen spielten Blaskapellen.

Die Zeremonie war beendet.

«Mannschaften wegtreten! Wache nach unten!»

Die Wache wurde abgelöst, es begannen die Schiffsarbeiten und der Unterricht in den Spezialfächern. Das dauerte zweieinhalb Stunden, bis von der Brücke das Kommando kam: «Alle Arbeiten einstellen! Decks aufräumen!»

In der Kombüse bereitete der Koch für den Kommandanten eine Kostprobe vom Mannschaftsessen. In eine vernickelte Terrine schöpfte er Suppe, fügte ein großes Stück goldgelbes Fett und einen Löffel saure Sahne hinzu, die er sich vom Koch der Offiziersmesse geholt hatte. Zuletzt rührte er noch kleingeschnittenes Fleisch vom besten Stück darunter. Obwohl diese Kostprobe dem Gemeinschaftskessel entnommen war, unterschied sie sich also wesentlich von dem Essen, das die Matrosen erhielten. Wenn die vernickelte Terrine mit der Suppe, der Teller mit den Schwarzbrotscheiben, das Salzfaß, der Löffel und die Serviette auf dem Tablett bereitlagen, band sich der Koch hastig eine weiße Schürze um und setzte sich eine saubere Mütze auf. Genau fünfzehn Minuten später steckte der Bootsmann Sajom den Kopf zur Tür herein und fragte: «Die Probe?»

«Ist fertig, Bootsmann.»

In Begleitung des Bootsmannes begab sich der massige Koch, das Tablett balancierend, zur vorderen Kommandobrücke. Er schritt trotz seiner Aufregung so feierlich einher, als trüge er das Heilige Sakrament. Die Hand an der Mütze, meldete der Bootsmann dem Wachhabenden: «Die Probe ist fertig. Euer Hochwohlgeboren.»

Bei dieser Meldung mußte nach Vorschrift der Erste Offizier zugegen sein.

Diese Ordnung herrschte auf allen Kriegsschiffen. Leutnant Pawlinow wandte sich an Sidorow und meldete: «Herr Kapitän zweiten Ranges, die Probe ist fertig.»

Aus der Deckkabine trat der Kommandant selbst, nahm dieselbe Meldung vom Ersten Offizier entgegen und kostete. Er aß mit Andacht und Genuß. Der Koch hielt wie versteinert das Tablett. Die übrigen drei standen salutierend dabei und sahen dem Schiffskommandanten zu. Zu diesem Zeitpunkt knurrte jedem Menschen an Deck der Magen. Das Zuschauen machte noch mehr Appetit. Sidorows bärtiges Gesicht drückte eine Frage aus. Würde für ihn auch noch etwas übrig bleiben? Der kräftige Leutnant Pawlinow preßte seine Kiefer zusammen, die Flügel seiner rassigen Nase bebten. Der Bootsmann Sajom hatte sich ein wenig vorgebeugt und starrte aus runden Augen den Kommandanten an wie die Schlange ihre Beute.

Der Kapitän 1. Ranges Jung legte schließlich den Löffel aufs Tablett, wischte sich sorgfältig den Schnurrbart und sagte freundlich: «Die Suppe ist gut. Das nächste Mal streue etwas mehr Pfeffer hinein, ein bißchen mehr.»

«Zu Befehl, Euer Hochwohlgeboren», antwortete der Koch.

Nach dem Kommandanten machten sich die andern unter Wahrung der Rangfolge an die Probe. Sie aßen mit demselben Löffel, wischten sich den Mund mit derselben Serviette.

Diese Prozedur wiederholte sich täglich.

Von der Brücke her wurde veranlaßt, daß der Oberproviantmeister Pjatowski und ich aus der Achterluke zwei Gefäße mit Schnaps heraufbringen sollten. Um elf Uhr befahl der Wachhabende: «Pfeifen zur Schnapsausgabe und zum Mittagessen!»

Die Batteriepfeifen der Maate trillerten. In die Mannschaft kam Leben. Einige Matrosen ließen in den Zwischendecks die Hängetische rasselnd herab, andere eilten mit Kupfergeschirren in die Kombüse. Die Matrosen, die besonders gern einen tranken, liefen zum Ausschank und stellten sich an. Auf jeden Mann kam mittags ein halbes Maß Schnaps, ein weiteres halbes Maß zum Abendessen. Sie tranken den Schnaps mit Genuß, ächzten und scherzten.

«Nun rollt der liebe Schnaps in den Laderaum meines Bauches.» – «Er brennt gut.» – «Im Ausland wird man uns Rum geben, der ist noch besser.» – «Ich wollte meine Seele wohl im Vierzigprozentigen ersäufen.» – «In den sieben Jahren meines Dienstes habe ich dem Zaren über viertausend solcher Halbmaß weggetrunken.»

Dann kam das Mittagessen. Später würden wir zum Pökelfleisch übergehen müssen, vorerst hatten wir aber noch einen Vorrat an frischem Fleisch. Es gab dreiviertel Pfund Fleisch pro Mann und Tag. Die «Flottensuppe» mit viel Weißkohl, Kartoffeln, Rüben, Mohrrüben, angedickt mit Weizenmehl und gewürzt mit rotem Pfeffer, war kräftig und fett. Jeder mußte aufpassen, damit er nicht zu kurz kam. Die Gier der einen steckte die anderen an. An jeder großen Schüssel flitzten zehn Löffel auf und ab, zehn Kieferpaare arbeiteten laut kauend. Die Augen starrten voll tierischer Freßlust auf die Mitte des Tisches, dorthin, von wo der angenehm aufreizende Geruch kam. Die Seeleute löffelten schweigend; mit ihren schwitzenden, geröteten Gesichtern und ihrem schweren Schnaufen erweckten sie den Eindruck, als vollbrächten sie eine ungemein schwierige Arbeit.

Nach dem Mittagessen war bis 13.30 Uhr Ruhe, dann folgte eine halbe Stunde für die Teemahlzeit.

Das Geschwader näherte sich am 12. Oktober Libau (Liepāja). Ich starrte dorthin, wo sich die Sandufer abzeichneten. Ein wenig landeinwärts stand dichter Wald. Die Bäume schwankten, als klettere der Wald eine Anhöhe hinauf. Aus leichtem Nebel traten – je näher wir kamen, um so deutlicher – die Gebäude des «Hafens Alexander III.», die Fabrikschlote und die Krane hervor. Das Geschwader passierte den schwimmenden Leuchtturm, umfuhr den steinernen Wellenbrecher und warf im großen Vorhafen Anker. Die Torpedoboote, die vorausgefahren waren, lagen schon vor Anker.

Die letzte Nacht am heimatlichen Ufer

Drei Tage vergingen recht unruhig. Wir ergänzten Kohlenvorräte, luden verschiedenes Material und Frischverpflegung. Auf einigen Schiffen wurde die Arbeit sogar nachts nicht unterbrochen. Es war kalt und stürmisch. Die See heulte und warf hohe Wellen über die Steinmole. Der Horizont schien sich über der See verengt und eine zottige Pelzmütze aus Wolken aufgesetzt zu haben.

Der Libauer Kriegshafen war noch nicht vollendet. Er wurde erweitert und ausgebaut, um Kronstadt zu ersetzen und um zum ersten Hafen am Baltischen Meer, sowie zur Hauptbasis unserer Flotte zu werden. Vorerst herrschte reges Leben nur im Handelshafen, der das ganze Jahr über nicht zufror und daher ständig benutzt werden konnte. Die Eisenbahn brachte aus allen Ecken Rußlands Exportware nach Libau: Getreide, Butter, Ölkuchen. Unzählige Schiffe unter den Flaggen der verschiedensten Länder füllten ihre Laderäume und kehrten dann in die heimatlichen Häfen zurück.

Um mich schneller mit der Organisation des Geschwaders vertraut zu machen, sah ich eines Abends die Befehle des Geschwaderführers durch. Im Befehl Nr. 4 war die Liste der Stabsoffiziere veröffentlicht, in der ich einen bekannten Namen fand. Es war der Kapitän zweiten Ranges Kurosch, der dem Stab als Flaggartillerieoffizier angehörte. Welch ein Glück war es für mich und die anderen Matrosen, daß weder Roshestwenski noch Kurosch bei uns an Bord waren! Ich hatte beide während dreier Seefahrten auf dem Kreuzer «Minin» kennengelernt; diese Zeit war mir in trostloser Erinnerung geblieben.

Damals war Kurosch noch Leutnant gewesen, hatte aber auf dem Kreuzer die Funktion eines Ersten Offiziers inne. Er war mehr als mittelgroß, sehnig und dürr. Ein schwarzer, lockiger Bart umgab hufeisenförmig sein Zigeunergesicht, das immer einen bösen, raubtierartigen Ausdruck zeigte. Kurosch hatte die Augen eines mißtrauisch-wachsamen Luchses. Ein halbes Hundert Offiziere könnte den Matrosen nicht so viel Leid zufügen, wie es allein dieser Mensch tat! Eine gewisse Ruhe trat auf dem Schiff erst ein, wenn er sich mit Schnaps vollgepumpt hatte. In betrunkenem Zustand weinte er, daß ihm der Speichel aus dem Munde lief, und umarmte die Mannschaften. Einigen gab er Geld, einen Rubel und mehr. Mitunter rief er, den Kopf heftig schüttelnd: «Brüder, verzeiht mir! Mein Herz ist voll Wunden, voll Blut. Deswegen bin ich solch ein Schuft. Ich habe das Leben satt. Ich kann den Tag nicht abwarten, an dem ihr mich zerreißt ...»

Ganz anders führte sich Kurosch in nüchternem Zustand auf. Es verging kein Tag, an dem er nicht fünfzehn bis zwanzig Mann schlug. Das war für ihn ein gewisser Sport. Den Matrosen, den er sich vornahm, beschimpfte er zunächst gründlich, wobei er die Stimme immer mehr erhob. Dann legte er die Hände auf den Rücken, was ein sicheres Zeichen dafür war, daß nun die Exekution beginnen würde. So verfuhr er immer. Lange Zeit hatte ich mir diese Methode nicht erklären können, bis es mir die Matrosen verrieten: An einem Finger der rechten Hand trug er einen Ring mit einem kostbaren Stein. Wenn er die Hände auf den Rücken legte, drehte er den Ring mit dem Stein nach innen, um ihn nicht zu verlieren. Erst dann hagelten die Schläge auf den Matrosen.

Hin und wieder wandte Kurosch auch eine verfeinerte Strafe an. Eines Tages brachte der Elektriker Maxim Kossyrew eine Bitte vor: «Euer Hochwohlgeboren, gestatten Sie mir heute Landurlaub?»

«Wozu?»

«Ich möchte in die Kirche, ich habe heute Namenstag.»

Kurosch fragte: «Namenstag, sagst du?»

«Jawohl, Euer Hochwohlgeboren.»

Kurosch überlegte eine Weile und sagte, als habe er volles Verständnis für die Bitte: «Komm mit.»

Er führte den Matrosen vor die Deckkabine und gab ihm mit gleichgültiger Stimme den Befehl: «Steh hier und sieh in den Himmel. Sobald du deinen Heiligen, nach dem du getauft worden bist, erblickst, meldest du es mir.»

Kossyrew begriff diese Anordnung nicht und starrte verwundert seinen Ersten Offizier an, der sofort losbrüllte: «Ich habe dir befohlen, in den Himmel zu gucken, und du gehorchst mir nicht?!»

Er schlug den Matrosen mit der Faust ins Gesicht, packte seinen Kopf mit beiden Händen und bog ihn nach hinten. Eine ganze Stunde stand Kossyrew da und starrte in den Himmel. Kurz bevor die Flagge niedergeholt wurde, kam Kurosch wieder zu ihm und fragte: «Hast du deinen Heiligen gesehen?»

«Nein, Euer Hochwohlgeboren.»

«Na schön, mach, daß du an Land kommst.»

Viele Matrosen versuchten, mit dem Koch ein freundschaftliches Verhältnis anzuknüpfen. Wenn er die Fleischportionen schnitt, konnte man gelegentlich einen Knochen ergattern. Der Glückliche verschwand in solchen Fällen irgendwo in einem Schiffswinkel, um den Vorgesetzten nicht vor die Augen zu kommen. Dort, in der Einsamkeit, bearbeitete er seine Beute, bis nichts mehr dran war. So war es Sitte auf allen Schiffen, so war es auch auf dem Kreuzer «Minin».

Eines Tages gab der Koch unserem Schreiber Ochlobystin einen riesigen Ochsenknochen mit schönen Fleischstücken und viel Mark. Ochlobystin war noch nicht weit von der Kombüse weg, als ihn Kurosch wie ein Habicht überfiel. Diesmal ging es ohne Schläge ab. Der Erste Offizier befahl dem Schreiber, den Knochen zwischen die Zähne zu nehmen, und führte ihn dann am Ohr an Deck. Hier mußte der Unglückliche zwei Stunden mit dem Knochen in den Zähnen wie ein Hund dastehen, bleich und vor Scham vergehend.

Auch ich hatte einen Zusammenstoß mit Kurosch. Er entdeckte bei mir das Buch «Einleitung in die Philosophie» von Friedrich Paulsen.

«Ah, so etwas liest du also!»

Er schüttelte die Fäuste und fuhr mich an, begnügte sich aber nicht damit, sondern durchsuchte meine Koffer, worauf meine Lieblingsbücher über Bord flogen. Ich blieb unverbesserlich, verstand es aber seitdem, mir mein Wissen noch heimlicher zu verschaffen, etwa wie ein Verbrecher, der sich fremdes Gut aneignet.

Einige Matrosen versuchten, sich beim Admiral Roshestwenski über

Kurosch zu beschweren, hatten es aber zu bereuen. Da entschlossen sie sich, in einem anonymen Brief dem Admiral alle Schandtaten des Ersten Offiziers aufzuzählen. Damit die Handschrift niemanden verriet, wurde ein Matrose von einem andern Schiff gebeten, den Brief abzuschreiben. Der Brief wurde durch Einschreiben an den Geschwaderkommandanten geschickt.

Vor dem Abendgebet, als alle auf dem Oberdeck angetreten waren, erschien der Admiral selbst. Er fuchtelte mit dem Brief und brüllte: «Wer schrieb diese elende Verleumdung? Vortreten!»

Etwa eine Minute lang herrschte Grabesstille an Bord. Dann brach eine Sturzflut von Flüchen über uns los. Der Admiral drohte, den Verfasser dieses Briefes an der Rahe aufzuhängen. Da begriffen wir, daß es keine Möglichkeit gab, zu unserem Recht zu gelangen. Es ist schwer zu sagen, wer von den beiden grausamer war – Kurosch oder Roshestwenski.

Krankhaft ehrgeizig, grenzenlos selbstsicher, jähzornig, hemmungslos in seiner Willkür, war der Admiral ein Schrecken nicht nur für die Matrosen, sondern auch für die Offiziere. Er verachtete sie, erstickte in ihnen jede Initiative, jeden Willen. Selbst die Schiffskommandanten schikanierte er auf jede Weise, nahm sich kein Blatt vor den Mund und beschimpfte sie unflätig. Die Kommandanten, die selbst reichen Ordensschmuck trugen, hohen Rang besaßen und auch schon ältere Männer waren, standen vor ihm stramm wie Schuljungen. Während der Manöver und der Schießübungen der Artillerie-Lehrabteilung habe ich es selbst öfters gesehen, wie an den Masten unseres Kreuzers die Flaggen mit dem Namen des schuldigen Schiffs unter Hinzufügung irgend welcher beschämender Worte hochstiegen wie «Abscheulich», «Scheußlich», «Wie die Türken», «Weibisch». Solche Verhöhnungen ertrugen die Kommandanten ohne Protest, geduldig und stumm, wie gut dressierte Pferde.

In meiner ganzen Dienstzeit habe ich es nicht erlebt, daß ein Lächeln das finstere Gesicht des Admirals erhellt hätte.

Unter unseren Offizieren fanden sich aber auch solche, die fortschrittliche Ansichten hatten. Sie verabscheuten solche Typen wie Roshestwenski und Kurosch, waren jedoch machtlos gegenüber deren Willkür. Das Übel bestand ja nicht nur in einzelnen schlechten Vorgesetzten, die alle menschlichen Züge verloren hatten, sondern in dem System der Rechtlosigkeit, das in der Flotte herrschte.

Ich konnte nur meinem Schicksal danken, daß ich jetzt nicht an Bord von «Suworow» war. Unser Panzerschiff wurde von einem humanen Kommandanten befehligt. Im Vergleich zu Kurosch war unser Erster Offizier ein gutmütiger Mensch. Gewiß, er fluchte gern und schimpfte, das gehörte aber wohl nun einmal zu seinem gottverdammten Amt. Jedenfalls erlitten wir Matrosen weiter keinen Schaden durch ihn.

Am Tage vor unserer Abfahrt aus Libau fuhr ich noch einmal mit der Straßenbahn in die Stadt. Die Bevölkerung bestand hauptsächlich aus Letten, aber es waren auch andere Nationalitäten vertreten: Deutsche, Polen, Juden, Russen. Das sah man auch den Kirchen an. Neben der im gotischen Stil erbauten lutherischen Kirche standen die schöne Synagoge und die katholische Kirche. Im Hafen erhob sich auf einem Hügel majestätisch die orthodoxe Kathedrale – ein Symbol der Herrschaft über die anderen Völkerschaften. In den Geschäften herrschte lebhafter Verkehr, die Verkäufer sprachen viele europäische Sprachen. Ich besuchte auch eine berühmte Konditorei, deren Torten aus Marzipan waren und deren Fische, Vögel und andere Tiere darstellenden Süßigkeiten Weltruf besaßen. Dann fiel mir ein, einen Buchladen zu besuchen, in dem ich die literarischen Neuerscheinungen durchsah. Plötzlich sagte jemand hinter mir:

«Du suchst dir wohl Bücher aus?»

Ich drehte mich um und zuckte zusammen. Vor mir stand ein Offizier in regennassem Umhang – unser Ingenieur Wassiljew. Aus Unterhaltungen mit Matrosen, hauptsächlich Maschinisten, wußte ich, daß sie ihn für einen der besten Vorgesetzten hielten. Unter dem Schirm der Marinemütze blickten mich junge, braune, kluge Augen an, während der schwarze Schnurrbart ein aufmunterndes Lächeln halb verbarg. Das beruhigte mich, und ich erwiderte: «Jawohl Euer Hochwohlgeboren, ich möchte mir für die Fahrt etwas kaufen.»

«Das ist gut. Du magst also Bücher?»

«Ja, ich habe eine Schwäche für sie und lese gern.»

Wassiljew fragte, was mich in der Literatur am meisten interessiere und fügte hinzu: «Unterwegs kannst du zu mir kommen und dir Bücher holen.»

Dieses Verhalten eines Offiziers mir gegenüber verwunderte mich und ließ mich mißtrauisch aufhorchen.

«Ich danke Ihnen, ich werde davon Gebrauch machen.»[1]

Ich kaufte die neuesten Nummern der Zeitschrift «Snanije» («Wissen»), grüßte Wassiljew militärisch und verließ den Laden.

Auf dem Heimweg traf ich im Hafen einen guten Freund, den Schreiber Ustinow.[2] Vor einem Jahr war ich mit ihm zusammen an Bord des Kreuzers «Minin» gewesen, wir hatten den Winter in der Lehr-Artillerieabteilung verbracht. Er war ein kräftiger, aber äußerst schüchterner Bursche. Ich sah auf seiner Mütze die Aufschrift «Suworow», drückte ihm die Hand und fragte: «Bist du denn auch im Zweiten Geschwader?»

«Ja.»

«Was tust du denn?»

«Ich bin in Roshestwenskis Stab.»

«Na, dann beneide ich dich nicht. Da wird dein Trommelfell bald platzen, wie es schon manchem Schreiber ergangen ist.»

Ustinow gestand traurig: «Ja, man hat's nicht leicht mit ihm, diesem verrückten Ochsen, der einen jeden Augenblick auf die Hörner nehmen kann. Keiner auf unserem Panzerschiff ist vor ihm sicher. Ich bin in der Geheimkanzlei. Er bevorzugte mich irgendwie. Bisher hat er mich nur einmal so geschlagen, daß ich umfiel.»

«Was gibt es Neues im Stab? Du weißt doch alles, erzähle schnell.»

«Es gibt nichts Erfreuliches. Das Marinetechnische Komitee teilt mit, daß man sich mit den Linienschiffen der Klasse ‹Borodino› vorsehen müsse, weil sie eine nur geringe Stabilität haben. Werden sie überlastet, können sie auch ohne gegnerische Kampfeinwirkung schon kentern. Beim Lesen des Dokumentes bekam ich Angst. Eine ganze Liste von Maßnahmen ist da aufgeführt, die eine Katastrophe vermeiden sollen.»

«Wir haben einen langen Weg vor uns. Laß uns öfters beisammen sein, es ist sonst so einsam», sagte ich.

«Es könnte sein, daß man uns diesen Weg abkürzt.»

«Wieso denn?»

«Im Stab liegen Informationen vor, daß uns in den dänischen Gewässern japanische Torpedoboote erwarten. Der Admiral ist finster wie eine Gewitterwolke. Die Angehörigen des Stabes sind ebenfalls aufgeregt.»

Wir plauderten noch miteinander und verabschiedeten uns dann. Er eilte zur Post und ich an Bord meines Schiffes.

Der Vorhafen war für unsere Panzerschiffe nicht tief genug, und die Steinmole schützte uns nur schlecht vor Wind und Wellen. Mehrere Schiffe hatten bereits Grundberührung. Deshalb ließ der Geschwaderkommandant das Geschwader am Nachmittag trotz des schlechten Wetters nach der Außenreede auslaufen.

Am Abend wurde auf «Orjol» ein Bittgottesdienst abgehalten. Offiziere und Mannschaften hatten sich auf dem Wohndeck vor dem Kirchenraum versammelt. Der rotbärtige Priester Paissi, ein ehemaliger Mönch, sang mit gesprungener Stimme vor, der Matrosenchor fiel ein.

Es wurde mit Kniefällen «für den Bojaren Sinowi (Roshestwenski) und seine Mannen» gebetet.

Allgemein herrschte eine schlechte Stimmung. Das Gerücht von der Nähe japanischer Torpedoboote hatte auch unser Linienschiff erreicht und war bis zur Mannschaft gedrungen. Viele stellten sich vor, wir würden hier auf der Reede schon torpediert werden. In allen Gesprächen äußerte sich diese gedrückte Stimmung.

Es war eine dunkle Nacht, der Wind heulte in der Takelage, dumpf schlugen die Wellen gegen das Schiff, die Ankerketten knarrten. An den kleinkalibrigen Geschützen wachten Geschützführer und Offiziere. Die Wachschiffe ließen die Scheinwerfer spielen, auf den Masten des Geschwaders flammten Signallichter auf.

In dieser Nacht konnte ich in meiner Segeltuchhängematte lange keinen Schlaf finden. Die meisten elektrischen Lampen waren ausgeschaltet, die noch brennenden gaben wenig Licht. Rings um mich schimmerten in Abständen von etwa je einem halben Meter die Reihen der Hängematten, in denen die Matrosen schliefen. Im Halbdunkel sah das aus, als hätten sich sagenhafte, stumme Wesen an der Decke festgesaugt und ließen schnaufend ihre Bäuche hängen. Das Schiff schaukelte leise. Kraftlos kreisten die Gedanken um die Zukunft, um das Schicksal des Geschwaders. Kurosch kam mir in den Sinn, er schlug sich mit der Faust auf die Brust und bekannte schluchzend seine Verbrechen.[3]

Die weite Fahrt

Am Morgen des 15. Oktober lichtete unser Geschwader, eingeteilt in vier Abteilungen, die Anker. Nach dem Mittagessen hatte die letzte Gruppe, der auch unser Linienschiff angehörte, die Libauer Reede verlassen. Wir fuhren in zwei Kiellinien: in der rechten «Suworow», «Alexander III.» und «Borodino», in der linken «Orjol», das Transportschiff «Korea» und das Rettungs- und Schleppschiff «Roland». Wir beeilten uns nicht und machten nur etwa zehn Knoten in der Stunde.

Gestern war die See, gepeitscht vom Winde, bewegt gewesen, heute herrschte nur geringer Wellengang. Der niedrige, graue Himmel sandte uns zum Abschied ein paar Regenspritzer. Die Matrosen, die auf dem Achterdeck standen, blickten sehnsüchtig auf das zurückweichende Land. Am Horizont verschwand der letzte russische Hafen.

«Wir werden die russische Küste nicht so bald wiedersehen», sagte der Elektromaat Stepan Golubew, der Gitarre spielen konnte und gern gefühlvolle Romanzen sang. Seine hochgezogenen Brauen erweckten den Eindruck, als wundere er sich immer.

Nikolai Kosyrew, ein anderer Elektromaat, schmalbrüstig und gekrümmt, mit einem narbigen Gesicht, Kenner der russischen Geschichte und Weltgeschichte, ein nie verzagender Mensch, fügte vergnügt hinzu: «Ja, wohl nicht eher als in fünf Monaten.»

«Vielleicht ist es uns überhaupt nicht mehr vergönnt, auf russichem Boden zu stehen», erwiderte der düstere Elektriker Alferenko verbittert.

Alle drei zählten zu meinen Freunden. In Gesprächen hatte ich mich schon davon überzeugt, daß sie die illegale Literatur kannten. Sie waren gute und zuverlässige Genossen.

Hier auf dem Hinterdeck stand auch der Heizer Baklanow, mit dem ich an Bord des Kreuzers «Minin» gewesen war, ein alter Bekannter. Er war ein äußerst fauler und schmutziger Mensch, der dafür bekannt war, daß er dreißig Stunden pausenlos schlafen konnte. Klein von Wuchs, hatte er doch ein Gewicht von sechs Pud, fast zwei Zentner, und war entsprechend breit. Die schräge Stirn mit den Beulen über den dichten Brauen, die breite Sattelnase, verschwommene, höhnische Augen, die verächtlich aufgeworfenen, dicken Lippen, das große, stumpfe Kinn, das eher wie ein Knie aussah – alle diese Züge hoben sein Gesicht aus der Masse hervor. Trotz seiner Trägheit und seines geringen Energieaufwandes hatte er ständig Hunger und beklagte sich: «Der Staat läßt einen zwar nicht gerade verhungern, gibt aber auch nicht satt zu essen.»

Unvergeßlich blieb mir ein Vorfall, der sich vor drei Jahren ereignet hatte. Der Heizer Baklanow stieß damals an Deck des Kreuzers «Minin» mit Roshestwenski zusammen. Obwohl er schon lange dienstfrei war, strotzte er wie üblich vor Schmutz. Der Admiral geriet in Wut, rief zwei Maate heran und befahl ihnen: «Wascht diese Vogelscheuche! Aber ordentlich! Spart nicht mit Seife und Soda! Schrubbt ihn mit Sand ab!»

Der Heizer wurde mit Gewalt entkleidet und unter Wasser gesetzt. Vier kräftige Matrosen machten sich daran, ihn vom Schmutz zu säubern. Sie rieben ihm mit aller Kraft den Kopf, den Hals, das Gesicht, die Ohren und alle übrigen Körperteile mit Sand ab. Der Heizer wand sich, ächzte, verzog das Gesicht. Dann wurde er aus zwei Schläuchen abgespritzt. Die Wasserstrahlen waren so stark, daß er sich kaum auf den Beinen halten konnte, und wieder schrubbten sie ihn mit Sand, bis seine Haut fast blutete. Darauf wurde er noch einmal mit Seife und Soda gewaschen. Nach einer halben Stunde war er nicht wiederzuerkennen – so sauber war er! Eine solch zarte Haut hatte er wohl nur am ersten Tage seines Lebens gehabt.

Auf «Orjol» hatte der Heizer einen unzertrennlichen Freund und Landsmann, Wasja-Drosd-Star. Diesen Spitznamen hatte man ihm gegeben, weil er Verse machte und sie selber wie ein Vogel sang. Sie waren kitschig und sentimental, aber sie gefielen den Matrosen. Auf dem Kopf einen wirren Haarschopf, stelzte Wasja-Drosd auf seinen langen Beinen umher. Die Schultern ließ er hängen, als trüge er eine schwere Last. Die Charaktere der beiden Freunde waren völlig verschieden. Der eine war faul und gegen alles gleichgültig, der andere allzu lebhaft und bestrebt, sich das Leben zu erobern. Sie erschienen nur an Deck, um sich zu zanken.

Auch jetzt saß der Heizer Baklanow mit seinem Freund auf dem Vorbau des 305-mm-Turmes und sagte: «Nun ziehen wir in fremde Meere, Drosd.»

«Na und?»

«Du mußt die Totenklage anstimmen!»

«Warum die Totenklage?»

«Die Japaner werden dich umbringen!»

«Und dich nicht?»

«Nein, mich nicht. Mit dir hat sich der Tod angefreundet, ich sehe es deinen Augen an.»

Wasja-Drosd fluchte.

Der Heizer Baklanow blieb ungerührt und richtete, wie stets in solchen Fällen, eine überraschende Frage an seinen Freund: «Sag mal, Drosd, wieviel Schwanzfedern hat eine Möwe?»

«Das weiß ich nicht, aber etwas anderes weiß ich: Sie hat unter ihrem Schwanz mehr Verstand als du in deinem Kopf.»

«Vom Dummen wird im Dienst weniger verlangt. Wozu braucht unsereiner Verstand? Wir werden ja doch nicht zum Admiral befördert.»

Wir anderen unterhielten uns gedämpft über die Japaner. In ein oder zwei Tagen würden wir unbedingt entweder auf Unterseeboote oder Torpedoboote stoßen.

Achtern schmolz der letzte Streifen der heimatlichen Erde dahin. Aus. Die unmittelbare Verbindung mit der Heimat war für lange Zeit abgebrochen. Wer von uns würde zurückkehren? Und auf welchem Wege?

Um 13.30 Uhr erfolgte von der Kommandobrücke die Anordnung: «Teemahlzeit für die Mannschaft.»

Und um 14.00 Uhr erklang das Signal «Alarm».

Es begann das Artillerie-Übungsschießen. Die Mannschaft eilte im Laufschritt auf ihre Plätze. Die Bedienung der Turm- und Kasemattengeschütze stürzte an ihre Plätze. Hastig wurden Schutzhüllen entfernt, Pfropfen aus den Rohren gezogen und Zielvorrichtungen aufgesetzt. Eine andere Gruppe von Matrosen hatte die Munitionskammern aufgeschlossen und stieg geschwind in die untersten Räume des Schiffes hinab. Dort war es stickig und heiß. Die Matrosen zogen die Hemden aus, um besser arbeiten zu können.

Die 75-mm-Artillerie hatte ihre besonderen Depots. Hier wurden die Hülsen mit den Geschossen in Körbe verladen, die durch einen Aufzug zu den Geschützen heraufbefördert wurden. Oben nahm die Geschützbedienung die Geschosse in Empfang und legte sie reihenweise auf ein Segeltuch. Der Geschützführer gab dann das Kommando: «Laden!»

Der Ladekanonier öffnete den Verschluß des Geschützes, und der Zuträger führte Granate und Ladung ins Rohr.

«Verschluß!» kommandierte der Geschützführer.

Der Ladekanonier klappte den Verschluß zu und rief warnend:

«Achtung!»

Bei uns an Bord war man bestrebt, den Artilleriebeschuß aus dem Kommandoturm elektrisch zu lenken. Solche Anzeigen befanden sich in jedem Geschützturm, in jeder Kasematte und im Batteriedeck. Die verschiedenen Geräte zeigten Beginn oder Ende des Feuers, die Richtung, die Entfernung bis zum gegnerischen Schiff und die Art der benötigten Geschosse an.

War das Geschütz schußbereit, so kommandierte der Geschützführer nach einem Blick auf die Skale des Kommandogeräts: »Visier achtzehn Kabellängen, Regler 45!»* Der Richtkanonier stellte Visier und Regler auf die genannte Entfernung ein, der Geschützführer bediente sich verschiedener Richtvorrichtungen, mit deren Hilfe er das Geschütz auf das Ziel einstellte. Dann erteilte er das Kommando: «Feuer!»

Wenn es sich um ein Übungsschießen handelte, erfolgte kein Abschuß. Das Geschütz wurde sofort wieder entladen, und das Exerzieren der Bedienungsmannschaften begann von neuem. Alle diese Übungen beaufsichtigte ein Offizier, der Kommandant der Geschütztruppe.

Viel komplizierter war die Arbeit in den Türmen. Hier wurde von den Leuten ein umfassenderes Wissen verlangt. Vor allem die

* 1 Kabellänge = 185 Meter

305-mm-Turmgeschütze waren eine gewichtige Konstruktion mit äußerst feiner Mechanik. Durch alle Decks, angefangen vom Oberdeck, verlief ein breiter Schacht fast bis zum Boden des Schiffs. Am oberen Deck war dieser Schacht mit einer Drehscheibe abgedeckt, auf der die Lafetten der Geschütze ruhten. Drehscheibe, Geschütze und Lafetten waren von dicken Panzerplatten aus bestem Stahl umgeben. Der so gesicherte Raum war auch oben mit Panzerplatten gedeckt. Er hatte keine anderen Öffnungen als die Schießscharten für die Geschützrohre und kleine Schlitze für die optischen Zielvorrichtungen. Der Eingang zum Turm befand sich auf der den Schießscharten entgegengesetzten Seite und wurde durch eine dicke Stahltür verschlossen. Durch den Schacht führte ein Rohr, das an der Plattform befestigt war und als Munitionsaufzug diente. Der Schacht selbst war ebenfalls mit festen Panzerplatten geschützt. Innerhalb des Turmes und des Munitionsaufzuges waren zahlreiche, sehr komplizierte, elektrisch betriebene Einrichtungen eingebaut. Auf einigen Schiffen wurden sie hydraulisch betrieben. Sie bewegten den Turm mit den Geschützen, die auf diese Weise die horizontale Ausrichtung erhielten, sie richteten die Geschütze aber auch vertikal aus und gaben ihnen den verlangten Abgangswinkel; sie beförderten aus der Tiefe die Munition herauf, öffneten und schlossen die Verschlüsse der Geschütze; sie führten ferner die Arbeit des Ladens aus, indem sie Ladung und Geschoß ins Rohr stießen.

Unter dem Turmschacht, am Boden des Schiffes, hatten sich in den Munitions- und Pulverkammern, die durch eine Tür miteinander verbunden waren, etwa vierzig Matrosen eingefunden. Die Arbeit war in vollem Gange. Die Munitionskammerleute beeilten sich, die zwölf Pud schweren Geschosse mit Hilfe eines Hebekrans, der sich an einer Schiene die Decke entlang bewegte, aus den Gestellen zu nehmen und sie an die Ladetische zu bringen. Von dort wurden sie in das obere Fach gebettet. Gleichzeitig holten andere Matrosen Halbladungen mit rauchlosem Pulver aus den Regalen der Pulverkammer. Zwei solche Halbkartuschen zu je zehn Pud wurden für einen Schuß gebraucht. War ein Ladetisch voll gepackt, so wurde er mit Hilfe des Aufzugs hochgezogen und blieb oben im Turm so stehen, daß die Achse des Geschosses und die des Geschützes in einer Linie lagen. Gleichzeitig hatte sich der Verschluß des Geschützes bereits automatisch geöffnet. Das Weitere vollzog sich wie bei der kleinen Artillerie, es gab nur mehr Scherereien dabei. Die Bedienung eines Turmes mit zwei Geschützen bestand aus fünfundzwanzig Mann, die ihre Handgriffe in genau festgelegter Reihenfolge auszuführen hatten.

Befehligt wurde die Turmbedienung vom Turmkommandanten, der den Verlauf der Arbeiten beaufsichtigte und nach Tabellen, unter Berücksichtigung der eigenen und der Schiffsgeschwindigkeit des Feindes, den Regler, den Kurswinkel, die Windstärke und den Winkel zwischen der verlängerten Seelenachse des Geschützes und der Visierlinie zu berechnen hatte. Hatte er diese Angaben, dann sah er auf das Zifferblatt des Befehlsübermittlers und kommandierte: «Visier vierzig Kabellängen, Regler achtundvierzig.»

War das Geschütz geladen, gab der Richtschütze das Kommando: «Achtung am Turm! Turm rechts! Turm links! Höher! Tiefer! Noch tiefer!»

Die Männer an den Handrädern folgten seinen Kommandos.

«Feuer!» rief schließlich der Geschützführer, wobei in seiner Stimme stets eine gewisse Aufregung mitklang.

In diesem Augenblick mußte der Schuß losgehen, wenn nicht, wie bei den Übungen, die Geschütze nur mit Übungsmodellen geladen waren.

Während der Übungen schrie und schimpfte der Turmkommandant aufgeregt: «Wieder hast du das Visier falsch eingestellt, Kanaille! Fünfzehn mußten es sein und vierundfünfzig sind es bei dir! Der Regler steht auch falsch.»

Es kam vor, daß der Turm anstatt nach rechts, nach links geschwenkt wurde. Dann ging das Geschrei wieder los: «Wo willst du hin! Du Holzkopf! Du kannst wohl links und rechts nicht unterscheiden! Woran denkst du? Nach Ausgabe der Hängematten meldest du dich auf dem Achterdeck. Da kannst du dann träumen!»

Unsere Artilleristen waren nicht geübt, es entstanden fortwährend Störungen und Verzögerungen. Nachteilig wirkte es sich auch aus, daß sich unter der Geschütz- und Turmbedienung sowohl junge Matrosen als auch Reservisten befanden. Die einen hatten noch keine Spezialkurse absolviert, die andern ihre praktischen Erfahrungen wieder vergessen. Zudem war das System der technischen Einrichtungen der Geschütze neu und nicht so, wie die Reservisten es früher einmal gekannt hatten. Schlecht verliefen auch die Übungen an den kleineren Geschützen.

Wir hatten etwa zweihundert Artilleristen an Bord. Es war die Frage, ob sie es fertigbringen würden, bis zum Zusammenstoß mit den Japanern ihre Funktion vollkommen zu beherrschen. Eine Seeschlacht war ja nichts anderes als ein Artillerieduell. Nehmen wir einmal an, daß beide Seiten gleich stark sein würden, daß wir etwa zehn Kampfschiffe zur Verfügung haben würden und der Feind dieselbe

Anzahl; nehmen wir weiter an, die Japaner würden doppelt so schnell schießen und ihre Treffsicherheit würde doppelt so hoch sein. Was würde sich ergeben? Die Kampfkraft des Gegners würde viermal so groß sein wie die unsere – mit anderen Worten: Aus seinen zehn Schiffen würden vierzig werden. Wir würden unweigerlich vernichtet werden!

Wenn ich mich im Turm aufhielt, dachte ich oft darüber nach, welche Vervollkommnung die Menschen in der Erfindung von Vernichtungswerkzeugen erreicht hatten. Wie ganz anders sah es doch mit der Verbesserung von landwirtschaftlichen Geräten aus. Von der Hacke waren wir zum Holzpflug übergegangen, vom Holzpflug schließlich zum Stahlpflug. Ein recht unbedeutender Fortschritt! Noch immer wurde unser weites, russisches Land mit den primitivsten Geräten beackert, die man schon zu Zeiten des gestrengen Zaren Iwan IV. angewendet hatte. Die Vernichtungswerkzeuge jedoch waren inzwischen von immer neuen, besseren abgelöst worden. Die erst vor fünf Jahren konstruierten waren schon wieder veraltet. Ein 305-mm-Geschoß entwickelte beim Verlassen des Rohres eine enorme Kraft. Sie würde ausreichen, um einen ganzen Panzerkreuzer einige Fuß hoch zu heben. Würde denn auch in Zukunft das menschliche Hirn vor allem für Vernichtung und Mord arbeiten?

Um halb sechs kam von der Brücke das Kommando: «Alle Arbeiten einstellen! Klar Deck!»

Eine halbe Stunde später trillerte die Bootsmannspfeife zum Abendessen. Es gab Buchweizengrütze, Butter und Schnaps. Der Arbeitstag war vorbei. Wir konnten singen und fröhlich sein.

Fünf Minuten vor Sonnenuntergang wurden die Wache, die Trompeter und Trommler, die Offiziere und die Mannschaften an Deck befohlen. Unter der gleichen Zeremonie, mit der am Morgen die Flagge gehißt worden war, wurde sie jetzt eingeholt. Das geschah im Augenblick des Sonnenuntergangs. Die Trompeter und Trommler gaben das Signal «Zum Gebet». Der wachhabende Offizier kommandierte: «Mützen ab zum Gebet!»

Der Trommler sagte das Vaterunser her.

Dann kam das Kommando: «Mützen auf!»

Der Schiffskommandant nahm den Bericht des Ersten Offiziers entgegen, dann gingen wir auseinander. Auf dem Schiff wurden die Bord-, Topp- und Hecklichter angezündet. Die Nacht sank herab.

Nach zwei Tagen warf das Geschwader Anker vor der Insel Langeland. Während der Fahrt waren auf einigen Schiffen Schäden entstanden.

Auf dem Linienschiff «Sissoi Weliki» waren die Schiffskrane gebrochen, dasselbe hatte sich auf «Shemtschug» ereignet, auf «Roland» war das Hauptzufuhrrohr geplatzt. Dem Torpedoboot «Bystry», das sich «Osljabja» zum Signalaustausch genähert hatte, war die Bordwand beschädigt worden. Infolge seines ungeschickten Manövrierens war sein Vorsteven verbogen, das Torpedorohr unbrauchbar geworden und ein Unterwasserleck entstanden.

Der Wind wurde stärker, es stürmte. Am Morgen des 18. Oktober hatte sich das Wetter aber wieder beruhigt. Die Insel Langeland streifte Dunkelheit und Nebel wie ein Kleid ab.

Der Tag versprach warm zu werden. Wir bereiteten die Kohlenaufnahme vor.

Der Eisbrecher «Jermak» und der Transportdampfer «Roland» fuhren voraus, um die Fahrstraße durch Netze von etwaigen Minen zu säubern. Der erste Versuch mißlang. Gleich am Anfang der Aktion riß das Räumgerät durch ungeschicktes Manövrieren der Schiffe.

Der Zwischenfall von Hull

Am 20. Oktober ging das Geschwader in den dänischen Gewässern bei Kap Skagen vor Anker, um Kohlen zu bunkern. Am Vormittag erhielt Roshestwenski ein Telegramm mit der Nachricht, daß er befördert und zum General-Adjutanten des Zaren ernannt worden sei. Um 14.00 Uhr erging vom Flaggschiff die Anordnung, die Arbeit sofort einzustellen und sich zur Weiterfahrt bereit zu machen. Unter den Offizieren und Matrosen gingen geheimnisvolle Gerüchte um, die mit schreckverzerrten Gesichtern flüsternd weitergegeben wurden. Man munkelte vom Nahen verdächtiger Torpedoboote.

Der Geschwaderchef ergriff strengste Schutzmaßnahmen. Das Geschwader wurde in sechs Gruppen aufgeteilt, jede Gruppe verließ den Liegeplatz unter dem Befehl ihres Kommandanten.

Unsere vier modernsten Linienschiffe, begleitet vom Transportschiff «Anadyr», bildeten die sechste Gruppe. Auch dieses Mal lichteten wir um 20.00 Uhr, als es schon dunkel war, als letzte die Anker.

«Nawarin» meldete, daß zwei Luftballons gesichtet worden seien. Auf «Orjol» wurde Alarm geschlagen. Die Mannschaft nahm ihre Plätze ein. Alle Luken und Türen wurden dicht gemacht. Auf Deck wurden alle entbehrlichen Aufbauten beseitigt, um besseres Schußfeld zu haben. Die Ruderboote wurden weggeräumt, die Davits und die Persenningstützen beigeklappt. An jedem geladenen Geschütz wachten die Bedienungsmannschaften. Die Schiffe hatten ihre Signallichter gelöscht.

Es war eine stille Nacht. Am wolkenlosen Himmel strahlten die Sterne. Höher stieg der Mond, sein Silberlicht ergoß sich über die glatte Wasserfläche. Wie verzaubert schwieg das Meer. In einer solchen Nacht sollte man vom Glück träumen, wir aber befanden uns in seelischer Pein. Hunderte von Augen starrten nach allen Seiten, begleiteten mißtrauisch jedes Schiff, um festzustellen, ob es ein Feind sei, der sich uns näherte.

Ich stand auf dem Oberdeck und legte mir unwillkürlich die Frage vor, ob der Feind hier, so weit entfernt von seiner Basis, uns wirklich überfallen könne. Wie konnte er sich auf der belebten Schiffsroute verbergen, auf der so viele Schiffe neutraler Nationen verkehrten? Waren denn die Japaner allgegenwärtig? Mein Verstand glaubte nicht an ihre Anwesenheit in diesen Gewässern, an Bord aber erwarteten Offiziere und Mannschaften jeden Augenblick einen Angriff. Die Nerven waren so überspannt, daß wir jeden vorüberfliegenden Vogel für einen Luftballon hielten.

Der Bootsmann Wojewodin meinte: «Es war falsch, daß wir alle Torpedoboote und leichten Kreuzer vorausgeschickt haben. Wir hätten wenigstens zwei davon bei uns behalten sollen. Wenn ein verdächtiges Schiff auftaucht, könnten wir sie auf Erkundung schicken. Warum hat denn nur unser Kommandant das nicht berücksichtigt?»

«Es wird so schon richtig sein. Er weiß besser, was zu tun ist», erwiderte ich.

«Das stimmt; es kommt aber auch vor, daß sich sogar die Sonne verfinstert.»

Auf Steuerbord waren einige Matrosen zusammengekommen, darunter auch der Heizer Baklanow. Sie unterhielten sich nervös, wie Verschwörer. Ein junger Matrose sah sich fortwährend furchtsam um und fragte die Umstehenden über Unterseeboote aus. Baklanow erklärte ihm so geheimnisvoll wie nur möglich: «Ein Unterseeboot ist absolut nicht zu sehen, weil das verfluchte Ding unter Wasser schleicht. Vielleicht ist es schon ganz nahe und hat sogar schon einen Torpedo abgeschossen. Dann gibt es einen Stoß, und du fährst ins Grab.»

«So plötzlich?» fragte der junge Matrose mit bebender Stimme, reckte seinen Hals und starrte über Bord.

Baklanow stieß ganz dicht an seinem Ohr einen scharfen, kurzen Schrei aus.

«Cha!»

Die Matrosen zuckten zusammen. Der junge Matrose schrie auf, fiel lang hin, sprang wieder auf und drehte den Kopf unsinnig nach allen Seiten.

Baklanow lachte.

«Ihr seid ja die richtigen Krieger! Ihr habt ja Angst, wenn ich bloß huste.»

Von allen Seiten hagelte es Schimpfworte und Flüche, er fragte aber, als wäre nichts geschehen: «Weiß vielleicht einer von euch, wie lange es dauert, bis ein Mensch im Bauch eines Haifisches verdaut ist?»

Etwas später zeigte sich am Horizont eine Feuersäule. Ein Schiff stand in Flammen.

Wir nahmen an, daß unsere vorgeschickten Kreuzer mit den Japanern kämpften.

Erst spät in der Nacht legten wir uns schlafen, die Hälfte der Mannschaft blieb die Nacht über auf Wache.

Gegen Morgen stieg ich wieder auf Deck und war überrascht, wie sich das Wetter verändert hatte. Der schwache Südwestwind hatte dichten, zähen Nebel herangetrieben. «Borodino» und «Anadyr», das eine voraus, das andere uns folgend, waren überhaupt nicht zu sehen. Selbst Scheinwerfer waren nicht in der Lage, die undurchdringliche Finsternis aufzuhellen. Wir bewegten uns wie in einer Milchsuppe. Es war, als hätte sich die Welt in feuchtwarmen, wogenden Dampf aufgelöst.

Alle Gegenstände an Bord hatten ihre eigentliche Gestalt verloren und waren bis zur Unkenntlichkeit verschwommen. Die Menschen an Deck und auf der Brücke bewegten sich wie Schatten. Der Eindruck des Geheimnisvollen wurde noch durch die Nebelhörner der Schiffe verstärkt. Weit vorn ließ «Suworow« seine mächtige Stimme hören. Langsam stieg der Sirenenton an, als besteige er einen Berg, um dann auf dem Höhepunkt wieder bis zur tiefen, feierlichen Oktave zu sinken. War er verstummt, so heulte «Alexander III.» auf, ihm folgte «Borodino», dann unser «Orjol». Man konnte glauben, daß die eisernen Lungen unserer unsichtbaren Riesen miteinander wetteiferten. Dieses seltsame Frühkonzert schloß der in unserm Kielwasser fahrende «Anadyr» mit einem so wilden und verzweifelten Schrei ab, als wolle er uns vor einer drohenden, furchtbaren Katastrophe warnen.

Am Tage zerging der Nebel. Die Nordsee war ruhig. Wir hielten Kurs auf die französische Hafenstadt Brest. Übel war nur, daß uns der Funkverkehr, der besorgniserregende Nachrichten von unseren vorangeschickten Schiffen auffing, auf die Nerven ging.

In der Nacht vom 21. zum 22. Oktober frischte der Wind wieder auf und erreichte Windstärke 4. Die Wellen spülten über Deck, aus tiefziehenden Wolken fiel Sprühregen, der die Finsternis noch mehr verdichtete.

Kurz nach acht Uhr teilte das Werkstattschiff «Kamtschatka» mit, daß es von Japanern angegriffen werde. Es gehörte zur Gruppe des Konteradmirals Enquist und mußte sich mindestens fünfzehn Meilen vor uns befinden, hatte aber einen Maschinenschaden und war deswegen zurückgeblieben, so daß es einsam hinter unseren Linienschiffen herfuhr.

Wie wir später erfuhren, hatte folgendes Funkgespräch zwischen «Kamtschatka» und «Suworow» stattgefunden: «Werde von Torpedobooten verfolgt», teilte «Kamtschatka» mit.

«Ihr werdet verfolgt? Wieviel Boote und aus welcher Richtung?» fragte «Suworow».

«Der Angriff erfolgt von allen Seiten.»

«Wieviel Boote? Teilt Einzelheiten mit.»

«Es sind etwa acht Torpedoboote.»

«Sind sie nahe?»

«Sie sind auf eine Kabellänge und näher herangekommen.»

«Wurden Torpedos abgeschossen?»

«Das war nicht festzustellen.»

«Welchen Kurs steuert ihr jetzt?»

«Südost 70 Grad.»

«Kamtschatka» bat um die Position des Geschwaders.

Darauf erfolgte «Suworows» Antwort: «Verfolgen euch Torpedoboote? Ihr müßt zunächst die Gefahrenzone verlassen, den Kurs ändern, dann eure Länge und Breite melden, worauf euch der Kurs angegeben werden wird.»

«Wir fürchten uns, Angaben zu machen.»

Um elf Uhr funkte «Suworow»: «Der Admiral fragt, ob ihr jetzt Torpedoboote seht.»

Nach zwanzig Minuten erfolgte die Antwort.

«Wir sehen keine.»

Schon um neun Uhr war dem Geschwader signalisiert worden: «Torpedobootangriff von achtern zu erwarten.» Auf «Orjol» war Kampfalarm gegeben worden, die Geschütze waren geladen, in ihrer Nähe lag weitere Munition bereit. Die Bedienung befand sich am Platz. Nur unser Gegner zeigte sich noch immer nicht.

Wir wünschten uns sehnlichst den Mond herbei. Doch der hatte sich offenbar für längere Zeit hinter den Wolken versteckt. In der Finsternis jaulte der Wind, gereizt wälzte sich das wogende Meer. Die Zeit schien stehen zu bleiben. Die Erwartung einer Gefahr lastete bleiern auf uns.

Die Glocke schlug Mitternacht. Ein Teil der Mannschaft durfte schlafen gehen, aber nur wenige machten davon Gebrauch. Am Horizont flimmerten unbestimmbare Lichter.

«Wenn doch bloß die Nacht vorüber wäre!» seufzte ein Matrose.

«Ja, bei Tag werden sie nicht wagen, heranzukommen», murmelte ein anderer.

Die Angst vor einem Angriff der Japaner nahm zu und verwirrte den Verstand so, daß keiner mehr einer ruhigen Überlegung fähig war. Niemand dachte über die unsinnigen Mitteilungen des Werkstattschiffes nach. Es war ein gewöhnliches Transportschiff, hatte nur wenige kleine Geschütze, und sein Verlust hätte unser Geschwader nicht aufhalten können. Warum sollten es die Japaner gerade auf «Kamtschatka» abgesehen haben? Warum hatten sie dann wirklich, wenn sie sich schon zu einem Angriff entschlossen, dieses Schiff und nicht ein modernes Kriegsschiff gewählt? Wozu mußten sie eine ganze Flottille von acht Torpedobooten gegen dieses Transportschiff aussenden, wenn doch ein einziges gut mit ihm fertig werden konnte?

Waren die Japaner wirklich so dumm? Hier stimmte etwas nicht. Nur die krankhafte Einbildung des Kommandanten des Werkstattschiffes konnte ihm vorgegaukelt haben, daß er «von allen Seiten» angegriffen werde. Nicht klüger war auch unser Geschwaderkommandant, der diese Information unbesehen für zutreffend gehalten hatte. Anstatt einen Kreuzer zum Schutz von «Kamtschatka» auszuschikken, hatte er sein ganzes Geschwader in Panik versetzt.

Etwa um Mitternacht passierten wir die Doggerbank, eine nur knapp unter der Meeresoberfläche liegende Sandbank, die durch ihren Fischreichtum berühmt ist. An dieser Stelle waren stets Fischereifahrzeuge anzutreffen. Vor unserer Gruppe stiegen dreifarbige Raketen hoch. «Suworow» glaubte, feindliche Signale zu erkennen, blendete die Scheinwerfer auf, und kurze Zeit darauf krachten die ersten Schüsse. Andere Linienschiffe folgten diesem Beispiel. So begann unsere «Feuertaufe».

Auf «Orjol» geriet alles in Bewegung, als wäre über dem Schiff ein Zyklon ausgebrochen. Es entstand ein unvorstellbares Durcheinander. Die Trompeter bliesen, die Trommler wirbelten das Alarmsignal, über die Schienen dröhnten die Wagen mit den Geschossen zu den Geschützen. Von beiden Breitseiten blitzten und krachten die Geschützsalven. In der Dunkelheit grollte der Geschützdonner, heulten kreischend die Stahlvögel. Auf den Decks trampelten unaufhörlich zahlreiche Füße, aufwärts und abwärts rannten, hasteten die Menschen durch die Stationen und wirbelten umher wie Spreu im Wirbelwind.

Sinnlose Schreie wurden ausgestoßen: «Torpedoboote! Torpedoboote!»

«Wo? Wie viele?» – «Zehn Stück!» – «Mehr!» – «Teufel!» – «Jetzt ist es aus!»

Der Einjährige Potapow sprang in Unterhosen aus seiner Kajüte, sein kleines Gesicht drückte vollkommene Fassungslosigkeit aus, die Augen stierten stumpfsinnig. Er stürzte zuerst zur Treppe, prallte aber gleich wieder zurück. Ihm fiel nichts Besseres ein, als auf die Waschbank zu hüpfen und sich in deren Abflußrinne zu legen. Mehrere Matrosen versorgten sich mit Rettungsringen, andere griffen sich an Deck die Korkgürtel, jemand bekreuzigte sich, daneben hörte man widerwärtiges Fluchen. Der Wind stand auf Steuerbord, die See grollte und drang durch offene Pforten in das Batteriedeck. Die Geschützführer ließen wie wahnsinnig irgendwohin, einfach in den Raum hinaus oder auf die weit entfernten Lichter, einmal direkt vor uns ins Wasser, dann wieder dorthin, wohin der Strahl des Scheinwerfers fiel, schießen, auch wenn an dieser Stelle nichts zu sehen war. Die Bedienungsmannschaft wartete den Abschuß nicht erst ab, sondern stieß mit einer neuen Granate gegen das schon geladene, verschlossene Rohr. Außer den kleinen Kalibern dröhnten auch die sechszölligen Turmgeschütze. Maschinengewehre knatterten und verstärkten noch die Nervosität und das Durcheinander an Bord. Im Krachen der Schüsse, im Lärm der menschlichen Stimmen konnte man hin und wieder fluchende Offiziere vernehmen: «Was tut ihr denn, Kamele! Wohin schießt ihr denn?» –

«Zielt doch auf die beleuchteten Torpedoboote!»

Ein Unterleutnant kam von der Heckbrücke heruntergestürzt, das Gesicht verzerrt, in der Hand eine leergeschossene Hülse und schrie hysterisch: «Ich habe alles verschossen! Die Mannschaft ist verrückt, gehorcht nicht mehr! Ich habe sie schon geschlagen. Gebt mir schnell Munition!»

Die Kiellinie unserer Gruppe war schon längst durcheinandergeraten. Ein Teil der Scheinwerfer bestrahlte die Schiffe, die wir zusammenschossen, die andern durchbrachen mit ihren Strahlen in verschiedenen Richtungen die Dunkelheit und vermehrten die Unordnung noch auf der Steuerbordseite, in einer Entfernung von mehreren Meilen blinkten Signale. Später erst erfuhren wir, daß dort die Kreuzerdivision des Admirals Fölkersam vorüberzog, die man jetzt ebenfalls für den Feind hielt. Wie groß war unsere Überraschung, als plötzlich auch auf der Backbordseite, ganz nahe, Scheinwerfer aufflammten, die uns blendeten und auf unseren Linienschiffen haften blieben. Es entstand der Eindruck, als seien wir von allen Seiten von feindlichen Kräften umringt.

Fassungslos vor Schreck schrien einige: «Japanische Kreuzer!» – «Ein ganzes Geschwader kommt auf uns zu!»

Unsere Staffel eröffnete das Feuer auf die Scheinwerfer, die uns von Backbord her anstrahlten. Es wurde unverzüglich beantwortet. Über «Orjol» heulten Geschosse hinweg. Auf dem benachbarten Schiff, wahrscheinlich war es «Borodino», dröhnte, alle übrigen Geräusche übertönend, ein 305-mm-Geschütz.

«Ein Torpedo ist detoniert!» schrie jemand.

«Wo? Bei uns?»

«‹Borodino› ist wohl versenkt worden!»

«Gleich gehen auch wir unter!»

Diese Nachricht durchflog, mit immer neuen Zusätzen, das ganze Schiff. So verzerrte sich die Wirklichkeit im Bewußtsein der Menschen, die unter dem Einfluß der Panik standen. Man konnte meinen, das Panzerschiff sei zu einem Tollhaus geworden.

Die unbekannten Schiffe backbords von uns erwiesen sich sehr bald als die Kreuzer «Aurora» und «Dmitri Donskoi» aus der Division des Konteradmirals Enquist.

Außer Zweifel stand schließlich, daß wir in eine Fischerflottille an der Doggerbank geraten waren.

Unser Oberbefehlshaber hatte diese kümmerlichen Dampferchen, die nur einen Schornstein hatten und Nummern an den Bordwänden trugen, für feindliche Torpedoboote gehalten. Das Flaggschiff hatte als erstes das Feuer auf sie eröffnet und mit seiner Furcht alle anderen Schiffe angesteckt. Das Ergebnis war grausig. Knapp fünf Kabellängen vor uns lag in Sicht der Scheinwerfer ein Schiff mit rotem Schornstein, gebrochenem Mast, zerstörter Brücke und schwerer Schlagseite. Weitere vier Schiffe waren beschädigt. Auf einigen war Feuer ausgebrochen, die Fischersleute liefen vom Bug zum Heck und wieder zurück, wobei sie flehentlich die Arme ausstreckten. Aber wohin konnten sie schon fliehen? Ringsum rauschten die Wellen, aus denen immer wieder Wassersäulen von den detonierenden Geschossen aufstiegen.

Auf «Suworow» wurden endlich die Scheinwerfer gelöscht. Nur ein

Strahlenbündel ragte noch steil zum Himmel empor. Das war das Signal «Feuer einstellen». Auf der Brücke unseres Schiffes wurde heftig geschrien: «Aufhören mit Schießen!»

Die Offiziere zerrten unter Flüchen und Schlägen die außer Rand und Band geratenen Geschützführer von den Geschützen. Sie rissen sich los und stürzten erneut zu den Geschützen. Auf dem Oberdeck versuchte der Trompeter Balesta Zapfenstreich zu blasen. Aber die Lippen gehorchten ihm nicht, die Trompete bebte in seiner Hand und gab so unartikulierte Laute von sich, daß sie unmöglich für ein Signal gehalten werden konnten. Der Bootsmann Sajom mühte sich um den Trompeter, indem er ihn ein um das andere Mal mit der Faust ins Gesicht schlug und ihn anbrüllte: «Blase Zapfenstreich! Sonst hämmere ich dir deine verfluchte Seele aus dem Leib!»

Blut rieselte dem Trompeter aus den zerschlagenen Lippen über das Kinn.

Später erfuhren wir, daß sich ähnliches auch auf anderen Panzerschiffen zugetragen hatte. Auch das Flaggschiff «Suworow» bildete keine Ausnahme: Dort mußte der Admiral selbst eingreifen, um die Ordnung wiederherzustellen.

Der Kampf hatte etwa zwanzig Minuten gedauert. In dieser kurzen Zeit hatten die Panzerschiffe außer den MG-Schüssen insgesamt siebzehn 152-mm-Geschosse und fünfhundert Geschosse der kleineren Kaliber verfeuert.

Bei uns war von einem 75-mm-Geschütz die Mündung abgerissen.

Bald stellte sich heraus, daß «Aurora» fünf Treffer von unserer Artillerie erhalten hatte, die Überwasserbordwand und Schornsteine beschädigt hatten. Zwei Mann waren verletzt worden – der Geschützführer Schatilo leicht und der Pope Afanassi schwer. Der Pope hatte einen Arm verloren und starb bald darauf. Das Ganze hätte noch schlimmer ausgehen können. Wenn wir gut geschossen hätten und unsere Geschosse detoniert wären, dann hätten wir in diesem Durcheinander einen Teil unserer Schiffe selbst versenkt.

Kurz darauf begegnete ich dem Ingenieur Wassiljew und sagte zu ihm:

«Das war eine unangenehme Sache, Euer Hochwohlgeboren.»

Er sah mich mit seinen braunen Augen an, machte eine Handbewegung und brummte:

«Dem Spott der ganzen Welt haben wir uns preisgegeben.»

So endete unser erster Kampf, der später nach dem Ort, wo die von uns zerschossenen Fischereischiffe ihre Fangplätze hatten, der «Zwischenfall von Hull» genannt wurde.[4]

Das Kap der guten Hoffnung

Meine Gedanken um die Flotte

Die nächsten Tage verliefen reibungslos. Noch einmal begegneten wir Fischereischiffen, deren Netze wir beschädigten. Ein Glück, daß sich unsere Schiffsschrauben nicht in den Netzen verwickelten! Bei der Fahrt durch den Ärmelkanal sahen wir steuerbords die Felsen von Dover, die einst Victor Hugo besungen hatte. Von hier hätte man in knapp drei Stunden London erreichen können, jene riesige, meist neblige Hauptstadt, in der geheimnisvolle Mächte Weltpolitik machten.

Wir durchfuhren den Golf von Biscaya, der fast immer stürmisch ist und den Seeleuten aller Länder auf die Nerven geht. Dieses Mal begegnete er uns friedlich, obwohl uns eine hohe Dünung aus den Weiten des Atlantischen Ozeans entgegenrollte. Unser Linienschiff hielt streng Kurs in Kiellinie des Vorderschiffes und stampfte fortwährend schwer durch die See.

In diese Herbsttage fiel gerade die Zeit des Vogelfluges. Viele Vögel setzten sich auf unser Schiff, um auszuruhen. Das war eine willkommene Abwechslung für die Matrosen, sie warfen ihnen Brot und Graupen zu.

Nachts war der Himmel sternklar. Der Mond tauchte die bewegte See in weißes Licht. Glatt wie geschliffenes Glas rollten die Wogen, matt aufglänzend und wieder erlöschend. Ich stand allein auf der Achterbrücke und dachte an unsere Flotte. Wie glatt war alles bei den Paraden und Besichtigungen gegangen, und wie scheußlich war es gewesen, als wir die Fischerboote vernichtet hatten. Ich suchte nach den Gründen und kam zu wenig erfreulichen Ergebnissen.

In unseren Docks wurden alte Fahrzeuge instand gesetzt, die noch mehrere Jahre nach der Reparatur Dienst taten. Auf den Werften wurden morderne Schiffe gebaut, sie kosteten das Doppelte von dem, was in Wirklichkeit erforderlich gewesen wäre. Bevor man mit dem Bau eines Linienschiffes oder Kreuzers begann, wurde mehrere Jahre darüber gesprochen, gestritten, geschrien, beraten und geschrieben, Entwürfe und Gegenentwürfe wurden ausgearbeitet, und erst dann wurde mit dem Bau angefangen. Und trotzdem hatten die Schiffe eine geringe Stabilität, gehorchten dem Ruder nicht und wiesen andere Mängel auf.

Auch in anderer Beziehung schien es nicht zu klappen. Admirale – mit tiefsinnigen Mienen und im Bewußtsein ihrer eigenen Würde – erließen ihrem Rang entsprechende Anordnungen, ihre Adjutanten und Flaggoffiziere setzten eifrig Befehle und Rundschreiben auf, die von den Schreibern genau nach der Nummer in die Akten geheftet wurden. In den Schreibstuben wurden ganze Berge von Papier beschrieben. Es wurden Paraden und Zeremonien und allerlei Übungen veranstaltet. Die Vorgesetzten fragten die Untergebenen nach ihren Beschwerden, veranstalteten Besichtigungen und riefen zum Schluß: «Sehr gut! Das habt ihr gut gemacht, Leute!»

Worauf die Matrosen stramm erwiderten: «Stets bereit, Euer Exzellenz!»

Manchmal besichtigte auch der Großfürst Alexej Alexandrowitsch, Flottenchef und Onkel des Zaren Nikolaus II., die Flotte. Wenn er die Schiffe, die vor seinem Besuch neu gestrichen worden waren, und die gutaussehenden Matrosen erblickte, so war er ebenfalls zufrieden. Er erkannte aber nicht, daß der ganze Organismus des Kriegsmarineamtes von Fäulnis durchsetzt war und zerfiel. Von anderen Allerhöchsten Persönlichkeiten unterschied sich dieser Großfürst nur dadurch, daß er von mächtigem Wuchs und enormem Gewicht war. In der Flotte sagte man von ihm, er sei «Sieben Pud Allerhöchsten Fleisches».

Von außen gesehen, schien alles in bester Ordnung zu sein. Betrachtete man aber das Kriegsmarineamt näher, so wurde man unvermeidlich von Trostlosigkeit befallen. Der ganze Dienst in der Flotte lief darauf hinaus, den höchsten Vorgesetzten die größtmöglichen Ehrenbezeugungen zu erweisen und so zu tun, als befasse man sich mit der Ausbildung der Mannschaften. Man schabte immer wieder die Schiffe, pinselte sie frisch an, und im übrigen verbrachte man so viel Zeit an Land wie nur irgend möglich. Die führenden Köpfe der Flotte bestanden mit wenigen Ausnahmen aus stupiden und unfähigen Menschen, die bis über beide Ohren in Bürokratismus und Routine versunken waren. In den Augen unserer Befehlshaber bildeten die Matrosen eine Herde von Schafen, sie waren ehemalige Leibeigene, Menschen, die nicht nur kein Recht, sondern auch nicht die Fähigkeit besaßen, selbständig zu denken. Der Matrose sollte sich seiner Nichtigkeit gegenüber dem Vorgesetzten bewußt bleiben. Die Mannschaften mußten gehörig gedrillt werden! Eine gedrillte Mannschaft war der Stolz eines jeden Kommandanten und Ersten Offiziers. Wurde ein Matrose von einem Vorgesetzten gerufen, so hatte er im Laufschritt zu kommen, seinen Gebieter «munter und vergnügt» anzusehen wie ein gutdressierter Hund. Das übten denn auch viele Admirale und Kommandanten, darin sahen sie die Gewähr für die Ausbildung und die Grundlage der Marinedisziplin. Es war ihnen gleichgültig, ob die Matrosen mit den optischen Zielgeräten und Entfernungsmessern etwas anzufangen wußten, ob sie sie zu bedienen vermochten, ob sie schlecht schossen. Mir wurde es klar, daß die Wurzeln dieses Übels in unserer Vergangenheit zu suchen waren. Die russische Segelflotte, einst von Peter dem Großen gegründet, hatte in wenigen Jahrzehnten den höchsten Stand ihrer Entwicklung erreicht und war aus den Binnengewässern in die Weite des Ozeans vorgestoßen. Zu Beginn des neunzehnten Jahrhunderts hatte sie schon auf einer Stufe mit den Flotten anderer Mächte gestanden. Eine Reihe hervorragender Persönlichkeiten war aus ihr hervorgegangen.

Es hatte bei uns Erforscher neuer Länder und Wissenschaftler gegeben. Der berühmte Seefahrer Krusenstern hatte von 1803 bis 1806 mit dem Schiff «Nadeshda» eine Weltreise unternommen und reichhaltiges Material auf den Gebieten der Ozeanographie, Geographie, Botanik, Zoologie, Ethnographie und Navigation gesammelt. Im Stillen Ozean tragen noch heute eine Meerenge, eine Insel, eine Sandbank und eine Bucht seinen Namen. Krusenstern war es übrigens gewesen, der vor dem Auslaufen befohlen hatte, die Tauenden über Bord zu werfen, mit denen bis dahin die Prügelstrafe an Matrose vollzogen worden war. Für die damaligen Zeiten ein ungewöhnliches Verhalten!

Faddej Faddejewitsch Bellingshausen hatte als Leiter einer Südpolexpedition auf seiner Korvette «Wostock» eine Fahrt ins Eismeer unternommen und war bis zum siebzigsten Grad südlicher Breite vorgestoßen, also weiter als der Weltumsegler James Cook. Siebenmal überquerte er den Polarkreis und legte auf dem Segelschiff 36475 Werst zurück. Die Welt war damals mit neuen Erkenntnissen über diesen rätselhaften Teil unseres Planeten bereichert worden. Außerdem entdeckte er im Stillen Ozean neunundzwanzig Inseln und Korallenriffe.

Fjodor Petrowitsch Litke segelte vier Jahre lang zwischen Archangelsk und Nowaja Semlja. Seine Notizen bildeten bereits damals eine vorzügliche Informationsquelle für diesen Teil unserer Arktis. 1826 wurde er Kommandant der Korvette «Senjawin», auf der er seine berühmte Weltumsegelung unternahm. Er erforschte hauptsächlich die Küsten des Ochotskischen und des Japanischen Meeres sowie der Karolinen- und Marianeninseln im Pazifischen Ozean. Während seiner Fahrten beobachtete er fortwährend die Zeitdauer der Pendelschwingungen. Das umfangreiche wissenschaftliche Material und die zahlreichen Sammlungen, die Litke mitbrachte, wurden in der Gelehrtenwelt allgemein bewundert. Er wurde zum Mitglied vieler Akademien und Universitäten im Ausland gewählt.

Nicht geringer waren auch die Verdienste solcher Seefahrer wie

Wassilij Michailowitsch Golownin, Otto Kotzebue, Gennadij Iwanowitsch Newelskoi u. a.

Es hat bei uns auch Admirale gegeben, die Flotten geführt und Siege errungen haben. Der Held und Mitkämpfer Suworows, Nelsons Rivale im Kampf um den Ruhm, der Admiral Fjodor Fjodorowitsch Uschakow, erwarb sich den Ruf, der Schöpfer der Schwarzmeerflotte und der Erneuerer der Seekriegführung zu sein. Wie Thomas Cochrane bei den Engländern und Suffren de Saint Tropez bei den Franzosen, bekämpfte er die überalterten Routinemethoden in der Flotte und bewies sein Neuerertum mit seinen siegreichen Seeschlachten. Er erlitt, wie Suworow, keine Niederlage.

Schon bei Lebzeiten wurde der Admiral Dmitri Nikolajewitsch Senjawin als «großer Mensch» betrachtet. Er stammte aus einer Seemannsfamilie, hatte bei den Seeschlachten Uschakows im Schwarzen Meer und im Mittelmeer seine Feuertaufe bestanden. Auf Empfehlung Uschakows wurde er 1806 zum Flaggoffizier ernannt und führte unter unglaublichen materiellen und technischen Schwierigkeiten eine zweijährige Kriegsfahrt durch. In den politisch verworrenen Zeiten der napoleonischen Kriege kämpfte er bald mit den Türken gegen die Franzosen, bald mit den Franzosen gegen die Engländer. Die Besetzung der Bocche di Cattaro genannten Meeresbuchten, die Niederlage der Franzosen vor den Dalmatinischen Inseln, die Schlacht bei Tenedos zählten zu seinen Siegen, obwohl er dem Feinde zahlenmäßig unterlegen war. Er fügte damit neue Ruhmesblätter in das Geschichtsbuch unserer Flotte.

Die halbzerstörten und in den Schlachten zerzausten Schiffe, die die Engländer in Lissabon blockierten, wurden von ihm entgegen der Anordnung Alexanders I. weder versenkt noch verbrannt. Stolz diktierte er dem vielfach überlegenen Gegner seine Bedingungen und rettete die Reste der Flotte für Rußland. Der Zar war mit dieser «Gehorsamsverweigerung» nicht zufrieden, entließ Senjawin aus dem Dienst und erstattete ihm nicht einmal die Gelder zurück, die Senjawin aus eigener Tasche während des Seekrieges für die Flotte ausgegeben hatte. So mußte der ruhmreiche Admiral, dem der Staat Millionen schuldete, sein Alter in Armut verbringen.

Namen wie Lasarew, Heyden, Nachimow und Kornilow sind in die Geschichte der Seekriegführung eingegangen.

Diese Periode des Aufschwungs der Segelflotte, die sich bis zum Krimkrieg 1854/55 erstreckte, schuf ungemein festgefügte und widerstandsfähige Traditionen im Seedienst. Es hatte sich ein Typ von Seeleuten – Matrosen und Offizieren – herausgebildet, die mit dem

Schiff verwachsen zu sein schienen und jahrelang in fernen Ozeanen kreuzten. Doch bereits im Krimkrieg zeigte es sich, daß die persönlichen Eigenschaften der Seeleute die Rückständigkeit unsrer Flotte nicht mehr aufzuwiegen vermochten.

Eine neue Zeit verlangte Schiffe aus Eisen, mit Dampfmaschinenkraft ausgerüstet. Unsere Verantwortlichen jener Zeit erkannten dies nicht und stellten den Schiffbau nicht rechtzeitig um. Die Disziplin und die geheiligten Traditionen der Segelflotte waren mit dem System der Leibeigenschaft, der sozialen Basis der patriarchalischen russischen Staatsordnung allzu eng verwachsen. Der Krimkrieg bestätigte mit seinem kläglichen Ergebnis die Rückständigkeit von Menschen und Schiffen.

Mit der Aufhebung der Leibeigenschaft kamen dann endlich Dampfschiffe auf. Aber lange noch spielte die Maschine nur die Rolle eines Hilfsmotors, und selbst die Panzerschiffe behielten noch die volle Takelung bei. In den Jahren 1882–1890 wurden die Panzerkreuzer «Dmitri Donskoi», «Wladimir Monomach», «Admiral Nachimow», «Pamjat Asowa», «Rjurik», sowie die Linienschiffe «Nikolaus I.» und «Alexander II.» noch mit Reservetakelung gebaut. Diese Schiffe durchfurchten über zwei Jahrzehnte Meere und Ozeane und erlebten noch den Russisch-Japanischen Krieg. Einige blieben in Kronstadt, andere wurden in unser Zweites Geschwader einbezogen, während eines der Schiffe im Fernen Osten bereits sein Grab gefunden hatte.

Auf diesen Schiffen hatten die mit ihnen alt gewordenen Seeleute eine besondere Schule durchgemacht. Alle Admirale der russischen Flotte sowie die Mehrheit der Schiffskommandanten und Ersten Offiziere, die nun am Russisch-Japanischen Krieg teilnahmen, waren aus ihr hervorgegangen. Die bekanntesten Vertreter dieser Schule waren die Admirale Alexejew, Dubassow, Tschuchnin, Skrydlow, Biriljow, Roshestwenski und zum Teil Makarow. Er war als einziger aus der Flotte auf Grund günstiger Umstände in die sonst äußerst verschlossene und unzugängliche Kaste der Marineoffiziere eingedrungen, obwohl er nur der Sohn eines Bootsmannes der Matrosenhalbdivision von Wladiwostok war. Dieser begabte und fortschrittliche Admiral erkannte zwar die Bedeutung der neuen Schiffstechnik, aber selbst er konnte die Gewohnheiten und Traditionen der Segelschiffsepoche nicht ablegen. Die anderen Admirale schöpften ihre organisatorischen Prinzipien, die Methoden der Führung der Schiffe und der Menschen aus verstaubten Gewohnheiten. Auf die neue Flotte mit Maschinen von vielfacher Leistungsfähigkeit, mit Elektrotechnik, Hydraulik und all den zahllosen Spezialmechanismen hatten sie die sozialen Verhältnisse aus der Zeit der Leibeigenschaft übertragen.

Meine Gedanken wurden plötzlich unterbrochen. Vom Heck her hörte ich ein Geräusch, das rasch zu einem Sausen wurde. Es war, als hole uns ein Orkan ein. Gleichzeitig wurden die Sterne von einem breiten Schleier verdeckt. Die Luft schwirrte. Es dauerte nur wenige Sekunden. Eine durchlöcherte, schwarze Wolke fegte über das Schiff hinweg. In Wirklichkeit war ein riesiger Schwarm Vögel in südöstlicher Richtung über uns hinweggeflogen. Warum flogen die Zugvögel nachts? Warum sammelten sie sich zu riesigen Schwärmen? Vielleicht hatten sie auch ihre «Admirale»?

In meiner Kindheit hatte ich eine besondere Vorliebe für Vögel gehabt. Einmal hatte ich einen aufschlußreichen Versuch mit einem Star angestellt. Ich hatte auf einem Pfosten einen Starkasten angebracht, dessen Anflugbrettchen mit Scharnieren befestigt war. Von diesem Brettchen lief durch den inneren Raum des Kastens eine Schnur nach unten. Ich brauchte nur unten an der Schnur zu ziehen, damit das Brettchen das Flugloch verschloß. Ich wartete ab, bis im Nest die Jungen piepsten und die Alten ihnen Nahrung brachten. Das Männchen kam geflogen, Würmer im Schnabel. Als es im Häuschen war, zog ich an der Schnur, und es war gefangen. Mit Hilfe von Kameraden war es für mich leicht, das Starhäuschen abzumontieren und den zu Tode erschrockenen Star herauszuholen. An sein rechtes Bein band ich ein rotes Seidenbändchen und ließ ihn fliegen. Mit wilder Hast flog er davon über die leuchtende Weite der Felder. Am zweiten Tage war er wieder da, im Schnabel Futter für die Jungen. Lange kreiste er besorgt um das Nest, flog davon und kam wieder. Nach drei Tagen verlief alles wie früher. Er verschwand im Innern des Kastens und fütterte pünktlich die Jungen. Seine Liebe zu ihnen hatte die Furcht vor der Gefahr überwunden. Die Jungen wurden flügge und verließen ihr Häuschen für immer. Im Herbst, als sich die Vögel zu Schwärmen sammelten, sah ich meinen Star mit dem roten Schleifchen noch öfters. Das machte mir Spaß. Meine Freude war aber noch größer, als ich ihn im darauffolgenden Frühling wiedersah. Er bezog sein früheres Häuschen wieder. Das Seidenbändchen an seinem rechten Bein war etwas verblaßt. Mir schien es aber, als ob er, schön in seinem blauschwarzen Gefieder, in diesem Frühling seine Minnelieder von der bunten Gefährtin besonders fröhlich sang.

Ich führte meine Eltern in den Hof, zeigte ihnen den Star und sagte begeistert: «Seht! Da ist er! Wie fand er den Weg zurück?»

Mein Vater schüttelte den Kopf und meinte:

«Er wird wohl Verstand haben, der kluge Vogel.»

Die Mutter fügte hinzu wie sie es verstand:

«Gott selbst weist den Vögeln den Weg.»

Weder die eine noch die andere Antwort genügte mir als Erklärung. Es vergingen viele Jahre, ich wurde Matrose. Auf der Brücke des Linienschiffes erinnerte ich mich an meinen Star und wunderte mich noch mehr über die Zugvögel. Ich wußte, wie man ein Schiff aus einem Hafen in den andern führte, riesige Strecken überwand, wie man sich mitten im Meer, wo es keine Straßen, keine Wegweiser gibt, mitunter im Sturm und auch des Nachts, zurechtfand. Das alles war mir durchaus klar. Zu diesem Zweck absolvierte der Navigationsoffizier Spezialkurse und verwandte astronomisches Wissen, mit dessen Hilfe und unter Hinzuziehung des Sextanten und des Chronometers der Standort auf hoher See bestimmt werden konnte; der Kompaß zeigte die Richtung, ein anderes Gerät maß die Windstärke. Bei jedem Wetter würde das Schiff dort eintreffen, wohin man es steuern wollte. Wovon aber hatte sich mein Star leiten lassen, als er über Winter in warme Länder geflogen und im Frühling wieder zurückgekehrt war? Seine Flugstrecke hatte doch auch Tausende von Kilometern betragen. Auf einer so langen Strecke waren ihm sicher Nebel, Nacht und Sturm begegnet. Auf welche Weise hatte er ohne Kompaß und andere Geräte seinen Starkasten wiedergefunden?

Am nächsten Morgen, nach dem Frühstück, kam von der Kommandobrücke die Anordnung: «Die Mannschaften Wäsche und Matten waschen!»

Das war eine langweilige Arbeit. An Bord gab es nicht genug Süßwasser. Der Befehl Nr. 85 des Admirals Roshestwenski vom 7. Oktober sah vor, daß wir sparsam damit umzugehen hatten. In Punkt vier hieß es: «Der freie Zutritt zu den Süßwasservorräten ist zu sperren. So lange es kalt ist, wird zweimal wöchentlich gebadet, bei vorhandenen Duschmöglichkeiten nur einmal in der Woche. In die Mannschaftswaschräume wird nur Salzwasser geleitet. Der Intendant des Flaggschiffs hat Seife anzuschaffen, die sich in Seewasser löst. Wannenbäder sind mit Seewasser zuzubereiten. Süßwasser ist an Waschtagen ein Eimer pro Mann, der Maschinenmannschaft nach jeder Ablösung und der übrigen Mannschaft nach dem Kohlenladen auszugeben.»

Über dem Horizont stieg die Sonne hoch. Auf dem Schiff setzte ein lustiges Getümmel ein. Mit Eimern und allen möglichen anderen Gefäßen eilten die Matrosen in den Maschinenraum und in die Badestube, um heißes Wasser zu holen. Mit Ausnahme des Achterdecks war das ganze Oberdeck bald eine große Wäscherei. Hunderte von Menschen hatten ihre Wäsche ausgebreitet. Die einen hockten, die andern knieten. Zuerst wurden die Blusen, Unterhosen und Hemden gewaschen, dann die Matten. Die Stücke wurden eingeweicht, auf Deck ausgebreitet, eingeseift und eifrig mit Wäschebürsten geschrubbt.

Die Bootsmänner und Unteroffiziere trieben zur Eile an: «Schneller, Leute, beeilt euch, damit ihr bis zur Flaggenhissung fertig werdet!»

Ich wusch meine Wäsche neben meinen Freunden, dem Elektriker Schtarew und dem Unterdeckmaat Ossip Fjodorow. Auch Wasja-Drosd und sein ständiger Begleiter Baklanow schlossen sich uns an. Die Eindrücke von der Beschießung der Fischer waren noch nicht ganz verwischt. Immer wieder kam das Gespräch darauf, wurde wiederholt, was schon allgemein bekannt war.

Der Heizer Baklanow tröstete spöttisch: «Das macht alles nichts, Brüder, es war ja nur eine Generalprobe auf Befehl Seiner Exzellenz. Das wird uns nur nützen. Wenn wir unterwegs so an die zwanzig solcher Proben bestehen, dann kann vielleicht etwas aus uns werden.»

Am schlimmsten war das Waschen der Hängematten. Sie waren aus Segeltuch genäht und wurden vom Wasser hart wie Bretter. Man konnte sich an ihnen die Hände aufreiben, ehe man sie sauber bekommen hatte.

Baklanow war am faulsten. Alle waren schon mit der Wäsche fertig, während er mit seiner Matte noch nicht einmal angefangen hatte. Plötzlich fragte er, sich nach allen Seiten umsehend: «Leute, wer hat denn meine Matte genommen?»

Nach kurzem Suchen wurde sie bei einem jungen Matrosen gefunden, der sie schon gewaschen hatte. Schimpfend fiel der Heizer über ihn her: «Was fällt dir denn ein, fremde Sachen zu nehmen, du grauer Hornochse! Siehst du denn nicht, daß die Matte nicht deine Nummer trägt? Dafür solltest du eine in die Fresse bekommen!»

Die Umstehenden lachten. Der junge Matrose wurde ganz verlegen und brummte fast unter Tränen: «Du hast sie mir ja selbst zugeschoben, alter Teufel, Gauner!»

Nun mußte er noch seine eigene Matte waschen.

Nachdem Wäsche und Matten in Seewasser gespült und ordentlich ausgewrungen worden waren, band jeder seine Sachen an die auf Deck bereitliegenden Strecktaue. Der Wachhabende kommandierte: «An die Strecktaue! Taue heben!»

Die an Bug und Heck befestigten Taue wurden im mittleren Teil bis an die Topps des Groß- und Fockmasts hochgezogen. In wenigen Stunden war die Wäsche trocken. Beide Wachen wurden auf Deck gepfiffen. Auf Kommando wurden die Taue eingeholt. Dann befahl der Wachhabende: «Mannschaft mit Wäsche zur Besichtigung antreten!» Die Kompanie- und Backschaftsführer schritten die Front ab. Schlecht gewaschene Wäsche mußte in der Freizeit noch einmal gewaschen werden. Die übrigen konnten mit ihren Sachen abziehen und sie in den Koffern unterbringen. Das wiederholte sich zweimal wöchentlich.

In der Lage von Inhaftierten

Am siebenten Morgen nach unserer Abfahrt aus Libau zeigten sich die felsigen Ufer Spaniens. Wir näherten uns der Hafenstadt Vigo. In der zehnten Stunde umfuhren wir die Insel vor der Stadt und erblickten eine wunderbare Bucht, die sich, auf allen Seiten von hohen Bergen umgeben, tief ins Land hinein erstreckte. Am Ufer zogen sich Fischersiedlungen hin. Wir salutierten der spanischen Flagge, fuhren tiefer in die Bucht hinein und warfen vor der Stadt Anker. Die Festungsgeschütze erwiderten unseren Salut. Es war ein stiller, wolkenloser Tag, die warmen Sonnenstrahlen beschienen die Steingebäude auf den Berghängen. Über der Stadt ragte die Zitadelle empor. Hohe Bergrücken verloren sich in der klaren Ferne. Zwischen uns und den Gebäuden am Ufer lag reglos die grünlichblaue Wasserfläche. In dieser Bucht könnten Hunderte von großen Schiffen Platz finden, ohne einander zu stören.

Weder Matrosen noch Offiziere erhielten Landurlaub.

Fünf deutsche Kohlenschiffe erwarteten uns hier und legten sofort bei uns an. Die Hafenpolizei verbot jedoch die Kohlenübernahme mit der Begründung, Spanien wünsche die Neutralität zu wahren. Unsere Vorgesetzten wurden dadurch in eine recht schwierige Lage versetzt. Von Skagen bis Vigo waren wir 1312 Meilen unterwegs gewesen. Auf dieser Strecke hatten wir – bei einer durchschnittlichen Geschwindigkeit von 8 bis 9 Knoten – täglich 125 Tonnen Kohle verbraucht. Jedes Panzerschiff hatte noch einen Vorrat für zwei Tage. Was sollten wir tun?

Telegramme flogen nach Madrid und nach Petersburg.

Nach etwa zwei Tagen erhielten wir englische und französische Zeitungen, die unsere Offiziere sehr aufregten. Es begannen lebhafte Diskussionen. Wir erhaschten nur Bruchstücke dieser Unterhaltungen, aus denen immerhin hervorging, daß der «Zwischenfall von Hull» internationale Komplikationen verursacht hatte. Wenn es jemandem von der Mannschaft gelang, etwas Neues zu erfahren, so teilte er es sofort den Kameraden mit.

«In den ausländischen Zeitungen haben sie uns Räuber genannt.» – «Ich habe gehört, daß alle Staaten uns den Krieg erklären wollen.» – «Nein, es wird nur verlangt, daß unser Geschwader zurückfährt.» – «Nanu, wirklich zurück?» – «Ja, und Roshestwenski soll vor Gericht kommen.» – «Das paßt uns ja gut. Hauptsache ist, daß wir wieder nach Rußland kommen.»

Endlich erteilte uns die spanische Regierung die Genehmigung, die Kohle von den Transportschiffen zu übernehmen, aber nicht mehr als vierhundert Tonnen je Schiff. Am späten Nachmittag begannen wir mit der Arbeit, an der sich alle Matrosen, Heizer, Maschinisten, Unteroffiziere, Schreiber und Offiziere beteiligten. Der Kommandant hatte der Mannschaft zwei Becher Schnaps pro Mann versprochen, wenn sie sich Mühe gäbe. Die Arbeit begann. Über dem Schiff stand eine Staubwolke. Die Menschen waren so schwarz, daß man sie nicht mehr erkennen konnte. So arbeiteten wir während der ganzen Nacht und am folgenden Morgen bis neun Uhr. Wir bunkerten das Doppelte der gestatteten Menge.

Nun hätten wir die Anker lichten und davonfahren können, der Admiral befahl aber, die Feuer auszubänken. Das bedeutete, daß wir auf unbestimmte Zeit hier bleiben würden. Das Gerücht, wir stünden vor neuen Ereignissen, nahm immer bestimmtere Formen an. Auf dem Linienschiff entstand eine gespannte Atmosphäre. Wer konnte uns Auskunft geben?

Ich begegnete dem Ingenieur Wassiljew und erinnerte ihn daran, daß er mir Bücher versprochen hatte.

«Komm mit.»

In seiner kleinen Kajüte nahm er die Mütze ab, blickte in den Spiegel und drehte seinen schwarzen Schnurrbart hoch. Er war jung, etwa sechsundzwanzig Jahre alt, von mittlerem Wuchs, in den Schultern nicht sehr breit, aber doch kräftig gebaut. Sein Kopf saß gerade auf den Schultern, das kurzgeschnittene, aufgebürstete Haar gab seinem Gesicht einen wachen Ausdruck. Seine Stimme war so klar und wohltönend, wie sie Menschen eigen ist, die nicht trinken und nicht rauchen. Seine Gedanken und Worte waren präzise und eindeutig wie technische Zeichnungen. Eine ungewöhnliche Höflichkeit, verbunden mit taktvollem Verhalten gegen jedermann, unterschied ihn von den übrigen Offizieren.

Er fragte mich, was ich gelesen habe und was ich von den Büchern halte. Er nannte Autoren wie Lew Tolstoi, Turgenjew, Tschechow, Korolenko und auch Maxim Gorki, der damals die Gemüter erregte. Ich sagte ihm ganz offen meine Meinung, da es sich doch um Literatur handelte und nicht um eine staatliche Umwälzung. Wassiljew sah mich mit seinen klugen, braunen Augen an und zog in Gedanken wohl irgendwelche Schlußfolgerungen. Dann reichte er mir ein Buch und sagte:

«Hier hast du vorerst dieses. Wenn du damit fertig bist, kommst du wieder.»

Ich hatte das Buch schon gelesen, verschwieg es aber, ich weiß nicht warum. Nachdem ich mich bedankt hatte, blieb ich noch stehen, zu gern wollte ich etwas über das Schicksal unseres Geschwaders erfahren.

«Was gibt es Neues in den ausländischen Zeitungen, Euer Wohlgeboren? Schreibt man über uns?»

«Neues gibt es viel, aber nichts Angenehmes. Die englische öffentliche Meinung ist über unser Verhalten in der Nordsee heftig entrüstet, sie nennt unser Geschwader tollwütig und vergleicht uns mit Piraten. Die Engländer regen sich am meisten darüber auf, daß wir die ertrinkenden Fischer von den zusammengeschossenen Schiffen nicht gerettet haben. Einige Zeitungen verlangen die Rückberufung unseres Geschwaders und die gerichtliche Verfolgung des Kommandanten; andere bestehen darauf, daß uns der Krieg erklärt werde. Französische Zeitungen bringen Nachrichten, daß England seine Flotte mobilisiere. Kurzum – es knüpft sich ein neuer politischer Knoten.»

«Was wäre geschehen, wenn uns wirklich japanische Torpedoboote angegriffen hätten?»

Wassiljew stellte die Gegenfrage: «Was meinst du?»

Ich schwankte ein wenig, entschloß mich aber zur Wahrheit, wenn auch mit ein paar Einschränkungen: «Vielleicht irre ich mich, ich habe aber den Eindruck, daß wir über die Doggerbank nicht hinausgekommen wären. Wir wären von den Torpedobooten versenkt worden. Wir haben doch recht undiszipliniert geschossen. Vielleicht verstehe ich aber nichts davon.»

Wassiljew lachte bitter: «Aha! Verstehst nichts davon! Mir scheint, daß sich auch Zulukaffern darin zurechtfinden würden. Unserem Geschwader fehlt die Hauptsache – eine vernünftige Führung. Wo sind unsere Aufklärungsschiffe? Warum waren denn unsere Schiffe überhaupt auseinandergezogen und nicht konzentriert? Na, wir wollen sehen, was weiter wird.»

Wassiljew verstummte, in Gedanken versunken, und ich begriff, daß ich nun gehen mußte. Als ich die Türklinke bereits in der Hand hatte, sagte er noch: «Diese Unterhaltung bleibt unter uns. Überhaupt rate ich dir, weniger Gedanken mit deinen Kameraden auszutauschen. Man könnte es mißverstehen, und dir würden Unannehmlichkeiten erwachsen.»

«Jawohl, Euer Wohlgeboren.»

Ich dachte gründlicher über Wassiljew nach. Was für ein Mensch war er? Warum hatte er sich so scharf über die Mängel unseres Geschwaders ausgesprochen? Und warum hatte er mir ein Buch zugeschoben, das kein anderer Offizier unsereinem empfohlen hätte? Er machte den denkbar günstigsten Eindruck auf mich. Ich konnte nicht annehmen, daß er mich hatte aushorchen wollen. Seine Augen, seine Stimme, sein ganzes Verhalten sprachen dagegen. Zwar glaubte ich nicht, daß sich ein Offizier auf die Seite des Volkes stellen könnte. Aber gab es unter den Revolutionären nicht auch Offiziere, die in noch höherem Rang als Wassiljew standen ...?

Ein britischer Kreuzer kam nach Vigo, wohl zu Erkundungszwecken. Er hatte Funkverbindung zu anderen britischen Schiffen, die sich im offenen Meer aufhielten. Der Kreuzer hielt sich nur so lange auf, wie der Besuch seines Kommandanten bei Admiral Roshestwenski dauerte, und entfernte sich dann. Es hieß, daß in der benachbarten Bucht ein englisches Geschwader auf uns warte. Am zweiten Tag erschien derselbe Kreuzer für kurze Zeit wieder, und unser Admiral konnte seinen Gegenbesuch abstatten. Unter dem Mantel der Liebenswürdigkeit bereiteten die Engländer irgendeine Gemeinheit gegen uns vor.

Von unseren Offizieren erfuhren wir, daß unsere Schiffe bis zur Klärung des Huller Zwischenfalles zurückgehalten werden sollten. Es sei möglich, daß man in Petersburg doch gemerkt habe, wie unvorbereitet unser Geschwader sei und daß man es zurückhole. Ich schmuggelte mich mit unserem Schreiber, der die Post vom Stab holte, an Bord von «Suworow«, um meinen Freund Ustinow zu sprechen.

«Na, wie stehen die Dinge?»

«Du siehst doch selbst, in was für eine schöne Geschichte wir geraten sind.»

«Ob wir noch lange vor Vigo liegen werden?»

«Wahrscheinlich geht es bald weiter. Von jedem Schiff wird ein Offizier als Zeuge des Zwischenfalls mit den Fischern abkommandiert. Vom ‹Suworow› wird der Kapitän 2. Ranges Klado geschickt. Von eurem ‹Orjol› braucht keiner zu gehen.»

Mich beschäftigte die Frage, was für Menschen in den Stab gelangt waren und wie sich die Beziehungen zwischen ihnen und dem Chef des Zweiten Geschwaders gestalteten. Einige kannte ich nicht, die anderen waren mir durch den Dienst bekannt. Der Schreiber Ustinow teilte mir eine Reihe neuer Einzelheiten über sie mit.

Flaggoffizier und Chef des Stabes war der Kapitän 1. Ranges Clapier de Colongue, ein fünfundvierzigjähriger, brünetter, mittelgroßer Mann von hagerem Wuchs. Die Zeit hatte seinen regelmäßig geformten Kopf mit einer kleinen Glatze geziert, die Schläfen und das kleine Bärtchen ein wenig grau gefärbt und die Stirn mit scharfen Falten gefurcht. Über den lebhaften, braunen Augen schwangen sich schwarze, dichte Brauen. Er pflegte sich sehr, wollte jung erscheinen und suchte das nahende Alter durch äußeren Glanz zu verdecken. Als typischer Aristokrat französischer Abstammung zeichnete er sich durch elegante Manieren und Redewendungen aus. Zu den Offizieren und selbst den Mannschaften gegenüber war er sehr höflich. Er war nicht dumm, vielseitig unterrichtet und wußte auch auf See Bescheid. Von Nachteil war sein schwacher Charakter. Dieser Mensch hätte unserer Flotte großen Nutzen bringen können, aber es war für ihn schwer, das Amt des Stabschefs bei einem unzurechnungsfähigen Chef auszufüllen, einem Chef, der den letzten Rest von eigenem Willen erschlug und den Offizier dadurch vollends wertlos machte. Clapier de Colongue hatte Angst vor dem Admiral und riskierte keinen Widerspruch, obwohl er die Unsinnigkeit in dessen Handlungen erkannte.

Der Erste Stabsartillerieoffizier, Oberstleutnant Bersenew, ein großer, dürrer Mann, entsprach durchaus den wissenschaftlichen Anforderungen seines Faches. Er war ein ehrlicher Offizier und kannte sich in seinem Fach aus, aber der Admiral beachtete seine oft sehr richtigen Hinweise nur wenig.

Stabstorpedooffizier Leutnant Leontjew, grauäugig, mit leicht geschwungener Nase und großem Mund, mit schönen Zähnen und sorgfältig gezogenem Scheitel im braunen Haar, hatte im Stab eine noch weniger angenehme Stellung. Er war kein dummer Seemann, hatte sich aber durch Liebedienerei seine Stellung verschafft. Er tat alles, um Roshestwenskis Gunst zu erlangen. Das gelang ihm nicht immer, und oft bekam er statt Anerkennung ein grobes Fluchen zu hören.

Dem Kapitän 2. Ranges Semjonow war das Kriegsmarineamt des Geschwaders unterstellt. An und für sich war eine solche Stellung im Stabsetat nicht vorgesehen. Das hinderte ihn nicht, eine wichtige Rolle im Stab zu spielen. Roshestwenski schätzte ihn als alten Freund. Klein von Wuchs, dicklich, mit einem runden, rosigen Gesicht, das anstelle eines Bartes ein Haarbüschel zierte, sah er stets so selbstzufrieden aus, als ob er soeben ein neues, physikalisches Gesetz entdeckt hätte. Von den Seeleuten wurde er «die wandernde Blase» genannt. Er hatte eine gute Schulbildung, beherrschte Fremdsprachen und hatte meist Adjutanten- oder Stabsposten inne. Er verfaßte Marinegeschichten und Erzählungen, die aber nicht an die wahrheitsgetreuen, farbenfrohen Darstellungen über unsere Flotte heranreichten, die Stanjukowitsch schrieb. Die Offiziere mochten Semjonow wegen seiner Schläue und Durchtriebenheit nicht. Dagegen waren die Admiralsfrauen von ihm begeistert, die in ihm den galantesten und witzigsten Kavalier sahen. Besondere Gunst hatte er bei der Gattin eines Admirals gefunden, dessen Adjutant er gewesen war, bei Kapitolina Alexandrowna, einer eleganten und schönen Frau. Eines Tages hatte sie mit ihm in der Marinemesse in Kronstadt gesessen und ihn gefragt: «Sehen Sie doch mal, Wladimir Iwanowitsch, die Buchstaben auf jedem Besteck: K. M. S. Was bedeutet das?»

Semjonow hatte schlagfertig erwidert: «Können Sie, unsere kluge Kapitolina Alexandrowna, es nicht erraten? Das bedeutet doch: Kapotschka, meine Süße.»

Die Admiralsfrau hatte begeistert ausgerufen: «Ach, sind Sie aber schlagfertig!»

Semjonow nahm beim Geschwaderchef die Stellung eines «Hofpoeten» ein, dem es oblag, alle Heldentaten des Zweiten Geschwaders und des Admirals selbst zu besingen. Deshalb war Roshestwenski ihm überaus wohlgeneigt; Semjonow nutzte das natürlich nicht nur zum Schaden der Schiffskommandanten, sondern auch seiner engeren Mitarbeiter aus.

Zum Stabe gehörten auch noch der Navigationsoffizier Oberst Filippowski, der Schiffsingenieur Politowski und andere. Der Kapitän 2. Ranges Kurosch war schon in Kronstadt ausgeschieden.

Unter allen Stabsoffizieren war nur der Adjutant und Artilleriespezialist Leutnant Swentorshezki wirklich eine Persönlichkeit. Dieser Mann – in mittleren Jahren, von kräftigem Körperbau, mit einem schwarzen Schnurrbart im runden Gesicht und kurzgeschorenem Haar – verfügte über Sachkenntnisse und Erfahrungen und hatte außerdem einen starken Charakter. Das merkte man schon an seiner Redeweise, die scharf und äußerst bestimmt war, wenn er sich im Recht glaubte. Er war bescheiden und doch würdevoll und selbstsicher. Er mied solche Offiziere wie Semjonow und Leontjew und sprach fast nie mit ihnen. Sein unmittelbarer Vorgesetzter Clapier de Colongue wurde mit der Zeit der Vollstrecker seiner Beschlüsse. Sogar der Despot Roshestwenski wagte nicht, Swentorshezki anzufahren.

«Nun, wie fühlt sich der Admiral?» fragte ich Ustinow.

«Der hat was angerichtet und ist nun der ganzen Welt böse. Nur Semjonow und Swentorshezki wagen es, ihm etwas zu sagen. Die anderen Stabsoffiziere zittern vor ihm wie im Fieber. Ein ordentlicher Herr behandelt seine Lakaien besser als er seine Gehilfen. Alle haben zu leiden – der Schiffskommandant, die Offiziere und die Mannschaften. Sobald er auf Deck erscheint, laufen die Matrosen auseinander und verstecken sich wie vor der Seeschlange. Am schlimmsten sind die Signalgasten dran, die wird man nach Beendigung dieser Fahrt wohl alle in eine Heilanstalt bringen müssen. Kürzlich hat er einen von ihnen mit dem Feldstecher so auf den Kopf geschlagen, daß er ins Lazarett getragen werden mußte.»

Ich kehrte auf unser Schiff zurück und dankte dem Schicksal, daß Roshestwenski nicht an Bord unseres Schiffes «Orjol» war!

Am frühen Morgen des 1. November lichteten die Linienschiffe und das Transportschiff «Anadyr« die Anker, um Vigo zu verlassen. Beim Auslaufen aus der Bucht begleiteten uns Spanier in Booten, riefen uns zu und winkten mit Hüten und Tüchern. Auf See bildeten unsere Schiffe zwei Kielkolonnen und nahmen Kurs auf Tanger. Vier englische Kreuzer, die sich bisher in einer benachbarten Bucht verborgen gehalten und auf uns gelauert hatten, folgten uns. Von diesem Zeitpunkt an verließen sie uns nicht mehr. Nachts liefen sie, um unsern Kurs zu sichern, dicht am Bug des Flaggschiffs «Suworow« vorbei und flankierten uns dann.

Am nächsten Morgen waren es schon zehn britische Schiffe, und ihr Verhalten wurde immer herausfordernder. Nachts näherten sie sich uns auf zwei bis drei Kabellängen, aber auch tagsüber betrug die Distanz nicht über zwei Meilen. Bald liefen sie querab von unserer Kolonne, bald in Dwarslinie vor uns her, bald wieder hinter uns. Dann schlossen sie wieder einen Halbkreis um uns und begleiteten uns, als ob wir Gefangene wären.

Leutnant Worobeitschik entrüstete sich beim Anblick der englischen Schiffe: «Wie sich diese Banditen benehmen! Versenken sollte man sie! Das ist doch eine Frechheit!»

Ich konnte mir gut vorstellen, wie Roshestwenski tobte und wütete.

Unsere Geschütze waren ständig geladen, die Mannschaft kam nicht aus den Kleidern. Nachts wurden Probealarme gegeben: Kampf-, Feuer- und Leckalarme.

Die trostlos kahlen Berge Afrikas kamen in Sicht.

Die britischen Kreuzer bogen nach Osten ab.

Schon nach dem Zwischenfall von Hull sprachen wir auf unserem Schiff über die bevorstehenden Kämpfe mit den Japanern. Die meisten waren der Ansicht, daß sich Port Arthur nicht so lange halten könne, bis wir dort erscheinen würden. Durch den Fall der Festung werde auch das Erste Geschwader vernichtet sein, und dann werde das Zweite Geschwader, das dem Ersten helfen sollte, allein den Kampf mit dem Feind aufnehmen müssen. Wie würde das Kräfteverhältnis im Augenblick unserer Begegnung sein? Offenbar war der Feind stark genug, um uns zu zerschlagen. Viele zweifelten aber an der Richtigkeit der japanischen Strategie. Hierfür gab es auch triftige Gründe. Alle bisherigen Erfolge auf dem Kriegsschauplatz hatten die Japaner dank unserer kompletten Dummheit und nicht auf Grund ihrer militärischen Begabung errungen. Als wir noch in Kronstadt gewesen waren, hatten wir viel über die Situation in Port Arthur vor Kriegsausbruch gehört und auch erfahren, wie sich der Überfall auf unser Geschwader in Wirklichkeit vollzogen hatte. Das hatten uns Seeleute erzählt, die aus dem Fernen Osten zurückgekehrt waren. Was wir von ihnen erfuhren, klang anders als die offiziellen Berichte.

Unser Erstes Pazifisches Geschwader war seinem Kampfwert nach nur wenig schwächer als die japanischen Seestreitkräfte gewesen. Eine Waffe ist aber nur dann wirksam, wenn sie sich in geschickten Händen befindet.

Die zaristischen Admirale hatten nicht diese geschickten Hände. Die militaristischen Drahtzieher, denen persönliche Vorteile das Höchste in der Welt bedeuteten, strebten nach dem Fernen Osten, um leichtes Einkommen, Beförderung und Ruhm zu finden. Selbst der Abbruch der diplomatischen Beziehungen zwischen Rußland und Japan hatte sie nicht veranlaßt, aufzuhorchen. Jede Stunde konnte den Ausbruch der Kampfhandlungen bringen. Die blinden Befehlsgewaltigen in Port Arthur hatten aber nicht vermocht, ihre ewige Sorglosigkeit und Fahrlässigkeit abzuschütteln. Damit hatten sie sich dem Gegner gegenüber gleich zu Beginn des Krieges in Nachteil gesetzt.

Es wurden viele Personen genannt, denen die Schuld dafür zufiel. Aber zwei von ihnen traten besonders hervor. Ein aus Port Arthur zurückkehrender Seemann, ein erfahrener und aufmerksamer Mann, hatte sich in Geheimbesprechungen mit uns besonders scharf dazu geäußert. Durch sein unrasiertes Gesicht, den stachligen Schnurrbart und den kleinen, eckigen Körper wirkte er wie ein Igel. Er hatte ein Auge verloren, sein gesundes aber blitzte, als er uns empört erzählte:

«Der Statthalter war bei uns im Fernen Osten Zar und Gott. Admiral Alexejew war ein Bürokrat vom Scheitel bis zur Sohle. Die Natur hat ihn mit breiten Knochen, reichlichem Fleisch und viel Blut ausgestattet, aber den Kopf vergessen. So ist er ohne Verstand. Vor langer Zeit ist er einmal Marineattaché in Frankreich gewesen. Er sollte dort den Bau des Kreuzers ‹Admiral Kornilow› in Auftrag geben. Zum Erstaunen aller Seeleute ist dann dieser Kreuzer mit nur einem Boden gebaut worden. Allein dafür hätte Alexejew vor Gericht gehört. Er setzte aber seine überaus schnelle Karriere fort. Als der Krieg mit China ausbrach, war er schon Vizeadmiral. Der Zar schenkte ihm einen Säbel mit Brillanten und der Aufschrift: ‹Taku, Tientsin, Peking – 1900›. An der Eroberung dieser Städte hatte Alexejew gar nicht teilgenommen. Vielen war es ein Rätsel, warum er zum Oberbefehlshaber aller See- und Landstreitkräfte ernannt worden war. Es heißt, er sei ein natürlicher Sohn Alexanders II. Vielleicht ist das der Grund für sein schnelles Vorankommen im Dienst.

Sein erster Gehilfe, der Admiral Starck, zeichnete sich ebenfalls nicht durch Verstand aus. Der Flotte hat er nur geschadet. Unsere Docks waren nicht fertiggestellt worden, auch die Reparaturwerkstätten waren auf ernsthafte Beschädigungen der Schiffe nicht vorbereitet. In den Hafenanlagen fehlte es an Kriegsmaterial. Es gab noch nicht einmal ausreichend Munition. Dabei sind doch Geschosse die Hauptsache im Kriege. Den Admiral Starck interessierten aber diese Dinge wenig. Wirtschaftlicher Kleinkram nahm ihn voll in Anspruch. Mitunter streifte er dienstlich durch das Hafengebiet, mitunter aber auch nur, um spazieren zu gehen. Aber stets suchte er wie ein Besessener nach jedem Dreck. Die Matrosen flüchteten vor ihm. Erwischte er einige, dann befahl er ihnen, ihm zu folgen. Sie mußten verrostete Bolzen, Schrauben und Eisenstücke sammeln, die er ihnen zeigte. Der Admiral fluchte dann auf die unordentliche Hafenverwaltung. Am Ende eines solchen Spazierganges stolzierte er selbstzufrieden an der Spitze seines Gefolges daher, im Bewußtsein, der Heimat gegenüber seine Pflicht erfüllt zu haben. Der Staat hatte ihm also nicht umsonst sein hohes Gehalt gezahlt. Die Matrosen schleppten das Gerümpel, das niemand brauchte, hinter ihm her und zwinkerten sich zu. In der Flotte hieß er der ‹Trödleradmiral›. Und dieser Mensch wurde zum Chef des Ersten Geschwaders ernannt! Wie konnte das geschehen? Sehr einfach: In seinem Hause verkehrte der Statthalter Alexejew, und diese beiden Toren zettelten das fernöstliche Abenteuer an. Es war schwer, tatenlos zusehen zu müssen, wie ihretwegen ehrliche und kluge Menschen ums Leben kamen!»

Aus der weiteren Unterhaltung mit dem Seemann aus Port Arthur erfuhren wir, daß die oberste militärische Leitung keinerlei Maßnahmen zum Schutz der Festung und des Geschwaders getroffen hatte. Schon am 8. Februar 1904 mußte man einen Angriff der Japaner von See aus erwarten. An jenem Tag war auf einem englischen Schiff der japanische Konsul mit einem recht ungewöhnlichen Auftrag in Port Arthur erschienen. Er stellte den japanischen Staatsangehörigen anheim, die Stadt zu verlassen. Die schon vorher gewarnten Japaner waren zur Abreise bereit. Es ist bezeichnend, daß die russischen Behörden, die davon unterrichtet waren, den Vorbereitungen der Japaner keinerlei Bedeutung beimaßen. Lange Reihen chinesischer Küstenboote, vollbeladen mit Menschen, Hausrat und Waren, zogen sich zur Außenreede hin. Diese hastende Flottille bot ein seltsames Bild inmitten der Kriegsschiffe, die ruhig vor Anker lagen. Die Flüchtlinge gingen an Bord eines englischen Schiffes. Sowohl unter den Evakuierten als auch unter der Schiffsbesatzung befanden sich zweifellos Spione. Sie sahen, an welchen Plätzen die Schiffe unseres Geschwaders lagen, sie unterrichteten sich über die Situation in der Stadt und in der Festung. Am Abend hatte das englische Schiff dann den Hafen verlassen und wertvolle Informationen nach Japan mitgenommen.

Eine stille, dunkle Nacht war angebrochen. Das Geschwader lag auf der Außenreede mit Lichtern vor Anker, die Feuer gelöscht, ohne Torpedoschutznetze. Die Schiffe lagen schachbrettartig in vier Linien. Einige nahmen Kohlen auf, ihre Decks waren hell beleuchtet. Das Linienschiff «Zessarewitsch» und der Kreuzer «Pallada» schalteten von Zeit zu Zeit ihre Scheinwerfer ein, um den Horizont abzutasten. Alles war so, als wollte man den Japanern absichtlich den Standort des Geschwaders zeigen. In der Instruktion hieß es, daß ein dem Geschwader sich näherndes fremdes Schiff durch Scheinwerfer anzuleuchten, sofort anzuhalten und ein Offizier mit einem Kutter hinzuschicken sei. Keinem der Befehlshaber fiel die Unsinnigkeit einer solchen Anordnung auf. Wie konnte man ein feindliches Schiff durch Scheinwerferlicht anhalten? Und wenn es entdeckt worden wäre, warum hätte es warten sollen, bis ein russischer Offizier zur Besichtigung an Bord erschien?

Zwei wachhabende Geschwadertorpedoboote, «Bestraschny» und «Rastoropny», taten Dienst auf See. Sie hatten zwanzig Meilen vor der Reede zu kreuzen und von Zeit zu Zeit zum Flaggschiff zurückzukehren, um über ihre nächtlichen Beobachtungen zu berichten.

Der einäugige Seemann aus Port Arthur rief erregt: «Ihr seht, eine Anordnung des Kommandos war schlimmer als die andere! Solch stumpfsinnige Admirale gehören nicht in ein Geschwader, sondern auf Flöße!»

Was für Absichten hatte Japan eigentlich zu jenem Zeitpunkt? In erster Linie war die russische Flotte zu zerschlagen. Das war Voraussetzung für die Landung japanischer Truppen auf dem Festland. Alle Anzeichen sprachen dafür, daß der gegebene Augenblick für den Überfall auf das russische Geschwader gekommen war. Und Admiral Togo hatte sich denn auch zum Handeln entschlossen. Hierbei zeigte sich allerdings auch seine Kurzsichtigkeit, denn er teilte unerklärlicherweise seine Torpedobootflottille in mehrere kleine Gruppen. Jede Gruppe sollte losgelöst von den andern in bedeutenden Zeitabständen zum Angriff vorgehen. Eben deshalb erreichte nur die erste Gruppe der Torpedoboote ihr Ziel. Für die Russen kam ihr Angriff so überraschend, daß ein Offizier eines Linienschiffes ein japanisches Torpedoboot, das er für ein russisches hielt, anrief: «Iwan Iwanowitsch, sind Sie das?»

Als Antwort erfolgte die Explosion des von den Japanern abgeschossenen Torpedos. An der Bordwand des Linienschiffes «Retwisan» stieg eine riesige Wassersäule hoch. Da erst begriffen die Seeleute von Port Arthur, daß es sich um einen Angriff handelte. Sie eröffneten ein regelloses Feuer auf die feindlichen Torpedoboote. Das geschah um 11.35 Uhr. Fünf Minuten später erfolgte eine weitere Explosion. Ein Torpedo hatte das Linienschiff «Zessarewitsch» getroffen. Im Geschwader brach Panik aus. Auf dem Kreuzer «Pallada» wurde, sobald man die feindlichen Torpedoboote gewahrte, Kampfalarm, aber nicht sofort Feuerbefehl gegeben. In den Lichtkegeln der sechs Scheinwerfer des Kreuzers waren die Boote deutlich zu erkennen. Ihre Ähnlichkeit mit den russischen Minenbooten verwirrte aber die Offiziere. Sie riefen: «Nicht schießen! Es sind unsere!»

Einer der Geschützführer, der die Bahn eines auf das Schiff zusteuernden Torpedos sichtete, eröffnete auf eigene Faust das Feuer. Andere Geschützführer folgten seinem Beispiel. Es war aber zu spät. Einer der insgesamt sieben Torpedos hatte bereits getroffen. Damit begnügte sich die erste Gruppe der japanischen Torpedoboote. Unter Ausnutzung der Verwirrung auf der Reede hätte sie dem Geschwader natürlich einen weit empfindlicheren Schlag versetzen können. Die Plötzlichkeit des Angriffs hatte die Russen überrascht, die Geschützführer schossen schlecht. Zudem beteiligten sich neun der sechzehn auf der Reede liegenden Schiffe überhaupt nicht an der Abwehr des Angriffs. Einige Schiffe lagen so ungünstig, daß sie ihre Artillerie nicht gebrauchen konnten, ohne die eigenen Schiffe zu gefährden.

Auf anderen Schiffen stritten sich die Offiziere über die Ereignisse auf der Reede, statt zu schießen. Auf dem Flaggschiff «Petropawlowsk», auf dem sich damals der Geschwaderchef Admiral Starck aufhielt, wollte selbst nach den ersten Treffern auf drei Schiffen noch immer niemand glauben, daß der Krieg begonnen hatte. Auch auf dem Linienschiff «Pereswet» zweifelte man daran. Konteradmiral Uchtomski versicherte auf der Brücke seinen Offizieren: «Nein, das ist ja nur eine Nachtübung. Haben Sie denn vergessen, meine Herren, daß wir montags immer Schießübungen haben? Sehen Sie doch, das Flaggschiff hat den Scheinwerfer aufwärts gerichtet. Ich verstehe nur nicht, warum einige Schiffe trotz des Signals des Geschwaderchefs noch immer nicht das Feuer einstellen. Wie mangelhaft diszipliniert wir doch noch sind!»

So war es auf der Reede. In der Festung, die keine Verbindung zur Flotte hatte, wunderte man sich die ganze Nacht. Einige Festungsbatterien erfuhren erst am Morgen von dem Überfall; sie hatten das nächtliche Schießen für Manöver gehalten. Diesen Schlachtendonner – für ein Manöver ...! Sieben russische Schiffe hatten über achthundert Schuß auf den Feind abgegeben. Trotzdem waren die japanischen Torpedoboote, die das sorglose Geschwader in solche Panik versetzt hatten, unbeschädigt davongekommen.

Der einäugige Seemann, der uns den Bericht über diese unbegreiflichen Geschehnisse zu Kriegsanfang gab, schüttelte den Kopf und fügte hinzu: «Ihr wißt wohl selbst, daß in Friedenszeiten viele unsere Marinegewaltigen bestaunten und glaubten, daß ohne sie der ganze Betrieb brachliegen würde. Und nun? Der Krieg ist da, und jeder Tölpel weiß jetzt, was er von diesen Aufschneidern zu halten hat.»

Die nächsten Staffeln der japanischen Torpedoboote, die nacheinander zum Angriff ansetzten, erzielten keine Treffer. Die Leute auf dem Geschwader waren zu sich gekommen, jeder war auf seinem Posten, und die Angriffe wurden abgewiesen. Auch die feindlichen Hauptstreitkräfte, die sich Port Arthur am nächsten Tag näherten, konnten unseren Schiffen keinen Schaden zufügen. Das Artillerieduell dauerte eine halbe Stunde und verlief ergebnislos.

Admiral Togo zog sich daraufhin auf See zurück, wahrscheinlich enttäuscht. Er hatte von den nächtlichen Angriffen, die er ohne Kriegserklärung unternommen hatte, mehr erwartet. Gewiß, es waren drei große Schiffe außer Gefecht gesetzt worden, sie konnten aber repariert werden und waren dann wieder einsatzfähig.

Statthalter Alexejew hielt es nicht einmal für notwendig, seine schwer beschädigten Schiffe zu besichtigen. Er ließ den Geschwaderchef Starck und andere Admirale zu sich kommen, beriet mit ihnen, gab ihnen Befehle. Kurzum – er befehligte das Geschwader von Land aus.

Es folgten noch viele andere Unterlassungen auf russischer Seite. Am 8. Februar fand ein Seegefecht bei Tschemulpo an der koreanischen Küste statt. Trotz des nahenden Krieges hatte das Oberkommando den ungewöhnlich schnellen Kreuzer «Warjag» und das Kanonenboot «Korejez» wie Stiefkinder behandelt und verabsäumt, sie rechtzeitig dem Geschwader anzugliedern. Diesen Leichtsinn bezahlten beide Schiffe mit ihrem heldenhaften Untergang im Kampf gegen die überlegenen Kräfte des Konteradmirals Uriu. Aus unbegreiflichen Gründen hatte dasselbe Oberkommando die vier stärksten Kreuzer – «Rossija», «Gromoboi», «Bogatyr» und «Rjurik» – des Geschwaders nach Wladiwostok abkommandiert. Das alles machte es den Japanern leicht, Port Arthur von See aus zu blockieren und Landstreitkräfte aufs Festland zu bringen. Dann ereigneten sich noch eine Reihe von Unfällen ohne gegnerische Einwirkung. In den ersten Tagen des Krieges fuhren der Kreuzer «Bojarin» und der Minenleger «Jenissei» vom Ersten Geschwader auf eigene Minen. Von der Wladiwostok-Gruppe lief der Kreuzer «Bogatyr» so heftig auf steinigem Grund auf, daß er sich unter Wasser aufschlitzte und bis zum Ende des Krieges aktionsunfähig blieb.

Aber trotz dieser ungünstigen Voraussetzungen mußte der Feind fast monatelang unglaubliche Anstrengungen machen, um das Erste Pazifische Geschwader zu blockieren. Dann und wann neigte sich nämlich das Kriegsglück auch wieder den Russen zu.

In Port Arthur hatte man bemerkt, daß das Geschwader des Gegners jedesmal denselben Kurs fuhr, wenn es sich vor der Festung zeigte. Dem Kommandanten des Minenbootes «Amur», Kapitän 2. Ranges Iwanow, kam der Gedanke, auf dieser Strecke Minen zu legen. Das Oberkommando hatte lange Zeit gegen dieses Vorhaben Bedenken. Schließlich führte Iwanow am 14. Mai bei Tage, fast vor der Nase der Japaner, aber im Schutze dichten Nebels, die Verminung durch. Am zweiten Tage ereignete sich das, was die Japaner durchaus nicht erwartet hatten. Wie oft hatten sie doch hier vor den Augen der tatenlosen Russen ungestraft gekreuzt! Plötzlich dröhnte eine Explosion, dann eine zweite: «Hatsuse» sank sofort, «Jashima» auf der Rückfahrt. Das wirkte so niederschmetternd auf den übermütig gewordenen Feind, daß sein ganzer Mut wie weggeblasen war. Auf den anderen Schiffen entstand ein heilloses Durcheinander. Die Japaner verloren alle Selbstbeherrschung. Ihre Furcht wurde noch dadurch gesteigert, daß ringsum kein russisches Schiff zu sehen war. Sie wußten nicht, wodurch die Explosionen verursacht worden waren, ob durch eine Minensperre oder durch Unterseeboote. Was tun? Es war niemand da, den man beschießen konnte, trotzdem schossen sie ziel- und wahllos nach allen Seiten ins Wasser. Das war eine vorzügliche Gelegenheit, mit den japanischen Schiffen aufzuräumen und die Blockade zu durchbrechen. Aber anstatt einzugreifen, blieb das für einen Ausbruch nicht vorbereitete russische Geschwader auf der inneren Reede liegen wie ein gelangweilter Zuschauer.

Am 11. Juli hatte es sich nicht nach Wladiwostok durchgeschagen, weil der Geschwaderchef, Admiral Witthöft, auf dem Flaggschiff gefallen war.

Admiral Togo hatte einen Fehler begangen. Anstatt seine Kräfte zu zersplittern, hätte er das Überraschungsmoment ausnutzen und einen konzentrierten Angriff mit vierzig Torpedobooten gegen das russische Geschwader führen sollen. Dann wäre in jener ersten Nacht in Port Arthur wohl kein größeres russsisches Schiff heil geblieben. Eine so umfassende Katastrophe hätte auch die Kapitulation der Festung beschleunigt.

Der Seemann aus Port Arthur meinte abschließend: «Wenn wir ein verständigeres Oberkommando gehabt hätten, wäre es den Japanern schlecht ergangen. Schade, daß Admiral Makarow fiel. Sein Vater war ein einfacher Rekrut gewesen, hatte sich aber bis zum Bootsmann heraufgedient. Als er aber anstelle des ‹Trödleradmirals› das Kommando über das Erste Geschwader übernahm, wehte sofort ein anderer Wind. Makarow benötigte nur eine Woche, um das Geschwader umzugestalten. Es war nach diesen paar Tagen nicht wiederzuerkennen! Mußte es denn das Unglück wollen, daß dann das Linienschiff ‹Petropawlowsk› auf eine japanische Mine lief und mit Makarow sank? Wir haben keinen zweiten Flottenführer, der so viel von der Sache versteht.»

Ein solches Gespräch weckte stets eine beunruhigende Frage in uns: Was soll aus dem Zweiten Geschwader werden? Wenn man nach dem Verlauf der bisherigen Kriegshandlungen und anderen Informationen urteilte, dann hatte Admiral Togo keine besonderen Fähigkeiten in der Seekriegskunst an den Tag gelegt. Er hatte Unvorsichtigkeiten begangen und Kurzsichtigkeit bewiesen. Die japanischen Seeleute waren nicht gegen Panik gefeit und hatten sich nicht sehr tapfer gezeigt, wenn der Schlag nur kräftig genug gewesen war. Das ermutigte uns etwas. Die Erinnerung an den «Zwischenfall von Hull» versetzte uns aber immer wieder in trübe Stimmung.

Tanger. Ich erfahre, daß ich beobachtet werde

In Tanger, an der afrikanischen Küste der Meerenge von Gibraltar gelegen, trafen wir am 3. November etwa um 15 Uhr ein. Hier fanden wir auf der Reede fast alle Schiffe unseres Geschwaders vor, die vier Tage früher eingetroffen waren. Es fehlten nur die Torpedoboote, die schon hier gewesen, aber mit einigen Transportschiffen nach Algier weitergefahren waren. Außer unseren Schiffen lagen zwei französische und ein englischer Kreuzer auf der Reede.

Wir wurden in diesem marokkanischen Hafen sehr freundlich aufgenommen. Es wurde uns freigestellt, so lange hier zu bleiben, wie es uns gefiel. Die Engländer sollen als Verbündete Japans erfolglos dagegen protestiert haben.

Am selben Abend sonderten sich folgende Schiffe vom Geschwader ab: die Linienschiffe «Sissoi Weliki» und «Nawarin» sowie die Kreuzer «Swetlana» und «Almas». Konteradmiral Fölkersam führte diese Gruppe durch das Mittelländische Meer. Sein Weg sollte ihn über die Sudabucht (Kreta), durch den Suezkanal und schließlich zur Insel Madagaskar führen, die Roshestwenski als Treffpunkt für die Wiedervereinigung der Geschwadergruppen bestimmt hatte. Die andern Schiffe sollten das Kap der Guten Hoffnung, die Südspitze Afrikas, umfahren. Außerdem sollten sich uns bei Madagaskar die Schiffe anschließen, die jetzt noch in Rußland fertiggestellt wurden: «Oleg», «Isumrud», «Smolensk», «Petersburg», «Terek», «Don», «Ural» und eine Anzahl Torpedoboote.

Handelte Roshestwenski richtig, als er das Geschwader teilte?

Unsere Offiziere äußerten hierüber verschiedene Ansichten. Die einen sahen darin einen Fehler. Die Japaner könnten eine starke Kreuzerdivision ausschicken und Fölkersams Schiffe zerschlagen, meinten sie, dann würde auch unseren anderen Schiffen nichts weiter übrig bleiben, als nach Rußland zurückzukehren. Andere wieder meinten, die Japaner würden es nicht wagen, sich so weit von ihrer Basis zu entfernen. Offenbar konnte jedoch keiner den Überlegungen des Geschwaderchefs richtig folgen.

Die schwimmende Werkstatt «Kamtschatka», die durch ihre Telegramme das beschämende Unheil von Hull angerichtet hatte, lag jetzt vor uns. Sie war völlig unbeschädigt. Von den Matrosen und den zivilen Handwerkern erfuhren wir, daß es in der Nacht zum 22. Oktober bei ihnen genauso drunter und drüber gegangen war, wie bei uns. «Kamtschatka» hatte etwa dreihundert Geschosse auf den vermeintlichen Feind abgeschossen. In Tanger stellte sich heraus, daß auch Admiral Fölkersam in der Nordsee die Fischerboote gesichtet hatte, die wir später beschossen. Er hatte aber nicht daran gedacht, mit ihnen so zu verfahren, wie wir es dann taten.

Wir begannen mit der Kohlenübernahme. Der Ostwind frischte auf, er wehte von der offenen See der Bucht her. Auf den Großmasten der Kriegsschiffe flatterten die langen Wimpel im heftigen Winde. Bei Einbruch der Nacht erhob sich ein Sturm. Im hohen Wellengang kamen die deutschen Kohlendampfer in arge Bedrängnis und gefährdeten auch unsere Schiffe. Die Übernahme wurde abgebrochen.

Eine düstere Sturmnacht sank früh herab. In der Stadt flammten die Lichter auf. Unser Schiff schlingerte, das Eisen der Ankerketten knirschte. Ich saß lange auf der Back, überwältigt von unaussprechlicher Sehnsucht, die am Herzen fraß wie Salz in einer offenen Wunde. Mehrere Matrosen saßen rauchend umher. Wie Tiere aus dem Käfig, so starrten wir alle zum afrikanischen Ufer hinüber, das so verführerisch herüberblinkte. Welch ein Leben mußte dort sein, an Land, in den Steinhäusern, in den hellen Zimmern! In uns nagte Neid. Jemand seufzte: «Man läßt uns nicht an Land.»

Ein anderer griff den Gedanken auf: «In den Lokalen ist Musik, die Leute sind vergnügt.»

«Warum sollten sie nicht vergnügt sein, wenn sie nicht in den Krieg ziehen.»

«Verliebte küssen sich.»

«Einige von uns haben Frauen zurückgelassen, die jetzt auch jemand küßt», fügte Baklanow hinzu.

Als Antwort darauf folgte nur ein derber, wütender Fluch.

Der Elektriker Alferenko gestand düster: «Ich würde das schwärzeste Negerweib heiraten, nur um hier zu bleiben.»

«Das geht nicht. Wenn dann gestreifte Kinder kommen.»

«Dummes Zeug.»

Ich hörte diese Gespräche mit an und dachte: Um wieviel glücklicher als wir sind doch jetzt die Landratten da drüben! Es schien, als würden wir niemals mehr in einem hellen Zimmer sein und mit lieben Menschen sprechen können, ohne an den Krieg zu denken. Vor uns lagen weite Fahrten durch die Wasserwüste, aufreibendes Kohlebunkern in der ungewohnten Tropenhitze, Alarme bei Tag und Nacht, allerhand Martern, Stürme, seelische Aufregungen. Und alles das würden wir ertragen müssen, vielleicht nur, um bei der ersten Begegnung mit dem Feind in die Tiefe zu sinken, ohne zu wissen wofür. Es würde dann eben heißen, «das Vaterland» habe es gefordert ... In Wirklichkeit aber hatte ein Haufen Abenteurer und einflußreicher Personen, der nur den eigenen Vorteil im Auge hatte und sich um das Wohl des Volkes nicht kümmerte, den Krieg angezettelt. So dachten außer mir noch viele andere Seeleute unseres Zweiten Geschwaders, und unsere Herzen waren mit Bitternis erfüllt, wenn wir an unsere große, ferne Heimat dachten, der Schmach und Niederlagen zugefügt wurden. Wir befanden uns in der Lage von Kindern, deren Mutter durch einen gewissenlosen Stiefvater dem Schimpf ausgesetzt wird. Wie Kinder waren wir recht- und machtlos. Wir konnten unsere geschmähte und leidende Mutter nur noch mehr lieben und den Schurken von Stiefvater unversöhnlich hassen.

Ein Offizier schlich an uns vorbei, als belauere er jemand. Die Matrosen erkannten den Leutnant, der den Spitznamen «Wredny» (Schädling) trug. Er schrie uns niemals an, fluchte nicht, schlug auch nicht, wie es andere taten, sondern sprach leise und freundlich, ein festgefrorenes Lächeln im breiten, pausbäckigen Gesicht. Trotzdem rechtfertigte er seinen Spitznamen: Ein Matrose, der etwas ausgefressen hatte, durfte bei ihm keine Gnade erwarten. Er verachtete seine Untergebenen mit einer eisigen Stumpfheit und bestimmte die Höhe der Strafe so leidenschaftslos, als wäre er ein Ladenbesitzer, der den Preis von der Preisliste abliest.

Von den Ordonnanzen wußten wir, daß der «Schädling» in der Offiziersmesse am schärfsten dafür eintrat, die Mannschaft so streng wie möglich zu halten. Oft hatte er Meinungsverschiedenheiten mit dem Ersten Offizier Sidorow, dem er allzu große Weichheit uns gegenüber vorwarf. Er hatte die Gewohnheit, sich an eine Matrosengruppe heranzuschleichen, um sie zu belauschen. Das tat er auch jetzt.

Die Matrosen gingen sofort zum Thema der öffentlichen Häuser über, denn das war unverfänglich. Er mochte dann glauben, daß wir keinerlei rebellische Gedanken hegten.

Er stand noch eine kurze Weile herum und ging dann wieder.

«Warum haßt er uns so?» fragte ein Matrose.

Der Elektriker Kosyrew erwiderte: «Es wird schon seinen Grund haben. Er war auch an Land so.»

Kosyrew erzählte uns, er habe unter Wredny in einer Marinedivision gedient. Wenn der «Schädling» in der Kaserne Nachtdienst hatte, dann waren am nächsten Morgen bestimmt mehrere Matrosen im Arrest. Noch vor dem Wecken der Mannschaft standen in seinem Dienstzimmer ein Trompeter und ein Trommler bereit. Sobald draußen die Trompeter das Wecken bliesen, machte er seinen Rundgang durch die Kompanieräume, gefolgt von den vorläufig noch stummen Musikern.

Und da begann der Spaß: Ein Unteroffizier schlief nach dem Wecken weiter. Auf so einen Langschläfer hatte es der Leutnant abgesehen. Er schlich dann an die Koje heran, stellte Trompeter und Trommler zu Häupten des Schläfers und gab ihnen ein Zeichen. Der infernalische Lärm ließ den Schuldigen in Unterwäsche oder auch ganz nackt wie angestochen aus der Koje springen. Ein dümmeres Gesicht als das eines solchen Menschen kann man sich kaum vorstellen. In seinen Ohren schmetterte die Trompete und dröhnte die Trommel. Im langen Rock mit goldenen Epauletten und umgeschnalltem Säbel stand der Offizier vom Dienst da, zufrieden lächelnd, mit leichter Verneigung murmelnd: «Bitte schön, drei Tage Arrest, drei Tage.»

Was war denn das? Teufelsspuk? Der Schuldige begriff nichts, stand vor seiner Koje so verwirrt da, als hätte man ihn mit einem Holzklotz über den Schädel gehauen. Das Schlimmste war, daß er nicht wußte, was er nun zu tun hatte. Sollte er davonlaufen, militärisch grüßen, die Hände an die nicht vorhandene Hosennaht legen oder sich anziehen, um so schnell wie möglich seine Blöße zu bedecken?

Der Leutnant verbeugte sich inzwischen immer wieder und sagte: «So-so! Du gehorchst nicht gleich? Dann gibt es einen Tag mehr. Bitte schön, vier Tage Arrest. Im Arrest wirst du wohl klüger werden.»

So vergnügte sich «Schädling», wenn er im Dienst war. Wer weiß, wie lange das so weitergegangen wäre, wenn er nicht eines Tages selbst in eine höchst lächerliche Lage geraten wäre. Unter dem Wirbel der Trommel und den Klängen der Trompete stand er vor einer Koje länger, als es sonst der Fall war, verbeugte sich immerzu und sagte: «Bitte schön, drei Tage Arrest ...»

Der Mensch unter der Decke sprang aber nicht auf.

Die Matrosen konnten sich das Lachen kaum noch verkneifen. Der Leutnant riß selbst die Decke fort und erbleichte. Vor ihm lag kein schlafender Matrose, sondern ein Haufen zusammengerollter Mäntel. Der Inhaber der Koje stand unterdessen Wache am Tor. «Schädling» tobte. Dieses Mal wanderten der Feldwebel, der diensthabende Unteroffizier und der Stubenälteste in den Arrest. Seither aber hörten solche Späße des «Schädlings» auf.

Kosyrew hatte uns mit dieser Geschichte ein wenig zerstreut, wir lachten und gingen schlafen.

Am zweiten Tag legte sich der Wind gegen Mittag völlig. Auch die Wasseroberfläche beruhigte sich im Sonnenglanz. Auf allen Schiffen wurde wieder mit dem Bunkern begonnen. Der Geschwaderchef setzte eine Geldprämie für gute Arbeit aus. Diese Maßnahme erwies sich als durchaus zweckmäßig. Eifrig begannen wir auf dem «Orjol» zu arbeiten. Das Schiff hüllte sich in schwarze Nebel, durch die die Sonne nur noch als rote Kugel schien. In jeder Stunde nahmen wir fünfzig Tonnen Kohle über. Diese Arbeit setzten wir einen Tag und eine Nacht ohne Schlaf und Ruhe fort, nur von den Pausen fürs Essen unterbrochen. Schließlich waren wir so müde, daß wir kaum noch die Beine bewegen konnten. Trotzdem mußte aber noch das Schiff gesäubert und instand gesetzt werden. Als Furier war ich davon befreit, ich konnte mich in irgendeinem Raum, wo Lebensmittel lagerten, schlafen legen. Überhaupt gewährte mir mein Rang erhebliche Vorzüge, die die gemeinen Matrosen nicht hatten. Wenn ich jemanden geschlagen hätte, dann wäre ich schlimmstenfalls für einige Tage in Arrest gekommen, hätte mich ein Matrose geschlagen, so wäre er mit Gefängnis bestraft worden. Das war aber kein Grund, auf meine «Vorrechte» stolz zu sein. Der Offizier hatte im Vergleich zu mir weit größere Vorrechte. Wenn er mich schlüge, selbst ohne Grund, dann würde er noch nicht einmal eine Rüge erhalten, schlüge ich ihn, wenn auch gerechterweise, so drohte mir die Todesstrafe.

Unser Schiff wurde von dunkelhäutigen Händlern umlagert, die Ansichtskarten, verschiedene Früchte, Netze und Korkhelme anboten. Sie waren verschieden bekleidet, in Tuniken mit Kapuzen, mit dem Turban oder dem Fez auf dem Kopf, einige hatten bunte Jacken an.

Es war schon seit langem davon gesprochen worden, daß Rußland in Chile und Argentinien sieben große Panzerkreuzer erwerben wolle. Jetzt hieß es, daß diese Ankäufe bereits getätigt und daß auch die Mannschaften für die Schiffe ausgesucht worden seien. Auch sie sollten bei der Insel Madagaskar zu uns stoßen, wohin sie Konteradmiral Nebogatow führen sollte. Oh, wenn das alles doch wahr wäre! Ich hatte nichts gegen die Japaner und hegte nicht den geringsten Wunsch, Krieg gegen sie zu führen.

Der Offiziersdiener des Schiffskommandanten, der Matrose Nasarow, hatte sich mit mir angefreundet. Er war ein junger, stiller Bursche, mit einem bartlosen, pausbäckigen, zarten Gesicht. Der Militärdienst hatte ihn von seiner geliebten Frau getrennt. Ihr galten nun alle seine Gedanken. Ich schrieb für ihn die Briefe, die er aus jedem Hafen in die Heimat schickte. Von seiner Lebensgefährtin hatte er eine sehr hohe Meinung und erzählte immer ganz begeistert von ihr.

«Ob du's glaubst oder nicht, ich sage dir, niemand sonst hat eine solche Frau. Ich würde meine Nastja gegen keine Königin eintauschen. Ob es die Schönheit ist, die Liebe oder die Wirtschaft, sie ist rundherum eine Frau, wie es sich gehört. Mitunter steht sie ganz früh auf, heizt den Ofen an, während ich in der Koje liege und tue, als ob ich schlafe. Ganz leise kommt sie dann heran, gibt mir einen Kuß und geht wieder zum Ofen. Und das macht sie so an die zwanzig Male. Das war eine Liebe bei uns!»

Wir dichteten lange lyrische Episteln an Nastja. Je geschraubter der Stil, je sentimentaler der Ausdruck, um so besser gefielen sie Nasarow. Aus Tanger schickten wir ihr auch einen Brief. Wir saßen im Korridor, in dem sich mein Lager für Trockengemüse befand. Ich hatte ein Blatt Papier auf einer Kiste ausgebreitet und schrieb:

«Liebe Nastenka, meine herzliebste Frau!

Wie weit bin ich doch von Dir entfernt! Unser Geschwader ist in Afrika, wo es immer so heiß ist wie bei uns nur im Sommer und wo Menschen wohnen, die schwarz wie Ruß sind. Aber keine Entfernung kann uns trennen! Mein Herz strebt immer zur Dir, wie eine Schwalbe auf schnellen Flügeln. Tag und Nacht denke ich an Deine blauen Augen, die so glänzen wie der Frühlingshimmel, und an Deine Küsse, so süß wie Honig. Ein leichter, warmer Wind weht jetzt gerade und hält Richtung nach unserem Rußland. Möge er Dir den Atem meiner sehnsuchtsvollen Brust und das Beben meines verliebten Herzens überbringen.»

In diesem Sinne ging es noch lange weiter. Ich las den Brief vor und fragte: «Na, wie ist er?»

«Gut. Fein wird der. Du mußt nur noch eines hinzufügen: Wenn ich heimkomme, dann werden wir einen Sohn haben.»

Und ich fuhr fort: «Ich glaube doch, Liebste, daß die glückliche Zeit kommen wird, da wir zusammensein werden und die Flamme der gegenseitigen Leidenschaft uns vereinen wird. Das Naturgesetz wird sich vollziehen. Und dann wird in unserer Hütte glockenhell die Stimme unseres Kindleins erklingen. Es wird bestimmt ein Sohn sein, ebenso blauäugig wie Du.»

Ich schloß: «Es kann aber auch sein, daß feindliche Geschosse unser Schiff versenken. Sterbend werde ich Deinen Namen rufen. Und wenn das Meer meine leidende Brust zudeckt, und ich kein Wort mehr hervorbringen kann, dann wird allein mein Herz rufen, daß es die ganze Welt hört: Leb wohl, meine geliebte Nastja ...»

Als Nasarow den Schluß hörte, kamen ihm die Tränen: «Das hast du toll gemacht! Wenn sie den Brief bekommt, wird sie eine ganze Woche weinen. Da hat kein Bursche was in ihrer Nähe zu suchen, da läßt sie keinen ran. Na, ich danke dir auch recht schön, mein Lieber.»

Sorgfältig steckte er den Brief in den Umschlag und sagte leise: «Ich wollte es dir schon lange sagen, schob es aber immer auf – du wirst beobachtet.»

Diese Nachricht verwunderte mich sehr.

«Woher weißt du denn das?»

«Wenn ich es sage, so werde ich es wissen. Als wir noch in Kronstadt waren, kam ein Dokument in einem großen Umschlag mit fünf Siegeln, vier an den Ecken und eins in der Mitte. Als der Kommandant es las, brauste er auf und befahl mir, den Ersten Offizier zu holen. Sie berieten zusammen in der Kajüte des Kommandanten. Mich interessierte die Sache, ich horchte. Über dich haben sie gesprochen. Der Kommandant befahl dem Ersten, dich unauffällig beobachten zu lassen. Später fand ich beim Kommandanten im Tisch das Dokument und habe es auch gelesen. Von der Gendarmerieverwaltung war es. Du bist also ein Politischer?»

«Und wer soll mich beobachten?»

«Ich weiß nicht, wen sie dazu bestimmten.»

Bei dieser Gelegenheit fragte ich ihn nach dem Ingenieur Wassiljew. Er sagte: «Einen besseren Offizier gibt es nicht. Immer tritt er für die Mannschaft ein. Einige Offiziere meinen, daß man härter strafen soll. Da widerspricht er aber. Er kann großartig reden und beweist ihnen, daß man den Matrosen mehr beibringen müsse. Auf seiner Seite steht auch immer der Leutnant Giers. Einen Kopf hat dieser Wassiljew! Im Streit ist er jedem Offizier überlegen.»

Ich bedankte mich bei Nasarow. Seine Mitteilung konnte mir sehr nützlich sein. Wie aber war es gekommen, daß man mich an der Besichtigung durch den Zaren teilnehmen ließ? Hatte man mich im Wirrwarr vergessen oder legte man dem Schreiben der Gendarmerie keine große Bedeutung bei?

Zu unserem Geschwader stießen zwei weitere Schiffe: das Lazarettschiff «Orjol», das ganz weiß angestrichen war und rote Kreuze auf den Schornsteinen trug, und das französische Kühlschiff «Esperance», das einen großen Vorrat an Gefrierfleisch transportierte.

Am 5. November erhielten wir vom Flaggschiff Befehl, die Anker zu lichten.

Wir durchfahren die südlichen Meere

Es folgten schöne Tage. Unter dem blauen Himmel wehte ein gleichmäßiger, günstiger Passat. Die Wasser des Atlantischen Ozeans waren tiefblau, Wellen mit weißen Kämmen folgten dem Geschwader. Zwischendurch blitzten Sonnenreflexe auf.

Uferlos und leer war es ringsum. Unser Geschwader zog in zwei Kielkolonnen einsam den südlichen Breitengraden entgegen. An der Spitze der rechten Kolonne fuhr das Linienschiff «Suworow», ihm folgten in Abständen von je zwei Kabellängen «Alexander III.», «Borodino», «Orjol» und «Osljabja». Das Werkstattschiff «Kamtschatka» führte die linke Kielkolonne, die aus den Transportschiffen «Anadyr», «Meteor», «Korea» und «Malaja» bestand. Ihnen folgten in Keilformation die Kreuzer «Aurora», «Dmitri Donskoi» und «Admiral Nachimow», auf dem Konteradmiral Enquist seine Flagge gehißt hatte. Den Abschluß bildete in einer Entfernung von neun bis zehn Kabellängen das Lazarettschiff «Orjol». Unterwegs begegneten wir keinem Schiff. Nur selten zeigten sich am Horizont die englischen Kreuzer, die uns noch immer beobachteten. Aber auch sie verschwanden, als wir uns den Kanarischen Inseln näherten.

Die Sonne sank zeitig, etwa um 18 Uhr. Sie wurde abgelöst von einem glühenden Abendrot, das aber, wie stets im Tropengebiet, schnell verlosch, als eile es in Richtung Amerika davon. Dann flammten in den unermeßlichen Tiefen des Himmels die großen und hellen Sterne auf. Der Ozean spiegelte sie nicht nur wider, sondern überbot den Himmel auch mit eigenen Schätzen. Die wogende Oberfläche, vom Wind und von unseren Schiffen zerpflügt, glitzerte in blaugrünen Funken. Man konnte stundenlang aufs Meer schauen und sich an dem grandiosen Leben, das an der Oberfläche flimmerte, und an den unendlich kleinen Wesen, die im Wasser leuchteten, erfreuen.

Wir passierten den Wendekreis des Krebses. Die Hitze nahm täglich zu. Der Himmel wurde blasser. Die Luft war so sehr vom verdunsteten Wasser gesättigt, daß wir uns wie in einem Dampfbad vorkamen. Die Menschen arbeiteten in schweißnasser Kleidung. Einige Matrosen hatten die Arbeitsjacken abgelegt und trugen nur Netzhemden, die sie gekauft hatten, als wir vor Tanger lagen. Auf dem Oberdeck waren Duschvorrichtungen aufgestellt worden, von denen alle Gebrauch machten.

Erst unterwegs erfuhren wir, daß unser Geschwader Kurs auf die westafrikanische Hafenstadt Dakar in der französischen Kolonie Senegal genommen hatte.

Ingenieur Wassiljew versorgte mich weiterhin mit Büchern, und zwar mit solchen, in denen der Kampf der Unterdrückten um ihre Unabhängigkeit geschildert wird; zum Beispiel «Spartakus» des italienischen Schriftstellers Giovannoli und «Im Morgengrauen» von Josh. Ich hatte sie schon gelesen, gestand es ihm aber wieder nicht. Immer wieder beschäftigte mich die Frage, warum er mir solche Bücher lieh. Als er mir den Roman «Die Marseiller» gab, in dem der Autor das Leben zur Zeit der großen französischen Revolution beschreibt, sagte ich: «Das habe ich schon gelesen, Euer Wohlgeboren.»

Er entgegnete ruhig, zum ersten Mal mich mit Sie anredend: «Ein gutes Buch kann man gut zweimal lesen. Im übrigen können Sie es den Kameraden zum Lesen geben.»

Da wurde mir klar, daß Wassiljew ein besonderes System im Verkehr mit unsereinem hatte, ein System, das auch von anderen Revolutionären angewandt wurde. Trotzdem störten mich die silbernen Schulterstücke auf seinen Schultern immer wieder. Irgendwo in der Tiefe meines Herzens blieb ein Schatten von Mißtrauen.

Plötzlich überraschte er mich mit der Frage: «Haben Sie im Gefängnis gesessen?»

Ich antwortete unangenehm berührt: «Jawohl.»

«Wegen eines politischen Delikts?»

«Jawohl.»

Wassiljew lächelte freundlich, worauf ich wieder Mut faßte, ihm in die Augen blickte und fragte: «Haben Sie das vom Ersten Offizier erfahren, Euer Wohlgeboren?»

Er nickte.

«Welche Meinung hat denn der Erste von mir?»

«Eine ausgezeichnete. Vor allem ist er durchaus kein Erzreaktionär. Außerdem ist er davon überzeugt, daß Sie nur durch ein Mißverständnis in so eine Geschichte geraten sind.»

«Nur etwas macht mir Sorge», sagte ich, «ich weiß nicht, wer von den Matrosen den Auftrag hat, mich zu beobachten.»

«Ja, weiß man, wo die Falle steht, dann geht man nicht hinein.»

Ich verließ Wassiljew mit dem freudigen Gefühl, daß ich auch unter den Offizieren einem Menschen unbedingt trauen konnte.

An jedem Festtag fand an Bord ein Gottesdienst statt. Hierzu versammelten sich alle im Wohndeck, auf dem ein Feldaltar mit Heiligenbildern und Kerzenhaltern aufgebaut wurde. Nach der Flaggenhissung gab der Wachhabende das Kommando: «Die Mannschaft zum Gottesdienst antreten!»

Die Pfeifen der Maate trillerten, und über alle Decks rollte in verschiedenen Tonarten die Wiederholung der Anordnung, flogen die Befehle der Obermaate und Diensttuenden. Für die Matrosen gab es nichts Langweiligeres als den Kirchgang. Sie stoben nach allen Seiten auseinander, versteckten sich in den Winkeln wie die Schaben in den Ritzen. Die Maate trieben sie mit Flüchen und Rufen, mit Schlägen und unflätigen Worten heraus – zum Gottesdienst. Die Offiziere hörten es und sagten nichts dazu. Das Ganze war sinnlos, war eine Verhöhnung der Religion, wie sie sich kein Atheist schlimmer ausdenken konnte.

Endlich hatte man die Hälfte der Mannschaft mit Mühe und Not vor dem Altar versammelt. Die Vorgesetzten standen vorn, mit dem Kommandanten und dem Ersten Offizier an der Spitze. Der Gottesdienst begann. Matrosen übernahmen die Rollen des Hilfspriesters und der Sänger.

Den Gottesdienst zelebrierte der Schiffspriester, Vater Paissi.

Unser geistlicher Vater bot eine kümmerliche und komische Figur. Von Haus aus ein Mönchspriester, war er vom Klostervorsteher und den Klosterbrüdern gewählt worden, an unserer Fahrt teilzunehmen. Er hielt sich krumm, hatte abfallende Schultern, einen runden, vorstehenden Bauch und sah aus, als trüge er unter dem Priestergewand einen Brotlaib. Sein Gesicht war welk, mit einem roten, zerzausten Bart bewachsen, die trüben Augen glotzten starr wie Fischaugen. Wahrscheinlich wusch er seinen Kopf nur selten, die roten Haare aber fettete er öfters mit Öl oder Butter ein, so daß ständig ein ranziger Geruch von ihm ausging. Es war erstaunlich, wie die Offiziere seine Anwesenheit in der Messe ertragen, wie sie mit ihm an einem Tisch essen konnten. Er war vollkommen ungebildet und von Natur aus auch noch dumm. Was er sagte, war kaum zu verstehen, die Worte kamen aus seinem Halse, als müsse er jedes extra ausstoßen. Man hatte den Eindruck, daß er nicht zur Abhaltung des Kirchendienstes an Bord geschickt worden war, sondern um Gegenstand des Spottes, sowohl der Jugend in der Offiziersmesse als auch der ganzen Mannschaft zu sein. Bittere Augenblicke erlebte er, wenn die Matrosen Fragen an ihn richteten: «Warum hat man Lew Tolstoi aus der Kirche ausgestoßen?»

Paissi plusterte sich auf, als habe er eine schwere Last auf die Schultern genommen: «Weil ... nun ja ... wie heißt das ... weil er ein Ketzer ist.»

«Was heißt denn das: Ketzer?»

«Das ist ... nun ja ... das heißt ... überhaupt.»

«Was heißt denn das: Halleluja?»

«Was heißt denn das: paki?» (In der altslawischen Kirchensprache heißt es: aber – und abermals.)

Der Geistliche verzog die zitternden Lippen, brummte etwas und zog sich unter dem Gelächter der Matrosen zurück.

Am meisten setzte ihm der Heizer Baklanow zu. Eines Tages begegneten sie sich auf dem Mitteldeck. Der Heizer gab seinem vom Kohlenstaub schwarzen Gesicht den Ausdruck christlicher Demut und sagte scheinheilig: «Sehen Sie doch, Vater, wie wir in der Hölle zu arbeiten haben, schwarz bin ich geworden, wie ein Afrikaner.»

«Ja, ja, gewiß», stimmte der Priester bei, «nach dem Willen Gottes hat jeder Mensch sein Brot im Schweiße seines Angesichts zu verdienen.»

«Das bezieht sich aber nicht auf alle, Hochwürden. Die einen schwitzen nur vor Hitze, die anderen – vor schwerer Arbeit. Ich möchte aber etwas anderes sagen. Haben Sie schon einmal Neger gesehen?»

«Natürlich, viele habe ich gesehen. Ein schreckliches Volk. Alle sind sie schwarz. Richtige Wilde.»

«Ob sie wohl nach dem Tode ins Himmelreich können?»

«Nein, das geht nicht, weil sie Heiden sind. Und in der Schrift heißt es ... nun ja ... wie ist es ... daß nur Rechtgläubige das Himmelreich gewinnen.»

«Und wenn Sie nun als Sohn eines Negers zur Welt gekommen wären, dann wären Sie auch ein Wilder und würden Ihre Götzen anbeten. Folglich würden Sie nicht in den Himmel, sondern in die Hölle kommen. Ist es so?»

Der Priester kratzte sich den Bart und runzelte angestrengt die Stirn. Baklanow fragte weiter: «Sind denn die Neger schuld daran, daß sie in Afrika geboren wurden? Kann man sie anklagen, weil sie ihre Götzen anbeten? Vielleicht haben sie niemals von der rechtgläubigen Kirche gehört? Weshalb sollte sie Gott strafen? Demnach wäre er gar nicht barmherzig, sondern ein ganz böser Henker.»

«Bravo, Baklanow, das hast du fein gemacht!» lachten die Matrosen.

Endlich hatte Paissi begriffen, worauf sein Gesprächspartner hinauswollte, und rief aufgeregt: «Wie heißt du, Gotteslästerer?»

«Pfeifer und Tänzer, Hochwürden.»

Der Priester stürzte mit einer Beschwerde zum Ersten Offizier. Baklanow stieg bedächtig in die unteren Räume des Schiffes. Die Vorgesetzten verzichteten darauf, den Schuldigen ausfindig zu machen.

Wie an anderen Festtagen, stand ich auch diesmal mit vor dem Altar, hörte mir die Messe an und wunderte mich über vieles. Etwas Unsinniges ging hier vor. Der Priester kannte die Ordnung des Gottesdienstes nicht, beging Fehler und wurde von dem Ministranten, einem kecken, dunkeläugigen Matrosen, berichtigt. Der wartete gar nicht erst ab, bis der Priester das erforderliche Zeichen gab, sondern begann den Gesang mit dem Chor selbständig. Indessen schwenkte Paissi, um die Vorgesetzten besonders auszuzeichnen, das Weihrauchfäßchen direkt vor ihren Nasen, so daß Kommandant und Erster Offizier in Atemnot gerieten, sich abwandten und niesten.

Ich hörte zu und dachte: Wer braucht diese Komödie? Die Offiziere glaubten als gebildete Menschen nicht an diesen Unsinn. Ich wußte, daß sie sich dauernd über den Priester lustig machten. Und nun standen sie artig vor dem Altar und bekreuzigten sich, nur um der Mannschaft ein gutes Beispiel zu geben. Wir konnten auch nicht glauben, daß Gottes Wohlwollen durch Vermittlung dieses schmutzigen, verlausten, übelriechenden und dummen Menschen, den man in ein buntes Gewand gesteckt hatte, auf uns kommen sollte. Man trieb uns gewaltsam in die Kirche, mit Schlägen, mit unflätigen Flüchen, so wie man unfolgsames Vieh in den Stall treibt. Hatten denn die Behörden wirklich nichts Besseres erfinden können, um der Mannschaft den Kopf zu verdrehen und den Geist der Religiosität aufrecht zu erhalten?

Der Gottesdienst war beendet, die Matrosen stiegen an Deck. Das Kirchendeck leerte sich schnell.

Ich traf den Bootsmann Wojewodin und fragte ihn: «Wie gefällt dir unser Pope?»

Er flüsterte mir ins Ohr: «Das ist kein Pope, sondern nur ein lebendes Etwas.»

Am Abend aber würden sich dieselben Matrosen auf der Back mit Vergnügen die schmutzigsten Zoten über die Popen und deren Frauen und Töchter erzählen …

Unser Geschwader bewegte sich südwärts, dem Äquator entgegen, immer tiefer in die flammende Weite des Ozeans hinein. Vor sechs Tagen waren wir aus Tanger ausgelaufen. Übrigens hatten wir dort kein gutes Andenken hinterlassen. Das Transportschiff «Anadyr» hatte sich beim Ankerlichten im Telegrafenkabel festgehakt. Admiral Roshestwenski wußte sich nicht anders zu helfen, als den Befehl zu geben, das Kabel durchzuschneiden. Die Einwohner von Tanger und des ganzen Gebietes blieben ohne Telegrafenverbindung. Wofür hielten sie uns nun?

Am Himmel zogen weiße Wolken mit uns, als geleiteten sie das Geschwader, und warfen ihre Schatten auf die Wasserfläche. Der Druck des Passats hatte nachgelassen. Es war schwül wie in einem Treibhaus, die Luft verlor an Durchsichtigkeit, der prächtige Schmuck des Ozeans wurde blasser. Auf dem Schiff wurde es immer heißer.

In der Nacht fuhren wir langsamer, um den nächsten fremden Hafen bei Tage anzulaufen. Der Bootsmann Wojewodin und ich standen auf der Back an der Spitze des Schiffes und starrten ins Wasser, das vom Bug beiseite geschoben wurde. Plötzlich war der Maat Sinelnikow neben uns.

«Wie dunkel die Nacht ist», sagte er, heiser vom vielen Fluchen.

«Ja, das hast du ganz genau beobachtet», erwiderte ich höhnisch. Dieser kräftige Maat mit langem Gesicht, hervorstehenden Augen und schütterem Katerbart war mir schon lange verdächtig. Oft schlich er sich an mich heran und sprach mich schmeichlerisch an. Er interessierte sich für alles mögliche: warum wir Krieg führten, wer Sieger in der bevorstehenden Seeschlacht bleiben würde. Manchmal erbat er sich Bücher von mir. Am verdächtigsten war es, daß er in meinem Beisein die Vorgesetzten wegen ihrer Ungerechtigkeit und Grausamkeit beschimpfte, während ich doch wußte, daß die jungen Matrosen gerade durch seine Fäuste am meisten zu leiden hatten.

Auf den Schiffen blinkten die roten und weißen Signallichter.

«Ich möchte zu gern wissen, worüber sie sich unterhalten», murmelte Sinelnikow fragend.

«Erkundige dich doch beim Wachhabenden.»

«Nun, das habe ich doch nur so beiläufig gesagt. Was gehen mich alle Lichter an – die roten und die weißen. Öde ist es.»

Er stand noch eine Weile herum und ging.

Bootsmann Wojewodin meinte: «Er ist kein guter Mensch, dieser Sinelnikow.»

«Wieso?»

«Er hat eine zu lange Zunge, will sich verdient machen, um schneller befördert zu werden.»

Ich wollte noch mehr über Sinelnikow erfahren, doch Wojewodin erklärte: «Es ist Zeit, schlafen zu gehen. Gute Nacht.»

Ich hatte den Eindruck, daß der Bootsmann etwas wußte und mich vor dem Maat warnen wollte.

Am Morgen tauchten backbord hohe Ufer auf. Wie immer nach längerer Seefahrt, starrten alle erfreut zum Land hinüber, obwohl nichts zu sehen war außer einem grauen, schmalen Streifen. Dann trat immer deutlicher das Cap Vert hervor, Afrikas westlichste Spitze. Das Geschwader bog um die Halbinsel, und vor uns, auf der Südseite, lag Dakar, eine kleine, saubere, weiße Stadt im Grün der Palmen und Oleanderbäume. Wir gingen auf der Reede vor Anker, genauer gesagt in der Enge zwischen dem Festland und einer kleinen Insel.

Hier erwarteten uns elf deutsche Schiffe mit Kohle, außerdem das Kühlschiff, das uns vorausgefahren war, und der Schlepper «Rus» (früher «Roland»), der aus Brest gekommen war.

Die Linienschiffe von der Klasse des «Orjol» führten noch je vierhundert Tonnen Brennstoff mit sich. Der Admiral hatte angeordnet, daß wir in Dakar noch je 1700 Tonnen aufnehmen sollten. Unsere Kohlenbunker faßten aber nur 1100 Tonnen, folglich mußte die restliche Menge auf dem Schiff verteilt werden, wie es in den Anweisungen des Stabes vermerkt war. Der Erste Offizier Sidorow faßte sich voll Verzweiflung an den grauen Kopf: «Was soll ich jetzt machen? Es ist noch nicht dagewesen, daß ein Kriegsschiff so mit Kohle vollgestopft wird. Wie soll ich denn das Schiff sauberhalten?»

Leutnant Slawinski, ein stets ausgeglichener Mensch, bemerkte ruhig: «Hier beginnt ein Kohlenwahn. Mir scheint, daß es noch schlimmer kommen wird.»

Anfangs hatten die französischen Lokalbehörden ihre Zustimmung zur Kohlenübernahme gegeben, befürchteten dann aber offenbar einen Protest seitens der Japaner und Engländer und sprachen ein Verbot aus. Eine telegrafische Anfrage wurde nach Paris gerichtet. Ohne die Antwort abzuwarten, begannen inzwischen die Schiffe mit der Arbeit, an der sich alle, aufgeteilt in zwei Schichten, beteiligten. Es war unser erstes Bunkern bei furchtbarer tropischer Hitze. Selbst in der Nacht sank die Temperatur nicht unter 20 Grad Reaumur (25 °C). Tagsüber war es so heiß, daß wir uns wie im Backofen vorkamen. Besonders schwer war es für diejenigen, die in den Laderäumen der Schiffe arbeiten mußten. Dort arbeiteten die Matrosen nackt. Um im Kohlenstaub nicht zu ersticken, klemmten sich die einen Werg in die Zähne, die anderen banden sich einen Lappen vor Mund und Nase. Diese Höllenqual zog sich zwei Nächte und einen Tag hin. Manche hielten die tropische Hitze nicht aus und fielen um. Sie wurden unter die Dusche gebracht, man ließ sie ausruhen und stellte sie wieder an die Arbeit. Einige holten sich einen Sonnenstich, glücklicherweise ohne tödlichen Ausgang.

Aus der Hauptstadt des verbündeten Frankreich kam endlich die Antwort, die kategorisch jegliches Bunkern innerhalb der Hoheitsgewässer verbot. Es war aber schon zu spät. Alle Schiffe waren bis in den letzten Winkel mit Kohle gefüllt. Nach den Weisungen des Stabes waren auf unserem Schiff das Panzerdeck, der Wasch- und Trockenraum, das Batteriedeck, sogar die Räume der Bug- und Hecktorpedoanlagen, wo die Kohle in Säcken gelagert wurde, randvoll. Außerdem wurde ein Teil des Achterdecks mit einem Bretterzaun abgegrenzt und als Kohlenlagerplatz benutzt.

Die Schiffe wurden in Ordnung gebracht, den Mannschaften eine Ruhepause gewährt. Dann setzte das Geschwader seinen Weg fort.

Wir überqueren den Äquator

Unsere Schiffe wurden zu heimatlosen Wanderern, denen man überall die Aufnahme verweigerte. Sogar das verbündete Frankreich verhielt sich zu uns wie zu verarmten Verwandten, wohl weil wir im Fernen Osten eine Schlacht nach der anderen verloren. Uns schien es, als wollten die Ausländer ihre Schadenfreude gar nicht mehr verbergen. Unsere Mißerfolge an der Front kamen den anderen Staaten sehr gelegen. Das zaristische Rußland gab mit seiner imperialistischen Eroberungspolitik den Staaten Europas Anlaß zu Mißtrauen. Deshalb hatten sie gar keine Ursache, den Russen einen Sieg über die Japaner zu wünschen und dem Zweiten Geschwader ein schnelles Vorwärtskommen nach dem Fernen Osten zu ermöglichen. Zum Teil war Roshestwenski selbst schuld daran, weil er vor der Ausfahrt eine diplomatische Vorbereitung unseres Unternehmens abgelehnt hatte. Wie wollten wir uns aus dieser schwierigen Situation weiterhin herauswinden? Auf unserem ganzen Wege hatten wir keine Kohlenbasis, lag nicht ein einziger Hafen, in dem unser Geschwader vor Anker gehen und ruhig bunkern konnte.

Das Geschwader setzte seine Reise in der Richtung auf die unmittelbar am Äquator gelegene Mündung des Flusses Gabun fort. Das Wetter war günstig. Aber jeder Tag brachte Verzögerungen wegen kleiner Havarien auf diesem oder jenem Schiff. So lag das Linienschiff «Borodino» eine Weile still, weil der Exzenterbügel des Niederdruckzylinders gebrochen war. Auf «Suworow» war die Elektroleitung der Steuermaschine beschädigt worden. Auch «Kamtschatka» war etwas geschehen, sie signalisierte, daß sie Steuerdefekt habe. «Orjol» und «Aurora» blieben ebenfalls liegen, weil die Kondensatoren versagten. Am häufigsten ereigneten sich aber Störungen in der Maschinenanlage des Transportschiffs «Malaya», das schließlich vom Schlepper «Rus» in Schlepp genommen wurde. Wenn auf einem Schiff Reparaturarbeiten ausgeführt wurden, lag das ganze Geschwader still und wartete oder bewegte sich ganz langsam mit nur fünf bis sechs Knoten vorwärts.

In den tiefer gelegenen Schiffsteilen war es heiß und stickig. Die Mannschaft war auf das Oberdeck umgesiedelt. Einige Offiziere, die sich vor der nächtlichen Feuchtigkeit nicht fürchteten, folgten ihrem Beispiel. Hier oben war es nachts erträglich. Alle lagen fast nackt, vom leichten Wind umweht. Die Sterne der Tropen, große und kleine, schienen in vielfachen Farbabstufungen auf uns herab, still und beruhigend. Dennoch kamen wir nur wenig zum Schlafen. Es verging keine

Nacht ohne Übungsalarm. Jeder sprang dann auf, um seinen vorgesehenen Platz einzunehmen.

Tagsüber quälte uns tropische Hitze. Gegen mittag fielen die Sonnenstrahlen senkrecht und erhitzten die Eisenteile des Schiffes fast bis zum Glühen. Die Matrosen magerten schnell ab. Außer den täglichen Schiffsarbeiten hatten wir jetzt noch die Kohlen von den verschiedensten Orten in die Bunker zu befördern, wobei wir wiederum den schwarzen Staub einatmeten. Trotzdem war die Lage der gewöhnlichen Matrosen im Vergleich zu der unserer Maschinisten und Heizer noch gut. In ihren Räumen vermochten nicht einmal die Ventilatoren die Hitze auch nur auf vierzig Grad herabzudrücken. Furchtbar heiß war es dort unten im Maschinenraum. Noch schlimmer war es aber auf der oberen Maschinenplattform. Über den Köpfen war das heiße Deck, ringsherum zogen sich die glühendheißen Leitungsrohre und Dampfabscheider. Hier stieg die Temperatur fast bis zum Siedepunkt. Sogar das Öl verdunstete und erfüllte den Raum mit Nebel.

Ebenso schlimm war es in den Heizräumen. Die schlechte Kohle erschwerte die Erzeugung eines gleichmäßigen Dampfdrucks. Mehrere Heizer erlitten einen Hitzschlag. In dieser mörderischen Atmosphäre mußten die Männer Feuerung, Kessel und Maschinen in harter Arbeit bedienen, schweißtriefend, vor Müdigkeit fast umfallend. In der Freizeit kamen sie blaß, blutleer, mit stumpfen Gesichtern an Deck, so erschöpft, daß man sich fragte, ob sie es bis zum Ende unserer Fahrt aushalten würden.

Trotz aller Bemühungen der Offiziere und Maate lockerte sich die Disziplin bedenklich und unaufhaltsam. Die Mannschaft war in einem Zustand, in dem der Arrest keine Schrecken mehr für sie hatte. Man konnte dort wenigstens ein paar Tage ausruhen.

Das hatten einige Offiziere begriffen und ließen größere Rücksicht walten. Nur der Leutnant Worobeitschik verstand das nicht, plusterte sich nach wie vor auf und verhöhnte die Matrosen. Ich war Zeuge einer Szene, die zu einem Skandal hätte führen können. Ich hatte vor dem Mittagessen Rum ausgegeben. Die Matrosen hatten sich in einer Reihe aufgestellt. Der Leutnant Worobeitschik kam von der Brücke herab, um in die Offiziersmesse zu gehen. Als er an uns vorbeiging, wandte er sich plötzlich um und gab dem Maschinisten Schmidt, einem harmlosen und stets ganz ruhigen Menschen, eine Ohrfeige.

«Warum denn, Euer Wohlgeboren?» fragte der Maschinist erschrokken.

«Einfach so. Ich hatte gerade Lust dazu. Hier hast du noch eine.» Lächelnd schlug er den Maschinisten noch einmal.

Er schrieb dann allerdings sofort einen Zettel mit der Anordnung, dem Maschinisten Schmidt zwei Maß Schnaps auf seine Rechnung auszuhändigen, für jede Ohrfeige eins. Schmidt schwieg verwirrt, aber an seiner Stelle murmelte der Heizer Baklanow sehr deutlich: «Ich liebe doch meinen Braunen. Ob man ihn schlägt, ob er eine schwere Fuhre zu ziehen hat – er tut es, wenn er auch stöhnt.»

Leutnant Worobeitschik rückte seinen Kneifer zurecht und fragte: «Was erzählst du da, du schmutziger Teufel?»

Baklanow trat einen Schritt vor, die Fäuste geballt, und zischte zwischen den Zähnen: «Von einem Pferd, Euer Wohlgeboren.»

Ihre Blicke trafen sich. Der Leutnant begriff. Er hatte einen sauberen, weißen Kittel mit glänzenden Achselstücken an; vor ihm stand herausfordernd der bullige Heizer, mit nackter Brust und starren Augen. Baklanows stumpfes Kinn schob sich ruckartig vor. Die Matrosen waren erstarrt, sie erwarteten ein folgenschweres Ereignis.

«Na gut», murmelte Worobeitschik erbleichend und begab sich hastig zum Heck.

Die Matrosen riefen hinter ihm her: «Da flüchtet er!» – «Er hat Angst, daß seine Suppe kalt wird!»

Nach Befehl Nr. 138 mußte täglich abwechselnd ein Schiff Manöver im Kurshalten durchführen, das heißt, entweder ganz ohne Steuer oder nur mit Hilfe der Maschinen oder der elektrischen Ruderanlage, mittels des Handsteuerrades oder mit den Hauptmaschinen bei einem auf 5 bis 10 Grad steuer- oder backbord festgelegten Steuerruder manövrieren. Außerdem wurde verlangt, daß jeder Offizier die notwendigen Handgriffe für den Übergang von der einen Steuerart zur anderen beherrschen müsse. Diese Kunst war für uns unentbehrlich, da im Kriege mit allen Möglichkeiten zu rechnen war. Die Ergebnisse dieser Übungen waren aber zunächst recht kläglich. Das jeweilige Schiff bewegte sich im Zickzack wie ein Betrunkener. Eines Tages scherte sogar das Flaggschiff aus und hätte beinahe «Orjol» gerammt. Das Geschwader drängte sich auf einen Haufen zusammen. Wir konnten uns vorstellen, was in diesem Augenblick im Admiral vorging, was für ein Sturm auf «Suworow» tobte.

Zwischendurch befahl der Admiral dem Geschwader, in Dwarslinie zu fahren. Alle Schiffe formierten sich entsprechend in einer Front und bewegten sich wie ein Zug Soldaten. Aber auch hierbei ging nicht alles reibungslos ab. Die Verschiedenartigkeit der Schiffstypen behinderte das Manöver, und es zeigte sich auch hier wieder der Mangel an praktischer Erfahrung. Immer wieder scherte das eine oder andere Schiff aus der Linie aus.

Auf den Masten des Flaggschiffes «Suworow» stiegen fortwährend Signale mit Verweisen an die Kommandanten hoch: «Sie verstehen nicht zu steuern.» Schiffen, die sich besonders vergangen hatten, befahl der Admiral, sich einige Stunden querab vom Flaggschiff zu halten. Das geschah auch mit «Borodino» und «Orjol».

Ingenieur Wassiljew erklärte uns: «Das bedeutet für das schuldige Schiff dasselbe wie für einen Schuljungen das Stehen in der Ecke.»

Das Geschwader nahm Ostkurs und befand sich jetzt im Golf von Guinea. Es trat völlige Windstille ein. In wenigen Tagen sollten wir Gabun anlaufen.

Von Zeit zu Zeit unterhielt ich mich mit Wassiljew, und er lieh mir wieder Bücher. Am meisten interessierte mich die Seekriegsliteratur. Wir zogen doch in den Krieg, und das war ein Ereignis, das dem Menschen vielleicht nur einmal im Leben begegnete. Mich drängte es, die Kampfausbildung unseres Geschwaders schneller zu begreifen und mir die künftige Seeschlacht vorzustellen. Begierig erfaßte ich alles, was im Geschwader und auf unserem Schiff vorging, was mir von den Offizieren zuflog, was ich in den Büchern las. Ich trug alles in mein Tagebuch ein, und bald hatte ich zwei dicke Hefte vollgeschrieben. Wenn ich etwas nicht verstand, konnte ich mir stets bei Wassiljew eine Erklärung holen.

Außer ihm befand sich auf unserem Schiff noch ein anderer prächtiger Offizier, der Artillerieleutnant Giers. Groß, mit länglichem, energischem Gesicht, das von einem dunkelblonden Backenbart umrahmt war, mit aufmerksamen, großen grauen Augen, immer straff, machte er den Eindruck eines strengen Vorgesetzten. Wir hatten aber bald gemerkt, daß er ein außergewöhnlich gütiger Mensch und ehrlicher Offizier war, der seine Untergebenen gut behandelte. In der Freizeit unterhielt er sich mit den Matrosen wie mit seinesgleichen. Auch Bücher gab er mir, und bei ihm konnte ich auch mein Wissen über die Schiffe, die Artillerie, das Geschwader und über Seeschlachten bereichern.

Ich schlief sehr wenig, meist nicht mehr als drei bis vier Stunden. Die Pflichten des Proviantmeisters nahmen viel Zeit in Anspruch: Ich hatte die Löhnungslisten auszustellen, Lebensmittel an die Küche auszugeben, Geld- und Lebensmittelabrechnungen auszufertigen. Dann kamen die Alarme, und ich hatte mich an dem mir zugewiesenen Platz einzufinden. Alles das führte ich aus, weil es so sein mußte. Außerdem bestätigte sich bei mir das russische Sprichwort: «Ein wirrer Kopf gibt den Beinen keine Ruhe.» Mich interessierte, was unter dem Panzerdeck vorging, in den Türmen, in den Torpedoräumen, auf dem Oberdeck, warum das Geschwader eine neue Marschordnung angenommen hatte, warum unser Kommandant sich so aufregte, als auf «Suworow» ein neues Flaggsignal hochstieg ... Ich mußte mit den Signalgasten sprechen, die erzählen konnten, was sich am Tage und in der Nacht auf den Schiffen ereignet und worüber der Kommandant mit dem Wachoffizier gesprochen hatte. Wassili Sefirow, der Obersignalgast, konnte mir besonders gute Informationen geben. Er war ein breitschultriger, kräftiger Seemann von etwa dreißig Jahren. Als Reservist hatte er die Kunstschule des Barons Stieglitz in Petersburg besucht und mit Begeisterung gelernt. Der Krieg hatte ihn aus seiner künstlerischen Arbeit herausgerissen. Jedoch auch hier, auf dem Linienschiff «Orjol», hielt er an seinem Wunschtraum fest, Künstler zu werden. Oft habe ich in seinem Album prachtvolle Zeichnungen unserer Schiffe und einzelner Episoden unseres Lebens gesehen. Von seiner Signalbrücke aus beobachtete Sefirow das Geschwader, war über alle wichtigen Ereignisse unterrichtet und teilte mir alles Neue gern mit. Sehr anregend war es auch, sich bei einer Gruppe von Matrosen niederzulassen, die sich auf der Back oder sonstwo zusammengefunden hatte und in der verschiedene Vorfälle zum besten gegeben wurden. Vielleicht war vieles erfunden, ich hörte aber zu, weil das für mich eine Erholung bedeutete.

Da hatte zum Beispiel der Elektriker Golubew mehrere Kameraden im Bugschott um sich versammelt. Sein breites Gesicht war ernst, während die grauen Augen vergnügt funkelten. Wie aus Bauklötzen baute er mit einfachen Worten das Gebäude einer unterhaltsamen Geschichte auf: «Unser Schiff lag einmal vor Helsingfors. Wir hatten einen Popen an Bord, einen dicken, humorlosen Mann mit quadratischem Gesicht. Die Matrosen nannten ihn ‹Rhinozeros›. Er trank leidenschaftlich gern und liebte es auch, mit den Matrosen über Religion zu sprechen. Die Matrosen stellten ihm aber Fragen; das gefiel dem Rhinozeros nicht, weil er sie nicht beantworten konnte. Einmal hatten sie ihn so in die Enge getrieben, daß er schlimmer als ein Bootsmann fluchte und in die Messe lief. Seither sprach er nicht mehr mit den Matrosen. Dann wieder hatte er sich etwas ausgedacht: Jeden Feiertag kam er nach dem Mittagessen auf die Back und verteilte Traktätchen des Sergiusklosters oder des Athosklosters an die Mannschaft. Wie konnte man ihm das abgewöhnen? Wir schafften es. An einem Feiertag zog eine Ordonnanz das heilige Geschreibsel aus der Tasche des Priesterrockes und steckte stattdessen revolutionäre Flugblätter hinein. Unser Rhinozeros hatte sich in der Offiziersmesse angetrunken und sah nicht mehr klar. Er kam auf die Back und verteilte frischweg die Aufrufe. Die Matrosen drängten sich um ihn und riefen: ‹Mir auch eins, Hochwürden!› Das Rhinozeros freute sich und sagte: ‹Brüder in Christo! Ich freue mich sehr, daß ihr, wenn auch spät, so doch sehend geworden seid. Lest diese Blätter und handelt so, wie es darin gesagt wird.› Die Matrosen zerstreuten sich über das Wohndeck und lasen laut: ‹Rußland wird nicht von einer Regierung regiert, sondern von einer Räuberbande, geführt vom gekrönten Räuberhauptmann Nikolaus dem Zweiten.› Ein Leutnant kam zufällig daher. Er nahm einem Matrosen ein Flugblatt weg und fragte ihn wutschnaubend: ‹Daß dich der Teufel hole! Was liest du da? Woher hast du das?› Der Matrose erwiderte ruhig: ‹Der Priester gab es mir. Auf der Back verteilt er es an alle.› Der Offizier sah sich um – alle lasen. Hals über Kopf raste er in die Messe, raste so, daß man ihn mit dem Rade nicht hätte einholen können. Dort schlug er Alarm. ‹Ein Aufruhr ist an Bord ausgebrochen, geführt von unserem Popen!› Alle Offiziere stürzten zur Back, die Revolver in den Händen, an der Spitze der Kommandant. Inzwischen verteilte das Rhinozeros den Rest und sagte: ‹Brüder in Christo! Ich sehe, daß ihr den rechten Weg beschreitet.› Der Kommandant sprang auf ihn los und schrie ihn an: ‹Du Schuft! Du willst die Mannschaft zur Meuterei anstiften? Festnehmen! Sofort festnehmen!› Sogleich erschienen auch die Wachmatrosen und führten den Priester ab. Vor Schreck konnte er nichts sagen, sondern wackelte nur mit dem Kopf. Seine Kajüte wurde sorgfältig durchsucht, man fand nichts außer heiligen Schriften und Traktaten. Später erst fiel den Vorgesetzten ein, wie die Dinge zusammenhängen konnten. Der Pope wurde wieder freigelassen, und bei den Mannschaften wurden Durchsuchungen vorgenommen.»

Golubew hatte seine Erzählung beendet, es wurde gelacht, und ein anderer Matrose begann eine neue Geschichte.

Ich stieg ans Oberdeck. Steuerbord voraus erkannten wir die portugiesische Insel São Tomé. Von weitem sah sie wie eine kleine, graue, auf das Meer herabgefallene Wolke aus. Im Reiseführer stand aber, daß die Insel eine Ausdehnung von ungefähr tausend Quadratkilometern habe und ein Bergmassiv von etwa 2 000 Meter Höhe trage.

Am Morgen des 26. November hielt unser Geschwader. Wo war Gabun? Offenbar hatten die Navigationsoffiziere auf dem Flaggschiff falschen Kurs eingeschlagen. Der Dampfer «Rus» wurde ausgeschickt, unser Ziel ausfindig zu machen. Am Nachmittag kehrte unser Kundschafter zurück. Es stellte sich heraus, daß wir den Äquator schon überquert hatten, während Gabun etwa zwanzig Meilen vor dieser geographischen Linie lag.

Am Abend gingen wir in neutralen Gewässern vor Anker, südlich der Mündung des Gabunflusses, zwanzig Meilen vor der Stadt Libreville und vier Meilen von der Küste entfernt. Seufzend rollte das Meer kleine Wellen gegen das niedrige, goldgelb gefärbte Ufer. Weiter landeinwärts stand die geheimnisvolle Mauer eines dichten Urwaldes. Im Fernglas konnte man hohe Palmen erkennen.

Als es dunkel wurde, blinkte rechts von uns, auf der Spitze der Halbinsel, freundlich ein einzelnes Leuchtturmfeuer.

Am zweiten Tage schlossen sich dem Geschwader deutsche Kohlenschiffe an, die aus der Gabunmündung ausgelaufen waren. Wieder begann die Kohlenpest. Wann würde das alles ein Ende haben?

Wir hielten uns außerhalb der französischen Hoheitsgewässer auf; trotzdem empfahl uns der Gouverneur, uns in eine noch abgelegenere Bucht zu begeben. Das aber wäre zu schmachvoll für uns gewesen. Roshestwenski hatte recht, als er dieses Ersuchen des Gouverneurs nicht beachtete und ruhig weiter Kohlen bunkern ließ.

Die Falle ist ungefährlich, wenn man Bescheid weiß

Am Abend des 1. Dezember ging das Geschwader wieder auf Fahrt. Wir befanden uns nach der Überquerung des Äquators im südlichen Atlantischen Ozean. Über unsere nächste Fahrtunterbrechung wußten wir nichts.

Auf «Kamtschatka» hatten sich Zusammenstöße zwischen den Vorgesetzten und den Arbeitern ereignet. Die Arbeiter waren mit Fäusten auf einen Ingenieur losgegangen. Auf den Transportschiffen bestand die Mannschaft aus zivilen Arbeitern; die übermüdeten Heizer weigerten sich, die Kessel zu heizen. Künftig würden sich solche Zwischenfälle wohl oft ereignen.

In Gabun hatte der Kreuzer «Dmitri Donskoi» Pech. Wachfahrzeuge hatten seine Dampfbarkasse um 22.00 Uhr gestellt, obwohl vom Eintritt der Dunkelheit bis zum Hellwerden jeglicher Verkehr zwischen den Schiffen zu ruhen hatte. Das Flaggschiff signalisierte sofort den Befehl, den Wachhabenden für drei Tage einzusperren. In der selben Nacht um zwei Uhr wurde ein anderes Beiboot desselben Kreuzers gestellt und in ihm, wie es im Befehl Nr. 158 hieß, «drei bummelnde Offiziere: Leutnant Wesjolawo, Leutnant Warsar und Leutnant Selitrennikow, vorgefunden.» Es stellte sich heraus, daß sie eine Krankenschwester, die bei ihnen zu Besuch gewesen war, heimlich auf das Lazarettschiff «Orjol» zurückbefördern wollten. Die drei Offiziere wurden ohne Voruntersuchung sofort nach Rußland zurückgeschickt, um dort vor Gericht gestellt zu werden. Der Kapitän des Kreuzers, Kapitän 1. Ranges Lebedew, erhielt einen Verweis.

Aus diesem Anlaß erließ Roshestwenski am 29. November einen neuen Befehl unter der Nummer 159, in dem er zunächst dem Port-Arthur-Geschwader heftigste Vorwürfe machte, weil es «seine drei besten Schiffe verschlafen» habe und daß nun die Armee «die Sünden der Flotte mit Strömen ihres Blutes» wiedergutmache.

Weiter hieß es im Befehl: «Einige Angehörige des Zweiten Geschwaders scheinen in die gleichen Fehler zu verfallen, die dem Ersten Geschwader soviel Unheil gebracht haben. Gestern hat der Kreuzer 1. Ranges ‹Dmitri Donskoi› ein Beispiel tiefster militärischer Disziplinlosigkeit gezeigt; morgen schon kann ein anderes Schiff dem Beispiel folgen. Es ist notwendig, Lehren aus der jüngsten Vergangenheit zu ziehen. Ich empfehle dem Flaggoffizier Konteradmiral Enquist, den Kreuzer 1. Ranges ‹Dmitri Donskoi› unablässig zu beaufsichtigen, und bitte Seine Exzellenz, Maßnahmen zur sofortigen Ausrottung der Fäulniskeime in dessen moralischem Organismus zu ergreifen.»

Die Offiziere des Linienschiffes «Orjol» waren über diesen Befehl entrüstet. Ingenieur Wassiljew erzählte mir, daß in der Offiziersmesse eine Aussprache stattgefunden habe, die den Admiral hätte erbleichen lassen, wenn sie ihm zu Ohren gekommen wäre. Die Bemerkungen an seine Adresse waren wenig schmeichelhaft.

«Er ist selbst nicht fähig, die Sache zu organisieren, und greift andere an.»

«Er ist zum Schreckgespenst für das Geschwader geworden.»

«Das Geschwader von Port Arthur hatte keine schlecht ausgebildete Mannschaft, doch die Admirale taugten nichts. Er hätte lieber auf diese hinweisen sollen.»

«Roshestwenski ist der letzte, der uns solche Vorwürfe machen dürfte. Welche Kampfverdienste hat er in der Vergangenheit? Keine außer dem beschämenden Gefecht mit den friedlichen Fischern!»

Das Geschwader kam aus der Flaute heraus. Ein Südostpassat wehte. Der Himmel war ständig bewölkt, große Wellen rollten uns entgegen. Infolge der kalten Strömung aus dem Südlichen Eismeer sank die Temperatur beträchtlich.

Wir führten auf dem Linienschiff «Orjol» allerlei Lebendvieh mit uns – Ochsen, Hammel, Schweine, Hühner. Das Oberdeck war zu einem Viehhof geworden. Manchmal hörte ich im Halbschlaf einen Hahn krähen, ein Schwein grunzen oder auch unsern Bordhund Wtornik bellen. War ich wirklich in meinem Heimatdorf? Das Erwachen brachte bittere Enttäuschung …

Es wäre schön gewesen, wenn es zum Mittagessen stets Frischfleisch gegeben hätte. Schlimm war es, wenn Gefrierfleisch vom Kühlschiff «Esperance» verwendet wurde. Es war gelb und grünlich angelaufen, roch schlecht, raubte den Appetit und verursachte Übelkeitsgefühl. An solchen Tagen gingen viele hungrig vom Tisch. Die Matrosen murrten:

«Dem Admiral Biriljow sollte man mal das Mittagessen aus solchem Zeug kochen!»

«In seiner Badewanne müßte er ersaufen, dafür, daß er uns mit diesem Schund versorgt hat.»

Fünf Tage, nachdem wir Gabun verlassen hatten, warfen wir in der Great Fish Bay Anker. Dieses Gebiet gehörte zur portugiesischen Kolonie Angola (heute VR Angola). Eine trostlosere Gegend konnte man sich kaum vorstellen. Die niedrigen, hügeligen Ufer waren vollständig kahl, ohne eine einzige Pflanze. Der lockere Sand des Ufers verschwamm mit dem Horizont. In einem Halbkreis zog sich von der Südecke des Festlandes aus eine lange, etwa anderthalb Meter hohe Landzunge nach Norden, auf der einige kümmerliche Hütten standen. Die Bucht war geräumig, recht tief und trug ihren Namen zu Recht. Sie beherbergte eine Unmenge tropischer Fische. Vielleicht wurden dadurch die großen Scharen Seevögel angelockt, deren mißtönendes Kreischen die Einöde belebte.

Aus der Bucht kam uns ein portugiesisches Kanonenboot entgegen, um gegen unseren Aufenthalt Protest einzulegen. Trotzdem übernahmen wir im Laufe von vierundzwanzig Stunden Kohlen von deutschen Schiffen.

Dann fuhren wir an der Kolonie Deutsch-Südwest-Afrika (heute Namibia) entlang, deren größte Bucht Angra Pequena hieß. Während unserer Fahrt überquerten wir den Wendekreis des Steinbocks und befanden uns nun in der gemäßigten Zone. Die Sonne stand hoch, aber eine kalte Wasserströmung machte sich bemerkbar. Das Wetter schlug oft um. Der Wind legte sich bald ganz, bald wehte er unter klarem Himmel als leichte Brise, bald schwoll er zu heftigen Stößen an und trieb Wolken vor sich her.

Von Zeit zu Zeit erschienen zum Ärger der Schiffskommandanten auf dem Flaggschiff üble Signale. Offenbar wurde Roshestwenski immer nervöser. Unser Werkstattschiff hatte schon beim Auslaufen aus

Gabun die Verwarnung erhalten: «‹Kamtschatka›! Bestellen Sie dem Chefmechaniker, daß ich ihn als Hilfsmechaniker auf ein Linienschiff versetzen werde, wenn noch einmal ein Maschinendefekt beim Ankerlichten auftritt!»

Unterwegs erhielt «Kamtschatka» das Signal: «‹Kamtschatka›! Neunmal habe ich eure Rufzeichen gehißt, ohne eine Antwort zu erhalten. Der Wachhabende erhält neun Tage Arrest.»

Der Geschwaderchef fuhr fort: «‹Nachimow›! Viermal zeigte ich eure Rufzeichen, ohne eine Antwort zu erhalten. Der Wachhabende erhält vier Tage Arrest.»

Bis wir am Ziel waren, würden wohl alle drangekommen sein.

Es wäre aufschlußreich festzustellen, ob in der japanischen Flotte auch solch ein Blödsinn verzapft wurde!

Eines Abends suchte ich die Kajüte der Bootsleute auf. Pawlikow war nicht da. Meine Freundschaft mit dem Bootsmann Wojewodin nahm immer festere Formen an. Er gefiel mir mit seiner Geradheit, seinem starken Charakter und seiner nüchternen Lebensauffassung. Auch die anderen Matrosen sahen in ihm einen gerechten Menschen. Wir tranken zwei Flaschen Wein, die er sich auf einem deutschen Kohlenschiff besorgt hatte, und sprachen über das Leben vor dem Militärdienst, über die Lasten der Bauern, über die Unwissenheit des Volkes. Der Bootsmann hatte im Dorf Sobatschkowo im Gouvernement Rjasan Frau und Kinder zurückgelassen. In Gedanken an sie ließ er seinen kurzgeschorenen Kopf sinken und sagte traurig: «Ich habe das Gefühl, mein Lieber, daß uns die Japaner schlagen werden. Wir sind auf den Kampf schlecht vorbereitet. Die Zustände auf den Schiffen sind unhaltbar. Das Geschwader wird von einem wahnwitzigen Admiral geführt. Denk doch nur daran, was los war, als wir die Fischer zusammenschossen. Das war doch eine Schande. Nein, die Japaner werden uns vernichten. Wenn ich noch ledig wäre! So aber werden meine Kinder als Waisen und meine Frau als Witwe zurückbleiben.»

Ich konnte ihn gut verstehen. «Ja, Maxim Iwanowitsch, du hast dich mit deiner Heirat zu sehr beeilt und dir damit dein Leben erschwert. Natürlich wird es dort in deinem Dorf Tränen und Leid geben. Und du selbst wirst auch keine Lust zum Sterben haben. Aber so ist nun einmal der Krieg. Wir können nicht viel dagegen tun.»

Das Gesicht des Bootsmannes veränderte sich. Seine grauen Augen sahen mich fragend an, als er hervorstieß: «Sollen wir etwa unsere Köpfe hinhalten? Für die Profite der anderen?»

Ich mußte ihm in Andeutungen antworten: «Wie ich gehört habe, ist die ganze Geschichte wegen der Koreakonzessionen entstanden.

Darüber sprechen auch die Offiziere. Man kann aber nicht auf alles Gerede hören. Tatsachen haben wir ...»

Der Bootsmann unterbrach mich: «Warte! Jedesmal, wenn wir auf eine ernste Frage zu sprechen kommen, benimmst du dich wie eine Ente vor dem Habicht, du tauchst einfach unter! Ich bin kein Habicht, und du bist keine Ente. Laß uns geradeheraus sprechen. Du weißt alles. Es hat doch seinen Grund, daß man dich an Bord für einen Politischen hält.»

Ich gab mir Mühe, ruhig zu bleiben, obwohl mich seine Worte sehr erregten.

«Mich für einen Politischen? Wer sagt denn das? Der Erste Offizier gar?»

«Vielleicht auch der.»

Meine Gedanken arbeiteten angestrengt, um die Unterwasserriffe auf meinem Kurs festzustellen.

«Hör mal zu, Maxim Iwanowitsch! Du bist Bootsmann, ich – Proviantmeister ersten Grades. So ist der Rangunterschied zwischen uns nicht allzu groß. Es sind wohl die höchsten Ränge, die wir erreichen können. Worauf es aber ankommt, ist, daß wir beide Bauern sind. Du hast ganz richtig gesagt, wir sollten geradeheraus reden. Was weißt du von mir?»

Wojewodin platzte sofort heraus: «Ich soll dich beobachten.»

«Du?»

«Ja.»

«Und wer noch?»

«Der Maat Sinelnikow. Weißt du noch, ich habe dich vor ihm gewarnt ...»

«So – so ... Und wie berichtest du?»

«Ich habe dich sehr gelobt, sonst hätte ich es dir wohl auch nicht gesagt.»

Die Unterhaltung ergab dann, daß sich der Erste Offizier nicht mehr um mich kümmerte. Das war ein gutes Zeichen. Folglich konnte auch Sinelnikow den Vorgesetzten nichts Schlechtes über mich berichtet haben. Mit dem Bootsmann verabredete ich, daß er in Zukunft nur nach meinen genauen Hinweisen an den Ersten Offizier berichten sollte.

Nachts lag ich in meiner Hängematte und überdachte meine Lage. Ich hatte wirklich Glück gehabt. Alle Karten des Gegners lagen offen vor mir, ich hätte das Spiel beginnen können. Ich hatte bei dieser Wendung der Dinge nichts gegen den Kapitän 2. Ranges Sidorow. Was hatte er damit zu tun? Er hatte ja nur den Befehl des Kommandanten auszuführen; der wiederum hatte von der Gendarmerieverwaltung ein Schreiben bekommen. Jedenfalls mußte noch etwas ersonnen werden.

Am nächsten Tage suchte ich die Kajüte des Schiffspriesters auf.

«Hochwürden, haben Sie nicht das Buch ‹Kirchengesang zu Ehren der Mutter Gottes›?»

Paissi lächelte zufrieden.

«Gewiß, gewiß. Magst du es wirklich ... diese ... wie heißt es ... Heilige Schrift?»

«Ich lese es zu gern.»

«Das ist ... wie heißt es doch ... sehr gut.»

Vor dem Essen gab ich auf Oberdeck Rum aus und schlug dem Quartiermeister Sinelnikow vor, auch meine Portion zu trinken. Er tat es gern.

Ich beeilte mich mit dem Essen, suchte dann Sinelnikow auf, plauderte mit ihm über Schiffe und sagte beiläufig: «Heute habe ich ein Buch gelesen, da stehen großartige Sachen drin! Da können einem die Tränen kommen.»

«Kannst du es mir nicht einmal leihen?»

«Um nichts in der Welt. Ein solches Buch würde ich niemandem anvertrauen. Daraus vorlesen könnte ich wohl.»

Der Maat strahlte förmlich, als hätte er einen Schatz gefunden.

«Komm!»

Wir stiegen in die Schreibstubenkajüte hinab, ich schloß die Tür hinter uns und sagte: «Daß du aber keinem Menschen was davon sagst, sonst gibt es bloß Gerede unter den Matrosen.»

Der Quartiermeister schwor: «Daß ich jemandem etwas sagen sollte! Ich schweige wie ein Grab.» Ich holte das Buch bedächtig aus dem Schubfach, schlug es auf. Sinelnikow folgte gespannt jeder meiner Bewegungen und schien bereits seines Triumphes sicher zu sein. Man sah es ihm an, wie er vor Ungeduld brannte. Ich begann im Kirchengesang zu lesen und konnte kaum das Lachen unterdrücken. Wenn man einem Menschen, der eine Kuh gekauft hat, eine Katze untergeschoben hätte, wäre er nicht erstaunter gewesen als Sinelnikow! Sein Gesicht war nichts als Verwunderung. Etwa fünf Minuten hörte er mit offenem Munde zu, die Augen verständnislos auf mich geheftet. Dann sprang er plötzlich auf, als habe ihn eine Wespe gestochen, und brüllte zornig: «Ich habe geglaubt, du wärest wirklich ein kluger Mensch ... ein Idiot bist du und liest idiotische Bücher!»

Gräßlich fluchend stürzte er aus der Kajüte und schlug die Tür zu. Am selben Abend begab sich der Bootsmann Wojewodin in die Kajüte des Ersten Offiziers, berichtete ihm über verschiedene Schiffsangelegenheiten und fügte hinzu: «Über den Proviantmeister Nowikow noch etwas, Euer Hochwohlgeboren.»

«Sprich», befahl, kurz wie immer, Sidorow.

«Ich beobachte ihn laufend und unterhalte mich auch mit ihm. Wie ich schon berichtete, ist er ein zuverlässiger Bursche. Mit Politik befaßt er sich gar nicht.»

Der Erste nickte zustimmend. «Um so besser. Ich hatte ihn gleich durchschaut, er hat nichts Verdächtiges an sich.»

«Nur eines ist schlecht, Euer Hochwohlgeboren: Wenn er wütend wird, dann ist er unzurechnungsfähig. In solchen Augenblicken ist ihm auch der Admiral keine Autorität, da kann er Schlimmes anrichten.»

«Was heißt – Schlimmes?»

«Er kann einen Menschen umbringen.»

«Wieso denn umbringen?»

«Er hat einen finnischen Dolch. Kürzlich hatte er, wie mir berichtet wurde, einen Streit mit einem Maschinisten, dessen Name ich leider nicht erfahren konnte. Der Maschinist behauptete, daß die Japaner uns schlagen würden, Nowikow bewies ihm das Gegenteil. Ein Wort ergab das andere, sie wurden immer heftiger, Nowikow riß das Messer aus der Tasche und ging auf den Maschinisten los. Nur gut, daß der Maschinist flüchten konnte. Sonst hätten wir einen Toten an Bord gehabt.»

Der Erste wurde plötzlich böse: «Der Teufel weiß, was das ist! Da haben sie uns Subjekte hergeschickt – entweder Strafgefangene oder Halsabschneider. Und mit solchen Elementen soll man nun das Schiff führen!»

«Nowikow ist nicht der Schlimmste, Euer Hochwohlgeboren! Wenn wir nur mehr solche wie ihn hätten. Wenn man ihm nichts tut, ist er lammfromm. Man kann sich auf ihn verlassen.»

Der Offizier nickte wieder und entließ den Bootsmann.

Der erste Eindruck, den ich von unserem Vorgesetzten hatte, fand seine Bestätigung: Er fluchte und drohte mehr, als er die Matrosen bestrafte. Und wenn er mal eine Arreststrafe verhängte, so ging es wirklich nicht anders. Gewiß fürchtete er die Strafmatrosen und besonders die «Politischen», aber damit allein konnte man sein wohlwollendes Verhalten der Mannschaft gegenüber nicht erklären. Offenbar steckte in der rauhen Schale doch ein guter Kern.

Unsere Offiziere

Am frühen Morgen des 11. Dezember langte das Geschwader bei den Hügeln an, die die Bucht von Angra Pequena umgeben. Da es schwer war, sich in dieser wenig erforschten Gegend zu orientieren, mußte das Geschwader haltmachen und Kundschafter ausschicken. Das Wetter war schlecht. Auf dem Ozean wütete, vom kalten Süden kommend, ein Sturm, der zeitweise Windstärke 10 erreichte. Die Schiffe tanzten auf den Wellen auf und ab. Der Küstenstreifen verbarg sich hinter einem Schleier. Deswegen liefen wir erst in der zweiten Mittagsstunde mit größter Vorsicht in die Bucht ein. Sie war ein schlechter Liegeplatz. Drei Felsen, die aus der Meerestiefe emporragten, schützten uns nur wenig vor Wellengang und Wind.

Auf dem Linienschiff «Orjol» ereignete sich ein Zwischenfall. Obwohl die Maschinen stoppten, als der Anker geworfen wurde, bewegte sich der Eisenriese nach dem Beharrungsgesetz weiter. Die Steuerbordankerkette hielt diesem Druck nicht stand und brach. Auf der Kommandobrücke entstand heftige Aufregung. Was würde der Admiral sagen? Der Kommandant Jung schrie aus Leibeskräften: «Zurück! Stop! Backbordanker werfen.»

Der Steuerbordanker war irgendwo auf dem Meeresgrund versunken und hatte ungefähr achtzig Meter Kette mitgenommen.

Offiziere und Mannschaften überzeugten sich immer mehr, daß der Kommandant, der früher einmal ein vorzüglicher Segelschiffsoffizier gewesen war, mit einem modernen Kriegsschiff nur schlecht fertig wurde.

Die Enge der Bucht zwang die Transportschiffe und Kreuzer, sich auf offener See aufzuhalten, wo es sie gründlich schüttelte. In der Nacht wurde der Himmel klarer, der Wind ließ nach. Am Morgen wollten wir mit Bunkern beginnen, aber erneut kam starker Wind auf. Vor uns lag ein langer Weg – um das Kap der Guten Hoffnung herum bis zur Insel Madagaskar –, auf dem uns kein Hafen zur Verfügung stand. Deshalb brauchten wir viel Kohle. Drei Tage lang rumorte und pfiff der Sturm, drei Tage konnten wir nichts anderes tun, als die düsteren Ufer mit dem kargen Pflanzenwuchs betrachten. Da trat plötzlich Stille ein, der Sturm hörte auf. Sofort begannen wir mit der Arbeit und machten schon abends um 19 Uhr Schluß, nachdem wir ungefähr neunhundert Tonnen Kohle übernommen hatten. Außerdem hatten wir noch von der früheren Ladung 1400 Tonnen übrig.

An Bord von «Orjol» verfiel der Unterleutnant T. dem Irrsinn. Er war etwa vierzig Jahre alt, stark und entschlossen, und hatte die schwere Schule des Seemannslebens durchgemacht. Schon als Junge war er Seemann geworden und hatte lange als Matrose an Bord ausländischer Schiffe gearbeitet. Endlich hatte er es geschafft, war Kapitän geworden und befehligte ein Segelschiff. Überallhin hatte ihn sein Schicksal verschlagen. Welche Meere und Ozeane hatten ihn nicht auf ihren Wellen geschaukelt ... Und ein solcher Mann mußte plötzlich den Verstand verlieren! Er sprach dummes Zeug, schluchzte verzweifelt oder fluchte gotteslästerlich. Mitunter wiederholte er einen Satz hundertmal, indem er die Stimme immer höher schraubte: «Die Japaner erwarten uns ... Sie werden uns alle versenken, alle versenken, alle versenken ...»

Sein Gesicht wurde bleich, Schweiß brach ihm aus allen Poren, auf seine Lippen trat Schaum, während aus den irren Augen ein solcher Schrecken sprach, als sähen sie schon den Untergang unserer Schiffe.

Er hätte auf das Lazarettschiff «Orjol» gebracht werden müssen, doch das Schiff hatte sich vom Geschwader gelöst und war bereits nach Kapstadt unterwegs, von wo es wahrscheinlich nach Madagaskar gehen sollte. Das bedeutete, daß T. solange an Bord unseres Linienschiffes bleiben mußte. Man sperrte ihn in eine Kajüte und gab ihm einen Sanitäter bei. Die Anwesenheit eines Irren an Bord, der ständig furchtbare Worte ausstieß, bedrückte uns alle sehr.

Auch an Bord des Transportschiffes «Korea» wurde ein Matrose wahnsinnig.

Nachdem wir Kohlen gebunkert hatten, suchten wir zwei Tage unseren Anker. An der Suche beteiligten sich die Barkassen aller Panzerschiffe, auch Taucher wurden eingesetzt. Der Anker wurde schließlich gefunden und an seinen alten Platz gebracht. Die gebrochene Ankertrosse wurde gespleißt.

Leutnant Giers unterhielt sich öfters mit uns und vermittelte der Mannschaft sein Wissen. Das gefiel allen.

Die Matrosen liebten Giers und sprachen gut von ihm:

«Er kennt seine Sache, und auch die Mannschaft ist ihm nicht zu gering.» – «Wir müßten mehr solche Offiziere haben.»

In der Nacht zum 17. Dezember wogte in der Bucht so dichter Nebel, als wäre eine Wolke vom Himmel gefallen. Ufer und Schiffe waren nicht mehr zu sehen. Die Menschen wurden unruhig. Was würde geschehen, wenn auch nur ein feindliches Torpedoboot in die Bucht eindrang? Erst gegen zehn Uhr morgens wurde es wieder klarer. Das Geschwader verließ den letzten Ankerplatz in Westafrika. Die Guano-Inseln, die so weiß schimmerten, als wären sie gekalkt, blieben zurück. Aufgescheuchte Scharen von Seevögeln kreisten in der Luft und schrien so, als hielten sie eine wilde Versammlung ab. Der Himmel war bewölkt. Vom Südwesten her rollten hohe Wellen gegen unser Schiff.

Ich traf mich öfters mit Wassiljew. Je näher ich ihn kennenlernte, um so mehr staunte ich über seinen glänzenden Verstand. Er war ein Mensch von außergewöhnlicher Begabung. Wenn ich ihm zuhörte, stieg meine Achtung vor den Ingenieuren unwillkürlich. Gemeinsam mit den Arbeitern gestalteten sie die Erdoberfläche neu, drangen in die Tiefe der Erde, forschten nach Kohle und Erdöl, nach Metallen und Edelsteinen. Sie bohrten Tunnel durch Berge, schlugen grandiose Brücken über Flüsse, verbanden Meere durch Kanäle, schufen Städte und Fabriken dort, wo früher undruchdringliche Sümpfe gewesen waren.

Jede Unterhaltung mit Wassiljew bereicherte mich mit neuem Wissen. Wir hatten uns förmlich aufeinander eingespielt: Ich berichtete ihm, was bei der Mannschaft vorging und wie die Stimmung war, er weihte mich in das Leben und in die Psychologie der Offiziere ein. So kamen zu meinen eigenen langjährigen Beobachtungen noch die Angaben eines Menschen hinzu, der aus ganz anderer Umwelt stammte. Das verhalf mir zu klaren Schlußfolgerungen.

Die Haltung der Offiziere war durchaus nicht einheitlich. Unter dem Druck der Technik, die beharrlich in die Flotte eindrang, hatten sie sich in zwei sich befehdende Lager gespalten: die Jungen und die Alten. Der Trennungsstrich verlief etwa so, daß die Oberleutnante und Leutnante auf der einen Seite standen – die Kapitäne und die höheren Ränge auf der anderen.

Die jüngere Generation war der Träger neuer Strömungen in der Marine. Unbelastet von der Tradition der Segelepoche, erkannte sie klar die Situation und berücksichtigte weitgehend den Fortschritt der ausländischen Flotten. Zunächst verhielten sich die jungen Offiziere der Schule der «Segler» gegenüber nur ironisch, bald aber gingen sie zur Kritik und Opposition über.

Die ältere Generation der Befehlshaber, die Admirale, Schiffskommandanten und Ersten Offiziere, die alle noch in den Verhältnissen des früheren Seedienstes aufgewachsen waren, begriffen die moderne Technik nicht. Jede Neuerung erweckte in ihnen ein feindseliges Gefühl. Sie fanden ein Vergnügen daran, der Poesie, der Romantik und dem ungewöhnlich festgefügten System der Segeltraditionen nachzutrauern. Die Technik und die Techniker betrachteten sie als notwendiges Übel. Die schmutzige Arbeit an den Kesseln und Maschinen erschien ihnen als unwürdiges Gewerbe, als das traurige Los von Mechanikern, die irgendwo in der Tiefe unter den Panzerdecks herumkrochen.

Die Notwendigkeit, Spezialisten für die Bedienung der technischen Anlagen an Bord zu nehmen, schlug die erste Bresche in die Einheitlichkeit des Offizierskorps. Den Frontoffizieren, die ausschließlich aus alten Adelsfamilien stammten, erschien diese Arbeit als zu schmutzig. Das Schiffspersonal mußte also notgedrungen durch Ingenieure und Mechaniker ergänzt werden. Wie auch die Schiffsärzte, hatten sie zivile Ränge und genossen an Bord nicht alle Vorrechte der Offiziere.

Bei Ausbruch des Russisch-Japanischen Krieges wurde die Rolle der Ingenieure und Mechaniker auf den Schiffen besonders wichtig. Schon vom Jahre 1898 an war die russische Flotte in schneller Folge durch Schiffe neuester Konstruktion ergänzt worden. Das Erste Geschwader in Port Arthur bestand zum größten Teil aus Schiffen modernster ausländischer Bauart. Zu ihm gehörten Schiffe wie «Retwisan» und «Warjag», die in Amerika gebaut worden waren. In Frankreich liefen «Zessarewitsch» und «Bajan» vom Stapel, in Deutschland «Askold», «Bogatyr» und «Nowik», in Dänemark «Bojarin». Alle waren mit den letzten Errungenschaften der Technik ausgerüstet. In vielen ihrer taktischen Eigenschaften übertrafen sie nicht nur die japanischen Schiffe, sondern sogar die der ganzen Welt.

Die Maschinen und die Menschen, die sie bedienten, also die Ingenieure und Mechaniker, spielten eine immer wichtigere Rolle, denn das Schicksal eines Schiffes hing in erster Linie vom Zustand seiner technischen Einrichtungen und ihrer richtigen Bedienung ab.

Die Bedienung der Artillerie, der Torpedo- und Navigationsvorrichtungen sowie die Wartung der elektrischen Anlagen erforderte von den Offizieren in steigendem Maße technisches Spezialwissen. Alle damit zusammenhängenden Funktionen wurden auf den großen Schiffen den technischen Offizieren übertragen, die nach der Ausbildung im Seekadettenkorps noch Spezialklassen des Marineamtes oder die Akademie besucht hatten. Diese Ausbildung machte sie zu Schiffsingenieuren, die den Ingenieuren und Mechanikern gleichgestellt waren.

Meist besaßen die technischen Offiziere den Rang eines Leutnants. Für diesen Dienst wurden die fähigsten Offiziere ausgewählt. Sie konnten jede Apparatur eigenhändig auseinandernehmen und lernten die ihnen zugewiesenen Matrosen an. Nach und nach wurden diese Spezialisten zu Beherrschern des Schiffslebens. Mit den übrigen Ingenieuren und Mechanikern vereinte sie die ständige Zuammenarbeit auf technischem Gebiet. Die energischsten und klügsten unter ihnen beeinflußten auch die Leutnante und spielten eine führende Rolle in der Offiziersmesse. Sie wurden sich ihrer Bedeutung bewußt und äußerten immer beharrlicher ihre kritischen Ansichten über aktuelle Fragen des Schiffslebens und der Organisation der Flotte im allgemeinen.

Auf jedem Schiff führte der Erste Offizier den Vorsitz in der Offiziersmesse. Er war der erste Gehilfe des Schiffskommandanten. Doch die Zeiten, in denen er bei den jungen Offizieren als eine unerschütterliche Autorität galt, waren vorüber. Er war genötigt, auf die Meinung der Offiziere, die zumeist von einem der selbständig denkenden Leutnante angeführt wurden, Rücksicht zu nehmen.

Die älteren Offiziere waren von der fortschrittlichen technischen Entwicklung nicht beeinflußt worden und spielten deshalb die Rolle eines hemmenden, konservativen Elements. Es blieb ihnen nichts weiter übrig, als die jungen Offiziere aus Adelsfamilien, die infolge ihrer persönlichen Sympathien, ihrer Herkunft und ihrer Verbindung mit den «höheren Sphären» zur alten Ordnung hinneigten, um sich zu scharen.

Es gab allerdings auch Schiffe, deren Kommandanten und Erste Offiziere sich über das Althergebrachte erhoben und den Geist der modernen Flotte verstanden. Sie wußten sehr gut, daß man nicht ausschließlich auf Mut und Tapferkeit, sondern auch auf mathematischem, technischem Wissen fußen mußte.

Der Krieg forderte den vollen Kräfteeinsatz der Flotte und unterwarf die ganze äußerliche Aufgeblasenheit ihrer Organisation einer unnachsichtigen Kritik. Er veranlaßte die Flotte zu schwerer Arbeit, die sie in Friedenszeiten so verachtet hatte. Die Lösung jeder Kampfaufgabe erforderte Wissen und Beherrschung der neuen technischen Mittel. Der tadellose Zustand der technischen Einrichtungen beim Auslaufen bestimmte die Operationsmöglichkeiten des Geschwaders.

An Bord des «Orjol» befanden sich keine adligen Offiziere, keine Fürsten, Grafen oder Barone. Es muß zur Ehre des Ersten Offiziers Sidorow gesagt werden, daß er sehr bald der Meinung der technischen Fachleute Gehör schenkte. Zum geistigen Mittelpunkt der Offiziersmesse wurde, soweit ich durch die Ordonnanzen hörte, nach und nach Wassiljew. Das lag in der Natur der Dinge. Er verfügte über die beste Bildung, besaß überdurchschnittlichen Verstand, eine außergewöhnliche Rednergabe und eiserne Logik. Die übrigen Offiziere erlagen unwillkürlich seinem Einfluß.

Trotzdem behandelten einige Offiziere die Matrosen schlecht. Einmal berichtete ich Wassiljew vom Zusammenstoß zwischen Worobeitschik und dem Matrosen am Rumfaß. Der Ingenieur wurde rot und unterbrach mich: «Das ist abscheulich! Um so mehr als Worobeitschik ja ein völlig wertloser Offizier ist. Der Maschinist Schmidt hätte ihm ruhig eine Ohrfeige geben sollen.»

Ich fuhr fort: «Mir gefällt Lew Tolstoi sehr, Euer Wohlgeboren. Kein anderer russischer Schriftsteller hat die Polizei- und Popen-Gesellschaftsordnung Rußlands so schonungslos und kühn angegriffen wie er. Aus seinen Werken erfuhr ich erst die ganze Ungerechtigkeit unseres Lebens. Vom Gesichtspunkt der Behörden ist das für die Matrosen der gefährlichste Schriftsteller. Er hat viele innerlich aufgewühlt. Mit den Schlußfolgerungen seiner Lehre kann man aber schwer einverstanden sein, besonders als Matrose auf einem Schiff. Das von ihm vorgeschlagene christliche Dulden, das dem Bösen Nichtwiderstreben, habe ich oft in der Praxis erlebt. Da steht ein Matrose, ein Vorgesetzter kommt und gibt ihm eine Ohrfeige. Der Matrose wehrt sich nicht. Der Vorgesetzte versetzt ihm einen zweiten Schlag. Der Matrose widersetzt sich noch immer nicht und duldet schließlich zwanzig und mehr Schläge. Das heißt, er handelt buchstäblich nach der Lehre des Evangeliums und nach der Lehre Tolstois. Wird der Offizier dadurch anders, besser? Nein durchaus nicht. Er wird auch andere Matrosen schlagen. Etwas ganz anderes würde sich ergeben, wenn er von seinem Opfer das Doppelte oder Dreifache zurückerhalten würde.»

«Ja, Sie haben recht», stimmte Wassiljew bei, «der Offizier weiß aber, daß er keinen Schlag zurückerhalten wird und daß ihm keine Klage etwas anhaben kann.»

Am zweiten Tag nach dem Auslaufen aus der Bucht Angra Pequena wurde der Wellengang trotz des schwachen Windes stärker. Wahrscheinlich hatte tags zuvor ein Sturm gewütet. Es verging noch eine Nacht, das Wetter blieb beständig. Nur der Wind versteifte sich.

Es war der Nikolaustag, der Geburtstag des Zaren. Ihm zu Ehren schoß das ganze Geschwader Salut. Geschützsalven dröhnten über die Wogen des Atlantik. Nach dem Mittagessen stand ich an einem 152-mm-Turm des Backbordaußendecks und betrachtete die fernen Umrisse der Küste. Wir befanden uns auf der Höhe der Stadt Kapstadt mit ihren hunderttausend Einwohnern. Die Stadt selbst war nicht zu sehen, dafür aber zeichnete sich rechts ein über 1000 Meter hoher Bergrücken mit einem horizontalen, wie abgeschnitten wirkenden Gipfel ab. Bald darauf bogen wir um eine Halbinsel, deren Spitze den unter den Seeleuten so bekannten Namen «Kap der Guten Hoffnung» trägt. Das Geschwader näherte sich der Grenze zweier Ozeane, des Atlantischen und des Indischen. In der Schwere der tiefgleitenden Wolken, in der dunkelgrünen Tönung der hochgehenden Wellen, in der willkürlichen Häufung der unfruchtbaren Berge lag etwas Drohendes. Wohlbegründet war der Südspitze Afrikas im fünfzehnten Jahrhundert die Bezeichnung «Kap der Stürme» gegeben worden. Als es aber 1487 dem Seefahrer Bartholomeo Diaz gelungen war, das Kap zu umschiffen, hatte der portugiesische König Johann II. veranlaßt, daß es «Kap der Guten Hoffnung» genannt wurde. Erstmalig in der Geschichte der Menschheit passierte jetzt ein Geschwader mit so vielen Schiffen das Kap.

Ich hatte nicht bemerkt, daß der Erste Offizier Sidorow zu mir getreten war.

«Guten Tag, Proviantmeister Nowikow!»

«Guten Tag, Euer Hochwohlgeboren!»

«Du genießt die Aussicht auf Afrika?»

«Jawohl.»

Er sprach so gutmütig, als wäre ich sein alter Freund, warf aber mißtrauische Blicke auf die Taschen meiner schwarzen Hosen. Offenbar hatte er den Bericht des Bootsmanns Wojewodin, ich sei ein Halsabschneider, gut behalten. Dabei trug ich weder einen finnischen Dolch noch ein anderes Messer bei mir.

Nach Mitternacht umschifften wir das Nadelkap und gelangten in den Indischen Ozean.

Unter den Schlägen des Sturmes

Das Geschwader hatte Kurs auf Nordost genommen. In der Nacht war der Wind stärker geworden und trieb die Schiffe vor sich her.

Der Morgen des 20. Dezember war klar, die Wellen gingen aber höher. Böen kamen herangebraust. Unser Panzerschiff schlingerte und stampfte.

Einem Matrosen, der auf dem Oberdeck stand, fiel der merkwürdige Lauf der Sonne auf.

«Seht doch, sie bewegt sich nicht von links nach rechts, sondern umgekehrt.»

Diese Erscheinung fand allgemeine Beachtung.

«Ja, sie rückt gegen den Uhrzeiger vor.» – «Es scheint so, als hätten wir Kurs auf Amerika genommen.»

In Wirklichkeit hatte sich nichts geändert, wir befanden uns nur auf der südlichen Hälfte der Erdkugel. Längst hatten wir den Äquator überquert. Der in unserer Einbildung bestehende Sonnenweg von Ost nach West lag nun mit dem Kulminationspunkt im Norden. Deshalb hatte es den Anschein, als lege die Sonne ihren Weg entgegen dem Uhrzeiger zurück. Klar, daß sich unsere Uhrzeiger von links nach rechts drehen. Das ist nur ein Hinweis darauf, daß man früher Sonnenuhren gebraucht hatte und daß erst später die mechanischen Federuhren aufgekommen waren. Hieraus ergab sich eine weitere Tatsache: Unser wunderbares Gerät, das die Zeit mißt, muß auf der nördlichen Hälfte der Erdkugel erfunden worden sein!

Theoretisch war mir alles klar, und ich teilte mein Wissen nach bestem Vermögen den Kameraden mit. Als ich aber selbst Gelegenheit hatte, diese Himmelserscheinungen zu beobachten, war ich nicht weniger erstaunt als die andern. Ich konnte mich zum Beispiel nicht damit abfinden, daß man sich mit dem Rücken gegen Süden stellen mußte, um den Tageshöchststand der Sonne zu beobachten. Das widersprach den Gewohnheiten meines bisherigen Lebens.

Gegen Mittag hatte der Sturm schon Windstärke 10 erreicht. Die Wellen wurden immer mächtiger, rollten heran und brachen kurz vor unserem Schiff jäh zusammen. Auf dem Ozean schwammen schaukelnd die dicken, grauen Schiffsriesen. Das dröhnende Rollen des aufgepeitschten Wassers, seine Schläge gegen den eisernen Leib des Schiffes, das Heulen und Pfeifen in den Winkeln der Aufbauten, das unablässige Brausen der ganzen Weite, alle diese Töne verschmolzen zu einer formlosen, aber mächtigen Sinfonie. Das Schiff schöpfte mit dem Heck auf einen Schlag mehrere Tonnen Wasser.

Viele Matrosen, besonders die jungen, litten unter Seekrankheit und lehnten das Essen ab. Dafür hatten es die andern gut. Sie aßen sich an Fleisch so satt, bis sie nicht mehr konnten. Am meisten freute sich der Heizer Baklanow. Er rauchte auf der Back, strich sich mit der rauhen Hand den prallen Bauch und gab an: «Ich glaube, ich habe mindestens zehn Portionen verschlungen. Wenn man uns jeden Tag so fütterte, würde ich für mein ganzes Leben an Bord bleiben.»

Sein unzertrennlicher Freund Wasja Drosd bemerkte: «Bist du aber ein Freßsack, Baklanow! Du bist ja der reine Haifisch! Wenn man dir nur etwas Eßbares zeigt, sperrst du schon dein Maul auf.»

«So schuf mich der allmächtige Schöpfer. Und außerdem heißt es in der Physik: die Natur duldet kein Vakuum. Das bedeutet also, mein Bester, daß ich keine Schuld habe.»

«Vom Fraß wird das Schwein nur fetter, nicht klüger.»

Der Heizer sandte aus satten Augen einen höhnischen Blick auf den Freund, lächelte und sagte: «Sing noch etwas, Drosd. Dein Gesang ist für meinen Magen wir der Sauerstoff für die Heizung. Die Verbrennung wird dadurch gefördert.»

«Darum mußt du schon deine Mutter bitten.»

Eine Wolke glitzernder Spritzer stürzte über die Back und durchnäßte alle, die sich hier versammelt hatten.

Die Matrosen sprangen lachend auf.

«Der Ozean nimmt schlechte Manieren an.»

«Nur gut, daß der Sturm von achtern kommt. Wir hätten mehr abgekriegt, wenn er von vorn gekommen wäre.»

Nach der Mittagspause inspizierte der Erste Offizier Sidorow in Begleitung der Bootsleute und Matrosen die Aufbauten des Schiffs. Der Sturm würde wohl nicht so bald aufhören. Deshalb mußte jeder Gegenstand überprüft werden, ob er ordentlich vertäut sei. Sidorow besichtigte das Schiff mit allen seinen Teilen. Auf seinen Befehl hin wurden die Ruderboote und Dampfbarkassen fester gezurrt. Der blinde Sturm kannte keine Rangunterschiede und verfuhr mit dem Ersten Offizier nicht anders als mit den Bootsleuten und den Matrosen. Wo war die Würde des Vorgesetzten geblieben? Um von einem Fleck auf den andern zu gelangen, mußte auch er, wie seine Untergebenen, den Rücken beugen, den Kopf einziehen und balancierend die Arme weit ausstrecken, als wollte er jemanden umarmen. Seine Füße verloren fortwährend den Halt, daher waren seine Bewegungen so ruckartig, unsicher, von plötzlichen Pausen unterbrochen, von überraschenden Seitwärtsbewegungen begleitet, als bekäme er einen Stoß in die Rippen. Frech zauste der Wind seinen aufwärts gezwirbelten Schnurrbart und schüttete Unmengen von Salzwasser über seinen ganzen Körper. Um sich verständlich zu machen, mußten Sidorow und seine Untergebenen sich anbrüllen. Sie machten den Eindruck von Betrunkenen, die sich heftig streiten.

Ernst sah es im Batteriedeck aus. Infolge der Überlastung hatte das Schiff großen Tiefgang. Die Stückpforten schlossen nicht ganz dicht, das Wasser sickerte ein. Noch schlimmer wäre es, wenn der Sturm seine Richtung änderte und die Wellen von der Breitseite gegen das Schiff schlagen würden. Die weiche und elastische Welle kann man mit einer Boxerfaust im gepolsterten Handschuh vergleichen. Man sollte meinen, ein Boxer könnte mit einer so dickverpackten Faust nicht viel anrichten. Und doch zerbricht er dem Gegner Rippen und Kiefer. Ebenso zerschlägt das wütende Meer die eisernen Teile des Schiffes. Halten die Geschützluken den schweren Schlägen der Wellen nicht stand, so überströmt das Wasser das Batteriedeck und zerstört alles. In einer solchen Situation würde das Schiff bei einer Krängung von zwanzig Grad kentern. Ingenieur Wassiljew wußte das sehr gut. Er gab seinen Untergebenen entsprechende Anordnungen und kontrollierte ihre Ausführung ungewöhnlich streng. Unter seiner Anleitung dichteten die Matrosen die Luken ab und stützten die Abdichtungen noch durch Balken und Bretter. Die Lenzpumpen wurden klar gemacht.

Die Nacht war unruhig. Unter der Last der Wasserberge knarrte das Linienschiff in seinen Stahlverbindungen. In den Augenblicken, in denen die Schrauben am Heck aus dem Wasser gehoben wurden, arbeitete die Maschine unregelmäßig. Aus der Tiefe des Maschinenraumes klang, wie aus der Brust eines Kranken, ein beschleunigtes Klopfen, das sich dem Eisenleib des Schiffes wie fieberhaftes Zittern mitteilte. In allen Wohnräumen waren die Bullaugen, Türen und sonstigen Öffnungen dichtgemacht, es war heiß und stickig. Ich lauschte auf die Angriffe des Sturmes und konnte in meiner hängenden Segeltuchmatte lange nicht einschlafen.

Mich bewegten vielfältige Gedanken. Ich dachte auch über mich selber nach. Wie seltsam hatte sich doch mein Schicksal gefügt! In meinem Heimatdorf fließt hinter unserm Hof das kleine Flüßchen Shurawka. Es ist so flach, daß es, wie man so sagt, dem Spatz bis ans Knie reicht. Dennoch gibt es darin Fische. Sobald ich richtig hatte laufen können, hatte ich mich während der Sommermonate fast ausschließlich am Flüßchen aufgehalten und einen Riesenspaß daran gehabt. Überhaupt hatte mich das Wasser immer angezogen. Als ich größer geworden war, hatte ich von den Erwachsenen erfahren, daß es riesige Flüsse und sogar Meere gibt. Ich glaubte diesen Erzählungen gern, konnte mir aber nicht vorstellen, daß es irgendwo mehr Wasser geben könnte als im Teich unserer Wassermühle am Dorf. Ich bin daher nicht wenig erstaunt gewesen, als ich den Fluß Zna sah. Unsere Shurawka schien im Vergleich zu ihm so winzig wie eine Maus zur Kuh. Dann wurde ich Matrose und fuhr über Meere. Und jetzt hatte ich den Atlantischen Ozean befahren, hatte Afrika umschifft und fuhr über den Indischen Ozean. Ich schaukelte in meiner Hängematte und empfand jeden Augenblick das ungestüme Schwanken des Panzers, horchte auf das gedämpfte Brüllen hinter den Bordwänden, hörte das Stürzen der Wassermassen auf Deck. Alles das kam mir überwältigend vor, ich konnte aber mein liebes, geschwätziges Flüßchen niemals vergessen, in dem ich einst die Fischchen gefangen hatte und an dem meine Kindheit wie das Lied einer Lerche verklungen war.

Am nächsten Morgen erreichte der Sturm seinen Höhepunkt. Wenn es meine Zeit erlaubte, stieg ich nach oben, um nach den Schiffen zu sehen. Diesmal fehlte die Finsternis, die sonst oft den Sturm begleitete. Es ist selten, daß bei einem Unwetter der Himmel so klar bleibt.

Mit einem unheimlichen Druck und rasendem Geheul brauste der Sturm daher, als arbeiteten irgendwo hinter dem Horizont, jenseits unseres Planeten, ungeheure Ventilatoren. Die Wogen rollten, ganze Wasserberge stiegen hoch und stürzten in tobenden Wasserfällen herunter wie Fontänen, die durch Minendetonationen verursacht worden waren. In den von der Sonne durchstrahlten Schleiern des verwehenden Wasserstaubes flogen große Schaumflocken wie Scharen weißer Vögel umher.

Das Geschwader hatte die bisherige Marschordnung beibehalten. In der rechten Kolonne fuhren die Linienschiffe unter der Führung des Flaggschiffes «Suworow», in der linken die Transportschiffe mit «Kamtschatka» an der Spitze. Drei Kreuzer beschlossen den Zug in Keilformation. Die Geschwindigkeit betrug zehn Knoten; da wir aber Rückenwind hatten und die Wellen uns einholten, schien es, als stünden die Schiffe schlingernd auf einem Fleck. «Osljabja» krängte um über zwanzig Grad, während die vier neuesten gleichartigen Linienschiffe, darunter auch «Orjol», eine viel geringere Neigung hatten. Das behob aber die Sorge einiger Offiziere um die Schiffe nicht. Die Warnung des marinetechnischen Ausschusses, die wir vor dem Auslaufen aus Libau erhalten hatten, war noch nicht vergessen. Es hieß, daß solche Schiffe wie «Borodino» im Sturm kentern könnten, wenn nicht große Vorsichtsmaßnahmen getroffen würden. Auch unser Schiff hatte infolge einer Überbelastung von dreitausend Tonnen einen anormalen Tiefgang von drei Fuß!

Die Transportschiffe und Kreuzer hatten am meisten zu leiden. Sie zeigten Seitenneigungen von dreißig bis vierzig Grad und waren kläglich anzusehen. Trotzdem gaben sie weniger Anlaß zu Befürchtungen als die Linienschiffe.

Als Proviantmeister hatte ich nicht mehr zu wissen, als das, was mir die Vorgesetzten vorschrieben. Insgeheim habe ich aber immer gegen die vorgeschriebenen Regeln verstoßen. Natürlich war mir die Warnung des marinetechnischen Ausschusses bekannt. Mir ließ die Frage keine Ruhe: Wird unser Schiff dem Sturm standhalten, wenn die Wellen von der Seite kommen? Der Gedanke, es könnte kentern, war unbehaglich. Dann könnten nur die zwei Dutzend Menschen das Schiff verlassen, die auf Deck waren, aber auch sie würden ersaufen.

Im übrigen ist das alles Unsinn, nichts wird geschehen, beruhigte ich mich selber.

Dieselbe Strecke hatten – nur in umgekehrter Richtung – auf ihrer ersten Weltumsegelung zu Beginn des neunzehnten Jahrhunderts die berühmten russischen Seeleute Krusenstern und Litke zurückgelegt, in kümmerlichen Schiffchen, Segelkorvetten von weniger als fünfhundert Tonnen. Was mußten die Menschen auf jenen Schiffen in einem solchen Sturm empfunden haben! Welchen Mut, welche Liebe zum Meer mußte ein Mensch gehabt haben, um auf diesen kleinen Nußschalen die Welt zu umsegeln! Ich mußte an einen schimpflichen Ausspruch denken, den ich einmal in einem Marinebuch gelesen hatte: «Früher waren die Schiffe aus Holz, die Menschen aber aus Eisen. Jetzt sind die Schiffe aus Eisen, die Menschen aber aus Pappe.» Ich wollte kein Mensch aus Pappe sein. Ich gab mich besonders mutig und stolzierte umher, als könne mir der Sturm nichts anhaben.

An diesem Tage hatten wir noch mehr Seekranke. Unsere Ärzte konnten ihnen nicht helfen. Trotzdem mußten sie arbeiten. Das Kriegsschiff mußte seine Position in der Geschwaderordnung beibehalten und durfte keinen Augenblick stillstehen. Da übernahmen eben die Bootsleute und Maate die Rolle der Ärzte. Sie hatten eine zwar sehr grausame, aber recht wirksame Behandlungsmethode. Nahm das Gesicht eines Matrosen eine leicht graue Färbung an, wurden seine Augen trübe und leblos, dann stürzte ein Bootsmann oder ein Unteroffizier auf ihn zu und schlug ihn unter wüstem Fluchen mit der Kupferkette der Bootsmannspfeife oder mit einem Knüppel. Der Patient wand sich in unerträglichen Schmerzen, auf seinem Körper zeigten sich Striemen, aber schnell kam er wieder zur Besinnung, der Blutkreislauf war wieder geregelt, die Augen glänzten, als sehe er seine Geliebte. Auf einige Matrosen hatte dieses Verfahren eine solche Wirkung, daß der Anblick der Bootsmannsbärte genügte, um das Übelkeitsgefühl wie durch Zauberspruch verschwinden zu lassen. Das Außendeck konnte nicht mehr begangen werden, weil man sonst fortgespült wurde.

Auf dem Achterdeck hatten wir mehrere hundert Tonnen Kohle. Die Wellen spülten sie über Bord, und es gab keine Möglichkeit, den kostbaren Heizvorrat zu retten. Der Achterturm und die beiden Türme auf dem Außendeck standen häufig unter Wasser. Wir gaben uns die größte Mühe, unser Schiff zu schützen, indem wir alle Luken und Bullaugen dichtmachten, aber trotzdem drang das Wasser ein, strömte in die Kajüten und über die Decks.

Gegen Abend stieg ich auf die Achterbrücke, wo ich mit dem Ingenieur Wassiljew zusammentraf. Er war ganz durchnäßt, blieb aber oben. Ich mußte mich immer wieder über diesen wissensdurstigen Menschen wundern, der alles zu erforschen suchte. Jetzt stand er hier, im Schutze der Kabine, mit einer Stoppuhr in der Hand und zählte die Windstöße des Sturmes.

Der Druck des Sturmes war so stark, daß es uns den Atem benahm. Unwillkürlich griffen meine Hände nach einem Halt. Man hatte den Eindruck, als könnte einen die rasende Luft wie ein Wollflöckchen in den Raum reißen. Selbst die Höhe der Brücke bot keinen Schutz vor Spritzern und Schaumflocken.

Wassiljew blickte auf den aufgewühlten Ozean und rief: «Welch eine Kraft wird vergeudet! Wenn der Mensch doch befähigt wäre, die Energie des Sturmes auszunutzen, was könnte man da alles vollbringen!»

Nach seinen Berechnungen erreichte die Länge der Wellen mitunter fünfhundert Fuß und ihre Höhe bis zu vierzig Fuß. «Orjol» bebte und erklomm wie ein phantastisch großes Rhinozeros solch einen Wasserberg, um dann wieder hilflos mit dem Bug in das Wellental zu tauchen und das Heck gen Himmel zu recken. In einer Minute wälzte das Schiff sich achtmal von einer Seite auf die andere. Außerdem stieg es mit seinem Gewicht von einer Million Pud innerhalb derselben Minute sechsmal auf die Höhe eines vierstöckigen Hauses, und das mit einer Leichtigkeit, als sei es nicht schwerer als eine Kinderwiege. Trotz alledem bewegte es sich mit einer Geschwindigkeit von zehn Knoten vorwärts. Mit ihm empfanden auch wir die ungeheuerliche Bewegung nach vier Richtungen. Womit sich ein Mensch auch immer beschäftigen mochte, ob er an den Tod oder an das Leben dachte, ob er vom Glück träumte oder verzweifelt war, arbeitete oder schlief, betete oder fluchte, der Sturm zauste ihn nach allen Seiten und hob ihn sechsmal in der Minute wie mit einem Fahrstuhl in eine Höhe von vierzig Fuß.

Wassiljew bewunderte unser Schiff.

«Der ‹Orjol› ist mehr dem Stampfen als dem Schlingern ausgesetzt. Das erklärt sich durch die Form der Bordwände. Die Wellen brechen sich an ihnen so, daß das Schiff keinen allzu großen Schwung auf die andere Seite bekommt. Alle vier Linienschiffe dieser Klasse sind in dieser Beziehung recht günstig konstruiert, während ‹Osljabja› anders gebaut ist und deshalb mehr schlingert als wir.»

Die Transportschiffe machten einen beängstigenden Eindruck. Es sah aus, als würde sich das eine auf Steuerbord, das nächste auf Backbord legen und sich nie wieder aufrichten. Sie richteten sich aber immer wieder auf und kamen in gleicher Höhe mit der rechten Kolonne vorwärts. Insgesamt boten alle vierzehn Schiffe ein erstaunliches Schauspiel, wie sie, eingehüllt in Schaumflocken, unaufhörlich einen wüsten Tanz aufführten. Dann und wann verschwand eins der Linienschiffe so in den Wellen, daß man nur noch die Turmspitzen sah. Das erfolgte immer so plötzlich und mit einer solchen Geschwindigkeit, als hätte sich der Boden des Schiffes gelöst und als sinke das Schiff in die Tiefe. Nach wenigen Sekunden aber erkletterte es den kochenden Kamm eines Wassermassivs, als würde es von einer übernatürlichen Kraft hinaufgepreßt.

Auf dem Transportschiff «Malaya», das sich etwa fünf Kabellängen querab von uns entfernt befand, war etwas mit den Maschinen passiert. Das Schiff gab Signal, daß die Steuerung versage. Das Flaggschiff erwiderte: «Schaden beheben und selbständig weiterfahren.» Das Schiff drehte bei und schaukelte hilflos wie eine Melonenschale auf den Wellen. Sturzseen rollten über das Schiff hinweg. An den Masten bewegten sich Menschen, die sich mühten, Segel zu setzen, um dem Schiff Leben zu verleihen. Endlich waren die Segel aufgezogen, kläglich und kümmerlich. Sie waren dem Schiff in keiner Weise eine Hilfe. Immer wieder zeigte es im Schlingern den Unterwasserteil und war unfähig, sich fortzubewegen. Am Mast erschien ein neues Signal: «Bin in Seenot!» Aber kein Schiff kam zu Hilfe. Beide Kolonnen zogen an «Malaya» vorbei, sie dem Sturm überlassend.

«Wenn das Schiff nicht untergeht, ist es ein Wunder», bemerkte Wassiljew bitter.

«Ja, die Menschen dort haben es schwer», erwiderte ich fröstelnd.

Eine Stunde später war «Malaya» nicht mehr zu sehen. An unserem Linienschiff schwammen Ruder, Rettungsgürtel und andere Dinge vorbei. Zuletzt schaukelte trübselig ein Ruderboot auf den Wellen, bis an den Rand voll Wasser. Von den Signalgasten erfuhren wir, daß der Sturm ein Boot von «Suworow» losgerissen hatte.

Der kleine Dampfer «Rus» wurde von den Wellen überholt, die ihn fast völlig unter Wasser drückten. Um ihnen zu entgehen, beschleunigte er mit Genehmigung des Admirals die Geschwindigkeit und nahm Kurs auf die afrikanische Küste. In der sinkenden Nacht verschwand er aus dem Blickfeld des Geschwaders.

Noch einen Tag und eine Nacht wütete der Indische Ozean, aber schon schwächer. Die Wellen waren nicht mehr so hoch. Das Schlingern und Stampfen wurde schwächer.

Das Hilfsschiff «Rus» hatte uns überholt, wo aber war « Malaya» geblieben?

Zwei Tage lang schob sich das Geschwader bei günstigem Wetter zum Wendekreis des Steinbocks vorwärts. Auf dem Schiff waren alle Bullaugen und Luken geöffnet. Über uns wanderten langsam einige Wolken, die Sonne schien heiter, ein leichter Wind milderte die Hitze.

Bei den Mannschaften und Offizieren wurde viel von unserem künftigen Standort bei Madagaskar gesprochen, wo wir uns mit der Gruppe des Admirals Fölkersam vereinigen sollten. Dort sollten die Kreuzer «Oleg» und «Isumrud» und andere Schiffe aus Rußland zu uns stoßen. Wie stand es um den Ankauf der argentinischen und chilenischen Kreuzer? Hielt sich das belagerte Port Arthur, und war unser blockiertes Erstes Geschwader noch kampffähig? Alle diese brennenden Fragen konnten erst vor Madagaskar beantwortet werden.

Am Abend des 24. Dezember blieb «Kamtschatka» zurück. Zwischen ihr und dem Flaggschiff entspann sich ein langwieriges Gespräch mit Hilfe der Signale. Der Admiral verspritzte seinen Zorn und drohte, die Schuldigen vor Gericht zu stellen, während «Kamtschatka» sich rechtfertigte und auf die schlechte Qualität der Kohle hinwies, mit der die Heizer trotz aller Anstrengungen den Druck in den Kesseln nicht erhöhen konnten. Dann erbat das Schiff vom Admiral die Genehmigung, hundertfünfzig Tonnen unbrauchbarer Kohle über Bord werfen zu dürfen, um an die gute Kohle heranzukommen. Der Admiral ließ antworten: «Werfen Sie statt der Kohle die Missetäter über Bord.»

Das Wetter änderte sich wieder. Bald fiel feiner, durchdringender Regen, bald wehte böiger Nordostwind. Endlich kam die Südspitze von Madagaskar in Sicht. Unter der Decke dichter Wolken war die Temperatur zwar nicht sehr hoch, doch in der dunstigen Atmosphäre ließ es sich nur schwer atmen.

Hier sollte das Lazarettschiff «Orjol» zu uns stoßen. Es war aber nicht da. Der Admiral sandte Kreuzer zu beiden Seiten des Kurses aus. Die Suche blieb ergebnislos.

Das Geschwader fuhr in einer Entfernung von zwanzig Meilen an der Südostseite von Madagaskar entlang. Nach einer kurzen Bö strahlte ein wolkenloser Himmel über uns. Im Schein der Mittagssonne war die Insel mit bloßen Augen zu erkennen. Lockend blauten die bergigen Ufer über dem Horizont.

Madagaskar

Die Natur lächelt, das Herz aber ist schwer

Das Morgenrot des 29. Dezember flammte in feierlicher Stille. In der Tiefe des blaßgrünen Himmels erloschen die Sterne. Backbord lag Madagaskar, vorerst noch verschleiert und rätselhaft wie ein trunkener Alptraum. Das Geschwader zog an der Ostküste der Insel entlang. Steuerbord breitete sich der weite Fächer des Morgenrots aus, unwahrscheinlich reich an farbenfrohen Tönungen. Der Ozean war noch nicht wach, lächelte aber schon rosig. So freundlich begrüßt von der wunderbaren Frische des Morgens, erwartete der Mensch etwas Ungewöhnliches und sah alles mit erlebnishungrigen Augen an. Da schossen auch schon die ersten Strahlen der Sonne durch die würzig-salzige Luft. Eine Minute später hatte sich alles verändert. Die Weite war erfüllt von kornblumenblauem Licht, die spiegelglatte Fläche zerschmolz im schrägen Glanz, besät vom leidenschaftlichen, heißen Beben der blendenden Lichtflecke.

Der tropische Tag hatte begonnen.

Klarer trat die hügelige Insel Madagaskar hervor. Einstmals hatten hier wohl unterirdische Feuerkräfte gewirkt und den Boden des Ozeans in einer riesigen Ausdehnung hochgetrieben. Vielleicht hatte sich aber diese Insel auch von Afrika losgelöst, wie ein erwachsener Sohn von der Mutter. Seitdem waren viele Jahrtausende vergangen. Die herausgehobenen Erdmassen hatten sich, erstarrt in ihrer Unbeweglichkeit, mit dem Grün der Tropenpflanzen bedeckt, und Tiere und Menschen siedelten sich an. Die Bewohner der benachbarten Inseln nennen sie mit Recht: «Tanti Bé», «Großes Land». Der Insel Madagaskar vorgelagert zieht sich der schmale Streifen der Saint-Marie-Insel entlang.

Das Geschwader fuhr in die Meerenge ein. Um elf Uhr zerteilten die Schiffe die lichtblaue Oberfläche des Wassers, um ihre zugewiesenen Plätze einzunehmen. Durch die Bugklüsen rasselten die Ankerketten. Auch auf unserm Schiff wurde auf das Kommando des Ersten Offiziers der über drei Tonnen schwere Anker geworfen. Er blitzte spritzend auf und sauste in die Tiefe, um sich mit seinen zwei gußeisernen Armen in einer Tiefe von etwa 70 Meter im Meeresgrund einzukrallen. Das Geschwader hatte gerade in der Mitte der Meerenge, deren Breite über zehn Meilen beträgt, haltgemacht. So vermieden wir es, fremdes Hoheitsgebiet zu verletzen.

Auf «Orjol» genossen die Offiziere und Mannschaften, die nur irgendwie von ihren Pflichten loskamen, die neue Umgebung. Der Himmel strömte Hitze aus. Über dem Ozean ragten die Berge bis in die Wolken und verloren sich in blauer Ferne. Weiter unten, an den Berghängen, standen tropische Wälder. Auf der andern Seite der Meerenge, auf der Insel Saint-Marie, waren Gebäude europäischen Stils zu sehen, weiße Flecke in Grün. Ringsum herrschte ungestörte Stille, als wäre alles unter der sengenden Sonne in unendliches Träumen versunken. Nur rund um unsere Schiffe tummelten sich, verwundert über unser plötzliches Erscheinen, Einheimische in ihren Booten.

Wir betrachteten alles begeistert und ergötzten uns an den herrlichen Farbtönungen. Bald aber überschattete eine düstere Stimmung die neuen Eindrücke. Vergeblich tasteten die Augen alle Winkel der Meerenge ab, um die bekannten Umrisse der Schiffe oder ihre Rauchfahnen zu entdecken. Weder die Gruppe des Admirals Fölkersam noch das Lazarettschiff «Orjol», noch die Hilfskreuzer waren da. Nur gegenüber der Stadt, in einer kleinen Bucht erblickten wir zwei Dampfer. Es waren die für uns bestimmten deutschen Kohlenschiffe.

Das Herz wurde uns schwer.

Etwa um 16.00 Uhr traf das Lazarettschiff «Orjol» ein. Es kam aus Kapstadt. Sicher hatte es wichtige Nachrichten mitgebracht. Einer unserer Offiziere war auf dem Flaggschiff gewesen. Bald darauf verbreitete sich auf unserm Schiff ein böses Gerücht, das von einer Abteilung in die andere übersprang. Die Matrosen horchten auf, lauschten den Gesprächen der Offiziere, versuchten mit den Ordonnanzen Fühlung zu nehmen. Ich wandte mich an den Ingenieur Wassiljew.

«An Bord wird das Gerücht verbreitet, es sei ...»

Der sonst so zurückhaltende, äußerlich ruhige Mann war sehr aufgebracht. Er ließ mich nicht ausreden, sondern unterbrach mich: «Ich kann mir vorstellen, was Sie interessiert. Leider ist es Tatsache: Das Port-Arthur-Geschwader existiert nicht mehr. Es heißt, daß es durch das Feuer der Belagerungsartillerie versenkt wurde, nachdem die Japaner unter General Nogi den Hohen Berg, einen den Hafen beherrschenden Gipfel, erstürmt hatten. Wir wurden zur Hilfeleistung für das Erste Geschwader ausgesandt, doch es wurde vernichtet, ehe wir die Hälfte des Weges zurückgelegt haben. Die Petersburger Strategen haben fehlgeschossen. Nun sind wir zu einem völlig auf uns allein angewiesenen Geschwader geworden. Wir werden die feindliche Flotte allein vernichten und das Japanische Meer allein erobern müssen. Dieses Abenteuer ist ebenso unsinnig, als ob man einen Hahn gegen einen Falken kämpfen lassen wollte. Die Japaner sind weit klüger und geschickter, als wir es je glaubten.»

Ich verließ ihn mit finsteren Gedanken. In einem ähnlichen Zustand befand sich wohl die ganze Besatzung. An jenem Abend gab es keine Fröhlichkeit, hörte man kein Lachen. Die Offiziere erteilten ihre Anordnungen, die Mannschaften führten sie aus, aber in jeder Bewegung der Leute, in ihren Gesichtern und Stimmen kam zum Ausdruck, daß sie sich für Verdammte hielten. Es war, als hätten plötzlich alle erfahren, daß die Pest an Bord ausgebrochen sei.

Die ganze Sorge des Admirals richtete sich nun offenbar darauf, das verstreute Geschwader zu sammeln. Wo befand sich Admiral Fölkersam mit seinen Schiffen? Es war schwer, in dieser urwüchsigen Wildnis, in die wir geraten waren, etwas über ihn zu erfahren. Auf der Insel Saint-Marie, auf der politische und kriminelle Verbrecher aus Frankreich in der Verbannung lebten, gab es keine Telegrafenanlage. Roshestwenski entsandte daher am nächsten Tage den Schlepper «Rus», den er «Botenjunge» nannte, mit Telegrammen nach Tamatawa, einem siebzig Meilen südlich liegenden Hafen.

Wir begannen wieder zu bunkern. Es standen nur zwei Kohlenschiffe zur Verfügung, die die Kriegsschiffe der Reihe nach versorgten. Hierzu legten sich die Kohlenschiffe und die Kriegsschiffe Bord an Bord. Unser «Orjol» hatte Befehl, die Kohlen vom Transportschiff «Korea» auf Barkassen zu übernehmen. Die Mannschaft murrte: «So werden wir die ganze Woche zu tun haben.»

«Der tolle Admiral mag unser Schiff nicht und will uns kaputt machen.»

Nach dem Mittagessen erschien plötzlich «Malaya» in sehr zerzaustem Zustand auf der Reede. Wir sahen das Schiff so erstaunt an, als wäre es vom Meeresgrund aufgetaucht, um sich dem Geschwader anzuschließen. Später erfuhren wir, daß während des Sturmes ein Kesselspeiserohr geplatzt war, dessen Reparatur fünfzehn Stunden dauerte.

Mit Genehmigung des Admirals machten sich alle Schiffe an die Überprüfung der Einzelteile und an die notwendigen Maschinenreparaturen. Abends nahmen die Funkgeräte Sendungen von zwei unbekannten Sendern aus verschiedenen Entfernungen auf. Das gab Anlaß zu Besorgnissen, zumal wir kein Schiff zu einem Spähunternehmen ausschicken konnten.

Gegen Mittag des 31. Dezember kehrte der Schlepper «Rus» zurück und brachte wichtige Mitteilungen vom Marineministerium. Mehr erfuhr ich aber erst nach drei bis vier Tagen, als ich den Stabsschreiber des Flaggschiffs, meinen Freund Ustinow, sprechen konnte. Unsere Lage war alles andere als gut.

Als Treffpunkt des Geschwaders mit der Gruppe des Admirals Fölkersam war der vorzüglich eingerichtete Kriegshafen Diégo Suarez am nordöstlichen Ende von Madagaskar vereinbart worden. Dorthin sollten auch die Kohlenschiffe kommen. Unter dem Einfluß der Japaner und Engländer verweigerten uns aber die Franzosen das Gastrecht und stellten uns anheim, wie sie es auch früher schon getan hatten, einen entlegenen Standort zu wählen. Fölkersam hatte die Straße von Moçambique im nordwestlichen Teil von Madagaskar gewählt, und zwar die Bucht Nossi Bé, wo er am 28. Dezember vor Anker gegangen war. Roshestwenskis Plan war also vereitelt, unsere Kräfte waren zersplittert.

Im Geschwader verbreitete sich inzwischen das Gerücht, zwei feindliche Kreuzer hielten sich in der Straße von Moçambique auf. Außerdem sollten uns die Japaner eine starke Gruppe von Schiffen entgegengeschickt haben, die angeblich am 19. Dezember Singapore mit südlichem Kurs passiert hätte. Bei schneller Fahrt mußte diese Gruppe schon in der Nähe von Madagaskar sein.

Das Gerücht ging vom Flaggschiff aus. Wie ich später von Ustinow erfuhr, stammten diese amtlichen Informationen vom Marineministerium.

Auf «Orjol» verschlechterte sich die Stimmung immer mehr.

Eines Tages traf ich den Elektriker Kosyrew, der mich fragte: «Weißt du das Neueste?»

«Was denn?» fragte ich und betrachtete seine schmale, gebeugte Gestalt mit dem kleinen, pockennarbigen Gesicht und den dünnen blassen Lippen.

«Es heißt, daß sich japanische Schiffe irgendwo in der Nähe aufhalten. Wenn das stimmt, so können wir uns auf unangenehme Überraschungen gefaßt machen. Mit den auseinandergenommenen Maschinen werden unsere Schiffe nicht in der Lage sein, einen Angriff abzuwehren.»

Als Kenner der Weltgeschichte führte Kosyrew gern treffende Beispiele an.

«Hast du mal etwas über die Schlacht bei Abukir gelesen?»

«Ja, vor langer Zeit; aber ich habe es schon wieder vergessen.»

«Ich werde es dir ins Gedächtnis zurückrufen. Es war im französisch-englischen Kriege. Die Bucht von Abukir liegt in Ägypten, nicht weit von Alexandrien. Im Jahre 1798 verbarg sich dort der französische Admiral Brueys mit seinem Geschwader vor der feindlichen Verfolgung. Die Bucht war sehr einsam. Eines schönen Tages wurden auf Veranlassung des Admirals die Lebensmittel aus den unteren Schiffsräumen zum Lüften auf die Batteriedecks geschafft. Die Mannschaft wurde auf Barkassen an Land geschickt, um Süßwasser einzuholen. An Gefahr dachte niemand. Es war gegen Abend, als plötzlich der britische Admiral Nelson mit seinem Geschwader auftauchte. Die englischen Schiffe waren unbemerkt in die Bucht eingefahren und beschossen nun die französischen Schiffe. Das kam für die Franzosen so überraschend, daß sie zunächst ratlos waren. Ein Teil der Mannschaft befand sich an Land. Die Barkassen mußten so schnell wie möglich zu den Schiffen zurück. Es war aber schon zu spät. Die Batteriedecks waren mit Lebensmitteln so verbaut, daß die Artillerie völlig machtlos war. Das französische Geschwader wurde mit allen Menschen vernichtet. Es entkam nur ein Schiff. Admiral Nelson soll ihm absichtlich diese Möglichkeit gegeben haben, damit es seiner Regierung die furchtbare Nachricht vom Untergang des Geschwaders überbringen konnte. Und nun überlege einmal: Können nicht unsere Schiffe mit ihren auseinandergenommenen Maschinen in die gleiche Situation geraten wie die der Franzosen? Wenn jetzt feindliche Einheiten auftauchen, dann ist es aus mit uns. Nein, unser Admiral taugt wirklich nichts.»

Um meinen Freund Kosyrew und mich selber zu trösten, konnte ich nur sagen: «Seitdem wir unseren letzten Hafen verließen, schreckt man uns unausgesetzt mit den Japanern. Bisher haben wir aber noch kein einziges japanisches Kriegsschiff, nicht einmal ein Torpedoboot gesehen. Ich meine, so wird es auch weiterhin bleiben.»

Am Horizont erschienen britische Schiffe und steigerten unsere Nervosität. Unsere Kreuzer mußten auf die Maschinenreparatur verzichten und bei eintretender Dunkelheit auf Patrouille fahren. Jede Nacht wachte ein Teil der Offiziere und der Mannschaften an den geladenen Geschützen. Die Bordlichter waren gelöscht.

Zwei Tage blies ein starker Südostwind, der von heftigen Regenböen begleitet war. In der Meerenge entstand heftiger Wellengang, der das Ankern und die Kohlenübernahme erschwerte. Das Geschwader verlegte seinen Standort um mehrere Meilen nach Norden, an die Mündung des Tang-Tang-Flusses, in die Bucht gleichen Namens. Sie war in das felsige Ufer von Madagaskar eingeschnitten. Fast unmittelbar am Wasser wuchsen Palmen.

Unter dem Einfluß der letzten Ereignisse verloren die Matrosen unseres Linienschiffes immer mehr das Vertrauen an die Zarenregierung. Der Seekrieg im Fernen Osten wurde als ein hoffnungsloses Unternehmen betrachtet, das nur unsinnige Machthaber hatten beginnen können, die der Untergang der Flotte und der Tod von Menschen wenig kümmerte. Die Folge davon war, daß in der Mannschaft die widerspruchslose Ergebenheit gegenüber den Vorgesetzten schwand. Verstöße gegen die Disziplin wurden immer häufiger. Der Geschützführer Buglai antwortete auf beleidigende Äußerungen eines Offiziers mit noch gröberen Schimpfworten. Der Vorgesetzte aber stürzte sich nicht mit Fäusten auf ihn, wie es sonst üblich war, sondern beschwerte sich beim Ersten Offizier. Der Geschützführer blieb unbestraft. Das bedeutete, daß die Offiziere über die Stimmung der Mannschaft Bescheid wußten. Bald darauf widerfuhr dem Ersten Offizier selbst ein unangenehmer Zwischenfall. Das Schiff übernahm Kohlen vom Dampfer «Garson». Der Obermaat Ossip Fjodorow, ein aufgeweckter und kekker Bursche, hatte getrunken, war von der Arbeit weggelaufen und wollte sich in den unteren Schiffsräumen ausschlafen, als ihm unterwegs Sidorow begegnete und ihm den Weg versperrte: «Wohin?»

«Schlafen, Euer Hochwohlgeboren.»

«Wieso schlafen? Wer gab den Befehl dazu?»

Fjodorow sagte scharf: «Ich habe mir selbst den Befehl dazu gegeben.»

Der Erste Offizier war verwirrt, faßte den Matrosen an der Schulter und schrie: «Was schwatzt du da? Ich werde dich für solche Sachen ...»

Fjodorow starrte den Offizier aus trunkenen Augen an.

«Sie können mir gar nicht Angst machen, Euer Hochwohlgeboren! Ich fürchte nichts mehr auf der Welt. Wir gehen doch alle unter. Auch Sie werden dem nicht entgehen. Schluß ist es mit uns beiden. Die Japaner werden uns alle auf den tiefsten Meeresgrund befördern. Und wenn Sie wollen, können Sie mich ja auf der Stelle erschießen.»

Sidorow wich zurück, fuchtelte mit den Händen und schrie: «Du bist ja verrückt! Geh' mir aus den Augen!»

Fjodorow blieb unbestraft.

Alle Linienschiffe hatten schon Kohlen gebunkert, und wir ruhten aus, während über unserem Schiff noch immer Wolken von Kohlenstaub standen. Die Ohren schmerzten vom Klirren der Krane, dem Schreien der Menschen, dem Krach der prasselnden Kohlen. Die Arbeit war bei fast unerträglicher tropischer Hitze verrichtet worden und deswegen ungemein ermüdend gewesen. In der Dunkelheit, in deren Kühle man sich zu erholen hoffte, ließ einem die Furcht vor Torpedoangriffen keine Ruhe. Die Nacht verlief in besonders großer Spannung. Die Schiffe hatten die Schutznetze ausgelegt und alle Lichter gelöscht. Still lagen sie in der Bucht. Niemand wollte in den unteren Räumen bleiben, alle strebten nach oben, selbst die, die es dienstlich nicht nötig hatten. Offenbar beherrschte alle nur der eine Gedanke: im

Falle einer Katastrophe kann man sich oben am ehesten retten. Ich ging auf die Achterbrücke. Außer den Matrosen befanden sich hier Ärzte, Ingenieure und einige Offiziere. Es war still; nur jede halbe Stunde durchbrach das kupferne Dröhnen der Schiffsglocken die Nacht. Wie eine schwere Wolke standen Madagaskars Berge, den halben Himmel verdeckend, über uns. Eine kaum merkliche Brise trug den würzigen Duft tropischer Pflanzen zu uns. Jenseits der Sandbank atmete in ewiger Ruhelosigkeit leise der Ozean. Mit den Artilleristen und Signalgasten starrten Hunderte von Menschen in die Finsternis, die den Eingang zur Tang-Tang-Bucht verhüllte, bis ihnen die Augen schmerzten.

Etwa um Mitternacht wurden auf dem Meer Lichter gesichtet.

«Was bedeutet das?» fragte einer der Offiziere.

«Ja, das sind acht Lichter, die sich dem Eingang der Bucht nähern», bemerkte ein anderer beunruhigt.

Man beruhigte sich gegenseitig, indem man versicherte, es seien wahrscheinlich Torpedoboote aus Fölkersams Gruppe. Etwas später erschienen einige Lichter jenseits der Sandbank. An der Küste, hinter der Linie unserer Schiffe, flackerte plötzlich eine Flamme auf, als gäbe jemand ein Feuersignal.

«Herrschaften, hier stimmt etwas nicht! Daß sich bloß nicht das wiederholt, was sich zu Beginn des Krieges in Port Arthur ereignet hat, als die Japaner gleich drei Schiffe beschädigten!»

Ein Ingenieur seufzte: «Oh – diese Japaner ...»

Man wünschte sich die Augen einer Eule, um nachts so gut sehen zu können wie am Tage.

Erst am Morgen stellte sich heraus, daß es einheimische Fischer gewesen waren.

Das Lazarettschiff «Orjol» hatte in der Nacht ebenfalls die Lichter gelöscht und damit einen Beschluß der internationalen Haager Konferenz von 1899 verletzt. Man erzählte, daß der Kommandant und der Chefarzt dieses Schiffes beim Geschwaderchef gegen das Löschen der Lichter protestiert hätten. Daraufhin hätten sie Beleidigungen einstekken müssen, wie sie sonst nur rechtlose Häftlinge zu hören bekämen. Weiter erfuhren wir, daß in derselben Nacht auf dem Kühlschiff «Esperance», das sich uns vor einigen Tagen angeschlossen hatte, eine Meuterei ausgebrochen war. Die Mannschaft, die nur aus Franzosen bestand und unter ihrer Nationalflagge fuhr, wollte nicht ohne Lichter ankern, weil sie einen Angriff der japanischen Torpedoboote befürchtete. Die Matrosen protestierten und wollten ihren Kapitän über Bord werfen. Nur mit Mühe gelang es, sie zu beruhigen. Roshestwenski drohte, diese beiden Schiffe mit Schimpf und Schande aus der Bucht zu treiben. Der Admiral jagte während unseres Aufenthaltes dauernd Boten mit Volldampf nach Tamatawe. Offenbar tauschte der Geschwaderchef Telegramme mit Petersburg aus. Unsere Aussichten blieben aber weiterhin so trübe wie ein nebliger Horizont. Am Morgen sonderten sich die drei Kreuzer «Aurora», «Admiral Nachimow» und «Dmitri Donskoi» vom Geschwader ab und stachen unter Konteradmiral Enquist in See. Sie hatten angeblich den Auftrag, die Gruppe des Admirals Fölkersam aus der Nossi-Bé-Bucht herauszuführen und auch die übrigen Schiffe ausfindig zu machen. Am gleichen Tage stieß ein deutsches Kohlenschiff aus Diégo Suarez zu uns und brachte die unerfreuliche Nachricht mit, daß dort nur der Hilfskreuzer «Kuban» liege, und niemand wisse, wo sich unsere anderen vier Schiffe aufhielten. Ebenso wenig konnten wir etwas über die Staffel des Kapitäns 1. Ranges Dobrotworski erfahren, die uns schon unterwegs hatte einholen sollen. Seiner Staffel gehörten an: die inzwischen fertiggestellten Kreuzer «Isumrud» und «Oleg», die Torpedoboote «Gromki» und «Grosny» und die neu ausgerüsteten Hilfskreuzer «Ural» und «Terek». Dasselbe Kohlenschiff überbrachte eine Meldung von Fölkersam. Nun stellte es sich heraus, daß sich seine Schiffe in der Bucht von Nossi Bé, genau wie wir, mit der Überholung der Maschinen und der Säuberung der Kessel befaßten. In diesem Zustand konnten sie wirklich nicht zu uns stoßen.

Immer mehr überzeugten wir uns davon, daß unsere Flottenführung keine große militärische Begabung besaß. Es blieb nichts anderes übrig, als uns damit zu beruhigen, daß das Gerede von der Nähe feindlicher Schiffe falsch sei. Sollte es anders kommen, dann würden wir die Schrecken einer Abukirschlacht erleben. Das Geschwader erhielt den Befehl, sich für den Aufbruch fertig zu machen.

Die Geschwader vereinigen sich

Am Morgen des 6. Januar lichteten wir die Anker.

Das Geschwader fuhr an der Küste Madagaskars entlang und nahm Kurs nach Norden. Die hohen zerklüfteten Ufer mit den wellenförmig verlaufenden Tälern und steilen Bergrücken verloren sich bald im violetten Dunst, bald traten sie wieder gegen das Blau des Himmels wie unvollendete, verschwommene Zeichnungen eines zügellosen Phantasten hervor. Es war vollständig windstill. Vom Himmel brannte so heftige Hitze herab, daß selbst unter den Segeltüchern auf der Brücke und dem Oberdeck kaum Linderung zu finden war. Weit dehnte sich der Ozean, wie ermattet lag er fast unbeweglich in der Hitze da. Das Glitzern der gebrochenen Sonnenstrahlen auf den zurückflutenden sanften Wogen blendete. Der tropische Tag war unglaublich lichtvoll, sein Glanz aber stand im Gegensatz zur allgemeinen Stimmung.

Im Morgengrauen kehrte der Dampfer «Rus» aus Tamatawe zurück, und gleich darauf verbreitete sich im Geschwader das Gerücht, Port Arthur sei gefallen. Die Festung, für die Millionen und aber Millionen von Staatsgeldern verausgabt worden waren, hatte der Belagerung des Feindes nicht standgehalten, sondern kapituliert. Die Japaner hatten die gesamte Garnison von vierzigtausend Mann gefangen genommen und alle Geschütze, Lager und militärischen Ausrüstungsgegenstände erbeutet. Das war das Ende eines Kampfes, der zehn Monate lang auf diesem fernen Fleckchen Erde getobt hatte. Wahrscheinlich war dort jeder Fußbreit Land mit dem Blut russischer Soldaten getränkt.

Die Nachrichten vom Untergang des Ersten Geschwaders und dem Fall von Port Arthur untergruben die Kriegsbereitschaft nicht nur bei den Matrosen, bei denen sie ohnehin gering war, sondern auch bei den Offizieren. Sie verloren den Glauben an die Unbesiegbarkeit der russischen Waffen, der einst unter Uschakow, Suworow, Kutusow und anderen großen Flotten- und Heerführern entstanden war. Einige Offiziere teilten uns die Nachrichten über unsere Mißerfolge schon in ironischem Tonfall mit. Andere ließen sich in ihren Gesprächen über den Krieg durch die Anwesenheit der Matrosen nicht stören und äußerten sich scharf über die «Retter» des Vaterlandes. Solche Reden hatte es in der Geschichte der russischen Flotte noch nicht gegeben, sie wirkten deshalb auf die Matrosen überaus stark.

Unter dem Segeltuch gingen zwei junge Offiziere auf und ab, ein schmalbrüstiger, gelangweilter Ingenieur im Range eines Oberleutnants und der wachhabende Offizier mit Leutnantsschulterstücken, ein Navigationsoffizier. Der kleine Leutnant mit der Höckernase war schlagfertig und witzig, besaß ein fröhliches Gemüt, viel Humor und war bei den Matrosen sehr beliebt. Jetzt sagte er enttäuscht und gleichsam sich selbst verspottend zu seinem Gefährten: «Wir fingen den Krieg schlecht an, setzen ihn schlecht fort, und das Ende wird, wie mir scheint, noch schlimmer sein. Denken wir an das Port-Arthur-Geschwader: Es war stärker und besser organisiert als unseres, auch die Mannschaft hatte mehr Kampferfahrungen. Verglichen mit uns, waren dort echte Seeleute. Wie konnte das denn eigentlich geschehen?»

Der Ingenieur sagte mit ätzendem Spott: «Das Erste Geschwader wurde aus einem Oberwasser- zu einem Unterwassergeschwader ...»

Der Leutnant fiel ein: «Richtig! Wurde zu einem Unterwassergeschwader! Und nun ist auch Port Arthur gefallen. Worauf sollen wir noch hoffen? Auf General Kuropatkin? Der hat sich in der Mandschurei rundherum mit Heiligenbildern umgeben und plappert nur: ‹Geduld, Geduld und noch einmal Geduld.› Was kann es Dümmeres geben? Nun hat General Nogi, nachdem er unsere Festung erobert hat, mit seiner Armee volle Bewegungsfreiheit. Folglich wird sich eine neue Feuerlawine auf unsere Landtruppen wälzen. An Land wird sich unsere Lage weiterhin verschlechtern. Was bleibt uns noch? Wird etwa das Zweite Geschwader ein Wunder vollbringen und das Japanische Meer erobern? Seien wir doch aufrichtig, Freund: Dieser Haufen verschiedenartiger Schiffe ist bei unserer Schlamperei einfach ein Dreck und kein Kampfgeschwader. Hieraus die Schlußfolgerung: Was hat es für einen Sinn, den Krieg fortzuführen? Rußlands Schmach noch zu vergrößern?»

Der Ingenieur wich der Frage aus und sagte:

«Von sinnlosen Köpfen darf man niemals einen Sinn erwarten. Und unsere Befehlshaber haben eben solche Köpfe.»

Gegen Mittag begegneten uns die Torpedoboote «Bedowy» und «Bodry» sowie der Kreuzer «Swetlana». Es waren Schiffe aus der Fölkersam-Gruppe. Wir freuten uns über sie wie die Kinder! Demnach würden bald auch die anderen Schiffe zu uns stoßen, und wir würden unser Leid gemeinsam tragen.

Das Geschwader stoppte. «Swetlana» entsandte eine Schaluppe mit einem Offizier zum Flaggschiff, offenbar mit einem Bericht von Fölkersam. Das Torpedoboot «Bodry» hatte Maschinendefekt und konnte nur sieben Knoten laufen. Dem Dampfer «Rus» wurde befohlen, das Torpedoboot in Schlepp zu nehmen. Wir fuhren weiter.

Am nächsten Tag war Weihnachten*. Auf allen Schiffen wurden neben den Heckflaggen auch die Toppmastflaggen gehißt. Nach einer halben Stunde stoppte das Geschwader im offenen Ozean, dreißig Meilen vor Diégo Suarez. Den ganzen Morgen hatten wir aufgeräumt und saubergemacht, um dann im Kirchenraum die Mittagsmesse zu hören.

Seit meiner Kindheit war bei mir dieses Fest mit der Vorstellung von starken Frösten oder heftigen Schneestürmen verbunden. Zum ersten Mal beging ich es in unerträglicher Hitze. Vom Alltag unterschied es sich nur dadurch, daß das Mittagessen der Mannschaft ein wenig besser war und es etwas weniger Arbeit gab.

* Der Autor datiert hier nach alter russischer Zeitrechnung.

Als die Sonne im Zenit stand und keinerlei Schatten fiel, wurde die Ozeanweite vom Donner der Geschütze erfüllt. Jedes Schiff feuerte einunddreißig Salutschüsse ab. Das Geschwader war in schwarzen Pulverrauch gehüllt.

«Wir erschrecken die Fische im Ozean», witzelten die Matrosen.

Dann liefen die Maschinen wieder an. An diesem Tage gab es in der Offiziersmesse noch mehr Betrunkene als gewöhnlich. Unsere Vorgesetzten tranken, um ihre seelische Leere zu ersäufen. Ein Leutnant machte seinem Kummer mit Tränen in den Augen Luft und rief: «Man schickt uns nach Golgatha! Und wenn ich nun nicht Jesus sein will? Wird man mich dazu zwingen?»

Die Kameraden versuchten ihn zu beruhigen, er hörte aber nicht auf sie und jammerte: «Ich bin erst ein Jahr im Dienst. Nicht wir, nicht wir Jungen haben diese idiotische Flotte geschaffen. Sie ist das Produkt unserer stumpfen und aufgeblasenen Admirale. Sie sollen denn auch dafür bezahlen. Was haben wir damit zu tun? Ist denn unser Leben nicht mehr wert als die Schalen von Sonnenblumenkernen?»

Gegen Abend mußte das Geschwader die Geschwindigkeit auf sechs Knoten herabsetzen, weil auf dem Linienschiff «Orjol» ein Dampfrohr im Kesselraum geplatzt war. Der Kreuzer «Swetlana» eilte mit großer Fahrt davon, um Fölkersam von unserem Eintreffen zu verständigen.

Kurz vor Einbruch der Nacht gerieten unsere Vorgesetzten in helle Aufregung. Am Horizont wurden einige Rauchfahnen gesichtet. Bald darauf berichtete das Linienschiff «Borodino» durch Flaggensignale, daß von seinen Mastkörben aus vier große Kriegsschiffe zu sehen seien. Leider hatte das Geschwader keinen einzigen Kreuzer, der die Nationalität der Schiffe feststellen konnte. Drei von ihnen drehten bald bei und verschwanden in der eintretenden Dunkelheit. Auf dem vierten Schiff flammten für kurze Zeit die Nachtlichter auf. Mit dem feurigen Untergang der Sonne verschwand auch dieses Schiff in der Dunkelheit. Am hohen, mondlosen Himmel schienen ruhig und freundlich die Sterne. In Erwartung eines Angriffs schliefen Mannschaft und Offiziere angekleidet an den Geschützen.

Der künftige Kurs des Geschwaders war wenig erforscht und unzureichend ausgemessen. Der Kommandant, Kapitän 1. Ranges Jung, hielt sich im Steuerhaus auf, zwei Navigationsoffiziere assistierten ihm. Beide Navigationsoffiziere beugten sich tief über die Seekarte auf dem Tisch, die ihnen aber nur ungenaue Auskunft gab. Der eine von ihnen, ein eleganter Leutnant, zuckte hilflos die Achseln und brummte: «Was haben wir von dieser Karte? Überall sind zufällig entdeckte Bänke und Unterwasserriffe verzeichnet. Das wäre noch nicht so schlimm. Viel schlimmer ist, daß viel zu viel Eintragungen vor unzureichend vermessenen Stellen warnen.»

Der zweite, der kleine Leutnant mit der Höckernase, riet: «Wir müssen uns im Kielwasser des Vorschiffs halten. Solange es nicht auf Grund stößt, kann uns auch nichts passieren. Anderenfalls können wir immer noch stoppen, rückwärts fahren oder ausweichen.»

Am Ruder stand der beste Steuermann, ein Maat.

Die Zweifel, ob alles gut ablaufen werde, dauerten bis zum Morgengrauen.

Die Offiziere lasen gierig die ausländischen Zeitungen, die sie sich während unseres Aufenthaltes bei Saint-Marie besorgt hatten. Diese Zeitungen waren nicht durch die zaristische Zensur gegangen. Daher enthielten sie Berichte sowohl über den Krieg, als auch über die Stimmung in Rußland. Ich hatte Gelegenheit, mich mit dem Ingenieur Wassiljew zu unterhalten, richtiger, ihm zuzuhören und nur hin und wieder Fragen zu stellen. Er sagte: «Nach den englischen Zeitungen sind in Rußland ungewöhnliche Anzeichen zu beobachten. Im Kriege haben wir eine Niederlage nach der anderen erlitten. Dadurch ist unsere Regierung ratlos geworden. Erinnern Sie sich an den Kapitän 2. Ranges Klado?»

«Natürlich. Er ging von Vigo aus nach Rußland zurück, als Zeuge für den ‹Zwischenfall von Hull›. Es heißt, daß er Sachverständiger einer Kommission sei.»

«Richtig. Dieser Mann hat in der ‹Nowoje wremja› einen Artikel über unser Geschwader veröffentlicht und ist dafür festgesetzt worden. Aber die Regierung hat ihn unter dem Druck der öffentlichen Meinung vorzeitig freilassen müssen. Das ist in Rußland noch nicht dagewesen! Die öffentliche Meinung beginnt in Rußland eine Rolle zu spielen! Eine andere Nachricht ist noch interessanter: Die Regierung bemüht sich um das Wohlwollen ihrer treuen Untertanen! Es wurden Vertreter der Semstwo (Landstände) einberufen, denen verschwommene Versprechungen über künftige Reformen gegeben wurden. Leider führen sich aber diese Vertreter kläglich und feige auf, statt einen Druck auf die Machthaber auszuüben. Offenbar fürchten sie sich selbst vor den kommenden Ereignissen. Trotzdem verdichten sich aber die Gewitterwolken.»

«Meinen Sie wirklich?» fragte ich und starrte Wassiljew an wie ein Hungriger das Brot.

«Das ist genauso wahr, wie wir hier in der Kajüte sitzen. Wenn sogar die reaktionäre ‹Nowoje wremja› einen Artikel abdruckt, für den der Verfasser verhaftet wird, dann kann es doch keinen Zweifel mehr geben. Englische Zeitungen berichten auch, daß es unter den Seeleuten der Schwarzmeerflotte zu Unruhen gekommen sei. Es wäre interessant zu wissen, was sich jetzt daheim zusammenbraut, wenn die furchtbaren Nachrichten über den Untergang des Ersten Geschwaders und den Fall von Port Arthur bekannt geworden sind. Ich glaube, die hochwohlgeborenen Stützen des Vaterlandes werden noch mehr den Kopf verlieren.»

Beim Sprechen blätterte Wassiljew in den englischen Zeitungen. Er hatte die Angewohnheit, immer etwas in den Händen zu drehen. Zufällig fiel sein Blick auf einen Artikel, dessen Überschrift rot angestrichen war.

«Übrigens veröffentlichen die englischen Zeitungen genaue Angaben über den Untergang des Port-Arthur-Geschwaders. Danach haben unsere Seeleute ihre Schiffe auf der inneren Reede selbst versenkt. Aber wie versenkt! Die oberen Decks ragen aus dem Wasser. Es muß etwas ganz Besonderes vorgefallen sein, daß sie keine tiefere Stelle gewählt haben. Alle diese Schiffe können geborgen werden und sind dann die Beute der Japaner. Vielleicht werden sie sogar gegen uns eingesetzt werden. Als einziges Schiff entschloß sich das Linienschiff ‹Sewastopol› unter dem Befehl des Kapitäns v. Essen im Kampf unterzugehen. Es lief auf die äußere Reede aus, wo es wütenden Angriffen der Torpedoboote ausgesetzt war. Sein Widerstand gegen die Japaner dauerte aber nicht lange. Der Kommandant versenkte sein Schiff selbst auf einer Stelle von ungefähr vierzig Meter Tiefe. Verstehen Sie nun, worin die Tragödie besteht?»

«Abgesehen von ‹Sewastopol› haben wir es noch nicht einmal verstanden, unsere Schiffe richtig zu versenken», erwiderte ich finster und ärgerlich.

«Richtig! Es hätte aber anders kommen können. Warum ist das Geschwader nicht im letzten Augenblick aufs Ganze gegangen, warum hat es keine Entscheidungsschlacht gesucht? Gewiß, es wäre untergegangen, es hätte aber immerhin der japanischen Flotte einen gewissen Schaden zugefügt. Damit hätte es unserem Zweiten Geschwader geholfen. Entweder hatten die Befehlshaber von Port Arthur um ihr eigenes Leben Angst oder sie waren blind und haben nicht gesehen, in welchen Abgrund der Schmach sie stürzen.»

Wir unterhielten uns noch eine Weile, dann ging ich. Ich hatte immer mehr den Eindruck, daß Wassiljew mich politisch beeinflussen wollte. Er riskierte dabei nicht wenig. Es bedurfte nur einer Mitteilung an Roshestwenski, um ihn trotz seines Offiziersranges zu vernichten.

Ich nahm an, er wußte, daß ich ein Politischer war, und sah in mir einen Träger seiner eigenen Ideen. Alles, was ich von ihm erfuhr, teilte ich sofort meinen nächsten Kameraden mit, die es wiederum weitertrugen. Jede bedeutungsvolle Nachricht löste in unserem von Bordwänden eingeengtem Leben fast bei der gesamten Mannschaft mehr oder weniger starke Aufwallungen aus. Ein ins Wasser geschleuderter Stein zog seine Kreise …

Der Dampfer «Rus» signalisierte: «Meuterei an Bord.» Der Admiral entsandte sofort das Torpedoboot «Bedowy», um den Aufruhr niederzuschlagen. Später erfuhren wir, daß der Kommandant des Torpedobootes, Kapitän 2. Ranges Baranow, weitgehende Vollmachten, einschließlich der Verhängung der Todesstrafe, erhalten hatte. Es stellte sich heraus, daß sich die durch übermäßige Arbeit erschöpften Matrosen geweigert hatten, Dienst zu tun. Der Dampfer «Rus» setzte seinen Weg unter Bewachung des Torpedobootes fort.

Abends befanden wir uns dreißig Meilen vor Nossi Bé. Konteradmiral Fölkersam schickte uns ein Tropedoboot entgegen, das unsere Schiffe zum Ankerplatz geleiten sollte. Das Boot näherte sich dem Flaggschiff. Angesichts der gefährlichen Einfahrt in die Bucht und der anbrechenden Nacht entschloß sich Roshestwenski aber, mit dem Geschwader bis zum Morgen auf offener See zu bleiben.

Als wir uns am nächsten Tag dem Ankerplatz näherten, befanden wir uns alle in Erregung, wie Menschen, die ein wichtiges Ereignis erwarten. Nossi Bé bedeutet «Große Insel». Einige kleinere Inseln bildeten eine ausgezeichnete natürliche Reede, die von allen Seiten vorzüglich geschützt war. Im Osten erhob sich kegelförmig Nossi-Cumba, im Südosten erstreckte sich die Halbinsel Ankifi und im Westen ragte eine Riffgruppe aus dem Wasser. Die Reede hätte für mehrere Geschwader unserer Größe Platz geboten.

Das Verlangen nach neuen Eindrücken überwand die Qual der fast unerträglichen Hitze. Wir wollten nach allen Seiten gleichzeitig blikken, unsere Augen irrten umher. All das Fremdartige, Exotische reizte uns: die blauen Zwischenräume der lila Berge, das grelle Grün der Pflanzen, die geheimnisvollen Schatten in den Schluchten, die eigenartigen Krümmungen der Ufer. Erfahrene Seeleute behaupteten, daß die Umgebung von Nossi Bé fast so schön sei wie der Hafen von Neapel. Links hoben sich die weißen Gebäude der Europäer gegen das leuchtende Grün des tropischen Urwalds ab. Weiter hinten, an den Hängen eines roten Lehmhügels, klebten die kümmerlichen Hütten der Landeseinwohner. Es war dies das Städtchen Hell-Ville, das seinen Namen zum Andenken an den Admiral Helle trug, der 1841 diese Inseln dem französischen Kolonialbesitz einverleibt hatte. Endlich erblickten wir in einer Bucht im Schatten eines hohen, bewaldeten Berges die Schiffe, von denen wir uns in Tanger getrennt hatten. Hier lag außer den Kohlen- und Transportschiffen auch die Kreuzergruppe des Konteradmirals Enquist.

Als wir in die Reede einliefen, begrüßte uns ein blendendweiß gestrichenes flinkes französisches Torpedoboot mit dem Signal «Willkommen!» am Topp. Das Boot geleitete uns an den anderen Schiffen vorbei. Dann machte «Suworow» eine Wendung nach Steuerbord und fuhr zwischen den Schiffen durch. Unsere Linienschiffe folgten ihm. Auf den Flaggschiffen Roshestwenskis und Fölkersams spielten die Kapellen einen Militärmarsch. Im blendenden Schein des Mittags, in der Uferpracht der Inseln erregten uns die Klänge tief. Die Freude des Wiedersehens hatte alle erfaßt. Trotz der Hitze schrien wir inbrünstig Hurra. Wir schrien aufrichtig, mit unsinniger Begeisterung, als ob uns diese Begegnung ein für allemal die Todesahnung hätte nehmen können.

Auf der Reede von Nossi Bé

Die Tage waren gleichförmig wie Glieder einer Ankerkette. Ich setzte mit unersättlichem Wissensdurst die Beobachtung des Geschwaders fort.

Matrosen aus der Division Fölkersam erzählten mir von ihrer Fahrt. Sie hatten es leichter gehabt als wir. Die Entfernung, die sie zurückgelegt hatten, war geringer gewesen, sie hatten in besseren Häfen geankert. In Tanger hatten sie sich von uns getrennt und im Mittelmeer die Sudabucht auf Kreta angelaufen, wo sie zehn Tage lagen. Die Mannschaft hatte häufig Landurlaub erhalten. Es waren Zusammenstöße auf den Straßen vorgekommen, über die ausländische Zeitungen geschrieben hatten. Der nächste Ankerplatz war von ihnen in Port Said gewählt worden. Dann hatten die Schiffe wohlbehalten das Rote Meer durchfahren und Djibouti angelaufen, wo sie ebenfalls zehn Tage geblieben waren. Im Indischen Ozean waren sie beim Kap Ras-Hafun, dem östlichsten Zipfel Afrikas, für zehn Tage vor Anker gegangen, um schließlich in Nossi Bé zu uns zu stoßen. In allen genannten Häfen waren Kohlen, Lebensmittel und andere notwendige Dinge aufgenommen und kleinere Reparaturen erledigt worden.

Im Gegensatz zu Roshestwenski hatte der Konteradmiral Fölkersam besser für seine Untergebenen gesorgt. Sobald sie die Tropen erreicht hatten, waren an die Matrosen Korkhelme ausgegeben worden, während wir unsere Nacken mit Lappen schützen mußten. Ab neun Uhr früh, wenn die mörderische Hitze einsetzte, hatte auf seinen Schiffen – abgesehen von kleineren Aufräumungsarbeiten – die Arbeit bis drei Uhr nachmittags geruht. Wir kannten diese Erleichterung nicht. In Nossi Bé hatte er den Matrosen in größeren Gruppen Landurlaub gegeben. Mit unserem Eintreffen hörte das alles auf. Landurlaub erhielten nur besonders Auserwählte und Kranke. Unter der Mannschaft war das Gerücht umgegangen, daß Rußland in Südamerika sechs Panzerkreuzer erworben habe, daß diese bereits unterwegs seien und uns bald einholen würden. Nach dem Untergang des Port-Arthur-Geschwaders hatten viele dazu geneigt, diesem Märchen Glauben zu schenken. Mannschaften und Offiziere der Division Fölkersam waren in dieser Beziehung noch weiter gegangen. Sie waren davon überzeugt gewesen, daß wir nicht allein kommen, sondern die im Ausland erworbenen Schiffe mitbringen würden. Jetzt, nach der Vereinigung in Nossi Bé, erwies sich das Gerücht vom Ankauf chilenischer und argentinischer Schiffe endgültig als Schwindel. Gleichzeitig erreichte uns aber auch eine andere Nachricht, die unsere trübe Stimmung teilweise verbesserte. Es hieß, daß in Libau in aller Eile ein Drittes Pazifisches Geschwader aufgestellt werde, zu dem folgende Schiffe gehören sollten: das Flaggschiff «Imperator Nikolai I.», die Küstenschutzpanzerschiffe «Admiral Senjawin», «Generaladmiral Apraxin», «Admiral Uschakow» und der Kreuzer 1. Ranges «Wladimir Monomach». Zum Befehlshaber des Geschwaders sei Konteradmiral Nebogatow bestimmt worden, der Mitte Januar mit seinen Schiffen auslaufen solle, um sich uns anzuschließen.

Die Matrosen witzelten über dieses Geschwader: «Die schicken uns ja die letzten Krümel der Ostseeflotte.» – «Diese Faust hat zwar fünf Finger, ist aber trotzdem altersschwach.» – «Schwimmende Gummischuhe.» – «Selbstversenker ...»

Noch lange wurde gespottet, aber im Grunde freuten sich viele doch. Nebogatows Schiffe konnten wenigstens dazu gut sein, einen Teil der feindlichen Schläge auf sich zu nehmen. Hierbei drängte sich die Schlußfolgerung auf: Wenn man schon ein Drittes Geschwader aussandte, dann würden wir es hier erwarten. Warum hatten wir aber sofort wieder mit dem Bunkern begonnen? Wir hatten doch schon genug Kohlen.

Den vierten Tag schluckten wir bereits den Staub der Cardiffkohle. In der Nacht schliefen die Leute irgendwo, auch direkt auf den Kohlenhaufen, keuchend in der feuchtwarmen Treibhausluft. Nirgends sonst war es so heiß gewesen wie hier. Mitunter schien es, als habe sich der ganze sichtbare, für das Auge so reizvolle Raum unter der blauen Himmelskuppel in einen riesigen Schmelzofen verwandelt. Wir schwitzten Tag und Nacht und tranken unglaubliche Mengen Seewasser, das durch die Entsalzungsanlagen gegangen war. Es schmeckte abscheulich, wenn es nicht mit Zitronensäure angesetzt wurde. Ständiger Durst quälte uns, schwächte unsere Körper. Symptome tropischer Krankheiten zeigten sich, Ausschlag am ganzen Körper, winzige Bläschen. All diese Widerwärtigkeiten wurden verschlimmert, weil die meisten Matrosen nur zerrissene Schuhe besaßen. Die Kohlenstückchen, die überall auf dem Schiff verstreut lagen, verursachten den halbnackten Füßen unerträgliche Schmerzen. Auf Veranlassung des Kommandanten wurden von Matrosen Bastschuhe geflochten. Die Matrosen, die sich stets durch saubere und ordentliche Uniformen ausgezeichnet hatten, sahen jetzt wie die Landstreicher aus. Wiederholt hörte ich sie murren:

«Das sind ja verfluchte Zustände in unserem Land. Sie schicken uns in den Tod und können uns nicht einmal mit Schuhzeug versorgen.» Anstelle neuer Stiefel erhielten wir durch Vermittlung der Vorsitzenden eines Frauenvereins kleine Kreuze aus Jerusalem, die, wie es im Befehl von Roshestwenski hieß, am Grabe des Herrn geweiht worden waren. Nach der Aufschlüsselung entfielen auf unser Schiff sechs Kreuze für die Offiziere und fünfundzwanzig für die Mannschaft.

Die Matrosen spotteten: «Das ist wirklich ein Trost! Jedes Kreuz kostet eine Kopeke. Das macht ein Geschenk im Werte von 25 Kopeken für 900 Mann.» – «Das ist nicht so wichtig. Die Frage ist, wie dieser Gottessegen aufgeteilt werden soll.» – «Natürlich durch das Los.» – «Das geht nicht. Der eine bekommt eins, der andere nicht. Man muß die Kreuze reihum tragen, damit jeder etwas von der Heilswirkung verspürt.»

Und es wurden Worte hinzugefügt, die den ganzen Frauenverein umgeworfen hätten.

Drei Hilfskreuzer schlossen sich uns an: «Kuban», «Ural» und «Terek». Nun fehlte nur noch die Sonderstaffel des Kapitäns 1. Ranges Dobrotworski, die aber wohl schon im Roten Meer war. Die zu erwartenden Schiffe, wie auch alle, die bereits hier lagen, wurden auf Befehl Roshestwenskis taktisch neu gegliedert. Die Linienschiffe wurden in zwei Divisionen aufgeteilt: die erste bestand aus «Suworow», «Imperator Alexander III.», «Borodino» und «Orjol», die zweite aus «Osljabja», auf der Konteradmiral Fölkersam seine Flagge setzte, «Sissoi Weliki», «Nawarin» und dem Panzerkreuzer «Admiral Nachimow». Zu den Hauptkräften sollten noch die beiden Kreuzer «Isumrud» und «Shemtschug» sowie die vier Torpedoboote «Bedowy», «Buiny», «Bystry» und «Brawy» gehören. Die Kreuzerdivision bildeten: «Almas», das Flaggschiff des Konteradmirals Enquist, ferner «Oleg», «Aurora», «Dmitri Donskoi», die Hilfskreuzer «Rion» und «Dnepr» sowie die Torpedoboote «Blestaschtschi», «Besupretschny» und «Bodry». Zur Erkundungsgruppe zählten: der Kreuzer «Swetlana» unter dem Breitwimpel des Kapitäns 1. Ranges Schein und die Hilfskreuzer «Kuban», «Terek» und «Ural». Aus den übrigen Schiffen wurde die Transportgruppe zusammengestellt: «Kiew» unter dem Breitwimpel des Kapitäns 1. Ranges Radlow, «Woronesh», «Kamtschatka», «Anadyr», «Meteor», «Jupiter», «Merkuri», «Jaroslawl», «Korea», «Tambow», «Kitai», «Wladimir» und «Rus». Das Lazarettschiff «Orjol» hatte seine Sonderbestimmung.

Wenn Nebogatows Gruppe noch zu uns stoßen sollte, so würde unser Geschwader insgesamt über fünfzig Schiffe zählen. Äußerlich stellte es schon jetzt eine imposante Macht dar. Doch dieser falsche Eindruck entstand deswegen, weil zum Geschwader zahlreiche Transportschiffe gehörten, die für uns zwar notwendig, aber ohne jegliche Kampfbedeutung waren.

Und was war noch in der Ostsee verblieben? Nichts, außer veraltetem Gerümpel! Jetzt erst, zwei Jahre nach der Begegnung der zwei Herrscher in Reval, begriffen viele die Politik des deutschen Kaisers. Er hatte schon seine Gründe gehabt, als er den kurzsichtigen Nikolaus II. veranlaßt hatte, seinen Machtbereich im Fernen Osten auszudehnen. Wilhelm II. wollte die russische Flotte so weit wie möglich entfernt wissen, um freie Hand in der Ostsee zu haben. Wir hatten geglaubt, in ihm unseren einzigen Wohltäter sehen zu dürfen, hatte er doch den deutschen Transportschiffen befohlen, uns mit Kohlen zu versorgen. Sein geheimes Ziel aber hatte er erreicht: Das Grenzgebiet zwischen uns und Deutschland war von russischen Kriegsschiffen entblößt. Auf Wilhelms Anraten war unsere Ostseeflotte nach dem Fernen Osten geworfen worden, um dem Zaren die hohe Würde eines «Admirals des Stillen Ozeans» zu erobern.

In Nossi Bé traf das Geschwader strengere Schutzmaßnahmen als in Saint-Marie. Jeden Tag stach ein Kreuzer in See, um zu beobachten. Außerdem bewachten zwei Torpedoboote die Einfahrt zur Reede. Mit Sonnenuntergang wurden Torpedoschutznetze ausgeworfen, die Verbindung zwischen dem Land und dem Geschwader wurde unterbunden. Jedes Boot bedurfte einer persönlichen Genehmigung des Admirals Roshestwenski, wenn es auslaufen wollte. Nachts schickten alle Kampfschiffe des Geschwaders Kutter in See, die mit Schweinwerfern, kleinkalibrigen Geschützen und Minen ausgerüstet waren. Beim Auswerfen der Schutznetze wurde Kampfalarm gegeben, die Geschütze vom Dienst wurden geladen, die Scheinwerfer in Bereitschaft gesetzt. Die Sterne flimmerten in der dunkelblauen Unendlichkeit des Himmels wie Edelsteine. Das Geschwader lag ohne Licht, versunken in Finsternis und Schweigen. Nur die Rufe der Wachen störten mitunter die Ruhe. In der Ferne zwischen den Inseln huschten die Scheinwerfer der Wachschiffe wie Kometenschweife über den schlafenden Ozean.

In solchen Augenblicken schien alles in bester Ordnung zu sein. Man wollte so gern an die organisatorischen Fähigkeiten und an den überdurchschnittlichen Verstand des Geschwaderchefs glauben, der es dem Feind nicht erlauben würde, uns zu überraschen, der wußte, was zu tun war und wohin und wie die ihm anvertrauten Schiffe geführt werden sollten ...

Der Morgen begann damit, daß die Winden und Hebebäume in Bewegung gesetzt wurden, um die Kohle aus den Handelsschiffen in die Bäuche unserer Kriegsschiffe zu übernehmen.

Ein neues Jahr war angebrochen – ebenso öde und freudlos wie das alte. Das Schicksal würde vermutlich uns alle noch kräftiger und schonungsloser zausen. Fast jeden Tag bestatteten wir einen Mann. Auf dem Hilfskreuzer «Ural» hatte ein umstürzender Hebebaum den Leutnant Jewdokimow schwer verletzt und den Ingenieur Unterleutnant Popow getötet. An Bord desselben Schiffes starb ein Matrose an Hitzschlag. Auf «Borodino» erstickten im Seitengang des Zwischendecks zwei Mann an giftigen Gasen, obwohl die Mannlöcher offen waren. Es gab auch Todesfälle durch Tuberkulose und andere Krankheiten. Ein trauriges Bild boten die Bestattungszeremonien. Am Schiff, auf dem sich der Tote befand, legte ein Torpedoboot längsseits an, nahm die Leiche an Bord und fuhr damit auf hohe See. Dann dröhnte ein Salutschuß, die Fahnen wurden auf Halbmast gesetzt, die Musik spielte einen Choral, Offiziere und Mannschaften standen in Paradeaufstellung an Deck. Draußen auf dem weiten Ozean wurde die Leiche, in einen Segeltuchsack eingenäht und an den Füßen mit einer Last beschwert, ins Meer versenkt. Ein Aufschlagen auf das Wasser – und ein Mensch war verschwunden.

So fanden Seeleute in fremden Gegenden unbemerkt ihr Grab, in tiefen Wassern, von niemandem beweint. Dann erschien ein kurzer, stets gleichlautender Vermerk im Befehl des Geschwaderchefs: Soundso ist verstorben und wird aus den Listen der Mannschaften (oder der Offiziere) des genannten Schiffs gestrichen.

Zwei Transportschiffe wurden zur Rückkehr nach Rußland bestimmt: «Fürst Gortschakow» und «Malaya». Roshestwenski hatte es satt, daß auf diesen Schiffen fortwährend Maschinendefekte eintraten. Auf «Malaya» wurden alle Offiziere und Matrosen übergeführt, die sich für den Dienst nicht eigneten: Straffällige, Kranke, Verstümmelte, Irre. So schwer deren Lage auch war, so wünschten sich doch viele von uns, an ihrer Stelle zu sein: bald würden sie doch zu Hause sein. Gewiß, nicht alle erreichten wohl die Heimat. Die Schwächeren würden die weite Reise nicht überstehen und über Bord gleiten. Was würde uns die Zukunft bringen? Man dachte besser gar nicht daran, um das von Zweifeln zerfressene Herz nicht noch mehr zu martern.

Auf Madagaskar, wie auf fast allen tropischen Inseln, gab es viele Früchte. Bananen und Ananas aßen wir wie Rüben. Aber es gab kein Gemüse. Auch Kartoffeln waren nur selten zu haben und sehr teuer. Die Matrosen sehnten sich nach frischer Kohlsuppe, während wir nur noch Sauerkohl hatten, der zudem so verdorben war, daß jedes Faß wie eine Jauchegrube stank. Wir mußten uns also mit gewöhnlicher dünner Suppe begnügen. Dafür gab es frisches Fleisch in beliebiger Menge. Wir kauften sechzehn Ochsen und zwei Kühe. Die Ochsen waren große, gut gefütterte Tiere mit langen, breitausladenden Hörnern und hatten zottige Buckel, fast wie Kamele. Sie wurden uns von den Eingeborenen auf Booten angeliefert. Diese seltsamen Fahrzeuge waren ausgehöhlte Baumstämme. Damit ein solches Boot nicht kippte, war auf der einen Seite an zwei Stangen ein Gegengewicht angebracht. Es sah aus wie eine Kufe mit hochgebogenem Ende, die auf dem Wasser glitt. Im Winde setzten die Einheimischen riesige Segel, stürmten über die Wellen dahin wie Albatrosse und überholten mitunter sogar die Dampfbarkassen. Ich konnte mir vorstellen, was die Ochsen durchgemacht hatten, ehe die Boote an unserem Schiff festmachten. Noch schlimmer wurde es aber für die Tiere, als sie hochgezogen wurden. Unter dem Bauch wurde eine doppelte Schlinge durchgezogen, die ein Eisenhaken oben zusammenhielt. Die Tiere wurden langsam in die Höhe gehievt; sie zitterten, plusterten sich auf, spannten die Muskeln, streckten die Beine und rissen die großen, violetten Augen auf. Sie wußten nicht, daß der Tod erst später kommen würde, sie empfanden ihn schon jetzt. Wenn sie dann auf dem Mitteldeck standen, konnten sie noch lange nicht zu sich kommen und sahen sich ganz benommen um.

Ein schwacher Wind kräuselte die Oberfläche der Reede. Verträumt standen die grünen Höhen der Inseln da. Um das Schiff schwammen nackte, schwarze Kinder. Ganze Tage hielten sie sich im Wasser auf, bettelten und tauchten wie schwarze Enten in die Tiefe, wenn wir ihnen eine Münze zuwarfen. Das Verladen der Ochsen interessierte sie sehr, sie schrien und lachten. Auf der Back drängten sich Matrosen, in der Hauptsache Maate, und tauschten ihre Eindrücke aus: «Das gibt fettes Fleisch.» – «Das Vieh ist gut genährt.» – «So große Hörner habe ich in meinem Leben noch nicht gesehen.» – «Wenn so einer mal zustößt!»

Der Schiffsfeldscher erläuterte: «Diese Ochsen sind aus der Rasse der Sanga. So große Hörner haben sie nur in Afrika. Anderswo kommen sie nicht vor. Wahrscheinlich stammen sie vom Büffel ab.»

Auf einem der Eingeborenenboote war noch ein Ochse übriggeblieben, der größte, mit fleischigem Brustansatz, Haarsträhnen auf der breiten Stirn und einem ungewöhnlich dicken Hals. Sein Fell glänzte wie Samt. Das war ein Prachtexemplar! Als er hochgehoben wurde, schüttelte er den Kopf, wand sich und zappelte. Trotz seines Widerstandes hob ihn der Kran immer höher. Der Leutnant Worobeitschik rief den eingeborenen Kindern etwas in französischer Sprache zu, zeigte ihnen einen Silberfranken und warf ihn über Bord. Die Münze fiel gerade dort ins Wasser, wo der Ochse in die Höhe gewunden wurde. Ein schwarzer Junge von etwa zwölf Jahren, dessen Backen von den erbeuteten Kupfermünzen schon wie ausgestopft waren, tauchte der Münze nach, die schon tief gesunken war, ehe er sie fassen konnte.

Inzwischen war der Ochse über die Höhe der Bordwand gehoben worden. Aber plötzlich hatte sich die vordere Schleife nach hinten verschoben. Das Tier verlor das Gleichgewicht, hing einige Sekunden mit dem Kopf nach unten, glitt aus den Schleifen, stürzte ins Meer und verschwand in die Tiefe. Der Eingeborene auf dem Boot schlug erschrocken die Hände zusammen, die Kinder im Wasser schrien. An Deck reckten alle stumm die Hälse.

Offenbar war der Ochse am Jungen gerade in dem Augenblick vorbeigesaust, als dieser wieder nach oben kam. Wie mußte er erschrokken sein, als plötzlich im grünlichen Schimmer der Tiefe ein gehörntes Ungeheuer an ihm vorbeiraste! Er mußte ihn gesehen haben, weil er mit offenen Augen tauchte. Zu unserer aller Freude kam der Junge unversehrt an die Oberfläche. Aber als er auftauchte, warf er den Wollkopf in den Nacken und schrie aus vollem Halse. Seine Hände schlugen wie unsinnig das Wasser. Er warf sich verzweifelt hin und her, bis man ihn ins Boot zog.

Die Mannschaft an Bord war froh, daß nichts Schlimmeres geschehen war. Jemand sagte, den Offizier meinend: «Dieser verfluchte Kerl hätte beinahe was angerichtet.»

Leutnant Worobeitschik tat, als hörte er diese Worte nicht. Die Arme auf dem Rücken verschränkt, stand er an der Bordwand. Sein Gesicht drückte gespielte Gleichgültigkeit aus.

Wenige Sekunden nachdem der Junge aufgetaucht war, erschien der gehörnte Kopf des Ochsen wieder an der Oberfläche.

Ein Matrose rief erstaunt: «Der kann ja tauchen!»

Der Ochse prustete das bitter-salzige Wasser aus seiner Kehle und schwamm auf das Eingeborenenboot zu, als wollte er dort Schutz suchen. Aber schon senkte sich von der Rahe der Flaschenzug. Der Eingeborene faßte die Schlaufe und schlang sie um die ausladenden Hörner. Sobald das Seil festgezogen war, stieß der Eingeborene mit weitgeöffnetem Munde ein triumphierendes Kreischen aus und winkte kräftig mit den Armen. Das bedeutete, alles sei zum Hochziehen fertig. An den Hörnern hochgezerrt, krümmte der Ochse den Rücken, zog die Vorderbeine ein und ließ die Hinterbeine lang hängen. Die runden, violetten Augen traten aus den Höhlen. Als er an Deck heruntergelassen wurde, konnte er nicht mehr stehen, sondern stürzte lang hin. Er röchelte. So lag er etwa zehn Minuten, unbeweglich, mit angespanntem Blick und glänzendem Fell. Dann sprang er plötzlich mit Wutgebrüll auf. Um seine Hörner lag aber schon ein Hanfseil, das ihn nicht losließ. Er spannte seine ganze Kraft an, bog eigensinnig den Hals, peitschte die Flanken mit seinem langen Schwanz, an dessen Spitze eine Quaste prangte. Die blutunterlaufenen Augen des Riesen schielten böse auf die Menschen, aber sein Wüten nützte ihm nichts mehr.

Tropische Wunder

Eines Morgens erhielten wir schon zeitig Landurlaub und konnten bis zum Abend die Stadt Hell-Ville besichtigen. Unter den Matrosen, die an Land durften, befanden sich meine Freunde Wasja-Drosd, Golubew und Wojewodin. Weiße Hosen, weiße Blusen mit blauem Matrosenkragen, eine weiße Mütze – das war unsere Kleidung. Nakarow, der Chefarzt unseres Schiffes, drei seiner genesenden Patienten und mein Freund Wassiljew stiegen noch ins Boot. Beide Offiziere waren in weißen Anzügen, hatten Tropenhelme auf und sahen wie ausländische Touristen aus.

Unter dem Kommando des Bootsmannes Wojewodin stieß das Boot

vom Fallreep ab. Die Ruder zerteilten die starre, grünliche Wasserfläche. An den Bordwänden rollten schräge Wellenstreifen glitzernd in der Sonne auseinander. Im Wasser schwammen zahlreiche Quallen, die an Lampenschirme erinnerten, verziert mit verschnörkelter Schnitzerei, Spitzen und schaukelnden Glasperlen. Die sengenden Strahlen der Tropensonne hatten sie mit grellen Farben geschmückt – orange, blau, purpurrot, violett. Die Ruderschläge ließen das bleischwere Wasser glashell erklingen, einige Quallen wurden umgedreht, andere zerplatzten in kleine Teile und leuchteten in allen Regenbogenfarben auf.

Wir brauchten nur kurze Zeit, um zur langen Steinmole zu gelangen. Bedächtig, uns immer wieder umsehend, schritten wir auf fester Erde aus. Unmittelbar am Ufer standen Kohlenspeicher, das Zollamt, die Polizeiverwaltung, eine Eisfabrik und das Postamt mit einem kleinen Fenster, durch das die Beamten die Post entgegennahmen. Ein wenig abseits leuchtete vor dem tropischen Wald in einer geräumigen Umzäunung die Villa des Gouverneurs mit funkelnden Spiegelglasfenstern, flachem Dach und Säulen, die einen Balkon stützten. Inmitten des Gartens lag ein Tennisplatz, von dem aus kiesbestreute Wege an Blumenrabatten, Kakteen und Sträuchern vorbei nach allen Seiten verliefen. Die Sträucher waren so sorgfältig beschnitten, als hätte sie ein Friseur in Arbeit gehabt. Die glatten, astlosen Stämme der Palmen reckten ihre buschigen Kronen hoch und warfen verschiedenartige Schattenmuster auf die Erde. Unter der Führung des Arztes, eines hageren Menschen mit braunem Gesicht und schmalem, seidigen Bärtchen, gingen wir an der katholischen Kirche, einem Galanteriewarengeschäft, dem »Café de Paris» und einigen europäischen Gebäuden vorbei, die im Schatten riesiger Bäume lagen. Wir hatten Lust, den überdachten Markt zu besichtigen, von dem die würzigen Gerüche von Nelken, Vanille und anderen Gaben der Tropen herüberwehten. Der Ingenieur Wassiljew schlug uns aber vor: «Laßt uns zuerst sehen, wie die Menschen hier leben, dann wollen wir im Walde spazieren gehen. Wir müssen doch die Natur genießen. Wir haben später noch immer Zeit genug für die Stadt.»

Wenige Minuten später wanderten wir durch die engen Gassen der Siedlung zwischen den Bambushütten, die auf ein bis zwei Meter hohen Pfählen standen. Das Bambusdach, das weit über die Wände heruntergezogen war, stützte sich auf dünne Pfosten und bildete so einen vor der Sonne geschützten Raum. An das Häuschen schloß sich ein umzäunter Hof an. Manche Häuser waren um eine Palme herumgebaut, so daß die Krone aus der Mitte des Daches ragte. Alle diese Gebäude machten den Eindruck behelfsmäßiger Wohnstätten, als hätten sich die Bewohner hier nur für einige Tage eingerichtet. Gruppen nackter, schwarzer Kinder folgten uns. Sie riefen uns zu, lachten und tollten. Es begegneten uns nur wenige Männer, die meisten waren auf den Plantagen oder mit Fischfang beschäftigt. Die Bewohner, die Sakalavas, waren tiefdunkelbraun, mittelgroß und kräftig, hatten buschige Haare und breite Nasenflügel. Ihre Vorfahren waren Seepiraten gewesen und hatten benachbarte Inseln überfallen. Heute trieben sie Viehzucht. Bekleidet waren sie mit einem aus Gras geflochtenen, breitrandigen Hut und einem karierten Tuch. Recht sonderbar war der grauweiße Bart eines Greises. Er sah aus wie ein Wattebausch, der zufällig an seinem schwarzen Kinn klebt. Wir trafen meist Frauen. Trotz ihrer dunklen Hautfarbe wirkten sie anziehend. Die bunten, über die Schultern geworfenen Tücher ließen schlanke Figuren mit hohen Brüsten und schmalen Taillen erraten. Sie trugen nicht nur in den Ohren, sondern auch in der Nase Ringe. An den nackten Füßen blitzten billige Metallspangen. Das Haar trugen sie in dünnen Zöpfen geflochten, die nach allen Seiten abstanden und nach ranzigem Kokosnußöl rochen. Fast an jedem Haus konnte man unter dem Schutzdach eine Frau bei der Arbeit sehen. Sie stellten Gewebe aus Fasern her, flochten Körbe und Matten, Taschen und Hüte. Einige Frauen trugen in bemalten Tongefäßen, die griechischen Krügen glichen, Wasser auf dem Kopf. In den Gassen trieben sich Hühner, Enten und kleine Schweine von der schwarzen chinesischen Rasse mit ihren Ferkeln herum.

Wassiljew erzählte uns über das Leben der Bevölkerung von Madagaskar und den benachbarten Inseln: «Hier herrschen mitunter auch Königinnen. Heiraten sie, so wird der Ehemann zum ersten Minister. Später übernimmt er alle Staatsgeschäfte. Behandelt er seine nächsten Mitarbeiter allzu schlecht, dann macht es ihnen nichts aus, ihm Gift ins Essen zu tun.»

Ein Matrose fragte Wassiljew, wie es um die Religion bestellt sei.

«Habt ihr die katholische Kirche gesehen? Der Katholizismus ist auch hier eingeführt worden. Eine Kolonie entsteht ja meist auf folgende Weise: Zuerst nehmen Truppen Besitz von dieser oder jener Gegend, dann folgen die Kaufleute und die Priester, die immer beisammen sind, wie nahe Verwandte. Söldner, Händler und Pfaffen bilden einen Schlauch, der von der Metropole zur fernen Kolonie reicht und aus den Eingeborenen Schätze saugt. Das Ergebnis ist – furchtbare Armut bei den Eingeborenen und steinerne Villen bei den Europäern. Übrigens besteht hier die Anordnung, daß alle Einwohner Christen sein müssen und alle Feiertage und die christlichen Riten streng einzuhalten haben. Wer dagegen verstößt, dem drohen entehrende Strafen, zum Beispiel muß der Schuldige Steine von einem Ort zum anderen schleppen oder auf allen Vieren durch die Straßen laufen.»

Wassiljew sprach zwar nur über das Leben der Eingeborenen, wollte aber wohl in uns auch den Widerstand gegen die Religion und den Kapitalismus überhaupt wecken.

«Sehr interessant ist auch», fuhr er fort, «wie hier die Todesstrafe vollzogen wird. Die armen Schuldigen werden irgendwo in einem finsteren Winkel erledigt. Ganz anders aber wird mit reichen oder bedeutenden Personen verfahren. Ein solcher Delinquent wird zunächst zu einem Mittagsmahl eingeladen. Er ißt und trinkt wie die anderen auch, dann wird ihm die verhängsvolle Schale mit dem Gift gereicht. Bevor er sie leert, muß er dem König und der Königin huldigen. Andere werden in den Sumpf getrieben oder auf dem Scheiterhaufen verbrannt. Mitunter wird ein berühmter Mann aufgefordert, sich auf einen eisernen Pfahl zu setzen, kurzum – man vergießt das Blut dieser Edlen nicht gewaltsam. So will es die Großmut des Vertreters der obersten Macht.»

«Eine schöne königliche Großmut!» rief der Bootsmann Wojewodin.

«Die sind in allen Staaten gleich», murmelte Golubew durch die Zähne.

«Wer ist gleich?» fragte der Arzt.

«Die Könige und die Königinnen, Euer Hochwohlgeboren. Alle sind sie gnädig und großmütig.»

Der Arzt klopfte Golubew lächelnd auf die Schulter.

Wir blieben vor einem Häuschen stehen, das wohlhabender aussah als die anderen. Es gehörte einem Inder. Unter einem schattigen Baum zerstieß eine junge Frau Reis in einem Holzmörser. Ihre Bekleidung bestand aus einem rot und gelb bemalten großen Tuch, das ihr auch den Rock ersetzte, es umspannte ihren Unterkörper, war über eine Schulter geworfen und verdeckte, auf dem Rücken befestigt, die Brüste und einen Teil des Rückens. Die bis zu den Knien nackten Beine waren schön geformt. Der kleine Kopf mit dem tiefschwarzen, zu einem griechischen Knoten geschlungenen Haar saß stolz auf einem schmalen Hals, den eine blutrote Korallenkette umspannte. Woher kam diese Frau mit dem schöngeschnittenen Gesicht, der geraden, feinen Nase und der zarten, kaffeebraunen Haut? Von dichten Wimpern umgebene Augen, die wie zwei schwarze Seen im Schilf glänzten, sahen uns so geheimnisvoll an wie aus einer anderen Welt.

Unsere Bewunderung beantwortete sie mit aufreizendem Lächeln und setzte die Arbeit fort, indem sie lockend die Hüften wiegte, als vollführe sie einen Hochzeitstanz. Nicht der Himmel, sondern sie war es, deren Glut uns brannte. Der Bootsmann Wojewodin, satt und kräftig, zwirbelte seinen goldgelben Schnurrbart und starrte die Schöne so verlangend an, daß ihm die Adern an den Schläfen anschwollen. Der Elektriker Golubew warnte ihn: «Mache die Augen zu, Bootsmann, sonst fällst du in Ohnmacht.»

«Wollen wir weitergehen», murmelte Wojewodin, wie aus tiefem Schlaf erwachend, mit gepreßter Stimme.

Wasja-Drosd, ein temperamentvoller Mann, erbleichte, atmete schwer; seine Nasenflügel blähten sich, hinter den Ohren zuckte die Haut wie im Krampf.

Von Hell-Ville gingen wir in nordwestlicher Richtung zu einem See, in dem sich Krokodile befinden sollten. Je weiter wir in den Wald kamen, um so seltener trafen wir Hütten an. Drei junge Burschen, die einige französische Brocken konnten, begleiteten uns. Sie führten uns auf einer geraden Schneise mitten durch den Wald. Jeder Baum war bemerkenswert. Wieder war es der Arzt, der uns Erklärungen gab. Etwas abseits, in einer Niederung, sahen wir eine Kokosplantage. Wir gingen hin. Es gab hier keine Sträucher und kein Unterholz. Wie bei uns im Kiefernwald, standen hier lediglich die pfeilgeraden Stämme, deren Wipfel an Straußenfedern erinnerten. Ungefähr hundert Nüsse hingen in Trauben von zehn bis fünfzehn Stück an jedem Baum. Wir hatten Durst und kauften beim Plantagenbesitzer mehrere Kokosnüsse in der Größe von Kinderköpfen. Jede Nuß enthielt außer dem Kern die sogenannte Kokosmilch, die etwa eine Feldflasche füllen konnte. Mit Behagen löschten wir unseren Durst. Gewöhnlich wachsen diese Palmen an der Küste. Ihre Früchte fallen ins Meer, werden auf den warmen Wellen umhergetrieben, mitunter Tausende von Meilen weit, bis sie an ein fremdes Ufer geraten. Sind Boden und Klima geeignet, dann schlagen die Nüsse dort Wurzeln und ernähren sich die erste Zeit aus dem Kern und der Milch. So kann auf einer weitentfernten Insel ein neuer Hain entstehen.

Wir kehrten auf die Schneise zurück und gingen weiter. Die Matrosen blieben nach und nach zurück, die Stadt interessierte sie mehr. Wir waren nur noch sieben Mann: Meine Freunde und der Arzt mit einem Patienten. Lachend umkreisten uns die drei kleinen Führer. Wojewodin ging neben mir, dachte fortwährend an die schöne Inderin und rief: «Das ist eine Frau, sage ich dir! Wie sie mich so mit ihren Mitternachtsaugen ansah, da war mir, als durchbohrten mich Kugeln!»

Wasja-Drosd seufzte zustimmend. «Sprich lieber nicht von ihr. Als sie lächelte, empfand ich am ganzen Körper die Auferstehung des Fleisches.»

Der Wald wurde dichter. Tropische Fülle herrschte hier, und alles war neu für uns. Schön waren die Tamarinden, diese wundervollen Bäume, unter denen die Häuptlinge der Sakalavas ihre Behausungen errichteten. Wir sahen Sagopalmen und Fiederpalmen mit ihren dikken, gedrungenen Stämmen und schwarzen Fruchtdolden. Da stand ein riesiger Bananenstrauch, der «Baum der Reisenden», wie sie ihn hier nannten. Seine Blätter hatte er wie einen weiten Fächer ausgebreitet. In den Trichtern seiner Blätter kann der Mensch Trinkwasser finden. Schlanke, pyramidenförmige Bäume umgaben uns mit Nelkenduft. Dann entzückte uns ein anderer Anblick. Ein schmaler Stamm trug einen Hut aus purpurnen und orangefarbenen Blüten. Lange bewunderten wir auch den Brotfruchtbaum, dessen etwa kürbisgroße Früchte an kurzen Stengeln unmittelbar am Stamm wie große, hellgrüne Bälle hingen.

Auf einem ausgetretenen Pfad bogen wir von der Schneise ab und betraten eine Wiese. Von hier aus bot sich uns der Ausblick auf die Weite des Ozeans. Wir sahen Korallenriffe mit den Blattfächern der Kokospalmen darauf. Es sah aus, als wären diese Palmen aus dem Ozean gestiegen und schwämmen nun auf seiner leuchtenden Oberfläche. Zu ihren Füßen schäumten trotz der Windstille weiße Wellen wie spielende Eisbären. Die Sonne stand schon hoch. Die heißen Strahlen drangen wie feinste Nadeln unter die Haut und dörrten uns vollkommen aus.

Je weiter wir vordrangen, um so mehr staunten wir über die Schätze der wilden, tropischen Welt. Konnte man denn am Guttaperchabaum vorbeigehen? Er hatte seine Eigenart: Aus den Zweigen sprossen Ableger, die sich in die Erde einwurzelten. Sie wurden mit der Zeit dicker und fester, bis sie schließlich einen selbständigen Stamm bildeten. So hatte sich um jeden Baum eine richtige Säulenhalle entwickelt; darüber breitete sich ein weites Laubgewölbe, unter dem eine ganze Kompanie Platz finden konnte. Mitunter war der Wald so dicht wie eine undurchdringliche Mauer, ein Abweichen vom Pfad war unmöglich. Der Boden war fett, fruchtbar und zeigte keine unbewachsene Stelle. Der Raum zwischen den Bäumen war von dichtem, spitzenbesetzten Farnkraut bestanden. Und alles war in wirrem Durcheinander von Lianen, rankenden baumstarken Pflanzen, umschlungen, auf denen rote und blaßviolette Blüten prangten. Diese Lianen wanden sich um die Stämme wie Riesenschlangen, stiegen bis in die Wipfel hoch und hingen in Spiralen herunter, die, vom Winde getrieben, am Ast eines zweiten Baumes hängen blieben. Einige unbelaubte, elastische Lianen zogen sich wie Schiffstaue in verschiedenen Richtungen hin und her; andere waren von ihrer Stütze abgerissen und lagen zusammengerollt am Fuße des Stammes. Diese dichte Verflechtung machte den Wald undurchdringlich. Man hatte den Eindruck, als ob die ganze exotische Pflanzenwelt sich auf der Jagd nach dem Licht überwuchere und gegenseitig ersticke.

Der Doktor erklärte uns: «Wenn man eine Liane in gerader Linie spannt, so kann sie eine Länge von anderthalb Kabellängen erreichen.»

Wassiljew zeigte auf einen dicken, vertrockneten Baum, dessen Spitze purpurne, lebende Blumen schmückten, und sagte:

«Seht doch, diese Liane hat den Waldriesen mit ihrer tödlichen Umarmung erwürgt, um selbst in der Sonne blühen zu können. Wie eine Nichtigkeit kroch sie aus der Finsternis ans Licht und erhob sich in unzugängliche Höhen. Ein Musterexemplar eines Parasiten!»

«Das kommt auch unter Menschen vor», murmelte Golubew.

Unten herrschte grünliches Halbdunkel, man merkte aber, wie vom Himmel ein lebendiges Feuer durch das Gewirr der wunderlichen Blätter fiel. Unsere Lungen füllten sich mit heißer, feuchter Luft, die nach Blumen und den giftigen Ausdünstungen vermoderter Pflanzen roch. Wir waren so naßgeschwitzt, als wären wir in Kleidern im Wasser gewesen. Welche Lebewesen verbarg dieser Dschungel? Wir sahen nur einige Vögel, die krächzten und zwitscherten und von Ast zu Ast flogen. Die Papageien und anderen Vögel zeichneten sich im Gegensatz zu unserer heimatlichen Vogelwelt durch grellfarbige Federpracht aus. Nichts begeisterte uns aber so wie die winzigen Kolibris, die wie Edelsteine in der Luft umherblitzten. Wenn solch ein Vöglein sich auf eine Blume setzte, um ein Insekt zu fangen, dann konnte man die Augen nicht von ihm wenden. Vollkommen in seiner Form, blitzte es in den Farben von Saphir und Rubin, strahlte wie Gold. Wir schreckten auch Lemuren auf, katzengroße Halbaffen mit buschigen Schwänzen, die sich dadurch auszeichneten, daß sie sich mit der unnachahmlichen Geschicklichkeit von einem Baum zum anderen schwangen. Wir fingen uns Chamäleons, jene Echsen mit stumpfen Schnauzen, die sich in ihrer Färbung der Umgebung, in der sie sich gerade befinden, anpassen. Es gab keine anderen Tierarten weiter, und dennoch erwarteten wir, daß jeden Augenblick ein ungewöhnliches Ungeheuer aus dem Dschungel bräche. Wir genossen die fremdartige Welt. Die einen stießen Rufe der Verwunderung aus, die anderen sahen sich stumm um.

Wir alle waren erstaunt, wie sich hier im Überfluß der Sonnenstrahlen alles vermehrt hatte, gedieh und vor urwüchsiger, wilder Kraft überströmte.

Plötzlich standen wir vor dem runden, tiefen Kratersee, den wir besichtigen wollten. Er hatte einen Umfang von mindestens zwanzig Kilometern. Wir standen auf einer Anhöhe und genossen lange die Unbeweglichkeit des grünschimmernden Wassers. Die Ufer, die den See mit einem runden Pflanzenrahmen umgaben, waren dicht, stellenweise sogar undurchdringlich mit Schilf, Gestrüpp und großen Bäumen bewachsen. Links lag ein Tal, von einem Bach durchzogen, der sich bald im Schatten waldbestandener Ufer verbarg, bald wieder unter offenem Himmel glänzte. Wir gingen durch das dichte Gras des Tales zum See hinunter. Die einheimischen Kinder erzählten, es würden sich hier, in der Nähe des Baches, hauptsächlich Krokodile aufhalten. Diese Tiere sind der Schrecken der tropischen Lagunen und Seen. Wir blieben nahe am Ufer stehen und lauschten. In der Hitze schwiegen die Vögel ermüdet. Kein Laut war zu vernehmen. Es war, als litte die ganze Natur stumm in der Furcht vor der übermäßigen Kraft der unbarmherzigen Sonne. Diese unheilvolle Verbindung zwischen verräterischer Stille und blendendem Glanz erregte die Phantasie. Wo waren aber nun die Krokodile? Plötzlich sahen wir auf der glatten Oberfläche des Wassers die Bewegung eines Dreiecks, die Höcker über den Augen und den Rachen eines dieser Tiere.

Der Arzt sagte nachdenklich: «Es wäre doch interessant, in die ‹Seele› dieses Reptils einzudringen. Wie sieht es da aus? Kein Zweifel, daß unter der niedrigen Schädeldecke neben Grausamkeit auch Feigheit, Schläue, Mut und eine gewisse Art von Liebe Platz haben.»

Niemand sagte etwas darauf.

Ein zweites Krokodil, über zwei Meter lang, kroch auf eine Sandbank und blieb liegen. Es sah aus wie ein schmutziges, angefaultes Stück Holz mit zugespitztem Ende. Es bewegte sich lustlos und so trübsinnig, als sei es selber von seiner Häßlichkeit betrübt. Wir schrien und warfen Holzstückchen ins Wasser. Die Kinder wurden dadurch in Schrecken versetzt. Die Krokodile verschwanden.

Wir gingen den Bach wieder hinauf, und einige von uns nahmen ein Bad. Für den Heimweg suchten wir uns einen anderen Pfad. In der Nähe der Stadt besichtigten wir Obstplantagen.

Die tropische Sonne schuf den Saft des Zuckerrohres, starke Gewürze, vielfältige Aromen und brachte, nicht weniger freigebig, vorzügliche Früchte hervor. Wir waren recht hungrig geworden und verspeisten gierig die mehligen, süßen Bananen. Sie hingen in hellgelben

Büscheln, geschützt von zehn Fuß langen Blättern, an niedrigen Bäumen. Bisher hatten wir vom Bananenstrauch nur gewußt, daß aus seiner Faser das Manilaseil hergestellt wird, das dank seiner guten Eigenschaften als Schleppseil und Belegtrosse auch auf Kriegsschiffen verwendet wird. Es ist weich, elastisch und schwimmfähig. Ein anderer schöner Baum breitete seine Äste, an denen bläulich-grüne, lanzettenförmige Blätter hingen, weit aus – der Mangobaum. Seine Früchte, etwa von der Größe einer Birne, waren hellrot und hatten schneeweiße Kerne, sie schmeckten uns ganz ungewöhnlich gut. Wir kosteten auch von den Anonen, grüngeschuppten Früchten des Flaschenbaumes mit einem Inhalt, der an gezuckerte Schlagsahne erinnert. Hier fraßen die Schweine diese Früchte. Die Ananas als die wunderbarste Gabe der Tropen löste allgemeines Entzücken aus. Sie sah aus wie ein riesiger Zedernzapfen, wog etwa zwei bis drei Kilo und hatte ein Blätterbüschel am oberen Ende. Ihr goldgelbes Fleisch war recht fest, aber auch so süß, gleichzeitig aber angenehm säuerlich und so unvergleichlich aromatisch, daß wir es ganz dünn schnitten, um langsam zu kauen und den Genuß zu verlängern. Aber keine dieser Früchte kann sich mit der Frucht des Mangobaumes vergleichen. Mit gutem Grund nennt man sie «die Königin der Früchte». Ingenieur Wassiljew berichtete: «Als der englische König Eduard VII. gekrönt wurde, entsandte man den schnellsten Kreuzer nach Singapore, um Mango-Früchte zu holen. Es wurden zehntausend Stück gesammelt und alle Maßnahmen getroffen, um sie frisch zu halten. Dennoch konnten an der königlichen Tafel nur vierhundert Stück gereicht werden. Die anderen waren unterwegs verdorben.»

Wir überzeugten uns, daß man beliebig viel Früchte dieser Art essen konnte, ohne den Magen zu überlasten. Jede Frucht hat fünf oder sechs schneeweiße Kerne, die von rosafarbenem Fleisch umgeben sind. Es ist, als hätte die Natur das beste und wertvollste Material verwendet, damit diese hellroten, von Sonnensaft erfüllten Früchte entstehen, so zart, schmackhaft erlesen sind sie, auf der Zunge schmelzend wie Speiseeis.

Die reichlich entlohnten Kinder stürzten freudig nach Hause. Ingenieur Wassiljew und Doktor Nakarow suchten das «Café de Paris» auf, zu dem Mannschaften keinen Zutritt hatten. Wir gingen noch durch die Straßen der Stadt, in denen es nach 15 Uhr von weißen Offiziersblusen und blauen Matrosenkragen wimmelte. Es gab auch Betrunkene. Hier und da hörte man kecke russische Lieder, von Flüchen unterbrochen. Wir hatten auch Gelegenheit, mit Kameraden von anderen Schiffen zu sprechen. Wie schade, daß die Zeit so schnell verging! Auf der Reede lag das Geschwader und erinnerte uns daran, daß unser Schicksal unlöslich mit ihm verbunden war. Nach fünf Uhr abends kehrten wir, vergiftet von der flüchtigen Freiheit, der Schönheit der exotischen Welt, dem freundlichen Lächeln der Frauen und der Trübe des Alkohols auf unseren «Orjol» zurück, um weiterhin die ganze Bitterkeit des uns bevorstehenden Schicksals auszukosten.

Die Wahrheit beunruhigt die Mannschaft

Auf «Orjol» traf Post ein, Briefe und Zeitungen. Wie immer wirkten die neuesten Nachrichten aus Rußland belebend auf die Mannschaft. Diesmal interessierten sich alle für die Artikel des Kapitäns 2. Ranges Klado in der «Nowoje wremja». Zunächst wurden diese Artikel nur in der Offiziersmesse gelesen, es gab dort viel Gerede darüber. Der Verfasser wurde zum Helden gestempelt. Wir hatten schon davon gehört, wußten aber nicht genau, worum es sich handelte, bis wir einige der Zeitungen in die Hände bekamen.

Nach dem Abendessen stieg ich ans Zwischendeck hinab, wo sich viele Matrosen versammelt hatten. Alle wurden still, als ich Klados Artikel vorzulesen begann:

«Die entscheidende Bedeutung, die die Herrschaft über das Meer in diesem Kriege hat und als Folge davon die heißen Hoffnungen, die ganz Rußland in das zur Zeit in den Fernen Osten ziehende Geschwader Roshestwenski setzt, stellen jeden unwillkürlich vor die Frage: Kann der Erfolg dieses Geschwaders im Kampf als gesichert gelten?

Es ist eine bange Frage, man sollte aber der Wahrheit ins Auge sehen, und ich will, so gut ich das vermag, diese Frage gewissenhaft beantworten ...»

Weiter enthüllte der Autor Tatsachen über die japanische Flotte, von denen wir bisher nichts gewußt hatten. Die Hauptkräfte des Gegners bestanden aus zwölf Schiffen: den Linienschiffen «Mikasa», «Shikishima», «Asahi» und «Fuji»; den Panzerkreuzern «Iwate», «Izumo», «Azuma», «Yakumo», «Asama», «Tokiwa», «Nishin» und «Kasuga». Ferner hatten die Japaner zwei alte Linienschiffe, von denen eines, «Chinyen», mit vier, wenn auch alten, so doch großkalibrigen 305-mm-Geschützen ausgerüstet war. Außerdem würden den Hauptkräften zwölf oder fünfzehn gepanzerte Kreuzer erster und zweiter Klasse zur Seite stehen. Alle diese Schiffe konnten eine große Geschwindigkeit entwickeln und waren mit durchaus moderner Artillerie ausgerüstet. Hinzu kamen noch etwa fünfzehn Küstenpanzerschiffe.

Bezüglich der Torpedoboot-Flottille des Gegners warnte Klado, daß es höchst unvorsichtig wäre, sie auf weniger als fünfzig bis sechzig Boote einzuschätzen.

Die Hauptkräfte unseres Geschwaders bestanden aus fünf modernen Linienschiffen: «Suworow», «Alexander III.», «Borodino», «Orjol» und «Osljabja», hinzu kamen noch zwei Linienschiffe: «Sissoi Weliki», obwohl schon älter, aber doch noch mit moderner Artillerie bestückt, und «Nawarin», schon sehr veraltet und nur mit alten Geschützen bestückt. Panzerkreuzer hatten wir außer dem altersschwachen «Admiral Nachimow» keine. Nur «Oleg» gehörte zu den guten Kreuzern, aber auch er hatte nur halben Panzerschutz. Ferner gehörten zu unserem Geschwader fünf Kreuzer 1. und 2. Ranges mit gepanzertem Deck, darunter auch ein so veraltetes Schiff wie «Dmitri Donskoi». Dies waren unsere Seestreitkräfte, sah man von dem Dutzend Torpedoboote ab.

Es war also klar, daß der Gegner ein erhebliches Übergewicht hatte. Klado kam beim Vergleich der Kampfstärken zu dem Schluß, daß die Japaner auf See etwa doppelt so stark waren wie wir. Als ich diese Zeilen laut las, rief ein Zuhörer: «Wir sind verloren!»

Im Zwischendeck wurde es lebendig. Der Elektriker Golubew rief:

«Klado vergleicht doch nur die Linienschiffe, und trotzdem sieht es bedenklich für uns aus. Und wenn man die anderen japanischen Schiffe dazu nimmt und ihre Torpedoboote, was dann! Das Übergewicht wird noch größer ...»

Der Heizer Baklanow unterbrach ihn: «Augenblick mal, ich will euch ein kleines Beispiel anführen. In unserm Dorf hat sich einmal ein Vorfall ereignet, der hierher paßt. Die drei Brüder Lupigorewy lagen mit den drei Brüdern Lochmotnikowy in Fehde. Die Kräfte waren auf beiden Seiten gleich. Eines Tages suchten die Brüder Lupigorewy das Haus ihrer Feinde auf, um dort den Kampf auszutragen. Das war ihr Fehler. Für die Brüder Lochmotnikowy traten ihre Frauen und halbwüchsigen Kinder ein. Es war zwar keine große Hilfe, sie nützte ihnen aber doch. Der eine zerrte den Feind an den Haaren, der andere schlug mit einer Ofengabel auf ihn ein, der dritte schmetterte ihm einen Holzscheit ins Gesicht. Kurzum – die Sache ging für die Söhne Lupigorewys sehr schlecht aus. Sie wurden schmählich verhauen. Noch schlimmer wird es mit unserem Geschwader sein. Unsere Hauptstreitkräfte sind schwächer als die der Japaner, und trotzdem ziehen wir aus, um in einem fremden Haus zu kämpfen. Anstelle der Frauen und Kinder werden ihnen Hilfsschiffe und Torpedoboote helfen. Können wir denn dem standhalten: Darüber schreibt Klado nicht.»

«Demnach sind wir alle Kandidaten für das Jenseits», sagte jemand.

Der Maschinenmaat Gromow, ein großer Mensch mit breitem Gesicht, fügte traurig hinzu: «Man muß nach Hause schreiben und rechtzeitig Gedenkgottesdienste bestellen.»

Ich las Klados Artikel weiter vor. Man mußte ihm glauben. Seine Beweise erschienen uns ungewöhnlich logisch und unwiderleglich. In diesen Artikeln hatte er bereits im November vorausgesagt, daß Port Arthur sich wohl kaum bis zu unserem Eintreffen halten würde. Mehr noch, er hatte davor gewarnt, sich auf die Hilfe des Ersten Pazifischen Geschwaders zu verlassen. Und nun war alles eingetroffen. Wir hatten weder Port Arthur noch das Erste Geschwader mehr. Ganz hoffnungslos schrieb Klado von der Wladiwostok-Gruppe der Kreuzer «Gromoboi» und «Rossija». Nach Klados Ansicht würde es ihnen schwerfallen, zu uns zu stoßen und uns während des Kampfes Hilfe zu leisten.

Klados Stimme, die zwölftausend Meilen weit bis nach Nossi Bé gedrungen war, war für uns alle das Alarmzeichen einer nahenden Katastrophe. Worauf konnten wir noch hoffen?

Die Gruppe des Konteradmirals Nebogatow, die wahrscheinlich schon unterwegs war, konnte man nicht als ernsthafte Verstärkung bezeichnen.

Es blieb mir nichts übrig, als wiederum Ingenieur Wassiljew um Aufklärung zu bitten. Er wußte stets Genaueres. Nach etwa zwei Tagen suchte ich seine Kabine auf, um ein Buch auszutauschen. Ich erzählte ihm, was für einen starken Eindruck Klados Artikel auf die Matrosen ausgeübt hatte.

«Überall auf dem Schiff, im Kesselraum, im Maschinenraum, in den Torpedoabteilungen auf der Back, ist jetzt nur noch davon die Rede. Die Zeitungen sind so zerlesen, daß der Text kaum noch zu erkennen ist. Es gibt Matrosen, die sich die Artikel in Hefte abschreiben. Die Erregung der Masse wächst. Klado wird nahezu für einen Revolutionär gehalten, der verhaftet wurde, weil er sich nicht scheute, die Wahrheit zu sagen ...»

Wassiljew hörte mir aufmerksam zu und erwiderte: «Unsere Offiziere sind ebenfalls von ihm begeistert. Er hat alle Schwierigkeiten aufgezeigt, die einem Sieg über Japan entgegenstehen. Das aber bedeutet, daß dem Kommando für den Fall unserer Niederlage jede Verantwortung genommen wird. Klado hat sowohl die Gegenwart als auch die Zukunft einer schonungslosen Kritik unterzogen. Das ist gut. Wir müssen aber noch einen anderen Kritiker abwarten, einen noch kühneren, einen, der sich noch über Klado erhebt. Wenn man schon kritisiert, so muß das gründlich geschehen. Man muß bis an die Wurzeln unserer sozialen Ordnung vordringen. Klado hält den Gegner für fast doppelt so stark wie uns. Um die Japaner zu besiegen, sollten wir nach Klados Empfehlung das ganze Gerümpel aus der Ostsee und dem Schwarzen Meer in den Osten schicken. Werden wir aber durch eine solche Auffüllung unseres Geschwaders das Gleichgewicht der Kräfte herstellen? Nein. Und selbst wenn beide Gegner in bezug auf ihre Seestreitkräfte sich glichen, so würde uns das noch nicht vor der Gefahr der Niederlage schützen. Bei seiner Errechnung der Kampfkoeffizienten hat Klado noch eine ganze Reihe von Umständen unberücksichtigt gelassen. Die japanische Flotte verfügt über Häfen, Docks, Werkstätten, Lager. Wir haben nur einen Hafen, nämlich Wladiwostok, aber auch der ist noch nicht fertiggestellt und sehr kümmerlich. Außerdem muß in Betracht gezogen werden, daß der Gegner in diesem Kriege Erfahrungen gesammelt hat und aus den errungenen Siegen weitere Kraft schöpft. Was können wir dem gegenüberstellen? Unsere fehlende militärische Ausbildung, stumpfe und unbegabte Oberkommandierende, die selbst in Offizierskreisen Zweifel an unserer Einsatzfähigkeit hervorriefen. Denken Sie doch nur an den Wirrwarr, der entstanden war, als wir die Fischer von Hull für den Feind hielten.»

«Ich kann mich noch gut erinnern», sagte ich. «Meiner Meinung nach hätte man damals schon das ganze Geschwader zurückholen und so schnell wie möglich Frieden schließen sollen.»

«Wie Sie sehen, ist das nicht erfolgt, und wir fahren weiter. Die Natur hat den Lenkern unseres Staates den Verstand versagt. Aber nehmen wir einmal an, wir würden siegen. Was geschähe dann? Die bisherige Politik im Osten würde fortgesetzt werden müssen. Man würde die Eisenbahn, die Festung Port Arthur, ihren Hafen wieder in Ordnung bringen müssen. Am Rande der Welt würde man eine riesige Flotte und eine riesige Armee unterhalten müssen. Ferner würden wir Kohlenstationen brauchen. Alles das würde Geldmittel erfordern, die letztlich aus dem Volk gepreßt werden müßten. Eine solche Fernostpolitik würde nur durch die Vergewaltigung eines Hundertvierzigmillionenvolkes verwirklicht werden können. Und blicken wir noch weiter in die Zukunft. Wenn der äußere Feind bezwungen würde, dann würde sich die siegreiche Regierung dem inneren Feind zuwenden, und alles würde nach alter Schablone weitergehen. Wir würden ‹Weltpolitik› betreiben, die Liberalen mit Reformillusionen füttern und die Revolutionäre – mit Zwangsverschickungen und Kugeln. Kurzum, eine Zukunft ohne Lichtblick würde das sein.»

Das Gespräch hatte mich noch trauriger gestimmt als die Artikel in der Zeitung. Klado schien mir nicht mehr der große Mann zu sein.

Wassiljew bemerkte meine Erregung und rief:

«Nun gut, mein Freund, es wird alles anders werden!» Er wechselte das Thema. «Da hängt in meiner Ecke ein Heiligenbild des wundertätigen Nikolaus. Wissen Sie, woher ich es habe?»

«Die Arbeiter schenkten es Ihnen, als wir noch in Reval waren. Sie wollten Ihnen ein Dankschreiben überreichen, fürchteten aber, daß sie damit sich selbst und auch Ihnen schaden könnten.»

«Trotzdem habe ich mich über das Geschenk gefreut, obwohl ich an seine wundertätige Kraft nicht glaube. Ich habe meinen eigenen Propheten.»

Mit diesen Worten stieg er auf den Tisch, holte hinter dem Heiligenbild ein umfangreiches Buch hervor und zeigte es mir. Voll Staunen las ich den Titel: «Das Kapital» von Karl Marx.

Mich lockten weder Offiziersrang noch Orden, noch Reichtum. Ich wußte, daß dies alles Menschen zufiel, die durchaus nicht begabt oder ehrlich zu sein brauchten. Mit fast krankhafter Leidenschaft strebte ich aber danach, ebenso klug und gebildet zu werden, wie es mir Wassiljew zu sein schien, ich wollte, wie er, sogar auf einem Kriegsschiff Marx und die genialen Werke anderer Denker lesen, wollte mich wie er in dem Wirrwarr des verteufelten Lebens auskennen.

Wassiljew wog den schweren Band in der Hand und meinte lachend: «Die beiden leben ganz gut und in Frieden miteinander.»

«Das heißt also, daß der wundertätige Nikolaus den Entlarver aller Heiligen begünstigt und ihn sogar mit seiner Person schützt?»

«Ja.»

Es klopfte. Wassiljew schob den Marx-Band schnell unter das Kopfkissen und rief: «Herein!»

Als der Leutnant Wredny (Schädling) über die Schwelle trat, stand ich schon in militärisch-strammer Haltung da.

Wassiljew sagte streng zu mir: «Du gibst also den zwei Maschinisten je drei Becher Schnaps auf meine Rechnung. Du kannst gehen.»

Ich machte kurz kehrt und ging hinaus.[5]

Wie als Echo auf Klados Artikel, der vielen die Augen über unsere hoffnungslose Lage geöffnet hatte, ereignete sich auf dem Kreuzer 1. Ranges «Admiral Nachimow» ein Zwischenfall. Während auf vielen Schiffen fast täglich frisches Brot gebacken wurde oder, wenn es keine eigenen Öfen gab, von Land geholt wurde, mußte sich die Mannschaft auf «Nachimow» mit halbverfaultem Zwieback begnügen. Sie erhielt nicht nur während der Fahrt, sondern auch auf dem Ankerplatz kein frisches Brot. Die Matrosen waren unzufrieden und murrten. Die Vorgesetzten beachteten das nicht. So ging das bis zum 23. Januar. Da stellte ein Maschinist die Frage:

«Jetzt ist es klar, daß man uns in den Tod führt. Und trotzdem füttert man uns mit verfaultem Zwieback. Sind wir denn Hunde?» Andere griffen das auf: «Ein ordentlicher Mensch füttert allerdings seine Hunde besser!» – «Heute noch fordern wir frisches Brot. Schluß damit!»

In allen Stationen des Schiffs wurde erregt geflüstert. Wenn die Vorgesetzten besser beobachtet hätten, dann wären ihnen die Veränderung in der Stimmung, die verkrampften Gesichter, die feindselig dreinblickenden Augen aufgefallen. Und abends flog die ausgegebene Zwiebackration restlos über Bord. Nach dem Gebet blieben die Matrosen trotz des gegenteiligen Befehls des Wachhabenden stehen, wie sie waren – in Wachen aufgeteilt, am oberen Deck an beiden Seiten des Kreuzers längs der Reling. In der aufkommenden Dunkelheit waren diese beiden Fronten wie zwei Barrieren anzusehen. Eine solche massenweise Gehorsamsverweigerung war noch nicht vorgekommen. Die Offiziere waren darüber nicht wenig erstaunt, um so mehr, als viele Matrosen aus der Gardedivision kamen und deshalb als besonders diszipliniert und zuverlässig galten. Nun griff der Erste Offizier ein und gab mit erhobener Stimme nochmals den Befehl, auseinanderzugehen. Wieder dauerte das geheimnisvolle Schweigen mehrere Sekunden, als wären alle taub. Endlich kamen aus der hinteren Reihe der ersten Wache, fern wie das Rollen eines nahenden Gewitters im tiefen Baß die Worte: «Gebt uns frisches Brot!»

Wilde Schreie, Fluchen, Stöhnen folgten ...

Die Scheinwerfer wurden eingeschaltet. Der Schiffskommandant, Kapitän 1. Ranges Rodinow, erschien vor der Front. Klein, mit rundem, graumeliertem Bart und rundem Rücken, betrachtete er erst die eine Front, dann die andere. Schließlich nuschelte er mit zahnlosem Mund: «Ihr wollt wohl meutern, meine Lieben?»

Diese Frage war so gleichgültig gestellt worden, daß die Mannschaft im ersten Augenblick verwirrt schwieg, dann aber wieder losbrach und Brot verlangte. Der Kommandant wollte noch etwas sagen, es hörte ihn aber keiner an. Er ging mehrmals auf und ab, teilnahmslos bald die eine, bald die andere Front betrachtend, als überlege er, wie er die Wut seiner Untergebenen eindämmen könne. Sie hatten den Gehorsam verweigert, schrien, daß es die ganze Reede hören konnte, und waren nahe daran, sich auf die Offiziere zu stürzen. Der geringste Fehler seinerseits konnte für alle Vorgesetzten den Tod bedeuten. Er gab den

Befehl, von einem Flügel zehn Mann abzuzählen und deren Namen aufzuschreiben. Dann kommandierte er: «Einen Schritt vorwärts!»

Das psychologisch richtige Manöver gelang. Die abgezählten zehn Mann führten das Kommando aus. Nur um einen Meter von der Masse losgelöst, wurden sie folgsam wie Automaten, und es bedurfte keiner Mühe, sie die erforderliche Wendung machen und sie auf das Vorderdeck des Schiffs marschieren zu lassen. In gleicher Weise wurde mit den zweiten und dritten Zehn verfahren. Die übrigen wurden nach und nach still und interessierten sich nur dafür, was am Flügel vor sich ging. Als sie aber sahen, daß sie verspielt hatten, zerstreuten sie sich von selbst, um sich ihre Matten zu holen. In ihren Bewegungen war so viel Hast, daß es schien, als wollten sie verlorene Zeit nachholen.

Zwei Tage darauf erschien Admiral Roshestwenski persönlich an Bord des Kreuzers. Die Besatzung war auf dem Oberdeck angetreten. Alle glaubten, daß er nach den Forderungen der Mannschaft fragen und den Vorfall untersuchen werde. Sie hörten aber folgendes von ihm:

«Ich wußte, daß die Mannschaft aus Gesindel besteht, daß sie aber so hundsmiserabel ist, habe ich nicht erwartet!»

Der Admiral schrie das so heulend heraus, daß ihm der Atem wegblieb. Sein Gesicht lief blau an, er wandte sich schnell um, stieg das Fallreep hinunter und fuhr im Dampfkutter wieder zu seinem Flaggschiff zurück. Es entstand der Eindruck, als sei er eigens dazu herübergekommen, um diesen einzigen, unvergeßlich gebliebenen Satz hinauszuschreien.

Dann erschien Roshestwenskis Befehl Nr. 34 vom 25. Januar. Bei uns an Deck von «Orjol» wurde er vor dem Abendgebet, zu dem alle Matrosen antreten mußten, verlesen. Der Erste Offizier Sidorow zwirbelte drohend den grauen Schnurrbart und begann zu lesen: «In die Reihen ehrlicher Diener des Zaren, in die Mannschaft des Kreuzers Ersten Ranges ‹Admiral Nachimow› haben sich japanische Knechte eingeschlichen und stiften unter den Gedankenlosen, hinter deren Rücken sie sich verbergen, Verwirrung.

Diese Knechte werden festgestellt und mit der ganzen Strenge des Gesetzes bestraft werden. Solange sie noch nicht gefunden sind, erhalten die Kompanieführer (es wurden die Namen der vier Leutnants aufgezählt) Schiffsarrest mit Dienstausübung. Die Feldwebel, es folgten ebenfalls vier Namen, werden ab 24. Januar zu Matrosen zweiten Grades degradiert.»

Als die Matrosen nach dem Gebet ihre Hängematten holten, hörte man sie unter sich reden: «Jetzt werden sie die Schuldigen finden.» – «Und ob! Wer von den Kompanieführern will denn im Schiffsarrest sitzen. Die werden sich schon Mühe geben, und die Feldwebel werden ihnen helfen.» – «Es müssen ja nur einige benannt werden, ob sie schuldig sind oder nicht.» – «Was hat das alles mit japanischen Knechten zu tun?»

«Selbst ist er ein Zarenknecht.»

Auf den Masten des Flaggschiffs flammten die Positionslichter auf.

Wir überprüfen die Gefechtsbereitschaft

Die Regenperiode begann. Den blauen Himmel überzog zeitweise eine dichte, graue Wolkendecke. Es nieselte. Aber meist schwammen helle Wölkchen durch die Himmelsweite, die nur dann und wann die Sonne verdeckten. Ein jedes dieser Wölkchen schien nicht größer als eine Mütze zu sein, schüttete aber wie aus einem Eimer warmen Sturzregen über uns aus. Mitunter war es, als verwandle sich selbst die Luft in Wasser. Das wiederholte sich alle zehn bis fünfzehn Minuten. Der Regen begann plötzlich, setzte aber plötzlich auch wieder aus, als habe jemand im Himmel eine Klappe vorgeschoben; durchdrungen von Sonnenstrahlen, glich er Goldfäden, die von uns fortwehten und ins Meer und auf die Inseln fielen. Hier und da leuchteten Regenbogenfarben.

Die Schiffe des Geschwaders hatten den Befehl, das Regenwasser zu sammeln. Es wurden riesige Persennings mit Abflußöffnungen über den Decks aufgespannt. Das Wasser lief in die Boote und eigens hierfür angefertigte Segeltuchzisternen. Die Luft war feucht, heiß und dumpf.

Auf «Esperance» setzten die Kühlmaschinen aus. Wir waren überzeugt, daß hierbei Sabotage der französischen Mannschaft im Spiele war. Die Franzosen hatten keine Lust mehr, sich mit uns den vielen Gefahren auszusetzen. Das Gefrierfleisch im Schiff taute und verdarb. Weit draußen im Meer wurde es über Bord geworfen. Wind und Wellen spülten große Fleischstücke in die Bucht, wo sie einen widerlichen Gestank verbreiteten.

Als unsere Schiffe sich vor einer Woche zur Weiterreise vorbereitet hatten und alle Vorräte an Bord genommen waren, weigerten sich plötzlich die Kohlenschiffe der Hamburg-Amerika-Linie, das Geschwader zu begleiten, weil die Japaner diese Handlung als Verstoß gegen die Neutralität betrachteten und drohten, die Kohlentransporte auf offener See zu versenken. Es entspann sich eine aufgeregte, telegrafische Korrespondenz mit Petersburg.

Diese Situation weckte bei den Matrosen unbestimmte Hoffnungen. Auf der Back konnte man hören: «Wie wird das alles enden?»

«Wenn die deutschen Kohlenfrachter sich weigern, mit uns zu fahren, dann werden auch wir nach Rußland zurückkehren müssen.» – «Natürlich, ohne Kohlen sind wir wie ohne Beine, da können wir nirgends hin.»

Ein nüchtern denkender Matrose fügte zwar gleich hinzu: «Der tolle Admiral schreckt vor nichts zurück.»

Doch er fand heftigen Widerspruch: «Es kann doch sein, daß sein Gehirn klar wird, wie das Meer nach dem Nebel. So etwas kommt vor.» – «Es soll auch vorkommen, daß der Haifisch ein Vaterunser betet, ich habe es aber noch nicht erlebt.»

Die Verhandlungen unseres Marineministeriums mit der Hamburg-Amerika-Linie zogen sich lange hin. Erst im Februar war alles erledigt. Auf Veranlassung ihrer Regierung erklärten sich die deutschen Kohlenfrachter bereit, unser Geschwader weiterhin zu begleiten und uns auch östlich der Malaccastraße mit Brennstoff zu versorgen.

Wir hätten nun Nossi Bé verlassen und weiterfahren können, es erwuchs aber ein neues Hindernis. Das Marineministerium hatte sich jetzt erst überlegt, daß es gefährlich wäre, das Geschwader in der bisherigen Stärke von Madagaskar aus weiterzuschicken. Der Admiral erhielt den Befehl, das Eintreffen der Gruppe Nebogatow abzuwarten. Wir auf «Orjol» interessierten uns dafür, wie sich Roshestwenski selbst zu diesem unfreiwilligen Aufenthalt verhalten würde. Strebte er wirklich weiter oder hoffte er heimlich, daß das Geschwader nur zur Demonstration ausgesandt sei und zurückgerufen werden würde! Wie dem auch sei, er hatte mit einem Zwiespalt in sich selbst zu kämpfen. Nach Gerüchten vom Flaggschiff war Roshestwenski in dieser Zeit so nervös und wütend, daß er den Spiegel in seinem Salon zertrümmerte. Mehrere Tage lang wagte niemand, ihm Bericht zu erstatten. In den Augenblicken seiner Wutausbrüche war das Betreten seiner Kajüte gleichbedeutend mit dem Eindringen in einen Tigerkäfig. Ein Tiger hätte allerdings mit einer Pistole oder einem Stahlprügel gebändigt werden können, wer jedoch hätte es gewagt, einem wutschnaubenden, mit nahezu uneingeschränkter Machtvollkommenheit ausgestatteten Despoten entgegenzutreten? Das Geschwader blieb in Nossi Bé offenbar für längere Zeit liegen. Bei der Mannschaft verstärkte sich die Überzeugung, daß man uns zurückholen werde.

Kein Tag verging ohne schwere Arbeiten. Wir luden Kohlen, reinigten die Kessel, sahen die Maschinen nach, nahmen Reparaturen vor. Gleichzeitig wurden Übungen abgehalten: Artillerie- und Torpedoschießen, Abwehr von Torpedoangriffen, Auslegen von Minen, Feuer- und Kampfalarme, Scheinwerferübungen. Mehrmals liefen wir zu Schießübungen und Manövern auf hohe See aus.

Die erste Schießübung fand am 26. Januar statt. Nur das Schiff «Sissoi Weliki», das Maschinenschaden hatte, blieb im Hafen. Die übrigen zehn Linienschiffe und Kreuzer lichteten am frühen Morgen die Anker. Als wir draußen waren, ließen «Alexander III.», «Orjol», «Nawarin» und «Nachimow» pyramidenförmige Zielscheiben herunter. Das Geschwader fuhr auf Kiellinie im Bogen um die Scheiben herum.

«Osljabja» eröffnete das Schießen und zeigte durch Signale die Entfernung an. Darauf schossen auch die anderen Schiffe. Ich weiß nicht, wie es auf den anderen Schiffen zuging, bei uns jedenfalls wurde das Feuer vom Kommandoturm aus geleitet. Wir änderten laufend den Kurs, näherten uns den Zielen bis auf sechs Kabellängen und entfernten uns wieder von ihnen. Abgesehen von den Schüssen der mittleren und kleinen Artillerie, gab «Orjol» je zwei scharfe Schüsse aus dem 305-mm-Geschütz ab.

Das Ergebnis des Übungsschießens war kläglich. Es konnte auch kaum anders sein. Unsere Geschützführer hatten keine Erfahrung mit Geschützen und Zielvorrichtungen. Die Entfernungsmesser waren in England gekauft und erst während des Krieges montiert worden. Es waren je zwei solche Geräte an Bord eines Schiffes. Die Matrosen wußten aber mit ihnen nichts anzufangen. Ich selbst habe beobachtet, wie zwei Entfernungsmesser die Entfernung zum selben Ziel völlig verschieden weitergaben:

«Bis zum Feind zwanzig Kabellängen», meldete der eine.

«Bis zum Feind achtundzwanzig Kabellängen», verkündete der andere.

Bei solchen voneinander weit abweichenden Angaben flogen die Geschosse entweder übers Ziel oder zu kurz, trafen aber niemals.

In anderen Fällen war es noch schlimmer. Im rechten 152-mm-Turm zeigte das Zifferblatt eine Entfernung von elf Kabellängen. Der Turmkommandant ließ sich von dieser Angabe leiten und stellte die Geschütze im entsprechenden Winkel ein. In Wirklichkeit waren es bis zum Ziel jedoch vierundzwanzig Kabellängen. Der vordere Backbordturm hatte gleich zu Anfang einen Defekt im Munitionsaufzug, und die Geschosse mußten aus dem Steuerbordturm hinübergeschleppt werden. Außerdem waren die Geschützführer sehr aufgeregt. Einer brauchte ganze vierzig Minuten, ehe er das Feuerkommando gab. Die Befehle aus dem Kommandoturm wurden mit großer Verzögerung ausgeführt, da in den Türmen immer etwas in Unordnung war. Im Enderfolg stellte sich heraus, daß wir auf Gefechtshandlungen in keiner Weise vorbereitet waren.

Abends, bei der Rückkehr zum Ankerplatz in Nossi Bé, hatten der Schiffskommandant, der Artillerieoffizier und die anderen Offiziere ein so bedrücktes, schuldbewußtes Aussehen, als hätten sie bereits einen verdienten Rüffel erhalten. «Orjol» bildete keine Ausnahme. Das ganze Geschwader hatte sich blamiert. Es konnte weder schießen noch manövrieren.

Über diese Ausfahrt schrieb Roshestwenski einen Tag später in seinem Befehl Nr. 42:

«Die gestrige Fahrt der Linienschiffe und Kreuzer zeigte, daß die viermonatige, gemeinsame Fahrt nicht die erwarteten Früchte getragen hat.

Das Ankerlichten dauerte etwa eine Stunde, weil auf ‹Suworow› das Ankerspill nicht funktionierte, es war verschmutzt und verrostet.

Außerdem konnten die zehn Schiffe innerhalb einer Stunde bei langsamster Fahrt des Spitzenschiffes nicht ihre Position finden.

Schon am Morgen war bekannt, daß gegen Mittag das Signal erfolgen würde: Eine Wendung um acht Strich, in Dwarslinie stoppen und die Scheiben aussetzen!

Trotzdem verloren alle Kommandanten den Kopf. Die Schiffe bildeten keine Dwarslinie, sondern einen zusammenhanglosen Haufen.

Besonders unaufmerksam verhielten sich in der ersten Division die Kommandanten von ‹Borodino› und ‹Orjol›.

Aus der zweiten Division, die aus drei Schiffen bestand, richtete sich nur ‹Nawarin› nach ‹Suworow› aus und auch das nur für kurze Zeit. ‹Osljabja› und ‹Nachimow› fuhren nach eigenem Belieben. Die Kreuzer unternahmen nicht einmal den Versuch, sich auszurichten, ‹Dmitri Donskoi› blieb eine Meile hinter den anderen zurück.

Nachdem den Schiffen erneut der Befehl erteilt worden war, sich in Kiellinie zu formieren, scherten sie so weit aus, daß zwischen ‹Suworow› und ‹Dmitri Donskoi› fünfundfünfzig Kabellängen lagen.

Selbstverständlich konnte das Einschießen eines Schiffes, und wenn es auch nur ein mittleres gewesen wäre, bei einer so weit auseinandergebogenen Formation keinen Nutzen bringen.

Wenn wir nach vier Monaten gemeinsamer Fahrt noch nicht gelernt haben, einander zu vertrauen, so werden wir es wohl auch in der kurzen Zeit, die uns noch bis zum Treffen mit dem Feind bleibt, nicht mehr schaffen.

Das gestrige Geschwaderschießen war höchst matt und zeigte leider, daß nur ein Schiff, ‹Aurora›, den Unterricht in der Schiffsführung bei den planmäßigen Übungen ernst genommen hat.

Die wertvollen 305-mm-Granaten wurden sinnlos und ohne Verhältnis zu den Treffergebnissen anderer Kaliber vertan. Manchmal feuerte nach mehreren Minuten vollständigen Schweigens ein 305-mm-Geschütz einen Schuß, in dieser Zeit hatten sich aber bereits sowohl die Entfernung zum Ziel als auch der Winkel zum Kurs und das Windverhältnis wesentlich geändert. Von welchen Voraussetzungen ließ sich denn der Artillerieoffizier leiten, als er so wertvolle Geschosse aufs Geratewohl hinausfeuerte?

Das Schießen mit den 75-mm-Geschützen war ebenfalls sehr schlecht. Offenbar wurden die optischen Zielgeräte bei den Übungen nur zum Schein gebraucht. Es ist beschämend, das Schießen mit den 47-mm-Geschützen, das der Abwehr von Torpedoangriffen dienen sollte, zu erwähnen. Jede Nacht wachen an diesen Geschützen die Mannschaften, während das ganze Geschwader am hellen Tage nicht ein einziges Loch in die Scheiben schoß, die die Torpedoboote darstellten. Dabei boten diese Scheiben im Vergleich zu den japanischen Torpedobooten noch den Vorteil, daß sie unbeweglich waren ...»

Dieser Tagesbefehl, aus dem ich nur Auszüge gebracht habe, veranlaßte die Offiziere zu lebhaften Gesprächen. Auf der vorderen Brücke trafen sich die Leutnante Pawlinow und Giers. Pawlinow sagte: «Wer anders als der Admiral selbst hat Schuld? Er hat doch das Geschwader ausgerüstet. Unsere mehr als mangelhafte Kampffähigkeit war schon in Reval bekannt. Wer treibt uns denn dem Teufel in den Rachen?»

Leutnant Giers stimmte zu und sagte: «Der Admiral geizt mit jeder Kopeke. Viel schlimmer wird es aber sein, wenn alle Munition samt den Schiffen auf den Meeresgrund sinkt.»

«Nicht viel besser aber ist auch dieser Admiral Biriljow, der sich damit zufrieden gegeben hat, uns abzuschieben, und der dafür noch eine Auszeichnung erhalten wird. Dabei hat er es sogar versäumt, uns mit Munition für das Übungsschießen zu versorgen.»

«Das Marineministerium ist ebenfalls nicht schuldlos und noch einige andere auch.»

«Man muß doch wirklich ganz hirnverbrannt sein, um solch ein Geschwader in den Krieg zu schicken.»

Am 31. Januar und 1. Februar liefen wir erneut zum Übungsschießen aus. Außer «Shemtschug», den Torpedobooten und Transportschiffen, die liegen blieben, lichteten fünfzehn Schiffe die Anker.

Auch an diesen beiden Tagen zeigte sich das Geschwader von der schlechtesten Seite. Die Befehle wurden schlecht ausgeführt. Selbst die einfachsten Wendungen gelangen nicht. Wenn die Schiffe eine Dwarslinie bilden sollten, so wirkten sie wie Rekruten, denen die elementarsten militärischen Bewegungen unbekannt sind. Mit dem Schießen sah es nicht besser aus. Es fehlte nicht viel, und es wäre zu einem Unglück gekommen. Ein Geschoß fiel dicht vor «Dmitri Donskoi» ins Wasser, ein zweites beschädigte die Brücke, fegte zwei Aufbauten herunter und bohrte ein Loch ins Deck. Das gußeiserne 152-mm-Geschoß war nur eine Übungsgranate und detonierte nicht; deswegen gab es auch keine Verwundeten. Das Flaggschiff «Suworow» selbst hatte diese beiden Geschosse auf «Dmitri Donskoi» abgegeben.

In seinem Befehl Nr. 50 geißelte Roshestwenski wiederum sein Geschwader: «Im Verbrauch von großen Geschossen ist immer wieder der gleiche unzulässige Mangel an Umsicht zu beobachten ...

Die Schießgeschwindigkeit war noch geringer als am 26. Januar ...»

Sechs Tage später liefen wir das dritte Mal aus, begleitet von sieben Torpedobooten. Welchen Erfolg erzielten wir dieses Mal? Viele lasen nicht ohne Aufregung im Befehl Nr. 71 vom 7. Februar folgende Zeilen: «Die Manövrierbewegungen des Geschwaders waren am 7. Februar schlecht.

Die einfachsten Schwenkungen um zwei bis drei Strich bei Kursänderungen des Geschwaders in Kiellinie gelangen keinem Schiff. Die einen scherten nach Backbord, die anderen nach Steuerbord aus, obwohl das Meer ganz ruhig war und nur Windstärke 3 herrschte.

Das Schießen aus schweren Geschützen war auch am 7. Februar pure Munitionsverschwendung.

Es gab Schiffe, die die ersten zwei Schüsse als Salve und den dritten eine halbe Stunde später abfeuerten, andere schossen viel zu kurz oder zu weit, ohne das Visier zu ändern ...»

Infolge Munitionsmangels fand unsere Schießausbildung damit ihr Ende.

Bei allen diesen Übungen ließen wir vom «Orjol» immer dieselbe Zielscheibe über Bord. Das ganze Geschwader schoß darauf mit der schweren, mittleren und leichten Artillerie. Auch die Maschinengewehre benutzten die Scheibe als Ziel. Es wurde aus weiter und geringer Entfernung geschossen, manchmal auf sechs Kabellängen. Die Scheibe jedoch blieb unversehrt, und als wir sie schließlich an Deck zogen, hatte sie nicht einen einzigen Kratzer abbekommen.

Welche Schlußfolgerungen waren daraus zu ziehen?

Der Bootsmann Wojewodin sagte: «Das Geschwader ist unser Sarg.»

Und der Heizer Baklanow fügte hinzu: «Wenn nicht alles trügt, werden uns die Haifische fressen.»

Es gab jetzt kaum noch einen, der daran zweifelte, daß man uns in den Tod schickte. Wie konnte ein Geschwader siegen, das an vier Ausbildungstagen seine eigenen Scheiben mit keinem einzigen Schuß getroffen hatte? Eine vernünftige Führung hätte es sofort zurückbeordert.

Nachrichten über den «Blutsonntag» und mein Mißerfolg

Wir nahmen Abschied vom Transportschiff «Malaya», das mit den Kranken und Straffälligen an Bord nach Odessa fuhr. Zwei Wochen vorher war ein Aufstand auf «Malaya» ausgebrochen, der von bewaffneten Mannschaften anderer Schiffe unterdrückt worden war. Vier Zivilarbeiter der «Malaya»-Besatzung wurden verhaftet, auf vier Linienschiffe verteilt und eingesperrt. Sie erkrankten aber bald und kamen auf das Lazarettschiff «Orjol». Roshestwenski soll gedroht haben, sie auf einer unbewohnten Insel auszusetzen.

Die modernsten Linienschiffe hatten ihre Arrestzellen in der Tiefe des Schiffes, wo es keine Ventilation gab. Die Haft bedeutete grausame Qual. Einige Matrosen hielten die stickig-heiße Temperatur nicht aus und starben, ehe man ihnen helfen konnte. Trotzdem zeigten sich immer häufiger bald auf diesem, bald auf jenem Schiff Anzeichen von Gehorsamsverweigerung.

Am 14. Februar morgens lichteten fünfzehn Schiffe die Anker und stachen zu Manövern in See. Am Tage vorher hatten wir einen Funkspruch erhalten, aus dem hervorging, daß die Staffel des Kapitäns 1. Ranges Dobrotworski auf Madagaskar Kurs halte. Am nördlichen Horizont zeigten sich Rauchfahnen. Die Matrosen riefen freudig: «Da sind sie!» – «Wie sie daherstampfen, die Lieben!» – «Sechs Stück sind es.»

Wir fuhren ihnen entgegen, die Entfernung verringerte sich schnell. Bald konnten wir schon die einzelnen Schiffe unterscheiden: den Kreuzer 1. Ranges «Oleg», den Kreuzer 2. Ranges «Isumrud», die Hilfskreuzer «Rion» und «Dnepr» und die Torpedoboote «Gromki» und «Grosny». Auf ein Signal des Admirals nahmen die neu eingetroffenen Schiffe ihre Position im Geschwader ein. Zusammen führten wir Manöverbewegungen aus, die ebenso schlecht ausfielen, wie die vorangegangenen. Um 16.00 Uhr kehrten wir nach Nossi Bé zurück.

Das Eintreffen dieser Verstärkung für unser Geschwader hatte uns nur ein wenig zerstreut und auch nicht die seelische Depression von uns genommen. Wir wußten, daß das Erste Geschwader stärker als das unsere gewesen und dennoch in Port Arthur untergegangen war. Das gleiche Schicksal blühte auch uns.

Ob Roshestwenski auf das Dritte Geschwader warten würde?

Unter den Offizieren verbreitete sich die Meinung, daß man uns nach Rußland zurückbeordern werde.

In den russischen Zeitungen, die wir erhielten, spürte man einen merklich gereizten Ton. Die militärischen Mißerfolge brachten in das bisherige, so stille und versumpfte Leben des Zarenreiches einen frischen Wind der Kritik. Man merkte deutlich, daß in Rußland etwas ungewohnt Neues im Entstehen war. Aus ausländischen Zeitungen hatten wir schon von den großen Ereignissen erfahren, die im Geschwader für einige Zeit die Gedanken an den Krieg überschatteten.

In St. Petersburg hatte die Studentenjugend mit revolutionären Liedern und roten Fahnen demonstriert. In Baku hatten die Arbeiter gestreikt. Im Hafen von Sewastopol hatten die Hafenarbeiter die Arbeit niedergelegt. Die Decken, die der Moskauer Fabrikbesitzer Morosow für die Soldaten gestiftet hatte, waren zur Empörung der Moskauer Kaufleute in Nishni Nowgorod auf dem Markt verkauft worden. Die Moskauer Stadtduma verlangte von der Regierung die Änderung der bestehenden Ordnung. Eine grandiose Streikbewegung hatte in Petersburg alle Werke und Fabriken erfaßt. Es streikten etwa zweihunderttausend Arbeiter. Die Unzufriedenheit mit dem Kriege und der staatlichen Ordnung drang offenbar immer tiefer in die breiten Schichten der Bevölkerung ein. Alles das mußte sich auf die Mannschaft unseres Geschwaders auswirken. Dann kam eine Nachricht, die viele erschauern ließ. Das Gerücht ging von der Offiziersmesse aus, lief durch alle Abteilungen des Schiffs und weckte düstere Gedanken in uns. Wie vor einem furchtbaren Gespenst erblaßten die Gesichter der Matrosen, ihre Augen starrten fassungslos. In den ausländischen Zeitungen waren die Ereignisse des 22. Januar ausführlich beschrieben worden.

Am Abend versammelten wir uns in der Kasematte des achteren 305-mm-Geschützturmes. Hier konnte uns kein Vorgesetzter hören. Zuerst sprachen wir hastig, alle durcheinander: «Habt ihr gehört?»

«Ja, dreihunderttausend sind vor das Winterpalais gezogen ...»

«Sie wollten bei der Zieselratte von Zarskoje Selo um Erleichterung ihres Lebens bitten.»

«An der Spitze soll ein Priester, Gapon heißt er, gegangen sein.»

«Sie führten Heiligenbilder und Bilder des Zaren mit sich.»

«Und er hat sie mit einem Kugelhagel begrüßt!»

«Die Leute wurden mit Säbeln niedergemacht, von Pferden zerstampft, selbst die Frauen und Kinder wurden nicht geschont!»

«Über zweitausend Menschen sind umgebracht worden!»

Der Elektriker Golubew hob die Hand und rief streng: «Genug des Geschwätzes, Genossen! Wir müssen zu Taten übergehen. Auf jedem Schiff werden sich entschlossene Menschen finden. Es ist jetzt an der Zeit, die Massen zu organisieren. Wir müssen uns auf kommende Ereignisse vorbereiten. Laßt uns Verbindung mit den anderen Schiffen aufnehmen und den Tag abwarten, an dem wir anstelle der Andreasflagge die rote Fahne hissen werden.»

Wasja-Drosd unterbrach ihn: «Wenn wir schon hissen, dann muß es das ganze Geschwader tun!»

Der Maschinenmaat Gromow rief: «Richtig! Wir müssen die Mannschaft von Einzelaktionen zurückhalten!»

Der Laderaumobermaat Ossip Fjodorow fügte hinzu: «Sie würden uns nur Menschenopfer kosten. Man muß organisiert handeln.»

Wir trennten uns spät, nachdem wir in großen Zügen einen Plan für die künftige Arbeit entworfen hatten.

Die Verbindung mit «Suworow» fiel mir zu.

Wie wir später erfuhren, waren die Ereignisse des 9. Januar (alte russische Zeitrechnung) im ganzen Geschwader Gesprächsthema gewesen. Niemand glaubte mehr an die Güte des Zaren. Auch bei einigen Offizieren war das Gefühl der Untertanentreue erschüttert.

Ich dachte daran, welche Stimmung mich vor fünf Jahren beherrscht hatte. In St. Petersburg hatte ich als Rekrut eine ganze Woche in schmutzigen und verlausten Durchgangskasernen verbracht, ehe man uns auf die einzelnen Schiffe verteilt hatte. Ich wollte gern das Zarenschloß sehen, von dem ich schon in meinem Heimatdorf Matwejewskoje geträumt hatte. Der November war feucht und schmutzig. Ein Kamerad und ich fragten uns bei Passanten zum Winterpalais durch. Ländlich naiv bestaunten wir das Gebäude der Admiralität mit dem spitzen Turm und dem goldenen Segelschiff darauf, die Alexandersäule, auf der ein Bronzeengel das Schloß segnete, und das große, rote, dreistöckige, ungewöhnlich breite Gebäude, dessen Front direkt auf die Newa hinausging. Hier lebte doch er, der Gesalbte des Herrn, der gekrönte Mensch, unter dessen Zepter einhundertvierzig Millionen Menschen vereinigt waren, von dem das Wohlergehen aller abhing.

«Das ist eine Hütte!» staunte mein Kamerad.

«Ungeheuerlich! Da kann man wohl kaum alle Zimmer an einem Tag besichtigen. Der wohnt wohl nicht allein dort.»

«Natürlich nicht, er muß doch seine Minister und Generale bei sich haben.»

Ein Posten in einer Grenadieruniform, wie wir sie noch nie gesehen hatten, bewachte die Säule. Auch an den Einfahrten zum Schloß standen Posten, die den Zaren bewachten, damit kein Bösewicht ihm etwas antun konnte für all das Gute und für die Gnade, die er dem Volk erwies. Hätte damals jemand etwas Schlechtes über den Zaren gesagt, so würde ich diesen Menschen auf der Stelle umgebracht haben. Stolz und glücklich verließen wir den Schloßplatz.

Die Kameraden in der Division und auf den Schiffen hatten später nicht wenig an mir zu arbeiten gehabt, und ich selbst mußte erst eine ganze Menge illegaler Literatur verschlingen, ehe sich mein Bewußtsein wandelte. Das Gefängnis hatte dann meine Umerziehung vollendet. Der frühere naive Begriff vom Zaren wurde aus meiner Seele ausgebrannt, wie man eine Warze ausbrennt.

Und nun wanderte ich auf dem Schiff umher und konnte keine Ruhe finden. Die furchtbare Nachricht vom Blutsonntag, die uns hier im fernen Nossi Bé erreicht hatte, erschütterte mich. Im Geiste sah ich immer wieder den Schloßplatz, auf dem der Zar die Arbeiter hatte niedermetzeln lassen. Tausend andere im Geschwader dachten über dieses Ereignis nicht anders als ich.

In der letzten Zeit las ich meine Notizen über unser Geschwader oft dem Ingenieur Wassiljew vor. Er gab mir viele nützliche Hinweise für den Stil und die Formgebung. Er gab mir auch Ratschläge, bei welchen Meistern des Wortes ich lernen könne. Manchmal kam es auch vor, daß er mir aus seinem Tagebuch vorlas. Er schrieb interessanter als ich, analysierte die Tatsachen tiefer und zog die entsprechenden Schlußfolgerungen. Ich war ein fleißiger Schüler und nahm alles, was er sagte, ernst und offenen Herzens auf, um es für immer zu behalten.

Mit meinen Notizen ging ich sehr vorsichtig um. Die Hefte, in denen ich meine Ansichten über das Geschwader äußerte, versteckte ich an Orten, wo sie niemand finden konnte. In meinen Koffern blieben nur Notizen über das Leben auf dem Schiff. Und dennoch beging ich einmal einen Fehler, der mir fast das Leben gekostet hätte. Darüber möchte ich aber nicht selbst berichten, sondern Auszüge aus dem unveröffentlichten Tagebuch des Ingenieurs Wassiljew anführen. Er schilderte darin den Eindruck, den der 9. Januar auf die Offiziere machte, und schrieb: «... Die Zusammenstöße auf den Straßen von St. Petersburg, die Barrikaden, die Anführer, ihre Versuche, mit dem Zaren unmittelbar zu verhandeln, alles ersteht aus den Zeitungsmeldungen in allen Einzelheiten klar vor unseren Augen. Jeder sieht sich vor die Notwendigkeit gestellt, über sich selbst nachzudenken, seine Überzeugungen und Grundsätze zu überprüfen, sein Verhältnis zu den Ereignissen zu bestimmen.

Schon jetzt aber ist zu erkennen, nach welcher Seite sich die Waage neigt. Als Beispiel kann folgende Begebenheit, die sich auf dem Linienschiff ‹Orjol› zutrug, dienen.

Vorgestern ertappte der Erste Offizier den Proviantmeister Nowikow dabei, wie er eine mit der Schreibmaschine geschriebene Broschüre an die Geschützführer im Turm weitergab. Es handelte sich um Aufzeichnungen des Proviantmeisters, die in der Schiffskanzlei von einem Schreiber mit mehreren Durchschlägen geschrieben worden waren. Dieser Proviantmeister war auch vorher schon verdächtig und wurde beim Auslaufen aus Kronstadt als ‹Politischer› angesehen. Der Erste Offizier brachte die Broschüre in die Offiziersmesse, wo die Offiziere sie vorlasen und besprachen. Der Verfasser hatte aus der Offiziersmesse einige Exemplare der Zeitung ‹Rus› in die Hände bekommen, aus denen er Näheres über die Bildung des ‹Fonds für Volksaufklärung› erfahren und in denen er von den zustimmenden Briefen aus dem Volk zu diesem Aufruf gelesen hatte. Unter der Mannschaft machte er dann Propaganda, dafür zu sammeln, und schrieb eine Broschüre zu diesem Zweck. Er besitzt schon einige Erfahrungen im Schreiben, da er einige Novellen, Erzählungen und Theaterstücke aus dem Leben des Volkes geschrieben hat. Anfangs schildert er die Gedanken der Matrosen über die Bedeutung der Wissenschaft und des Wissens, führt dann seine eigenen Ansichten darüber an, wie das Wissen das Leben eines jeden einzelnen und in der Gesamtsumme das Gefüge des Staatslebens beeinflußt. Dann beschreibt er die üblichen Wege, auf denen der durchschnittliche russische Mensch seinen Horizont erweitern kann, um schließlich am eigenen Beispiel die Hindernisse zu zeigen, die den Menschen seiner Klasse die geistige Fortbildung erschweren. Daraus zieht er den Schluß, daß die Hemmnisse, die der Entwicklung des Volkes entgegenstehen, in Tendenzen liegen, die tief im Bürokratismus der Regierung wurzeln. Die Broschüre schließt mit dem Aufruf, mutig vorwärts zu schreiten, hohen Zielen entgegen.

In anderen Verhältnissen, in einem Milieu, das nicht durch die Traditionen einer formalen Disziplin eingeengt ist, wäre ein solcher Aufruf keine ungewöhnliche Erscheinung gewesen, auf einem Kriegsschiff aber, das zudem unterwegs zum Kriegsschauplatz ist, war das ein kühner und außergewöhnlicher Schritt.

Nicht weniger außergewöhnlich war das Verhalten der Offiziere zu diesem Ereignis, ein Verhalten, das deutlich zeigte, wie tief schon die neuen Ideen auch in sie eingedrungen waren und ihre formalen Lebensbeziehungen und Anschauungen unterhöhlt hatten.

Der Chefarzt, der Oberauditor und ich nahmen den Autor in Schutz, und die Offiziersmesse teilte unsere Ansicht, wodurch die Zweifel des Ersten Offiziers behoben wurden.

Die Offiziere waren der Ansicht, daß in diesem Artikel, in dem auch Tatsachen aus dem Leben des ‹Orjol› gebracht wurden, kein Wort der Lüge enthalten sei, daß der Artikel Wärme und ehrliches Wollen ausstrahlte, daß die aufgezeigten Mängel tatsächlich die Entwicklung auch in der Marine hemmen, die technisch ausgebildete Menschen brauche. Ferner sei die Geldsammlung unter den Matrosen, die einhundertsechzig Rubel ergab, eine erfreuliche Erscheinung, die man nicht bestrafen dürfe, nur weil nach dem Reglement ‹jegliche Sammlungen ohne Genehmigung der Vorgesetzten verboten sind›. Die Vorwürfe gegen unser politisches Regime könnten ihm ebenfalls nicht als Schuld angerechnet werden, da alle Zeitungen darüber schrieben. Wenn die Offiziere der Mannschaft das Lesen der Zeitungen ermöglichten und den Matrosen Klados Artikel zu lesen gaben, so liege die Verantwortung bei ihnen. Endlich sei eine strenge Bestrafung des Verfassers auch deswegen unerwünscht, weil sie die erschütterte Disziplin nicht wiederherstellen werde. Das gesammelte Geld müsse man von den Matrosen entgegennehmen und seiner Bestimmung zuführen.

Diese Ausführungen unterstützte auch der Gerichtsvertreter, der Oberauditor des Geschwaders, und man machte sie auch dem Schiffskommandanten klar, dem das natürlich sehr gelegen kam, denn auf diese Weise ließ sich jedes Aufsehen vermeiden. Im Ergebnis wurde der Proviantmeister für die unerlaubte Benutzung der Schreibmaschine und die unzulässige Geldsammlung nur vorübergehend in eine niedrigere Löhnungsstufe versetzt. Alles andere geriet in Vergessenheit. Übrigens hatte ihm der Erste Offizier sofort alle Hefte, Notizen, Bücher und Tagebücher abgenommen, wobei sich auch viel ‹Verdächtiges› fand. Im Notizbuch waren zum Beispiel alle Fälle eingetragen, in denen Feldwebel, Bootsleute, Unteroffiziere geschlagen hatten, und solche Vorkommnisse, wie die Entfernung der Werke Lew Tolstois aus der Schiffsbibliothek, die auf Veranlassung des Priesters erfolgt war. Es wurde beschlossen, diese Dinge nicht zu beachten, da die Notizen nur persönlicher Art waren und sich nicht an die Mannschaft richteten. Ich glaube, es wurde ihm alles wieder ausgehändigt.

Übrigens kann man noch hinzufügen, daß dieser Proviantmeister keineswegs eine Ausnahme ist, es gibt viele solcher entwickelter und belesener Matrosen, die nach und nach die Masse veredeln, gegen grobe Instinkte ankämpfen und geistige Ansprüche wecken.»

Ingenieur Wassiljew hatte in seinem Tagebuch alles bis auf eine Tatsache richtig eingetragen. Nicht die ganze Offiziersmesse hatte auf meiner Seite gestanden. Soweit ich von den Ordonnanzen erfuhr, waren der Leutnant «Schädling», der Leutnant Worobeitschik und mehrere andere Offiziere dafür, daß meine Angelegenheit den gesetzlichen Lauf nehmen solle. Zu meinem Glück gehörte der Erste Offizier nicht zu ihnen, sonst wäre mir die Zwangsarbeit sicher gewesen.

Ich muß noch erwähnen, daß die Offiziersmesse auf «Orjol» die fortschrittlichste im Vergleich zu den Offiziersmessen der anderen Schiffe war. Das erklärt sich daraus, daß der Revolutionär Wassiljew, ein sehr kluger und willensstarker Mann, zu dieser Messe gehörte. In seinen Anschauungen fand er bis zu einem gewissen Grad stets Unterstützung beim Chefarzt Makarow, dem Oberauditor Dobrowolski und dem Leutnant Giers. Diese vier führten die übrigen Offiziere in politischer Hinsicht.

Am zweiten Tage stürzte eine Ordonnanz zu mir und sagte: «Der Erste Offizier will dich in seiner Kajüte sprechen.»

Ich war sehr aufgeregt, als ich zum Heck ging. Das Blut klopfte mir in den Schläfen, und mein Herz hämmerte laut. Im Offizierskorridor verlangsamte ich meinen Schritt, als ich hinter mir Getrampel hörte. Es war eine Ordonnanz von der Wache, ein junger Matrose, der mich überholte und an die Tür klopfte.

«Herein!» rief eine Stimme in der Kajüte.

Der Matrose riß die Tür auf, stolperte über die Schwelle, beugte sich vor und schoß wie ein Hecht kopfüber, mit den Armen fuchtelnd, in die Kajüte, wo er der Länge lang hinfiel. Ich stand an der Schwelle und sah, wie der Erste Offizier gleich einem Ball aus dem Sessel hochsprang und in eine Ecke flüchtete. Der Melder erhob sich aber sofort und erstarrte in strammer Haltung. Seinen Kopf hatte er zurückgeworfen und starrte an die Decke; die Finger an der Hosennaht waren gespreizt, sein Gesicht war vor Anstrengung geschwollen. Sidorow blickte ihn einige Sekunden schweigend an, seine Schnurrbartenden zuckten drohend, als er fragte: «Was … soll denn das?»

Die Ordonnanz sagte nichts.

Der Erste steigerte seine Stimme: «Ich frage dich: Was ist denn los?»

Der Bote riß sich zusammen und brüllte: «Ich habe es vergessen, Euer Hochwohlgeboren!»

«So ein Esel! Wie heißt du?»

«Ich habe es vergessen, Euer Hochwohlgeboren.»

«Scher dich zum Teufel. Wenn du es wieder weißt, meldest du dich.» Der Mann verschwand. Sidorow setzte sich schweratmend wieder in den Sessel. Mich hatte diese Szene so belustigt, daß ich mich völlig beruhigt hatte.

Der Erste Offizier schielte zu mir hin, zeigte auf die Hefte auf dem Tisch und sagte finster: «Nimm deine Papiere. Entweder du verbrennst sie oder du versteckst sie so, daß sie mir nicht mehr unter die Augen kommen. Ich rate dir, die Schreiberei aufzugeben, solange du im Militärdienst bist. Wenn die Sache vor den Admiral gekommen wäre, hätte er dich zu Zahnpulver zerrieben. Verstanden?»

«Jawohl, Euer Hochwohlgeboren, ich verstehe, und ich danke Ihnen herzlich für Ihr gütiges Verhalten.»

Ich verließ ihn mit dem Gefühl, dem Gefängnis entronnen zu sein.

Die Zersetzung des Geschwaders

Nossi Bé ist sehr schön, aber die Europäer vertragen das Klima der Insel nicht. Manche halten es kaum drei Jahre aus und sterben dann. Während unseres Aufenthaltes erkrankten sehr viele Matrosen. Fieber, Durchfall, Tuberkulose, Furunkel, Wahnsinn, tropischer Ausschlag, Ohrenerkrankungen waren zu üblichen Erscheinungen geworden. Auch ich wurde vom tropischen Ausschlag befallen. Mein ganzer Körper war mit wäßrigen Pusteln bedeckt. Wenn ich ruhig lag, verspürte ich keine großen Beschwerden außer Juckreiz. Wollte ich mich aber bücken oder nur die Muskeln spannen, dann platzten die kaum wahrnehmbaren Bläschen und verursachten mir qualvolle Schmerzen. Den Körper bedeckten schweißähnliche, farblose Tröpfchen. Eine solche Krankheit befreite aber niemanden von der Arbeit, die Ärzte beachteten sie gar nicht.

Das Leben an Bord geriet immer mehr in Unordnung. Die Aussichtslosigkeit der Situation tötete bei Offizieren und Mannschaften das Interesse an ihren Pflichten und an vernünftigen Dingen überhaupt. Eine grenzenlose Verzweiflung beherrschte die Menschen, die nicht wußten, was sie tun sollten, um ihre Lage zu vergessen, und so zeigten sie sich wie absichtlich nur von der schlechtesten Seite.

Der Admiral beschloß, die Mannschaft zu straffer Ordnung zu erziehen. Seiner Ansicht nach mußten alle so stark beschäftigt werden, daß keine Zeit für Gedanken über das eigene Schicksal und über die

Ereignisse in Rußland blieb. Die Übernahme von Kohlen und Vorräten von den Transportschiffen, Gefechtsübungen, nächtliche Angriffe auf Torpedoschiffe, Landungsübungen, das Säubern der Bordwände von Muscheln und Schlingpflanzen und verschiedene Alarme ließen uns bei Tag und Nacht keine Ruhe. Zu den vielen Arbeiten kam noch hinzu, daß täglich in Barkassen Süßwasser von Land geholt werden mußte. Außerdem erfand man Bootsübungen für uns. Jeden Morgen nach dem Frühstück wurden Matrosen in die Ruderboote gesetzt, die das ganze Geschwader umfuhren und erst kurz vor der Flaggenparade zurückkehrten. Auf der Back hörte man boshafte Bemerkungen: «Wozu brauchen wir diese Ruderübungen? Wir werden doch nicht auf Ruderbooten mit den Japanern kämpfen.» – «Der tolle Admiral quält uns absichtlich.» – «Er sollte sich lieber etwas anderes ausdenken. Noch niemals haben wir zum Beispiel das Abdichten von lecken Stellen geübt. Wenn uns unter Wasser ein Loch geschlagen wird – was dann?»

Keine Nacht konnten wir richtig schlafen. Viele waren so übermüdet, daß sie die Beine kaum bewegen konnten. Der Admiral erreichte aber damit keineswegs seinen Zweck. Im Gegenteil, der Prozentsatz der Vergehen und der Disziplinverstöße stieg.

Die Trunksucht an Bord nahm zu. Die Offiziere beschafften sich die Spirituosen legal in der Offiziersmesse, während die Matrosen sie heimlich von Land oder von den ausländischen Handelsschiffen holten. Kaum vorstellbar war, was die Betrunkenen anrichteten. Auf dem Werkstattschiff «Kamtschatka» berauschten sich die Offiziere eines Tages sinnlos und führten unter Flüchen und Grölen in der Offiziersmesse wilde Tänze auf. Ein Oberleutnant stieg in Unterwäsche auf einen Stuhl und dirigierte. Ein junger Leutnant kroch unter den Tisch und bellte wie ein Hund. Jeder war bestrebt, etwas ganz Verrücktes zu tun. In dieser Hinsicht schlug ein älterer Offizier den Rekord, indem er einen Toast auf den japanischen Admiral Uriu ausbrachte. Die Handwerker und Matrosen sahen und hörten, was in der Offiziersmesse vor sich ging, der Admiral wird es wohl kaum erfahren haben.

An Bord des Hilfskreuzers «Ural» brach aus irgendeinem Grunde ein Streit zwischen den Offizieren und dem Schiffskommandanten aus. Der Haß gegen ihn hatte sich so zugespitzt, daß man den Kommandanten fast verprügelt hätte. Danach schrieb ihm der Oberleutnant Kolokolzew einen dreisten Brief. Er kam deshalb vor Gericht.

Das Flaggschiff «Suworow» bildete durchaus keine Ausnahme. Ein Offizier hatte so dem Alkohol zugesprochen, daß er über Bord fiel. Mit knapper Not konnte man ihn retten. Einmal wurden mehrere Kisten

Sekt an Bord gebracht. Eine Kiste verschwand, man fand sie im Kesselraum. Die schuldigen Matrosen erhielten einige Backpfeifen, aber dem Admiral, den niemand leiden mochte, wurde nichts gemeldet. Auf demselben Schiff kamen die Offiziere, die vor Langeweile fast umkamen, auf nichts Besseres als darauf, Affen und Hunden Sekt zu geben und sie aufeinander zu hetzen. Wilde Ausschreitungen wiederholten sich auf allen Schiffen.

Ich war mehrere Male mit meinem Revisor, dem Leutnant Burnaschew, der Lebensmittel für das Schiff einkaufte, an Land. In der Stadt hatte der Handel zugenommen. Es wurden neue Läden mit russischen Firmenschildern eröffnet: «Lieferant der Flotte», «Gewähre großen Rabatt», «Bitte die russischen Kunden, mich zu besuchen». Allerlei Geschäftsleute aus Diégo-Suarez, aus Majunga, von den Nachbarinseln und selbst vom Festland zogen nach Hell-Ville, in der Hoffnung, gut zu verdienen. Als Händler getarnt, tauchten auch japanische Spione auf. Es kam vor, daß sie ungestraft unsere Schiffe besuchten. Ein ganz kecker Spion erdreistete sich sogar, auf das Flaggschiff zu kommen.

Das Geschwader hatte vor Nossi Bé für unbestimmte Zeit Anker geworfen, es beherbergte viele Menschen. Warum sollten da nicht auch die Prostituierten die Gelegenheit wahrnehmen? Sie kamen von allen Seiten ins Städtchen: Französinnen, Engländerinnen, Deutsche, Holländerinnen. In aller Eile wurden offen und heimlich Spelunken mit Glücksspielen und Dirnen eingerichtet. Ein wildes, zügelloses Leben begann. Die Preise stiegen unglaublich. Eine Flasche Bier kostete drei Franken, Sekt vierzig bis sechzig Franken. Den Menschen war alles gleich. Sie zogen in den Krieg und glaubten nicht an Sieg und Wiederkehr. Sie tranken, hurten und randalierten.

Die Offiziere, die meist in Zivilkleidung an Land gingen, übersahen die Ausschweifungen der Matrosen, um sich selbst keinen Zwischenfällen auszusetzen. Die Matrosen spürten die Nachsicht der Offiziere und mißachteten die Autorität der Vorgesetzten. Wenn sie durch die Stadt gingen, ließen sie sich durch nichts stören und drohten den Offizieren sogar mit den Fäusten. Einige betranken sich so, daß sie bewußtlos mitten auf der Straße wie nach einer Prügelei liegen blieben, andere krochen auf allen vieren. Niemand fürchtete die Patrouillen, die den einen oder den anderen festnahmen und zum Landungsplatz führten. Der Festgenommene konnte oft kaum die Beine bewegen und röchelte: «Laßt mich los, Verfluchte! Ich schlage euch die Fresse kaputt.»

«An Bord wirst du anders reden, wenn du erst vor dem Ersten Offizier stehst.»

«Was, Ersten Offizier? Ins Gesicht will ich ihm spucken!» Die Mannschaft des Torpedobootes «Grosny» hatte in der Stadt einen Überfall verübt. Trotz der Tränen und Schreie der Eigentümer hatten die Matrosen eine Hütte zerstört und die klägliche Habe durcheinandergeworfen. Vier Matrosen wurden verhaftet. Der Admiral erfuhr davon und ließ sie an Bord des «Suworow» bringen. Nachdem sie von den Admiralsfäusten gründlich bearbeitet worden waren, kamen sie vor Gericht. Das schreckte die anderen keineswegs von Verbrechen ab. Es kam immer wieder zu Schlägereien. Die Matrosen schlugen sich untereinander, überfielen aber auch Offiziere. Bald auf diesem, bald auf jenem Schiff stieg auf dem Fockmast ein Signal hoch und dröhnte ein Kanonenschuß. Das bedeutete, daß das «Sondergericht» zusammentrat und jemanden eine harte Strafe erwartete.

Ein solches Gerichtsverfahren fand auch auf unserm Schiff unter dem Vorsitz des Schiffskommandanten Jung statt. Angeklagt waren Matrosen des Kreuzers «Admiral Nachimow», nämlich der Geschützführer Stoljarow, der Leichtmatrose Tschernigin, der Matrose 2. Klasse Korol und der Maschinist Jerschow. Sie mußten sich wegen übler Ausschreitungen verantworten. Stoljarow und Tschernigin wurden zu je vier Jahren Zwangsarbeit verurteilt, und Korol erhielt drei Jahre Strafbataillon.

Um sich ein Bild davon zu machen, wie weit die Zersetzung der Mannschaft fortgeschritten war, brauchte man nur Roshestwenskis Befehle anzusehen. Er schrieb sie stets persönlich, in großer Erregung, wobei die Federn brachen und das Papier riß. In der Woche vom 4. bis zum 11. Februar hatten viele von ihm eins ausgewischt bekommen.

An Bord des Lazarettschiffs «Orjol» befand sich die Nichte des Admirals als Krankenschwester. Der Admiral besuchte deswegen dieses Schiff öfters. Auch am 6. Februar, am Tage der Bestattung des Heizers Bogomolow, kam er an Bord des Lazarettschiffs. Das Torpedoboot «Brawy» hatte angelegt, um die Leiche zu übernehmen. Roshestwenski schrieb darauf in seinem Befehl: «Während auf allen Kriegs- und Transportschiffen des Geschwaders Offiziere und Mannschaften angetreten waren, zogen an Bord des Lazarettschiffs ‹Orjol› selbst in meinem Beisein Haufen undisziplinierten Volkes umher. Die Stelle an Deck, von der die Leiche dem Torpedoboot übergeben wurde, war voll Schmutz; während des Kirchengesanges wurde ein Eimer mit Abfällen vorbeigetragen, der das Gewand des Priesters fast beschmutzt hätte.

Mit Bedauern muß ich erwähnen, daß sogar die Krankenschwestern bei der traurigen Zeremonie Mangel an Taktgefühl zeigten. Beim Gesang waren nur zwei Schwestern anwesend, während andere dienstfreie Schwestern auf Deck spazierten und bei der Übernahme der Leiche durch das Torpedoboot sich neugierig über Bord beugten, inmitten des unsauber angezogenen weiblichen Personals ...» Schließlich empfahl der Admiral dem Chefarzt, die Krankenschwestern straffer zu halten und mit Hilfe der Oberschwester festzulegen, daß bei allen Zeremonien an Deck und in der Kirche die dienstfreien Schwestern sich nicht in den Kajüten verstecken und nicht auf Deck spazierengehen, sondern sich an einer bestimmten Stelle auf Deck oder in der Kirche aufhalten sollten, und zwar nicht als ungeordnete Menge, sondern in Reihen und unbedingt in einheitlicher Kleidung.

Befehl Nr. 54: «Der Leutnant Chishinski und der Unterleutnant Dekaprelewitsch vom Kreuzer 2. Ranges ‹Kuban› sind wegen Bummelns und Randalierens in Kneipen in Haft zu nehmen, der erstgenannte für drei Tage, der letztgenannte für eine Woche, Posten sind vor die Kajüten zu stellen.»

Befehl Nr. 61: «Sajontschkowski, Ingenieur-Unterleutnant auf dem Kreuzer 2. Ranges ‹Ural›, der am 4. Februar in Offiziersuniform an Land ging, betrank sich viehisch und wurde von ebenso betrunkenen Matrosen des Lazarettschiffs ‹Orjol› blutig geschlagen.

Dem Unterleutnant Sajontschkowski wird der Offiziersrang abgesprochen; ich befehle, ihn sofort aus den Listen der Offiziersmesse zu streichen, ihn von der Ausübung der Offizierspflichten auszuschließen, ihm meine Anordnung über den Entzug der Disziplinarrechte, die Unterleutnants zustehen, mitzuteilen und ihn bis zum Anlaufen eines russischen Hafens nicht an Land zu lassen.»

Befehl Nr. 62: «Tostogonow, Ingenieur-Unterleutnant auf dem Geschwader-Linienschiff ‹Sissoi Weliki›, der am 4. Februar in Offiziersuniform an Land ging, war betrunken und beschimpfte einen Offizier, der ihm empfahl, aufs Schiff zurückzukehren, um mit seinem Aussehen und Benehmen den Offiziersstand nicht in Verruf zu bringen.

Ich befehle, den Unterleutnant Tostogonow sofort aus der Offiziersmesse auszuschließen und bis zum Anlaufen eines russischen Hafens nicht an Land zu lassen.»

Einige Offiziere, die sich vergangen hatten, verurteilte der Admiral zu kirchlichen Bußen, womit er nur spöttische Bemerkungen bei den Offizieren provozierte.

«Er maßt sich die Rolle eines Metropoliten an!» – «Man sollte ihm anstelle eines Bischofshutes einen Taucherhelm überstülpen, dann wäre er der richtige Priester.» – «Er stammt doch aus einer geistlichen Familie, deshalb hat er auch diese Priestermanieren. Ich bin davon überzeugt, daß er unter der Uniform einen Priesterrock trägt.»

Roshestwenski ließ sich niemals auf den Schiffen sehen, unterhielt sich nicht mit den Kommandanten und Offizieren und befragte die Mannschaft auch nicht nach ihren Wünschen und Beschwerden. Alles das war seiner Ansicht nach überflüssig. Seine einzige Verbindung mit den Leuten bestand in seinen Tagesbefehlen. Streng im Dienst, hart im Charakter, wollte er die Menschen durch Einschüchterung regieren und so die Disziplinlosigkeit ausrotten. Dabei erkannte er aber die einfache Wahrheit nicht, daß dieser Krieg, der aus Profitgier angezettelt worden war und nichts als Mißerfolge gebracht hatte, nur Verzweiflung hervorbrachte und daß die Verzweiflung die Menschen zu unsinnigen Handlungen veranlaßte.

Die Demoralisierung der Mannschaft nahm ständig zu.

Die europäischen Dirnen bevorzugten Offiziere und ließen sich nur in Ausnahmefällen mit Matrosen ein. Den Matrosen blieben nur die einheimischen Frauen, deren schwarze Männer, Brüder oder Väter unterschiedlich darauf reagierten. Manche beschwerten sich über die Ausschreitungen der Mannschaft, man hatte aber kein Verständnis für ein solches Familiendrama. Was konnten die Beleidigten angesichts des furchterregenden Geschwaders unternehmen? Nichts weiter, als ihre Flüche über die Schiffe auszuschütten!

Andere freuten sich, wenn weiße Gäste kamen, waren sogar selber bemüht, sie anzulocken und sahen darin nichts anderes als ein Handelsgeschäft. Sie hatten, vom französischen Kolonialismus in furchtbare Armut gestürzt, nur die eine Sorge, dem weißen Gast soviel Geld wie möglich abzunehmen. Während irgendein Matrose mit seiner augenblicklichen Freundin in der Hütte war, stand der Eingeborene, mitunter sogar ihr Ehemann, geduldig draußen vor der Tür. Und wenn die Kinder, besorgt um die Mutter, sich zur Tür drängten, dann vertrieb er sie wütend. Die Lagerruhe des Gastes durfte nicht gestört werden, er könnte böse werden und weniger Geld geben.

Die Offiziere benahmen sich bei den Prostituierten noch ungezwungener. Eines Tages hörten bei einem Spaziergang durch den Wald Matrosen von unserem Schiff trunkene Stimmen und gingen vorsichtig näher. Bald bot sich ihnen ein unvergeßliches Bild. Die Matrosen, die doch schon vieles gesehen hatten, erstarrten: Vor ihnen erstreckte sich eine Wiese, auf der eine Frau mit nacktem Unterleib lag. Um sie herum saßen drei junge, betrunkene Offiziere. Zwei waren in Zivil und spielten auf dem Bauch der Frau Karten, während der dritte, in Leutnantsuniform, in einer Entfernung von etwa vier Metern einen Fotoapparat aufbaute, um Aufnahmen zu machen. Die Frau war wohl volltrunken, es lagen leere Weinflaschen und Speisereste umher.

«Kolja», sagte einer der Spieler, der offenbar an den pikanten Aufnahmen sehr interessiert war, «du mußt dich mehr rechts aufstellen, damit alle Einzelheiten aufs Bild kommen.»

«Ruhig!» rief der schwankende Offizier am Apparat. «Ich weiß besser, wie man Aufnahmen macht. Einer soll seinen Partner ansehen, der andere den Bauch, die Karten. Macht besorgte Gesichter!»

«Kolja, bester Freund, du machst uns ganz mürbe», flehte der andere Spieler mit unsicherer Zunge. «Wir haben schon fünf Aufnahmen gemacht und lauter verschiedene. Mach endlich Schluß. Wir haben noch ernstere Dinge vor.»

Der Elektriker Golubew befand sich unter den Matrosen vom «Orjol». Er starrte angestrengt überlegend hinter dem Baum hervor und rief dann mit schnarrendem Baß, als sei er der Admiral: «Ich beglückwünsche die Herren Offiziere zum Sieg über den Feind!»

Die Offiziere sprangen verdattert auf. Der Fotograf ließ seinen Apparat fallen und stand stramm. Die Frau blieb regungslos liegen.

Im Gebüsch erklang Gelächter.

«Matrosen!» heulte einer der Offiziere auf. Er hatte einen blauen Kragen in den Büschen entdeckt.

Alle drei rissen ihre Pistolen aus den Taschen und schossen in die Richtung, aus der die Matrosenstimmen gekommen waren.

Die Matrosen flüchteten.

Wenn ich derartige Erzählungen hörte, mußte ich daran denken, was sich alles ereignen würde, wenn wir noch zwei bis drei Monate hier bleiben müßten. Das ganze kleine Städtchen Hell-Ville würde zu einer einzigen Spelunke werden. Und wir alle, die wir schon psychisch erkrankt waren, würden der Zersetzung noch mehr verfallen.

Das Küken

Bei Beobachtung des Lebens und Treibens an Bord unseres Schiffes drängte sich oft die Frage auf: «Sind wir noch normale Menschen?» Vieles in unserem Verhalten schien mir seltsam und unverständlich. Manchmal ließen uns wichtige Ereignisse gleichgültig, dagegen konnte eine ganz unbedeutende Tatsache bei uns äußerste Aufregung verursachen.

Vor etwa anderthalb Monaten hatte der Obersignalgast Sefirow die Kiste mit den Ersatzflaggen geöffnet. Er hatte den Deckel hochgehoben und war erstaunt zurückgeprallt. In der Kiste war ein Küken! Wie war es in die Kiste gekommen? Hatten es die Kameraden hineingetan, um ihn zu verulken? Sefirow zerbrach sich lange den Kopf, bis er in einer Ecke Eierschalen entdeckte. Da erinnerte er sich, daß er einmal an Land bei Eingeborenen etwa dreißig Eier gekauft hatte. Bei der mangelhaften Schiffskost aß er sie als Zusatznahrung. Ein Ei war zufällig unter die Signalflaggen geraten. In den Tropen war es im Schatten und selbst nachts so heiß wie in einem Brutkasten. Der Keim im Ei hatte sich entwickelt, und ein Küken war ausgeschlüpft.

Das Neugeborene war schon trocken und stand als gelbe, flaumige Kugel unsicher auf den rosafarbenen, fast durchsichtigen Beinchen. Geblendet vom Tageslicht, piepste es kläglich, vielleicht rief es nach der Glucke. Sefirow beugte sich über das Tierchen und lächelte gerührt. Dann nahm er es behutsam auf die Handfläche und trug es zum Wachhabenden.

«Sehen Sie doch, welch ein Wunder, Euer Wohlgeboren.»

Leutnant Pawlinow legte die Stirn in strenge Falten und fragte: «Was soll denn das bedeuten?»

Als er aber den Sachverhalt erfuhr, konnte auch er ein Lächeln nicht unterdrücken. Bald war Sefirow von Steuerleuten und Signalgasten umringt, die seinen Fund bestaunten. Leutnant Pawlinow meldete das Ereignis telefonisch in die Offiziersmesse. Die Offiziere kamen in Haufen an, gefolgt vom Ersten Offizier und sogar vom Schiffskommandanten Jung. Sefirow fühlte sich als Held des Tages und erzählte begeistert, wie das Küken hatte aus dem Ei schlüpfen können. Die Offiziere äußerten ihre Begeisterung auf verschiedene Weise: «Eine wunderbare Erscheinung!» – «Prachtvoll!» – «Welch ein rührendes Wesen!» – Der Kommandant sagte freundlich: «Unsere Familie hat sich um ein Seelchen vermehrt.»

Der Erste Offizier Sidorow strich sich über den grauen Schnurrbart und fügte gutmütig hinzu: «Das bringt Glück, Nikolai Viktorowitsch.»

Selbst der Leutnant «Schädling» und der Leutnant Worobeitschik waren beim Anblick des Kükens gerührt und wurden freundlicher. Eine Pilgerfahrt setzte ein. Es kamen nicht nur Deckmatrosen, sondern auch Maschinisten und Heizer. Sie fanden oben nicht alle Platz, der Wachhabende trieb sie zurück, sie baten ihn: «Euer Wohlgeboren, das Küken ist doch ohne Henne zur Welt gekommen!» – «Wir wollen es doch nur einmal sehen.»

Das Küken wurde auf die Back hinuntergetragen, wo sich Hunderte von Menschen ansammelten. Sie bildeten einen weiten Kreis, in dem das Neugeborene, von allen bewundert, auf schwachen Beinen über die Deckplanken lief. Es erschien uns ungewöhnlich anziehend, dieses lebendige, safrangelbe Kügelchen mit dem zartrosafarbenen Schnabel und den schwarzen Äuglein, die uns naiv anstarrten. Ich kannte die Matrosen und auch mich selber nicht wieder. Die lastende Stimmung war verschwunden, als hätten wir weder Port Arthur noch das Erste Geschwader verloren, noch den Artikel von Klado gelesen, der bewiesen hatte, daß das Zweite Geschwader schwächer als die japanische Flotte war, noch von dem furchtbaren Blutbad erfahren, das der Zar den Arbeitern am 9. Januar bereitet hatte. Beim Anblick des Kükens wurden selbst die düstersten Gesichter freundlich. Aufgeregt freuten wir uns wie die Kinder, als hätte man uns soeben das Kriegsende verkündet.

Jemand bemerkte: «Ich bin doch neugierig, ob es ein Hahn oder eine Henne wird!»

Baklanow trat in den Kreis, nahm das Küken mit zwei Fingern auf und hob die Hand hoch. Das Küken ließ den Kopf nach unten hängen.

«Seht ihr? Ein Hahn. Kein Zweifel. Wenn es ein Huhn wäre, würde es versuchen, den Kopf an den Rumpf heranzuziehen. Ich habe zwei Jahre als Landarbeiter auf einem Gut gearbeitet und weiß genau Bescheid.»

Baklanow ließ das Küken wieder laufen und trat in den Kreis zurück. Auf unserm Schiff hatten wir nicht wenig ausgewachsene Hähne verschiedener Rassen, niemand hatte sich je für sie interessiert, niemand bedauerte sie, wenn sie für die Offiziersmesse geschlachtet wurden. Die meisten Matrosen waren zudem im Dorf aufgewachsen. Dennoch hatten die Worte des Heizers alle erfreut. Es wurden Stimmen laut: «Wir geben das Küken nicht für die Offiziersmesse ab!» – «Es muß der Mannschaft gehören!»

Damit waren alle einverstanden. Es wurden Ratschläge erteilt, womit das Küken zu füttern sei. Es gab auch welche, die sich schon ausmalten, was für ein schöner Hahn es werden würde – bestimmt mit feuerrotem Federkleid – und wie schön er singen würde. Sein Krähen würde das ganze Geschwader hören. Selbst der Admiral würde vor Neid platzen.

Nur mit Mühe konnten die Vorgesetzten die Mannschaft zur Arbeit treiben. In allen Schiffsstationen sprach man an diesem Tage nur vom Küken. Wir konnten es nicht vergessen. Vielleicht hatte es uns deswegen so erregt, weil es so klein und schutzlos war in dieser riesigen Welt des Eisens und der Maschinen, der Torpedos, Turm- und Bordgeschütze, zwischen den Tausenden von Granaten. Die Regierung wollte, daß wir die verletzte Ehre des russischen Imperiums auf dem Schlachtfelde wiederherstellen sollten. Doch daran dachte jetzt keiner, ebenso wenig wie an sein eigenes freudloses Dasein. Unser Denken kreiste um das Küken wie um ein geliebtes Wesen.

Sefirow hatte keine Zeit, sich mit seinem Fund zu befassen, und schenkte das Küken dem Steuermann Wolowski, der sich eifrig darum kümmerte und ihm den Namen «Söhnchen» gab. Ein Käfig wurde angefertigt. Seine Ernährung war gut, es bekam gekochte Grütze, Graupen, aufgeweichtes Weißbrot, gehacktes Eigelb. Außerdem hielt es jeder, der an Land ging, für seine Pflicht, ihm Würmer oder Larven mitzubringen. Wir hatten ausgemacht, daß allein Wolowski ihm das Futter gab, damit es sich besser an ihn gewöhnen sollte. So vergingen Tage und Wochen. Zu unserer größten Zufriedenheit nahm das Küken an Gewicht zu, bekam Federn und gewann die Formen eines Vogels. Tagsüber lief es frei umher; unter der tropischen Sonne fühlte es sich auf Deck wie auf der Dorfwiese. Wenn Wolowski seinen gefiederten Zögling nicht gleich erblickte, rief er: «Söhnchen! Söhnchen!»

Dann lief das Küken mit besonders freudigen Lauten der Stimme nach, weil es wußte, daß es Leckerbissen erhielt. Es pickte das Futter aus Wolowskis Hand und kletterte dann auf seine Schulter wie auf eine Sitzstange. Lächelnd spazierte der Steuermann umher, während Söhnchen die kleinen Flügel balancierend spreizte, um nicht herunterzufallen. Das machte uns allen großen Spaß.

Nach anderthalb Monaten hatte unser Liebling sein Federkleid angelegt. Er gelangte schon selbständig auf die Brücke und konnte längere Flüge ausführen. Auf seinem Kopf zeichneten sich Ansätze eines Kammes ab. Alles ging glatt bis zu einem gewissen Tage …

Nach der Mittagsruhe wurden die Mannschaften zur Teemahlzeit gerufen. Die Signalgasten und Steuerleute hatten sich an der oberen Brücke eingefunden und auf den Fußboden gesetzt, vor sich einen großen, kupfernen Kessel. Das zum Schutz aufgespannte Segeltuch über ihnen hielt die Tropenhitze etwas ab. Jemand hatte den Deckel des Kessels abgenommen, damit der Tee schnell abkühlte. Söhnchen saß stumm auf dem Steuerrad, als lausche es der trägen Unterhaltung der Menschen. Vielleicht lockte es der Glanz des blanken Kessels an. Es flog plötzlich auf, um sich auf den Kessel zu setzen. Alle schrien auf, wie von einem heftigen Schmerz gepackt – das Hähnchen war in den Kessel gefallen und sofort verbrüht.

Zehn Minuten später wußten alle Offiziere und Matrosen auf «Orjol» von diesem Ereignis. Wiederum begann eine Wallfahrt, zuerst auf die Brücke und dann auf die Back, wohin man das verbrühte Küken gebracht hatte. Jeder wollte es sehen, wie es dalag, die Beine und Flügel gespreizt, starr, naß und kläglich. Das lebendige schöne Tierchen, voll Bewegung, war nun nichts weiter mehr als ein Stück Fleisch. Voll Trauer starrte der Steuermann Wolowski auf seinen kleinen Schützling. Die Matrosen schüttelten niedergeschlagen die Köpfe und seufzten. Andere schimpften auf die Signalgasten und Steuerleute, da sie angeblich die Schuld am Tode des allgemeinen Lieblings trugen. Lange standen wir düster und bedrückt da, als hätten wir nicht ein Küken, sondern ein ganzes Schiff mit seiner Besatzung verloren.

Wer kann den Regungen der menschlichen Seele folgen? Wir sollten Menschen töten und waren mit dem gesamten Geschwader einem unausweichlichen Schicksal preisgegeben. Aber alles das betraf scheinbar gar nicht uns, sondern irgendwelche anderen uns fremde Menschen. Traurig sahen wir zu, wie der Steuermann Wolowski das tote Küken in ein Segeltuch nähte, ein Stück Eisen daran befestigte, um das, was vor kurzem noch unsere Freude gewesen war, ins Meer zu versenken.

Dem Massengrab entgegen

Der Februar ging zu Ende. Es regnete immer weniger. Eines Nachts erlebten wir aber ein besonders heftiges tropisches Gewitter. Am Tage hatte die stechende Sonne soviel Wasser gezogen, daß sich die regenschweren Wolken in einem wütenden Platzregen entluden. Von den Höhen und den Steilufern Madagaskars stürzten Windböen herab, fielen brausend in die Bucht, wühlten die Wasserfläche auf und heulten um das Geschwader. Der Regen peitschte die Schiffe wie mit Lederriemen, ringsum blitzte und krachte es. Blitze und Donnerschläge waren so häufig, daß man gar nicht zu sich kam. Wir hatten den Eindruck, als ob Felsen und Eisen über uns gewälzt würden. Unausgesetzt flammten die Blitze, jagten wie Schlangen durch die Wolken, fielen wie Spiralen nieder oder wirbelten in Girlanden auseinander. Manchmal spaltete sich der Himmel in zahlreiche goldene, verzweigte Risse, die bis zum Horizont reichten. Und in diesem Durcheinander von Licht und Dröhnen zeichneten sich durch Regenschleier und Wind die Umrisse der unbeweglichen, plumpen Schiffe unklar ab.

Ich wusch mich ausgiebig mit Regenwasser und stieg dann hinunter, um mir trockene Kleider anzuziehen, Arbeitshosen aus Segeltuch und ein Netzhemd. Die dienstfreie Mannschaft schlief schon lange. Kameraden hatten mir gesagt, daß heute die Butterwoche gefeiert würde und daß man mich in der Kanzlei abholen würde. Ich saß lange über einem aufgeschlagenen Buch, gefesselt von Byrons mächtigem

Genie. Mit seinem Helden Don Juan zog ich aus einem Land ins andere, gewann schöne Frauen und forderte mit ihm gemeinsam die heuchlerische Gesellschaft in die Schranken. Der Obermaat Ossip Fjodorow kam schließlich in die Kanzlei und unterbrach meine Lektüre.

«Es ist gleich alles fertig. Komm.»

Wir gingen in den Maschinenraum hinunter. Im grellen Licht der elektrischen Lampen sah ich mehrere Matrosen auf umgekippten Kisten sitzen. Es waren alles Freunde: Gromow, Wasja-Drosd, Baklanow, Golubew und mehrere Maschinisten. Auf den sauber gedeckten Kisten standen Emaillebecher und ein großer, kupferner Teekessel. Der Raum war mit Tropengrün geschmückt. In einer Ecke stand ein Eimer mit Früchten: Bananen, Apfelsinen und Ananas.

«Das ist unsere Messe», sagte man mir, «setz dich, du sollst unser Gast sein.»

Bald wurde eine große, selbstverfertigte Pfanne mit kleingeschnittenem Schweinebraten gebracht. Der Speck brutzelte. Der Heizer Baklanow meinte: «Das kocht ja wie ein Frauenherz – ohne Feuer.»

«Wo habt ihr denn das her?» fragte ich verwundert, während ich den angenehmen Duft des gebratenen Fleisches einsog.

Die Gastgeber lächelten geheimnisvoll.

«An Land kann man davon haben, so viel man nur will.»

«Wo habt ihr es denn gebraten?»

«In der Kesselfeuerung kannst du einen Elefanten braten. Jetzt arbeiten wir besser als die Köche in der Kombüse. Eierkuchen werden gebacken, es wird gekocht und gebraten. Großartig!»

«Und die Vorgesetzten?»

«Wir haben überall Posten aufgestellt, wie im Kriege. Außerdem können wir das Licht beliebig ausschalten. Hier ist alles ganz genau überlegt.»

Ich staunte noch mehr, als aus dem Teekessel Rum in die Becher geschenkt wurde. Ich versuchte davon – es war achtzigprozentiger! Der Rum, den ich sonst ausgab, wurde mit Wasser verdünnt und entsprach in seinem Alkoholgehalt dann etwa unserem Wodka.

«Unser Getränk ist besser als deins.»

Der Obermaat Fjodorow fragte einen jungen Burschen:

«Haben die Bootsleute ihre Portion erhalten?»

«Alles in Ordnung. Ich habe ihnen auch eine Flasche Rum gebracht. Sie haben sich sehr bedankt.»

Als alle Becher gefüllt waren, beglückwünschte Baklanow uns zur Butterwoche.

Wir aßen und tranken mit zunehmendem Appetit, bis Pfanne und

Kessel leer waren. Dann nahmen wir die Früchte vor. Es war heiß wie in einem Dampfbad. Die Leute wurden unter der Einwirkung des Alkohols redselig. Golubew stellte sich in Positur und sagte: «Dort, in Rußland sind sie an der Arbeit. In Petersburg haben die Arbeiter auf den Barrikaden gekämpft. Und in Moskau sind nach dem Attentat von Seiner Kaiserlichen Hoheit, dem Onkel des Zaren, Sergei Alexandrowitsch, nichts als Fetzen übriggeblieben. Alles weist darauf hin, daß der Absolutismus wankt.»

Jemand antwortete ihm: «Laß ihn wanken. Sollen wir etwa weinen? Wir werden erst weinen, wenn dem Neffen selbst die Krone mitsamt dem Schädel davonfliegt.»

«Aber müssen wir nicht auch etwas tun?» ließ Golubew nicht lokker. «Unsere Zeit wird noch kommen.»

Ossip Fjodorow hob sein bärtiges Gesicht mit den scharfen Augen und erklärte als Gastgeber: «Darüber, Genossen, werden wir ein andermal sprechen. Jetzt kein Wort über diese Dinge. Sonst fliegt ihr alle aus meinem Bereich. Wir haben uns hier zusammengefunden, um der verfluchten Langeweile zu entgehen.»

Der Heizer Baklanow, dessen kniegroßes Kinn vom Speck glänzte, stimmte ihm zu: «Obwohl du kein Admiral bist, hast du das ganz richtig gesagt», und dann wandte er sich an seinen Freund mit einer Frage: «Sage, Drosd, was wirst du tun, wenn du während der Schlacht über Bord fällst?»

«Dich werde ich nicht danach fragen», meinte Wasja-Drosd gekränkt.

«Trotzdem nimm meinen freundschaftlichen Rat an: Wenn du ins Meer fällst, dann halte dich am Wasser fest, da ertrinkst du nicht.»

Ich ging auf das Oberdeck. Der Himmel war wolkenlos, hell leuchteten die großen Sterne der südlichen Halbkugel. Nach dem elementaren Ausbruch des Gewitters schien die ganze Natur in schläfrige Stille versunken zu sein.

An Deck bummelten betrunkene Matrosen. Woher hatte die Maschinenmannschaft Rum? Das erfuhr ich erst zwei Wochen später von Ossip Fjodorow. Es war alles sehr einfach gewesen. Am Tage vorher hatte ich neben anderen Lebensmitteln auch mehrere Fässer Rum übernommen. Gewöhnlich wird der Rum vom Oberdeck aus durch ein Rohr mit Trichter gegossen, das durch mehrere Stockwerke zum Lagerraum hinabführt. Dort wird er in besondere Behälter für Schnaps geleitet. So hatte ich es auch damals gehalten. Außer den Posten hatte sich der Oberproviantmeister Pjatowski unten aufgehalten, und oben hatte ich gestanden. Wir hatten aber nicht berücksichtigt, daß die Maschinisten alle Winkel des Schiffes kannten, also auch wußten, wo dieses Rohr verlief. Es hatte ihnen nichts ausgemacht, an einer Biegung das Rohr anzubohren und einen dünnen Gummischlauch hineinzustecken. Auf diese Weise hatten sie ungefähr zehn Eimer unverdünnten, achtzigprozentigen Rum abgezapft.

«Ihr hättet mich aber schwer hineinlegen können», warf ich Fjodorow vor.

«Wieso denn das? Du bist doch nicht der Oberproviantmeister. Außerdem ziehen wir in den Krieg, wo so oder so doch alles zum Teufel geht. In der Offiziersmesse saufen sie noch mehr, sollen wir etwa zugucken? Was für ein Leben führen wir denn? Verrückt werden kann man dabei.»

Ich ließ alles laufen.

In jener denkwürdigen Nacht führten sich einige Betrunkene am oberen Deck still auf, andere murmelten wirres Zeug daher. Ein Maschinist, ein älterer, gebeugter Reservist, stieß mit dem wachhabenden Offizier zusammen. Leutnant Worobeitschik fragte ihn: «Du bist wohl besoffen?»

«Nein, Euer Wohlgeboren. Ich war an Land und habe außer Milch nichts getrunken. Die Milch stammte aber von einer tollen Kuh. Und nun ist mir immerzu schlecht, es schaukelt mich hin und her.»

«Ich wollte dich eigentlich nur für einen Tag einsperren, aber für deine Schwindelei verdoppele ich die Strafe.»

Der Maschinist flehte in gut gespielter Verzweiflung: «Gnade, Euer Wohlgeboren! Ich habe sogar geträumt, daß der Herr Zebaoth persönlich Sie in seine göttlichen Hände nahm, Sie auf seine Knie setzte, mit seinem Silberbart zudeckte wie ein kleines Kind und dazu sprach: ‹Was bist du doch für ein gnädiger Vorgesetzter, der keinem Matrosen etwas zuleide tut. Dafür sollst du bei mir im Paradies weilen, bis ...›»

«Schweig!» rief der Leutnant heftig.

Der Maschinist erhob ebenfalls die Stimme: «Warum soll ich schweigen, Euer Wohlgeboren? Ich habe in meiner Dienstzeit sozusagen eine ganze Barkasse staatlicher Suppe ausgelöffelt. Da werde ich doch noch etwas sagen dürfen? Wieviel haben Sie denn davon gegessen?»

«Ich werde morgen mit dir sprechen!» rief der Leutnant und ging auf die vordere Brücke.

Hinter ihm her brummte die betrunkene Stimme: «Zwölf Brillengläser hat er sich zugelegt und gibt nun an!»

Am nächsten Morgen mußte der Maschinist eine Strafwache schieben. In Arrest kam er nicht.

Der Matrose, dem die Viehwirtschaft unterstand, meldete dem Kapitän Sidorow, daß das Offiziersschwein von Bord verschwunden sei. Die beiden Bootsleute Pawlikow und Wojewodin wurden sofort an Deck zitiert. Sie standen vor dem Ersten Offizier stramm und starrten ihn dreist an, während er sie verhörte: «Was meint ihr, wohin kann das Schwein verschwunden sein?»

«Ich weiß es nicht, Euer Hochwohlgeboren», erwiderte Pawlikow, dessen Gedanken noch von dem in der Nacht genossenen Rum getrübt waren.

«Und du, Wojewodin, was sagst du dazu?»

«Es kann nicht anders sein, als daß es über Bord gesprungen ist.»

«Bisher ist es nicht gesprungen und mit einemmal soll es über Bord gesprungen sein? Warum sollte es das getan haben?»

Wojewodin wußte auch darauf eine Antwort: «Wahrscheinlich tat es das im Halbschlaf. Es kommt ja auch vor, daß ein Matrose auf diese Weise über Bord fällt. Sie wissen ja selbst, wie das so zugeht ... Vielleicht wollte es auch flüchten, solange es noch nicht verspeist worden ist. Ein Schwein ist ein schlaues Tier.»

Der Erste Offizier warf sogar einen Blick über Bord und maß mit den Augen die Entfernung bis zum Ufer.

«Das stimmt, Euer Hochwohlgeboren», bestätigte Pawlikow. «Ich hatte zu Hause Hunderte solcher Schweine. Scheußliche Tiere sind es, nicht zu halten. Keine Umzäunung hält ihren runden Schnauzen stand, kein Fluß ist ihnen zu breit.»

Als der Erste Offizier die Bootsleute ohne besondere Aufregung entlassen hatte, klagte mir Wojewodin sein Leid: «Ich kann dir sagen, eine Plage ist es mit unseren Maschinisten. Sie schickten uns drei Pfund gebratenes Schweinefleisch und eine Flasche Rum in die Kajüte. Der Bote erklärte, daß sie das alles an Land gekauft hätten. Und nun – diese Geschichte. Und es war doch ein ausgewachsenes Schwein, mit mindestens sechs Pud schierem Fleisch. Ich wundere mich nur, wie sie es in den Heizraum gebracht und geschlachtet haben. Es hätte doch quieken müssen, daß es das ganze Geschwader hörte. Bei ihnen hat es aber nicht gemuckst. Gesengt haben sie es wohl mit der Lötlampe. Eine saubere Arbeit, das muß man schon sagen.»

Der Bootsmann seufzte und fügte bekümmert hinzu: «Auch für unsereinen ist der Dienst schwer. Gibt man der Mannschaft freie Hand, kann man jederzeit selbst vor Gericht kommen. Besteht man auf straffer Disziplin, schlagen einen die Matrosen tot. Jetzt schreckt sie nichts mehr, denn sie wissen, daß sie dem Tode entgegengehen.»

Am selben Tage erfuhr ich, daß das ganze Schwein im Laufe der Nacht aufgegessen worden war. Am Morgen baute sich eine lange Schlange vor der Ambulanz auf: Durchfall.

Unser Aufenthalt in Nossi Bé näherte sich seinem Ende. Das Geschwader erhielt Befehl, sich schleunigst zur Ausfahrt fertig zu machen. Die Schiffe nahmen in aller Eile noch einmal Kohlen, Wasser, Lebensmittel und andere Vorräte über. Die letzten Rechnungen der Lieferanten wurden bezahlt.

Das Geschwader hatte zwölftausend Mann an Bord. Unser langer Aufenthalt hatte sich auf die Bevölkerung ausgewirkt. Die Frauen waren demoralisiert; die Bevölkerung, einschließlich der Kinder, hatte die scheußlichsten russischen Schimpfworte gelernt. Täglich kamen Eingeborene zu uns an Bord und boten Früchte, Seife, Ansichtskarten und ähnlichen Kram an. Ein Händler überbot seine Konkurrenten dadurch, daß er ein ganzes Sammelsurium von russischen Schimpfworten hersagen konnte. Die Matrosen nannten ihn Grischka und bevorzugten seine Waren. Er war fast nackt, nur ein Tuch umschlang seine Lenden. Er erinnerte mich an einen schlanken, schöngebauten Gladiator, den ein Künstler aus dunkelbraunem Marmor gehauen hatte. Wenn er sich unserem Schiff näherte, rief er schon von weitem die scheußlichsten russischen Schimpfworte. Seine sonore Stimme war im ganzen Geschwader zu hören.

«Kinder, unser Grischka kommt!»

Die Matrosen witzelten: «Zum Bootsmann sollte man ihn befördern!» Sein Erscheinen an Bord war eine fröhliche Abwechslung für die Mannschaft.

Am 15. März war der Frachter «Regina» in die Bucht eingelaufen. Er hatte uns Zwieback, Butter, Tee, Pökelfleisch, Maschinen- und Takelungersatzteile gebracht. Alles das schickte uns der Petersburger Großhändler Ginsburg, der «Ernährer und Lieferant der Flotte». Ohne ihn wären wir verhungert. Da wir am nächsten Tage auslaufen sollten, mußte das Frachtschiff binnen 24 Stunden gelöscht werden. Schon vier Tage vorher hatte sich uns das Kohlentransportschiff «Irtysch» angeschlossen.

Unser ganzes Linienschiff war mit Kohlen und anderen Vorräten beladen.

Der Ingenieur Wassiljew äußerte entrüstet zu anderen Offizieren: «Ich verstehe die Anordnung des Admirals nicht. Was hat er aus den Schiffen gemacht? Überlegen Sie einmal: Die Wasserverdrängung des ‹Orjol› beträgt jetzt siebzehntausend Tonnen! Seine Stabilität hat sich dadurch außerordentlich verringert. Die Schwimmfähigkeit ist minimal. Unter diesen Umständen können wir keine vierzehn Knoten schaffen. Wir riskieren bei einer scharfen Wendung zu kentern. In einem Orkan sind wir erst recht erledigt!»

Die Offiziere zuckten nur die Achseln: «Ist doch alles egal, wir wollen nur ein schnelles Ende.»

Am 16. März um 13.00 Uhr begannen wir die Anker zu lichten, um nie wieder hierher zurückzukehren.

Mit welchen Gefühlen verließen wir die Insel Madagaskar, an deren Küste wir zweieinhalb Monate verbracht hatten!

Port Arthur war gefallen. Das Erste Geschwader war vernichtet. Das Zweite Geschwader war, wie Klados Enthüllungen bewiesen, nur halb so stark wie die japanische Flotte. Es hatte sich herausgestellt, daß wir nicht schießen konnten. In St. Petersburg ließ die zaristische Regierung die Arbeiter niederknallen. Zu alldem trafen in den letzten Tagen von der Reuteragentur trostlose Nachrichten über die Lage an der Landfront ein.

Ausländische Zeitungen brachten Berichte über die Kämpfe bei Mukden. Dort, in der fernen Mandschurei, hatte eine Schlacht stattgefunden, die mehrere Tage gedauert hatte. Unsere Truppen hatten nicht standgehalten, sondern Mukden geräumt und sich nach Norden zurückgezogen. Es wurden erschütternde Zahlen über unsere Verluste veröffentlicht: 30000 Tote, 90000 Verwundete, 40000 Gefangene. Außerdem hatten die Japaner riesige Beute gemacht: Hunderte von Geschützen, mehrere hunderttausend Gewehre, Millionen von Patronen, Pferde, Wagen, Lokomotiven, Waggons, Kleidung, Brennstoff, Futter und Brot. Der Oberbefehlshaber Kuropatkin war abberufen, an seiner Stelle General Linewitsch ernannt worden. Vielleicht stimmten die angeführten Zahlen nicht ganz genau, es gab aber keinen Zweifel, daß unsere Landtruppen vernichtend geschlagen worden waren. Offenbar war die Niederlage so furchtbar, daß die restlichen Truppen aktionsunfähig waren und nur noch auf die Hilfe unseres Geschwaders hofften. Aber wußten unsere Landtruppen denn nicht, daß auf der russischen Flotte derselbe Fluch des bürokratischen und absolutistischen Regimes lastete, der sie selbst vernichtet hatte? Das Herz stockte mir bei dem Gedanken, daß sie an eine Hilfe durch Seestreitkräfte glaubten. Wenn die Flotte nicht nach Rußland zurückgerufen würde, mußten wir mit unserem unvermeidlichen Untergang die furchtbare Tragödie abschließen, die sich im Fernen Osten abspielte.[6]

Zwei Stunden lang formierten sich die fünfundvierzig Schiffe unseres Geschwaders zur Marschordnung. Heiß brannte die Sonne. Eine

Zeit lang gaben uns zwei weiße, französische Kanonenboote das Geleit. An ihren Masten flaggten sie den Wunsch: «Gute Fahrt!» Auf «Suworow» spielte das Blasorchester zu Ehren Frankreichs die Marseillaise. Auch die Eingeborenen erschienen auf ihren Kähnen, um das Geschwader zum letzten Mal zu bestaunen. Neben «Orjol» trieb sich lange der bekannte Grischka herum. Zum Abschied hatte er sich besonders schön gemacht. Um die Lenden hatte er ein rotes Tuch geschlungen, seinen schwarzen Hals umspannte ein weißer Kragen mit grellgelbem Halstuch; auf dem Wuschelkopf trug er eine von uns geerbte Matrosenmütze mit dem Namen unseres Schiffes. Die übrigen Teile seines Körpers waren nackt. Solange wir langsam fuhren, blieb er an unserer Seite, schwang die Arme und grüßte uns mit den grausigsten Flüchen.

Ich sah in die ausgemergelten Gesichter der Mannschaften und Offiziere. Wir waren während der letzten Monate sehr gealtert. Todesfurcht spiegelte sich in aller Augen.

Vor uns lag in brennender Sonnenhitze der Ozean, majestätisch und funkelnd – unser prächtiger Weg zum Massengrab.

Das Geschwader fährt weiter

In den Weiten des Indischen Ozeans

Zwanzig Tage brauchten wir, um den Indischen Ozean zu überqueren, zwanzig Tage sahen wir kein Land, befanden wir uns zwischen Himmel und Wasser. In dieser Zeit hatten wir zu unserem Glück keinen einzigen Sturm zu überstehen. Es gab nur einzelne Böen, die uns keinen großen Kummer bereiteten. Einige Tage waren regnerisch und trübe, als beweinten sie unser Schicksal. Aber bald folgten wieder Tage mit dem glitzernden Glanz der Tropen. Verschieden waren auch die Nächte, bald bewölkt und voll Finsternis, wie sie im Innern eines Schiffes auch nicht dichter herrschen kann, bald klar und blau mit bezauberndem Mond- und Sternenschein.

Nachdem wir Madagaskar verlassen und Kurs auf die Sundainseln genommen hatten, gab es keinen Zweifel mehr, daß das Geschwader Kurs auf den Fernen Osten nahm.

Geteilte Gefühle beherrschten uns. Einerseits bedrückte uns die Gewißheit, daß wir nicht nach Rußland zurückbeordert worden waren, andererseits war uns alles gleichgültig, und wir wünschten uns nur endlich irgendeine Lösung.

Das Geschwader hatte einen langen und beschwerlichen Weg zurückgelegt. Auf seinen Schiffen beherbergte es mehrere tausend charakterlich verschiedene Menschen, die vieles überlegt, vieles empfunden hatten. Niemand kümmerte sich aber um sie. Ohne geistige Unterstützung, den eigenen, unklaren Gedanken überlassen, suchten schwache Naturen einen Fluchtweg im Selbstmord. Gleich am ersten Tage unserer Fahrt stürzte sich ein Matrose vom Transporter «Kiew» über Bord. Er sollte gerettet werden, als aber der Admiral von dem Selbstmordversuch erfuhr, ließ er das Signal «Nicht suchen!» hissen. Der Matrose ertrank. Am nächsten Tage wiederholte sich das gleiche auf dem Kreuzer «Shemtschug», von dem ebenfalls ein Matrose über Bord sprang. Er schwamm lange umher, bis ihn das Lazarettschiff «Orjol» auffischte. Was war mit diesen Menschen geschehen? Waren sie noch normal? Hatte sie die Angst vor dem bevorstehenden Tode gezwungen, Selbstmord zu begehen?

Es verging kein Tag ohne besondere Vorfälle bald auf diesem, bald auf jenem Schiff: Defekte an den Maschinen, im Kesselraum, am Steuerruder. Das manövrierunfähige Schiff scherte dann aus, blieb liegen oder fuhr mit einer Maschine langsam weiter und hielt dadurch das ganze Geschwader auf. Die Torpedoboote wurden von den Transportschiffen geschleppt. Aber die Schlepptaue rissen oft. Das behinderte gleichfalls das Fortkommen. Durchschnittlich legte das Geschwader etwa einhundertvierzig Seemeilen am Tage zurück. Viele beschäftigte die Frage, warum wir nicht das Geschwader des Konteradmirals Nebogatow in Nossi Bé abgewartet hatten. Diese Tatsache war für uns ein undurchdringliches Geheimnis. Ich hatte mehrfach Unterhaltungen von Offizieren mitgehört, aber auch sie wußten nichts Bestimmtes und äußerten nur Vermutungen.

«Der Admiral hält das Dritte Geschwader nur für Ballast», meinten die einen, «deshalb vermeidet er den Zusammenschluß.»

«Das kann nicht sein», erwiderten die anderen. «Wahrscheinlicher ist es, daß mit dem Geschwader ein Treffpunkt vereinbart wurde. Es ist nicht ausgeschlossen, daß wir uns mitten auf dem Ozean vereinigen.»

«Wovon hat sich denn der Admiral leiten lassen, als er seine Kräfte zersplitterte? Wir erwarten doch täglich einen Angriff des Gegners. Diese Gefahr wächst, je mehr wir uns Japan nähern.»

Obwohl niemand an eine große Hilfe durch das Dritte Geschwader glaubte, wünschten doch offenbar alle, daß es mit bei uns sei.

Bisher hatten wir unsere Kohlen auf den verschiedenen Liegeplätzen, die wir anliefen, übernommen. Jetzt befaßten wir uns damit alle drei bis vier Tage auf hoher See. Am Morgen stoppte das Geschwader die Maschinen, ohne aber Anker auszuwerfen. Die Kriegsschiffe ließen Barkassen und Dampfkutter zu Wasser, die Transportschiffe besondere Eisenleichter. Jedes Linienschiff entsandte unter der Führung eines Offiziers mindestens einhundert Matrosen auf das Kohlentransportschiff, die Kohlen schaufeln und in Säcke füllen mußten. Es wurden auch Leute auf Barkassen und Booten mit Säcken und Schaufeln abkommandiert. Die Marschordnung des Geschwaders wurde gestört. Die Transportschiffe und Kriegsschiffe behielten nur ungefähr ihre Position bei. Die Hilfskreuzer «Dnepr», «Rion» und «Kuban» dagegen hatten ausreichende Kohlenvorräte und brauchten keine Zusatzladungen. Diese Schiffe hatten den Befehl, den Wachdienst auszuüben und das Geschwader vom Erscheinen des Gegners zu benachrichtigen. Sie verstreuten sich bis zum Horizont, hielten sich aber in Sicht des Geschwaders.

Wie bei den früheren Verladeoperationen, nahmen auch jetzt alle, einschließlich der Offiziere, an den Arbeiten teil. Die Art des Verladens war höchst primitiv. Die einen füllten in den Bunkern die Säcke, die anderen brachten diese Säcke in Barkassen zu ihren Schiffen, wieder andere standen an den Kränen und Luken. Jede Stunde wurde dem Admiral durch Signal berichtet. Man durfte hinter den anderen nicht zurückbleiben. Der Erste Offizier gab deshalb ein gutes Beispiel. Kohlenstaub bedeckte sein Gesicht und den Rock mit den goldenen Achselstücken. Der drohende, graue Schnurrbart, der Spitzbart und die dichten Augenbrauen wurden schwarz. Von Zeit zu Zeit rief er: «Los, los, Kinder! Gebt Dampf, daß wir nicht hinterherhinken!»

Und die Matrosen in verschlissenen Arbeitshosen und Netzhemden strengten sich an. An den Füßen trugen sie selbstgeflochtene Bastschuhe oder einfach Lappen, mit Stricken umwickelt. Kaum einer besaß zwei Mützen, die eine mußte also geschont werden. Deshalb hatte jeder den Kopf mit einem unförmigen Deckel aus Segeltuch oder anderem Stoff bedeckt. Sie glichen Lastträgern, nicht Matrosen der Kriegsmarine. Arbeitslärm erklang von allen Schiffen, die im dichten, schwarzen Kohlenstaub lagen. Mitten in der ungeordneten Menge der Schiffe zogen die Schlepper schaukelnd und pfeifend leere oder überladene Barkassen und Boote hin und her.

So ging das gewöhnlich bis etwa 17 Uhr ohne Pause, mit Ausnahme der Mittagsruhe. Ein Signal vom Flaggschiff «Suworow» beendete das Bunkern. Alle Barkassen, Dampfkutter und Boote wurden an Bord genommen. Das Geschwader formierte sich wieder in Marschordnung und fuhr weiter.

Die ganze Welt hatte gestaunt, als sich dieses riesige Geschwader zu der langen Reise entschlossen hatte, ohne unterwegs eine einzige Kohlenbasis zu haben. In Wirklichkeit entwickelte sich dann alles viel einfacher, als wir dachten. Der Admiral und sein Stab hatten nichts Neues und Vernünftiges erfunden. Aber die Muskelkraft der Menschen überwand alle Schwierigkeiten.

Viel Kummer bereiteten uns die Säcke. Gewiß, allein für das Linienschiff «Orjol» waren 3000 Säcke geliefert worden, sie unterschieden sich aber durch nichts von gewöhnlichen Mehlsäcken. Für Kohlen waren sie höchst ungeeignet. Zwei Mann mußten sie in Schulterhöhe halten, während der dritte einschaufelte. So ging die Arbeit sehr langsam vonstatten. Außerdem rissen die Säcke sehr oft, weil die Kohlenstücke scharfe Kanten hatten und schwer waren. Viel Zeit kostete es, sie wieder zu nähen. Die Freude war daher groß, als vom Transportschiff «Korea» siebzig Säcke einer deutschen Fabrik, die speziell Kohlensäcke herstellte, geliefert wurden. Sie waren aus doppeltem Segeltuch genäht, ihre Ränder waren mit Seilen eingefaßt und standen im Lagerraum steif wie Körbe. Drei Mann konnten gleichzeitig in einen Sack, der bis zu siebzehn Pud faßte, einschaufeln.

Diese Kohlenschipperei beanspruchte die meisten Kräfte des Geschwaders. Galeerensträflinge hatten es leichter als wir. Wir atmeten den Kohlenstaub ein, er knirschte zwischen unseren Zähnen, wir schluckten ihn bei den Mahlzeiten, er setzte sich in der Haut fest. Wir schliefen auf Kohlenhaufen, überließen der Kohle unseren Wohnraum. Die Kohle war zu einem Götzenbild geworden, dem wir alles zum Opfer brachten, unsere Kraft, Gesundheit, Ruhe, Bequemlichkeit. Wir dachten nur an sie, widmeten ihr unsere ganze Erfindungsgabe, obwohl dabei nichts Brauchbares herauskam. Wie ein schwarzer Vorhang verdeckte sie die entscheidenden Dinge, als hätten wir nicht die Aufgabe zu kämpfen, sondern nur das Geschwader der japanischen Küste näherzubringen. Wir hatten das Batteriedeck so weit mit Kohlen belegt, daß die leichten Geschütze im Falle eines Torpedoangriffs nicht bedient werden konnten. Roshestwenski war aber geradezu verrückt auf Kohle. Man sagte, er riefe manchmal im Schlaf: «Kohlen! Kohlen! Ich befehle, Kohlen zu laden ... bis die Schiffe überquellen.»

Die Zahl der lebenden Ochsen an Bord nahm ab. Wir aßen abwechselnd frisches Fleisch und Pökelfleisch, das falsch gesalzen worden war und in der Hitze verdarb. Jedes Faß wurde auf die Back gerollt, wo der Koch mit dem Beil den Boden einschlug. Er ergriff sofort die Flucht, da die saure, gärende Salzlösung aus den Ritzen nach allen Seiten spritzte. An Deck verbreitete sich ein solcher Gestank, daß sich alle die Nasen zuhielten. Erst nach einer gewissen Zeit konnte man sich dem Faß wieder nähern, um es vollends zu öffnen. Dieses Pökelfleisch konnte man noch so sehr wässern, es unterschied sich kaum von Aas.[7]

Bei so schwierigen Verhältnissen hätten wir eigentlich schon längst krepieren müssen. Wir lebten aber nicht nur, sondern lachten auch manchmal. In der Freizeit erklangen Schifferklaviere oder Gitarren. Wir sangen abwechselnd im Chor und Solo. Es fanden sich auch Matrosen, die trotz der Müdigkeit tanzten. Auf der Back erzählte man sich lustige Geschichten. Das erleichterte unser Dasein und rettete uns vor dem Wahnsinn.

Manchmal sorgte Roshestwenski mit seinen Launen für Abwechslung: Eines Tages überraschte er die Besatzung mit der Nachricht, daß sich ein japanisches Geschwader nähere. Unwillkürlich erhob sich die Frage: Woher wollte er das wissen? Es hatte sich kein ausländisches Schiff dem Geschwader genähert, und bis zur japanischen Küste waren es noch etwa zweitausend Seemeilen. Gewiß, nachts wurden schon immer alle Schutzmaßnahmen ergriffen, und Wachen standen an den geladenen Geschützen. Nach dieser Information des Admirals meldeten die Spähkreuzer nun fortwährend, daß sie bald vorn, bald seitwärts Lichter sähen. Die Nachprüfung ergab aber, daß gar keine Lichter vorhanden waren. So meldete «Isumrud» durch Signale: «Ich sehe am Horizont ein Schiff.»

Der Admiral fragte: «Was seht ihr?»

«Isumrud» antwortete: «Nichts.»

Der Admiral wurde böse und signalisierte: «Dummheiten!»

Es verging kaum ein Tag, an dem nicht auf einem der Schiffe der wachhabende Offizier wegen einer Nachlässigkeit mit Arrest bestraft wurde. Das Lazarettschiff «Orjol» wurde wegen Nichtbeachtung der Rufsignale mit drei Schüssen vor den Bug bedacht. Andere Schiffe wurden vom Admiral damit bestraft, daß sie steuerbord querab vom «Suworow» fahren mußten. Eines Nachts drehte «Sissoi Weliki», in der Backbordkolonne fahrend, ohne jeglichen Grund bei und fuhr auf uns los. In der rechten Kolonne wichen die Schiffe vor dem irrefahrenden Schiff aus. «Sissoi Weliki» machte eine Wendung von hundertachtzig Grad und fuhr in entgegengesetzter Richtung davon, ohne dem Flaggschiff etwas zu melden. Auf unserer Brücke wunderten sich die Offiziere: «Was ist denn da passiert?» – «Er scheint nach Hause fahren zu wollen.» – «Das ist aber ein Ding!»

Das Flaggschiff signalisierte: «‹Sissoi›, wo fahren Sie hin?»

Das Schiff antwortete: «Habe Ruderhavarie.»

Der Admiral befahl dem Ersten Offizier des «Sissoi Weliki», in der Funkkabine zu erscheinen. Es kam zu folgendem Gespräch: «Wer hat die Wache?»

«Leutnant Zarubin.»

«Der Wachhabende ist unter Aufsicht des Obersanitäters zu stellen.»

«Auf der Brücke befindet sich der Kommandant.»

«Ich erteile ihm eine Rüge.»

An Bord von «Sissoi Weliki» befanden sich zwei Ärzte, der Wachhabende wurde trotzdem unter Aufsicht eines Sanitäters gestellt. Man kann sich denken, wie dem Leutnant zumute war, als man ihm die Anordnung des Admirals mitteilte. Sie sollte besagen, daß die Anzeichen der seelischen Störung beim Leutnant so offensichtlich waren, daß sie auch vom geringsten Vertreter der Medizin an Bord behandelt werden konnten.

Solche Unsinnigkeiten kamen fast täglich vor.

An klaren Tagen lag der Ozean, vom Horizont in weitem Kreis eingeschlossen, als dunkelblaue Masse unter dem blaßblauen Himmel. Offiziere und Matrosen spähten nach vorn, nach den Seiten und in die glitzernde Ferne und sahen nichts außer der öden Wasserwüste. Leben war nur in der Tiefe, selten merkte man es an der Oberfläche. Im Kielwasser tummelten sich Haie, die die Abfälle fraßen. War es nicht ganz gleich, in wessen Magen ein Körper nach dem Tode landete? Wenn man aber diese gefräßigen Ungeheuer sah, lief einem doch ein Schauder über den Rücken. Manchmal zeigte ein Pottwal seine schwarze, unförmig stumpfe Schnauze. Besorgt fragte man sich: Ist es am Ende ein Unterseeboot?

Aber da prustete das Tier geräuschvoll und langgezogen aus, und alle Zweifel verflogen. Irgendwo abseits von den Schiffen stieg eine von einem Wal ausgestoßene Fontäne hoch, weiß auf dem blauen Hintergrund des Ozeans; sie sah aus wie aufgewirbelter Schnee. Ein röchelndes, dumpfes Stöhnen begleitete sie. Fliegende Fische sahen wir häufig. Sie hatten die Größe mittlerer Heringe. In ganzen Schwärmen sprangen sie aus dem Wasser und sausten auf ihren langen und spitzen Flossen wie die Schwalben über die Oberfläche des Ozeans. Erst nach ein paar Metern fielen sie wieder ins Wasser.

Für die Nacht richtete ich mich gewöhnlich auf der oberen Achterbrücke ein, wo ich die Segeltuchmatte und die Korkmatratze hinter dem Aufbau ausbreitete. Auch der Ingenieur Wassiljew, den die unerträgliche Hitze aus der Kajüte getrieben hatte, kam mit seiner Matratze hierher. Nach der mörderischen Tagesglut brachte die Nacht

Stunden erleichternder Kühle. Wir lagen Kopf an Kopf, die nackte Brust dem erfrischenden Wehen des Monsums ausgesetzt. Der unendliche Himmel war unsere Decke, die mit dem eigenwilligen Muster der Gestirne bestickt war. Beim Geräusch der Schrauben, die am Heck das Wasser aufwirbelten, und beim Rauschen der Bugwellen ließ es sich gut träumen, ließen sich klare Bilder aus der Vergangenheit hervorzaubern. Manchmal konnten wir, umgeben von zarter Dämmerung, nicht einschlafen, unterhielten uns leise und sprachen unsere geheimsten Gedanken aus.

Lange schon hatte ich den Wunsch zu erfahren, wie Wassiljew zu seinen Ansichten gekommen war, wo er herstammte und welches Lebensziel er sich gesteckt hatte. Doch bei unseren früheren Unterhaltungen hatte ich Hemmungen gehabt, ihn danach zu fragen, obwohl unsere Freundschaft sich immer mehr vertiefte. Erst jetzt, unter den Verhältnissen der letzten Fahrtetappe vor dem Eintreffen auf dem Kriegsschauplatz, entstand die Innigkeit in unseren Beziehungen, die es mir erlaubte, meine Neugier zu befriedigen.

Schritt um Schritt erzählte mir Wassiljew von seiner Kindheit, seiner Schulzeit, schilderte er seine Eltern und andere Familienangehörige. Er erzählte auch von den letzten Jahren seines Aufenthalts in der Kronstädter Marineingenieurschule, die er absolviert hatte. Wie seltsam fügt sich doch das Schicksal eines Menschen! Welch unerforschliche Wege nimmt doch sein Leben! Wir beide waren in ganz verschiedenen Verhältnissen aufgewachsen, und doch mußte ich häufig bei seinen Schilderungen ausrufen: «Wie seltsam! Dasselbe habe ich auch erlebt!»

Er war wie ich fern vom Meer aufgewachsen und hatte nichts mit ihm gemein. Trotzdem waren wir beide auf eigenen Wunsch Seeleute geworden. Beide liebten wir das nasse Element grenzenlos und hatten uns ihm ganz verschrieben.

Als Sohn eines Landarztes in der Ukraine geboren und in einem abgelegenen Dorf im Gebiet Woronesh aufgewachsen, hatte Wassiljew bis zum vierzehnten Lebensjahr das Meer nie gesehen. In seiner Familie gab es keinen Seemann, ebensowenig unter den Bekannten seines Vaters. Trotzdem erwachten in ihm der Traum von den Weiten des Meeres, der Wunsch, ein Seemann zu werden, und die Liebe zu den Schiffen schon in der Kindheit, als er lesen lernte. Als Fünfjähriger zeichnete er Schiffe aus Zeitschriften ab und kannte den ganzen Schiffsbestand der russischen Flotte genau. In seinem siebenten Lebensjahr verbrachte er den Sommer bei seinem Onkel auf dessen Gut, das an einem kleinen Fluß lag. Die Erwachsenen badeten fröhlich rufend und lachend, während er am Ufer sitzen durfte. Der Knabe sah voll Neid zu und überlegte, warum er denn dieses Vergnügen nicht haben durfte. Die Kunst des Schwimmens war doch nichts Besonderes, man brauchte nur mit den Armen zu schaufeln und mit den Beinen zu zappeln. Er stürzte sich in den leuchtenden Fluß und ging sofort unter, hilflos strampelnd und Wasser schluckend. Als ihn die Erwachsenen herauszogen, war er schon bewußtlos. Das minderte aber keineswegs seinen Hang zum Wasser, sondern veranlaßte ihn, das Schwimmen möglichst rasch zu erlernen. Als er die vierte Klasse des Gymnasiums besuchte, entschied er sich bereits für seinen künftigen Beruf: Er wollte Marineingenieur werden, obwohl sein Vater und seine Verwandten wünschten, daß er Straßenbauingenieur werden sollte, denn das wurde damals als besonders aussichtsreicher Beruf angesehen.

Nach Abschluß des Gymnasiums besuchte er die Kronstädter Ingenieurschule, wo neue Eindrücke auf ihn einstürmten. Mit ganzer Kraft erfaßten ihn revolutionäre Stimmungen, die damals viele Angehörige der studierenden Jugend bewegten. Er beschränkte sich aber nicht auf das Lesen illegaler Literatur, sondern verband seine Liebe zur Seefahrt mit dem Kampf um ein besseres Schicksal der Menschheit. Ihn begeisterte die Idee, die Flotte zu einer vernichtenden Kampfkraft gegen den Absolutismus zu machen. Schon im zweiten Studienjahr nahm er Verbindung zu illegalen Parteien auf. Er wurde einer der Organisatoren des revolutionären Zirkels in seiner Schule und träumte davon, später auf jedem Schiff solche Zirkel aus entschlossenen Offizieren und Matrosen zu bilden. Was für verlockende Perspektiven boten sich ihm beim Gedanken an diese modernen Panzerschiffe, diese mächtigen, schwimmenden Festungen! Die Revolution der Arbeiter und Bauern, das war das Ziel, dem er sein junges Leben zu opfern bereit war.

Abends, wenn ich meine Arbeit beendet hatte, ging ich auf die Back. Hier waren immer rauchende Matrosen anzutreffen, von denen ich die neuesten Nachrichten über das Geschwader erfuhr. In letzter Zeit erschien hier auch der Bootsmann Sajom, dessen Gesicht mit dem dichten Schnurrbart so falsch wirkte, wie die Wiedergabe eines Bildes im Zerrspiegel. Erst vor kurzem hatte man ihm das Schlagen abgewöhnt. Als er einmal nachts die Treppe hinunterstieg, fiel ein Eisenstück von etwa 10 Pfund neben ihm zu Boden. Der Täter wurde nicht ermittelt, der Bootsmann begriff aber, daß man nicht nur in der Schlacht sein Leben verlieren konnte. Seither schmeichelte er sich bei der Mannschaft ein.

Eines Nachts fand ich ihn auf der Back. Der Himmel war mit Sternen dicht besät. Blaue Dämmerung hüllte den stillgewordenen Ozean zart ein. Das Geschwader hatte die Lichter gesetzt. Seine zwei Schiffskolonnen sahen aus wie eine breite, erleuchtete Straße.

Der Bootsmann saß lange auf dem Vorsprung des Vorderturmes, dann sagte er leise: «In einer solchen Nacht möchte man beten, die Seele strebt von selbst gen Himmel.»

Jemand sagte darauf: «Und Sie, Herr Bootsmann, müssen sich plagen und Worte sagen, die dem Herrn nicht genehm sind.»

«Da kann man nichts machen, das ist Militärdienst. Hier muß alles streng und genau sein wie in der Apotheke. Anders geht es nicht.»

«So kann man wohl auch auf das Schlagen nicht verzichten?»

Sajom wurde lebhaft und sagte freundlich: «Ja, Leute, ihr nehmt das übel, das ist aber nicht richtig. Was passiert schon einem Mann, dem ich dann und wann mal in die Fresse schlage? Nichts. Davon wird seine Visage nur fester. Wäre es denn besser, wenn ich jedes Vergehen den Vorgesetzten meldete? Da käme doch die halbe Mannschaft vor Gericht. So aber mache ich meinem Herzen Luft, und alles ist wieder gut, wie es sich unter echten Seeleuten geziemt.»

Der Bootsmann nahm die Mütze ab, wischte sich über den kurzgeschorenen Kopf und fuhr fort: «Im Vergleich zu früher ist es jetzt der reine Spaß. Ich weiß noch, wie ich auf dem Lehrschiff Dienst tat, auf dem ich zum Unteroffizier ausgebildet wurde. Acht Monate trieben wir uns in ausländischen Gewässern herum. Das war ein Dienst! Unser Erster Offizier war ein starker und fetter Mensch, der wie ein Seehund glänzte. Er war nicht hitzig, aber streng. Er schlug die Matrosen wortlos, ruhig, als hacke er Holz. Alle zitterten vor ihm. Wenn er aber beim Segelsetzen das Kommando führte, da war was los, kann ich euch sagen! Eine Stimme hatte er – wie eine Posaune! Einmal kam eine Bö. Er trieb uns hinauf, um die Segel zu reffen. Ein Schüler stürzte von der Oberbramrahe ab, konnte sich aber noch am unteren Rand des Segels festklammern. So hing der Unglückliche da und zappelte. Der Erste sah ihn hängen und brüllte: ‹Halt dich fest, Tarassenko, du Schuft, sonst prügele ich dich zu Tode!› Der Matrose wimmerte von oben, schwach wie ein Kind: ‹Zu Befehl, Euer Hochwohlgeboren, ich halte fest.› … Das war ein Matrose! Nicht einmal in einer so schwierigen Situation vergaß er die Disziplin! Er konnte noch gerettet werden. Als er auf Deck stand, war sein Gesicht so bleich, als ob es aus Gips wäre, seine Augen waren ganz glasig, die Finger blutig. Als wir sie näher betrachteten, sahen wir, daß die Fingernägel ins Fleisch gedrungen waren. Merkt ihr, was das für ein Dienst war?»

«Das merken wir sogar sehr», antworteten die Matrosen spöttisch.

«Das ist gut», lobte der Bootsmann, «verständige Leute habe ich gern.»

«Ein ähnlicher Fall ist vom Schriftsteller Stanjukowitsch beschrieben worden. Haben Sie das nicht gelesen, Bootsmann?» fragte ich.

«Ich habe keinen Stanjukowitsch gelesen und sage nur das, was ich selber weiß», brummte der Bootsmann unzufrieden. «Hört weiter! Ähnlich wie der Erste war auch der Kommandant. Er hat sich immer für seine Matrosen eingesetzt und auch für das Futter gesorgt. Ein Edelstein von Kommandant! Nur hitzig war er, das reine Feuer. Wenn er auf der Brücke auf- und abschritt, zuckten seine Schultern nervös. Wenn ihn die Wut packte, verlor er die Besinnung. Einmal hatte der Quartiermeister etwas verbrochen. Der Kommandant stürzte sich kreischend auf ihn, umfaßte seinen Nacken und biß ihn ins Ohr, daß der Uniformrock ganz blutig wurde. Das Ohr hat er abgebissen und auf Deck ausgespuckt. So verrückt war er. Der Kommandant ging in seine Kajüte, der Quartiermeister – zum Arzt. Als er wieder hergestellt war, ließ ihn der Kommandant zu sich kommen: ‹Entschuldige schon, daß ich ein wenig hitzig gewesen bin. In Kronstadt wird uns vielleicht der Admiral besuchen. Wenn er dich fragen sollte, warum du nur ein Ohr hast, wirst du ihm zu antworten wissen, hoffe ich. Du sagst, daß es in einem ausländischen Hafen passierte, in der Trunkenheit. Und hier hast du eine Belohnung.› Er steckte dem Quartiermeister eine englische Goldmünze zu. Ich kenne noch einen anderen Kommandanten, der stellte niemanden vor Gericht und sperrte auch niemanden ein. Er hatte keine Strafmatrosen an Bord, denn Schuldige bestrafte er auf seine Art. Er wartete stürmisches Wetter ab und ließ den Matrosen am Bugsprit festbinden. Die See kochte. Ihr wißt ja, was dann mit dem Schiff geschieht. Bald steigt der Bug hoch, bald taucht er metertief ins Wasser. Den festgebundenen Matrosen peitschten die Wellen. Er rang nach Atem, schluckte Wasser, bis er zu ersticken glaubte. So hing er zwei Stunden und wurde dann an Deck gebracht. Dort wurde das Wasser aus ihm gepumpt, und dann ran an die Arbeit! Nach diesem Verfahren machte man aus ihm einen vorbildlichen Matrosen. Das war ein Dienst! Da herrschte noch Ordnung.»

Sajom stand auf, warf einen Blick auf das Geschwader und rief: «Eine ganze Stadt schwimmt da! Eine unzerstörbare Kraft.»

Er wünschte eine gute Nacht und ging.

Der Heizer Baklanow lag ausgestreckt auf dem Rücken und brummte faul: «Er will sich bei uns einschmeicheln, der Achtgroschenjunge ...»

«Ein Iltis hat mehr Gewissen als er», murmelte jemand.

Bald vergaßen wir den Bootsmann wieder, und die Wunder des Ozeans nahmen uns gefangen. Wir passierten gerade Stellen, die dicht von leuchtenden Medusen bevölkert waren. Eine ganze Stunde lang beobachteten wir grüne Lichter im Wasser. Es sah aus, als stiegen elektrische Kugeln aus geheimnisvollen Tiefen auf und ließen ihr ruhiges Licht im nächtlichen Schweigen leuchten.

Alarm – Baklanow aber treibt seine Späße

Am 5. April sahen wir im Morgengrauen drei große Inseln backbord voraus. Etwa vier Stunden später tauchte auch steuerbord eine Küste auf. Nach zwanzig Tagen sichteten wir zum ersten Mal wieder Land. Das Geschwader lief in die Straße von Malakka ein. Am Abend wurden die Schlepptrossen der Torpedoboote abgeworfen, und die Boote fuhren mit eigener Kraft weiter. Während der Überquerung des Indischen Ozeans hatten wir fünfmal Kohlen geladen.

Auf «Orjol» wurde eine Nachricht verbreitet, die aus der Funkkabine stammte. Die Funker hatten uns erzählt, daß der Hilfskreuzer «Terek» in der vergangenen Nacht drahtlos berichtet habe: «Mannschaft meutert. Fordert Abberufung des Ersten Offiziers. Bin der Ansicht, daß Mannschaft unrecht hat. Kommandant.»

Hierauf erfolgte die Antwort vom Flaggschiff «Suworow»: «Die Unteroffiziere sind zu Matrosen 2. Klasse zu degradieren. Andere Unteroffiziere ernennen. Die Sache wird gerichtlich untersucht werden. Admiral Roshestwenski.»

Mich interessierte sehr, was auf «Terek» vorgefallen war, ich konnte aber erst etwas erfahren, wenn ich auf dem nächsten Ankerplatz jemanden von der Mannschaft träfe.

In der Straße von Malakka wurde die Marschordnung des Geschwaders geändert: Die erste Linienschiffdivision hielt sich steuerbord, die zweite backbord, zwischen beide schoben sich die Torpedoboote und Transportschiffe; vorn fuhr die Erkundungsstaffel; hinter uns, im Kielwasser der Linienschiffe, hielt sich die Kreuzerdivision, ihren Schluß bildete der Kreuzer «Oleg». Offenbar hielt Roshestwenski diese Marschordnung für die sicherste.

Ausländische Handelsschiffe begleiteten uns.

Die Wachsamkeit im Geschwader wurde verstärkt. Auf den Schiffen wurde bei Einbruch der Dunkelheit kein Licht gemacht. Nur die Bord- und Hecklichter wurden gesetzt. Auf «Orjol» standen die Signalgasten nicht nur auf den Brücken, sondern auch auf den Marsen und Salings. Offiziere und Mannschaften wachten an ihren Geschützen. Die Munitionskammern waren geöffnet, die Bedienung lag in Bereitschaft. Alle Bullaugen waren dichtgemacht wie vor einem Gefecht. Im Schiff, das tagsüber von der tropischen Sonne durchwärmt worden war, herrschte stickige Hitze.

In unserem Kesselraum war das Dampfrohr, das vom fünfzehnten Kessel zur Hauptleitung führte, geplatzt. Es gab zwar keine Verletzten, aber das Schiff war manövrierunfähig. Mehrere Kreuzer blieben zu unserem Schutz zurück. Für das Abdrosseln des Kessels und das Dampfaufmachen der anderen Kessel brauchten wir anderthalb Stunden. In dieser Zeit hatte sich der Kommandant ganz heiser geschrien. Alle Augenblicke rief er durch den Fernsprecher in den Maschinenraum: «Wann seid ihr denn da fertig?»

Sein Schimpfen und Fluchen verwirrte die Leute nur noch mehr.

Endlich konnte «Orjol» wieder Fahrt aufnehmen und nahm seine Position in der Marschkolonne ein.

Wir fuhren an der Küste der großen, von den Holländern unterworfenen Insel Sumatra entlang. Rechts blauten undeutlich im Dunst geheimnisvolle Berge. Ich sah mit der Gier eines wissensdurstigen Kindes hinüber. Wie gern wäre ich in diese neue Welt eingedrungen und in den jungfräulichen Wäldern gewandert, wie gern hätte ich die geheimnisvollen Seen und Flüsse betrachtet und das Leben der vielen Millionen Malaien kennengelernt! Gab es damals auf unserem Gestirn noch freie Länder? Alles hatten die imperialistischen Räuber an sich gerissen!

Die Wasserfläche der Meerenge, glatt, als wäre sie aus Stahl gegossen, leuchtete blau. Über den Schiffen flogen Fregattvögel. Manchmal sanken diese eigenartigen braun-schwarzen Vögel mit ihrer rotschimmernden Brustfärbung fast auf die Höhe der Masten herab, bald schwammen sie langsam durch die Luft, als paßten sie sich der Fahrt des Schiffes an, bald sausten sie mit der Geschwindigkeit von Schwalben davon. Wenn fliegende Fische auf der Flucht vor Feinden aus dem Wasser sprangen, ließen sich die Fregattvögel wie Geschosse im Steilfeuer fallen und griffen sich äußerst geschickt ihren Fang, um gleich wieder aufzufliegen, die Beute im langen, geschwungenen Schnabel.

Unsere Kreuzer meldeten uns unablässig besorgniserregende Nachrichten. Unausgesetzt glaubten sie, feindliche Schiffe gesichtet zu haben. Wann würde das ein Ende haben? Jedes Mal wurde bei uns Alarm gegeben.

Die Straße von Malakka verengte sich immer mehr.

Eines Nachts überfiel uns eine heftige Bö mit tropischem Regen und Gewitter. Das war eine günstige Gelegenheit für einen Torpedoangriff! Feindliche Torpedoboote hätten sich uns vollständig unbemerkt nähern können. Ich stellte mir vor, was bei einem solchen Angriff mit dem Geschwader, das in so enggedrängtem Rudel fuhr, geschehen würde. Jeder Torpedo hätte unfehlbar sein Ziel erreicht. Es war ganz klar, daß die Schutzmaßnahmen des Geschwaders völlig unzureichend waren. Den Hauptkern bildeten die vier modernsten, gleichartigen Linienschiffe, die doch in erster Linie gesichert werden mußten. Stattdessen waren sie, wie auch die Linienschiffe zweiter Klasse, an den Flanken weder durch schnelle Kreuzer noch durch Torpedoboote geschützt. Mein Verstand sagte mir, daß der Verlust eines unwichtigen Schiffes die Vorwärtsbewegung des Geschwaders nicht aufhalten würde; die Versenkung eines Linienschiffes erster Klasse aber mußte alle unsere Pläne zerstören. Roshestwenski verfuhr jedoch so, daß er die besten Linienschiffe zu Schutzschiffen machte. Und wen schützte er? Die Transportschiffe und Torpedoboote! Zum Glück begegneten wir nur drei Frachtschiffen. Sie wurden von unseren Schweinwerfern angeleuchtet. Ein Schiff nach dem anderen strahlte sie an, bis sie an uns vorübergezogen waren.

Es war an einem nebligen Morgen. Die Mannschaft war von der Arbeit befreit, weil ein Feiertag war und Gottesdienst gehalten wurde.

Der Kreuzer «Almas» fuhr unter der Flagge des Admirals Enquist. Plötzlich hißte er ein Signal, daß der Admiral selbst, der Kommandant und die Offiziere auf der Brücke wie auch die Signalgasten deutlich zehn Schiffe gesichtet hätten. Es mußten Torpedoboote sein, die sich hinter einem englischen Dampfer mit Gegenkurs verbargen. Sie verschwanden schnell in nordöstlicher Richtung.

Auf «Orjol» geriet alles in Aufregung. Man erwartete jeden Augenblick den Beginn eines Gefechts. Außer dem erwähnten Dampfer war aber nichts zu sehen.

Mich wunderte nur, daß keine energischen Maßnahmen unternommen wurden, wenn wirklich Torpedoboote gesichtet worden waren. Es hätten ihnen doch sofort schnelle Kreuzer und Torpedoboote entgegen- oder nachgeschickt werden müssen. Wahrscheinlich aber beruhte wieder einmal alles auf einem Irrtum. Offenbar hatte sich ein Handelsschiff in den Augen der von Furcht beherrschten Menschen verzehnfacht und war zu einer ganzen Torpedoflottille geworden.

Im Laufe des nächsten Tages mußten wir die Straße von Malakka durchfahren haben. In der Nacht hatte das Geschwader die Stadt Malakka passiert. Wir sahen die Lichter am Ufer. Eine leichte Küstenbrise trug uns die würzigen Gerüche der Tropen zu. Unsere Sehnsucht zauberte uns ein anderes Leben vor, exotisch und märchenhaft, ohne Kanonen und Torpedos. Am liebsten wären wir über Bord gesprungen, um auf die lockenden Lichter zuzuschwimmen.

Um elf Uhr mittags lag die Meerenge hinter uns. Das Geschwader gruppierte sich zur alten Marschordnung. Die Transportschiffe erhielten Befehl, mit der Nachhut zu folgen.

Am frühen Nachmittag tauchte Singapore an der Südspitze der Malakkahalbinsel auf. Mit dem Fernglas konnte man etwa zehn Frachtschiffe und zwei Kriegsschiffe in der Bucht feststellen. Mehrere große Zisternen standen am Ufer. Regellos verstreut lagen die weißen Vierecke der Gebäude, zwischen denen sich in wirren Linien Grünanlagen schlängelten. Deutlich sichtbar war nur die in gotischem Stil erbaute Kathedrale. Die Stadt mit ihren damals hundertfünfzigtausend Einwohnern wird von den Engländern beherrscht. Rechts von uns zeichneten sich in der spiegelglatten Fläche einige öde Inseln mit orangefarbenen Küstenstreifen ab. Es sah aus, als führen wir nicht durch eine Meerenge, sondern auf einem mächtigen Fluß in die blaue Weite des Südchinesischen Meeres. Aus Singapore kam uns ein kleiner Dampfer unter der Flagge des russischen Konsuls entgegen. Er hißte das Signal: «Habe den russischen Konsul an Bord, er wünscht eine Aussprache mit dem Admiral.» Das Geschwader stoppte aber nicht. Dem Dampfer wurde das Torpedoboot «Bedowy» entgegengeschickt. Wie wir später erfuhren, übergab uns der Konsul, Hofrat Rudanowski, wichtige Briefschaften. Dann fuhr das Torpedoboot die Kolonne der ersten Division entlang und gab den Schiffen durchs Megaphon die letzten Nachrichten bekannt. Wir hörten nur zwei Sätze: «Die japanische Flotte hält sich nördlich von Borneo auf. Kuropatkin ist abgesetzt, Linewitsch ernannt.»

Der Dampfer mit dem Konsul holte dann das Flaggschiff ein und fuhr eine Weile neben ihm her.

Am Abend signalisierte «Suworow» dem Linienschiff «Osljabja» für den Admiral Fölkersam persönlich folgendes: «Am 18. März haben die Hauptkräfte der japanischen Flotte, bestehend aus zweiundzwanzig Kriegsschiffen unter dem Befehl von Admiral Togo, die Reede von Singapore angelaufen. Jetzt stehen sie bei Laboean, in der Sundastraße. Kreuzer und Torpedoboote halten sich bei der Insel Natuna verborgen. Gestern haben sie wahrscheinlich Nachricht von unserer Anwesenheit erhalten. Nebogatow ist aus Djibouti ausgelaufen.»

Jetzt zweifelte niemand mehr daran, daß die japanische Flotte nur zweihundert Meilen von uns entfernt war. Darüber hatte der Konsul selbst berichtet. Er lebte in Singapore und hatte leicht erfahren können, daß zweiundzwanzig Kriegsschiffe die Reede angelaufen hatten. Demnach schienen die Japaner uns überfallen zu wollen, bevor wir sie in ihren Gewässern aufsuchen würden.[8]

Wir bereiteten uns in aller Eile auf einen Angriff vor. Schonungslos wurden alle hölzernen Bestandteile der Aufbauten abgerissen und in die unteren Schiffsräume gebracht. Die Kajüten auf dem Batteriedeck wurden zum Schutz der Destillieranlagen mit Kohlen vollgestopft. Alles, was irgendwie von Wert war, wurde mit Netzen und Tauen abgedeckt.

Wir schliefen die ganze Nacht nicht.

Am Morgen des folgenden Tages stoppte das Geschwader nur für einige Stunden, damit die Torpedoboote Kohlen laden konnten. Dann fuhren wir weiter durch das Südchinesische Meer. Vor uns die Aufklärungsgruppe aus den Kreuzern und Hilfskreuzern «Swetlana», «Kuban», «Terek», «Ural», «Dnepr» und «Rion».

Vier Tage brauchten wir bis zur Küste von Vietnam, alle vier Tage verbrachten wir in Erwartung des feindlichen Flottenangriffs. Der Feind zeigte sich aber nicht, trotz der häufigen Meldungen unserer Spähschiffe, die ihn angeblich gesichtet hatten. Dieser unsinnige Wirrwarr zerrte an unseren Nerven.

Am 13. April gewahrten wir durch den Morgennebel eine Küste mit hohen Bergen. Das Geschwader stoppte vor der Kamranh-Bay, zweihundert Meilen nördlich von Saigon. Torpedoboote wurden vorausgeschickt, um die Einfahrt und die Ankerplätze zu entminen. Ihnen folgten Dampfpinassen und Ruderboote mit der Aufgabe, die Bojen in bestimmter Ordnung zu setzen und Tiefenmessungen vorzunehmen.

Von Madagaskar bis Kamranh hatten wir eine Strecke von viertausendfünfhundertsechzig Seemeilen zurückgelegt, ohne einen Hafen anzulaufen. Für diese Strecke hatten wir neunundzwanzig aufreibende Tage gebraucht. In dieser Zeit hatten wir viel Aufregendes erlebt und manche Sorgen gehabt; einhundertzwanzigmal hatte das Geschwader seine Fahrt unterbrochen. Neununddreißigmal war dies nötig gewesen, weil die Schlepptrossen gerissen waren, die übrigen Unterbrechungen waren durch Defekte an Kesseln und Maschinen verursacht worden.

Während in der Bucht nach Minen gesucht und gemessen wurde, übernahm das Geschwader Kohlen von den Transportschiffen.

Am selben Tage ereignete sich nach dem Mittagessen auf dem Linienschiff «Orjol» ein kleiner Zwischenfall, der viele Matrosen belustigte.

Der Leutnant Worobeitschik hatte sich in seiner Kajüte aufs Bett ausgestreckt. Da er nur etwa zwanzig Minuten Zeit hatte, war er in Kleidern und Stiefeln geblieben und hatte nicht einmal die Brille von der Nase genommen. Offenbar wollte er nur, auf dem Rücken liegend, ein Buch lesen, dabei ließ er die Füße aus dem Bett hängen. Der Schlaf hatte ihn aber übermannt, und zwar so gründlich, daß sein feines Näschen pfeifende Töne von sich gab.

Da kam der Heizer Baklanow an der Kajüte vorbei. Er sah den Leutnant schlafen, blieb stehen und blickte sich um – im Offizierskorridor war niemand zu sehen. Er wollte sich einen Spaß machen, auch auf die Gefahr hin, bestraft zu werden, wenn ihn jemand ertappte. Kohlschwarz, wie er war, konnte man ihn so leicht nicht erkennen, und der Leutnant würde ihn gewiß nicht festhalten, wenn er davonlief, denn dazu fehlte es ihm an Kraft und Mut. Baklanow holte Zigarettenpapier aus seiner Tasche, nahm zwei Blättchen und verklebte damit die Brillengläser des Leutnants. Worobeitschiks Nase pfiff weiter. Da packte jemand seinen Fuß, und eine aufgeregte Stimme rief: «Feuer!»

Baklanow lief eiligst in den Mannschaftsraum davon, während der Leutnant verstört aufsprang. Was mußte in ihm vorgehen, der durch das schreckliche Wort jäh aus tiefem Schlaf geweckt worden war! Er konnte nur durch einen grauen Schleier sehen, der ihm Rauch vortäuschte. Blind stieß er in seiner Kajüte gegen die Wände und rief kreischend: «Bursche! Bursche!»

Im gleichen Augenblick war auch schon sein Offiziersbursche in der Tür: «Sie wünschen, Euer Wohlgeboren?»

Inzwischen hatte aber Worobeitschik die Brille mit den verklebten Gläsern abgenommen. Bleich, am ganzen Körper zitternd, starrte er um sich. Stotternd vor Wut schrie er: «Wer ist eben hier gewesen?»

«Ich weiß es nicht, Euer Wohlgeboren.»

«Hol ihn her, diesen Schuft! Ich bringe ihn ins Gefängnis! Was, zum Teufel, stehst du noch da? Im Laufschritt, marsch!»

Der Bursche verstand nicht, was man von ihm wollte, und blieb stehen, bis er einige Ohrfeigen bekam.

Später beklagte er sich bei seinen Kameraden: «Mein Offizier ist ganz verrückt geworden. Da wollte er doch, daß ich jemand fange, und schlug um sich. Die Brille hatte er mit Zigarettenpapier verklebt.»

An diesem Tage ging Worobeitschik umher, als habe er heftige Zahnschmerzen. Er vermied es, die Mannschaften anzusehen, da er in jedem Blick Hohn vermutete.

Die Kamranh-Bucht

Ich betrachtete die Kamranh-Bucht und dachte über den ewigen Kampf des Landes mit dem Wasser nach. Mir schien es, als ob die Küste von Vietnam mit den Bergrücken und Höhen in geschlossener, geschwungener Front gegen das Meer vorstieße. Das Meer aber kämpfte beharrlich um den Raum und mühte sich, diese Front zu durchbrechen. Es hatte sich in die Steinküste eingefressen und war mit einem Doppelarm ins Festland eingedrungen, um Berge und Felsen auseinanderzuschieben. Jahrtausende waren dahingegangen, und auf dem Festland hatte sich ein geräumiges Becken mit mehreren kleinen Buchten gebildet. Tiefer im Land lag ein ähnliches Becken, das durch einen schmalen Hals, den übrigens auch die größten Ozeanschiffe passieren konnten, mit dem vorderen Becken in Verbindung stand. Seeleute, die im Fernen Osten gewesen waren, behaupteten, daß Kamranh mit seinen zwei Buchten viel Ähnlichkeit mit Port Arthur habe.

In der Bucht war es wild und öde. Aus dem Inneren des Landes fiel eine Hochebene zum Wasser ab. Am Ufer wuchs Gestrüpp. An den Hängen der Berge waren rote Streifen zu sehen, wie frische Wunden am Körper eines Riesen. Trotz der Sonnenglut wucherten die Wälder nicht in tropischer Üppigkeit, ihr Grün verbarg sich in den Schluchten zwischen feuchten, kahlen Felsen. Unwillkürlich fragte man sich, was die Vietnamesen veranlaßt haben konnte, sich in ihren paar Hütten unmittelbar am Wasser unter den Kokospalmen am Fuße des Bergmassivs anzusiedeln. Auf der anderen Seite der Reede hatte sich eine kleine französische Niederlassung mit Post und Telegraf entwickelt.

In der ersten Bucht warfen, wie vorgesehen, die Kriegsschiffe Anker, in der zweiten die Transportschiffe und Hilfskreuzer.

Eine kleine Granitinsel, von den Wellen auf Hochglanz abgeschliffen, teilte die Ausfahrt ins Meer in zwei Arme. Den schmaleren verbarrikadierten wir zum Schutz gegen feindliche Torpedoboote mit einer Sperre aus Balken und Pontons, während der zweite ständig von Torpedobooten und Kuttern bewacht wurde. Mehrere Kreuzer hatten dauernd Wachdienst, liefen aus und kreuzten etwa zehn Meilen vor Kamranh. Kurzum, es waren strenge Schutzmaßnahmen für das Geschwader ergriffen worden.

In der Nacht zum 14. April ereignete sich trotzdem ein bezeichnender Zwischenfall. Die Transportschiffe hatten schon am Tage vorher die Bucht aufgesucht, während die Linienschiffe und Kreuzer mit mehreren Torpedobooten auf Befehl des Admirals die Nacht über auf See bleiben sollten. Sie entfernten sich etwa fünfzehn Meilen von

Kamranh, teilten sich in mehrere Gruppen auf und stoppten. Im leichten Wellengang spiegelte sich der Glanz des Neumondes. Das Geschwader hatte Lichter gesetzt, so wie es bei gestoppten Maschinen üblich war. Obwohl nur eine schwache Brise wehte, so trieb sie doch im Verein mit der Strömung die Schiffe in verschiedene Richtungen und zerstörte jede Ordnung. Einige Schiffe ließen eine Weile die Maschinen laufen, um auf ihre Positionen zurückzukehren. Das hätte leicht zu Zusammenstößen führen können. Der zunehmende Mond riß für kurze Zeit die Takelung von «Suworow» aus der Dunkelheit und versank dann wieder langsam im Meer. Die Finsternis nahm zu, das Wasser glänzte schwarz. Gegen Morgen stellte man fest, daß nicht acht, sondern neun Schiffe beisammen lagen. Der Navigationsoffizier Satkewitsch bemerkte auf unserer Brücke dieses Phänomen als erster. Leutnant Giers brummte: «Was ist denn das für ein Unsinn! Woher kommt denn das fremde Schiff?»

«Ja, es muß sich wohl ein fremdes Schiff hierher verirrt haben», meinte Ingenieur Wassiljew.

«Suworow» richtete seine Scheinwerfer auf den Fremdling. Andere Schiffe folgten. Jetzt erst erkannten wir, daß es ein Schiff ohne Flagge, von unbekannter Nationalität war. Es machte Anstalten, sich zu entfernen, aber unsere Torpedoboote hetzten hinter ihm her. Sie stellten fest, daß es ein ganz gewöhnliches deutsches Frachtschiff war. Da es ohne Ladung war, ließ man es in Frieden fahren.

Leutnant Giers sagte entrüstet: «Wir erwarten einen Torpedoangriff, und ein fremdes Schiff kann sich mitten zwischen unsere Linienschiffe einschleichen. Ein sorgloseres Geschwader gibt es wohl nicht auf der Welt! Das reine Chaos herrscht bei uns!»

Die anderen Offiziere stimmten ihm zu.

Ingenieur Wassiljew goß noch Öl ins Feuer: «Und wenn das der kleinste japanische Kreuzer mit Torpedobestückung gewesen wäre, so hätte er jedes unserer Linienschiffe versenken können.»

«Sicherlich hätte er das Flaggschiff gewählt.»

Unser Aufenthalt in der Kamranh-Bucht dehnte sich aus, allgemeinen Erwartungen entgegen. Man hatte angenommen, daß wir hier lediglich die Kohlen von vier deutschen Transportschiffen, die aus Diégo Suarez gekommen waren, übernehmen und weiterfahren würden. Das Marineministerium aber, mit dem Roshestwenski telegrafisch über Saigon in Verbindung stand, hatte eigene Absichten. Wahrscheinlich hatte der Admiral den Befehl erhalten, das Geschwader des Konteradmirals Nebogatow hier zu erwarten.

Wir befaßten uns, wie schon in Nossi Bé, wieder mit Decksarbeiten und Kohlenübernahme. Zweimal liefen wir zu Manöverübungen aus, täglich wurde auf Scheiben geschossen.

Die Schiffsfunker empfingen unverständliche Funksprüche. Admiral Roshestwenski schloß daraus, daß sich die Japaner in der Nähe aufhielten. Die Annahme, feindliche Unterseeboote könnten das Geschwader angreifen, ließ ihn die Beobachtung nach allen Seiten hin verstärken. Hierzu wurden die besten Signalgasten ausgewählt.

Die große Fastenzeit war angebrochen. An Bord von «Orjol» gingen die Matrosen zur Beichte und nahmen das Abendmahl. Einige Matrosen erzählten auf der Back, wonach sie der Priester Paissi gefragt habe. Unter anderem hatte er gefragt: «Wie stehst du zu deinen Vorgesetzten?» «Liest du verbotene Bücher?» «Kennst du an Bord Politische, die gegen den Zaren sind?»

Die Matrosen waren über den Popen empört: «Was dieser rothaarige Götze alles wissen will ...»

«Dazu haben wir ja auch die Beichte, damit sie von uns einiges erfahren. Will etwa Gott das alles wissen? Die Popen sagen doch selber, er sei allwissend. Wozu braucht er dann unsere Beichte?»

Der Heizer Baklanow prahlte: «Mich kann der Pope nicht fangen. Ich sage ihm ja auch nicht die Wahrheit.»

Die Transportschiffe «Kiew», «Kitai», «Jupiter» und «Knjas Gortschakow» hatten ihre Fracht restlos gelöscht. Hilfskreuzer geleiteten sie nach Saigon und kehrten in die Bucht zurück. Das Geschwader hatte damit eine unnötige Belastung abgeschüttelt. Das Lazarettschiff «Orjol» traf ein und brachte frische Lebensmittel mit, die sogleich auf die Schiffe verteilt wurden. Dann ging der in Saigon angeheuerte Dampfer «Eridan» in der Bucht vor Anker. Er war voll von Flicken, die Farbe war abgeblättert, er sah aus, als sei er voller Flechten und Rost. Das Geschwader erhielt Ochsen, Schweine, Hühner, Enten und andere Lebensmittel. Es war ein ungewöhnliches Bild, als Barkassen von allen Seiten her am Dampfer anlegten, um die Fracht zu übernehmen. Jedes Schiff wollte soviel wie möglich für sich ergattern. Alles, was einem unter die Hände kam, wurde in die Barkassen verladen, ganz gleich, ob die Ware registriert wurde oder nicht. Das grenzte fast an Piratentum. Anfangs trieben die Offiziere ihre Mannschaften selbst dazu an, bereuten es aber später. In den Laderäumen hatten sich die Matrosen an die Spirituosen herangemacht und zerschlugen die Sektkisten. Den Flaschen wurden kurzerhand die Hälse abgeschlagen.

«Das ist ein Wein! Süß und doch sauer!» – «So kriegen wir wenigstens vor dem Tode noch den herrschaftlichen Wein zu kosten.» – «Solch ein Wein kann doch nicht berauschen? Ich könnte ein ganzes Faß austrinken!»

Aber schon nach einer knappen Viertelstunde änderte sich das Bild. Die Zahl der Betrunkenen wuchs schnell. Die einen krochen auf allen vieren, die andern lagen steif da, wieder andere tobten. Unsere Besatzung zeichnete sich besonders aus. Ein sinnlos betrunkener Matrose stürzte sich mit den Fäusten auf den Arzt. Zwei Offiziere ergriffen ihn und schlugen auf ihn ein. Die Vorgesetzten hatten jetzt nur die eine Sorge, die Betrunkenen so schnell wie möglich auf ihre Schiffe zu befördern.

Der «Orjol»-Mannschaft war es gelungen, acht Kisten mit Sekt zu stehlen und mit anderen Lebensmitteln in die Barkasse zu verstauen. Als aber diese Kisten an Bord unseres Schiffes gebracht wurden, konnte nur eine versteckt werden, die übrigen gelangten in die Offiziersmesse. Eine Matrosenabordnung verlangte daraufhin von einem Leutnant: «Gestatten Sie, Euer Wohlgeboren, unsere Habe abzuholen?»

«Was für eine Habe?» fragte der Leutnant erstaunt.

«Den Sekt. Er gehört nicht Ihnen, wir haben ihn für uns auf dem Transporter geklaut.»

Der Leutnant fuhr sie an: «Raus! Ehe ich euch in die Fresse schlage!»

«So! Ihr könnt also trinken und wir dürfen nicht? Ziehen wir denn nicht gemeinsam in den Krieg? Und mit den Fäusten brauchen Sie uns nicht zu drohen, unsere Fäuste sind härter.»

Die Matrosen gingen. An der Tür zur Messe wurde nun ein Posten aufgestellt. Mehrere Matrosen kehrten zurück und hätten ihn fast vertrimmt. Die Sektkisten mußten in den Weinbunker gebracht werden.

Der Matrose, der den Arzt angefallen hatte, wurde festgenommen; er sollte wahrscheinlich hingerichtet werden.

Was war zu tun? In den Wohnräumen und Zwischendecks, Kessel- und Maschinenräumen, Türmen und Kasematten, den Torpedo- und allen anderen Stationen des Schiffes kochte der Haß gegen die Offiziersmesse und die Kommandobrücken. Er fand in unsinnigen und wilden Ausschreitungen seinen Ausdruck. Wir, die bewußten Matrosen, konnten nichts dagegen tun. Wir waren zu wenige, um die Massen davon zu überzeugen, daß sie ihre Kräfte für den Kampf zum Sturz der Zarenregierung aufsparen sollten.

Am selben Abend versammelten sich in der Messe die Offiziere zu einer Geheimkonferenz. Keine Ordonnanz konnte eindringen, da alle Türen verschlossen waren. Der Obermaat Fjodorow aber, der vom Ingenieur Wassiljew rechtzeitig über die bevorstehende Besprechung unterrichtet war, hatte unter dem Tisch in der Messe das Mannsloch im Boden geöffnet. Keinem Offizier fiel es ein, einen Blick unter das herabhängende Tischtuch zu tun. Eine Etage tiefer, in der Hecktorpedostation, saßen inzwischen mehrere Matrosen und belauschten das Geheimgespräch. Es drehte sich um die Festigung der Disziplin bei der Mannschaft. Die Ansichten der Offiziere gingen auseinander. Die einen waren dafür, daß die Matrosen sofort hart angepackt und einige Mann zur Abschreckung erschossen werden sollten. Andere widersprachen, indem sie bewiesen, daß es zu spät dazu sei, daß das Nachlassen der Disziplin durch die Verhältnisse sowohl in Rußland als auch im Geschwader selbst hervorgerufen worden sei. Der Erste Offizier Sidorow trat für die Matrosen ein und geriet mit dem Leutnant «Schädling» in einen Streit, in dessen Verlauf er äußerte: «Sie verstehen es nicht, mit den Leuten menschlich zu sein. Sie bringen die ohnehin gereizte Mannschaft gegen die Offiziere auf. Ich erkläre Ihnen dienstlich: Solange ich Erster Offizier bin, haben Sie sich in meinen Befehlsbereich nicht einzumischen und sich nur mit Ihrem Fach zu befassen.»

Die Konferenz dauerte lange, ohne daß die Offiziere zu einem Ergebnis gekommen wären.

Im übrigen wußten wir auch ohne Wassiljew mehr über das Verhalten und die Charaktere der Offiziere, als sie über uns wußten. In der großen Menschenmenge, die in dem eisernen Labyrinth des Schiffs verstreut war, kannten sie meist noch nicht einmal die Gesichter der Matrosen. Außerdem äußerten wir unsere Gefühle und Stimmungen nur dann, wenn es wirklich nicht mehr zum Aushalten war. Für ihre Handlungen zog sie niemand zur Verantwortung, und deshalb hatten sie uns gegenüber keinerlei Hemmungen. Von jedem Vorgesetzten wußten wir alle Einzelheiten, selbst wie jeder schlief – auf dem Rükken oder auf dem Bauch, ob er schnarchte oder lautlos atmete. Unsere Informationen erhielten wir in der Hauptsache von den Offiziersburschen, die den «drahtlosen Nachrichtendienst» zwischen den Offizierskajüten und den Wohnräumen der Matrosen besorgten.

Erst jetzt, in der Kamranh-Bucht, erfuhr ich, was am 5. April an Bord des Hilfskreuzers «Terek» vorgefallen war.

Am Tage vorher hatte dort jemand in der Kajüte des Ersten Offiziers den Schreibtisch mit schwarzer Farbe übergossen. Fraglos handelte es sich um einen Racheakt. Wer hatte es aber gewagt? Der Erste Offizier hatte den Maschinisten Safronow im Verdacht, weil er ihm klurz zuvor eine Disziplinarstrafe zudiktiert hatte. Er ließ den vermeintlichen Täter zu sich in die Kajüte kommen, schloß die Tür zu, zog den Revolver und schrie ihn an: «Auf die Knie, du Schuft!»

Der Maschinist wich zurück und führte den Befehl aus.

Der Offizier stand mit gespreizten Beinen über ihn gebeugt. Die breiten Schultern glänzten im Gold der Schulterstücke. Der Unterkiefer mit dem schwarzen Bart zuckte wütend. Er richtete den Revolver direkt auf Safronows Stirn und befahl: «Gestehe, Schuft! Lebend kommst du hier nicht heraus!»

«Was soll ich gestehen, Euer Hochwohlgeboren?» fragte der Matrose mit bebender Stimme.

«Du hast doch meinen Tisch mit schwarzer Farbe übergossen?»

«Nein, Euer Hochwohlgeboren.»

«Wer dann?»

«Ich weiß es nicht.»

«Du lügst! Ich sehe es deinen Schurkenaugen an, daß du es warst.»

«Ich war es nicht!»

Der Erste Offizier stellte ihm keuchend noch einige Fragen und befahl dann: «Schwöre! Wiederhole meine Worte: Wenn ich meinem Vorgesetzten die Unwahrheit sage, so möge mich das erste japanische Geschoß in kleine Stücke reißen, auf daß ich weder Vater noch Mutter noch Frau und Kinder wiedersehe.»

Der Maschinist wiederholte die Worte des fürchterlichen Schwures, als es aber zu Frau und Kindern kam, erklärte er: «Ich bin ledig, Euer Hochwohlgeboren.»

Der Erste Offizier stieß den Maschinisten vor die Brust, daß er umfiel.

«Scher dich fort, dummes Rindvieh!»

Der Maschinist sprang auf und lief davon, als bedrohe ihn ein Höllenhund.

Am anderen Tag beschwerte er sich bei seinem Kompanieführer und bat ihn, alles dem Schiffskommandanten zu melden. Der Kompanieführer meldete es dem Ersten Offizier.

Safronow wurde wieder zu ihm bestellt, dieses Mal aber auf das Oberdeck.

«Du willst also, daß ich deine Beschwerde an den Schiffskommandanten weitergebe?»

«Jawohl, Euer Hochwohlgeboren.»

«Hast du daran gedacht, was dann aus dir werden kann?»

Der Maschinist hatte jetzt keine Angst mehr. Die ganze Mannschaft wußte, was mit ihm geschehen war. So erwiderte er fest: «Das ist mir gleich, ich bitte Sie, meine Beschwerde dem Schiffskommandanten zu melden.»

«Gut», zischte der Offizier drohend.

An diesem Tage glich der «Terek» einem aufgestörten Bienenkorb. Die Mannschaft erwartete die Anordnungen des Kommandanten. Der Kommandant schwieg aber, und es wurde niemand vernommen. Auf der Brücke blieb alles ruhig.

Am Abend, als vor dem Gebet das Kommando «Mützen ab» gegeben worden war, wurden aus den Reihen der Mannschaft Fragen laut: «Wie lange wird uns der Erste Offizier noch quälen?» – «Warum hat er den Maschinisten mit dem Revolver bedroht?» – «Welches Gesetz gestattet eine solche Handlungsweise?»

Dann aber kamen Drohungen: «Wir fordern die Ablösung des Ersten Offiziers!» – «Er gehört unter die Straßenräuber!» – «Weg mit dem Drachen!» – «Sonst fliegen alle Offiziere über Bord!»

Die Mannschaft lärmte. Nun erschien der Kommandant selbst vor der Front. Die Mannschaft befolgte aber auch seinen Befehl zum Wegtreten nicht, sondern bestand auf der sofortigen Erfüllung ihrer Forderung. Es wurde versucht, die Wache auf Deck zu holen, es erschien aber kein Matrose mit Gewehr. Die Vorgesetzten verloren den Kopf. Der Erste Offizier stand zuerst verwirrt und stumm dabei, dann schluchzte er plötzlich auf, stürzte in seine Kabine und schloß sich ein. Da änderte der Kommandant seine Taktik, indem er an die Mannschaft eine kurze Ansprache hielt. Er bat sie, keinen Lärm zu machen, und versprach, den Fall zu untersuchen. Zum Schluß sagte er: «Ich gebe euch mein Ehrenwort, daß der Erste Offizier sofort abgesetzt wird, wenn die Beschwerde des Matrosen berechtigt ist.»

Die Matrosen gingen auseinander, ohne daß die Gebete gesungen worden wären.

Etwas später eilten zwei Torpedoboote mit schußbereiten Rohren zum «Terek». Eines erhielt einen schriftlichen Bericht über die Ereignisse. Die Matrosen hörten, wie der Kommandant dieses Torpedobootes rief: «Euer Glück, das alles gut ablief. Der Admiral hatte befohlen, den Kreuzer mit der ganzen Besatzung notfalls in die Luft zu jagen.»

In der Kamranh-Bucht erfolgte dann tatsächlich eine Untersuchung in Sachen «Terek», die aber nicht vom Kommandanten, sondern auf Veranlassung des Admirals Roshestwenski vom Oberauditor Dobrowolski geleitet wurde. Das Ergebnis war, daß der Erste Offizier blieb, während mehrere Matrosen, darunter auch der Maschinist Safronow, der auf den Gedanken verfallen war, das Recht für sich zu suchen, verhaftet und vor Gericht gestellt wurden.[9]

Das Geschwader lag noch immer in der Kamranh-Bucht. Tagsüber war es hier heiß, obwohl stets eine Brise von der See her wehte. Gegen Abend wurde es windstill bis zum nächsten Vormittag. Nachts stiegen trotz des Sternenhimmels leichte Nebel über der stillen Bucht auf.

Das Linienschiff «Orjol» nahm, wie auch die anderen Schiffe, Kohlen über. Wir hatten schon 1400 Tonnen gebunkert. Das Batteriedeck wurde freigehalten, um bei einem japanischen Angriff die Bewegungsfreiheit der Geschützbedienungen nicht zu beeinträchtigen. Die Kohle wurde überall hingeschüttet, auch in den Bufettraum und in die Offiziersmesse. Die Offiziere zogen in den Reservesalon des Admirals um und nahmen auch das Klavier mit.

Unser Aufenthalt in der Kamranh-Bucht fand dann plötzlich ein überraschendes Ende. Schon am 15. April war der französische Kreuzer «Descartes» unter der Flagge des Konteradmirals Jonquières eingelaufen. Er und unser Admiral statteten sich Höflichkeitsbesuche ab. Der Kreuzer verschwand und kam bald wieder. Wahrscheinlich hatte er Kundschafterdienste für uns geleistet. Und am 21. April erklärte der französische Admiral Roshestwenski, daß wir innerhalb von 24 Stunden die Gewässer der französischen Kolonie zu verlassen hätten. Nach der Niederlage der russischen Armee bei Mukden machte Frankreich noch weniger Umstände mit uns und warf uns unter dem Druck Japans selbst aus seinen entferntesten Hoheitsgebieten ohne weiteres hinaus.

Am Tage darauf liefen alle Kriegsschiffe unseres Geschwaders aus. In der Bucht verblieben nur Transportschiffe und der Kreuzer «Almas», um die Kohlenübernahme abzuschließen. Auf «Almas» hißte jetzt der Führer der Transportschiffe, Kapitän 1. Ranges Radlow, seinen Wimpel, während Konteradmiral Enquist seine Flagge auf dem Kreuzer «Oleg» setzte.

Vier Tage trieb sich das Geschwader auf dem Ozean umher, bald mit gestoppten Maschinen, bald langsam fahrend, um wenigstens einigermaßen Formation halten zu können. Wir hielten uns beständig in der Nähe der Kamranh-Bucht. Das war das Unsinnigste von allen unseren Manövern. Roshestwenski hatte über Saigon telegrafische Verbindung mit St. Petersburg. Nun war schon deutlich erkennbar, daß wir hier irgendwo das Nebogatow-Geschwader erwarten sollten. Außerdem mußten wir warten, bis die Dampfer «Eva», «Dagmar» und «Nr. 3», die Lebensmittel, Kohlen und andere Vorräte aus Saigon gebracht hatten, gelöscht waren.

Bei meinen Beobachtungen an Bord wunderte ich mich immer mehr über die Unfähigkeit der Vorgesetzten, die Gewalt über ihre Untergebenen zu behalten. Früher brauchte nur das Kommando «Alle Mann an Deck!» gegeben zu werden, und Hunderte von Menschen stürzten zu den Treppen. Jetzt hasteten bei diesem Befehl viele Matrosen mit derselben Geschwindigkeit vom Oberdeck hinunter und versteckten sich. Selbst die jungen Matrosen hatten ihre Furcht vor den Vorgesetzten verloren.

Ich mußte daran denken, wie ich als Rekrut die Seeoffiziere beurteilt hatte. Meine Bekanntschaft mit ihnen stammte aus Kronstadt, wo ich einer Marinedivision zugeteilt worden war. Vorher war ich in St. Petersburg Offizieren der Kavallerie begegnet, die auf schönen Pferden ritten. Sie erregten meine Bewunderung lediglich durch ihre originellen Uniformen. Sonst war nichts Besonderes an ihnen festzustellen. In meinem Heimatdorf Matwejewskoje hatte ich ja auch schon Pferde ins Nachtfeldlager geritten, ohne Sattel freilich und sicherlich nicht in so eleganter Haltung.

Einen ganz anderen Eindruck machten aber auf mich die Seeoffiziere. In meiner Einbildung sah ich sie und ihre Schiffe, mit denen sie über die blauen Meere fuhren, Stürmen trotzten, fremde Länder besuchen, Weltreisen machen und alle Wunder des Erdballs erleben. Mir schien, daß ein ungeheures Wissen dazu gehöre, um nach Kompaß und Sternen zu bestimmen, in welchem Teil des Ozeans sich das Schiff befinde. Alles das war für mich ungewöhnlich, auch die Uniform der Seeoffiziere. Besonders imponierten sie mir, wenn ich sie in ihren schwarzen Paraderöcken mit Epauletten, Orden und ihren Dreispitzen sah. Dieser Glanz verblüffte mich, weil er meine eigene Nichtigkeit unterstrich. Da ich aus dem finsteren, schmutzigen Dorf kam, sah ich in den Seeoffizieren Menschen einer höheren Gattung, mit gepflegten Gesichtern und hielt sie für überaus begabt. Hätte ich denn damals einen von ihnen unehrlicher Handlungen verdächtigen können?

Mein Vater, ehemaliger Soldat des Zaren Nikolaus I., hatte mir oft gesagt: «Wenn du, Aljoschka, zum Militär kommst, dann mußt du dich im Dienst richtig verhalten. Wenn man dich schlägt, dann nimm es hin. Ein Geschlagener ist so viel wert wie zehn Ungeschlagene. Und denke daran, daß Gott das Gebet erhört, der Zar aber den Dienst würdigt.»

Ich glaubte ihm und stürzte mich bei der Marine mit vollem Eifer in den Dienst. Die Rekrutenzeit dauerte etwa vier Monate und blieb in meinem Gedächtnis wie ein widerwärtiger Traum zurück. Korporale, Ausbilder, Feldwebel unternahmen alles, um den Geist des Dorfes aus uns auszutreiben. Um sechs Uhr früh blies der Trompeter im Hof zum Wecken. Wir sprangen wie verrückt auf, machten unsere Betten, tranken hastig Tee, würgten Schwarzbrot herunter und stellten uns – je vierzig Mann – zu Turnübungen auf. Der Ausbilder kommandierte, während wir die Arme vor-, auf- und seitwärts streckten. Gegen die Übungen wäre nichts einzuwenden gewesen, wenn man sie nicht mißbraucht hätte. Wir wurden zum Beispiel gezwungen, auf der Stelle zu treten und die Knie hochzuwerfen, bis der Schweiß in Strömen an uns herunter lief und durch die abgelaufenen Stiefelsohlen rann. Noch schwerer war die «Froschreise». Sie bestand darin, daß alle vierzig Mann sich hintereinander hinhockten, die Arme streckten und an den Wänden entlang mehrmals um den Raum herumhüpften. Hierbei hing alles von der Stimmung des Instrukteurs ab. War er schlecht gelaunt, so dauerte diese unsinnige Springerei so lange, bis uns grüner Nebel vor den Augen tanzte. Es gab Rekruten, die diese Qual nicht aushielten und stürzten.

«Ihr seid zu schwer geworden mit euren vollgefressenen Bäuchen!» heulte wütend der Instrukteur und ermunterte die Gestürzten durch Fußtritte.

Dann wurden wir in den Hof getrieben, wo wir marschieren lernten, Wendungen und Gewehrgriffe übten und gedrillt wurden. Der Instrukteur belehrte uns: «Wenn ich das Kommando ‹Stillgestanden!› gebe, dann haltet ihr den Atem an, ersterbt. Dann vergeßt ihr, wie Vater und Mutter heißen, und wartet nur, was weiter von mir kommt.»

Überhaupt benahm er sich, als wären wir seine geschworenen Feinde.

Nach dem Mittagessen gab es eine kurze Ruhepause, manchmal mußten wir aber auch Holz sägen und hacken. Dann wurden wir erneut auf den Hof getrieben, um zu marschieren. Nach dem Abendbrot saßen wir müde und stumpf auf unseren Pritschen, und man erteilte uns «theoretischen Unterricht». Er vermittelte uns wenig Wissenswertes. Das Hauptgewicht legte man auf Disziplin, Gehorsam den Vorgesetzten gegenüber und Treue zum Zaren. Die Namen der Angehörigen des Zarenhauses und der Vorgesetzten, vom Chef der Flotte bis zum Kompaniechef, wurden eingehämmert, bis wir sie auswendig konnten. Der Ausbilder erklärte uns die Rangabzeichen. Alles geschah unter Schlägen und heftigen Flüchen.

Um 19.00 Uhr war Feierabend. Bis zum Kommando «Schlafengehen» konnten wir schreiben, lesen und «vergnügt sein». Einige nützten die geringe Freizeit aus, um in der Wäscherei ihre Hemden und

Unterhosen zu waschen. Die Wäsche konnte zum Trocknen nicht auf dem Boden aufgehängt werden, weil sie dort gestohlen wurde. Die Rekruten legten deshalb ihre nasse Wäsche unter das Bettlaken, um sie über Nacht mit ihrer Körperwärme zu trocknen.

Der schwere Ausbildungstag endete mit dem Kontrollappell und dem Abendgebet. Die Gaslampen wurden, bis auf eine, ausgedreht. Halbdunkel herrschte im Raum. Ein Rekrut wurde zum Nachtdienst bestimmt, während die übrigen neununddreißig sich schlafen legten, ein jeder auf seinen Strohsack unter die graue Decke. Die Luft im Raum wurde dick von den Ausdünstungen der menschlichen Körper. So verliefen damals die Tage und Nächte.

Ich kam meiner Dienstpflicht gewissenhaft nach. Man konnte nicht sagen, daß ich zu den Dümmsten zählte. Vor meiner Militärzeit hatte ich eine Anzahl Bücher gelesen, das kam mir während der Ausbildung sehr zustatten. Dank meinem guten Gedächtnis konnte ich das Matrosenreglement in einem Monat auswendig. Es war nicht üblich, daß Rekruten vor Ableistung des Eides einzeln Stadturlaub erhielten. Doch in Anbetracht meiner ungewöhnlichen Erfolge machte unser Ausbilder mit mir eine Ausnahme.

«Halt deine Augen offen», schärfte er mir ein, «denke daran, wen und wie du zu grüßen hast.»

«Jawohl.»

«Wenn du mir Scherereien verursachst, mache ich Hackfleisch aus dir.»

In der Stadt erwies ich allen Offizieren die ihnen gebührenden Ehrenbezeigungen. Ich gebe zu, daß es aufregend für mich war, aber niemand hatte an mir etwas auszusetzen. Ich bekam Lust, mir die Admiralitätsgebäude anzusehen, bog in die Katherinenstraße ein und ging am Vorgarten entlang. Später habe ich erfahren, daß Matrosen diese Gegend aus Furcht vor Zusammenstößen mit den Vorgesetzten mieden. Schon nach wenigen Minuten kam mir ein Uniformträger mit weißem Backenbart entgegen. Welchen Rang hatte er? Ich hatte noch niemals einen lebendigen Admiral gesehen, wußte aber, welche Schulterstücke er haben mußte: goldene, mit Zickzacklinien und schwarzen Adlern. Solche Schulterstücke waren in der Kaserne unter Glas ausgestellt. In Gedanken wiederholte ich: Ein Adler auf jeder Schulter bedeutet einen Konteradmiral, je zwei – Vizeadmiral, je drei – Volladmiral. Dieser Mann mit dem weißen Backenbart hatte freilich überhaupt keine Schulterstücke, dafür waren aber Kragen und Ränder seines schwarzen Mantels mit Gold dick bestickt. Auf dem Gold prangten Dutzende von schwarzen Adlern. War ich am Ende einer Art von «Überadmiral» ins Gehege gelaufen? Warum hatte mir der Ausbilder nichts von einer solchen Uniform erzählt? Es gab für mich kein Entrinnen. Ich ging auf den Fahrdamm und baute mich drei Schritt vor dem furchtbaren Menschen auf. Der Alte mit den Adlern blieb auch stehen, starrte mich verwundert an, wobei sich sein Backenbart bewegte. Jetzt bin ich verloren, dachte ich.

«Wie lange willst du so stehen, du Esel?»

Seine Stimme, die in der frostigen Luft wie die verrosteten Angeln einer Gartenpforte knarrte, seine vorstehenden, trüben Augen, die aussahen wie die Blasen auf einer schmutzigen Pfütze, machten mir noch mehr Angst. Meine Hand am Mützenrand zitterte.

«Geh weiter, steh nicht da wie ein Zaunpfahl, du Esel.»

Er kicherte leise in sich hinein, während ich alles daran setzte, so schnell wie möglich von ihm fortzukommen. Als ich mich umsah, stand er noch am gleichen Fleck und lachte hinter mir her. Ich hatte alle Lust am Spaziergang verloren und eilte nach Hause. Warum hatte mich dieser Mensch mit den Adlern Esel genannt? Hatte ich die Ehrenbezeigung verkehrt gemacht? Ich war so sehr mit dem «Überadmiral» beschäftigt, daß ich es versäumte, einen Leutnant zu grüßen. Er winkte mich heran und fragte: «Warum grüßt du nicht?»

«Verzeihung, Euer Hochwohlgeboren, ich war in Gedanken.»

Der Leutnant fluchte, hämmerte mit der Faust gegen meine Stirn und sagte beinahe freundlich: «Beim Militär soll man nicht denken.»

Ich war ihm dankbar, daß er sich meinen Namen nicht notierte.

In der Kaserne erfuhr ich von älteren Matrosen, wem ich die Ehrenbezeigung erwiesen hatte. Es war kein «Überadmiral» gewesen, sondern ein Portier der Admiralität. Ich schämte mich meines Irrtums sehr.

Einige Monate später legte ich meinen Eid ab und wurde so Matrose 2. Grades. Mit dem Umzug aus der Kaserne auf das Schiff wurde das Leben leichter. Meine bisherige Vorstellung von den Seeoffizieren änderte sich. Ich stellte fest, daß sie ebenso fluchten wie die Bauern in unserem Dorf, daß sie sogar schlugen. Dann erfuhr ich, daß sich viele betranken und randalierten, Glücksspiele betrieben und Bordelle besuchten. – Die Zeit verging. Ich wurde zum Matrosen 1. Grades und nach Absolvierung der Proviantmeisterschule zum Unteroffizier befördert. Mit den Verhältnissen und der Lebensweise der kaiserlichen Flotte hatte ich mich völlig vertraut gemacht. Die ländliche Unwissenheit war verschwunden, die Belehrungen meines Vaters schienen mir schon nicht mehr zutreffend zu sein.

Seit Beginn meiner Dienstzeit waren über fünf Jahre verflossen. Sie waren nicht spurlos an mir vorübergegangen. Viele Tage und schlaflose Nächte hatte ich in angespannter geistiger Arbeit verbracht. Und auch jetzt noch, an Bord des Linienschiffs «Orjol» lernte ich weiter.

Am Morgen des 26. April verließen alle unsere Transportschiffe und der Kreuzer «Almas» die Kamranh-Bucht und schlossen sich dem Geschwader an. Auf ein Signal vom Flaggschiff «Suworow» hin, nahmen die Schiffe ihre Positionen in der Marschkolonne ein. Das Geschwader schlug nördlichen Kurs ein, blieb aber ständig in Sicht der vietnamesischen Küste. Nach mehreren Stunden Fahrt stoppte es wieder vor einer Bucht, die von noch höheren Felsen umgeben war als die Kamranh-Bucht. Es war die Vanfong-Bucht. Als erste liefen «Almas» und die Transportschiffe ein. Ihnen folgten die Torpedoboote, die Kreuzer und zuletzt die Linienschiffe. Am Abend hatten alle Schiffe Anker geworfen. Das Geschwader hatte sich in fünf Parallellinien aufgebaut. Am Buchtausgang lagen die Linienschiffe, dann kamen die Kreuzer, die Hilfskreuzer, die Transportschiffe und die Torpedoboote.

Einige Tage später mußte ich mich zu meinem Bedauern von meinem Freund Wassiljew trennen. Während der Kohlenverladung hatte er sich den linken Fuß so verletzt, daß er nicht mehr laufen konnte. Er wurde an Bord des Lazarettschiffs «Orjol» gebracht, wo er sich einer Operation unterziehen sollte.

Von den düster-schwarzen Umrissen der Kriegsschiffe stach dieser Dampfer mit seinem fröhlichen, weißen Anstrich angenehm ab. An Bord befanden sich achtzehn Schwestern, von denen viele zur höchsten Aristokratie zählten. Zwei wohlgenährte Nonnen bedienten sie. Wie eine Oase inmitten einer trostlosen Wüste, die in der Glut verschmachtende Pilger anzieht, so lenkte das weiße Schiff «Orjol» die Aufmerksamkeit des ganzen Geschwaders auf sich. Über zehntausend junge und ältere Männer, die nichts als den Seemannstod erwarteten, betrachteten «Orjol» mit dem geheimen Wunsch, sich von der drükkenden Wirklichkeit zu lösen und auf dieses Schiff zu gelangen. Dort konnte man ungestört ausruhen, Frauen sehen, ihre Stimmen hören. Die Wunschträume kannten keine Grenzen. Konnte es denn nicht geschehen, daß eine Krankenschwester in Liebe zu einem Matrosen entflammte und sich ihm in die Arme warf? Die Gesunden beneideten die Kranken, die an Bord des Lazarettschiffs gelangten.

Eine Ausnahmestellung nahm nur Roshestwenski selbst ein. Er brauchte niemanden wegen der Befriedigung seiner Wünsche um Erlaubnis zu fragen. Die Kriegsschiffe besuchte er seltener als den weißen «Orjol», auf dem sich die Nichte seiner Frau, Olga Wladislawowna, als Schwester befand. Der Admiral interessierte sich aber nicht für sie, sondern für ihre Freundin, die Tochter eines Generals, die Oberin Natalia Michajlowna. Zu ihr, dieser temperamentvollen dreißigjährigen blonden Frau, zog es ihn immer wieder. Bei der Begrüßung bot er seiner Nichte die Stirn zum Kuß, während Natalia Michajlowna bescheiden einen Handkuß erhielt. Es kam vor, daß er zum Mittagessen in der Offiziersmesse des Schiffes blieb. Dann wurde Sekt auf sein Wohl, auf seinen künftigen Sieg über die Japaner getrunken, während er zu Natalia Michajlowna und den anderen Schwestern liebenswürdig war. In solchen Augenblicken schien Roshestwenski so gutmütig, daß man sich nicht vorstellen konnte, daß er wie ein gereizter Stier in Wut geraten konnte.

Manchmal besuchten die beiden unzertrennlichen Freundinnen auch das Flaggschiff, wo sie der Admiral in seiner Kajüte empfing. Auf dem Tisch erschienen Obst und Liköre, die der tüchtige Bursche Pjotr Putschkow herbeischaffte. Die Nichte hatte ihre eigenen Interessen. Nachdem sie ein Weilchen beim Onkel gesessen hatte, begab sie sich zu den Stabsoffizieren, während Natalia Michajlowna mit ihrem hohen Gönner allein blieb. Der Bursche Putschkow wußte gut, was er in solchen Fällen zu tun hatte. Er stand an der Tür Wache und ließ niemanden ein.[10]

Nach den Besuchen der Krankenschwestern besserte sich die Stimmung des Admirals immer, so daß er einmal zu seinem Burschen sagte: «Pjotr, wenn wir die Japaner erledigt haben, will ich dich belohnen.»

«Ergebensten Dank, Exzellenz», erwiderte Putschkow, dachte aber nur daran, so schnell wie möglich vom widerwärtigen Dienst und von dem «Gönner» loszukommen, der sein Seelenleben zerstörte.

Über das Verhältnis zwischen dem Admiral und seinem Burschen werde ich an anderer Stelle erzählen. Kehren wir jetzt vom weißen zum schwarzen «Orjol» zurück.

Zufällig geriet mir eine alte Dezembernummer der Zeitung «Nowoje wremja» in die Hände, in der ein langer Brief des Vizeadmirals Biriljow veröffentlicht worden war. Ich ging auf die Back, setzte mich bequem hin und las den Matrosen, die hinzukamen, den Admiralsbrief laut vor. Biriljow machte einigen anderen Artikelschreibern Vorwürfe wegen ihrer Enthüllungen über das Zweite Geschwader und witzelte: «Von ihren Artikeln beeinflußt, lassen die Mannschaften die Nasen hängen; um die Nase hängen lassen zu können, muß man den Kopf hängen lassen. Hängenden Kopfes aber kann man außer seinen Fußspitzen nichts sehen ...»

Weiter folgten Beruhigungspillen für die Öffentlichkeit: «Wozu brauchen wir das Dritte Geschwader? Wir brauchen das Dritte Geschwader, um dem Zweiten Geschwader zu helfen oder aber, um es an dessen Stelle treten zu lassen.

Was ist das Zweite Geschwader? Das Zweite Geschwader ist eine riesige, gut formierte, vollkommene Kraft, die den Kräften der japanischen Flotte gleichkommt und die in offener Schlacht alle Aussichten auf vollen Erfolg hat. Ein kluger, fester und beharrlicher Kommandant dieses Geschwaders wird sich hinter keinerlei Instruktionen verstekken, sondern den Feind finden und schlagen. Er wird sich nicht um den Gefechtskoeffizienten kümmern, sondern sich von unseren russischen Koeffizienten leiten lassen, da die Überlegenheit nicht in der Kraft besteht, sondern in der Entschlossenheit, in der Liebe zur Heimat ...»

Die Matrosen machten ihre Bemerkungen zu diesen Ausführungen: «Das nennt sich nun Admiral und verzapft solchen Blödsinn ...» – «Der lügt ja, daß er nicht mehr weiß, wo vorn und hinten ist.»

Plötzlich schwiegen alle. Ich sah mich um und erblickte Leutnant «Schädling». Er stand, an die Bordwand gelehnt, in der Nähe des 305-mm-Turmes und starrte ins Meer hinaus, als sei er vom Anblick ganz gefesselt. Ich las laut weiter: «Glaubt nicht, daß die Japaner so stark sind, das ist Selbstbetrug, eine Hypnose schwacher Seelen; jedenfalls soll man an die Kraft des Feindes nur denken, bevor man in den Krieg zieht – während des Krieges soll man kämpfen. Natürlich hat die japanische Flotte Verluste gehabt; der beste Beweis dafür ist, daß die Japaner 108 Panzerplatten in England bestellt haben. Allein auf ‹Mikasa› sind vier Vierzehnzollplatten durchschlagen oder gerissen. Warum die Japaner ein Vielfaches dieser Platten bestellen? Etwa um sich einen unverwendbaren Vorrat anzulegen? Und wieviel Menschen wurden im Geschwader des Admirals Togo getötet, wieviel Maschinen und Geräte außer Betrieb gesetzt und in aller Hast repariert? In unserem Zweiten Geschwader ist alles intakt, intakt ist auch der Geist, der einst aus einem kleinen Fürstentum das unermeßliche Zarenreich schuf.»

Leutnant «Schädling» kam zu uns und sagte lächelnd: «Welcher Esel hat diese Dummheiten verzapft?»

Offenbar wollte er den Liberalen spielen. In letzter Zeit machte er, wie auch der Bootsmann Sajom, Annäherungsversuche, weil doch die Schlacht immer näher rückte. Er merkte nicht, daß wir seine wirkliche Einstellung zu uns längst durchschaut hatten.

Er wußte bestimmt nicht, wer der Autor des von mir vorgetragenen offenen Briefes war. Ich stand auf, zeigte ein erschrockenes Gesicht und fragte: «Glauben Sie wirklich, Euer Wohlgeboren, daß nur ein Esel so schreiben könnte?»

Unter dem rötlichen Schnurrbart des Leutnants spielte ein breites Lächeln, es schien, als sei er unser bester Kamerad.

«Weißt du denn nicht, daß es viele Holzköpfe gibt, die an Zeitungen mitarbeiten. Gewiß, wir sind stark, aber die Flotte des Gegners sollte man doch nicht so beurteilen. Was sind denn das für Überlegungen: ‹An Bord der ‚Mikasa' platzten vier Panzerplatten?› Und hieraus wird dann die Schlußfolgerung gezogen, daß die japanische Flotte starke Schäden erlitt ... Es wird uns demnach keine Mühe bereiten, sie zu vernichten ... Große Sache – einhundertacht Platten! Diese minimale Menge reicht noch nicht einmal für die Panzerung eines einzigen Schiffes aus. Vielleicht aber brauchten die Japaner diese Platten für ein neues, im Bau befindliches Schiff? Wir wissen es nicht.»

«Im Artikel heißt es, Euer Wohlgeboren, daß das Dritte Geschwader dem Zweiten nicht nur helfen, sondern auch dessen Stelle einnehmen kann.»

Der Leutnant schlug staunend die Hände zusammen.

«Zwei alte Kreuzer und drei Panzerschiffe des Küstenschutzes können das Zweite Geschwader ersetzen? Diese fünf Schiffe zusammen sind kaum unseren ‹Orjol› wert! Da sieht man doch, daß dieser Zeitungsmensch von Marinesachen nicht das Geringste versteht.»

Ungewollt hatte der Leutnant die Wahrheit über einen Menschen gesagt, der auf solch hohem Posten stand. Und wem hatte er sie gesagt? Denen, die er verachtete und mit denen er bisher umgesprungen war, wie mit Höhlenbewohnern. Ich hatte Mühe, das Lachen zu unterdrücken und nicht laut und lustig loszuprusten. Die Matrosen lächelten verhalten. Mit größter Willensanstrengung blieb ich ernst, sah dem Vorgesetzten in die Augen und sagte: «Danke sehr, daß Sie uns das alles erklärt haben, Euer Wohlgeboren!

Wir waren alle begeistert von dem Verfasser. Wir hielten ihn für einen Philosophen.»

Ein Matrose unterbrach mich: «Sie sollten öfters so mit uns sprechen, Euer Wohlgeboren.»

«Das will ich gern tun, liebe Leute», nickte befriedigt der Leutnant.

Da überraschte ihn aber der Elektriker Golubew: «Wir glaubten, daß Seine Exzellenz, der Vizeadmiral Biriljow, wirklich ein kluger Mann sei.»

«Was hat denn Biriljow damit zu tun?» fragte, plötzlich streng geworden, der Leutnant.

«Nun, er war es doch, der diese Dummheiten schrieb.»

Der Leutnant erblaßte. Unter dem Korkhelm starrten seine Augen mehrere Sekunden bald mich, bald die anderen Matrosen an, ratlos, wie dieser peinlichen Situation ein Ende zu bereiten sei. In der gespannten Stille räusperte sich jemand, einer schneuzte sich laut. Der Offizier riß mir die Zeitung aus der Hand, blickte hinein und schleuderte sie fort. Im Weggehen sagte er nur ein Wort: «Lumpenpack!»

Wir nahmen es ihm durchaus nicht übel, der Vorfall hatte uns sehr belustigt.

Ostergedanken

In der Vanfong-Bucht übernahm das Geschwader Kohlen, Lebensmittel und andere Vorräte. Die letzten vier Tage vergingen mit schwerer Arbeit. Erst gegen Abend des Ostersonnabends, am 29. April, machten wir Feierabend. Aus den breiten Schornsteinen stiegen wie aus Opferschalen Säulen schwarzbraunen Rauches auf, die zu einer leichten, im Sonnenuntergang zart rosa gefärbten Wolke verschmolzen. Die kleineren Schiffe lichteten die Anker und fuhren als Spähschutz voraus.

An diesem Tage ereignete sich auf «Orjol» ein Vorfall, der unter den Matrosen viel erörtert wurde. – Auf dem Oberdeck hatten wir einen Stall aus Brettern, in dem das Vieh, das wir bei den Vietnamesen gekauft hatten, untergebracht war. Die Ochsen waren nicht so groß wie die auf Madagaskar, aber hinreichend fett. Angstvoll sahen sie uns an, als wüßten sie, was ihnen bevorstand. Wenn ein Tier aus dem Stall gezogen und an einer abgelegenen Stelle geschlachtet wurde, rochen die anderen das Blut und revoltierten. Sie schüttelten wütend die Köpfe, stampften auf die Deckplanken und brüllten ängstlich zitternd. Man bekam Sorge, sie könnten die Umzäunung niederreißen und in wilder Hast über Deck rasen. Das dauerte aber nicht lange. Sie ermüdeten schnell und starrten wieder ergeben in die Fahrtrichtung. Auf der Back hing der geschlachtete Ochse mit dem Kopf nach unten. Die Fleischer zogen mit scharfen Messern das Fell ab, schnitten den Bauch auf, nahmen die noch warmen und dampfenden Eingeweide heraus. Die Tiere im Stall sahen verwundert auf dieses furchtbare Schauspiel und kauten das Heu. Ob sie wohl wußten, daß ihnen das gleiche Schicksal zugedacht war? Eine Kuh befand sich unter ihnen, die war so dürr, daß man die Rippen zählen konnte. Sie war offenbar krank, denn sie fraß fast kein Heu. Die Matrosen gaben sich erdenkliche Mühe, fütterten sie mit übriggebliebenem Brot – es half nichts. Todesangst stand in ihren großen, dunklen Augen. Am Sonnabendvormittag konnte sie nicht mehr stehen; am Nachmittag lag sie verendet auf der Seite.

Der Viehwärter berichtete es dem Ersten Offizier.

«Die Kuh ist sofort notzuschlachten und morgen für das Mannschaftsessen zu verwenden.»

Wahrscheinlich hatte Sidorow nicht an die Folgen einer solchen Anordnung gedacht. Der Befehl war aber gegeben und mußte ausgeführt werden. Die kranke Kuh wurde auf einem Schubkarren an eine andere Stelle gebracht. Um diese Zeit war aber bereits der Tod eingetreten. Als man ihr den Hals durchschnitt, tropfte das schon im Gerinnen begriffene Blut nur sehr langsam, während es doch aus der Ader springen muß.

Die Mannschaft hatte das alles mitangesehen. Bald ging es von Mund zu Mund: «Am ersten Osterfeiertag will man uns Kadaver vorsetzen!»

Die Mannschaft sah auch, daß der Koch und seine Gehilfen in der Offiziersküche bei der Zubereitung von Brathühnchen und anderen Osterspeisen alle Hände voll zu tun hatten.

«Die denken nur an sich, uns haben sie vergessen», murrten die Matrosen.

Schnell sank die Nacht herab. Die Berge mit dem kärglichen, von der heißen Sonne ausgedörrten Baumbestand waren näher gerückt und standen wie Posten da. Am Ufer, in den armseligen Hütten der Einheimischen, erschienen Lichter, die das träge Wasser wie goldene Säulen widerspiegelte.

Die Trommel wirbelte. Alle Matrosen außer der Wache versammelten sich auf dem Oberdeck, wo die täglichen Gebete gesungen wurden. In Erwartung des Nachtgottesdienstes blieben sie auf.

Mein guter Freund, der Heizer Wasja-Drosd, schlug mir auf die Schulter und sagte leise: «Wir haben ein Festessen organisiert, Kognak gibt es auch. Besuch uns!»

«Wo denn?»

«Im Mastkorb. Da ist es näher zum Himmel.»

«Gut!»

«Und nun laß uns erst mal hinuntergehen.»

Wir stiegen in das Wohndeck hinab. Hier war das nahende Fest mehr als sonstwo zu spüren. Mehrere Matrosen arbeiteten mit Eifer daran, den Räumen ein festliches Aussehen zu geben. Die einen richteten das Kirchendeck ein, stellten den Altar auf, befestigten die Heiligenbilder, die Kerzenhalter, andere brachten Fahnen, grüne Zweige und elektrische Beleuchtung an.

Gegen 23 Uhr war alles vorbereitet. Die ganze Mannschaft mit Ausnahme der Wache befand sich hier. Die Matrosen hatten ihre sauberen, weißen Uniformblusen an. Vorn standen die Offiziere, parfümiert, in neuen weißen Röcken, goldene oder silberne Schulterstücke auf den Schultern. Vor dem Altar war, den flammendroten Bart aufwärts gerichtet, der Priester Paissi in betender Stellung erstarrt, den Blick auf das Mitteltor des Altarraumes, das sogenannte Zarentor, geheftet. Die elektrische Beleuchtung wurde eingeschaltet, die Kerzen vor den Heiligenbildern angezündet, alles erstrahlte in blendendem Glanz und nahm ein feierliches Aussehen an. Nur die Gesichter der Matrosen waren düster, ausgemergelt und müde.

Wir warteten lange. Endlich trat der Erste Offizier Sidorow, nachdem er seinen grauen Schnurrbart aufgezwirbelt hatte, zum Priester und sagte im Befehlston: «Wir können anfangen!»

Es wurde warm im Raum. Die Luft war stickig von Weihrauch und den Ausdünstungen der Körper. Die Matrosen verließen einzeln den Raum, um an Deck frische Luft zu schöpfen.

Der traditionelle Osterumzug begann. Der Priester stimmte den Gesang an, gefolgt vom Chor. Er trug das mit drei Kerzen und Blumen geschmückte Kreuz in der Hand und glänzte im Goldbrokat seines Gewandes. Langsam schritt er zum Heck. Die Offiziere und die lange Reihe der Matrosen folgten ihm. Die Prozession zwängte sich durch den engen Offizierskorridor, ging um den Maschinenraum herum und kehrte wieder zurück. Kurz vor dem Altar blieb sie vor einem Vorhang aus rotem Tuch stehen.

«Christus ist von den Toten auferstanden!» rief endlich der Priester.

Der Chor griff diesen Ruf auf, die Matrosen fielen summend ein. Mächtig rollten die Bässe, ein hoher, leidenschaftlicher Tenor schwang sich aus der Masse hervor, als strebe er, abgestoßen von diesem Reich der Gewalt und des Todes, hinaus in die grenzenlose Weite des Meeres. Eine Bewegung ging durch die Mannschaft. Hunderte von Händen schlugen das Kreuz.

Einen Augenblick lang erlag auch ich der allgemeinen Hypnose, dem schönen Betrug. Etwas Fernes, Heimatliches hatte mich angeweht. Vor langer Zeit hatte ich dieses Fest in meinem Dorf im Kreise meiner Lieben begangen und mußte jetzt daran zurückdenken. Viele Jahre waren seitdem vergangen, viele neue Eindrücke waren in mein Bewußtsein gedrungen. Ich war es gewohnt, mir selbst Fragen zu stellen. Welchen Unsinn stellte man hier mit uns an? Wir begingen ein Fest, das im Zeichen der Vergebung und der Liebe stand, und bereiteten uns auf eine Schlacht vor. Unter unseren Füßen, in der Tiefe des

Schiffs, in den Bunkern lagen fünfhundert Tonnen Pulver und todbringende Geschosse, um Menschen zu vernichten, die wir nie gesehen hatten.

«Wir müssen frische Luft schöpfen», sagte ich zu meinem Freund Wasja.

«Komm», antwortete er bereitwillig.

Wir drängten uns durch die Menge hinaus.

Es war eine stille, warme Nacht, voll von den Düften der Küstengewässer. Unter dem wolkenlosen Himmel, in den zitternden Strahlen der Sterne träumte der Millionen Jahre alte Ozean seine Träume. Hier und da blinkten auf den Bergen Feuer. Um den Liegeplatz unseres Geschwaders vor dem Feind geheimzuhalten, waren alle Lichter auf den Schiffen gelöscht. Nur schwach traten ihre Umrisse aus der Dunkelheit hervor. Der grelle Kegel eines Schweinwerfers glitt ab und zu über das Wasser, wenn etwa das Boot eines Eingeborenen oder sonst etwas Verdächtiges bemerkt worden war und beobachtet werden sollte. Bald erlosch der Lichtstrahl wieder und machte einer noch tieferen Dunkelheit Platz.

Am Steuerbordaußendeck standen Matrosen. Ein Maschinist sagte verträumt: «Wenn ich doch erst den Dienst hinter mir hätte, dann würde ich schon eine Arbeit finden.»

«Was für eine Arbeit?» fragte man ihn.

«Ich werde mich in Moskau einrichten, da wird für mich ein Arbeitsplatz frei gehalten.»

«Ja, wenn man Facharbeiter ist, dann braucht man nicht im Dorf zu versauern.»

Jemand erzählte über seinen Aufenthalt auf der Insel Madeira.

Ein richtiges Gespräch kam aber nicht zustande. Offenbar hatte niemand Lust zu sprechen. So schön, so duftend war die tropische Nacht! Erst als die Sprache auf die geschlachtete Kuh kam, wurden alle lebendig.

«Es heißt also, daß wir heute Kadaverfleisch vorgesetzt bekommen?»

«So sieht es aus.»

«Und wenn die Kuh nun eine ansteckende Krankheit hatte?»

«Das wird wohl so sein. Warum sollte sie sonst krepiert sein?»

Die Stimmen wurden immer gereizter.

«An solchem Fleisch können wir alle krepieren.»

«Dann krepiere doch! Glaubst du, daß die Vorgesetzten uns auch nur eine Träne nachweinen?»

«Wir müssen alle den Verpflegungsunteroffizier bearbeiten.»

«Der hat damit nichts zu tun.»

«Ich schlage etwas anderes vor: Wir nehmen alles aus der Offiziersküche für uns und essen es auf. Die Kuh geben wir in die Offiziersmesse. Sollen sie Aas essen, die Herren Offiziere!»

Vom Heck kam der Bootsmann Sajom, der offenbar den letzten Teil des Gesprächs gehört hatte. Er schrie: «Hier steckt ihr also, ihr unsinnigen Heiden! Unten wird Gottesdienst abgehalten, und ihr treibt hier euer Unwesen. Marsch in die Kirche!»

Es folgten gröbste Flüche, mit denen er alles Heilige bespie.

Die Matrosen verschwanden, während die Unteroffiziere das Fluchen des Bootsmannes nicht beachteten und dablieben. Ich blieb ebenfalls mit meinem Freunde oben.

Tief unten im Schiff wurde gesungen. In der Stille der warmen Nacht, unter dem offenen, festlich funkelnden Himmel klang das besonders schön. Es war, als rissen sich die Stimmen frei und stürmten in die Weite, um überall dem Leben Lob zu singen. Es wird keinen Tod mehr geben, diesen furchtbaren und unerbittlichen Zerstörer allen Lebens ... Er wurde vom Gekreuzigten überwunden. Es wird keinen Tod mehr geben? Was wird denn sein? Mein Verstand widerlegte tyrannisch meine Träume. Alle unsere Geschütze waren geladen. An jedem wachten Geschützführer. Der Feind brauchte nur zu erscheinen, und Scheinwerfer würden die Kerzen und Lämpchen vor den Heiligenbildern vertreiben, der Donner der Geschütze würde den Gesang «Christ ist erstanden» überdröhnen, mit Sprengstoff gefüllte Geschosse und nicht gefärbte Ostereier würden zu den Japanern fliegen. Und je mehr Menschenleben wir vernichten, je mehr wir ertränken würden, um so größer würde unser Jubel sein. Wie war dies alles mit den hochtrabenden Worten des Gebets zu vereinbaren, das den Triumph des Lebens verkündete? Und doch hatte man damit fast zweitausend Jahre hindurch die Menschheit betrogen.

Mein Freund flüsterte mir zu: «Halte dich in meinem Kielwasser.» Und wir krochen den Großmast hinauf.

Der Mittagessen fliegt über Bord

Der Mastkorb befand sich hoch über Deck und bestand aus einer runden, am Mast befestigten Plattform, deren Rand mit eisernen Wänden umgeben war. Dort wartete schon lange der Landsmann des Torpedomaats, der Heizer Baklanow, mit einem gutgefüllten Korb auf uns.

Als wir oben anlangten, brummte er: «Wo habt ihr denn so lange gesteckt? Ich habe gewartet und gewartet, es hat nicht viel gefehlt, und ich hätte allein angefangen.»

«Wir haben gebetet, lieber Freund», erwiderte Wasja vergnügt.

«Der Krieger kommt auch ohne Gebet geradewegs ins Paradies, das ist doch bekannt. Ihr habt euch also umsonst angestrengt.»

Wir holten aus dem Korb eine halbe Flasche Kognak und eine Flasche Wein, ferner Brot, Fleischkonserven, gekochte Eier, frische Bananen und Ananas. Wir tranken aus der Flasche und aßen dazu. Der Kognak war von der billigsten Sorte, wir freuten uns aber an seinem hohen Alkoholgehalt; er kratzte die Kehle wie eine Katze.

«Den habe ich von einem deutschen Transportschiff besorgt», teilte der Torpedomaat mit.

Wasja träumte unter dem Einfluß des Alkohols:

«Wenn ich am Leben bleibe, fahre ich nach Petersburg. Ich möchte so gern elektrotechnische Kurse besuchen. Und dann gehe ich weiter, steige höher auf.»

«Da warten sie nur noch auf dich», bemerkte Baklanow, zwischen dessen Zähnen eine Ananas wie eine Gurke knirschte.

Wasja regte sich auf: «Du bist weiter nichts als ein vermodernder Baumstumpf, Baklanow. Du bist ja schon ganz sauer geworden vor lauter Faulheit. Ich habe eine andere Natur. Wenn ich die Kurse nicht offiziell besuchen darf, dann werde ich mich eben als Wächter an einer Schule verdingen. Die Studenten werden mir helfen. Ich habe gehört, daß sie ein gutes Volk sind und sogar für uns Streiks durchführen. Nachts werde ich nicht schlafen, sondern lernen und erreichen, was ich will. Ist es so, Aljoscha?»

«Gewiß», bestätigte ich. Sein Enthusiasmus rührte mich.

«Ich werde erreichen, was ich erstrebe!» Wasja schrie es fast. «Bei Gott!»

«Du mußt die Füße höher heben, sonst stolperst du», bemerkte Baklanow seelenruhig.

«Pfui, du ungehobelter Bär, immer ist es so. Sobald man sich zum Höhenflug anschickt, ziehst du einen am Flügel wieder herunter.»

Baklanow war mit Essen fertig, lehnte sich an den Mast und murmelte faul: «Wenn doch dieser Hunger nicht wäre, wie sorglos könnte man da leben!»

Wir sprachen über die bevorstehende Schlacht. Der Torpedomaat gab uns neue Hoffnungen: «Ich meine, wir sind gar nicht so schwach, wie viele behaupten. Ich fühle es, daß wir die Japaner schlagen werden.»

«Mit unseren Urenkeln von der Arche Noah?» fragte der Heizer.

«Wir haben doch auch neue Schiffe.»

«Warte mal, ich will dir ein kleines Beispiel anführen. In Kronstadt blieb ein ganz altes Bügeleisen zurück, Linienschiff nennt es sich. ‹Rühr-mich-nicht-an› wurde es genannt. Du kennst es doch.»

«Ja, ich kenne es. Und was weiter?»

«Ich meine, unser ganzes Geschwader könnte man so nennen: ‹Rühr mich nicht an, sonst zerfalle ich›.»

«Da soll man noch mit ihm sprechen, diesem schmierigen Teufel!»

Die Trommel verkündete mit einem Wirbel das Ende des Gottesdienstes. Die Matrosen kamen an Deck, und wir beeilten uns, herunterzukommen. Einige Matrosen umarmten sich und gaben sich die traditionellen drei Osterküsse. Wenige Augenblicke später erstrahlte das Schiff im Schein der elektrischen Beleuchtung. Die Mannschaften und die Offiziere bauten sich an Deck in Frontstellung auf. Der Kommandant Jung erschien mit blitzenden, goldenen Achselstücken. Seinen Gruß zum Fest beantworteten nur wenige Matrosenstimmen. Die übrigen blieben drohend still.

Der Kommandant blieb so unschlüssig stehen, als wollte er eine Erklärung bei der Mannschaft suchen. Das dauerte aber nur einen Augenblick. Dann zuckte er ärgerlich die Achseln, wandte sich um und ging, gefolgt von den Offizieren, in die Messe. Offenbar hatte er den Grund für den Stimmungsumschwung bei der Mannschaft gar nicht erfaßt.

Die Matrosen strömten zur Reserveadmiralskajüte, wo an jeden Mann ein Weißbrot und zwei Eier ausgegeben wurden. Das war unsere Extraration, die das große Fest vom Alltag unterschied. Einige hatten sich aber Eßwaren und Getränke von den Vietnamesen oder Handelsschiffen besorgt. Eingedenk der alten Bräuche luden sie sich gegenseitig ein – in den Turm, in die Torpedoräume oder in andere Stationen.

Der Tag erwachte, wie immer in den Tropen, ohne jeden Übergang. Es war, als würde ein Vorhang hochgezogen, der die Nacht vom Tage trennt ... Die Sterne, die in der dunkelblauen Tiefe des Himmels wie goldene Tautropfen geflimmert hatten, verloren ihr grelles Licht und erloschen. Immer durchsichtiger wurde das hohe, vom Feuerschein des Sonnenaufgangs übergossene Firmament. Über der Bucht, über dem reglosen Spiegel des Wassers kreisten Möwen, deren Kreischen die Morgenstille durchbrach. Über dem Horizont zeichneten sich deutlich die unfruchtbaren Berge ab, ihre Umrisse mit den grünen Schluchten flammten im Schein der höhersteigenden Sonne auf, während auf den Spitzen, die hoch emporragten, schon die ersten vollen Sonnenstrahlen spielten.

Über die breite Bucht glitten, eine zitternde Spur auf dem Wasserspiegel hinterlassend, die schmalen Boote der Vietnamesen. Die Bekleidung der Eingeborenen bestand aus einem bunten Lendenschurz und einem weißen Turban auf dem Kopf. Sie drehten hart an unseren Schiffen bei und boten Enten, Hühner und verschiedene Früchte an, wobei sie irgendwelche Worte riefen. Die braunen Gesichter mit den starken Backenknochen waren zum schmeichelnden Lächeln von Bettlern verzogen, während in den schmalen, schwarzen Augen die Gier nach Gewinn blitzte.

Ein Matrose unseres Schiffes wollte eine Ente kaufen. Es wurde ihm verboten. Gekränkt und ein wenig angetrunken, rief er laut: «Warum tut man uns das an, Kameraden! Für mein eigenes Geld darf ich mir nichts kaufen! Sind wir denn keine Menschen?»

«Wir sind für unsere Vorgesetzten schlimmer als das Vieh», stimmten ihm andere zu.

Der Matrose erhöhte seine Stimme: «Für sich selber haben die Offiziere alles mögliche gekauft und saufen Sekt. Uns wollen sie zum Fest Kadaverfleisch vorsetzen! Hört ihr? Kadaverfleisch ...!»

Er schrie so laut, bis ihn der wachhabende Offizier hörte, der ihn zu sich auf die Brücke befahl.

«Was hast du da zu erzählen?»

«Ich spreche die Wahrheit, Euer Wohlgeboren!» erwiderte der Matrose und sah dem Offizier dreist in die Augen.

«Sei still! Ich lasse dich verhaften!»

Der Matrose rief, offensichtlich den Offizier verhöhnend:

«Christ ist erstanden, Euer Wohlgeboren!»

Fünf Minuten später saß er in der Arrestzelle.

Wir empfanden mehr Schadenfreude als Verzweiflung darüber, daß die Sache diesen Verlauf genommen hatte. Die früheren Kränkungen, die uns die Vorgesetzten zugefügt hatten, waren nicht so kraß gewesen, und wir hatten nur schwer dagegen angehen können. Dies hier war etwas anderes. Am ersten Osterfeiertag wollte man uns Kadaverfleisch vorsetzen! Das war eine so abscheuliche Ungerechtigkeit, daß sie einfach zu Entrüstungsstürmen herausforderte. Die verreckte Kuh trat in den Gesprächen der Matrosen in den verschiedensten Variationen auf. Die Mannschaft geriet immer mehr in Hitze. Hinzu kam noch die Festnahme des Matrosen. In allen Räumen wurde gelärmt. Die Leute wollten den Weinkeller der Offiziere aufbrechen. Diese waren aber gewarnt worden und hatten Posten aufgestellt.

Von der Brücke kam der Befehl: «Die Mannschaft zum Mittagessen!»

Ich trug das eine Gefäß mit Rum an Deck, mein Gehilfe das andere. Die Matrosen stellten sich in Reihen an, nannten ihre Nummer und kippten den Becher der duftenden Flüssigkeit in die Kehle. Das Mittagessen lehnten alle ab. Lediglich ein paar Unteroffiziere versuchten Essen zu fassen, die Matrosen entrissen es ihnen aber sofort und schütteten es über Bord. Ein Matrose rief: «Baut euch alle in Frontstellung auf! Wir verlangen den Ersten Offizier!»

Mit unglaublicher Schnelligkeit formierten sich die Reihen. Die Nachricht von dem Beschluß der Matrosen schlug wie ein Blitz in allen Teilen des Schiffes ein. Von überall her kamen Matrosen gelaufen und schlossen sich der Front an, als ob sie sich vorher verabredet hätten, gemeinsam vorzugehen. Hunderte von Stimmen riefen: «Wir wollen den Ersten Offizier sprechen!» – «Her mit dem Ersten Offizier!»

Der Maschinist Zunajew, den wir wegen seiner Körperkraft den «eisernen Menschen» nannten, stürzte zu mir. In seinem langen, großen Gesicht bebten vor Anstrengung die Nasenflügel. Er flüsterte hastig, vom eigenen pfeifenden Atem unterbrochen: «Wir haben eine Bombe ... schon lange fertig ... etwa zwanzig Pfund schwer. Nikulin und Gromow fragen, ob man sie jetzt in die Offiziersmesse werfen soll.»

Ich hatte bis zu diesem Augenblick nicht gewußt, daß die Maschinenmaate Nikulin und Gromow eine Bombe angefertigt hatten. Im ersten Augenblick war ich verblüfft. Ich hatte keine Möglichkeit, mich mit Wassiljew zu beraten, der ja auf dem Lazarettschiff «Orjol» lag. Unsere früheren Unterhaltungen über die revolutionäre Stimmung der Mannschaft hatten aber zu dem Schluß geführt, daß ein Aufstand im Geschwader organisiert vorbereitet werden mußte und daß er nicht vor unserem Eintreffen in Wladiwostok erfolgen sollte, weil wir uns mit den Landtruppen über eine Einheitsfront verständigen wollten. Andernfalls würde es bei uns zu nichts Vernünftigem führen. Wir hatten uns überlegt, daß es schwer sein würde, einen Aufstand im ganzen Geschwader zu organisieren. Aber selbst wenn wir einmal den günstigsten Fall annahmen, wenn es gelänge – was würde weiter geschehen? Diese Frage hatte uns immer die größten Schwierigkeiten bereitet. Weiter könnten wir nicht kommen, weil uns die Japaner zerschlagen würden. Eine Rückkehr des ganzen Geschwaders, um die Kriegsschiffe für die Revolution einzusetzen, war ebenfalls unmöglich. Hierzu fehlte es uns an Kohlen. Wenn es ein ganzer Staat kaum fertig gebracht hatte, uns auf der langen Reise hinreichend mit Kohle zu versorgen, so war das für uns erst recht unmöglich. Folglich würde uns nur eine Möglichkeit bleiben: alle Schiffe zu versenken, die Küste zu erreichen und dort Zuflucht zu suchen. Wie hätten das aber unsere in der Mandschurei kämpfenden Truppen aufgefaßt? Sie hätten uns für Verräter gehalten, die sie um ihre Hoffnungen betrogen haben. Die russische Regierung aber hätte unseren Aufstand in ihrem Interesse ausgenutzt und gesagt, das Zweite Geschwader sei so stark gewesen, daß es ihm gewiß gelungen wäre, den Gegner zu vernichten und das japanische Meer zu erobern, wenn nicht die Bösewichte von Revolutionären alles verdorben hätten. So ähnlich hätten es wohl alle Zeitungen hinausposaunt. Kurzum – die revolutionären Elemente auf den Schiffen des Geschwaders befanden sich in einer Sackgasse: Sie wußten mit Bestimmtheit, daß das Geschwader seinem Verderben entgegenfuhr, und konnten doch nicht das Banner des Aufstandes hissen. Die Stunde der Revolution war näher gerückt, sie hatte aber noch nicht geschlagen ...

«Nun, wie ist es?» drängte Zunajew. Seine starken Hände hielt er so verkrampft, als umfaßten sie schon die schwere Bombe.

Nach einigem Schwanken erwiderte ich ärgerlich: «Der rechte Zeitpunkt ist noch nicht da! Eine krepierte Kuh ist kein Anlaß zu einem Aufstand. Sage den Genossen, daß sie die Bombe für eine wichtigere Gelegenheit aufheben sollen.»

Zunajew winkte verärgert mit der Hand und stürmte die Treppe hinunter.

Indessen war die Feier in der Offiziersmesse bereits in vollem Gange. Trunkene Stimmen drangen aus dem Raum. Jemand sang Romanzen mit Klavierbegleitung. Plötzlich wurden die Offiziere von der schrecklichen Nachricht überrascht, daß die Mannschaft meutere! In der Offiziersmesse wurde es still wie in einer Kirche. Bleich und im Handumdrehen nüchtern, starrten sich die Offiziere an. In jedem Augenpaar stand Todesfurcht, als könne das Schiff jeden Augenblick in die Luft fliegen. Das dauerte aber nicht lange. Alle sprangen auf, liefen fluchend durcheinander. Die einen versteckten sich in ihren Kajüten und schlossen sich ein, die anderen griffen zu den Revolvern, obwohl sie selbst nicht daran glaubten, daß sie dadurch dem Tode entgehen konnten.

Der Kommandant Jung befand sich zu der Zeit im Ruderhaus.

Endlich erschien der Kapitän 2. Ranges Sidorow in voller Uniform – in einer neuen schneeweißen Bluse und weißen Hosen – vor der Mannschaft. Aber weder die goldenen Schulterstücke noch die Orden auf der Brust machten auf die Untergebenen den geringsten Eindruck, und der Offiziersdolch an der Seite schien angesichts der wutentbrannten Menge überflüssig und lächerlich. Unter dem Mützenschirm sah das Gesicht mit dem Spitzbart so fassungslos hervor, daß selbst der große, aufgezwirbelte Schnurrbart sein flottes Aussehen verloren hatte. Wie nach langer Fastenzeit fragte er mit erstickter Stimme: «Was ist los, liebe Leute?»

Brüllend erwiderte die Mannschaft: «Fort mit dem Kadaverfleisch!» – «Über Bord mit dem Mittagessen!» – «Nieder mit dem Krieg!» – «Freilassung des Verhafteten!» – «Warum habt ihr den Unschuldigen eingesperrt?» – «Ihr füttert uns mit Kadavern! Skorpione!» – «Laßt den Gefangenen frei!»

Der Erste Offizier trat verlegen auf der Stelle und winkte dann mit der Hand zum Zeichen, daß er etwas sagen wolle: «Ich kann den Inhaftierten nicht eigenmächtig freilassen, das ist Sache des Kommandanten. Ich will ihm eure Forderung melden.»

Hastig ging er zur Brücke. Noch heftigere Worte flogen ihm nach: «Her mit dem Kommandanten!» – «Wir lassen nicht locker, bis wir den Verhafteten sehen.»

Offiziere, die mehr Mut hatten, zeigten sich an Deck, verschwanden aber gleich wieder, von der Furcht getrieben, in den Niedergängen.

Der Kommandant wechselte aus dem Ruderhaus in den Kommandoturm. Seine Verhandlungen mit dem Ersten Offizier zogen sich hin. Es war für ihn nicht leicht, der schwierigen Situation Herr zu werden. Gab er der Forderung der Matrosen nach, so bedeutete dies eine weitere Erschütterung der Disziplin und den Verlust seiner Autorität. Aber eigentlich konnte er nichts anderes unternehmen, denn dort unten, auf Deck, hatten sich etwa neunhundert Mann versammelt, die den Gehorsam verweigerten. Anstelle der bisher so willigen Leute stand dort eine wilde Horde, die in der Nähe der Front einen Aufstand heraufbeschworen hatte. Selbst im Kampfturm waren die gellenden Rufe, das Pfeifen, die Flüche zu hören, ein Chor stürmischer, heulender Stimmen, der einem die Haare zu Berge stehen ließ. Gewiß, die Leute bewahrten noch Haltung, aber ihre Front war schon in Bewegung und wogte wie das Meer. Die Wut der Mannschaft hatte den Punkt erreicht, an dem der scharfe und kühne Aufruf eines Matrosen alle anderen zur Abrechnung, zu furchtbaren Taten hinreißen konnte. Und dann würde auf dem Schiff ein Schlachten angehen! Offiziersblut würde sich über das Deck ergießen, und alle oder doch fast alle, die Offiziersschulterstücke trugen, würden über Bord fliegen. Konnten die Offiziere auf die Hilfe anderer Schiffe rechnen? Dort kamen auch Meutereien vor.

Nach langem Schwanken gab der Kommandant Jung nach.

Der Erste Offizier lief die Treppe hinunter, hob die Arme hoch, als wollte er die Mannschaft um Gnade bitten, und lief schnell, seinem Alter durchaus nicht gemäß, die Front entlang, wobei er mehrmals rief: «Gleich, liebe Leute, gleich!»

Er verschwand in einem Niedergang. Wir brauchten nicht lange zu warten. Nach knapp fünf Minuten brachte er selbst den arrestierten Matrosen an Deck und sagte: «Hier ist er, Kameraden, hier. Nun sollt ihr aber nicht mehr lärmen und euch beruhigen.»

Die erregte Stimmung der Mannschaft flaute ab, das Johlen verstummte.

Der Erste Offizier fuhr fort: «Ich werde gleich anordnen, daß man euch ein anderes Mittagessen zubereitet. Und ihr wählt inzwischen eine Kommission, die bestimmen soll, welche Ochsen für euch geschlachtet werden sollen – die zwei besten Ochsen!»

Die Front löste sich sofort auf. Fröhlich plaudernd zerstreuten sich die Matrosen, als hätten sie eine hohe Belohnung erhalten. Der Sieg war auf ihrer Seite.

Immer höher stieg die Sonne, Fluten von Licht spendend. In der Hitze dehnte sich der Ozean. Über dem golden-blauen Wasser erhoben sich die hohen Spitzen der Berge, in Schweigen erstarrt, als hätten die grauen, unfruchtbaren Riesen die friedliche Ruhe der Bucht vor den räuberischen Überfällen der Stürme zu schützen.

Auf dem Flaggschiff «Suworow» spielte ein Blasorchester.

Ein tragikomisches Schauspiel

Auf ein Signal des Admirals bereiteten sich am zweiten Osterfeiertag alle Schiffe auf die Übernahme von Kohlen vor. Unser Fest war vorüber. Die Matrosen hatten eine angenehme Erinnerung an den vergangenen Tag behalten. Sie hatten die Freilassung ihres Kameraden erzwungen und sich an Fleisch satt gegessen.

Auf der vorderen Brücke meldete der Signalgast Sefirow hastig dem wachhabenden Offizier: «Euer Wohlgeboren, ‹Suworow› hat den Dampfkutter ausgeschwungen.»

Der Wachhabende ordnete an: «Laß ihn nicht aus den Augen!»

Kurz darauf meldete der Matrose: «Der Admiral selbst besteigt den Kutter!»

Als kein Zweifel mehr bestand, daß der Kutter auf uns zuhielt, bemächtigte sich aller Offiziere große Aufregung. Was war zu tun? Unsere Fallreeps waren nicht ausgelegt. Andere Offiziere, die uns sonst besuchten, legten mit ihren Booten am Heck an, stiegen auf dem

Sturm-Fallreep hoch und gingen durch die Offiziersmesse. Zu allem Unheil war aber die letztere zu einer Kohlengrube geworden, und die Offiziere waren schon längst in die Reserve-Admiralsmesse übergesiedelt. Auf diesem Wege konnten allenfalls junge Offiziere zu uns gelangen. Sie fanden sich damit ab. Konnten wir aber den Befehlshaber des Geschwaders, Vizeadmiral Roshestwenski, so empfangen? Der Kommandant und der Erste Offizier waren ratlos, faßten sich verzweifelt an den Kopf. Das Gewitter nahte. Nur die Matrosen waren ruhig: «Der rasende Admiral stürmt daher!» – «Zum ersten Mal seit unserer Ausfahrt will er uns besuchen.» – «Warum er uns wohl besucht?» – «Sicher, um uns ein frohes Fest zu wünschen.» – «Vielleicht will er die Stimmung vor der Schlacht heben?»

Offiziere und Mannschaften traten an, alle Augen waren auf den Kutter gerichtet.

Unbeschreiblich war Roshestwenskis Entrüstung, als er erfuhr, daß er nur auf diese ungewöhnliche Weise zu uns an Deck gelangen könne. Das war eine Beleidigung. Er erhob sich auf dem Heck des Kutters zu seiner vollen, imposanten Größe, drohte uns mit den Fäusten und schrie: «Was sind das für Sachen? Was ist das für eine Schlamperei? Das soll ein Kriegsschiff sein! Laßt sofort das Fallreep herunter!»

Der Kutter fuhr zum Linienschiff «Osljabja» weiter; wahrscheinlich wollte der Admiral dort den erkrankten Admiral Fölkersam besuchen.

Unsere Mannschaft ahnte nicht, daß der Geschwaderchef über den Osteraufstand auf dem «Orjol» unterrichtet war. Schuld daran war der Wachhabende, der dem Schiffskommandanten den unvermeidlichen Rapport geschrieben hatte, der den vorgeschriebenen Weg gehen mußte.

An Bord brach beinahe eine Panik aus. Das Steuerbordfallreep wurde in aller Eile heruntergelassen. Zu dieser Arbeit wurden mehr Matrosen eingesetzt als nötig waren. Außer dem Ersten Offizier beaufsichtigte auch der Schiffskommandant selbst die Arbeiten. Er trieb immer wieder an: «Schneller! Schneller!»

Wir waren gerade damit fertig, als von «Osljabja» ein neuer Befehl Roshestwenskis signalisiert wurde: «Das Backbordfallreep ist ebenfalls herunterzulassen!»

Dieses Fallreep aber war vollständig mit Kohlen zugedeckt. Es war unmöglich, die dicke Kohlenschicht in der kurzen Zeit abzuschaufeln. Die Aufregung der Vorgesetzten wurde immer größer, die Offiziere hasteten von einer Bordwand zur anderen.

Es gelang nur, das Steuerbordfallreep herunterzulassen. Wieder erschien Roshestwenski. Fast die ganze Besatzung war auf Deck angetreten. Stumm kam der Admiral herauf, grüßte nicht, wie das sonst üblich war, die Mannschaft und blieb wie in schweren Gedanken vor der Front stehen. Seine riesige Gestalt, die alle anderen um einen Kopf überragte, war etwas gebeugt. Die Zugehörigkeit zum Gefolge seiner Majestät, der Rang eines Vizeadmirals, der Titel eines Generaladjutanten, die Stellung eines Geschwaderchefs, alles das trennte ihn von uns wie eine Gottheit. Sein Gesicht mit dem runden, kurzgeschnittenen Bart war zornig und finster wie das aufgewühlte Meer im Sturm. Gewohnheitsmäßig bewegte der Admiral wie kauend seine Kiefer; sein bohrender Blick glitt langsam über die Reihen der Matrosen, als suche er einen Schuldigen. Auf dem Schiff war alles erstarrt, die Besatzung hielt gleichsam den Atem an. Diese stumme Szene dauerte eine oder zwei Minuten. Endlich durchbrach ein erschütterndes Brüllen die Stille: «Verräter! Schufte! Meutern wollt ihr? In Gruppen antreten! Die Unteroffiziere gesondert!»

Zahlreiche Füße trampelten über Deck. Wie oft hatten wir schon dieses einfache Kommando ausgeführt. Dieses Mal verhaspelten wir uns, liefen umher wie eine irregewordene Viehherde, die von einem Raubtier bedroht wird.

Wir hatten schon früher gehört, daß der Admiral nierenkrank sei und daß ihn der geringste Anlaß in Wut bringe. Vielleicht verhielt es sich wirklich so. Jedenfalls machte er jetzt den Eindruck eines anormalen Menschen. Er stampfte mit dem rechten Fuß auf, fuchtelte mit den Armen, fluchte, wie es kaum ein Matrose zuwege gebracht hätte, und belegte das Schiff und die Besatzung mit den unwürdigsten Bezeichnungen. Wie eine Steinlawine prasselten seine Worte auf uns nieder: «Ich werde keinen Verrat dulden! Schmach über dieses Schiff! Ich werde es vom ganzen Geschwader unter Feuer nehmen lassen, es auf der Stelle versenken!»

Wir glaubten an seine Machtvollkommenheit. Unser Leben lag in seiner Hand. Er flößte uns unsäglichen Schrecken ein! Wie alle Feiglinge, waren wir wütend.

Der Admiral forderte: «Nennt mir die Anstifter! Wo sind sie, die Elenden? Her mit ihnen!»

Die Offiziere liefen die Front auf und ab. Sie wußten selbst nicht, wer die Anstifter gewesen waren, eine Liste war vorher nicht aufgestellt worden. So mußten die Leute willkürlich herausgegriffen werden. Entweder waren es Vorbestrafte oder Matrosen, deren Gesichter ihnen nicht gefielen. Der Schiffszimmermann Lebedew war zufällig als erster herausgegriffen worden und dem Admiral in die Hände geraten. Dieser stürzte auf ihn los, machte ihn zur Zielscheibe seines Zornes und zerschlug ihm das Gesicht. Der Anblick des Blutes schien ihn zu erschrecken, und er befahl dem Zimmermann: «Geh auf deinen Platz, du Schuft!»

Lebedew nahm seinen Platz wieder ein und war zufrieden, daß er mit dem Verlust von vier Vorderzähnen, die ihm die Admiralsfaust ausgeschlagen hatte, davongekommen war und Gericht und Todesstrafe ihm nicht mehr drohten.

Die Offiziere holten sich willkürlich Matrosen heraus und stellten sie mitten auf das Deck wie vor ein Gericht. Das war der kritischste Augenblick. Jeder Matrose hoffte nur das eine, – daß man ihn nicht heraushole. Eine Sorge beherrschte alle Hirne: Was wird werden? Erschießen? Erhängen? Ein Aufatmen ging durch die Reihen, als die Offiziere acht Mann herausgegriffen und vor der Front aufgestellt hatten.

Es begann eine Tragikomödie.

Der Admiral schwieg, als wollte er sich beruhigen, bevor er die Schuldigen vernahm. Nur seine Brust wogte schwer. Lange prüfte sein Blick die Gesichter. Dann knirschte er so laut mit den Zähnen, als wären sie aus Eisen, und brüllte wieder los: «Hier sind sie, die Verräter des russischen Landes! Nicht ein menschliches Gesicht darunter! Alles Verbrecherfratzen! Wieviel habt ihr bekommen, um Rußland zu verraten? Ich frage euch: Für wieviel habt ihr den Japanern die Heimat verkauft?»

Die acht Mann standen stramm, verständnislos den zornigen Admiral anstarrend. Ihre Knie zitterten, die Gesichter waren so bleich, als hätte man sie mit Mehl gepudert. Es waren stumme Gliederpuppen.

Der Admiral wandte sich der Besatzung zu, zeigte mit einer theatralischen Geste der rechten Hand auf die Angeklagten und rief: «Seht, seht euch diese Verräter an! Sie haben unsere Heimat für Gold den Japanern verkauft!»

Dann bückte er sich, zog den Kopf zwischen die Schultern, stieß mit dem Zeigefinger in Richtung auf die Angeklagten und sagte fast flüsternd mit zornbebender Stimme: «Ich sehe, ich sehe es. Da, die Taschen, wie sie gebläht sind! Voll von japanischem Gold! Seht, seht alle hin auf diese Taschen! Sie platzen ja gleich vor Gold. Aha! Dahin floß also das feindliche Gold!»

Der Admiral stieß auf die Schuldigen zu, prallte wieder zurück, vollführte allerlei Faxen und fluchte gotteslästerlich. Sein Gesicht war dunkelrot, die Augen traten hervor, als wäre ihm der Hemdkragen zu eng geworden. Er wütete wie ein Irrer. Sein Fluchen, sein Gehabe, alle diese törichten Worte waren so unsinnig, als sei er ein Narr, der sich für kurze Zeit in den glänzenden, weißen Rock gehüllt hatte. Endlich stürzte er auf einen der acht Mann zu, einen schmalen, pockennarbigen Matrosen, und brüllte: «Da ist sie, die von Gott selbst gebrandmarkte Fratze! Gestehe, wieviel hast du von den Japanern gekriegt? Na? Aha! du schweigst!»

Er faßte den Mann an der Brust und schüttelte ihn so, als wollte er ihm die Seele aus dem Leibe zerren. Der Kopf des armen Matrosen schwankte wie auf Spiralen. Fortgeschleudert, stieß er gegen die Bordwand und fiel hin. Dann setzte er sich auf und bekam Schlucken.

Der Admiral belegte auch die Unteroffiziere mit unflätigen Worten, die Feldwebel und Offiziere nannte er «schmachvolle Vorgesetzte einer schmachvollen Mannschaft», der Kommandant erhielt wegen seiner Schwäche eine Rüge.

«Und ihr, ihr Schufte müßt wissen, daß ich euch das nicht verzeihen werde!» wandte er sich an alle Matrosen. «Mit eurem Blut werdet ihr vielleicht euer Verbrechen im Kampf wiedergutmachen können. Andernfalls werde ich euch euer ungewaschenes Fell in Fetzen vom Leibe reißen!»

Dann kehrte der Admiral auf das Flaggschiff zurück.

Die acht inhaftierten Matrosen wurden wie Schwerverbrecher unter verstärkter Bewachung auf das Transportschiff «Jaroslawl», das schwimmende Gefängnis, gebracht.

Stumm gingen wir auseinander, mit einem Gefühl, als hätte man jedem das Herz abgepreßt. Wir hatten uns nichts zu sagen, es war alles klar. Wir hatten uns mit dem unabänderlichen Tod der acht Kameraden losgekauft.[11]

Wir treffen mit dem Dritten Geschwader zusammen

Am Abend des 9. Mai nahm das Geschwader Funkverbindung mit den Schiffen des Konteradmirals Nebogatow auf. Nun kamen also die Kameraden, die Libau vier Monate nach uns verlassen hatten. Diese Nachricht verhieß eine angenehme Abwechslung.

Am nächsten Tag verließen wir um acht Uhr früh gruppenweise die Vanfong-Bucht. Die Schiffe fuhren in der gleichen Marschordnung, in der sie den Indischen Ozean überquert hatten. Die Linienschiff-Divisionen waren zu zwei parallel fahrenden Kolonnen formiert und wurden von den Flaggschiffen «Suworow» und «Osljabja» geführt. Als Aufklärer fuhren «Almas», «Swetlana» und «Ural» voraus. Unsere schnellen Kreuzer «Isumrud» und «Shemtschug» befanden sich zu beiden Seiten der Flaggschiffe, während die Transporter und Torpedoboote den Linienschiffen folgten. Den Schluß bildeten die Kreuzer «Oleg», «Aurora» und «Dmitri Donskoi». Vier Hilfskreuzer verteilten sich am Horizont. Das Geschwader nahm südöstlichen und später westlichen Kurs.

An Bord unseres Schiffes herrschte große Aufregung. Mit den anderen Matrosen stürzte auch ich auf die obere Plattform der Achterbrücke. Alle Blicke waren in die klare Ferne gerichtet. «Suworow» und «Nikolai I.» waren bereits ununterbrochen über Funk miteinander verbunden. Etwa um 14 Uhr zeichneten sich die Masten der nahenden Schiffe am Horizont ab. Etwas später tauchten die Schornsteine und Brücken auf. An der Spitze fuhr unter der Flagge des Konteradmirals Nebogatow «Nikolai I.», dem die Panzerschiffe des Küstenschutzes «Apraxin», «Senjawin» und «Admiral Uschakow» folgten. Zum Geschwader gehörten ferner der alte Panzerkreuzer «Wladimir Monomach», die Transportschiffe «Livonia», «Kuronia», «Hermann Lörke», «Graf Stroganow», das Werkstattschiff «Xenia» und der Schleppdampfer «Swir». Das Lazarettschiff «Kostroma» sollte noch nachkommen. Die Geschwader begrüßten sich durch Salutschüsse. Der Anblick dieser gedrungenen, kurzen Langsamfahrer mit ihren hohen Schornsteinen und den langen Geschützrohren wirkte so fern von der heimatlichen Küste geradezu grotesk. Immerhin waren sie angekommen, nachdem sie in drei Monaten diese riesige Entfernung zurückgelegt hatten. Das Zweite Geschwader stoppte. Auf «Suworow» stieg das Signal «Willkommen» hoch, dann «Ich beglückwünsche das Geschwader zur Vereinigung mit der neuen Division». Die Signale wurden von allen Schiffen wiederholt. «Nikolai I.» führte die Kolonne an, die sich parallel zu unseren zwei Kolonnen als dritte aufbaute. Es war ein feierlicher Augenblick. Am wolkenlosen Himmel strahlte die tropische Sonne. Die heiße Luft flimmerte. Die Meeresoberfläche glänzte wie ein seidenes, mit Edelsteinen verziertes Tischtuch. Auf jedem Schiff stand die Besatzung in Frontstellung und grüßte mit Hurrarufen. Die Flaggschiffe ließen ihre Kapellen spielen. «Dmitri Donskoi» hatte zur Begrüßung seines alten Kameraden, des «Wladimir Monomach», die Besatzung in die Rahen geschickt, wie dies in den Zeiten der Segelflotte üblich gewesen war, aus denen diese beiden gepanzerten Fregatten noch stammten.

Bald darauf ließ «Nikolai I.» einen Kutter zu Wasser, auf dem Nebogatow sich mit Meldungen zum Admiral begab. Auf dem Fallreep von «Suworow» umarmten sich die beiden Admirale vor den Augen der ganzen Mannschaft. Roshestwenski geleitete den jüngeren Flaggoffizier in seine Arbeitskajüte, wo sie etwa eine Stunde verbrachten. Dann kehrte Nebogatow auf sein Schiff zurück.[12]

Damit war der Festakt beendet.

Die vier Linienschiffe wurden als dritte Abteilung in das Geschwader eingegliedert, während sich der Kreuzer «Wladimir Monomach» der Kreuzergruppe anschloß.

Wir wußten sehr gut, welchen Wert die neu eingetroffenen Schiffe hatten. Ihre Kampfkraft war minimal. Trotzdem freute sich die ganze Besatzung des «Orjol» entgegen aller Logik noch lange, als wäre etwas geschehen, was uns mit neuer Hoffnung erfüllen konnte. Es war so, als ob ein Schwerkranker an der Schwelle des Todes noch einmal einen Impuls zum Leben erhalten habe und ihm die Zukunft wieder voller Verheißungen erschienen sei.

Eines wenigstens war gut: Unser qualvolles Vagabundieren an der Küste von Vietnam ging dem Ende zu. Sobald wir die Fracht von den eingetroffenen Transportschiffen übernommen hatten, konnten wir uns nordwärts wenden. Nichts konnte uns mehr aufhalten. Rußland hatte uns alles gegeben, was es konnte. Nun hatte das Zweite Geschwader das Wort. Alle Blicke waren auf Roshestwenski gerichtet, um in seinem Gesicht, in seinem konzentrierten Blick unter den strengen Brauen, die Pläne für die nächsten Kriegshandlungen zu erkennen.

Im Morgengrauen des zweiten Tages begab sich die Nebogatow-Gruppe mit einigen Transportschiffen in die Kua Bé-Bucht, um Kohlen zu bunkern und die Maschinen zu überholen. Das Geschwader blieb auf See in der Nähe der Bucht. Vom Admiral erhielten wir den Befehl Nr. 229, in dem es hieß, daß mit der Aufnahme der Gruppe die Kräfte des Geschwaders nicht nur den feindlichen gleich seien, sondern hinsichtlich der Linienschiffe ein gewisses Übergewicht erlangt hätten. Und weiter hieß es: «Die Japaner haben mehr schnelle Schiffe, aber wir haben nicht die Absicht, vor ihnen davonzulaufen.»

Ich weiß nicht, ob Roshestwenski seinen eigenen Worten glaubte; auf die Matrosen machten sie jedenfalls nicht den erwünschten Eindruck. Allzu offensichtlich war die Unsinnigkeit einer solchen Behauptung. Die Matrosen spotteten daher über diesen Befehl: «Was der sich alles einbildet! Was haben wir denn schon für ein Übergewicht an Linienschiffen? Es sind doch nur veraltete und Panzerschiffe des Küstenschutzes eingetroffen.» – «Wenn Sie uns die Schwarzmeerflotte geschickt hätten, das wäre etwas anderes gewesen.» – «Am schlimmsten ist der Unsinn mit den schnellen Schiffen. Als ob schnellfahrende Schiffe nur dazu da wären, um vor dem Feind davonzulaufen.» – «Er hebt unseren Kampfgeist.»

Einige Matrosen hatten Post mit Nachrichten aus der Heimat erhalten, die sie den Kameraden mitteilten. Aber nicht bei allen waren die Verhältnisse zu Hause ungetrübt. Ein Heizer lehnte am Bugturm. In seinen knorrigen Händen hielt er einen Briefbogen mit schiefen Zeilen. Soweit die Grüße der einzelnen Angehörigen aufgezählt wurden, war alles gut. Plötzlich aber rollten Tränen über sein verrußtes Gesicht.

«Was hast du?» fragte ich ihn.

Zögernd kam die Antwort: «Mein Söhnchen ... im dritten Jahr war er ... Petja hieß er ... ist gestorben.»

Er steckte den Brief in die Tasche der Arbeitshose und schlich müde nach unten.

Jetzt bestand unser Geschwader aus 50 Schiffen: 37 Kriegsschiffen und 13 Transportschiffen. Taktisch gliederten sie sich wie folgt: die erste Linienschiffdivision, zu der die vier besten gleichartigen Schiffe gehörten: «Suworow», unter der Flagge des kommandierenden Admirals, «Alexander III», «Borodino» und «Orjol»;

die zweite Linienschiffdivision: «Osljabja» unter der Flagge des Konteradmirals Fölkersam, «Sissoi Weliki», «Nawarin» und «Admiral Nachimow»;

die dritte Linienschiffdivision: «Nikolai I.», unter der Flagge des Konteradmirals Nebogatow, «Apraxin», «Senjawin» und «Uschakow»;

die erste Kreuzerdivision: «Oleg», unter der Flagge des Konteradmirals Enquist, «Aurora», «Dmitri Donskoi», «Wladimir Monomach», «Rion» und «Dnepr»;

die zweite Kreuzerdivision: «Swetlana», unter dem Breitwimpel des Kapitäns 1. Ranges Schehin, «Kuban», «Terek» und «Ural»;

die erste Torpedobootdivision mit den zwei leichten Schnellkreuzern «Isumrud» und «Shemtschug» und den vier Torpedobooten «Bedowy», «Bystry», «Buiny» und «Brawy»;

die zweite Torpedobootdivision mit «Gromki», «Grosny», «Blestjaschtschi», «Besupretschny» und «Bodry»;

ferner eine Staffel aus dreizehn Transportschiffen, von denen «Kamtschatka», «Irtysch» und «Anadyr» mit kleinkalibrigen Geschützen ausgerüstet waren.

Diese Transportschiffe wurden vom Kreuzer «Almas» unter dem Wimpel des Kapitäns 1. Ranges Radlow geführt. Außerdem befanden sich im Geschwader die zwei Lazarettschiffe «Orjol» und «Kostroma».

Es gab noch weitere Transportschiffe, sie wurden aber nicht mehr benötigt und sollten deshalb nach Saigon zurückgeschickt werden.

Vier Tage verbrachten wir in einer ununterbrochenen Hetzjagd, luden Kohlen, Lebensmittel und andere Dinge von einem Transportschiff aufs andere. Auch die Kriegsschiffe wurden bis zum Überlaufen mit Kohlen beladen. Auf Roshestwenskis Veranlassung wurden auf den unter Nebogatow eingetroffenen Schiffen alle Schornsteine, die schwarz angestrichen waren, gelb gestrichen, nur der obere Rand blieb schwarz.

Während unseres Aufenthaltes in den Buchten Kamranh und Vanfong hatten die Offiziere unseres «Orjol» wiederholt die Frage besprochen, ob das Geschwader hier bleiben würde und ob Friedensverhandlungen mit Japan eingeleitet werden sollten. Nachdem Nebogatows Schiffe zu uns gestoßen waren, wurde diese Frage noch eifriger besprochen. In der Offiziersmesse konnte man folgendes hören: «Nach der Schlacht von Mukden ist es selbst für Holzköpfe klar geworden, daß unsere Landtruppen mit dem Feind nicht fertig werden können. Ihre einzige Hoffnung ist das Zweite Geschwader. Wir wissen aber sehr gut, was diese letzten Krümel unserer Seestreitkräfte darstellen.»

«Das ist ganz richtig. Wenn schon das Geschwader von Port Arthur nichts ausrichten konnte, so sind wir erst recht dem Untergang geweiht.»

«Und was muß man daraus schließen?»

«Daraus folgt, daß sofort Friedensverhandlungen eingeleitet werden müssen. Die jetzige Situation ist dafür überaus günstig. Überlegen Sie sich doch einmal: Wir haben zur Verwunderung der ganzen Welt eine riesige Strecke bewältigt, ohne ein einziges Schiff zu verlieren. Nun sind wir fast bis Japan vorgedrungen, befinden uns sozusagen in dessen unmittelbarer Nähe. Das muß beim Gegner unwillkürlich ernste Befürchtungen erwecken, weil er ja keine richtige Vorstellung von all unseren Unzulänglichkeiten hat. Wir wissen zwar, daß das Zweite Geschwader als Kampfeinheit nicht zu gebrauchen ist. Die Japaner hingegen müssen sich, solange wir nicht vernichtet sind, durch unsere Anwesenheit in den östlichen Gewässern bedroht fühlen. Mag sein, daß sie uns zahlenmäßig zur See überlegen sind, aber im Kriege gibt es verschiedene Zufälle und Überraschungen, und die schwächere Partei kann die stärkere schlagen. Die Seekriegsgeschichte kennt viele solche Fälle. Wahrscheinlich kalkuliert der Gegner das auch ein. Kurzum, wir könnten, da wir uns nun bereits an der vietnamesischen Küste befinden, einen mehr oder weniger annehmbaren Frieden erreichen. Außerdem würden wir unser Geschwader für die Zukunft unversehrt erhalten, und Rußlands Ansehen wäre nicht endgültig zerstört.»

«Wie schade, daß die Natur denjenigen den Verstand versagt hat, von denen die Beendigung dieses mißglückten Krieges abhängt! ...»

Niemand in der Offiziersmesse widersprach solchen Äußerungen.

Am Morgen des 14. Mai stachen die 50 Schiffe in Marschformation mit einer Geschwindigkeit von 9 Knoten in See. Die erste und die zweite Linienschiffdivision bildeten je eine Kolonne. Ihnen folgten die Torpedoboote im Schlepp und zwei Kolonnen der Transporter unter Führung von «Almas». Die Kreuzer fuhren schützend vor den Transportern. Eine Aufklärungsgruppe, die aus vier Kreuzern bestand, fuhr dem Geschwader voran. Die Lazarettschiffe hatten ihren Platz außerhalb der Marschordnung seitwärts von den Kreuzern. Die dritte Linienschiffdivision unter Nebogatows Führung bildete die Nachhut.

Auf der Back begegnete ich dem Bootsmann Wojewodin.

«Nun sind wir endgültig ausgelaufen», sagte er mit einem Blick auf das Geschwader.

«Ja, endgültig», erwiderte ich.

Das Geschwader hatte sich bald über fünf Meilen auseinandergezogen. Die zahlreichen Schornsteine stießen dichte, schwarze Rauchwolken aus. Sie blieben hinter uns zurück und hingen wie Gewitterwolken über dem Ozean.

«Wenn man das so sieht – welch eine Kraft stellen wir doch dar», fuhr der Bootsmann fort.

«Ja, wenn man sich die Sache nicht genau überlegt.»

«In zwei bis drei Wochen werden einige Schiffe vielleicht Wladiwostok erreicht haben.»

«Und andere werden sich auf dem Grund des Japanischen Meeres befinden.»

Der Bootsmann sah mich prüfend an.

«Ja, das stimmt.»

Immer weiter rückten die lilafarbenen Ufer ab, die zeitweilig unser Schutz gewesen waren. Es war windstill. Nur ganz leichte Wellen kräuselten die Wasserfläche, in der sich die Morgensonne widerspiegelte.

Auf der Brücke schritt der Kapitän 1. Ranges Jung, einen Tropenhelm auf dem Kopf, auf und ab. Bisher habe ich nichts Näheres über ihn berichtet. Auf dieser Fahrt hatte er sich aber als Mensch und als Kommandant des Schiffs bewährt.

Es war ein Zögling der alten Segelflottenschule. Auf Klippern, Korvetten und Fregatten war er viel herumgekommen. Vor seiner Ernennung zum Kommandanten des «Orjol» zu Beginn des Krieges, als das Schiff nach Kronstadt zur Armierung befohlen worden war, hatte er den besten Segelkreuzer unserer Flotte «General-Admiral» geführt. Auf diesem Schiff wurden Schüler zu Frontoffizieren ausgebildet, und es herrschte eine mustergültige Ordnung. Jung hatte große seemännische Erfahrungen und war an den geordneten Dienst der Segler gewöhnt, auf denen sich das Leben auf dem Oberdeck konzentrierte.

Auf dem neuen Linienschiff fühlte er sich wie in einem Dickicht. Die Mechanik, die Elektrik und die Turmanlagen der schweren Artillerie waren für ihn ein geheimnisvolles Gebiet, in dem er sich nicht auskannte. Es fiel ihm daher schwer, die Arbeit aller Fachleute anzuleiten, sie zu kontrollieren und zusammenzufassen. Daher war er genötigt, sich ganz auf die leitenden Fachleute zu verlassen. Er war in das Ruderhaus umgesiedelt, hielt sich unausgesetzt auf der Brücke auf, beobachtete genau die Signale vom Flaggschiff und gab den Signalgasten und den Leuten im Maschinenraum seine Anweisungen. Diese Dinge hätte ebensogut der wachhabende Offizier erledigen können. Der Kommandant löste sich auf diese Weise immer mehr von seinem Schiff, von allem, was unter dem Oberdeck vor sich ging. Alles, was außerhalb seines Gesichtskreises lag, blieb dem Selbstlauf überlassen. Der Erste Offizier vermochte den Kommandanten ebenfalls nicht zu ersetzen. Deshalb hatte die Gruppe der Fachleute großen Einfluß gewonnen und beherrschte das gesamte Schiff.

So war es nicht nur auf «Orjol», sondern auch auf vielen anderen Schiffen. Das mangelhafte Wissen der Kommandanten auf allen Gebieten der Technik führte zur Verminderung ihrer Autorität in den Augen der Mannschaft. Auf jedem Schiff bildete sich eine Art kollektives Organ, das man etwa als «Rat der leitenden Fachleute» bezeichnen konnte.

Im Leben des Linienschiffs «Orjol» äußerten sich diese neuartigen Beziehungen mit aller Deutlichkeit. Der Kommandant Jung war ein durchaus anständiger, gutartiger und tapferer Mensch mit vielen Erfahrungen. Er versagte aber vor der schwierigen Aufgabe, einen außergewöhnlich komplizierten, noch nicht aufeinander eingespielten und mit vielen technischen Mängeln behafteten Schiffsorganismus zu befehligen. Er mußte sich auf die formelle Führung beschränken, indem er die Befehle des Admirals ausführte und die allgemeine Ordnung auf dem Schiff aufrecht erhielt. Jede Störung an den Schiffsmaschinen oder anderer Technik machte ihn ratlos. Selbst die jungen Leutnants merkten diese Schwäche des Kommandanten bald und spotteten in der Offiziersmesse über seine Hilflosigkeit.

Jung wußte aus den Unterhaltungen der Artillerieoffiziere, daß es ein furchtbares Ding mit Namen «Rheostat» (regelbarer Widerstand) gab, der die Eigenschaft hatte, gerade dann durchzubrennen, wenn vom Turm die notwendigste Arbeit verlangt wurde, nämlich die Drehung um 180 Grad. Eines Tages stand der Kommandant auf der

Brücke und sah zu, wie der 305-mm-Bugturm sich langsam drehte. Es beunruhigte ihn, daß sich der Turm so langsam bewegte, und er fragte den Leutnant Pawlikow: «Warum bewegt sich der Turm so langsam?»

«Er wird mit der Hand bewegt.»

Der Kommandant überlegte und sagte: «Ach so, wahrscheinlich sind die Rheostaten durchgebrannt.»

Pawlikow hob nur verwundert seine schwarzen Brauen.

Jung hatte sich eine den Seeleuten der alten Segelflotte eigene Hast angewöhnt. Alle Fragen entschied er sofort, ohne Nachprüfung des Tatbestandes, auf «Eingebungen» bauend. Die ständigen Nörgeleien des Admirals hatten ihn zermürbt. Er verlor oft die Selbstbeherrschung und verdonnerte seinerseits die Offiziere, ohne den Dingen auf den Grund gegangen zu sein.

Bei Madagaskar in der St.-Marie-Bucht, hatte der Admiral den Kutterverkehr nach 18 Uhr verboten.

Am Fallreep des «Orjol» legte aber eines Abends ein Kutter an, der Nachtdienst hatte. An Bord befanden sich der Arzt Asorow und der Artillerieoffizier Leutnant Giers, der nach schwerer Krankheit vom Lazarettschiff zurückkehrte. Der Kommandant Jung sah den Kutter und rief etwas Unverständliches, fuchtelte mit den Armen, stotterte und schrie unzusammenhängend:

«Admiral ... 18.00 Uhr ... ich verbiete es!»

Der Kutter hatte daraufhin, ohne den Offizier abzusetzen, wieder beigedreht.

Die Nervosität des Kommandanten ließ bei Offizieren und Matrosen Zweifel an seinem Verhalten im Kampf entstehen, in dem Kaltblütigkeit doch besonders notwendig war. Die ständigen Aufregungen auf der Brücke wegen jedes Signals vom Admiral und bei jedem Manöver ließen vermuten, daß er im Kampf versagen werde. Er rang sich aber endlich dazu durch, die Taktik des Admirals zu verurteilen, indem er über dessen Stab sagte: «Was verstehen die denn schon! Sie fürchten den Admiral und sind blind. Man sollte sie gar nicht beachten.»

Die Admiralssignale mit den Rügen nahm er von da an kaltblütig auf.

«Unsinn! Die sollen nur ruhig weiterschimpfen. Die im Stab haben doch nur die Nerven verloren.»

Nach und nach folgte er der Gruppe der leitenden Fachleute, nahm deren Ansichten an und begann, ohne die Anweisungen des Admirals abzuwarten, auf dem «Orjol» eine Reihe von Vorbereitungen für den Kampf zu treffen.[13]

An Bord eines jeden Schiffes fand ich unter den Matrosen ehemalige Arbeitskollegen, Landsleute oder Bekannte. Ich kannte einige auch aus der Gruppe des Admirals Nebogatow. Aber es gelang mir erst viel später, sie zu sehen und mich nach ihren dienstlichen Erfahrungen zu erkundigen.

Die Schiffe dieser Division waren in Libau, in dem von Zar Alexander III. eingerichteten Kriegshafen, ausgerüstet worden. Trotz des schleppenden bürokratischen Apparates erfolgte das übereilt. Die Schiffsmaschinen waren nur nachlässig überholt worden. Hastig waren die neuerworbenen Schießgeräte – Entfernungsmesser und optische Zielvorrichtungen – montiert worden, deren Eigenschaften weder der Kommandant noch die Artillerieoffiziere kannten. Die Geschosse, die mit der Eisenbahn nach Libau transportiert worden waren, hatten, ehe sie aufs Schiff kamen, wochenlang im Schnee gelegen. Auf den Schiffen waren nur wenige alte, erfahrene Matrosen übrig geblieben. Die Mannschaft bestand aus Leuten verschiedener Marinedivisionen, kam von verschiedenen Häfen und Meeren. Unter der Ersatzmannschaft gab es viele Matrosen, die sich für den Krieg nicht eigneten. Entweder waren es Rekruten, die noch nicht einmal die erste Ausbildung durchgemacht hatten, oder Reservisten, die alle Regeln des Militärdienstes schon wieder vergessen hatten, oder Strafmatrosen, derer die Küstenbehörden überdrüssig geworden waren. Inzwischen hatte die Kriegsmarineleitung einen ständigen Druck auf die Division ausgeübt und die Schiffe angetrieben, schneller in See zu stechen, um die erregte öffentliche Meinung zu beruhigen. Auf die Vorhaltungen der Kommandanten, die Schiffe seien für den Kampf mit dem Feind noch nicht hinreichend ausgerüstet, hatte der Hafenkommandant, Konteradmiral Irezki, erwidert: «Ihr werdet doch gar nicht zu kämpfen brauchen. Ihr geht doch nur zu demonstrativen Zwecken hinaus und werdet bald wieder zurück sein.»

Die Nachricht von den furchtbaren Ereignissen in St. Petersburg am Blutsonntag, als Arbeiterblut über den Schloßplatz geflossen war, hatte auch Libau erreicht. Eine unvorstellbare Erregung hatte sich der Arbeiter in den Fabriken und im Hafen bemächtigt. Streiks begannen, die sich natürlich auch auf die Herstellung der Ausrüstungsgegenstände für die Schiffe auswirken mußten. Matrosen traten an die Stelle der Facharbeiter, die auf den Schiffen tätig waren. Aber auch sie waren vom Geist des Widerstandes beseelt. So beschwerten sie sich auf dem «Admiral Senjawin» fortwährend über das schlechte Essen. Eines

Tages meuterte die Mannschaft beim Abendbrot. Der wachhabende Offizier, Leutnant Wilhelms, schrie sie an und drohte, die Meuterer zu erledigen. Er hatte die Gereiztheit der Atmosphäre auf dem Schiff nicht berücksichtigt und mußte das teuer bezahlen. Ein Matrose stürzte sich mit dem Messer auf ihn und verletzte ihn tödlich. Ein Bootsmann wurde ebenfalls verwundet.

Unter solchen Vorzeichen hatte Nebogatows Division in den frühen Morgenstunden des 16. Februar bei Eissturm und heftigem Wellengang den Hafen Libau verlassen.

Nebogatow war ein ganz anderer Mensch als unser Geschwaderchef. Ich kannte ihn schon von der Marinedivision her und von gemeinsamen Fahrten auf einem Kreuzer, als er noch Kapitän 1. Ranges gewesen war. Ich erinnerte mich gut an sein Äußeres: eine volle Gestalt, gedunsenes Gesicht, kurzgeschnittener, grauer Bart, große, ein wenig vorquellende Augen. In der Flotte galt er als ein gebildeter Admiral. Er verstand seine Untergebenen zur Arbeit heranzuziehen, ohne Geschrei, ohne Schimpfen und Schlagen. Obwohl er erst fünfundfünfzig Jahre alt war, nannten ihn die Matrosen «Opa». Dank seiner menschlichen Art waren in seiner Division unterwegs alle Differenzen beigelegt worden, es gab keine Meutereien, und die Disziplinarvergehen gingen sogar zurück. Das konnte Roshestwenski von seinen Schiffen nicht behaupten.

Flaggartillerieoffizier in Nebogatows Stab war der bereits genannte Kapitän 2. Ranges Kurosch. Die Matrosen, die unter ihm gedient haben, werden ihn nie vergessen. Als ich erfuhr, daß er im Stab war, erkundigte ich mich natürlich sofort, wie er sich jetzt zu den Matrosen verhalte. Es hieß, daß er die Matrosen nach wie vor gern schlagen würde, aber der Admiral erlaube es ihm nicht. Nur ab und zu, ganz heimlich, sause seine sehnige Faust auf den Kopf eines Geschützführers. Dem Alkohol sei er während der Fahrt noch mehr als früher verfallen. Oft werde er von den Ordonnanzen auf Veranlassung der Offiziere mit Wasser übergossen. Infolge seiner Trunksucht habe er fortwährend Zusammenstöße gehabt, von denen einer besonders charakteristisch für ihn gewesen sei.

Er ereignete sich, als Nebogatows Division im Mittelmeer war. Ein klarer Sonnenaufgang versprach schönes Wetter. Auf dem Linienschiff «Nikolai I.» wurden die üblichen Morgenarbeiten verrichtet. Wache hatte der lange, ungeschickte Leutnant Iwan Jegorowitsch Timme, den die Matrosen «Onkel Wanja» nannten. Sein Stellvertreter war der Unterleutnant zur See Alexander Antonowitsch Chamier.

Als vierzehnjähriger Junge war Chamier von zu Hause fortgelaufen und hatte auf Handelsschiffen angeheuert. Das Umherziehen auf Meeren und Ozeanen hatte ihm zugesagt, und er hatte sich entschlossen, den Marinekursus zu absolvieren. Nach einer Typhuserkrankung hatte aber seine Sehkraft so nachgelassen, daß er beim Examen vor der Regierungskommission den Sextanten nicht bedienen konnte. Anstatt des erstrebten Diploms erhielt er daher lediglich ein Zeugnis über die Absolvierung des Marinekursus für Hochsee-Navigationsoffiziere. Dann hatte er zwei Jahre lang als Matrose der Schwarzmeerflotte seinen Militärdienst abgeleistet. In jener Zeit war in ihm der Gedanke entstanden, die Reifeprüfung abzulegen und sich an einer Universität immatrikulieren zu lassen. Nach einigen schweren Jahren waren alle Hindernisse überwunden gewesen und seine Wünsche in Erfüllung gegangen. Er wurde Jurist. Mit der Zeit war aus ihm ein mutiger und entschlossener Mensch geworden. Während des japanischen Krieges war er eingezogen und zum Unterleutnant befördert worden. Aus Abenteuerlust hatte er sich schließlich freiwillig zu Nebogatows Division gemeldet.

Chamier schlenderte als stellvertretender Wachhabender auf dem Hinterdeck auf und ab. Vielleicht dachte er an seine Jugendträume von den weltweiten Wasserstraßen. Hin und wieder blieb er stehen und blickte in die Ferne, wo die Sonnenstrahlen mit den Kämmen der kleinen Wellen spielten.

«Alexander Antonowitsch, sehen Sie doch bitte nach, wie die Arbeiten auf dem Batteriedeck verlaufen», sagte von oben Leutnant Timme, der sich über das Geländer der Brücke beugte.

Aufgeschreckt aus seinen Gedanken, hob Chamier den Kopf, blickte den Wachhabenden durch den Kneifer an und sagte scherzend: «Ich denke, da ist alles in Ordnung. Es wird wohl keiner ein Geschütz stehlen.»

Leutnant Timme stutzte, dann brauste er auf: «Unterleutnant Chamier, seien Sie so freundlich, den gegebenen Befehl unverzüglich auszuführen!»

Chamier grüßte und ging in das Batteriedeck hinunter. Die Matrosen hatten das Deck gesäubert, hier und da wurden Kupferteile geputzt und dabei Scherzreden gewechselt.

Im Halbdunkel eines engen Ganges faßte plötzlich jemand den Unterleutnant an den Handgelenken und rief unter fürchterlichen Flüchen: «Aha! Jetzt habe ich dich, du Scheusal!»

Chamier zuckte überrascht zusammen. Eine Welle von Alkoholdunst schlug ihm entgegen. Einen Augenblick glaubte er, daß ihn ein Matrose angefallen hätte. Sein Schreck wich aber der Verwunderung, als er in dem Betrunkenen den Kapitän 2. Ranges Kurosch erkannte, der in einer Matrosenbluse vor ihm stand.

«Nikolai Parfjonowitsch, was ist mit Ihnen?» fragte Chamier höflich.

«Ich bin nicht Nikolai Parfjonowitsch, ich bin ein Matrose! Ich erschlage dich auf der Stelle!»

Die Matrosen hatten ihre Arbeit eingestellt und beobachteten verwundert diese Szene. Es drohte ein Skandal. In der eingetretenen Stille erhöhte der Unterleutnant seine Stimme: «So? Ein Matrose bist du? Dann mach, daß du in Arrest kommst. Schickt mir den wachhabenden Unteroffizier.»

Die Matrosen hatten nichts Eiligeres zu tun. Der Unteroffizier erschien. Kurosch blieb bei der übernommenen Rolle, er wurde in seine Kajüte, die am Batteriedeck lag, abgeführt. Ein Posten wurde vor die Tür gestellt.

Das war ein unerhörter Verstoß gegen die Disziplin! Ein Unterleutnant hatte einen Stabsoffizier verhaftet! Eine solche Strafe konnte nur auf allerhöchsten Befehl über einen Stabsoffizier verhängt werden; auf großer Fahrt besaß dieses Recht nur der jeweilige Oberkommandierende.

Chamier meldete den Vorfall dem wachhabenden Offizier. Leutnant Timme griff sich erschrocken an den Kopf und murmelte unverständliche Worte. Er verlor soweit den Kopf, daß er vergaß, den Posten vor Kuroschs Kajüte zu entfernen.

Der Unterleutnant beschloß, entgegen allen Regeln, unmittelbar zum Admiral zu gehen. Nebogatow war gerade aufgestanden. Die Ordonnanz meldete ihm, daß ihn der Unterleutnant Chamier in einer dringenden Angelegenheit sprechen wolle. Der Besucher wurde sofort in die Kajüte gebeten.

«Was ist los?» fragte Nebogatow.

«Gestatten Sie, Exzellenz, mit Ihnen nicht als Divisionskommandeur, sondern als Nikolai Iwanowitsch Nebogatow zu sprechen?»

Der Admiral war überrascht, setzte sich und sagte: «Nehmen Sie Platz, mein Lieber. Ist etwas geschehen?»

Chamier erzählte den Vorfall mit Kurosch.

Der Admiral lächelte.

«So, so! Einen Stabsoffizier haben Sie verhaftet? Das ist ein Ding! Hm ... Vor allem gehen Sie hin und ziehen Sie den Posten ein. Auf der Wache melden Sie, daß Sie Kurosch auf meinen Befehl hin in die Kajüte gesperrt haben.»

Damit war der Zwischenfall erledigt.

Nebogatow hatte den Indischen Ozean auf demselben Wege erreicht, den Fölkersam benutzt hatte, durch den Suezkanal und das Rote Meer. Ohne die Nossi-Bé-Bucht anzulaufen, hatte er Kurs auf die Sundainseln genommen. Unterwegs befaßte sich die Mannschaft, soweit es die Zeit zuließ, mit Schießübungen und trainierte das Entfernungsmessen. Zweimal wurden Übungsschießen nach Scheiben veranstaltet, wobei das erste Schießen völlig unbefriedigende Ergebnisse zeigte, während das zweite besser verlief. Nachts fuhr die Gruppe stets ohne Lichter, bei uns war das nicht der Fall gewesen.

Die lange Strecke wurde in 83 Tagen zurückgelegt. Das war ein Erfolg, wenn man berücksichtigt, daß die Gruppe aus zwei alten Schiffen und drei Panzerschiffen des Küstenschutzes bestand, die für Fernfahrten gar nicht eingerichtet waren. Man muß Nebogatow also zugestehen, daß er sich als fähiger Flottenführer erwiesen hat.

Das Marineministerium hatte es nicht verstanden, das Zweite Geschwader auf seiner Fahrt mit Nachrichten zu versorgen. Wir wußten nichts über die Bewegungen der feindlichen Flotte. Gewiß, der Hauptmarinestab teilte einiges darüber mit, aber alle seine Nachrichten waren falsch und machten unsere Vorgesetzten lediglich nervös. In der gleichen Lage hatte sich auch Nebogatow befunden. Er hatte weder etwas über die strategische Lage auf dem Seekriegsschauplatz gewußt noch über die Position des Zweiten Geschwaders. Und doch hatte er Befehl, sich Roshestwenski anzuschließen. Wo befand sich aber zu dieser Zeit der eigensinnige Admiral? Alle telegrafischen Anfragen in Petersburg blieben ergebnislos, und Nebogatow lief Gefahr, das Zweite Geschwader ganz zu verfehlen. Nun entstand für ihn die sehr natürliche Frage, wie er sich weiter verhalten sollte. Er wollte schon versuchen, auf eigene Faust nach Wladiwostok durchzubrechen. Wenn dann seine Division doch noch den Anschluß an das Geschwader gefunden hatte, so war das fast zufällig geschehen: Der Matrose Babuschkin hatte dazu verholfen!

Während des Russisch-Japanischen Krieges hatte dieser Babuschkin bereits zahlreiche hervorragende Heldentaten vollbracht. Die Verteidiger von Port Arthur erinnern sich gewiß auch heute noch daran. Noch berühmter war er unter der Mannschaft des Kreuzers 1. Ranges «Bajan», auf dem er mehrere Jahre Dienst getan und den Rang eines Maschinenmaates erreicht hatte.

Wassilij Fjodorowitsch Babuschkin stammte aus einer Bauernfamilie im abgelegenen Gouvernement Wjatka. Er verfügte über einen athletischen Körperbau, war riesengroß, besaß mächtige Schultern und einen breiten Brustkasten. Eines Tages hatte er Franzosen durch seine ungewöhnliche Körperkraft in Erstaunen versetzt. Das war in Toulon gewesen, als dort der Kreuzer «Bajan» gebaut worden war. Im Theater der Stadt fand ein Unterhaltungsabend statt. Unter anderem stellte ein Berufsathlet seine Kraft zur Schau: Er setzte zwölf Personen auf einen Tisch, kroch darunter und hob alles zusammen auf seinem Rücken hoch. Babuschkin, der sich unter den Zuschauern befand, konnte nicht gleichgültig bleiben, stieg auf die Bühne hinauf und bat zwei weitere Personen, sich auf den Tisch zu setzen. Tosender Applaus dröhnte durch den Saal, als er diese Last hob. Der übertrumpfte Athlet verschwand sofort hinter den Kulissen, während der russische Herkules völlig verwirrt war, als er unter dem Tisch hervorkroch. Die stürmische Begeisterung des Publikums und die auf die Bühne zu seinen Füßen fliegenden Blumen machten ihn ganz verlegen. Er wußte nicht, was er tun sollte, und stand einige Augenblicke unbeweglich auf der Bühne, jung und naiv, das Gesicht noch gerötet von der Anstrengung, die braunen Augen auf den Zuschauerraum gerichtet.

Später gestand er seinen Kameraden: «Es war doch zu peinlich! Ich weiß gar nicht, wie ich aus dem Theater herausgekommen bin. Ich lief stracks zum Kreuzer, im Kopf brummte es mir wie in einem Bienenkorb.»

Nach diesem Abend hatte er täglich Dutzende Briefe von Französinnen bekommen, die ihn unbedingt sehen wollten. Er hatte dadurch den Vorteil, daß er früher als seine Kameraden französisch sprechen lernte.

Bei Ausbruch des Krieges hatte sich Babuschkin zunächst an Bord des Kreuzers «Bajan» befunden und sich oft durch ungewöhnliche Tapferkeit ausgezeichnet. Er nahm an vielen äußerst gewagten Unternehmungen teil. Wenn es galt, in der Nacht japanische Agenten, die mit Hilfe von Feuern ihren Truppen Signale gaben, ausfindig zu machen und festzunehmen, dann war er immer an der Spitze. Er war auch immer dabei, wenn Wachkutter feindliche Sperrschiffe rammten.

Für das Erste Geschwader, das in Port Arthur blockiert lag, kamen damals schwere Zeiten. Die Japaner hatten den Hohen Berg besetzt und beschossen Hafen und Schiffe. Im Hafen und auf den Schiffen brachen immer wieder Feuersbrünste aus. Mannschaften und Offiziere des «Bajan» suchten Schutz unter dem Panzerdach oder in den Bunkern an der Küste. Nur wenige Menschen blieben an Deck; unter ihnen befand sich stets Babuschkin, der jeweils als erster zum Brandherd stürzte. Nachdem das ganze Geschwader versenkt worden war, vollbrachte er an Land als Verteidiger der Festung Wunder der Tapferkeit. Alle Aufgaben führte er geschickt aus, da ihn die Natur nicht nur mit ungewöhnlicher Körperkraft, sondern auch mit einer selten guten Auffassungsgabe ausgestattet hatte. Mit seiner überströmenden Energie gehörte er zu jenen Menschen, die alles von selbst tun, ohne die Anordnung des Vorgesetzten abzuwarten. Seiner Natur nach war er zudem ein Abenteurer. Je gefährlicher die bevorstehenden Aufgaben waren, um so eifriger strebte ihnen Babuschkin entgegen. Als er eines Tages mit der Reparatur einer Lafette beschäftigt war, traf ihn ein Unglück: achtzehn Splitter einer in der Nähe detonierenden Granate verwundeten ihn. Der Riese, der schon Georgskreuze aller vier Klassen erhalten hatte, brach blutüberströmt zusammen. Lange lag er im Lazarett, ehe er wieder auf die Beine kam.

Nach dem Fall von Port Arthur entließen ihn die Japaner nach ärztlichem Gutachten als Invaliden nach Rußland. Er bestieg ein ausländisches Schiff und geriet nach Singapore. Hier begegnete er dem Konsul Rudanowski, von dem er zufällig erfuhr, daß innerhalb der nächsten drei Tage irgendwo in der Nähe das Dritte Geschwader vorüberziehen müsse. Der Konsul fügte hinzu: «Dem Admiral Nebogatow sind unbedingt geheime Dokumente zuzustellen; er muß vor einem japanischen Geschwader gewarnt werden, das sich irgendwo zwischen den Sundainseln verbirgt. Mich hindern aber die Engländer daran, den Auftrag auszuführen.»

Babuschkin hatte sich von seinen Wunden noch nicht ganz erholt, aber schon regte sich in ihm die alte Verwegenheit wieder. Er wollte noch einmal mit den Japanern raufen, erklärte dem Konsul, den Auftrag übernehmen und dann beim Dritten Geschwader verbleiben zu wollen. Sogleich wurde ein Plan ausgearbeitet, um diese Absicht zu verwirklichen.

Das Hotel, in dem Babuschkin schlief, wurde von Polizeiposten bewacht, die auch Babuschkin zu beobachten hatten. Um sie zu täuschen, zog er am frühen Morgen einen weißen Leinenrock an, setzte sich einen Tropenhelm auf und verließ das Hotel durch einen Hintereingang, um an die verabredete Stelle der Küste zu gelangen, wo bereits ein Dampfkutter wartete. Ein dicker, kleiner Franzose von etwa fünfunddreißig Jahren mit einem Bärtchen im pausbäckigen Gesicht und ein Inder, ein junger, hagerer Bursche mit einem gelben Turban, waren auf dem Boot. Der Franzose war ein Agent des russischen Konsuls, der Inder bediente den Kutter als Maschinist. Babuschkin war der Befehlshaber des Fahrzeugs. Er hatte strenge Anweisung, im Falle einer Gefahr die ihm anvertrauten Dokumente im Kesselraum zu verbrennen oder im Meer zu versenken.

Unbemerkt von den Engländern fuhr der Kutter los und stach unter französischer Flagge in See. Mehrere Stunden später war er bereits an den bezeichneten Inseln angelangt, wo über kurz oder lang Nebogatows Geschwader vorüberkommen mußte. Den genauen Kurs kannte Babuschkin nicht. Es hätte genau so gut auch weiter südlich oder nördlich kreuzen können. Nie zuvor war Babuschkin von einer so quälenden Unruhe erfüllt gewesen. Sobald am Horizont Spuren von Rauch sichtbar wurden, hielt er auf sie zu. Es waren aber stets fremde Dampfer, meistens Handelsschiffe. Enttäuscht kehrte er zurück, um kurz darauf erneut sein Glück zu versuchen. Manchmal fuhr er so weit in die See hinaus, bis die Inseln kaum noch zu sichten waren. Dieses Umherirren erfolgte dicht unter dem Äquator, wo die Sonne, wenn sie im Zenit steht, keinen Schatten wirft. Die Menschen im Kutter waren der unerträglichen Hitze schutzlos ausgesetzt.

Babuschkin stand am Steuer und ließ nur selten das Fernglas sinken, durch das er den flammenden Horizont beobachtete. Auch nachts schlief er nicht eine Minute. Das Geschwader aber war nicht zu sehen. Auch der zweite Tag blieb ergebnislos. Von der Anstrengung, vom Widerschein der im grellen Licht liegenden Wasserfläche und von der Schlaflosigkeit schmerzten Babuschkins Augen, und durch die Hitze hatten sich seine noch nicht vernarbten Wunden geöffnet. Da er weder Heilmittel noch Verbandmaterial hatte, netzte er sie mit Seewasser.

Der Franzose bemerkte: «Wir irren hier vergebens umher, nichts Gutes wird daraus. Wir sollten nach Singapore zurückkehren, solange uns die japanischen Schiffe nicht entdeckt haben.»

Babuschkin gehörte aber nicht zu den Menschen, die vor Schwierigkeiten oder Gefahren zurückschrecken. Seine Beharrlichkeit grenzte an Wahn. Kalt und unberührt erwiderte er dem Franzosen: «Ihre Reden, Monsieur, wünsche ich nicht zu hören. Es wird besser sein, Sie halten den Mund.»

Der 6. Mai kam, der dritte Tag, seitdem sie Singapore verlassen hatten. Das Brennmaterial ging zur Neige, der Rest wurde aufgehoben für den Fall, daß das Geschwader in Sicht käme. Der Kutter flitzte jetzt nicht mehr übers Meer, sondern lag auf einem Fleck, gerade noch Dampf im Kessel haltend. Der Konsulagent und der Inder hatten nicht angenommen, daß die Sache einen so ungünstigen Verlauf nehmen würde. Beide waren sich völlig klar darüber, daß, auch wenn sie das Deck und die Lukendeckel verheizen würden, das Brennmaterial nicht ausreichen konnte, um in den Hafen zurückzukehren. Sie waren auf fremde Hilfe angewiesen. Kam diese aber nicht rechtzeitig, so waren sie dem Verderben preisgegeben. Auch das Trinkwasser war ausgegangen. Babuschkin sah wohl, daß die beiden allzu oft die trockenen Lippen beleckten. Er selbst war durch die offenen Wunden sehr geschwächt und empfand den quälenden Durst noch mehr. Sein Gesicht, in dem der schwarze Bart wucherte, verfiel. Die entzündeten Augen hinter den geschwollenen Lidern blickten trübe.

Von Zeit zu Zeit flüsterten der Franzose und der Inder miteinander. Offenbar trafen sie irgendwelche Vereinbarungen. Endlich wandte sich der Franzose gereizt, mit einem zischenden Unterton in der Stimme an Babuschkin: «Wie lange werden wir noch auf einem Fleck stehen?»

Babuschkin sah ihn nicht einmal an.

«Genau so lange, wie es erforderlich sein wird.»

«Und wenn wir nun nicht sterben wollen, bloß weil einer unter uns verrückt ist?»

«Das geht mich nichts an.»

Der Franzose fuchtelte mit den Armen und schrie: «Zum Teufel mit Ihrem Geschwader! Wir sind keine solchen Idioten, Ihnen zu gehorchen. Wir verlangen, daß Sie sofort die Küste zu erreichen versuchen!»

Der Inder kreischte: «Zurück! Nach Singapore!»

Die zweiköpfige Besatzung meuterte ...

Babuschkin hatte den Rock abgelegt. Er richtete sich am Heck auf, nur mit dem Netzhemd bekleidet, riesig und finster wie ein zentnerschwerer Anker, der sich vom Meeresgrund löst. Seine eisernen Muskeln waren gespannt. Trotz der Krankheit spürte er noch genug Kraft in sich, um seine Untergebenen wie junge Hunde durcheinanderzurütteln. Er blickte sie unter dem Rand des Tropenhelms hervor aus seinen blutunterlaufenen Augen an, hob die schweren Fäuste und knurrte: «Schweigt! Oder wollt ihr, daß eure Schädel wie Nüsse unter dem Hammer platzen? Ich bin selbst Mechaniker und werde mit dem Kutter auch allein fertig.»

Der Franzose wurde sofort ganz klein und zog sich nach vorn zurück, während der Inder im Maschinenraum verschwand.

Hin und wieder zeigte sich eine Rauchfahne, der Kutter schaukelte aber unbeweglich an einer Stelle. Die Sonne hatte schon den höchsten Punkt ihrer Bahn erreicht und würde bald wieder zu sinken beginnen. Ringsum loderte die grenzenlose Weite. Die eisernen Maschinenteile des Kutters strömten unerträgliche Hitze aus. Alles war heiß: das Hemd, die Hosen, die Schuhe. Der glühende Himmel brachte nicht nur das Wasser, sondern auch das Blut der Menschen zum Verdunsten. Im Südosten bildeten sich Regenwolken.

Matt schwieg das Meer; es schwiegen auch die drei Menschen auf dem winzigen Fahrzeug, als hätten sie sich mit einer hoffnungslosen Lage abgefunden.

Babuschkin aber saß am Heck und lugte mit ungeschwächter Beharrlichkeit durch das Fernglas. Plötzlich sprang er so hastig auf, als habe ihn jemand in die Hüfte gestochen, und starrte nach Westen. Dort ... in der Ferne erschienen Rauchsäulen – eine, zwei, drei. Jeweils nach anderthalb Minuten vergrößerte sich ihre Anzahl. Dann erschienen Masten. Die Hände Babuschkins, die das Fernglas hielten, zitterten, die Knie wurden ihm weich. Heiser verkündete er seiner Besatzung: «Unsere Schiffe kommen!»

Er befahl, den letzten Rest des Brennholzes zu verfeuern, um dem Geschwader entgegenzufahren.

Wieder protestierte der Franzose: «Wir müssen machen, daß wir fortkommen. Es sind sicher japanische oder englische Schiffe. Sie werden uns als Spione hängen!»

Babuschkin faßte mit seiner schweren Hand nach dem Hebel für das Flutungsventil des Kutters. Die zwei Männer starrten ihn entsetzt an. Zu allem entschlossen, brüllte er sie aus voller Kehle an: «Wenn ihr noch einen Ton sagt, schicke ich euch beide auf den Meeresgrund!»

Dann befahl er: «Volldampf voraus!»

Der Kutter schnellte mit Kurs auf das Geschwader vorwärts.

Nach kurzer Zeit gab es keinen Zweifel mehr, daß es das russische Geschwader war. Die Andreasflaggen waren schon zu erkennen. Nun mußten nur noch die Schiffe zum Halten gebracht werden. An der Spitze fuhr das Linienschiff «Nikolai I.» unter der Flagge des Admirals. Die Männer vom Kutter, der auf das Kriegsschiff zuhielt, schrien und winkten. Und plötzlich sahen sie, wie schwarze Kugeln an der Fockrahe hochstiegen, zum Zeichen, daß die Maschinen gestoppt hatten. Das ganze Geschwader hielt an.

Der Kutter legte am Flaggschiff «Nikolai I.» an. Babuschkin stieg hinauf, überreichte dem Admiral die versiegelten Geheimdokumente und berichtete kurz seine Erlebnisse. Er schloß mit der Bitte: «Gestatten Sie, Exzellenz, bei Ihnen an Bord zu bleiben. Ich möchte noch einmal mit den Japanern raufen.»

Er erhielt die Genehmigung und freute sich sehr. Er war aber so entkräftet, daß er nicht mehr allein gehen konnte und sofort ins Lazarett gebracht werden mußte.

Der Kutter fuhr, nachdem er mit Brennstoff und Wasser versehen worden war, eine halbe Stunde später nach Singapore zurück.

Der Admiral las die Dokumente und wußte nun genau, wo sich das Zweite Geschwader aufhielt. Er änderte seinen Kurs und führte seine Gruppe weiter durch das Südchinesische Meer.

Wieder setzte der Tropenregen ein. Wenn Nebogatow diese Stelle eine Stunde später passiert hätte, dann hätte Babuschkin die Schiffe nicht sehen können, und die Geschwader hätten sich nie getroffen.

Rätselraten um den Kurs

In der Dämmerung des 18. Mai stoppten die Maschinen aller Schiffe, um wieder einmal Kohlen von den Transportschiffen zu übernehmen. Schwarze Staubwolken umhüllten sie. Am Nachmittag wurden die Transportschiffe «Merkuri» und «Tambow» nach Singapore entlassen.

Am gleichen Tag kehrte mein Freund und Liebling der Mannschaft, der Ingenieur Wassiljew, vom Lazarettschiff zu uns zurück. Er sah gut aus und war freundlich wie immer, der verletzte Fuß war aber noch nicht geheilt. Wassiljew konnte nicht auftreten und ging an Krücken. Ich freute mich, daß er wieder bei uns war und wir uns wieder unterhalten konnten.

Ich begegnete ihm an der Offizierstreppe, die er, gestützt von der Ordonnanz, hinabstieg.

«Was gibt es Neues?» fragte Wassiljew, freundlich lächelnd.

«Es hat sich allerhand ereignet!»

«Ich habe gehört, wie ihr hier gemeutert habt. Wir müssen mal ausführlich darüber sprechen.»

Am Abend fuhr das Geschwader weiter mit Kurs auf die Insel Formosa. Unterwegs gab es kurze Aufenthalte, weil verschiedene Schiffe Maschinenhavarien hatten. Sie wurden aber rasch behoben, und die Zahl der Tage, die uns von der Begegnung mit dem geheimnisvollen Feind trennte, verringerte sich. Nachts schliefen wir schlecht, weil wir Torpedoangriffe befürchteten.

Es war noch gar nicht lange her, daß der Admiral Roshestwenski uns besucht hatte und acht Mann an Bord verhaftet worden waren. Wir wußten, daß das Sondergericht sie schonungslos verurteilen würde. Es sollte für die andern ein abschreckendes Beispiel sein. An Bord ereignete sich inzwischen ein neuer Verstoß gegen die Disziplin, und wiederum waren es die Mannschaften, die ihn heraufbeschworen. Es ging darum, daß beim Auslaufen der Schiffe nach dem Ausland jedem Matrosen zwanzig Kopeken für den Ankauf von Büchern zugestanden waren. Die Hälfte dieser Gelder, die durch die Hände des

Schiffszahlmeisters gegangen waren, war spurlos verschwunden, und für die andere Hälfte waren Schundheftchen gekauft worden. Eine Ausnahme bildeten mehrere Erzählungen von Leo Tolstoi, aber sie waren auf Drängen des Priesters Paissi als «Antichrist-Lehre» über Bord geworfen worden. Natürlich konnte die verbliebene geistige Nahrung die Matrosen nicht befriedigen. Sie wollten Werke der Klassiker und der besten modernen Schriftsteller lesen. Der Leiter der Bibliothek, Leutnant Worobeitschik, sagte ihnen aber stets: «Dazu seid ihr zu dumm. Lest nur, was man euch gibt.»

Die dürftige Matrosenbibliothek war zusammen mit der Offiziersbücherei neben der Offiziersmesse gegenüber dem Büfett in großen Schränken untergebracht. In der Messe, die mit Kohlen vollgestopft war, hielt sich niemand auf. Die Matrosen nutzten die Gelegenheit in einer Nacht aus, erbrachen die Schränke und plünderten die Offiziersbibliothek. Sie ließen nur den Großen Brockhaus stehen. Die Werke von Zola, Maupassant, Orzeszkowa, Turgenjew, Gorki, Korolenko, Tschechow und die wissenschaftlichen Werke wurden verteilt. Zu anderen Zeiten hätte das zu allgemeinen Durchsuchungen und strenger Bestrafung geführt. Nun lasen aber die Matrosen offen diese Bücher, und das so eifrig, als müßten sie sich auf das Studium der Literatur vorbereiten. Die Offiziere gaben sich Mühe, die eifrigen Leser zu übersehen.

Unser Ziel war Wladiwostok. Das bedeutete, daß wir durch das Japanische Meer fahren mußten, von welcher Seite wir auch immer kamen. Drei mögliche Routen führten dorthin: die Koreastraße mit der großen Insel Tsushima darin, die Tsugarastraße zwischen den japanischen Inseln Hokkaido und Hondo und die Le Pérouse Straße, die nördlichste, wo das Feindgebiet endete und das russische mit der Insel Sachalin anfing.

«Welchen Weg wird unser Geschwader einschlagen?»

Das war die Frage, die Mannschaft und Offiziere am meisten beschäftigte.

Gewiß war es Sache des Geschwaderchefs, wohin er seine Schiffe führte. Er brauchte dabei weder unsere noch die Meinung der Schiffskommandanten zu beachten. Uns blieb nur eines übrig – unwidersprochen seine Befehle auszuführen, auch wenn sie noch so unsinnig waren. Dennoch konnten wir uns als lebendige und denkende Menschen nicht gleichgültig zum Schicksal des Geschwaders verhalten, da unser Leben von seinem Geschick abhing. Der Tod drohte allen in gleicher Weise.

Die Matrosen lauschten nach dem Heck: Was sagten die Offiziere

Die möglichen Fahrtrouten, um Wladiwostok zu erreichen.

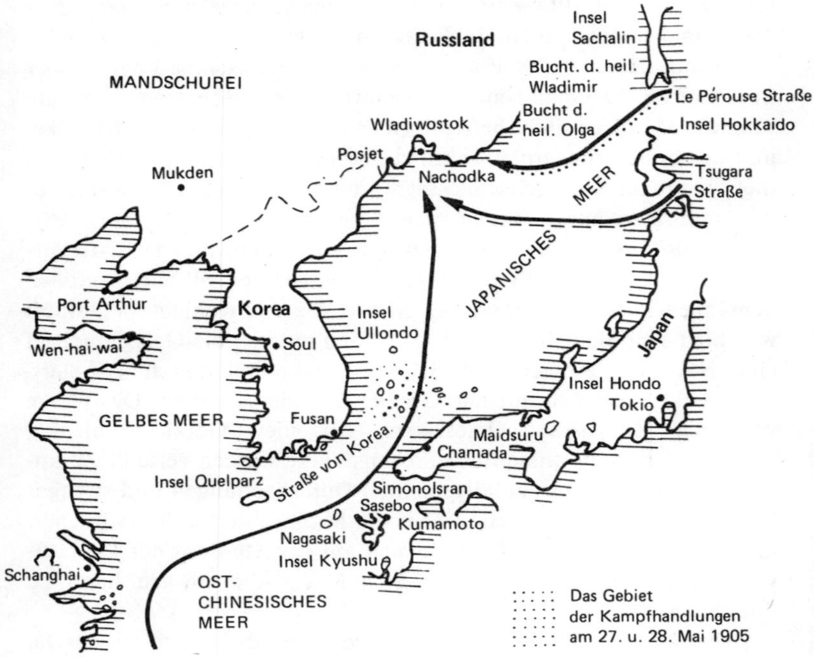

hinsichtlich der Meerengen? Leider waren die Offiziersdiener recht ungebildet und übermittelten uns nur sehr dürftige Nachrichten.

«Unsere Herrschaften streiten sich fortwährend darum, welcher Weg der beste sei. Sie sagen, man sollte um Japan herumfahren. Irgendwo bei Sachalin könnte man nach Wladiwostok durchrutschen.»

Einige Matrosen traten dicht an die offenstehende Luke heran und belauschten die Gespräche der Offiziere.

Am wenigsten verlockend war die Koreastraße. Vor allem war sie am weitesten von Wladiwostok entfernt. Außerdem befanden sich dort auch die Hauptstützpunkte der Japaner. Wir mußten unweigerlich auf die ganze japanische Flotte einschließlich der Torpedoboote stoßen. Konnten wir denn eine Schlacht gegen sie wagen? Eines Tages bat ich den Leutnant Giers um eine Erklärung.

«Ich nehme an, daß Roshestwenski entweder die Le Pérouse Straße oder die Tsugarastraße vorziehen wird», begann Giers. «Gewiß, die letztere bietet in navigationstechnischer Hinsicht einige Schwierigkeiten. Stellenweise verengt sie sich bis zu zehn Meilen. Im vergangenen Jahr hat das aber die Kreuzerdivision unter dem Befehl des Konteradmirals Besobrasow nicht daran gehindert, aus Wladiwostok nach dem Stillen Ozean gerade durch diese Enge durchzubrechen. Sie fuhr bis zum Breitengrad von Yokohama hinunter, hielt sich dort, fortwährend kreuzend, eine ganze Woche auf und versenkte mehrere Schiffe mit Konterbande. Noch erstaunlicher ist aber, daß sie die gleiche Durchfahrt auch als Rückweg wählte, ohne dem Gegner auch nur einmal zu begegnen. Folglich ist diese Passage nicht als aussichtslos zu betrachten. Immerhin ist zu berücksichtigen, daß Besobrasow nur drei Kreuzer führte, während wir ein ganzes Geschwader sind. Ja, ich habe noch nicht erwähnt, daß diese Enge Wladiwostok am nächsten liegt, es sind von da aus nur vierhundertfünfzig Seemeilen.»

«Und was meinen Sie zur Le Pérouse Straße?» fragte ich.

«Mir scheint diese Enge für unsere Zwecke am vorteilhaftesten zu sein. Sie ist genau so breit wie die östliche Hälfte der Koreastraße, aber bedeutend kürzer. Zudem ist es von dort näher nach Wladiwostok als von Tsushima aus. Auf dem Hilfskreuzer ‹Ural› haben wir eine leistungsfähige Funkanlage, mit deren Hilfe wir von dieser Straße aus die Kreuzer aus Wladiwostok zur Hilfeleistung anfordern könnten. Es sind dies starke und schnelle Schiffe, deren Unterstützung sehr wertvoll werden könnte. Die Le Pérouse Straße wird von zwei Inseln gebildet: von der japanischen Insel Hokkaido und unserem Sachalin. Der Gegner hat dort keine Kriegshäfen. Folglich kann er nicht die ganze Flotte dorthin schicken, sondern muß für die Schlacht – wenn er uns rechtzeitig entdecken sollte – ein Geschwader aus den geeignetsten Schiffen aussondern.»

«Und wenn nun die Japaner in dieser Meerenge Aufklärungskräfte kreuzen lassen?»

«Wahrscheinlich ist das so. Das bedeutet aber noch nicht, daß sie uns unbedingt bemerken werden. Die Enge ist etwa vierundzwanzig Meilen breit. Jeder Sturm wird für uns nur vorteilhaft sein, und im Nebel, der dort sehr häufig vorkommt, kann man in einer Entfernung von einer halben Meile den Gegner passieren, ohne bemerkt zu werden. Aber nehmen wir an, daß feindliche Spähschiffe uns trotzdem bemerken. Was hat das zu sagen? Sie werden sich nicht mit unserem ganzen Geschwader in einen Kampf einlassen, das wäre ihr Untergang. Sie hätten anderes zu tun, sie müßten ihre Entdeckung sofort ihrem Oberbefehlshaber, dem Admiral Togo, melden. Bis er aber die Anker lichten würde, bis er – trotz seiner größeren Geschwindigkeit – das Geschwader aus dem südlichen Teil des Japanischen Meeres in den nördlichen verlegen würde, wären wir schon in der Nähe von Wladiwostok. Und das würde die Situation von Grund auf zu unseren Gunsten ändern. Wir würden zu Hause sein, wo uns, wie man so sagt, die Wände helfen. Bei den Japanern würde sich die Torpedoboot-Flottille verringern, während sie bei uns durch die aus Wladiwostok entgegengeschickten Schiffe zunehmen würde. Im Falle der Beschädigung könnten unsere Schiffe im eigenen, nahen Hafen landen, während die japanischen Schiffe eine solche Möglichkeit nicht hätten. Ich bin daher überzeugt, daß unser Befehlshaber die Le Pérouse Straße wählen wird.»

Am Abend besuchte ich den Ingenieur Wassiljew. Seine kleine Kajüte war hell erleuchtet. Das Bullauge war vorschriftsmäßig verhängt, damit kein Lichtstrahl hinausdringen konnte. Auf dem Tischchen lagen Zeitschriften und Notizhefte. Ich saß in dem festgeschraubten Sessel, Wassiljew lag, gegen die Wand gestützt, in seiner Koje, um seinem kranken Fuß Ruhe zu gönnen. Wie immer hielt er ein Buch in der Hand. Er begrüßte mich und sagte: «Ich habe eben ‹Nana› von Emile Zola fertiggelesen und dachte gerade darüber nach. Ein vortrefflicher Roman! Haben Sie ihn gelesen?»

«Diesen Roman nicht, aber ich kenne viele Werke von Zola.»

«Sie müssen ‹Nana› lesen! Ich habe so viel Arbeit in meinem Fach, ich muß alle Zeichnungen und technischen Notizen über unsere Schiffe in Ordnung bringen. Dieses Buch hat mich aber so gefesselt, daß ich nicht davon loskam. Der Autor schildert Frankreich in der Zeit Napoleons III. Welch ein furchtbarer Zerfall in den höheren Schichten von Paris! Ersticken könnte man in dieser faulen Atmosphäre. Von der früheren Republik, die wir als Künderin der Freiheit für andere Länder kennen, war damals nichts übrig geblieben. Es ist durchaus zu verstehen, daß die Deutschen 1870/71 die Franzosen besiegten. Ich vergleiche das heutige Rußland mit dem Frankreich, das Napoleon III. mit seiner Camarilla beherrschte. Die beiden Länder haben viel Gemeinsames, wie es auch zwischen dem heutigen Japan und dem Deutschland jener Zeit manche Vergleichsmöglichkeit gibt.»

«Sie glauben, daß wir auch besiegt werden?» fragte ich, obwohl ich längst nicht mehr daran zweifelte.

Er blickte mich mit seinen braunen, aufmerksamen Augen an, als werfe er mir Unwissenheit vor.

«Ich glaube, daß Sie diese Frage nicht ernst gemeint haben. Kennen Sie denn nicht genug Tatsachen aus diesem unsinnigen Krieg? Haben wir denn in den Landkämpfen mit den Japanern auch nur einen einzigen Sieg errungen? Nein. Und wo ist unser Port-Arthur-Geschwader, das rund vierzig Kriegsschiffe zählte? Einige kleinere Schiffe haben sich in neutralen Häfen versteckt, während die Mehrzahl schon lange auf dem Meeresgrund ruht. Sie sanken kampflos, begingen also Selbstmord wie bankrotte Spieler. Eine letzte Hilfe blieb uns – das Zweite Geschwader. Das ist alles. Über unseren Kriegshäfen wird lange Zeit klare Luft herrschen, kein Rauch aus Schiffsschornsteinen wird sie trüben.»

Wir schwiegen eine Weile. Dann sprachen wir über die Meerengen. Ich erzählte von meinem Gespräch mit Leutnant Giers. Wassiljew hörte zu und strich sich mit der Handfläche von der Stirn zum Hinterkopf über das kurzgeschnittene Haar, langsam und bedächtig, als wollte er die unruhigen und widerspenstigen Gedanken beschwichtigen. Endlich sagte er, ohne zu zögern: «Leutnant Giers hat als kluger Mann den richtigen Schluß gezogen. Wir sollten nicht durch die Koreastraße vorstoßen, das wäre unser Verderben.»

«Ich habe das auch von vielen anderen gehört. Aber auch die Le Pérouse Straße kann uns, wie einige Offiziere sagen, sehr unfreundlich empfangen. Jetzt im Frühjahr herrschen dort dichte Nebel. Wir müßten aber vorher noch durch die Inselgruppe der Kurilen, die wir gar nicht kennen, ins Ochotskische Meer vorstoßen. Zudem – reichen denn unsere Kohlenvorräte überhaupt aus, um ganz Japan von der Seite des Stillen Ozeans zu umschiffen?»

Wassiljew unterbrach mich: «Ich weiß, was Sie sagen wollen: Dieser Weg ist an sich schon für uns eine gewisse Gefahr, nicht wahr?»

Ich nickte.

«Beginnen wir mit den Kohlen. Mit uns fahren Transportschiffe, die uns mit Kohlen versorgen. An das Verladen auf offener See sind wir gewöhnt. Der andere Einwand ist ebenfalls schwach. Im Geschwader werden sich Offiziere finden, die mehrere Jahre lang in diesen Gewässern gewesen sind. Sie kennen die Kurilen wie die fünf Finger der eigenen Hand. Warum sollte man ihre Kenntnisse in diesem Falle nicht ausnutzen? Es bleibt nur das hauptsächlichste Hindernis, nämlich der Nebel. Wir müssen aber eines wissen: Die Entsendung unseres Geschwaders nach dem Fernen Osten zur Eroberung des Japanischen Meeres ist nichts anderes als ein verantwortungsloses Abenteuer. Wir müßten unsere Erfolgsaussichten auf dem richtigen Kräfteverhältnis aufbauen können. Dazu sind wir aber zu schwach. Deshalb – zum Teufel mit jedem richtigen Spiel! Was für ein normales Unternehmen schlecht ist, kann einem Abenteuer zugute kommen: dichter Nebel, finstere Nächte, Sturm. Unser Geschwader braucht Bedingungen, die es ihm ermöglichen, unbemerkt vom Gegner durchzukommen. Aus diesem Grunde ist die Le Pérouse Straße mit ihrem dichten Nebel für uns günstig.»

«Das ist alles richtig. Aber Roshestwenski wird wohl kaum diesen Standpunkt vertreten, weil er zu selbstbewußt ist.»

«Um so schlimmer wird es für uns und für ihn sein.»

Wassiljew rückte mit schmerzverzerrtem Gesicht das kranke Bein zurecht. Ich hatte schon bemerkt, wie schwer es ihm fiel, sich auf ebenem Deck fortzubewegen; ganz unmöglich war es für ihn, ohne fremde Hilfe die Treppe zu benutzen. Sein Zustand konnte noch mindestens zwei Monate anhalten. Für den Dienst auf dem Schiff war er nicht tauglich. Ich wußte aber, daß er an den Kommandanten ein Gesuch gerichtet hatte, ihn an Bord wieder aufzunehmen.

Ich sah ihm in die Augen und fragte: «Warum haben Sie das Lazarett vorzeitig verlassen? Ging es Ihnen denn dort schlecht?»

Wassiljew lächelte traurig: «Im Gegenteil, ich hatte es sehr gut. Die Ärzte verhielten sich großartig und bestanden darauf, daß ich im Lazarett bliebe. Ich hatte dort alle Bequemlichkeiten und gutes Essen. Die Schwestern boten uns Zerstreuung. Im Falle eines Kampfes hätte mich die Flagge des Roten Kreuzes vor jeder Gefahr geschützt. Und trotzdem konnte ich nicht länger dort bleiben.»

«Und kehrten auf ein dem Untergang geweihtes Schiff zurück. Warum?»

«Das Gewissen konnte sich mit dem Verstand nicht einigen. Ich habe die Ärzte immer wieder gebeten, daß sie mich entlassen sollten. Der Verstand sagte mir wie ein treuer Wachhund, daß ich einen falschen Schritt tun wollte, daß ich dem Verderben entgegenginge, während das Gefühl mich wie ein unsichtbares Seil zu unserem Schiff zog. Ich habe mich an mein Schiff, seine Mannschaft, an die Kameraden gewöhnt. Unüberwindlich war der Wunsch, mit meinen Freunden zusammen das Leben aufs Spiel zu setzen. Vielleicht kann ich doch in einem kritischen Augenblick das Schiff mit meinem Rat retten ...»

Ich verließ ihn und nahm den Roman von Zola mit.

Durch die Koreastraße

Das Geschwader passierte den Wendekreis des Krebses und kam aus der tropischen in die gemäßigte Zone. Wir hatten die Insel Formosa auf der dem Stillen Ozean zu gelegenen Seite passiert. Niemals hatten diese Gewässer eine solche Menge Schiffe auf einmal gesehen.

Unsere schwere Fahrt über Meere und Ozeane näherte sich ihrem

Ende. Wir hatten einen langen Weg zurückgelegt, der uns viel Kraft und Energie gekostet hatte. Das furchtbarste Kapitel dieses unnötigen Abenteuers stand uns jedoch noch bevor.

Am frühen Morgen des 23. Mai begannen wir wieder mit dem Bunkern. Das Wetter war günstig. Feuchte Wolken hingen unbeweglich über der Meeresweite, der Tag begann grau und trübe. Ringsum war es leer – keine Insel, kein fremdes Schiff. Gerade das brauchten wir.

Die Matrosen machten ihre Bemerkungen: «Das ist unser letzter Halt.» – «In ein oder zwei Tagen stoßen wir auf den Feind.» – «Vielleicht fahren wir aber auch um Japan herum. Dann werden wir wohl noch einmal haltmachen müssen.» – «Keiner weiß, wohin der Admiral das Geschwader führen wird.»

Matrosen, die etwas weiter dachten, erklärten: «Wenn wir heute wieder Kohlen nehmen, so wissen wir es. Unser Schiff ist ohnehin schon so überlastet, daß der Panzergürtel tief im Wasser liegt. Bis zur Koreastraße ist es nur noch ein Katzensprung, zwei Tage Fahrt. In diesen zwei Tagen werden wir nicht eine solche Menge Kohlen verbrauchen können, daß das Schiff seine normale Lage zurückgewinnt. Man muß doch ein bißchen überlegen.»

Hierauf wurde entgegnet: «Der tolle Admiral wird sich gerade das überlegen.»

Die Offiziere waren ebenfalls der Ansicht, das Bekohlen deute daraufhin, daß unser weiterer Weg rund um Japan führen werde.

Während das Geschwader stillag, erhielten die Schiffe vom Flaggschiff «Suworow» die letzten Befehle, in denen schon Gefechtsaufgaben enthalten waren. Der Admiral befahl: «Beim Erscheinen des Feindes halten die Hauptkräfte auf ein Signal hin auf den Feind zu, um den Kampf aufzunehmen; sie werden von der Dritten Linienschiffsdivision und den Kreuzer- und Aufklärungsschiffsdivisionen unterstützt, denen selbständiges Handeln gemäß der jeweiligen Situation gewährt wird. Erfolgt kein weiteres Signal, so wird das Feuer nach Möglichkeit auf das Spitzen- oder Flaggschiff des Feindes konzentriert.»

Anstatt eines sorgfältig ausgearbeiteten Planes für die bevorstehende Schlacht wurden also nur allgemeine, verworrene Direktiven gegeben. Gegen welchen Teil des Gegners sollten sich die Angriffe richten? Wie sollten sie ausgeführt werden? Welche Aufgaben hatten die einzelnen Gruppen? Wie war es zu verstehen, daß den Kreuzern «selbständiges Handeln» gestattet wurde? Was sollte geschehen, wenn infolge eines Feindmanövers nicht das Flaggschiff, sondern ein zweitrangiges Schiff an der Spitze des Feindes stünde?

Die Flaggoffiziere und die Schiffskommandanten zerbrachen sich vergeblich die Köpfe über solche Fragen. Sie erhielten keine Erklärungen oder Anweisungen. Offenbar nahm der Admiral an, daß seine Anordnungen genügten und alles andere sich während der Schlacht ergeben würde. Er fügte nur noch hinzu, daß im Falle des Ausscheidens von «Suworow», bis der Stab an Bord eines anderen Schiffes verlegt sein würde, das nächste Schiff das Geschwader führen sollte, also «Alexander III.», dann, falls auch dieses ausscheiden mußte, das nächstfolgende, also «Borodino», und dann in entsprechender Reihenfolge weiter.

Am Abend verstärkte sich der Rauch aus den Schornsteinen des Geschwaders. Die Logbücher vermerkten sorgfältig die Zahl der zurückgelegten Meilen, um die wir der japanischen Küste näherkamen. Jede halbe Stunde glasten die Schiffsglocken in verschiedenen Tönen über das Meer.

Noch ein Tag verging. Der Feind blieb unsichtbar, nichts war von ihm zu bemerken. Was hatte das zu bedeuten? Alle standen vor einem Rätsel.

Das Wetter wurde schlechter, kühler. Die Offiziere und Matrosen zogen wärmere Kleidung an.

Die immer näherkommende Gefahr einer Schlacht brachte allen Offizieren wie Mannschaften zum Bewußtsein, daß für Streitereien keine Zeit mehr war, daß alle auf Gedeih und Verderb zusammenhalten mußten. Die Mannschaften konnten ohne die Offiziere nicht bestehen, aber auch diese würden ohne uns völlig hilflos sein. In einer Seeschlacht können Situationen eintreten, in denen die Rettung eines Schiffes vom Verhalten eines einzelnen Menschen abhängt. Zum Beispiel kann eine rechtzeitige Wendung des Steuerruders das Schiff vor dem Kentern bewahren. Oder: In den Munitionsbunkern, wo hochexplosive Geschosse lagern, bricht Feuer aus. Die ganze Besatzung ist in Gefahr, in die Luft zu fliegen. Dann kann ein Maschinist diese Gefahr abwenden, wenn er die Ruhe nicht verliert. Er braucht nur mit einem großen Schraubenschlüssel die Flutungsventile zu öffnen; das Wasser strömt in den bedrohten Raum, und das Schiff bleibt vor einer furchtbaren Explosion bewahrt! Offiziere und Matrosen wußten genau, daß solche Fälle möglich waren, deswegen verbesserte sich das Verhältnis zwischen oben und unten. Schlagen und Fluchen hörten auf. Die Matrosen vergaßen in dieser außergewöhnlichen Lage, wie unwürdig sie bisher von den Offizieren behandelt worden waren, und verrichteten ihre Pflichten williger.

«Orjol» war schon lange kampfbereit. Vor allem waren die Kohlenvorräte von den oberen Teilen des Schiffs fortgeräumt worden, um die Feuergefahr zu vermindern. Aus dem gleichen Grunde war auch alles Holz vom oberen Deck über Bord geworfen worden. Aus den Kajüten des Batteriedecks und der Offiziersmesse hatte man alle entbehrlichen Möbel und alle Holzverkleidungen entfernt. Wertvolle Gegenstände waren in die unteren Räume verstaut worden, alles andere flog über Bord. Trotzdem genügten diese Maßnahmen nicht. Das Schiff mußte, wie uns der Ingenieur Wassiljew erklärte, möglichst von allem Brennbaren befreit werden. Der Kommandant konnte sich aber nicht dazu entschließen. Der Admiral hatte in dieser Beziehung überhaupt keine Anordnungen gegeben und, soweit uns bekannt war, auf seinem «Suworow» auch alles Holz an Deck belassen. Nur wenige Schiffskommandanten wagten dem Beispiel des «Orjol» zu folgen.

Ferner wurden bei uns die gefährdeten Geräte, die von Geschoßsplittern getroffen werden konnten, gesichert. Hierzu wurden Roste, Strahltrossen, Kohlensäcke und Schlafmatten benutzt. Für eventuell auftretende Maschinenschäden wurden Ersatzteile bereitgestellt.

Äußerlich waren die Menschen ruhig, viele scherzten und lachten. Es gab auch einige, die schon laut davon schwärmten, wie sie die Zeit in Wladiwostok verbringen würden. Die Reservisten dachten an eine baldige Rückkehr in die Heimat. Es war aber alles nur Theater, ein Spiel ohne Bühne und Zuschauer. In fast jedem Herz wucherte finstere Hoffnungslosigkeit. Über zweihundert Tage waren vergangen, seit wir unseren Heimathafen verlassen hatten; bittere Gedanken hatten wir uns in dieser Zeit gemacht, viele dunkle Seiten hatten sich im Buch unseres Lebens gewendet, und nun begann das letzte Kapitel. Wir näherten uns dem düsteren Finale.

Der Morgen des 25. Mai war kalt und trübe. Ein starker Wind heulte im stählernen Mastwerk. Graue Wolken hingen tief über dem Ozean. Schräger Regen peitschte das Wasser, das aussah, als sei es mit einem Ausschlag bedeckt. Dichter, wogender Nebel verdeckte den Horizont. Hohe Wellen schlugen gegen die Bordwände.

Niemals ist auf See die Stimmung gedrückter als an einem trüben Tag. So war es auch hier. Trotz der Feuchtigkeit und der durchdringenden Kälte fanden sich viele Offiziere und Matrosen auf dem Oberdeck und auf den Brücken ein. Die Schiffsglocke hatte gerade sechs Glasen geschlagen. Alle Blicke waren auf die Transportschiffe gerichtet, die sich von dem Geschwader lösten, um nach Schanghai zu fahren. Es waren sechs Schiffe: «Jaroslawl», auf dem der Kapitän 1. Ranges Radlow seinen Wimpel hatte, «Wladimir», «Kuronia», «Woronesh», «Livonia» und «Meteor». Sie verließen uns unter dem Schutz der Hilfskreuzer «Rion» und «Dnepr».[14]

Zum Abschied hißten sie grüßend ihre Flaggen. Mit unverhohlenem Neid sahen wir ihnen nach. Auf der Back äußerten Matrosen, unter denen auch ich mich befand: «Die haben Glück.» – «Bis Schanghai sollen es nur vierzig Meilen sein.» – «In vier Stunden sind sie in einem neutralen Hafen ...» – «Und wir müssen uns mit den Japanern herumschlagen. Warum? Ich habe sie noch nicht einmal im Traum gesehen.» – «Ich würde mir die Hand abhacken lassen, wenn ich nur in einen neutralen Hafen gelangen könnte.»

Aus den Äußerungen klangen Gereiztheit und Zorn. – Bald waren die Transportschiffe in Regenschleiern verschwunden.

Das Oberdeck unseres Schiffes leerte sich schnell. Nur auf der vorderen Brücke hockten die Signalgasten mit dem Wachhabenden und beobachteten den trüben Horizont und das Flaggschiff, um ja kein Signal zu versäumen. Das Geschwader hatte durch das Ausscheiden der Transportschiffe an Manövrierfähigkeit gewonnen.

Immer noch wußten wir nicht, welche Meerenge wir benutzen würden, um ins Japanische Meer zu gelangen. Erst an diesem Tage um neun Uhr erfuhren wir, daß unser Geschwader den Kurs Nordost 70 Grad, also Richtung auf die Insel Tsushima, eingeschlagen hatte, was uns zum Verhängnis werden sollte. Diese Nachricht regte die ganze Besatzung auf. Bei den Offizieren machte sich eine gewisse Kopflosigkeit bemerkbar, während die Matrosen den Admiral ungeniert beschimpften.

«Wo will er denn hin, dieser stumpfsinnige Teufel?»

«Oh weh, Leute, ich habe das Gefühl, daß es uns sehr schlecht gehen wird. Ins Verderben führt er uns, dieser Idiot. Was kann man von einem solchen Menschen schon Vernünftiges erwarten? Er versteht es nur, seine Untergebenen mit Flüchen zu belegen, sonst nichts.»

«Deswegen heißt er ja auch ‹der tolle Admiral›.»

Der Elektriker Alferenko sagte: «Er müßte nicht Flottenadmiral, sondern Dentist sein. Da könnte er seine Begabung zeigen.»

«Warum denn Dentist?»

«Er kann doch den Matrosen so gut die Zähne ausschlagen ...»

«Wie konnte man ihm nur ein ganzes Geschwader anvertrauen? Haben wir denn in der Flotte wirklich keine anderen, verständigeren Befehlshaber?»

Der Heizer Baklanow meinte spöttisch: «Wir haben in der Flotte eine Überproduktion an Admiralen. Es werden etwa siebzig Mann sein. Den einen ließ man in Kronstadt das Fleischlager verwalten, den anderen die Bibliothek. Man sagt, einer von ihnen hätte etwa die Stellung eines Hausknechts in der Admiralität. Es hätten aus der Schar von siebzig Mann vielleicht drei begabtere ausgewählt werden können. Aber dort in Petersburg sieht man die Dinge anders. Wenn der Mensch böse ist, dann ist er zu gebrauchen. Und kann man einen böseren finden als Roshestwenski? Wenn er in Wut ist, scharrt er die Erde wie ein Stier ... Ach, wenn man doch alles hinschmeißen könnte!»

Ich fügte ergänzend hinzu: «Du irrst, Baklanow. England hat siebzig Admirale. Wieviel mal größer aber ist seine Flotte als unsere! Wir haben nur einhundert Admirale.»

Der Elektriker Golubew meinte: «Wenn wir doch Wladiwostok erreichen und mit der Armee Verbindung aufnehmen könnten. Dann könnte man das Steuer herumreißen und direkt nach Petersburg fahren. Da würde es manchem heiß werden.»

Jemand bemerkte: «Jetzt müßte man das Geschwader um hundertachzig Grad herumreißen.»

Golubew widersprach: «Dabei würde nichts Gescheites herauskommen. Die Armee setzt alle Hoffnungen auf uns. Sie würden sagen, daß wir sie im Stich lassen. Und auch das Volk würde uns für schuldig an der Niederlage halten.»

Nach dem Essen stieg ich auf die vordere Brücke. Es regnete immer noch. Zeitweise hüllte der Nebel einige unserer Schiffe völlig ein.

Das Geschwader hatte eine neue Marschordnung angenommen. Es fuhr in zwei Kolonnen. Die Steuerbordkolonne bestand aus der ersten und zweiten Linienschiffsgruppe: «Suworow», «Alexander III.», «Borodino», «Orjol», «Osljabja», «Sissoi Weliki», «Nawarin» und «Admiral Nachimow»; der Backbordkolonne gehörte die Dritte Linienschiffsgruppe an: «Nikolai I.», «Apraxin», «Senjawin», «Uschakow» sowie die Kreuzer: «Oleg», «Aurora», «Dmitri Donskoi» und «Wladimir Monomach». Je zwei Torpedoboote hielten sich zwischen den Kolonnen neben den beiden vordersten Schiffen. Die übrigen fünf Torpedoboote fuhren unter dem Schutz der Kreuzer. Achtern folgten die vier Transportschiffe: «Anadyr», «Irtysch», «Kamtschatka» und «Korea», ebenfalls zwischen den Kolonnen. Den Schluß bildeten die zwei Schlepp- und Pumpdampfer «Rus» und «Swir». Achtern seitab der Kolonnenlinie, gleichsam diese erweiternd, fuhren die Lazarettschiffe «Orjol» und «Kostroma». Zu beiden Seiten des Geschwaders befanden sich auf der Höhe der Spitzenschiffe unsere schnellen ungepanzerten Kreuzer, rechts «Shemtschug» und links «Isumrud». Außerdem lief in Keilformation vorab, in einer Entfernung von einer Meile eine vorgeschobene Aufklärungsabteilung, die aus den drei Kreuzern «Swetlana», «Ural» und «Almas» bestand.

Das Geschwader bestand zu dieser Zeit aus achtunddreißig Schiffen.

In dieser geballten Masse näherte es sich der Koreastraße. Roshestwenskis Verhalten setzte viele in Erstaunen. Er zeigte dem Gegner gegenüber eine verbrecherische Gleichgültigkeit. Die drei vorgeschobenen Kreuzer und die zwei Kreuzer zu beiden Seiten der Kolonnen konnten nicht als ernst zu nehmende Aufklärungskräfte gelten. Sie erweiterten unseren Beobachtungskreis nur um ein bis zwei Meilen. So bewegte sich unser Geschwader gleichsam mit verbundenen Augen vorwärts.

Der Bootsmann Wojewodin blickte auf das Geschwader und flüsterte mir zu: «Unser Admiral führt sich wie ein Clown auf.»

In diesem Augenblick erschien Leutnant Giers auf der Brücke. Ich fragte ihn: «Es heißt, daß wir auf die Koreastraße zusteuern, Euer Wohlgeboren?»

«Leider ist es so.»

«So hat Seine Exzellenz den geraden Weg für das Geschwader gewählt?»

Leutnant Giers zuckte die Schultern und sagte enttäuscht: «Ich verstehe die ganze Sache nicht. Sehr seltsam ist das alles.»[15]

Ich stieg in das Wohndeck hinunter. Nach der Mittagspause tranken die Matrosen an den Hängetischen Tee, sie sprachen über den Krieg, über das Dorf, über Liebesabenteuer.

Der Tag verlief ruhig. Das Geschwader entwickelte eine Geschwindigkeit von acht Knoten und ging zur Nacht sogar auf fünf herab. Wir schliefen abwechselnd.

Vor wem sich Roshestwenski fürchtet

Zu meiner großen Befriedigung kannte mich Roshestwenski nicht und kümmerte sich auch nicht um mich. Als Einzelwesen existierte ich für ihn nicht. Die Besatzung des Geschwaders bestand aus etwa 12000 Menschen in Matrosenkleidung. Wir waren die Vollzieher seines Willens und die lebendige Kraft, die notwendig war, um die Schiffe vorwärts zu bewegen und um Geschütze und Torpedos im gegebenen Augenblick gegen den Feind zu richten. Deshalb bewertete der Admiral diese ganze Masse Mensch nur als einen Bestandteil der ihm unterstellten materiellen Kampforganisation.

Dagegen dachte ich oft an ihn: Was hatte er für das Geschwader getan? Wie leitete er es? Wie beeinflußte er die Schiffe? Wie erzog er seine Untergebenen? Wie war sein Verhalten zu den Menschen? Was für ein Mensch war er?

Ich stellte mir diese Fragen und versuchte in den Handlungen des Admirals die Antworten zu finden. Drei Sommermanöver lang war ich an Bord des «Minin» mit Roshestwenski zusammen gewesen und hatte ihn in dieser Zeit oft beobachtet. Er wirtschaftete korrekt, eignete sich keine Staatsgelder an wie andere Bürokraten, verfolgte sogar die Diebe, sofern sie rangmäßig unter ihm standen. Ein Kampf gegen Diebe höheren Ranges schien ihm freilich unzweckmäßig zu sein. Die Staatskopeke schonte er, mitunter allerdings zum Schaden der Sache. Unter seiner Leitung wurde der Etat der Schiffe sowohl in der Lehrartillerie-Abteilung als auch im Zweiten Geschwader sparsam und in vollster Ordnung geführt. In dieser Hinsicht war er durchaus gewissenhaft. Eine positive Eigenschaft war auch sein Fleiß. Er konnte ohne Rücksicht auf seine Person Tag und Nacht durcharbeiten. Wieviel Energie und Sorge hatte er aufwenden müssen, um unser aus den verschiedenartigsten Schiffen zusammengewürfeltes Geschwader rund um Afrika zu führen und ohne Verluste vor die japanische Küste zu bringen. Gewiß, Nebogatow hatte dasselbe getan. Unter seiner Führung hatte das Dritte Geschwader einen fast ebenso langen Weg unter den gleichen Verhältnissen zurückgelegt, noch dazu in nur drei Monaten. Hierbei hatten Nebogatows Untergebene keinerlei irrsinniges Geschrei und kein herabwürdigendes Verhalten durch ihren Admiral zu erdulden gehabt. Dabei war die Zusammensetzung des Nebogatow-Geschwaders erst recht alles andere als befriedigend. Es bestand überwiegend aus alten Panzerschiffen des Küstenschutzes. Gleichviel – Roshestwenski hatte in dieser Beziehung große Verdienste. Er war ein echter alter Haudegen, streng und anspruchsvoll anderen gegenüber. Er liebte Ordnung und Disziplin. In den alten Traditionen groß geworden, faßte er aber die Disziplin auf seine Art auf und legte vor allem auf die äußeren Formen des Dienstes Wert. Verblüffend wirkten sein maßloser Dünkel und seine Selbstzufriedenheit auf mich. Berücksichtigte man noch seine Gereiztheit und seinen despotischen Charakter, dann begriff man, warum der Dienst unter ihm schwer war.

Als ich in das Zweite Geschwader kam, kannte ich schon viele Charakterzüge des Admirals, meine Wißbegierde war aber noch nicht befriedigt. Ich wollte den Menschen, dem in der Flotte eine solche Macht verliehen war, näher kennenlernen. Gierig nahm ich alles auf, was Offiziere und Matrosen über den Geschwaderchef erzählten. Wie ein Jäger die Spur des Wildes verfolgt, so achtete ich auf jede Bemerkung über ihn und auf Erzählungen über seine Vergangenheit. Ich hoffte, mir auf diese Weise eine vollständige Vorstellung von ihm machen zu können. Soviel Aufmerksamkeit widmete ich ihm auch deshalb, weil er einen in der zaristischen Flotte vielfach verbreiteten Typ darstellte. Der Unterschied zwischen Roshestwenski und anderen Admiralen bestand lediglich darin, daß sich die Züge seiner Despotennatur deutlicher als bei vielen anderen Satrapen zeigten – Züge, die vom despotischen Regime des Staates geprägt worden waren.

Im Geschwader kursierten viele Erzählungen über tatsächliche Begebenheiten aus Roshestwenskis Leben. Eine dieser Begebenheiten empörte die Offiziere besonders, weil der Admiral Makarow, der als hervorragender Flottenführer bei den Seeleuten sehr beliebt war, durch sie in Mitleidenschaft gezogen worden war. Zu Beginn des Krieges, als Makarow zum Befehlshaber des Ersten Pazifischen Geschwaders ernannt worden war, hatte er sich entschlossen, seine Werke über Marinetechnik herauszugeben. Dieser Wunsch war durchaus natürlich: Er wollte die Offiziere so schnell wie möglich von seinen Ansichten über den Seekrieg unterrichten. Bevor er den Zug nach dem Fernen Osten bestieg, hatte er das Manuskript im Admiralitätsstab in der Überzeugung zurückgelassen, daß es in Kürze gedruckt werden würde. Er hatte aber nicht berücksichtigt, daß Roshestwenski an der Spitze dieser Behörde stand und ihn als Nebenbuhler haßte. Unterwegs erhielt Makarow die telegrafische Nachricht, daß für die Herausgabe des Manuskripts fünfhundert Rubel erforderlich seien; da diese Ausgabe aber im Etat nicht vorgesehen sei, könne das Buch nicht erscheinen. Makarow war empört. Es begann eine telegrafische Auseinandersetzung. Schließlich schlug Makarow vor, die Ausgaben für die Herausgabe seines Buches aus eigenen Mitteln zu bestreiten; sollte auch das nicht genügen, so trete er vom Kommando des Ersten Geschwaders zurück. Das war also ein Ultimatum. Erst jetzt entschloß sich der Admiralitätsstab, das Buch herauszugeben.

Als Chef des Stabes hätte Roshestwenski die Veröffentlichung des Werkes, das für die Seeverteidigung des Landes wichtig war, auf jede Weise unterstützen müssen, während er in Wirklichkeit dem Erscheinen des Buches große Schwierigkeiten bereitet hatte.

Die Offiziere verurteilten Roshestwenski wegen dieser Haltung, die verriet, daß er die wahren Interessen des Staates nicht zu wahren vermochte. Er hatte sich als hinterhältige Hofschranze und als kleinlicher Neider gezeigt. Seine egoistischen Ziele hatte er über seine Pflichten gestellt.

Noch ein anderer Vorfall aus Roshestwenskis Leben gab mir zu denken. Verbarg sich nicht hinter seiner äußerlichen Tapferkeit die Seele eines Feiglings?

Der Vorfall hatte sich ebenfalls zu Beginn des Krieges ereignet. Als Chef des Admiralitätsstabes hatte Roshestwenski es stets verstanden, viele Besucher, die mit Berichten oder Gesuchen bei ihm erschienen, in Angst zu versetzen. In seinem Empfangszimmer drängten sich die Offiziere stumm und gedrückt, als stünde ihnen ein großes Unglück bevor. In dieser Menge fiel einmal ein Offizier von mittlerem Wuchs mit guter militärischer Haltung durch sein offenes Wesen auf. Der neue Rock paßte ihm wie angegossen. Auf den ersten Blick überraschte er durch seine energischen Manieren. Es war der Leutnant E.M., den die ganze Flotte kannte. Er zeichnete sich durch selbständiges Denken und ein ungewöhnlich hitziges Temperament aus, das mitunter mit ihm durchging. Die Seeleute waren der Ansicht, daß er spanischer Herkunft sei. Sein Äußeres war typisch südländisch: braune Gesichtsfarbe, blitzende, dunkle Augen, schwarzes üppiges Haar. Endlich wurde auch er vorgelassen. Leutnant E. M. erhob sich und rückte mit ungezwungenen Bewegungen den Säbel zurecht. Ohne eine Spur von Schüchternheit trat er bedächtig in das Zimmer des Chefs, in der linken Hand den Dreispitz. Keine Unterwürfigkeit war auf seinem Gesicht zu sehen. Er verbeugte sich, nannte seinen Namen und überreichte dem Admiral seinen Rapport, ein Gesuch um Versetzung in den Fernen Osten, in das Erste Pazifische Geschwader.

Roshestwenskis Gesicht verfinsterte sich beim Lesen. Als er fertig war, erklärte er grob: «Der Stab weiß besser, wann und wohin Sie zu schicken sind.»

Der Leutnant machte eine hastige Bewegung, errötete heftig, blieb aber stehen. Beide sahen sich schweigend an. Roshestwenski gefiel es nicht, daß der Bittsteller keine Schüchternheit zeigte.

«Exzellenz, ich bitte, mein Gesuch nicht abzuweisen ...» brach endlich der Leutnant M. erregt das Schweigen. Roshestwenski brauste auf und unterbrach den Leutnant mit erhobener Stimme: «Die Unterredung ist beendet. Sie können gehen.»

Durch die Grobheit des Vorgesetzten verletzt, blitzte der Leutnant den Admiral mit seinen dunklen Augen an und verteidigte hitzig seine Sache: «Ich bitte nicht um die Erlaubnis, einen Tanzabend besuchen zu dürfen oder um einen Urlaub, Exzellenz, ich bitte um die Versetzung zur kämpfenden Truppe. Ich bitte um Entschuldigung, ich habe aber gehofft ... glaubte Unterstützung zu finden für mein patriotisches Gefühl ... Der Krieg hat schon begonnen ... Ich bitte noch einmal ...»

Roshestwenski, dessen hemmungsloser Charakter keinen Widerspruch duldete, sprang wütend auf und schlug mit der Faust auf den Tisch. Er brüllte, daß die Wände wackelten und der Kronleuchter klirrte: «Schweigen Sie! Es steht Ihnen nicht an, einem Admiral Patriotismus beizubringen. Hinaus!»

Roshestwenski streckte theatralisch den Arm aus und wies auf die Tür. Diese Geste hatte aber nicht die erwartete Wirkung. Der Leutnant gehorchte nicht, sondern blieb stehen. In der nächsten Sekunde geschah etwas, was Roshestwenski durchaus nicht erwartet hatte. Der Leutnant erblaßte und rief scharf: «Verzeihung, Exzellenz, ich dulde nicht, daß mit mir, einem russischen Offizier, so gesprochen wird. Für die Verletzung der Ehre ...»

Er sprach nicht zu Ende, trat einen Schritt vorwärts und faßte nach dem Säbelgriff. Seine straffe Gestalt spannte sich zum Angriff. Er erstarrte mit bebenden Nasenflügeln und zusammengepreßten Lippen und wartete wutentbrannt. Es fehlte nicht mehr viel, um den temperamentvollen Südländer zum Explodieren zu bringen. Der Admiral hatte sich inzwischen von seinem Wutanfall erholt. Er erkannte, daß ein Wort von ihm genügen würde, um den Säbel auf seinen Kopf niedersausen zu lassen. Der furchtbare Blick der dunklen Augen, die ihn drohend anstarrten, erschreckte ihn. Stumm sank er in den Sessel zurück. In seinem bleichen Gesicht zeichnete sich hilflose Verwirrung ab. Seine zitternde Linke ergriff das Gesuch, um es zu unterzeichnen. Der Leutnant verfolgte aufmerksam die Feder, die über das Papier kratzte und das Wort «Genehmigt» formte. Der besiegte Vorgesetzte setzte den gewohnten Schnörkel unter seinen Namen und preßte heiser, ohne den Antragsteller anzusehen, hervor: «Hier haben Sie es!»

Für den Leutnant hatte sein Verhalten keine dienstlichen Folgen. Bald darauf begab er sich als Freiwilliger nach dem Fernen Osten. Auf einem Schiff der Wladiwostoker Kreuzerdivision zeichnete er sich dann in den Kämpfen mit den Japanern wiederholt aus.

Die Ordonnanz des Admirals

Pjotr Gawrilowitsch Putschkow war mir erstmalig auf dem Kreuzer «Minin» begegnet, wo er Ordonnanzdienste beim Admiral Roshestwenski leistete. Auf diesem Kreuzer haben wir dann gemeinsam drei Sommer verbracht. Putschkow war ein stiller und schüchterner Bursche. Stets war er wachsam und mißtrauisch. Erst nachdem wir uns besser kennengelernt hatten, faßte er Vertrauen zu mir. Wiederholt erzählte mir Putschkow von seinem grausamen Herrn und beklagte sich über sein Schicksal. Manchmal hatten wir uns auch jetzt während der Fahrt nach dem Fernen Osten wieder gesehen.

Schon als Rekrut hatte sich Putschkow gewünscht, Maschinist oder Torpedomechaniker zu werden. Er hoffte damals, daß ihm später sein Fachwissen im Berufsleben nützlich sein könnte. Seine Wünsche gingen aber nicht in Erfüllung. Die Sommermanöver 1898 auf dem Küstenschutzpanzerschiff «Perwenez», das damals seinen Standort in Reval hatte, gingen ihrem Ende entgegen. Eines Tages sagte Feldwebel Jagnow zu Putschkow, den er schon länger beobachtet hatte: «Leg deine beste Kluft an. Wir fahren zum Kommandanten Roshestwenski.»

«Warum?»

«Das wirst du dort erfahren.»

Putschkows Herz stockte vor Schreck, er wagte aber nicht zu widersprechen. Nach einer halben Stunde legte ihr Boot an. Sie gingen am Ufer entlang zum Sommerhaus des Kommandanten, Kapitän 1. Ranges Roshestwenski. Unterwegs dachte Putschkow nur daran, was man wohl von ihm wolle. Der Kommandant ließ den Feldwebel und den Matrosen zu sich ins Arbeitszimmer, das im zweiten Stock lag, kommen. Er begrüßte sie und betrachtete Putschkow, ohne ein Wort zu sagen. Der stand stramm und wagte kaum zu atmen. Putschkow war hager, mit feinen Zügen im länglichen Gesicht, das noch den naiven Bauernburschen verriet. Es begann ein ausführliches Verhör. Aus den Antworten ging hervor, daß Putschkow im Gouvernement Rjasan, im Dorf Klischino an der Oka, geboren worden war, als Bauer gearbeitet hatte, nie krank gewesen, ledig und nicht vorbestraft war, nicht rauchte und nicht trank. Alles das sagte Roshestwenski zu. Er befahl dem Matrosen, sich umzudrehen und zweimal durchs Zimmer zu gehen. So macht man es, wenn man ein Pferd auf dem Markt kauft, dachte Putschkow, dem der Schweiß am ganzen Körper ausbrach.

«Gut», sagte endlich der Kommandant. «Du wirst mein Bursche! Sieh zu, daß alles an seinem Platz bleibt und in Ordnung ist. Läßt du dir etwas zuschulden kommen, dann mache ich Eierkuchen aus dir. Verstanden?»

«Zu Befehl, Euer Hochwohlgeboren», erwiderte leise der Matrose, dessen graue Augen den Kommandanten anstarrten.

«Du mußt lauter und deutlicher antworten. Wiederhole.»

Der junge Matrose brüllte den eingelernten Satz.

Roshestwenski wurde böse: «Esel! Was schreist du so? Du mußt nicht allzu laut, aber deutlich antworten.»

Von diesem Tage an verlief Putschkows Leben in den Bahnen, die sein Vorgesetzter bestimmte. Nach seinen Wünschen und Hoffnungen fragte keiner. Er hatte Roshestwenski, seine Frau, seine Tochter und zwei Neffen zu betreuen.

Im Winter wurde Roshestwenski zum Konteradmiral ernannt. Das bedeutete für Putschkow noch mehr Arbeit. Er hatte geglaubt, diesen Dienst zwei bis drei Monate tun zu müssen, weil es bisher kein Diener länger beim Admiral ausgehalten hatte. Die Zeit verging aber, und er blieb in dieser Stellung. Um seine Ehrlichkeit zu erproben, ließen die Herrschaften wiederholt Geldscheine, angefangen von einem Fünfrubelschein bis zu großen Scheinen, wie aus Versehen liegen. Er händigte das Geld stets aus. Schon allein diese Ehrlichkeit brachte seinen Wunsch, in die Kompanie zurückzukehren und sich ein solides Fachwissen anzueignen, zum Scheitern.

Zudem gehörte er zu den seltenen Menschen, die sogar die ihnen widerstrebenden Dinge gewissenhaft verrichten. Seine Rührigkeit, seine Zuverlässigkeit, seine ständige Bereitschaft, den Herrschaften zu dienen – alles das gefiel dem Admiral, der eine uneingestandene Zuneigung zu Putschkow verspürte. Putschkow war ein idealer Offiziersbursche. In weichen Filzschuhen schritt er am frühen Morgen, wenn alle anderen noch schliefen, durch die Zimmer, als schwebe er durch die Luft. In jedem Zimmer mußte gefegt und Staub gewischt werden. Dann begann das Kleiderbürsten und Schuheputzen. Ob nun ein Bad bereitet werden mußte, ob auf dem Markt oder in einem Laden etwas eingekauft werden mußte oder ein Schreiben an die Behörde zu überbringen war, ob Brennholz gebracht, ein Ofen geheizt, Geschirr abgewaschen und einsortiert werden sollte, oder ob ein Kochtopf zu reparieren war – alles das tat der Bursche.

Roshestwenskis Köchin hatte gekündigt. Putschkow ersetzte sie nicht nur, indem er Frühstück, Mittagessen und Abendbrot zubereitete, sondern er kochte sogar weit besser als sie. An Bord des «Minin» hatte er diese Kunst vom Offizierskoch gelernt, noch mehr aber aus dem von ihm erworbenen dicken Kochbuch, das er nachts studierte. Nach und nach wurde aus dem Offiziersdiener ein vorzüglicher Koch, dem ein zweiter Matrose als Küchenhilfe für die groben Arbeiten beigegeben wurde.

An gewöhnlichen Tagen liebte der Admiral einfache, aber gesunde Kost: Salate, Fleischbrühe, gut durchgebratene Koteletts mit Zwiebeln, Apfelkuchen. Er hatte aber oft Gäste, besonders nachdem er zum Chef des Admiralitätsstabes ernannt worden war. Mitunter erschienen bis zu vierzig Personen zu Tisch. Die Vorbereitungen begannen meist schon drei Tage vorher. Am Festtage wurde die Tafel mit einem schneeweißen Damasttuch, Tellern aus kostbarem Porzellan, Kristallgläsern für Schnaps, mit großen, mittleren und kleinen Pokalen, mit allerlei Messern und Gabeln gedeckt. Dann wurden die Vorspeisen aufgetragen: perlmuttfarbener Stör, dunkelroter Lachs, rosa Schinken mit weißen Fetträndern, Sahnebutter in Form aufblühender Blumen, Pasteten aus Schnepfen, pechschwarzer, gepreßter Kaviar und körniger, grauer, frischer Kaviar, Salate und Gemüse, gesalzene Gurken aus Nishin (kleiner als ein kleiner Frauenfinger), frische, grüne Gurken, mit spanischer Zwiebel gewürzt und mit ägyptischem Pfeffer bestreut, Tomaten, silbrige Sardinen in Olivenöl, Austern aus Ostende auf Eis, Langusten und Hummer, in Salzwasser mit Lorbeerblättern gekocht, duftende Revaler Sprotten ... Alles hatte seinen Platz, alles sollte möglichst prunkvoll wirken. Selbst der mit Salaten garnierte Hering, der im Maul ein Sträußchen Petersilie hielt, schien auf der länglichen Schüssel zu lächeln. Das Spanferkel, in Scheiben geschnitten und wieder zusammengefügt, fühlte sich offensichtlich sehr wohl im flammendroten Aspik zwischen den bernsteingelben Zitronenscheiben und den korallenfarbenen Mohrrüben. Auf einer riesigen Platte prunkte die Auerhenne: Ihr Kopf mit den roten Brauen und dem gebogenen Schnabel sah wie lebend aus, der gereckte Hals und die gespreizten Flügel hatten die Federn behalten, an den gut durchgebratenen Rumpf waren die Schwanzfedern wieder angefügt. Obwohl ein scharfes Messer sie zerteilt hatte, sah sie aus, als befände sie sich noch im schnellen Fluge. Flaschen verschiedenster Formen, pyramidenförmig auf silbernen Untersetzern aufgebaut, wechselten mit Blumenvasen ab. Es funkelten die roten, goldgelben, weißen und rosafarbigen Weine. Beim Anblick der vielen farbenprächtigen Vorspeisen gingen einem die Augen über, und selbst bei satten Menschen regte sich der Appetit. Der ganze Tisch sah aus wie ein buntes Blumenbeet.

Frauen in Seidenkleidern, Männer in schwarzen Röcken mit goldenen oder silbernen Epauletten nahmen Platz. Zu den Vorspeisen wurden starke Getränke gereicht. Die Gäste sättigten sich langsam und bedächtig.

Bevor dann wieder zu Tisch gebeten wurde, vergingen ein bis zwei Stunden. Eine seit Jahren übliche Tradition bestimmte die Reihenfolge der Speisen und Weine. Es wurde mit Bouillon und Pasteten angefangen und Madeira dazu getrunken. Der Fisch, Forelle in holländischer Sauce, verlangte trockenen Weißwein. Zum Filet à la mignon, mit Trüffeln in Madeirawein gekocht, gehörte Rotwein. Der Spargel in Butter und geriebenem Brot wurde ohne Wein verspeist. Dann lenkte die Auerhenne alle Blicke auf sich. Im eigenen bräunlichen Saft glänzte sie appetitlich. Rings um sie, auf Röstbrot mit Hühnerleber ruhend, schmiegten sich gebratene Wachteln wie die Küken an die Henne. Diese Speise verlangte grünen Salat romain. Die Kelche wurden mit Sekt gefüllt. Die Mägen waren bereits überfüllt, doch man konnte auf die lockende Süßspeise nicht verzichten: Schlagsahne mit Ananaslikör, garniert mit Rosetten aus Zucker und Karamel. Zum Abschluß blieben noch Früchte, verschiedene Käsesorten und schwarzer Kaffee mit Likör und Cognac zu bewältigen.

An solchen Festtagen wurden mehrere Ordonnanzen zu Putschkows Hilfe hinzugezogen. Aber niemand konnte die Gäste so gut bedienen, wie er selbst. In einer neuen Matrosenuniform, mit weißen Handschuhen, ging er um den Tisch und reichte jedem Gast mit Hilfe der anderen Ordonnanzen die verschiedenen Gerichte. In solchen Augenblikken war seine ganze Aufmerksamkeit darauf gerichtet, nichts zu verschütten oder gar das Kleid einer Dame, das teurer war als seine ganze Wirtschaft zu Hause, zu beflecken. Nicht weniger schlimm wäre es gewesen, wenn ein fettes Stück Fleisch auf den Rock des Admirals gefallen wäre. Beides wäre für die Ordonnanz ebenso schrecklich wie ein Brand fürs heimatliche Dorf gewesen.

Putschkow hatte sich selber zu einem hervorragenden Koch ausgebildet. Roshestwenski zahlte ihm fünf Rubel monatlich. Dazu kamen noch die Prozente von den Ladenbesitzern, bei denen er einkaufte, und die Trinkgelder der Gäste. Hinsichtlich der Einnahmen hatte er, der Bauernsohn, eine gute Stelle. Aber dieses Geld war schwer verdient, täglich mußte er Erniedrigungen und Beleidigungen über sich ergehen lassen. Jede Kleinigkeit reizte den Admiral. Es kam vor, daß er in seiner Wut die eigenen Möbel zerschlug und Geschirr zerschmetterte. Auch seine Frau verschonte er nicht, er jagte sie mit gröbsten Flüchen unter den Tisch. Noch weniger brauchte er natürlich auf den Dienstboten Rücksicht zu nehmen. Was für Mühe sich Putschkow mit seinen Herrschaften auch geben mochte, es verging kaum ein Tag ohne Schläge. Heute hatte er dem Admiral ungeschickt aus dem Mantel geholfen und erhielt dafür eine Ohrfeige. Morgen war es ein falsches Gedeck, das ihm Faustschläge auf den Kopf einbrachte. Mitunter flog ein Teller mit Suppe gegen den Diener. Nur ein Mensch setzte sich für die Ordonnanz ein – Roshestwenskis Tochter, Jelena Sinowjewna. In ihrer Anwesenheit unterließ der Admiral das Schlagen, ihr Blick besänftigte sein kochendes Herz wie Öl die Meereswogen. Er liebte sie zärtlich, gab allen ihren Launen nach und erlaubte ihr alles. Die Frau des Admirals, verwelkt und mürrisch, war dagegen sehr zufrieden, wenn der Diener zu leiden hatte. Das hatte seinen Grund. Sie verdächtigte ihren Mann der Untreue und wollte von dem Offiziersburschen Näheres erfahren, bald durch Freundlichkeit, bald durch Drohungen. Natürlich wußte er viel von den Liebesabenteuern seines Herrn, verriet ihn aber mit keinem Wort.

So vergingen fünf drückende Jahre.

Putschkow befand sich in ständiger Unruhe, er wußte nie, was ihm am nächsten Tag zustoßen würde. Es gab Gesellschaften zum Schutz der Tiere, deren Mitglieder einen Menschen dem Gericht überantworten konnten, wenn dieser sein Pferd oder seinen Hund geschlagen hatte. Wer aber wollte sich für einen rechtlosen Offiziersdiener einsetzen? Er war mit Haut und Haaren der Willkür seines querköpfigen Herrn ausgeliefert. Wenn es dem Admiral einfiel, Putschkow ins Gefängnis zu sperren, nach Sibirien zu verbannen oder einfach zu zertreten wie ein Insekt – er konnte es tun. Putschkow magerte ab und bewältigte nur noch mit Mühe seine Pflichten. Er zog sich ein Nervenleiden zu, und seine Augen büßten an Sehkraft ein. Sein junges Leben, freudlos und ihm selbst zuwider, ging auf die Neige, die Dienstzeit dauerte noch zwei Jahre.

Aber manchmal lehnt sich auch ein Sklave, der zur Verzweiflung getrieben wird, auf. So auch Putschkow. Eines Tages war wieder Besuch gekommen. Ohne es selbst zu merken, hatte Putschkow einen Fehler gemacht. Als die Gäste gegangen waren, rief ihn der Admiral: «Komm näher heran, du Schuft!»

Putschkow stockte der Atem. Es gab weiter keine Erklärungen. Der Admiral schlug ihn so heftig aufs Ohr, daß Putschkow taumelte. Er stützte sich auf die Tischkante, damit er nicht umfiel. Im linken Ohr war etwas geplatzt und es rauschte. Bislang hatte der Diener alle Kränkungen stumm ertragen mit der Ergebenheit eines verdammten Menschen. Aber dieses Mal brach der Haß, der sein ganzes Wesen in all den Jahren erfaßt hatte, durch. Bleich richtete er sich auf, seine Augen blitzten, als er heiser, aber scharf sagte: «Exzellenz, Sie haben mir das Trommelfell zerschlagen!»

Der Admiral nahm das für Frechheit. Er stampfte aber nicht mit den Füßen und schlug auch nicht weiter. Dieser zum ersten Mal vorgebrachte Protest machte ihn stutzig. Er kam ebenso überraschend, als wenn ein Lamm plötzlich geknurrt und Wolfszähne gezeigt hätte. Roshestwenski sah seinen Diener so verwundert an, als stünde vor ihm ein anderer, entschlossenerer Mensch, und er sagte leise, fast freundlich: «Das tut nichts, bei den Artilleristen kommt das häufig vor.»

Er wandte sich um und ging ins Schlafzimmer.

Am nächsten Tage blieb Putschkow in seiner Kammer. Eine andere Ordonnanz bereitete das Frühstück, er blieb liegen. Der Admiral besuchte ihn und fragte: «Nun, Pjotr, wie geht es dir?»

«Ich bin krank, Exzellenz, und kann nicht aufstehen.»

Drei Tage besuchte ihn der Admiral und erhielt jedesmal die gleiche Antwort. Am vierten Tage brummte er wütend: «Pack deine Sachen und verlasse mein Haus.»

Putschkow kam in ein Lazarett, wo er drei Monate blieb. Dann wurde er in die 18. Marinedivision überwiesen, plagte sich aber noch lange mit nervösen Störungen. Oft träumte er, daß er wieder Offiziersdiener sei ...

Roshestwenski verbrauchte innerhalb des nächsten Jahres neunzehn Burschen. Jeder Matrose, der bei ihm Dienst getan hatte, trug irgendwelche Spuren der Admiralsfäuste davon. Einige kamen sogar vor Gericht und ins Gefängnis.

So war es nicht verwunderlich, daß Roshestwenski bei Kriegsbeginn an seinen früheren Diener dachte. Er ordnete an, Putschkow sofort an Bord von «Suworow» zu bringen. Das geschah in Reval, als sich das Zweite Geschwader zur Fahrt in den Fernen Osten vorbereitete. Ein Telegramm an die 18. Marinedivision veranlaßte, daß Putschkow in Begleitung eines Unteroffiziers wie ein Sträfling an Bord des Flaggschiffs erscheinen mußte. Der Admiral begrüßte ihn freundlich: «Mir geht es schlecht ohne dich, Pjotr. Alle Burschen waren Idioten. Deinetwegen habe ich das ganze Geschwader um einen Tag aufgehalten. Wir wollen zusammen fahren.»

«Zu Befehl, Exzellenz», antwortete Putschkow lustlos und machte sich an die Arbeit.

Am gleichen Tage noch erfuhr er, daß vor seinem Eintreffen auf dem Schiff der Matrose Shukow beim Admiral Burschendienste geleistet hatte. Der Bursche war schwer von Begriff und brachte die Anordnungen des Admirals durcheinander. Die Schläge machten ihn nicht klüger. Einmal war Roshestwenski so wütend geworden, daß er Shukow mit einem Stuhl so ins Kreuz geschlagen hatte, daß dessen Unterkörper gefühllos wurde und Shukow ins Revaler Lazarett gebracht werden mußte.

Dasselbe konnte auch Putschkow widerfahren. Das Geschwader aber steuerte einem fernen fremden Meer zu, von wo es wohl kaum zurückkehren würde. Es war ihm jetzt ganz gleichgültig, ob er durch japanische Geschosse oder durch die Fäuste des Admirals ums Leben kommen werde. Er fürchtete Roshestwenski nicht mehr. Es verging eine Woche. Jetzt kochte Putschkow nicht mehr. Neben anderen Arbeiten hatte er die Wäsche zu waschen, Kragen und Manschetten zu stärken. Er tat das wie eine gelernte Wäscherin.

Eines Abends nahm der Admiral ein Bad. Ärgerlich sagte er: «Wo hast du Schuft gesteckt? Ich habe dich gerufen und du warst nicht da!»

Putschkow erwiderte kühn: «Ich habe für Sie Tee geholt, Exzellenz. Gestatten Sie: Ich bin nie ein Schuft gewesen und werde es auch nie sein.»

«Was heißt denn das? Wem sagst du das?»

«Sie wissen selber, Exzellenz, daß ich die Wahrheit sage. Wenn ich aber so schlecht bin, dann stellen Sie mich doch vor Gericht oder lassen Sie mich über Bord werfen.»

«Raus mit dir!» brüllte der Admiral und fuchtelte so heftig, daß das Wasser aus der Wanne schwappte.

Putschkow verließ das Badezimmer. Einen Augenblick später rief ihn der Admiral wieder und bat ihn friedlich, als wäre nichts vorgefallen: «Pjotr, seife doch den Schwamm ein und reibe mir den Rücken ab.»

So ging es auch weiter. Der Admiral war nicht nur für die Matrosen, sondern auch für die Offiziere des ganzen Geschwaders ein Alpdruck. Niemand wagte es, ihm zu widersprechen, obwohl viele die ungeheuerlichen Unsinnigkeiten in seinen Worten und Handlungen erkannten. Putschkow verhielt sich anders zu ihm. Wenn der Admiral laut wurde, erhob er gleichfalls seine Stimme. Mitunter stritten und schrien sie so, als wären beide gleich in Rang und Stellung. Vielleicht erkannte Roshestwenski, daß er seinen Burschen bis zum äußersten gereizt hatte. Man hatte aber den Eindruck, als gefiele es ihm, daß sich ein Mensch unter der zahlreichen Besatzung gefunden hatte, der nicht vor ihm kroch. Niemals mehr schlug er Putschkow, niemals mehr bestrafte er ihn auf andere Weise.

Nur einmal noch vergaß sich der Admiral. Das Geschwader lag vor Madagaskar. Im Admiralssalon wurden Vorbereitungen für die Neujahrsfeiern getroffen. Krankenschwestern vom Lazarettschiff «Orjol» waren eingeladen. Roshestwenski hatte Putschkow befohlen, den Sekt kalt zu stellen. Der Ingenieur, der die Kühlanlage betreute, hatte aber bei einem Kontrollgang zufällig die Flaschen von den kalten Röhren an eine warme Stelle geschoben. Um Mitternacht brachte der verlegene Putschkow den ungekühlten Sekt. Der Admiral sah den Schuldigen aus den Augenwinkeln nur streng an, sagte aber nichts. Am anderen Morgen brummte er beherrscht: «Pjotr, geh zum Ersten Offizier und sage ihm, daß er dich auf der Back zwei Stunden Strafe stehen lassen soll.»

Putschkow hatte alles verstanden, fragte aber: «Wie beliebt, Exzellenz?»

Er wandte dem Admiral sein rechtes Ohr zu, mehr als es erforderlich war, so daß er den Admiral nur von der Seite anblicken konnte.

Roshestwenski wiederholte seinen Befehl lauter und fragte: «Warum kehrst du deine Schnauze von mir weg?»

«Das tue ich nicht, Exzellenz. Ich höre mit dem linken Ohr nichts. Sie wissen ja, das Trommelfell ist kaputt.»

Der Admiral wurde rot und wandte sich ab.

Putschkow wußte, wofür er bestraft wurde, und trat forsch seine Strafe auf der Back an, als hätte er eine Belobigung erhalten. Er wußte, daß der Admiral ihn wie eine Kinderfrau brauchte und daß diese Strafe seine Herrschsucht nicht befriedigen werde. Es verging auch tatsächlich keine Viertelstunde, dann ließ Roshestwenski seinen Diener durch den Wachhabenden zu sich befehlen. Aber Putschkow rührte sich nicht, bis die zwei Stunden um waren.

«Was sind das noch für Mätzchen? Du willst wohl meine Befehle nicht mehr ausführen?» schnaubte der Admiral, als Putschkow zurückkehrte.

«Wenn ich mir etwas zuschulden kommen ließ, Exzellenz, so muß ich auch die Strafe dafür voll tragen.»

«Sieh dich vor, du bringst es noch dahin, daß ich dir deine Sklavenseele aus dem Leibe schüttele.»

«Das steht in Ihrem Belieben, Exzellenz», erwiderte mit unerschütterlicher Ergebenheit Putschkow. In dieser Ergebenheit lag aber eine Herausforderung, als hätte er etwas im Sinne.

Entgegen seiner Gewohnheit blieb Roshestwenski auch dieses Mal ruhig, er wandte sich nur ab. Der sanfte Putschkow hatte gesiegt.

Keinem der zahlreichen Burschen des Admirals war dies je zuvor gelungen.

Launen des Befehlshabers

Roshestwenskis Vergangenheit war damals wenig bekannt. – 1873 hatte er als Leutnant die Michailow-Artillerie-Akademie absolviert und war anschließend sofort zum Mitglied der Versuchskommission für Marineartillerie ernannt worden. In diesem Amt verblieb er bis zum Russisch-Türkischen Krieg 1877, dann wurde er nach Nikolajew kommandiert. Dort hielt er sich eine Zeitlang beim Oberbefehlshaber der Schwarzmeerflotte auf. Als der zum Kriegsschiff umgebaute Dampfer «Westa» unter der Führung des Kapitäns Baranow als

Kampfkreuzer eingesetzt wurde, ging er an Bord dieses Schiffes. Er nahm an Bord von «Westa» an der Seeschlacht bei Constanza am 11. Juli 1877 teil. Nach den Berichten der Zeitungen haben unsere Matrosen damals beispielhafte Tapferkeit bewiesen. Der kümmerliche, schwache Dampfer «Westa» fügte dem türkischen Panzerschiff «Fehti-Bulend» erhebliche Schäden bei und schlug es in die Flucht. Für diese Heldentat wurde Roshestwenski mit dem St. Georg-Orden 4. Klasse und dem Wladimir-Orden 4. Klasse mit Schleife ausgezeichnet und zum Kapitänleutnant befördert.

Der Schiffskommandant sandte ihn mit einem Bericht nach Petersburg, wo er den Mitgliedern der Zarenfamilie persönlich eine Darstellung der Seeschlacht vom 11. Juli gab.

Ein Jahr später ließ er in der Zeitung «Birshewyje Wedomosti» (Börsennachrichten) vom 17. Juli 1878 den Artikel «Panzerschiffe und Kauffahrtei-Kreuzer» veröffentlichen, in dem er die «Heldentaten» des Dampfers «Westa» entlarvte. Nach seiner Beschreibung hatte nicht das türkische Schiff die Flucht ergriffen, sondern die «Westa». Die Verfolgung habe fünfeinhalb Stunden gedauert, und nur weil das türkische Schiff mit Kriegsmaterial überlastet gewesen sei, habe es «Westa» nicht einholen können. Die Schilderung war ungemein überzeugend.

In der Presse verursachte Roshestwenskis Artikel einen wahren Sturm. Unter den Zeitungen «Nowoje Wremja», «Birshewyje Wedomosti», «Peterburgskije Wedomosti», der Zeitschrift «Jachta» und anderen Zeitschriften begann ein heftiger Meinungsstreit. Die einen nannten den Verfasser einen Lügner, die anderen bewunderten seine Zivilcourage.

Roshestwenskis Handlungsweise zeichnete sich in der Tat durch Kühnheit aus. Aber was hatte ihn dazu veranlaßt? Wollte er, daß die Wahrheit triumphiere? Oder hatte er andere Gründe? Indem er den Schwindel aufdeckte, der über die Schlacht verbreitet worden war, mußte er doch auch seine eigene merkwürdige Rolle klarlegen und konnte sich selber nicht entlasten. Er riskierte seine Karriere, wozu sich eigentlich nur ein aufrechter und unbestechlicher Mensch mit starkem Charakter entschließen konnte. Aber andererseits – warum hatte er diese Enthüllungen nicht früher vorgenommen? Warum hatte er die Auszeichnungen nicht zurückgewiesen, die er ständig trug?

Seitdem waren sechsundzwanzig Jahre vergangen. Der Krieg im Fernen Osten war angebrochen. Nachdem vor Port Arthur, zusammen mit dem hervorragenden Maler Wereschtschagin, der einzige begabte Admiral der russischen Flotte, Makarow, auf dem Flaggschiff «Petropawlowsk» den Tod gefunden hatte und nach einer ganzen Reihe von Mißerfolgen zu Land und auf See, suchte die zaristische Regierung nach einem neuen Retter des Vaterlandes. Sie fand ihn im Gefolge Seiner Majestät – groß, mutig, streng, mit einem schönen Kopf, den, wie es schien, geniale Ideen etwas vornüberneigten. Dieses vorteilhafte Äußere imponierte so, daß niemand an seinen Erfolgsaussichten zweifelte. Und der Name dieses Menschen hallte durch ganz Rußland wider – der Name des Admirals Roshestwenski! Fast die ganze Presse rühmte ihn, stempelte ihn im voraus zum Helden.

Ich traf mich nach wie vor mit meinem Freund, dem Stabsschreiber Ustinow. Das war schon so in Nossi Bé, in Kamranh, in der Bucht Vanfong und während mancher Kohlenaufnahme der Fall gewesen. Bald war ich auf «Suworow», bald kam der Schreiber zu mir. Ustinow wußte durch seine Funkertätigkeit mehr Neuigkeiten als die Schiffskommandanten. Vor mir hatte er keine Geheimnisse. Deshalb erfuhr ich, obwohl ich nicht auf dem Flaggschiff war, auch alles über Roshestwenski.

Wie ich schon erwähnte, besuchte der Admiral seine Schiffe selten und nur dann, wenn er der Besatzung einen Rüffel erteilen wollte. Auch ließ er weder die Schiffskommandanten noch andere Offiziere zu sich kommen, um sich mit ihnen zu beraten; das glaubte er nicht nötig zu haben. Er verbrachte viel Zeit auf der Brücke seines Flaggschiffs «Suworow», Tag und Nacht in einem eigens für ihn aufgestellten Sessel sitzend. Von der Höhe dieser Brücke betrachtete er seine Schiffe, beobachtete ihr Positionhalten in der Kiellinie und ob die Flaggensignale zur Bestätigung wiederholt wurden. Es interessierte ihn aber wenig, was sich in den Zwischendecks, den Munitionskammern, den Türmen, den Torpedoabteilungen der Geschwaderschiffe ereignete. Als ehemaliger Segelschiffoffizier hielt er das alles für unwichtig und eines Admirals für unwürdig. Inzwischen aber hatte sich das Schwergewicht der taktischen Eigenschaften, nämlich alles, was mit den Fragen der Kampfausbildung, der Technik, der Unversenkbarkeit und der sonstigen Struktur der Schiffe zusammenhing, in den Bereich dieses angeblich «Unwichtigen» verlagert. So begnügten sich der Befehlshaber und sein Stab damit, auf die äußere Ordnung im Geschwader Einfluß zu nehmen. Wenn die Schiffe ihren Platz in der Marschordnung wahrten, wenn sie die Entfernung von zwei Kabellängen von einander einhielten, dann war alles gut. Störte aber ein Schiff diese Ordnung, so war auch das seelische Gleichgewicht des Admirals gestört. Er sprang vom Sessel auf und brüllte. Manchmal flog seine Mütze davon. Dann fing sie einer der Stabsoffiziere auf und brachte sie in strammer Haltung wie ein Heiligtum zurück. Auf der Brücke verbreitete sich panischer Schrecken, als ob die Welt unterginge. Schiffs- und Stabsoffiziere, Signalgasten, Boten, Wachhabende starrten bebend den Admiral an, als wäre er ein 305-mm-Geschoß, das jeden Augenblick explodieren konnte. Er aber beschimpfte zunächst das schuldige Schiff mit ausgesuchten Flüchen, und dann kam der Befehl: «Signalisiert dem Idioten eine Rüge!»

Die Flaggoffiziere und Signalgasten wußten schon, von welchem Schiff die Rede war, und stürzten so hastig zu den Flaggenkästen, daß sie mit den Köpfen zusammenstießen. Und dann stieg am Mast das Signal mit der Rüge zum Beispiel an den Kreuzer «Admiral Nachimow» auf.

Der erschöpfte Admiral nahm die Mütze aus den Händen des immer noch strammstehenden Stabsoffiziers, setzte sie auf den erhitzten Kopf und ging lange auf der Brücke auf und ab.

Während der Manöver brachte einmal «Aurora» Unordnung in die Kiellinie. Der Admiral schüttelte die Fäuste und schrie: «Wo will denn die Prostituierte hin? Wohin drängt sie denn?»

Obwohl «Aurora» fünf Meilen entfernt war, brüllte der Admiral so, als könnten ihn die Offiziere dort hören.

Mitunter befahl er, leise durch die Zähne zischend: «Signalisiert, daß das Invalidenheim nicht zurückbleiben soll.»

Die Signalgasten riefen das alte Linienschiff «Sissoi Weliki» an und übermittelten ihm den Befehl des Admirals.

Dann kam wieder ein Wutausbruch: «Schon wieder wedelt dieses Dienstmädchen herum, als hätte sie eine Wespe unter dem Rock.»

Dieses Mal war es der Kreuzer «Swetlana», den der Zorn des Admirals traf.

Wenn der Admiral bei seinen Ausbrüchen so phantasievoll fluchte, spotteten die Matrosen, die nicht in unmittelbarer Nähe an Deck waren: «Still, Leute, auf der Brücke geht der Spektakel los ...»

Sie hörten zu, wie Roshestwenski einen abwesenden Kommandanten herunterputzte und dabei dessen Namen durch einen Spitznamen ersetzte, jeder wußte, wen er meinte. Nicht nur die Schiffskommandanten, sondern auch die Flaggoffiziere hatten Spitznamen, manchmal witzige, manchmal anstößige. Was war in seinen Augen der dicke Konteradmiral Fölkersam? «Ein Sack voll Mist». Und der beschränkte Konteradmiral Enquist? «Eine Null». Unser stets eleganter, nervöser Kommandant Jung? «Der lackierte Quirl». Der Kommandant von «Alexander III.», Kapitän 1. Ranges Buchwostow? «Kleiderständer für einen Garderock». Der Kommandant von «Borodino», Kapitän 1. Ranges Serebrennikow, der früher einmal in der Befreiungsbewegung mitgewirkt hatte? «Der hirnlose Nihilist». Der Kommandant von «Uschakow», Miklucha-Maklai, ein Verwandter des berühmten Forschers? «Doppelter Holzkopf». Der Kommandant von «Osljabja», Kapitän 1. Ranges Beer, ein Don Juan? «Geiles Biest». Einige Kommandanten bedachte Roshestwenski mit Spitznamen aus der Terminologie der Geschlechtskrankheiten.[16]

Roshestwenski wollte seine Untergebenen nicht sehen, aber auch sie vermieden jede Begegnung mit ihm, weil sie sein zügelloses Temperament kannten. Nur in Ausnahmefällen begab sich ein Schiffskommandant zum Admiral. Von vornherein mußte er damit rechnen, daß er Beleidigungen einzustecken haben würde.

Als wir in Nossi Bé gelegen hatten, war der Kreuzer «Swetlana» so stark mit Kohlen und anderen Vorräten überlastet worden, daß sich seine Bordwände durchbogen. Der Schiffskommandant, Kapitän 1. Ranges Schein, meldete sich auf dem Flaggschiff, berichtete dem Admiral über den Vorfall und bat um die Erlaubnis, die Fracht verringern zu dürfen. Roshestwenski wurde wütend und jagte den Kommandanten unter Flüchen aus der Kajüte.

Während unseres Aufenthaltes in der Bucht Vanfong hatte «Nawarin» den Befehl erhalten, dreihundert Tonnen Süßwasser aufzunehmen. Der Kommandant, Kapitän 1. Ranges Baron Vietinghoff, begab sich auf das Flaggschiff, um die Angelegenheit zu klären. Er bewies dem Admiral, daß diese Menge für das Schiff zu groß sei, und erwähnte auch, daß sein Schiff ohnehin mit Kohlen überladen sei. Der Admiral hörte sich alles an, kehrte dann dem Kommandanten den Rücken und schrie, in Zuckungen verfallend: «Was soll das: Sie wollen mich belehren? Weigern sich, meine Befehle auszuführen? Sie nehmen vierhundert Tonnen Wasser an Bord! Kein Wort mehr!»

Er gebrauchte Ausdrücke, die sich nicht für den Druck eignen, und dem Baron Vietinghoff blieb nichts anderes übrig als zu sagen: «Zu Befehl, Exzellenz!»

Einige Kommandanten verhöhnte der Admiral im Beisein der Offiziere und Matrosen: «Ein Schiffsführer sind Sie nicht, im Hafenlager müßten Sie arbeiten und die Schiffe mit Scheuerlappen beliefern.»

Unwillkürlich fragte man sich, wie es möglich war, daß diese ehrenwerten und verdienten Herrschaften die Beschimpfungen des Geschwaderchefs ertrugen. Wozu waren Ränge, Orden und Offiziersröcke gut, wenn das alles nicht vor erniedrigenden Beleidigungen schützte? Oft fuhr Roshestwenski die Kommandanten der Kriegsschiffe an, wie ein Feldwebel die Rekruten.

Wer Roshestwenski noch nicht kannte, sah in ihm einen Menschen von unbeugsamem Willen, einen Fachmann der Kriegsmarine und meinte, nur mit einem solchen Chef könne man das gesteckte Ziel erreichen. Deshalb beurteilte man seine Querköpfigkeit anfangs nachsichtig. Nach und nach aber, als man erkannte, wie er das Geschwader führte, empfand jeder eine tiefe Enttäuschung. Die Maßlosigkeit des Geschwaderchefs in seinen Befehlen und in den persönlichen Auseinandersetzungen mit den Kommandanten und Offizieren untergrub seine Autorität. Man merkte bald, daß diese grobe Umgangsform keineswegs einen tiefen und scharfen Verstand oder organisatorische Fähigkeiten verbarg. Lediglich der in höchstem Maße entwickelte Dünkel war der Grund für sein verächtliches Verhalten den Untergebenen gegenüber.[17]

Roshestwenski verschonte auch die Mitarbeiter seines Stabes nicht mit seiner Willkür und schikanierte sie auf jede erdenkliche Weise. Nur zwei Personen pflegten einen mehr oder weniger freien Umgang mit ihm: der Oberadjutant, Leutnant Swentorshezki, und der Kapitän 2. Ranges W. Semjonow, der als Berichterstatter an Bord weilte. Aber auch sie waren für ihn nicht mehr als zusätzliche Beobachtungsorgane – zwei Paar Augen und zwei Paar Ohren. Auf Grund der Informationen, die er von diesen beiden Offizieren erhielt, bildete er sich oft sein Urteil über Schiffe und Kommandanten. Die übrigen Mitarbeiter des Stabes genossen weder seine Zuneigung noch sein Vertrauen. Er betrachtete in seiner Herrschsucht alle Ratschläge seiner Gehilfen als Anschläge auf seine Vorrechte. Die Offiziere brachten daher nicht den Mut auf, den Befehlshaber vor den unausbleiblichen Fehlern zu warnen, die selbstzufriedene und beschränkte Charaktere begehen. Überhaupt duldete Roshestwenskis Charakter im Stabe nur willensschwache und unpersönliche Mitarbeiter, die eine hündische Abhängigkeit zeigten. Aus ihrer Verehrung entstand ein besonderer Kult, der Stab bildete dadurch eine Mauer zwischen dem Geschwader und seinem Befehlshaber. Besonders schwer hatte es der Chef des Stabes, Kapitän 1. Ranges Clapier de Colongue. Der Vorschrift nach sollte er die rechte Hand des Geschwaderchefs sein. Seine Pflicht war es, alle Ideen seines Vorgesetzten zu verwirklichen, und natürlich sollte er dessen Operationspläne kennen. Was aber tat Roshestwenski? Er lehnte es ab, ihn als seinen Stellvertreter anzuerkennen, und hatte ihn zu einem unterwürfigen Lakaien gemacht. Ehe de Colongue sich zu seinem Gebieter begab, zog er bei dessen Burschen Erkundigungen über die Stimmung des Admirals ein.

«Nun, mein Lieber, wie ist Exzellenz heute gestimmt?»

«Scheint ganz gut zu sein, Euer Hochwohlgeboren.»

Nur wenn er eine solche Auskunft erhielt, wagte der Chef des Stabes sich der Admiralskajüte zu nähern. Vor der Kajütentür nahm er die Mütze ab, schlug ein Kreuz und murmelte ein Gebet: «Laß walten, Herrgott, die Milde des Königs David.» Dann erst klopfte er mit dem Fingernagel behutsam an die Tür des Furchtbaren.

Einmal mußte er dem Geschwaderchef, der sich in seiner Kajüte befand, eine dringende Mitteilung machen. An diesem Tage wurde der Admiral nicht von Pjotr Putschkow bedient, der Landurlaub hatte, sondern vom Burschen des Schiffskommandanten. Als der Stabschef dessen Gesicht sah, das von den Schlägen der Admiralsfäuste ganz geschwollen war, fiel ihm gleich das Herz in die Hosen.

«Exzellenz hat wohl schlechte Laune?»

«Es ist sehr schlimm, Euer Hochwohlgeboren, er hat mich kaputtgeschlagen.»

Der Stabschef murmelte verwirrt: «Was soll ich aber tun? Ich habe doch eine dringende Sache für ihn.»

«Ich weiß nicht, Euer Hochwohlgeboren, es ist besser, Sie zeigen sich nicht.»

Die dringende Sache wurde verschoben.

Der Schreiber Ustinow überraschte wiederholt den Stabschef, wie er weinend in seiner Kajüte saß.[18]

Offenbar war der Admiral der Ansicht, daß er als Chef alles wäre, während die anderen Offiziere und Kommandanten nichts bedeuteten. Seine Sache war es, zu befehlen, zu beschimpfen, zu bestrafen, manchmal zu loben, die Untergebenen hatten zu arbeiten, zu gehorchen, aus allerlei Schwierigkeiten sich herauszuwinden und alle seine Kränkungen ergeben zu ertragen. Dieser Mensch glaubte an den Erfolg der Gewalt. Als Kommandierender erblickte er die Gewähr für den Erfolg einzig in der widerspruchslosen Unterwerfung des gesamten Geschwaders unter seinen Willen. In dieser Blindheit unterdrückte er jegliche Initiative seines Stabes, seiner Fachoffiziere, der Schiffskommandanten und aller Untergebenen. Er wollte als der einzigartige Mensch anerkannt werden, der allein wußte, was und wie alles zu tun sei. Er hielt sich für ein Genie – darin bestand sein Unglück! Seine Mitarbeiter wurden durch seine unumschränkte Gewaltherrschaft zu kümmerlichen Figuren erniedrigt, die sich seinen Launen widerspruchslos fügten. Roshestwenski bildete sich ein, daß alle Fäden, die das Geschwader lenkten, nur in seinen Händen zusammenlaufen könnten, und daß das Geschwader auseinanderfallen würde, sobald er die Zügel lockerte.

Gewiß, Roshestwenski verfügte über einen eisernen Willen, aber weil dieser guten Eigenschaft keine militärische Begabung zur Seite stand, schadete sie nur der Sache und fügte allen nichts weiter als Leid zu.

«Warum hat er noch nie einen Matrosen hängen lassen?» fragte ich den Schreiber Ustinow.

«Warte nur, nach der Schlacht werden Dutzende an den Rahen baumeln. Darüber haben sie im Stab schon gesprochen. Oder glaubst du, daß sich der Admiral zu unsereinem dann besser verhalten wird?»

«Das wäre nicht verwunderlich, da wir ja alle dem Tod entgegengehen. Das ist ein sehr ernster Umstand. Da kann ein Vorgesetzter sein Verhältnis zu den Matrosen berichtigen!»

«Roshestwenski aber nicht!» rief Ustinow ärgerlich. «Der Haß sitzt ihm im Blut. Ich glaube aber, daß er keine Möglichkeit haben wird, jemanden zu hängen. Sollten ihn die japanischen Geschosse verschonen, so werden ihn die Matrosen töten. Ich will aber noch etwas sagen: Früher wurden Räuber an Kreuze gehängt, jetzt macht man es umgekehrt – man hängt Kreuze an Räuber.»

Der Schreiber hatte mir viele Beispiele von der Grausamkeit des Admirals berichtet. Zwei beeindruckten mich besonders stark.

Während unseres Aufenthaltes in Nossi Bé sah der Admiral eines Tages einen Matrosen, der das Deck falsch schrubbte, nicht längs, sondern quer zu den Fugen der Deckplanken. Der Admiral ließ sich den wachhabenden Offizier kommen und fragte ihn, auf den Matrosen zeigend: «Was tut er?»

«Er schrubbt das Deck, Exzellenz», erwiderte der Wachhabende, ohne zu zögern.

Der Admiral bebte, in seinen kohlschwarzen Augen flackerte die Wut. Er schrie:

«Leutnant Dantschitsch, Sie geben mir eine idiotische Antwort! Wer sind Sie? Ein Wachhabender oder eine Ballerina, die an Deck umhertänzelt? Sehen Sie denn nicht, daß dieser Esel quer zu den Fugen schrubbt?»

Mit wutentbranntem Gesicht stürzte er auf den Matrosen zu, riß ihm den Schrubber aus den Händen und zerschlug ihn an dessen Kopf.

Ein ähnlicher Fall hatte sich vor unserer Einfahrt in die Vanfong-Bucht ereignet. Der Admiral stieg auf die Brücke und hörte, wie sich ein Geschützführer mit seinem Kameraden über das Essen unterhielt.

«Die Vorgesetzten mögen an diesem faulen Pökelfleisch ersticken, ich rühre es nicht an.»

Als er den Admiral bemerkte, war es zu spät. Er mußte sich ihm stellen. Schwer wie eiserne Keulen dröhnten die Worte: «Was schwatzt du da, du Schuft? Du hast wohl Appetit auf grüne Erbsen mit Schinken oder Schnepfen in Sahne?»

Der Admiral stand auf der Treppe, der Geschützführer auf dem Deck. Die Füße des Admirals befanden sich in gleicher Höhe mit den Schultern des Geschützführers. Der Matrose hielt die Hand an der Mütze und hatte seinen Kopf in starrer Erwartung weit nach hinten gebeugt. Der Admiral sagte noch einige Worte und trat ihm dann mit einem seiner schweren Stiefel ins Gesicht. Ohne sein Opfer auch nur eines Blickes zu würdigen, stieg er die Treppe hinauf.

Der Matrose ächzte dumpf und brach zusammen. Sein Gesicht war im Nu blutüberströmt. Er richtete sich auf die Knie auf und schüttelte den Kopf, um das Blut zu entfernen. Auf Veranlassung des Wachhabenden wurde er in den Operationssaal gebracht. Dort stellte man fest, daß ihm die Vorderzähne eingeschlagen, die Lippen gespalten und das Nasenbein gebrochen worden waren.

Auf Deck wurden die Blutflecke weggewischt. Das Flaggschiff «Suworow» setzte seine Fahrt fort. Auf der Brücke saß der Admiral unter dem gespannten Sonnensegel im weichen Sessel. Seine weiße Bluse stand offen, die leichte Brise kühlte die behaarte Brust. Finster und müde saß er da, als habe er eine große Heldentat vollbracht.

Vor Tsushima

Am 26. Mai besserte sich das Wetter bedeutend. Es regnete nicht mehr, der Wind ließ merklich nach. Die Wolken lockerten sich auf, die Sonne brach immer wieder hervor.

Unser Geschwader näherte sich der Koreastraße mit einer Geschwindigkeit von neun Knoten. Wir hatten uns kampfbereit gemacht, weil wir annahmen, daß wir in ein oder zwei Stunden auf den Feind stoßen würden. Aber zu unserer Verwunderung tauchte am Horizont kein Schiff auf. Nur die Funker fingen Rufzeichen des Gegners auf, der sich irgendwo in der Ferne bereithielt. Offenbar stand er mit seinen Aufklärungskräften in Verbindung.

Ein Signal des Geschwaderchefs befahl, daß die Kreuzer den Dampfdruck für fünfzehn und die Linienschiffe für zwölf Knoten Geschwindigkeit zu unterhalten hätten.

Den ganzen Tag verbrachten wir mit Manöverbewegungen, übrigens die ersten seit der Vereinigung mit der Nebogatow-Division. Auf «Suworow» erschienen fortwährend Flaggen in den verschiedensten Kombinationen. Auch die Masten der anderen Schiffe trugen bunte Flaggen, die die Signale des Flaggschiffes wiederholten. Auf den Brücken ging es heiß her. Alle Feldstecher waren auf das Schiff des Geschwaderchefs gerichtet, um seine Befehle nicht zu verpassen. Aber auch jetzt zeigten sich unsere Mängel mit grausamer Deutlichkeit. Das Geschwader, das aus den verschiedensten Schiffstypen bestand, formierte sich nur unter großen Schwierigkeiten zur Kampfordnung. Die Kiellinie wurde immer wieder durch ausscherende Schiffe gestört. Noch schlechter wurden die Wendungen ausgeführt. Einige Schiffe mißverstanden das Signal «Wenden» und vollführten das Manöver «Schwenken», wodurch sie die ganze Formation durcheinanderbrachten. Als das Geschwader Dwarslinie annehmen sollte, konnte sich keiner mehr zurechtfinden.

Das waren unheildrohende Anzeichen.

In diesem Augenblick interessierten sich aber viele von uns mehr für eine andere Sache. Warum ließ Roshestwenski ausgerechnet vor der japanischen Küste, unmittelbar vor der Schlacht, Manöver ausführen? Warum hatte er es nicht bereits getan, als Nebogatows Schiffe zu uns gestoßen waren? Damals hätte man dafür mehr Zeit aufwenden können, und es hätte kaum etwas geschadet, wenn wir zwei Tage später in der Koreastraße erschienen wären. Hatte der Geschwaderchef das vergessen? Das konnte nicht sein, es mußten also Überlegungen vorliegen, die wir nur ahnen konnten. In der letzten Nacht hatte er absichtlich die Geschwindigkeit herabsetzen lassen, und heute vertrödelte er einige Stunden mit Manöverübungen. Es entstand der Eindruck, als ob er unser Geschwader auf seiner letzten Etappe absichtlich zurückhalten wollte. Bei steter Fahrt hätten wir den engsten Teil der Meerenge mit der Insel Tsushima zu später Nachtstunde passiert. Es war anzunehmen, daß die japanische Flotte irgendwo in der Nähe der Insel konzentriert war. In der dunklen Nacht und bei dem hohen Wellengang, der den Feind hinderte, ein dichtes Netz von Aufklärungsschiffen zu knüpfen, wären wir vielleicht unbemerkt durchgeschlüpft, möglich ist es allerdings auch, daß wir trotz der Dunkelheit entdeckt und geschlagen worden wären. Auf jeden Fall aber konnte nichts Schlimmeres geschehen, als das, was uns später zustieß. Jetzt liefen offensichtlich alle Maßnahmen des Admirals Roshestwenski darauf hinaus, dem Gegner am 27. Mai, dem Krönungstag Seiner Kaiserlichen Majestät, zu begegnen und ihn zu schlagen, damit der Zar die Botschaft vom Siege an diesem Tage empfangen sollte.

Viele Matrosen, die miteinander befreundet waren, tauschten ihre

Heimatadressen aus: «Wenn mir etwas zustößt, dann gib meinen Verwandten genaue Nachricht.»

«Gut. Und du tust es auch! Alles genauso.»

«Wird gemacht.»

Sie sagten es mit ernsten, besorgten Mienen. Sie sprachen vom bevorstehenden Tode ebenso einfach, wie Bauern über die Bereitstellung von Brennholz für den Winter sprechen oder davon, daß der Hafer schnittreif sei. Und doch hoffte jeder, noch mit heiler Haut davonzukommen.

«Vielleicht bleiben wir am Leben. Dann feiern wir aber!»

«Das tun wir. Ich besorge ausländischen Rum, bloß die Firma habe ich vergessen. Ich erkenne ihn aber an der Flaschenform. Dieser Rum ist so stark, daß die Menge, die sonst einen Mann berauscht, gleich sieben auf einmal betrunken macht.»

Der Geschwaderchef vernachlässigte auch heute, wie am Tage vorher, vollständig die Aufklärung. Dieser beispiellose Mangel an Interesse für die Feindbewegung verwunderte viele. Wozu hatten wir eigentlich im Geschwader leichte, schnelle Kreuzer, deren Gefechtswert zwar minimal war, die aber den Spähdienst vorzüglich versehen konnten?

Es war eine wolkige, dunkle Nacht mit wenigen Sternen. Dunst hing über dem Meer. Es herrschte Windstärke drei bis vier.

Wir näherten uns immer mehr der Gegend, in der eine Begegnung mit japanischen Spähschiffen möglich war. Das Geschwader hatte nur einen Teil der Positionslichter gesetzt. Es war nicht gut möglich, völlig auf die Lichter zu verzichten, da bei der Vielzahl der Schiffe leicht Zusammenstöße innerhalb des Geschwaders erfolgen konnten. Im übrigen waren alle Maßnahmen getroffen worden, um uns vor dem Feind zu verbergen. Die Außenbordlichter waren abgeblendet worden, nur an den Innenseiten der Schiffe brannten die Positionslichter voll. Alle Topplichter waren gelöscht. Die Benutzung der Funkanlagen wurde verboten. Es schien alles in bester Ordnung zu sein. Da blinkten plötzlich vom Mast des Flaggschiffs Lichtsignale, die einen Befehl des Admirals übermittelten. Als Antwort blinkten auch auf anderen Schiffen gleiche Signale. Man hatte den Eindruck, als säßen in den Schiffsmasten unsichtbare Wesen, die sich mit feurigen Augen zuzwinkerten. Das geschah mit geringen Unterbrechungen fast die ganze Nacht hindurch. Keinem Stabsoffizier kam der Gedanke, daß dieses Signalisieren dem Gegner schnell und auf weite Entfernung den Standort des Geschwaders verraten mußte. Außerdem folgten dem Geschwader in einigen Kabellängen die Lazarettschiffe «Orjol» und «Kostroma», deren Positionslichter besonders hell leuchteten. So erwiesen sich unsere Vorsichtsmaßnahmen als ganz überflüssig.

Auf der Back meinten die Matrosen dazu: «Unser Geschwaderchef hat endgültig den Verstand verloren.» – «Und sein Stab ist kindisch geworden.» – «Richtig. So spielen nur dreijährige Kinder Versteck. Sie kriechen mit dem Kopf unter Mutters Schürze und rufen ‹Sucht mich!› Ähnlich macht es der tolle Admiral mit unseren Schiffen.»

Plötzlich tauchte der Leutnant Worobeitschik auf. Er plusterte sich auf und schrie: «Wie könnt ihr es wagen, die Handlungen des Admirals einer Kritik zu unterziehen?»

«Wir dachten gar nicht daran, Euer Wohlgeboren.»

«Ich habe es selbst gehört!»

«Das schien Ihnen nur so, Euer Wohlgeboren. Wir sprachen davon, wie schön es wäre, vor der Schlacht einen Bittgottesdienst abzuhalten.»

«Und wen habt ihr mit Kindern verglichen?»

Der Heizer Baklanow erklärte: «Ich habe ja nur von meinem Söhnchen erzählt, Euer Wohlgeboren. Vier Jahre ist er, ein kecker Bursche. Er hat mich mal gefragt: ‹Vater, wie erkennt man beim Neugeborenen, ob es ein Junge oder ein Mädchen ist? An den Höschen?› Ein drolliger Junge, sehr drollig, wirklich.»

Der Leutnant schrie entrüstet: «Euer Glück, daß die Zeit nicht danach ist! Sonst würde ich euch für eure infame Lüge schon zurechtstoßen.»

Und er verschwand in der Dunkelheit.

Die Matrosen lachten: «Gut hast du es dem gegeben, Baklanow!»

Ich ging durch alle Decks und besuchte viele Türme. In Erwartung von Torpedoangriffen wachten Offiziere und Geschützführer ständig an den Geschützen und spähten in die Dunkelheit, ob sich nicht die Umrisse eines feindlichen Torpedobootes zeigten. Auch die anderen Posten wachten. Die Hälfte der Besatzung durfte schlafen, mußte aber beim ersten Alarm einsatzbereit sein. Doch niemand hatte Lust zum Schlafen. Wir fürchteten uns weniger vor dem Artilleriefeuer als vor Torpedoangriffen. Die Nacht kroch langsam dahin, jede Minute war mit Spannung und Furcht erfüllt: Jeden Augenblick konnte an der Bordwand die gräßliche Detonation eines Torpedos erfolgen. In einer so lastenden Atmosphäre konnten die Menschen nicht lange stumm bleiben, das hielten ihre Nerven einfach nicht aus. So fanden sich in der Dunkelheit überall Matrosen zusammen, die sich leise unterhielten. Über alles Mögliche sprachen sie, am wenigsten aber vom Kriege. In einer Gruppe erzählten sie sich von Frauen: «Das hängt davon ab, wie die Frau ist. Es gibt Frauen, die wickeln die Männer so ein, daß sie nichts mehr zu bestellen haben. Dann ist der Mann die Nebensache, die Frau – die Hauptsache.»

Der Elektriker Kosyrew gab auch eine Geschichte zum besten: «Da habe ich zum Beispiel über Nelson gelesen. Ein berühmter Admiral von unglaublicher Tapferkeit. Selbst Napoleon hatte Angst vor ihm. Und was meint ihr wohl, wie Nelson vor seiner Geliebten gezittert hat? Wie ein Kaninchen vor der Wölfin! Wenn sie noch eine – sagen wir – Königin oder Prinzessin gewesen wäre ... Nichts davon! Eine Hure aus Neapel war sie.»

Der Signalgast Sefirow fügte hinzu: «Ja, eine Frau zu beherrschen ist schwieriger, als einen Staat zu lenken. Nehmen wir unsere Zaren: Regieren dürfen sie schon mit sechzehn Jahren, heiraten aber erst mit achtzehn.»

Auf der Back erzählte ein Maschinist mit heiserer Stimme: «... das geschah bei uns im Dorf zu Pfingsten. Alle Leute waren in der geschmückten Kirche versammelt. Unter den Heiligenbildern standen Birken, auf dem Fußboden war Gras gestreut. Schön! Bei uns war es üblich, daß die Frauen und Mädchen hinten in der Kirche standen, die Männer und Burschen vorn. Vom Eingang bis zum Altarraum blieb ein Gang frei, etwa anderthalb Meter breit, ein Korridor mit Wänden aus lebenden Menschen. Da konnte man ungehindert durchgehen, um eine Kerze vor ein Heiligenbild zu stellen oder das Abendmahl zu nehmen. Alles wickelte sich ordnungsgemäß ab. Der dicke Diakon las und schwenkte das Räucherfaß, der greise Pope sekundierte ihm, der Chor labte die Seelen der Betenden, die Gemeinde machte Gott ihre Verbeugungen. Die Sonne schien durch das Fenster, es war heiß und stickig ...»

«Das über die Kirche ist ja langweilig», unterbrach ihn jemand.

«Du sollst etwas anderes erzählen.»

«Warte, wir kommen auch noch zu Lustigem», antwortete der Torpedomaschinist und fuhr fort: «Der Pope öffnete das Altartor und sang so süß, als hätte er ein Bonbon im Munde: ‹Mit Gottesfurcht und Glauben fangen wir an›. In diesem Augenblick blökte etwas in der Kirche laut und vernehmlich, dann noch einmal. Durch den Gang in der Mitte raste jemand zum Altar. Die Leute zuckten zusammen, wichen auseinander, Frauen kreischten. Was war geschehen? Das Kalb meines Schwagers, groß und schwarz, war übermütig geworden und in die Kirche gestürmt. Im Altarraum tobte es herum, schlug aus, wedelte heftig mit dem Schwanz und blökte, als wolle man ihm das Fell abziehen. Der Pope erblaßte, sein Bärtchen zitterte. Endlich kam er zu sich und schrie: ‹Fangt dieses Geschöpf ein!› Doch keiner konnte sich dazu aufraffen. Die einen meinten, der Teufel selbst sei in die Kirche gedrungen, andere wieder glaubten, der Weltuntergang breche an. Die Männer lärmten, die Frauen und Mädchen kreischten, die Kinder heulten. Der Lärm und die vielen Menschen machten das Kalb noch wilder. Brüllend tobte es im Altarraum umher, bis der Diakon hinter ihm herjagte und es ihm gelang, das Kalb am Schwanz zu fassen. Das Tier wollte sich losreißen, der Diakon hielt fest; er wurde umgerissen, drei Männer kamen ihm zu Hilfe. Die Leute waren inzwischen zu sich gekommen, lachten und lachten! Das Kalb wurde aus der Kirche geschleift, ein Fußtritt bedeutete ihm, daß es sich trollen sollte ...»

Von der Brücke herab rief der Wachhabende, Leutnant Pawlinow: «Auf der Back! Was habt ihr da zu lachen? Seid leiser!»

«Zu Befehl!» erwiderten mehrere Stimmen.

Es war weit nach Mitternacht, als ich zu Wassiljew ging. Er war zwar nur Ingenieur, doch von ihm konnte ich mehr erfahren, als von jedem anderen Offizier, selbst in Fragen, die sich nicht auf sein Fach bezogen. Daher wollte ich mich noch einmal mit ihm aussprechen. Im Offizierskorridor blieb ich an seiner Tür stehen und horchte. Ringsum war alles still. Nur aus der Tiefe des Schiffs drang der Lärm der angestrengt arbeitenden Maschinen. Das eiserne Deck unter meinen Füßen, das mit Linoleum bezogen war, vibrierte leicht. Ich klopfte leise an und trat auf seinen Ruf ein. Wassiljew packte seine Sachen, Manuskripte und Zeichnungen in einen Koffer, als wolle er sich auf eine Reise begeben.

«Ich bereite mich auf die Schlacht vor. Den Koffer will ich an eine möglichst feuersichere Stelle bringen. Ich möchte hauptsächlich meine Notizen und Zeichnungen retten. Das andere ist nicht so wichtig.»

Er war nicht in Uniform, nur im Nachthemd. Ohne seine silbernen Schulterstücke war er mir vertrauter. Ich erzählte ihm, wie die Matrosen auf den Geschwaderchef schimpften. Wassiljew erwiderte entrüstet: «Es ist schlimm, daß er es nicht verstanden hat, Vertrauen zu gewinnen und auch bei den Offizieren keine Autorität genießt. Er ist aber selbst daran schuld. Wer trotz unserer verrückten Zustände noch etwas Verstand übrigbehalten hat, muß ja alle seine Fehler sehen. Nehmen wir die Organisation des Geschwaders. Unsere Kräfte sind falsch gruppiert. ‹Osljabja› mit ihrem unvollständigen Panzerschutz gehört eigentlich nur zum Typ der gepanzerten Kreuzer. Warum sollte sie nicht eine Gruppe aus Kreuzern wie ‹Oleg›, ‹Aurora› und ‹Swetlana› führen? Alle diese Schiffe mit ihrer Geschwindigkeit von achtzehn bis neunzehn Knoten könnten uns einen weit größeren Nutzen bringen, wenn sie nicht mit so alten Kreuzern wie ‹Dmitri Donskoi› und ‹Wladimir Monomach› gekoppelt wären. Der Admiral entwertet durch diese Gruppierung ihre Kampfkraft. Die zuletzt genannten Schiffe haben Panzerschutz und sollten in einer Kolonne mit den langsamen Linienschiffen ‹Sissoi Weliki›, ‹Nawarin›, ‹Apraxin›, ‹Senjawin›, ‹Uschakow›, ‹Nachimow› und ‹Nikolai I.› operieren. Eine solche Kolonne könnte eine Geschwindigkeit von zwölf bis dreizehn Knoten entwickeln.»

Wassiljew hielt, während er sprach, ein Heft in der Hand, das er erregt zusammenrollte und wieder entfaltete.

«Im Geschwader blieben außer den zwei Schleppdampfern noch die Transportschiffe ‹Anadyr›, ‹Irtysch›, ‹Korea› und die schwimmende Werkstatt ‹Kamtschatka›. Ihre Anwesenheit im Geschwader gab Anlaß zu der Annahme, daß wir um Japan herumfahren würden, denn zu diesem Zweck hätten wir sie gut gebraucht, weil es möglich gewesen wäre, daß wir unterwegs noch einmal hätten laden müssen. Wozu brauchen wir sie aber jetzt, da wir doch die Koreastraße gewählt haben? Will der Admiral etwa während der Schlacht umladen? ‹Kamtschatka› ist auf der Fahrt ein nützliches Schiff, nicht aber im Kampf. Der Admiral schleift es trotzdem mit. Warum? Wahrscheinlich beabsichtigt er, gleich nach der Schlacht Reparaturen vorzunehmen. Wie kann er aber wissen, ob die schwimmende Werkstatt unversehrt bleibt? Sie kann nur eine Höchstgeschwindigkeit von zehn Knoten entwickeln. Noch schlimmer steht es um ‹Korea›. Das Schiff hat Kohlen und geschärfte Sperrminen an Bord ... Welch ein Grauen, wenn ein Geschoß dieses Schiff treffen sollte! Es ist auch eine Gefahr für die anderen Schiffe. Die vier Transportschiffe sind ohne weiteres dem Untergang geweiht. Zu ihrem Schutz während der Schlacht sind zwar Kreuzer bestimmt, aber damit schwächen wir nur die Kampfkraft unseres Geschwaders um zweiundsechzig 130-mm- und 152-mm-Geschütze. Womit kann eine solche Anordnung des Geschwaderchefs begründet werden? Mit Stumpfsinn oder Überheblichkeit? Der Schwächere braucht doch jede Kampfeinheit! Von den Stabsoffizieren hörte ich, daß Wladiwostok weder Material noch Vorräte für uns hat. Wir müßten alles, was wir brauchen, selbst mitbringen. Wie kann das geschehen? Wir werden von Glück sagen können, wenn die Hälfte des Geschwaders durchkommt. Und nun wird von uns erwartet, daß wir auch noch die Transportschiffe mitbringen. Was denkt man bei uns eigentlich von den Japanern? Wir haben es doch nicht mit Zulukaffern zu tun. Es wird wirklich Zeit, daß man davon abkommt, sie für

Affen zu halten. Wir selber führen uns wie Affen auf! Wenn schon diese Transportschiffe so dringend in Wladiwostok gebraucht werden, dann hätte man mit ihnen einen Treffpunkt ausmachen sollen.»

«Dazu hat es bei Seiner Exzellenz nicht gereicht», bemerkte ich. «Die primitivste Logik sagt doch, wie sehr uns die Transportschiffe binden. Wenn ein Ringer sich vor dem Kampf Koffer voll Wäsche und Lebensmittel umhängen würde, so würde das jeder für den größten Unsinn halten. Wie kann der Ringer kämpfen, wenn er auf seine Koffer achtgeben muß! Er wird unweigerlich besiegt werden. Die Transportschiffe sind für uns nichts anderes als die Koffer für einen Ringer. Und keiner erkennt, welche Gefahr sie für das Geschwader bedeuten!»

«Beim Admiral hat es zu manchem nicht gereicht», bestätigte Wassiljew. «Sehen Sie doch nur, wie unser Geschwader jetzt formiert ist! Die Kriegsschiffe fahren in zwei Reihen, zwischen ihnen befinden sich die Transportschiffe und die Torpedoboote. Aufklärungsfahrten unternehmen wir nicht, unsere Schiffe haben Lichter gesetzt, dabei befinden wir uns direkt vor der japanischen Küste! Die Nacht ist dunkel. Eine solche Marschordnung fordert geradezu einen Torpedobootangriff heraus. Stellen Sie sich doch nur vor, was geschehen würde, wenn die Japaner jetzt einen Torpedobootangriff auf uns unternähmen. Es brauchten nur zwei Torpedoboote in unsere Mitte einzudringen, um eine Katastrophe herbeizuführen. Völlig ungestraft könnten sie unsere Schiffe versenken, während wir nicht einmal schießen könnten, weil uns die eigenen Schiffe in die Schußlinie kommen würden.»

Ich entgegnete: «Das weiß jeder Matrose.»

«Roshestwenski weiß das aber nicht, und er erkennt auch keine Ratschläge oder Meinungsäußerungen von den Fachoffizieren seines Stabes oder den Schiffskommandanten an. Er hält ja alle für Hammel und nur sich selbst für ein Genie. Allein dafür, daß unsere Linienschiffe so mit Kohlen und Vorräten überlastet sind, gehört er vor Gericht. Unser Schiff ‹Orjol› hat eine Überbelastung von 1700 Tonnen. An Wasser haben wir 500 Tonnen zuviel. Wozu? Wohl um die Nichtversenkbarkeit des Schiffes zu vermindern? Und zu seinen vielen Dummheiten hat er noch die hinzugefügt, daß er das Geschwader durch die Koreastraße führt!»

Wassiljew schwenkte sein Heft so drohend in der rechten Hand, als wäre ich an all diesen Dingen schuld, und sagte: «Leider werden nicht nur die Admirale, sondern wir alle, das ganze Volk für dieses verbrecherische Abenteuer zu bezahlen haben. Wenn Sie von den Japanern nicht umgebracht werden, dann werden Sie sehen, was kommen wird, wie peinlich sich alle Mängel der russischen Flotte auswirken werden. Aber zum Teufel mit all diesen Überlegungen! Wir beide können ja doch nichts daran ändern ...

Wassiljew warf das Heft in den Koffer, ließ den Kopf hängen und versank in Gedanken. Seine müden Augen starrten lange in eine Ecke, sein Gesicht drückte Kummer und Schmerz aus. Er schien vergessen zu haben, daß ich da war.

Jemand lief laut stampfend durch den Offizierskorridor.

«Wissen Sie was», unterbrach ich das Schweigen, «dieser Krieg erinnert sehr an den unglücklichen Krim-Krieg von 1854. Damals mußten die Schiffe Ausrüstung, Geschütze und schließlich auch ihre Besatzungen für die Verteidigung der Festung Sewastopol hergeben. Dann wurde das ausgeplünderte Geschwader am Hafeneingang versenkt. Dasselbe geschah diesmal in Port Arthur. Das Geschwader mußte Geschütze und Besatzung zur Verteidigung der Festung abgeben und wurde ebenfalls kampflos versenkt.»

Wassiljew warf den Kopf zurück und sagte plötzlich lebhaft: «Ganz richtig! Ich denke, daß die Geschichte sich auch hinsichtlich der öffentlichen Meinung wiederholen wird. Der Krim-Krieg war notwendig, damit alle begriffen, daß man so nicht weiterleben konnte. Rußland war mit seiner Leibeigenschaft, seinem – wie es Herzen nannte – getauften Besitz in eine Sackgasse geraten. Der größte Teil der russischen Bevölkerung lehnte sich auf. Es begannen damals die Bauernaufstände, die schließlich zur Aufhebung der Leibeigenschaft führten. Die Stimmung im Volke wird nach diesem Kriege genau so sein, besonders nach der Zerschlagung unseres Geschwaders. Allen Menschen wird es klar geworden sein, wohin uns unsere unfähige Regierung gebracht hat. Darauf setzen jetzt die Revolutionäre so große Hoffnungen. Die Revolution ist unvermeidbar. Sie hat schon begonnen.»

Ich verabschiedete mich von Wassiljew und stieg auf die Achterbrücke. Der Mond hätte schon lange aufgehen müssen, er verbarg sich aber hinter der schwarzen Wolkendecke.

Es war nach wie vor dunkel.

Von den Japanern war nichts zu sehen. Wahrscheinlich wollten sie uns an der schmalsten Stelle der Meerenge, unmittelbar vor ihrer Küste, angreifen. Ich blickte nach vor, in die nächtliche Dunkelheit, und dachte: Was plant wohl jetzt der japanische Befehlshaber, Admiral Togo? Welchen Schlag bereitet er für unser Geschwader vor? Unser Schicksal hängt jetzt von seiner strategischen Fähigkeit ab, seine Seestreitkräfte einzusetzen. Was hat es mit diesem bereits berühmt gewordenen Mann auf sich? Ist er wirklich ein großer Flottenführer oder beruht sein Ruhm lediglich auf der Unfähigkeit unserer russischen Flottenführer? Bei uns an Bord wußte man wenig von ihm. Nur so viel war bekannt, daß er die höhere Kriegsmarineschule in England absolviert, auf englischen Schiffen Dienst getan und vor allem viele englische Traditionen übernommen hatte. Einmal hatten Wassiljew und ich uns sein Foto angesehen, das eine englische Zeitschrift veröffentlicht hatte. Er war in voller Paradeuniform, mit allen Orden und Ehrenzeichen abgebildet. Es war eine Uniform, wie sie auch in den Flotten europäischer Staaten getragen wurde. Sein Gesicht mit den kleinen Runzeln, der dicken Oberlippe und dem graumelierten Spitzbart wies nur wenig japanische Züge auf, wenn man von den mandelförmigen Augen absah. Die Zeitschrift hatte auch einen Artikel über ihn veröffentlicht, dem wir entnahmen, daß er größer als ein Durchschnittsjapaner und gut gebaut sei, aber ein wenig den Rücken krümme. Weiter hieß es, sein großer Kopf sei gleichmäßig geformt, und er sei unzertrennlich von seiner Pfeife. Der englische Verfasser hatte nichts Wesentliches von Togo erzählt, nur viel Lob verspritzt, ihn als gütigen, edlen Menschen und genialen Flottenführer bezeichnet. Ganz anders berichtete eine französische Zeitschrift, die zwar das Talent des Admirals Togo anerkannte, ihn aber als einen schlauen, hinterlistigen und grausamen Menschen charakterisierte.

Der Wind nahm ständig an Stärke zu und rührte nicht nur die See auf, die mürrisch wogte, sondern zerriß auch die pechschwarzen Wolken. In der Tiefe des Horizontes hing schief der abnehmende Mond. Die steilen Rücken der Wogen gaben matt das Licht der Schiffe wieder, deutlicher traten deren Umrisse hervor. Der Mond hielt einen Augenblick meine Aufmerksamkeit gefangen. Er sah aus wie ein goldener Mützenschirm, unter dem ein einsamer Stern unheilvoll wie ein leuchtendes Auge zwischen zitternden, hauchdünnen Wimpern auf uns heruntersah.

Meine Gedanken kehrten zum Geschwader zurück. Die Schiffe waren überlastet mit Kohlen und Vorräten, die Menschen ermüdet von der Fahrt und zermürbt vom Mißtrauen gegen die Führung.

So fuhren wir langsam unserem Untergang entgegen. Das war allen klar, vom Kommandanten bis zum letzten Matrosen. Trotzdem kehrten wir nicht um. Warum? Weil die Stabsoffiziere dem Befehlshaber nicht widersprachen, weil die Schiffskommandanten nicht wagten, den Offizieren des Stabes zu widersprechen, weil die Schiffsoffiziere ihren Kommandanten den Gehorsam nicht verweigern konnten, weil die Obermaate, Bootsleute, Korporale und Matrosen einfach nicht mitzählten. Es schien, als könnte niemand mehr den Urteilsspruch der

Geschichte abwenden. Alle befanden sich auf ihren Plätzen, alle erfüllten ihre Pflichten. Aus den Schornsteinen wälzten sich die Rauchwolken, am Heck quirlten die Schrauben in den fremden Gewässern. Schwarz und stumm, leidenschaftslos und ruhig fuhren die Schiffe, aber der Ruhm des russischen Reichs, die letzte Hoffnung unserer in der Mandschurei kämpfenden Armee würde bald in die Tiefe des fremden Meeres versinken.

Wir hatten über 18000 Seemeilen zurückgelegt. Bis Wladiwostok waren es nur noch knapp drei Tage Fahrt. Doch niemals zuvor erschien uns unser Ziel so weit entfernt wie jetzt. Wir mußten durch das furchtbare Tor des Todes hindurch, das für uns die Tsushima-Enge war, um auf unsere Heimaterde zu gelangen.

Zweites Buch

DIE SCHLACHT

«Alle hatten das erwartet, aber niemand hatte geglaubt, daß die Niederlage der russischen Flotte zu einer so grausamen Vernichtung werden würde ... Wir haben nicht nur eine militärische Niederlage, sondern den vollständigen militärischen Zusammenbruch der Selbstherrschaft vor uns.»

W. I. Lenin, Werke, Bd. 8, Berlin 1958, S. 482.

Vor dem Ersten Schlag

Der Feind am Horizont

Auf «Orjol» wurde zwei Glasen geschlagen. Noch war der Klang der Schiffsglocke nicht verhallt, da setzte schon die bekannte, tausendfach vernommene Melodie des Weckens ein. Auf dem Oberdeck blies der Trompeter. Seine Backen blähten sich, die Augen quollen ihm bei den langen Tönen des Signals fast aus den Höhlen. Gleich darauf trillerten die Pfeifen der Maate – Rufe wurden laut: «Aufstehen! Matten einrollen!»

«Schnell aufstehen!»

«Reißt die Augen auf!»

«Macht schnell!»

Hastig sprangen die Schläfer aus den Hängematten. In dieser unruhigen Nacht hatten nur wenige Matrosen in ihnen geschlafen, die meisten hatten sich da niedergelegt, wo sie sich gerade aufgehalten hatten. Niemand hatte sich entkleidet. Schnell liefen sie nun in den Waschraum, um sich mit kaltem Wasser noch vollends munter zu machen. Der Morgen verging wie gewöhnlich. Es wurde gefrühstückt und aufgeräumt.

Ein Südwest mit Windstärke vier wehte. Über der unruhigen See hing grauer Dunst. Dunkelrot und groß stieg langsam die Sonne hoch.

Das Geschwader fuhr in zwei Gruppierungen mit neun Knoten Geschwindigkeit und einem Kurs von Nordost 50 Grad in Richtung Tsushimastraße. Die Marschordnung war dieselbe wie am Vorabend. Die Steuerbordformation führte das Flaggschiff «Suworow» mit der Flagge des Vizeadmirals Roshestwenski, die Backbordformation «Nikolai I.» mit der Flagge des Konteradmirals Nebogatow. Vor dem Geschwader fuhren keilförmig als Aufklärer die Kreuzer «Swetlana», «Almas» und «Ural».

Kurz nach fünf Uhr bemerkten unsere Signalgasten und der Leutnant Schtscherbatschow durch ihre Ferngläser und Fernrohre steuerbord ein Schiff, das sich uns schnell näherte. Etwa vierzig Kabellängen von uns entfernt, nahm es Parallelkurs zu uns auf. Es fuhr aber nicht lange diesen Kurs, sondern schwenkte nach steuerbord ab und verschwand in der Ferne. Es entwickelte eine Geschwindigkeit von mindestens sechzehn Knoten. Seine Flagge konnte nicht erkannt werden, sein Verhalten ließ aber darauf schließen, daß es ein japanisches Aufklärungsschiff war. Unverzüglich hätten ihm zwei schnelle Kreuzer nachgeschickt werden müssen. Ob sie es versenkt hätten oder nicht – sie hätten die ungemein wichtige Frage klären können, ob der Feind uns bemerkt hatte, oder ob wir immer noch unbeobachtet geblieben waren. Davon mußte dann das weitere Verhalten des Geschwaders abhängig gemacht werden. Admiral Roshestwenski unternahm aber nichts und tat so, als ob kein rätselhaftes Schiff aufgetaucht sei.[19]

Etwa um sieben Uhr zeigte sich steuerbord ein weiteres Schiff mit zwei Schornsteinen, das ebenfalls näher kam. In einer Entfernung von fünfzig Kabellängen erkannten wir den feindlichen Kreuzer «Izumi». Eine ganze Stunde fuhr er neben uns her, wie um uns zu reizen. Natürlich hatte das Verhalten des Kreuzers seinen Sinn. Das stellte unser Funker fest, der nervös die ihm unverständlichen Sendezeichen von «Izumi» auffing. «Izumi» berichtete dem Admiral Togo, aus wieviel Schiffen unser Geschwader bestand, wo wir uns befanden, mit welcher Geschwindigkeit wir uns bewegten, in welcher Richtung wir fuhren, wie das Geschwader zusammengesetzt war. Admiral Roshestwenski signalisierte den Schiffen der Steuerbordgruppierung, die Geschütze auf «Izumi» zu richten. Das war alles. Unsere Schnellkreuzer unternahmen auch dieses Mal nichts.

Auf der Back sagten die Matrosen: «Worauf wartet denn der Admiral, warum läßt er nicht das Feuer auf den Japaner eröffnen?»

«Ja, es ist zwar nur ein kleiner Kreuzer, immerhin aber größer als ein Fischerboot.»

«Nichts versteht ihr! Wenn er schießen läßt, bekommen die Japaner auf den anderen Schiffen so einen Schreck, daß sie auseinanderlaufen. Mit wem sollen wir dann kämpfen? Da würde es keine Gelegenheit geben, einen Orden zu erhalten!»

Das Geschwader fuhr in derselben Marschordnung weiter.

Auf dem Oberdeck traf ich den Ingenieur Wassiljew, der mit Krükken lief. Wir blieben an der Reling bei der Offizierstreppe stehen. Niemand war zu sehen. Wassiljew sagte: «Es ist uns nicht gelungen, an den Japanern unbemerkt vorbeizukommen. Das war zu erwarten. Nun wird es zu einer Schlacht kommen. Warum schleppen wir eigentlich die Transportschiffe immer noch mit? Sie könnten doch, ehe es zu spät ist, in einen neutralen Hafen geschickt werden. Das wäre leicht zu verwirklichen. Vor allem müßte der japanische Kreuzer verscheucht werden. Inzwischen könnten die Transportschiffe, ohne Gefahr zu laufen, im Dunst verschwinden. Ein solches Manöver würde uns dreifachen Nutzen bringen: Erstens würden die Schiffe erhalten bleiben, zweitens würden die Kreuzer vom Schutz der im Kampf überflüssigen Transporter entlastet und könnten aktiver am bevorstehenden Kampf teilnehmen, und drittens ließe sich die Geschwindigkeit unserer Kampfschiffe von neun auf zwölf Knoten steigern.»

«Offenbar glaubt doch Roshestwenski an einen Sieg», meinte ich.

«So einen dummen Glauben, der weder auf gesunder Logik noch auf Zahlen basiert, kann nur ein Pope haben, aber kein Geschwaderchef.»

Während der Fahrt hatte ich wiederholt Wassiljews Ansichten über Taktik und Strategie des Seekriegs gehört. Jedes Mal war ich über seine unumstößlich richtigen und begründeten Überlegungen erstaunt, wenn er die Kampfaufgaben des Geschwaders darlegte. Von ihm hatte ich logisch zu denken gelernt. Manchmal stellte ich mir die Frage: Wie hätten sich die Ereignisse entwickelt, wenn anstelle von Roshestwenski dieser junge Mann das Geschwader geführt hätte? Er würde gewiß nicht so viel Dummheiten gemacht haben. Zwar war Wassiljew nur ein Schiffsingenieur, er verfügte aber über die im Kriege wichtige Fähigkeit, sich in jeder Situation schnell zurechtzufinden. In Frankreich hatten während und nach der bürgerlichen Revolution ebenfalls einfache Menschen aus dem Volk ungewöhnliche, militärische Fähigkeiten gezeigt; Ney, der Sohn eines Böttchers, der Stallknecht Jean Lannes, der Schankknecht Murat, der Analphabet Lefèbre, Masséna, der Sohn eines Weinhändlers namens Manasse, der gemeine Soldat Bernadotte und andere einfache Menschen aus den «niederen Schichten». Große militärische Begabung hatte diese tapferen, jungen Burschen zu Marschällen Frankreichs aufsteigen lassen. Mit solchen sieggewohnten Heerführern hatte sich Napoleons militärisches Genie voll entfalten und die Welt durch glänzende Erfolge auf den Schlachtfeldern in Furcht und Erstaunen setzen können. Napoleon selbst war von der militärischen Begabung und dem Mut dieser Männer aus dem Volk begeistert gewesen und hat ihnen in seinen Erinnerungen eindrucksvolle, warme Worte gewidmet.

Meine Gedanken schweiften weit zurück in die Geschichte der Marine und blieben an anderen erstaunlichen Tatsachen haften. Das erste Buch über die Marinetaktik hatte nicht ein Admiral geschrieben, sondern in Frankreich im Jahre 1697 ein Schiffspriester, der Jesuit Paul Ghost. Bemerkenswert ist, daß er mit den Dingen der Kriegsmarine nichts zu tun und auf den Schiffen lediglich die Pflichten eines Priesters erfüllt hatte. Trotzdem hatte er klar und einleuchtend seine berühmten Regeln über das Manövrieren einer Flotte und die Lenkung einer Seeschlacht festgelegt, die zum Gesetz für die Seeleute der ganzen Welt wurden. Dieses Buch wurde für viele Jahre zum Leitfaden in den Marineschulen. Alte Admirale lernten aus ihm wie Schuljungen, wie man zur See kämpft.

Die Gedanken an Marineautoritäten brachten mich auf ein anderes erschütterndes Beispiel ihrer Unfähigkeit. In der zweiten Hälfte des 18. Jahrhunderts hatten die Engländer dreißig Jahre nacheinander Mißerfolge zur See erlitten und ihre Ursache nicht finden können. Die öffentliche Meinung Englands war empört. Man warf den Seeleuten Feigheit vor. Mehrere Admirale wurden vor Gericht gestellt und erschossen. Die wirkliche Ursache der Mißerfolge konnte von den Sachverständigen trotzdem nicht erkannt werden. Aber ein abseitsstehender, friedlicher Mensch, der mit der Flotte nichts zu tun hatte, der unbedeutende schottische Beamte John Clark entdeckte sie. Er war weder Seemann noch Soldat und war auch niemals auf einem Schiff gewesen. Und doch gab diese Landratte, die nur vom Ufer aus die Schiffe gesehen hatte, England den Schlüssel für die Eroberung der Meere, für die Festigung seiner Seeherrschaft. Um die militärische Ehre seiner Heimat zu retten, suchte dieser John Clark in seinem gekränkten Patriotismus leidenschaftlich nach dem Grund für die Niederlagen der englischen Schiffe. Um die Sache zu ergründen, fuhr er nicht hinaus aufs Meer, sondern setzte sich an seinen Schreibtisch, bewegte dort, wie sonst die Figuren auf dem Schachbrett, Schiffsmodelle. Mit Hilfe von Zeichnungen suchte er die Gesetze, Methoden und Mittel der Seeschlacht und der Gruppierung der Schiffe in der Schlachtordnung zu erkennen. Glücklicherweise war er frei von beruflicher Routine: Allgemein anerkannte Theorien, hohe Ränge, Traditionen, Gebote der Strategen und Taktiker der Seekriegführung belasteten seinen Verstand nicht. Clark ging keinen der ausgetretenen Pfade und betrachtete den Seekrieg mit den Augen eines unbefangenen Menschen. Sein klarer, die Zusammenhänge erfassender Verstand führte ihn zu der großen Entdeckung, daß die englischen Seeleute eine falsche Taktik einschlugen: sie kämpften in einer Kiellinie, Schiff gegen Schiff. John Clark kam der gewagte Gedanke, ein Werk über die von ihm erkannte, neue Seetaktik zu schreiben. Das Argument, daß die englischen Seeleute feige wären, wies Clark zurück, dagegen überführte er aber die tüftelnden Admirale der Unbildung und Ignoranz. Er empfahl, die Kiellinie, die an sich ohne Bedeutung war, nicht einzuhalten, sondern das Geschwader in einzelne Gruppen aufzuteilen. Eine Gruppe sollte keilförmig in die Reihe des Gegners eindringen und den dadurch abgeschittenen Teil seiner Schiffe angreifen, während die anderen Gruppen den Rest der feindlichen Flotte inzwischen daran hindern sollten, den angegriffenen Schiffen zur Hilfe zu eilen. Wenn der Angreifer so handelte, konnte der Feind dem Gefecht nicht ausweichen, er riskierte sonst den Verlust eines Teiles seiner Schiffe. Man solle nicht vor dieser Taktik zurückschrecken, schrieb Clark, selbst wenn das Gefecht zu einem allgemeinen Getümmel ausarte. Der Vorteil müsse auf seiten der Partei sein, die bewußt, berechnend, plötzlich angreife. Durch einen überraschenden Angriff würde der Gegner verwirrt, verfiele der Panik und gerate in Unordnung. Kurzum, Verwirrung des Gegners, Störung seiner organischen Geschlossenheit, Durcheinander in seiner Gefechtsordnung – das war nach Clarks Ansicht der Weg zum Siege. Mit dem Erscheinen des hervorragenden Buches von John Clark hatten die Engländer die Methoden der Seekriegführung grundlegend geändert. Mit der neuen Methode haben sie dann eine Reihe glänzender Seesiege erfochten – bei Dominique, St. Vinzent und Trafalgar.

Alles das war aber Vergangenheit, mich hatte jetzt anderes zu beschäftigen. Ich sagte zu Wassiljew: «Sie sind über die Fehler des Admirals entrüstet. Sie haben aber selbst wiederholt gesagt: ‹Je schlechter der Krieg für uns verläuft, um so mehr gewinnt die Revolution.› Ist es so?»

Wassiljew runzelte die Stirn: «Ganz richtig. Ich stehe auch jetzt noch zu meinen Worten. Wenn die Japaner das Zweite Geschwader, die letzte Hoffnung unseres Reiches, zerschlagen werden, so wird das wichtiger sein, als wenn irgendein Minister oder Großfürst durch eine Bombe getötet wird. Die Niederlage der Truppen ist gleichbedeutend mit dem Zusammenbruch des ganzen Staatssystems. Schon jetzt glauben die Verteidiger der Macht nicht mehr an sich selbst. Auf der anderen Seite wächst die furchtbare Kraft der erzürnten Volksmassen. Gewiß, die Regierenden entsagen niemals freiwillig der Macht. Immer warten sie erst so lange, bis ihre treuen Untertanen sie abmurksen, warten sie auf die Revolution. Alles das ist mir klar. Dennoch kann ich nicht gleichgültig an das Schicksal unserer Schiffe denken, auf denen Menschen Dienst tun. Ein solcher Zwiespalt ...»

In der Offiziersluke erschien das junge Gesicht des Leutnants Worobeitschik.

«Ja, die Japaner beobachten uns genau», sagte Wassiljew und hinkte zur Heckbrücke, ärgerlich mit den Krücken aufstoßend.

Auf Veranlassung des Admirals fuhr nun die Aufklärungsgruppe am Schluß des Geschwaders. «Swetlana» schloß sich den Transportschiffen an, «Ural» und «Almas» flankierten sie. Die Kreuzer «Shemtschug» und «Isumrud», die sich beiderseits querab der Kolonnen gehalten hatten, rückten jetzt ein wenig auf. Die Lazarettschiffe folgten dem Kampfverband.

Fast acht Monate lang hatten die Besatzungen auf den Tag der Entscheidung geharrt. Nun war dieser Tag gekommen! Wie üblich wurde um acht Glasen, begleitet vom Anschlagen der Glocke, die Andreasheckflagge gehißt. Das waren wir gewohnt. Heute stiegen aber zu Ehren der Krönung des Zaren und der Zarin zwei weitere Flaggen an den Hauptmasten hoch. Diese Flaggen hatten zusätzlich die Bedeutung, zum Kampf aufzurufen.

Die Stimmung unter der Besatzung war ungewöhnlich erregt. Einige Matrosen unterhielten sich lebhaft, andere saßen in einem stillen Winkel, spielten Dame oder lasen. In einer Gruppe wurde lebhaft darüber gestritten, ob ein Mensch fünfzehn Pfund Schwarzbrot auf einmal essen könne. Der Gedanke war schrecklich, daß diese Menschen heute in eine Schlacht gehen sollten, in der viele vielleicht den Tod finden würden. Die Gleichgültigkeit, die sie ihrem Schicksal gegenüber zeigten, war aus der Monotonie ihres Lebens in den letzten Monaten entstanden. Fast acht Monate hatten wir in fremden Meeren verbracht, waren nur selten an Land gegangen, hatten übermäßig schwere Arbeit geleistet, hatten gehungert und unter der tropischen Hitze gelitten.

Außerdem hatte man uns seit dem Tage der Ausfahrt aus Libau ständig mit der Möglichkeit eines japanischen Angriffs geschreckt. Nie waren die Gerüchte verstummt, daß die Japaner uns überall auflauerten. Jede Nacht hatten wir in Erwartung von Torpedoangriffen verbracht. Nun war das alles vorbei, die Entscheidung nahte: für die einen – das kalte Grab in diesen Gewässern, für die anderen – Erholung in der Heimat. Ein Teil des Geschwaders würde doch wohl auf jeden Fall Wladiwostok erreichen …

In der zehnten Stunde erschienen vor uns in einer Entfernung von etwa sechs Kabellängen vier feindliche Schiffe. Eines hatte zwei, die andern je einen Schornstein. Von unserer Ringbrücke aus konnten wir nach längeren Anstrengungen feststellen, daß es sich um «Hashidate»,

«Matsushima», «Itsukushima» und «Chin Yen» handelte. Es waren Panzerschiffe zweiter Klasse, älterer Bauart, mit geringer Geschwindigkeit und einer Wasserverdrängung von vier- bis siebentausend Tonnen. Auf unseren Schiffen wurde Alarm gegeben. Die Backbordgeschütze und die 305-mm-Geschütze der Bugtürme wurden auf den Feind gerichtet. Viele erwarteten, daß unsere schnellen Linienschiffe der ersten Division und die «Osljabja» der zweiten Division, sowie die stärksten Kreuzer «Oleg» und «Aurora» sich sofort auf die Japaner stürzen würden. Diese vier Schiffe mußten geschlagen werden, ehe die Hauptkräfte des Feindes herankamen. Admiral Roshestwenski aber konnte sich wiederum nicht zum Handeln entschließen. Die feindlichen Schiffe entfernten sich schließlich wieder so weit, daß sie kaum noch zu sehen waren.

Gleich darauf wurden auf derselben Seite vier leichte, schnelle Kreuzer gesichtet. Es waren «Chitose», «Kasagi», «Niitaka» und «Otawa». Nun gab es keinen Zweifel mehr, daß unsere Schicksalsstunde kam. Der Feind zog seine Kräfte zusammen. Die vier Kreuzer nahmen, wie auch die früher gesichteten Schiffe, gleichen Kurs mit uns und näherten sich langsam dem Geschwader. Natürlich hatten sie die Aufgabe, ihren Befehlshaber von jeder Bewegung unseres Geschwaders zu unterrichten. Unser Geschwaderchef machte nach wie vor keine Anstalten, sie daran zu hindern.

Der Hilfskreuzer «Ural» hatte eine moderne Funkstation an Bord, die eine Reichweite bis zu siebenhundert Meilen besaß. Damit konnte man den Funkverkehr der japanischen Kreuzer stören. Warum sollten wir das nicht tun? Mit Flaggenzeichen bat «Ural» Roshestwenski um die Erlaubnis. Er erwiderte aber: «Stört die Japaner nicht beim Funken.»

«Ural» durfte seine sehr vernünftige Absicht also nicht ausführen. Um den Gegner so zu unterschätzen, hätte man von der Überlegenheit der eigenen Kraft überzeugt sein müssen. Diese Überzeugung besaß aber niemand von uns. Womit war diese ganze Reihe törichter Handlungen des Admirals Roshestwenski also zu erklären? Mit Verrat? Nein. Er war ein unbestechlicher Vorgesetzter, sein vaterländisches Bewußtsein war nicht anzuzweifeln. Aber seine ungewöhnliche Überheblichkeit machte ihn blind und hinderte ihn, richtig zu denken und anzuleiten. So war es auch in diesem Fall. Wie konnte der Kommandant eines kleinen Hilfskreuzers, irgendein Kapitän 2. Ranges, dem Geschwaderchef, dem Vizeadmiral Roshestwenski, vorschlagen, was zu tun sei? Das käme ja einer Beleidigung gleich ...[20]

Eine seiner Eigenschaften aber trat jetzt klarer denn je hervor – die lakaienhafte Ergebenheit einer Hofschranze. Am Horizont waren schon wie drohende Wolken die feindlichen Streitkräfte erschienen, und er dachte nur daran, daß heute ein großer Festtag sei, der Krönungstag Ihrer Majestäten. Hiervon hatte er das Geschwader durch Signale ausgiebig unterrichtet.

Auf «Orjol» trillerten die Pfeifen, dröhnten die lauten Stimmen der wachhabenden Unteroffiziere: «Zum Kirchgang!» – «Im Laufschritt zum Kirchgang!»

Die Matrosen wurden auf dem Wohndeck zusammengetrieben, wo schon der Schiffspriester in vollem Ornat vor den Heiligenbildern stand. Sein roter, ungepflegter Bart sah aus wie Gras, über das eine Viehherde getrampelt war. Sein aufgedunsenes Gesicht mit den trüben, grauen Augen drückte Verwirrung aus. Hastig leierte er die Gebete herunter, in Gedanken weilte er ganz woanders. Die Matrosen standen da, als erfüllten sie eine höchst lästige Pflicht: Die einen standen unbeweglich, die andern schlugen das Kreuz so, als wehrten sie eine lästige Fliege ab. Zum Schluß wurde der übliche Gesang auf das Wohlergehen des Zaren heruntergesungen, dann ging man fluchend auseinander.

Inzwischen hatte das Geschwader seine Marschordnung geändert. Die erste und zweite Linienschiffsdivision hatten sich vor die Backbordgruppierung gesetzt, so daß diese jetzt im Kielwasser der Linienschiffe fuhr. Die Transportschiffe schlossen sich steuerbord dem Geschwader an. Sie blieben in Deckung unter dem Schutz der Kreuzer. Dort befanden sich auch die fünf Torpedoboote der zweiten Division. «Wladimir Monomach» wurde befohlen, steuerbords der Transportschiffe zu fahren, um sie vor «Izumi» zu schützen. Die leichten Kreuzer «Shemtschug» und «Isumrud» wechselten ebenfalls nach Steuerbord und hielten sich mit den vier Torpedobooten der ersten Division in der Nähe der neueren Linienschiffe. Durch diesen Wechsel waren wir aus unserer Marschordnung in eine Gefechtsordnung übergegangen.

Bisher waren wir zwei Stunden lang im Angesicht der feindlichen Aufklärer in Marschordnung gefahren. Niemand unter uns wußte, wo sich die feindlichen Hauptkräfte befanden. Sie konnten weitab, genau so gut aber auch schon in der Nähe sein. Man konnte annehmen, daß sie überraschend aus dem Dunst, der die Sicht auf fünf bis sechs Meilen beschränkte, auftauchen würden! Nach den Erfahrungen der Seegefechte bei Port Arthur lag eine solche Entfernung durchaus in der Reichweite der japanischen Artillerie. Was sollten wir dann tun? Sollten wir erst im feindlichen Feuer Gefechtsformation einnehmen? Das soeben ausgeführte Manöver hatte gezeigt, daß wir für eine Umgruppierung mindestens eine Stunde brauchten. Die Japaner könnten uns aber innerhalb von knapp zwanzig Minuten so nahe kommen, daß kein Schuß mehr fehlging. In einer solchen Situation wäre unser Geschwader sofort vernichtet worden.

Die vier feindlichen Kreuzer blieben noch immer in Sicht. Die Entfernung verringerte sich sogar auf vierzig Kabellängen. Unsere Geschütze waren ständig auf diese vier Kreuzer gerichtet. Viele regten sich auf und fragten, warum der Admiral nicht den Befehl zum Feuern gäbe. Plötzlich dröhnte auf unserem Linienschiff «Orjol», auf dem Back-152-mm-Turm, ein Schuß, den der Richtkanonier versehentlich abgegeben hatte. Alle zuckten zusammen. Heulend flog das Geschoß auf sein Ziel zu und krepierte in der Nähe des zweiten japanischen Schiffes. Auf den anderen Schiffen hielt man diesen Schuß für den Beginn des Gefechtes und eröffnete das Feuer. Der Gegner antwortete. Seine Geschosse lagen vorzüglich. Wir wunderten uns, daß sie beim Aufschlagen aufs Wasser detonierten und mit der Fontäne auch schwarze Rauchwolken emporwirbelten. Wahrscheinlich waren solche Geschosse zum Einschießen bestimmt. Da die Japaner aber vorerst nicht über ausreichende Kräfte verfügten, waren sie genötigt, sich zurückzuziehen, und drehten scharf steuerbord ab. Das Gefecht hatte etwa zehn Minuten gedauert, ohne daß eine der beiden Seiten einen Treffer erzielt hätte. «Suworow» hißte das Signal: «Keine Munition vergeuden!»[21]

An Bord von «Orjol» triumphierten einige, die in diesem Geplänkel schon einen vollen Sieg sehen wollten ...

Der Bootsmann Sajom, der eben erst an Deck gekommen war, rief lachend: «Na, das hier ist etwas anderes als das Geschwader von Port Arthur!»

Leutnant Worobeitschik nickte zustimmend und fügte hinzu: «Wenn wir nur nicht auf Unterwasserminen auflaufen, im Artilleriekampf werden wir ihnen schwer zu schaffen machen.»

Der Bootsmann Wojewodin erwiderte vorsichtig: «In solchen tiefen und breiten Gewässern kann man wohl kaum Minen legen. Was aber die Artillerie angeht, so schießen sie auch nicht schlecht, Euer Wohlgeboren.»

Leutnant Worobeitschik wurde böse: «Bootsmann, halten Sie Ihre Zunge im Zaum.»

Nur mit Mühe beherrschte sich Wojewodin.

Auf «Suworow» stieg das Signal hoch: «Mannschaft hat Zeit, abwechselnd zu essen.»

Wir tranken ein halbes Maß Rum und aßen, ohne unsere Posten zu verlassen. Dann durfte die Mannschaft ruhen.

Einige Matrosen ließen sich auch jetzt von dem bevorstehenden Kampf nicht aus der Ruhe bringen und benahmen sich so, als ginge er sie gar nichts an.

«Jetzt kann man ja ein Schläfchen machen», meinte zum Beispiel der Feldwebel Mursin und stieg in das Wohndeck hinunter.

«Ich lese inzwischen ‹Die Kleinbürger› von Maxim Gorki zu Ende», murmelte der Elektriker Kosyrew und kletterte auf den Mars des Fockmastes. Ihm folgten die Maate Kiljanow, Chramtschenko und Kotkin. Kiljanow kiebitzte, während die anderen beiden Dame spielten.

Ich stieg auf die vordere Brücke und beobachtete die feindlichen Kreuzer. «Izumi» lief steuerbord, und die vier Schiffe backbord hielten sich jetzt in einer so großen Entfernung, daß ihre Umrisse kaum zu erkennen waren. Wir fuhren einen Kurs von Nordost 50 Grad und näherten uns der Koreastraße, die zwischen Korea und der japanischen Hauptinsel hindurchführt und in deren Mitte die Insel Tsushima liegt. Bald würde wahrscheinlich Admiral Togo, den die Aufklärungsschiffe durch Funk verständigt haben müßten, mit seinem Geschwader am Horizont erscheinen. Fraglos konzentrierte er, nachdem er die Berichte über uns erhalten hatte, seine Hauptkräfte in der Meerenge von Tsushima. Warum sollten wir in einem solchen Fall nicht mehrere schnelle Schiffe aussondern und sie gegen die feindlichen Aufklärer schicken? Sie konnten es ruhig auf ein Gefecht mit ihnen ankommen lassen. Die Japaner waren noch nicht sehr stark, sie würden zurückweichen. Inzwischen könnte unser Geschwader, befreit von den Transportern, in die Koreastraße einlaufen. Das dunstige Wetter, das die Sicht auf sechs Meilen beschränkte, würde einem solchen Manöver sehr dienlich sein. Natürlich würde uns der Gegner dennoch finden und einholen; aber bis dahin hätten wir mit zwölf Knoten Geschwindigkeit die schmale Enge passiert und wären ins Japanische Meer vorgestoßen. Und was würden unsere schnellen Schiffe weiter tun? Sie würden sich kämpfend zurückziehen, entweder in Richtung des Geschwaders oder in den Stillen Ozean, und sich dann durch eine der vielen Inselpassagen selbständig nach Wladiwostok durchzuschlagen versuchen.

Vielleicht wäre ein solches Manöver nicht geglückt, aber eins war für mich klar: Unser Geschwader durfte sich auf keinen Fall länger in einer solchen Untätigkeit fortbewegen.

Wasja-Drosd kam zu mir und sagte: «Ich habe diese Nacht gar nicht geschlafen.»

Er war in der letzten Zeit abgemagert, seine langen dünnen Beine schienen noch länger als früher geworden zu sein. Ich hatte den Eindruck, als stünde er auf Stelzen. Aus seinem bleichen Gesicht starrten unruhig die blutunterlaufenen Augen.

«Du hattest Angst vor Torpedoangriffen?»

«Nein, etwas anderes ging mir im Kopf herum. Ich hatte da ein Stück einer Zeitung erwischt, ohne Anfang und ohne Schluß. Darin ist ein großer Artikel über das Selbststudium. Ein ausgezeichneter Artikel! Da steht drin, daß man wissen müsse, was man liest und wie man es liest. Es genügen drei Stunden am Tage, aber mit Verstand. Und weißt du, was daraus entstehen kann? In drei Jahren kann man so gebildet sein, als ob man die Universität besucht hätte. Ist das wahr?»

«Das kann schon sein», ermunterte ich ihn.

«Drei Stunden kann ich am Tage immer für mich erübrigen ...»

Wasja lächelte träumerisch und fügte hinzu:

«Wenn man doch in ein Gefängnis könnte, in Einzelhaft! Man sagt, daß die Politischen nicht zu arbeiten brauchen und so viele Bücher lesen dürfen, wie sie wollen. Ich würde in einem Jahr um drei Pud klüger werden. Nach der Entlassung stelle ich bestimmt etwas an. Im nächsten Herbst komme ich zur Reserve.»

«Den Herbst muß man erst erleben. Sieh doch, da fahren sie!» Ich wies auf die japanischen Kreuzer.

«Ich habe schon daran gedacht und ein Lied gedichtet. So fängt es an:

Blau wölbt sich der Himmel ins Weite ...
Was hält uns die Fremde bereit?
Das Herz pocht so bange mir heute,
als tät' meine Jugend ihm leid.

Wenn ich versinke im kühlen
und fernen östlichen Meer,
welch Herz wird mein Leiden erfühlen,
entflammen voll Rachebegehr?

Für all unsre fruchtlosen Mühen
als Opfer des grausen Geschicks ...

Dann müßte etwas über die Revolution kommen, das will mir aber nicht gelingen. Später will ich das Lied doch noch fertig machen, vielleicht auch ganz neu dichten ...»

Die Schiffsglocke schlug acht Glasen, also Mittag. Mit der Wachablösung ging die Schiffsführung auf den Kommandoturm über. Wir befanden uns auf der Höhe der Südspitze von Tsushima. Auf ein Signal des Geschwaderchefs nahm das Geschwader einen neuen Kurs: Nordost 23 Grad, Richtung direkt auf Wladiwostok.

Der Ingenieur Wassiljew stand auf der Achterbrücke. Matrosen hatten ihm hinaufgeholfen, und er betrachtete zum letzten Male mit finsterer Miene das Geschwader. Unsere Armada hatte sich so auseinandergezogen, daß die letzten Schiffe im grauen Dunst kaum noch zu sehen waren. Man konnte sich schwer vorstellen, daß eine solche Kraft vernichtet werden könnte ...

Begegnung mit den Hauptkräften

Nebelschwaden entzogen uns für einige Zeit der Beobachtung durch die japanischen Spähschiffe. Der Admiral wollte diesen Umstand ausnutzen und gruppierte die Linienschiffe um. Niemand kannte den Zweck dieses Manövers.

Entsprechend dem Befehl des Admirals sollten die erste und zweite Linienschiffdivision die Geschwindigkeit bis auf elf Knoten erhöhen und nacheinander um acht Strich steuerbords abdrehen. Dieser Befehl wurde wie folgt ausgeführt: Zuerst schwenkte das Flaggschiff im rechten Winkel nach steuerbord. An der gleichen Stelle führten «Alexander III.», «Borodino» und «Orjol» die Wendung aus. Diese Schiffe fuhren im Kielwasser des Spitzenschiffs. Inzwischen tauchten die japanischen Kreuzer wieder aus dem Nebel auf. Um seine Absicht vor ihnen zu verbergen, änderte Roshestwenski seinen ersten Befehl hinsichtlich der zweiten Division ab; diese Gruppe fuhr in der bisherigen Ordnung weiter. Viele Offiziere nahmen an, daß die vier besten Linienschiffe durch eine Backbordwendung in Dwarslinie übergehen sollten. Dazu kam es aber nicht. Denn als die Schiffe zum übrigen Geschwader einen rechten Winkel bildeten, erfolgte der Befehl des Admirals: «Erste Linienschiffdivision schwenkt um acht Strich backbord.»

Bei der Ausführung dieses Befehls ging es drunter und drüber. «Alexander III.» fuhr im Kielwasser von «Suworow», «Borodino» hatte das Signal nicht verstanden und machte gleichzeitig mit dem Flaggschiff eine Backbordwendung. Auch «Orjol» schwankte eine Weile, verwirrt durch das voranfahrende Linienschiff. Im Kommandoturm ging es hitzig zu. Der Schiffskommandant Jung rief dem Chefnavigationsoffizier zu: «Sie haben sich geirrt! Das Signal lautete wohl – Wenden!»

Der peinlich genaue Satkewitsch erwiderte selbstbewußt: «Das kann nicht sein. Das Signal habe ich selbst gemeinsam mit dem Signalgast Sefirow dechiffriert.»

Dem Kommandant genügte diese Erklärung nicht, er ordnete an: «Leutnant Slawinski, prüfen Sie nach!»

Der wachhabende Offizier Slawinski, stets ausgeglichen und bedächtig, beeilte sich dieses Mal, einen Blick ins Signalbuch zu werfen, und meldete: «Ein Irrtum liegt nicht vor. Das Signal lautete – Schwenken, ‹Borodino› hat Mist gemacht.»

Auch der Wachoffizier, Leutnant Schtscherbatschow, las dasselbe.

Der Kommandant beruhigte sich, als auch «Borodino» den Kurs wechselte und «Alexander III.» nacheilte.

Endlich hatte die erste Gruppe Kiellinie angenommen. Diese Division fuhr nun vorab seitlich auf Parallelkurs gesondert vom Geschwader.

Wieder bildete das Geschwader zwei Linien, von denen die Steuerbordkolonne von «Suworow» und die Backbordkolonne von «Osljabja» geführt wurde. Der Raum zwischen diesen beiden Parallelkolonnen betrug dreizehn Kabellängen.[22]

Um 13.20 Uhr wurde auf «Orjol», wo mit Genehmigung der Vorgesetzten viele Matrosen schliefen, befohlen: «Aufstehen! Tee fassen!»

Für die Mannschaft wurde der Tee in Samowaren zubereitet, riesigen Kochgeräten aus rotem Kupfer. Die Matrosen kamen mit ihren Teekesseln gelaufen. Dieses Mal konnten aber nicht alle ihren Durst stillen, denn fünf Minuten später erschienen steuerbords voraus am Horizont die feindlichen Hauptstreitkräfte. Immer mehr Schiffe tauchten auf und kreuzten in Kiellinie quer zu unserem Kurs.

Nun gab es kein Entrinnen mehr! Die überlegene Geschwindigkeit des Feindes nahm uns die Möglichkeit, uns abzusetzen. Darin unterscheidet sich eben der Seekrieg vom Landkrieg. An Land kann man sich in die Berge, in die Wälder zurückziehen. Auf See ist alles offen, und soweit das Auge reicht, erblickt es nur die Wasserwüste. Zudem kann der Befehlshaber an Land die Kämpfe nicht selbst beobachten, sondern wird von seinen Untergebenen über ihren Verlauf unterrichtet. Auf See hat er alles selbst vor Augen und beobachtet die Kampfhandlungen unmittelbar. An Land ist der Befehlshaber, je höher im Rang, um so weniger einer Gefahr ausgesetzt; er leitet die Truppen aus der Etappe. Auf See dagegen sind während der Schlacht alle derselben Gefahr ausgesetzt. Rang und Stellung gelten nichts. Das Flaggschiff riskiert am meisten. An seinem Mast weht die Admiralsflagge, als wolle sie das Feuer des Feindes auf sich lenken. Beim Untergang des

Schiffs hat der junge Matrose sogar größere Aussichten, am Leben zu bleiben, als der an Jahren ältere Admiral oder Kommandant. Das gilt vor allem dann, wenn kein Boot ausgesetzt werden kann und jeder ausschließlich auf seine Geschicklichkeit, körperliche Kraft und Schwimmkunst angewiesen ist.

Die Sonne brach für einige Augenblicke durch die Wolken. Die feindlichen Schiffe näherten sich. Unsere Offiziere bemühten sich, die Typen festzustellen. Jemand zeigte auf das Spitzenschiff und rief erstaunt: «Seht doch, das ist das Linienschiff ‹Mikasa›!»

«Das kann doch nicht sein. ‹Mikasa› ist doch schon lange vernichtet.»

«Nun, dann ist ‹Mikasa› eben auferstanden, wenn es hier ist ...»

Es war wirklich «Mikasa» mit der Flagge des Admirals Togo. Ihm folgten die Linienschiffe «Shikishima», «Fuji» und «Asahi» und die Panzerkreuzer «Kasuga» und «Nisshin», ferner sechs weitere Panzerkreuzer: «Izumo», mit der Flagge des Admirals Kamimura, «Asama», «Yakumo», «Azuma», «Tokiwa» und «Iwate».

Auf der Back hatten sich Gruppen von Matrosen angesammelt, die besorgt auf die feindlichen Schiffe starrten. Einige Matrosen hatten die alte Seetradition gewahrt, vor der Schlacht ein Bad genommen und saubere Wäsche angezogen. Es gab aber nur wenige, die glaubten, daß sie im Jenseits so erscheinen müßten wie zu einer Admiralsbesichtigung. Bei einer der Gruppen stand auch Baklanow, er war in schmutziger Arbeitskluft. Was mochte er wohl beim Nahen der feindlichen Schiffe empfinden?

Der Priester Paissi hastete im vollen Ornat, das Kreuz in der einen und einen Weihwedel in der anderen Hand, über das Oberdeck. Ein Matrose, in der Rolle des Priesterdieners, begleitete ihn mit dem Weihwasser. Sie blieben an jedem Turm stehen, der Priester besprengte den Turm hastig mit dem geheiligten Wasser, murmelte Gebete und segnete die Geschützmündungen mit dem Kreuz.

Der Heizer Baklanow sah Paissi und meinte: «Seht doch, Leute, unsere rote Wanze zaubert! Ich meine, das ist alles vergebliche Mühe. Bald werden wir die Fische mit Menschenfleisch füttern. Und der barmherzige Gott wird zusehen und sich freuen, daß christliche Krieger im Meer ersaufen.»

Gereizte Stimmen unterbrachen ihn: «Sei doch still, du Strohsack, verfluchter!» – «Man sollte ihm das Maul stopfen, dann wird er nicht mehr lästern.»

Einige Matrosen lachten.

Es wurde noch einmal Alarm geblasen. Alle gingen auf ihre Gefechtsstationen. Dann wurde es still, als wäre alles Leben an Bord erstorben. Nur die Pumpen arbeiteten. Aus den Schläuchen schlugen knatternd die Wasserstrahlen über Deck, um das Schiff vor Feuer zu schützen. Die Rettungsboote waren schon am Morgen mit Wasser gefüllt worden, damit sie nicht während des Kampfes in Brand geraten konnten.

Nach dem Gefechtsplan mußte ich mich an der Ambulanz im unteren Deck aufhalten. Als ich unten ankam, waren beide Ärzte, zwei Feldschere, Sanitäter, der Oberauditor Dobrowolski und Ingenieur Wassiljew als Invalide da. Nach mir kam nur noch der Priester Paissi, schon angetan mit dem Meßgewand. Ich wurde den Ärzten zugeteilt.

Der recht weite Raum war mit weißer Ölfarbe gestrichen. Bei Gefechtsalarm stieg ich jedesmal ins Unterdeck. Während unseres Aufenthaltes in den Tropen war es unmöglich gewesen, hier zu arbeiten, da die Hauptmaschinen unter dem Unterdeck die Temperatur im Operationssaal unerträglich hinauftrieben. Jetzt, in der gemäßigten Zone, war die Temperatur auszuhalten. Es gab aber einen anderen Mißstand: Der Abstieg vom Batteriedeck in die Ambulanz führte nur über eine enge und daher für den Verwundetentransport äußerst unbequeme Treppe.

Dafür war der Korridor breit, der sich durch das ganze Schiff erstreckte; am Bug endete er als Sackgasse, am Heck mündete er in die Maschinenwerkstatt. Diese eiserne Gasse im Innern des Panzerschiffs konnte als zusätzlicher Raum für Verwundete dienen. Der Operationsraum war von den anderen Räumen isoliert und vor feindlicher Geschoßeinwirkung oben durch das zwölfzöllige Panzerbatteriedeck und bordseits durch schwere Panzerplatten gut geschützt.

Schon während der Fahrt hatte das Lazarettpersonal unter der Leitung des Arztes Makarow Verbandmaterial bereitgestellt. Es war ein Vorrat von 1 500 Verbandpäckchen vorhanden. Jedes dieser Verbandpäckchen enthielt eine Binde von zwei Metern und ein Stück Mull. Sie waren in paraffingetränktes Papier eingewickelt und wurden in besonderen Kisten aufbewahrt. Diese Kisten mit dem Zeichen des Roten Kreuzes waren auf allen Brücken, den Kommandoturm, die Geschütztürme, auf die Kasematten und auf andere Stationen verteilt. Die Mannschaft war schon früher mit dem Gebrauch der Verbandpäckchen vertraut gemacht worden. Für den Transport von Verwundeten waren fünfzig Tragen aus Segeltuch und Bambusstöcken bereitgestellt. Jede Trage hatte eine Tuchtasche für die Füße, damit der Verwundete beim Hinuntertragen nicht von der Trage rutschen konnte. Die Träger wurden über das Schiff verteilt und hielten sich an geschützten Stellen auf, mehrere befanden sich stets im Ambulatorium, in dem sich auch Süßwasservorräte befanden.

Im Unterdeck war in der Nähe der Maschinenwerkstatt auch die Feuerwehr stationiert, die unter der Leitung von Leutnant Karpow und Ingenieurmechaniker Rums stand. Letzterer wurde an eine zentralere Stelle beordert, wo ihn die Anordnungen des Kommandanten besser erreichen konnten. Diese Kameraden hatten verantwortungsvolle Aufgaben: Sie mußten bereit sein, ausbrechende Brände zu löschen, wäh-

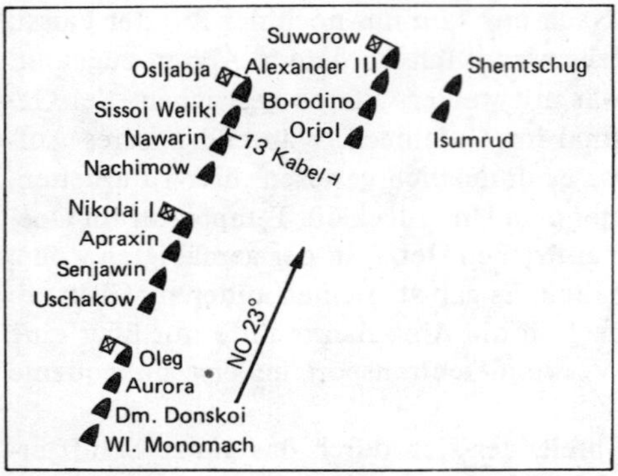

Aufstellung des russischen Geschwaders am 27. Mai 1905 um 13.15 Uhr

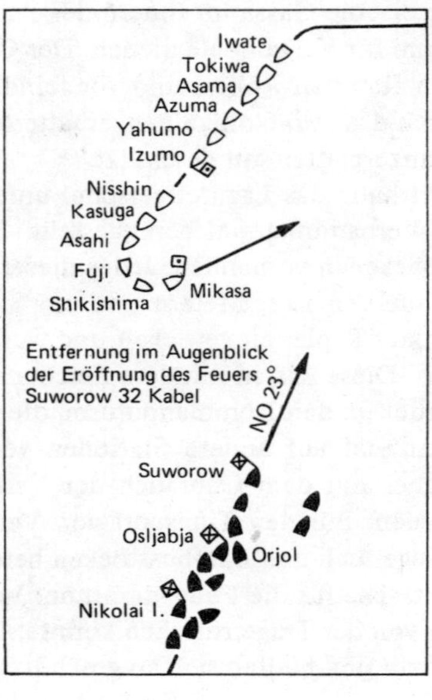

Die Positionen der Geschwader um 13.50 Uhr

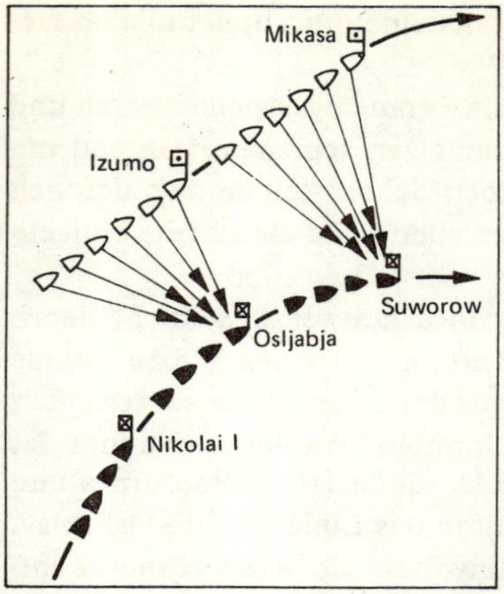

Die Konzentration des japanischen Feuers auf die Linienschiffe «Suworow» und «Osljabja» um 14.05 Uhr

Die Stellung der Geschwader um 14.35 Uhr und 14.50 Uhr am 27. Mai

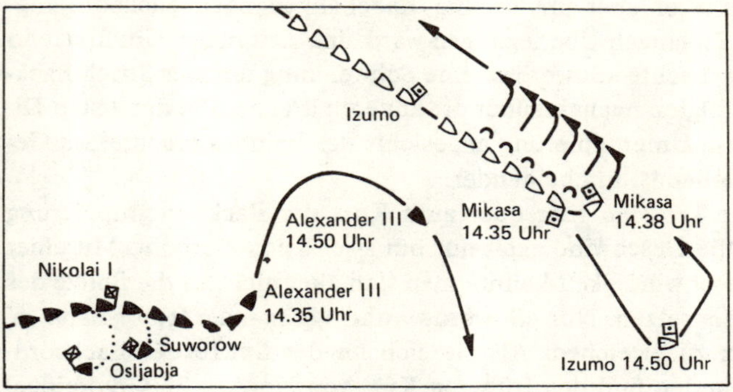

rend des Kampfes Schäden auszubessern und entstehende Leckstellen abzudichten und Schlagseiten auszugleichen.

Ich wollte noch einmal sehen, was auf Deck geschah. Unbemerkt verließ ich das Ambulatorium und stieg nach oben.

Das feindliche Geschwader hatte unseren Kurs von backbord nach steuerbord gekreuzt und kam uns entgegen, als wollte es uns ein Gefecht auf Gegenkurs liefern. Den Linienschiffen folgten die leichten Kreuzer, mit denen wir am Morgen Schüsse gewechselt hatten. Man hatte den Eindruck, als bewege sich eine festgefügte Masse mit einheitlichem Mechanismus auf uns zu. Das feindliche Geschwader besaß wohl nicht mehr als fünfzehn oder sechzehn Knoten Geschwindigkeit. Da wir ihm aber entgegenfuhren, verringerte sich die Entfernung so schnell, daß es schien, als ob diese ganze Masse von Kriegsschiffen mit den zahlreichen rauchenden Schornsteinen mit unheimlicher Geschwindigkeit führe.

Es fiel auf, daß alle feindlichen Schiffe grau angestrichen waren und daher mit der Wasserfläche zu verschmelzen schienen, während unsere schwarzen Schiffe mit ihren gelben Schornsteinen sich deutlich vom Grau der See abhoben. Wir hatten eben nicht einmal die einfachsten Vorsichtsmaßregeln beachtet!

Wohl niemals zuvor mochte Admiral Roshestwenski seine Fehler so sehr bereuen wie jetzt. Warum nur hatte er vor einer halben Stunde die vier Linienschiffe neuesten Typs aus der Gesamtlinie ausgesondert und sie zu einer besonderen Gruppe formiert? An der Spitze fuhr das Flaggschiff «Suworow», ihm folgten «Alexander III.», «Borodino» und «Orjol». Die Backbordgruppierung führte das Linienschiff «Osljabja». Diese Gefechtsordnung war für uns unvorteilhaft. Roshestwenski entschloß sich, die zweite Kolonne in seinem Kielwasser folgen zu lassen; hierzu mußte er aber um dreißig Kabellängen nach backbord manövrieren. Zu langen Überlegungen war keine Zeit mehr. Um dreizehn Uhr vierzig machte «Suworow» eine Schwenkung um vier Strich Backbord. Ihm folgten nacheinander die anderen drei Schiffe der ersten Division. Diese Umgruppierung angesichts des Feindes brachte das Geschwader vollends durcheinander.

Die erste Division fuhr quer zum Kurs der Backbordgruppierung und hatte die Geschwindigkeit nur um zwei Knoten erhöht. Mit einer solchen Geschwindigkeit konnte man sich aber nicht an die Spitze des Geschwaders setzen. Nur «Suworow» und «Alexander III.» gelang es, ihren Platz zu erreichen. Als sie sich an der Spitze der Backbordgruppe befanden und den früheren Kurs von Nordost 23 Grad eingeschlagen hatten, verringerten sie ihre Geschwindigkeit und dachten offenbar nicht daran, daß ihnen «Borodino» und «Orjol» folgten. Um die vorausfahrenden Schiffe nicht zu rammen, setzten diese ihre Geschwindigkeit ebenfalls auf neun Knoten herab. Da begann das Durcheinander! Die zweite und dritte Division, die vom Geschwaderchef nicht von der Herabsetzung der Geschwindigkeit in Kenntnis gesetzt worden waren, fuhren im gleichen Tempo weiter. «Borodino» und «Orjol», die ihre Position in der Kiellinie nicht einzunehmen vermocht hatten, liefen Gefahr, außerhalb der Gefechtsordnung zu bleiben. Um sie vorzulassen, war «Osljabja», die linke Kolonne führend, genötigt, die Geschwindigkeit stark herabzusetzen und schließlich – um «Orjol» nicht zu rammen – ganz zu stoppen; zum Zeichen dafür hißte sie schwarze Kugeln auf der unteren Rahe des Fockmastes. Was konnten die Schiffe tun, die «Osljabja» folgten? Auch sie verringerten die Geschwindigkeit und schoben sich dabei aus der Linie, die einen nach steuerbord, die anderen nach backbord. Das Geschwader drängte sich zusammen und bot ein prächtiges Ziel.

Das Linienschiff «Mikasa», das das japanische Geschwader führte, fuhr etwas querab von «Orjol» in einer Entfernung von ungefähr vierzig Kabellängen. Einige unserer Offiziere nahmen an, daß die Japaner mit Gegenkurs an uns vorbeiziehen und uns in den Rücken fallen wollten. Aber plötzlich schwenkte «Mikasa» ein, schlug einen Bogen und ging fast auf Parallelkurs. Die übrigen feindlichen Schiffe folgten dem Flaggschiff. Sie führten das Manöver nicht schlecht aus, aber sie gingen ein Risiko ein: die Kiellinie des feindlichen Geschwaders bildete bei dieser Schleife für eine gewisse Zeit eine Doppellinie!

Es schien, als wolle das Glück dem Admiral Roshestwenski noch einmal zulächeln, denn es bot ihm die Möglichkeit, wenigstens einen Teil seiner schmachvollen Fehler gutzumachen. Wir konnten nicht auf große Entfernung schießen, das war durch die praktischen Übungen wiederholt bewiesen worden. Die vordersten Schiffe des Gegners waren jetzt zweiunddreißig Kabellängen von uns entfernt, was für uns immer noch eine zu große Schußdistanz war. Das japanische Geschwader fuhr aber nun für die Dauer von fünfzehn Minuten eine Schleife.

In dieser Zeit hätten unsere vier stärksten Linienschiffe der ersten Division und «Osljabja» aus der zweiten Division mit voller Fahrt die Spitze des Gegners frontal angreifen und sich ihm sozusagen auf Pistolenschußweite nähern können. In was für eine schlimme Situation wäre Admiral Togo geraten! Das von ihm eingeleitete Manöver konnte nicht abgebrochen, sondern mußte zu Ende geführt werden, denn sonst hätte sich sein Geschwader zu einem Haufen zusammengedrängt. Die achtern fahrenden Schiffe hätten nicht über die vorderen hinwegschießen können. Die Turmartillerie auf unseren vier stärksten Linienschiffen war so angeordnet, daß sie ein starkes Bugfeuer abgeben konnte. Hier hätte sich die zerstörende Kraft unserer Panzergeschosse erweisen können. Kurzum – wenn wir uns schon in das Abenteuer eingelassen hatten, mit untauglichen Mitteln das Japanische Meer zu erobern, so hätte dem Gegner gegenüber auch die entsprechende Taktik angewandt und unter Verzicht auf alle Regeln ein wilder Nahkampf, Schiff gegen Schiff, entfacht werden müssen.

Das geschah aber nicht! Roshestwenski war zu solchen entschlossenen Handlungen nicht fähig. Passiv führte er sein Geschwader weiter.

Oben donnerten die schweren Turmgeschütze, knatterten scharf die 75-mm-Kanonen. Die Schüsse ließen unser Schiff erzittern, das mit der Backbordseite feuerte. Offenbar entbrannte die Schlacht in voller Stärke. Unten im Verbandraum war es still. Grell brannten die elektrischen Lampen. In ihren weißen Kitteln standen – feierlich wie zu einer Besichtigung – die Ärzte, Feldschere und Sanitäter in Erwartung der Opfer. Neben der Ausgangstür saß auf einem Schemel der Ingenieur Wassiljew, den noch nicht geheilten Fuß in der Schiene ausgestreckt, die Krücken in der Hand. Er betrachtete den Priester Paissi, als bewundere er dessen gold- und hellrotglänzendes Meßgewand, den Hostienbehälter an der Brust, den feurigroten Bart um das gedunsene, bleiche Gesicht. In einer sorglos scheinenden Pose, die Hände auf dem Rücken, lehnte der Oberauditor Dobrowolski an der Wand. Der junge, blonde Arzt Awrorow hatte die Arme über der Brust gekreuzt und war in Gedanken versunken. Vielleicht weilten seine Gedanken weit entfernt bei lieben Menschen. Neben ihm zupfte der Chefarzt Makarow seinen kastanienbraunen Bart. Obwohl schon lange alles zum Empfang der Verletzten bereit war, schweifte sein Blick immer wieder durch sein Reich und glitt prüfend über die Schränke mit den Glasregalen, auf denen große und kleine Gläser, Flaschen und Fläschchen mit verschiedenen Medizinen und Lösungen standen, über die offenen, vernickelten Schachteln mit dem sterilisierten Verbandmaterial, über die chirurgischen Instrumente. Alles war vorhanden: Morphium, Kampfer, Äther, Baldrian, Salmiakgeist, Brandsalbe, Sodalösung, Jodoform, Chloroform, Nadeln mit Seidenfaden in Karbolsäure, Haarpinsel, heißes Wasser, Schalen mit Seife und Bürste zum Händewaschen, emaillierte Abfalleimer – alles das stand da wie zum Verkauf, in Erwartung der Kunden.

Alle schwiegen, aber unabhängig vom Gesichtsausdruck hatte jeder im Herzen das gleiche Gefühl gespannter Erwartung von etwas Furchtbarem. Es gab aber bis jetzt nichts Furchtbares. Die weißen Wände und die Decke des Raumes strahlten das Licht zurück. Links von der Tür stand ein Operationstisch, mit einem sauberen Laken bedeckt. Ich sah ihn an und dachte, wer wird wohl als erster dort liegen. In wessen Körper würden diese blitzenden chirurgischen Instrumente dringen?

An der Bordwand summten die Ventilatoren beharrlich und eintönig wie Fliegen.

Wir fühlten, wie zwei Treffer auf unserem Schiff einschlugen. Alle sahen sich an. Verwundete kamen jedoch nicht. Was hatte das zu bedeuten? Ich bemerkte an mir und an den anderen, wie die Furcht verging. Wir tauschten bedeutungslose Redensarten aus und lächelten. Es schien unwahrscheinlich, daß über uns eine Schlacht tobte! Eher wollte uns scheinen, daß wir an Schießübungen teilnahmen, die in einer Stunde vorüber sein würden, wie es früher zuweilen der Fall gewesen war. Alle freuten sich, als endlich der Koch Woronin als erster zum Verbinden kam. Nach dem Gefechtsplan war sein Platz an der Treppe der Reserveadmiralskajüte, und er sollte den Verwundeten beim Hinabsteigen behilflich sein.

«Nun, was hast du denn, mein Lieber?» wandte sich der Chefarzt freundlich an ihn.

Der Koch erriet an den Lippenbewegungen, daß man ihn etwas fragte, und brüllte zur Antwort: «Ich kann nichts hören, Euer Hochwohlgeboren, ich bin ganz taub. Eine Granate detonierte, schleuderte mich von einer Bordwand zur anderen. Ich dachte schon, es wäre aus mit mir. Nun, ich lebe noch!»

Neugierig betrachteten wir ihn, als er die Hand hob und einen Finger mit einem kleinen Kratzer zeigte. Er erhielt ärztliche Hilfe und kehrte an seinen Platz zurück.

Diese unbedeutende Verletzung entsprach nicht den Vorstellungen, die wir uns von Verletzungen durch schweren Artilleriebeschuß gemacht hatten. Die Japaner schienen uns nicht mehr so gefährlich zu sein, wie wir gefürchtet hatten. Unser Schiff schien ausreichend gepanzert, um neunhundert Menschen vor dem Tode zu bewahren, und wir fühlten uns im Operationssaal, wo wir nichts vom Verlauf der Schlacht wußten, geborgen und befanden uns in beinahe vergnügter Stimmung.

Aber bald erschienen die Verwundeten scharenweise, die einen auf Tragen, die anderen aufrecht gehend oder kriechend. Meist waren es Offiziere, Artilleristen, Entfernungsmesser, Signalgasten, Trommler – alle die, die sich in den oberen Teilen des Schiffes aufhalten mußten. Ich sah einige Bekannte: Da kam der Matrose Suworow mit kleinen Splittern im Rücken und im rechten Bein, mit blutenden Wunden an der Schulter und an der Ferse. Als ersten Offizier brachte man Leutnant Tumanow, den Kommandeur der 75-mm-Backbordbatterie, mit einer Splitterwunde im Rücken. Er teilte uns hastig mit: «Das sechste Geschütz ist außer Gefecht. Zwei Mann sind getötet. Ich übergab das Kommando dem Leutnant Sakellari. Er ist auch verwundet, blieb aber oben.»

«Und wie sieht es überhaupt aus?» fragte der Chefarzt.

Der Leutnant machte eine abwehrende Bewegung und stöhnte.

Ein Signalgast kam mit einem wie zum Niesen verzogenen Gesicht.

Sein Nasenbein war zerschmettert. Der Matrose Karnisow zeigte dem Arzt die zerrissene Leiste, fletschte die Zähne und zuckte mit dem Kopf, der Spuren wie von einer Bärentatze zeigte. Der Trommler Wolkow wies ein zerschmettertes Schlüsselbein vor, ein Arm hing schlaff herunter. Der Entfernungsmesser Sawatkin hatte sich vorgebeugt und hielt beide Hände vors Gesicht; ein Auge war verletzt, das andere ausgelaufen. Der Kanonier Tolbennikow scharrte ungeduldig mit dem Fuß, er hatte Brandwunden am Kopf, an Schultern und Armen. Die Träger brachten immer neue Verwundete mit aufgeschlitzten Bäuchen, zertrümmerten Knochen, eingeschlagenen Schädeln. Mehrere hatten solche Brandwunden, daß sie nicht zu erkennen waren. Alle diese mit Brandwunden bedeckten Menschen klagten jetzt zitternd wie im Fieber: «Mich friert so … es ist so kalt …»

Die Verwundeten, die Notverbände erhalten hatten, wurden auf die Matratzen gelegt.

Überall gibt es mutige und feige Menschen. Die einen wollten trotz ihrer schweren Verletzungen nach erhaltener Hilfe wieder hinauf, auf ihre Plätze. Die Ärzte mußten sie mit Gewalt zurückhalten. Andere wieder versuchten mit nur geringen Kratzern im Ambulatorium zu bleiben oder sich sonstwohin zu verdrücken.

So, wie sich der Seekrieg vom Landkrieg unterscheidet, so hat auch die ärztliche Hilfe auf dem Schiff ihre Besonderheiten. Vor allem kann von einem Abtransport der Verwundeten keine Rede sein, alle müssen bis zum Anlaufen eines Hafens auf dem Schiff bleiben. Solange das Schiff manövrierfähig ist, darf es die Kampflinie nicht verlassen, um die Verwundeten abzugeben. Damit würde es nur die Schlachtordnung stören und die Kraft des Geschwaders für einige Zeit schwächen. Auch ein Lazarettschiff kann sich dem Kriegsschiff nicht nähern, weil es Gefahr läuft, durch eine einzige Granate mit seiner ganzen Besatzung versenkt zu werden. Folglich teilen in einer Seeschlacht die Verwundeten und die noch kampffähigen Besatzungsmitglieder das Schicksal des Schiffes. Auch die Art der Wunden ist in der Seeschlacht anders als im Landkrieg. Die Menschen werden nicht von Gewehrkugeln durchlöchert, nicht durch Säbelhiebe oder Bajonettstiche verletzt, nicht von Pferdehufen zertrampelt. Während an Land nur ein Teil der Soldaten durch Artilleriegeschosse verletzt wird, so gibt es auf dem Schiff ausschließlich Verletzungen, die durch die Auswirkungen des Artilleriebeschusses hervorgerufen werden. Deshalb kamen zu uns ins Ambulatorium nur Menschen mit Brandwunden oder großen Rißwunden, die von scharfen, schneidenden Splittern verursacht worden waren. In einer Feldschlacht haben die Sanitäter selbst in den vordersten Linien nicht die Schwierigkeiten, die das Schiffspersonal zu überwinden hat. Dort ist fester Boden, hier schaukeln die Wände, der Boden schwankt, bei einer scharfen Wendung des Schiffes steht plötzlich alles so bedrohlich schräg, daß einem das Herz stockt. All diese Lageveränderungen treten überraschend ein. Ungeachtet dieser schwierigen Verhältnisse erfüllten die beiden Ärzte ihre Pflicht mit außerordentlicher Tatkraft. Die Leichtverletzten wurden von den Feldscheren verbunden, manchmal auch von Sanitätern. Die schweren Fälle behandelten Makarow und Awrorow selbst.

Ihre Anweisung lautete immer wieder: «Auf den Operationstisch.»

Eine Seeschlacht dauert meist nicht lange. Deshalb werden schwere Operationen verschoben, bis die Geschütze nicht mehr feuern, die Gegner sich trennen und auf dem Schiff, das Kampfplatz und Lazarett ist, die für Operationen nötige Ruhe herrscht. Außerdem kamen jetzt so viele Verwundete, daß die Ärzte ohnehin nur Notverbände anlegen konnten. Sie begnügten sich mit einer oberflächlichen Desinfektion der Wunden und Prellungen und der Feststellung, ob Knochenbrüche oder Zerrungen vorlagen. Dann wurde die notwendigste Behandlung vorgenommen.

Immer wieder ließ sich Makarows herrische Stimme vernehmen: «Die Wunde tamponieren ... Den Arm schienen ... Diesem zwei Spritzen Morphium geben.»

Feldschere und Sanitäter hasteten von einem Verwundeten zum anderen, legten Verbände und Schienen an. Meine Pflichten waren einfach: Ich wechselte die beschmutzten Laken aus, ging den Ärzten zur Hand und gab den Verwundeten zu trinken. Beide Ärzte hatten mit den Verwundeten zu tun, die in Lebensgefahr schwebten. Außer durch Schlingern und Stampfen wurde das Schiff auch durch die eigenen Abschüsse und durch die Detonationen feindlicher Granaten erschüttert. In solchen Augenblicken drang das Operationsskalpell tiefer als nötig ins Fleisch, und die Schere schnitt nicht nur in das verwundete Gewebe.

Der Priester Paissi reichte den Schwerverwundeten das Abendmahl. Er sank vor ihnen auf die Knie, beugte sich vor und befahl sanftmütig: «Beichte deine Sünden!»

War der Matrose bewußtlos und konnte seine Fragen nicht beantworten, so berührte ihn der Priester trotzdem mit dem Meßgewand, erließ ihm die Sünden, und seine zitternde Hand schob ihm den Löffel mit dem Abendmahlswein in den Mund.

Ein Verwundeter hatte einen schweren Schädelbruch und wand sich im Todeskampf.

«Es nimmt das Abendmahl der Knecht Gottes ...»

Paissi unterbrach sich: «Wie heißt er denn eigentlich?»

Jemand erwiderte: «Der Nachname ist Kostyljow, Vornamen und Vatersnamen kennen wir nicht.»

Ein Sanitäter gab den Rat: «Elektriker ist er, Hochwürden. Sie können ruhig sagen: der Elektriker Kostyljow. Im Jenseits werden sie es schon verstehen.»

Der Priester starrte den Mann an, der diesen Rat gegeben hatte, und leierte dann: «Es nimmt das Abendmahl der Knecht Gottes, Elektriker Kostyljow ...»

Verletzte aus allen Gefechtsstationen des Schiffes kamen in den Operationssaal. Wir erfuhren durch sie, was sich oben ereignet hatte und in welcher Situation sich unser Geschwader befand. Die Nachrichten waren nicht beruhigend. Auf «Suworow», «Alexander III.» und «Osljabja» war Feuer ausgebrochen. Auch unser Schiff hatte Schaden genommen.

Der Matrose Thom wurde auf den Operationstisch gelegt. Sein linkes Knie war zerschmettert und hing nur noch an den Sehnen. Die Träger hatten ihn gefunden und auf die Trage gelegt. Eine breite Blutspur hatte ihnen verraten, daß der Matrose aus dem Bugteil des Schiffes bis zum Mitteldeck gekrochen war. Seine Hose wurde aufgetrennt, das Bein bis an die Leiste bloßgelegt und über dem Knie mit Gummischnur abgebunden. Der Chefarzt Makarow schnitt die Sehnen durch und befahl mir: «Nowikow, schaffe das weg!»

Ich nahm den Stiefel mit dem darin steckenden blutigen Bein vom Operationstisch und wußte nicht, was ich damit sollte; so hielt ich ihn in der Hand. Ich sah gespannt zu, was mit Thom weiter geschah. Der Beinstumpf wurde mit Äther und Jod abgewischt. Die Ärmel des Chefarztes waren bis über die Ellenbogen aufgerollt. In seiner rechten Hand blitzte das Skalpell. Wie im Traum sah ich, wie die Haut mit dem Fettansatz abgetrennt und das Fleisch schräg geschnitten wurde, wie der gebrochene Knochen bloßlag. Eine Spezialsäge knirschte. Ein überstehendes Stück Fleisch wurde über den Knochen gelegt, dann die Haut darüber gezogen und das Ganze mit einem Seidenfaden vernäht. Ich hielt immer noch den Stiefel mit dem Bein in den Händen. Kalter Schweiß überkam mich, und mir wurde übel. Der Chefarzt merkte im Eifer nicht, daß seine Schläfe blutbespritzt war und in seinem braunen Bärtchen große Schweißtropfen perlten. Er sah mich und meinte ärgerlich: «Warum hast du denn den Stiefel noch in der Hand?»

«Wohin soll ich denn damit?» fragte ich gedankenlos.

«Wirf ihn unter den Tisch!»

Ich führte den Befehl aus und schmiß den Stiefel unter den Tisch.

In der Tür erschien der Entfernungsmesser Selinow. Geblendet vom grellen Licht zwinkerte er mit den Augen.

«‹Osljabja› ist gekentert!» rief er kreischend.

Unser Schiff zuckte und schlingerte. Im Operationssaal verstummten die Gespräche und das Stöhnen, alle starrten den Matrosen an, der die furchtbare Nachricht gebracht hatte. Seine blutenden Lippen bebten, die Augen irrten unstet umher, als suche er jemanden.

«Was schwatzt du da? Wieso gekentert?» fragte gepreßt der Chefarzt.

«Kieloben, Euer Hochwohlgeboren.»

«Unsinn! Das kann ja gar nicht sein!»

«Ich habe es selbst gesehen. Erst brannte das Schiff, dann legte es sich auf die Seite, und dann kenterte es ganz.»

Träger kamen und bestätigten die Nachricht: «Das Schiff ist schon gesunken.»

Die Verwundeten stöhnten. In einer Ecke schluchzte jemand. Der Priester Paissi hob die Augen zur Decke und bekreuzigte sich hastig. Der Chefarzt zupfte mit der blutigen Hand sein Bärtchen, der Assistenzarzt schüttelte den Kopf. Dann widmeten sie sich wieder den Verwundeten.

Ich hatte das Gefühl, gleich ohnmächtig zu werden, und stürzte nach oben.

Die Todeskarawane

Die Schlacht verlief auf Parallelkurs. Die Hauptkräfte des Gegners bestanden aus vier Linienschiffen und acht Panzerkreuzern. Zwei schnelle Avisos, «Tatsuta» und «Chihaya», begleiteten sie. Sie hatten keine Kampfbedeutung, wurden aber zu Aufklärungs- und Nachrichtenzwecken verwendet und hielten sich auf der entgegengesetzten Seite der Linie, außerhalb der Reichweite unserer Geschosse. Den Japanern standen zwölf russische Panzerschiffe gegenüber. Die Entfernung zwischen den feindlichen Geschwadern betrug etwa dreißig Kabellängen.

Über der Wasserfläche lagen Rauch- und Nebelschwaden. Zerriß sie der Wind, so traten auf dem grauen Hintergrund des Himmels verschwommen die Umrisse der feindlichen Schiffe hervor. Sie fuhren in Kiellinie und spien wie wütende, phantastische Ungeheuer Blitze zu uns herüber. Unsere Linienschiffe standen den japanischen in bezug auf die Tonnage nicht nach. Bei der Flottenführung der beiden kriegführenden Staaten lag die Entscheidung, wer als Sieger hervorgehen werde. Achtern von den Linienschiffen, steuerbord vom Kurs, kämpften die Kreuzer. Die Kanonenschüsse, bald nah, bald weit entfernt, verursachten einen solchen Lärm, als ob der Himmel eine eiserne Glocke wäre, auf die mit schweren Hämmern getrommelt würde. Hunderte von Granaten, die man nicht sah, deren Flug aber der ganze Körper spürte, durchbohrten heulend die Luft. Rings um unsere Schiffe, besonders um die vorderen, prasselte ein Hagel von Metall herab. Die japanischen Granaten detonierten sogar beim Aufschlagen aufs Wasser. Das Meer zuckte kochend. Über dem Wasser stiegen immer wieder riesige Fontänen hoch, vermischt mit schwarzbraunem Rauch und roten Flammen. In diesem pausenlosen Trommelfeuer, das die Luft, das Meer und die Schiffe erschütterte, litten auch die Nerven der Menschen, und man konnte überhaupt nicht mehr zu sich kommen …

Das feindliche Geschwader setzte sich aus Schiffen einheitlichen Typs zusammen. Es bestand bei ihm kein großer Unterschied in der Geschwindigkeit und in der Artilleriebestückung. Bei uns dagegen besaßen nur die vier Linienschiffe der ersten Division eine einheitliche Kampfkraft, aber sie wurden, da sie eine taktische Einheit mit verschiedenartigen veralteten Schiffen bildeten, auf die Stufe der schlechtesten herabgedrückt. In der Schlacht zeigte sich dieser Mangel in vollem Ausmaß. Wir liefen eine Geschwindigkeit von neun, die Japaner von fünfzehn und mehr Knoten. Diese Überlegenheit bestimmte die Taktik des Gegners. Die feindliche Kampffront schob sich so vor die unsere, daß ihr sechstes oder siebentes Schiff auf gleicher Höhe mit «Suworow» lag. Dadurch war es den Japanern möglich, unsere vordersten Schiffe mit konzentriertem Feuer zu überschütten. Offenbar wollte Admiral Togo zuerst den Kern des russischen Geschwaders zerschmettern, um dann zur Vernichtung aller übrigen Schiffe überzugehen.

Die geringe Geschwindigkeit unseres Geschwaders zwang uns von vornherein in die Verteidigung. Die Entfernung zum japanischen Spitzenschiff war so groß, daß selbst «Suworow» kaum Aussichten hatte, es zu treffen. Für jedes andere Schiff unseres Geschwaders wuchs diese Entfernung noch mehr. Außerdem war die feindliche Kampffront bestrebt, uns vom Kurs abzudrängen, und drückte unsere Spitzenschiffe steuerbord. Mit diesem Manöver verstand Admiral Togo, sein Flaggschiff an den am wenigsten gefährdeten Platz zu führen, so daß es durch unsere eigenen, vordersten Linienschiffe vor dem Feuer der anderen geschützt war. «Orjol» fuhr als viertes Schiff, aber auch für seine Heckartillerie war «Mikasa» außer Schußweite. Für die achtern folgenden Schiffe unserer Linie war das feindliche Flaggschiff vollständig unerreichbar.

Indessen galt noch immer Roshestwenskis Befehl, das feindliche Spitzenschiff zu beschießen. Viele Schiffskommandanten konnten sich zu eigenverantwortlichem Handeln nicht entschließen und hielten sich an den Kampfbefehl des Geschwaderchefs. Darin bestand ihr größter Fehler. Das Feuer unserer weiter zurückliegenden Schiffe lag viel zu kurz. Es wäre weit besser gewesen, die auf gleicher Höhe liegenden japanischen Schiffe zu beschießen.

Im Kommandoturm von «Orjol» kam man erst eine halbe Stunde nach Beginn des Kampfes auf diesen Gedanken. Der Artillerieoffizier Schamschew meldete dem Kommandanten: «Unsere Granaten können ‹Mikasa› nichts anhaben.»

«Ja, wir schießen sinnlos», stimmte Jung bei, der die feindlichen Schiffe durch die Sehschlitze beobachtete.

«Gestatten Sie, das Feuer auf den Kreuzer ‹Iwate› zu übertragen?»

«Es bleibt uns nichts anderes übrig.»

Der Kreuzer «Iwate» erinnerte in seiner Bauart an unseren Kreuzer «Aurora»; er war uns am nächsten.

Der Befehl «Das feindliche Schiff vom Typ ‹Aurora› ist das Ziel!» ging in die Zentrale und von dort in die Türme auf Backbord.

Bald darauf waren erste Treffer auf «Iwate» zu beobachten.

In einem Turm entstand ein Mißverständnis. Der Telefonist konnte lange nicht begreifen, was die Anordnung bedeutete, und fragte: «Warum sollen wir auf die ‹Aurora› schießen? Das ist doch unser Schiff!»

Man wiederholte ihm mehrmals den Befehl und rief schließlich unter Flüchen aus: «Holzkopf! Du sollst mit den Ohren und nicht mit dem Bauch hören!»

Während dieses Gespräch geführt wurde, war «Iwate» aus der Kiellinie geschert, um zwischen sich und uns einen größeren Abstand zu legen. Dasselbe Manöver führten auch andere japanische Schiffe aus, wenn unsere Granaten sie trafen.

Die Japaner verwendeten Sprenggeschosse mit ungemein starker Wirkung. Man konnte sie mit fliegenden Minen vergleichen. Die Erweiterung des Zwischenraumes bedeutete für die japanischen Geschütze lediglich, daß ihre Durchschlagkraft nachließ. Die zerstörende Wirkung wurde nicht beeinträchtigt. Die Treffer konnten zwar die Panzerung nicht mehr durchschlagen, zerstörten aber alle Aufbauten, vernichteten Geräte und Geschütze, verursachten Brände und dezimierten die Besatzungen.

Wir beschossen den Feind mit panzerbrechenden Granaten, die Verzögerungszünder besaßen. Dies war eine Erfindung, die zum Zweck der Zerstörung von Panzerplatten gemacht worden war. Bevor die Geschosse detonierten, mußten sie sich in den Panzer einfressen und ihn bis auf eine bestimmte Stärke durchbohren. Folglich konnten wir den Gegner nur aus der Nähe beschießen. Je größer die Entfernung war, um so weniger wirksam wurden unsere Granaten. Entweder sprangen sie von dem Panzer wie Erbsen von der Wand ab, oder sie zersprangen in mehrere Teile. Die Erfahrungen des «Zwischenfalls von Hull», bei dem wir auch unsere Kreuzer mit mehreren Granaten bedacht hatten, ließen uns befürchten, daß die meisten Granaten überhaupt nicht detonierten, selbst dann nicht, wenn sie die Bordwand durchschlugen. Verglich man das Mündungsfeuer der beiden Seiten, so konnte man feststellen, daß die Japaner doppelt so viel Schüsse abfeuerten. Es war nicht zu bezweifeln, daß unser Geschwader, das unter den Schlägen des Feindes stark zu leiden hatte, ihm nur geringen Schaden zufügte.

Erkannte Roshestwenski das? Warum durchkreuzte er nicht die Handlungen des Feindes, warum manövrierte er nicht? Seine ganze Sorge beschränkte sich darauf, nicht anzugreifen und auf jede Weise dem Kampf auszuweichen. Deshalb schwenkten unsere Spitzenschiffe allmählich nach Steuerbord ab. Das war die schlechteste Verteidigung. Etwa um fünfzehn Uhr war das Geschwader von seinem Kurs Nordost 23 Grad völlig abgewichen und fuhr direkt nach Osten, als wollte es die japanische Küste anlaufen.

«Suworow» scherte, in Flammen gehüllt, nach steuerbord aus der Kiellinie aus. «Alexander III.» wollte ihm zunächst folgen, man überlegte dann dort aber wohl, daß das Flaggschiff das Geschwader nicht mehr führen konnte, und übernahm selbst die Führung. Das zweite Flaggschiff «Osljabja» war von der Wasserfläche verschwunden. Unsere Lage verschlimmerte sich immer mehr. Konteradmiral Nebogatow folgte uns mit seiner dritten Division. Noch weiter achtern befand sich der Befehlshaber der Kreuzer, Konteradmiral Enquist. Die sechs vordersten Linienschiffe der ersten und der zweiten Division hatten keine Führung mehr. Die einheitliche Befehlsgewalt über das Geschwader war gestört.

Bei der Begegnung mit den feindlichen Hauptstreitkräften waren wir überhaupt nicht dazu gekommen, während der Kämpfe eine eigene Initiative zu entwickeln. Auch in unserer jetzigen Situation versuchte keiner der übriggebliebenen Flaggoffiziere ein kühnes Manöver, etwa einen Angriff auf die Japaner. Da das Geschwader nur noch eine Maximalgeschwindigkeit von neun Knoten hatte, wäre allerdings wohl ein Angriff ein zum Scheitern verurteiltes Wagnis gewesen. Die Parole, die sich offenbar fest in den Köpfen der Kommandeure und der jüngeren Flaggoffiziere eingenistet hatte und die sie gewissenhaft auszuführen sich bemühten, hieß: Durchbrechen nach Wladiwostok! Was für einen Sinn aber hatte diese Parole, da wir uns längst davon hatten überzeugen müssen, daß wir nicht nach Wladiwostok durchkommen würden? Und selbst wenn ein Teil des Geschwaders sein Ziel erreicht hätte, wäre dadurch der Verlauf der kriegerischen Ereignisse zu unseren Gunsten beeinflußt worden? War es nicht besser für uns, nach Süden zu entweichen, in die Weiten des Stillen Ozeans? Natürlich hätten uns die Japaner verfolgt. Aber die einfachste Überlegung ergab, daß uns nichts anderes übrig blieb, als umzukehren. Das war notwendig, um vom Gegner loszukommen, der, selbst so gut wie unbeschädigt, unser Geschwader vernichten würde. Es ist schwer zu sagen, welche Entscheidung unsere Befehlshaber getroffen hätten, wenn es uns gelungen wäre, uns vom Feind zu lösen: ob wir wiederum versucht hätten, nach Wladiwostok zu gelangen, ob wir in einem neutralen Hafen abgerüstet hätten, oder ob wir nach Hause geflüchtet wären. Eines aber war klar: Der von uns gewählte Weg an Tsushima vorbei war hoffnungslos, wie der Versuch, eine Steinmauer mit dem Kopf einzurennen.

Ungeachtet der offenkundigen Gefahr, versenkt zu werden, unternahmen unsere vordersten Schiffe krampfhafte Versuche, den Durchbruchsbefehl des Admirals Roshestwenski auszuführen. Das war eine Tapferkeit, die an Wahnsinn grenzte. Die feindlichen Schiffe hatten sich viel zu weit vorgeschoben. Unser Geschwader unter der Führung von «Alexander III.» wollte diesen Umstand ausnutzen und hinter dem Heck des Gegners durchbrechen. Admiral Togo erkannte aber unsere Absicht und unternahm unverzüglich ein Gegenmanöver. Sechs Schiffe seiner ersten Division machten eine Wendung um acht Strich backbord und entfernten sich von uns in Dwarslinie. Wenige Minuten später aber standen sie durch das gleiche Manöver in Kiellinie auf Gegenkurs. So lag nun der Kreuzer «Nisshin» an der Spitze, während «Mikasa» den Abschluß bildete. Admiral Kamimura mit seiner Division war aber dem Beispiel Togos nicht gefolgt, ließ ihn backbord und entfernte sich von ihm. Warum? Weil er bemerkt hatte, daß das russische Geschwader wiederum nach Osten strebte. Deshalb hielt seine zweite Division unsere Spitzenschiffe unter ständigem, heftigem Artilleriefeuer.

«Orjol» hatte zu dieser Zeit schon viele Treffer erhalten. Zahlreiche weitere Granaten detonierten rings um das Schiff. So viele Fontänen umgaben uns, daß es schien, als bäume sich das Meer auf, um uns den weiteren Weg zu versperren. Dunkle Rauchwolken, Feuerblitze, das Heulen von Granatsplittern und das Tosen der aufgewühlten Wassermassen – alles vermischte sich zu einem überwältigenden Chaos.

Das Manöver der Japaner gelang. Aber das weitere Verhalten Admiral Togos war unverständlich. Nachdem er sich überzeugt hatte, daß die russischen Schiffe nicht nach Norden fuhren, hätte er sofort wenden müssen. Er tat es nicht. Er brach das Artilleriefeuer ab, verschwand in der anbrechenden Dunkelheit und kam zeitweilig außer Sicht. Admiral Kamimura, aus dessen Division der Kreuzer «Asama» ausgeschieden war, blieb uns mit fünf Kreuzern auf den Fersen. Zu seinem Glück konnten wir nicht schneller vorankommen als seine Schiffe und hatten auch keine ausreichende Kampfausbildung. Sonst hätte dieser Teil der japanischen Flotte vernichtet werden können. Admiral Kamimura verfolgte uns vielleicht eine Viertelstunde lang. Offenbar hatte er dann das Gefährliche seiner Lage erkannt, er machte eine Wendung von sechzehn Strich nach backbord und schlug die Richtung ein, in der die Schiffe der ersten japanischen Division sich abgesetzt hatten. Zuletzt verlor auch die zweite japanische Division die Fühlung mit unserem Geschwader, das fast auf Südkurs gegangen war.

Die Schlacht war abgebrochen. Wie lange sollte die Pause dauern?

Was hatten inzwischen unsere Kreuzer getan? Nicht einmal waren sie den Hauptstreitkräften zu Hilfe geeilt, sie hatten sich damit begnügt, den für uns wertlosen Troß der Transportschiffe zu beschützen. Der Ingenieur Wassiljew hatte recht behalten. Durch das Ausscheiden dieser Kreuzer war die Linienschiffsartillerie um über sechzig Geschütze mittleren Kalibers vermindert worden.

Auch unsere neun Torpedoboote hatten nicht an der Schlacht teilgenommen, sondern sich in einiger Entfernung außerhalb des feindlichen Feuerbereichs gehalten. Sie hatten den Auftrag, die Flaggschiffe zu beobachten und nötigenfalls die Admirale zu bergen. Damit waren unsere Torpedoboote auf Roshestwenskis Veranlassung von Kampfeinheiten zu Rettungsschiffen degradiert worden.

Die Schlacht war noch nicht beendet. Doch niemand zweifelte mehr daran, daß das Schicksal des Geschwaders besiegelt war. Das Linienschiff «Osljabja» war gesunken, das Flaggschiff «Suworow» war ausgeschieden und trieb irgendwo umher. Für kurze Zeit waren «Alexander III.» und «Borodino» durch Brände kampfunfähig geworden. Größere Schäden hatte auch unser Linienschiff «Orjol» erlitten.

Es hatte sich gezeigt, was die Japaner uns voraus hatten: die größere Geschwindigkeit der Schiffe, die Kunst des Manövrierens, die Qualität der Granaten, dazu Schnelligkeit und Treffsicherheit im Schießen. Sie hatten die taktische Initiative behalten und uns die Schußdistanz diktiert, sie hatten Zeitpunkt und Ort des Zusammenstoßes bestimmt, die Kursveränderungen vorgeschrieben, auf unsere Spitze gedrückt und unserem Geschwader die gewünschte Richtung aufgezwungen. Zwar hatten sie einen Panzerkreuzer eingebüßt, dennoch waren wir physisch und noch mehr moralisch zerschlagen. Die Schlacht hatte auf ihrem Höhepunkt nur eine knappe Stunde gedauert. Innerhalb dieser kurzen Zeit war es den Japanern gelungen, aus unserem Geschwader eine schwimmende Todeskarawane zu machen.

«Orjol» im Feuer

In der ersten Gefechtsphase hatte das Linienschiff «Orjol» bedeutende Schäden davongetragen. Zwei große Granaten waren durch die Geschützpforten eingedrungen und in der Bugkasematte detoniert. Der Batteriechef, Leutnant Schupinski, dem ein Splitter die Stirn durchschlug, warf die Arme hoch und sank tot um. Neben ihm fielen drei Matrosen, die anderen wurden verwundet und blieben kampfunfähig. Beide 75-mm-Geschütze auf Backbord wurden zerstört. Granatsplitter zerschlugen die Verbindungstür und setzten ein weiteres 75-mm-Geschütz auf Steuerbord außer Gefecht. Bald darauf zertrümmerte eine 305-mm-Granate endgültig die Bugkasematte und brachte die dort lagernden Geschosse zur Explosion. Feuer brach aus. Aufgewirbelter Kohlenstaub, Rauch und Dampf reizten die Augen. Eine andere 305-mm-Granate hatte den Spillraum mit allen seinen Einrichtungen demoliert.

Den Bugartillerieturm befehligte der Leutnant Pawlinow. Er saß auf dem Beobachtungsposten über den Geschützen, den Kopf in einer runden Öffnung im Turmdach. Diese Öffnung war durch eine flache Stahlhaube geschützt. Drei Schlitze in der Haube, einer vorn und zwei zu beiden Seiten, ermöglichten es dem Kommandeur, das Schlachtfeld zu überblicken. Der Turm arbeitete reibungslos, er drehte sich geräuschlos nach allen Seiten. Unter der eisernen Decke der Plattform, in der Tiefe des gepanzerten Schachtes, summten dumpf die Motoren. Aus den Schächten im Bauch des Schiffes stiegen über den Munitionsaufzug die Granaten und Kartuschen hoch, um in die Ladekammern der zwei Geschütze zu gelangen. Beim Öffnen und Schließen klirrten die schweren Verschlüsse. Alle zwei Minuten donnerte eine Salve heraus, begleitet von grellrotem Aufblitzen. Nach dem Schuß rollten die Geschütze zurück, als seien sie selbst über das Verderben, das sie anrichteten, erschrocken. Durch das Wirken der Rücklaufbremse kehrten sie langsam wieder in ihre Ausgangsstellung zurück.

Plötzlich zuckte vor den Schlitzen der Stahlhaube eine Flamme auf, die ein furchtbares Krachen begleitete. Mehrere Matrosen im Turm brachen zusammen. Leutnant Pawlinow bückte sich und hielt sich lange den durch den Luftdruck verletzten Kopf fest, als befürchte er, daß er abfallen würde. Als er sich dann behutsam umsah, zeigte sein Gesicht freudige Überraschung – er lebte.

«Die bepflastern uns ja, wie sie wollen, Euer Wohlgeboren!» rief einer der Bedienungsmannschaft.

Leutnant Pawlinow hörte aber nichts. Aus seinen Ohren tropfte Blut. Beide Trommelfelle waren geplatzt. Er blieb trotzdem auf seinem Posten und fragte laut: «Ist die Anlage in Ordnung?»

Die rechte Ladevorrichtung funktionierte nicht mehr, es wurde die linke in Betrieb genommen. Die elektrische Zufuhr war gestört, die Granaten wurden mit der Hand weitergereicht. Als die Mannschaft das Schießen wieder aufnehmen wollte, rief der Geschützführer Wolkow besorgt: «Seht doch, was passiert ist!»

Die Rohrmündung des Backbordgeschützes war in einer beträchtlichen Länge weggerissen. Im Turm wußte man nicht, daß dieses Stück Stahl von einer halben Tonne Gewicht auf die obere Bugbrücke geschleudert worden war und dort drei Matrosen erschlagen hatte.

Es dröhnte auch in allen anderen Teilen des Schiffes. Eisen wurde zerrissen, Teile der Reling brachen auseinander, Rettungsboote barsten, auf dem gelben Anstrich der Schornsteine saßen schwarze, kleine Löcher wie Blatternarben. Plötzlich zerplatzte das Achterdeck wie eine gespannte Trommelhaut unter einem Faustschlag. Aus dem Loch schlugen Flammen. Die Kajüten des Batteriedecks brannten. Am 81. Schiffsspant war in der Kajüte 20, wo der Ingenieur Wassiljew wohnte, eine Granate detoniert. Die Tür war aus den Angeln gerissen, die eisernen Schottwände waren längs der Naht zersprungen. Bett, Schrank, Waschtisch, Bücher, der Schreibtisch mit Zeichnungen, Wäsche, Kleider – alles war vernichtet.

Ossip Fjodorow, ein Matrose, kam in den Operationssaal gelaufen, um es Wassiljew zu berichten. Er sprach hastig, sein bärtiges Gesicht hielt er ganz dicht an das Ohr des Vorgesetzten, er benahm sich so, als ob er über illegale Dinge berichtete.

«Ja, die Zeichnungen hätte ich an einer sichereren Stelle unterbringen sollen», sagte Wassiljew wie zu sich selbst und fragte gleich darauf dienstlich streng: «Ist das Leck groß?»

«Es wird wohl etwa dreißig Fuß im Quadrat haben. Feuer war auch ausgebrochen, es wird aber vom eindringenden Wasser gelöscht. Jetzt verbreitete sich das Wasser über das Batteriedeck.»

«Das Leck muß sofort abgedichtet werden», ordnete Wassiljew an.

«Das haben wir schon versucht, es kommt aber nichts dabei heraus. Wir haben schon Platten und Matten gegengestemmt, die Wellen schlagen aber alles wieder weg. Wenn das Meer ruhiger wird, können wir ja vielleicht noch einen Weg finden ...»

Als sei ihm plötzlich etwas eingefallen, zuckte Fjodorow zusammen und stürzte in die Schiffswerkstatt.

Den 152-mm-Bugturm der Backbordseite befehligte der Leutnant Slawinski. Mit seinem Baß munterte er die Mannschaft auf: «Keine Angst, Leute, unsere Sache steht gut ...»

Plötzlich dröhnte dicht neben ihnen eine Detonation. Breit wie ein Segel zuckte eine Flamme auf und erleuchtete für Sekunden den Innenraum des Turmes. Es krachte so, als berste das ganze Schiff auseinander. Die Männer, die zwischen den schweren Panzerplatten eingeschlossen waren, konnten in den sich entwickelnden giftigen Gasen nur keuchend atmen und begriffen lange nicht, was passiert war. Eine Granate hatte die untere Bugbrücke und zwei Decks durchschlagen. Leutnant Slawinski bückte sich und betrachtete prüfend das Innere des Turmes. Alles war in Ordnung. Einige Minuten später detonierte aber die nächste Granate kurz vor dem Turm, wahrscheinlich unter der Wasserlinie. Das Schiff hatte keinen Schaden erlitten, aber das aufgeworfene Wasser stieg auf eine Höhe von fünfzig Fuß und krachte auf das Schiff nieder. Es stürzte durch die Schießscharten, durch die Schlitze in den Hauben, durch das Rohr zum Hinausschleudern der Hülsen in den Turm. Es durchnäßte die Menschen im Turm und rauschte in die unteren Abteilungen und in die Munitionskammer und versetzte die Menschen, die einige Stockwerke tiefer arbeiteten, in Schrecken. Wessen Herz setzte in diesem Augenblick bei dem Gedanken, daß das Schiff sinke, nicht aus?

Der Beschuß, der für kurze Zeit ausgesetzt hatte, war dann wieder aufgenommen worden. Als das Feuer auf den feindlichen Kreuzer «Iwate» gerichtet wurde, bestimmte Leutnant Slawinski die Entfernung mit dreißig Kabellängen. Sie war aber größer. Der Winkel wurde erhöht.

«Weitschuß!» rief der Turmkommandeur.

Der Winkel wurde etwas verringert. Wenige Sekunden nach dem Abschuß erklang der freudige Ausruf: «Treffer! So ist es richtig! Zielt auf den Kommandoturm! Ach ...»

Leutnant Slawinski schrie auf und stürzte von der Kommandoplattform. Auf seiner Stirn war ein runder, roter Fleck, eins seiner Augen war ausgeflossen, über sein volles, sommersprossiges Gesicht strömte Blut. Als die Träger kamen, wandte er sich an den Artilleriemaat Zarew: «Übernimm das Kommando, ich habe genug vom Krieg ...»

Später hatte dieser Turm noch einige Granattreffer bekommen. Ein Schlag war so stark gewesen, daß niemand aufrecht stehen konnte. Die Bedienungsmannschaft wurde vom Luftdruck durcheinandergeschleudert und erstarrte vor Schreck. Für einen kurzen Augenblick waren die Matrosen so benommen, daß sie nichts verstanden und es ihnen schien, als sinke der Turm krachend in die Tiefe. Als sie wieder zu sich kamen, sahen sie die zerschlagenen Zifferblätter, die durcheinandergewirbelten Geräte, die aus den Körben herausgeschleuderten Granaten und sternförmige Risse in der vertikalen Panzerung des drehbaren Teils. Der Geschützführer Wolnjakow lag reglos mit starr aufgerissenen Augen auf der Plattform. Die Leichtverwundeten stürzten zu ihm: «Was ist dir, Freund? Steh doch auf ...»

Er war tot, obwohl keine Wunde an ihm zu sehen war.

Der Maat Zarew erteilte weiter Befehle, doch der aus den Rollenlagern gerissene Turm war unwiderruflich zerschlagen. Es war nichts mehr zu machen. Die Mannschaft verband sich gegenseitig die Wunden und verließ den Turm.

Der 152-mm-Geschützturm der Backbordseite war ebenfalls schwer beschädigt worden. Eine Granate hatte die vertikale Panzerung getroffen, eine andere detonierte auf der Kuppel und hatte die Stahlhaube des Kommandostandes zerstört. Der Mann vom Zubringerdienst stürzte, drehte sich auf allen vieren um sich selbst und fragte: «Freunde, wo hat es mich denn erwischt?»

Auf seinem Rücken, zwischen den Schultern quoll durch die zerfetzte Kleidung das Blut heraus. Sein gutmütiges, kläglich gewordenes Gesicht lief blau an. Er brach zusammen und starb sofort. Außer ihm waren noch zwei Artilleristen verwundet worden. Zu allem Unglück klemmte die Turmtür. Um aus dem Turm herauszugelangen, gab es nur zwei Möglichkeiten: nach oben durch das Loch in der Kuppel oder nach unten in den Schacht.

In einem der 152-mm-Türme auf Steuerbord war ein Splitter zwischen dem starren und dem beweglichen Teil steckengeblieben. Der Turm konnte nicht mehr bewegt werden. Um ihn zu reparieren, muß-

Teilansicht der Admiralität im heutigen Leningrad

Auf der Reede von Tallinn

Ein schweres Belagerungsgeschütz

Das Linienschiff «Orjol»

General Stössel,
Kommandant
von Port Arthur

Vor Port Arthur aufgefischte Seeminen

Versenkte Schiffe in der Hafeneinfahrt von Port Arthur

Der Suezkanal

Einfahrt in den Suezkanal bei Port Said

Admiral Togo

Admiral Roshestwenski

Das Linienschiff «Zessarewitsch»

Zerschossene Bordwand eines russischen Kreuzers

Admiral Fersen

Admiral Baer

Admiral Serebrjakow

Der japanische Kreuzer «Azuma»

Ein russisches Linienschiff (rechts) wird von japanischen Einheiten attackiert

Nach der Schlacht von den Japanern
erobertes russisches Linienschiff

Der Kriegshafen von Wladiwostok

Friedensverhandlungen in Portsmouth (USA)

ten Worobeitschik und die Geschützführer den Turm verlassen. Sie stellten die horizontale Beweglichkeit wieder her, aber dabei viel ein Geschützführer, und Leutnant Worobeitschik erhielt eine Fleischwunde am Bein. Er setzte sich auf das Deck, verzerrte sein mädchenhaftes zartes Gesicht und schrie: «Träger!»

Zwei Matrosen kamen gelaufen und betteten ihn auf die Trage. Er stöhnte immerzu und sagte, er würde gleich sterben. Hastig wurde er zum Operationstisch getragen. Als die Träger den Abstieg durch die Luke begannen, schlug eine Granate ein. Ein Träger wurde getötet, der andere schwer verwundet. Worobeitschik sprang auf und stürzte in die unteren Schiffsräume. Im Verbandraum rannte er umher und trat auf die Schwerverwundeten, bis ihn die Sanitäter ergriffen. Er sank hin und wimmerte: «Oh, ich sterbe ...»

Ein anderes schweres Geschoß traf dann den Turm, den Worobeitschik befehligt hatte, und zerstörte ihn vollends. Mehrere Mann der Bedienung waren verwundet, sie wurden in den Verbandraum geschafft. Die Übriggebliebenen wurden auf andere Geschütze verteilt.

Oft brach Feuer aus. Es wurde von der Feuerwehr unter Führung des Leutnants Karpow in aufopferungsvollem Einsatz bekämpft.

Auch der Kommandoturm hatte Treffer erhalten. Im Turm gab es keine Verletzten, bis ein schweres Geschoß auf der Backbordseite der Panzerkuppel detonierte. Durch die Schlitze drangen Splitter ins Innere ein, zerschlugen den Entfernungsmesser, andere Geräte und die Sprachrohre. Die zentrale Leitung der Artillerie wurde dadurch unterbunden, und der Chefartillerist, Leutnant Schamschew, ordnete an, daß die Geschütze auf Gruppenfeuer übergehen sollten. Im Kampfturm waren fast alle verwundet. Leutnant «Schädling» begab sich mit einer leichten Wunde an der linken Schulter in den Verbandraum. Der Navigationsoffizier, Leutnant Larionow, wurde mit schweren Stirn- und Halswunden ebenfalls hinuntergebracht. Die übrigen Offiziere, Signalgasten, Rudergasten, Ordonnanzen und Fernsprecher, die leichtere Splitterverletzungen erlitten hatten, blieben auf ihren Posten.

Während unserer Fahrt durch die Weltmeere hatte der Schiffskommandant, Kapitän 1. Ranges Jung, der öfters vom Geschwaderchef gerügt worden war, Nervosität und Heftigkeit gezeigt. Allgemein wurde erwartet, daß er beim Zusammenprall mit den Japanern den Kopf verlieren werde. Wider Erwarten verhielt er sich ruhig und verließ seinen Posten nicht, obwohl er am Kopf verwundet wurde. Er wußte wohl, daß wir endgültig verloren waren und daß sich das Schicksal der gesamten Besatzung jede Sekunde vollenden konnte. Deshalb hatte sein Gesicht die übliche Frische verloren, deshalb stand in seinen blauen Augen eine tiefe Trauer, als nehme er Abschied vom Leben. Trotzdem hielt sich dieser bejahrte und sauber gekleidete Hagestolz, der sich sogar an diesem Morgen rasiert hatte, aufrecht, als fordere er den Tod heraus. Neben ihm stand der Erste Offizier, Kapitän 2. Ranges Sidorow; er runzelte zuweilen verwundert die dichten Brauen und wischte sich über das Gesicht, wobei er das Blut verschmierte. Auch Leutnant Schamschew war verwundet. Um drei Uhr war im Kommandoturm nur noch der Navigationsoffizier, Leutnant Satkewitsch, unverletzt.

In diesem Krachen der Detonationen, den blutrot flammenden Blitzen, den über das Schiff herabstürzenden riesigen Wassermassen wußte niemand, was mit ihm im nächsten Augenblick geschehen würde.

Der Bootsmann Wojewodin hatte in der Farbenlast das Feuer gelöscht und ging zum Heck. Der Torpedomaat Wasja-Drosd kam ihm entgegen, gebückt, als wolle er sich klein machen. Die eine Hand hielt er am Kopf, scheinbar, um ihn vor den umherfliegenden Granatsplittern zu schützen, die andere Hand schwang energisch auf und ab. Warum war dieser hagere, langbeinige Träumer an Deck? Wohin eilte er? Er sah sich nach den feindlichen Schiffen um, die ihre Geschütze abfeuerten, und blieb plötzlich wie unschlüssig stehen. In diesem Augenblick wurde der Bootsmann von einem heftigen Stoß umgeworfen. Als er wieder auf die Beine kam, sah er, wie jemand in den braunen Rauchwolken umherpurzelte wie ein spielendes Bärenjunges. Der Rauch verzog sich allmählich. Da glaubte Wojewodin, daß er wahnsinnig geworden sei: Wasja-Drosd war um die Hälfte kleiner geworden und kämpfte verzweifelt um sein Leben. Mit irren Augen und schmerzerfülltem Gesicht sprang er immer wieder auf die Stümpfe, die von seinen Beinen übriggeblieben waren ... Dann rollte er über das zersplitterte Deck. Plötzlich hielt er inne. Sein Körper zuckte im Todeskampf.

Da kam Wojewodin wieder zu sich und stürzte Hals über Kopf zur nächsten Luke.

Achtunddreißig Wimpel ohne Führung

Als die feindlichen Hauptkräfte in Sicht gekommen waren, hatte sich das Flaggschiff «Suworow» kampfbereit gemacht. Nach erfolgtem Gefechtsalarm hatten sich das Schiffs- und das Geschwaderkommando in den Kommandoturm begeben.

Würde man das Schiff mit einem lebenden Organismus vergleichen, so hat der Kommandoturm seiner Form und seiner Kampfaufgabe nach eine gewisse Ähnlichkeit mit dem menschlichen Kopf. Er war ein walzenförmiger Turm mit etwa zwei Meter im Durchmesser, bestand aus 250 mm starken Panzerplatten und war mit einer gepanzerten pilzförmigen Kuppel gedeckt. In den Turmwänden waren in Augenhöhe schmale Schlitze angebracht, die eine Beobachtung nach draußen ermöglichten. An der Rückwand befand sich der türlose Zugang, in dem schützend eine dicke, rechteckige Panzerplatte einen Schritt tief im Raum stand. Der Kommandoturm befand sich auf der unteren Bugbrücke. Ein gepanzertes Rohr, durch das man über Eisenstufen hinabsteigen konnte, führte vom Turm senkrecht hinab bis zur Zentrale des Schiffes. Im Turm befand sich eine große Anzahl von Geräten und Anlagen zur Schiffsführung: Maschinentelegraf, Ruderrad, Kompaß, Navigationstisch, Sprachrohre und Telefone. Sie verbanden den Turm mit allen Schiffsabteilungen. An den Wänden blitzten Glas und Messing der Zeiger und Zifferblätter, von denen, wie die Nerven vom Gehirn, die elektrischen Leitungen zu den Türmen, Kasematten und zum Batteriedeck mündeten, um dort in ein entsprechendes System von Zifferblättern und Zeigern auszulaufen. Verschiedene Zeiger markierten den Befehl zum Beginn und Abschluß des Schießens, die Nummer des feindlichen Schiffes, das die Geschützführer beschießen sollten, Anweisungen für die Einstellung der Zielvorrichtung und die Art der Granaten, die zu verwenden waren.

Die Zentrale war ebenfalls ein Kommandoturm, lag aber mehrere Etagen tiefer. Sie enthielt die gleichen Geräte und war ebenfalls mit allen Teilen des Schiffes durch Telefone und Sprachrohre verbunden. Wurde auf der Brücke alles zerstört, so verlegte das Schiffskommando seinen Stand in die Zentrale hinunter.

Der Kommandoturm ist das Gehirn des Schiffes. Befindet sich ein Admiral an Bord, so wird er zum Mittelpunkt der Leitung des gesamten Geschwaders. Von hier gehen alle Befehle während der Schlacht aus.

Im Turm des Linienschiffes «Suworow», dem alle übrigen Schiffe folgten, war es so eng geworden, daß man sich kaum bewegen konnte. Mit dem Admiral Roshestwenski hatten sich auch seine Stabsangehörigen hier eingefunden: der Flaggkapitän Clapier de Colongue, zwei Adjutanten, die Stabsfachoffiziere der Torpedowaffe und der Artillerie, der Navigationsoffizier und zwei persönliche Ordonnanzen des Geschwaderchefs für besondere Aufträge. Auch die Offiziere des Schiffsstabes hielten sich hier auf: der Kommandant des Linienschiffes, Kapitän 1. Ranges Ignatius, der Artillerieoffizier, der Navigationsoffizier, der Zahlmeister und der Wachhabende Offizier. Am Ruder standen zwei Rudergasten, an den Telefonen und Sprachrohren standen Matrosen in strammer Haltung, am linken Entfernungsmesser starrten Signalgasten zu den feindlichen Schiffen hinüber, um die Entfernung zu messen.

Unsere Kampftürme waren nicht gerade vollkommen eingerichtet. Deshalb war es eine große Gefährdung des Kommandostabs, wenn er sich geschlossen im Turm aufhielt. In der Schlacht vor Port Arthur hatte die Besatzung des Linienschiffes «Zessarewitsch» die Erfahrung gemacht, welches Risiko für das Geschwader bei einer solchen Zusammenballung der Leitung bestand. Eine schwere Granate, die durch die Kuppel des Turmes schlug, hatte auf «Zessarewitsch» die gesamte Führung mit einem Male außer Gefecht gesetzt. Der Geschwaderchef, Admiral Witthöft, und mehrere seiner Stabsangehörigen waren getötet worden. Das Flaggschiff, das seine Leitung verloren hatte, brachte das ganze Geschwader in Unordnung. Einige Schiffe waren zur Flucht und sechs Schiffe zur Rückkehr nach Port Arthur veranlaßt worden, wo sie ihr Grab gefunden hatten.

Roshestwenski dachte nicht daran, von der traditionellen Schablone in der Führung eines so großen Geschwaders abzuweichen. Er wollte seine Flagge nicht auf einen schnellen Kreuzer setzen, sondern blieb auf dem Linienschiff, an der Spitze der Kolonne. Die Frage der Führung war aber in der Schlacht von Tsushima für das russische Geschwader, das zu selbständigen Handlungen überhaupt nicht vorbereitet war, von besonderer Bedeutung. Alle verließen sich auf den Admiral Roshestwenski, der eine übermäßige Zentralisierung der Leitung geschaffen hatte. Er hatte vor der Schlacht weder seine nächsten Gehilfen, die Offiziere seines Stabes, geschweige denn die Schiffskommandanten, die ihm blind folgten, in seine Pläne eingeweiht. Sein Geschwader hatte er in der Überzeugung erzogen, daß allein sein Wille dieses ganze Rudel von verschiedenartigen Schiffen, die das Zweite Geschwader bildeten, zusammenhalten würde. Nun war die Stunde der großen Prüfung herangekommen ...

Das Linienschiff «Suworow» fuhr mit einer Geschwindigkeit von neun Knoten. Auf seinen Decks, in den Türmen und Maschinenräumen schien alles Leben ausgestorben zu sein. Auch im Kommandoturm wurde kaum gesprochen. Alle waren so erregt, daß sie den Atem anhielten.

Der Admiral verfolgte unausgesetzt den Feind durch das Fernglas. Um durch die Schlitze sehen zu können, mußte er sich bücken und die Beine spreizen. Über den Kragen seines Rockes quoll der Halsspeck. Roshestwenski mahlte, wie stets, mit seinen Kiefern, wodurch sein steinernes Gesicht etwas lebendiger wurde. Aber andererseits wurden die Umstehenden dadurch in noch größere Furcht versetzt.

Die Uhrzeiger standen auf 13.48 Uhr, als der Flaggkapitän Clapier de Colongue, dieser nervöse und eingeschüchterte Aristokrat, sagte: «Exzellenz, ‹Mikasa› macht eine Schwenkung auf uns zu.» Roshestwenski erwiderte heiser, als sei sein Hals ausgetrocknet: «Ich sehe. Er macht eine volle Schwenkung. Offenbar will er auf Parallelkurs gehen.»

Er gab den Befehl: «Signalisieren! Beschuß der Spitzenschiffe! Das 152-mm-Buggeschütz auf backbord übernimmt das Einschießen.»

Es verging eine weitere Minute, bis der Admiral Togo auf seinem Schiff eine volle Schwenkung um sechzehn Strich ausgeführt hatte. Der erste Schuß wurde aus einer Entfernung von zweiunddreißig Kabellängen abgefeuert. Zu weit! Die anderen Schiffe unseres Geschwaders eröffneten ebenfalls das Feuer. Das Ergebnis des konzentrierten Artilleriebeschusses war aber negativ. Die Einschläge der Granaten der verschiedenen Schiffe bildeten ein Durcheinander, so daß um «Mikasa» das Meer zu kochen schien. Kein Geschützführer konnte feststellen, ob die Wasserfontäne durch sein Geschoß oder durch das eines anderen Schiffes verursacht wurde. Keiner war also imstande, den Beschuß zu kontrollieren und zu regulieren.

Zwei Minuten später eröffnete dann der Feind sein Feuer, und sofort zeigte sich, wie sehr sein Geschwader im Vorteil war. Das Einschießen besorgte ein einziges Schiff, das durch Signale den anderen Schiffen die Entfernung mitteilte. Dann erst erfolgte eine Reihe von Salven, die viele Treffer erzielten. Ein Sturz von Granaten deckte die Ziele zu.

Zuerst erhielt «Suworow» nur vom Flaggschiff «Mikasa» die Schläge. Aber nachdem auch die anderen japanischen Linienschiffe die Schwenkung ausgeführt hatten, also auf Parallelkurs gegangen waren, wurde «Suworow» mit Geschossen von «Fuji», «Shikishima», «Asahi», «Kasuga» und «Nisshin» überschüttet.

Bald hatten auch sechs japanische Kreuzer ihr Feuer auf die «Osljabja» konzentriert, während «Suworow» das Ziel von sechs der stärksten japanischen Linienschiffe war. Die Treffer glichen einem Hagel von Stahl. Es waren Sprenggranaten, die bei der Detonation in tausend Stücke platzten und riesige Feuerbündel und Wolken von schwarzem oder grellgelbem, stickigem Rauch verursachten. Was irgendwie brennbar war, selbst die Farbe auf dem Eisen, ging in Flammen auf. Die Salven der eigenen Geschütze, die Detonationen der feindlichen Granaten und das Klirren berstenden Eisens vermischten sich zu einem unausgesetzten Donner, der alle Teile des Schiffes erbeben ließ.

Durch die Sehschlitze drangen kleine Splitter, Späne, Rauch und Wasserspritzer in den Kommandoturm. Draußen verdeckte eine schwankende Wand aus Flammen, Rauch und Wasserfontänen jede Sicht. Zuverlässige Beobachtungen waren nicht mehr möglich. Aber dazu war ohnehin niemand mehr fähig. Alle Insassen des Turmes waren erschüttert und durch Angst demoralisiert. Sie suchten hinter der Panzerwand Schutz, legten sich auf den Boden nieder. Nur die Matrosen standen auf ihren Plätzen am Ruder, am Entfernungsmesser, an den Sprachrohren und Telefonen. Sie durften nicht anders handeln und mußten ihre Angst überwinden. Mehrere Stabsoffiziere hatten sich hingehockt, andere knieten. Selbst Admiral Roshestwenski, dieser stolze und überhebliche Mensch, duckte sich immer tiefer, um den Splittern zu entgehen, bis schließlich das Feuer des Gegners ihn zwang, sich auf die Knie niederzulassen. Er war der erste, der den anderen dieses Beispiel gab. Gebeugt, den Kopf in die Schultern eingezogen, war er eher das Abbild eines eingeschüchterten Fahrgastes als ein Geschwaderchef.[23] Der Schiffskommandant Ignatius bat den Admiral: «Exzellenz, der Feind hat sich offenbar eingeschossen, gestatten Sie, den Kurs zu ändern?»

«Gut», erwiderte Roshestwenski, ohne zu überlegen.

Um 14.05 Uhr wurde der Kurs um zwei Strich steuerbord geändert. Zuerst ließen die Treffer nach, fielen aber bald wieder pausenlos aufs Schiff. Eine 152-mm-Granate schlug gegen die Platten des Kampfturmes. Sie verursachte keinen Schaden, brachte aber durch die Erschütterung die Uhr zum Stehen.

Auf den Bootsbarrings und im Admiralssalon brach Feuer aus. Die Feuerwehrmannschaft konnte es nicht mehr bekämpfen, weil die unausgesetzt detonierenden Granaten den Aufenthalt auf Deck nicht zuließen. Die Matrosen, die trotzdem Löschversuche wagten, wurden reihenweise von den Splittern niedergemäht, die Schläuche waren im Augenblick durchlöchert. Allmählich vereinigten sich verschiedene Brandherde zu einem Feuer, das sich vom Bug bis zum Heck ausdehnte.

Im Turm wurde der erste Schiffsartillerieoffizier, Leutnant Wladimirski, verwundet. Der Backbordentfernungsmesser wurde zerstört, das Instrument auf Steuerbord wurde in Betrieb genommen. Der Flaggartillerieoffizier, Oberst Bersenew, blickte in den Apparat, um die Entfernung zu messen, fiel aber gleich darauf tot um. Am Ruderrad waren beide Rudergasten gefallen. Die Flaggoffiziere Swerbejew und

Krshishanowski traten an ihre Stelle. Die Griffe des Rades waren blutig.

«Suworow» legte sich wieder auf den früheren Kurs Nordost 23 Grad.

Im Turm trafen aus allen Teilen des Schiffes unerfreuliche Nachrichten ein. Die Verbandstelle am Wohndeck war zertrümmert, die Verwundeten waren in eine blutige Masse verwandelt worden. Am Backbordtorpedorohr hatte sich ein Leck gebildet. Telefonisch wurde weiter gemeldet:

«Der 305-mm-Heckturm hat schwere Treffer. Er ist zerstört und aktionsunfähig.»

Das Schiff hatte bereits die Hälfte seiner Artillerie verloren.

Der Admiral war durch einen Splitter verwundet worden, blieb aber im Turm. Seine Anwesenheit war nutzlos. Das Geschwader konnte er nicht mehr führen.

Unter dem wütenden Feuer des Gegners wagte sich niemand auf die Brücke, um Flaggensignale zu hissen. Die Granaten fegten jeden sofort weg. Außerdem war alles Tauwerk zerfetzt, die Signalkiste mit den Flaggen stand in Flammen. Der Großmast stürzte, von einer Granate gekappt, über Bord. Vom Fockmast fiel die untere Rahe herunter ...

Hilflos und passiv blieb der Admiral auf seinem Posten, um die Granate abzuwarten, die ihm endgültig die schwere Verantwortung eines Oberbefehlshabers von den Schultern nehmen würde.

Vielleicht dachte er an seine Vergangenheit.

In St. Petersburg steht am Ufer der Newa ein riesiges, altes Gebäude mit einer goldenen Spitze – die Admiralität. Die zwei letzten Jahre hat Roshestwenski dort als Chef des Hauptmarinestabes gewirkt. Gestützt vom Zaren, wähnte er sich unerschütterlich. Er war damals nur Konteradmiral gewesen, mit fünfundfünfzig Jahren verhältnismäßig jung für diesen Posten. Er hatte ranghöhere Vizeadmirale übersprungen, die ihn voll Neid betrachteten. Alle zitterten vor ihm, während er überzeugt war, daß unter seiner Leitung die russische Flotte blühe und erstarke und zu einer bedeutenden Seemacht würde.

Erregt stürmten die Gedanken weiter, zauberten ein anderes Bild, eine Konferenz beim Marineminister, in seine Erinnerung ...

An der Auffahrt desselben Gebäudes, an der Seite, wo das Denkmal Peters I. steht, halten Luxuswagen mit gewichtigen Fahrgästen. Es sind die höchsten Vertreter des Marineamtes, die zu einer Sonderkonferenz eilen. Unten im Vestibül empfängt sie der würdige Portier, der ihnen die Mäntel abnimmt. Seine Brust schmücken alle vier Georgskreuze und zahlreiche Medaillen. Nun muß man die Treppe hinauf, durchs Billardzimmer gehen und dann durch die Tür rechts eintreten. Hier befindet sich das Arbeitszimmer des Marineministers. Die Fenster gehen auf den Senatsplatz hinaus. Im Zimmer steht ein pompöser Kamin, hängen Bilder, die Zaren, Generaladmirale und Seeschlachten darstellen. Von der Decke hängt ein schwerer Bronzekronleuchter, den Fußboden bedeckt ein Teppich.

Roshestwenski kennt hier alles, auch den großen Nußbaumtisch mit dem grünen Tuch, an dem jetzt die Admirale, der Marineminister und andere hohe Persönlichkeiten sitzen. Die einen sind aufgeregt und erschrocken, die anderen triumphieren – sie besprechen die Ergebnisse der Schlacht von Tsushima. So wird das in ein bis zwei Tagen sein, und sein Name, der Name des Oberbefehlshabers Roshestwenski, wird zum Tagesgespräch werden ...

Der zweite Entfernungsmesser wurde zertrümmert. Der Admiral wandte den Kopf. Sein Gesicht zuckte wie unter einem scharfen Schmerz. Er zischte durch die Zähne, ohne sich direkt an jemand zu wenden: «Schweinerei!»

Wie aber war die Lage zu retten? Wie konnten die andern Schiffe verständigt werden, daß sie kühn die Initiative ergreifen müßten, weil das Flaggschiff schon alle Granaten auf sich genommen hatte, die für das ganze Geschwader gereicht hätten? Sie waren aber gewohnt, nur zu gehorchen, sie erwarteten Anordnungen und folgten gehorsam dem Admiral, dem nichts übrig blieb, als sie im Turm kniend zu «führen».

Der Feind nutzte seinen großen Vorteil aus: die größere Geschwindigkeit! Er rückte schnell an die Spitze unserer Kolonne, schlug einen Bogen um uns und hielt «Suworow» im Zentrum dieses Bogens. Um 14.25 Uhr befand sich «Mikasa» schon etwa vierzig Kabellängen vor uns und schnitt uns den Kurs ab. Am Kampf konnten auf unserer Seite nur die ersten fünf bis sechs Schiffe teilnehmen. Einer der Offiziere meldete es dem Admiral, der eine Kursänderung um vier Strich steuerbord anordnete, damit unsere Kolonne in der inneren Linie schwenken konnte und die zurückliegenden Schiffe zum Einsatz kamen.

Im gleichen Augenblick aber, als das Schiff nach Steuerbord auswich, barst eine schwere Granate am Schlitz des Kommandoturmes. Einige Männer der Turmbesatzung wurden getötet, die übrigen, darunter auch der Admiral, verwundet. Ein Splitter hatte die Stirn des Admirals aufgerissen. Das Ruderrad war blockiert, vorübergehend war es ohne Bedienung, und das steuerlose Schiff fuhr wie ein Blinder im Bogen. «Suworow» war außer Gefecht gesetzt, die Tragödie des «Zessarewitsch» von Port Arthur hatte sich im Zweiten Geschwader wiederholt.

Das Geschwader folgte dem nächsten Linienschiff – «Alexander III.» Das Schiff versuchte, im Kielwasser von «Suworow» zu bleiben, überzeugte sich aber schnell davon, daß «Suworow» steuerlos fuhr, und kehrte auf den ursprünglichen Kurs zurück. Es gelang ihm, zeitweilig das geschwächte Flaggschiff vor dem konzentrierten Feuer des Feindes zu schützen.

Auf «Suworow» brach nahe beim Kommandoturm Feuer aus. Der Adjutant, Leutnant Swerbejew, wollte es löschen, wurde aber im Rükken verwundet und mußte zum Verbandplatz. Der Admiral hockte auf dem Boden und ließ den Kopf hängen. Es war unmöglich, ihn über das offene Deck durch die Brände und Explosionen in den Verbandraum zu bringen. Er war völlig gebrochen, seine Gewalt über das Geschwader mit achtunddreißig Wimpeln war vorbei. Der blutüberströmte Flaggnavigationsoffizier Filippowski versuchte mit Hilfe der Maschinen «Suworow» wieder manövrierfähig zu machen, aber das Schiff schlingerte stark und fiel um etwa acht Strich vom Kurs ab. Außerdem krängte das Schiff um etwa sechs bis sieben Grad.

Etwas später barst wieder eine Granate vorn am Turm. Splitter wirbelten durch die Luft. Der Admiral wurde diesmal am Bein verwundet. Der Schiffskommandant Ignatius, der in hockender Stellung gewesen war, wurde umgeworfen, kam aber sofort auf die Knie, sah sich verstört um und faßte sich an den Glatzkopf. Die Kopfhaut stand wie ein Briefumschlag offen, die Wunde blutete stark. Er wurde hinuntergetragen. Leutnant Krshishanowski, dessen Hände voll kleiner Splitter steckten, ging in den Ruderraum, um das Ruder auszurichten. Alle Geräte im Kampfturm waren vernichtet, die Verbindung mit den anderen Teilen des Schiffes war unterbrochen.

Fast gleichzeitig detonierte eine Granate auf dem rechten Brückenflügel. Der Schreiber Ustinow, der als Ordonnanz am Turm stand, fiel um und konnte nicht mehr aufstehen. Beide Beine waren ihm abgerissen. Ustinow war der ernsteste und ruhigste Bursche des ganzen Schiffes gewesen. Auch jetzt, als man ihn auf die Trage bettete und wegtrug, schrie er nicht und stöhnte nicht vor Schmerzen, sondern lächelte ergeben.

Etwa um 15 Uhr brannten die Bootsbarrings, die obere Ruderkabine, die Bugbrücke und die dort befindlichen Kajüten. Im Kommandoturm lagen die Leichen der Offiziere und Matrosen. Nur vier Mann waren am Leben geblieben, aber auch sie waren verwundet: der Admiral Roshestwenski selbst, der Flaggkapitän Clapier de Colongue, der

Geschwadernavigationsoffizier Filippowski und ein Obermaat. Ihnen drohte ein furchtbareres Schicksal als der sofortige Tod. Entweder mußten sie im Rauch ersticken oder verbrennen. Der Kampfturm war von allen Seiten von Flammen umgeben und glich einem Kessel, den man aufs Feuer gesetzt hat. Die Verbindung mit der Brücke war unterbrochen. Es blieb nur ein Ausweg – der Schacht zur Zentrale. Die vier rückten die Leichen beiseite, öffneten die Luke und stiegen das vertikale Rohr hinab, das in die Tiefe des Schiffes führte. Alle waren um den verwundeten Admiral besorgt, damit er nicht stürzte. Er kam wohlbehalten unten an.

«Suworow» war bis zur Unkenntlichkeit verstümmelt. Ohne Großmast, ohne den achteren Schornstein, ohne die Bugbrücken und Bootsbarrings, das obere Deck in Flammen, große Löcher in den Bordwänden, so glich er allem anderen eher, als dem Spitzenschiff eines Geschwaders. Mit den Resten des Fockmastes und dem schwankenden, vorderen Schornstein erinnerte er den Umrissen nach, die man durch den schwarzen Rauch nur ahnen konnte, an einen japanischen Kreuzer vom Typ «Matsushima». Nach dem Versuch «Alexanders III.», im Rücken des Feindes nach Norden durchzubrechen, scherte «Suworow» aus der Kolonne aus und kam zwischen die eigenen und die japanischen Schiffe. Da die achteren russischen Schiffe nicht gesehen hatten, daß er außer Gefecht gesetzt worden war, glaubten sie, ein beschädigtes japanisches Schiff vor sich zu sehen, und beschossen es.

Das Schiff wurde jetzt von der Zentrale aus geführt. Dort war vom ganzen Stab nur der Oberstingenieur Filippowski geblieben, die anderen waren verschwunden. Auch der Admiral war gegangen, man hatte ihn allein gelassen. Er hielt sich eine Weile in den unteren Räumen auf, hinkend und häufig stehenbleibend, wie in tiefe Gedanken versunken. Dann wollte er wieder nach oben, in einen der noch arbeitenden Türme, aber das Feuer hinderte ihn daran. Er gab keine Befehle mehr. Die Matrosen, die mit wichtigeren Dingen beschäftigt waren, beachteten ihn nicht. Er war überflüssig geworden auf dem Schiff, niemand brauchte ihn.

Woran mochte er denken? Am Rande ihrer Kraft, im Kampf gegen das Feuer und die Lecks, liefen die Menschen an ihm vorbei; er sah sie wohl nicht. Plötzlich belebte sich sein Gesicht. Im Arm eines vorbeieilenden Matrosen hatte er einen Kasten mit dem Zeichen des Roten Kreuzes entdeckt. Das Verbandmaterial wurde verlagert. Der Admiral starrte begierig dem roten Zeichen nach, als wäre ihm etwas sehr Wichtiges eingefallen. Vielleicht sah er im Geiste die geliebte Gestalt der Krankenschwester Natalja Michailowna? War es möglich, daß selbst in diesen furchtbaren Augenblicken ihre Gestalt die Sorge um das geschlagene Geschwader verdrängen konnte? Zufällig kam ihm der Maschinist Kolotuschkin unter die Augen. Mit matter, fast flehender Stimme murmelte der Admiral heiser:

«Geh doch auf das Oberdeck und sieh dich um, ob man das Lazarettschiff ‹Orjol› irgendwo sieht.»

«Zu Befehl, Exzellenz», antwortete Kolotuschkin, den dieser Befehl des Admirals äußerst verwunderte, und verschwand.

Es gelang, das Steuerruder des «Suworow» auszurichten, und das Schiff versuchte, allein mit den Maschinen steuernd und im Schutz der Kolonne, dem Geschwader zu folgen. In dieser Kampfpause bemühten sich die verwundeten Offiziere und Matrosen, mit dem Feuer fertig zu werden und auf dem Schiff die notwendigste Ordnung zu schaffen. Zum Löschen wurde die Artilleriemannschaft aus den Kasematten und Laderäumen eingesetzt, die die Reserveschläuche heranholte. Die Leichen wurden fortgeräumt, die Decks begehbar gemacht, anstelle der zerstörten Treppen wurden provisorische gebaut. Eine Überprüfung der Artillerie zeigte, daß nur der Bug- und der mittlere 152-mm-Turm auf steuerbord unversehrt geblieben waren. Sie hatten in die Kampfhandlungen nicht eingegriffen. Ferner waren noch einige 76-mm-Geschütze in der Batterie und in der Bugkasematte intakt. Die Schornsteine waren wegrasiert, der Dampfdruck sank infolge des fehlenden Zuges. In diesem zerzausten Zustand hatte das Schiff keinerlei Kampfwert mehr und war nur ein Ballast für das Geschwader, das seinen Admiral aber nicht im Stich lassen wollte. Der Flaggkapitän Clapier de Colongue hatte sich inzwischen von der Erschütterung erholt. Er hastete über das Schiff und fragte jeden, der ihm begegnete: «Wo ist der Admiral?»

In der Geschichte des Seekrieges war es noch nie vorgekommen, daß ein Flaggkapitän oder Stabschef seinen Befehlshaber auf dem Schiff aus den Augen verloren hatte.

«Hier ist er vorbeigekommen», sagte einer.

«Er ist nach oben geklettert», meinten andere.

Endlich gab ein Offizier einen genaueren Hinweis: «Der Admiral befindet sich im Steuerbordmittelturm.»

Um 16.00 Uhr befand sich «Suworow» wiederum zwischen unserer und der feindlichen Linie und nahm zum zweiten Male das feindliche Feuer auf sich. Er hatte alle Schornsteine verloren, das Feuer warf über den Haufen Eisenschrott riesige Flammen gen Himmel. Das schienen Ausbrüche eines Vulkans zu sein!

Der Feind erkannte den hilflosen Zustand des Schiffes und entschloß sich, es durch Torpedoattacken zu erledigen. Eine Torpedoflottille stürzte sich auf das Schiff. Der verwundete Löwe hatte aber noch Kraft, die Schakale zu vertreiben, die sich vorzeitig auf die Beute gestürzt hatten. «Suworow» machte mit Hilfe seiner Maschinen eine Wendung und empfing die Boote mit dem Feuer der restlichen Geschütze. Der Angriff wurde abgeschlagen, der Löwe hatte noch einmal seine Kraft gezeigt.

Schon lange vorher war das Linienschiff «Osljabja» gesunken. Die übrigen zehn Linienschiffe fuhren südwärts, in ein heftiges Artillerieduell mit dem japanischen Geschwader verwickelt.

«Suworow» krängte bald nach der einen, bald nach der anderen Seite, er konnte sich kaum noch bewegen. Das glühende Oberdeck hatte sich so weit gesenkt, daß es das Batteriedeck einengte. Die Heizer litten unter Rauchvergiftung. Die Panzerplatten an den Bordwänden der Wasserlinie hatten sich gelockert, an vielen Stellen drang Wasser ins Schiff. Trotz dieser Zerstörungen hielt sich das Schiff hartnäckig über Wasser.

«Möglichst weg von der Bordwand!»

Das Linienschiff «Osljabja», hochbordig, drei Schornsteine, mit einer Wasserverdrängung von fast dreizehntausend Tonnen, hatte vor der Schlacht als verhältnismäßig neu gegolten, denn es war 1898 vom Stapel gelaufen. Die Marineverwaltung hatte über sieben Jahre zu seinem Bau gebraucht; ebenso lange war es im Dienst, bis es in den Gewässern des Fernen Ostens sein Grab fand. Nur schwach und noch dazu nicht überall mit Panzerplatten aus englischem Stahl gedeckt, war das Schiff eher ein guter Panzerkreuzer als ein Linienschiff. Es entwickelte immerhin eine Geschwindigkeit bis zu achtzehn Knoten. Das Oberkommando hatte jedoch verfügt, daß es zum Schrecken der Feinde zu den Linienschiffen zu zählen sei.

Kommandant des Schiffes war Kapitän 1. Ranges Baer, ein kahlköpfiger, mittelgroßer Hagestolz von etwa 45 Jahren. Sein breiter Mund wurde von einem dichten, graumelierten Schnurrbart verdeckt, über dem sich eine riesige Nase gewichtig erhob. Vom Kinn fiel in zwei Teilen ein langer weißer Bart. Im allgemeinen hatte er ein strenges, imposantes Aussehen, das nur durch die blaßblauen Augen einen freundlicheren Ausdruck erhielt. Baer liebte es, gut zu essen, rauchte viel, trank aber grundsätzlich keinen Alkohol. Er war stets elegant gekleidet und versäumte keine Gelegenheit, um, wie er sagte, «die Zeit mit Damen unserer Kreise zu verbringen». Die Marinebehörden hielten ihn für einen erfahrenen und kenntnisreichen Seemann. Er beherrschte vorzüglich die englische, deutsche und französische Sprache. Etwa sechs Jahre vor der Schlacht von Tsushima war er nach Philadelphia in den USA entsandt worden, um den Bau der dort bestellten Schiffe, des Linienschiffs «Retwisan» und des Kreuzers «Werjag», zu beaufsichtigen. Außerdem hatte Baer die Möglichkeit gehabt, seine seemännischen Kenntnisse als Marineattaché in Frankreich zu vervollständigen. Von seinen Untergebenen, das waren auf «Osljabja» etwa neunhundert Mann, verlangte er viel. Vom Gesichtspunkt des zaristischen Militarismus aus, der auf Drill und Äußerlichkeiten Gewicht legte, konnte dieser Mensch durchaus als mustergültig gelten. Sein Schiff war stets in Ordnung, überall herrschte ideale Sauberkeit – und das ohne Rücksicht auf die jeweiligen Verhältnisse oder die körperliche Leistungsfähigkeit der Mannschaft. Jede Woche besichtigte er das Schiff von oben bis unten. Er stieg selbst in den Heizraum, der vor seiner Ankunft mit Seife abgeschrubbt wurde, und prüfte mit weißen Handschuhen Geländer und Gegenstände. Wiesen die Handschuhe eine schwarze Spur auf, so hatten die Heizer ihren Anschnauzer weg.

«Drei Tage Arrest!» schrie dann der Kommandant.

Das bedeutete, daß der Schuldige in den Verschlag kam, in dem die Taue aufbewahrt wurden. Baer interessierte sich wenig für Nährwert und Geschmack des Essens, dafür kontrollierte er um so mehr die Kupferkessel, aus denen die Mannschaft die Suppe schlürfte. Sie wurden so blank gescheuert, daß sie wie Kirchengefäße glänzten.

Man konnte dem Kommandanten persönlichen Mut nicht absprechen. Es gelang ihm aber nicht, diesen Mut seinen Untergebenen einzuimpfen und ihre Liebe und ihr Vertrauen zu gewinnen. Gewiß versuchte er es, der Versuch mißlang aber. Eines Tages, lange vor der Schlacht, hatte er die Mannschaften am oberen Deck antreten lassen und ihnen in einer kurzen, aber eindeutigen Rede gesagt: «Brüder! Ich hoffe, daß ihr euer Leben für Glauben, Zar und Vaterland einsetzen werdet. Ihr seid doch russische Matrosen.»

Nur die Unteroffiziere hatten schwach geantwortet: «Wir werden uns Mühe geben, Euer Hochwohlgeboren.»

Die meisten jüngeren Offiziere fügten sich sklavisch dem Willen des Kommandanten. Die Mannschaft bedeutete ihnen nichts, sie beschimpften die Matrosen wahllos: du Stück Vieh, du Holzkopf, du Galgenfratze.

Alles war auf Kriecherei, auf sinnloser Unterwerfung, auf Äußerlichkeiten aufgebaut, als zöge «Osljabja» nicht in den Krieg, sondern zu einer Flottenschau.

Das Leben auf einem solchen Schiff wurde den Matrosen zur Qual. Sie nannten ihr Schiff das «Schwimmende Gefängnis». Wo sie konnten, fügten sie den Vorgesetzten Schaden zu, betrogen sie, führten die Befehle miserabel aus, verdarben die ihnen anvertrauten Sachen. Vor Madagaskar hatten sie die Belegtrossen des Dampfkutters durchschnitten, um ihn abtreiben und zerschellen zu lassen. Zur selben Zeit hatten sie, als sie in Frontstellung angetreten waren, den Ersten Offizier ausgepfiffen. Das sah nach Meuterei aus. Der Admiral war selbst gekommen, hatte die Matrosen heftig beschimpft und einige, die von Verrätern angegeben wurden, vor Gericht stellen lassen.

Zur Verzweiflung getrieben, verfluchten die Matrosen ihr Schiff und den Kommandanten und wünschten: «Wenn wir doch schnell versinken würden, dann kämen wir unter die Flagge des Admirals Makarow.»

An Bord von «Osljabja» befand sich auch der Befehlshaber der zweiten Linienschiffdivision, Admiral von Fölkersam. Die Matrosen nannten ihn «Filka». Er war ein gutmütiger Mensch und schwatzte gern mit der Mannschaft, hatte aber allzu sehr mit seinen Stabsgeschäften zu tun und deshalb keine Zeit, sich um die Angelegenheiten der Mannschaft zu kümmern und überhaupt zu bemerken, was um ihn vorging.

Der hochgewachsene Divisionsnavigationsoffizier, Oberstleutnant Ossipow, war bei der Mannschaft sehr beliebt. Trotz seines Alters bewegte er sich auf seinen langen Beinen schnell vorwärts. Seinen Kopf und sein hageres, aber trotzdem rotes Gesicht bedeckte dichtes, graues Haar, als wären Nebelfetzen auf ihm hängengeblieben. Vom langen Aufenthalt auf Meeren und Ozeanen waren seine blauen Augen verblaßt, in die große, steile Stirn waren tiefe Falten eingegraben. Der Alte war so gutmütig, daß die Offiziere sich genierten, in seiner Gegenwart die Matrosen zu schlagen. Alle liebten ihn und nannten ihn «Boroda» (Bart).

Auch die jungen Ingenieure lebten in Freundschaft mit den Matrosen, sie konnten aber nichts an der Härte der Schiffsdisziplin ändern.

Admiral Fölkersam erkrankte Anfang April. Je näher wir dem Kriegsschauplatz kamen, um so heftiger wurde die Krankheit; am 24. Mai, drei Tage vor der Schlacht, starb er. Von seinem Tod wurde Roshestwenskis Stab durch ein verabredetes Signal verständigt, ohne daß die Admiralsflagge gestrichen wurde:

«Auf dem Linienschiff ist der Bootsdavit gebrochen», lautete das Signal. Roshestwenski antwortete darauf: «Warten bis Wladiwostok.»

Die Leiche des Admirals wurde in einem Zinksarg verlötet und im Kirchendeck aufgebahrt. Ein Gottesdienst wurde abgehalten. Bleich standen die Matrosen in der Front. Sie faßten den Tod des Admirals kurz vor der Schlacht als ein schlechtes Vorzeichen auf, das der ganzen Mannschaft das gleiche Schicksal anzeige. Die gedrückte Stimmung wich nicht bis zum Zusammenprall mit den Japanern.

Die Offiziere und Mannschaften der anderen Schiffe sahen noch immer auf «Osljabja» die Flagge des Konteradmirals und ahnten nichts. Auch der Feind wußte vom Tode Fölkersams nichts, als er sein heftiges Feuer auf das Linienschiff eröffnete. So hat vielleicht dieses einfache Stück Stoff am Mastbaum den Untergang des Schiffes beschleunigt.

Mit dem Tode des Admirals war die Führung der zweiten Linienschiffsgruppe auf den Kapitän 1. Ranges Baer übergegangen. Beim Auftauchen der japanischen Flotte traf er aber keine einzige Anordnung. Jedes Schiff seiner Gruppe blieb sich selbst überlassen.

Als am 27. Mai um 14.00 Uhr nach dem Feuergefecht mit den feindlichen Spähkreuzern das japanische Geschwader erschien, wurde auf «Osljabja» Alarm geblasen. Alle Mann befanden sich kurz darauf auf ihren Plätzen, brav und parademäßig. Baer selbst stand auf der Brücke am Turm, betrachtete das von backbord im Gegenkurs herankommende japanische Geschwader und rauchte eine Zigarette nach der anderen. Er schien ganz ruhig zu sein.

Kein Mensch in ganz Rußland hatte vom Befehlshaber des Zweiten Geschwaders, dem Admiral Roshestwenski, an dessen Führungsqualitäten man in Petersburg so blind glaubte, erwartet, daß er so versagen würde. Vom ersten Augenblick an war, wie wir wissen, «Osljabja» dank den unsinnigen Befehlen des Admirals in eine gefährliche Lage hineinmanövriert worden. Sie mußte stoppen, um das voranliegende Schiff nicht zu rammen. Der Gegner nutzte das aus, machte eine Schwenkung um sechzehn Strich und eröffnete ein heftiges Feuer.

Sogleich hagelte es Treffer auf «Osljabja». Eine Granate schlug in den Bugteil des Schiffs und riß die Backbordklüse vollständig heraus, so daß der Anker über Bord ging. Die Japaner hatten sich bald auf das stilliegende Ziel eingeschossen, und jedes Schiff meldete dem nachfolgenden die Entfernung. Während sie ihre Schwenkung ausführten, sandten sie «Osljabja» ihren ersten grausamen Gruß. Die Geschosse hagelten gegen den Bug und detonierten an der Wasserlinie. «Osljabja» hielt ergeben aus und unternahm nichts, um der Beschießung zu entgehen. Als sich die Möglichkeit ergab, wieder Fahrt aufzunehmen, als alle drei Maschinen mit 14500 PS klopften und am Heck alle drei Schrauben schäumten, hatte das Schiff bereits mehrere Leckstellen im Bug, der keinen Panzerschutz besaß. Durch das Schiff erklang der Ruf: «Feuerwehr! Im Laufschritt in das Bugmannschaftsdeck!»

Am ersten Schott, dicht über der Wasserlinie, hatte ein schweres Geschoß ein großes Leck geschlagen. Das Wasser strömte in die erste und zweite Abteilung des Wohndecks ein. Durch Risse, die sich auf Deck gebildet hatten, durch die Luken und durch die zerstörten Ventilatorenröhren drang das Wasser in den Backbordlagerraum für 152-mm-Granaten und in den Raum unter dem Turm ein. Vor Rauch und Gasschwaden waren selbst die brennenden elektrischen Lampen nicht mehr zu sehen. Das Loch war nur zur Hälfte unter Wasser; auf Fahrt und wegen des schweren Seeganges konnte es aber nicht geflickt werden. Das Wasser wurde vom zweiten Schott aufgehalten, während es in den Laderäumen bis zu den Bugdynamomaschinen und Torpedorohren vordrang. Das ergab einen Überdruck auf den Bug. Außerdem krängte das Schiff nach Backbord. In den Laderäumen wurde unter der Anleitung des Ingenieurs Uspenski energisch gearbeitet; es gelang, die Krängung teilweise durch Gegenflutung auszugleichen, indem die Korridore und Munitionsräume auf der Steuerbordseite unter Wasser gesetzt wurden.

Die elektrische Hauptleitung war von einer Granate getroffen worden, der 152-mm-Bugturm fiel infolgedessen aus. Er hatte nur drei Schüsse abgegeben. Als die Torpedomaate das beschädigte Kabel ausgebessert hatten, war es schon zu spät. Zwei schwere Granaten, deren Detonationen er nicht standhalten konnte, trafen den Turm. Er neigte sich auf die Seite: die Panzerplatten wurden auseinandergetrieben, während die Rohre der 254-mm-Geschütze wie zwei riesige Stubben in verschiedene Richtungen starrten.

An diesem Turm waren noch vor Beginn der Schlacht die Matrosen Korol und Suslenko dem sicheren Tode ausgeliefert worden. Bis zum Auftauchen der Japaner hatten sie sich in Arrest befunden. Suslenko war wegen Beraubung der Kirchenkasse festgenommen worden und Korol wegen der Meuterei auf dem Kreuzer «Nachimow». Der Erste Offizier zwang sie, sich am Turm aufzustellen, und befahl ihnen: «Wenn Feuer ausbricht, löscht ihr es. Ihr verlaßt den Posten nicht, andernfalls schieße ich euch nieder.»

Beide wurden von Granaten zerstückelt ...

Die Turmkuppel wurde fortgerissen, offenbar war eine Granate in der Schießscharte detoniert. Im Turm wurde einem Mann der Kopf weggerissen, die anderen wurden schwer verwundet. Der Geschützführer Bobkow wurde mit abgerissenem Bein aus dem Turm getragen. Auf der Trage, unterwegs zum Verbandraum, verfluchte er jedermann und stieß die wüstesten Verwünschungen aus.

Die obere Bugbrücke wurde zertrümmert. Am Entfernungsmesser auf dieser Brücke hatten mehrere Matrosen und der Leutnant Palezki gestanden. Die Detonation schleuderte sie auseinander und verstümmelte sie so, daß außer dem Offizier keiner von ihnen mehr zu erkennen war. Palezki lag mit zerrissener Brust da, rollte im Wahn die Augen und schrie sterbend:

«‹Izumo›, Kreuzer ‹Izumo› ... fünfunddreißig Kabellängen ... ‹Izumo› ... fünf ... dreißig ...»

Eine Minute später war er tot.

Bald darauf wurde die obere Bugkasematte des 152-mm-Geschützes durch zwei Volltreffer zertrümmert. Die Panzerplatte, die das Geschütz abschirmte, war heruntergerutscht, hatte die Pforte geschlossen und das Geschütz aus den Zapfen gehoben. Dann verstummten zwei weitere 152-mm-Geschütze. Alle leichten Geschütze auf Backbord waren innerhalb von knapp zwanzig Minuten außer Gefecht gesetzt. Der größte Teil der Bedienung wurde getötet, die übrigen, mit dem Batteriechef an der Spitze, verschwanden im Panzerdeck.

Eine Granate detonierte am Kommandoturm. Von dem Trommler, der hier gestanden hatte, blieben nur ein gräßlicher Rumpf ohne Kopf und die Beine übrig. Granatsplitter flogen ins Innere des Turmes. Der Geschützführer Prokjus sank tot am Ruder um. Schwer verletzt wurden der Adjutant, Leutnant Kossinski, und andere Schiffsoffiziere, von denen mehrere den Verbandraum aufsuchten und nicht mehr zurückkehrten. Der Kommandant Baer tauchte mit bleichem, blutüberlaufenem Gesicht aus dem Turm auf, er hielt eine brennende Zigarette in der Hand und schrie: «Ruft mir den Ersten Offizier Pochwisnjow!»

Ein Matrose stürzte davon, um den Auftrag auszuführen. Baer klemmte die Zigarette zwischen die Zähne, zog den Rauch ein und verschwand wieder im Kommandoturm, um das Schiff zu führen.

In der mittleren Backbordkasematte drangen Granatsplitter in die Geschoßzuführung. Die Detonation zermalmte hier die gesamte Geschützbedienung und zerstörte das 152-mm-Geschütz völlig. Auf dieser Seite waren nur zwei 152-mm-Geschütze übriggeblieben, aber auch sie wurden etwas später durch die starke Krängung des Schiffes ausgeschaltet. Die Artillerie des Schiffes griff nur wenig in die Schlacht ein, und Geschosse wurden nur aufs Geratewohl abgefeuert, da keine Entfernungszahlen angesagt worden waren.

Der ganze Bugraum stand bereits unter Wasser. Der Zugang zu den zwei Bugdynamos war abgeschnitten. Die Bedienung mußte den Bugturmschacht benutzen, um sich vor dem Ertrinken zu retten. Das Wasser hatte auch das elektrische Hauptkabel mit dem Schiffskörper kurzgeschlossen, so daß die beiden Heckdynamos durchbrannten. Nun setzten die Wasserpumpen aus, die Kräne zum Hinaufwinden der Granaten und alle elektrisch betriebenen Mechanismen standen still.

Auf dem Schiff befanden sich unter Panzerschutz zwei Verbandräume: ein ständiger unter Leitung des Chefarztes Wassiljew und ein behelfsmäßiger im Bad, in dem der Arzt Bunting tätig war. Überall sah man Blut, bleiche Gesichter, trübe oder fieberwache Augen. Rings um den Operationstisch lagen abgeschnittene Gliedmaßen. Neben den Lebenden lagen die Toten. Der fade Geruch frischen Blutes verursachte Übelkeit. Die Verletzten stöhnten und klagten. Jemand bat: «Gebt mir doch schnell zu trinken ... mein Inneres brennt ...»

Ein Unteroffizier fieberte:

«Du brauchst die Glocke nicht zu schonen ... läute feste ... du siehst doch diesen Nebel ...»

Ein Geschützführer mit ausgeflossenen Augen, die eine Binde bedeckte, saß in einer Ecke und fragte: «Wo sind meine Augen? Blind kann ich niemandem etwas nützen ...»

Auf dem Operationstisch lag ein Matrose und brüllte. Der Chefarzt, dessen Kittel rot von Blut war, suchte in der Schulterwunde mit einer Sonde die Splitter. – Die Zahl der Verwundeten stieg ständig.

«Leute, drängt doch nicht, ich kann nicht arbeiten», bat der Arzt.

Seine Bitte wurde kaum beachtet.

Jede Granate, die das Schiff traf, verursachte ein unvorstellbares Getöse. Der ganze Schiffskörper bebte. In solchen Augenblicken zuckten die Verwundeten zusammen und sahen sich fragend nach dem Ausgang um: war es schon das Ende? Da wurde wieder einer heraufgetragen, dessen Rippen bloßlagen. Eine Rippe stach seitwärts ab wie ein geknickter Zweig. Der Verwundete schrie: «Euer Hochwohlgeboren, helfen Sie schnell!»

«Bei mir ist alles überfüllt, tragt ihn zum anderen Arzt.»

«Dort sind auch viele, er schickt mich hierher.»

Das Schiff schwankte heftig.

Der blinde Geschützführer sprang auf, streckte die Arme vor und rief:

«Wir sinken!»

Die Verwundeten wurden unruhig, stöhnten, einige röchelten im Todeskampf. Der Alarmruf bestätigte sich nicht. Der Geschützführer wurde unter Flüchen wieder an seinen Platz gebracht. Die Krängung nach Backbord nahm aber unentwegt zu, das Grauen stand in den Augen aller, die sich im Operationssaal befanden. Obwohl seine Augenblicke gezählt schienen, unterbrach der Chefarzt seine Arbeit nicht und blieb auf seinem Posten.

Pausenlos prasselten die Granaten. Nicht weniger als sechs japanische Kreuzer beschossen das Schiff. Ringsum schäumte das Meer. Die Treffer in der Wasserlinie schleuderten riesige Wassersäulen hoch, die dann auf Deck und in die Kasematten stürzten. Stöhnen, Todesschreie und das Brüllen der vor Angst wahnsinnig gewordenen Menschen vermischten sich mit dem Krachen der Detonationen, dem Fauchen des Feuers und dem Dröhnen des berstenden Eisens. Nun schwieg die eigene Artillerie vollends. Der Kommandeur einer Geschützgruppe, Leutnant Nedermiller, entließ die Bedienung und jagte sich eine Kugel in den Kopf, weil er die Situation für aussichtslos hielt. Alle Aufbauten brannten. Auch unter der Bugbrücke wütete das Feuer. Über das Spardeck, ein überdachtes Deck in der Mitte des Schiffes, rollten vom Oberdeck her dichte Rauchwolken, durch die Luken und Lecks schlugen züngelnde Flammen. Die Offiziers- und Admiralskajüten brannten. Die Feuerwehrleute hasteten im Rauch wie Gespenster umher, ihre Mühen waren vergeblich. Der Bug des Linienschiffs «Osljabja» lag bis zu den Klüsen im Wasser, das Schiff konnte sich nicht mehr wehren; zerschlagen und verunstaltet wartete es nur noch auf seinen Untergang. Ein neues Leck gab ihm den Rest: Eine schwere Granate traf die Bordwand mittschiffs in der Wasserlinie zwischen der linken Torpedoanlage und dem Bad. Die Bolzen, mit denen die Platte befestigt war, waren so locker geworden, daß sie beim nächsten Schlag abfiel, wie der Stuck von einem alten Hause. In die gleiche Stelle schlug noch eine Granate ein und erweiterte das Leck zu einem Tor, in das eine Kutsche hätte einfahren können. Das Wasser strömte ins Innere und gelangte über das Panzerdeck in die Munitionsschächte. Das Havariekommando unter Führung des Ingenieurs Smatschinski wurde eingesetzt. Vergeblich waren die Bemühungen, das Leck mit Holzblöcken abzudichten. Die Wellen warfen alle Stützen um, die Leute arbeiteten bis zum Gürtel im Wasser. Der Reservekohlenbunker stand unter Wasser. Die Krängung vergrößerte sich schnell. Das Schiff scherte aus der Schlachtkolonne.

Über alle Decks und durch die zahllosen Räume pflanzten sich verzweifelte Rufe fort: «Das Schiff kentert!» – «Wir sinken!» – «Rette sich, wer kann!»

Auf der Brücke standen zu dieser Zeit der Leutnant Sablin, der erste Artillerieoffizier Henke und der Unterleutnant Boldyrew. Der

Kommandant Baer, ohne Mütze, auf dem Glatzkopf eine tiefe Wunde, aber mit einer Zigarette im Munde, trat zu ihnen. Er spreizte die Beine und sagte zu seinen Offizieren: «Ja, wir sinken, lebt wohl!»

Dann sog er zum letzten Mal den Rauch ein und rief: «Rettet euch! Über Bord! Schnell über Bord!»

Es war aber schon zu spät. Das Schiff kippte schnell nach Backbord. Alle hatten auch ohne den Befehl des Kommandanten begriffen, daß die Katastrophe da war. Aus den Munitionskammern und Kesselräumen kletterten die Leute über Leitern und Treppen, stürzten ab und krochen wieder hoch. Ein jeder war bestrebt, so schnell wie möglich das Batteriedeck zu erreichen, auf das alle Ausgänge führten und von dem aus man über Bord springen konnte.

Die Verletzten versuchten, aus den Verbandstellen herauszukommen. Die Schwerverwundeten flehten um Hilfe, doch jeder dachte nur an sich. Es war keine Sekunde zu verlieren. Das Wasser rauschte schon über das Unterdeck, füllte den Verbandraum. Aneinander geklammert strebten die blutenden Menschen die heilgebliebene Leiter hinauf. Vom Batteriedeck konnten nur die über Bord springen, die leichtere Verletzungen hatten.

Noch schlimmer erging es den Menschen in den Maschinenräumen. Während der Schlacht waren die Ausgänge zum Schutz vor Granaten mit Panzerplatten verschlossen worden, die nur von oben geöffnet werden konnten. Die hierfür eingeteilten Matrosen waren aus Angst davongelaufen und hatten die Kameraden unten ihrem Schicksal überlassen. Einige waren später zurückgekommen und hatten versucht, die schweren Deckel mit Brechstangen anzuheben. Die Schlagseite war aber schon so erheblich, daß das nicht mehr ausgeführt werden konnte. Die Maschinisten und Mechaniker schrien verzweifelt um Hilfe, mußten aber unten bleiben. Sie starben alle ohne Ausnahme, begraben unter dem schweren Panzerdeckel wie unter einem großen Grabstein.

Ein unsägliches Durcheinander herrschte auch auf dem Oberdeck. Manche sprangen ohne Rettungsgürtel ins Meer, andere stürzten zu den Rettungsringen und Korkgürteln. Sie stießen sich gegenseitig und fielen hin. Einige Mutige hatten sich zu den Mattenständern durchgekämpft und warfen den Ertrinkenden die Korkmatten zu, mit deren Hilfe sie sich über Wasser halten konnten.

Der Priester, ein früherer Mönch, befand sich an der Steuerbordreling. Er war ein Mann in mittleren Jahren, beleibt und schwerfällig. Seine Haare flatterten, die Augen traten ihm aus den Höhlen. Er sah aus wie ein entsprungener Irrer. Als er merkte, daß das Schiff sank, heulte er: «Brüder! Matrosen! Ich kann nicht schwimmen! Rettet mich!»

Im gleichen Augenblick stürzte er über Bord, schlug mehrere Male sinnlos mit den Armen um sich und versank in die Tiefe.

Rings um «Osljabja» zappelten die Menschen, bestrebt, vom Schiff wegzukommen. Viele befanden sich aber immer noch an Deck, als könnten sie sich nicht entschließen, das Schiff zu verlassen. Jetzt stand das Deck bereits senkrecht. Die Leute rutschten herunter, mit ihnen stürzte alles, was nicht fest war – Holzstücke, Eisenbrocken, Kisten, Bänke, und verletzte ihnen Beine, Arme und Köpfe. Die Lage wurde dadurch verschlimmert, daß der Feind das Schiff immer noch beschoß. Unausgesetzt fielen Granaten und töteten und verwundeten die Menschen, die schon im Wasser waren. Zudem wälzten sich aus den riesigen, nun fast horizontal auf dem Wasser liegenden Schornsteinen dichte Rauchwolken und vergifteten die letzten Augenblicke der Ertrinkenden. Die Trümmer der schon zu Beginn der Schlacht zerstörten Rettungsboote schwammen umher und dienten als Halt. Lautes Schreien um Hilfe mischte sich in das Getöse. Mitten in diesem Gewimmel von menschlichen Köpfen, die auf den Wogen tanzten, spritzten bald hier, bald dort die Wassersäulen detonierender Granaten hoch.

Trotz des um sich greifenden Feuers verließ der Kommandant Baer seine Brücke nicht. Es war klar, daß er mit dem Schiff untergehen wollte. Seine Sorge war jetzt nur, daß sich seine Untergebenen richtig in Sicherheit brachten. Er hing fast am Geländer und schrie, bemüht, die Hilferufe der anderen zu übertönen: «Weiter weg von der Bordwand! Zum Teufel, das Schiff reißt euch in die Tiefe. Schwimmt weiter weg!»

In diesem Augenblick, im Angesicht des Todes, war er prachtvoll.

Das Schiff kenterte kieloben und versank langsam im Meer.

Die Schraube der Steuerbordmaschine arbeitete noch immer. In der Luft wirbelte sie wie rasend, auch im Wasser drehte sie sich weiter. Das waren die letzten Zuckungen des untergehenden Schiffes.

Von den Maschinisten und Ingenieuren entkam keiner. Alle zweihundert Mann waren in ihren verschlossenen Räumen geblieben. Jeder Seemann kann sich vorstellen, wie sie umkamen. Als das Schiff kenterte, flogen sie mit den Gegenständen, die nicht festgemacht waren, nach unten. Im heißen Dunkel vermischten sich ihre Schreie mit dem Krachen der stürzenden Teile. Eine der drei Maschinen arbeitete weiter und zerriß die Menschenleiber, die ihr zu nahe kamen. Die verschlossenen Räume füllten sich nicht so schnell mit Wasser. Als das

Schiff auf den Grund sank, mußten fast alle, die noch lebten, ertrinken. Es mag vielleicht mehr als eine Stunde vergangen sein, bis ihr Tod eintrat.

Auf Kurs Nordost 23 Grad

Zu Befehl, Leutnant Giers!

Es war Fastenzeit. Trostlos und monoton klangen die Glocken, wenn sie die Dorfbewohner zur Buße riefen. Ruhig und ergeben zogen die Dörfler in ihr Kirchlein, um für ein paar Kopeken die Last der Sünden abzuwälzen. Der Frühling kündigte sich bereits an. Die Märzstürme hatten den Winter verjagt. Die Sonne schien jeden Tag wärmer. Sie schickte ihre Strahlen über den blendendweißen Schnee, ließ die Augen schmerzen. Von den Strohdächern der Häuser hingen lange Eiszapfen herab.

An einem solchen schönen und stillen Tag rasten unter Schellengeläute zwei Dreigespanne in unser Dorf. Der alte Graf Woronzow-Daschkow war mit seinen Jägern zur Jagd gekommen. Man hatte für ihn in der Umgegend einen Bären aufgespürt. Am zweiten Tag wurden einhundert Treiber, darunter auch ich, dem Grafen zur Hilfe geschickt. Achtzehn Jahre war ich damals alt. Das Wetter war schlechter geworden. Schnee fiel, der Wind verwischte alle Spuren. Wir waren etwa drei Kilometer über freies Feld gelaufen und ebenso weit durch den Wald, endlich wurden wir, bis zu den Hüften im Schnee steckend, leise im Kreis um die Höhle aufgestellt. Beim Donner der Schreckschüsse, die die Jäger abgaben, brüllten wir los wie die Betrunkenen. Wir schonten unsere Kehle nicht, es waren uns dreißig Kopeken pro Mann versprochen worden. Aber unsere Mühe war umsonst. Der Graf erlegte den Bären nicht, obwohl zwei seiner Schüsse getroffen hatten. Das verwundete Tier verschwand im Dickicht des Waldes. Woronzow kehrte müde und verstimmt ins Dorf zurück. In der guten Stube eines reichen Holzhändlers aß er mit gerunzelten Brauen Schinken, Käse, Butter und trank teure Weine. Damals erfuhr ich zum ersten Mal, daß das große Fasten nur für die Bauern galt.

Kaum war der Graf mit dem Essen fertig, als der Bär in unseren Gemüsegärten erschien. Er hätte in der Weite leicht entkommen können, zumal der treibende Schnee seine Spuren schnell verwischt hätte. Rasend vor Wundschmerzen und dem ausgestandenen Schrecken war er jedoch gekommen, um hier den Tod zu finden. Die gräflichen Jäger brachten ihn rasch zur Strecke, und bald lag der riesige Körper auf dem Bauernschlitten.

Unser Geschwader verhielt sich ähnlich wie dieser Bär.

Die Japaner hatten uns infolge ihres Manövers im Rauch und Dunst aus den Augen verloren. Wir hatten die Richtung nach Süden eingeschlagen und hätten diese Richtung beibehalten sollen, da es nun einmal feststand, daß uns der Weg nach Wladiwostok versperrt war. Roshestwenskis Direktive zog uns aber wie an einem unsichtbaren Zügel zurück. Angeschlagen und zerzaust zog unser Geschwader wieder nordwärts, als sei uns das Leben über, als suchten wir selbst die tödliche Schlinge. Die Kiellinie der Schiffe mit dem Linienschiff «Borodino» an der Spitze richtete sich aus. Nun führte dieses Schiff das Geschwader, gefolgt von «Orjol», «Sissoi Weliki», «Alexander III.», «Nawarin», «Admiral Nachimow» und der dritten Division des Konteradmirals Nebogatow mit «Nikolai I.», «Apraxin», «Senjawin» und «Uschakow». Weit achtern, kaum noch sichtbar, fuhren die Kreuzer mit den Torpedobooten und Transportern. Auf unserem «Orjol» wie auch auf anderen Schiffen waren die Brände gelöscht und einige Schäden ausgebessert worden, an den Geschützen wurden die Mannschaften neu eingeteilt, die Verwundeten waren verbunden worden.

Nach einer halben Stunde zeigten sich am Horizont die grauen Umrisse der japanischen Schiffe. Sie beschossen das Flaggschiff «Suworow», das ohne Steuerung, allein mit Hilfe der Maschinen manövrierend, im Zickzack fuhr und ganz in Feuer und Rauch gehüllt – immer noch versuchte, nach Norden durchzubrechen. Unser Geschwader überholte es. Der Feind hatte unsere Hauptkräfte bemerkt und kam uns entgegen. Außer zwei kleinen Avisos besaß er wieder zwölf gepanzerte Schiffe, da der Kreuzer «Asama» seine Schäden behoben und sich dem Geschwader wieder angeschlossen hatte. Wenige Minuten später entbrannte die Schlacht mit neuer Kraft. Die Japaner wandten abermals die Taktik an, uns zu überholen und auf unsere Spitze zu drücken.

Um 16.00 Uhr stand in südlicher Richtung «Sissoi Weliki» in Flammen. Das Schiff war außer Gefecht gesetzt und hatte sich der Kreuzergruppe angeschlossen. Jetzt lag «Alexander III.» an der Spitze. Das Linienschiff «Nawarin», das einen der vier Schornsteine verloren hatte, blieb stark zurück. In den entstandenen Zwischenraum reihte sich die Division Konteradmiral Nebogatows ein, von der dem Feind zugewandten Backbordseite kommend.

Nebogatow hätte sich mit seinem Flaggschiff an die Spitze des Geschwaders stellen und es führen müssen, hatte aber dazu nicht die Berechtigung. Vier Tage vor der Schlacht hatte Roshestwenski den Befehl Nr. 243 herausgegeben, nach welchem im Falle des Ausscheidens des Spitzenschiffs das nächste das Geschwader führen sollte. Während der Schlacht wurde dieser Befehl zu einer Fessel für die Schiffskommandanten, weil er ihren Willen hemmte, sie in ihren Entschlüssen hinderte. Alles verlief, wie es vom Geschwaderchef vorgeschrieben worden war. Nach dem Ausscheiden von «Suworow» führte «Alexander III.», nach dessen Ausscheiden stellte sich «Borodino» an die Spitze. Das Ergebnis war schlecht. Stets wurde das führende Linienschiff dem Beschuß am stärksten ausgesetzt, und niemand wußte, ob der Kommandant und sein Erster Offizier dort noch am Leben waren. Somit wurden die noch lebenden Admirale zu Untergebenen einer unbekannten Führung.

Beim zweiten Zusammenstoß mit den Japanern hatte «Orjol» den zweiten Platz in der Linie und war einem noch schärferen Beschuß ausgesetzt als beim ersten Mal. Ein Treffer folgte dem anderen. Es kam vor, daß der riesige Körper des Schiffs unter der Detonation eines schweren Geschosses für einen Augenblick stillstand wie ein scharf pariertes Pferd und dann weiterfuhr, von Rauchwolken und hohen Wasserfontänen begleitet.

In der Heckkasematte, wo sich vier 75-mm-Geschütze befanden, waren mehrere Granaten eingeschlagen. Eine davon, wahrscheinlich eine 305-mm-Granate, war mit einer solchen Gewalt detoniert, daß das Schiff förmlich aus dem Kurs geschleudert worden war. Die Torpedomaate Chritonjuk und Priwalichin hatten unter dem Panzerdeck an der Rudermaschine den Eindruck gehabt, der ganze Bugteil sei abgefallen. Später berichteten sie: «Wir glaubten, daß uns ein Torpedo getroffen hätte, und warteten, daß das Schiff sich neigen und untergehen werde. Wir hörten aber nur ein Knattern. Die Munition detonierte.»

Die beiden Maate stiegen in die Kasematten, fanden dort keine lebenden Menschen vor und versuchten das Feuer zu löschen. Mit ihren Stiefeln schöpften sie das Wasser, das durch die Leckstellen eindrang.

Mit dem Feuer wurden sie fertig. Chritonjuk stieg zur Rudermaschine hinunter, während Priwalichin in der Kasematte blieb, um genauer zu erforschen, was hier vorgefallen war. Zwei Geschütze waren außer Betrieb. Das eine Schutzschild war herausgerissen, das andere durchschlagen. Die gläsernen Bullaugen waren zersplittert. In der Messe gähnte zum Batteriedeck hin ein großes Loch. Die Verwundeten hatten wohl den Raum verlassen, es waren nur noch Tote da. Den Kopf an die Bordwand gelehnt, lag erstarrt der Matrose Wazuk. Nicht weit von ihm lagen zwei verstümmelte Leichen. Der Arm des einen war freundschaftlich um den Hals des anderen gelegt. Priwalichin wußte nicht, daß diese beiden sich noch kurz vor dem Tode heftig gezankt hatten und fast geschlagen hätten. Eine japanische Granate hatte sie ausgesöhnt; ein anderer Matrose war Zeuge des Vorganges gewesen. Er hatte sich in der Messe befunden, um Geschosse zuzureichen. Die einschlagenden Granaten hatten ihn bis zum Gürtel mit Kohlen zugeschüttet, die zum Schutz an der Bordwand angehäuft gewesen waren. Beim Herausklettern aus der Kohle hatte er die Stiefel verloren, sonst aber keinen Schaden genommen. Neben ihm hatte noch der Unterleutnant Kalmykow, Kommandeur der Bugkasematte: «Visier dreißig!» befohlen und war dann blitzschnell verschwunden. Nur ein Schulterstück war von ihm übriggeblieben. Ein Matrose der Geschützbedienung flog wie ein gleitender Vogel zur Stückpforte hinaus und verschwand in den Wellen.

Fast gleichzeitig hatte auch der 305-mm-Heckturm gelitten. Eine Granate hatte die Panzerkuppel neben der Schießscharte getroffen. Sie platzte und senkte sich; dadurch wurde der Erhebungswinkel des linken Geschützes beschränkt, und das Geschütz konnte nur noch siebenundzwanzig Kabellängen weit schießen. Leutnant Schtscherbatschow wurde hierbei leicht verwundet, ebenso der Unteroffizier Rastorgujew und der Maat Kislow. Sie verbanden sich mit Hilfe der Verbandpäckchen, die jeder bei sich trug, und blieben auf ihren Posten. Nur der Geschützführer Bittet, dem der Schädel zertrümmert war, hatte seinen Dienst für immer beendet. Das über dem Fußboden verstreute Hirn wurde von den Füßen der anderen zertreten.

Leutnant Schtscherbatschow befehligte diesen Turm dann nicht mehr lange. Er flog wie der Leutnant Slawinski von der Plattform herunter und lag da, Arme und Beine weit von sich gestreckt, als wäre ihm sehr heiß. Die Matrosen stürzten zu ihm, um ihn aufzuheben. Am Nasenbein gähnte ein blutiges Loch, das rechte Auge war ausgeflossen. Die Matrosen riefen: «Aus! Der ist tot!» – «Er hat noch nicht einmal etwas sagen können.» – «Auf der Stelle war er tot.»

Leutnant Schtscherbatschow kam gerade in diesem Augenblick wieder zu sich und fragte: «Wer ist tot?»

«Sie, Euer Wohlgeboren», erwiderte ein Matrose.

Schtscherbatschow warf erschrocken den Kopf zurück und starrte aus seinem linken Auge die Matrosen an.

«Wie, ich bin tot? Sagt doch, Leute, bin ich tot?»

«Nein, nein, Euer Wohlgeboren, Sie sind nicht tot. Wir haben nur angenommen, daß es mit Ihnen aus sei, und nun leben Sie doch noch.»

Schtscherbatschow befühlte die leere Augenhöhle und rief betrübt: «Mein Auge ist weg!»

Wenige Minuten später donnerten wieder die Geschütze. Das Kommando im Turm hatte jetzt der Unteroffizier Rastorgujew übernommen. Leutnant Schtscherbatschow hatte sich an die Wand gelehnt und stöhnte, sein verwundeter Kopf sank immer tiefer. In den Verbandraum wurde er in bewußtlosem Zustand gebracht.

An den nicht durch Panzerplatten geschützten Bordteilen von «Orjol» entstanden viele neue Leckstellen. Obwohl sie alle über der Wasserlinie lagen, schlugen doch die Wellen hinein. Das Wasser strömte über das Batteriedeck und gelangte auch in die unteren Räume. Die scharfen, eisernen, nach innen und nach außen gebogenen Leckränder behinderten ein rasches Dichtmachen. Dabei verursachten die japanischen Granaten unaufhörlich weitere Zerstörungen an Bord. Bei jedem Schlag schwirrten Tausende von glühenden Splittern wie Spritzer über das Schiff und durchbohrten Menschen und Gegenstände.

Auf der unteren Bugbrücke flammte eine detonierende Granate mit solchem Getöse auf, als hätte sich eine Gewitterwolke entladen. Im Kommandoturm blieb keiner auf den Beinen. Auch der Signalgast Sefirow fiel. Er konnte später selbst nicht mehr sagen, wie lange er bewußtlos gelegen hatte. Wieder zu sich gekommen, hob er seinen Kopf, und der erste Gedanke seines gelähmten Gehirnes war: Lebe ich oder nicht? Von Stirn und Kinn floß Blut, im Bein verspürte er Schmerzen. Er sah sich auf zwei Matrosen liegen und sprang hastig auf. Auch die anderen erhoben sich stöhnend und unsinnige Schreie ausstoßend. Einige machten so erstaunte Gesichter, als glaubten sie noch nicht an ihre Rettung. Der Schreiber Solnyschkow, dessen Lippen verletzt waren, und der Signalgast Saikow, dessen Stirn aufgerissen war, nahmen ihre Posten wieder ein. Der Entfernungsmesser Wolowski wackelte mit dem Kopf und starrte auf seine Beine. Der Maat Kolessow stützte sich mit einer Hand auf den Maschinentelegrafen und stöhnte, eine seiner Wangen war geschwollen. Der Erste Offizier Sidorow, der einen Schlag gegen die Stirn erhalten hatte, war in den Ausgang getreten, dachte angestrengt nach und starrte zurück in den Turm. Leutnant Schamschew hielt sich den Leib, in dem ein Metallsplitter stecken geblieben war. Die Maate Kopylow und Kudrjaschew hatten sich wieder ans Steuerruder gestellt und bemühten sich, das Schiff auf Kurs zu halten, ihre Gesichter bluteten.

Nicht alle hatten auf die Beine kommen können. Leutnant Satkewitsch war bewußtlos. Mitten im Raum lag der Kommandant Jung mit zerschmettertem Schulterknochen und kommandierte im Wahn:

«Torpedoattacke ... Brisanzgranaten nehmen ... Wo sind die Leute hin?»

Neben ihm wand sich sein Bursche Nasarow, aus dessen zerschmettertem Hinterkopf stückweise das Hirn herausquoll. Er knurrte, ballte die Fäuste und streckte bald die eine, bald die andere Hand aus, als klettere er die Wanten hoch. Der ausladende Schutzkranz, der die Splitter aufhalten sollte, war nach innen umgekrempelt. Er hatte einem Matrosen die Halswirbel durchgeschlagen. Der Matrose umklammerte Nasarows Beine so krampfhaft, als wären sie ein Rettungsgürtel.

Der Erste Offizier Sidorow kam endlich zu sich und ordnete an: «Laßt sofort die Träger kommen!»

Die Verwundeten im Kommandoturm legten sich gegenseitig Verbände an. Auf Veranlassung des Ersten Offiziers wurden die Sturmreeps befestigt, das behinderte den Abtransport der Verwundeten sehr.

Als erster wurde der Kommandant Jung in den Verbandraum transportiert. Als man ihn dorthin trug, wurde er zum dritten Mal verwundet. Nach Feststellung des Arztes hatte ein walnußgroßer Splitter ihm Leber, Lunge und Magen durchschlagen und war unter der Haut stekken geblieben. Der schnell entfernte Splitter war so heiß, daß man ihn nicht in der Hand halten konnte. Während der Behandlung phantasierte der Kommandant: «Steuerbord das Ruder ... Warum ist die Geschwindigkeit herabgesetzt? Sagt in den Maschinenraum – neunzig Umdrehungen ...»

Nach dem Kommandanten wurden Leutnant Satkewitsch und die Matrosen in den Operationssaal getragen. Dann erschien selbständig Leutnant Schamschew.

Ich warf einen Blick aus dem Verbandraum in den Korridor und sah dort den Heizer Baklanow. Er machte mir ein Zeichen, daß ich zu ihm kommen sollte. Ich glaubte, Wichtiges von ihm hören zu können und ging hin. Ich wunderte mich über das zufriedene Lächeln in seinem schmutzigen Gesicht mit dem stumpfen Kinn. Er roch stark nach Schnaps, als er mir zuflüsterte: «Ich habe aber Glück gehabt! Das herrschaftliche Essen fliegt einem von selbst in den Mund. Von den verschiedenen Weinen singt einem das Herz. Zum ersten Mal im Leben habe ich so gut gegessen und getrunken.»

«Wo denn?»

«In der Offiziersmesse.»

Der Heizer zeigte auf seine geschwollenen Taschen und fügte hinzu: «Ich habe dich auch nicht vergessen, mein Freund. Komm in die Werkstatt, du wirst zufrieden sein.»

«Schämst du dich denn gar nicht zu fressen, wenn ringsum die Menschen sterben?»

«Was ist Scham? Sie ist kein Granatsplitter, stört die Verdauung nicht. Dir zittern die Lippen, und doch wirst du dem Tode nicht entgehen. Da ist es doch besser, man steigt fröhlich auf den Meeresgrund hinab. Komm!»

Ich war wütend und schrie: «Geh zu allen Teufeln! Laß mich zufrieden!»

Er starrte die verstümmelten, stöhnenden Menschen an, die im Korridor lagen, zwinkerte mir zu und fragte: «Das sind wohl alles künftige Akrobaten?»

Sein Zynismus widerte mich an, und ich antwortete gereizt: «Wasja-Drosd zählt auch zu den Akrobaten. Bootsmann Wojewodin hat ihn gesehen, wie er ohne Beine auf Deck lag.»

Baklanow wurde sofort nüchtern.

«Ist nicht wahr!»

«Geh hin und sieh selbst.»

Er stürzte die Treppe hoch. Nach knapp zehn Minuten sah ich ihn wieder im Korridor. Er war wie verwandelt, der Verlust des Freundes hatte ihn erschüttert.

«Nun?» fragte ich ihn.

«Er ist schon tot. Ich habe ihn über Bord geworfen.»

Baklanow legte mir die schwere Hand auf die Schulter und murmelte aufgeregt dumpf durch die Zähne:

«Was für ein Mensch kam ums Leben! Unser Freund Wasja! Er wollte doch studieren. Und nun … Warum nahm man ihm das Leben? Hatte er es denn gestohlen?»

Baklanow wischte sich die Tränen aus den Augen und kletterte langsam, gebeugt die Treppe hinauf.

Uns erreichte eine furchtbare Nachricht vom 152-mm-Turm. Wie später festgestellt werden konnte, war ein glühender Splitter in den Turm gedrungen und in eine Reservekartusche geschlagen, die explodierte. Darauf explodierten weitere drei Kartuschen, von denen der Geschützführer Wlassow eine gerade in den Händen gehalten hatte, um sie ins Geschütz zu schieben. Aus allen Öffnungen des Turmes schlugen Flammenzungen, Rauch- und Gasschwaden; aus dem Turm drang ein Laut, als wenn ein Ungeheuer den letzten, aus dem Innersten kommenden Stoßseufzer der Verzweiflung von sich gäbe. Gleichzeitig stießen mehrere Matrosen im runden Raum, der von der schweren Panzertür verschlossen war, Schreie des Entsetzens aus. Die Ölfarbe an den Wänden, die Isolierung an den Drähten, der Schutzanstrich an den Geschützen – alles brannte! Die Menschen schmorten im Feuer, suchten den Ausgang und fanden ihn nicht. Blind vom Rauch, dem Wahnsinn nahe, irrten sie umher, stießen sich an den Geschützen wund, fielen hin und wälzten sich auf der eisernen Plattform. Der Turm war außer Betrieb, aber noch lange drangen Schreie aus seinen Stahlwänden, Kreischen, Heulen. Diese schon nicht mehr menschlichen Stimmen drangen auch in den Raum unter dem Turm, von wo aus sofort die Zentrale benachrichtigt wurde.

Das Feuer drang über die Leitungen und das Holz vor, so daß die Pulverkammer von den Flammen bedroht wurde. Lediglich das entschlossene Handeln der Matrosen, die sich gerade dort aufhielten, rettete das Schiff vor einer Explosion.

Träger kamen an den Turm und öffneten die Tür. Einer rief laut: «Na, was ist hier los?»

Sie hörten als Antwort nur das Stöhnen und Röcheln der Sterbenden. Drei von der Geschützbedienung, Wlassow, Finogenow und Marjin, lagen als verkohlte Leichen da. Der Quartiermeister Wolshanin und der Geschützführer Sujew gaben nur noch schwache Lebenszeichen von sich. Ihre Kleidung war zerfetzt, verkohlt.

Die Kartuschen, die explodiert waren und soviel Unheil angerichtet hatten, waren Reservekartuschen gewesen. Jeder Turm hatte vier solche Kartuschen. Auf der Fahrt, bereits von Reval an, waren sie in einer Nische gelagert worden, um im Falle eines überraschenden Feindangriffs die Geschütze schnell laden zu können. Es war bekannt, daß unsere Schießscharten den Feindgeschossen einen zu großen Durchlaß boten, diese Kartuschen hätten also zu allererst verbraucht werden müssen; daran hatte aber niemand gedacht.

Ein Artillerieunteroffizier erzählte mir entrüstet: «Ein Glück noch, daß sich die Explosion nicht im 305-mm-Turm ereignete. In jedem Turm lagerten etwa 330 Kilogramm Pulver. Wozu? Das Laden der Geschütze mit der Hand dauert doch viel länger als das mechanische Laden. In dem Raum unter dem Turm waren einige Kartuschen aufgesprungen, das Pulver war aus ihnen herausgefallen. Der kleinste Funke hätte genügt, um eine Explosion herbeizuführen. Wo hat unser Kommando die Augen gehabt? Das ganze Schiff hätte in die Luft fliegen können ...»

Die Schlacht ging weiter. Unser Geschwader hatte inzwischen so viele Schwenkungen und andere Bewegungen ausgeführt, daß es schwer fiel, sich noch zurechtzufinden. Schließlich wandte es sich wieder nach Süden.

«Orjol» hatte schon fast hundert Granattreffer verschiedenen Kalibers aufzuweisen. Backbord oberhalb des Batteriedecks war alles zerlöchert. Die Lecks wurden hastig mit Schlafmatten zugestopft. Manche Leckstellen mußten von außen abgedichtet werden, dazu ließen sich Matrosen im Feuer des Gegners über Bord abseilen. Die japanischen Granaten entwickelten bei der Detonation eine so hohe Temperatur, daß sie auf den dicken Panzerplatten Aushöhlungen hinterließen. Stellenweise schmolz auch das Eisen und hing dann wie Eiszapfen herunter. Immer wieder brach Feuer auf dem Schiff aus. Die Feuerlöschmannschaft konnte die Brandherde kaum bewältigen, und wer irgend konnte, half löschen. Selbst der Erste Offizier, der das Kommando übernommen hatte, stürzte mehrfach aus dem Kampfturm und beteiligte sich mit dem Signalgast Sefirow und dem Trompeter Balest an der Bekämpfung des Feuers auf der Brücke. Unerträglichen Gestank verbreiteten die festverpackten Segeltuchschlafmatten, die unter dem Kuppelvorsprung des Kommandoturmes als Splitterschutz aufgehängt waren. Sie wurden mit Wasser begossen, glimmten aber stets nach kurzer Zeit wieder. Sidorow befahl, sie über Bord zu werfen.

Hinter dem Turm gerieten an den Sprachrohren die Buchsen der Gummischläuche in Brand. Daneben lagerten Kisten mit der 47-mm-Munition, die schon einige Explosionen verursacht hatten. All das flog ebenfalls ins Meer. Die Leute, die dabei der unmittelbaren Todesgefahr ausgesetzt gewesen waren, hatten ihre Sache erledigt und verschwanden wieder im Turm. Die Matrosen waren unversehrt, nur der Erste Offizier hatte eine Rückenverletzung erhalten.

Der Bootsmann Wojewodin ging am Kirchenraum vorbei und sah fünf Matrosen vor den Heiligenbildern knien. Ihr Gebet verrichteten sie nicht beim Klang der Glocken, sondern unter dem Donner der Geschütze. Der Bootsmann brauchte aber Leute und schrie sie an: «Zum Teufel, was treibt ihr denn hier?»

Eine Granate detonierte, und keiner der Betenden konnte sich mehr erheben. Es schien, als hätten selbst die Heiligenbilder einen gellenden Schmerzensschrei ausgestoßen. Mit den Menschen mußte auch der Ziegenbock sein Leben lassen, den wir bei Eingeborenen gekauft hatten und der sich in die Schiffskirche verirrt hatte. Bisher war er durch alle Decks gerannt, weil er nicht begreifen konnte, was um ihn herum geschah. Die Granate hatte ihm den hinteren Teil des Rückens abgerissen. Er stützte sich auf die Vorderpfoten, schüttelte den Kopf und sah mit seinen dunklen, feuchten Augen kläglich meckernd den Bootsmann an.

Leutnant Slawinski tauchte auf. Das ausgelaufene Auge und die Kopfwunde waren verbunden. Er taumelte hin und her. Als er sah, daß aus dem Feuerwehrhahn Wasser strömte, überlegte er und rief dem Bootsmann, der eben mit dem Löschen fertig geworden war, zu: «Wojewodin, dreh' den Hahn zu!»

Wojewodin führte den Befehl aus, während Slawinski durch die Bugluke aufs Oberdeck stieg. Er blieb dort aber nicht lange: beim Feuerlöschen auf dem Hinterdeck erhielt er einen Schlag auf den Kopf, der ihm den Verband herunterriß. Er wurde bewußtlos zu uns in den Verbandraum getragen.

Wir hörten laute Hurrarufe. Wir wunderten uns. Was mochte geschehen sein? Oberbootsmann Sajom erschien, um eine leichte Wunde am Arm verbinden zu lassen, und teilte feierlich mit:

«Der Feind zieht sich zurück. Eines seiner angeschossenen Linienschiffe bleibt zurück, kann sich kaum vorwärts bewegen und brennt. Unser Geschwader erledigt es. Das Schiff wird wohl gleich sinken.»

Der Priester Paissi schlug das Kreuz und rief: «Herr, hilf uns, den grimmigen Feind zu besiegen!»

Die Verwundeten, die vom sinkenden japanischen Schiff gehört hatten, griffen die Nachricht freudig auf. Eine Erregung, wie sie auf der Jagd nach einem erfolgreichen Schuß vorkommt, ergriff auch mich. Ich warf einen Blick auf meinen Lehrer, den Ingenieur Wassiljew. In seinen braunen Augen flammte ein Funke auf. Die blauangelaufenen Lippen eines sterbenden Matrosen stießen hervor: «Brüder, so kriegen sie auch was ab, die Japaner? Geschieht ihnen ganz recht, den Verfluchten!»

Bald stellte sich aber heraus, daß Sajom sich geirrt hatte. Steuerbords brannte in diesiger Ferne – ganz langsam fahrend – nicht etwa ein japanisches Linienschiff, sondern unser Flaggschiff «Suworow». Im Operationssaal empfanden die Menschen eine drückende Enttäuschung. Auf den Bootsmann hagelten Flüche nieder.

Im gleichen Augenblick verspürten wir, daß «Orjol» sich nach Steuerbord neigte. Verwundete und Gesunde tauschten fragende Blicke, keiner konnte verstehen, was mit dem Schiff vorging. Vielleicht hatte es schon ein Unterwasserleck, vielleicht würde es, wie das Linienschiff «Osljabja», in wenigen Minuten kentern? Die Unruhe wuchs. Jedes Augenpaar sah besorgt nach dem Ausgang, jeder dachte nur daran, wie er im Falle des Kenterns als erster hinausgelangen könnte. Türen und Luken würden doch im Nu von Menschenleibern verstopft sein. Einige machten sich bereits daran, die Leitern hochzuklettern. Manche stießen im Fieberwahn Rufe aus, andere schwiegen, als horchten sie auf die Schüsse unserer Geschütze und auf die Detonationen der feindlichen Granaten. Das gequälte Schiff zuckte, als fürchte es sich vor der schwarzen Untiefe des Meeres, wir alle zuckten auch, als wären wir ein Ganzes, verbunden mit dem Schiffskörper.

Das Schiff krängte etwa sechs Grad und verblieb in dieser Lage lange, ohne die Geschwindigkeit herabzusetzen. Einen Augenblick lang vergrößerte sich die Neigung, offenbar bei einer Schwenkung. Es schien, als senke sich vor uns eine Eisenwand, um uns für immer vom Leben zu trennen.

Ich mußte an meine Mutter denken. Ich wußte nicht warum, aber ich hatte das Bedürfnis, Wassiljew zu sagen: «Meine Mutter kann polnisch lesen. Sie hat ungefähr zwanzig polnische Bücher, Gebetbücher und Romane, und kennt sie fast auswendig.»

Wassiljew hob erstaunt seine schwarzen Brauen, bemühte sich, den Sinn meiner Worte zu erfassen und erwiderte: «Ja? Das ist gut. Kann sie auch französisch lesen?»

«Nein, in Frankreich ist sie nicht gewesen.»

Auch der Erste Offizier Sidorow merkte die Neigung des Schiffs und wurde unruhig. Durch das Sprachrohr gab er in die Zentrale, wo sich der Leutnant Burnschew und der Deckingenieur Rums aufhielten, den Befehl: «Sofort etwas unternehmen, um das Schiff auszurichten!»

Rums stieg nach oben, um die Ursache des Krängens festzustellen. Die Geschützführer hatten es verschuldet. Im mittleren Batteriedeck hatte sich viel Wasser angesammelt. Um es loszuwerden, hatten sie eigenmächtig, ohne die Ingenieure zu fragen, steuerbords die Schotten geöffnet. Das Wasser strömte in den Bordkorridor und füllte die Räume vom dreiunddreißigsten bis zum vierundvierzigsten Spant.

Zu unserem Glück krängte das Schiff nicht nach Backbord, wo wir viele Leckstellen hatten und wo noch viele Stückpforten offen standen. Das Schiff hätte besonders bei größeren Schwenkungen mit dem ganzen Batteriedeck Wasser schöpfen können. Das wäre eine Katastrophe geworden.

Rums ordnete an, daß auch die entsprechenden Räume backbords unter Wasser gesetzt werden sollten. Nachdem der Befehl befolgt war, richtete das Schiff sich wieder auf. Dann traten die Pumpen in Tätigkeit und beförderten das Wasser über Bord.

An Bord unseres Schiffs hatten wir drei Artillerieoffiziere. Zwei, Leutnant Schamschew und Leutnant Rjumen, waren ausgeschieden. Kapitän Sidorow befahl dem Schreiber Solnyschkow: «Leutnant Giers soll in den Kommandoturm kommen.»

Während der Schlacht befehligte Giers den 152-mm-Bugturm an Steuerbord. Er war ein ausgezeichneter Fachmann, aber auch ihm war nicht eingefallen, zuerst die Reservekartuschen aufzubrauchen. Als er den Befehl erhielt, zu Sidorow zu kommen, schnitten die feindlichen Schiffe gerade unseren Kurs und beschossen uns. Der Steuerbordturm erwiderte das Feuer am intensivsten. Leutnant Giers war aber genötigt, das Kommando einem Unteroffizier zu übergeben und sprang selbst auf die Plattform hinab, schlank, groß, mit energischem Gesicht. Als er sich anschickte, die schwere Tür zu öffnen, erfolgte die Explosion der Reservekartuschen. Es wiederholte sich, was kurz vorher im Nebenturm geschehen war. Giers öffnete, stark angesengt und ohne Mütze, mühsam die Tür und verließ den Turm, in dem die Menschen umherkrochen und stöhnten. Zufällig begegnete er Trägern und schickte sie in den Turm, während er selbst zum Kampfturm ging. Als er gerade das Sturmfallreep zur Brücke hinaufstieg, geriet unter ihm durch eine weitere Explosion ein Ballen Segeltuch in Brand, so daß Giers zum zweiten Mal in Flammen stand. Er schlug sich zum Kommandoturm durch, blieb in der Tür stehen. Seine angesengten Hände legte er an die Hosennaht und sagte präzise wie auf der Parade: «Melde mich zur Stelle!»

Als er spürte, daß man ihn nicht erkannte, und er die auf ihn gerichteten starren Augen bemerkte, fügte er hinzu: «Leutnant Giers.»

Im Turm hatten sie ihn wirklich nicht erkannt. Seine Kleider glimmten und rauchten noch. Seine Haare waren völlig abgesengt, ebenso der Schnurrbart, der Backenbart und die Brauen, ja selbst die Wimpern. Die Lippen waren stark geschwollen. Die Gesichts- und Kopfhaut war geplatzt und hing in Fetzen herunter, das rote Fleisch lag bloß. Ringsum krachten Schüsse, der Himmel heulte, am Heck des Schiffs barst unter Getöse der Dampfkutter. Leutnant Giers schien das alles nicht zu kümmern. Er stand mit weitaufgerissenen Augen da, wie ein furchtbares Gespenst, starrte beharrlich den Ersten Offizier an und erwartete Befehle.

Das währte einige Sekunden. Dann wankte Giers, Matrosen stützten ihn und führten ihn in den Turm. Zusammensinkend stöhnte er: «Wasser ...»

Der Kampftag auf «Orjol» geht zu Ende

Gegen 17 Uhr hörte das Artilleriegefecht zwischen den Hauptkräften auf. Im Qualm und Dunst verlor uns der Gegner zum zweiten Mal aus den Augen. Unser Geschwader zog sich zunächst, wie schon in der ersten Phase der Schlacht, allmählich nach Osten und dann nach Süden zurück. In dieser Richtung suchten uns die Japaner, wir jedoch machten inzwischen eine weitere Wendung nach Westen. Konteradmiral Nebogatow konnte keinerlei Anordnungen des Geschwaderchefs ausmachen und nahm an, daß der Konteradmiral Fölkersam mit der «Osljabja» untergegangen sei. Er hißte daher das Signal: «Kurs Nordost 23 Grad.»

Damit hatte das Geschwader in der zweiten Phase der Schlacht einen vollen Kreis beschrieben.

«Orjol» brannte an vielen Stellen. Über seine Decks wallte der Rauch, wälzte sich über Bord und wurde vom Winde in schwankenden Wolken hart über dem Wasser in die Ferne getrieben. Aus allen Luken und Türmen stiegen Matrosen an Deck. Nach dem Erlebten sahen sie stark mitgenommen aus. Ein jeder blickte sich furchtsam um, als frage er sich: Was kommt nun? Auch der Heizer Baklanow erschien oben. Langsam schob er seinen breiten Körper auf den kurzen Beinen voran. Er kam auf mich zu und murmelte dumpf: «Ja, da haben uns die Japaner was Schönes eingebrockt.»

Zu allererst mußten wir mit den Bränden fertig werden. Wer von den Matrosen irgend konnte, half beim Löschen. Die zerschossenen Schläuche wurden aus Reservebeständen ersetzt. Es hieß, daß die Munitionskammer des 152-mm-Mittelturms an Steuerbord brenne, aus dem die Matrosen schon geflohen waren. Sie verbreiteten auch die Nachricht auf dem Schiff. Man mußte ihnen glauben. Vom Aufzug her drang Qualm in den Turm. Graue Rauchwolken strömten aus dem Mannloch, das zur Munitionskammer führte, und wälzten sich über das Batteriedeck wie finstere Boten der nahenden Katastrophe. Viele Gesichter erbleichten. Eine Panik brach aus. Angstvoll schrien die Menschen durcheinander: «Es muß dem Ersten Offizier gemeldet werden!»

«Her mit dem Havariekommando! Die Kammer unter Wasser setzen!»

«Springt über Bord! Rette sich wer kann!»

Die einen griffen nach Rettungsgürteln, die anderen nach den eingerollten Segeltuchmatten mit den Korkmatratzen. Es war auch wirklich Grund zur Verzweiflung vorhanden. Jede Sekunde konnte eine Explosion das ganze Schiff zerstören. An sich war es gleichgültig, wie man starb, und doch schien es besser, von einer Granate zerrissen zu werden, als mit dem Schiff in die Luft zu fliegen. Die Matrosen, die sich schon Rettungsgürtel besorgt hatten, blieben zaghaft an den Relings stehen, weil sie sich noch nicht entschließen konnten, ins Wasser zu springen. Sie starrten gierig in die neblige Ferne, suchten die Küste und sahen nichts als gleichgültig rollende Wellen. Hoffnung auf Rettung boten nur die uns folgenden Schiffe, aber auch diese Aussicht war gering: kein Schiff würde wohl stoppen, um die Menschen aus dem Wasser zu fischen. Dennoch hätte nur einer über Bord zu springen brauchen, und die anderen wären hinterher gestürzt. Dann hätte keine Macht mehr die Mannschaft aufhalten können, um so weniger, als wir nur noch drei dienstfähige Offiziere hatten, die anderen wurden im Verbandraum behandelt. In zehn bis fünfzehn Minuten wäre das Schiff menschenleer gewesen. Da erschien aber der Heizer Baklanow, der laut rief: «Trottel seid ihr! Eure hohlen Köpfe nehmen auf euren Schultern nur Platz weg. Ich möchte doch zu gern wissen, woher so viele Holzköpfe auf das Schiff kommen. Elende Feiglinge seid ihr. Ihr solltet gegen Küchenschaben Krieg führen und nicht mit den Japanern ...»

Je heftiger er schimpfte, um so leichter wurde uns ums Herz. Sein Gebrumme hörten wir an wie gläubige Menschen ihren Lieblingsprediger. Wir waren bereit, vor diesem schmutzbedeckten Menschen auf die Knie zu sinken. Seinem Verhalten konnten wir entnehmen, daß er die Rettung vor dem Tode brachte.

Endlich erfuhren wir, was geschehen war. Die Abzugsventilation war außer Betrieb gewesen, während die Zufuhrventilation weiter gearbeitet und die Munitionskammer voll Rauch gepumpt hatte, von wo er nach oben gestiegen war. Das Havariekommando hatte bereits angeordnet, daß sie überschwemmt werden sollte. Nun waren alle zufrieden, daß nichts weiter passiert war.

Als Baklanow sich vom Deck entfernte, meinte er: «Ich habe schon wieder Hunger.»

Nun trat endlich Ruhe ein. Alle Brandherde wurden gelöscht und die notwendigste Ordnung an Bord wiederhergestellt. Das Oberdeck und die Kommandobrücken waren mit Eisenteilen und Stücken von Geschützen verstopft. Bruchstücke von Rettungsbooten, Blöcke, Stücke der Takelage lagen umher. Jetzt wurde alles über Bord geworfen. An die Stelle der fortgerissenen Treppen kamen behelfsmäßige Leitern. Die Lecks, die den Wellen freien Zutritt ins Schiff gewährten, wurden mit Brettern abgedichtet oder mit Matten und Segelleinen verstopft. Die Artilleristen reparierten die Geschütze, die noch einigermaßen in Ordnung waren.

Das einst so starke Linienschiff «Orjol» bot jetzt ein klägliches Bild. Alle Oberbauten waren zerstört, die mittlere Verbindungsbrücke war abgerissen und zu einer Art von Ring zusammengedrückt. Beide Ankerketten waren zerbrochen, die herausgerissene Steuerbordklüse war über Bord gespült. Den Großmast hatte eine Granate an der unteren

Brücke beschädigt, er konnte jeden Augenblick umstürzen. Vom Großmast und vom Fockmast hingen kläglich, im Winde schaukelnd, die Fetzen der Takelage herab. Die Ladebäume auf dem Achterteil des Schiffes waren ebenfalls zerschlagen, die Winsch für die Dampfkutter zerstört. Der Holzbelag der Decks war durchlöchert und zerschrammt. Die Zisterne auf der Bugbrücke war von Splittern durchsiebt, die Leitungen, die entsalztes Meerwasser von der Zisterne in die unteren Räume leiteten, waren zerrissen. Die Menschen, die in diesen Räumen bei einer Temperatur von über vierzig Grad arbeiteten, waren ohne Wasser. Das Trinkwasser mußte aus dem Bugkielraum geholt und mit Eimern in die Kammern, Maschinen- und Heizräume gebracht werden.

Das Schiff hatte zehn Boote, zwei Dampf- und zwei Minenkutter besessen. Ich suchte sie und mußte an Wassiljews Worte denken. Einen Monat vor der Schlacht war er von einer Konferenz der Schiffsingenieure, die auf «Suworow» stattgefunden hatte, zurückgekehrt und hatte mir entrüstet erzählt:

«Ich habe vorgeschlagen, sämtliche Ruder- und Dampfboote von den Kriegsschiffen zu entfernen und auf die Transportschiffe zu verladen. Ich habe bewiesen, daß sie in der Schlacht doch nur Brandherde sein würden. Außerdem hätte der Abtransport die Belastung der Kriegsschiffe verringert, also die Stabilität erhöht. Aber der Geschwaderchef und sein Stab haben meinen Vorschlag abgelehnt.» Jetzt konnte ich mich davon überzeugen, daß Wassiljew vernünftiger als Roshestwenski gedacht hatte. Nicht ein einziges Boot, kein Kutter war unversehrt geblieben! Alles war zu zertrümmertem, versengtem Gerümpel geworden. Sollte das Schiff sinken, könnten wir nur noch über Bord springen, um uns zu retten.

Einige von Granaten zerstörte Aufzüge an den 75-mm-Geschützen waren außer Betrieb. Auch die Zufuhrschienen auf dem Batteriedeck waren an vielen Stellen unterbrochen. Zu allem Überfluß hatten sich infolge der starken Erschütterungen bei den schweren und leichten Geschützen die Zielvorrichtungen verschoben. Das bereitete den Artilleristen besonderen Kummer. Wenn wir uns schon ohnehin keiner Zielsicherheit rühmen konnten, so würden wir jetzt erst recht die Granaten nur einfach in den Raum hinausschleudern.

Kurzum – das Linienschiff «Orjol» hatte mehr als die Hälfte seiner Kampffähigkeit eingebüßt.

Die zufällige Pause näherte sich ihrem Ende. Achtern an Steuerbord tauchte die erste Division des Admirals Togo auf. Alle seine sechs Schiffe, die keinerlei Schäden aufwiesen, fuhren auf Parallelkurs und holten uns ein. Auf «Orjol» wurde Gefechtsalarm gegeben. Er klang wie Begräbnisgeläut in unseren Ohren. Die Mannschaft nahm verdrossen ihre Plätze ein, um die letzte Stunde ihres Lebens durchzukämpfen. Punkt 18.00 Uhr donnerten die Geschütze auf beiden Seiten wieder los. Steuerbord wurde geschossen, steuerbord wurden auch die Schläge des Feindes empfangen. Eine halbe Stunde darauf hatte uns auch der Admiral Kamimura mit seinen sechs Panzerkreuzern eingeholt.

Und wieder begann auf unserem Geschwader die Zerstückelung der Menschen.

Als Spitzenschiff hatte «Borodino» unter dem konzentrierten Feuer des Feindes am meisten zu leiden. Aber auch unser Schiff erhielt nicht wenige Treffer. Mitunter hatte man den Eindruck, daß die Hauer eines Ungeheuers in die geschützten Teile des Schiffs einschlugen und Eisenstücke herausrissen. Zu unserem Glück blieben die gepanzerten Bordwände und das sie verbindende, gepanzerte Batteriedeck unversehrt. Das Batteriedeck lag aber nur fünf Fuß über dem Wasserspiegel, während die Wellen sieben, sogar acht Fuß hoch gingen. Über das Batteriedeck rollte so ungehindert das Wasser und steigerte bei Wendungen gefährlich die Krängung des Schiffs.

Im Raum der Steuerbordhauptmaschine befand sich der Chefingenieur, Oberst Parfjonow, an der Backbordmaschine sein Gehilfe, Stabskapitän Skljarewski. Auf der langen Reise von Kronstadt bis Tsushima hatten sie viel Mühe aufgewandt, um den maschinellen Bereich in Ordnung zu halten. Unter ihrer Anleitung hatten die Maschinisten im Gegensatz zu den Artilleristen und Matrosen anderer Gefechtsstationen ihr Handwerk gut gelernt. Der Chefingenieur stand auf seinem Posten, wo sich die Manometer, Fernsprecher und Sprachrohre konzentrierten. Sein ölbedeckter Kittel stand über dem nackten Leib offen, die Mütze saß ihm weit auf dem Hinterkopf und ließ die große, schweißnasse Stirn frei. Schweißtropfen rannen ihm über das Gesicht und blieben im Bart hängen. Er wischte sich häufig das Gesicht mit sauberem Werg ab und betrachtete besorgt die Geräte. Die Manometer zeigten den Dampfdruck in den Kesseln, ein Zähler die Umdrehungszahl der Hauptwelle an. Von Zeit zu Zeit kamen Klingelzeichen aus dem Kommandoturm und Anordnungen über Geschwindigkeitsveränderungen. Das regte niemanden besonders auf. Im Gefecht wartete man auf ein anderes, vielsagenderes Signal – ganz zu stoppen oder gar auf «volle Kraft rückwärts» zu gehen. Solche Anordnungen erfolgen aber nur in Ausnahmefällen und müssen schnell und genau ausgeführt werden, wenn man den Anspruch erhebt, weiter leben zu wollen. Parfjonow beobachtete besorgt seine Untergebenen. Wie würden sie sich in der Gefahr verhalten? Wenn sie nun der Panik verfielen und nach oben stürzten? Würde er sie allein mit Hilfe eines scharfen Kommandos zurückhalten können oder müßte er zum Revolver greifen?

In den Maschinen- und Heizräumen des Schiffes verlief die Arbeit gewissermaßen weit vom Schuß, sie war aber nicht weniger anstrengend als die Arbeit oben. Der Dampfdruck wurde konstant gehalten. Die zwei Stahlherzen, deren geölte Teile im elektrischen Licht funkelten, arbeiteten gleichmäßig, ohne Klopfen und Heißlaufen. Die Maschinisten pflegten sie gewissenhaft. Sie arbeiteten halbnackt, nur in Arbeitshosen. Da sie von der Außenwelt abgeschnitten waren, wußten sie nicht, was oben vor sich ging. Man konnte nur nach dem Gehör bestimmen, was Abschüsse und Treffer waren. Hier, unterhalb der Wasserlinie unter dem Panzerdeck, dessen Luken während der Schlacht durch schwere Eisenplatten verschalt waren, in dieser Welt der Maschinen und des Dampfes gab es keine Detonationen, keine Verwundeten, keine Toten. Dadurch wurde aber das Gefühl der Gefahr nicht geringer. Sollte das Schiff sinken, so würde kaum einer aus dem Maschinenraum entschlüpfen können.

Plötzlich strömten Rauch und Gase in den Maschinenraum, so daß die Menschen nichts mehr sahen und zu keuchen anfingen. Ein Maschinist stürzte zum Chefingenieur und stammelte, um Luft ringend: «Sinken wir, Euer Hochwohlgeboren?»

Parfjonow befahl anstelle der Antwort: «Die Zufuhrventilation abstellen!»

Bald war die Luft wieder sauber, dafür stieg aber die Temperatur auf über fünfzig Grad. Es war sehr schwer, eine solche Temperatur bei angespannter Arbeit auszuhalten. Es schien, als verschmore man allmählich.

Ein ähnlicher Fall ereignete sich auch in der Backbordmaschine.

Manchmal gerieten Granatsplitter durch die Luftschächte in den Maschinenraum. Glücklicherweise trafen sie nicht die beweglichen Teile. Ein solcher Treffer hätte das Schiff völlig außer Gefecht setzen können.

Im Kesselraum platzte die Verbindung vom Kessel zum Hauptdampfrohr. Der Dampf strömte zischend heraus und füllte den Raum mit einer heißen Wolke. Der Ingenieur Russanow und der Unteroffizier Masajew schalteten aber rechtzeitig den Kessel ab, und niemand wurde verbrüht. Die übrigen neunzehn Kessel lieferten ausreichend Energie, um Hauptmaschinen und Hilfsmaschinen zu bedienen.

Bevor wir in die Tsushimastraße eingelaufen waren, hatten wir viel Holz über Bord geworfen. Trotzdem hatten wir während der Schlacht Feuersbrünste nicht vermeiden können. Alles entzündete sich. Es brannten die geteerten Segeltuche, die Rettungsringe, die Gummischläuche der Sprechanlagen, die Isolierungen der Dampfröhren, die Feuerwehrschläuche, Matratzen, die Segeltuchhüllen der Schlafmatten, die Seile, Blöcke, die Holzabdichtungen der Leckstellen. Es brannten die Offizierskajüten mit ihren Vorhängen, Teppichen, Möbeln, Schränken. Es brannte das Oberdeck, besonders in den Teilen, wo es von Granaten schon gesplittert und aufgerissen war. Am meisten Nahrung fand das Feuer aber bei den Booten und den Minenkuttern mit ihren Rudern und der Holzverschalung.

Die Brände verursachten viele Schäden. Sie trennten die einzelnen Schiffsteile voneinander, hinderten die Geschützführer am Schießen und beschworen ständig die Gefahr von Explosionen herauf, weil Funken in die Geschoßbunker überspringen konnten. Mitunter hüllte der Rauch die Türme ein und räucherte die Menschen aus, wie man Bienen ausräuchert. Die optischen Geräte der Geschütze waren so verrußt, daß man durch die Gläser nichts mehr sehen konnte.

Das Schlimmste war aber, daß das Feuer eine verheerende psychische Wirkung auf die Mannschaft ausübte. Feuer auf dem Schiff ist etwas ganz anderes als auf dem Festland. Wenn ein Gebäude Feuer fängt, so schleppen die Einwohner vor allem ihre Habe heraus und gehen auf die Straße, wenn es nicht mehr möglich ist, den Rest zu bergen. Sie stehen auf festem Grund und sehen weinend oder finster schweigend zu, wie das Feuer alles frißt, was mühsam gebaut wurde. Es stehen ihnen dann vielleicht Armut und Hunger bevor, eine unmittelbare Todesgefahr droht ihnen aber nicht. Ganz anders verläuft eine Feuersbrunst auf einem Schiff.

Unser Schiff befand sich mitten auf dem Wasser und brannte trotzdem. Schon dieser Umstand allein widersprach allem landläufigen Denken. Während des Kampfes wüteten die Flammen besonders heftig und bedrohten in den zahlreichen geschlossenen Abteilungen Hunderte von Menschen, denen jeder Ausweg versperrt war. Ringsum war das Wasser, waren die Granaten. Zudem mußte jeder Mann an seinem Platz bleiben, in den Türmen, den Kammern, den Torpedoabteilungen, den Maschinen- und Heizräumen, im Lazarett, in der Werkstatt, an den Geschützen, den Hilfsgeräten, an den Sprachrohren. Die Arbeit durfte nicht unterbrochen werden, weil sonst das Schiff aktionsunfähig geworden wäre und alle dem Tode preisgegeben hätte. Schiff und Menschen bildeten jetzt ein unteilbares Ganzes. Solange das

Schiff noch existierte, besaß jedermann die Hoffnung, sein Leben zu retten.

Gegen das Feuer hatten wir nur ein Mittel – das Wasser. Dieses spielte aber eine Doppelrolle: Es schützte uns vor dem Feuer und war doch gleichzeitig unser schlimmster Feind. Es ergoß sich über das Oberdeck und floß durch zahlreiche Löcher auf die unteren Decks. Es quoll durch die Leckstellen in den Bordwänden ins Innere des Schiffes; durch die zerstörten Belüftungsrohre drang es noch tiefer. Die Maschinisten unter dem Ingenieur Rums konnten nicht schnell genug pumpen. Das Schiff hatte schon mindestens fünfhundert Tonnen aufgenommen. Kurzum – das Wasser, das uns vor dem Feuer rettete, drohte, uns in das kalte und dunkle Meeresgrab hinabzuziehen.

Im Verbandraum lag ein Schwerverwundeter auf dem Operationstisch und stöhnte schwach. Der Chefarzt Makarow nähte gerade seine Bauchwunde, hatte sich aufgerichtet und wollte wohl dem Feldscher etwas sagen, als eine schwere Granate das Schiff etwa in Höhe des Operationsraumes traf. Das Schiff bebte und dröhnte wie eine riesige Trommel. Man mußte befürchten, daß die Stahlrippen des Schiffskörpers sogleich auseinanderfallen würden. Im Operationssaal blieben nur wenige auf den Beinen. Makarow schwankte und fiel auf den Patienten, der aufkreischte. Angstvoll hoben auch die anderen Verwundeten die Köpfe. Einige Augenblicke später erfolgte ein zweiter Schlag von gleicher Stärke. Das Licht verlosch, allgemeines Durcheinander brach aus. Der Chefarzt rief ins Dunkel: «Beruhigt euch, seid ruhig! Es ist nichts Besonderes geschehen!»

Die Sanitäter zündeten die bereitgestellten Kerzen an. Im Dämmerlicht sah ich bleiche Gesichter und schreckerfüllte Augen. Ein Matrose mit einer schweren Brustwunde mußte sich erbrechen. Er stellte sich auf alle viere und ergoß keuchend seinen Mageninhalt auf den unbeweglich neben ihm liegenden Nachbar. Ein anderer schüttelte seinen verbundenen Kopf, versuchte die Eisenwand hochzuklettern und kratzte mit den Nägeln das Eisen. Der Schiffskommandant fieberte: «Exzellenz, wo ist Ihr Schlachtplan? Ich bitte um meine Entlassung … Ich kann diese Gemeinheiten nicht dulden … Exzellenz …»

Dann kommandierte er laut: «Alle Maate an Deck!»

Auch andere Verwundete redeten im Fieberwahn.

Das alles waren so ungewohnte Eindrücke für mich, daß mir schwindelte.

Endlich hatten die Elektriker die Beleuchtung wieder in Gang gesetzt. Mein Mund war ganz ausgetrocknet, ich stürzte zum Wasser und trank gierig. Plötzlich flog mir der Becher aus der Hand. Rauschend drang frische Luft in den Raum. Im gleichen Augenblick krachten Bruchstücke des Decks über die Korridorluke. Es war, als ob ein ganzes Gebäude zusammenstürze. Gleichzeitig neigte sich das Schiff wieder nach Steuerbord, Gase und Rauch füllten den Raum. Der Qualm drang in die Lungen und raubte uns das klare Bewußtsein. Schreie und Stöhnen vermehrten die Verwirrung noch mehr. Keine Drohungen, keine wohlgemeinten Worte konnten die aufhalten, die zum Ausgang strebten. Die Panik währte etwa zwei Minuten, bis Ingenieur Wassiljew die Zufuhrventilation angestellt hatte, deren Rohr aufs Achterdeck hinaufführte. Die Luft war bald wieder rein.

Die Krängung nach Steuerbord blieb bei etwa sechs Grad. Offenbar waren die Panzerplatten in ihren Nähten durch die Schläge der Granaten undicht geworden und leckten. Außerdem hatte sich das Wasser auf dem Batteriedeck an der einen Bordwand angesammelt. Alle hatten nur den einen Wunsch, das Schiff möge sich so schnell wie möglich wieder aufrichten.

Das medizinische Personal widmete sich weiter seiner Arbeit. Mir schien das schon sinnlos zu werden. Das Schiff, das uns bisher geschützt hatte, würde bald der gesamten Mannschaft den Tod bringen. War es da nicht gleichgültig, ob man mit verbundenen oder unverbundenen Wunden in den Tod fuhr?

Der Geruch von Blut und Desinfektionsmitteln bereitete mir Übelkeit. Mein Hirn nahm keine neuen Eindrücke mehr auf. Ich konnte nicht mehr im Operationssaal bleiben und kletterte ohne Überlegung auf Deck, müde, gleichgültig gegen jede Gefahr. Das Signal «Torpedoabwehr!» wurde gegeben. In Wirklichkeit waren überhaupt keine Torpedoboote zu sehen. Später stellte sich heraus, daß der Erste Offizier mit diesem Signal die Bedienung der leichten Artillerie zum Löschen alarmiert hatte. An Deck kamen etwa zehn Mann. In diesem Augenblick klatschte eine Granate nicht weit vom Schiff auf das aufspritzende Wasser, wurde wieder hochgeschleudert, schoß lang und schwarz wie ein Delphin auf uns zu und schlug mit ihren wohl 300 Kilogramm Gewicht auf Deck ein. Eine steile Flamme, eingeschlossen in einen auseinanderstrebenden braunen Rauchring, schlug empor. Eine heiße Luftwelle schleuderte mich auf den Rücken. Mir schien es, als sei ich in winzige Teilchen zersprungen, wie Staub vor dem Wind. Dieses Gefühl der Loslösung vom Körper wunderte mich am meisten. Ich sprang auf und glaubte selbst nicht, daß ich noch am Leben sei. Verwundete liefen schreiend an mir vorbei. Zwei Mann waren getötet, der dritte, der nach meiner Seite hin geschleudert worden war, lag mehrere Sekunden reglos da, erhob sich dann wie auf Kommando auf ein Knie und blickte sich wild um. Es sah aus, als wollte er davonlaufen. Er merkte nicht, daß ihm die Eingeweide – wie Lappen aus einem offenen Koffer – aus dem aufgeschlitzten Bauch hingen. Er schlug wieder hin und heulte wie ein Tier.

Ich wollte schon wieder hinuntersteigen, als ich den Schrei «Borodino! Borodino!» hörte.

Ich sah mich nach dem Linienschiff um. Es führte das Geschwader, obwohl es stark nach Steuerbord krängte. Die Brücke und der Admiralssalon brannten, Flammen schlugen aus den Geschützpforten und spiegelten sich glühend rot im Wasser. Heftigen Schmerz empfand ich beim nahenden Ende des Schiffes. Ohne die Kiellinie zu verlassen, kenterte es nach Steuerbord und gab dabei eine letzte Salve aus dem Heckturm ab.

Das geschah um 19.10 Uhr.

Wir fuhren an «Borodino» vorbei – weiter.

Halbzerschlagen, fast jeder Kampffähigkeit beraubt, so befand sich «Orjol» jetzt an der Spitze, um die übrigen Schiffe zu führen. Der Feind konzentrierte sein Feuer jetzt auf unser Schiff.

Der Tag ging zu Ende. Fast erdrückt von den Wolken, brannte im Westen als langgezogene rote Wunde die Abendröte. Nach wir vor zauste der Wind das Meer, trieb er die Wellen im rötlichen Widerschein vor sich her. Bis zur vollen Dunkelheit blieben nur noch wenige Minuten. Ich lehnte mich an den verstummten 152-mm-Turm und konnte meine Erstarrung nicht abschütteln. Es war besser, hier draußen von einer Granate zerfetzt zu werden, als lebendig begraben ins Meer zu sinken.

Nicht der Feind, so schien uns, sondern der Himmel ließ die Granaten aufs Schiff und ringsum fallen. «Orjol» war eine schwimmende Feuerstätte. Auf der Bugbrücke sprangen und hüpften die Flammenzungen bis zum Mars des Großmastes. Der Wind erfaßte den Rauch und trieb ihn in Fetzen davon. Ich überlegte, wie meine Nerven das alles noch weiter aushalten konnten und wie es möglich war, daß das Schiff in diesem Chaos von Feuer und Wasser zu schwimmen vermochte.

Aus meiner Hosentasche holte ich ein Tuch und entfaltete es. Zwei Buchstaben «A. N.» waren von der Hand meiner Mutter eingestickt; sie hatte es mir gegeben, als ich meinen Urlaub im Heimatdorf verlebt hatte. Ich hatte es niemals gebraucht und es erst am Tage der Schlacht hervorgeholt. Nun wischte ich mir damit zum ersten Male das Gesicht ab. Obwohl ich nicht verwundet war, zeigte das Taschentuch Blutspuren. Das betrübte mich sehr. Würde das Blut auszuwaschen sein?

Gesamtplan der Seeschlacht bei Tsushima am 27. Mai 1905

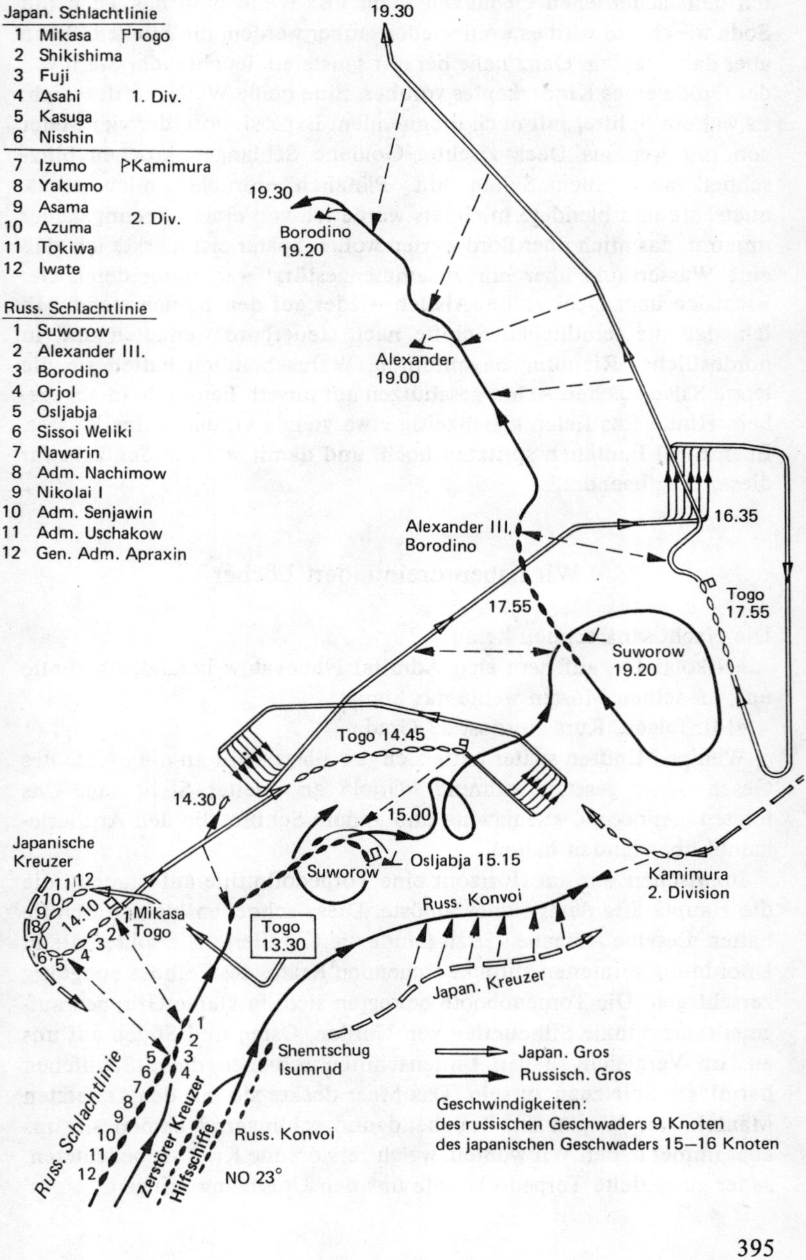

Kein Zweifel: das Schiff verbrauchte seine letzte Kraft. Dabei wurde ich den lächerlichen Gedanken nicht los: Wenn man das Tuch mit Soda wäscht, so wird es wohl wieder sauber werden, die Stickerei kann aber dabei leiden. Ganz nahe bei mir sauste ein leuchtender Stern von der Größe eines Kinderkopfes vorüber. Eine heiße Welle streifte mich. Es war ein Splitter mit noch brennendem Explosivstoff, der vier Meter von mir weg ins Deck zischte. Goldene Schlangen krochen blitzschnell nach allen Seiten hin. Plötzlich erdrückte mich etwas, quetschte und blendete mich, als würde ich von einem Seeungeheuer umarmt, das mich über Bord werfen wollte. Später erst merkte ich, daß eine Wassersäule über mir zusammengestürzt war, unter deren Gewicht ich über Deck rollte. Als ich wieder auf den Beinen stand, sah ich, daß die feindlichen Schiffe nach steuerbord wendeten und in nordöstlicher Richtung davonfuhren. Wahrscheinlich hatten sie die letzte Salve aus den Achtergeschützen auf unsern Feuerschein abgegeben. Hinter uns fielen gleichzeitig etwa vierzig Granaten ins Wasser. Ebensoviel Fontänen spritzten hoch, und damit war die Schlacht für diesen Tag beendet.

Wir haben dreihundert Löcher

Die Nacht sank schnell herab.

«Nikolai I.», auf dem sich Admiral Nebogatow befand, überholte uns; an seinen Masten wehte das Signal:

«Mir folgen. Kurs Nordost 23 Grad.»

Wenige Minuten später hatte sich das Flaggschiff an die Spitze des Geschwaders gesetzt, während «Orjol» an zweiter Stelle lag. Uns folgten «Apraxin», «Senjawin» und andere Schiffe, die den Artilleriekampf überstanden hatten.

Inzwischen war am Horizont eine Torpedoflottille aufgetaucht, die die Hauptkräfte des Feindes ablöste. Diese schnellen kleinen Schiffe hatten dieselbe Aufgabe wie zu Lande die Kavallerie. Sie sollten die in Unordnung geratenen zurückweichenden Kräfte des Feindes endgültig zerschlagen. Die Torpedoboote bewegten sich, in kleine Gruppen aufgeteilt, als dunkle Silhouetten von Norden, Osten und Süden auf uns zu. Im Vergleich zu den Linienschiffen schienen diese Schiffchen harmloses Spielzeug zu sein. Das Meer deckte sie mit den zerfetzten Mänteln der Wogen zu. Tauchend und schlingernd kamen sie uns aber immer näher. Wir wußten, welch zerstörende Kraft sie bedeuteten. Jeder gutgezielte Torpedo konnte uns den Untergang bringen.

Eine Panik brach aus. «Nikolai I.» legte das Ruder Backbord, um den Torpedoangriffen auszuweichen, die anderen Schiffe folgten ihm. Die einen führten die Wendung gleichzeitig aus, die anderen jedoch nacheinander. Dadurch zerfiel die Kiellinie, und die Schiffe drängten sich auf einen Haufen zusammen. Das dauerte aber nicht lange. Nachdem die Linienschiffe südlichen Kurs eingeschlagen hatten, wurde die Kiellinie wieder hergestellt.

Unsere Kreuzer und Torpedoboote mit den Transportern, die bisher den Hauptkräften gefolgt waren, marschierten jetzt vor uns. Nun war der Augenblick da, in dem sie sich den Linienschiffen nähern und sie vor den Torpedoangriffen schützen mußten. Es geschah aber etwas völlig Unerwartetes! Die Kreuzer und Torpedoboote nahmen ebenfalls Kurs nach Süden und verschwanden in schneller Fahrt in der Dunkelheit. Unwillkürlich entstand die Frage: Von welchen Überlegungen ließ sich der Befehlshaber der Kreuzerdivision, Konteradmiral Enquist, leiten? Bei den Linienschiffen war nur der Kreuzer «Isumrud» geblieben. Nebogatow wies ihn an, sich neben «Nikolai I.» zu halten und den Gegner abzuwehren.

Durch Lichtsignale wurde der Befehl weitergegeben: «Geschwindigkeit dreizehn Knoten.»

Unter den tiefgehenden Wolken rumorte der Wind. Wie Gespenster brausten die weißen Gischtspitzen der Wellen durch die Finsternis. Die Linienschiffe gaben Salven ab, um die Torpedoboote zu verjagen. Die grellroten Abschüsse sahen wie Reihen von Leuchtfeuern aus. Zu den häufigen Abschüssen der leichten Artillerie gesellte sich das Bellen der Maschinengewehre. Zwischendurch ächzten die schweren Geschütze. Die kaum wahrnehmbaren feindlichen Torpedoboote wichen vor dem Hagel unserer Geschosse zurück, erschienen aber bald wieder von einer anderen Seite.

Unsere vier Linienschiffe, darunter auch «Orjol», auf dem das Feuer gelöscht worden war, fuhren in der Finsternis ohne die üblichen Positionslichter und ohne Scheinwerfer. Am Heck jedes Schiffes brannte nur je ein abgeschirmtes Licht, das dem nachfolgenden Schiff als Richtpunkt galt. Konteradmiral Nebogatow hatte die Schiffe seiner Gruppe schon während der Fahrt nach dem Fernen Osten daran gewöhnt, ohne Licht zu fahren. Das kam ihnen jetzt zustatten. Unsere übrigen Schiffe, die sich am Schluß der Kolonne befanden, schalteten fortwährend die Scheinwerfer ein.

«Orjol», jetzt unter Nebogatows Befehl stehend, konnte die Scheinwerfer ohnehin nicht einschalten. Von seinen sechs Scheinwerfern war nicht einer heil geblieben, obwohl wir Schutzvorrichtungen gegen

Splitter angebracht hatten. Es wurde beschlossen, die Scheinwerfer zu verwenden, die vor der Schlacht von den Kuttern abmontiert und im Innern des Schiffs geborgen worden waren. Die Elektriker legten unter der Anleitung des Leutnants Modsalewski eine behelfsmäßige Leitung. Das Licht, das erzeugt wurde, war aber so schwach, daß es uns nichts nützte und nur die Aufmerksamkeit des Feindes auf uns lenkte. Wir waren sehr enttäuscht, daß auf die Scheinwerfer verzichtet werden mußte. Wie sich später zeigte, war das nur zu unserem Vorteil.

Bei der Abwehr von Torpedoangriffen auf den «Orjol» konnte nur noch ein Teil der Artillerie in Aktion treten: der 305-mm-Bugturm mit einem Geschütz (das zweite hatte ein Stück des Rohres verloren), ein Steuerbord-152-mm-Turm mit Handbetrieb und vier 47-mm-Geschütze auf den Brücken. Auch der 305-mm-Heckturm war noch unbeschädigt geblieben, er hatte aber nur noch vier Geschosse, die aufgespart wurden, falls wir wieder feindlichen Linienschiffen begegnen sollten. Unversehrt waren auch noch mehrere 75-mm-Geschütze, die wir aber nicht benutzen konnten, denn sobald wir die Stückpforten öffneten, fluteten die Wellen aufs Batteriedeck. Die übrigen Turm- und Kasemattengeschütze waren entweder endgültig zerstört oder erheblich reparaturbedürftig.

Mit diesen Verteidigungsmitteln wehrte der «Orjol» die Torpedoangriffe ab. Das Schiff hatte bis zu dreihundert große und kleine Löcher. Gewiß, sie lagen alle über der Wasserlinie, aber die Wellen schlugen trotzdem unaufhörlich herein. Außerdem dichteten die zerrütteten Panzerplatten nicht mehr ausreichend ab. Das Schiff hatte über fünfhundert Tonnen Wasser aufgenommen, und trotz aller Bemühungen vergrößerte sich diese Menge bedrohlich. Es sackte immer tiefer ab. Kein Zweifel, daß es bald völlig sinken würde. Als das dem Ersten Offizier Sidorow gemeldet wurde, ordnete er an: «Es sind sofort alle verfügbaren Pumpen einzusetzen.»

Die Anordnung wurde aus dem Kommandoturm über ein zufällig noch funktionstüchtiges Rohr in die Zentrale weitergegeben, von der sie in alle Abteilungen durchgesagt wurde.

Ein Teil der Mannschaft wurde für den Kampf gegen das Wasser eingesetzt, während die übrigen auf ihren Posten blieben.

Ich wandte mich ebenfalls meinen gewöhnlichen Pflichten zu. Der Schiffsintendant, Leutnant Burnaschew, befahl dem Hauptproviantmeister Platowski und mir, an die Mannschaft Fleischkonserven auszugeben. Die elektrische Beleuchtung brannte hell. Aus den verschiedenen Abteilungen kamen die Matrosen in den Hecktorpedoraum und stellten sich an. Es waren nicht viele, trotzdem wurden die Konservenbüchsen unter strenger Kontrolle ausgegeben. Der Intendant war ebenfalls anwesend. Leutnant Burnaschew hatte den gewöhnlichen Ausdruck von Trägheit aus seinem Gesicht verscheucht und befragte jeden Matrosen lebhaft: «Woher kommst du?»

«Aus der Munitionskammer des mittleren Steuerbordturmes, Euer Wohlgeboren.»

«Wieviel seid ihr?»

«Zwölf Mann.»

«Gut, hier sind drei Dosen.»

Pjatowski notierte, an wen, in welche Abteilung und wieviel Büchsen ausgegeben wurden, und ich händigte sie aus.

Der Torpedogast Priwalichin kam an die Reihe.

«Für wieviel Mann?»

«Für zwei, Euer Wohlgeboren.»

«Eine Büchse gibt es nur für vier Mann, ein Viertelpfund Fleisch je Mann.»

«Wir wollen uns mit den Rudergasten teilen.»

«Na, sieh zu, daß es ohne Betrug abgeht.»

Ein Maschinist, von Ruß und Öl bis zur Unkenntlichkeit verschmiert, wurde böse, verzichtete auf die Konserven und stieg wieder hinauf. Vom Batteriedeck hörten wir seine Stimme: «Das will ein Offizier sein! Seine Pickel platzen ja vor Geiz. Der ist ja bei lebendigem Leibe angefault! Wenn du erst beim Absaufen bist, werden wir dir alle Taschen mit deinen Konserven vollstopfen, du verfluchte Pest!»

Obwohl Leutnant Burnaschew dies alles hörte, verzog er den Mund nur zu einem Lächeln.

«Warum schreit er denn so, der blöde Teufel? Er ist wohl betrunken?»

«Er ist von seiner eigenen Scheiße betrunken, Euer Wohlgeboren», brummte ein Matrose betont unfreundlich.

Burnaschew schwieg und schielte mißtrauisch zur Mannschaft hinüber.

Es kam gar nicht in Frage, daß der Heizer Baklanow fehlte, wenn Gelegenheit war, Essen zu fassen. Er rückte ganz dicht an den Intendanten heran, umgab diesen mit einem Dunst von Schnaps und sagte verächtlich: «Sie sollten ihnen nicht so viel Konserven ausgeben, Euer Wohlgeboren. Das geht doch wirklich nicht! Eine ganze Büchse auf vier Mann! In ihrer Sattheit werden sie schlafen wollen, während das Schiff verteidigt werden muß. Ich habe zum Beispiel seit gestern nicht ein Krümel gegessen. Es fehlt mir der Appetit, weil ich immerzu denke, wie ich das Vaterland verteidigen soll ...»

«Schwatze kein dummes Zeug», unterbrach ihn der Intendant, «Kurzum – wieviel?»

«Für die drei Heizräume, Euer Wohlgeboren, mehr als fünf Büchsen brauchen wir nicht.»

«Ausgeben!»

Ich verstand durchaus die Habgier des ehemaligen Bäuerleins und jetzigen Feldwebels Pjatowski. In Gesprächen hatte er mir öfters seinen sehnlichsten Wunschtraum anvertraut. Er wollte sich aus Staatsgeldern eine gewisse Summe zusammensparen und ein eigenes Geschäft gründen. Der Geiz des Leutnants Burnaschew war mir aber völlig unverständlich. Dieser reiche Gutsbesitzer aus dem Gouvernement Kursk zitterte um jede Konservenbüchse und zeigte in einer Zeit, in der oben unaufhörlich die Geschütze brüllten und uns jeden Augenblick ein feindlicher Torpedo in die Luft sprengen konnte, einen beispiellosen Geiz.

Unter einem Vorwand verließ ich den Torpedoraum und stieg auf das Batteriedeck.

Hier brannte nur die blaue Tarnbeleuchtung, die ein schwaches Dämmerlicht verbreitete. Das Schiff schlingerte. Auf Deck glänzten große Wasserpfützen. Manchmal rollte das Wasser geräuschvoll gegen die Bordwand, nach der sich das Schiff neigte. Unruhig tapste ich durch die Lachen. Alles war hier so seltsam geworden, ich kannte mein eigenes Schiff nicht mehr. Fremd waren mir die übriggebliebenen Trümmer einiger 75-mm-Geschütze, die zerstörten Wände der Offizierskajüten, die aufgerissenen Aufzüge, die glucksenden Löcher in den Bordwänden. Im schwachen, blauen Schein waren die Offiziere und Matrosen, die hastig hin- und hereilten, kaum zu erkennen. Ihre bleichen Gesichter und eingefallenen Augen wirkten unheimlich. Ich glaubte unter aufrecht gehenden Leichen zu sein. Dieser Eindruck verstärkte sich beim Anblick der noch umherliegenden toten Matrosen und des toten Leutnants Schupinski. Sie rollten im Wellengang mit, stießen gegeneinander, wandten die Köpfe bald hierher, bald dorthin.

Während sich oben die Menschen in der Hauptsache auf die Abwehr von Torpedoangriffen konzentrierten, setzte unten ein Teil der Mannschaft seine ganze Kraft für den Kampf um die Stabilität des Schiffs ein. Leutnant Karpow mit seinen Feuerwehrleuten, der Ingenieur Rums mit den besten Schlossern und Maschinisten, die Bootsleute mit den Zimmerleuten – alle halfen beim Abdichten der Leckstellen. Viele dieser Lecks waren nicht größer als eine Faust. Weil es aber viele waren, strömte eine ganze Menge Wasser durch sie ein. Sie wurden mit Holzpfropfen und geteertem Werg abgedichtet. Schwieriger war es mit den großen Lecks. Niemand wußte, daß die Unteroffiziersmesse voll Wasser stand, das nur noch vom dreizehnten Schott aufgehalten wurde. Als die Tür aufgebrochen wurde, strömte zum Schreck der Leute das Wasser heraus. Jemand schrie ängstlich auf. Mehrere Matrosen liefen davon, weil sie befürchteten, daß der ganze Bugteil des Schiffs unter Wasser stünde. Ein Ruf des Feldwebels Mursin brachte sie zum Stehen: «Wo wollt ihr hin, Angsthasen? Zurück!»

Die Lecks wurden mit Matratzen und Matten verstopft und mit Brettern abgedeckt, die mit Balken festgestemmt wurden.

Es gab aber viele große Lecks auch an anderen Stellen. In der Kajüte des Leutnants Larionow war ein fünf bis sechs Fuß großes Stück der Bordwand herausgerissen. Zum Glück verliefen die Ränder so gleichmäßig, als wäre das Loch mit einer Schere ausgeschnitten; deswegen konnte es schnell abgedichtet werden. Weit schwieriger war es mit dem Leck am hundertsten Spant. Eine 305-mm-Granate hatte seine Ränder so ausgezackt, daß die zusammengezimmerte Notverkleidung durchaus nicht dicht an die Bordwand gepreßt werden konnte.

Die Zimmerleute mußten die Bretter anders zusammensetzen, während die Schlosser sich mühten, mit schweren Hämmern die verbogenen Ränder auszuklopfen. Es nützte alles nichts. Leutnant Karpow befahl: «Bringt Decken und Matten her, schnell!»

Erst nachdem unter die Holzverschalung Decken und Matten gestopft worden waren, hielt sie dicht.

Am meisten wurde das Schiff durch die Leckstellen auf der Seite der Offiziersmesse gefährdet. Die Elektrik war hier gestört. Die Batterielampen wurden nur in den allernötigsten Fällen rasch eingeschaltet, um den Feind nicht anzulocken. Unter der Anleitung des Ingenieurs Rums arbeiteten die Männer, im Dunkel tastend, bis zum Gürtel im Wasser.

Stimmen riefen durcheinander: «Mit den Schultern mußt du die Bretter stützen.» – «Gebt die Stützen her.» – «Warum stößt du mir die Matte immer ins Gesicht?» – «Legt die Decken unter.» – «Teufel, ihr zerdrückt mir meinen Fuß!»

Rums ließ für einige Sekunden die Taschenlampe aufleuchten, deren Schein gebückte Rücken und vor Anstrengung geschwollene Gesichter erkennen ließ. Die Arbeitenden mühten sich, ein behelfsmäßiges Gerüst vor das mannshohe Leck zu schieben. Es schien, daß nur noch etwas Glück fehlte, um die Aufgabe zu bewältigen. Da aber schlug eine schwere See herein, warf alle Schutzvorrichtungen um und riß die Menschen nieder. Es schien, als übe auch das fremde Meer Rache an uns. Die Matrosen wollten aber nicht kampflos weichen. Sie stürzten und schluckten Wasser, standen aber immer wieder auf, um den Kampf mit den Fluten fortzusetzen, die jetzt zu unserem Hauptfeind geworden waren. Rums rief: «So kommt nichts heraus, Leute! Wir wollen es anders versuchen.»

Nun begann die Arbeit von der Außenseite. Es wurde beschlossen, eine Persenning, die an den Haken der Schutznetze befestigt worden war, auf die Wunde des Schiffs zu legen. Die Wellen peitschten unausgesetzt die Menschen, suchten sie mit sich zu reißen. Trotzdem wurde das Ziel erreicht. Die eindringende Wassermenge verringerte sich um mindestens zwei Drittel. Auf dieselbe Weise wurde auch ein zweites großes Leck am 71. Spant abgedichtet.

Inzwischen entfernten fünfzig Mann das Wasser vom Batteriedeck. Im Halbdunkel trieben sie es hinunter zu den Pumpen und Turbinen, andere schöpften es mit Eimern und Ölkanistern über Bord. Auch die Feuerwehrpumpen waren unaufhörlich tätig. Trotz dieser Maßnahmen verringerte sich die Wassermenge kaum. Vielleicht schien es uns aber nur so, weil der Wunsch, sie endlich loszuwerden, allzu groß war.

Die Gruppe führte der Bootsmann Wojewodin an. Er war nicht so ruhig wie sonst. Aufgeregt, die Mütze im Nacken, hastete er von einem Matrosen zum anderen und schrie jeden an, um seine eigene Furcht zu verbergen.

«Schneller, Leute, schneller arbeiten! Es ist besser, an Land Schnaps zu trinken und Frauen zu umarmen, als auf den Meeresgrund zu sinken oder von Haien gefressen zu werden ...»

Ingenieur Wassiljew stieg aus dem Verbandraum zum Batteriedeck hinauf, gestützt vom Obermaat Ossip Fjodorow. Er wollte selbst sehen, was vor sich ging, und mit seinen Anweisungen behilflich sein. Als er einige Schritte auf seinen Krücken machte, hob sich das Schiff in der Richtung, die er eingeschlagen hatte. Gleichzeitig rollte das Wasser über Deck, und Wassiljew wurde bis zu den Knien durchnäßt. Er kehrte zurück und begegnete mir.

«Ah, Sie sind auch hier!»

In unserer Nähe wuchteten die schweren Hämmer, knirschte Eisen. Der Aufzug wurde gesäubert, um die Zuführung der 75-mm-Geschosse aus dem Munitionsraum wieder zu ermöglichen.

Wir blieben an der Luke zur Maschinenwerkstatt stehen.

Wassiljew blickte sich um, schüttelte den Kopf und meinte:

«Wir halten uns nur wie durch ein Wunder. Das Schiff kann jeden Augenblick kentern.»

«Wieso denn das?» fragte ich verwundert.

«Sehr einfach. Vor zwei Stunden unterhielt ich mich mit dem Ingenieur Rums, und wir kamen zu einem wenig erfreulichen Schluß. Überlegen Sie selbst. Die Heizer verbrauchten nur die Kohle, die unten liegt. Von den Artilleristen erfuhren wir, daß aus den Kammern etwa vierhundert Tonnen Munition verbraucht worden sind. Auf dem Batteriedeck befinden sich über zweihundert Tonnen Wasser. Können Sie sich vorstellen, wieweit sich das Schwergewicht des Schiffs verlagert hat? Es kann aber nur eine Krängung von knapp acht Grad vertragen. Ein einziger Grad mehr, und das Schiff kentert.»

Diese Mitteilung ließ mich erschaudern, als spürte ich die Mündung eines geladenen Revolvers im Nacken.

Ossip Fjodorow war gegangen, um seinen Kameraden zu helfen. Ich geleitete Wassiljew in die Maschinenwerkstatt. Er hatte Kopfschmerzen, streckte sich auf eine Hobelbank aus und bat mich, ihm etwas unter den Kopf zu schieben. Ich brachte ihm meine Jacke.

«Vielleicht wollen Sie auf das Deck hinaufsteigen? Ich will Ihnen gern helfen ...»

Wassiljew lächelte bitter; vom grellen Licht geblendet, hatte er seine Augen eingekniffen.

«Wozu? Wenn unser ‹Orjol› sinkt, dann werden sich wohl selbst die Gesunden nicht retten können. Und mir ist wohl der Tod beschieden. Dann ist es schon besser, daß es hier geschieht, schnell, ohne Qualen. Ich sehe alles nüchtern an. Acht Grad – das ist das Äußerste. Und diese äußerste Grenze kann bei einer scharfen Wendung leicht überschritten werden. Ich habe Rums gebeten, den Ersten davon in Kenntnis zu setzen. Außerdem habe ich Sidorow von mir aus auch einen Zettel geschickt.»

Ich stieg allein hinauf. Die Dunkelheit war so dicht und schwarz, daß sie auf den Schultern zu lasten schien. Im weiten Raum rauschten Wind und Wellen. Um die Masten schlugen die Reste der Takelage, irgendwo klapperte ein losgerissenes Stück Blech. Allmählich unterschieden die Augen einzelne Gegenstände. Ich bewegte mich vorsichtig zur Bugbrücke. Um nicht in ein Loch zu stürzen, tastete ich jeden Meter des Decks mit dem Fuß ab. Öfters mußte ich zurückweichen und gefährliche Stellen umgehen. Dort, wo das Deck von Granaten beschädigt war, stand das Wasser knietief.

Plötzlich hörte ich einen verzweifelten Schrei aus der Ferne, vom Meere her.

«Hilfe! Ich ertrinke! Freunde, Hilfe!»

Wer war das? Ein Offizier oder ein Matrose? Wie war er in die Fluten geraten? War er vom «Nikolai I.», der vor uns fuhr, über Bord gespült worden oder war er ein Überlebender von einem anderen, schon gesunkenen Schiff? Unser Schiff fuhr weiter. Es konnte sich nicht mit der Rettung eines einzelnen Menschen befassen, wenn es um das Leben einer ganzen Besatzung ging. Die um Hilfe schreiende Stimme verklang hinter dem Heck, wurde immer leiser, als verschwinde sie in einem Abgrund. Bebend dachte ich: vielleicht geht es uns auch so, daß wir im Meer zappeln werden. Wieviel Menschen hielten sich wohl noch über Wasser, durch die Wellen von einander getrennt, einsam die letzten Augenblicke ihres Lebens durchringend?

Nur mit Mühe gelangte ich zur Bugbrücke. Rechts vom Kommandoturm stand, an die Panzerplatten gelehnt, ein Mensch und starrte durchs Fernglas in das nächtliche Dunkel. Es war der Obersignalgast Sefirow.

«Wie steht es, Wassili Pawlowitsch?»

«Vorerst fahren wir ohne Unterbrechung.»

«Wohin? Nach Hause oder in einen neutralen Hafen?»

«Du bist wohl ... Schon um neun Uhr nahm ‹Nikolai I.› wieder den Kurs Nordost 23 Grad. Wir fahren nach Wladiwostok.»

Ich glaube, auch Admiral Nebogatow beging den schwersten Fehler, der möglich war. Er mußte wissen, daß wir zerschlagen, hoffnungslos zerschlagen waren. Wenn dem aber so war, so mußte er wie jeder andere Befehlshaber nur dafür sorgen, daß er die Reste der ihm anvertrauten Kräfte erhielt. Natürlich konnte kein Gedanke daran sein, in die weitentfernte Ostsee zurückzukehren. Wir hatten aber eine andere Möglichkeit, der völligen Vernichtung zu entrinnen: Wir konnten den nächsten Hafen im neutralen China anlaufen und uns entwaffnen lassen. Admiral Nebogatow tat das nicht, obwohl er die Reste des Geschwaders selbständig befehligte und nach eigenem Gutdünken entscheiden konnte. Blind unterwarf er sich Roshestwenskis Willen und wollte die noch vorhandenen Schiffe befehlsmäßig nach Wladiwostok führen. Welchen Zweck sollten sie dort erfüllen, wenn dieser Hafen jede Bedeutung für uns verloren hatte? Und wo war die Gewähr, daß uns die Japaner nicht noch einen weiteren heißen Empfang in ihrem Meer bereiten würden? Dies war unser dritter Versuch, durch die gefährliche Meerenge zu unseren fernöstlichen Gebieten zu gelangen. Es bestand nicht die geringste Aussicht auf Erfolg.

Sefirow teilte mir noch etwas mit: «Es hat nicht viel gefehlt und wir hätten unseren Kreuzer ‹Isumrud› versenkt. Er kam von Backbord auf uns zu, wir nahmen an, daß er ein Feindschiff sei, und haben ihn beschossen. Zum Glück traf keiner der vier Schüsse, sonst wäre es mit ihm vorbei gewesen.»

Zufällig sah ich mich um. Gerade in diesem Augenblick stieg über dem Meer eine grellrote Flamme auf, und wir hörten in der Ferne einen rollenden Donner.

«Was hat das zu bedeuten?» fragte ich Sefirow.

«Wahrscheinlich ist ein Schiff auf eine Mine gelaufen», erwiderte er mit zitternder Stimme.

In meiner Vorstellung entstand das furchtbare Bild eines sinkenden Schiffs mit vielen wehrlosen Menschen, die von den Wellen verschlungen wurden. War es ein japanisches, war es ein russisches Schiff? Mit diesen entfernten und unsichtbaren Opfern beschäftigte sich meine Einbildung aber nur kurze Zeit. Mein Hauptaugenmerk war auf das eigene Schiff gerichtet, um eine Annäherung des Feindes nicht zu übersehen. Auf der Brücke standen die Signalgasten und beobachteten den nächtlichen Horizont; an den beiden einsatzfähigen 47-mm-Geschützen wachten die Geschützführer. Auf der Kuppel des 305-mm-Turmes war die große Gestalt des Leutnants Pawlinow zu erkennen, der den Turm erklettert hatte, um die japanischen Torpedoboote rascher sichten zu können. Auf seine laut und vernehmlich gegebenen Befehle bewegten dieser Turm und der Steuerbordbugturm ihre Rohre in die Richtung, in der sich verdächtige Umrisse zeigten.

Ich suchte den Kommandoturm auf, in dem sich nur noch vier Offiziere aufhielten. Nur Leutnant Modsalewski war unversehrt, alle anderen waren verwundet. Leutnant Schamschew saß zusammengekauert auf dem Boden und stöhnte. Der Erste Offizier Sidorow lehnte seinen Kopf erschöpft gegen die Panzerplatten. Modsalewski und Leutnant Sakkelari beobachteten durch die Sehschlitze «Nikolai I.», der bloß das Hecklicht aufgesetzt hatte, das uns als Orientierung diente. Am Ruder stand der Bootsmann Kopylow, ein kräftiger, sibirischer Bauer mit einem kleinen, harten Bärtchen. Er war ein hervorragender Rudergänger, der alle Feinheiten seines Fachs und die Launen des Schiffs bei allen Wendungen genau kannte. Er hielt den Kopf tief gebeugt, als wollte er den anderen sein Gesicht nicht zeigen, das von kleinen Splittern zerkratzt war. Das rechte Handgelenk war mit Werg verbunden, zwei Finger fehlten. Vom frühen Morgen an, seitdem die Japaner in Sicht gekommen waren, hatte er auf seinem Posten ausgeharrt; obwohl er viel Blut verloren hatte, stand er unentwegt vor dem Kompaß. Der Signalgast Schemjakin und der Obermaat Kasinez standen neben ihm.

«Der Admiral schwenkt nach backbord!» rief Leutnant Sakkelari.

Der Erste Offizier raffte sich auf und befahl: «Nicht zurückbleiben!»

Zu Kopylow gewandt, sagte er: «Vorsicht beim Umlegen des Ruders!»

«Zu Befehl, Vorsicht beim Umlegen des Ruders», wiederholte Kopylow finster.

Der «Orjol» schwenkte nach steuerbord und krängte gleichzeitig nach steuerbord über. Vom oberen und vom Batteriedeck hörte man das unheimliche Rauschen des Wassers. Das feindliche Feuer hatte am Tage fast alle Meßinstrumente zertrümmert, aber wir wußten ohnehin, daß das Schiff die Grenze seiner Stabilität erreicht hatte. Es zitterten alle Teile seines eisernen Körpers. Im Kommandoturm kannten alle die Höchstgrenze des zulässigen Krängungswinkels; alle blieben stumm, und mir schien, jeder dachte, nun sei der Augenblick der Katastrophe da. Langsam richtete sich aber das Schiff wieder auf und gewann seine normale Lage.

«Prachtkerl, unser ‹Orjol›!» meinte erleichtert der Erste Offizier.

Eine Viertelstunde später, als wir uns wieder auf den früheren Kurs legten, wiederholte sich dasselbe.

Konteradmiral Nebogatow ließ solche Wendungen vollführen, um den feindlichen Torpedobooten das Zielen zu erschweren. Wir verloren bei jedem dieser Manöver das Flaggschiff aus den Augen. «Nikolai I.» führte ganz kurze Wendungen aus, während wir weite Bogen fahren mußten, um ein allzu großes Krängen zu vermeiden. Das Hecklicht des Flaggschiffs entschwand dann zunächst völlig. Des Obersignalgasts Sefirow große, graue Augen schienen aber die Dunkelheit durchdringen zu können. Nach seinen Anweisungen fanden wir das Flaggschiff immer wieder.

«Mich friert sehr», klagte der Erste Offizier.

Leutnant Sakkelari riet ihm, den Verbandplatz aufzusuchen. Sidorow wollte ihm etwas entgegnen, wurde aber von einem lauten Ruf, der von der Brücke kam, unterbrochen: «Ein Torpedoboot! Ein Torpedoboot!»

Backbord vor uns blitzte es auf. Sofort donnerten die Geschütze.

«Ein Torpedo! Ein Torpedo!» schrie jemand.

Ich eilte auf die Brücke hinaus und erstarrte. Ich sah den vom Feind abgeschossenen Torpedo, der auf der Oberfläche des Meeres eine phosphoreszierende Spur hinterließ, auf uns zusteuern. Unser Schicksal schien besiegelt. Keiner fand die Kraft, etwas zu unternehmen. In den Schläfen hämmerte das Blut, als zählten die Pulsschläge die unheimlichen Sekunden, die von gespannter Erwartung erfüllt waren. Eine Frage nur beherrschte das Bewußtsein: Wird der Torpedo vorbeigehen oder wird das Schiff plötzlich bis in die letzten Fugen erbeben und in die tiefe See sinken?

Aber unsere Stunde war noch nicht gekommen. Der Torpedo zog

seinen leuchtenden Weg kurz vor unserem Bug vorüber. Die Menschen an Bord kehrten tief aufatmend wieder zum Leben zurück.

Der Erste Offizier löste seine Spannung, indem er kräftig fluchte. Aber gleich darauf rief er: «Herrgott, vergib meiner sündigen Seele!»

Der Signalgast Sefirow murmelte:

«Beinahe hätte es uns erwischt!»

Er riß seine Mütze vom Kopf und schlug sie gegen die Knie, als wollte er sie abstäuben.

Die anderen Offiziere und Matrosen redeten viel und alle zur gleichen Zeit; es klang seltsam und unwirklich, als würde im Traum gesprochen.

Die wütenden Angriffe der Torpedoboote brachen erst nach Mitternacht ab. Fast sechs Stunden lang mußten die Menschen eine für die Nerven kaum zu ertragende Spannung aushalten. Endlich konnten die zermürbten Seeleute aufatmen. Die Japaner hatten offenbar unsere Spur verloren.

Im Kommandoturm tauchte der Heizer Baklanow auf. Ich zwängte mich mit ihm zur Heckbrücke durch, wo wir den Rest der Nacht verbringen wollten. Hier fanden wir einige Matrosen, von denen sich jeder eine Schlafmatte oder einen Rettungsring besorgt hatte. Auch wir suchten uns zwei Matten, setzten uns nebeneinander und lehnten uns an den Großmast. Über dem Horizont schwamm die schmale Sichel des Mondes. Es wurde heller. Wie eine Geliebte hielt ich die zusammengefaltete Matte in meinen Armen und preßte sie an mich. Da sie mit Kork gefüllt war, konnte sie mir im Notfall einen Rettungsring ersetzen. Im Halbschlaf hörte ich Baklanows Stimme: «Wieviel Kirchen, wieviel Klöster erflehen bei Gott den Sieg für uns! Und was wird daraus? Wahrscheinlich sind Gottes Ohren mit Wolle verstopft, da er es nicht hört. Wenn ich doch leben bliebe!»

Die Nacht ging langsam ins Morgengrauen über. Ein Bild ist mir im Gedächtnis geblieben, das ich nie vergessen werde. Ich befand mich auf der vorderen Brücke. Einige Kabellängen steuerbord vor uns trat die Silhouette eines Schiffes aus der Dunkelheit hervor. Ein uns folgendes Schiff traf es mit seinem Scheinwerfer. Es war ein japanisches Torpedoboot. Es war angeschlagen, ließ Dampf ab und stand auf einem Fleck, hilflos und verloren. Auf der offenen Brücke war der Kommandant zu sehen. Er wollte den Russen durch seine Haltung seine Todesverachtung zeigen, hatte ein Knie gebeugt, stützte auf das andere den Ellbogen und betrachtete rauchend die an ihm vorüberziehenden Schiffe. Hinter uns krachte der Schuß eines schweren Geschützes. Die Sprenggranate blitzte mitten im Torpedoboot auf. Auch vom «Orjol» wurden einige Schüsse abgegeben, sie waren aber nicht mehr nötig. Dort, wo sich das Torpedoboot befunden hatte, wallte nur noch eine Dampf- und Rauchwolke. Das grelle Licht des Scheinwerfers erlosch. Alles versank in tiefes Dunkel. Lange noch konnte ich das erschütternde Bild vom plötzlichen Sinken des Schiffes nicht loswerden. Obwohl mir der Verstand sagte, daß es ein feindliches Schiff gewesen war, krampfte sich mir doch das Herz zusammen beim Gedanken an das plötzliche Sinken des Bootes, mit dem zusammen in einer Sekunde mehrere Dutzend Leben zugrunde gegangen waren.

Der Feind umzingelt uns

... Als Externer lege ich meine Reifeprüfung ab. In allen Fächern sind meine Antworten durchaus befriedigend. Mein sehnlichster Wunsch geht in Erfüllung, und ich sehe schon die Physikalisch-mathematische Fakultät der Moskauer Universität vor mir. Ich werde studieren und dann Gelehrter sein. Welch ein Glück ist das für einen Menschen, der aus der Tiefe des Volkes, aus dem finsteren Dorf kommt. Meine Freude ist aber verfrüht. Ich falle in Mathematik durch, und das so gründlich, daß ich mich schäme, wie sich noch kein Schüler geschämt hat. Der Lehrer, ein grauhaariger, verschrumpelter Greis mit querstehenden Schulterstücken auf dem Rock, sieht mich lange vernichtend an und sagt dann höhnisch: «Junger Mann, Sie sollten anderen nicht die Zeit stehlen. Sie sind ein absoluter Holzkopf. Ich bezweifle sogar, daß Sie das kleine Einmaleins kennen. Nun sagen Sie mal – wieviel ist sieben mal acht?»

Mathematik habe ich immer gern gehabt, auf die Prüfung habe ich mich beharrlich und lange vorbereitet, und nun kann ich eine solch einfache Frage nicht beantworten. Was ist denn mit mir geschehen? Die ganze Klasse lacht. Ich stehe an der Tafel und blicke mich verlegen um. Vor mir sitzen verstümmelte Menschen – mit gebrochenen Armen, zerschundenen Gesichtern, manchen fehlt gar der Kopf. Wie können sie in einem solchen Zustand denn lachen? Ein blutiges Etwas, das mal ein Mensch gewesen ist, rollt vor meine Füße. Da erscheint meine Mutter, stellt sich schützend vor mich und sagt freundlich: «Sei nicht traurig, mein Sohn. Dann gehst du eben als Mönch in ein Kloster.»

Schnell zerschmilzt ihr verweintes Gesicht. Es bleiben nur die Augen, aber auch sie werden immer größer und verschwimmen zu einem weiten Blau. Nein, es sind nicht mehr die Augen, es ist der

Himmel, sauber und klar, schwarze Schlangen fliegen umher und wollen sich auf mich stürzen …

Ich erwachte und zuckte zusammen, als ich den verunstalteten Großmast mit den Fetzen der Takelage erkannte. Die Matte war mir entglitten. Neben mir saß der Heizer Baklanow. Ein breites Lächeln spielte um sein verrußtes Gesicht mit dem großen Kinn. Er sagte:

«Ein wunderlicher Kauz bist du! Kein Wort habe ich von dem verstanden, was du da gemurmelt hast.»

Über der ruhig wiegenden Dünung strahlte der weite Himmel. Der Wind hatte sich fast völlig gelegt. Gierig sog ich die reine Seeluft ein, die mich erfrischte. Die Sonne ging auf; ich, der ich den gestrigen Tag überstanden hatte, konnte in die blaue Ferne sehen und tat es mit Inbrunst, als wäre mir das Leben neu geschenkt.

«Komm frühstücken», schlug Baklanow vor.

Wir stiegen von der Heckbrücke aufs Deck hinunter. Ich wußte, daß das Schiff stark gelitten hatte, hatte mir aber nicht vorgestellt, daß es so hoffnungslos aussähe. Ringsum war alles verunstaltet, angesengt, zu Klumpen von Gußeisen und Stahl verschmolzen, zu Haufen unförmiger Trümmer getürmt.

Die wichtigsten Maschinen funktionierten aber noch. Aus den zwei durchlöcherten Schornsteinen wälzte sich der Rauch, das Schiff fuhr im Kielwasser von «Nikolai I.», den der Kreuzer «Isumrud» geleitete. Uns folgten «Apraxin» und «Senjawin». Wo waren aber die anderen Linienschiffe II. Klasse geblieben: «Nawarin», «Sissoi Weliki», «Uschakow» und der Panzerkreuzer «Admiral Nachimow»? Was war mit ihnen geschehen? Waren sie Torpedoangriffen zum Opfer gefallen oder nur zurückgeblieben?

Verrußt und matt starrten die Matrosen in die Weite, als suchten sie dort eine Antwort auf die quälende Frage. Nicht eine Rauchfahne, nicht ein Anzeichen von irgendwelchen Schiffen war zu sehen, soweit das Auge reichte. Satt glitzerte unter dem Morgenhimmel das Meer, gleichgültig gegen allen menschlichen Kummer.

Zum Frühstück aßen wir Konserven mit Zwieback. Nachdem ich etwas zu mir genommen hatte, ging ich durch einige Stationen, um zu sehen, in welchem Zustand unser Schiff war. Würde es bis Wladiwostok durchhalten und womit würde es sich gegen einen neuen Angriff des Feindes verteidigen?

In der vergangenen Nacht war viel Kraft aufgewendet worden, um einigermaßen Ordnung zu schaffen.

Aus den Gängen waren die Trümmer weggeräumt worden, so daß man wieder von einer Station zur anderen gelangen konnte. An die

Stelle der zerstörten Treppen waren Sturmreeps gesetzt worden. Hier und da hatte man die Wasserleitungsrohre gelötet. In den Bordwänden waren die Leckstellen gedichtet, das Wasser war von den Decks entfernt worden. Der Tiefgang des Schiffs hatte sich um zwei Fuß vermindert, wodurch die Stabilität wieder größer geworden war. Dennoch wußten wir sehr gut, daß uns jeder Sturm die Möglichkeit nehmen konnte, Wladiwostok zu erreichen. Diese behelfsmäßigen Abdichtungen hielten keinem starken Wellenschlag stand. Die Wunden des Schiffes würden sich wieder öffnen, wieder würde Wasser einströmen, und unser Untergang wäre besiegelt.

Ebensowenig Angenehmes ergab sich aus einem Gespräch mit den Artilleristen. Gewiß, einige Geschütze konnten ausgebessert werden. Von den 58 Geschützen war die Hälfte kampfunfähig, die anderen konnten schießen. Auf den ersten Blick schien das ein Trost zu sein. In Wirklichkeit gab es aber keinen.

Bei allen Geschützen waren die Zielvorrichtungen verschoben, das Schiff hatte weder Entfernungsmesser, noch konnte das Feuer gelenkt werden. Granaten zu verschießen war unter diesen Umständen ebenso sinnlos, wie es sinnlos ist, während einer Schlägerei mit Knallbonbons zu lärmen. Die Türme konnten teilweise nicht gedreht werden, teilweise war die automatische Geschoßzufuhr außer Betrieb. Einige Geschütze konnten nicht mehr den vollen Erhebungswinkel erreichen, so daß sie für die Beschießung von Fernzielen ausfielen. Viele Aufzüge im Batteriedeck waren zerstört. Unsere Munitionsbestände waren auf ein Fünftel zusammengeschrumpft. Zudem war die Restmunition sehr unregelmäßig auf dem Schiff verteilt; wo die Geschütze funktionierten, waren keine Granaten, wo Granaten waren, funktionierten die Geschütze nicht. Der 305-mm-Heckturm hatte noch ganze vier Granaten zur Verfügung. Ein Geschützführer dieses Turmes meinte: «Nötigenfalls ballern wir viermal, dann können wir uns Zigaretten drehen.»

Kurzum, das Schiff besaß kaum noch zehn Prozent seiner Kampffähigkeit und hätte sich nur gegen einen Kreuzer 2. Ranges verteidigen können.

Auf dem Oberdeck begegnete ich dem Bootsmann Wojewodin, der zum Kampfturm ging. Er war müde und abgemagert. Aus entzündeten Augen sah er mich erstaunt an und sagte: «Nun sind wir wohl doch durchgebrochen. Jedenfalls fahren wir jetzt ohne Schwierigkeiten. Weißt du, was uns fehlt? Wie jeder Seemann hasse ich den Nebel, aber jetzt könnten wir ihn gut gebrauchen, so einen dichten, undurchdringlichen. Da würden sich unsere Schiffe drin verlieren, wie Nadeln in der Milch.»

«Ja, das wäre unsere Rettung.»

Es kam aber kein Nebel auf. Klar lag der Horizont vor uns, so weit das Auge reichte.

«Vielleicht kommen wir auch so nach Wladiwostok?» fragte ich.

«Möglich», meinte der Bootsmann und entfernte sich.

Wenige Minuten später tauchte am fernen Horizont backbord achtern eine kleine Rauchwolke auf, die langsam wuchs, als werde dort ein Holzfeuer entfacht. Dem ersten Wölkchen folgte ein zweites, ein drittes. Die Nachricht flog durch alle Stationen des Schiffs. Die Besatzung geriet in Bewegung. Und als die Umrisse von fünf Kriegsschiffen erkennbar waren, fragte sich jeder nur: sind es unsere oder feindliche Schiffe?

«Leute, das sind doch unsere Schiffe, bei Gott, unsere!» rief erfreut ein junger Matrose.

«Natürlich sind das unsere», stimmten ihm andere zu. «Da fährt ‹Nachimow›, da ‹Aurora› und hinter ihnen schleppt sich ‹Alexander III.› her.»

«‹Alexander III.› ist doch gestern gesunken, sagt man.»

«Nun, dann ist es eben ‹Suworow›.»

«Woher sollte er denn seine Schornsteine haben? Oder sind sie wie Pilze nach dem Regen wieder gewachsen?»

«Nein, Kameraden, das ist alles falsch!» rief der Elektriker Kosyrew, der aus dem Kommandoturm aufs Deck kam. «Ich habe eben durchs Fernrohr gesehen, es sind feindliche Schiffe, die auf uns zuhalten.»

Die Augen der Matrosen saugten sich mit solchem Haß an Kosyrew fest, als wäre er der schlimmste Feind der Besatzung. Drohende Rufe erschollen: «Laß diese Dummheiten!» – «Wir reißen dir den Kopf ab!»

Ich lief in die Maschinenwerkstatt hinunter, um Wassiljew die Nachricht zu bringen. Ich fand ihn dort nicht und ging in den Verbandraum. Die Ärzte legten den Offizieren und Matrosen neue Verbände an. Eintönig summte der Ventilator und vertrieb den Blut- und Ätherdunst. In einer Ecke hockte Wassiljew zusammengesunken auf einem Schemel. Er stützte sich auf die Krücke und döste. Ich faßte ihn am Arm.

«Japanische Schiffe sind am Horizont aufgetaucht.»

Ich glaubte, leise gesprochen zu haben, doch die Verwundeten, die neben Wassiljew lagen, richteten sich auf und hoben besorgt die Köpfe.

«Was ist los? Was für Schiffe?»

«Einige Rauchsäulen wurden gesichtet, was für Schiffe das sind, weiß man noch nicht», antwortete Wassiljew mit ruhiger Stimme, als teile er eine Nebensächlichkeit mit. Er bat mich, ihn in die Werkstatt zu begleiten.

Wir verließen die Verwundeten, ohne sie zu unterrichten. Wassiljew sagte: «So sind wir wieder in Sicht des Feindes gekommen. Schlecht ist das für uns, sehr schlecht. Vor allem aber, wir wissen nicht, was zu tun ist, um das nahende Unglück abzuwehren. Uns bleibt nur übrig, alles gleichmütig zu ertragen. In der vergangenen Nacht habe ich kein Auge schließen können, das Hirn ist wie vernebelt. Ich bin müde und kann nicht einschlafen.»

«Ich will versuchen, Sie nach oben zu bringen. Zwei Rettungsringe habe ich sichergestellt. Wir wollen rechtzeitig über Bord springen.»

«Danke, aber für mich hat das keinen Zweck mehr.»

Ich stieg aufs Oberdeck.

Auf der Brücke am Kampfturm standen der Erste Offizier Sidorow, die Oberleutnante Modsalewski und Pawlinow und der Leutnant Sakkelari und spähten durch Ferngläser nach den japanischen Schiffen, die Parallelkurs mit uns hielten. Unsere Signalgasten und Offiziere versuchten, die Schiffe auszumachen. Es waren die leichten, schnellen Kreuzer «Suma», «Chiyoda», «Akitsushima» und «Izumi». Gesondert von ihnen fuhren noch zwei Kreuzer. Die Entfernung betrug über sechzig Kabellängen.

«Nikolai I.» hißte das Signal «Gefechtsalarm». Dann befahl Admiral Nebogatow seiner Abteilung, um acht Strich backbord zu wenden. Unsere Schiffe fuhren in Dwarslinie dem Feind entgegen, um ihn anzugreifen, ehe er Hilfe erhielt. Der Feind verstand aber unser Manöver und zog sich unter Ausnutzung seiner größeren Geschwindigkeit sofort zurück. Unsere Abteilung legte sich wieder auf den Kurs Nordost 23 Grad.

Die Japaner waren nicht stark genug, um uns aufzuhalten. Eine neue Hoffnung auf Rettung keimte in uns, die aber gleich wieder drückender Enttäuschung Platz machte. Neue Rauchsäulen wurden backbord voraus gesichtet!

Admiral Nebogatow schickte den Kreuzer «Isumrud» zur Erkundung aus. Nach etwa einer halben Stunde, die uns unglaublich lang vorkam, berichtete er, daß eine neue feindliche Kreuzerabteilung nahe. Offenbar zog der Feind per Funk seine Kräfte um uns zusammen. Bald sahen wir weitere sechs Schiffe auftauchen. Unser Schicksal war entschieden.

Von der Brücke kam der Befehl: «Mannschaft Schnaps und Essen empfangen!»

Die Matrosen tranken mit finsteren Gesichtern ihren Anteil und aßen Zwieback mit Konserven.

Inzwischen wurden feindliche Schiffe auch von steuerbord gesichtet.

Nach dem Mittagessen wurde befohlen, die Toten zu bestatten. Die verstümmelten Leichen lagen schon lange auf dem Achterdeck aufgebahrt. In zwei Reihen, mit Flaggen bedeckt. Der Bootsmann Wojewodin holte den Priester.

«Wie soll ich denn den Gottesdienst abhalten, wenn gleich die Schießerei losgeht?» plärrte Paissi, als er erfuhr, warum er hinauf sollte.

«Sie brauchen keine Angst zu haben, Hochwürden.»

«Nein, nein, laß mich um Gottes Willen zufrieden. Ich will sie lieber von hier aus segnen. In Abwesenheit ... sozusagen ... ich will doppelt so viel beten. Und wenn ich am Leben bleibe, dann werde ich auch im Kloster für sie beten.»

«Sie brauchen sich wirklich nicht zu sorgen. Es sind doch unsere Schiffe, die auf uns zuhalten.»

«Ja? Wirklich? Dann ist es etwas anderes, dann wollen wir gehen. Die Toten müssen gesegnet werden. Ohne den Segen kann man sie nicht bestatten. Sie sind doch ... wie heißt das ... für den selig machenden Glauben gefallen.»

Auf dem Achterdeck segnete Paissi in aller Eile die Toten, wobei er mißtrauisch auf die japanischen Schiffe schielte, die uns bedrohlich von drei Seiten umgaben. Er, der das eigene Geschwader nicht kannte, begriff nicht, was vor sich ging. Sein zerzaustes, rotes Haar flammte in der Sonne, sein schlaffes Gesicht stach davon ab. Er murmelte hastig die Worte des Bestattungsgebetes. Etwa dreißig Matrosen blickten finster bald auf den nahenden Feind, bald auf ihre gefallenen Kameraden. Bei den Leichen lagen abgerissene Arme und Beine, von denen niemand wußte, wem sie gehörten. Ein Geschützführer brachte einen einzelnen Arm und warf ihn in den Leichenhaufen. Zu Häupten der Leichen stand ein Eimer mit Sand, um die Toten, bevor sie ins Meer glitten, der Erde wiederzugeben. Aus Weihrauchbehältern stieg eine blaue dünne Rauchsäule auf. Es war, als würden auch wir mit den Gefallenen zur Bestattung gesegnet.

Ich suchte das Mitteldeck auf und gesellte mich zu einer Gruppe Matrosen. Der Feind setzte sein Einkreisungsmanöver fort. Siebenundzwanzig Schiffe waren daran beteiligt, die Torpedoboote nicht mitgerechnet. Darunter auch die zwölf Linienschiffe und Panzerkreuzer, die Japans Hauptkraft zur See bildeten und mit denen wir uns gestern herumgeschlagen hatten. Sowohl diese Schiffe als auch alle anderen sahen fast parademäßig aus. Wir konnten an ihnen weder zersplitterte Masten noch umgestürzte Schornsteine, noch zerstörte Brücken erkennen. Die Japaner, die unser Zweites Geschwader hart geschlagen hatten, waren offensichtlich selbst wenig zu Schaden gekommen. Nun zogen sie den eisernen Todesring immer enger um uns. Es war ein unerhörter Triumph für sie, und für uns die bittere Erkenntnis unserer vollständigen Ohnmacht. Wir hatten es schon unterwegs gewußt, daß sie uns schlagen würden, aber kaum einer hatte sich die Vernichtung des Geschwaders in solch furchtbarem Ausmaß vorstellen können. Wir Überlebenden erstarrten vor der Tatsache unserer Niederlage. Unser erschöpfter Verstand weigerte sich, die Wirklichkeit zu begreifen. Die Matrosen versuchten die Ursachen unseres Versagens zu ergründen und stritten sich.

Ein Artillerist schrie, aufgeregt mit den Armen fuchtelnd: «Haben wir denn gestern nicht auf die Japaner geschossen? Fast die ganze Munition haben wir verschossen, die Kammern sind leer! Wie kommt es, daß die japanischen Schiffe unversehrt blieben?»

Böse Blicke trafen die Artilleristen, als wären sie die Schuldigen. Sie bekamen harte Worte zu hören: «Ihr Schlappschwänze habt bei Madagaskar auf Scheiben geschossen, viele Tage lang, und was kam dabei heraus? Wir haben unsere Scheibe heraufgezogen, ohne daß sie auch nur einen Kratzer gehabt hätte.»

Der Oberbootsmann Sajom fand eine andere Erklärung: «Alles deutet darauf hin, Leute, daß wir gestern mit einem englischen Geschwader gekämpft haben. Die Japaner haben sich hinter der Insel Tsushima versteckt gehalten. Jetzt erst erscheinen sie, um uns vollkommen zu erledigen.»

«So wird es wohl gewesen sein», bestätigte ein Artillerist. «Ich habe selbst gesehen, wie ein Schiff mit vier Schornsteinen unterging. Die Offiziere sagen aber, daß die Japaner solche Schiffe nicht haben. Folglich haben wir mit den Engländern gekämpft.»

Der Heizer Baklanow klopfte dem Artilleristen auf die Schulter und fragte: «Sag mal, Freund, weißt du noch genau, womit ihr die Geschütze geladen habt? Vielleicht habt ihr anstelle der Geschosse Gummibälle verwendet?»

«Geh zu allen Teufeln!» erwiderte wütend der Artillerist.

Der Elektriker Starew seufzte: «Ja, so wird es wohl sein: Wir haben die Japaner nur mit Salutschüssen begrüßt.»

Ich sah zu den japanischen Schiffen hin und dachte: Was können wir ihnen entgegenstellen? Die kümmerlichen Reste des zerschlagenen Geschwaders: «Nikolai I.», ein Schiff mit veralteter Artillerie, die mit Schwarzpulver schießt und nicht fähig ist, die Geschosse bis zum Feind zu schleudern; «Orjol», modern, aber vollständig zerschlagen, in einen Schrotthaufen verwandelt und mit starken Menschenverlusten; zwei Panzerschiffe des Küstenschutzes «Apraxin» und «Senjawin», jedes mit viertausendfünfhundert Tonnen Wasserverdrängung – zwei Schiffe, für deren Vernichtung ein Panzerkreuzer genügt; schließlich der leichte Kreuzer «Isumrud», gefährlich nur für ein Torpedoboot, nicht aber für ein größeres Kriegsschiff. Fünf Schiffe gegen die ganze japanische Flotte – das ist eine ungeheuerliche Ungleichheit der Kräfte!

Was wird geschehen, wenn wir den Kampf aufnehmen? Wenn die schweren Granaten auf unserem Schiff einschlagen, werden bereits durch die Erschütterungen alle reparierten Stellen wieder aufklaffen, die provisorischen Holzverschalungen bersten, die mit Persennings zugestopften Leckstellen durch die heißen Splitter in Brand geraten. Wir werden keine zehn Minuten aushalten. Beim «Orjol» besteht außerdem die Gefahr, daß er plötzlich kentern kann. Selbst wenn das Kommando «Alle Mann von Bord!» rechtzeitig kommt, braucht man viel Zeit, um die behelfsmäßigen Treppen hinaufzuklettern. Diese Zeit wird uns aber fehlen. Fast die ganze Besatzung wird in einer eisernen Falle stecken. Nicht ein einziges Rettungsboot, nicht ein einziger Dampfkutter ist einsatzfähig. Matten, Rettungsringe und Gürtel sind zum größten Teil versengt und über Bord geworfen worden. Nicht mehr als etwa ein Drittel der Mannschaft kann schwimmen. Obwohl die meisten sieben Jahre in der Flotte gedient haben, kann sich ein Teil wohl kaum eine Minute über Wasser halten. Die Vorgesetzten wissen, daß viele Matrosen aus den zentralen russischen Gouvernements stammen und Wasser bis zum Dienst in der Flotte nur im Brunnen gesehen haben. Trotzdem haben sie sich mit Paraden und mit dem äußerlichen Glanz der Flotte beschäftigt und nicht dafür Sorge getragen, daß ihre Untergebenen rechtzeitig eine so einfache Sache wie das Schwimmen lernten …

Es wurde Gefechtsalarm geblasen. Die Matrosen zuckten zusammen, blieben aber zunächst wo sie gerade waren, als trauten sie ihren Ohren nicht. Schließlich schlichen sie unlustig und bleich an die Plätze, die ihnen das Gefechtsreglement vorschrieb.

Der Priester Paissi ließ sein Weihrauchgefäß fallen und verschwand wie der Blitz. Es war keine Zeit mehr, die Zeremonie zu beenden. Die halbgesegneten Leichen wurden schnell über Bord geworfen, wie man bisher Müll über Bord geworfen hatte.

Ich stand wie erstarrt da. War dies das Ende? Gestern waren vor unseren Augen andere Linienschiffe wie schwarze Särge in das nasse Grab gesunken. Heute waren wir an der Reihe. In wenigen Minuten würden auch für mich der freundliche blaue Himmel, die lachende Sonne und die glitzernde Wasserfläche für immer verschwinden.

Es fängt an, dachte wohl jeder von uns, als die ersten Schüsse der feindlichen Geschütze dröhnten.

Ich ging zur nächsten Luke, bleierne Schwere in den Gliedern. Als ich auf den ersten Stufen der Leiter stand, hörte ich Rufe, die mich zur Umkehr veranlaßten.

Auf dem Schiff mußte etwas vorgefallen sein.

Ein düsteres Kapitel

Während der Schlacht am 27. Mai waren die Japaner bemüht gewesen, in erster Linie unsere besten Linienschiffe zu vernichten und hatten «Nikolai I.» wenig beachtet. Die Schüsse, die auf ihn abgegeben wurden, erfolgten mehr wie zufällig. Und dennoch hatten gleich zu Anfang der Schlacht zwei Granaten dem Schiff unter dem Backbordbuggeschütz ein großes Loch geschlagen. Das Leck lag mit dem unteren Rand unter der Wasserlinie und verursachte viel Arbeit. So dicht es auch mit Matten und Koffern verstopft wurde, das Wasser drang immer wieder durch. Später schlugen noch mehr Granaten ein. Ein 305-mm-Geschütz wurde außer Gefecht gesetzt. Splitter durchbohrten die Minen- und Dampfkutter und alle Boote bis auf zwei. Auch die Besatzung erlitt Verluste: Leutnant Mirbach und einige Matrosen wurden getötet, der Kommandant und etwa zwanzig Matrosen verletzt.

«Nikolai I.» schoß recht ordentlich, solange die Entfernung zu den feindlichen Schiffen die Reichweite seiner Geschütze nicht überstieg. Für seine veraltete Artillerie brauchte er Schwarzpulver, was das Zielen erschwerte, denn schon nach einigen Salven war das Schiff in Wolken des eigenen Rauchs gehüllt. Den Feind konnte man nicht mehr sehen, und die Geschütze mußten schweigen, bis sich der Rauch verzog. Aber unter diesen Umständen hatte es «Nikolai I.» fertig gebracht, 1456 Geschosse schweren und mittleren Kalibers zu verbrauchen. Seine Kammern waren ebenso leer wie die auf den anderen Schiffen des Geschwaders.

Konteradmiral Nebogatow befehligte nicht nur seine Division, sondern übernahm nach der Verwundung des Kommandanten Smirnow auch den Befehl über «Nikolai I.». Im weißen Offiziersrock, der seinen vollen Leib eng umschloß, und in ungewöhnlich breiten schwarzen Hosen sah er eher einem behäbigen Kaufmann als einem Marineoffizier ähnlich. Dennoch empfanden die Offiziere seine Macht, und niemand hätte es gewagt, einen seiner Befehle nicht auszuführen. Im Kampf gab er den anderen ein Beispiel an Tapferkeit und kam öfters aus dem Kommandoturm auf die Brücke, um einen besseren Überblick über die Ereignisse zu gewinnen. Als geschulter Seemann, der die Kriegsakademie besuchte, mußte er wissen, daß wir verspielt hatten; aber nichts an ihm verriet seine Aufregung. Sein gedunsenes, von grauem Bart umrahmtes Gesicht mit den überpuderten Flechten war ruhig. Nur selten führten seine Hände den Feldstecher an die großen, ein wenig vorquellenden Augen.

Der Admiral beklagte sich bei seinen Stabsoffizieren: «Ich bekomme keine einzige Anordnung vom Geschwaderkommandanten. Ich weiß nicht einmal, ob er noch am Leben ist. Dem Rang nach müßte ihn der Admiral Fölkersam ersetzen. Vielleicht ist aber auch er auf ‹Osljabja› ums Leben gekommen. Diese Unkenntnis bindet mich an Händen und Füßen. Wer führt denn nun das Geschwader?»

«Es ist nicht ausgeschlossen, Exzellenz, daß irgendein Leutnant das Geschwader führt», meinte der Adjutantkapitän Kroß, indem er wie üblich an dem nachlässig herabhängenden Schnurrbart zupfte.

Nebogatow fuhr fort: «Wir sind in einen Zauberkreis gebannt, fahren in ihm herum und kommen nicht aus der Meerenge heraus. Es geht schon auf den Abend zu. Wenn uns die Nacht hier überrascht, dann werden uns die Torpedoangriffe zu schaffen machen.»

Dann faßte er einen Entschluß: «Signalisiert: Kurs Nordost 23 Grad!»

Wie wir wissen, wurde dieser Befehl von den Signalgasten sofort ausgeführt. Der Flaggoffizier Leutnant Sewerin, der mit seinem hageren, bartlosen Gesicht den Eindruck eines verschüchterten Marinebeamten machte, hatte den Ablauf beobachtet. Als auf Genauigkeit erpichter Mensch wartete er einige Augenblicke auf der Brücke ab, um dann im Kommandoturm zu melden: «Exzellenz, das Signal wurde nur von den Schiffen unserer Division wiederholt. Offenbar haben es aber auch ‹Borodino› und ‹Orjol› verstanden, sie wenden auch nach Norden.»

Der Adjutant Sergejew hatte wohl in diesem Augenblick etwas bemerkt und verließ rasch den Turm, kehrte aber bald wieder zurück. Er warf einen unruhigen Blick auf den Admiral und meldete: «Eben ist an uns eines unserer Torpedoboote vorbeigefahren. Leider habe ich den Namen nicht erkennen können. Durchs Megaphon wurde gemeldet, daß Admiral Roshestwenski Ihnen befohlen hat, Kurs auf Wladiwostok zu halten.»

Nebogatow nickte mit seinem greisen Haupt: «Das ist vorzüglich. So habe ich bezüglich des Signals richtig gehandelt. Jetzt ist wenigstens klar, daß ich disponieren kann.»

Er behielt seine Selbstbeherrschung auch während der Nacht bei, als die Torpedoattacken begannen. Einmal kam ein feindlicher Torpedo direkt auf «Nikolai I.» zu. Der Herzschlag aller, die sich im Turm befanden, setzte aus. Nebogatow befahl laut: «Ruder steuerbord!»

Das Schiff machte eine scharfe Wendung nach steuerbord und wich dem Torpedo aus.

Der Admiral war über die nachfolgenden Schiffe entrüstet: «Warum lassen sie nur ihre Scheinwerfer so leuchten? Sie verraten doch damit ihren Standort und ziehen die feindlichen Torpedoboote auf sich. In einer solch dunklen Nacht ist es eine Kleinigkeit, dem Feind ungesehen zu entkommen. Sehen Sie doch selbst: ein Schiff ist auf zwei Kabellängen Entfernung nicht mehr zu erkennen.»

Wie sollte man aber den Schiffen verbieten, Positionslichter zu setzen? Die Funkanlage auf «Nikolai I.» war außer Betrieb. Die Benutzung der Lichtsignale würde bedeuten, daß man sich dem Feind verriet. Und jeder wollte doch so schnell wie möglich den Torpedobooten entkommen. Nebogatow verbot sogar, auf sie zu schießen, um sich nicht durch die Abschüsse zu verraten. Er verließ sich ganz auf die Wachsamkeit des «Isumrud», der erfolgreich den Feind vertrieb.

Es war höchst bedauerlich, daß nur ein Kreuzer die Linienschiffe geleitete. Wir hatten Sorge um das Schicksal von «Sissoi Weliki», «Nawarin» und «Admiral Nachimow». Diese Schiffe waren es nicht gewohnt, nachts ohne Licht in Kiellinie zu fahren, konnten deshalb nur allzu leicht den Anschluß verloren haben. Außerdem war es ungewiß, ob es ihnen gelungen war, die Torpedoangriffe abzuwehren. Vielleicht war das eine oder andere Schiff schon gesunken.

Die Torpedoangriffe hörten auf. Es wurde ruhig. Nebogatow begab sich nicht zur Ruhe, sondern unterhielt sich von Zeit zu Zeit mit seinem Stab.

«Unsere Kreuzerdivision ist nach Süden gefahren. Ich glaube aber, daß Admiral Enquist uns doch schließlich folgen wird, im anderen Falle wäre es ein Verbrechen von ihm. Ich nehme an, daß wir ihm im Morgengrauen begegnen werden. Auch unsere Torpedoboote müssen sich zeigen. Von den neuen Booten hat im Tageskampf wohl keines gelitten.»

«Ich bin derselben Ansicht, Exzellenz», sagte etwas näselnd der Adjutant.

«Mit den Transportern steht es schlimm, Exzellenz», warf der stets diplomatische Sergejew vorsichtig ein. «Mit ihrer geringen Geschwindigkeit werden sie uns wohl kaum folgen können. Es wird ihnen schlecht ergangen sein.»

Nebogatow erwiderte: «Ich weiß nicht, welche Instruktionen Roshestwenski den Kommandanten der Transporter für den Fall der Zerschlagung des Geschwaders gegeben hat. Fraglos sind sie zurückgeblieben. Es wird für sie am einfachsten sein, wenn sie einzeln Wladiwostok zu erreichen versuchen, entlang der koreanischen Küste.»

Er schwieg eine Weile und sagte dann wie im Selbstgespräch: «Daß unsere Kolonne zerriß, ist noch nicht so schlimm. Alle Schiffe wußten den Kurs, und nach Wladiwostok führt nur ein Weg. Sie können deshalb nicht weit auseinanderlaufen. Mit Hilfe unseres Kreuzers ‹Isumrud› werden wir sie am Morgen wieder sammeln.»

Die Offiziere waren einverstanden. Alle wünschten eben, daß es so geschehen möge und daß unsere zerstreuten Kräfte sich wieder vereinigen würden, während der Feind, für eine Weile mit Blindheit geschlagen, sie nicht fände. Aber das war nur eine Selbsttäuschung, da die Japaner wohl kaum die Reste unseres zerschlagenen Geschwaders unbehelligt lassen würden. Admiral Togo hatte Dutzende von Torpedobooten und leichten Hilfskreuzern zur Verfügung. Wie ein Rudel Jagdhunde würden sie nach allen Richtungen stieben, um die Russen zu finden. Unter diesen Umständen konnte man nicht damit rechnen, unbemerkt an den Japanern vorbeizukommen. Und Admiral Nebogatow erleichterte Togo die Aufgabe noch, indem er den kürzesten Weg nach Wladiwostok nahm.

Ungeduldig harrten wir dem Morgengrauen entgegen. Als es endlich dämmerte, sahen wir, daß uns nur noch fünf Schiffe geblieben waren. Gierig tasteten wir mit den Augen den Horizont ab, in der Hoffnung, unsere Kameraden zu entdecken, stießen aber wieder auf den Feind. Je höher die Zahl seiner Schiffe stieg, um so tiefer sank die Stimmung des Admirals. Wenn gestern das ganze Geschwader dem Feind keinen Schaden zuzufügen vermocht hatte, konnten wir dann heute mit ihm kämpfen? Er würde gar nicht erst in unsere Schußweite kommen und unsere Schiffe wie Passagierdampfer völlig ungestraft vernichten.

Nervös verließ der Admiral bald den Turm, bald kehrte er wieder zurück. Angestrengt starrte er auf die Umrisse der am Horizont auftauchenden Schiffe. Ohne Zweifel umzingelten uns die Japaner. Nebogatow wandte sich aber immer wieder an seine Gehilfen, als könnte er sich auf seine farblosen Augen nicht verlassen: «Seht genau hin, ob nicht doch unsere Schiffe von irgendeiner Seite nahen.»

Und es wiederholte sich immer die gleiche Antwort: «Nein, Exzellenz, es sind alles feindliche Schiffe.»

Endlich verstummte der Admiral, stülpte sich die Mütze mit dem großen Schirm über und ließ den grauen Kopf hängen. Er wußte, daß alle Blicke auf ihn gerichtet waren, in banger Erwartung seiner Entschlüsse. Was sollte er aber seinen Untergebenen sagen, welche Anordnung konnte er treffen, um sie vor der sinnlosen Vernichtung zu bewahren? Nichts. Wenn er sich näher an der Küste gehalten hätte, dann hätte man die Schiffe sprengen oder auflaufen lassen können. Ringsum war aber nichts als Wasser zu sehen. Vielleicht empfand er als Vorgesetzter zum ersten Mal die furchtbare Verantwortung für seine Handlungen. Welche enormen Vorrechte hatten ihm der Admiralsrang, die glänzende Uniform, die Orden verliehen! Und jetzt, da er schon in Gedanken den schwarzen Abgrund des Nichtseins vor sich sah, wurde alles so widerlich. Er zog die Schultern vor und spannte sein Gesicht, als seien die goldenen Schulterstücke mit den schwarzen Adlern eine unerträgliche Last.

«Ja, wir haben gesündigt», murmelte der Admiral vor sich hin.

Um neun Uhr trat der Adjutant, Kapitän Kroß, an ihn heran und sagte leise: «Der Kommandant läßt Ihnen übermitteln, daß uns nichts übrig bleibt, als uns zu ergeben.»

Die Signalgasten und der Rudergast hatten das gehört und spitzten die Ohren.

Der schwere Körper des Admirals zuckte zusammen.

«Na, das werden wir noch sehen.»

Wäre das Ansuchen, sich zu ergeben, nicht vom Kommandanten, sondern von Kroß ausgegangen, so hätte der Admiral ihm wohl kaum Beachtung geschenkt. Der Adjutant beherrschte mehrere Fremdsprachen, schrieb gute Berichte über beliebige Themen, spielte gut Geige und hatte Erfolg bei Frauen. Als begabter Mensch gehörte er zu den Lieblingen des Schicksals, denen alles im Leben leicht fällt. Hieraus hatten sich bei ihm sowohl Überheblichkeit als auch die Eigenschaft, nichts ernst zu nehmen, entwickelt. Das wußte der Admiral.

Ganz anders verhielt sich der Admiral zum Schiffskommandanten, dem Kapitän 1. Ranges Smirnow, dessen Meinung Kroß übermittelte. Smirnow war ein reicher und gebildeter Offizier, ein ruhiger und vernünftiger Seemann. Er hatte gute Verbindungen nicht nur in der Flotte, sondern auch bei Hofe. Es mußte mit ihm gerechnet werden.

Wenn sogar er sich entschlossen hatte, einen solchen Vorschlag einzubringen, so schien es keinen anderen Ausweg zu geben.

Nebogatows Atem ging schwer. Er starrte das hagere, dunkelbärtige Gesicht des Kapitäns an.

«Was meinen Sie dazu?»

Kroß erwiderte, ohne zu zögern: «Ich meine, der Kommandant hat recht.»

In einem so verantwortungsvollen Augenblick hätte der Admiral eine so lockende Versuchung eigentlich nur mit sofortiger Verhaftung des Kommandanten und des Flaggkapitäns beantworten dürfen. Aber die Möglichkeit, durch Kapitulation dem Tode zu entgehen, drang wie Gift in Nebogatows Bewußtsein. Er wurde von den verschiedensten Erwägungen hin- und hergerissen. Hilflose Gedanken wirbelten in seinem Kopf wie Strohhalme im Fluß. Eine finstere Zukunft sah er vor sich: die Schande eines Admirals, der kapitulierte, das eiserne Gitter des Gefängnisses, Kriegsgericht, vielleicht gar Todesstrafe. Gleichzeitig aber lehnte sich sein ganzes Wesen dagegen auf, so sinnlos in die Meerestiefe zu versinken oder in Fetzen gerissen zu werden. Und das würde unbedingt geschehen, sobald die Japaner das Feuer eröffneten – in kaum zehn Minuten. Nach einer Rechtfertigung vor der Heimat suchend, haderte der Admiral mit sich selbst. Wofür sollte er untergehen? Er war verpflichtet, seine Schuldigkeit zu tun. Aber auf diesen gepanzerten Trögen, die Kriegsschiffe genannt wurden ...? Wenn er als Vorgesetzter bis zu einem gewissen Grade auch mitschuldig war an der Bildung dieses unsinnigen Geschwaders und nun sühnendes Opfer sein sollte, so hatten doch die Matrosen nichts damit zu tun. Ihre Schuld bestand lediglich darin, daß sie die Uniform trugen ...

Als er mit seinen Gedanken so weit war, fand der Admiral plötzlich den Ausweg: Nein, er würde nicht zulassen, daß zweieinhalbtausend Menschen für nichts und wieder nichts ins Meer sanken. Die öffentliche Meinung würde auf seiner Seite stehen. Diese menschenfreundliche Idee, schön wie das Blau der Kornblume im Getreidefeld, beherrschte den greisen Admiral. Sie rechtfertigte seinen Entschluß. Sie verdrängte auch die entscheidende Tatsache aus seinem Bewußtsein, daß er sich auf einem Kriegsschiff befand und nicht in einem Asyl barmherziger Schwestern, daß er Befehlshaber war. Grellrote Flecken zeichneten sich in seinem Gesicht ab. Mit einem Ruck wandte er sich an den Flaggkapitän Kroß und röchelte:

«Lassen Sie sofort den Kommandanten in den Turm kommen!»

«Zu Befehl!»

Während eine Ordonnanz den Kommandanten suchte, wurde im Kommandoturm das Schicksal der Schiffe entschieden. Zuerst tauschten die Offiziere des Stabes ihre Meinungen aus, dann die Schiffsoffiziere, die sich ebenfalls hier eingefunden hatten. Widerspruch gegen die Kapitulation erhob sich nicht.

Kapitän Kroß suchte das internationale Codebuch heraus, fand die benötigte Seite und stürzte zur Flaggenkiste. Persönlich stellte er das Signal aus den drei Flaggen X, C und H zusammen, das die Kapitulation bedeutete. Die Flaggen wurden sofort aufgereiht und konnten gehißt werden.

Da betrat Smirnow, Kapitän 1. Ranges und Kommandant des Schiffs, den Kommandoturm. Stattlich, groß, mit braunen Augen, die unter den dichten, wie gemalt wirkenden Brauen aufmerksam hervorblickten, hielt er den verletzten Kopf stolz aufrecht. Unter dem buschigen Schnurrbart zeichnete sich scharf der große Mund mit den wulstigen Lippen ab, der zu betonen schien, daß sein Besitzer geschaffen sei, zu befehlen und das Leben zu genießen. Das sonst pausbäckige Gesicht war über Nacht bleich geworden, der breite, hellbraune Bart war zerzaust, zum Teil unter einen Verband geraten und hatte sein sonst so imposantes Aussehen verloren.

Der Admiral sprach ihn an: «Wladimir Wassiljewitsch, was sollen wir tun?»

Smirnow erwiderte, ohne lange zu überlegen, überzeugt: «Gestern haben wir unsere Pflicht erfüllt. Zum Kämpfen fehlt uns die Kraft. Meine Meinung ist: Wir müssen uns ergeben.»

Dann berief er sich auf Kopfschmerzen und verließ den Turm.

Die weiteren Ereignisse auf «Nikolai I.» entwickelten sich mit erstaunlicher Geschwindigkeit. Fernsprecher rasselten, Ordonnanzen eilten nach allen Richtungen, entgegen allen Schiffsregeln ertönten die Pfeifen der Maate, um die Herren Offiziere auf die Bugbrücke zu beordern. Auf Veranlassung des Admirals wurde ein Kriegsrat einberufen. Er selbst erschien, umgeben von seinem Stab, auf der Brücke. Die Offiziere waren noch nicht alle versammelt, als jemand das Übergabesignal hißte. Hastig, mit verstörten Gesichtern stellten sich die Offiziere beim Admiral ein. Ohne abzuwarten, bis sich alle versammelt hatten, richtete er die Frage an sie: «Ich will das Schiff übergeben, meine Herren. Ich sehe darin die einzige Möglichkeit, Sie und die Mannschaft zu retten. Wie denken Sie?»

Fast alle waren sich einig, daß es keinen Sinn hatte, zu kämpfen. Aber einige sprachen doch gegen die Übergabe. Gemäß dem Kriegsmarinereglement wurde die Frage zunächst an den jüngsten Offizier gerichtet. Alle sahen den schlanken, großen Mann an, auf dessen Brust das Abzeichen der Universität prangte. Der Fähnrich Chamier war Jurist, im Kriege zum Militärdienst eingezogen. Er zeigte sich mutiger als die Berufsoffiziere und erklärte energisch: «Wenn wir nicht mehr kämpfen können, so müssen die Flutungsventile geöffnet werden, um das Schiff zu versenken.»

«Das Schiff sprengen und über Bord gehen», meinte bescheiden der Leutnant Wolkowizki, der nicht nur seinen Vorgesetzten, sondern auch den älteren Kameraden stets Achtung erwies.

Etwa dasselbe äußerte auch der Erste Offizier, Kapitän 1. Ranges Wedernikow.

Diejenigen, die für die Übergabe waren, brachten jedoch schlagende Argumente vor: «Alle Geschütze der Feindschiffe sind auf ‹Nikolai I.›, das jetzige Flaggschiff, gerichtet. Die Matten sind zur Abdichtung verwendet und festgemacht worden. Von je vier Rettungsgürteln sind drei unbrauchbar. Nicht einmal brauchbare Rettungsgürtel hat man uns mitgeben können.»

«Werden uns die Japaner denn nicht bergen?» fragte der Erste Offizier.

«Vielleicht werden sie es tun, aber erst, nachdem sie unsere ganze Division vernichtet haben.»

Vom Mars des Fockmastes, wo der Entfernungsmesser stand, rief schallend der Leutnant Dybowski: «Bis zum Feind sind es sechzig Kabellängen.»

Der Artillerieoffizier des Stabes, Kapitän 2. Ranges Kurosch, erschien auf der Brücke, braun wie ein Mulatte, mit dem schwarzen, krausen Bart im trockenen, harten Gesicht. Seit gestern hatte er getrunken und die ganze Nacht durchgezecht. Schwankend drängte er sich zum Admiral vor. Mit den Armen fuchtelnd, brüllte er: «Bis zum letzten Blutstropfen kämpfen! Ich werde gleich den Befehl zur Eröffnung des Feuers geben. Die Japaner stampfe ich zu Brei!»

Der Admiral befahl: «Schafft den Betrunkenen aus meinen Augen!»

Die Offiziere drängten Kurosch zurück, der sie mit gräßlichen Flüchen bedachte. Matrosen hielten seine Arme fest und führten ihn nach unten.

Der Kommandant Smirnow erschien noch einmal und wiederholte seine Ansicht. Auf der Brücke erhob sich Lärm. Ein Offizier weinte. Andere führten Gründe zu ihrer Rechtfertigung an:

«In diesem Kriege haben unsere Truppen ohnehin nichts anderes getan als sich ergeben. Denkt an Liaojang, Port Arthur, Mukden. Zu diesen Kapitulationen wird nun eben noch eine weitere kommen.»

Der Admiral fragte den Artillerieoffizier, Leutnant Pelikan, der wegen seiner großen Gestalt auffiel: «Auf welche Entfernung können wir schießen?»

«Schießen ist zwecklos, Exzellenz. Unsere Granaten erreichen den Feind nicht.»

Plötzlich verlor der Admiral jede Selbstbeherrschung. Aus seinen farblosen Augen strömten Tränen. Er riß die Mütze vom Kopf, warf sie zu Boden und stampfte auf ihr herum, als trüge sie an allem Schuld.

Der Feind feuerte einen Schuß gegen die Backbordseite des Schiffs ab. Die Offiziere stürzten zu ihren Kampfplätzen. Nebogatow ging in den Kommandoturm. Die Flaggoffiziere meldeten ihm, daß alle unsere Schiffe das Signal der Kapitulation wiederholt hätten. Er hörte sie nicht an und schrie: «Die Japaner haben unser Signal offenbar nicht verstanden. Hißt die weiße Fahne! Schnell! In fünf Minuten werden alle Masten vernichtet sein!»

An Bord gab es aber keine weiße Fahne. Sie mußte durch ein Laken aus der Kajüte ersetzt werden. Aber auch dieses Laken auf der Rahe des Fockmastes brachte die feindlichen Geschütze nicht zum Schweigen. Um das Schiff spritzten die Einschläge, über den Köpfen heulten die Granaten, als hinge irgendwo eine Eisenbrücke, über die unaufhörlich Schnellzüge dröhnten. Am Kommandoturm detonierte eine Granate, deren Splitter Oberleutnant Feodotjew verwundeten. Schwarze stickige Gase füllten den Kampfturm. Wie aus dem Jenseits kommandierte der Admiral heiser und stockend: «Ordnen Sie an, daß unsere Geschütze nicht antworten! Holt unsere Flagge herunter! Hißt die japanische! Alle Maschinen stop!» Während diese Befehle ausgeführt wurden, erhielt das Schiff noch einige Schläge. Eine Granate zertrümmerte seinen Bug. Der Anker platschte ins Meer. Backbords wurden neue Lecks geschlagen.

«Nikolai I.» stoppte. Zum Zeichen, daß die Maschinen stoppten, wurde anstelle der sonst üblichen, am Vortage aber vernichteten schwarzen Bälle, ein Eimer gehißt.

Die Japaner stellten das Feuer ein. Es wurde ungewöhnlich still. Auch die anderen Schiffe hatten gestoppt, das eine hier, das andere dort. Auf jedem Schiff wehte, wie auch auf «Nikolai I.», die japanische Flagge.

Nur «Isumrud» handelte anders. Dieser Dreimast- und Dreischornsteinkreuzer, elegant und schnell wie ein Vogel, hatte zunächst auch das Signal auf Übergabe gehißt, dann aber schnell wieder eingeholt. Steuerbord hatte sich zwischen den feindlichen Schiffsgruppen eine große Lücke gebildet. «Isumrud» nahm Kurs auf diesen Zwischenraum und rauschte mit aller Kraft davon. Der Bug schnitt tief in das unruhige Wasser, weißschäumende Wogen spritzten fast bis zum Oberdeck auf. Aus seinen drei Schornsteinen wälzte sich der Rauch. Die Japaner hatten wahrscheinlich die Absicht des Schiffs nicht gleich verstanden und nichts gegen den Durchbruch unternommen. Als schließlich zwei Kreuzer für die Verfolgung eingesetzt wurden, war es schon zu spät: Die feindlichen Granaten erreichten den Kreuzer nicht mehr!

«Isumrud» nutzte seine überlegene Geschwindigkeit aus und entfernte sich immer weiter. Beklommen verfolgten die Menschen auf den Schiffen, die kapituliert hatten, den Ausbrecher, bis er vom Horizont verschwunden war. Er wurde bewundert und auf jede Weise gelobt. Tatsächlich hatte das Schiff ungewöhnlichen Mut gezeigt, als es den Kreis der japanischen Flotte durchbrach.

Auf «Nikolai I.» wurde die Mannschaft auf dem Achterdeck versammelt. Der Admiral hielt eine kurze Ansprache. Trotz der Sonnenstrahlen, die im Silber seines Bartes, im Gold seiner Schulterstücke mit den schwarzen Adlern und auf der Emaille der beiden Orden spielten, fröstelte den Admiral. Er schilderte kurz die Gründe, die ihn zur Übergabe veranlaßt hatten, und schloß aufgeregt:

«Mein Leben währt nicht mehr lange. Ich habe keine Furcht vor dem Sterben. Ich wollte euch nicht ums Leben bringen. Die ganze Schmach nehme ich auf mich, man soll mich richten. Ich nehme auch die Todesstrafe auf mich.»

Gebeugt ging er zurück auf die Bugbrücke.

Auf dem Schiff herrschte wirres Durcheinander. Chiffre, Geheimdokumente, Signalbücher wurden vernichtet. Einige Offiziere meinten, man müsse die Geschütze unbrauchbar machen und verschiedene Geräte über Bord werfen – andere Offiziere verboten es. Die Mannschaft packte ihre Sachen. Man hatte sich schon über den Schnaps hergemacht. Es gab Betrunkene.

Der Maschinenmaat Wassili Fjodorowitsch Babuschkin stieg vom Verbandplatz auf Oberdeck hinauf. Vor dreiundzwanzig Tagen hatte er das Zweite und Dritte Geschwader zusammengeführt. Damals hatten sich seine Wunden geöffnet, die er in Port Arthur erhalten hatte. An Bord von «Nikolai I.» war er ernstlich erkrankt und bis zur Schlacht im Lazarett geblieben. Zum Kampf war er unbrauchbar gewesen. Am Tage vorher hatte man ihn, als die feindlichen Hauptkräfte am Horizont erschienen, in den Maschinenraum gebracht, wo er bis zum späten Abend gesessen hatte. Aber auch dort, tief im Innern des Schiffs, bebte er vor Leidenschaft, die Japaner zu besiegen. Wenn er hörte, daß eines unserer Linienschiffe gekentert sei, sagte er eigensinnig: «Nein, das war bestimmt ‹Mikasa›!»

Er allein brach dann wie ein Irrer in laute Hurrarufe aus …

Es fiel ihm schwer, aufrecht zu stehen. Als er aber von der Übergabe der vier Linienschiffe erfuhr, hielt er es unten nicht mehr aus und erschien mitten unter der Mannschaft, riesig, hager, mit schwarzem Bart, im Matrosenhemd und in schwarzer Hose. Die zitternden Hände auf die Krücken gestützt, blieb er stehen und sah zum Heck hin. Dort wehte die japanische Flagge! Die gleiche Flagge erblickte er auch auf den anderen Schiffen. Sein Gesicht mit den groben Zügen zuckte, die Brauen stießen zusammen wie zwei schwarze Wurzeln. Keuchend rief er mit seiner tiefen Stimme: «Brüder! Was ist los? Ich habe das Erste Geschwader verteidigt, die Vorgesetzten gaben den Befehl, es zu versenken … Die Schiffe wurden an einer so flachen Stelle versenkt, daß die Japaner sie jetzt wohl gehoben haben. Ich schlug mich in der Festung von Port Arthur herum, ohne mein Leben zu schonen. Achtzehn Wunden fügte mir eine Granate zu, ich war schon halb im Jenseits … Die Vorgesetzten übergaben Port Arthur den Japanern. In Singapore ging ich freiwillig an Bord des Nebogatow-Geschwaders. Und nun wird es auch übergeben. Was ist denn eigentlich los?»

Jemand meinte: «Nebogatow hatte Mitleid mit uns.»

Babuschkin erwiderte: «Mit der Heimat muß man Mitleid haben, nicht mit Soldaten und Matrosen … Ein Admiral darf nicht barmherzig sein.»

Einige Matrosen lachten.

«Laß gut sein, Wasja, reg dich nicht auf. Geh lieber ins Lazarett und schlaf dich aus.»

Babuschkin stampfte mit den Krücken auf und schrie: «Rußland wird geschändet, und ihr schickt mich schlafen!»

«Dieser ganze Krieg war eine Schande, was haben wir damit zu tun? Wir haben ihn nicht angefangen.»

«Kämpfen muß man, ihr aber lacht …»

«Kämpfen … Wofür? Für diese Bastschuhe? Solche Tölpel gibt es nicht mehr …»

Babuschkin knirschte mit den Zähnen und wankte zur Luke.

«Dann will ich eben selber die Ventile öffnen, das Schiff auf den Meeresgrund schicken …»

«Das versuche du nur, da fliegst du sofort über Bord!»

Nun wußte er, daß sein Vorhaben undurchführbar war. Seine Erregung flaute ab. Völlig erschöpft schleppte er sich ins Lazarett und brummte nur noch:

«Wenn ich das gewußt hätte, wäre ich nicht mit euch gezogen. Euer Admiral ist ein Feigling. Unter dem Vorwand, die Matrosen zu retten, rettet er sich selbst.»[24]

Ein feindliches Torpedoboot legte bei «Nikolai I.» an. Ein Offizier, den Admiral Togo schickte, kam an Bord und überbrachte Nebogatow die Aufforderung, den Befehlshaber der japanischen Flotte zu Verhandlungen aufzusuchen. Die Anwesenheit des Feindes auf dem Schiff verwirrte die russischen Offiziere. Die einen schwiegen gedrückt und finster, auf die anderen machte die Übergabe anscheinend keinen so großen Eindruck. Sie spielten die Gleichmütigen und versuchten, sich englisch mit dem japanischen Offizier zu unterhalten, während sich Nebogatow mit seinem Stab zur Abfahrt bereit machte. Der Japaner benahm sich so überaus korrekt, als wäre er gar nicht der Sieger. Man sprach über das Wetter, fand es schlecht. Ein russischer Offizier beklagte sich über die schwierige Fahrt. Der Japaner zeigte Mitgefühl für die russischen Seeleute und fügte hinzu, daß sie vorzüglich gekämpft hätten. Das klang ironisch. Ein Leutnant, jung und leichtsinnig, sagte vergnügt: «Ich bin noch niemals in Ihrem Lande gewesen und möchte gern sehen, wie Sie leben.»

«Wir freuen uns, Sie bei uns begrüßen zu dürfen», erwiderte der japanische Offizier.

«Mein Leben lang wünschte ich mir, Ihre Geishas kennenzulernen. Das paßt mir jetzt ganz besonders. Sie müssen verstehen, daß wir acht Monate unterwegs waren ...»

«Oh, davon haben wir genug und für jeden Geschmack.»

Der Japaner sah die russischen Offiziere mit offener Verachtung an. Einige senkten die Köpfe. Der Fähnrich Chamier errötete und begab sich demonstrativ nach unten. Die Lippen aufeinander gepreßt, ging er im Offizierskorridor so wutentbrannt auf und ab, als habe man ihn persönlich beleidigt. Zum tiefen Schmerz über die Übergabe der Schiffe hatte sich das Gefühl des Hasses gegen die liederlichen und niederträchtigen Kameraden gesellt. Der Fähnrich zerrte erregt die Mütze vom Kopf und setzte sie wieder auf, als störe sie ihn beim Überlegen. Bald darauf begegnete ihm im Korridor der besagte Leutnant, der ihn anreden wollte. Aber Chamiers furchtbarer, unzurechnungsfähiger Blick vertrieb das Lächeln aus seinem Gesicht. Erschrocken blieb er stehen, als er Chamiers grollende keuchende Stimme hörte: «Am Heck eines russischen Kriegsschiffes hängt die japanische Flagge – und Sie denken an Huren?»

Der Leutnant wankte, als habe er eine schallende Ohrfeige erhalten.

Wortlos bedeckte er sein Gesicht mit den Händen. Fähnrich Chamier ging schweigend davon.

Wenige Minuten später begaben sich Nebogatow und die Offiziere seines Stabes – mit Ausnahme des betrunkenen Kurosch – auf dem japanischen Torpedoboot zu Togos Flaggschiff «Mikasa».[25]

Tapfer vor dem Feind, feige nach der Schlacht

Die Ostseegebiete hatten der zaristischen Flotte eine nicht geringe Anzahl verschiedener Barone geliefert, gute und schlechte, kluge und dumme. In der Regel erwiesen sie sich in der Flotte als besonders engstirnige Formelanbeter. Vor fast tausend Jahren hatten ihre Vorfahren an den Kreuzzügen teilgenommen. Sie waren noch immer stolz darauf und zeigten allen russischen Offizieren und erst recht allen Matrosen ihre unverhohlene Verachtung. Die zaristische Regierung schätzte sie aber; denn niemand sonst unterdrückte so sehr jede freiheitliche Regung und jeden Versuch einer Kritik an den Marineverhältnissen.

Der Kommandant des Kreuzers «Isumrud», Kapitän 2. Ranges Baron Fersen, war ebenfalls ein baltischer Adelssprößling, galt aber als einer von der guten Art. Er ließ sich sogar mit Leutnants und Matrosen zu privaten Gesprächen herab. Dann spielte auf seinem runden pausbäckigen Gesicht, das ein hellblonder Backenbart einrahmte, ein höfliches, tausendfach erprobtes Lächeln. Jeden Gesprächspartner bezauberte er mit seiner weichen Stimme. Stand er aber auf seinem Posten, dann verwandelte er sich. Seine blauen Augen blitzten so kalt, als wären sie aus Emaille. Befehle erteilte er in besonders schroffem Ton. Er war selbstbewußt und duldete keinerlei Widerspruch seitens seiner Offiziere.

Eine schlechte Hilfe hatte er in seinem Ersten Offizier de Veraillon. Dieser kleine, dicke Mann befaßte sich mehr mit den Getränken in der Messe als mit dienstlichen Angelegenheiten. Er war dumm und eingebildet, nörgelte wegen jeder Kleinigkeit an den Matrosen herum und schrie sie mit dünner, aber scharfer Stimme an. Die Mannschaft lehnte ihn ab.

Kommandant und Erster Offizier lebten in Unfrieden miteinander, weil sie beide den gleichen Rang hatten.

Während der Schlacht am 27. Mai hatte sich «Isumrud» tapfer gegen den Feind gehalten. Unter der Leitung des Artillerieoffiziers, Leutnant Wassiljew, hatten seine Geschütze gut geschossen. Wenn dem Kreuzer das Feindfeuer zu treffsicher wurde, manövrierte er sich geschickt an eine weniger gefährliche Stelle. Der Kommandant Fersen stand während des Gefechts auf der Brücke und gab vernünftige Anweisungen. Niemand konnte an ihm eine Spur von Verwirrung beobachten. Ebenso verhielten sich seine Untergebenen.

Am Abend verließ der Kreuzer die Schlacht fast ohne Beschädigungen. Lediglich die Ecken des Oberdecks waren von zwei Granaten durchschlagen worden, und ein weiteres Geschoß hatte die Taue des Großmastes zerrissen. Tote hatte es nicht gegeben, vier Mann waren verwundet worden.

Die Nacht verlief für «Isumrud» unruhig. Niemand schlief. Der Kreuzer deckte das Flaggschiff «Nikolai I.» und war selbst feindlichen Torpedos und den zu kurz liegenden Granaten der eigenen Schiffe ausgesetzt.

Am nächsten Tag, als Admiral Nebogatow das Signal zur Übergabe hissen ließ, befahl der Kommandant Fersen, schleunigst Offiziere und Mannschaften zusammenzurufen. Während der Fahrt war er gewöhnlich auf dem Oberdeck umhergestelzt, gebeugt, mit hängendem Kopf. Jetzt stand er wie umgewandelt da. Seine Gestalt war gestrafft, die blauen Augen blickten unter den dichten Brauen fest auf seine Untergebenen. Alle waren wie erstarrt, harrten seiner Worte. Der Kommandant sagte laut und scharf: «Meine Herren Offiziere und ihr, Brüder Matrosen! Hört mir zu! Ich habe beschlossen, durchzubrechen, solange uns die japanischen Schiffe eine Lücke offen lassen. Der Feind verfügt über kein Schiff, das sich in der Geschwindigkeit mit dem unsrigen messen könnte. Wir wollen es versuchen. Gelingt es uns nicht, dem Feind zu entkommen, so ist es besser, ehrenvoll im Kampf unterzugehen, als sich gefangen zu geben. Was meint ihr dazu?»

Er erbat sich nur scheinbar den Rat der Untergebenen, alle wußten aber, daß dies ein Befehl war. Offiziere und Mannschaft blickten voll Achtung in die strengen Augen des Kommandanten. Der Heizer Galkin, ein großer Spaßvogel, rief überraschend: «Richtig haben Sie das gesagt, Euer Hochwohlgeboren!»

Alle stimmten ihm zu.

Der Kommandant wandte sich an die Unterdecksmannschaften:

«Heizer und Maschinisten! Von euch hängt unsere Rettung ab. Ich hoffe, daß das Schiff die höchstmögliche Geschwindigkeit entwickeln wird.»

Anschließend gab er die Anordnung: «An die Plätze!»

Sobald sich die Schrauben des «Isumrud» drehten, um die Blockade zu durchbrechen, störte die Funkstation mit stärkster Intensität den japanischen Funkverkehr. Um die Last zu vermindern, ließ der Kommandant den Steuerbordanker zusammen mit der Kette über Bord gehen. 32 Tonnen Eisen donnerten über Bord und verschwanden in der Tiefe.

Im Kommandoturm zeigte der Maschinentelegraf «Volldampf voraus» an. Der Kreuzer schien seine äußerste Kraft herzugeben, sein schnittiger Körper bebte. Die Mannschaft an Deck sah, daß die feindlichen Granaten das Schiff schon nicht mehr erreichten, und blickte voll Verehrung zu ihrem Kommandanten empor. In ihrer Einbildung war seine gedrungene Gestalt, die an einen norwegischen Schiffer erinnerte, vom Strahlenkranz der Romantik und Poesie spannender Seeabenteuer umgeben. Nur in der Phantasie, nur in Träumen konnte sich doch das ereignen, was jetzt der «Isumrud» vollbrachte, der aus dem Ring des feindlichen Geschwaders ausbrach und die Freiheit errang.

Kommandant Fersen führte das Schiff der Heimat zu. Das waren berauschende Augenblicke für den Kommandanten und für seine Untergebenen – Augenblicke eines auf Grund der Kampflage richtigen Entschlusses. Der Held verriet durch nichts seinen Triumph, und das ließ ihn in den Augen der Mannschaft noch größer erscheinen. Die Hände auf dem Rücken verschränkt, stelzte er ruhig und sicher auf der Brücke umher, als befinde er sich mit seinem Schiff auf einer Manöverfahrt. Einmal nur fragte er durch das Sprachrohr bei der Maschinenabteilung an:

«Wird der Dampfdruck gehalten?»

«Jawohl, Euer Hochwohlgeboren!» wurde ihm geantwortet.

In den Maschinen- und Heizräumen herrschte trotz der ununterbrochenen Tätigkeit der Ventilatoren eine unerträgliche Hitze. Die Leute konnten kaum atmen. Schweißtriefend arbeiteten sie, halbnackt. Man brauchte sie nicht anzutreiben, sie kannten selbst ihre Verantwortung und taten ihr Bestes. Deckmatrosen wurden ihnen zur Hilfeleistung beigegeben und schaufelten die Kohle aus den Reserveräumen vor die Kessel. Häufiger als sonst wurde die Feuerung geöffnet, um Kohle nachzuschütten. In den Unterwindgebläsen sauste und sang die Luft. Die oberen Dampfkollektoren bebten und zischten unter dem ungeheuren Dampfdruck. In diesen Räumen gingen die menschlichen Stimmen im rasenden Lärm der Maschinen unter.

Kommandant Fersen stand nach wie vor auf der Brücke und bewahrte sein seelisches Gleichgewicht. Seine Untergebenen arbeiteten vorzüglich. Die äußerste Geschwindigkeit, die «Isumrud» einst bei der Abnahme entwickelt hatte, betrug vierundzwanzig Knoten. Jetzt schien diese Norm überboten zu sein: der Kreuzer verschlang den Raum förmlich, flog dahin wie ein Vogel, der einer Falle entronnen war. Die verfolgenden feindlichen Schiffe waren am Horizont verschwunden.

Ringsum glänzte das freie Meer. «Isumrud» hatte anfangs Südostkurs genommen und wandte sich allmählich nach Nordost. Gegen 14 Uhr ereignete sich mit dem Kommandanten Fersen etwas Unerklärliches. Er verlor die Selbstbeherrschung, als drücke ihn plötzlich eine übermäßige Last zu Boden. Seine Augen irrten unruhig umher, besorgt suchte er den Horizont mit dem Feldstecher ab. Kein Rauchwölkchen war zu sehen. Und doch wurde das Gesicht des Kommandanten immer finsterer. Etwa um 17 Uhr, als ihm berichtet wurde, daß die Kohlenvorräte zur Neige gingen, veranlaßte er, die Geschwindigkeit auf zwanzig Knoten herabzusetzen.

Einige Minuten später ereignete sich im vierten Kesselraum eine Havarie. Die Heizer hörten ein Bersten, als wäre eine Granate krepiert. Das Hauptdampfrohr, das alle Heckmaschinen und die Rudermaschine versorgte, war geplatzt! Aus der Öffnung strömte heulend der Dampf und füllte den Raum mit heißer Feuchtigkeit. Die vier Heizer warfen sich auf die Eisendielen.

An Bord brach eine Panik aus. Offiziere und Matrosen eilten zum vierten Kesselraum und blieben vor der Luke wie vor einem Abgrund stehen. Von unten stieg in dichten Wolken der Dampf auf. Niemand wußte, was zu tun sei. Auch Baron Fersen, der ungelenk herbeigeeilt war, konnte nicht helfen. Er ächzte nur und griff sich an den Kopf. Ein Offizier empfahl ihm, vor allem die Rudermaschine abzuschalten und auf das Handruder überzugehen. Der Rat wurde befolgt. Das Schiff machte jetzt nur noch fünfzehn Knoten Fahrt.

Der Heizer Gemakin erschien und schrie, ohne den Kommandanten um Erlaubnis zu fragen, die Matrosen an: «Was steht ihr hier herum? Gebt mir schnell ein paar Monteuranzüge, ich will sie übereinander anziehen. Macht Säcke fertig, um Kopf und Gesicht einzupacken. Schnell ihr Schellfische, ihr Böcke!» Mehrere Matrosen stürzten davon. Bald hatte Gemakin alles, was er brauchte. Er zog sich schnell die Anzüge über, während der Kommandant ihn anstarrte, als wollte er sich jede Einzelheit der Handlung dieses Menschen merken. Wenig später rollte Gemakin mit eingebundenem Kopf, Segeltuchfäustlingen an den Händen und übergossen mit kaltem Wasser, die Treppe hinunter. Seinem Beispiel folgte ein Maschinist, der das notwendige Werkzeug mitnahm.

Nach einer halben Stunde war die Störung beseitigt. Die beiden Mutigen und die vier Heizer waren mit leichten Verbrühungen davongekommen.

Das Gebiet der Kampfhandlungen und die Orte der Schiffsuntergänge

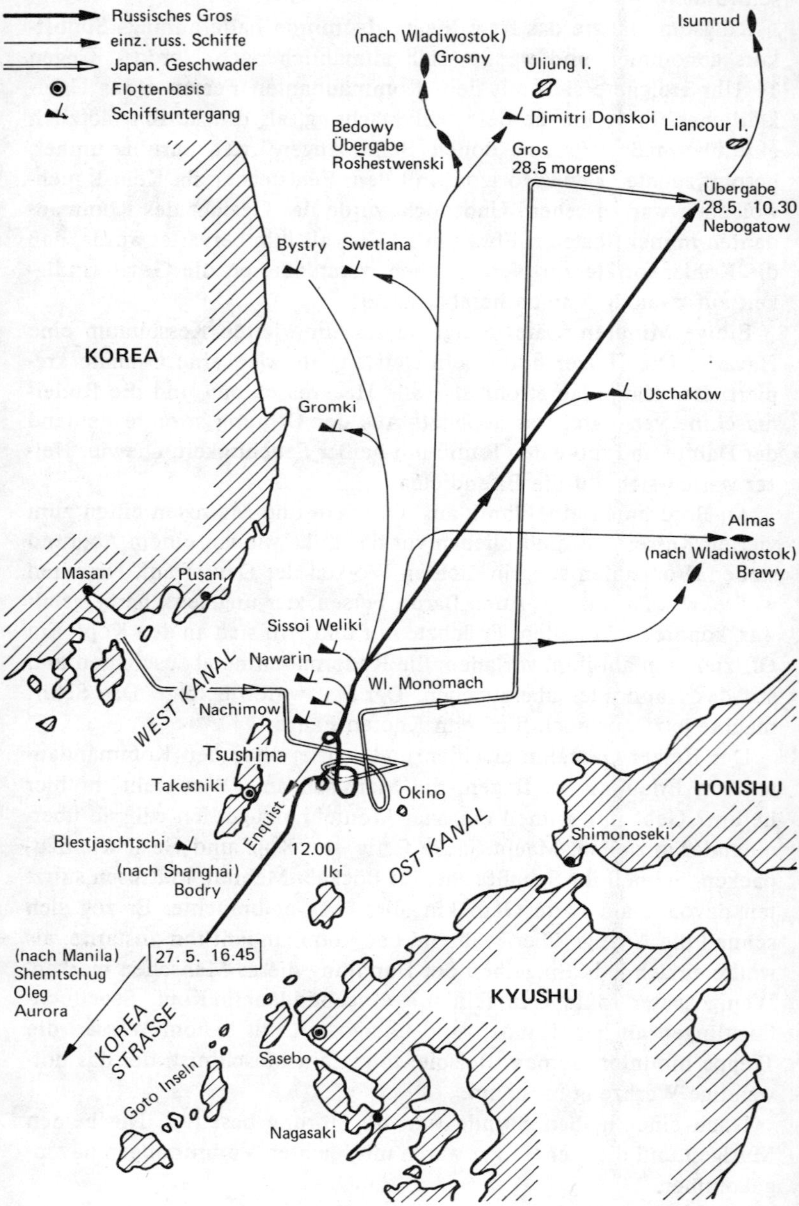

Es schien, als müßte das Leben auf dem «Isumrud» seinen normalen Verlauf nehmen. Baron Fersen war aber immer noch überaus unruhig. Die Nacht brach an. Das Schiff arbeitete sich einsam durch die Finsternis mit Kurs auf Wladiwostok. Niemand an Bord schlief, auch der Kommandant legte sich keinen Augenblick hin. Nach Mitternacht erklärte ein Signalgast, daß er backbords vorab Lichter sehe. Wahrscheinlich bildete er sich das nur ein. Kein anderer konnte sie feststellen. Der Kommandant befahl aber sofort, nach steuerbord abzudrehen. Erst nach anderthalbstündiger Fahrt wurde der alte Kurs wieder eingeschlagen.

Je weiter sich der «Isumrud» aus der Gefahrenzone entfernte, um so mehr verlor der Kommandant die Selbstbeherrschung. Am Abend des 29. Mai war er nichts anderes mehr als ein zerquältes Nervenbündel. Solange er den Feind vor Augen gehabt hatte, hatte er gewußt, was zu tun war. Die gähnende Öde des Meeres schien ihn mehr zu ängstigen, als alle feindlichen Schiffe. Staunend beobachtete ihn die Besatzung und traute ihren Augen nicht: auf der Brücke ging nicht der frühere, willensstarke Kommandant auf und ab, sondern ein kümmerlicher Feigling hastete umher, der sich zufällig die Kapitänsuniform übergezogen hatte. In der vergangenen Nacht hatte er den Tag nicht abwarten können, nun wünschte er sich die Dunkelheit herbei. Immer schien es ihm, als ob feindliche Schiffe ihn einholten. Der Vorrat an Kohlen hätte vollauf bis Wladiwostok gereicht, der Kommandant befahl aber, alles Holz an Bord abzureißen und zu verheizen. Er mischte sich auch in die Angelegenheiten des Navigationsoffiziers, Leutnant Poluschkin, und behauptete, dieser steuere einen falschen Kurs. Poluschkin, der die Kriegsakademie absolviert hatte, beherrschte sein Fach vorzüglich, er war aber ein stiller und schüchterner Mensch. Verwundert blickte er durch seinen Kneifer den aufgeregten Kommandanten an und wagte nicht, ihm zu widersprechen.

Kurz vor dem Ziel, der fernöstlichen Küste Rußlands, steckte der Kommandant Fersen zuerst die Offiziere und dann die Matrosen mit seiner unverständlichen Angst an. Es schien, als bereiteten sich alle auf die unvermeidliche Todesstunde vor. Die Folge dieser irrsinnigen Angst war, daß das Schiff Wladiwostok verfehlte und Kurs auf die Wladimirbucht nahm. Als Rechtfertigung vor den Offizieren murmelte der Kommandant, daß es so für den Kreuzer besser sei. Die Zufahrt nach Wladiwostok sei wahrscheinlich vermint, und man könne auf eine russische Mine auflaufen. Außerdem bestände noch eine andere Gefahr: die japanischen Schiffe hätten sicher ebenfalls Kurs auf Wladiwostok genommen, um uns den Weg abzuschneiden. Der Kreuzer hätte nun noch eine Strecke von einhundertachtzig Meilen bis Wladiwostok zurückzulegen gehabt, und dafür reichte der Kohlenvorrat nicht.

Das war der erste Fehler.

Das Schiff erreichte die Bucht des Heiligen Wladimir am 30. Mai. Unvermittelt beschloß der Kommandant aber jetzt, die Bucht der Heiligen Olga anzulaufen. Hier fand er aber keinen passenden Ankerplatz; vielleicht hatte ihn auch die Mitteilung des Bootsmannsmaat Smirnow beeindruckt, der ihm erzählte, daß vor dem Kriege japanische Schiffe diese Bucht häufig aufgesucht hätten. Er schüttelte heftig den Kopf, als wollte er furchterregende Gespenster vertreiben, und ließ den Kreuzer wieder in die Wladimirbucht steuern. Es wurde schon Nacht. Die Seeleute sahen sich vor die Aufgabe gestellt, in dieser unbekannten Gegend trotz der Dunkelheit einen Ankerplatz zu finden. Wenn der Kommandant die Nerven behalten hätte, wäre er wohl nicht darauf verfallen, die Bucht sofort anzulaufen. Er wäre bis zum Morgen auf offener See geblieben, zumal die See ruhig war. Von einer Anwesenheit der Japaner konnte keine Rede sein. So unüberlegt waren sie nicht, hier einen Kreuzer zu suchen, der vor zwei Tagen mit unbekannter Richtung davongefahren war. Das wäre so töricht gewesen wie die Suche nach einer Nadel im Heuhaufen. Unser Kommandant hatte aber den Verstand ganz und gar verloren und beeilte sich, in der Bucht zu verschwinden.

Die Einfahrt zur Bucht war ziemlich breit. Der Kommandant hatte jedoch angeordnet, daß der Kreuzer nicht in der Mitte, sondern am linken Ufer entlang fahren sollte. Das Schiff machte fünfzehn Knoten Fahrt. Backbord zeichnete sich in der Finsternis ganz nahe das Kap Orechow ab. Die Matrosen an Deck freuten sich, endlich heimatliches Land zu sehen. Wunschträume schienen Wirklichkeit zu werden. Das Steuerbordlot zeigte zwanzig Meter Tiefe. Bald darauf meldete der Matrose am Backbortlot acht Meter.

Kaum stand der Hebel des Maschinentelegrafen auf «Langsame Fahrt», da erhielt «Isumrud» einen Stoß, und sein eiserner Kiel knirschte auf Grund. Die Menschen stürzten hin, viele glaubten, daß man auf eine Mine gestoßen sei. Der Kreuzer blieb stehen, mit einer Krängung von 40 bis 50 Grad steuerbord. Er schien ganz kentern zu wollen. Alle Unterhaltungen auf dem Schiff stockten. In die unheilvolle Stille hinein brüllte Baron Fersen: «Volldampf zurück! Volldampf zurück!»

Aber die volle Kraft der Maschinen konnte den Kreuzer, der auf ein Steinriff des Kap Orechow aufgelaufen war, nicht mehr vom Fleck bringen. Man versuchte es mit dem Wurfanker, aber auch das half nichts: Der Kreuzer saß fest, als wäre er angeschmiedet.

So war es zum zweiten Fehler gekommen.

Daß der Kreuzer auf eine Sandbank aufgelaufen war, bedeutete kein großes Unglück, um so weniger, als kein Leck festzustellen war. Man hätte die nächste Flutwelle abwarten können; man hätte das Schiff auch entlasten können, schließlich hätte auch Hilfe aus Wladiwostok angefordert und der Kreuzer für den Fall, daß Japaner erschienen, inzwischen zur Sprengung vorbereitet werden können. Aber in Baron Fersens Gesicht zuckten die rotblonden Bartzipfel, er gab einen anderen Befehl: «Die Japaner sind in der Nähe, sie können uns jeden Augenblick überraschen. Alle Teile des Schiffs sind unbrauchbar zu machen, das Schiff ist zur Sprengung vorzubereiten.»

Auf dem Kreuzer entstand ein unbeschreibliches Durcheinander. Alles, was nicht niet- und nagelfest war, flog über Bord, was nicht sank, aber brennbar war, wanderte in die Feuerung. Alle kleinen Geschütze, die Verschlüsse der großen Geschütze und ein Teil der Maschinengewehre wurden versenkt. Hilfsmaschinen wurden mit Hämmern zerschlagen, ebenso Kompasse, Steuerruder und Artillerieinstrumente. Baron Fersen war ein gewissenhafter Mensch und wollte nicht, daß den Japanern etwas in die Hände fiel! Er war seiner Stimme nicht mehr mächtig, hatte Schaum vor dem Munde, wenn er seine Untergebenen keuchend bei ihrer Zerstörungsarbeit antrieb. Die Matrosen hasteten wie bei einem Feuer umher, aufwärts und abwärts, sinnlos durch alle Teile des Schiffes stürmend. Der eiserne Körper des Schiffs bebte. Noch niemals hatte «Isumrud» eine solche Aufregung erlebt. Ein Unbeteiligter hätte annehmen müssen, daß die ganze Besatzung des Schiffs vom Wahnsinn befallen sei.

Ein stiller Morgen brach an. Am Horizont stieg langsam die Sonne empor, schien freundlich in die gebräunten Gesichter der Seeleute. Die aber, zermürbt von der ständigen Sorge um ihr Leben, empfanden die strahlende Herrlichkeit des Frühlings nicht. Sie brachten in Booten die Gewehre, die restlichen Maschinengewehre, Lebensmittel, Geschirr, Feldküchen und ihre persönlichen Sachen an Land. Rudernd schielten sie in die Weite des Pazifischen Ozeans. Die Schönheit der glitzernden Wasserfläche, die aussah, als wäre sie mit Sonnenstaub bestreut, entging ihren Blicken, sie hielten Ausschau, ob sich nicht etwa eine Rauchfahne feindlicher Schiffe zeigte.

Auf «Isumrud» waren nur einige Mann geblieben: Der Erste Offizier, der Bootsmann Kulikow, die Torpedomaate Täube und Grigorjew und der Funker Sobeschkin. Sie hatten den Auftrag, den Kreuzer zu sprengen. Die übrige Besatzung befand sich bereits an Land. Geführt von Baron Fersen, waren alle auf einem Hügel angetreten und warteten.

Unendlich weit erstreckte sich der warme, blaue Himmel, bis zum Horizont leuchtete blendend das Wasser des Ozeans. In den Sonnenstrahlen grünten die bewaldeten Spitzen des Hügels. Aber die Schönheit ringsum bedrückte die Menschen, die unter der Last der widersprechenden Erlebnisse litten, nur noch mehr. Die heimatliche Erde in ihrer Frühlingspracht machte sie glücklich, aber dieses schmachvolle Ende einer so mutig begonnenen Tat ließ ihre Herzen vor Trauer erbeben. Sie starrten voll Wehmut auf die bekannten Umrisse des zum Untergang verurteilten Schiffs.

Auf der Spitze des benachbarten Berges, der näher zum Schiff lag, stieg eine rote Fahne hoch; das bedeutete, daß die Zündschnur brannte. Die Spannung wuchs. Bleich bis in die Lippen standen die Seeleute da, als wären sie selbst zum Tode verurteilt.

Die Bugmunitionskammer explodierte. Eine Rauchsäule stieg hoch. Als sie sich zerteilt hatte, erkannten die Seeleute ihr Schiff wieder, das – aus der Ferne gesehen – noch immer unbeschädigt zu sein schien. Die nächste Explosion riß das ganze Heck fort. Eine riesige Flamme schleuderte Eisen- und Holzstücke nach allen Seiten, und eine dichte Wolke stieg hoch auf. Das Echo der Explosion rollte über die Hügel. Die Seeleute zuckten zusammen, als hätten sie nicht ein Schiff, sondern einen nahen Freund verloren, der ihnen wiederholt das Leben gerettet hatte. Dreihundertfünfzig Augenpaare starrten auf die Stelle, wo anstelle von «Isumrud» das verstümmelte Eisenskelett eines Schiffes kohlte. Die Reste von Holzteilen brannten aus. Ein Regen von großen und kleinen Stahlsplittern prasselte über der Bucht nieder. Sie stammten von den explodierenden Geschossen, die das Feuer erreicht hatte. Eine halbe Stunde währte diese Begräbniskanonade. Dann trat eine Stille ein, die die Menschen und die Natur verschlungen zu haben schien.

Das war der dritte Fehler.

Nun begann das Leben an Land. Die Mannschaft rückte näher an das Materiallager heran. Baron Fersen, der seinen Untergebenen nicht in die Augen sehen konnte, erklärte: «Die Mannschaft kann essen und sich ausruhen.»

Er selbst verschwand, angeblich um einen Lagerplatz zu suchen. Um sich den Japanern nicht zu verraten, wurden die Lagerfeuer hinter dem Hügel angelegt. Auf dem Gipfel beobachteten Posten die See. Während der Koch Didurenko in der Feldküche das Mittagessen bereitete, trieben sich die müden, sich selbst überlassenen Matrosen wie Mondsüchtige am Ufer der Bucht umher. Das Mittagessen verlief ohne die üblichen Scherze.

Nachts hingen Sterne über dem stillgewordenen Lager. Am Waldesrand hatten sich die Matrosen zum Schlafen hingestreckt. Es war die erste Ruhe nach der Schlacht für die Menschen, die die Todesfahrt aus der drohenden Gefangenschaft, die nächtliche Havarie und das sinnlose Versenken des Kreuzers überstanden hatten. Um zwei Uhr nachts kamen die Posten vom Gipfel gelaufen, weckten die Schläfer und meldeten, außer Atem vor Aufregung: «In die Bucht sind zwei japanische Torpedoboote eingelaufen, draußen stehen zwei Kreuzer. Wir haben das selbst gesehen. Die Japaner wollen landen.»

Im Handumdrehen kam das Lager auf die Beine, aber niemandem fiel es ein, die feindlichen Landetruppen mit Gewehr- und MG-Feuer zu empfangen. Jeder hatte nur den einen Wunsch, so schnell wie möglich fortzukommen. Der Erste Offizier formierte die Mannschaft und gab flüsternd seine Befehle. Die Matrosen durften nur Gewehre, Patronen und je zwei Konservendosen mitnehmen, die übrigen Sachen blieben in der Bucht. Fast lautlos rückten die Kolonnen in Richtung zur Olgabucht ab. Unterwegs fanden sie Baron Fersen, der in einer chinesischen Hütte übernachtete. Er sprang auf und sagte mit bebender Stimme: «Meine Mutmaßungen waren doch richtig. Ich war überzeugt, daß die Japaner uns finden würden. Deshalb habe ich mich auch beeilt, den Kreuzer zu sprengen.»

Sie nahmen sich chinesische Führer und gingen weiter, getrieben von Furcht. Im Morgengrauen bestiegen sie einen hohen Hügel, von dem aus sie lange die Bucht und das Meer betrachteten. Sie staunten, als sie sahen, daß weder in der Bucht noch weit und breit auf dem Meer ein Schiff oder eine Rauchfahne zu bemerken war. Baron Fersen erklärte verlegen: «Wahrscheinlich haben sich die Japaner inzwischen zurückgezogen.»

Der Heizer Kabelezki brummte: «Unsere Posten haben geträumt.»

Der Leutnant Romanow fügte hinzu: «Es war wohl eine Wahnvorstellung verängstigter Menschen. Und niemandem ist es eingefallen, ihre Meldung nachzuprüfen.»

Gegen Abend erreichte die Besatzung über Wildpfade das Dorf Kijewljanka an der Olgabucht. Nach einigen Tagen trafen auch ihre Habseligkeiten und Lebensmittel ein. Man verbrachte über drei Wochen in diesem Dorfe. Viele gewannen den Eindruck, daß Baron Fersen sich aus irgendwelchen Gründen absichtlich in diesem Dorf verbarg.[26]

Vom Kommandanten der Stadt Wladiwostok traf eine telegrafische

Anweisung ein, unterwegs Vieh aufzukaufen und es zur nächsten Bahnstation zu treiben. Baron Fersen beauftragte damit den Bootsmann Kulikow, der freudig dieses vorteilhafte Geschäft übernahm. Die Untätigkeit zersetzte nicht nur die Mannschaft, sondern auch die Offiziere. Nur ein Mann widerstand dem – es war ein Fähnrich, der Ingenieur Schandrenko. Er hatte sich von den anderen abgesondert, sprach wenig, und niemand ahnte, daß dieser eigenbrötlerische Ukrainer ein Tagebuch führte. Wenn ein Offizier, gleich welcher, einen Blick in dieses kleine Heftchen mit braunem, stark abgegriffenem Umschlag geworfen hätte, er wäre entrüstet gewesen über die anklagenden Worte, die es über ihn enthielt.[27]

Folgendes schrieb Fähnrich Schandrenko am 3. Juni: «Erstaunlich ist es, daß einige Herrschaften nach einer Rechtfertigung der Sprengung des Kreuzers suchen. Es ist schon so weit gekommen, daß man alles auf die Maschinen schiebt, daß wir angeblich nicht nach Wladiwostok gekommen wären. Das ist eine infame Lüge. Ich habe laut dagegen protestiert, worauf der Erste Offizier bemerkte, daß später alle einheitlich aussagen müßten. Ich bin aber damit nicht einverstanden und werde so aussagen, wie es gewesen ist.»

Am 4. Juni trug er ein: «Wenn wir wohlbehalten in die Heimat zurückkehren, dann wird es viele Lügen geben. Und wieder wird die Wahrheit für Rußland verschleiert bleiben. Tagediebe und Müßiggänger werden wiederum ungestraft alle hervorragenden Posten besetzen und Rußland dem Verfall und Untergang entgegenführen. Es ist traurig und unheimlich ...»

Und am 12. Juni: «Wir haben das Empfinden, daß der Kommandant sich fürchtet, nach Wladiwostok in die Batteriestellungen zu gehen, und lieber hier abwartet, bis der Krieg zu Ende ist. Mir ist das alles so zuwider, daß ich mich von diesen Schmarotzern an unserer Heimat trennen würde, wenn ich nur könnte. Oh, wie ich sie hasse! Alle sind sie so gemein, daß sie die Versenkung des Kreuzers für richtig halten und sich selbst auch noch als Helden betrachten. Sie träumen sogar von Georgskreuzen.»

Endlich am 22. Juni brach die Besatzung auf. Die Matrosen trieben etwa zweihundert Stück Rindvieh vor sich her. Zunächst lockte sie die wilde Natur des Küstengebietes mit der Schönheit grüner Täler und waldiger Hügel. Der Marsch durch diese weglose Gegend erwies sich aber als sehr beschwerlich. Steile Hänge, reißende Bäche, sumpfige Felder bildeten oft schwer zu überwindende Hindernisse. Man mußte aber immer weiter voran. Selten nur kam man durch Dörfer. Meist wurde im Freien übernachtet. Nicht immer war es möglich, Fahrzeuge für die Verwundeten und Kranken zu besorgen. Die Gesunden trugen sie dann abwechselnd auf Tragen. Das Wetter schlug um, bald litten sie unter der Hitze, bald durchnäßte sie der Regen. Viele Matrosen hatten schon auf dem Schiff schlechtes Schuhwerk gehabt. Sie mußten in Bastschuhen oder barfuß die weite Strecke zurücklegen. Einige Matrosen hatten in der Eile versäumt, ihre Sachen vom Schiff mitzunehmen und trugen Bauernkleider, die sie unterwegs kauften. Dieser ganze Haufen von Kriegern erinnerte stark an das Heer Napoleons, das 1812 aus Rußland flüchtete.

Baron Fersen wollte wohl den Kreuzer vergessen, er sprach nur vom Vieh. Mit der unmäßigen Gier eines Großgrundbesitzers vergrößerte er in jedem Dorf den Bestand. Offenbar beruhigte das sein Gewissen. Nach etwa drei Wochen hatte die Herde einen Bestand von fünfhundert Stück erreicht.

Das Vieh brüllte vor Hunger. An der Spitze der Kolonne gingen die Trompeter, die auf Anweisung der Vorgesetzten von Zeit zu Zeit das Signal zur Rast bliesen. Meist wurde eine Wiese mit einem Bach ausgesucht. Ein Teil der Leute achtete auf das Vieh, die anderen ruhten, um nach einer Weile den Marsch fortzusetzen. Sie gingen nicht mehr geschlossen, sondern teilten sich in Haufen auf, weit auseinandergezogen. Der Weg führte über Hügelwellen, um Stromschnellen herum, senkte sich bergab, führte an Flüssen entlang. Viele notwendige Umwege verlängerten die Marschstrecke. Oft kam man an düsteren Schluchten vorbei. Von den einheimischen Führern erfuhren die Seeleute Einzelheiten über die Natur des Landes. Unter den mächtigen Pappeln, kleinblättrigen Ahornbäumen, gedrungenen Linden, spitzen Tannen und Kiefern kamen auch koreanische Zedern mit stumpfen, wie abgeschnittenen Kronen vor. An den Südhängen der Hügel standen mongolische Eichen und Schwarzbirken. In den feuchten Niederungen der Bäche hatten sich Espenhaine mit dunkelgrünem, klebrigem Blattwerk und hochstämmige Purpurweiden angesiedelt. Unter den weiten Baumkronen wucherte das Strauchwerk; an den sonnigen Abhängen der Hügel gedieh auch Wein. Im Walddickicht konnte man sich nur auf Tierpfaden fortbewegen.

Zahllose Mücken und kleine Fliegen plagten uns; sie bedeckten die Gesichter, drangen in Mund, Nase und Augen. Das Vieh wurde außerdem von den Pferdebremsen gequält. Um ihnen zu entgehen, stürmten die Ochsen und Kühe in den Wald. Die Matrosen jagten dann fluchend hinterher, zerrissen sich im Gestrüpp die Kleider und die Haut. Leutnant Romanow half den Hirten und bekannte bitter: «Nie im Leben hätte ich geglaubt, daß ich einmal Viehtreiber sein würde.»

Der Funker Sobeschkin konnte die Zerstörung des «Isumrud» nicht vergessen. «Als ich die Zündschnur in Brand setzte, zitterten mir die Hände. Mir schien, als beginge ich auf Befehl der Vorgesetzten ein Verbrechen.»

Der Heizer Kabelezki sagte entrüstet: «Wir hätten damals den Kommandanten verhaften und den Kreuzer mit eigener Kraft flottmachen müssen.»

Andere widersprachen ihm: «Dann wären wir alle ins Gefängnis gewandert.»

Die Disziplin sank. Wie sollte sie sich auch halten? Zweiundvierzig Tage dauerte dieser unwürdige Marsch. Wie heimatlose Landstreicher schleppten sich die Matrosen hin, ihr Schicksal verfluchend, wütend und verzweifelt. Zwischen den Vorgesetzten und der Mannschaft brach Streit aus. Die Matrosen beachteten die Appellordnung nicht mehr. Die Offiziere hatten Furcht vor ihnen und hielten sich möglichst nahe an die Wache, die Gewehre hatte.

Die Bewohner der Siedlung Okeanskaja hatten ihre Häuser verlassen, um – alt und jung – auf die breite, pappelumsäumte Straße hinauszugehen. Schon von weitem sahen sie eine lange, von der Abendsonne beschienene Staubwolke. Es sah aus, als nähere sich ein gewaltiges Heer. Bald bot sich ihnen aber ein ungewöhnlicher Anblick. Seeleute waren es, die das letzte Stück Weg wieder Tritt gefaßt hatten; zerlumpt, in sonderbarer Kleidung, sogar in Frauenjacken, kamen sie barfuß einher. Einige hatten die Füße mit roher Rinderhaut umwickelt, die sie mit Bindfaden verschnürt hatten. Eine kläglich heulende, riesige Viehherde folgte ihnen.

Kühe und Ochsen lieben keine langen Reisen, außerdem machen sie Insektenstiche unruhig. Wenn sie ein Dorf wittern, stürzen sie eiligst darauf zu, um Ruhe und Erholung zu finden. So geschah es auch hier. Die große Herde stürmte auf die Häuser los. Die Stimmen der Matrosen vermischten sich mit dem Brüllen des Viehs. Mit Knüppeln und Peitschen stellten die Treiber sich fluchend den ausbrechenden Tieren entgegen und drängten sie zu einem Haufen zusammen. Die Ortsbewohner lasen auf den Mützen die Aufschrift «Isumrud» und höhnten: «Sie hatten es wohl über, auf See zu schwimmen?» «Tja, sie tauschten das Schiff gegen Vieh ein.» – «Seht euch diese Helden an, das ist unsere stolze Marine.»

Auf der Bahnstation Okeanskaja wurde das Vieh dem General Schuschinski abgeliefert; Baron Fersen erhielt ein Dankschreiben von ihm. Die Marter der Seeleute war beendet. Sie konnten sich ausruhen und dann mit der Bahn weiterfahren. Nachts trafen sie in Wladiwostok ein. Der Kommandant der Garnison empfing sie wie zum Hohn mit einer Kapelle, als wären sie Helden.

Neue Eindrücke stürmten auf sie ein, sie konnten aber nicht vergessen, was sich in der Wladimir-Bucht ereignet hatte. Für immer waren ihnen die wüsten Ufer der Bucht und die dumpfen Explosionen, die den Kreuzer in formlose, rauchende Trümmer verwandelt hatten, ins Gedächtnis gebrannt. Sie hatten den Kreuzer verlassen, er war nun weit hinter ihnen geblieben, auf dem Riff vernichtet, für niemanden mehr von Nutzen. Kommende Generationen von Seeleuten werden aber in der Bucht die verunstalteten, aus dem Wasser ragenden Reste des Kreuzers sehen und noch lange davon sprechen, wozu Menschen imstande sind, die von einer Panik ergriffen werden.

Menschen mit kämpferischer Tradition

Das Panzerschiff des Küstenschutzes «Admiral Uschakow» war am 27. Mai beschädigt worden und nachts hinter der Nebogatow-Division zurückgeblieben, um selbständig nach Wladiwostok durchzubrechen. Am Ruder stand ein Rudergast mit breitem Gesicht und großem Schnurrbart und bemühte sich, nicht vom Kurs Nordost 23 Grad abzuweichen. Das Schiff fuhr an der Insel Ullondo vorbei, wo am Morgen das russische Geschwader in die japanische Falle gegangen war. Auf «Admiral Uschakow» wußte man noch nichts davon. Die Begegnung mit den Japanern stand dem Schiff unweigerlich bevor. Man konnte aber schon jetzt sagen, daß sein Ende anders sein würde, als das der Schiffe der Nebogatow-Division, denn an Bord dieses Schiffes hatten die Seeleute unter dem Einfluß ihres Kommandanten eine andere Auffassung von ihren Pflichten. Auch der Einfluß eines großen Soldaten, der selbst längst nicht mehr lebte, dessen großer Name aber für die Seeleute die Verkörperung von Mut und Ruhm der russischen Waffen bedeutete, machte sich bemerkbar: der des Admirals Uschakow!

Ende April hatte es klare Tage gegeben. Ruhig wogten damals die Wasser des Ozeans in der sonnigen Weite. Genau in Kiellinie schaukelte in den Strahlen der tropischen Sonne leicht und gleichmäßig das Schiff. Es war von gleicher Art wie «Senjawin» und «Apraxin», hatte niedrige Bordwände und war besonders durch zwei hohe Schornsteine kenntlich, die dicke Rauchschwaden in den Himmel schickten. Leichte Flocken sonderten sich ab und zerflossen wie die Wölkchen am heimatlichen Himmel.

Auf der Kommandobrücke ging mit schwerem, sicheren Schritt ein großer, breitschultriger Seemann rauchend auf und ab. Sein Gesicht mit dem gespalteten Kinn und dem großen hellblonden Schnurrbart war ruhig. In der mächtigen Gestalt dieses Seemannes, in seiner Haltung und seinen entschlossenen Bewegungen lag etwas Herrisches. Ein Unbeteiligter hätte annehmen können, daß hier ein Korsar nach erfolgreichem Beutezug umherging. Eine solche Rolle hätte er auf der Bühne ohne Schminke spielen können. Dieser hervorragende Schiffskommandant, Kapitän 1. Ranges Wladimir Nikolajewitsch Miklucha-Maklai, war der Bruder des berühmten, russischen Weltreisenden und ersten Erforschers der Inselgruppe Mikronesien.

Alle, die ihn kannten, wunderten sich, daß dieser fähige und gebildete Seemann nicht das modernste, beste Schiff, sondern nur dieses kleine Panzerschiff des Küstenschutzes befehligte.

Miklucha-Maklai tat alles leidenschaftlich. Er war ein ungewöhnlicher Mensch. Er diente auf verschiedenen Schiffen und war als erfahrener Seemann bekannt.

Er kannte sich auch in der Geschichte der Kriegsmarine gut aus. Einen Aufstieg in höhere Dienstränge erstrebte er nicht. Der Admiralsrang, den er hätte erlangen können, wenn er zu Hause geblieben wäre, lockte ihn nicht. Miklucha-Maklai wollte in den Krieg gegen die Japaner ziehen. Er haßte sie schon von Jugend auf. Er kannte sie gut, weil er lange Zeit das Handelsschiff «Wladiwostok» befehligt hatte, das viel in japanischen Küstenstädten verkehrt war.

Zum ersten Male in seinem Leben war er als Gymnasiast auf ein Schiff gekommen. Das Meer hatte es ihm angetan, und er trat ins Seekadettenkorps ein. Dort schloß er sich der fortschrittlichen Jugend an und wurde Mitglied der sogenannten geheimen «Walfischfang-Gesellschaft», die verbotene Literatur verbreitete. Die politische Polizei erfuhr davon und nahm bei ihm eine Haussuchung vor. Solange er im Kadettenkorps war, blieb er unter Aufsicht. Aber auch später unterhielt er mit dem Leutnant Suchanow und anderen revolutionären Seeleuten Verbindung und verbarg in seiner Wohnung illegale Literatur.

Schon in seiner Jugend zeichnete sich Miklucha-Maklai durch Wagemut aus. Im türkischen Kriege 1877/78 diente er auf einem zum Kreuzer umgewandelten Dampfer. Eines Tages, während der Wache, bemerkte er am Horizont ein türkisches Panzerschiff. Er änderte den Kurs, ohne den Kommandanten zu fragen, und fuhr dem Feind entgegen. Schnell näherten sich beide Schiffe einander. Da erschien der Kommandant an Deck, der Miklucha-Maklai sofort in Arrest schickte und das Schiff wenden ließ.

Miklucha-Maklai stammte von den Saporosher Kosaken ab. Als Junge war er sehr streitsüchtig gewesen, hatte auch mit älteren Knaben angebändelt und war nicht selten verprügelt und zerrissen nach Hause gekommen. Auch später blieb er jähzornig. Eines Tages hatte er in der Hafenstadt einen Zusammenstoß mit einem Offizier, der seine Frau beleidigt hatte. Der Offizier stand höher im Rang als er. Sein Temperament ging aber mit ihm durch, und er versetzte dem Gegner eine Ohrfeige, obwohl er annehmen mußte, daß er dafür vors Kriegsgericht kommen würde.

Miklucha-Maklai verfügte über ungewöhnliche Körperkraft. Es machte ihm nichts aus, sich mit einer 40 Kilogramm schweren Hantel zu bekreuzigen oder zum Spaß einen Pferdewagen an den Hinterrädern festzuhalten. Diesen Scherz erlaubte er sich öfters. Die Kutscher trieben ihre Pferde an und schlugen sie ahnungslos mit der Peitsche, während der Wagen, von Miklucha-Maklai festgehalten, sich nicht vom Fleck rührte. Man kann sich also vorstellen, wie die Ohrfeige beschaffen war, die den Offizier traf. Aber Miklucha-Maklai entging dem Kriegsgericht. Telegrafisch bat er seine Mutter in St. Petersburg, ein zurückdatiertes Gesuch um seinen Abschied an den Zaren zu richten. Der Abschied wurde bewilligt, und er kam vor ein Zivilgericht, das ihn zu einer Strafe von fünfundzwanzig Rubel verurteilte. Der Offizier aber, der Miklucha-Maklais Frau beleidigt hatte, wurde durch das Urteil eines Ehrengerichts genötigt, ebenfalls seinen Abschied einzureichen.

Miklucha-Maklai war einige Jahre Erster Offizier und dann Kapitän eines Schiffes der Handelsflotte im Fernen Osten. Dann kehrte er wieder zur Kriegsmarine zurück. 1882 traf er in St. Petersburg ein und trat seinen Dienst auf Torpedobooten im Schwarzen Meer an.

Hier erwies er sich bald als mutiger Seemann. Im Hafen von Sewastopol lag damals ein besonders konstruiertes Kriegsschiff, das nach Entwürfen des Admirals Popow gebaut worden war. Es war rund wie ein Rad und konnte schnell wenden, wodurch die Kampfeigenschaften dieser schwimmenden Batterie erhöht wurden. Das Schiff trug den Namen «Admiral Popow», hatte niedrige Bordwände und bewegte sich langsam wie eine Schildkröte. Die Kommandanten fürchteten, mit ihm auf See zu gehen, weil sie überzeugt waren, daß es im Sturm sofort sinken würde. Jeder, der erfuhr, daß dieses seltsame Schiff aus Sewastopol nach Nikolajew übergeführt werden sollte, um dort fertig ausgerüstet zu werden, ließ sich unter verschiedenen Vorwänden an Land versetzen. Nur Miklucha-Maklai hatte keine Furcht, den Befehl auszuführen, als er zum Kommandanten des Schiffs ernannt wurde.

Seither waren viele Jahre vergangen, die aber Miklucha-Maklais Charakter nur wenig verändert hatten. Er war ebenso hitzig und mutig geblieben. Neu an ihm war nur, daß er einen unruhigen Eindruck machte. Das kam wohl daher, weil er beobachtete, mit welcher Hast und wie schlecht ausgerüstet das Dritte Geschwader hinausgeschickt worden war. Mitunter war er so gereizt, daß er sich nicht mehr beherrschen konnte. In solchen Augenblicken hatten die schuldigen Matrosen auf dem «Admiral Uschakow» einiges auszustehen. Es kam vor, daß er mit seiner verstümmelten rechten Hand (die Finger hatte er durch einen zufällig losgegangenen Schuß eines Jagdgewehrs verloren) einem Matrosen übers Gesicht fuhr, worauf er sofort selbst ganz verlegen wurde. Die Sache war damit abgetan. Aber obwohl er im Jähzorn sich selbst vergaß, duldete er nicht, daß seine Offiziere schlugen. Er rügte die, bei denen er schlechte Behandlung der Matrosen feststellte. Offiziere und Mannschaften verehrten ihn sehr, die einen wie die anderen glaubten in ihm den besten Kommandanten zu sehen. Unter seiner Führung war das Panzerschiff durchaus zu einer Begegnung mit dem Feind bereit.

Miklucha-Maklai ging unter dem Schutzdach der Brücke auf und ab, rauchte eine Zigarette nach der anderen und blieb zwischendurch stehen, um nachdenklich durch seine Brille auf die anderen Schiffe zu schauen. Auf dem Flaggschiff des Admirals Nebogatow stiegen und sanken Signalflaggen. Die strahlende Tropensonne brannte unbarmherzig auf das Deck.

Auf die Brücke stieg langsam der Erste Offizier, Kapitän 2. Ranges Musatow, ein blonder Mann von mittlerem Wuchs, mit kleinem, glattgekämmtem Bart. Er hatte einen watschelnden Gang, so daß die Matrosen witzelten: «Die Barkasse kommt.» Vor dem Kommandanten stand er stramm, legte die Hand an den Mützenschirm und sagte: «Wladimir Nikolajewitsch! Die Offiziere haben mit Freuden erfahren, daß wir uns bald mit dem Roshestwenski-Geschwader vereinigen werden. Außerdem sind einige Kameraden befördert worden. Anläßlich dieser Ereignisse haben wir beschlossen, etwas zu feiern. Ich habe den Auftrag, Sie für heute in die Messe einzuladen.»

«Ich danke Ihnen, Alexander Alexandrowitsch, und werde gern kommen. Im Augenblick ist es günstig, wir könnten dann auch einiges besprechen.»

Auf der Back säuberte eine Gruppe Matrosen das Deck. Der immer finstere Obermaat Wassili Prokopowitsch beaufsichtigte sie stumm. Auf Deck trieb sich auch grunzend ein scheckiger Eber herum. Die Matrosen hatten ihn mit Zucker verwöhnt, er folgte ihnen stets und bettelte. Schwach vor Hitze folgte er ihnen auch jetzt. Prokopowitsch betrachtete ihn längere Zeit mit Kennermiene und ordnete an, daß man ihn aus einem Schlauch besprenge. Krachend spritzte das Wasser aus dem Schlauch. Der Eber wand sich behaglich hin und her.

«Hierher ... Kalgan, schnell ... Du hast gerade noch gefehlt», rief ein Matrose.

Ein brauner Hofhund, der Liebling der ganzen Mannschaft, wedelte vergnügt mit dem Ringelschwanz, kam angesprungen und beschnupperte reihum alle Leute, wobei er ängstlich die Pfützen mied. Der geduschte Eber wollte zum Heck, Kalgan stellte sich ihm aber in den Weg. Spielend pflanzte er sich vor ihm auf und betrachtete neugierig den schweren, unbeholfenen Schweinekörper. Ganz ohne Wut, wie der Ordnung halber bellte er zweimal, worauf der Eber mit seinen langen Ohren schlackerte, zurückwich und den Hund aus kleinen, schläfrigen Augen anstarrte. In der Umzäunung quietschten noch zwei chinesische Schweine, die sich durch Bösartigkeit auszeichneten. Sie wurden deswegen auch nicht herausgelassen. Kalgan lief zu ihnen hin, schnupperte, schüttelte heftig den Kopf und nieste. Dann wandte er sich einem großen Käfig mit Enten zu, die ihn mit aufgeregtem Geschnatter empfingen. Lange stand er da, den Kopf lauschend zur Seite geneigt, als wollte er warten, bis sie Ruhe geben würden. Die Enten schnatterten aber beharrlich weiter, wie es sich im Frühjahr gehört. Kalgan bellte sie an, als wollte er ihnen befehlen, keinen Lärm zu machen, und trabte weiter.

Auf der Back erschienen im leisen Gespräch der Torpedomaat Worobjow und der Bootsmann Mitrjukow. Plötzlich brach Worobjow in ein solches Gelächter aus, daß seine mächtige Gestalt bebte. Aus seiner Tasche holte er ein Blatt Papier und sagte: «Du glaubst nicht, daß Swjagin ebenso viel Verstand hat wie ein Bettler Geld? Und ich staune nur, wie man einen solchen Menschen zum Obermaat befördern konnte. Hier kannst du sehen, womit sich mein unmittelbarer Vorgesetzter befaßt. Heute Vormittag habe ich im Arsenal Ordnung gemacht. Da sah ich unter dem Wachstuch einen Brief stecken. Hör zu, was Swjagin seiner Frau schreibt.»

Prokopowitsch und die Matrosen drehten sich um und hörten zu, wie Worobjow vorlas: «Liebe Marusja, Edelstein reinsten Wassers. Ich schreibe aus fernen Ländern. Wir umfahren schon China. Ich habe viele fremde Menschen und Länder gesehen und habe jetzt einen hohen Dienstgrad erreicht, etwa wie ein Armeeoberst. Alle verehren mich. Ich habe viele Untergebene. Da ist aber einer, Worobjow mit Namen, das ist ein Ekel. Ich will ihn demnächst davonjagen. Einen

Burschen, der mir die Stiefel putzt und die Kleider säubert, habe ich auch. Und ich schlage ihn, immer ins Gesicht.»

Der Bootsmann warf seinen Kopf zurück, sein lautes Lachen unterbrach den Vortrag. Stöhnend vor Lachen sagte er: «Ach, dieser Prahlhans, dieser kümmerliche Feigling! Der macht mir ja Spaß, dieser Trunkenbold, wie ein Narr auf dem Jahrmarkt ...»

Alle lachten, außer Prokopowitsch, der finster brummte: «Ein Oberst ... So ein Blödsinn.»

«Wir werden ihn schon auf den Arm nehmen, Seine Hochwohlgeboren», fügte Worobjow hinzu.

Die Bootsmannspfeife trillerten, es kam der Befehl: «Weinausgabe!»

Die Matrosen gingen zum Essen. Worobjow und Mitrjukow begegneten auf dem Heck dem Obermaat Swjagin, einem kleinen, mageren Männchen mit einer spitzen Nase. Er ging wiegend und wollte an ihnen vorüberflitzen, Worobjow hielt ihn aber an, indem er ihm den Brief hinhielt und betont höflich sagte: «Ich weiß nicht, wie man Sie anzureden hat, haben Sie vielleicht dieses hier verloren?»

Wütend nahm Swjagin das Papier. Die Lippen des angeblichen Oberst bebten, auf seinen Wangen zeichneten sich rote Flecke ab. Er zischte: «Du gemeiner Schuft!»

Dann verschwand er in einer Luke, begleitet vom Gelächter des Bootsmanns und Worobjows.

In der Offiziersmesse legten die Ordonnanzen letzte Hand an die Festtafel. Die Messe lag im Heckteil und bestand aus einem hellen Raum, der die ganze Breite des Schiffes einnahm. Die Lichtluke in der Decke und die Bullaugen standen offen. Die Strahlen der Tropensonne spielten auf der weißen Lackfarbe der Wände. Der lange Tisch war mit einem sauberen Tuch gedeckt und stand voll Geschirr, Flaschen, Gläsern, Pokalen und Schnapsgläsern. Die Sonnenstrahlen brachen sich in dem Kristall in bunten Reflexen. Steuerbord glänzte das schwarzlackierte Klavier, backbord stand ein Diwan. An der Bugwand war eine Anrichte mit Marmorplatte befestigt, auf der sich Vorspeisen befanden. Daneben stand ein Bücherschrank. An der Wand, die die Messe von der Kajüte des Kommandanten trennte, hing ein großes Porträt. Aus dem breiten Mahagonirahmen blickten die klugen Augen eines alten Mannes in der Uniform der Kriegsmarine aus der Zeit des Zaren Paul. Es war ein Bild des berühmten russischen Flottenführers Admiral F. F. Uschakow, dessen Namen das Schiff trug. Schräg über die Brust spannte sich das breite, rote Band des Alexander-Newski-Ordens; Sterne und Ordenskreuze, die höchsten Auszeichnungen für Verdienste um die Heimat, schmückten seinen Rock. In den Händen hielt er ein Fernrohr. Am meisten fiel der lebendige, männliche Gesichtsausdruck dieses ungewöhnlichen Menschen auf, eines anerkannten Strategen und Taktikers der Seekriegführung seiner Zeit.

Jeden Offizier, der in die Messe trat, schien der Admiral mit seinem aufmerksamen Blick zu begrüßen. Nach einem ungeschriebenen Gesetz nahmen die Offiziere Platz am Tisch: am oberen Ende der Erste Offizier, rechts von ihm der Kommandant, links Fachoffiziere, dann folgten die jüngeren Offiziere. Alle hatten saubere weiße Röcke an.

Das Mittagsmahl bestand aus frischem Fleisch und Geflügel, ein seltener Genuß während der Fahrt. Es herrschte eine gehobene Stimmung. Die Offiziere freuten sich, daß sie sich demnächst mit dem Roshestwenski-Geschwader vereinigen würden, während sie bisher angenommen hatten, daß sie mit den fünf Schiffen der Nebogatow-Division selbständig nach Wladiwostok durchbrechen müßten. Immer wieder kam das Gespräch auf die bevorstehenden Kämpfe mit den Japanern. In vielen Äußerungen klang jetzt mehr Mut und Sicherheit durch, nachdem feststand, daß sie zu Roshestwenski stoßen würden. In anderen Äußerungen wurden die Schwierigkeiten nicht verheimlicht: die japanische Flotte werde sie vor ihren eigenen Küsten empfangen und sei doppelt so stark wie das russische Geschwader.

Der sonst nicht sehr gesprächige Miklucha-Maklai war heute besonders vergnügt und aufgeschlossen. Er hatte ein gutes Gedächtnis und war belesen, so daß er einen solchen Kreis fesselnd unterhalten konnte, wenn er in Stimmung war. Er wandte sich an die Anwesenden mit folgender Ansprache: «Meine Herren! Ich beglückwünsche Sie zu den neuen Nachrichten. Wir wollen jetzt nicht streiten, wer stärker, wer schwächer ist, sondern daran denken, daß wir Soldaten sind. Wir haben die Aufgabe zu kämpfen, die Ehre unserer Heimat zu verteidigen und wenn es sein muß – zu sterben. Sie wissen alle, wie es um unser Geschwader bestellt ist und wie es ausgerüstet wurde. Unter dem Druck der öffentlichen Meinung hat man uns zur Hilfeleistung ausgesandt. Unser Schiff, das unter meinem Befehl steht, war zwar niemals dazu bestimmt, eine so weite Reise zu unternehmen. Trotzdem – wir werden kämpfen! Dazu sind wir unterwegs. In der Geschichte der Seekriege gibt es viele Beispiele – und daran möchte ich gerade heute erinnern –, die zeigen, daß zahlenmäßig Schwächere den Stärkeren schlugen.»

Miklucha blickte stumm auf das Bildnis von F. F. Uschakow und fuhr, mit den feuerroten Brauen zuckend, lebhaft fort: «Meine Herren! Worin besteht dann das Geheimnis dieser Siege? Sehen Sie doch nur, wie aufmerksam Fjodor Fjodorowitsch uns anblickt. Alle müssen wir uns ein Beispiel nehmen an diesem bemerkenswerten Menschen. Jeder von uns wird tapfer kämpfen, um die Möglichkeit zu haben, ihm ohne Scham in die Augen sehen zu können. Wie oft und mit welch hervorragendem Erfolg hat Fjodor Fjodorowitsch russische Geschwader in den Kampf geführt! Und bei jeder Begegnung der russischen Flotten mit den Türken mußte der Halbmond vor dem Andreaskreuz die Flagge streichen. Fjodor Fjodorowitschs militärisches Genie ließ die Türken erzittern. Unter ihm wurde Rußland zum uneingeschränkten Beherrscher des Schwarzen Meeres.»

Miklucha-Maklai stand auf und erhob sein Glas. Die Offiziere folgten seinem Beispiel. Mit einem Blick auf das Bild des Admirals sagte der Kommandant, als bringe er einen Trinkspruch aus: «Meine Herren! Lassen Sie uns hier Admiral Uschakow das Ehrenwort russischer Offiziere geben, daß wir uns mit den Japanern bis zum letzten schlagen werden. Dieser Kampf wird schlimmstenfalls unglücklich ausgehen, aber auf jeden Fall ruhmreich für uns, und er wird der hohen Ehre des Namens würdig sein, den das Schiff trägt.»

Die Offiziere stießen an und setzten sich.

Im Verlauf des Essens kam das Gespräch wiederholt auf Uschakow zurück. Begeistert gaben bald der Kommandant, bald die Offiziere verschiedene Begebenheiten aus dem Leben und Wirken des Admirals zum besten, an die sie sich erinnerten.

Uschakows Lebenslauf ist ungewöhnlich gewesen.

Fjodor Fjodorowitsch Uschakow wurde im Jahre 1744 geboren. In seiner Heimat im Gebiet Jaroslawl, erbte er neunzehn leibeigene ‹Seelen›. Er war damit nur ein recht ärmlicher Gutsbesitzer. Uschakow wurde zum Schöpfer der russischen Seetaktik. In den Kriegen mit den Türken im Schwarzen Meer und den Franzosen im Mittelmeer gewann er einige glänzende Schlachten.

Die Festung auf der Insel Korfu im Mittelmeer hatte damals als uneinnehmbar gegolten. Aber vor den russischen Seeleuten konnte sie sich am 20. Februar 1799 nicht behaupten. Der Sieg bei Korfu festigte endgültig den Ruf Uschakows als großen Flottenführer.

Der englische Admiral Nelson schrieb damals an Uschakow: «Von ganzem Herzen beglückwünsche ich Eure Exzellenz zur Eroberung von Korfu und versichere Ihnen, daß der Waffenruhm des treuen Verbündeten mir ebenso lieb ist wie der Ruhm meines Königs ...» Nelsons Bewunderung für Uschakows Siege war allerdings wohl kaum aufrichtig: Als Verbündeter Rußlands im Kampf gegen Frankreich unterstützte Nelson die russische Flotte in keiner Weise. Im Jahre 1799 begegneten sich die zwei großen Flottenführer in Palermo. Nelson hatte erwartet, daß Uschakow sich vor ihm verbeugen und ein folgsames Werkzeug der Interessen Englands werden würde. Die Erwartungen des selbstbewußten Engländers erfüllten sich aber nicht. Klug und selbständig wahrte der russische Admiral Rußlands Ehre und die Interessen seiner Heimat. Der enttäuschte Nelson schrieb in einem Brief an Lady Hamilton über Uschakow, daß dieser sich sehr hochmütig verhalte und hinter einem höflichen Äußeren den russischen Bären verberge. Uschakow war der einzige, der Nelson den Waffenruhm zur See streitig machte. In Rußland genoß Uschakow jedoch bei weitem nicht die Popularität wie Nelson in England. Während jeder englische Schüler seinen Admiral kannte, wußte kaum jemand etwas über Uschakow. Nur ein oder zwei Bücher waren damals über ihn geschrieben worden. Die Zaren hatten nicht viel übrig für Uschakow. Seine Selbständigkeit gefiel ihnen nicht, deshalb paßte er nicht an den Hof. So mußte er, zweiundsechzig Jahre alt und noch sehr rüstig, den Dienst aufgeben. Er zog sich zurück und starb 1817 in Temnikowo.

Alles das war den Offizieren des Panzerkreuzers «Admiral Uschakow» bekannt. Auf der Fahrt unterhielten sie sich oft über ihn. Auf keinem anderen Schiff des Geschwaders wurde ihm soviel Verehrung entgegengebracht. Bei jeder Gelegenheit impfte Miklucha-Maklai seinen Offizieren die militärischen Lehren und Kampftraditionen des unbesiegbaren Flottenführers ein. Im selben Geist wurde auch die Mannschaft des Schiffs erzogen.

Gegen Ende des Mittagessens waren alle in der Messe fröhlich. Sorokin und seine Ordonnanzen reichten schon den Kaffee, während das Gespräch immer wieder auf Uschakow zurückkam.

Es ging lebhaft und vergnügt zu. Auch der Kommandant lächelte. Die Menschen hatten anscheinend die unerträglichen Schwierigkeiten der langen Fahrt und die Trennung von der Heimat vergessen. Sie waren so heiter, als fände dieses Mittagessen nicht auf offener See an Bord eines Kriegsschiffes statt, das dem Feind entgegenfuhr, sondern in der Offiziersmesse in Kronstadt. Miklucha-Maklai stand auf, bedankte sich bei den Offizieren für die Gastfreundschaft und ging. Die Offiziere zerstreuten sich. Einer von ihnen, etwas angetrunken, blieb in der Tür stehen, sah Uschakows Bildnis an, schüttelte den Kopf und meinte: «Alles das ist richtig, aber wer führt unser Geschwader?»

Mit einem bitteren Lächeln verließ er den Raum.

In der Messe waren Jegor Sorokin und die Offiziersburschen zurückgeblieben. Sie tranken die Reste des Weines und aßen die übriggebliebenen Speisen auf. Sorokin war betrunken. Schwankend, aber mit gewohnter Geschicklichkeit räumte er die Flaschen und das Geschirr fort und brummte dazu. Plötzlich blieb er vor Uschakows Bild stehen. Er hatte gehört, was hier gesprochen worden war, und wandte sich dem Bild zu: «Exzellenz … Auch ich erlaube mir, auf Ihr Wohl zu trinken … Herr Admiral … Sehen Sie mich nicht so streng an … Ich bin nur ein kleiner Mensch, trage nur eine geringe Verantwortung. Vorerst stehen unter meinem Befehl nur Flaschen. Im Kampf aber wird man sehen, da findet sich Arbeit auch für mich … Auf Ihre ewige Ruhe, Fjodor Fjodorowitsch, und auf das Wohl unseres Schiffes … Unser Wladimir Nikolajewitsch ist Ihrer durchaus würdig. Ein prima Kommandant. Nun, so schwimmen wir weiter …»

Sorokin bog den Kopf weit zurück und leerte das Glas. Die Kameraden mußten ihn stützen, damit er nicht umfiel. Sie lachten, während Sorokin sie aus glasigen Augen anstarrte und im Befehlston anschnauzte: «Zum Weinen ist es, und ihr grinst. Einen solchen Admiral wie Fjodor Fjodorowitsch gibt es nicht mehr.»

«Du meinst also, daß Roshestwenski kein schlagfertiger Admiral ist?» fragte einer.

Anstelle von Sorokin antwortete ein anderer: «Das kann man eigentlich nicht sagen. Allzu schlagfertig ist er, nur nicht an der richtigen Stelle. Uns Matrosen hat er viel geschlagen.»

Alle lachten, wurden aber plötzlich still und machten ernste Gesichter. Im Korridor ging jemand vorbei. Die Offiziersburschen kümmerten sich wieder um die noch nicht abgeräumten Tische.

«Admiral Uschakow» im Kampf

Etwa drei Wochen später, am 27. Mai, fuhr «Admiral Uschakow» bei der Begegnung mit den Hauptkräften des Gegners als letztes Schiff der Nebogatow-Division. Offiziere und Mannschaften hatten ihre Kampfposten bezogen. Im Kommandoturm war es eng geworden. Außer dem Kommandanten fanden sich hier seine nächsten Gehilfen ein: der Navigationsoffizier, der Artillerieoffizier, der Torpedooffizier und von der Mannschaft die Rudergasten, Ordonnanzen und andere Matrosen zur Bedienung der Fernsprecher und Sprachrohre. Miklucha-Maklai stand hinter dem Sehschlitz. Die Geschwader näherten sich einander. Togo bog dann plötzlich nach backbord ab, indem er einen Bogen schlug. Obwohl Roshestwenski das Feuer eröffnet hatte, nutzte er das fehlerhafte Manöver des Gegners nicht zu einem entschlossenen Angriff aus. Miklucha-Maklai erwartete das Angriffssignal des Admirals. Es erfolgte aber nicht. Er lehnte sich zurück, faßte sich an den Kopf und rief erregt: «Mein Gott, was macht er nur? Er muß doch in Dwarslinie angreifen!»

Der Kommandant sah seine Untergebenen resigniert an, als suche er bei ihnen Verständnis. Sie schwiegen. Auch sie wußten, daß Roshestwenski den günstigen Augenblick für den Angriff verpaßt hatte. Miklucha-Maklai griff wieder zum Fernglas.

Auf dem Schiff erfüllten die Menschen selbstlos ihre Pflicht. Niemals schien das Schiff so intensiv gelebt zu haben, wie in diesen Stunden. Drohend drehten sich die Panzertürme mit den hoch erhobenen Geschützrohren auf der Suche nach dem Ziel. Die Schüsse waren abgemessen, stark, betäubend. Nicht so dröhnend, aber häufiger schossen die 120-mm-Geschütze, so, als wollten sie sich beeilen. Bei den Salven bebte der ganze Schiffskörper. Alles war in Bewegung, die Menschen und die Maschinen waren so aufeinander abgestimmt, daß das Schiff eine einheitliche Kraft verkörperte.

Die Schlacht entbrannte. Wie die anderen Schiffe schoß «Admiral Uschakow» unaufhörlich auf den Feind. Auf dem Meer schien ein Gewitter ausgebrochen zu sein, wie es die Welt noch nicht erlebt hatte. Die Geschützsalven, nah und fern, rollten wie Donnerschläge, das Wasser wurde gespalten und krachte wie Metall, in der Luft schienen gigantische Stahlsehnen zu beben und zu heulen.

Die volle Aufmerksamkeit der Offiziere, die das Gefecht aus dem Turm verfolgten, war nach Backbord gerichtet, wo sich die Kolonne der feindlichen Schiffe entlang zog, die den Kurs des russischen Geschwaders kreuzte. Auf einem japanischen Schiff brach Feuer aus, schwarze Wolken hüllten es ein. Miklucha-Maklai bemerkte erfreut: «Großartig!»

Auch andere feindliche Schiffe schienen von russischen Granaten getroffen zu werden. Dadurch wurde die Kampfstimmung gehoben. Plötzlich entrang sich aber der Brust des Signalgastes ein Stöhnen: «‹Osljabja› sinkt ...»

Alle wandten sich nach steuerbord um und sahen, wie das große Schiff krängte, schnell kenterte und versank. Unter starkem, feindlichem Feuer eilten Torpedoboote zur Unfallstelle, um die Menschen zu bergen. Bald darauf scherte «Suworow» mit der Flagge Admiral Roshestwenskis aus. Das Geschwader hatte die zentrale Führung verloren und wurde von «Alexander III.» geführt. Das feindliche Feuer störte häufig die Kiellinie der russischen Schiffe. Sie scherten bald nach steuerbord, bald nach backbord aus. Um einem Zusammenstoß mit dem voranfahrenden Schiff zu entgehen, kommandierte Miklucha-Maklai mit gerunzelten Brauen: «Ruder backbord.»

Nach einer halben Minute gab er den Befehl: «Ruder steuerbord.»

Manchmal mußten die Maschinen gestoppt werden, und Miklucha-Maklai brummte: «Wir fahren, als ob wir eine Herde wären.»

Wie als Antwort auf seine Gedanken fügte er hinzu: «Napoleon hat es sehr gut gesagt …»

Die Offiziere sahen ihren Kommandanten fragend an, erhielten aber keine abschließende Erklärung. Vielleicht dachte Miklucha-Maklai beim Anblick der Schlacht an den bekannten Ausspruch des großen Heerführers, daß eine Armee ohne Kopf eine Herde sei. Die Situation des Geschwaders wurde immer schwieriger. Feindliche Geschosse flogen schon häufiger auch über den «Admiral Uschakow» hin. Offiziere und Matrosen blickten dann auf den Kommandanten. Im Kampf war er aber ruhiger als während der ganzen Fahrt und traf kaltblütig seine Anordnungen. Als einmal der Feind steuerbord erschien, fragte Miklucha-Maklai: «Warum schweigen die Türme?»

«Die Entfernung ist noch nicht gemessen», erwiderte der Artillerieleutnant Dmitrijew.

«Und die Batterie?»

«Dasselbe.»

«So treiben Sie doch die Entfernungsmesser an!»

Vom Dach des Ruderhauses, wo der Entfernungsmesser aufgestellt war, kam eine laute Stimme: «Zum Feind sind es vierzig Kabellängen.»

Mit Donnergebrüll lösten zwei Türme ihre Schüsse. Vier Wassersäulen stiegen weit vor einem Feindschiff auf. Im Turm wurde bemerkt: «Richtung gut, Entfernung zu kurz.»

Der Kommandant zeigte seine Aufregung in keiner Weise, nur in seinem Gesicht mit dem hellblonden Bart schienen die Muskeln straffer gespannt zu sein.

Zur gleichen Zeit funktionierte im Batteriedeck steuerbord nur noch ein 120-mm-Geschütz, das andere schwieg. Im Kommandoturm wußte man nicht, was dort geschehen war.

Die Steuerbordbatterie stand unter dem Befehl des Leutnants Ditlow. Im Bewußtsein der Bedeutung seiner Aufgabe trieb er die Geschützführer an, die Geschütze zu laden, während er selbst, den Feldstecher vor den Augen, die Einschläge beobachtete. Plötzlich blickte er sich nach dem Geschütz um und rief: «Warum schießt ihr denn nicht?»

«Die Hülse ist verbogen, das Geschoß will nicht hinein!» antwortete der Geschützführer, der sich bemühte, die Kartusche mit der Hand nachzustoßen.

Ditlow befahl: «Laßt das Gemurkse! Schließt den Verschluß, das wird die Kartusche schon hineintreiben.»

Der Munitionsmaat Ilja Worobjow, der eben heraufgekommen war, hörte dieses Gespräch und sagte: «Das geht nicht, Euer Wohlgeboren. Die Kartusche kann noch mehr eingequetscht werden, oder es gibt ein anderes Unglück. Auf einem Schiff sind auf diese Weise einmal zwölf Mann getötet worden.»

Ditlow war zuerst überrascht, rief aber dann: «Ruhe! Keinen Widerspruch! Führen Sie meinen Befehl aus.»

Die Geschützführer standen unschlüssig an den Geschützen. Einerseits mußten sie den Befehl ihres Vorgesetzten ausführen, auf der anderen Seite drohte ihnen aber ein sinnloser Tod. Worobjow sagte ruhig: «Wir holen gleich eine Spezialzange und fischen die steckengebliebene Kartusche heraus.»

Im Jähzorn stürzte der Leutnant selbst zum Geschützschloß, Worobjow stellte sich ihm aber in den Weg und sagte mit erhobener Stimme: «Sie können mich auf der Stelle niederschießen, ich lasse Sie aber nicht ans Geschütz.»

Ihre Blicke begegneten sich, Worobjow stand unerschütterlich wie ein Schiffspanzer. Der Leutnant hatte jetzt seinen Fehler begriffen, rief aber trotzdem: «Merk dir das, Worobjow, wenn der Kampf vorbei ist, kommst du vor Gericht.»

Er ging zum anderen Geschütz.

Wenige Minuten später war die Kartusche mit einer Handzange aus dem Rohr entfernt, und das Geschütz konnte wieder schießen. Über zwei Stunden währte schon die Schlacht. «Admiral Uschakow» hatte einige hundert Granaten verschossen und war noch unbeschädigt. Da scherte «Alexander III.» mit Schlagseite aus der Kiellinie. Das japanische Geschwader wollte ihn wohl zunächst ganz erledigen und konzentrierte das Feuer auf ihn. Die russischen Schiffe zogen an ihm vorüber. Gerade in diesem Augenblick fuhr «Admiral Uschakow» querab vorbei; in der Schußlinie zwischen dem beschädigten Schiff und dem Gegner liegend, bot das Schiff wider Willen ein prachtvolles Ziel. Die für «Alexander III.» bestimmten Granaten wühlten rings um «Admiral Uschakow» das Meer auf. Innerhalb weniger Minuten wurde das Schiff mehrmals getroffen, einige Besatzungsmitglieder kamen um.

Eine schwere Granate traf die Bugabteilung. Sie durchschlug beim fünfzehnten Spant die Bordwand an der Wasserlinie und hinterließ ein großes Leck. Die Splitter beschädigten die Dampfrohre am Ankerspill. Vier Matrosen wurden getötet, vier verwundet, letztere konnten aber mit Notverbänden wieder auf ihre Posten zurückkehren. Unter der Anleitung des Leutnants Dshelepow wurde das Leck abgedichtet. Das eingedrungene Wasser wurde von den Turbinen abgepumpt. Schlimmer stand es mit dem zweiten Leck. Auf der Fahrt und während des Gefechtes konnte es nicht abgedichtet werden. So wurde das Schott am zehnten Spant dichtgemacht. Die ganze Abteilung stand voll Wasser. Das Schiff lag vornüber, und selbst die volle Kraft der Maschinen war nicht mehr in der Lage, die Fahrt zu beschleunigen. Es ließ sich schlecht steuern. Das Feuerwehrhauptrohr war an zwei Stellen durchschlagen und unbrauchbar. Zum Glück brach kein Feuer während der Ausbesserungsarbeiten am Hauptrohr aus.

Ein drittes Geschoß hatte den Heckturm mächtig eingebeult und das Deck beschädigt. Hierbei wurde der Leutnant Grigori Mitrjukow zum zweiten Male verwundet, er blieb aber nicht im Verbandraum, sondern tat weiter seine Pflicht.

Während der Tagesfahrt erhielt das Schiff dann keine weiteren Treffer.

In der Dämmerung hatte Admiral Nebogatow auf «Nikolai I.» das Signal gehißt: «Mir folgen – Kurs Nordost 23 Grad». Die nach der Schlacht übriggebliebenen Schiffe schlossen in Kiellinie auf. Das Geschwader beschleunigte seine Marschgeschwindigkeit. «Admiral Uschakow» aber vergrub seinen Bug im Wasser und blieb zurück. Da bemerkte man plötzlich voll Grauen, daß aus der Dunkelheit ein Schiff auf «Admiral Uschakow» zustieß.

«Was macht ihr? Wo wollt ihr denn hin?» wurde auf dem Heck gerufen.

Auf dem anderen Schiff wurden ebenfalls besorgte Stimmen laut.

Die Schiffe konnten zusammenstoßen!

«Volldampf voraus!» kommandierte Miklucha-Maklai auf der Brücke.

Das andere Schiff war «Senjawin». Es glitt am Heck von «Admiral Uschakow» in knapp fünfzehn Fuß Entfernung vorbei.

Kaum war diese Gefahr vorüber, nahte schon eine andere. Die Torpedoangriffe begannen. Auf Befehl des Kommandanten wurde nicht geschossen, auch die Scheinwerfer blieben ausgeschaltet. Nur die Dunkelheit konnte sicheren Schutz gewähren. Auf «Admiral Uschakow» beobachtete man, wie mehrere Torpedoboote vorbeifuhren, ohne das Schiff zu sichten. Sie eilten den Lichtstreifen entgegen, die von den Scheinwerfern anderer russischer Schiffe stammten. Dumpf dröhnten aus der Ferne die Schüsse von den Schiffen, die Torpedoangriffe abwehrten. «Admiral Uschakow» fuhr ohne Lichter und blieb stumm; das Schiff schwieg auch, als in der Nähe seines Hecks drei japanische Torpedoboote auftauchten und wieder verschwanden. Die Mannschaft durchlebte einige sorgenvolle Augenblicke. Auf der Brücke erinnerte Miklucha-Maklai an Nebogatows Befehl: «Die Finsternis ist der beste Schutz vor Torpedos. Der Admiral hat recht. Aber beinahe hätten sie uns doch gerammt, diese nächtlichen Herumtreiber.»

Der Matrose Selg, der während der Fahrt nie seine Fröhlichkeit verloren hatte, rief vergnügt: «So leben wir denn, Brüder!»

Selbst der Leutnant Gesehus, ein stets verschlossener Mensch, der der Mannschaft weder ein gutes noch ein schlechtes Wort gönnte, hielt es nicht aus. Er zupfte an seinem unordentlichen Bärtchen und sagte zu den Geschützführern: «Die Japaner hatten sich fast auf Revolverschußnähe an uns herangemacht. Wahrscheinlich haben sie uns für ein eigenes Schiff gehalten. Vielleicht aber strebten sie zu den Schiffen, auf denen Scheinwerfer brennen, und sie bemerkten uns nicht. Jedenfalls fahren wir in der Dunkelheit wie unter einer Tarnkappe.»

Gegen Mitternacht hörten die Torpedoangriffe auf. Der Wind ließ nach, die Wolken verzogen sich, Sterne wurden sichtbar.

Auf der Brücke stand der Kommandant und beobachtete den dunklen Horizont. Neben ihm hielten sich Offiziere und Matrosen auf. Sie hatten schon die letzte Nacht nicht geschlafen und kämpften jetzt mühsam gegen den Schlaf an. Auch der Erste Offizier Musatow erschien hier. Er fragte den Kommandanten: «Wo befinden wir uns, Wladimir Nikolajewitsch?»

«Das überlege ich mir auch. Der Kurs ist richtig, wo wir aber sind, das ist noch nicht bekannt.»

Der Kommandant wandte sich an den vor Erschöpfung halb schlafenden Leutnant Dmitrijew: «Denken Sie daran, Nikolai Nikolajewitsch. Ohne meinen Befehl keinen Schuß, kein Licht! Sie können jetzt schlafen, ich gehe ins Ruderhaus.»

«Zu Befehl», antwortete Dmitrijew und nahm Haltung an.

Das angeschlagene Panzerschiff fuhr einsam in die nächtliche Ungewißheit. Sein Zentrum war jetzt die Brücke. Hier wurde beharrlich gearbeitet, um den Standort des Schiffes zu ermitteln. Über die Karte gebeugt stand der Chefnavigationsoffizier Maximow, ein fortschrittlicher Offizier. Trotz aller Ereignisse während der Schlacht und der unruhigen Nacht war sein Äußeres korrekt wie stets. Das glattgekämmte, dunkle Haar unterstrich die bleiche Farbe des vollen Gesichts. Er sah so besorgt aus, als wolle er eine schwierige Aufgabe lösen.

Der Kommandant trat über die Schwelle. Ohne seine Arbeit zu unterbrechen, wandte Maximow sein Gesicht dem Eintretenden zu. Unter den gerunzelten Brauen hervor traf ihn der bekannte blaue Glanz der klugen Augen. Für die Untergebenen hatte Miklucha-Maklai stets ein freundliches Lächeln übrig, verbunden mit dem unerbittlichen Anspruch auf Pflichterfüllung. Er trat an den Tisch, beugte sich über die Karte, strich mit der verstümmelten Hand über sie und sagte halblaut: «Wir müßten uns doch irgendwie orientieren.»

«Da können uns nur noch die Sterne helfen», erwiderte Maximow und verließ mit seinen Gehilfen die Brücke.

«Denkt daran, ihr Sterngucker, für uns ist jeder Augenblick kostbar! Daß ihr aber trotzdem keinen Fehler bei den Beobachtungen macht!» rief ihnen Miklucha-Maklai nach.

Der Kommandant blieb auf der Brücke. Er wurde schläfrig. Miklucha-Maklai stützte den Kopf in die Hand und schloß die Augen.

Im Bugturm ging inzwischen das Leben weiter. Zu den diensthabenden Geschützführern waren der Munitionsmaat Ilja Worobjow und Tschernow, die Ordonnanz des Artillerieoffiziers Dmitrijew, gekommen. In ihrer Unterhaltung ließen sie sich vom anwesenden Kommandeur des Turmes, Leutnant Tyrtow, nicht stören. Dieser Offizier war ein Verwandter des Verwaltungschefs des Marineministeriums und genoß als gerechter Mensch allseitige Achtung. Die Matrosen schätzten ihn auch deshalb, weil er noch mehr als andere Offiziere der Mannschaft über das Leben und die Heldentaten des Admirals Uschakow erzählte. Er schlief.

Worobjow schlug Tschernow freundschaftlich auf die Schulter und sagte: «Ach, Wanja, bester Freund. Du gibst da mit deinem Chefartilleristen an, wenn man aber der Sache nachgeht, so kommt ganz was anderes dabei heraus. Weißt du noch, wie bei Kreta dein Dmitrijew den Gawrilow ablöste? Wo hat er nur damals seine Augen gehabt! Gawrilow hat ihm doch ganz untaugliche Geschütze untergeschoben! Unsere Türme wurden zwar unterwegs ausgebessert, die Kommission nahm sie, ebenfalls unterwegs, von den Obuchow-Werken ab, und alles war scheinbar in Ordnung. Und doch hat sich jemand daran die Hände gewärmt. Nach der Abnahme der Geschütze hatte sich der Artillerieleutnant Gawrilow, der Vorgänger Dmitrijews, wegen Krankheit beurlauben lassen. Ich bin kein Arzt, aber an seine Krankheit glaube ich nicht. Und Dmitrijew hat nicht genau hingesehen, deshalb haben wir es jetzt mit unseren Rippen zu bezahlen. Für das Schießen auf weite Entfernungen fehlt unseren Geschützen der erforderliche Winkel. Die Turmmechanismen halten sich knapp ‹auf dem Ehrenwort› der Abnahmekommission. Und das Schlimmste ist, daß die Ringe, die außen die Rohre zusammenhalten, schon locker werden. Also hat unsere Hauptartillerie ausgedient. Von Ansehen sind es drohende Geschütze, aber schießen kann man mit ihnen nicht mehr viel. Und dem Feind können sie kaum mehr schaden, als die Vogelscheuche im Garten den Krähen. Nun sag bloß, was werden wir tun, wenn wir den Japanern begegnen?»

Tschernow, der den Gedanken an einen Irrtum seines Vorgesetzten gar nicht aufkommen ließ, wehrte ab: «Rede keinen Unsinn. Die Geschütze sind, wie sie sein sollen, und sie werden auch noch schießen.»

Die Geschützführer unterbrachen aber Tschernow und unterstützten Worobjow: «Nein, Worobjow hat recht, schon gestern waren die Rohrseelen der Geschütze ausgebrannt.»

«Lärm werden sie machen, aber was nützt das?»

Die lange Gestalt des Schläfers bewegte sich. Die Unterhaltung stockte. Die Matrosen sahen sich nach Tyrtow um, der für eine Sekunde seine Augen aufschlug und sich dann zur Wand drehte.

Worobjow ballte die Fäuste, preßte die Lippen aufeinander und sagte so wütend, als hätte er den Feind unmittelbar vor Augen: «Es ist doch zu dumm. Was für einen wunderbaren Kommandanten haben wir – und keine Kampfmittel! Ein solcher Kommandant müßte das beste Linienschiff der Flotte führen. Wenn wir wenigstens weitreichende Geschütze hätten, dann würden wir den Japanern die Zungen an die Fersen nähen. Wir aber schleppen uns übers Meer wie ein gefesseltes Pferd.»

Der Bootsmann Mitrjukow war in den Turm getreten, alle sahen sich nach ihm um. Er betrachtete stumm die Sitzenden und ging zum schlafenden Tyrtow: «Euer Wohlgeboren, der Kommandant läßt Sie ins Ruderhaus bitten, zur Beratung.»

Zu Tschernow gewandt, sagte er: «Such schnell den Leutnant Dmitrijew. Er soll auch hinkommen.»

Leutnant Tyrtow stand auf, zupfte seinen Rock zurecht und ging hinaus. Worobjow und Tschernow verließen ebenfalls den Turm.

Im Ruderhaus wurde dem Kommandanten der Standort des Schiffs gemeldet. Miklucha-Maklai hörte den Navigationsoffizieren zu, bewegte seine rotblonden, dichten Augenbrauen und betrachtete die eintretenden älteren Schiffsoffiziere so aufmerksam, als wollte er ergründen, wie jeder von ihnen für die bevorstehenden Heldentaten und Prüfungen vorbereitet sei. Nachdem die Unterredung mit den Navigationsoffizieren beendet war, straffte Miklucha-Maklai seine Gestalt, rückte die Brille zurecht und wandte sich an die Anwesenden:

«Meine Herren, wir befinden uns jetzt hier.»

Die Offiziere beugten sich über die Karte.

«Der Bug steht unter Wasser», fuhr Miklucha-Maklai fort. «Mehr als zehn Knoten schaffen wir nicht. Unser Geschwader ist vor uns. Ich denke den Kurs zu halten – Nordost 23 Grad. Für uns ist es wichtig, vor der Morgendämmerung am Gegner vorbeizukommen. Das Geschwader werden wir nicht einholen können. Das ist aber gleichgültig. Wir werden uns eben allein nach Wladiwostok durchschlagen. Das ist alles. Ich bitte um Ihre Meinung, meine Herren.»

Niemand widersprach, es gab keine andere Meinung. So wurde denn im Kriegsrat beschlossen, bis zum Morgengrauen den Kurs beizubehalten.

Der Kommandant begab sich auf die Brücke, auch die Offiziere kehrten auf ihre Posten zurück. Die Seeleute waren durch die Schlacht und die ununterbrochenen langen Wachen erschöpft. Sie legten sich nieder, so gut es gerade ging, schliefen aber unruhig. Alle standen unter dem Eindruck der Ungewißheit, keiner wußte, was der nächste Tag bringen würde.

Der 28. Mai brach an. Es war ein stiller Morgen, die See war leicht bewegt. «Admiral Uschakow» fuhr, den Bug im Wasser, den gleichen Kurs wie nachts. Die Sonne riß sich vom Horizont los und schwebte über dem Meer.

Steuerbord voraus erschienen vier Schiffe. Ihre Umrisse waren im Frühdunst kaum zu erkennen. Auf «Admiral Uschakow» waren alle überzeugt, daß es keine gegnerischen Schiffe seien, und man hielt auf sie zu. Obwohl die Maschinen auf vollen Touren liefen, verringerte sich die Entfernung zur unbekannten Gruppe nicht. Auch backbord zeigten sich am Horizont Rauchfahnen. Fünf Schiffe fuhren quer zum Kurs von «Admiral Uschakow». Erst nach einer Weile erkannte man sie als japanische Linienschiffe älteren Typs. Der Kommandant änderte den Kurs auf Ost. Die beiden Gruppen entschwanden langsam. Man wußte nun, daß es nicht gelungen war, unbemerkt durchzuschlüpfen. Die Besorgnis stieg, als sich steuerbord achtern zunächst das Mastwerk von zwei Schiffen, eines kleinen und eines großen, zeigte. Im Näherkommen wuchsen sie gleichsam aus dem Wasser. Dann wurden die Umrisse sichtbar. Auf der Brücke hatte man schon ausgemacht, daß es der leichte japanische Kreuzer «Chitose» und ein Torpedoboot waren. Miklucha-Maklai befahl, den Feldstecher vor den Augen: «Gefechtsalarm auslösen!»

In die hohen und scharfen Töne der Hörner mischte sich der Trommelwirbel. Die Matrosen auf Deck stürzten zu ihren Gefechtsstationen. Der Hund Kalgan winselte, zog den Schwanz ein und stürmte die Treppe hinunter. Der Alarm schreckte ihn, doch dieses Mal sah es aus, als wollte auch er schnell seinen Gefechtsposten beziehen.

Von den Sonnenstrahlen beschienen, flatterte die Kriegsflagge auf dem Nock der Steuerbordgroßrahe, da am Tage zuvor die Gaffel von Splittern zertrümmert worden war. Gemäß der Gefechtsordnung stand ein Posten bei der Flagge: der Quartiermeister Wassili Prokopowitsch. Schon am Vortage war er von der Kanonade auf beiden Ohren taub geworden, stand aber am Morgen wieder auf seinem Posten.

Auf dem Dach des Ruderhauses, wo die Entfernungsmesser angebracht waren, saßen, wie am Vortage, die Leutnants Sipjagin und Transe mit den Signalgasten. Sie sollten sich am Entfernungsmesser ablösen. Gestern hatten sie sich gestritten, wem die Ehre zufallen sollte, im Kampf als erster unter den feindlichen Geschossen zu stehen. Keiner wollte nachgeben, und so stellten sie sich beide gleichzeitig hin. Bis in die späte Nacht hatten sie beide gestanden, heute früh waren beide wieder da.

Die beiden Offiziere hatten schon begonnen. Man stellte vierzig Kabellängen bis zum Gegner fest. Die Geschützführer richteten die Geschütze auf die «Chitose». Plötzlich drehten beide Schiffe scharf ab und entfernten sich in Richtung auf die zuerst entdeckten japanischen Schiffe. Auf «Admiral Uschakow» wurde der Alarm abgeblasen. Der Kommandant schob mit dem Daumen der rechten Hand die Mütze in den Nacken und gab laut den Befehl: «Ruder backbord.»

Das Schiff nahm Kurs nach Nord. Am Horizont war nichts von Feindschiffen zu sehen. Plötzlich verstummten jedoch auf der Brücke die Gespräche. Aus weiter Entfernung drangen dumpfe Schüsse herüber. Alle Ferngläser schwenkten in die Richtung, aus der die Schüsse zu hören waren, aber die glitzernde Meeresfläche blieb leer. Miklucha-Maklai wandte sich an den Navigationsoffizier Maximow: «Jetzt sind unsere Schiffe mit den Japanern zusammengestoßen. Wir müssen ihnen zu Hilfe eilen. Stellen Sie die genaue Richtung fest.»

Miklucha-Maklai blickte in die Ferne. Offiziere und Signalgasten starrten ebenfalls dorthin. Bald war alles wieder still, aber noch lange standen sie und horchten.

«Unverständlich, was dort vorgegangen ist ...», murmelte der Kommandant, die Achseln zuckend.

«Ja, ein regelrechtes Gefecht hätte nicht so schnell beendet werden können», stimmte Maximow zu.

Diese kurze Schießerei zwischen der Nebogatow-Division und den Japanern blieb allen auf «Admiral Uschakow» ein Rätsel.

«Nun kann die Mannschaft wohl Mittag essen», sagte der Kommandant erleichtert und steckte sich eine Zigarette an.

Wie üblich, wurde der Schnaps an Deck verteilt. Die Matrosen aus den verschiedenen Stationen des Schiffs besprachen beim Essen ihre Eindrücke, die sie in den gespannten Augenblicken vor Beginn des Kampfes gehabt hatten. Jetzt drohte «Admiral Uschakow» keine unmittelbare Gefahr. Kalgan witterte das Essen und erschien auch an Deck. Er schien die Stimmung der Menschen zu verstehen und eilte freudig zwischen den Tischen umher. Jeder gab ihm etwas von seiner Fleischportion ab. Der Maschinist Maximow lockte den Hund zu sich und sagte: «Du brauchst keine Angst zu haben, Kalgan. Die Japaner sind weg. Du bist zwar nur ein Tier, aber du verstehst doch, was Gefechtsalarm bedeutet. Du liebst die Schießerei auch nicht.»

Die Ruhe währte aber nicht lange. Wieder beobachteten die Männer besorgt den Horizont, wo sich bald hier, bald da feindliche Schiffe zeigten, als tauchten sie an allen Orten aus dem Meer auf. «Admiral Uschakow» änderte häufig den Kurs. Nun bedauerten viele, daß es heller Tag war, weil nur die Dunkelheit das beschädigte Schiff retten konnte. Aber bis zur nächsten Nacht war es noch weit.

Gegen 16 Uhr wurden steuerbord vornab sechs große Schiffe in Kiellinie ausgemacht. Die Sicht war ausgezeichnet. Immer deutlicher traten sie aus dem Dunst hervor. Die Signalgasten riefen vom Mars: «Es sind unsere Schiffe – ‹Aurora›, ‹Oleg› ...»

Auf der Brücke wollten die Offiziere Miklucha-Maklai davon überzeugen, daß es die russische Kreuzerdivision sei.

«Das ist nicht gut möglich. Wenn es unsere Schiffe wirklich wären, würden sie uns schon einholen. Auf Gegenkurs gehen!» befahl der Kommandant.

Er hatte recht. Die Zweifel verflogen, als sich zwei Schiffe von der Gruppe lösten und auf «Admiral Uschakow» zusteuerten. Ein Kampf war unvermeidlich. Miklucha-Maklai blieb ruhig. Seine Stimme verriet keine Schwankungen, seine Bewegungen waren gefaßt. Als ersten befahl er den Torpedooffizier zu sich. In tadelloser militärischer Haltung trat Leutnant Shdanow zu ihm. Seine Uniform war so makellos, als käme sie gerade vom besten Petersburger Schneider. Die tiefliegenden braunen Augen im mattbleichen, in feinen, weichen Zügen gezeichneten Gesicht blickten unverwandt den Kommandanten an. Wie sonst auch sprach Miklucha-Maklai ihn nicht sofort an, sondern betrachtete ihn eine Weile unter den buschigen Brauen hervor, als wollte er den Anblick dieses schönen Menschen genießen.

«Boris Konstantinowitsch, es ist Ihnen doch klar, mit wem wir es gleich zu tun haben werden? Zwei erstklassige Panzerkreuzer kommen auf uns zu, um uns zu fangen. Für alle Fälle befehle ich, das Schiff zur Sprengung vorzubereiten. Das ist alles. Später kommen Sie zum Kriegsrat.»

«Zu Befehl, Wladimir Nikolajewitsch. Ich melde: In meiner Kajüte sind die Zündschnüre zur Munitionskammer bereit. Auch unter den Kesseln liegt bereits Dynamit.»

Dann wandte sich der Kommandant an den Ersten Offizier Musatow: «Und Sie, Alexander Alexandrowitsch, treffen die Vorbereitungen zum Kampf. An Bord sind nur die Korkmatratzen zu belassen, alles Brennbare geht über Bord!»

Kurz darauf erschienen die Offiziere aus den verschiedenen Stationen des Schiffs auf der Brücke und berichteten über die Ausführung der Befehle. Miklucha-Maklai behielt sie bei sich und ließ auch alle anderen Offiziere zum Kriegsrat kommen. Die Versammelten empfanden Bewunderung für ihren Kommandanten. Ihnen imponierten seine Standhaftigkeit und seine unerschütterliche Ruhe in diesen verantwortungsvollen Augenblicken. Mit Sicherheit traf er seine Anordnungen, berücksichtigte er alle Einzelheiten der Verteidigung des Schiffes.

Miklucha-Maklai umriß kurz die Lage und bat die Offiziere um ihre Meinung. Alle, vom jüngsten Unterleutnant angefangen, äußerten die gleiche Ansicht – kämpfen, solange Granaten vorhanden waren! Als Miklucha-Maklai sah, daß jeder bereit war, auf seinem Posten zu sterben, entspannte sich sein Gesicht. Er war zufrieden. Seine Ansprache war durchdrungen von der Ergebenheit zur Heimat und von Pflichterfüllung. Seine Gespräche über die heroische Vergangenheit der russischen Seeleute, seine Erziehung, die auf den kämpferischen Traditionen des Admirals Uschakow beruhte, waren nicht umsonst gewesen. Diese Menschen waren zu Heldentaten bereit!

Miklucha-Maklai straffte sich, reckte den rechten Arm der flatternden Andreasflagge entgegen und rief: «Wir wollen sterben, die russische Flagge auf unserem Schiff aber nicht mit Schande beflecken! Wir wollen kämpfen, wie Uschakow kämpfte! An Ihre Plätze, meine Herren!»

Wieder gellte Gefechtsalarm über das Schiff.

Es war etwa 16 Uhr. «Admiral Uschakow» drehte nach West ab, die beiden japanischen Kreuzer blieben ihm auf den Fersen. Der Rauch aus ihren Schornsteinen lag tief über dem Meer und ließ auf eine hohe Geschwindigkeit schließen. Die Entfernungsmesser meldeten hundert Kabellängen, die Entfernung verringerte sich aber ständig. Die feindlichen Schiffe näherten sich von steuerbord, und man konnte schon erkennen, daß vorn «Iwate» mit der Flagge eines Konteradmirals lag, gefolgt von «Jakumo».

Es waren dies zwei erstklassig gepanzerte Kreuzer mit einer Geschwindigkeit von zwanzig Knoten und einer Wasserverdrängung von zusammen 19700 Tonnen. Ihre acht 203-mm-Geschütze und achtundzwanzig 152-mm-Kanonen hatten eine Reichweite von fünfundsiebzig Kabellängen. «Admiral Uschakow» hatte nur 4126 Tonnen Verdrängung, lief zehn Knoten, besaß nur vier 254-mm-Geschütze und vier 120-mm-Kanonen mit einer Reichweite von fünfzig bis sechzig Kabel. Der Gegner war also fast fünfmal so stark. Offiziell war «Admiral Uschakow» ein «Panzerschiff des Küstenschutzes». Die Matrosen solcher Schiffe nannten ihn aber «Panzerschiff im Schutz der Küste».

An den Masten von «Iwate» erschienen zahllose Flaggen nach internationalem Code. «Admiral Uschakow» hißte das Signal «Wird entziffert». Wenige Augenblicke später meldete der Navigationsoffizier Maximow dem Kommandanten: «Das Signal ist vorerst nur zur Hälfte entziffert: ‹Empfehlen das Schiff zu übergeben› ...»

Den Japanern kam gar nicht der Gedanke, daß ein solch unscheinbares russisches Kriegsschiff mit ihnen kämpfen könnte. Sie irrten sich, weil sie nicht wußten, daß sie es dieses Mal mit einem außergewöhnlichen Schiff zu tun hatten, dessen Mannschaft in den Traditionen des berühmten Flottenführers Uschakow erzogen worden war. Und auch für den Kommandanten selbst war er das Vorbild. Miklucha-Maklai meinte auf die Meldung von Maximow: «Nun, die Fortsetzung dieses Signals brauchen wir ja nicht zu dechiffrieren.»

Dem Artillerieoffizier befahl er: «Lassen Sie das Feuer eröffnen!»

Er sagte das so ruhig, als hätte er angeordnet, daß das Deck abgespült werden sollte. «Admiral Uschakow» gab eine Steuerbordbreitseite gegen «Iwate» ab. Die Wassersäulen zeigten, daß die Salve zu kurz lag. Der Gegner eröffnete ein Salvenfeuer. Es dauerte aber lange, ehe es den Japanern gelang, sich einzuschießen: Zehn Minuten lang erhielt «Admiral Uschakow» nicht einen Treffer. Miklucha-Maklai gab Befehl, direkt auf den Feind zuzuhalten. In diesem Augenblick versagte der Mechanismus der hydraulischen Drehvorrichtung des Bugturms, dessen Geschütze nur vier Schuß hatten abfeuern können. Der Kommandant des Turmes, Leutnant Tyrtow, befahl, auf Handbetrieb überzugehen. Das war sehr zeitraubend, dennoch gab der Turm hin und wieder noch einen Schuß ab.

Dann erfolgten auf «Admiral Uschakow» furchtbare Detonationen, Brände brachen aus. Dem Kommandanten wurde berichtet, daß eine Granate das Steuerbordbuggeschütz zertrümmert, drei Kartuschenkörbe zur Explosion gebracht und die rechte Seite der Batterie zerstört habe. Der Kampf mit dem Feuer begann.

Durch den befohlenen Vorstoß erhielt «Admiral Uschakow» für kurze Zeit die Möglichkeit, durch seine Granaten den Gegner zu erreichen.

«‹Iwate› brennt!» rief man auf der Brücke.

«Tüchtig, die Geschützführer», sagte Miklucha-Maklai ruhig, ohne seinen Blick vom Flaggschiff des Feindes zu wenden, das mehrere Minuten in Flammen stand.

Aber dann hielt sich der Feind außerhalb der Reichweite der russischen Geschütze.

Neue Schäden wurden dem Kommandanten gemeldet: Eine 203-mm-Granate hatte die Bordwand unter dem Bugturm an der Wasserlinie durchschlagen. Es entstanden noch mehrere Lecks in der Bordwand. Plötzlich wankte alles im Kommandoturm, das ganze Schiff erbebte unter einer ungeheuren Detonation. Eine Granate war unter die Offiziersmesse gedrungen und hatte ein riesiges Leck gerissen. «Admiral Uschakow» krängte weit nach steuerbord.

Kein Schiff des Zweiten Geschwaders war bisher in eine solch tragische Situation geraten wie «Admiral Uschakow». An Bord taten alle ihre Pflicht, harrten auf ihren Plätzen aus, waren bereit, zu sterben. Aber kein Mut konnte das Schiff mehr retten. Das Gefecht beschränkte sich darauf, daß die schnellen feindlichen Kreuzer sich außerhalb der Reichweite der russischen Geschütze hielten und «Admiral Uschakow» nach Belieben zusammenschossen. Das Schiff konnte ihnen weder entgehen noch sie angreifen.

Miklucha-Maklai, der den Verlauf des Kampfes genau verfolgte, war sich des unausweichlichen Unterganges wohl bewußt. Seine ein wenig nach vorn gebeugte, massige Gestalt schien sich selbst auf den Feind stürzen zu wollen. Er zupfte an seinem großen, blonden Schnurrbart und sagte heiser zu seinen Offizieren, als spreche er deren Gedanken aus: «Wenn wir eine größere Geschwindigkeit hätten, würde ich den Gegner rammen. Wir wären verloren, aber der Gegner würde mit uns sinken.»

Nachrichten von neuen Schäden trafen im Kommandoturm ein. Die Besatzung hielt stand. Es gab schon viele Tote. Die Schiffsärzte konnten nicht alle Verwundeten verbinden. Außer dem großen Leck gab es steuerbord zahllose kleinere. Kaum war das Feuer im Bugteil gelöscht, als die Messe in Flammen stand. Im Wohndeck brannten die Sachen der Matrosen und die Holzverschalung. Überall waberten Rauchschwaden, so daß es schien, als stünde das ganze Schiff in

Flammen. Aber nichts konnte die Seeleute hindern. Sie erfüllten ihre Pflichten mit einer solchen Beharrlichkeit, als hielte sich der große Flottenführer, dessen Namen das Schiff trug, selbst unter ihnen auf. Schließlich verstummte der Bugturm völlig. Der Heckturm feuerte noch, die Schlagseite hatte aber den Erhebungswinkel der Geschütze erheblich vermindert. Die Schüsse des einzigen 120-mm-Steuerbordgeschützes waren sinnlos, weil sie nur die halbe Reichweite hatten. Die Kampffähigkeit des Schiffes war erschöpft.

Am klarsten von allen erkannte das der Kommandant. Er wußte, daß mit jeder Minute das Leben des zerschlagenen Schiffes mehr versiegte. Er rieb sich mit der verstümmelten Hand die Stirn, dann machte er eine so scharfe Handbewegung, als wollte er etwas beiseite schieben. Ein Krampf verzerrte schmerzlich sein Gesicht für einen Augenblick. Er blickte die Umstehenden an, als wollte er sich von ihrer Standhaftigkeit überzeugen, und sagte dann zurückhaltend, als handle es sich um eine übliche Befehlsansage: «Schluß! Stoppt die Maschinen! Feuer einstellen! Schiff versenken!»

Der Befehl des Kommandanten wurde in alle Stationen weitergegeben. Die Geschütze verstummten, das Schiff blieb liegen, immer weiter nach steuerbord krängend, hilflos auf den Wellen schaukelnd. Durch die Lecks und die geöffneten Flutventile drang heulend das Meer ein. Die Maschinisten gaben dem Wasser den Weg in die Munitionskammern frei. Die Zirkulationspumpen wurden gesprengt. Nun konnte keine Macht der Welt das Schiff mehr retten.

Der Kommandant gab den letzten Befehl: «Die Mannschaft hat sich zu retten!»

Die beiden feindlichen Kreuzer setzten den Beschuß fort.

Die Matrosen strömten auf das Oberdeck. Alle Rettungsboote waren zerstört. Die Leute griffen zu den mit Korkstücken gefüllten Matratzen, Rettungsgürteln und Ringen. Einige sprangen sofort über Bord, andere zögerten. Auf dem Ruderhaus am Meßgerät standen die Leutnants Sipjagin und Transe mit den Signalgasten. Obwohl vollkommen ungeschützt, waren sie unverwundet geblieben. Der Artillerieoffizier Dmitrijew sah sie und rief ihnen zu: «Ihr werdet da oben nicht mehr gebraucht. Kommt schnell herunter und rettet euch!»

Einer nach dem anderen lief die Treppe hinunter. In diesem Augenblick detonierte eine Granate am Kommandoturm. Der Signalgast Demjan Plaksin, der als letzter hinunterstieg, fiel als blutige Masse auf die Brücke.

Mit starker Steuerbordkrängung sank «Admiral Uschakow» langsam in die Tiefe. Auf der rechten Nock der Großrahe flatterte noch immer, den Feind durch ihre Standhaftigkeit reizend, die Andreas-Kriegsflagge. Unter der Flagge stand seit dem frühen Morgen, wie am Tage zuvor, der Maat Wassili Prokopowitsch Posten. Der Bootsmann Mitrjukow schrie ihm zu: «Wasja, spring über Bord!»

Da Wasja auf beiden Ohren taub war, konnte er ihn nicht verstehen. Der Bootsmann zeigte auf die Bordwand und winkte mit der anderen Hand. Da krachte eine Detonation, die Prokopowitsch tötete. Mitrjukow flog ins Meer.

Eins der chinesischen Schweine war tot, das andere schwer verwundet. Es quietschte erbärmlich. Der Eber war unverletzt und spazierte an Deck umher. Den ganzen Tag hatte er kein Futter bekommen und verlangte nun danach. Eine Ecke des Vogelkäfigs war beschädigt, schnatternd kamen die Enten heraus. Auch der Hund Kalgan, der sich bisher im Mannschaftsdeck aufgehalten hatte, erschien auf Deck. Die Schüsse machten ihn nervös. Er fühlte wohl den unsichtbaren Feind und bellte laut. Nun lief er hastig zwischen den vielen Leuten umher und blickte unruhig bald in ihre Gesichter, bald zu denen hin, die schon im Wasser waren.

Erst als das Schiff für sie keine Gefahr mehr bildete, näherten sich die japanischen Kreuzer.

Rings um «Admiral Uschakow» krepierten immer noch Granaten. Die Hände auf dem Rücken, stand Miklucha-Maklai auf der Brücke. Sein rotblonder Schnurrbart flammte in den Sonnenstrahlen. Er hatte es nicht eilig, sich zu retten, und zeigte weder Furcht noch Besorgnis, als sinke das Schiff nicht, sondern fahre ruhig weiter. Seine Ordonnanz brachte ihm einen Rettungsgürtel und legte ihn ihm zu Füßen. Der Kommandant beachtete ihn nicht. Neben ihm standen der Navigationsoffizier Maximow und der Artillerieoffizier Dmitrijew. Der Erste Offizier Musatow kam herauf und meldete: «Das Schiff wird versenkt. Fast die ganze Mannschaft ist, ausgerüstet mit Rettungsmitteln, im Wasser. Die Verwundeten werden heraufgetragen, für sie sind Rettungsringe bereit. Leben Sie wohl, meine Herren!»

Musatow drückte allen die Hand und ging zum Heck. Dort hielt er sich mit einer Hand an einem Bootsdavit fest und zeigte mit der anderen, wie man die Verwundeten besser in den Rettungsringen befestigen könne. In diesem Augenblick stürzte eine brennende Barkasse herunter, traf Musatow und zerquetschte seinen Kopf. Der Tod trat sofort ein.

Auf der Back fragte der Munitionsmaat Worobjow den Leutnant Tyrtow: «Euer Wohlgeboren, wie ist es besser abzuspringen – nach der Seite, wohin das Schiff kentert oder nach der anderen?»

«Ich weiß es wirklich nicht, mein Bester, es ist das erste Mal in meinem Leben. Aber wir werden es ja sehen.»

Er sprang nach backbord ins Meer. Worobjow folgte ihm.

Das Schiff lag kieloben. Etwa eine Minute hielt es sich an der Oberfläche. Durch die geöffneten Ventile schlugen hohe Wasserfontänen in seinen muschelbewachsenen Boden. Im Innern des gekenterten Schiffs dröhnte eine dumpfe Explosion, schwer wie ein Seufzer. Danach versank bebend und schnell das Heck, so daß nur noch der Rammsporn über Wasser ragte. Wenige Sekunden später war «Uschakow» ganz verschwunden. Auf dem Wasser wimmelte es von Menschen. Balken, zertrümmerte Boote, Tische, Gitter, Rahen, Kisten, Bretter tanzten zwischen den Schwimmern auf den Wellen. Verwundete stöhnten, andere fluchten, schrien, schimpften. Aller Lärm ging zeitweise im Krachen der Geschosse unter. Der Südwind peitschte die Wellen auf, die Seeleute wußten nicht, wohin sie schwimmen sollten. Bis zur Küste war es zu weit, kein Schwimmer hätte es geschafft.

Die zwei feindlichen Kreuzer am Horizont unternahmen keine Rettungsversuche, sie schossen sogar weiter. Dieses Verhalten wurde dadurch verursacht, daß die Japaner sich getäuscht hatten. «Admiral Uschakow», eine kaum bemerkenswerte Kampfeinheit, hatte sich nicht ergeben. Dafür rächten sich die Japaner an denen, die in Seenot waren. Bald hier, bald da stiegen mitten unter den Menschen Wassersäulen hoch. Etwas klatschte dumpf neben Worobjow ins Wasser. In gleicher Sekunde wurde er von einer Wassersäule hochgeschleudert. Sein erster Eindruck war, daß er zerfetzt worden sei. Er verlor das Bewußtsein. Nach längerer Zeit kam er zu sich und begriff nur schwer, daß er am Leben geblieben war. In den Beinen fühlte er so starke Schmerzen, als wären ihm die Gelenke gerissen. Neben ihm stützte sich der Priester Jona auf einen Rettungsring. Sein verzerrtes Gesicht mit dem zerzausten, schwarzen Bart und den hervorquellenden Augen schien wie versteinert. Er hatte sich dem Feind zugewandt und segnete unbewußt mit seinem großen goldenen Kreuz das weite Meer. Es sah aus, als wollte er sich mit dem Kreuz wie mit einem Schild vor den Granaten schützen, die ringsum Tod und Verderben brachten. Nicht weit von Worobjow hielten sich fast zwanzig Mann an einem großen Rettungsring fest. Ein Geschoß krepierte mitten im Kreis. Flammen, Rauch, Blut, Wasser, Arme und Beine – alles vermengte sich und flog als riesige Säule aufwärts. Dann färbte sich das Wasser an dieser Stelle rosa, und nur noch Stücke des zerstörten Ringes schwammen an der Oberfläche.

Das war der letzte Schuß gewesen. Die Kanonade brach ab. Die

Schreie der Menschen wurden vernehmlicher. Erstaunlich war, daß auch das Schnattern der Enten zu hören war. Der enge Käfig an Bord war zerstört worden, sie hatten nun ihre Freiheit wiedergewonnen und schnatterten mit einem Wohlgefühl, das schlecht zu dieser düsteren menschlichen Tragödie paßte. Das Wasser, das allen anderen Leiden und Qualen brachte, war für sie das ureigene Element.

Mit den Menschen war auch Kalgan ins Wasser geraten. Er hatte Angst, winselte kläglich, stieß bald auf den einen, bald auf den anderen Matrosen und wußte nicht, wohin er nun schwimmen sollte. Die Matrosen hatten Mitleid mit ihm, konnten ihrem Liebling aber nicht helfen.

Der große Eber aber versetzte die Menschen in Schrecken. Seitdem das Schiff gesunken war, versuchte er, sich in der Nähe der Schwimmer zu halten. Im Wasser hatte er nur das Verlangen, sich auf irgend etwas zu retten. Er erklomm wie rasend Holzteile, die unter ihm versanken, oder fiel Menschen an, um sich auf sie zu stützen. Die Menschen tauchten unter und flüchteten erschrocken, so schnell sie konnten. Es war aber nicht so einfach, dem Tier zu entkommen. Mit letzter Kraft näherte er sich seinem nächsten Opfer. Dieses Mal war es ein Matrose, der eine Trommel als Rettungsmittel erwischt hatte. Mit dem einen Arm rudernd, holte er mit dem andern aus und hieb mit der Trommel auf die Schweineschnauze ein. Jemand rief: «Hau ihn, den fetten Teufel. Er hilft ja den Japanern, uns zu ersäufen!»

Der kräftige Matrose Pjotr Baryschnikow stieß aus einer Gruppe Flüchtender vor, um dem Kameraden mit der Trommel zu helfen. Seine starken Arme ergriffen den Eber, drückten ihn unter Wasser, bis Baryschnikow selbst sich rittlings auf das Tier setzen konnte. Dann hielt er es so lange unter Wasser, bis es ersoffen war.

Zwei Matrosen stützten den verwundeten Miklucha-Maklai, der sich an einen Rettungsring klammerte. Nach alter Tradition war der Kommandant zuletzt von Bord gegangen. Nachdem alle das Schiff verlassen hatten, stand er noch lange auf der Brücke, als fiele es ihm schwer, sich von seinem sinkenden Schiff zu trennen. Bedächtig befestigte er den Rettungsgürtel und zögerte immer noch, sein Schiff im Stich zu lassen, mit dem ihn so viel Erlebnisse seit der Ausfahrt aus Libau verbanden. Gestützt auf das Brückengeländer, betrachtete er stumm das Meer mit den vielen Menschen. Man hätte meinen können, daß er ein gewöhnliches Mannschaftsbaden beobachtete.

Erst im letzten Augenblick, als das Schiff kenterte, entsann sich Miklucha-Maklai, daß auch er sich retten müsse. Er sprang über die Brückenreling und warf sich in das klare Wasser wie in die Arme eines

Freundes. Hier verließen ihn, der eine Splitterwunde an der Schulter hatte, langsam die Kräfte. Die Matrosen, die ihn stützten, merkten, daß sein Kopf hilflos seitwärts hing. Mit schwacher Stimme sagte er: «Laßt mich. Rettet euch selbst. Mit mir ist es aus.»

Und er schloß die Augen. Mehr sagte er nicht. Die Matrosen schwammen so lange mit ihm, bis er erstarrt war.

Ringsum verabschiedeten sich die entkräfteten Menschen voneinander. Sie zitterten vor Kälte, beteten und verfluchten ihr Schicksal. Die kräftigeren und stärkeren Seeleute hielten sich leicht auf dem Wasser, sie halfen den schwächeren Kameraden, schoben ihnen bessere Rettungsmittel zu. Einige unverzagte Matrosen bewahrten auch in diesen furchtbaren Augenblicken die Geistesgegenwart, scherzten und lachten über ihre Notlage. Ein Matrose hatte eine Zigarette hinter dem Ohr eingeklemmt.

«Brüder, hat vielleicht jemand Feuer?» fragte er so flehend, als hinge davon sein Leben ab.

Plötzlich tauchten aus dem Wasser nackte Beine auf. Sie zappelten so, als vollführe ihr Besitzer Turnübungen. Der Maschinist Grigori Skopow schwamm heran und richtete mühelos einen Mann auf, der das Gleichgewicht verloren hatte. Es war der Heizer Semjon Minejew, der seinen Rettungsgürtel zu tief umgebunden hatte. Zusammen schwammen sie weiter.

Erst zwei Stunden später kamen die zwei japanischen Kreuzer «Iwate» und «Jakumo» heran und setzten Boote zur Bergung aus. Die Wellen hatten die Schiffbrüchigen weit auseinandergetrieben. Während der Bergungsarbeiten wurde es dunkel. Die letzten Schwimmer wurden schon bei Scheinwerferlicht geborgen; sie waren ganz erstarrt und kaum noch am Leben. Im Wasser hatten sie schwerere Stunden durchlebt als während des Gefechts auf dem Schiff. Eine Granate hatte vorbeifliegen können, ohne zu treffen, aber das Wasser bot keinen Ausweg. Ein jeder wünschte, daß der Kegel des Scheinwerfers ihn so schnell wie möglich treffe. Über viele huschte er hinweg und fand sie nicht. Entsetzlich war für jeden der Gedanke, daß er nicht ins Boot gezogen würde. Das wäre der Tod.

Die Bergung wurde in voller Dunkelheit etwa um 21 Uhr abgeschlossen. Von den 442 Mann der Besatzung des «Admiral Uschakow» wurden 339 von den beiden Kreuzern lebend geborgen. Der tapfere Kommandant war nicht unter ihnen. Er war im Meer geblieben, war heldenhaft gefallen.

Der Navigationsoffizier Maximow, der sich retten konnte, notierte später: «Japanisches Meer. 37 Grad nördlicher Breite und 133 Grad

30 Minuten östlicher Länge. Das sind die genauen Koordinaten jener Stelle, an der das Panzerschiff ‹Admiral Uschakow›, das den Namen des großen Flottenführers würdig führte, in die Fluten sank.»

Ich trenne mich vom Linienschiff «Orjol»

Der Kommandant des Linienschiffs «Orjol», Kapitän 2. Ranges Sidorow, wandte sich, ehe er Gefechtsalarm geben ließ, an seine Offiziere mit den Worten: «Wie sollen wir denn gegen die ganze japanische Flotte kämpfen? Unser Schiff ist völlig zerschlagen, die Artillerie ist außer Gefecht gesetzt, Granaten haben wir keine mehr. Da bleibt uns nichts anderes, als zu sterben ...»

Leutnant Sakkelari erwiderte darauf gereizt: «Ich habe Ihnen vor einer Stunde schon gesagt, daß die Besatzung auf ‹Isumrud› übernommen und unser Schiff versenkt werden müßte. Das wäre der einzige Ausweg. Sie haben meinen Vorschlag nicht beachtet.»

Auf Sidorows Veranlassung wurde Gefechtsalarm gegeben.

Der Signalgast Sefirow meldete: «Euer Hochwohlgeboren, ‹Nikolai I.› hißt ein Signal nach internationalem Kode.»

«Welches Signal?» fragte Sidorow.

Es wurde im Chiffrebuch nachgesehen. Das Signal lautete: «Ich ergebe mich.»

Sidorow machte den Mund auf und blieb einige Augenblicke wie versteinert. Offenbar nahm sein getrübtes Bewußtsein nur mit Mühe auf, was er soeben gehört hatte. Er starrte so aufmerksam bald Sefirow, bald die Offiziere an, als sähe er zum ersten Mal ihre Gesichter. Dann schüttelte er heftig den verbundenen Kopf und murmelte: «Das kann doch nicht sein!»

Das Signal wurde noch einmal geprüft – es gab keinen Zweifel.

Sidorows Rücken krümmte sich, er faßte sich an den Kopf und richtete an sich selber die Frage: «Nun, Konstantin Leopoldowitsch, was wirst du jetzt tun?» Dann schluchzte er hilflos, wie ein verlassenes Kind.

Man meldete ihm, daß «Nikolai I.» unter dem feindlichen Beschuß die weiße Fahne gehißt habe.

Sidorow straffte sich, befühlte erst das eine, dann das andere Schulterstück, die beide von Rauch und Ruß geschwärzt waren.

«Wenn der Admiral sich ergibt, so müssen wir ebenso handeln. Laßt das Signal ebenfalls setzen. Weiße Fahne hissen!»

Einige Offiziere protestierten schwach. Wie auf «Nikolai I.» schlugen die einen vor, das Schiff zu sprengen, die anderen, die Flutungsventile zu öffnen. Jemand erinnerte aber an die Verwundeten. Was sollte mit ihnen geschehen? Es waren etwa 100 Mann an Bord, darunter Offiziere und der Kommandant selbst. Eine Rechtfertigung dafür, daß das Schiff sich ergab, war gefunden. Den kopflosen Vorgesetzten war ein Teil der Verantwortung abgenommen.

Am Großmast war keine einzige Talje verblieben, an der man das Übergabesignal zur Bestätigung hätte hissen können. Es wurden daher Reservetaue und -rollen gebracht, und die Signalgasten machten sich daran, diese Noteinrichtung anzubringen. Jemand holte aus der Offiziersmesse eine Serviette. Das Signal war noch nicht gehißt, als die niederschmetternde Nachricht durch das ganze Schiff eilte: «Wir geben uns gefangen!»

«Ist das wahr?»

«Ja, wir ergeben uns. Der Signalgast, der die Serviette auf die Brücke trug, hat es gesagt. Sie soll anstelle einer weißen Fahne gehißt werden.»

Auf dem Schiff wurde es unruhig. Die Leute verließen ihre Posten und kamen herauf. Plötzlich begann der Backbordturm sich einzuschießen, ohne zu ahnen, was auf der Brücke vor sich ging.

Nach den ersten zwei Schüssen kam der Befehl, das Feuer einzustellen. Außerdem lief eine von der Brücke ausgesandte Ordonnanz zu jedem Turm, der aktionsfähig zu sein schien, und schrie aus voller Lunge: «Nicht schießen! Die Schlacht ist aus!»

Die Maschinen stoppten, das Schiff blieb liegen und schwankte schwer auf den Wogen. «Orjol» folgte in allem den Bewegungen der anderen Schiffe. Als aber diese Schiffe die Andreasflagge durch das japanische Sonnenbanner ersetzten, erklärte Sidorow entschlossen: «Ich habe keine japanische Flagge!»

Ein Offizier meinte aufgeregt: «Ich meine, wenn wir uns schon zur Übergabe entschlossen haben, dann sollten wir konsequent bleiben und die feindliche Flagge hissen. Die Japaner werden es doch tun, wenn sie zu uns aufs Schiff kommen. Sie werden es aber zeremoniell tun, mit Bansai-Rufen, vielleicht sogar mit Musik. Warum sollten wir dem Feind die Möglichkeit geben, uns zu verhöhnen?»

Diesem Argument stimmten alle Offiziere und zuletzt auch Sidorow zu. Während der Schlacht wurde die Andreasflagge auf der Gaffel von einem Posten bewacht, wie die Fahne im Regiment. Ohne die persönliche Anordnung des Kommandanten durfte sie nicht eingeholt werden. Unser Posten, der Maat Saoserow, war aber am Tage vorher verwundet worden, und man hatte vergessen, einen anderen hinzustellen. Die Signalgasten zerrten die von niemandem bewachte Flagge wie einen wertlosen Lappen herunter und ersetzten sie durch eine japanische Flagge. Damit hörte das Linienschiff «Orjol» auf, Eigentum Rußlands zu sein.

Es war nicht das erste Mal in der Geschichte der russischen Flotte, das ein Schiff namens «Orjol» sich ergab. Seit 1668 hatten vierzehn Schiffe – Ahnen und Urahnen unseres Linienschiffs – diesen Namen getragen. Der erste «Orjol» wurde vom Freiheitskämpfer Stepan Rasin geentert, zwei andere waren von den Schweden gekapert worden und nun wurde unser Schiff den Japanern übergeben. Somit hatte der «Orjol» (Adler) auch dieses Mal seinem anspruchsvollen Namen keine Ehre angetan, einem Namen, den die Zaren als Symbol der Siege, Macht und Unsterblichkeit so liebten.

Ich rannte in die Maschinenwerkstatt, um Ingenieur Wassiljew das neue Ereignis mitzuteilen. Er hatte sich auf der Werkbank ausgestreckt und schlief fest. Ich faßte ihn an den Schultern und rief ihn an: «Wladimir Polijewktowitsch!»

Er sprang mit so einer Hast auf, als habe ihn ein elektrischer Schlag getroffen. Ich erstickte fast vor Aufregung und konnte zunächst nichts sagen. Offenbar vermutete er etwas Ungewöhnliches und fragte hastig: «Im Schlaf war es mir, als hörte ich Schießen. Warum schweigen unsere Geschütze? Warum sind keine Detonationen feindlicher Granaten mehr zu hören? Was schreien die Leute? Sinken wir bereits?»

Mit wenigen Worten sagte ich ihm, daß man das Schiff dem Feind ausliefere.

Erschreckt riß er seine braunen Augen so weit auf, als sehe er ein Wunder. Der verschmierte Arbeitskittel über dem Nachthemd stand offen. Er knöpfte ihn schnell zu, runzelte die dichten schwarzen Brauen und sagte niedergeschlagen: «Alles ist aus. Die russische Flotte ist zerschmettert, die Japaner sind die Beherrscher der See. Die Übergabe der vier Linienschiffe ist der logische Abschluß dieser unsinnigen Kriegsfahrt. An den Masten hängt eine Serviette, an der Gaffel – die feindliche Flagge. Ein schwererer Schlag für den Zarismus ist kaum denkbar.»

Wassiljew bat mich, ihm beim Hinaufsteigen behilflich zu sein. Aufgeregt faßte ich ihn um die Hüften, und wir liefen die fast unbeschädigt gebliebene Hecktreppe hinauf.

Der leichtverwundete Leutnant «Schädling», der seit dem Vortage den Verbandplatz nicht verlassen hatte, begab sich jetzt wieder an Deck. Als er Wassiljew sah, stöhnte er: «Wladimir Polijewktowitsch! Was hat man mit uns gemacht? Kampflos sollen wir uns ergeben!»

Die japanische Flotte hatte unsere vier Linienschiffe umzingelt und näherte sich sehr vorsichtig. Der Ring schloß sich immer enger. An den Masten stiegen fortwährend Signale hoch.

Auf dem «Orjol» nahm die Aufregung zu. Die Besatzung, die sich nicht auf der Brücke befand, wußte nicht, was weiter geschehen sollte. Die einen behaupteten, das Schiff solle versenkt werden, die anderen bestritten es.

Aus der Zentrale erschien der Schiffsintendant, Leutnant Burnaschow, auf der Brücke und fragte Sidorow: «Was soll mit der Schiffskasse geschehen? Ich habe auch noch Geheimdokumente und den Chiffreschlüssel in Verwahrung.»

Sidorow ordnete an: «Geheimdokumente und Schlüssel müssen vernichtet werden, das Geld ist an die Offiziere und Mannschaften auszugeben.»

Der Revisor entgegnete aber: «Staatsgelder kann ich auf eigene Verantwortung nicht verteilen. Man sollte sie lieber versenken.»

Sidorow willigte ein; es wurde beschlossen, nur an die Offiziere je zehn Pfund Sterling für die erste Zeit in der Gefangenschaft auszugeben.

Der sonst so bequemliche, schwerfällige Intendant wurde plötzlich lebendig. Wenige Augenblicke später war er schon im Kesselraum. Die mitgebrachten Papiere zerfielen im Nu zu Asche. Mit derselben Wendigkeit stieg Burnaschow in die Zentrale hinab, wo während der Schlacht der Geldschrank untergebracht worden war. Außer den Posten hielten sich hier noch mehrere Matrosen auf. Der Revisor schob eigenmächtig den Posten beiseite, um den Schrank zu öffnen. In der Schiffskasse befanden sich für 70000 Rubel russische und englische Banknoten und außerdem Beträge für die Wirtschaftsführung und den Schiffsanstrich, die in einer eigenen Kassette lagen. Hier waren auch die persönlichen Gelder des Kommandanten und der Matrosen zur Aufbewahrung hinterlegt. Hastig sortierte der Revisor die Münzen, getrennt nach Gold-, Silber- und Kupfermünzen, in Beutel. Seine Hand zitterte, über das fleischige, picklige Gesicht rann der Schweiß. Die Päckchen großer Banknoten schob er in die Bluse. Die Matrosen begriffen, was vorging, und baten ihn, auch ihnen etwas zu geben. Der Intendant hob den Kopf und meinte: «Gut, ich will euch Geld geben, aber daß ihr niemandem etwas davon sagt! Sonst habe ich Ärger mit den Vorgesetzten. Und wenn es die übrige Mannschaft erfährt, dann will jeder etwas haben.»

Er verteilte das Geld sehr ungleichmäßig an die Matrosen; manchen gab er hundert Rubel, einige bekamen viel mehr. Der Rudergast Shirnow, der dem Revisor half, das Geld über Bord zu werfen, erhielt 1225 Rubel. Aber am meisten mußte der Intendant dem Oberproviantmeister Pjatowski abgeben.

So flog denn nur das Kleingeld über Bord. Nach Abzug des verteilten Geldes verblieb noch ein Rest in Höhe von etwa 50000 Rubel in den Händen des Intendanten. Trotzdem schien diesem reichen Gutsbesitzer diese Summe noch zu gering, und er nahm auch das Geld an sich, das dem Kommandanten persönlich gehörte. Der Kommandant Jung, der mit einer tödlichen Verwundung im Lazarettraum lag, ahnte nicht, daß ihn einer seiner Offiziere bestahl.[28]

Die Demoralisierung der Mannschaft nahm zu. Viele Matrosen verweigerten den Offizieren den Gehorsam. Als der stellvertretende Kommandant Sidorow das bemerkte, befahl er mir, den Rum zu vernichten. Ich stieg mit meinem Gehilfen nach unten. Wir hatten einen Vorrat von 2500 Liter achtzigprozentigem, und über 1000 Liter vierzigprozentigem Rum. Wir ließen ihn aus der Zisterne auf Deck laufen, dort floß er durch Abflußrohre über Bord. Als ich mit meiner Aufgabe fertig war, kamen Matrosen gelaufen, die gern tranken. Sie überschütteten mich mit Flüchen: «Warum hast du denn das gemacht? Dafür sollte man dich hängen!»

«Die Vorgesetzten haben es befohlen.»

«Wir haben keine Vorgesetzten mehr!»

Einige Matrosen sanken in die Knie und leckten die auf dem Linoleum übriggebliebenen Pfützen des duftenden Nasses auf. Ein Matrose kroch in die Zisterne und erstickte dort. Er wurde tot herausgezogen.

Ich hatte unten nichts mehr zu tun und ging in den Lagerraum für Trockenprodukte, wo ich in der Buchweizengrütze ein Bündel Manuskripte versteckt hatte: Tagebücher, Reisenotizen, Skizzen für Aufzeichnungen. Ich zog das Bündel hervor, schwankte ein wenig und entschloß mich dann, es zu verbrennen, damit es den Japanern nicht in die Hände fallen sollte. Als meine Hefte im Flammen aufgingen, war mir elend zumute. Mich beruhigte aber die Gewißheit, daß ich nichts vergaß, was ich einmal aufgeschrieben hatte.

Dann war ich aller Pflichten ledig, ging auf dem Schiff umher und sah zu, was die anderen taten.

Die Besatzung konnte sich noch immer nicht mit dem Tatbestand abfinden, und die allgemeine Erregung flaute nicht ab. Etwa achthundert Mann waren unverwundet. Sie bildeten aber keine geschlossene Einheit mehr, die dem Willen des Kommandanten unterstand. Schnell verwandelten sich die bisher disziplinierten Matrosen in einen wilden Haufen. Einige waren traurig, die meisten aber freuten sich über das wiedergeschenkte Leben. Sinnlose Schreie, fürchterliche Flüche, bösartige Scherze wechselten miteinander ab. Wer nicht an die Rettung glaubte, hastete immer noch umher.

Die Vorgesetzten gaben die widersprechendsten Anordnungen.

«Vernichtet die Geräte! Schmeißt alles über Bord!»

«Das dürfen wir nicht, das Schiff gehört uns nicht mehr. Die Japaner würden uns dafür erschießen.»

Leutnant Karpow, ein hitziger Mensch mit mongolischen Gesichtszügen, klagte entrüstet: «Welch eine Schande!»

Man beruhigte ihn: «Wir retten die Mannschaft und die Verwundeten.»

Er entgegnete seinen Kameraden scharf: «Wir sind nicht hergekommen, um uns zu retten, sondern um zu kämpfen! Wer sich retten will, der soll in ein Kloster gehen!»

Für ihn war die Übergabe tatsächlich ein harter Schlag. Niemand hatte sein Leben so wie er aufs Spiel gesetzt. Im Kampf mit den Bränden war er in wildem Taumel über das Schiff gehastet, hatte er sich auf ungeschützten Stellen aufgehalten, bedroht von den glühendheißen Splittern. Er gehörte zu den wenigen Tapferen, die geglaubt hatten, eine Sache retten zu können, die von vornherein zum Untergang verurteilt war.

Ein Offizier, besorgt um sein weiteres Schicksal, rief verzweifelt: «Unser Adel ist verloren!»

Mit einem höhnischen Lächeln antwortete der Heizer Baklanow: «Ja, Euer Wohlgeboren, da haben wir uns zu den Wölfen gezählt und hatten doch nur Kalbszähne.»

Der Bootsmann Sajom versuchte, das Mitgefühl der Mannschaft zu gewinnen: «Was ist da nur los, Leute! So viele Jahre habe ich treu und redlich gedient, und nun schicken sie mich in die Gefangenschaft.»

Anstatt mitfühlender Worte bekam er boshafte Bemerkungen zu hören: «So haben Sie sich eben vergeblich bemüht. Sie werden sich einen anderen Erwerb suchen müssen.» – «Tut nichts, Bootsmann, seien Sie nicht traurig. In Ihren zwanzig Dienstjahren haben Sie so gut gelernt, Matrosen zu schlagen, daß Ihnen diese Fähigkeit weiterhelfen wird. Jedes Freudenhaus wird Sie als Rausschmeißer anstellen.»

Bei der Mannschaft hielt sich hartnäckig das Gerücht, daß das Schiff gesprengt oder versenkt würde. Viele versorgten sich deshalb mit Rettungsringen. Andere befürchteten, daß die Japaner ihnen die Sachen wegnehmen würden, sie zogen daher ihr bestes Zeug an. Dutzende von Matrosen standen an der Reling, um beim ersten Alarm über Bord zu springen. Die Furchtsamsten hatten sich ausgezogen und hielten ihre Kleider und Stiefel in den Armen. Leutnant Pawlinow kam zufällig vorbei und sagte beruhigend zu diesen Matrosen: «Ihr braucht euch wirklich nicht auf das Versenken vorzubereiten. Das Schiff wird nicht versenkt. Die Japaner kommen zu uns und ihr seht so aus. Die werden euch noch auslachen!»

Die Stimmung der Matrosen war niedergeschlagen. Niemand hätte sie mehr veranlassen können zu kämpfen.

Mit den Offizieren war es nicht anders. Das konnte man auf der vorderen Brücke gut beobachten, wo sich die meisten eingefunden hatten. Die einen schwiegen finster, die anderen murrten, unzufrieden mit Sidorows Handlungsweise. Am meisten entrüstete sich Leutnant «Schädling» über die Kapitulation. Er schielte bei seinen Äußerungen zu den Ruder- und Signalgasten hin, die vielleicht Zeugen vor einem bevorstehenden Kriegsgericht sein konnten. Als er gerade davon sprach, welche Maßnahmen man hätte treffen müssen, damit das Schiff nicht die Beute der Japaner geworden wäre, brachte jemand die Nachricht, daß der 305-mm-Heckturm das Feuer gegen die Japaner eröffnen wolle. Die Offiziere gerieten in Erregung, während «Schädling» zitternd schrie: «Man darf doch nicht schießen! Die sind ja verrückt geworden! Die Japaner werden uns sofort versenken! Ich bin verwundet und kann nicht schwimmen ...»

Der Kommandant schickte Leutnant Pawlinow hin, der nach seiner Rückkehr berichtete: «Im Turm denkt kein Mensch an Schießen. Die Geschützführer vergnügen sich an Konserven und wohl auch an Getränken. Ich habe befohlen, die noch in der Nacht geladenen Geschütze wieder zu entladen und die Munition über Bord zu werfen.»

Bald hier, bald dort hörte man die Stimmen Betrunkener. Woher hatte die Mannschaft die Getränke? Die Maschinisten – und nach ihnen die Heizer und andere Matrosen – hatten von dem Rum erfahren, den ich abfließen ließ. Alles war mit Eimern und großen Teekannen zu den Abflußstellen gestürzt. Gewiß, der Rum war mit Öl verunreinigt, aber das störte die Matrosen nicht. Sie filtrierten ihn durch Watte, die sie sich bei den Sanitätern besorgten.

Die Trunkenheit griff um sich, die Mannschaft wurde immer dreister. Die Offiziere waren still; sie fühlten, daß es mit ihrer Macht zu Ende war. Sie ließen sogar zu, daß Matrosen die Zigaretten im Munde behielten, wenn sie mit ihnen sprachen.

Der Maschinist Zunajew, den die Matrosen «Gußeiserner Mensch» nannten, traf auf dem Batteriedeck mit dem Leutnant «Schädling» zusammen und erklärte: «Ich möchte Ihnen eine Schuld zurückzahlen, Euer Wohlgeboren.»

«Ich kann mich nicht besinnen, daß du mir etwas schuldig bist.»

«Um so besser kann ich mich dessen entsinnen. Es war vor drei Monaten, als sie mich schuldlos in Arrest sperrten.»

Der Leutnant erbleichte, sein roter Spitzbart zitterte. Er kam nicht dazu, etwas zu sagen, denn schon rollte er über das Deck. Das ging so schnell vor sich, daß niemand gesehen hatte, wohin der Schlag fiel. Zunajew ballte seine schweren Fäuste, sein riesiger, kantiger Körper war sprungbereit. Er wollte sich noch einmal auf den Offizier stürzen, da trat der Heizer Baklanow dazwischen und mahnte:

«Erstens wird einer, der liegt, nicht geschlagen, zweitens solltest du dich schämen, einen Verwundeten anzugreifen. Und überhaupt – mach' keine Mätzchen! In Petersburg kannst du, wenn du willst, zeigen, was für ein Kerl du bist.»

«Was heißt hier verwundet? ‹Schädling› ist doch als Simulant bekannt.»

«Das kann nur ein Arzt beurteilen.»

Während der Heizer und der Maschinist stritten, war Leutnant «Schädling» aufgesprungen und in die Kajüte gerannt. Zunajew wetterte gegen seinen Freund, während dieser lächelnd sagte, als sei nichts geschehen: «Laß schon gut sein», und dann erzählte er einen seiner saftigen Witze, so daß die Matrosen lachen mußten und Zunajew milder gestimmt wurde.

Der Offiziersweinvorrat, der viele Weinsorten enthielt, wurde aufgebrochen. Die Weinflaschen wanderten in die Schiffskisten der Matrosen.

Sidorow sah von der Brücke die gröhlenden Matrosen und seufzte: «Wenn doch endlich die Japaner kämen. Wer weiß, wessen unser betrunkenes Schiff noch fähig ist ...»

Konteradmiral Nebogatow war auf sein Schiff zurückgekehrt und ließ die Schiffskommandanten seiner Division zu sich kommen. Bald legte am Linienschiff «Orjol» ein japanischer Kutter an, auf dem sich schon der Kommandant von «Senjawin», Kapitän 1. Ranges Grigorjew, und der Kommandant von «Apraxin», Kapitän 1. Ranges Lischin, befanden. Sidorow bestieg den Kutter, der in Richtung auf «Nikolai I.» davonfuhr.

Auf der Brücke wurde beobachtet, daß ein japanisches Torpedoboot auf uns zusteuerte. Auf «Orjol» wurde die Vernichtung der Geheimdokumente abgeschlossen. Auf dem Batteriedeck erschien der schwerverwundete Navigationsoffizier Larionow. Er war kaum zu erkennen: Der

Rock war voll Blut, von einem seiner Schulterstücke war ein Stern abgerissen, der linke Arm lag in der Binde. Kopf und Gesicht waren so verbunden, daß nur das rechte Auge zu sehen war. Er konnte nicht allein gehen. Zwei Matrosen stützten ihn. Vor ihnen her schritt feierlich wie auf einer Beerdigung ein Signalgast, der das in Segeltuch gehüllte Logbuch, die Seekarten und die Signalbücher trug. Mehrere 75-mm-Granaten wurden mit ins Segeltuch gepackt, und das ganze Bündel wanderte ins Meer. Das geschah in dem Augenblick, als das feindliche Torpedoboot an unserem Schiff anlegte.

Japanische Matrosen, mit Gewehren bewaffnet, stiegen schnell an Deck des Schiffs. Es waren etwa hundert Mann. Mit ihnen waren vier Offiziere gekommen. Der Kapitänleutnant Nakagawa war bestimmt worden, «Orjol» zu führen. Die Matrosen verteilten sich auf Anordnung ihrer Offiziere über das ganze Schiff, nahmen Besitz von den Türmen, den Torpedoräumen, Munitionskammern, Dynamomaschinen und allen anderen Schiffsteilen. Ein Teil der Japaner stieg in die Maschinen- und Kesselräume hinab.

Unsere Matrosen ließen sich von den Japanern nicht stören und tranken weiter. In einem halbzerstörten Torpedokutter fanden sich die Maate Gromow und Nikulin, der Maschinist Zunajew und ein Heizer zusammen. Fleischkonserven und ein Eimer mit Rum standen vor ihnen. Vom Kutter her hörten wir den Büßerchoral: «So wollen wir der alten Welt entsagen und ihren Staub von unsren Füßen schütteln ...»

Nur unser Hund Wtornik, der die Reise von Reval bis nach Tsushima mitgemacht hatte, konnte sich mit der Anwesenheit der Japaner an Bord nicht abfinden. Er hatte gleich bemerkt, daß sie andere Gesichter hatten als die russischen Seeleute. Vor allem schien ihm aber die für seine Hundenase ungewöhnliche Körperausdünstung ostasiatischer Menschen zu mißfallen. Gewiß, er biß nicht zu, es lag nicht in seinem Wesen, Menschen anzufallen; sein Fell sträubte sich aber, er fletschte die Zähne und bellte so wütend, als seien die Japaner seine persönlichen Feinde. Es gab keinen, der ihn hätte beruhigen können. Vom Oberdeck wurde er ins Batteriedeck vertrieben, aber auch dort bellte er unaufhörlich weiter. Wo ihm Japaner begegneten, kläffte er so toll, als habe er sich vorgenommen, sie vom Schiff zu vertreiben.

Gegen 14 Uhr kehrte Sidorow aufs Schiff zurück. Wir waren schon angetreten. Etwa zwei Drittel unserer Mannschaft wollten die Japaner auf ihr Linienschiff «Asahi» hinüberschaffen. Uns wurden die Offiziere Ingenieur Parfjonow, Ingenieur Rums, Oberleutnant Madsalewski und Satkewitsch, die Leutnants Sakkelari und Karpow sowie der Oberauditor Dobrowolski zugeteilt.

Sidorow nannte die Bedingungen der Übergabe: «Die Offiziere behalten die Waffen, ihr Eigentum und das Geld. Sie erhalten das Recht, in die Heimat zurückzukehren, wenn sie sich unterschriftlich verpflichten, am Krieg nicht mehr teilzunehmen. Die Mannschaften können ebenfalls Sachen und Geld mitnehmen.»

Die Japaner unterbrachen Sidorow und führten ihn wieder in den Dampfkutter. Ihm folgten die übrigen Offiziere. Darauf ging die Mannschaft an Bord der Barkassen. Ich wollte ein japanisches Linienschiff kennenlernen und mischte mich absichtlich unter die Kameraden, die abtransportiert wurden. Auf der Back fand ich Wassiljew, der sich auf seine Krücken stützte. Ich lief zu ihm, um mich zu verabschieden. Er drückte mir die Hand und ermahnte mich: «Schonen Sie sich für eine wichtigere Arbeit. Es stehen große Ereignisse bevor. Denken Sie daran, daß mit dem heutigen Tage in der Geschichte Rußlands ein neues Kapitel beginnt.»

Mit zwei Segeltuchkoffern, in denen sich zumeist Bücher befanden, stieg ich in die Barkasse. Als wir im Schlepp eines Dampfkutters abfuhren, sah ich mich zum letzten Mal nach unserem Schiff um. Für einen Augenblick tauchte eine Erinnerung an die Kindheit auf. Ich war damals fünf Jahre alt gewesen. Die Mutter schnitt im Feld Korn. Ich spielte für mich allein Krieg und lief mit lautem Rufen über den abgeernteten Streifen. Ich schlug mit einem Stock um mich, der Gewehr, Lanze und Kanone ersetzte. Die Türken fielen unter meinen Hieben wie die Roggenhalme unter der Sichel meiner Mutter. Die gebundenen Garben waren für mich feindliche Festungen. Ich stürmte eine Festung, stolperte und fiel voller Wucht mit dem Gesicht in die stachligen Halme. Aus meinen Lippen floß Blut, heftig schmerzte das linke Auge. Weinend rannte ich zur Mutter. Erschrocken umarmte sie mich und sagte halb vorwurfsvoll, halb freundlich: «Aljoscha, Aljoscha! Mein nichtsnutziger Junge. Beten muß man, und du willst Krieg führen. Davon sind die Menschen noch nie glücklich geworden.»

Seither waren zweiundzwanzig Jahre vergangen. Ich hatte viel erlebt, viel gesehen und gelesen. Mir fiel der Ausspruch eines Philosophen ein: «Der Mensch ist bis zum vierzigsten Jahr ein Text, danach wird er ein Kommentar zu diesem Text.» Ich hatte noch viel Zeit bis dahin. Wenn die Ansicht des Philosophen stimmte, so hatte der Text meiner Seele in der Zeit meines Dienstes an Bord des «Orjol» und besonders in den letzten anderthalb Tagen, in denen ich mit den anderen die Luft der Zerstörung und des Todes geatmet hatte, einen riesengroßen Umfang angenommen.

Das Schiff schaukelte leicht. Die Farbe war abgebrannt und aufgeplatzt. Gestern noch war es schwarz gewesen, über Nacht war es aschgrau geworden, als wenn es im Kampf gealtert wäre.

Während das Linienschiff «Orjol» übergeben wurde, trug man den schwerverletzten Kommandanten Nikolai Viktorowitsch Jung aus dem Verbandraum in den Quarantäneraum. Dieser kleine, schmale Raum, der nur ein Bullauge hatte, war während des Kampfes unversehrt geblieben. Trotz der zahlreichen Brände an Bord glänzten hier Decke und Wände unverändert in ihrer Lackfarbe. Am Kopfende des einzigen eisernen Bettes, das längs der Bordwand festgemacht war, stand ein kleines Tischchen, zu seinen Füßen ein Stuhl.

Der Zustand des Kommandanten war hoffnungslos. Er hatte schwere Kopfwunden davongetragen, Magen und Leber waren verletzt, ein Schulterknochen war zerschmettert. Er fieberte und redete irre. Unsere Offiziere hatten die Japaner gebeten, einen Posten an die Tür zu stellen, um japanischen Matrosen den Zutritt zu verwehren. Das war getan worden, damit Jung nichts von der Übergabe erfuhr. Sehr lange rang er mit dem Tode, bald stöhnend, bald schreiend. Sein neu ernannter Bursche Maxim Jakowlew, der den getöteten Nasarow ersetzte, befand sich unausgesetzt bei ihm, von Zeit zu Zeit besuchte ihn auch der Schiffsarzt Makarow.

Erst am nächsten Tage, am 29. Mai, erlangte Jung das Bewußtsein wieder. Der Bursche Jakowlew erzählte später: «Gerade war der Kommandant zu sich gekommen, als Japaner ihre Köpfe durch den Türspalt steckten. ‹Was für Menschen sind da bei uns?› Ich mußte ihm sagen, daß wir uns ergeben hatten. Da richtete er sich im Kissen auf und weinte. Dann erklärte er mir etwas über die Selbstverwaltung der Semstwo-Versammlungen. ‹Der schändliche Krieg geht zu Ende, und mit mir ist es auch aus. Und du, Maxim, wirst vielleicht in einer Semstwo-Versammlung sitzen.› Sein Gesicht war tränenüberströmt. Er tat mir leid, weil er immerhin ein guter Mensch war. Ich dachte bei mir, daß er schon wieder spinne. Wie soll ich denn zusammen mit den Adligen in einer Versammlung sitzen? Wir haben im Dorf nur einen Vertreter des Semstwo und können uns vor ihm kaum retten. Es ist der reinste Menschenschinder. Wenn wir ihm begegnen, machen wir kilometerweit einen Umweg, sonst Gnade uns Gott! So sprach der Kommandant mit mir und fing wieder an zu weinen. Dann sollte ich den Doktor holen ...»

In seinem Gespräch mit dem Burschen hatte Jung natürlich nicht einen solchen Vertreter des Semstwo gemeint. In seiner Jugend hatte Jung als Leutnant an der revolutionären Bewegung teilgenommen. In den achtziger Jahren setzten damals Verhaftungen in der Flotte ein.

Dem Gefängnis war er nur dadurch entgangen, daß er sich zu dieser Zeit auf einer Weltreise befunden hatte.

Aber warum wollte der Sterbende seinen Burschen noch aufklären? Offenbar wohl, um sich vor dem Tode irgendwie belohnt zu sehen. Das Geschwader war vernichtet, sein Schiff, das er so tapfer verteidigt hatte, hatte sich ergeben. Ihm blieb nur eines – zu seinen früheren, schon halb vergessenen Idealen zurückzukehren.

Der Chefarzt Makarow begab sich nach seinem Besuch beim Kommandanten sofort ins Lazarett. Neben anderen Offizieren befand sich dort auch der Navigationsoffizier Oberleutnant Larionow. Der Arzt bat ihn: «Leonid Wassiljewitsch, der Kommandant hat von seinem Burschen erfahren, daß wir kapituliert haben. Ich habe es zu bestreiten versucht, er hat mir aber nicht geglaubt und bittet Sie, ihn aufzusuchen. Beruhigen Sie ihn. Er ist jetzt bei vollem Bewußtsein.»

Zwei Matrosen führten Larionow zum Quarantäneraum, den er allein betrat. Jung erwartete ihn in halbsitzender Stellung. Der völlig verbundene Kopf ruhte auf einem Kissen. Die Züge seines dunkel gefärbten Gesichts waren spitz geworden. Der rechte Arm lag in einer Schiene unter dem Laken, der linke zitterte. Er sah mit seinen blauen Augen Larionow aufmerksam an und fragte ihn mit fester Stimme: «Leonid, wo sind wir?»

Es war unmöglich, den Freund des verstorbenen Vaters zu belügen, einen Menschen, der so viel für ihn getan hatte. Larionow war unter Jungs Augen herangewachsen. Außer Dienst redete er ihn mit «du» an, wie einen nahestehenden Menschen. Jung hatte ihn nur kommen lassen, um die Wahrheit zu erfahren. Aber die Wahrheit brennt mitunter mehr als glühendes Eisen. Warum sollte man die Martern eines Sterbenden vermehren? Andererseits konnte er aber über die tatsächliche Situation des Schiffs auch von anderen aufgeklärt werden. Und was würde er zu einer offenbaren Lüge sagen? Hatte er doch mit eigenen Augen die Japaner gesehen.

Larionow zögerte und erwiderte dann: «Wir fahren nach Wladiwostok. Es sind nur noch hundertfünfzig Meilen.»

«Warum fahren wir so langsam?»

«‹Admiral Uschakow› bleibt zurück.»

«Leonid, lügst du auch nicht?»

Larionow würgte es im Halse, als er mühsam hervorbrachte: «Wann hätte ich Ihnen jemals die Unwahrheit gesagt, Nikolai Viktorowitsch?»

Um seine Verwirrung zu verbergen, beugte er sich über das Bett und faßte die Hand des Kommandanten. Sie war kalt wie die eines Toten und zitterte unaufhörlich.

Der Kommandant wußte, daß sowohl der Chefarzt als auch der Navigationsoffizier Larionow ihn belogen, es aber aus Liebe zu ihm taten. Er wollte einen ihm nahestehenden Menschen nicht der Lüge überführen. Im Gegenteil, er tat, als glaube er daran, was ihm gesagt wurde, und bat: «Gib mir eine Zigarette ...»

Er rauchte hastig drei Züge, dann fiel ihm die Zigarette aus der Hand. Der Todeskampf dauerte nicht lange. Er stöhnte und schüttelte den Kopf, als verneine er etwas. Seiner Brust entrang sich ein tiefer Seufzer. Müde streckte er sich zum letzten Mal. Sein Gesicht mit dem dunkelbraunen Bart wurde immer strenger, dann erlosch es. Die blauen Augen irrten nicht mehr ruhelos umher, sie blieben an der weißen Decke haften, als starrten sie einen Punkt an, um ein Geheimnis zu enträtseln.

Der Navigationsoffizier Larionow ging leise und gebeugt aus dem Raum.

An der Übergabe des Schiffs hatte Jung keinen Anteil gehabt. Es wurde daher beschlossen, ihn im Meer zu bestatten. Die Japaner waren damit einverstanden.

Am nächsten Tag lag die Leiche, in ein Segeltuch genäht und mit der Andreasflagge bedeckt, zur Bestattung bereit. Auf der gebrochenen Gaffel wehte halbmast die japanische Flagge. Nach dem Kirchengesang hoben zwei Matrosen das Ende des Brettes. Die Japaner präsentierten die Gewehre. Unter Trommelwirbel und Salutschüssen glitt der Körper des Kommandanten über Bord.

Eine halbe Stunde später überreichte ein japanischer Offizier Larionow als dem einzigen überlebenden Navigationsoffizier ein kleines Kartonstück mit einem Auszug aus dem Logbuch. Der Auszug enthielt die Angabe der Stelle, an der der Kommandant bestattet worden war: 35 Grad 56′13″ Nördlicher Breite, 135 Grad 10′ Östlicher Länge.

Auf dem japanischen Linienschiff «Asahi»

Ein japanischer Dampfkutter hatte drei große Barkassen im Schlepp. In einer saß ich eingezwängt zwischen vielen Kameraden. Zunächst schwiegen wir alle und beobachteten mißtrauisch das Linienschiff «Asahi». Wir befanden uns nun in Feindeshand und sollten an einen neuen Aufenthaltsort gebracht werden. Was würde mit uns weiter geschehen? Der Bootsmann Wojewodin saß gebückt da, als löse er eine schwierige Aufgabe. Der Elektriker Golubew bewegte fortwährend seine blonden Augenbrauen. Der Heizer Baklanow lächelte rätselhaft in Gedanken versunken. Jemand sagte seufzend: «Nun ist für uns der Krieg aus.»

Eine andere Stimme fiel ein: «Ja, da haben wir uns herumgequält – und wozu?»

Der Elektriker Kosyrew schüttelte den Kopf und sagte vergnügt: «Ich habe weder fremdes Blut vergossen noch einen Tropfen eigenes Blut verloren. Glück habe ich gehabt, als wenn ich eine böse Schwiegermutter losgeworden wäre. Jetzt müßte man einen Brief nach Hause schreiben können.»

Ein Rudermaat meinte dazu in tiefem Baß: «Sie werden dir schon was schreiben, mit Ladestöcken auf den Hintern.»

Alle sahen sich erschrocken nach ihm um.

«Kann das wirklich sein, daß sie uns etwas antun?»

Weitere Stimmen meldeten sich: «Wenn sie uns nur verprügelten, das wäre eine Kleinigkeit. Ich würde selbst die Hosen herunterlassen. Wenn sie uns aber an den Rahen aufhängen wie die Dörrfische, dann werden wir Klagelieder anstimmen.»

«Sie werden keine Hemmungen haben. Was verstehen die denn schon?»

«So, die verstehen nichts?» ärgerte sich Wojewodin. «Unser Geschwader ist futsch, während ihre Flotte heil blieb.»

Der Heizer Baklanow lächelte spöttisch und riet ihm: «Laß sie doch vor dem Tode ein wenig schnattern, Bootsmann!»

Unter dem wolkenlosen Himmel leuchtete das Meer in leichtem Dunst. Die feindlichen Schiffe wechselten Signale. Hinter uns glitten Kutter und Boote umher. Die Japaner beförderten die Gefangenen der Schiffe «Senjawin», «Apraxin» und «Nikolai I.» auf ihre Schiffe.

Unser Kutter machte eine kurze Wendung und näherte sich dem Linienschiff «Asahi». Wir starrten es mit besorgter Neugier an. Das Schiff war völlig mit Stahl gepanzert, dichter Rauch stieg aus beiden Schloten. Seine zahlreichen Geschütze, die uns gestern so zugesetzt hatten, schwiegen jetzt. Am meisten wunderte uns, daß «Asahi» keinerlei Spuren des Artillerieduells aufwies. Seine Aufbauten zeigten nicht die geringsten Beschädigungen, die Bordwände wiesen keinen Kratzer auf. «Orjol» war in eine schwimmende, ausgebrannte Ruine verwandelt worden. Wie war es möglich, daß «Asahi» unversehrt geblieben war, als hätte ein Zauber das Schiff vor unseren Granaten geschützt?

Uns lief es kalt über den Rücken, als wir über das Fallreep an Deck stiegen. Wie würden sich die Japaner zu uns verhalten? Sie begrüßten aber ihre ehemaligen Feinde sehr freundlich.

Unseren Offizieren wurden Kajüten angewiesen, während wir im Bugzwischendeck untergebracht wurden. Sofort erhielten wir, unabhängig davon, ob einer rauchte oder nicht, je Mann ein Päckchen Zigaretten. Dann wurde für die Gefangenen ein Mittagessen aus amerikanischem Konservenfleisch und weißem Zwieback zubereitet. Ein solches Verhalten der Japaner hatte niemand erwartet. Ich begriff es erst, nachdem ich mir die Frage vorgelegt hatte: Was können sie gegen uns haben? Wir haben schlecht geschossen. Das Linienschiff «Asahi» hat durch unser Feuer wenig gelitten, nur ein Offizier und sieben Matrosen waren getötet und etwa zwanzig Mann verwundet worden, wie wir später erfuhren. Das ist alles, was wir angerichtet haben, obwohl allein «Orjol» etwa vierhundert Tonnen Granaten gegen den Feind geschleudert hat. Außerdem haben sich den Japanern vier Linienschiffe mit dem Admiral und seinem Stab ergeben. Sie können uns nur dankbar sein, der Sieg ist ihnen nicht schwer gemacht worden.

Unsere Matrosen wurden kühner; zum Mittagessen holten sie Flaschen verschiedenen Formats aus ihren Koffern, die sie aus der Offiziersmesse des «Orjol» erbeutet hatten. Sie tranken aus großen Bechern die besten Weine, Sekte und allerlei Liköre. Die Stimmung stieg schnell. Im Bugzwischendeck, wo ich Mittag aß, wurde es immer lebendiger. An der Tür standen zwei japanische Posten, die neugierig die russischen Matrosen betrachteten. Ein Matrose rief: «Leute, wir müssen auch den Japanern was geben!»

Der Vorschlag fand Zustimmung. Den Posten wurde je ein Becher Likör eingeschenkt. Sie lehnten lange ab, sagten etwas in ihrer Sprache und schüttelten die Köpfe. Man redete auf sie ein: «Ihr sollt ja nur versuchen, es ist doch ein herrschaftliches Getränk. Ihr habt gewiß noch niemals solch ein Schnäpschen getrunken!»

Ein Soldat nahm den Becher und führte ihn an den Mund. Vielleicht hatte er nur versuchen wollen, wie der Likör schmeckte, seine Lippen blieben aber am Becher kleben und sogen in einem Zug das dickflüssige, süße, aromatische achtzigprozentige Getränk auf. Der andere Soldat trank ebenso viel. Nach etwa zehn Minuten saßen die beiden mitten unter den russischen Matrosen und lächelten so vergnügt, als wären sie nie unsere Feinde gewesen.

Die Frage, an der schon am Morgen auf unserem Schiff herumgerätselt worden war, tauchte wieder auf: Mit wem haben wir denn gestern eigentlich gekämpft?

«Mit einem englischen Geschwader», versicherten die einen.

«Mit einem japanischen», meinten die anderen.

«Seit ihr denn blind? Habt ihr nicht gesehen, daß an den japanischen Geschützen nicht einmal die Farbe abgeplatzt ist? Nach so einer fürchterlichen Schießerei kann sie doch nicht unbeschädigt geblieben sein.»

«Das hat nichts zu sagen, ihre Farbe ist eben haltbar. Es kann aber auch sein, daß sie ihre Geschütze übermalt haben.»

«Wohin haben wir denn alle unsere Granaten verschossen?»

«Im Meer ist Platz genug.»

Ich versuchte zu erklären, daß uns die Japaner und nicht die Engländer zerschlagen hatten. Kein englisches Geschwader, ja nicht einmal ein einzelnes englisches Schiff hätte an der Tsushimaschlacht teilnehmen können, ohne daß es später bekannt geworden wäre. Das hätte zu den größten internationalen Komplikationen geführt.

Baklanow unterbrach mich: «Genug. Es ist langweilig, immer an derselben Frage zu kauen. Die Japaner haben uns durch ihre Technik und deren Beherrschung besiegt. Das ist klar. Wenn beide Seiten mit nichts anderem als Deichseln bewaffnet gewesen wären, dann hätten die Japaner uns wohl kaum standhalten können. Aber das ist alles Unsinn.»

Mehrere trunkene Stimmen sangen ein Lied, das im Zweiten Geschwader bekannt geworden war:

«Als wir bei Kap Skagen standen
schossen wir fast ‹Jermak› zuschanden.
Und aus Angst vor Japans Zorn
nahmen Fischer wir aufs Korn ...»

Einer der japanischen Posten stimmte ebenfalls ein für uns unverständliches Lied an. Er kniff seine schwarzen Augen im breitwangigen, dunklen Gesicht ein, schaukelte den Oberkörper hin und her und kreischte leidenschaftlich. Der andere Japaner fletschte die Zähne, fuchtelte heftig mit den dünnen Armen und wollte den russischen Matrosen etwas erklären. Der betrunkene Maschinist Semjonow unterbrach ihn: «Warte mal, jetzt werde ich dir was sagen, Hör zu! Wofür haben wir beide gekämpft? Für die Herren, ja? Du hast dir Mühe gegeben, die Russen zu schlagen, hast dein Leben riskiert ... Wirst du dafür – sagen wir – tausend Rubel bekommen, um deine Wirtschaft aufzubessern? Nein. Die werden dir was husten, weiter nichts. Wenn du nun mich getötet hättest? Ich hätte zwei Kinder hinterlassen. Was sollten sie tun? Betteln gehen?»

Semjonow schüttelte den Japaner an der Schulter: «Wieviel Kinder hast du?»

Der Japaner sagte etwas. Semjonow griff es sofort auf.

«Na, siehst du, drei Kinder hast du. Wenn ich dich nun getötet hätte, dann wären sie auch Bettler geworden. So sieht es aus, mein Lieber. Dumm war es von uns, in den Krieg zu ziehen. Aber wenn es darum geht, das Land aufzuteilen, dann wollen wir es ohne die Herrschaften tun. Komm her, ich will dir als Freund ein echtes russisches Wort sagen. Ein solches Wort hast du noch nicht gehört. Warte mal, ich sage es dir. Ach, Teufel, jetzt habe ich es vergessen. Komm, ich gebe dir lieber einen Kuß.»

Semjonow umarmte den Japaner, gab ihm einen herzhaften Kuß und war selbst ganz gerührt davon. Tränen rannen über sein schmutziges Gesicht. Er zog seine Taschenuhr hervor und hielt sie dem Japaner hin: «Nimm sie, Freund, zum Andenken an den Maschinisten Semjonow.»

Der Japaner betrachtete die Uhr und verstand nicht, warum man sie ihm gab.

«Du mußt vorsichtig mit ihr umgehen, sie ist aus Warschau. Zwölfeinhalb Rubel hat sie mich gekostet.»

Der Maschinist steckte die Uhr in die Tasche des Japaners, der erst jetzt begriff und breit lächelte. Er schenkte Semjonow eine Zigarettendose aus Schildpatt mit eingelassenem Drachenmuster.

Der Besuch der Japaner bei uns dauerte nicht lange. Im Zwischendeck erschien der Wachhabende – vielleicht auch ein anderer Unteroffizier – und nahm beide Posten mit.

Am Abend brachen die japanischen Schiffe und die erbeuteten russischen Linienschiffe auf. Von den Japanern hörten wir, daß wir nach Sasebo fuhren. Aber am nächsten Tag blieben das Linienschiff «Asahi» und der Kreuzer «Asama» vom Geschwader zurück und führten «Orjol» in den Hafen Maidsuru. Wir nahmen gleich an, daß mit unserem Schiff etwas geschehen war. Später stellte sich heraus, daß wir uns nicht geirrt hatten.

Unverhoffter Ruhm

Als die Japaner auf dem Linienschiff «Orjol» Ordnung machten, ließen sie die schwerverwundeten russischen Offiziere im Schiffslazarett zusammentragen. Das war ein kleiner Raum mit sechs Betten, die nicht für alle Offiziere ausreichten. Fünf Offiziere mußten daher auf Matratzen gebettet werden, die auf dem nassen Fußboden lagen.

Es kam die Nacht zum 29. Mai. Das Linienschiff fuhr mit eigener

Kraft. Der verstümmelte Körper des Schiffs knirschte bebend, als lehne er sich gegen die an ihm verübte Gewalttat auf. Die elektrische Leitung zum Lazarett war beschädigt. Der Raum war von einer Öllaterne am Türrahmen erleuchtet. Halbdunkel herrschte, die Laterne schwankte. An den lackierten Wänden schaukelten Schatten; ins Unendliche schien diese wesenlose Bewegung zu wachsen. Gedämpft nur drangen die Geräusche des Schiffslebens hierher. Die Verwundeten stöhnten mitunter, fieberten, redeten irre. Einige baten um Wasser. Hin und wieder richtete sich einer plötzlich auf, sah sich verwirrt um und sank wieder zurück. Dann trat wieder so tiefe Stille im Raum ein, als wären alle gestorben.

In einem solchen Augenblick der Stille wurde die Tür lautlos aufgeschoben. Ein Mann in öligen Kleidern und verölter Mütze im Nacken trat leise wie ein Schatten über die Schwelle. Er blieb an der Tür stehen und sah prüfend von einem Offizier zum anderen. Sein pockennarbiges Gesicht war schlaff, in den grauen Augen lag Entschlossenheit. Es war der Maat Ossip Fjodorow. Heiser sagte er: «Ich will das Schiff versenken. Darf ich?»

Lange schon hatte er diesen Gedanken gehegt, er wollte, daß auch die Offiziere ihn billigten. Sie schwiegen aber. Fjodorow blickte sich um, voller Sorge darüber, daß er nicht die Antwort erhalten werde, die er wünschte. Er richtete seine Augen auf ein Bett, dessen Decke sich bewegt hatte. Die lange Gestalt, die mit dem Gesicht zur Bordwand lag, gab stöhnend, dumpf und heiser, ohne den Kopf zu wenden, von sich: «Versenke es!»

Der Unteroffizier konnte das Gesicht nicht sehen, ihm schien aber, daß diese Worte der Navigationsoffizier, Oberleutnant Larionow, gesagt hatte. Die anderen Offiziere sagten nichts. Ob sie einverstanden waren? Oder schliefen sie und hatten nichts gehört? Fjodorow drehte sich um und schloß behutsam die Tür hinter sich. Es verging eine Viertelstunde. Im Lazarett phantasierte jemand laut. Die anderen Offiziere wachten von dem Gestammel auf. Wieder stöhnten alle. Einer der Verwundeten hob den Kopf und meinte: «Das Schiff scheint zu krängen! Merkt ihr es?»

«Ja, mir scheint es auch so», bestätigte ein anderer.

Das Stöhnen brach ab. Eine Weile lauschten alle. Die Maschinen arbeiteten, das Schiff richtete sich aber nicht mehr auf. Ein Verwundeter setzte sich hoch.

«Vielleicht sinken wir schon?»

«Es ist schon besser, rasch zu sterben, als sich lange mit den Wunden herumzuplagen.»

«Durchaus nicht. Wer nicht länger leben will, kann jederzeit über Bord springen!»

In den anderen Abteilungen wurde es ebenfalls unruhig. Die noch wachen russischen Matrosen weckten ihre Kameraden und teilten ihnen die besorgniserregende Nachricht mit. Vom Schlaf noch benommen, starrten sie verständnislos in die Finsternis. Alle hatten das Empfinden, das Menschen haben, die einen tödlichen Schlag erwarten. Nicht anders erging es den Japanern. Sie wußten nicht, was mit dem Schiff geschehen war, sahen sich gegenseitig fragend an und tauschten dann erschrocken einige Worte aus. Angst zeigten sie noch nicht. In den Kessel- und Maschinenabteilungen und an anderen Stellen wurde aber die Arbeit bereits eingestellt. Offenbar hofften die Japaner, das Schiff werde sich von selbst ausrichten; die Schräglage verstärkte sich aber mehr und mehr, während von der Brücke immer noch keine Anordnungen erfolgten.

Niemand ahnte, daß Ossip Fjodorow sein Vorhaben ausgeführt hatte. In den Backbordschotts hatte er die Flutventile geöffnet und war dann auf das obere Deck gestiegen. Er sah nicht, was unten vor sich ging, stellte sich aber deutlich vor, wie das Schiff das Salzwasser aufnahm. Es war eine Schlagseite von fünf bis sechs Grad erforderlich, um das Schiff zum Kentern zu bringen. Ungeduldig harrte Fjodorow diesem Augenblick entgegen. Er hatte mit unserer Niederlage gerechnet und sich während der ganzen Fahrt in den Fernen Osten mit revolutionärer Propaganda befaßt. Er besaß weder eine Fabrik noch ein Geschäft, weder Land noch Rang. Er war ein völlig Besitzloser, ein Proletarier. Warum hatte er sich zu einer solchen Handlung entschlossen? Überraschend für sich selbst hatte er den Anstoß dazu erhalten.

Am Tage hatten sich russische Matrosen auf dem Oberdeck versammelt und betrachteten finster das Loch, das eine Granate im Zwischendeck gerissen hatte. Japanische Matrosen, die vergnügter Stimmung waren, hatten eine Unterhaltung mit ihnen angeknüpft. Zuerst verständigte sich jeder in seiner Sprache, mit Hilfe von Gebärden und der Gesichtsmimik. Die Russen versuchten zu verstehen, was die ehemaligen Feinde meinten. Fjodorow schien es, daß die Japaner ein friedliches und freundschaftliches Gespräch anstrebten. Er erlebte aber bald eine Enttäuschung. Ein japanischer Unteroffizier, klein und behend, mit einem flachen Gesicht, trat vor. Er kniff seine schwarzen Augen ein und sagte fließend in russischer Sprache: «Ich habe gehört, daß ihr einstmals tapfer gegen andere Nationen gekämpft habt. Gegen uns Japaner habt ihr aber versagt. Vier Linienschiffe haben sich gefangennehmen lassen.»

«Nicht wir ergaben uns, unser Admiral streckte die Waffen», antwortete ein Matrose.

«Unter einem anderen Befehlshaber wäre kein Japaner an Deck eines russischen Schiffs gekommen», fügte ein anderer keck hinzu.

Der Unteroffizier warf einen schiefen Blick auf die Russen und fuhr fort: «Euch fehlt die Kraft, gegen Japan aufzukommen. Wir sind stärker als ihr. Zu Lande haben euch die japanischen Bajonette aufgespießt. Und zur See, da hat uns noch niemals jemand besiegt und wird uns auch niemals jemand besiegen. Damit ihr es wißt!»

Die Gefangenen reizten diese Worte, sie erwiderten: «Euer Glück, daß unsere Vorgesetzten uns verrieten.»

Nach jeder unserer Antwort sagte der Unteroffizier seinen Leuten etwas auf japanisch. Ob er genau übersetzte oder von sich aus etwas anderes sagte, konnten die Gefangenen nicht wissen. Die Japaner lächelten giftig, wobei sie ihre schiefen Zähne zeigten. Endlich sagte er, wohl damit seine Soldaten und die Gefangenen ihn gleichzeitig verstehen sollten, überheblich und belehrend wie in der Instruktionsstunde, die russischen und japanischen Worte mengend: «Japan ist klein, aber klug – sakassi. Rußland groß, aber … wie heißt es doch, dumm – bakarassi. Wir könnten es vollends zerstören – hogeki – suru.»

«Na, mal nicht so schnell», erwiderten gekränkt die Gefangenen. «Ihr meint, Rußland sei bakarassi. Napoleon war aber größer als ihr und hat sich doch die Zähne ausgebissen an diesem bakarassi. Ihr würdet es erst recht …»

Die Sieger vernahmen die Übersetzung ihres Unteroffiziers, lachten laut und wiederholten schadenfroh: «Rossja bakarassi … Bakarassi … Hogeki-suru …»

Die Matrosen ließen mit finsterer Miene die Köpfe hängen. Am meisten fühlte sich Ossip Fjodorow verletzt. Er selbst hatte kein Wort gesagt. Die Verhöhnung Rußlands durch die Feinde entfachte einen solchen Haß in ihm, als hätten sie seine Mutter öffentlich geschmäht. Er sah zum Heck hin, wo nicht mehr die Andreasflagge, sondern das Sonnenbanner flatterte. Sein Gesicht zuckte schmerzvoll, er mußte sich beherrschen, um sich nicht auf den japanischen Unteroffizier zu stürzen. Und da kam ihm schließlich der Gedanke, wenn auch um den Preis seines Lebens, dem Feind die Beute zu entreißen. Mit diesem drohenden Gedanken irrte er bis Mitternacht finster auf dem Schiff umher.

Nun erst, als das Wasser ins Schiff drang, entsann sich Fjodorow plötzlich, daß nicht nur Japaner an Bord waren. Zwei Drittel der Besatzung hatten sie zwar auf ihre Schiffe gebracht, immerhin waren auf

«Orjol» noch etwa dreihundert Russen geblieben. Die Japaner würden wohl kaum die Gefangenen retten, die schliefen und nicht wußten, daß einer ihrer Kameraden ihnen den Untergang bereitete. Auch er selbst würde dem allgemeinen Schicksal nicht entgehen. Seine Kameraden taten ihm furchtbar leid, am liebsten hätte er laut herausgeschrien: «Rettet euch! Das Schiff sinkt! Ich trage die Schuld!»

Gleich darauf war ihm aber, als hätte jemand die höhnische Frage gestellt: «Und die Japaner? Sollen sie triumphieren?»

Nein, er konnte sich damit nicht abfinden, daß sein Schiff sich in den Händen der Japaner befand. Er hatte alles getan, damit dies nicht so bliebe. Fjodorow beschaffte sich ein Stück Persenning, wickelte sich in das Tuch und streckte sich am 305-mm-Turm aus. Es wäre schön, auf diesen Deckplanken, ohne aufzuwachen auf den Meeresgrund zu sinken. Er konnte aber keinen Schlaf finden. Widerspruchsvolle Gedanken raubten ihm den Schlaf. Er war zufrieden, daß die Krängung mit jedem Augenblick zunahm, gleichzeitig stellte er sich aber das furchtbare Bild vor, wie seine Kameraden ertrinken würden. Ihn fieberte. Plötzlich hörte er ungewöhnliche Geräusche. Durch das Segeltuch vernahm er, daß auf dem Oberdeck die Japaner hastig hin- und herliefen. Es schien, als dröhne das Schiff vom Getrampel zahlloser Füße. Die Bootsmannspfeifen trillerten, die kehligen Laute der unverständlichen Sprache, die in höchster Tonlage abrissen, mischten sich in den Lärm. Man konnte glauben, daß auf dem Schiff ein Tumult ausgebrochen sei. Aufregung und Lärm wuchsen. Fjodorow legte das alles als ein Zeichen dafür aus, daß sein Vorhaben gelungen war.

Jetzt dachte er nicht mehr an seine Kameraden. Sein heißes Herz triumphierte, weil er an den Japanern Rache für die Schmach von Tsushima, für die versenkten Schiffe und getöteten Kameraden genommen hatte. Das Blut hämmerte in seinen Schläfen. Jetzt mußte der Augenblick kommen, in dem niemand mehr das Schiff vor der Katastrophe retten konnte. Fjodorow dachte, daß ihm nun nicht einmal mehr so lange zu leben vergönnt sein werde, um eine Zigarette zu rauchen.

Bald aber wurde wieder alles still. Das beunruhigte ihn. Das Schiff neigte sich nicht mehr zur Seite. Fjodorow schlug das Tuch beiseite und begriff: Die Japaner waren hinuntergeeilt! Verzweifelt flüsterte er: «Sie haben es gemerkt.»

Fjodorow durchlebte jetzt Augenblicke, wie Menschen sie selten durchmachen. Ihn schreckte nicht das Nahen des Todes, was durchaus natürlich gewesen wäre, sondern die Rückkehr zum Leben. Es fiel ihm schwer, sich wieder auf ein tätiges Leben einstellen zu müssen, nachdem er schon endgültig beschlossen hatte, mit dem Schiff unterzugehen.

Eine Frage quälte ihn: Wodurch hatten die Japaner die Ursache der Krängung festgestellt? Am wahrscheinlichsten war es, daß sie Pläne des Linienschiffs besaßen, die ihre Aufklärung schon vorher beschafft hatte. Vielleicht aber hatten ihnen unter Gewaltandrohung die Maschinisten geholfen. Dieser Gedanke schmerzte ihn am meisten. Wie auch immer – das Schiff richtete sich wieder auf. Das bedeutete, daß die Japaner die Steuerbordschotts geflutet hatten. Nun brauchten sie nur alle Schotts wieder leer zu pumpen, um die Havarie ganz zu beseitigen. Nur knapp zwei Grad hatten gefehlt, um «Orjol» auf den Meeresgrund zu schicken. Fjodorow zitterte am ganzen Körper vor Wut über seine mißlungene Tat. Um nicht laut aufzuschreien, biß er in das salzdurchtränkte Segeltuch.

Eine Wahrheit, die kaum zu glauben war

Mich beschäftigte unausgesetzt die Frage, worin die Überlegenheit der Japaner bestand. Daß sie besser als wir manövrierten, daß ihr Geschwader eine größere Geschwindigkeit als wir entwickeln konnte, daß sie besser trafen und daß ihre Granaten unsere Panzerung zwar nicht durchschlagen, aber doch die russischen Schiffe durch Brand zerstört und unsere Seeleute verwirrt hatten – das alles hatten wir am 27. Mai als Teilnehmer der Schlacht erfahren müssen. Aber es mußte noch andere Gründe geben.

Ich besichtigte das Linienschiff «Asahi». Es wies nicht den überflüssigen Luxus auf, der unsere Schiffe belastete und ihre Kampffähigkeit beeinträchtigte. Bei den Japanern war alles karg und zweckentsprechend. Auch die Holzaufbauten auf dem Oberdeck fehlten. Daher brauchte man bei Alarm nichts fortzuräumen, zusammenzulegen, zu verstecken. Das beschleunigte die Herstellung der Gefechtsbereitschaft. Da ihre Offizierskajüten kleiner als bei uns waren, konnten sie die Bestückung durch zwei 152-mm-Geschütze verstärken. Besonders die Einrichtung des Kommandoturms fiel mir auf. Im Gegensatz zu unseren Schiffen waren die Sehschlitze sehr schmal gehalten. Menschen und Geräte waren also weit besser geschützt. Jeder Geschützturm und jede Kasematte hatten ihre Entfernungsmesser. Die Geschützpforten waren so gut gesichert, daß kein Splitter eindringen konnte.

Mit meinen Kameraden verbrachte ich drei Tage auf «Asahi». Vieles, was ich beobachtete, wäre mir unverständlich geblieben, wenn mir nicht einige japanische Matrosen, die russisch konnten, geholfen hätten. Ein Geschützführer, ich nannte ihn Jatsuda, hatte sich besonders mit uns angefreundet. Vor seiner Einberufung zum Militärdienst hatte er viele Jahre in russischen Städten gelebt und in Wäschereien gearbeitet.

An Bord von «Orjol» war die Mannschaft in zwei Wachen und jede Wache in zwei Backschaften gegliedert. Jede Backschaft entsprach einer Kompanie, die stets von einem Frontoffizier geführt werden mußte. Unsere Backschaft setzte sich aus Matrosen verschiedener Stationen zusammen. Daher kannte unser Kompaniechef viele seiner Untergebenen nicht. Er hatte nur mit den Matrosen aus den unmittelbar am Kampf beteiligten Einheiten Verbindung. Seine Pflichten beschränkten sich auf die Ausgabe des Soldes. Ganz anders war es auf dem japanischen Schiff. Dort bildete jede Fachgruppe eine Kompanie, die von einem entsprechenden Fachoffizier geführt wurde, zum Beispiel vom Ingenieurmechaniker, Navigationsoffizier, Torpedooffizier, Artillerieoffizier und sogar vom Schiffsarzt. Eine solche Mannschaftsstruktur ermöglichte es dem Kompaniechef, nicht nur die ihm anvertraute Ausrüstung zu beaufsichtigen, sondern auch seine Untergebenen zu kontrollieren.

Eines Abends hatte ich Gelegenheit, mehr über die japanische Flotte zu erfahren. Der Kommandant, Kapitän 1. Ranges Nomoto, hatte soeben die einzelnen Stationen des Schiffs besichtigt. Mit dem Untergang der Sonne wurden alle Außenlichter an Bord gelöscht. Obwohl den Japanern jetzt keine Gefahr mehr drohte, waren ihre Geschütze schußbereit; an jedem Geschütz wachte die Bedienung. Um 19.30 Uhr wurden die Hängematten ausgegeben. Die Matrosen, außer der Wache, hatten frei.

Auf der Back hatten sich japanische und russische Matrosen um ein Wasserfaß mit einer darunter glimmenden Lunte versammelt. Ich gesellte mich mit dem Bootsmann Wojewodin und dem Heizer Baklanow hinzu. Ein leichter Wind umwehte die Gesichter. Am Horizont verlosch das Abendrot. Das Meer glänzte golden. Mir gegenüber hockte auf den Fersen der Geschützführer Jatsuda. Er rauchte eine winzige, kupferne Pfeife und hielt seine schwarzen Schlitzaugen geheimnisvoll geschlossen. Wir sprachen über den Militärdienst. Er war äußerst erstaunt, als er hörte, daß die russischen Seeleute nur vier Monate im Jahr auf den Schiffen waren und die übrige Zeit an Land in Kasernen verbrachten.

«Nein, bei uns ist es anders», sagte Jatsuda. «Wir halten uns ständig an Deck auf und sind fast während des ganzen Jahres unterwegs. So sammeln wir Erfahrungen.»

Wojewodin fragte: «Und wer kommt bei euch zur Flotte?»

Ich erfuhr, daß auf den japanischen Schiffen nur die Hälfte der Mannschaft aus Wehrpflichtigen bestand, die vier Jahre aktiven Dienst in der Flotte ableisteten und acht Jahre Reservisten blieben. Die andere Hälfte waren Freiwillige. Ihre aktive Dienstzeit betrug acht Jahre, die Reservistenzeit vier Jahre. Zur Flotte ging vor allem, wer schon vor dem Militärdienst entweder in der Küstenschiffahrt oder in der Fischerei gearbeitet hatte. Aus den Freiwilligen wurden die besten Spezialisten.

In der japanischen Flotte war man bestrebt, ausgezeichnete Richtkanoniere im Dienst zu behalten, indem man ihnen ein auskömmliches Gehalt bot, denn von ihnen hing während eines Krieges der Erfolg des Artilleriekampfes ab. Genauso vernünftig handelten die Japaner auch, indem sie die besten Geschützführer der ganzen Flotte auf den kampfstärksten Schiffen zusammenzogen. Deshalb schossen die Linienschiffe besser als die Panzerkreuzer, diese wiederum besser als die leichten Einheiten.

Selbst auf den neuesten Schiffen unseres Zweiten Geschwaders, die entscheidende Bedeutung für den Kampf gehabt hatten, waren die Geschütze von Rekruten und Reservisten bedient worden. Die russischen Marinebehörden hatten nicht daran gedacht, sie durch die erfahrenen Geschützführer der Schwarzmeerflotte zu ersetzen, die überhaupt nicht in den Krieg eingriff. Bereits eine solche Maßnahme hätte den Erfolg der Japaner beeinträchtigen können.

Von Jatsuda erfuhren wir aber auch noch etwas anderes, was uns besonders staunen ließ. Die Bereitwilligkeit, in der japanischen Armee oder Flotte Dienst zu tun, war durchaus nicht so groß, wie er scheinen mochte. Viele Japaner versuchten, dem Militärdienst zu entgehen. Lieber verstümmelten sie sich selbst, obwohl das Gesetz solche Vergehen streng bestrafte, wenn sie entdeckt wurden. Manchmal griffen die Soldaten zu ganz sonderbaren Mitteln, um künstlich zu erkranken und die Militärärzte zu hintergehen. So war man der Meinung, daß es zu einer Krankheit führe, den Schwanz eines Ameisenigels, im eigenen Blut gekocht, zu essen.

«Als guter Richtkanonier werden Sie wohl im Militärdienst bleiben», sagte ich zu Jatsuda.

«Nein, ich bleibe nicht. Der Dienst behagt mir nicht. Ich möchte wieder als Wäscher nach Rußland gehen.»

«Warum denn?»

«Ich habe ein neues Verfahren zum Stärken der Kragen erfunden. Ein Geheimnis. Ich werde damit viel Geld verdienen.»

Ich sah ihn an und dachte: Vielleicht hatte ein wohlgezielter Schuß von ihm den Untergang eines unserer Schiffe mit Hunderten von Menschen verursacht. Und nun saß vor mir ein kleines Männlein, rauchte und hegte seinen Wunschtraum, der nichts mit dem Krieg zu tun hatte.

Am Vormittag des 30. Mai ließ der Kommandant des Linienschiffs «Asahi» den Bootsmann Wojewodin zu sich in die Kajüte kommen und begrüßte ihn mit den Worten: «Guten Tag, Bootsmann.»

Als er den russischen Gruß hörte, starrte Wojewodin den Kommandanten, der ruhig am Schreibtisch saß, verwundert an und erwiderte zögernd: «Guten Tag, Euer Hochwohlgeboren.»

«Na, wie geht es Ihnen bei uns auf dem Schiff?» fragte der Kommandant, nach den russischen Worten suchend.

«Gut.»

«Sind Sie mit dem Essen zufrieden?»

«Jawohl, Euer Hochwohlgeboren. Eines ist nur schlecht, wir haben keine Löffel. An die Stäbchen sind wir nicht gewöhnt, den Reis müssen wir also mit den Fingern essen.»

Nomoto beobachtete den Bootsmann prüfend, lächelte ein wenig und sagte: «Da kann man jetzt nichts machen. Wir wußten nicht, daß wir russische Gefangene haben würden. An Land werden wir euch Löffel geben.»

Der versteckte Spott des Kommandanten verletzte den Bootsmann. Nomoto fragte ihn, wieviel Tote und Verwundete es auf «Orjol» gegeben habe. In der Annahme, daß nun peinlichere Fragen folgen würden, spitzte Wojewodin die Ohren. Nomoto begnügte sich aber damit und teilte selbst mit: «Heute ist euer Kommandant Jung im Meer bestattet worden.»

«Er war tödlich verwundet, Euer Hochwohlgeboren.»

«War er ein guter Kommandant?»

«Vorzüglich. Die Mannschaft schätzte ihn sehr.»

Nomoto schlug die Augen nieder, überlegte eine Weile, als seien ihm Erinnerungen aufgestiegen, und sagte dann leise: «Ja, ich habe Jung gekannt. Er war ein guter Mensch. Sehr schade, daß er starb.»

«Gestatten Sie zu bemerken, Euer Hochwohlgeboren, wenn unser Kommandant nicht tödlich verwundet worden wäre, so hätten Sie ihn nicht zu sehen bekommen.»

«Warum nicht?»

«Bei seinem Charakter hätte er sich niemals ergeben. Er hätte sein

Schiff versenkt und wäre selbst mit ihm untergegangen. Er hatte einen entschlossenen Charakter.»

Ein peinliches Schweigen trat ein.

Nomotos alterndes Gesicht wurde streng. Er warf einen harten Blick auf den Bootsmann und befahl trocken: «Gehen Sie!»

«Zu Befehl!»

Wojewodin berichtete mir sofort über seine Unterhaltung mit Nomoto, und wir rieten lange hin und her, woher denn der japanische Kommandant Jung kennen konnte. Ich hatte von unseren Offizieren gehört, daß Jung mit einer Japanerin verheiratet gewesen war und auch einen Sohn von ihr hatte. Waren es diese Umstände, die unseren Kommandanten einmal mit Nomoto zusammengeführt hatten?[29]

Als wir bereits die japanische Küste sehen konnten, erschien der Richtkanonier Jatsuda und überraschte uns lächelnd mit der Nachricht: «Euer Admiral Roshestwenski wurde mit seinem Stab gefangengenommen.»

Wir starrten den Japaner an und fragten: «Unter welchen Umständen denn?»

Aber Jatsuda gab nur zur Antwort: «Jetzt ist der Krieg bald aus.»

Er sprach nicht länger mit uns, sagte nur, er habe keine Zeit, und verschwand in den unteren Räumen.

Die Nachricht machte sofort die Runde unter den Gefangenen, aber niemand wollte sie glauben. Entrüstet riefen sie: «Der Japaner flunkert!» – «Daß Roshestwenski ein Holzkopf ist, wissen wir alle, daß aber gerade er sich gefangen gibt – niemals ist das zu glauben!» – «Wenn er mit seinem Schiff in die Lage gekommen wäre, unterzugehen, so hätte er noch aus dem Wasser dem Admiral Togo mit der Faust gedroht.» – «Roshestwenski konnten die Japaner nur tot gefangennehmen!»

Um die Mittagszeit wurden wir Gefangenen, ehe wir in den Kriegshafen Maidsuru einliefen, ins Zwischendeck getrieben, wo wir bald das Rasseln der Ankerkette hörten. Ein neues Leben stand uns bevor. Alle diese Ereignisse, einschließlich der Übergabe der Schiffe, hatten sich nur vollzogen, weil Nebogatow den Befehl des Geschwaderchefs ausgeführt und den Kurs Nordost 23 Grad eingehalten hatte.[30]

Die Hauptstütze Seiner Majestät

Ein repräsentatives Nichts

Die Torpedoboote «Bedowy» und «Buiny» glichen einander wie Zwillinge. Beide waren schwarz, jedes hatte vier Schornsteine und eine Wasserverdrängung von dreihundertfünfzig Tonnen. Am Tage der Seeschlacht hatte sie das Schicksal zusammengeführt, aber ihre Rollen vertauscht. Das wiederum führte dazu, das Drama im Japanischen Meer mit einer Posse abschließen zu lassen.

Kommandant von «Bedowy» war der Kapitän 2. Ranges Nikolai Wassiljewitsch Baranow. Er war zwar schon neunundvierzig Jahre alt, sah aber dank seiner blühenden Gesundheit viel jünger aus, war in der Gardemarinedivision Offizier gewesen und trat untadlig militärisch auf. Ein großer, seidiger Bart, der sich unten teilte, lockiges, nach hinten gekämmtes Haar, runde Augen, fliehende Stirn – alles das harmonierte vortrefflich mit seinem hohen Wuchs und den breiten Schultern. Bei Begegnungen mit Vorgesetzten konnte keiner so geschickt und bildhaft schön wie er die Meldung erstatten. Jeder Unbeteiligte mußte einfach annehmen: Ein solcher Kommandant würde auch unter den schlimmsten Verhältnissen nicht den Kopf verlieren!

Admiral Roshestwenski hatte von ihm die höchste Meinung. Unter dem Befehl dieses Kommandanten bot «Bedowy» stets ein äußerlich vorzügliches Bild und wurde immer wieder vom Geschwaderchef gelobt und den anderen Torpedobooten mitsamt seinen Kommandanten als besonders gutes Beispiel vor Augen geführt. Aus dem gleichen Grunde war «Bedowy» als Ordonnanzschiff dem Flaggschiff «Suworow» beigegeben worden. Außerdem hatte das Torpedoboot durch Geschwaderbefehl noch eine bestimmte Rolle zugewiesen erhalten. Es sollte während einer Schlacht gegen die Japaner das Flaggschiff im Auge behalten und wenn nötig den Admiral und dessen Stab retten.

Wer aber Baranow so kannte wie seine Untergebenen, der bewertete ihn ganz anders.

Eine Marineschule hatte Baranow nicht absolviert. Er war später als gewöhnlich vom Flottenjunker zum Leutnant befördert worden. Irgendwelches Fachwissen besaß er nicht. Geschütze, Torpedos und die vielen komplizierten Geräte an Bord waren für ihn ein Buch mit sieben Siegeln. Um überhaupt in der Lage zu sein, das Kommando über «Bedowy» übernehmen zu können, hatte er, schon im Rang eines Kapitäns 2. Ranges, einen ganzen Winter lang Unterricht in der Navigationslehre nehmen müssen. Er las keine Bücher; das Lesen empfand er als schädlich.

Baranow war reich, er besaß ein eigenes Haus im Zentrum von Petersburg und ein Sommerhaus in Sestrorezk. Trotzdem kannte sein Geiz keine Grenzen. In Port Said hatten sich die Offiziere dutzendweise weiße Röcke und Hosen für je fünf Francs gekauft. Baranow hatte das nicht getan, weil er den Preis zu hoch fand. Dafür erwarb er zwanzigtausend abscheulich stinkende abessinische Zigaretten für vier Francs je Tausend. Auch während der Fahrt durch die tropische Zone trug er aus Sparsamkeitsgründen eine schwarze Uniform. Das Unangenehmste für alle seine Untergebenen waren Geldangelegenheiten, da er sich mit jedem um die geringsten Beträge stritt. Er konnte stundenlang um eine Kopeke feilschen und brachte Offiziere und Matrosen dabei zum Schwitzen. Vergaß jemand, von ihm eine Quittung für einen ausgezahlten Vorschuß zurückzuverlangen, so wurde dieser ein zweites Mal abgezogen. Auf diese Weise hatte er einem Leutnant zweimal fünfundzwanzig Rubel abgenommen. Einmal weigerte sich Baranow, seinen Kostgeldzuschuß zu bezahlen und erklärte einem anderen Leutnant B., er habe es schon bezahlt. Unverfroren, ohne mit der Wimper zu zucken, versicherte er: «Können Sie sich denn wirklich nicht erinnern? Ich weiß noch genau, wie es war. Sie saßen hier und ich dort. Sie sagten doch noch, wie neu die Geldscheine wären, es sei schade, sie auszugeben.»

Vor Kreta hatte sich ein Zwischenfall ereignet, an den Offiziere und Matrosen noch lange zurückdenken mußten. «Bedowy» fuhr damals mit dem Torpedoboot «Besupretschny» zusammen. Das einzige Beiboot dieses Schiffs kenterte während einer Fahrt auf der Reede, da es überlastet war. «Besupretschny» wandte sich um Hilfe an Baranow, der es jedoch entrüstet ablehnte, sein Boot herzugeben. Neun Mann ertranken. Alle waren darüber empört, und ein Leutnant konnte nicht an sich halten und schleuderte seinem Kommandanten ins Gesicht: «Sie haben gegen die Regeln der Kameradschaft verstoßen. Ich bin entsetzt über Ihre Hartherzigkeit. Ich gehe noch weiter: Ich halte Sie nicht mehr für einen anständigen Menschen!»

Baranow zuckte daraufhin nur die Achseln und wandte sich hochmütig ab.

An Bord stand er erst gegen zwölf Uhr mittags auf. Die Schiffsoffiziere erhielten von ihm weder Anweisungen für den Dienstbetrieb noch für die Ausbildung. In den vergangenen achtzehn Monaten hatte «Bedowy» ein einziges Mal, vor Bizerta, ein Artillerie- und Torpedoübungsschießen abgehalten. Als Kampfeinheit besaß das Torpedoboot daher so gut wie keinen Wert. Baranow störte das aber nicht im geringsten. Wenn er an Deck erschien, schrie er seine Untergebenen an: «Ich verlange, daß mein Schiff so glänzt wie die Jacht des Zaren!»

Er war faul, tat nichts und beklagte sich trotzdem in der Messe bei seinen Offizieren: «Ich bin ganz allein, niemand hilft mir.»

Baranows Schiffsführung war schlecht. Ein Anlegemanöver dauerte bei ihm zwanzig bis dreißig Minuten.

Womit beschäftigte sich dieser stumpfe, beschränkte Mensch? Mit seiner Karriere, mit dummdreist ausgeheckten kleinlichen Betrügereien und seltsamerweise mit verschiedenen «Erfindungen». Er knobelte stets an etwas herum, womit er die Welt in Erstaunen versetzen wollte. Den Offizieren fiel er mit seinem Gerede über Erfindungen auf die Nerven.

Einmal sagte er begeistert: «Ich bin überzeugt davon, daß die Menschen etwas erfinden werden, das den ehelichen Verkehr auch bei Trennung von Mann und Frau ermöglicht.»

An Bord von «Bedowy» befand sich kein Mensch, der nicht heimlichen Haß gegen den Kommandanten gehegt hätte.

Die Offiziere sagten von ihm: «Er müßte einen Hafenschlepper befehligen, kein Kriegsschiff.» – «Ich kann es kaum abwarten, daß ich von diesem Gauner wegkomme, der nur Schande über den Offiziersstand bringt.»

Noch schlimmer erging es den Matrosen, für die er Verhältnisse schuf, die sonst kaum in Gefängnissen herrschten. Baranow war kräftig und schlug die Matrosen häufig. Von seinen Faustschlägen fiel mancher Matrose lang hin. Sie konnten sich nirgends beschweren und mußten sich auf Klagen untereinander beschränken: «Ein Speichellekker ist er dem Admiral gegenüber. Wenn ihm Roshestwenski sagen würde, er hätte keine Stiefelbürste, so würde Baranow hinstürzen und ihm mit seinem Bart die Stiefel putzen.» Alles in allem: Baranow war ein grausamer, unehrlicher Mensch ohne Grundsätze und ohne Pflichtgefühl. Wie konnte sich aber ein solcher Offizier überhaupt in der Flotte halten? Warum wurde er geduldet? Wie hatte er ganze zwei Jahre auf der Zarenjacht «Polarstern» als Erster Offizier Dienst tun können? Das alles war nur möglich, weil es viele solche Offiziere wie ihn gab. Deshalb wurde Baranow nicht nur nicht aus dem Marinedienst entfernt, sondern sogar noch belohnt. Er hatte fünf russische und sieben ausländische Orden, darunter auch einen japanischen – den «Orden der Aufgehenden Sonne».

Auf dem Linienschiff «Alexander III.» diente sein Sohn, ein großer, hagerer Jüngling mit verschämtem Gesichtsausdruck und naiven, klaren Augen. Ihm, der vor kurzem erst die gelben Mauern der Seekadettenschule hinter sich gelassen hatte, bot sich das Leben in bunten Farben verführerischer Hoffnungen. Wenn er seinem Vater begegnete, wurde er traurig. Als er einmal in der Messe des Torpedobootes frühstückte, fragte er die Offiziere: «Warum ist denn mein Vater hier so unbeliebt?»

Die Offiziere blickten sich stumm an und antworteten nicht.

«Bedowy» mit Baranow als Kommandanten hatte wohlbehalten die Tsushima-Straße erreicht. Admiral Roshestwenski hielt Baranow weiterhin für einen mustergültigen Kommandanten. Und erst am 27. Mai, am Tage der Schlacht mit den Japanern, mußte der Oberbefehlshaber eine bittere Enttäuschung erleben.

Das Flaggschiff «Suworow» hatte als Spitzenschiff der im Kielwasser fahrenden Kolonne als erstes das Feuer mit seiner Backbordseite eröffnet. Gleich darauf war es selbst das Opfer der feindlichen Salven geworden. Dem Gefechtsbefehl zufolge befand sich das Torpedoboot «Bedowy» mit dem Kreuzer «Shemtschug» auf der Steuerbordseite des Flaggschiffs, vier Kabellängen von ihm entfernt. Solange keine Gefahr drohte, hielt sich Baranow stolz auf der Brücke auf. Ein lebhafter Wind spielte mit seinem seidenweichen Bart. Die erste Wassersäule aber, die in der Nähe des Torpedobootes aufstieg, ließ den Kommandanten zusammenzucken. Er zog die Schultern bis zu den Ohren hoch und ließ «Bedowy» an eine Stelle steuern, die die feindlichen Granaten nicht mehr erreichten.

Das Linienschiff «Osljabja» kämpfte als erstes Opfer um sein Leben. In diesen Augenblicken fuhr «Bedowy» zufällig nahe vorbei. Man sah, wie die Menschen vom Schiff ins Meer sprangen. Anstatt ihnen Hilfe zu leisten, ließ Baranow sein Boot wenden und setzte sich in voller Fahrt von «Osljabja» ab. Diese Handlungsweise erregte heftigen Widerspruch seitens der Offiziere und Mannschaften. Auf dem Torpedoboot wurde gemurrt. Einige riefen laut: «Warum retten wir die Unseren nicht?» – «Und wenn es uns so ergeht?» – «Selbst den Feinden müßte man Hilfe erweisen.»

Dieses Mal wagte es Baranow nicht, die Stimmen seiner Untergebenen zu überhören. Er mußte wieder wenden lassen. Es war aber schon zu spät. «Osljabja» war verschwunden, die Ertrinkenden wurden von anderen Torpedobooten – «Buiny» und «Brawy» – aufgefischt, die zwar weiter entfernt gewesen waren als «Bedowy», aber früher an der Unfallstelle erschienen. Gewiß, es hätten noch mehr geborgen werden können, der Feind eröffnete aber das Feuer auf die Torpedoboote, und «Bedowy» verzog sich sofort. So hatte Baranow keinem einzigen Menschen helfen können. Das bewegte ihn aber nicht im geringsten. Er war offenbar sogar erfreut darüber. Um sich und die anderen zu beruhigen, meinte er: «Wie schade, daß wir zu spät gekommen sind! Im übrigen aber sind solche nassen und schmutzigen Gäste kein sonderliches Vergnügen. Sie hätten uns aus unseren Räumen verdrängt.»

Später schied «Alexander III.» aus. Baranow schien das Linienschiff nicht ohne Absicht zunächst für «Suworow» zu halten und steuerte in seine Richtung. Als man sich so nahe gekommen war, daß man sich verständigen konnte, rief er hinüber:

«He, ihr Leute! Ruft doch den Leutnant Baranow! Sagt ihm, sein Vater will ihn sprechen.»

Er erhielt keine Antwort. Das Linienschiff war wie ein Sieb, seine inneren Stationen waren zerstört, seine Aufbauten waren zerschmettert, es stand in Flammen. Die Menschen waren mit dem Löschen beschäftigt.

Baranow veranlaßte, daß durch Handflaggen nach dem Schicksal seines Sohnes gefragt wurde. Auch dieses Mal erhielt er keine Antwort. Ringsum fielen Granaten. An Bord meinten unzufriedene Stimmen: «Von der ‹Osljabja› haben wir niemanden gerettet, und hier wagen wir ohne Grund unser Leben.»

Das Torpedoboot nahm dann in voller Fahrt Kurs auf die Hilfskreuzer. Zum ersten Mal sahen die Untergebenen ihren Kommandanten in gedrückter Stimmung. Er war ganz in sich zusammengesackt, seine runden Augen waren gerötet. Hoffnungslos sah er sich nach dem brennenden Linienschiff um, wo sein Sohn geblieben war, dem Tode geweiht.

Während des Gefechts hatte «Bedowy» sich nicht ein einziges Mal dem Flaggschiff genähert, keine Granate abgefeuert, kein Torpedo; dafür war es aber auch nicht beschädigt.

Am Abend schlossen sich die Torpedoboote «Bedowy» und «Grosny» dem Kreuzer «Dmitri Donskoi» an und folgten ihm. Die Nacht brach an. In der Nähe und auch weiter entfernt hörte man Geschütz- und MG-Feuer; Scheinwerfer zuckten durch die Finsternis. Die drei Schiffe fuhren zusammen. Der Kommandant Baranow befahl seinen Untergebenen:

«Achtet genau auf ‹Dmitri Donskoi›! Nicht hinter ihm zurückbleiben. Das ist unser Beschützer.»

Plötzlich tauchte drei bis vier Kabellängen vor dem Torpedoboot der Umriß eines Schiffes auf, das zu feuern begann.

Baranow stöhnte: «Mein Gott, was ist denn das bloß?»

Es war der Kreuzer «Wladimir Monomach», der die russischen Torpedoboote für feindliche Einheiten gehalten hatte. Es ging aber noch einmal alles glimpflich ab.

Als die Gefahr vorüber war, erschien der Kommandant Baranow wieder beruhigt auf der Brücke und rief:

«Haltet näher an ‹Dmitri Donskoi›, damit er uns nicht für Japaner hält.»

Der Rest der Nacht verlief ohne Störungen.

«Buiny» rettet den Admiral

Der völlige Gegensatz zu Baranow war der Kommandant des Torpedoboots «Buiny», Kapitän 2. Ranges Nikolai Nikolajewitsch Kolomeizew, ein achtunddreißigjähriger Seemann, groß, schlank und immer in Eile. Die Beschreibung seines Äußeren in den Personalpapieren hätte etwa so lauten müssen: hager, blond, scharfe graue Augen, nachdenkliche Stirn, gerade, feine Nase, kleiner Mund mit festverschlossenen Lippen, aufwärts gerichteter Schnurrbart; Bärtchen wie ein flacher Pinsel. Hinter diesem für viele Offiziere passenden Äußeren verbargen sich unbeugsamer Wille, Mut und Findigkeit.

Er war belesen und gebildet, beherrschte mehrere Sprachen und war ein eifriger Anhänger englischer Marinetradition. Wiederholt war er auf Großer Fahrt gewesen. Vor dem Kriege hatte er den Eisbrecher «Jermak» geführt und sich als vorzüglicher Kapitän bewährt. Folgender Vorfall aus Kolomeizews Leben unterstreicht das:

Im Jahre 1900 hatte die Akademie der Wissenschaften eine Expedition unter der Führung von Baron Toll zur Erforschung der Neusibirischen Inseln im Nördlichen Eismeer ausgerüstet. Im Juni war die Expedition an Bord der Jacht «Sarja» in Petersburg aufgebrochen und um Norwegen herum nach Murmansk gefahren. Drei Monate später war man schon in der Karasee und fuhr bis zur Taimyrhalbinsel. Hier wurde das Schiff vom Eis überrascht und mußte überwintern.

Kolomeizew nahm als Leutnant an dieser Expedition teil. Zuerst half er Baron Toll bei wissenschaftlichen Beobachtungen, indem er das Ufer per Hundeschlitten aufklärte, bis ein Streit zwischen ihnen ausbrach, der eine weitere Zusammenarbeit unmöglich machte. Eine Versöhnung schien ausgeschlossen gewesen zu sein, da beide sehr ehrgeizig und von ihrem Recht überzeugt waren.

Daher beschloß Kolomeizew, das Schiff zu verlassen, und versicherte sich der Mithilfe eines Kosaken namens Rastorgujew. Es entstand die überaus schwierige Frage: Wohin sollte er sich wenden? Das nächste Dorf hieß Galtschicha, bestand nur aus einigen Blockhütten und lag neunhundert Kilometer entfernt am Jenissei. Auf einem solch langen Wege konnten verschiedene, überraschende Hindernisse auftauchen. Der Winter war sehr streng. Über der riesigen Eiswüste, durch die hungrige Raubtiere streiften, herrschte die drei Monate währende Polarnacht. Mitunter war die düstere Finsternis vom vielstimmigen Heulen des Schneesturmes erfüllt, dem man nur entgehen konnte, indem man sich in eine Schneewehe vergrub. Kolomeizew hatte aber seinen Entschluß gefaßt, blieb dabei und zog mit Rastorgujew los. Die anderen Mitglieder der Expedition hielten die beiden für Wahnsinnige, die in den Tod rannten. Ihre Freude war daher groß, als sie die beiden zwei Tage später wieder auf der «Sarja» sahen. Baron Toll frohlockte. Aber zu früh! Kolomeizew war nur deshalb zur Jacht zurückgekehrt, weil er die Düsen des Petroleumkochers vergessen hatte! Einige Stunden ruhte er aus, dann brach er wieder auf. Und er erreichte wohlbehalten das Dorf Galtschicha ...

An Bord von «Buiny» hatte Kolomeizew eine strenge, aber vernünftige Disziplin durchgesetzt. Vor allem verlangte er von seinen Untergebenen, daß sie seemännische Sachkenntnis hatten, mit den Maschinen umzugehen wußten, präzise im Torpedo- und Artillerieschießen waren und seine Anordnungen genau ausführten. Die Gefechtsbereitschaft seines Bootes war daher stets gewährleistet.

Kolomeizew war selbstbewußt genug und brauchte vor den Vorgesetzten nicht zu kriechen. Eben darum konnte ihn der Geschwaderkommandant nicht vertragen. Das Torpedoboot «Buiny» war während der ganzen Fahrt Zielscheibe der Verhöhnungen Roshestwenskis. Befehle wurden etwa in dem Ton gegeben: «Wie immer fiel das Torpedoboot ‹Buiny› (zu deutsch: Der Ungestüme) durch sein ungestümes Aussehen auf und störte die Kolonne.»

Während des Aufenthaltes vor Madagaskar erkrankte Kolomeizew. Er übergab das Kommando seinem Stellvertreter und ließ sich auf das Lazarettschiff bringen, da es auf dem Torpedoboot weder einen Arzt noch einen Krankenraum gab. Seine Erkrankung meldete er unverzüglich dem Stab. Aus diesem Anlaß kam ein Befehl des Admirals, in dem es hieß: «Der Kommandant des ‹Buiny› ist vom Torpedoboot schändlich desertiert und hat es seinem Schicksal überlassen.» Kolomeizew lag aber mit hohem Fieber im Lazarett.

Als nun bei Tsushima wirklicher Mut erforderlich war, stellte der Zufall diese beiden Kommandanten – Baranow und Kolomeizew – gegenüber.

Sobald die «Osljabja» aus dem Kampf ausgeschieden war, fuhr «Buiny» in voller Fahrt zur Unfallstelle. Das Linienschiff sank schnell. Das Torpedoboot stoppte inmitten der mit den Wellen kämpfenden Menschen. Kolomeizew stand auf der Brücke und gab mit scharfer Stimme die Befehle: «Das Rettungsboot zu Wasser! Taue bereit machen!»

Seine Offiziere und Matrosen wußten, was zu tun war, und jeder erfüllte ohne Hast seine Aufgaben. Hilferufe drangen auf das Torpedoboot. Immer wieder wurden Taue ausgeworfen, an die sich die Hände der Ertrinkenden klammerten. Das Rettungsboot unter der geschickten Führung des Leutnants Chrabro-Wassilewski sammelte die weiter von der Unfallstelle Schwimmenden auf. Auch das Torpedoboot «Brawy» erschien und half bei der Bergung.

Auf «Buiny» hatte sich schon eine große Menge Menschen angesammelt, von denen das Wasser auf Deck triefte. Die Geretteten drängten sich auf einen Haufen, zitternd und ängstlich um sich blikkend, als glaubten sie nicht, daß sie auf einem Schiff seien. Unter ihnen befanden sich auch mehrere Offiziere, so der Stabsnavigationsoffizier Ossipow, der eine Kopfwunde hatte.

Das Geschwader fuhr davon. Japanische Kreuzer, die ihm auf den Fersen waren, eröffneten wütendes Feuer auf die Torpedoboote, die Rettung brachten. Länger konnten sie daher nicht bleiben. Kolomeizew rief laut durch sein Sprachrohr: «Rettungsboot sofort zurückkommen!»

In diesem Augenblick verlor «Brawy», schon im Rückzug, den Fockmast.

«Buiny» hatte durch die umherschwimmenden Trümmer einen Schaden an der Steuerbordschraube erhalten. Um die Schraubenblätter hatte sich eine Stahltrosse gewickelt, an der ein Stück der Großrahe von «Osljabja» hing. Das Boot vermochte plötzlich keine Fahrt mehr zu machen! Der Ingenieuroberleutnant Danilenko stürmte hinauf und erkannte sofort, worin die Störung bestand. Er hatte starke Nerven und verlor nicht sein inneres Gleichgewicht bei dieser Feststellung. Das Boot war wie gefesselt und schien mit seiner Besatzung dem Verderben preisgegeben zu sein. Zum Überlegen war keine Zeit. Der Ingenieur befahl kleine Fahrt zurück. Das Seil gab nach, die Matrosen holten es mit Bootshaken herauf und kappten es. Nun konnte die Maschine wieder arbeiten.

Das Rettungsboot legte an, die Geretteten wurden an Bord genommen. Das Boot mußte im Stich gelassen werden.

«Buiny» wendete und fuhr mit Volldampf, dauernd schießend, dem Geschwader nach. Von Achtern hörte man noch die verzweifelten

Schreie von vier Mann, die man nicht mehr hatte aufnehmen können, denn das Boot durfte die bereits Geretteten – bereits zweihundertvier Mann befanden sich an Bord – nicht länger der Gefahr aussetzen.

Eine etwas geringere Anzahl hatte «Brawy» übernommen. Alle übrigen Besatzungsmitglieder von «Osljabja» – über fünfhundert Mann – waren schon ertrunken.

Und noch einer war zurückgeblieben – der Admiral Fölkersam in seinem verlöteten Zinksarg. Nach dem Kentern des Schiffs schwamm der Sarg an die Oberfläche. Ein Matrose hatte sich an ihn geklammert, um dem Ertrinken zu entgehen. Das Torpedoboot hatte ihn aufgegriffen. Der Sarg mit der Leiche schwamm weiter, einsam auf den Wellen schaukelnd, als wollte der tote Admiral der Vernichtung unseres Geschwaders bis zum bitteren Ende beiwohnen.

Kolomeizews Torpedoboot bildete den Schluß der Kreuzergruppe, als in weiter Ferne steuerbord ein brennendes Linienschiff gesichtet wurde. Es hatte keine Schornsteine und keine Masten mehr, konnte sich aber offenbar noch mit Kurs nach Süd vorwärts bewegen. Der Südwestwind hatte den Rauch der Brände wie eine riesige schwarze Mähne nach Backbord und Achtern gedrückt.

«Sollte das ‹Suworow› sein?» fragte Kolomeizew mit bebender Stimme.

«Es sieht so aus», erwiderte Leutnant Chrabro-Wassilewski.

«Warum aber ist ‹Bedowy› nicht in seiner Nähe zu sehen?»

«Dort hält sich ein anderes Schiff auf, wahrscheinlich ‹Kamtschatka›.»

«Buiny» nahm Kurs auf das brennende Schiff. Den gleichen Kurs nahmen, von Südost kommend, auch feindliche Panzerkreuzer. Dem Torpedoboot stand eine gefährliche Prüfung bevor.

Kolomeizew erkannte noch immer nicht in der schwimmenden und rauchenden Ruine das ehemalige Geschwaderflaggschiff. Erst in unmittelbarer Nähe stellte er fest, daß es «Suworow» war. Der Gedanke, daß dort, auf dem einsamen Schiff, das bereits vom Geschwader verlassen war, inmitten des Feuers, der Stahltrümmer und Leichen, sich noch der Geschwaderchef aufhalten konnte, war furchtbar. Die Gefahr mißachtend, stürmte «Buiny» mit Volldampf angesichts der feuernden feindlichen Schiffe zu diesem gepanzerten Wrack, bestrebt, hinter seinen Panzerwänden Schutz zu finden. Schon konnte man den noch erhaltenen 152-mm-Turm erkennen. Am Turm erschien eine Gestalt, die mit den Armen signalisierte:

«Übernehmt den Admiral!»

Die Maschinen des Flaggschiffs waren gestoppt. Nur der unbeholfene Stahlkörper hatte die frühere Form behalten, alles andere war zerstört, verunstaltet. Die Farbe war verbrannt, der Bugturm war zerborsten und seine Panzerkuppel auf die Back geschleudert worden. Die übrigen Türme standen leblos. Ihre Geschützrohre starrten kreuz und quer mit aufgerissenen Läufen. Auch die Geschütze des Batteriedecks schwiegen. Was an Bord noch übrig geblieben war, wurde von Bränden vernichtet.

«Buiny» hatte sich dem Schiff auf Rufweite genähert. Fähnrich v. Kurssel stand am 152-mm-Turm und rief dem Kommandanten des Torpedobootes zu: «Wir haben alle Rettungsboote verloren. ‹Bedowy› ist verschwunden, der Admiral verwundet! Er muß unter allen Umständen auf Ihr Torpedoboot übernommen werden.»

Kolomeizew erwiderte mit seiner durchdringenden Stimme: «Gut! Ich besitze aber auch kein Boot mehr, ich verlor es bei der Rettung der ‹Osljabja›-Leute. Wir werden längsseits gehen müssen.»

Das war eine sehr schwere Aufgabe. Auf See war die Dünung zwar etwas schwächer, dafür schlugen aber aus den Lecks wie aus Fenstern eines brennenden Gebäudes Flammen und dichte Rauchwolken heraus. Außerdem stand die Backbordseite unter feindlichem Beschuß. Es war unmöglich, hier anzulegen. Es mußte von der anderen Seite versucht werden.

«Buiny» legte bei «Suworow» an und stoppte. Der Fähnrich v. Kurssel meldete: «Der Admiral befindet sich mittschiffs im Steuerbordturm. Man wird ihn gleich holen.»

Es vergingen aufregende Minuten, Roshestwenski konnte aber zunächst nicht gebracht werden. Die Tür am Mittelturm klemmte, sie wurde aufgedrückt. Die Matrosen konnten sich nun zwar hindurchzwängen, aber für den massigen Körper des Admirals war die Öffnung nicht breit genug. Lange versuchte man es in der Seitenlage, bald mit dem Kopf voran, bald mit den Füßen. An den Füßen hielt der Maschinist Alexander Kolotuschkin den Admiral, an den Schultern der Stabsschreiber Matisen, den Rücken stützten zwei Geschützführer. Die Matrosen verfuhren mit Roshestwenski ohne alle Umstände, als sei er ein Sack mit billiger Ware und nicht der Geschwaderchef. Er stöhnte: «Oh, das tut weh, vorsichtiger!»

Endlich wurde er gewaltsam aus dem Turm gerissen. Er verlor das Bewußtsein.

Inzwischen wartete das leicht gebaute Torpedoboot geduldig, selbst durch die Dünung schwer gefährdet, die es an der gepanzerten Schiffswand zerschlagen konnte. Granaten detonierten ringsum. Kolomeizew war sich dessen bewußt, daß sein Entschluß, den Admiral und seinen

Stab zu retten, ihm eine große Verantwortung auferlegte. Jeden Augenblick konnte sein kleines Schiff mit der ganzen Besatzung und den Geretteten, die schon einmal Salzwasser geschluckt hatten, in die Tiefe sinken. Die starke Dünung, die vom Flaggschiff aus drohenden Brände und die feindlichen Granaten – alles war vom Atem des Todes angehaucht. Jedes vorüberfliegende Geschoß veranlaßte die gerettete «Osljabja»-Mannschaft, sich zusammenzukauern, die Hände über den Kopf zu halten, zu zittern. Die bleichen Gesichter mit den starren Augen waren ohne jeden Ausdruck. Der Kommandant Kolomeizew, dieser hochgewachsene Mensch mit dem pinselähnlichen Bärtchen, blieb äußerlich ruhig. Er stand auf der Brücke und erteilte seine Anordnungen kurz und scharf wie Säbelhiebe.

In der Nähe von «Suworow» schlingerte das Werkstattschiff «Kamtschatka», das von Roshestwenski «Schmutzige Wäscherin» genannt zu werden pflegte. Eine Granate hatte den Schornstein umgelegt.

Zwischen den flammenden Trümmern des Flaggschiffs zeigte sich endlich eine Gruppe von Offizieren und Matrosen, die den Admiral trugen. Das war nicht mehr der Vorgesetzte, dieser herrische, zügellose Dickschädel, vor dem das ganze Geschwader zitterte. Er machte einen kläglichen Eindruck: Seine Uniform war zerrissen, voll Ruß und Schmutz, der eine Fuß steckte im Stiefel, der andere war mit einer Matrosenbluse umwickelt, der Kopf mit einem Handtuch verbunden, das Gesicht war ruß- und blutverschmiert, ein Teil des Bartes versengt. Der abgewirtschaftete Admiral erregte keinen Haß mehr. Eile tat not. In einem Augenblick, als das Deck des Torpedobootes mit dem des Flaggschiffs etwa auf gleicher Höhe lag, wurde Roshestwenski in die Arme der «Buiny»-Mannschaft hinübergeworfen. Der Admiral schlug müde die dunklen Augen auf, sein Blick irrte umher. Plötzlich weiteten sich verwundert seine Augen: ihn blickte ein Mann an, den er haßte und der nun sein Retter geworden war – der Kapitän 2. Ranges Kolomeizew! Das dauerte mehrere Sekunden. Im Gesicht des Admirals zuckte es, die geschwollenen Lider senkten sich schwer. Er wurde in die Kajüte des Kommandanten gebracht.

Dem Admiral folgten auf das Torpedoboot der Flaggkapitän Clapier de Colongue, der Geschwadernavigationsoffizier Oberst Filippowski, Kapitän Semjonow, Oberleutnant Leontjew, der Stabsoffizier Krshyshanowski, der Leutnant Demtschinski und Fähnrich Maximow. Außerdem sprangen noch vierzehn Mann der Besatzung aufs Boot, unter ihnen auch Pjotr Putschkow, der Bursche des Admirals.

Clapier de Colongue fragte den Fähnrich v. Kurssel, der noch immer an Deck von «Suworow» stand: «Wollen Sie nicht mitkommen?»

«Nein, ich bleibe auf dem Schiff bis zum Ende!» erwiderte v. Kurssel mit fester Stimme.

Die Oberleutnante Bogdanow und Wyrubow weigerten sich ebenfalls, auf das Torpedoboot zu springen. Die Aufforderung des Flaggkapitäns, das Schiff zu verlassen, ließen sie unbeantwortet, so als hätten sie nichts gehört. Bogdanow verschwand im Inneren des brennenden Schiffs, Wyrubow blieb oben. Die übrige Mannschaft blieb ebenfalls. Die Augenzeugen dieser Flucht der obersten Vorgesetzten mochten wohl im geheimen erwägen, ob diese ein Schiff zur Rettung anderer entsenden würden.

Bisher war «Buiny» vor dem feindlichen Feuer durch «Suworow» geschützt gewesen. Wie sollte das Torpedoboot sich nun aber bei der hohen Dünung abstoßen? Es ging auf Rückwärtsgang und wendete.

Als sich die beiden Schiffe bereits getrennt hatten, entschloß sich noch ein Matrose, auf «Buiny» herüberzuspringen. Bislang hatte er geschwankt, ob er auf «Suworow» bleiben oder sich retten sollte. Ein Granatsplitter, der sein Hemd zerfetzte, gab ihm den letzten Anstoß. Klein und mager, schwang er sich mit der Geschicklichkeit eines Eichhörnchens über den schon zwei Meter breiten Zwischenraum. Es war der Torpedogast Shilzow. Ein anderer Matrose, der seinem Beispiel folgen wollte, sprang zu kurz. Um Hilfe rufend, schwamm er hinter dem davonfahrenden Torpedoboot her.

Der Feind nahm «Buiny» unter heftiges Feuer. Eine Granate barst neben dem Schiff, ein Splitter durchschlug den Bugteil oberhalb der Wasserlinie. Auf dem Achterdeck wurde der Maat Schuwalow getötet, der von der «Osljabja» stammte und erst vor kurzem geborgen worden war.

Auf «Suworow» waren nur wenige dienstfähige Offiziere geblieben, alle anderen waren verwundet oder getötet. Der Fähnrich v. Kurssel stand eine Weile mit hängendem Kopf da und schlich dann nach Achtern, zu einer Kasematte, wo noch ein 76-mm-Geschütz kampffähig war. Oberleutnant Wyrubow winkte noch lange mit der Mütze und rief dem davonfahrenden Torpedoboot etwas nach. Die Besatzungsmitglieder von «Suworow», die auf «Buiny» Zuflucht gefunden hatten, blickten zum letzten Mal auf ihr Schiff zurück. Plötzlich schoß vor ihren Augen, an der Stelle, wo eben Wyrubow noch gestanden hatte, ein roter Pilz empor. Nach einer Sekunde war von Wyburow nichts mehr zu sehen – ein Mensch war durch eine detonierende Granate zerstäubt worden.

«Buiny» ging auf höchste Fahrt, um so schnell wie möglich die Gefahrenzone hinter sich zu bringen. Nach einer Stunde hatte er unsere

Kreuzergruppe eingeholt. Auf Veranlassung von Clapier de Colongue wurde auf dem Boot das Signal gehißt: «Der Admiral übergibt das Kommando dem Admiral Nebogatow.» Dann wurde das Torpedoboot «Besupretschny» beauftragt, sich dem Flaggschiff «Nikolai I.» zu nähern und Nebogatow mitzuteilen, daß er das Kommando über das Geschwader zu übernehmen habe.

Während der ganzen Schlacht war dies die zweite und letzte Anordnung Roshestwenskis.

Der Feldscher Kudinow erwies dem Admiral erste ärztliche Hilfe. Roshestwenski hatte mehrere Wunden am rechten Schulterblatt, der rechten Hüfte, der linken Ferse und an der Stirn. Am schwersten war die Stirnwunde. Der Admiral war aber bei vollem Bewußtsein. Der Kommandant des Bootes und Offiziere des Stabes suchten ihn in der Kajüte auf. Er fragte sie nach ihren Eindrücken über die Schlacht und machte selbst Bemerkungen. Bezüglich des Kurses meinte er: «Wir müssen Wladiwostok erreichen.»

«Buiny» fuhr mit den Kreuzern «Swetlana», «Wladimir Monomach», «Isumrud» und «Dmitri Donskoi». In der Nacht schlugen diese Kreuzer verschiedenen Kurs ein. «Buiny» blieb bei «Dmitri Donskoi» und zwei Torpedobooten, die aber später außer Sicht kamen.

Im Schutz der Dunkelheit fuhr «Buiny» ohne Licht langsam durch die hohe Dünung vorwärts. Immer deutlicher wurde klar, daß die Fahrt unmöglich fortgesetzt werden konnte. Im Maschinenraum war der Kondenswasserbehälter leck, die Kessel konnten nur mit Seewasser gespeist werden. Ein Kessel fiel aus, die Kohlen gingen zur Neige. Der Wunsch, Wladiwostok zu erreichen, löste sich in Hoffnungslosigkeit auf. Die Japaner setzten die Verfolgung des Geschwaders fort. Die Gefahr war nur hinausgeschoben worden.

Es war schon nach Mitternacht, als der Kommandant sich zu einer Beratung mit dem Stab entschloß. Hierzu stieg er in die Messe hinab, weckte dort Clapier de Colongue, Filippowski und Semjonow und berichtete ihnen, in welcher Lage sich das Torpedoboot befand. Er schloß mit den Worten: «Es bleibt nur eins – an einer Küste aufzulaufen, den Admiral und alle anderen auszusetzen und das Schiff zu sprengen.»

Es schien, als hätten die Stabsoffiziere nur darauf gewartet.

Oberst Filippowski machte sofort den Vorschlag: «Meiner Ansicht nach sollte man – um den Admiral zu retten – bei einer Begegnung mit den Japanern sich nicht auf einen Kampf einlassen, sondern die weiße Fahne hissen und mit den Japanern verhandeln.»

Kapitän 2. Ranges Semjonow vertrat dieselbe Ansicht. Er fügte hinzu: «Um so mehr ist das deshalb notwendig, weil das Torpedoboot durch Treffer seine Kampfbedeutung verloren und keinen Wert mehr hat. Es ist überfüllt mit Verwundeten und aus dem Wasser geretteten Menschen. Es fehlt nur noch die Flagge des Roten Kreuzes, um es zu einem Lazarettschiff zu machen.»

«Aber ohne den Admiral können wir das nicht entscheiden», bemerkte Clapier de Colongue.

Der Kommandant Kolomeizew meinte mit größtem Nachdruck: «Auf jeden Fall bestehe ich darauf, daß alles dem Admiral vorgetragen wird.»

Zu dritt gingen sie zu Roshestwenski, der in Kolomeizews kleiner Kajüte lag. Kolomeizew faßte ihn an der Hand, der Admiral schlug die Augen auf. Filippowski berichtete über die Situation des Torpedobootes und über die Notwendigkeit, bei einer Begegnung mit den Japanern sich zu ergeben.

Der sonst so gestrenge Admiral war diesmal ganz sanftmütig. Nachdem er den Bericht angehört hatte, sagte er: «Nehmt keine Rücksicht auf meine Anwesenheit und handelt so, als wäre ich gar nicht an Bord.»

Die Offiziere des Stabes verstanden ihn, und von diesem Augenblick an handelten sie auch. Inzwischen stieg Kolomeizew auf Deck, um die Meinung seiner Schiffsoffiziere zu erfahren. In der Messe wurde heftig gestritten. Für die Stabsoffiziere drehte sich alles nur darum, wie das Leben des Admirals und somit auch das eigene zu erhalten sei. Nur der Kommandant Kolomeizew mußte noch überzeugt werden. Er würde sicher von den Offizieren des Stabes ein schriftliches Protokoll verlangen. Wie konnte man aber ihm ein solches Dokument aushändigen? Er war als ein tapferer Kommandant bekannt; zudem könnte er aus Haß gegen den Admiral und den Stab wegen der früheren ungerechten Angriffe ohne weiteres alle verhaften lassen, da ein Vorgesetzter, der sich mit der Absicht trägt, ein Schiff dem Feind zu übergeben, nach dem Kriegsrecht aufhört, ein Vorgesetzter zu sein. Als die Stabsoffiziere den Schiffsoffizier Oberleutnant Wurm sahen, befahlen sie ihm, ein Laken zu besorgen, und schickten ihn damit auf die Brücke des Kommandanten.

«Was hat das zu bedeuten?» fragte Kolomeizew streng.

«Der Stab hat angeordnet, daß bei einer Begegnung mit den Japanern das Laken anstelle einer weißen Fahne gehißt werden soll», erklärte Wurm.

Der Kommandant rief wütend: «Was ist das für eine Tragikomödie?

Ich bin Kommandant eines russischen Kriegsschiffes und soll meinen Admiral in die Gefangenschaft ausliefern? Nimmermehr!»

Er entriß dem Oberleutnant Wurm das Laken und warf es über Bord. Dann fügte er ruhiger hinzu: «Gehen Sie hinunter und verlangen Sie von den Stabsoffizieren ein schriftliches Protokoll, dann wollen wir sehen, was zu geschehen hat.»

Als Leutnant Wurm in die Messe kam, schliefen schon alle oder taten doch so, als ob sie schliefen. Er weckte sie und übermittelte ihnen die Meinungsäußerung des Kommandanten. Sie hörten zu und sagten nichts.

Und was geschah mit dem verlassenen Geschwader? Diese Frage interessierte niemanden mehr. Niemand dachte auch an «Suworow». An Bord des Flaggschiffs waren Hunderte von Menschen geblieben. Vielleicht hofften sie, der Stab werde dafür sorgen, daß sie von einem anderen Schiff übernommen würden? Der Stab aber, der mit sich genug zu tun hatte, mit seiner Flucht in die Kapitulation, hatte sie vergessen ...

«Suworow» ereilte ein furchtbares Schicksal. Am Ende des Kampftages, nach 19.00 Uhr, erschienen japanische Torpedoboote und stürzten wie Rudel von Jagdhunden auf ein einst mächtiges, jetzt aber sterbendes Edelwild. «Suworow» wehrte sich bis zuletzt. In der Bugkasematte blitzten die Abschüsse aus dem letzten Dreizollgeschütz auf. Der Fähnrich v. Kurssel war auf seinem Posten geblieben, in Treue zu seinem Schiff. Erst als die Japaner das Schiff von vorn angriffen, konnten sie ihre Torpedos in direktem Schuß ausstoßen. Drei oder vier Schläge erhielt das ohnehin todwunde Schiff, aus dem eine hohe Stichflamme emporschoß. Dann sank es.

Es gab keine Überlebenden.

Fünf Kabellängen von «Suworow» entfernt beschloß wenige Minuten später auch «Kamtschatka» seine Kriegsfahrt. Das Schiff hatte versucht, «Suworow» mit seinen vier 47-mm-Kanonen zu schützen. Eine schwere Granate detonierte im Bugteil, und das Werkstattschiff folgte dem Flaggschiff auf den Meeresgrund.

Von der «Kamtschatka»-Besatzung, die in der Mehrzahl aus zivilen Arbeitern bestand, blieben nur wenige am Leben.

Der Kreuzer «Dmitri Donskoi» in treuen Händen

Der Kreuzer «Dmitri Donskoi» besaß zwei Schornsteine, hatte eine Wasserverdrängung von 6200 Tonnen und war mit zwei Verbunddampfmaschinen ausgerüstet. Das Schiff war bereits 1885 vom Stapel gelaufen. Früher entwickelte der Kreuzer eine Geschwindigkeit von 17 Knoten. Nach den Erfahrungen der deutschen Flotte lag die Altersgrenze eines Kreuzers bei zwanzig Jahren. Gerade in diesem Alter erreichte der Kreuzer die Tsushima-Meerenge. Er war schon ein Greis mit seinen ausgeleierten Maschinen und einer Geschwindigkeit, die dreizehn Knoten nicht mehr überstieg. Nur die Geschütze waren erneuert worden. Trotz der neuen Armierung war dieses Schiff in Roshestwenskis Augen nur befähigt, den Wachdienst im Hafen oder auf der Reede zu versehen, und er hatte ihm deshalb einen besonderen Spitznamen gegeben – «Brandwache».

Nach dem Befehl des Geschwaderchefs sollte «Dmitri Donskoi» mit den anderen Kreuzern während der Schlacht die Transportschiffe beschützen. Seinen Pflichten war er in der Tagesschlacht am 27. Mai gewissenhaft nachgekommen. Die sechs 152-mm-Geschütze und die sechs 120-mm-Kanonen hatten bei jeder Gelegenheit in den allgemeinen Artilleriedonner des Geschwaders eingestimmt.

Zu Beginn der Schlacht setzte auf «Dmitri Donskoi» plötzlich die Rudermaschine aus. Der Erste Offizier, Kapitän 2. Ranges Blochin, wurde sofort auf die Brücke befohlen. Der Schiffskommandant, Kapitän 1. Ranges Iwan Nikolajewitsch Lebedew, sagte mit seiner weichen Stimme zu ihm: «Hören Sie, Konstantin Platonytsch, ich kenne zwar den Grund nicht, aber unsere Rudermaschine bockt. Gehen Sie sofort auf die Achterbrücke und steuern Sie von dort den Kreuzer.»

«Zu Befehl!» erwiderte grüßend der Erste Offizier.

Blochin stieg auf das Deck hinunter und ging mit schweren Schritten auf die Achterbrücke. Unter seiner Anleitung wurde das Handruder schnell in Betrieb genommen.

Von Zeit zu Zeit drehte er langsam seinen Kopf mit der hohen Stirn nach allen Seiten, um das Schlachtfeld mit seinen kalten, grauen Augen zu überfliegen.

Er blieb für längere Zeit auf der Achterbrücke.

Seine stämmige Gestalt war in dreiundvierzig Lebensjahren recht füllig geworden. Das runde, sonnenverbrannte Gesicht wurde von einem dunkelblonden Bart umrahmt, dem die Friseurschere die Form einer Schaufel verliehen hatte. Die breite, dicke Nase ruhte über einem hellblonden, buschigen Schnurrbart.

Da Blochin selbst pflichtbewußt und genau im Dienst war, verlangte er dasselbe auch von seinen Untergebenen. Er hatte die Marineakademie durchlaufen und war ein guter Mathematiker. Vor seiner Ernennung zum Ersten Offizier war er Dozent im Seekadettenkorps für Astronomie, Mathematik und Navigation gewesen. Die Kadetten hatten Respekt vor ihm. Bei den Vorlesungen zeigte er eine solche Sicherheit, daß die Kadetten ihn «Unerschütterlicher Sicherheitsfaktor» nannten. Sein Schiff war stets so ordentlich und sauber, wie das auf Fahrt möglich war. In der Messe liebte er es, mit den Offizieren zu zechen, auf Deck aber war er streng. Er hatte eine Schwäche für belehrende Gespräche. Stundenlang konnte er den Torpedo- und Artillerieoffizieren nachweisen, daß sie ihr Fachpersonal falsch erzogen. Die Mannschaft, die er in eiserner Disziplin hielt, fürchtete ihn. Mit seinem vorzüglichen Gedächtnis kannte er nicht nur alle Matrosen beim Zunamen, sondern auch ihre menschlichen Eigenschaften. Er war ruhig, unbeirrbar und entschlossen, wenn es der Augenblick verlangte.

Der Kommandant Lebedew, etwa zwölf Jahre älter als sein Erster Offizier, war ein ganz anderer Typ. Groß, hager, mit Spitzbart, grauen Schläfen und stets unruhigen Augen, liebte er lockere Umgangsformen und benahm sich gegen alle ungezwungen und herzlich. Er war ein guter Kapitän und verabscheute es, sich bei den Vorgesetzten einzuschmeicheln. Er kannte seinen eigenen Wert. Einem solchen Menschen fiel es schwer, sich im Marineamt wohl zu fühlen, wo trotz des äußeren Glanzes jeder frische, vernünftige Mensch bald im üblichen Trott versauerte. Lebedew hielt das nicht aus: Er quittierte den Dienst und fuhr ins Ausland. Damals war er erst Leutnant. Es ging ihm nicht gut in der Fremde. Um sein Leben zu fristen, mußte er jede Gelegenheit zum Broterwerb ausnutzen. Mehrere Monate arbeitete er als Lastträger im Hafen von Le Havre.

Diesen harten Lebensabschnitt erleichterte ihm nur seine junge Frau, die er sich aus einer armen französischen Familie genommen hatte und die ihm zwei Kinder schenkte. Nach mehreren Jahren kehrte er, getrieben von der Not, nach Rußland zurück und trat wieder in die Flotte ein. Der Russisch-Japanische Krieg brach aus, als er Kapitän 2. Ranges war.

Den Kreuzer «Dmitri Donskoi» führte er besser als viele andere Kommandanten ihre Schiffe; Roshestwenski konnte ihn aber nicht leiden. Während der Fahrt nach dem Fernen Osten bauschte der Oberbefehlshaber jeden kleinsten Fehler von Lebedew zu einem Verbrechen auf und schrie seine Stabsoffiziere wütend an: «Hißt das Signal mit einem Verweis für diesen stinkenden Liberalen!»

Lebedew beantwortete diese ungerechten Verweise auf seine Art. Dem Admiral selbst konnte er zwar nicht sagen, was er über ihn dachte. Sprach er aber mit seinen eigenen Offizieren vom Admiral, so sagte er: «Ja, da kann man nichts machen! Auf jeder Schulter trägt er zwei Adler. Es ist aber allgemein bekannt, daß Raubvögel gern auf Aas hocken.»

Eine knappe Stunde nach Beginn der Schlacht wußte Lebedew bereits, daß sie hoffnungslos verloren war. Wiederholt trat er aus dem Kommandoturm und stand auf der Brücke, um die Ereignisse zu verfolgen. Schon lange brannte das Flaggschiff «Suworow», dann brachen Flammen aus «Alexander III.», und «Osljabja» sank. Unser Geschwader kämpfte ungeschickt und manövrierte schlecht. Am meisten empörten ihn aber die Transporter, die regellos und unsinnig fuhren. Er zeigte seinen Offizieren die Transporter und schrie: «Das sind doch keine Geschwaderschiffe, das ist doch ein Haufen schwimmender Töpfe! Sehen Sie doch nur. Sie drängen sich zusammen, als seien sie im Hafen. Zu welchem Zweck hat sie der Chef bloß mitgenommen? Wieviel Kreuzer mußten zu ihrem Schutz eingesetzt werden!»

Die nach den Hauptkräften folgenden Schiffe des Feindes sahen in ihnen ein lockendes Ziel und drückten immer mehr und beharrlicher auf unsere Nachhut, bald von der einen, bald von der anderen Seite. Unter ihrem Druck stürzten sich die Transporter in die Lücken zwischen unseren Kreuzern. Bei solchen Umgruppierungen drohten unsere Schiffe zusammenzustoßen. «Dmitri Donskoi» mußte rasch manövrieren, sich im Kreis drehen, stoppen und sogar rückwärts fahren. Die Schüsse des Kreuzers fügten den Japanern keinen Schaden zu, während unsere Schiffe unter dem Beschuß des Gegners litten.

Der Kommandant beobachtete alles und erkannte, daß hier, in den fernen Gewässern des Japanischen Meeres, in der Nähe der Insel Tsushima, die letzten Kriegshoffnungen Rußlands vernichtet wurden. Er war ein mutiger Mensch, aber kein Mut konnte daran etwas ändern.

Blochin seinerseits befand sich unausgesetzt auf der Achterbrücke, er stand so fest und unbeweglich, als wäre er in das Deck hineingewachsen. Die Dienstpflicht ging ihm über alles. Er verließ seinen Posten nicht eher, als bis die Rudermaschine wieder in Gang war.

Im Laufe des Tages verschoß «Dmitri Donskoi» 1500 Granaten. Der Feind beachtete den alten Kreuzer aber nicht, sondern konzentrierte sein Feuer auf die moderneren Schiffe. Nur durch einen Zufallstreffer brach Feuer aus, das aber sofort gelöscht werden konnte; es gab nur acht Verwundete.

In der Nacht trafen sich die Reste des zerschlagenen Geschwaders an verschiedenen Stellen in einzelnen Gruppen. Einige Schiffe, die ihre Flaggschiffe verloren hatten, irrten einsam umher und wußten nicht, wohin sie sich wenden sollten. In einer solchen Situation befand sich auch «Dmitri Donskoi». Das Schiff hatte eine unruhige Nacht, es mußte fortwährend Torpedobootangriffe abwehren. Beinahe wäre es zu einem Zusammenstoß mit dem Kreuzer «Wladimir Monomach» gekommen. Beide Schiffe waren so nahe aneinandergeraten, daß sich «Dmitri Donskoi» nur noch durch ein schnelles Manöver «Ruder Backbord» vor dem Zusammenstoß retten konnte. Das von sinnlosem Artilleriefeuer begleitete Durcheinander währte lange. «Dmitri Donskoi» wurde sogar durch ein russisches Schiff, entweder «Swetlana» oder ein anderes, beschossen. Eine Granate russischer Herkunft traf den Kreuzer; sie blieb in der Messe stecken und explodierte zum Glück nicht. Aber auch der Kreuzer selbst beschoß wiederholt die eigenen Schiffe, die er für feindliche hielt. Immer wieder wurden verzweifelte Rufe ausgestoßen: «Torpedoboot steuerbord!» – «Torpedoboot backbord!» – «Eine Silhouette steuerbord!»

Das Aufblitzen und Donnern der Geschütze, das Heulen der Granaten erfüllte die Finsternis. Erst gegen Mitternacht konnte der Kreuzer mit gelöschten Lichtern das Kampfgebiet verlassen.

Auf der Brücke berief Lebedew einen Kriegsrat ein und stellte die Frage: «Wohin wollen wir jetzt fahren?»

Ohne eine Antwort abzuwarten, fügte er in seiner schnellen Redeweise hinzu: «Wie müßten eigentlich in der Kreuzerdivision des Admirals Enquist Position halten. Der Admiral hat aber die hohe Fahrgeschwindigkeit der modernen Schiffe «Oleg», «Aurora» und «Shemtschug» ausgenutzt, ist davongefahren und nach Südwest verschwunden. Wir haben versucht, ihm zu folgen, es ist nicht unsere Schuld, daß wir mit unserem Greis zurückblieben. Es wäre zwecklos, Enquist suchen zu wollen.»

«Fahren wir nach Wladiwostok!» riefen einige Offiziere.

«Etwas anderes bleibt uns nicht übrig», stimmten andere zu.

Nach kurzer Beratung einigte man sich darauf.

In der Stunde nach Mitternacht peilte man den Polarstern an. Die Berechnungen ergaben, daß sich der Kreuzer fünfundvierzig Meilen nördlich der Koreastraße befand. Das bedeutete, daß er schon den breiteren Teil des Japanischen Meeres gewonnen hatte. Eines beunruhigte die Besatzung: Hinter dem Kreuzer zeigten sich drei Torpedoboote, deren Nationalität unbestimmt war. Auf alle Fälle beobachtete man sie und hielt die Geschütze bereit. Langsam verstrich die Nacht, drohend, voller Spannung. Die Japaner versuchten mehrmals, Funkverbindung untereinander aufzunehmen. Der Sender des Kreuzers mischte sich aber stets ein, und die Unterhaltung verstummte.

Die Morgendämmerung ließ wieder Hoffnung aufkommen. Die Schiffe waren die russischen Torpedoboote «Bedowy» und «Grosny». Vom Kreuzer sah man zu ihnen, diesen kleinen, rauschenden Schiffchen, mit einer solchen Liebe hinüber, als wären sie die leiblichen Kinder des Kreuzers.

Der Signalgast meldete dem Ersten Offizier: «Es sind unsere, Euer Hochwohlgeboren. Ich hatte sie schon in der Nacht erkannt. Da haben wir uns umsonst aufgeregt.»

Blochin rückte seine Mütze in den Nacken, rümpfte die fleischige Nase und sagte langsam zum Kommandanten: «Ich behaupte trotzdem, Iwan Nikolajewitsch, daß uns in der Nacht drei Schiffe gefolgt sind, während es jetzt nur zwei sind. Wo blieb aber schließlich das dritte?»

Der Kommandant erwiderte rasch: «Das interessiert mich nicht. Wichtig ist, daß vorerst der Gegner nicht zu sehen ist. Vielleicht gelangen wir doch nach Wladiwostok.»

Im Osten, wo die japanischen Inseln lagen, flammte die Morgenröte auf. Der Himmel war heiter, ruhig ging die Dünung, die Spitzen der Wogen glänzten rosa.

Am Horizont erschien eine kaum erkennbare Rauchwolke. Was für ein Schiff war das? Bald darauf übermittelte «Bedowy» dem Kreuzer einen Funkspruch: «Verringert die Geschwindigkeit, um ‹Buiny› abzuwarten und den Admiral zu übernehmen.»

Der Stab denkt an Gefangenschaft

Am Abend vorher, als der Admiral Roshestwenski sich schon an Bord von «Buiny» befunden hatte, erhielt Baranow den Befehl, das Flaggschiff aufzusuchen und den Stab an Bord zu nehmen. Das bedeutete, daß die noch an Bord des sinkenden Schiffs verbliebenen Offiziere des Stabes zu retten seien. Aber Baranow, der Kommandant des Torpedobootes «Bedowy», faßte diesen Befehl anders auf: er nahm an, daß vom Linienschiff «Suworow» noch niemand übernommen worden sei. Natürlich fand «Bedowy» das Linienschiff nicht und trieb sich nur bei den leichten Kreuzern herum, so weit wie möglich entfernt vom Schauplatz der Schlacht. Und nun erhielt er am Morgen des 28. Mai solch ein geheimnisvolles Telegramm, – den Admiral zu übernehmen! Vor allem aber war im Telegramm nicht gesagt, welchen Admiral:

Roshestwenski oder Nebogatow? Vielleicht gar Fölkersam? Diese Überraschung entlockte dem Kommandanten des Torpedobootes «Bedowy» nur ein Stöhnen. Wie peinlich, wenn es der Geschwaderchef sein sollte! Und an Bord welchen Schiffs will er gehen? Baranow lief auf der Brücke hin und her, aufgebracht rufend: «Das hat mir noch gefehlt! Das ist aber eine Überraschung! Schön wäre es, wenn es Nebogatow oder Fölkersam wäre! Wenn er es selber ist? Oh nein, nein. Gebe Gott, daß es ein anderer Admiral ist, nur nicht Roshestwenski!»

Langsam näherten sich «Dmitri Donskoi», «Bedowy» und «Grosny» dem Torpedoboot «Buiny».

Kolomeizew war in seine Kajüte zum Admiral hinuntergestiegen: «Exzellenz, gestatten Sie zu melden, daß auf dem mir anvertrauten Torpedoboot die Maschine defekt ist, die Kessel, die mit Seewasser gespeist werden mußten, Stein angesetzt haben und die Kohlenvorräte zur Neige gehen. Unter diesen Umständen werde ich keinen russischen Hafen erreichen können. Deshalb schlage ich vor, daß Sie sich auf ‹Dmitri Donskoi› überführen lassen.»

Der Admiral vermied es, den Kommandanten anzusehen, als fürchte er seinen Blick. Er fragte leise: «Der Kreuzer hat doch Torpedoboote in seiner Begleitung?»

«Zu Befehl, Exzellenz, ‹Bedowy› und ‹Grosny›», erwiderte Kolomeizew knapp.

Der Admiral überlegte und sagte nach einer Weile: «Nein, ich werde lieber an Bord von ‹Bedowy› gehen, natürlich nur, wenn alles dort in Ordnung ist und er ausreichend Kohlen hat.»

«Zu Befehl!»

Kolomeizew verließ die Kajüte und stieg auf die Brücke.

Als sich «Buiny» und «Bedowy» auf Rufweite genähert hatten, wurde angefragt: «Wieviel Kohlen haben Sie und welche Geschwindigkeit können Sie entwickeln?»

Der Ingenieur-Mechaniker des Torpedobootes «Bedowy», Iljutowitsch, wurde auf die Brücke befohlen. Er war ein unscheinbarer, kleiner gedrungener Mensch mit einer großen Nase und einem dunkelblonden Schnurrbart, dessen Enden wie zwei Eiszapfen herunterhingen. Er verstand sich gut mit den Menschen, war vergnügt, seine Augen sprühten vor Leichtsinn. Jetzt aber war er finster, den verhaßten Kommandanten Baranow sah er nicht an, er tat, als erregten nur dessen blankgeputzte Stiefel seine Aufmerksamkeit. Baranow wiederholte laut zu «Buiny» hin die Angaben des Ingenieurs: «Ich habe neunundvierzig Tonnen Kohlen an Bord. Bei sparsamem Verbrauch reicht das für zwei Tage. Bei Volldampf fahre ich fünfundzwanzig Knoten.»

Von «Buiny» kam die Frage: «Wie lange brauchen Sie bis Wladiwostok?»

«Anderthalb Tage», antwortete Baranow.

Die gleichen Fragen wurden an «Grosny» gerichtet, von dem ebenfalls befriedigende Antworten eingingen. Die Offiziere des Stabes und der Admiral selbst beschlossen, an Bord des «Bedowy» zu gehen. Alle vier Schiffe lagen mit gestoppten Maschinen schlingernd in der Dünung. Dem Kreuzer «Dmitri Donskoi» wurde der Befehl erteilt, Boote auszusetzen. Die Barkasse und ein Ruderboot gingen sofort zu Wasser. Das Ruderboot legte an der Steuerbordseite von «Buiny» an, um den Admiral und seine Offiziere zu übernehmen. Es verging aber eine ganze Stunde, ehe der Admiral gebracht wurde. Inzwischen beförderte die Barkasse die «Osljabja»-Mannschaft, die das Torpedoboot stark belastete, auf den Kreuzer.

Baranow stand inzwischen fortwährend auf der Brücke seines Bootes und betrachtete aufgeregt die See durchs Fernglas. Er sah recht mitgenommen aus. Um neun Uhr näherte sich das Ruderboot «Bedowy». Nun gab es keinen Zweifel mehr: es war Roshestwenski selber, der auf einer Trage lag. Er wäre kaum zu erkennen gewesen, in seiner Begleitung befanden sich aber der Flaggkapitän Clapier de Colongue, der Geschwadernavigationsoffizier Filippowski – beide mit verbundenen Köpfen –, der Leiter der Kriegsmarineabteilung Kapitän 2. Ranges Semjonow, der Stabsoffizier Oberleutnant Krshyshanowski und andere Offiziere. Baranow lief schnell von der Brücke herunter und eilte so hastig zum Fallreep, als jage jemand mit dem Messer hinter ihm her. Er wurde abwechselnd bleich und rot, wollte etwas sagen, seine Lippen waren aber vor Aufregung verzerrt. Er war sich darüber klar, daß Roshestwenski ihn zwar früher bevorzugt hatte, sein gestriges Verhalten ihm aber nicht verzeihen würde. Er hatte schließlich seinen Geschwaderchef im Stich gelassen und schon als tot abgeschrieben. In Wirklichkeit aber lebte Roshestwenski und sah ihn jetzt von der Trage her mit starren, schwarzen Augen an.

Die Ruderer zogen die Riemen ein, das Boot machte am Reep fest. Leutnant Gernet, der das Boot führte, fragte den Admiral: «Exzellenz, haben Sie noch Befehle für ‹Dmitri Donskoi›?»

Roshestwenski antwortete unzweideutig: «Nach Wladiwostok fahren!»

Oberleutnant Leontjew kam gelaufen und sagte der Mannschaft, die bereit stand, den Admiral zu empfangen: «Vorsichtig, Leute, es ist doch der Admiral!»

Baranow strich sich den seidigen Bart zurecht, schöpfte tief Atem und stand stramm. Seine rechte Hand hob er an den Mützenschirm, sie zitterte; in seinen Augen lag tierische Angst. Aber seine Befürchtungen waren überflüssig gewesen. Zu einem anderen Zeitpunkt, in anderen Verhältnissen, hätte der Admiral natürlich trotz seiner Erschöpfung einen Kommandanten, der einen Kampfbefehl nicht ausgeführt hatte, heruntergeputzt. Zur Zeit paßte das aber nicht in seine geheimen Absichten. Als er an Deck war, streckte er dem Kommandanten die rechte Hand hin und meinte freundlich: «Die haben uns aber fertiggemacht!»

Freudig überrascht durch eine solche Gnade, küßte Baranow die Hände seines Vorgesetzten und schmeichelte kriecherisch:

«Jawohl, jawohl, Exzellenz – fertiggemacht! Ich bin aber überglücklich, Exzellenz, daß wenigstens Sie noch am Leben blieben.»

Die Matrosen blickten finster auf den Admiral. Gestern noch wären alle bei seinem Erscheinen an Bord erstarrt, wie Menschen, die ein Beil in den Händen eines Irren sehen. Jetzt, nach der Schlacht, war er, der die Reste des zerschlagenen Geschwaders im Stich gelassen hatte, zu einer Null geworden! Man betrachtete ihn so neugierig und mißmutig, als wundere man sich, wie man bislang einem solch unfähigen Vorgesetzten hatte folgen können. Der Admiral begrüßte die Mannschaft, die so flau und durcheinander die Antwort gab, als hätte sie verlernt, einheitlich zu grüßen. Roshestwenski wurde auf das Achterdeck gebracht und auf eine Segeltuchmatte gesetzt. Als er die schmale Treppe hinuntergetragen werden sollte, fuhr Baranow die Matrosen, die helfen wollten, an: «Weg da! Rührt Seine Exzellenz nicht an! Ich werde ihm selbst helfen!»

Unten angekommen, stand Roshestwenski auf und ging, gestützt vom Kommandanten, in dessen Kajüte, wo er sich auf dessen Koje ausstreckte.

Vom Kreuzer «Dmitri Donskoi» wurde unverzüglich der Arzt Trshemeski zur Pflege des Admirals geholt.

«Bedowy» nahm Kurs nach Norden, wobei er das Signal hißte: «‹Grosny› mir folgen!» Der Kommandant dieses Torpedobootes, Kapitän 2. Ranges Andrshijewski, fügte sich aber diesem Signal nicht, weil Baranow im Rang tiefer stand. Sofort folgte ein zweites Signal: «‹Grosny›, was ist geschehen?» Andrshijewski ließ antworten: «Nichts.» Immerhin ging er in Fahrt und ließ aber bei «Bedowy» anfragen: «Von wem wurden mir Befehle gegeben?» Die Antwort lautete: «Admiral Roshestwenski befindet sich verwundet an Bord, ebenso die Mehrheit der Stabsoffiziere. Wir fahren nach Wladiwostok, sofern die Kohlen reichen, andernfalls zur Possjetbucht. Fahren Sie so, daß Ihr

Rauch uns nicht belästigt.» Erst nach dieser Unterhaltung folgte «Grosny» im Kielwasser, hielt sich aber in ehrfürchtigem Abstand.

«Dmitri Donskoi» und «Buiny» blieben gestoppt, um die Übernahme der «Osljabja»-Mannschaft fortzusetzen. Aber bald mußte diese Aktion unterbrochen werden, weil sich verdächtige Rauchfahnen am Horizont zeigten. «Dmitri Donskoi» nahm seine Boote wieder an Bord und fuhr, begleitet von «Buiny», nach Norden.

Die zwei vorausgefahrenen Torpedoboote waren kaum noch zu sehen und nicht mehr einzuholen.

Bald nach der Übernahme des Stabes auf den «Bedowy» fragte jemand:

«Gibt es an Bord eine weiße Fahne?»

Es war später nicht mehr festzustellen, wer diese Worte zuerst ausgesprochen hatte. Der Kommandant Baranow meinte, es wäre der Stabsnavigationsoffizier, Leutnant O'Brien de Lassy, gewesen, oder der Flaggkapitän Clapier de Colongue, während der Signalgast Michailenko und die Ordonnanz Balachonzew die Worte Roshestwenski selbst zuschrieben. Es ist möglich, daß alle drei, von ein und demselben Gedanken beherrscht, die gleiche Frage zu verschiedener Zeit gestellt haben.

Baranow und Filippowski begrüßten sich wie zwei alte Bekannte als Lehrer und Schüler; Baranow hatte einst beim Oberst Unterricht in Navigationslehre gehabt. Auf der Brücke kam es zwischen ihnen zu dem Gespräch über die weiße Fahne, bei der auch der Leutnant O'Brien de Lassy zugegen war. Dieser junge Mann von etwa zwanzig Jahren, gut gebaut, mit einem zarten Mädchengesicht und aristokratischem Benehmen, verfügte über wenig seemännische Kenntnisse. Er war aber reich und stammte, wie er selbst sagte, vom irischen Königsgeschlecht ab.

Als der Kommandant von der weißen Fahne hörte, begriff er zunächst nicht, worum es sich handelte. Oberst Filippowski erklärte es ihm aber: «Als der Stab sich noch auf ‹Buiny› befand, beschloß er, sich im Falle einer Begegnung mit den Japanern kampflos zu ergeben, um das Leben des Admirals zu erhalten.»

«Ach so ist das!» rief Baranow. Er strich mit beiden Händen den seidigen Bart und lächelte so freudig, als hätte er von seiner Beförderung erfahren.

Eine weiße Fahne fand sich an Bord nicht. Leutnant O'Brien de Lassy schlug vor, sie durch eine Serviette oder ein Laken zu ersetzen. Baranow lehnte beides ab und erklärte bestimmt: «Am besten eignet sich für diese Zwecke ein Tischtuch.»

O'Brien de Lassy nahm diesen Beschluß mit der Leichtigkeit eines verwöhnten Jüngelchens auf. Er strahlte aus seinen blauen Augen den Signalgast Sibirjow an und befahl ihm sogleich: «Lauf doch mal in die Messe hinunter, nimm dort ein weißes Tischtuch und mach eine Parlamentärflagge daraus.»

«Wollen wir uns denn wirklich ergeben, Euer Wohlgeboren?» fragte verwundert der Signalgast.

Die kirschroten Lippen des Leutnants verzogen sich zu einem Lächeln: «Der Admiral hat es für alle Fälle angeordnet.»

Das Gerücht über die Vorbereitungen zur Übergabe des Torpedobootes drang bald bis zur Mannschaft. Die Matrosen regten sich auf und stritten: die einen schenkten diesem Gerücht Glauben, die anderen nicht. Der Bootsmann Tschudakow, ein drahtiger, heftiger Bursche, zeigte seine derben Fäuste und drohte: «Die Fresse werde ich euch zerschlagen, wenn ihr so quatscht!»

Man riet ihm: «Putz dir richtig die Ohren und geh zur Kommandobrücke.»

Einige Matrosen fragten: «Wem wollen wir uns denn ergeben, wenn gar kein Feind zu sehen ist?»

Zunächst schien alles in Ordnung zu sein, der Horizont war frei von Schiffen. Vertrauensselige Menschen konnten glauben, daß man unbehelligt ans Ziel gelangen würde. Sie wußten nicht, daß auf der Kommandobrücke alle Maßnahmen für eine Begegnung mit den Japanern getroffen wurden. Oberst Filippowski hatte auf der Seekarte einen Strich backbord der Insel Ullondo gezogen. Diesen Kurs sollten beide Boote halten. Leutnant Demtschinski meinte: «Auf der Insel kann sich eine Signalstation befinden. Die Japaner werden uns sehen und Jagd auf uns machen.» Er fügte schüchtern hinzu: «Sollten wir uns nicht weiter ab von der Insel halten?»

Oberst Filippowski runzelte unzufrieden die Stirn und erwiderte: «Für einen anderen Weg fehlt uns die Kohle. Deshalb wähle ich die kürzeste Route.»

Der Leutnant mußte ihm zustimmen: «Ja, diesen Umstand hatte ich nicht berücksichtigt.»

Die Offiziere des Stabes und der Kommandant berieten und handelten gemeinsam in einer bestimmten Richtung. Vor allem wurde der Ingenieur Iljutowitsch nach oben befohlen. Nachdem er Auskunft gegeben hatte, welche Geschwindigkeit die sparsamste sei, wurde ihm befohlen, das Feuer unter zwei Kesseln auszubänken. Dann wurde in den Maschinenraum eine neue Anordnung gegeben: die Geschwindigkeit sei auf zwölf Knoten herabzusetzen. Das geschah, anstatt so schnell wie möglich die feindliche Zone zu verlassen und vor der drohenden Gefahr zu fliehen.

Offenbar hatten also der Admiral und seine Offiziere durchaus keine Lust, nach Wladiwostok zu gelangen. Das ahnte auch der Torpedooffizier Leutnant Wetscheslow, den das sehr erregte. Er war bei der Mannschaft beliebt. Niemanden unter den Offizieren haßte der Kommandant Baranow so wie Wetscheslow wegen seiner menschlichen Haltung gegenüber den Matrosen und seiner häufigen Unterhaltungen mit ihnen über Dinge, die außerhalb der Dienstobliegenheiten lagen. Er war breitschultrig, etwas mehr als mittelgroß und hatte ein gesundes, braunes Gesicht. Jetzt schlich er umher, als hätte er das Wertvollste im Leben verloren. Er fragte die Offiziere des Stabes, was denn den Admiral veranlaßt habe, an Bord von «Bedowy» zu gehen. Er erfuhr, daß «Buiny» Maschinenschaden und zu wenig Kohlen habe. Warum hatten sie dann aber nicht «Grosny» gewählt? Auf diese Frage konnte ihm niemand eine offene Antwort geben. Wetscheslow teilte dem Ingenieur Iljutowitsch seine Gedanken mit: «Mich wundert etwas: Unser Kommandant hat Roshestwenski auf die unverschämteste Art verraten. Nicht ein einziges Mal hat er während der Schlacht die Position beim Flaggschiff gehalten. Der Admiral muß das wissen. Und trotzdem hörte ich von den Offizieren des Stabes, daß er selbst gewünscht hat, an Bord von ‹Bedowy› zu kommen. Was hat das zu bedeuten?»

Iljutowitsch sagte finster: «Das bedeutet, daß Baranow für den gedachten Zweck der geeignetste Kommandant ist. Wir werden dadurch in eine höchst peinliche Geschichte geraten. Das ganze Unglück besteht darin, daß wir nichts dagegen unternehmen können.»

Dann bemerkten sie den Maschinisten Popow und brachen das Gespräch ab.

Bis zum Mittagessen hatte sich nichts geändert. Beide Boote fuhren mit einer Geschwindigkeit von zwölf Knoten auf Kurs Nordost 23 Grad. Am Horizont war nach wie vor nichts zu sehen. Die Japaner blieben verschwunden, kein Anzeichen ließ ihre nahe Anwesenheit erkennen. Die Oberleutnants Krshyshanowski und Leontjew waren seekrank geworden, weil ihnen die Fahrt auf einem Torpedoboot ungewohnt war. Die anderen hatten sich zur Ruhe begeben. Der Gesundheitszustand des Admirals gab keinerlei Anlaß zu Besorgnis. Nach Mitteilung des Arztes betrug seine Temperatur 37,5 Grad.

Am Nachmittag trat Leutnant Wetscheslow die Wache an. Bis um 15.00 Uhr stand er niedergedrückt auf der Brücke. Da meldete ihm der Signalgast, daß achtern Rauchfahnen in Sicht kämen. Der Leutnant ließ das sofort dem Kommandanten melden. Auf «Bedowy» geriet alles in Bewegung. Die Offiziere des Stabes und die Bordoffiziere eilten zur Brücke. Ferngläser und Fernrohre wurden auf die zwei kleinen Rauchwölkchen gerichtet, die immer größer wurden. Welches Geheimnis barg die Ferne? Niemand konnte es zunächst sagen.

Die «Buiny»-Besatzung geht an Bord des Kreuzers

«Dmitri Donskoi» und «Buiny» fuhren gemeinsam in Richtung Wladiwostok. Das Torpedoboot fuhr backbord querab vom Kreuzer in fünf Kabellängen Entfernung. Dann blieb es hinter dem Kreuzer zurück. Die Maschine rumpelte in allen Teilen, der Dampfdruck ließ nach. Die Heizer unternahmen alles, um statt der üblichen 350 wenigstens 130 Umdrehungen herauszuholen.

Der sonst so straffe Kommandant Kolomeizew stand jetzt gebeugt auf der Brücke, bedrückt von der Last trüber Gedanken. In den letzten vierundzwanzig Stunden, die er ohne Schlaf, in ständiger Anspannung, verbracht hatte, war aus seinem Gesicht die Frische gewichen, es war eingefallen, die schmale Nase hatte sich zugespitzt. Von der sonnendurchfluteten Weite der See her, die gleichmäßig unter dem Mittagshimmel wogte, gingen Ruhe und Frieden aus, und dennoch war ihm das Herz schwer. Die grauen Augen starrten dem davoneilenden Kreuzer nach. Was war zu tun? Mit dem einsamen, angeschlagenen Torpedoboot auf See zu bleiben bedeutete den Untergang für alle. Nein, es mußte etwas unternommen werden. Der Kommandant ließ den Ingenieur, Oberleutnant Danilenko, kommen. Er unterdrückte die Erregung und sagte trocken, im Tonfall eines Vorgesetzten: «Glauben Sie, Oberleutnant, daß wir bei diesem Zustand der Maschinen, selbst wenn wir ausreichend Kohlen hätten, nach Wladiwostok kämen? Um es deutlicher zu sagen, will ich die Frage anders stellen: Lohnt es, ‹Dmitri Donskoi› zur Kohlenübernahme aufzuhalten, oder wäre das unnötige Zeitverschwendung? Ich bitte Sie um eine präzise Antwort.»

Ungewaschen, verschwitzt, in verschmierter Bluse, mit schmutzigem Gesicht, blickte Danilenko den Kommandanten müde an.

«Ich zweifle, daß es die Maschine ohne Überholung aushalten wird. Die Kessel bringen schon nicht mehr die nötige Leistung. Den vierten Kessel mußten wir stillegen, weil die Nahtstellen seines Dampfkollektors undicht geworden sind.»

Nach dieser Antwort ließ der Kommandant sofort einen Kriegsrat einberufen, an dem alle Offiziere teilnahmen, die Bordoffiziere und die Geretteten des Linienschiffs «Osljabja». Nach kurzem Meinungsaustausch gelangten sie zu dem einstimmigen Beschluß, daß die Besatzung auf «Dmitri Donskoi» überzugehen habe und das Boot zu versenken sei, damit es den Japanern nicht in die Hände falle.

Zwei Minuten später schreckte alle das scharfe Kommando auf: «Heißt Signal: Bin in Seenot.»

Begleitet von den traurigen Blicken der Offiziere und Matrosen stiegen zwei Flaggen zur Spitze des Fockmastes hoch. Diese beiden bunten Stoffstücke, die im Blau der Seeluft flatterten, verkündeten das Urteil über das Torpedoboot, sie waren der letzte, stumme Aufruf an den Weggenossen. Niemand sagte ein Wort. Der Kommandant zupfte fahrig an seinem Bärtchen. Sein Gesicht war starr und hart.

«Dmitri Donskoi» wendete, verlangsamte die Fahrt, blieb liegen. «Buiny» ging längsseits. Nach einer kurzen Unterhaltung Kolomeizews mit dem Kapitän 1. Ranges Lebedew begann die Übernahme der Besatzung vom Torpedoboot auf den Kreuzer.

Das geschah um die zwölfte Mittagsstunde.

Das Torpedoboot war geräumt. Nur drei Menschen waren an Bord geblieben: der Kommandant Kolomeizew, Leutnant Wurm und der Geschützführer Tjulkin. Sie sollten die Sprengung vorbereiten. Der Kreuzer ließ ein Ruderboot zu Wasser, um diese später an Bord zu nehmen, und zog sich zurück. Die Sprengung mißlang. Um keine Zeit zu verlieren, wurde beschlossen, das Boot mit Granaten zu versenken.

Der Kommandant und seine Helfer gingen an Bord des Kreuzers. Die Geschützführer luden dort bereits die 152-mm-Geschütze. Beide Schiffe lagen regungslos auf einer Entfernung von anderthalb Kabellängen. Der erste Schuß dröhnte. Vorbei! Ein zweites und drittes Mal bellte das Geschütz. «Buiny» lag noch immer unversehrt da.

Die Mannschaft meinte: «Man kann doch hinüberspucken, und die können es mit dem Geschütz nicht treffen.»

«Oh, sind das Geschützführer!» – «Ja, als wenn das Boot verzaubert wäre!» – «Die schielen wohl, die Geschützführer!»

Der Kommandant Lebedew, der von der Brücke das Schießen verfolgte, war peinlich berührt. Als auch der vierte und der fünfte Schuß vorbeigingen, rief er wütend: «Welche Schmach! Ein Fluch liegt auf unserer Flotte. Und warum? Weil wir uns mit allem möglichen befaßt haben, aber nicht mit den Dingen, mit denen wir uns eingehend hätten befassen sollen!»

Der Erste Offizier Blochin erläuterte: «Ich habe wiederholt mit unseren Fachoffizieren gesprochen, ihnen bewiesen, daß sie ihre Mannschaft falsch erziehen ...»

Der Kommandant unterbrach ihn: «Es handelt sich nicht um einzelne Fachleute. Man muß tiefer sehen. Die ganze Organisation des Dienstes ist in unserer Flotte nichts wert.»

Der sechste und siebente Schuß streiften das Boot, und erst mit dem achten Schuß wurde ein Volltreffer im Bugteil erzielt. «Buiny» senkte langsam seine Nase, stellte sich dann plötzlich senkrecht, mit den Schrauben nach oben, und sank dann mit gehißten Flaggen schnell in die Tiefe. Man hatte den Eindruck, daß er untergetaucht sei, um sich nicht länger zu quälen.[31]

Dieses Schießen nach dem Torpedoboot hatte vielen plötzlich die Augen geöffnet. Ein unbedeutender Vorfall hatte erneut die ganze Rückständigkeit unserer Flottenführung enthüllt, die sich weit mehr mit Paraden als mit der Kampfausbildung befaßt hatte. Am hellen Tage konnten wir einen unbeweglichen Gegenstand in so geringer Entfernung erst mit dem achten Schuß richtig treffen! Wie sollten wir denn nachts japanische Torpedoboote zerschlagen und versenken, die eine Fahrt von fünfundzwanzig Knoten erreichten, oder den großen Schiffen Schaden zufügen, die vierzig Kabellängen von uns entfernt waren? Wir hatten unsere Granaten zwecklos vergeudet.

Allein geblieben, setzte sich «Dmitri Donskoi» nordwärts in Fahrt. Wenn er sich nicht so lange mit «Bedowy» und «Buiny» abgegeben und für diese zwei Fahrtunterbrechungen fast fünf Stunden aufgewandt hätte, wäre es ihm vielleicht gelungen, dem Feind zu entgehen. Diese erzwungenen Pausen entschieden jedoch sein Schicksal!

Schon am Morgen erschienen feindliche Torpedoboote am Horizont, verschwanden aber bald wieder. Wahrscheinlich holten sie sich Hilfe für die Jagd nach dem russischen Kreuzer.

«Dmitri Donskoi» blieb nichts anderes übrig, als seine Fahrt fortzusetzen. Die Sonne hatte den Zenit überschritten. An Bord hatten alle schon lange gegessen, Tee getrunken und auch geruht. Die Schiffsglocke hatte vier Glasen geschlagen. Backbord voraus, um zwei Strich vom Kurs, tauchte die felsige und für Schiffe fast unzugängliche Insel Ullondo auf, die von Wladiwostok etwa vierhundert Seemeilen entfernt ist. Ringsum war nichts Verdächtiges zu sehen. An Bord hatte sich eine Zufriedenheit eingestellt, die niemand stören wollte. Selbst ihre Befehle erteilten die Vorgesetzten jetzt mit leiser und freundlicher Stimme. Die Menschen hatten scheinbar ihre früheren Zwistigkeiten vergessen und schienen jetzt eine einheitliche Familie zu bilden, die nur der Wunsch vereinte, so schnell wie möglich die heimatliche Küste anzulaufen. Die Matrosen äußerten ihre Hoffnungen: «Wenn wir bis zum Einbruch der Dunkelheit den Japanern nicht begegnen, dann können wir sagen, daß wir lebendig und unversehrt bleiben werden!» – «Wenn wir bloß in die Heimat kämen! Ich will mich niederwerfen und die Heimaterde umarmen und küssen wie meine Mutter!»

Zwei Stunden später hatte mancher Herzbeklemmungen, denn steuerbord waren mehrere Rauchwolken festgestellt worden. Leutnant Wilken kletterte sogleich auf den Mastkorb, wo ein Krähennest für den Beobachter befestigt war. Die fremden Schiffe kamen näher. Das Oberdeck des Kreuzers war im Nu voller Menschen. Die Offiziere auf der Brücke richteten ungeduldige Fragen an den Beobachter: «Na, wie ist es, was ist zu sehen?»

«Es sieht aus, als ob es unsere Schiffe wären.»

«Vielleicht sind es Enquists Schiffe?»

«Noch läßt sich nichts Bestimmtes sagen.»

Eine Weile wurden die Fragen noch hinhaltend beantwortet, bis endlich vom Mast ein besorgter, hastiger Ruf kam: «Es sind japanische Schiffe.»

Wilkens Worte brachten Unruhe. Die Menschen liefen durcheinander, dumpf klang das Stimmengewirr. Einige Matrosen sahen sich verwundert an, als fragten sie sich stumm: Wessen Schicksal wird sich zuerst entscheiden? Die Männer vom Linienschiff «Osljabja», die schon einmal im Wasser gewesen waren, schüttelten sich.

Der Kommandant Lebedew trat auf die Brücke, warf seinen Kopf hinten über, reckte seinen hageren Hals und rief dem Beobachter heiser zu: «Leutnant Wilken! Sind es wirklich japanische Schiffe? Haben Sie sich auch nicht geirrt?»

«Nein, nein, ich sehe es genau. Ich kann es genau sagen: Es sind vier Kreuzer und drei Torpedoboote!»

Der Kommandant ließ den Kurs nach Backbord ändern, die feindlichen Schiffe hatten aber «Dmitri Donskoi» schon bemerkt und jagten ihm nach. Bald wurden zwei weitere Kreuzer mit je drei Schornsteinen gesichtet. In den Maschinenraum erging der Befehl, auf Höchstgeschwindigkeit zu gehen. Die Maschinenmannschaft und die Ingenieure hatten schon selbst den Ernst der Situation begriffen und strengten sich mächtig an. In die Feuerung wurde Öl gegossen, um das Feuer anzufachen und dadurch den Dampfdruck besser zu halten. Leider war der Doppelkessel 5, der schon am Vortage ausgefallen war, noch außer Betrieb. Der Kreuzer konnte daher nur für kurze Zeit die Geschwindigkeit erhöhen, die bald wieder nachließ. Langsam verringerte sich die Entfernung zwischen «Dmitri Donskoi» und den feindlichen Schiffen. Die Auseinandersetzung war nicht mehr zu vermeiden.

Auf der Brücke wurde noch einmal der Kriegsrat einberufen. Es mußte schnell gehandelt werden, deshalb waren nur wenige Personen anwesend: der Kommandant Lebedew, der Kapitän 2. Ranges Blochin, die Oberleutnants Stark, Giers und Durowo und der Navigationsoffizier des Linienschiffs «Osljabja», Oberleutnant Ossipow. Es wurde die Frage gestellt, wie man sich unter den gegebenen Umständen zu verhalten habe. Einige Offiziere antworteten darauf unbestimmt: «Wir werden dem Feind mit seinen sechs Kreuzern und seinen Torpedobooten wohl kaum einen nennenswerten Schaden zufügen.» – «Wir werden kämpfen müssen, wenn es nicht anders geht.»

Finster starrten alle den Kommandanten an, von dem sie ihre Rettung erwarteten.

Am aufrichtigsten war der Oberleutnant Ossipow. Sein großer, grauer Bart war zerzaust, auf der Stirn bewegten sich tiefe Falten wie Raupen. Er schritt auf der Brücke auf und ab, rollte die blauen Augen und rief hitzig: «Ich meine, wir dürfen gegen diese überlegenen Kräfte des Feindes nicht kämpfen. Das wäre ebenso wahnwitzig, als wenn wir das Ankertau mit den Zähnen durchbeißen wollten. Womit können wir denn rechnen? Heute brauchten wir acht Granaten, um unser Torpedoboot zu versenken. Ist das nicht bezeichnend für unsere Hilflosigkeit? Gestern haben alle gesehen, wie die Japaner unser Geschwader zerschlagen haben, das sich in einer weit besseren Lage befand als heute. Kann denn wirklich der abgenutzte, greise ‹Dmitri Donskoi› dem Feind ernstlichen Widerstand leisten? Man wird uns in zehn Minuten versenken. Wer hat denn das Recht, die Verantwortung für die achthundert Menschenleben zu übernehmen, die sich an Bord befinden?»

Der Kommandant hörte nicht weiter zu und flüsterte dem Ersten Offizier ins Ohr: «Ich glaube, der Rat müßte aufgelöst werden.»

Blochin gab sofort die strenge Anordnung: «Ich bitte die Herren Offiziere, die dienstlich auf der Brücke nichts zu tun haben, sich zu entfernen und bereit zu sein, ihre Posten zu beziehen, sobald Gefechtsalarm gegeben wird.»

Lebedew befahl, Kurs auf die Insel Ullondo zu nehmen, und teilte den anderen mit: «Wenn der ungleiche Kampf für uns katastrophal wird, lasse ich den Kreuzer an den Felsen zerschellen.»

«Bedowy» und «Grosny» hatten zur gleichen Zeit ihre Fahrt auf dem gleichen Kurs fortgesetzt, ohne die Geschwindigkeit zu erhöhen. Die fremden Schiffe, die sie verfolgten, fuhren bedeutend schneller. Steuerbord voraus sah man die Insel Ullondo. Auf der Brücke von «Bedowy» tauschten die Offiziere ihre Meinungen aus:

«Das sind wohl unsere zurückgebliebenen Kreuzer, die uns einholen?» – «Na ja, sie haben gestern das Geschwader verloren und beeilen sich jetzt ...» – «Da kann es keinen Zweifel geben. Sie fahren ja den gleichen Kurs wie wir.»

Oberleutnant Wetscheslow bemerkte finster: «Und wenn es doch Japaner sind?»

Oberst Filippow widersprach ihm: «Die Japaner fahren nicht paarweise, sondern immer zu viert.»

Wetscheslow beharrte: «Man sollte auf alle Fälle auch in den restlichen zwei Kesseln Dampf machen.»

Dagegen wendete der Kommandant Baranow ein: «Warum sollte man das übereilen? Warten wir ab, stellen wir fest, was für Schiffe es sind. Wenn es unsere Kreuzer sind – um so besser. Die Kessel können wir immer noch in Betrieb nehmen.»

Clapier de Colongue und Baranow stiegen zum Admiral hinunter und berieten sich mit ihm.

Achtern wurden zwei Schiffe ausgemacht. Etwas später konnte mit Bestimmtheit gesagt werden, daß es Torpedoboote waren. Das vordere hatte drei, das hintere vier Schornsteine.

«Grosny» signalisierte: «Es sind feindliche Boote.»

Immer noch arbeitete die Maschine nur mit zwei Kesseln. Von sich aus ließ aber der Ingenieur dennoch die Geschwindigkeit erhöhen.

Die Entscheidung nahte. Die Offiziere des Stabes und die Kommandanten wurden unruhig. Wie sollten sie vor den anderen ihre Absicht verbergen? Ein unsinniges Spiel begann. Der Ingenieur Iljutowitsch wurde auf die Brücke befohlen: «Lassen Sie auch in den übrigen Kesseln Dampf machen.»

Nach zwei Minuten widerrief aber Clapier de Colongue diese Anordnung.

Der Kommandant Baranow ließ den Heizer Worobjow kommen und fragte ihn aus: «Wie lange braucht ihr, um die übrigen zwei Kessel betriebsfertig zu machen?»

«Etwa vierzig Minuten, Euer Hochwohlgeboren.»

«Warum so lange? Das Wasser ist doch heiß?»

«Nein, es hat sich abgekühlt.»

Der Kommandant hatte eine neue Frage: «Wieviel Kohlen haben wir?»

«Kohlen haben wir genug, Euer Hochwohlgeboren. Es reicht.»

«Geh doch in den Kohlenbunker, erkundige dich und überlege es dir ganz genau. Dann machst du Meldung. Verstehst du?»

«Zu Befehl!» erwiderte Worobjow. Verwundert über diese sonderbare Anordnung des Kommandanten, stieg er in den Kohlenbunker hinab.

Ehe er in der Luke verschwand, bemerkte er den Maschinisten Popow, zeigte mit einer Kopfbewegung auf die Brücke und brummte: «Die da wollen uns was vormachen. Sie sollten geradeheraus sagen: Wir wollen nicht mehr kämpfen. Ich brauche diesen Krieg schon lange nicht mehr.»

«Ich habe längst gemerkt, wie sie den Schwanz einziehen», murmelte Popow. «Das wird aber ein Ding, wenn wir uns kampflos ergeben! Ganz Rußland wird staunen, wenn man davon erfährt.»

Inzwischen hatten die Signalgasten auf Veranlassung der Vorgesetzten die weiße Flagge, ein Tischtuch, und die Flagge des Roten Kreuzes bereitgelegt.

Auf der Brücke unterhielt sich der Kommandant Baranow mit den Offizieren des Stabes.

«Unser ‹Bedowy› ist nur noch ein Lazarettschiff», sagte er. In seinem bärtigen Gesicht war zu lesen, wie er die Umstehenden förmlich um Zustimmung zu diesem törichten Gedanken bat.

«Ja, ja, ganz richtig», kam prompt das Echo des Obersts Filippowski. Er bewegte zustimmend den verbundenen Kopf und zog die Schultern hoch.

Er schien ruhiger als die anderen zu sein; aber immer wieder nahm er den Kneifer von seiner dicken Nase, wischte die Gläser und setzte sie wieder vor die dunkelbraunen, ein wenig vorstehenden Augen.

«Gewiß, wir haben so viele Verwundete an Bord», nickte auch Flaggkapitän Clapier de Colongue und runzelte bedenklich die dichten Brauen.

«Und was die Hauptsache ist – der Geschwaderchef selbst ist ausgeschieden», meinte der Torpedooffizier, Oberleutnant Leontjew.

Aus allen Äußerungen klangen Heuchelei und Lüge, man führte aber immer noch neue Argumente zugunsten des Antrages an, als wollte man sich gegenseitig und auch sich selbst von dessen Richtigkeit überzeugen. Niemand brachte den Einwand vor, daß nach internationalen Regeln ein Lazarettschiff, im Gegensatz zu Kriegsschiffen, eine besondere Farbe und andere Erkennungszeichen haben mußte, an denen der Feind schon vor dem Kampf erkennen konnte, was für ein Schiff er vor sich hatte. In diesem Fall aber sollte ein Torpedoboot nur deswegen als Lazarettschiff ausgegeben werden, weil es einige Verwundete an Bord hatte. Nach dieser Logik hätte man jeden Kreuzer, jedes Linienschiff unter den Schutz des Roten Kreuzes stellen können, denn welches unserer Schiffe hätte wohl keinen Verwundeten an Bord gehabt?

Die Japaner blieben indessen nicht untätig. Dank ihrer doppelt so großen Geschwindigkeit kamen sie «Bedowy» immer näher. Jetzt konnte man schon mit bloßem Auge erkennen, daß japanische Torpedoboote nahten.

Noch einmal wurde der Ingenieur Iljutowitsch auf die Brücke befohlen.

«Wladimir Wladimirowitsch, wie lange brauchen Sie, um die Kessel in Betrieb zu nehmen?» fragte der Kommandant.

«Eine halbe Stunde noch», erwiderte Iljutowitsch.

Clapier de Colongue sagte: «So machen Sie schnell Dampf auf!»

Iljutowitsch ging, es wurde ihm aber sofort nachgerufen: «Nein, warten Sie. Nicht nötig!»

Der Ingenieur blieb stehen und wandte nur seinen Kopf den Vorgesetzten zu. Sein dunkelbraunes Gesicht mit den schwarzen Augen und der Habichtsnase war zorngerötet. Er starrte Clapier de Colongue drohend an und rief nach einer Pause laut: «Wieso – nicht nötig?»

«Gut, machen Sie Dampf», murmelte der Flaggkapitän kaum hörbar.

Auf der Brücke standen teilnahmslos die Stabsoffiziere, Leutnant Krshyshanowski, der Arzt Trshemeski und der Kriegsfreiwillige Maximow. Dann erschien der Kapitän 2. Ranges Semjonow, der hinkend zur Brücke ging. Dieser kleine, runde Offizier war wohl der durchtriebenste, schlaueste Offizier der ganzen Flotte. Aus jeder noch so schmutzigen Affäre ging er blütenweiß hervor. Die Messe an Bord des Torpedobootes war klein, die Offiziere hatten so viel von der Übergabevorbereitung des Bootes gesprochen, daß es jeder hören mußte. Alle Gespräche waren ihm wohl bekannt. Er hatte aber geschwiegen. Aber der Vorschlag, das Kriegsschiff zu einem Lazarettschiff umzuwandeln, stammte von ihm. Er hatte ihn schon auf «Buiny» gemacht. Jetzt aber, da die Absicht seiner Kameraden vom Stabe und die des Admirals verwirklicht wurde und die Signalgasten an beiden Masten mit den Flaggen bereitstanden, sagte er jedem, dem er begegnete, entrüstet: «Was ist denn los? Warum fahren wir nicht mit Volldampf?»

Dasselbe wiederholte Semjonow auch an der Brücke, wo er mit den Armen fuchtelte, um die Aufmerksamkeit auf sich zu lenken. Dadurch wollte er sich Zeugen für seine Schuldlosigkeit an der Übergabe schaffen. Zum Heck kroch er ohne Rücksicht auf seinen hohen Rang auf allen Vieren, als sei er völlig erschöpft, und verschwand dann in der Messe.[32]

«Grosny» holte «Bedowy» ein und fragte an: «Was werden wir tun?»

«Wie schnell können Sie fahren?» erfolgte die Gegenfrage vom «Bedowy».

«Dreiundzwanzig Knoten.»

«Halten Sie auf Wladiwostok.»

«Warum sollen wir nicht kämpfen?»

Auf diese Frage erhielt «Grosny» keine Antwort.

Die japanischen Torpedoboote hatten sich auf Schußweite genähert. «Grosny» gab Gefechtsalarm und entwickelte volle Fahrt. An Bord von «Bedowy» nahmen die Geschützführer, ohne einen Befehl abzuwarten, ihre Posten an den Geschützen ein. Sofort erfolgte aber ein Pfeifensignal, und der Bootsmann Tschudakow befahl: «Die Hüllen bleiben auf den Geschützen!»

Die Offiziere des Stabes stiegen von der Brücke herab. Oberleutnant Leontjew lief von einem Geschütz zum anderen und schrie die Geschützführer an: «Untersteht euch, das zu tun! Keinen Schuß! Versteht ihr denn nicht, daß wir das Leben des Admirals retten?»

«Wie denn, Euer Hochwohlgeboren, die Japaner werden uns doch wie junge Hunde ersäufen.»

«Dazu haben sie kein Recht, unser Torpedoboot ist ein Lazarettschiff!»

Oberst Filippowski erklärte es den Matrosen freundlicher: «Brüder, wir retten den Admiral, der für Rußland wertvoller als das Torpedoboot ist.»

Clapier de Colongue fügte hinzu: «Das Torpedoboot ist eine Kleinigkeit, es kann ein neues gebaut werden, aber einen solchen Admiral besitzen wir nicht noch einmal.»

Man wollte schon die Flaggen hissen, doch da fiel dem Kommandanten ein, den Oberleutnant Leontjew mit einer Meldung zum Admiral zu schicken. Begleitet vom Leutnant Zwet-Koljadinski, stürzte Leontjew davon und kam mit den Worten zurück: «Der Admiral ist einverstanden!»

Sofort stiegen die «Flaggen» hoch: am Fockmast das Tischtuch als weiße Fahne, am Großmast – die Rotekreuzflagge. Dann wurde das Signal gehißt: «Habe Verwundete an Bord.»

«Grosny» entfernte sich in voller Fahrt, gefolgt vom japanischen Torpedoboot «Katschero», das «Grosny» beschoß. Ein anderes Torpedoboot, «Sasanami», eröffnete das Feuer auf «Bedowy». Das geschah um 15 Uhr 25 Minuten östlich der Insel Ullondo, fünf bis sechs Meilen von ihr entfernt. Die feindlichen Granaten fielen rings um das Boot. Auf der Brücke von «Bedowy» waren alle empört. Leutnant O'Brien de Lassy stürzte in den Heizraum, um die Signalbücher, Karten und Geheimdokumente zu verbrennen. Baranow befahl, die Maschine zu stoppen, die schwarzen Signalbälle zu hissen und schließlich die Heckflagge zu streichen.

Oberleutnant Leontjew und der Signalmaat Tontschuk führten den Befehl hastig aus. Im Nu war die Andreas-Flagge verschwunden.

Baranow hatte sich hinter einem Aufbau versteckt, hingehockt und schrie jetzt: «Verflucht! Warum schießen sie denn, diese schlitzäugigen Barbaren! Sehen sie denn unsere Flaggen nicht?»

In den Kampf mit «Katschero» verwickelt, entfernte sich «Grosny» immer weiter.

Endlich stellte «Sasanami» das Feuer ein und näherte sich «Bedowy» sehr vorsichtig.

Der Ingenieur Iljutowitsch ordnete im Maschinenraum an, daß alles zur Versenkung bereit zu machen sei, und meldete dem Flaggkapitän: «Gestatten Sie, das Boot zu versenken. In zehn Minuten ist es auf dem Grund des Meeres.»

Clapier de Colongue faßte sich an den Kopf: «Was sagen Sie da? Wollen Sie etwa den Admiral versenken! Der Arzt hat gesagt, daß man ihn nicht berühren darf!»

Kurz darauf legte ein japanisches Ruderboot bei «Bedowy» an. Fast die ganze Besatzung stand bereits auf dem Oberdeck. Kommandant Baranow hatte seinen seidigen Bart in Ordnung gebracht und stand allen voran – stramm wie zur Parade – am Fallreep. Der japanische Offizier – wie wir später erfuhren, war es der Kommandant des Torpedobootes «Sasanami», Kapitänleutnant Aiba – zog, als er auf Deck sprang, seinen Dolch. Der erste Eindruck war, daß er im Rausch seines Glücks über die Gefangenen herstürzen wollte, um ihnen die Köpfe abzusäbeln. Die einen zuckten zusammen, bei den anderen weiteten sich vor Schreck die Augen. Er lief aber an den Menschen vorbei zur Funkkabine und zerschnitt vor allem die Leitungsdrähte. Inzwischen hißten die japanischen Matrosen am Heck das Banner der Aufgehenden Sonne. Hierauf befahl Aiba allen, sich in Front aufzustellen, und verkündete in englischer Sprache: «Der Kommandant bin hier ich!»

Die Offiziere des Stabes erklärten ihm, warum «Bedowy» sich ergeben habe. Der Kapitän 2. Ranges Semjonow war ebenfalls zugegen. Es ging ihm jetzt offensichtlich besser. Er stand gerade da und versuchte sogar, mit dem Feind japanisch zu sprechen. Kapitänleutnant Aiba hörte zu und richtete an unsere Offiziere öfters Fragen. Groß war sein Erstaunen, als er erfuhr, daß mit den Schiffsoffizieren auch der Geschwaderchef selber in Gefangenschaft geraten war. Der kleine, lebhafte Offizier fletschte seine großen Zähne und sog die Luft so laut ein, als habe er heißen Tee von einer Untertasse geschlürft. Sein gelbes, glattrasiertes Gesicht mit den schwarzen, schrägen Augen drückte sowohl Triumph als auch Verwirrung aus, als wäre etwas geschehen, was er sich selbst im Traum nicht hätte vorstellen können. Er nickte heftig und sagte keuchend: «Ich nehme den Admiral mit auf mein Boot.»

Die Offiziere baten ihn: «Wir ersuchen Sie alle, den Admiral hier zu lassen. Er ist schwer verwundet und wird sterben, wenn Sie ihn hinüberbringen.»

Man einigte sich so, daß anstelle des Admirals vier Schiffsoffiziere als Geiseln vom japanischen Torpedoboot übernommen werden sollten.

«Wo liegt denn Ihr Admiral?» erkundigte sich der japanische Offizier.

«In der Kajüte des Kommandanten. Der Arzt meint, daß er nicht gestört werden dürfte.»

«Oh nein, nein – ich werde den Admiral nicht stören. Ich möchte ihn nur sehen.»

Der japanische Offizier trippelte schnell zur Heckluke und stieg hinab. Aufgeregt öffnete er die ihm gewiesene Tür. Der Admiral lag auf dem Bett und blickte müde in das fremde Gesicht, ohne Erstaunen oder Unruhe zu zeigen. Stumm begegneten sich ihre Blicke. Die Tür schloß sich leise. Kapitänleutnant Aiba trippelte triumphierend auf den Zehenspitzen davon, wie ein Jäger, der plötzlich ein großes Wild entdeckt hat.

Als Roshestwenski etwas später erfuhr, daß vier Schiffsoffiziere als Geiseln auf das japanische Torpedoboot gehen sollten, befahl er sie zu sich. Als sie in die Kajüte kamen, saß er gebeugt, mit totenblassem Gesicht und halbverbranntem Bart, im Nachthemd auf der Bettkante. Die Beine hingen herab. Er hob langsam den verbundenen Kopf, der schwach zitterte, in seine Augen traten Tränen. Mit versagender Stimme und verzerrtem Mund sagte er: «Ihr armen Lieben ...»

Der grausame, herzlose, kein Mitleid mit anderen kennende Admiral weinte! Das war ebenso überraschend, als wenn man einen alten

Wolf inmitten von kleinen Hunden, für die er bisher furchterregend gewesen war, hätte weinen sehen. Stumm sahen die Offiziere ihren Vorgesetzten an. Beim Abschied umarmte er jeden.

Bald darauf stieß das japanische Ruderboot mit den vier Geiseln ab, um sie an Bord von «Sasanami» zu bringen.

Der junge Mut eines alten Kreuzers

Die japanischen Schiffe verfolgten inzwischen «Dmitri Donskoi». Es war vorauszusehen, daß der erste Schlag von den zwei backbord fahrenden Kreuzern kommen würde, die sich «Dmitri Donskoi» schneller näherten als die anderen feindlichen Schiffe. Die Todesstunde für den Kreuzer rückte immer näher. Nur die Dunkelheit hätte ihm die Möglichkeit gegeben, zu entkommen. Noch war es aber heller Tag, und bis zum Anbruch der Nacht mußte sich das Schicksal des Kreuzers «Dmitri Donskoi» schon entschieden haben.

In der vergangenen Nacht hatten die Menschen ungeduldig dem Morgengrauen entgegengeharrt, jetzt schielten sie feindselig zur Sonne empor, die sich so langsam dem Horizont näherte, als wäre sie im Bündnis mit den Japanern.

Der Kommandant Lebedew schickte den Torpedooffizier in die Munitionskammern, um für alle Fälle das Schiff zur Sprengung fertig zu machen.

Die zweihundert Geretteten der «Osljabja»-Mannschaft und ihre Offiziere wurden in das Zwischendeck verwiesen. Sie wußten, was dem übervölkerten Schiff bei einer Katastrophe bevorstand, sie hatten auch die Schrecken auf «Buiny» miterlebt, als unter dem feindlichen Feuer der Admiral und sein Stab vom Flaggschiff übernommen worden waren. Wofür, für wessen Verbrechen sollten sie noch einmal diese harten Qualen ertragen? Wie schwerkranke Rheumatiker konnten sie kaum noch die Beine bewegen. Sie stiegen mühsam in den ihnen zugewiesenen Raum wie in eine Totenkammer hinab.

Der Erste Offizier Blochin ging durch die Decks, um letzte Anordnungen für den bevorstehenden Kampf zu geben, und kehrte dann auf die Brücke zurück. Zwei japanische Kreuzer – «Otawa» und «Niitaka» – näherten sich von backbord auf etwa vierzig Kabellängen und eröffneten das Feuer auf «Dmitri Donskoi». Das war um 18.30 Uhr, gerade in dem Augenblick, als die Sonne unterging. In der fernen Heimat stand sie jetzt noch hoch am Himmel, spendete der Frühlingserde heißen Glanz und brachte den Menschen Freude.

Der Kommandant Lebedew beachtete die Schüsse des Gegners nicht. Er hatte sich tief über das Geländer der Brücke gebeugt und war in Gedanken versunken.

«Iwan Nikolajewitsch, gestatten Sie, Gefechtsalarm zu geben?» fragte der Erste Offizier und starrte finster den gebeugten Rücken seines Vorgesetzten an.

Der Kommandant rührte sich nicht und schwieg, als habe er nichts gehört.

Blochin zuckte verwundert die breiten Schultern, rückte seine Mütze zurecht und wiederholte lauter und in dienstlichem Ton die Frage: «Herr Kapitän 1. Ranges, gestatten Sie, Gefechtsalarm zu geben?» Der Kommandant wandte sich um. Sein Gesicht war bleich, die Tränen im Schnurrbart und Bart leuchteten in den roten Strahlen der Abendsonne wie Rubine auf. Er drückte seinem Stellvertreter die Hand und sagte: «Wenn mir etwas zustoßen sollte, dann denken Sie an meine zwei kleinen Töchter.»

Sonst sagte er nichts. Für einige Augenblicke hatte dieser mutige Mensch, überwältigt von den Erinnerungen an die ferne Familie, aufgehört, Kommandant zu sein. Er war einfach ein leidender Vater, der von seinen Kindern getrennt und verurteilt war, wie auch tausend andere, das Opfer eines verbrecherisch angezettelten Krieges zu sein.

Auf Befehl des Ersten Offiziers erklang das Horn, dröhnte die Trommel, die Menschen zu den Plätzen jagend, die ihnen von der Gefechtsordnung vorgeschrieben waren. An allen drei Masten stiegen die Fahnen hoch. «Dmitri Donskoi» gab eine Backbordbreitseite ab. Bis zur Insel Ullondo waren es noch etwa zwanzig Meilen. Die Japaner hatten sich schnell eingeschossen. Auf dem Oberdeck dröhnten die ersten Detonationen, Aufbauten wurden zerstört. Bald hier, bald dort brachen Brände aus, die aber erfolgreich bekämpft werden konnten.

«Dmitri Donskoi» änderte häufig seinen Kurs, wodurch den Japanern das Einschießen erschwert und die Wirkung des Feuers vermindert wurde. Bald traten aber noch vier feindliche Schiffe in den Kampf ein und eröffneten auf weite Entfernung das Feuer. Wie später bekannt wurde, war es die Division des Admirals Uriu, die aus den Kreuzern «Naniwa», «Takashiho», «Akashi» und «Tsushima» bestand. Somit war «Dmitri Donskoi» in ein Kreuzfeuer geraten. Die Situation wurde sehr schwierig, das Schiff wurde mehr und mehr zerstört, die Zahl der Toten und Verwundeten stieg. Ein Geschütz nach dem anderen wurde zum Schweigen gebracht.

Keine Kühnheit konnte das Schiff mehr vor dem Untergang retten. Der einzige Ausweg – und auch er hatte nur geringe Aussicht auf Erfolg – bestand darin, so schnell wie möglich die Insel zu erreichen. Im Schein des Abendrotes wuchs Ullondo immer größer und breiter auf, als drücke sie der Meeresgrund aus der Tiefe empor. Noch immer betrug zwar die Entfernung zehn Meilen, doch schien es allen, als ob die Insel schon ganz nahe wäre. Ihre majestätische Ruhe wirkte wie ein Zauber auf die Menschen, die von ihr das Leben und die Befreiung von den Martern erwarteten. Was würde aber mit der Besatzung geschehen, wenn das Schiff in voller Fahrt auf die Felsen aufliefe? Wer würde das Glück haben, gerettet zu werden? Unbeirrbar blieb der Kommandant Lebedew bei seinem Entschluß. Mit seinen Offizieren und Matrosen stand er im Kommandoturm, groß, hager, umherirrende Funken in den geweiteten Augen, ganz im Banne dieser unheilvollen, doch feierlichen Stunde, wie ein Mensch, der eine wichtige Entdeckung gemacht hat. Er hatte sich ein großartiges Manöver ausgedacht. Vor allem mußte «Dmitri Donskoi» in den Schatten gelangen, den die Insel weit nach Osten warf. Dort würde die Nacht zeitiger anbrechen; war das Schiff erst dort, dann konnten die Japaner nicht mehr genau zielen. Dann sollte das Schiff eine scharfe Backbordwendung auf den Granitfelsen zu machen, um an seinem Fuße zu zerschellen und als zerschlagenes Wrack in die Tiefe zu sinken.

Die «Osljabja»-Besatzung, die nur schwer zu bändigen war, brachte viel Unordnung in die Gefechtshandlungen. Noch ganz unter dem Eindruck der am Vortag durchlebten Katastrophe, war sie eine völlig demoralisierte Masse. Schon die erste Granate, die in eine Offizierskajüte einschlug, verursachte eine Panik im Zwischendeck. Die Leute schrien auf und flohen von dort zum Bug. Anstatt das ausgebrochene Feuer zu löschen, stürzten sie mit wildem Geheul zu den Treppen. Sie wurden von kräftigen Fäusten und mit Wasserstrahlen aus den Feuerwehrschläuchen zurückgetrieben. Einigen war es aber doch gelungen, auf Deck zu dringen. Zuerst rasten sie wie Irre umher, dann sprangen sie ins Meer, das von krepierenden Geschossen aufgewühlt wurde, und damit in den sicheren Tod.

Der Kapitän 2. Ranges Kolomeizew, ehemaliger Kommandant von «Buiny», war auch auf dem fremden Schiff nicht unbeschäftigt geblieben. Freiwillig hatte er sich in die Feuerwehrmannschaft gemeldet. Die 152-mm-Geschosse brannten. Grell schossen die Flammen empor, und die Splitter wurden nach allen Seiten geschleudert. Ein Unteroffizier, der den Schlauch hielt, wurde getroffen und sank tot um. Kolomeizew ergriff den Schlauch und richtete den starken Strahl auf die Flammen. Der ehemalige Kommandant des Torpedobootes «Buiny» arbeitete so lange, bis er selbst an der Hüfte verwundet wurde.

Die Matrosen blieben hinter dem Kommandanten nicht zurück und sprangen für die ein, die fielen.

Der Erste Offizier befand sich auf Deck, als ein Matrose zu ihm stürzte und keuchend rief: «Euer Hochwohlgeboren, der Kommandant bittet Sie zu sich.» Blochin stieg sofort auf die Brücke. Er warf einen Blick in den verstümmelten, halbzerstörten Kommandoturm und erschrak. Der Fußboden war blutüberströmt. Leutnant Durnowo saß angelehnt an der Wand, unbeweglich, gebeugt, als überlege er etwas. Mit seiner Mütze war ihm auch der halbe Schädel weggerissen worden, das erstarrende Gehirn lag bloß. Der Rudergast Poljakow hockte zusammengekrümmt auf dem Boden, Leutnant Giers war der Bauch aufgeschlitzt. Über diesen Leichen stand allein mit schmerzverzerrtem Gesicht der Kommandant Lebedew, festgeklammert am Ruderrad. Er hatte eine große Wunde mit Knochenbruch an der Hüfte. Außerdem war sein ganzer Körper mit kleinen Splitterwunden übersät. Er stand auf einem Bein und bemühte sich, den Kreuzer auf Kurs zu halten, ohne zu ahnen, daß das Ruderseil gerissen war und das Schiff unaufhaltsam nach Steuerbord ausscherte. Als er den Ersten Offizier sah, hob er verstört die Brauen, seine blauangelaufenen Lippen murmelten: «Ich gebe … das Kommando … ab.»

«Ich will gleich anordnen, daß man Sie hinunterträgt, Iwan Nikolajewitsch.»

«Ist nicht nötig. Ich bleibe hier. Bemühen Sie sich, schnellstens in den Schatten der Insel zu kommen. Das Schiff geben Sie dem Gegner nicht, lassen Sie es zerschellen!»

Der Erste Offizier bettete Lebedew mitten zwischen die Leichen und befahl einer Ordonnanz, den Arzt zu holen. Dann stieg er sofort hinunter. Das Schiff mußte, wie auch am Tage zuvor, vom Heck aus geführt werden, dort war das Handruder noch intakt.

Ehe das Schiff auf den früheren Kurs ausgerichtet werden konnte, fuhr es einen großen Bogen. Das bot den vier Kreuzern steuerbord Gelegenheit, sich ihm zu nähern.

Die Abendröte verlosch. Die Japaner verstärkten das Feuer; sie beeilten sich, das Schiff noch bei Tage zu erledigen. Die Entfernung betrug jetzt fünfundzwanzig Kabellängen. «Dmitri Donskoi» schoß mit beiden Breitseiten, die feindlichen Geschosse aber setzten ihr Zerstörungswerk fort, rissen am Eisen, vernichteten die Geräte, zerlöcherten den Leib, verstümmelten und vernichteten die Menschen.

Blochin stand auf der Heckbrücke, schwer und erstarrt, wie ein steinernes Denkmal, die Mütze aus der Stirn geschoben. Seine grauen, stechenden Augen waren starr nach vorn gerichtet, auf den Inselschatten. Es schien, als habe er seinen Willen fest zusammengeballt, um diese letzten Augenblicke, die das Schicksal des Schiffs entschieden, durchzustehen. Der Rudergast rief ihm etwas zu und zeigte nach steuerbord. Er wandte den Kopf und sah, daß der japanische Kreuzer «Naniwa» krängend ausscherte. Bald darauf brach auch auf dem Kreuzer «Otawa» Feuer aus.

Ein Bootsmann erschien mit einer bösen Nachricht auf der Brücke: «Euer Hochwohlgeboren, die ‹Osljabja›-Besatzung ist völlig verrückt geworden, die Offiziere auch. Sie meutern alle! Man kann kaum mit ihnen fertig werden. Wer weiß, was sie noch alles anstellen werden ...»

Blochin gab, ohne den Bootsmann anzusehen, den Befehl: «Die Wache an den Luken ist zu verstärken. Keiner darf das Zwischendeck verlassen. Sage dem Leutnant Senjawski und dem Fähnrich Awgustowski, daß ich ihnen befehle, sich dieser Sache anzunehmen.»

«Zu Befehl!»

Schon vor längerer Zeit war der Priester Dobrowolski ins Zwischendeck geschickt worden, um die Leute zu beruhigen. Trotz seines silbernen Kreuzes auf der gewölbten Brust sah er sich furchtsam um, denn vor sich hatte er nicht eine eingebildete, sondern eine wirkliche Hölle, in der Geschützdonner dröhnte, die von irrsinnigen Wesen, heulenden Gespenstern, bevölkert war. Der Priester murmelte etwas von «christlichen Kriegern», aber niemand hörte ihn.

Der Lazarettraum war zu einem Operationssaal umgewandelt worden, in dem der Chefarzt Herzog und seine Assistenten arbeiteten. Die Zahl der Verwundeten wuchs. Die einen standen in Erwartung der Hilfe, die anderen lagen und wanden sich vor Schmerzen. Mit ihren blutenden Fleischwunden, ihren Verbrennungen und gebrochenen Knochen, ihrem Stöhnen und Klagen verstärkten sie die Panik der «Osljabja»-Mannschaft. Sie erreichte ihren Höhepunkt, als Granaten, die soeben aus der Bugkammer heraufgereicht wurden, im feindlichen Feuer detonierten. Zwölf Mann fielen als Leichen ins Zwischendeck.

Wenn man mit der Waffe in der Hand kämpft oder an einem Geschütz steht, so kann man sich selbst vergessen und in der Begeisterung sogar zu einer Heldentat fähig sein. In einer ganz anderen Situation befand sich die Besatzung der «Osljabja». Sie war waffenlos, mit Gewalt in einen geschlossenen, aber nur schwach gepanzerten Raum eingesperrt und zur Untätigkeit verdammt. Was sollten diese Menschen tun? Nur auf eine Wiederholung der gestrigen, furchtbaren Ereignisse warten? Das ging über ihre Kraft.

An Bord zerbarst Eisen, wütete das Feuer. Unten, auf einer kleinen Plattform, die von Bordwänden und wasserdichten Türen abgegrenzt war, streckten sich die Menschen bald lang aus, bald sprangen sie wieder auf, hasteten hin und her, gingen im Kreise wie Blinde, schwangen unsinnig und drohend die Arme. Jemand weinte, ein anderer fluchte ... Ein Signalgast bekam einen epileptischen Anfall. Ein Geschützführer wand sich auf dem Fußboden, in einem Arm eine zusammengerollte Segeltuchmatte haltend, mit dem anderen rudernd, als schwimme er, und schrie: «Rettet mich ... ich ertrinke ... Hilfe!»

Auf einer Kiste saß ein Matrose, aus dessen Schläfe Blut floß, murmelnd zog er sich aus, um sich ebenso hastig wieder anzuziehen. Einige hatten sich in die Winkel verkrochen und erwarteten stumm den Untergang. Ein Teil der Matrosen unter der Führung des Oberstleutnants Ossipow und anderer Offiziere bedrängte die Treppe, um durch die Luke ins Freie zu gelangen, wobei sie vielstimmig schrien: «Warum hält man uns hier wie Sträflinge?» – «Man will uns ersäufen!» – «Hißt die weiße Fahne!»

Am meisten erregte sich Oberstleutnant Ossipow. Sein Gesicht war verzerrt, sein grauer Bart zitterte. Er schrie den Leutnant Senjawski und den Fähnrich Awgustowski heiser an: «Ich habe keine Lust, ein zweites Mal zu ersaufen! Ich bin Stabsoffizier! Niemand hat das Recht, mich hier festzuhalten!»

Der Leutnant und der Fähnrich blieben aber unerbittlich. Schiffsmatrosen halfen ihnen, die Menge zurückzuhalten.

Eine schwere Granate detonierte im Zwischendeck und vernichtete die Unteroffiziersmesse vollständig. Steuerbord war ein Loch von etwa vier Quadratmetern entstanden. Die Explosion hatte sechs Mann der «Osljabja»-Besatzung getötet und etwa zehn verwundet. Der Priester Dobrowolski sank in die Knie und verbarg sein Gesicht in den Händen, als wollte er sich vor dem Tod verstecken. Er wurde aber sofort von den Tritten der unsinnig gewordenen Menge umgestoßen. Ein wilder Strom von menschlichen Leibern stürzte mit tierischem Gebrüll zur Luke. Die Wache wurde im Nu überrannt. Die Matrosen des Kreuzers wurden von der Panik angesteckt und kletterten aus den Munitionskammern nach oben. Die aus dem Zwischendeck Entkommenen rannten mit verzerrten Gesichtern auf dem Schiff umher, vergeblich nach einer Rettungsmöglichkeit suchend. Der Fähnrich Mamontow kroch in den Verschlag, in dem sonst die Granaten für die ersten Schüsse des 47-mm-Buggeschützes aufbewahrt wurden.

Es trat der außergewöhnliche Fall ein, daß beide Seiten im Recht waren: die Meuternden und die, die sie bezwingen wollten. Die Besatzung des Linienschiffes «Osljabja» konnte das zunehmende Grauen nicht mehr ertragen. Die nervliche Belastung hatte ihre Grenze erreicht. Eine Meuterei während der Schlacht durfte aber auf keinen Fall geduldet werden, zudem noch auf einem Schiff, das ohnehin in diesem ungleichen Kampf fast verloren war. Blochin stieg von der Brücke herab und führte die Offiziere, Geschützführer und Unteroffiziere gegen die Meuterer. In diesem Chaos gab er die erforderlichen Befehle mit der Kaltblütigkeit, die kühnen Tierbändigern eigen ist. Im Donner der eigenen Geschütze, im Bersten der Feindgeschosse, im Rauch und in den Flammen der Brände begann der Kampf gegen die Meuterer. Nicht nur die Matrosen, sondern auch die Offiziere von «Osljabja» wurden mit jedem nur greifbaren Gegenstand geschlagen. Wieder wurden die starken Strahlen der Wasserschläuche gegen sie gerichtet, aus Revolvern wurde auf sie geschossen. Alles glich eher einem Wahnbild, einem Alpdruck, als der Wirklichkeit. Zu Blochins Glück war nur ein Teil der «Osljabja»-Besatzung auf Deck gelangt, die anderen waren in den Luken steckengeblieben und versperrten den Nachdrängenden den Weg. Mit Mühe wurde schließlich die Ordnung auf dem Kreuzer wieder hergestellt.[33]

«Dmitri Donskoi» setzte völlig zerschlagen, mit einer Schlagseite von fünf Grad und Wasser in den Räumen, seinen Weg fort. Der Kreuzer besaß nur noch wenige einsatzfähige Geschütze, erwiderte aber hartnäckig das Feuer der Japaner. Der vordere Schornstein war von Splittern durchlöchert, der achtere von unten bis oben aufgerissen. Dadurch ließ der Zug in der Feuerung nach, der Dampfdruck sank. Aber der Kreuzer strebte weiter vorwärts und trug die Leichen, das Blut und den Schmerz, die Verzweiflung und die Hoffnungen all derer, die über seine Decks gestampft waren, mit sich fort.

Die Rettung gelang schließlich, weil die Japaner Lebedews Manöver nicht rechtzeitig erkannten und seinem Schiff nicht den Weg abgeschnitten hatten. Der Kreuzer erreichte den Schatten der Insel. Sofort hüllte ihn die Dunkelheit ein. Der Artilleriekampf brach ab. Erfolgreich wurden auch die Torpedoangriffe abgewiesen, einem der japanischen Boote wurde sogar ein Schornstein zerschossen. Schnell brach die Nacht herein.

«Dmitri Donskoi», dem es gelungen war, dem Feind zu entgehen, hatte es nun nicht mehr nötig, an den Felsen zu zerschellen. Er ging kurz vor der Küste vor Anker. Sofort wurden die intakt gebliebenen Boote zu Wasser gelassen. Die Bergung der Besatzung begann. Man wollte die «Osljabja»-Besatzung zuerst loswerden, weil sie nach wie vor Verwirrung an Bord verursachte. Mit ihr wurde auch der Kommandant Lebedew an Land gebracht.[34] Es war inzwischen vollständig dunkel geworden. Nun kamen die über hundert Verwundeten an die

Reihe. Auf Tragen, Matten und Matratzen wurden sie behutsam in die Boote gebracht. Sie stöhnten und ächzten. Etwa dreißig Mann der Besatzung räuberten die Weinvorräte aus und betranken sich. Sie lärmten und verfluchten hemmungslos den Krieg. Einige wurden gefesselt, andere, denen die See keine Schrecken mehr zu bieten schien, sprangen über Bord und schwammen grölend an Land.

Als der Morgen graute, befanden sich nur noch Tote an Bord. Wieder erschienen japanische Schiffe. «Dmitri Donskoi» lag aber schon, anderthalb Meilen von der Küste entfernt, mit geöffneten Flutungsventilen auf dem Grunde des Meeres. Die Japaner konnten nur noch die Besatzung gefangennehmen.

Nicht Wladiwostok, sondern Sasebo

«Grosny» hatte dem feindlichen Torpedoboot einigen Schaden zugefügt, es abgeschüttelt und allein Kurs nach Norden genommen. Das Torpedoboot selbst war auch nicht ohne Beschädigungen davongekommen. Eine Granate hatte die Bordwand an der Wasserlinie durchschlagen und im Mannschaftsraum ein Leck gerissen, die Dampfleitung zerstört sowie den Maat Fjodorow getötet. Das Leck wurde sofort abgedichtet. Eine andere Granate hatte den Scheinwerfer hinweggefegt. Zwei Menschen ließen dabei ihr Leben: Leutnant Dofeldt und Unteroffizier Rjadow. Der Kommandant Andrshijewski wurde an Armen und Beinen und am Kopf verwundet.

In der Nacht fuhr «Grosny» mit gelöschten Lichtern. Jetzt verfolgte ihn niemand mehr. Am nächsten Tag, dem 29. Mai, gingen am Nachmittag die Kohlen zu Ende. Was irgendwie brennbar war – Holz, Segel, zusammengekratzter Kohlenstaub, Schmieröl – wurde in die Heizung getan. So erreichten sie, wenn auch mühsam, am Abend die in der Nähe von Wladiwostok gelegene Insel Askold, benachrichtigten über Funk den Hafen und warfen Anker. Am 30. Mai früh, nachdem man ihnen aus Wladiwostok Kohlen gebracht hatte, fuhr das Torpedoboot in die Bucht des Goldenen Hornes ein.

Das hätte auch «Bedowy» schaffen können, aber weder der Admiral noch die Offiziere seines Stabes hatten das Verlangen, heimatliche Gewässer aufzusuchen. Dort, wo sich das Torpedoboot ergeben hatte, nahm es «Sasanami» in Schlepp und führte es nach Japan, wie man ein Tier an der Fangleine abführt. So fuhren sie bis in die Nacht.

Die Aufregung an Bord von «Bedowy» hatte sich gelegt. Die Besatzung hatte nichts mehr zu tun, alle Sorgen waren verflogen, man war ja in Gefangenschaft. Die Matrosen versammelten sich im Zwischendeck und besprachen in aller Ruhe die letzten Ereignisse. Am meisten beschäftigte sie die Frage, warum die Vorgesetzten so sehr in die Gefangenschaft gestrebt hatten.

Es gab verschiedene Ansichten, bis der Maschinist Popow seine Meinung zum Ausdruck brachte. Alle Blicke waren auf sein bleiches, längliches Gesicht mit den traurigen Augen gerichtet. Belesen, klug und immer nüchtern wie er war, genoß er bei der Mannschaft große Autorität. Die Gespräche verstummten, als seine etwas stumpfe Stimme erklang: «Könnt ihr euch wirklich nicht denken, Leute, was sich hier abgespielt hat? Nehmen wir an, unser Boot ‹Bedowy› wäre nach Wladiwostok gekommen. Was weiter? Es wären alle höheren Vorgesetzten – Kapitäne aller Ränge, Admirale, Generale – an Bord gekommen. Wie hätte man denen in die Augen sehen können? Und jeder hätte Roshestwenski gefragt: Exzellenz, wo ist denn Ihr Geschwader geblieben? Er aber weiß das ja selber nicht, weil er es verließ, weil er Reißaus genommen hat. Da gäbe es ein Geflüster: so sieht er also aus, der Nationalheld! Das aber ist noch nicht einmal die Hauptsache. Weiter ... Welches Telegramm hätte er an den Zaren aufsetzen müssen? ‹Majestät, ich bin mit meinem Stabe wohlbehalten auf dem Torpedoboot ‹Bedowy› in Wladiwostok eingetroffen; wo sich die anderen mir anvertrauten Schiffe aufhalten, kann ich vorerst noch nicht sagen.› Ihr wißt, Roshestwenski ist ein stolzer Mensch und meinte klüger zu sein als alle anderen. Der japanische Admiral Togo hat ihn aber einfach entthront. Da muß er doch vergehen vor Scham! Nun, da hat er sich eben entschlossen, zu seinen zahlreichen Verbrechen noch eines hinzuzufügen – die Übergabe.»

«Richtig, so ist es!» rief der Heizer Worobjow.

Popows Auffassung stimmten auch die anderen Matrosen zu. Er fuhr fort: «Und nun fahren die Japaner unseren Admiral, die Offiziere seines Stabes, die Schiffsoffiziere und uns arme Sünder in ihre Heimat wie Ferkel im Käfig.»

Jemand spuckte wütend aus, ein anderer fluchte gräßlich.

Von den Schiffsoffizieren war an Bord von «Bedowy» nur der Kommandant Baranow zurückgeblieben. Er hatte dem japanischen Offizier das Ehrenwort geben müssen, dem Torpedoboot keinen Schaden zuzufügen. In der Offiziersmesse hatten sich alle Offiziere des Flaggschiffs «Suworow» versammelt. Sie unterhielten sich auf ihre Weise: «Gott sei gelobt, unsere Martern sind überstanden.»

Der Flaggkapitän meinte verzagt: «Das ist alles ganz schön, aber was wird werden, wenn wir nach Rußland zurückkehren?»

Der Leutnant Demtschinski seufzte ebenfalls: «Ja, es stehen uns noch einige peinliche Dinge bevor.»

Oberleutnant Leontjew zeigte seine schönen Zähne und meinte: «Unsinn! Wir haben das Leben des Geschwaderchefs gerettet. Und dann, was für eine Bedeutung hat für Rußland schon der Verlust eines Torpedobootes, wenn das ganze Geschwader vernichtet wurde!»

Oberst Filippowski unterstützte ihn: «An Bord von ‹Suworow› haben wir ehrlich gekämpft und alles getan, was wir konnten. Und wenn man uns anklagen sollte, so müßten auch diejenigen auf die Anklagebank, die heute in Petersburg unter der goldenen Turmnadel der Admiralität für unsere Flotte verantwortlich sind. Warum haben sie einen solchen Haufen in den Krieg geschickt?»

Forscher als alle anderen hielt sich der Kommandant Baranow, der um jeden Preis den anderen zu beweisen suchte: «Eigentlich habe ich das Boot gar nicht an die Japaner ausgeliefert. Vom Augenblick der Hissung der Rotekreuzfahne an war es ein Lazarettschiff. Die Japaner verfuhren aber unkorrekt mit uns, als sie das Boot einfach beschlagnahmten. Oh, wenn mich die Anwesenheit des Admirals nicht gebunden hätte, ich würde dem Gegner bewiesen haben, was ein Zusammenstoß mit mir bedeutet! Das eine japanische Torpedoboot hätte ich durch Torpedos, das andere durch Artilleriebeschuß versenkt.»

Ein Matrose stürzte in die Messe und rief dem Kommandanten zu: «Die Schlepptrosse ist gebrochen.»

Der Kommandant reckte seinen Hals und fragte: «Vielleicht hat sie ein Matrose gekappt?»

«Nein, sie ist von selbst gerissen. Das japanische Boot ist verschwunden, man sieht es gar nicht mehr.»

Die Offiziere, die in der Messe um den Tisch saßen, blieben erschrocken auf ihren Plätzen sitzen, als hätten sie nicht das gehört, was der Matrose gesagt hatte, sondern etwas viel Furchbareres – etwa, daß unter ihnen die Räume schon voll Wasser stünden, oder daß Feuer in der Munitionskammer ausgebrochen sei. Nach wenigen Augenblicken aber sprangen sie auf, stürzten zur Treppe, hinauf an Deck. Verzweiflung hatte sie ergriffen: die Sieger verließen die Gefangenen. Jeder gab einen Ratschlag: «Die Scheinwerfer muß man aufblenden!» – «Nein, besser sind Leuchtkugeln!» – «Laßt doch schnell die Sirenen heulen!»

Es war aber kein Grund zur Aufregung; aus der Dunkelheit tauchten die Umrisse von «Sasanami» auf, die auf «Bedowy» zufuhr, um ihn wieder in Schlepp zu nehmen. Die Offiziere konnten wieder in die Messe gehen und ihre Unterhaltung ruhig fortsetzen.

In der gleichen Nacht brach die Schlepptrosse noch mehrmals infolge der starken Dünung. Die Japaner übernahmen daraufhin einen Teil der Mannschaft auf ihr Boot und ersetzten sie durch eigene Leute. Die Geiseln wurden wieder zurückbefördert, dem russischen Torpedoboot wurde befohlen, mit eigener Kraft im Kielwasser des Siegers zu fahren.

Am 29. Mai traf man auf den japanischen Kreuzer «Akashi», der «Bedowy» in Schlepp nahm; «Sasanami» geleitete ihn.

Der Admiral Roshestwenski lag ständig in der Kajüte des Kommandanten. Sein Gesicht war eingefallen, war dunkel geworden wie bei einem Toten. Stundenlang blieb er stumm, in finsterer Einsamkeit, versunken in düstere Gedanken. Manchmal aber sprang er plötzlich auf, ließ die Beine vom Bett hängen und knirschte mit den Zähnen. Zerzaust, mit verbundenem Kopf, mit dem stieren Blick eines Irren, schien er irgendwohin stürzen zu wollen. Er war wirklich furchtbar anzusehen. In solchen Augenblicken bekam es sein Bursche Balachonzew, der dem Arzt bei der Pflege half, mit der Angst zu tun. Welche Gedanken mochten in Roshestwenskis erschüttertem Gehirn entstehen? Sah er im Geiste die zahllosen Ertrunkenen? Vor der Insel Tsushima waren Tausende durch seine Schuld ertrunken. Vielleicht dachte er aber auch an die Zusammenkunft im Petershofer Schloß am 23. August 1904, auf der Zar Nikolaus II. selbst den Vorsitz geführt hatte. Ja, gerade damals hatte Roshestwenski seinen größten und nicht wiedergutzumachenden Fehler begangen. Er war allzu selbstsicher gewesen; er hatte sich für genial gehalten und die Fähigkeiten seines Gegners unterschätzt. An der Konferenz hatten zwei Großfürsten, Alexej Alexandrowitsch und Alexander Michailowitsch, der Leiter des Marineministeriums, Generaladjutant Awelan, der Kriegsminister, Generaladjutant Sacharow, der Außenminister, Graf Wladimir Nikolajewitsch Lamsdorff, und der Chef des Zweiten Geschwaders, der damalige Konteradmiral Roshestwenski, teilgenommen. Es war darum gegangen: ob es an der Zeit sei, das Zweite Geschwader in den Fernen Osten zu entsenden? Roshestwenski hatte sich für die sofortige Entsendung des Geschwaders ausgesprochen. Aber es hatten sich unter den Teilnehmern der Konferenz gewichtige Gegner dieser Meinung befunden. Sie hatten bewiesen, daß sich die Lage sehr verändert habe, nachdem das Erste Geschwader am 10. August den mißlungenen Versuch unternommen hatte, aus Port Arthur auszubrechen. Ehe Roshestwenski im Fernen Osten angelangt sein würde, sei unweigerlich mit dem Fall von Port Arthur, unserer Festung, und dem Verlust der dortigen Seestreitkräfte zu rechnen. Folglich würde das Zweite Geschwader sich nur auf seine eigenen Kräfte verlassen können. In seiner Zusammensetzung aber werde es zu schwach sein, den Feind zu schlagen und die Herrschaft über das Japanische Meer zu gewinnen. Und wo sollte es überhaupt eine Basis finden? Unter diesen Umständen werde das Zweite Geschwader der Vernichtung preisgegeben sein. Es wäre zweckmäßiger, es für den Winter in der Ostsee zu belassen, auszubilden, durch im Bau befindliche Schiffe, vielleicht auch durch den Ankauf neuer Schiffe, zu verstärken und es im Frühjahr 1905 als eine wirkungsvolle Kraft hinauszuschicken, die den Ausgang des Krieges entscheiden könne.

Roshestwenski hatte aber damals trotz dieser Einwände auf der sofortigen Entsendung des Geschwaders in die Fernöstlichen Gewässer beharrt. Eifrig und eingehend hatte er nachgewiesen, daß er die Japaner schlagen werde. Awelan hatte ihm zugestimmt, später auch der Zar selbst.

Während dieser Konferenz mochte der Zar besonders eindringlich an die dramatische Episode erinnert worden sein, die sich in seiner Jugend während seiner Reise nach dem Fernen Osten ereignet hatte. Damals hatte Japan ihn, den russischen Thronfolger, recht ungastlich empfangen; ein fanatischer Samurai hatte dem hohen Gast einen Säbelhieb über den Kopf versetzt. Dieser Anschlag im Lande der Aufgehenden Sonne stellte eine schwere Beleidigung eines Mitgliedes des Zarenhauses dar. Nun wollte wohl der russische Imperator so schnell wie möglich mit dem japanischen Tenno abrechnen.

Wenige Monate später zeigten sich die Ergebnisse der Konferenz: Am Geschwader vollzog sich alles Vorausgesagte, und der, dem Rußland sein Schicksal anvertraut und in den die Armee ihre ganze Hoffnung gesetzt hatte, ergab sich auf «Bedowy».

Vor kurzem erst, am 10. Mai, nachdem die Schiffe Nebogatows zum Geschwader gestoßen waren, hatte er im Befehl Nr. 229 noch große Worte gebraucht: «Der Herr hat unseren Geist gefestigt, half uns, die Last der großen, beispiellosen Fahrt zu ertragen. Er wird auch unseren Arm stützen, uns den Segen zur Ausführung des Befehls des Herrschers geben – mit unserem Blut die bittere Schmach des Vaterlandes abzuwaschen ...» Es war anders gekommen, er hatte «die bittere Schmach des Vaterlandes» noch vergrößert.

Wie konnte der Geschwaderchef, Generaladjutant und Vizeadmiral so weit herunterkommen? Er war ehrgeizig gewesen, und dieser Ehrgeiz hatte ihn wie ein Bazillus zerfressen und ihm den Untergang bereitet, indem er ihn in das fernöstliche Abenteuer getrieben hatte. Er gehörte bereits dem engeren Gefolge Seiner Majestät an und strebte noch höher, träumte vom Lorbeer des Siegers, während die Wirklichkeit ihn nun aus allen Höhen ins Nichts geschleudert und ihn mit Schmach bedeckt hatte. Was würde jetzt der Zar sagen, dem er so viel Schande zugefügt hatte? Wir würden jetzt die Zeitungen, die ihn im voraus als Helden gefeiert hatten, seinen Namen in den Dreck zerren? Wie sehr müßte ihn das ganze Land wegen des sinnlosen Untergangs des Geschwaders und wegen der nutzlosen Opfer hassen!

Ja, es gab genug zu bedenken. Diesem hochmütigen, von krankhaftem Ehrgeiz zerfressenen Admiral blieb eigentlich nichts anderes übrig, als sich den Kopf an der eisernen Bordwand einzurennen. Er tat es aber nicht. Stolz und die Bereitschaft, eine Erniedrigung hinzunehmen, vermischten sich in ihm. Das zeigte sich erst jetzt, im Angesicht des Feindes, wie sich eine Untiefe erst während der Ebbe zeigt. Roshestwenski warf sich wieder aufs Bett und lag da, trübe und niedergedrückt.[35]

Am Morgen des 30. Mai trafen sie im japanischen Hafen Sasebo ein. Schon von weitem sahen sie die Schiffe «Nikolai I.», «Senjawin» und «Apraxin», auf denen japanische Flaggen wehten. Baranow wies mit einer Kopfbewegung auf die Schiffe und meinte vergnügt: «Nicht nur wir haben kapituliert.»

Dann befaßte er sich nur noch mit seinen Koffern, die randvoll gefüllt waren. Er besaß zwölf Stück, das reichte ihm aber nicht. Es mußten weitere vier Koffer beschafft werden, zwei große und zwei kleinere. Dann nahm er sich die Schiffskasse mit sechstausend Pfund Sterling. Von dieser großen Summe wollte er weder den Offizieren noch den Matrosen etwas geben. Clapier de Colongue erfuhr davon und sagte höflich zu Baranow: «Ich schlage vor, daß jedem Offizier zwanzig Pfund Sterling leihweise gegeben werden. In Rußland werden wir Ihnen das Geld zurückerstatten.»

Baranow fuhr auf und, obwohl «Bedowy» unter japanischer Flagge fuhr, bemerkte er scharf: «Hier bin ich der Kommandant! Niemand hat das Recht, mir Vorschriften zu machen. Ich habe alles allein zu verantworten.»

Später überlegte er es sich dann doch noch und händigte jedem Offizier 20 Pfund Sterling aus.

Baranow war infolge des erzielten Gewinnes bester Stimmung. Seine blauen Augen strahlten wie stets, sein gepflegter Bart war so sauber gekämmt, daß in ihm kein überflüssiges Haar zu sein schien. Als er dann von Bord seines Torpedobootes ging, streichelte er sogar den Schornstein und murmelte freundlich: «Leb wohl, mein lieber Freund!»

Die Japaner, die Baranow einstmals mit dem Orden 4. Grades der

Aufgehenden Sonne ausgezeichnet hatten, hatten wohl geahnt, daß er sich ihnen erkenntlich zeigen würde.

Dachte er in diesem Augenblick an seinen Sohn? Leutnant Baranow, der große, hagere Jüngling, war doch auf dem sinkenden Linienschiff «Alexander III.» geblieben, ohne Hoffnung auf Rettung.

Der Gedanke daran hätte doch eigentlich das väterliche Herz erschüttern müssen.

Wir werden alle sterben, uns aber nicht ergeben!

Im August 1904, bevor das Zweite Geschwader Kronstadt verließ, hatten sich in der prunkvollen Offiziersmesse des Linienschiffs «Alexander III.» die Frauen und Verwandten der Offiziere und weitere geladene Gäste zu einem Abschiedsessen versammelt. Immer wieder wurden am reichgedeckten Tisch mit den vielen Flaschen, Speisen und Blumen Trinksprüche auf den Ruhm der russischen Waffen ausgebracht. Überschwenglich waren die Reden der Gäste, die den Sieg über den Feind und glückliche Heimkehr wünschten. Doch überraschend klangen mitten in die geräuschvollen Ovationen finstere Worte. Sie kamen vom Kommandanten des Linienschiffes «Alexander III.», Kapitän 1. Ranges Buchwostow: «Ihr glaubt, was ihr gesehen habt – daß hier alles wunderbar eingerichtet ist. Und ich muß euch sagen, daß hier durchaus nicht alles wunderbar ist. Ihr wünscht uns den Sieg. Wir brauchen nicht zu sagen, wie sehr wir ihn uns selbst wünschen. Aber es wird uns kein Sieg beschert sein! Ich fürchte, daß wir die Hälfte des Geschwaders bereits unterwegs verlieren werden. Wenn das nicht geschieht, so werden uns die Japaner schlagen, weil ihre Flotte besser ist. Eines aber versichere ich: Wir werden alle sterben, uns aber nicht ergeben.»

Buchwostow verstummte. In der Messe herrschte eine Stille wie in einer Totenkammer. Die geschniegelte Gesellschaft war verblüfft. Nicht genug, daß man eine Trauerrede vernommen hatte, am meisten erschütterte es die Anwesenden, daß einer der besten Marinekommandanten, ein Kandidat für den Admiralsrang, diesen Grabgesang für die russische Flotte angestimmt hatte. Das hatte man von Buchwostow nicht erwartet, der vor kurzem erst die 200-Jahrfeier des Preobrashenski-Regiments, des ersten russischen, von Peter I. gegründeten Garderegiments, als Nachkomme eines der ersten Gardesoldaten mitgemacht hatte.

Es waren prophetische Worte, die der Kommandant gesprochen hatte. Sie drangen aber nicht in das weite Land hinaus, das nichts von der mangelhaften Vorbereitung seiner Flotte wußte, sondern verklangen in den engen Räumen der Messe.

Kehren wir zum 27. Mai 1905 zurück.

«Alexander III.» folgte in der Schlachtordnung dem Flaggschiff «Suworow». Das Flaggschiff war schon zu Beginn der Schlacht so beschädigt worden, daß es nicht mehr Position halten konnte und ausscherte. Das führerlose Geschwader war sich selbst überlassen. Da löste «Alexander III.» das Flaggschiff «Suworow» ab, mit dessen Namen für immer die furchtbaren Erinnerungen an das Grauen von Tsushima verbunden bleiben werden. «Alexander III.» setzte sich an die Spitze der Kolonne und führte sie. Das Feuer von zwölf japanischen Schiffen konzentrierte sich nun auf dieses Schiff. Es nahm die ganze Last des feindlichen Feuers auf sich und rettete mit seinem Untergang unsere übrigen Schiffe. Trotz der aussichtslosen Situation handelte es initiativreich, indem es wiederholt «Suworow» mit seinem Schiffskörper deckte und im Rücken der feindlichen Kolonne nach Norden durchzubrechen versuchte. Einmal gelang es ihm im Nebel, das Geschwader aus dem Feuer zu führen. Mehrere Stunden lang bestand es mit hervorragendem Mut den Kampf gegen die erdrückende Übermacht des Feindes.

Gegen Abend war es dann keine Schlacht mehr, sondern eine Schlächterei.

«Alexander III.» konnte schließlich ebensowenig wie die anderen Schiffe dem feindlichen Druck standhalten. Um 18.00 Uhr schied das Linienschiff mit starker Schlagseite aus. Sein Anblick war entsetzlich. Es hatte eine Menge Löcher in den Bordwänden, völlig zerstörte Aufbauten und war ganz in schwarzen Rauch gehüllt. Feuerfontänen schlugen aus den zerschlagenen Schiffsteilen. Man mußte befürchten, daß das Feuer in die Munitionskammern gelangen und das Schiff dann in die Luft fliegen würde. «Alexander III.» erholte sich aber nach einiger Zeit und fügte sich, schwach schießend, wieder in die Kolonne ein. Das war sein letzter Versuch, dem Feind Widerstand zu leisten.

Was ging auf den Brücken, im Kommandoturm, in den Artillerietürmen und auf Deck während des Kampfes vor? Wer war denn wirklich der Kommandant, der in den eisernen Fängen der Japaner so geschickt manövrierte? War es der Schiffskommandant, Kapitän 1. Ranges Buchwostow, oder war es sein Erster Offizier Plemjannikow oder sein bis zuletzt noch am Leben gebliebener jüngster Leutnant? Vielleicht hatte, als kein Offizier mehr da war, ein Bootsmann oder gar nur ein Rudergast das Schiff und somit auch das Geschwader geführt? Niemals wird dieses Geheimnis gelüftet werden.

Das Verhalten des stolzen Schiffes in dieser grausigen Seeschlacht muß aufrichtige Bewunderung auslösen. Es reihte sich erneut in der Mitte der Kolonne ein, den Ehrenplatz an der Spitze hatte es «Borodino» überlassen. Hier, auf seinem neuen Platz, hielt es sich etwa zwanzig bis dreißig Minuten. Es bedurfte nur noch einiger schwerer Granaten zu seiner endgültigen Vernichtung. Dieses Mal scherte es nach backbord aus. Offenbar hatte sich das Ruder festgeklemmt, es ließ sich nicht mehr bewegen. In der Kurve krängte das Schiff noch mehr. Das Wasser im Innern strömte auf eine Seite, und alles war aus ...

Von «Admiral Nachimow» und «Wladimir Monomach» aus konnte man beobachten, wie «Alexander III.», einer gefällten Eiche gleich, auf die Seite kippte. Ein Teil der Besatzung stürzte ins Wasser, andere kletterten über den Außenbord zum Kiel hoch. Dann kenterte es völlig, blieb aber etwa zwanzig Minuten noch an der Oberfläche. An seinem muschelbewachsenen Boden klammerten sich die Menschen fest. In der Annahme, daß der Schiffskörper sich noch lange über Wasser halten würde, kamen auch die Menschen heran, die schon umherschwammen. Es sah aus, als treibe ein mit Krabben bedecktes Seeungeheuer auf dem Wasser. Die noch kämpfenden Schiffe fuhren am Wrack vorbei.

Frei und ungehindert strich der Wind über die Weiten des Ozeans. Dort, wo noch eben «Alexander III.» sich mit letzter Kraft gewehrt hatte, rollte die Dünung und schaukelten Holzbruchstücke, stumme Zeugen eines furchtbaren Dramas. Niemand wird je erzählen können, welche Qualen die Menschen auf diesem Schiff überstanden haben. Von den neunhundert Mann Besatzung kam nicht einer mit dem Leben davon.

Einzelschicksale

Ein notwendiges Kapitel

Die zwei Lazarettschiffe «Orjol» und «Kostroma» hielten sich während der Kampfhandlungen am 27. Mai einige Meilen achtern entfernt von der Gefechtskolonne auf. Um 15.00 Uhr näherten sich ihnen die feindlichen Hilfskreuzer «Manshiu-Maru» und «Sado-Maru» und brachten sie in einen japanischen Hafen. «Kostroma» wurde zwei Wochen später freigegeben. Anders verfuhren die Japaner mit «Orjol». Das hatte seinen besonderen Grund.

Das russische Geschwader hatte einige Tage vor der Schlacht den englischen Dampfer «Oldhamia» angehalten und auf ihm Fracht vorgefunden, die für Japan bestimmt war. Die Mannschaft wurde auf Veranlassung von Roshestwenski auf das Lazarettschiff «Orjol» gebracht, der Dampfer «Oldhamia» dagegen mit einer russischen Besatzung nach Wladiwostok dirigiert. Die Japaner konnten also auf «Orjol» Engländer vorfinden, und das benutzten sie als Rechtfertigung dafür, das Schiff zur Kriegsbeute zu erklären.

Die Transporter «Anadyr» und «Korea» fuhren, nachdem sie am 27. Mai vom Geschwader getrennt worden waren, bis 21.00 Uhr zusammen weiter und schlugen dann verschiedene Wege ein. «Anadyr» beabsichtigte den europäischen Teil Rußlands auf dem Wege über Madagaskar zu erreichen, das Transportschiff «Korea» traf am 30. Mai in Schanghai ein, wo es interniert wurde.

Das Transportschiff «Irtysch» war in der Schlacht am 27. Mai schwer beschädigt worden; es wies eine Krängung von neun Grad auf. Trotzdem versuchte es entlang der japanischen Küste nach Wladiwostok weiter voranzukommen, hatte aber durch die Leckstellen so viel Wasser aufgenommen, daß es die Fahrt nicht fortsetzen konnte. Am Abend des zweiten Tages sank es in der Nähe der Stadt Hamada. Die Besatzung konnte vollzählig an Land gebracht werden.

Das Torpedoboot «Besupretschny» blieb verschollen. Es gibt nur einen Hinweis in japanischen Quellen, daß der Kreuzer «Chitose» und das Torpedoboot «Ariake» am 28. Mai im Morgengrauen einem russischen Torpedoboot begegneten und es nach kurzem Kampf versenkten. Man nimmt an, daß es «Besupretschny» gewesen ist. Die Besatzung ertrank.

Dem Zweiten Geschwader gehörten auch Schiffe an, die an der Schlacht bei Tsushima keinen unmittelbaren Anteil nahmen. Sie hatten aber die lange Fahrt mit durchgehalten und erhielten später Sonderaufgaben. Es waren die vier Schiffe: «Rion», «Kuban», «Dnepr» und «Terek». Früher waren das Passagierschiffe gewesen. Vor Kriegsbeginn waren sie aber mit Kanonen versehen worden. Das kleinste Schiff hatte 9460 Tonnen Wasserverdrängung, das größte 12500 Tonnen. Jedes erhielt vierzehn bis zweiundzwanzig Geschütze, ferner Maschinengewehre, Entfernungsmeßgeräte und Scheinwerfer. Die Schiffe erhielten auch Sprengpatronen, ferner wurden Munitionskammern und Funkanlagen mit eingebaut. Es waren viele Änderungen nötig, um die Dampfer für militärische Zwecke verwendbar zu machen. Anschließend wurden sie in die Kategorie der Kreuzer 2. Ranges eingereiht. Sie erreichten mit neunzehn Knoten eine angemessene Fahrgeschwindigkeit. Eine gute Eigenschaft der Schiffe bestand darin, daß sie einen großen Vorrat an Brennstoff mitnehmen und über zwei Monate auf See sein konnten, ohne einen Hafen anlaufen zu müssen. Aber die Besatzung dieser Schiffe war sehr schlecht ausgebildet. Das Marineamt gab ihnen keine Offiziere der Kriegsmarine, die meisten Offiziere kamen von Handelsschiffen, die zu militärischen Zwecken eingesetzt wurden. Die Matrosen kamen aus der Reserve und kannten kaum die neue Kriegstechnik.

Einige Tage vor der Schlacht erhielten die Kommandanten dieser Schiffe vom Geschwaderchef Geheimdokumente mit Instruktionen. Die vier Schiffe trennten sich daraufhin vom Geschwader und nahmen ihre eigenen Wege, um in den ihnen zugewiesenen Meeresteilen Kreuzerkrieg zu führen; sie trafen nie wieder zusammen.

Ihre Aufgabe bestand darin, Konterbande, die für Japan bestimmt war, abzufangen. Es wurde angenommen, daß damit gleichzeitig eine eindrucksvolle militärische Demonstration in den Gewässern des Feindes verbunden sein würde. Eine solche Diversionstätigkeit der russischen Schiffe konnte die Aufmerksamkeit der Japaner ablenken, und die Hauptseestreitkräfte des Feindes, die in der Koreastraße zum Empfang des Zweiten Geschwaders konzentriert waren, veranlassen, sich zu spalten. Die obersten Kommandostellen waren überzeugt, daß diese Hilfskreuzer eine wichtige Rolle spielen würden.

Was taten sie nun in Wirklichkeit?

«Rion» kreuzte auf den Verkehrslinien zwischen Schanghai, Quelpart und Nagasaki. Dieser Hilfskreuzer hatte gleich zu Anfang Glück. Am 26. Mai um 20.00 Uhr begegnete er dem norwegischen Dampfer «Transit». Es lagen Informationen vor, daß die Fracht des Dampfers aus Pulver und Gewehren bestünde und daß er falsche Papiere habe, die auf «Petroleum nach Hongkong» lauteten. Im Licht des Scheinwerfers stoppte «Transit» nach einem Warnschuß. «Rion» kam dicht an ihn heran. Zuerst wollte man den Dampfer inspizieren, doch der Kommandant, Kapitän 2. Ranges Trojan, überlegte es sich und beschränkte sich darauf, durch das Sprachrohr zu fragen: «Woher kommt ihr?»

«Aus Port Arthur. Leer.»

«Gut. Auf Wiedersehen.»

«Transit» war entlassen.

Der Kommandant wanderte auf der Brücke auf und ab.

Am nächsten Tage begegnete man einem zweiten Schiff. Die Besichtigung ergab, daß es sich ebenfalls um ein norwegisches Handelsschiff handelte, das von Amerika nach Taku mit einer Holzfracht unterwegs war. Die Papiere waren in Ordnung. Man ließ dieses Schiff ebenfalls unbehelligt.

In der Morgendämmerung des 28. Mai nahm «Rion» Kurs auf die Insel Ross, machte halbe Fahrt und zackte im Kurs. Das Wetter war klar. Den ganzen Tag lang war kein Rauchwölkchen am Horizont zu sehen. Erst gegen Abend hielten sie den deutschen Dampfer «Tetartos» an. Eisenbahnfracht japanischer Herkunft wurde vorgefunden, die sieben japanische Techniker begleiteten. Hier konnte es keine Zweifel geben.

Die Prisenkommission beschloß, den Dampfer zu versenken. Der Kommandant war dagegen. Er berief sich auf eine unklare Instruktion des Außenministeriums und konnte sich mit der Kommission lange nicht einigen. Die Offiziere mußten ihn in hitzigen Debatten überzeugen. Schließlich gab er den Befehl, russische Begleitmannschaft an Bord von «Tetartos» zu schicken. «Tetartos» sollte Kurs Südwest 71 Grad nehmen. Am nächsten Morgen wurden die Maschinen gestoppt. Die Besatzung wechselte zum Hilfskreuzer «Rion» über. Auf «Tetartos» wurden die Flutungsventile geöffnet, doch das Schiff sank lange nicht. Dann gab man drei Artillerieschüsse ab, die alle trafen. Aber keine Granate detonierte. Der Dampfer hielt sich noch lange und sank erst gegen 12.30 Uhr.

Anschließend irrte «Rion» vier Tage im Nebel umher und stieß dann auf den englischen Dampfer «Silurnum». Der Kapitän des Dampfers begrüßte den russischen Offizier auf Deck und überraschte ihn mit den Worten: «Ich habe sehr traurige und schwerwiegende Nachrichten für Sie!»

Er berichtete, daß das Zweite Geschwader zerschlagen sei, das bestätigten auch die Zeitungen aus Schanghai, die er vorwies. Offenbar glaubte der Kapitän, daß diese Sensation die Aufmerksamkeit der Russen von der gründlichen Besichtigung des Schiffes ablenken würde. Das trat aber nicht ein. An Bord wurden hundertdreißig Ballen Baumwolle gefunden und über Bord geworfen.

Die Nachricht vom Untergang des Geschwaders erschütterte die gesamte Besatzung. An weitere Operationen dachte niemand mehr. Es ergab sich die Frage, wo man Kohlen für die Heimfahrt nach Rußland bunkern könnte. Das Schiff fuhr nach Batavia, wo die Besatzung des deutschen Dampfers «Tetartos» an Land gebracht und die Kohlenvorräte ergänzt wurden. Von Bord des Hilfskreuzers desertierten hier sechsunddreißig Matrosen. Die Holländer genehmigten nur einen vierundzwanzigstündigen Aufenthalt in der Bucht. «Rion» lichtete die Anker und fuhr nach Ras Hafun.

Vierzehn Tage schaukelte man über den Indischen Ozean, bis man am 30. Juni die Küste Afrikas sichtete. Hier vor dem steilen Kap Ras Hafun, weit entfernt vom Kriegsschauplatz, wurde in das Logbuch des Hilfskreuzers «Rion» eine Eintragung gemacht, auf die später die ganze Besatzung stolz war.

Am 30. Juni gegen 11 Uhr vormittags gewahrten die Offiziere auf der Brücke von «Rion» ein seltsames Bild. Nicht weit vom Ufer lag mit starker Backbordschlagseite ein Dampfer mit Flaggen an den Masten. Der Kommandant ließ «Rion» auf das Schiff zuhalten. Auf eine Entfernung von anderthalb Meilen erkannten sie die französische Flagge und das Signal «Bin in Seenot». Die Wellen schlugen bereits über den Bord des Schiffes. Der Kommandant des Hilfskreuzers, Kapitän 2. Ranges Trojan, wußte sehr gut, daß es eigentlich nicht möglich war, während eines Monsuns, der in der Richtung auf die Küste wütete, auf offener See vor Anker zu gehen. Lediglich die ungewöhnlichen Umstände veranlaßten ihn, es dennoch zu wagen. Die starke Dünung riß am Ankertau. «Rion» ließ ein Ruderboot zu Wasser. Das war ein weiteres Wagnis. Wie man später erfuhr, waren alle französischen Boote gekentert; die Passagiere wurden von Eingeborenen an Land befördert. Trotzdem fuhr der Fähnrich Netschajew auf dem Ruderboot zum Dampfer und kehrte nach einer Stunde auf den Hilfskreuzer zurück. Der Auftrag des Kommandanten war ausgeführt worden. Der Stellvertreter des Kapitäns des französischen Dampfers wurde an Bord gebracht. Der Franzose berichtete, daß das Schiff vor zwei Tagen auf Felsen aufgelaufen sei und nicht wieder flottgemacht werden könnte. Die Passagiere hatten acht Meilen landeinwärts ein Lager aufgeschlagen. Es waren 618 Menschen, darunter Frauen, Kinder und Kranke. Auf Booten wurden zwei Offiziere und sechs Mann hingeschickt. Sie nahmen sieben Tragen mit. Mühsam schleppten sich Passagiere und Besatzung durch den heißen Sand zur Küste zurück. Die Besatzung des Hilfskreuzers half, die Kinder und Kranken zu bergen. Für die acht Meilen brauchte man einen Tag. An Bord des Hilfskreuzers äußerten sich die Franzosen begeistert über die edle Tat der russischen Seeleute. Sie sammelten für die Mannschaft einige hundert France. Aber der Kommandant nahm das Geld nicht an. Er übermittelte der Mannschaft lediglich den Dank der Franzosen.

Von Ras Hafun aus nahm «Rion» Kurs auf Aden. Unterwegs gingen die Kohlen aus. Bis «Rion» den Hafen erreichte, wurde alles Holz verbrannt. In Aden übergab man die Passagiere zwei ausländischen Schiffen und versah sich reichlich mit Kohlen. Die Aufbauten wurden soweit es ging in Ordnung gebracht.

Die weitere Fahrt des Hilfskreuzers verlief ohne Zwischenfälle. Am 29. Juli ging er auf der Reede von Kronstadt vor Anker. Für «Rion» war die Fahrt beendet.

Der Hilfskreuzer «Kuban» hatte Befehl erhalten, sich an den Eingang der Tokiobucht zu begeben, um dort Konterbande abzufangen. Unter ständigem Kurswechsel sollte er sich in einer Entfernung von nicht weniger als hundert Meilen vor der japanischen Küste halten. Als der Kommandant das ihm zugewiesene Seegebiet erreicht hatte, betrachtete er eingehend die Karten mit den eingetragenen Verkehrslinien der Handelsschiffe. Nach längeren Überlegungen wählte er den belebtesten Punkt im Stillen Ozean, wo sich die Verkehrslinien von Vancouver, San Franzisko, den Sandwich-Inseln und Sidney kreuzten. Alles sprach dafür, daß es dort viele Schiffe zu versenken geben würde. Die Hoffnungen erfüllten sich jedoch nicht; nach zehn Tagen hatte der Kreuzer noch keinen einzigen Dampfer aufbringen können. Das Wetter frischte auf, die Dünung nahm zu. Am 5. Juni nahm der Kreuzer Kurs auf Kamranh, um zu bunkern. Hier traf man auf drei Dampfer. Der Kommandant wurde davon in Kenntnis gesetzt. Er winkte aber nur ab: «Wir wollen sie nicht anhalten. Bei dieser Dünung können wir nicht einmal die Boote aussetzen.»

So fuhren diese Schiffe unbehelligt weiter.

Nach drei Tagen griff man ein österreichisches und ein deutsches Schiff auf. Diesmal verfuhr man genau nach Vorschrift. Es wurde aber keine Konterbande gefunden. Durch diese Dampfer erhielt der Kommandant Nachricht von der Vernichtung des Zweiten Geschwaders. Die Besatzung war sehr bestürzt. Nun dachten alle nur daran, so weit wie möglich von Japan wegzukommen.

Am 16. August ging der Hilfskreuzer «Kuban» in Libau vor Anker. Über neun Monate war er auf großer Fahrt gewesen und hatte in dieser Zeit 37500 Seemeilen zurückgelegt. Die Besatzung bestand aus fast fünfhundert Mann. Wieviel Kraftanstrengung hatte sie die Fahrt gekostet, wieviel hatten sie erlebt – und doch war alles vom militärischen Gesichtspunkt so ohne jedes Ergebnis verlaufen, als hätte der Kreuzer lediglich eine lange Vergnügungsfahrt unternommen.

«Dnepr» sollte im Ostchinesischen Meer operieren. Nachdem er sich vom Geschwader getrennt hatte, geleitete er seine Transporter nach Schanghai. Der Kommandant, Kapitän 2. Ranges Skalski, berief einen Kriegsrat ein, auf dem ein Operationsplan ausgearbeitet wurde. Aber am zweiten Tage änderte der Kommandant zur Verwunderung aller Offiziere diesen Plan und nahm Kurs auf die Philippinen. Offenbar wollte er sich so weit wie möglich von Japan fernhalten.

Der Kreuzer blieb auf offener See liegen, nahe der nördlichsten Insel. Womit sollte man sich aber hier beschäftigen, um die Zeit zu verbringen? Die Bordwände des Schiffs wurden geschrubbt und neu bemalt, als bereite sich das Schiff zu einer Parade vor. So vergingen zwei Tage. Ein weiteres Verweilen an diesem Ort wäre peinlich geworden. «Dnepr» nahm Kurs auf Hongkong.

Am vierten Tage dieser Fahrt, am 28. Mai, begegnete er dem ersten Dampfer. Es war erstaunlich, den englischen Flußdampfer «Samson» auf offener See anzutreffen. Er wurde untersucht und entlassen. Am nächsten Tage machte «Dnepr» ein gutes Geschäft. Die Besatzung hatte schon seit einem Monat nichts mehr zu rauchen gehabt. Der angehaltene österreichische Dampfer «Nippon» versorgte sie mit Tabak. Am gleichen Tage wurden noch zwei Dampfer angehalten, auf denen zwar keine Konterbande, dafür aber alte Zeitungen vorgefunden wurden. Sie enthielten noch keine Nachrichten über das Schicksal des Geschwaders.

Wie war es dem Geschwader ergangen? Diese Frage quälte die russischen Seeleute, und die Sorge um das Geschwader spornte sie bei ihren Kreuzerfahrten an. Die Signalgasten und Wachhabenden beobachteten Tag und Nacht den Horizont und hofften, wenn nicht Konterbande, so doch wenigstens Nachrichten über das Geschwader zu ergattern. Einsam strich «Dnepr» zwei Tage auf See umher. Die Seeleute blieben in Ungewißheit.

Am 1. Juni geriet alles in Bewegung, man lärmte, die Menschen liefen aufgeregt umher, die Fernsprecher klingelten. Auf der Breite der Insel Calayan hatten die Signalgasten das erste Rauchwölkchen nach sechzig Stunden Fahrt erspäht. Bald konnte man von der Brücke aus auch das Mastwerk erkennen. Das Schiff hielt auf die Straße zwischen Luzon und Babuyan zu.

«Volldampf voraus» kam das Kommando in den Maschinenraum. «Dnepr» nahm die Verfolgung auf. Zwei Stunden später hatte er den Flüchtling, den deutschen Dampfer «Prinz Sigismund», dessen Namensschild mit einfachem Auge zu erkennen war, schon fast erreicht. «Dnepr» gab einen Warnschuß ab, dann einen zweiten, der Dampfer stoppte aber erst nach dem dritten Schuß. Die Prisenkommission war freilich sehr enttäuscht, als sie keinerlei Konterbande vorfand. Dieser Dampfer des Norddeutschen Lloyd hatte nämlich eine Ladung des bekannten Lieferanten des Zweiten Geschwaders, des Petersburger Großhändlers Ginsburg, an Bord. So war die Jagd ergebnislos verlaufen. Aber wertvoller als eine entgangene Prise waren für die russischen Seeleute die neuesten Zeitungen. Vom Dampfer «Prinz Sigismund» wurden «Dnepr» die Nachrichten aus der Hongkonger Zeitung «South China Morningpost» vom 30. Mai übermittelt.

«Vier Schiffe mit Nebogatow gefangen. Elf russische Schiffe vor Tsushima versenkt.»

Nachdem der Dampfer weitergefahren war, versammelten sich alle Offiziere mit dem Kommandanten Skalski in der Messe. Fähnrich Ludet, der die englische Sprache gut beherrschte, las aus den Zeitungen vor. Lebhaft wurden die Ergebnisse der Schlacht besprochen. Die Nachrichten waren zwar verschwommen und unklar, trotzdem erschütterten sie die Besatzung. Nachdenklich und betrübt blickten die Seeleute drein. In ihr Schweigen sagte der Kommandant mit feierlich erhobener Stimme: «Der Krieg ist verloren. Unser Schicksal ist beschlossen, meine Herren! Was sind wir jetzt allein im fremden Meer und ohne Unterstützung durch die Kriegsflotte? Seeräuber sind wir jetzt. Das Geschwader existiert nicht mehr, folglich machen wir Schluß. Wir müssen heimkehren.»

Am selben Tage, als die Schiffsglocke acht Glasen geschlagen hatte, erschien am Horizont ein Dampfer auf Gegenkurs. Auf Veranlassung des Wachhabenden, Fähnrich Kunizki, wurde dies durch eine Ordonnanz dem Kommandanten gemeldet.

«Nun?» fragte Kunitzki, als die Ordonnanz zurückgekehrt war.

«Er sitzt in seiner Kajüte und hat nur ‹gut› gesagt.»

«Weiter nichts?»

«Nein, weiter nichts.»

«Geh noch einmal hin und frage, ob der Dampfer anzuhalten ist.»

Der Matrose kam wieder und meldete gekränkt: «Er hat geflucht und gesagt, daß ich dem Teufel unter den buschigen Schwanz kriechen soll.»

Der Erste Offizier Kompanionow und Oberleutnant Schwarz erschienen auf der Brücke. Alle empörte das Verhalten des Kommandanten. Der Dampfer war ganz nahe gekommen, ohne seine Flagge zu zeigen. Da begab sich der Erste Offizier selbst zum Kommandanten, machte auf das verdächtige Schiff aufmerksam und fragte:

«Was soll mit ihm geschehen?»

Der Kommandant wurde böse: «Mich langweilen diese Fragen. Hören Sie meinen Entschluß: Bis Saigon werden wir kein Schiff mehr anhalten. Ich bitte, mich nicht mehr zu belästigen.»

Der Erste Offizier verließ ihn schulterzuckend.

Entschlossener handelte Leutnant Schwarz. Er stieg in den Musiksalon hinunter, der nur durch eine schwache Holzwand von der Kajüte des Kommandanten getrennt war, und schrie absichtlich laut: «Das ist ja kein Kommandant, sondern ein Feind unserer Heimat! Einen solchen Menschen müßte man sofort verhaften.»

Diese Worte übten eine starke Wirkung auf den Kommandanten aus. Bleich und zerzaust, mit irren Augen, wie sie Menschen bei einer Feuersbrunst haben, kam er auf die Brücke gerannt und befahl, auf Gegenkurs zu gehen. Aber der Dampfer hatte eine hohe Fahrgeschwindigkeit entwickelt und war schon weit entfernt. Zum Glück erschien ein anderes Handelsschiff, «St. Kilda», unter englischer Flagge. Der Kommandant war wie ausgewechselt und befahl herrisch: «Den Dampfer stoppen!»

Man fand Kriegskonterbande an Bord: viertausend Tonnen Reis, Baumwolle und Ölkuchen. Die Prisenkommission beschloß, das Schiff zu versenken. «Dnepr» fuhr weiter in See hinaus, und «St. Kilda» mußte folgen. Am Morgen des zweiten Tages wurde die Besatzung übernommen, und im Maschinen- und Heizraum des Handelsschiffs wurden Sprengpatronen gelegt. Aber nur eine Patrone explodierte, und das Schiff sank nicht. Man mußte also Artillerie einsetzen. Obwohl das Ziel mindestens vier Kabellängen entfernt war, warnte der Kommandant den Artillerieoffizier: «Schießen Sie nur in den Bugteil. Gnade Gott, wenn die Kessel oder die dort untergebrachten Sprengpatronen explodieren. Dann kriegen wir auch was ab.»

Nach sechzehn Schüssen sank der Dampfer endlich mit dem Bug voraus, als wollte er tauchen.

Einige Tage nach der Versenkung des Dampfers bot die Offiziersmesse des Hilfskreuzers «Dnepr» ein ungewöhnliches Bild. Auf dem langen Tisch, den Sofas, dem Bufett und auf dem Fußboden dieses großen Raumes lagen versiegelte Pakete und Umschläge. Sie hatten verschiedene Formen und Größen, waren nach Japan adressiert und mit bunten Briefmarken aller Länder beklebt. Die dienstfreien Offiziere befaßten sich mehrere Tage vom Morgen bis zum Abend mit dieser Korrespondenz; achtundsiebzig versiegelte Säcke und eine Holzkiste waren vom Dampfer «St. Kilda» übernommen worden. An diesen Tagen glich die Messe einem Postamt, in dem der Erste Offizier die Rolle des Leiters spielte, während die Leutnants und Fähnriche sich als eifrige Postbeamte betätigten. Auf die geprüften Segeltuchsäcke wurde sorgfältig der Schiffsstempel aufgedrückt. Die jungen Leutnants und Fähnriche betrachteten neugierig die Briefmarken und wandten sich öfters an den Wachhabenden, Fähnrich Ludet, der auf englischen Schiffen Dienst getan hatte. In der Hauptsache bestand die Post aus Privatkorrespondenz. Mehrere Umschläge waren aber an Persönlichkeiten der japanischen Regierung adressiert. Die Privatbriefe wurden nicht geöffnet und wieder in die Säcke gepackt. Plötzlich fischte der Leutnant Loginow aus einem Sack zwei umfangreiche Einschreibebriefe und betrachtete die unbekannte Schrift der Adressen. Befremdet brachte er die Umschläge dem «Leiter des Postamtes» – dem Ersten Offizier – und fragte: «Was soll mit diesen Umschlägen geschehen?»

Der Erste Offizier ließ den Fähnrich Ludet als Übersetzer kommen, zeigte auf die Umschläge und meinte lächelnd: «Stellen Sie bitte fest, wer hier einen ganzen Roman schrieb und an wen er sich wandte. Ich hege Verdacht, daß der Autor eine bestimmte Absicht hatte.»

Ludet drehte die schweren Umschläge in den Händen und verkündete dann mit betonter Wichtigkeit: «An den Kriegsminister Marquis Yamagata-san, Tokio.»

«Das wird ja interessant», sagte der Erste Offizier und griff nach den Umschlägen. Mit der Mine eines geübten Postmeisters wog er die Umschläge in der Hand, als wollte er damit den Wert des Inhalts abschätzen.

Die Offiziere ließen ihre Säcke und Briefe liegen, traten zu Kompanionow und betrachteten neugierig die geheimnisvollen Umschläge. Etwas später erschien auch der Kommandant, um über das Schicksal dieser ungewöhnlichen Sendung zu entscheiden. Einen Fuß hatte er über die Schwelle gesetzt, für den anderen fand sich kein Platz mehr auf dem Fußboden, den die Briefflut vollständig bedeckte. Der Kommandant staunte: «Die ganze Welt schreibt den Japanern. Habt ihr noch lange zu tun, ihr Herren Postmeister?»

«Iwan Grazianowitsch! Das ist fast alles nur gewöhnliche Schreiberei, aber wir werden dem Kriegsminister von Japan eine Freude nehmen müssen.» Mit diesen Worten zeigte der Erste Offizier dem Kommandanten die Umschläge.

«Öffnet mal diese Ausstellungsobjekte», befahl der Kommandant. Die Offiziere entnahmen den bauchigen Umschlägen Handschriften, Karten, Pläne, bis der ganze Tisch der Messe damit wie mit Servietten bedeckt war. Alle sahen auf Ludet, der die dicken Manuskripte flüchtig durchblätterte und stumm zurücklegte. Sie waren mit unverständlichen japanischen Zeichen bedeckt. Er verglich sie mit den englischen Überschriften, beugte sich über den Tisch und verkündete laut:

«Fahrplan der Militärzüge auf den indischen Bahnen. – Und dies hier ist die Verteilung englischer und angloindischer Truppen in Friedenszeiten.» – «Topografische Karte von Nordindien und Afghanistan.» – Rufe der Verwunderung wurden laut.

«Nun verstehen wir, warum der Kapitän Jones diese Umschläge

ohne Übergabedokumente und Quittungen empfing», meinte der Erste Offizier.

Der Kommandant betrachtete aufmerksam jedes Dokument. Unter dem unverständlichen Text der japanischen Handschriften fanden sich auch Pläne nordindischer Gebirgsgegenden, mit Vermerken, die niemand zu entziffern vermochte. Der Kommandant legte die Papiere wieder fort: «Schade, daß wir nicht lesen können, was hier zu diesen Karten ausgeführt wird. Wahrscheinlich ist es für unsere Generalstäbler und Politiker sehr wichtig. Es ist klar, dies hier sind Unterlagen der japanischen Aufklärung in Indien.»

Der Erste Offizier fügte lächelnd hinzu: «Der Secret Service hat diesmal sanft geschlummert.»

Der Kommandant ordnete an, daß diese Sendungen des japanischen Spionagedienstes versiegelt und beiseite gelegt werden sollten: «Diese Umschläge sind besonders aufzubewahren. Ich glaube, daß unsere Diplomaten und der Generalstab für diesen Fang dankbar sein werden.»

Damit war die Tätigkeit des Hilfskreuzers «Dnepr» beendet. Auf direktem Wege dampfte er nach Rußland. In Djibouti nahm er Kohlen und traf Mitte Juli in Kronstadt ein.

«Terek» hatte Befehl erhalten, im Gebiet einhundert bis zweihundert Meilen südöstlich der Insel Shikoku zu kreuzen. Die Schiffsroute aus dem Südchinesischen Meer nach Kobe und Yokohama führte durch diesen Abschnitt. Einsam fuhr «Terek» über die Weite des Stillen Ozeans.

Von den vier Hilfskreuzern hatte der «Terek» die schwächste Armierung: sie bestand nur aus zwei 120-mm-Geschützen und zwölf amerikanischen 76- und 57-mm-Schnellfeuerkanonen. Zu dieser Bestückung gehörten keine optischen Zielvorrichtungen, sondern veraltete und zum Teil sogar beschädigte Geräte. Auch die in aller Hast zusammengestellten Schießtabellen, die ein Stabsartillerist «über den Daumen gepeilt» hatte, ohne sie praktisch geprüft zu haben, flößten kein Vertrauen ein. Die Geschoßzuführung, in Libau eingebaut, war äußerst primitiv. War es Absicht oder Böswilligkeit, daß an Bord des Kreuzers nur Geschützführer kommandiert worden waren, die aus der Reserve stammten? Sie hatten derartige Geschütze noch nie gesehen; und jetzt war keine Zeit für die Ausbildung. Die Holzaufbauten, die Vielzahl der Kajüten mit weichen Möbeln, Teppichen und Vorhängen sowie überhaupt noch viel anderes brennbares Material bei unzureichenden Feuerlöschmitteln setzte den Wert des «Terek» als Kriegsschiff noch mehr herab. Diese Umstände konnten die Moral der Besatzung nicht heben, die zudem von scharfen Gegensätzen zerrissen wurde. Gewiß, die Menschen hatten nicht unmittelbar Angst, ihr seelischer Zustand war aber so angekränkelt, daß es ratsam schien, äußerst behutsam zu operieren.

Und dennoch war «Terek» bemüht, seine Aufgaben zu erfüllen. Die Signalgasten auf der Brücke beobachteten eifrig den Horizont. An den geladenen Geschützen wachten Tag und Nacht Geschützführer und Offiziere. Der Kommandant selbst, die Wachhabenden und Rudergasten erfüllten gewissenhaft ihre Pflichten.

Schon am vierten Tage seiner Fahrt begegneten «Terek» ausländische Handelsschiffe. Je nach ihrer Nationalität und je nachdem, wohin sie fuhren, wurden sie kontrolliert oder nicht. So verging ein Tag nach dem anderen. Im Laufe einer Woche wurden etwa zwanzig Schiffe untersucht. Jedes Mal ohne Erfolg.

Am Morgen des 5. Juni erklangen wie gewöhnlich um 5.30 Uhr an Bord des «Terek» die Bootspfeifen und die Rufe der Unteroffiziere. Ein neuer Tag begann. Nach einer halben Stunde zeigte sich ein Zweimaster am Horizont, der dem Hilfskreuzer entgegenkam. Der Kommandant befahl Kurs nach Nordwest und höchste Fahrt, um sich dem Schiff zu nähern. Nach einer Stunde hißte der Dampfer die englische Heckflagge. «Terek» gab einen Warnschuß ab und hißte das Signal «Stopp». Beide Schiffe stoppten die Maschinen. Nach einer Viertelstunde begaben sich der Leutnant Andrejew und der Fähnrich Gasabow auf einem Boot zum Handelsschiff, um es zu kontrollieren. Um acht Uhr früh kehrte das Boot mit dem Kapitän des englischen Dampfers «Ikhono» zurück. «Terek» nahm sofort Kurs auf Südost 45 Grad, vor sich «Ikhono», um eine ungefährlichere Stelle zur eingehenden Besichtigung aufzusuchen. Nach zweistündiger Fahrt stoppten die Schiffe wieder. Andrejew, Gasabow und der englische Kapitän fuhren zum «Ikhono» zurück, um die Ladung zu besichtigen. Der größte Teil der 5000 Tonnen betragenden Fracht bestand aus Reis und Weizen, wobei der Kapitän Stone erklärte, daß ihm der Adressat dieser Fracht, die er in die japanischen Häfen Kobe und Yokohama zu bringen habe, nicht bekannt sei. Die Prisenkommission entschied, daß die Ladung des Dampfers «Ikhono» als Kriegskonterbande anzusprechen sei.

Angesichts der Nähe der japanischen Küste und der starken Dünung war es unmöglich, den Dampfer zu löschen; es wurde deswegen beschlossen, das Schiff zu versenken. Der Kommandant Panfjorow bestätigte den Beschluß der Kommission. Um 14.00 Uhr wurde die Besatzung mit ihrer Habe an Bord von «Terek» übernommen. Um 17.23 Uhr wurde der Dampfer durch zwei Patronen, die das Sprengkommando unter Oberleutnant Andrejew im Maschinenraum angelegt hatte, gesprengt. Das Heck des Dampfers sackte ab, aber das Schiff blieb noch an der Oberfläche. Panfjorow wartete ungeduldig auf das Sinken des Dampfers. Sein unruhiger Blick wanderte immerzu zwischen dem störrischen Dampfer, der anscheinend keine Lust hatte, auf Grund zu gehen, und den Offizieren auf der Brücke hin und her. Er regte sich auf. Plötzlich fuchtelte er mit den Armen und sagte zum Artillerieoffizier, Leutnant Slutschewski: «Wladimir Wladimirowitsch, was soll denn das? Sollen wir vielleicht hier liegen und warten, daß die Japaner kommen und uns versenken, ehe dieser Engländer sinkt? Schießen Sie mit allen Geschützen auf ihn, immerhin wird das eine praktische Übung für Ihre Geschützführer sein.»

«Und was meinen Sie, Juli Gotfridowitsch?» fragte der Kommandant den Ersten Offizier Splet, «sollten wir nicht näher herangehen?»

Beide Befehle des Kommandanten wurden ausgeführt. «Terek» näherte sich dem halbversunkenen Schiff und schoß. Es wurden 22 Schuß aus den 120-, 76- und 57-mm-Kanonen abgefeuert. Trotz der Unterwasserlecks in Bug und Heck sank aber das Schiff immer noch nicht; nur der Bug sackte immer tiefer ab. Der Hilfskreuzer wartete weiter. Um 23.30 Uhr sahen der Wachhabende, Oberleutnant Slutschewski, der Wachoffizier, Fähnrich Kotschin, und die Mannschaft der Wache auf dem Dampfer ein grelles Aufblitzen und hörten Explosionen und das Bersten der Decks. Auf diesen Lärm hin kam der Kommandant Panfjorow aus seiner Kajüte und bemerkte scherzend zum Artillerieoffizier Slutschewski: «Endlich sind Ihre Granaten drüben angelangt, Wladimir Wladimirowitsch. Sie haben wohl einen Uhrmechanismus und detonieren erst eine Stunde nach dem Aufschlagen? Schlimm ist es um unsere Artillerie bestellt!»

«Wahrscheinlich hatte das Schiff einen Sprengstoff an Bord», erwiderte Slutschewski.

Zwanzig Minuten nach der Explosion verschwand «Ikhono» in den Fluten, und «Terek» ging wieder auf Fahrt.

Auf Deck waren nur die Wachhabenden und der englische Kapitän geblieben, der verloren in die Dunkelheit starrte, wo eben sein Schiff versunken war. Dieser bescheidene Alte, dessen ganzes Dasein mit den Weiten der Meere verbunden war, sah so bedrückt und traurig aus, als sei ihm ein lebendiges und liebes Wesen genommen worden.

Es vergingen zwei Wochen. «Terek» kreuzte ohne Gefechtsalarm. Zu einem schwierigen Tag wurde für ihn aber der 21. Juni. Es herrschte klares Wetter. Aus den Sonnenstrahlen kroch am Horizont wie ein riesiges Wundertier ein großes Schiff hervor. Seine zwei hohen

Masten schienen in den Himmel zu ragen. Der Wachhabende vermerkte die Zeit, es war 16.30 Uhr, und erstattete dem Kommandanten Meldung. «Terek» beschleunigte die Fahrt und hielt auf den Frachter zu. Nach einer halben Stunde, als die Entfernung schon erheblich geringer geworden war, wurde Gefechtsalarm gegeben, ein Warnschuß abgefeuert und das Stoppsignal gehißt. Am Heck des Frachters stieg die dänische Flagge hoch. Oberleutnant Andrejew und Fähnrich Gasebow begaben sich auf dem Ruderboot zu dem Frachtschiff und meldeten von dort durch Flaggensignale, daß «Prinzeß Marie» aus Kopenhagen nach Japan fahre. Oberleutnant Andrejew hatte bei der Inspektion des Schiffs festgestellt, daß die Fracht hauptsächlich aus 3000 Tonnen Stahl und Eisen bestand. Wagenfedern, Bolzen, Nägel und Räder waren geladen. Alles das konnte militärischen Zwecken dienen. Mit den Mitgliedern der Prisenkommission kam auch der Kapitän, der Däne Ingemann, an Bord von «Terek». Er wurde bis zum nächsten Morgen auf dem Hilfskreuzer behalten. «Prinzeß Marie» erhielt durch das Sprachrohr die Anweisung «Kurs Ost, Geschwindigkeit fünf Knoten fahren». «Terek» führte den Konterbande-Transporter zum Versenken in See. Die Schiffskommission tagte; um Mitternacht wurde dem Kapitän Ingemann mitgeteilt, daß das Schiff versenkt werden würde. Er protestierte mit erhobener Stimme: «Ich werde mich über Sie beschweren. Sie werden Ihr Vorhaben bereuen. Ich stelle nachdrücklich fest, daß unser Schiff einer Aktiengesellschaft gehört, die zu ihren Aktionären die Zarenwitwe Maria Fjodorowna und den Großfürst Michailowitsch zählt.»

Da zwischen der dänischen und der russischen Dynastie verwandtschaftliche Beziehungen bestanden, war so etwas durchaus möglich. Panfjorow war, wie auch die Kommandanten anderer Schiffe, ein unentschlossener Mensch. Die Mitteilung des Dänen machte ihn unsicher. Seine Offiziere bemerkten aber: «Dieser Kapitän faselt, und wir hören zu.» – «Und wenn er auch die Wahrheit sagen sollte, wir versenken das Schiff trotzdem …» Als die Mannschaft durch die Ordonnanzen von dem Wortwechsel erfuhr, regte sie sich auf: «Da seht ihr's, unsere Zarenfamilie hilft Japan im Kriege.» – «Schade, daß sie nicht selber an Bord ist, wir hätten sie mitsamt dem Schiff versenkt …»

Ingemann weigerte sich, das Protokoll der Schiffskommission zu unterzeichnen, und verfaßte einen Protest, der aber unbeachtet blieb.

«Terek» steuerte immer weiter ab von der offiziellen Seestraße. Das beschlagnahmte Schiff folgte. Der klare Morgen des 22. Juni brach an. Um 5.30 Uhr stoppte «Prinzeß Marie» auf ein Signal des Hilfskreuzers. Besatzung und Sachen wurden an Bord von «Terek» geschafft.

Um die Mittagszeit kehrte das letzte Boot zurück. Leutnant Maximowitsch begab sich mit der Sprengmannschaft an Bord des Dampfers, wo zwei Patronen zu je achtzehn Pfund gelegt und die Flutungsventile geöffnet wurden.

Kapitän Panfjorow stand auf der Brücke und blickte, offenbar zufrieden mit seiner Arbeit, auf das verurteilte Schiff. Von seiner üblichen Hast war nichts zu merken. Mit der rechten Hand glättete er ruhig seine schwarzen, leicht ergrauten Haare und rückte den weiten Kragen am mageren Hals zurecht. Nur das heraufziehende Unwetter bereitete ihm Sorge. Wenn es doch schneller ginge ... Er blickte zu den Wolken auf und zog ungeduldig die Uhr. Es war zehn Minuten vor 14 Uhr.

«Die Hinrichtung des Schmugglers hat sich um zwanzig Stunden hinausgezögert», sagte ruhig der Kommandant. Seine lustigen, schwarzen Augen streiften seine Offiziere.

Im gleichen Augenblick, wie als Antwort auf die ungeduldigen Gedanken des Kommandanten, verschwand das Schiff. Zurück blieb eine dichte Rauchwolke, begleitet von starken Explosionen. Vom Wind getrieben, zog der Rauch nach West-Süd-West davon. Das Schiff tauchte wieder auf, es war halbgesunken. Langsam sackte der Bug immer tiefer ins Wasser ab. Die Seeleute ließen das Schiff nicht aus den Augen; immer tiefer bohrte sich der Bug ins Wasser. Nach wenigen Minuten war es in den Fluten verschwunden.

Panfjorow wandte sich an den Navigationsoffizier, Leutnant Matusewitsch, und sagte: «Nikolai Nikolajewitsch, nun müssen wir schnellstens nach Batavia.»

Matusewitsch stand gebeugt über der Karte. Er wandte mit einer ihn kennzeichnenden Bewegung den Kopf zum Rudergast und nannte den Kurs: «Südwest 70 Grad.»

«Terek» begegnete während der Fahrt noch weiteren Schiffen. Ein Schiff, das nach Schanghai fuhr, übernahm die dänische Besatzung des versenkten Dampfers «Prinzeß Marie». Bei der Kontrolle eines anderen Schiffs wurde eine englische Zeitung gefunden, die der Welt berichtete, daß ein russischer Hilfskreuzer vom Typ eines Passagierschiffs an der östlichen Küste von Japan «seeräubere». Es war nicht schwer zu erraten, daß «Terek» damit gemeint war.

Nach der Versenkung von «Prinzeß Marie» konnte der Kommandant Panfjorow keine Ruhe finden. Wenn es nun wirklich Tatsache war, daß Angehörige der Zarenfamilie zu den Aktionären der Gesellschaft gehörten? Und jetzt dieses Telegramm in der Presse! Man sollte Schluß mit den Kontrollen machen.

«Terek» geriet in einen wütenden Taifun. Plötzlich hatte sich ringsum alles so verändert, als ob der Ozean mit den Fetzen der niedrig hängenden Wolken verschmolzen wäre. Der Raum war erfüllt von grauem Dunst, stürmenden Hügeln, wirbelndem Schaum und prasselnden Spritzern. Im Heulen des Sturmes erstickten die Stimmen der Menschen. Man mußte aus voller Kehle schreien, um sich verständlich zu machen. Ungezählte Tonnen Wasser stürzten auf Deck, strömten quirlend darüber; das Schiff legte sich bald nach der einen, bald nach der anderen Seite über, als wollte es eine Last abschütteln. Der Schiffsrumpf zuckte wie unter Rammstößen. In diesen Augenblicken dachte niemand mehr an das Abfangen von Schiffen mit Konterbande. Ein Teil der Besatzung hielt sich auf der Brücke auf, die anderen hatten sich in die inneren Räume verkrochen, die Luken verschalt und saßen nun dort wie in einer belagerten Festung. Zwei Tage tobte der Taifun, dann schien wie zur Belohnung wieder die Sonne.

Nach mehrtägiger Fahrt überquerte «Terek» den Äquator und gelangte auf die südliche Hälfte der Erdkugel. Er hielt Kurs auf die Sunda-Straße, die Sumatra und Java voneinander trennt. Tagsüber war das Deck voll Menschen. Ihre Blicke suchten nicht mehr nach Schiffen mit Konterbande, sondern bewunderten die Schönheit der Tropen. Das Schiff fuhr an zahlreichen kleinen Inseln vorbei. Unter dem heißen Himmel lagen sie wie verstreute Edelsteine auf der funkelnden Wasserebene. Auf den größeren Inseln erhoben sich Berge, deren Gipfel sich im blauen Dunst aufzulösen schienen. Dort, wo die Ufer der Sunda-Inseln flach waren, wuchsen Kokospalmen so dicht am Wasser, als blickten sie in den Wasserspiegel. Von weitem sah es aus, als ob sie unmittelbar im Wasser stünden und mit ihren stolzen Wipfeln dem Schiff entgegenkämen.

«Terek» hatte sich am 25. Mai vom Geschwader getrennt; am 23. Juni ging er in Batavia vor Anker. Fast einen ganzen Monat hatte er einsam gekreuzt. Die Holländer gestatteten ihm, vierundzwanzig Stunden zu verweilen. Das Schiff mußte Brennstoff für sieben Tage nehmen, um sein nächstes Ziel erreichen zu können. Aber die halbe Zeit wurde auf die Suche nach dem russischen Konsul, der an einer Geburtstagsfeierlichkeit teilnahm, und auf die Vorbereitungsformalitäten für die Kohlennahme verschwendet. Die einheimischen Hafenarbeiter wollten nicht für den gebotenen Lohn laden. Der Kommandant beging den Fehler, am falschen Platz sparen zu wollen. Nun sollte die eigene Besatzung eingesetzt werden; sie war aber übermüdet und arbeitete nur schlapp. Die Offiziere gaben sich auch keine rechte Mühe, sie anzutreiben. So wurden Kohlen für nur drei Tage geladen. Ein tüchtiger Kommandant hätte auch mit diesem Vorrat in See gehen und dann von einem anderen Dampfer Kohlen für einen höheren Preis übernehmen können. Panfjorow tat das nicht, und «Terek» mußte sich entwaffnen lassen und im neutralen Hafen das Kriegsende abwarten.

Nachdem die Hilfskreuzer «Dnepr», «Rion», «Kuban» und «Terek» sich vom Geschwader getrennt hatten, gab es an Bord unseres Linienschiffs «Orjol» über sie viel Gerede. Die Offiziere waren der Ansicht, daß Roshestwenski sie in die Tsugara- oder La Perouse-Meerenge hätte schicken sollen. Die vier Hilfskreuzer hätten die feindliche Küste beschießen und Unruhe in Japan verursachen können. Es wäre, nach Ansicht unserer Offiziere, auch denkbar gewesen, daß die japanische Flotte sich in eine der Meerengen hätte locken lassen, in der Annahme, daß dort unsere Hauptkräfte tätig seien. Inzwischen hätte das Zweite Geschwader ungehindert die Tsushimaenge passieren können.

In Wirklichkeit hatte der Admiral aber diesen vier Hilfskreuzern andere Aufgaben zugewiesen, und auch dieses Unternehmen endete völlig sinnlos, wie es für unser ganzes Geschwader bezeichnend war.

Wer hat die japanische Flagge heruntergerissen?

Das Linienschiff «Admiral Nachimow» war, wie auch unsere anderen Schiffe, überlastet in der Tsushimastraße angelangt. Außer einem überflüssigen Kohlenvorrat, der für dreitausend Meilen gereicht hätte, hatte es ungefähr dreitausend Tonnen Süßwasser an Bord, außerdem viel zu große Vorräte an Lebensmitteln und Schmierölen. Wozu waren diese riesigen Mengen nötig? Mit dieser Last hätte das Schiff bis zum Nordpol fahren können, wo es nichts verloren hatte.

Anläßlich des Krönungstages hatte die Mannschaft den Befehl erhalten, ihre Ausgangsuniform anzuziehen. Um 11.00 Uhr pfiffen die Bootsleute zum Essen und zur Rumausgabe. Ein Rumfaß wurde auf das Oberdeck gebracht. Die Matrosen stellten sich an. Da wurde von verschiedenen Seiten gerufen: «Mach mal Platz!»

Das bedeutete, daß der Erste Offizier, Kapitän 2. Ranges Großmann, auf Deck erschienen war. Er war kurzsichtig und erkannte niemanden. Es kam vor, daß er Gegenstände nicht von Menschen unterscheiden konnte und herrisch befahl: «Mach mal Platz!»

Die Matrosen hatten das bemerkt und wiederholten diesen Ausruf, wenn er irgendwo auftauchte.

Mit dem Revolver in der Hand trat er zum Rumfaß und kontrollierte, ob der Proviantmeister keinen Becher extra ausgäbe. An Bord war die Disziplin stark gesunken. Großmann beachtete das nicht, wie er auch nicht berücksichtigte, daß die Mannschaft ihn nicht leiden konnte. Als er die Rufe der Matrosen hörte, lief er rot an, hob den Revolver und schrie: «Seid still! Ich erschieße euch!»

Die Matrosen verstärkten die Rufe, immer wiederholend: «Mach mal Platz!»

Der Lärm drang bis auf die Brücke. Der Kommandant, Kapitän 1. Ranges Rodionow, trat heraus und blickte auf das Oberdeck hinab, wo der Rum ausgegeben wurde. Er war klein, hatte einen runden Rükken und einen vom Rauchen braungelb gefleckten Schnurrbart. Aufmerksam musterte er den Ersten Offizier und nuschelte aus zahnlosem Mund: «Wladimir Alexandrowitsch, kommen Sie doch bitte zu mir ins Ruderhaus.»

Verlegen begab sich Großmann nach oben, die Matrosen riefen ihm noch einmal lachend im Chor nach: «Mach mal Platz!»

Aus der Offiziersmesse drangen Orchesterklänge und Hurrarufe. Die Offiziere stießen mit Sekt auf den Ruhm der russischen Waffen an.

Als die feindlichen Hauptkräfte am Horizont erschienen, zog die Schiffsleitung in den Kommandoturm um. Beim Krachen der ersten Salven nahm Rodionow die Mütze ab, schlug ein Kreuz und murmelte: «Herr, rette uns!»

Während des Artillerieduells erhielt das Schiff bis zum Abend dreißig Treffer, alle jedoch oberhalb der Wasserlinie. In der Hauptsache wurden die Aufbauten, die Boote und verschiedene Geräte zerstört. Ein Teil der Geschütze war unbrauchbar geworden. Auch unter der Besatzung gab es Verluste. Etwa zwanzig Mann waren gefallen, ungefähr fünfzig verwundet worden.

Nach Sonnenuntergang befahl Rodionow: «Klar zur Abwehr von Torpedoangriffen. Die Scheinwerfer einsatzbereit!»

Tagsüber waren die Scheinwerfer im Mittelkorridor untergebracht worden, nun wurden sie heraufgeschafft. Sie wurden gerade in dem Augenblick eingeschaltet, als die Torpedoangriffe begannen. «Admiral Nachimow» fuhr als letztes Schiff der Gefechtskolonne. Vielleicht waren deswegen die Torpedoangriffe besonders heftig. Mit seinen Scheinwerfern verriet das Schiff dem Feind seinen Standort und zog die japanischen Torpedoboote an, wie der Leuchtturm die Nachtvögel.

Plötzlich rief der Rudergast Awramtschenko, ein riesiger Matrose, der sich neben dem Kommandoturm aufhielt: «Torpedoboot neben uns! Steuerbord! Fährt quer zu unserem Kurs!»

Das feindliche Torpedoboot wurde zwar sofort mit einer 203-mm-Granate vernichtet, seine Aufgabe hatte es aber vorher noch erfüllt. Der Kreuzer wurde von einer Detonation hochgeschleudert. Die Erschütterung war so stark, daß der Kommandoturm zur Seite gedrückt wurde und aus den geplatzten Bullaugen das Glas splitterte.

Niemand wußte, wo das Schiff getroffen war. Einige Matrosen in den Heckstationen nahmen an, daß es in ihrer Nähe gewesen sei, und dichteten die Schotts hinter sich ab. Die Maschinenmannschaft und die Heizer stürzten zu den Ausgängen. Im Turm rief der Kommandant heiser: «Alle Mann an Deck pfeifen! Das Leck ist abzudichten. Wir sinken!»

Man wußte immer noch nicht, wo das Torpedo detoniert war. Die Menschen hasteten hin und her, im Glauben, daß sie gleich mit dem Schiff untergehen würden. Seit dem Treffer waren etwa zehn Minuten in unglaublichem Durcheinander vergangen. Endlich erklang eine Bootsmannspfeife, und der Oberbootsmann Nemon rief:

«Das Leck ist steuerbord am Bug! Alle Mann an Deck! Abdichten!»

Jetzt erst wurde bemerkt, daß das Torpedo die Steuerbordwand getroffen hatte. Der beschädigte Dynamoraum füllte sich schnell mit Wasser. Das Licht erlosch. Die Besatzung stürzte nach oben und schloß die Türen hinter sich. Diese Maßnahme konnte aber das nachstürzende Wasser nicht aufhalten. Die Türen waren eingerostet, die Gummidichtung war unbrauchbar, die wasserdichten Querschotts blähten sich unter dem Druck des Wassers wie Segel im Winde und platzten. Rauschend und heulend breitete sich das Wasser in den unteren Räumen weiter aus. Es füllte die Torpedo- und die Munitionskammern, deren Deckel nicht dicht gemacht werden konnten; das dort unüberlegt gestapelte Holz verhinderte es.

Der Schiffsbug sank immer tiefer, das Heck stieg aus dem Wasser. Das Schiff verlor an Fahrt. Das Geschwader entfernte sich und ließ «Admiral Nachimow» allein. Das elektrische Licht wurde wieder in Gang gesetzt, gespeist von den Heckdynamomaschinen. Von der Brücke kam aber der Befehl, wohl vom Wunsch diktiert, möglichst schnell dem Feind zu entgehen: «Scheinwerfer sofort ausschalten, alle Außenlichter löschen!»

«Admiral Nachimow» wich vom Kurs nach Backbord ab. Als das Schiff aus dem Bereich der Torpedoboote entkommen war, stoppte es. Über hundert Menschen befaßten sich mit dem Flicken des Lecks. Da aber während der Fahrt solche Übungen im Geschwader nicht durchgeführt worden waren, wußte auch jetzt niemand, wie die Sache erfolgversprechend anzupacken war. Die Anordnungen der Vorgesetzten widersprachen einander. Alles lief und lärmte sinnlos durcheinander. Ungemein erschwert wurde die Arbeit, weil im Dunkeln, bei starker Dünung und bei einer Schlagseite von acht Grad gearbeitet werden mußte. Außerdem behinderte der Steuerbordanker das Überziehen eines Persenning-Pflasters. Schon am Tage war er durch eine Granate von seinem Platz gerissen worden und hing an einer festgeklemmten Trosse. Es dauerte lange, bis das stählerne Tau gelöst werden konnte und der Anker ins Wasser fiel. Diese Arbeiten leitete der Erste Offizier Großmann. Er schimpfte nicht mehr, sondern bat fröstelnd: «Leute, schneller, sonst ertrinken wir!»

Die Matrosen riefen ihm auch nicht mehr zu: «Mach mal Platz!» Alle mühten sich nur noch um die Rettung des Schiffes.

Endlich war das Leck notdürftig abgedichtet worden; die Verschalung deckte aber wohl nicht völlig ab, denn das Wasser stieg weiter, obwohl die Lenz- und Kreiselpumpen ihre volle Leistung brachten. Das Zwischendeck war schon überschwemmt.

Das Schiff nahm langsam wieder Fahrt auf.

Auf der Brücke besprachen die Offiziere die Frage, welcher Kurs einzuschlagen sei. Es wurde festgestellt, das Schiff könne in seinem Zustand weder das Geschwader einholen noch Wladiwostok erreichen. Es blieb also nur übrig, in die Nähe der Küste zu gelangen, die Menschen an Land zu setzen und das Schiff zu versenken. Der Kommandant nuschelte aber starrköpfig: «Kurs Nordost 23 Grad.»

Mehr sagte er nicht.

Um die Krängung zu vermindern, verlagerten die Heizer die Kohlen von Steuerbord nach Backbord.

Die Besatzung war noch nicht recht zu sich gekommen, als der Befehl kam: «Bedienung, an die Geschütze!»

Niemand bezweifelte, daß wieder Torpedoangriffe zu erwarten waren. Die Offiziere und Matrosen, die oben standen, erblickten vorn kleine schwarze Schiffe. Es waren über zwanzig Stück, und jedes hatte ein kleines Licht. «Admiral Nachimow» bereitete sich auf die Abwehr von Torpedoangriffen und auch auf seinen Untergang vor. Die Geschützführer richteten ihre Geschütze auf die nahenden Lichter. Plötzlich rief jemand so freudig, als verkünde er den Menschen eine Belohnung:

«Schießt nicht! Es sind Fischerboote!»

Jetzt erst wurde es allen klar, daß ja die Torpedoboote bestimmt keine Lichter aufgesetzt hätten, wenn sie hätten angreifen wollen.

Die Gedanken richteten sich nun wieder auf die wirkliche Gefahr. Als der Mond leuchtete, wurde das Leck anstelle einer zweiten Holzverschalung mit einer großen Persenning abgedichtet. Aber auch das half «Admiral Nachimow» nicht. Der Bug sackte weiter ab. Der ganze Bugteil des Schiffes bis zum dreizehnten Spant stand bereits unter Wasser. Die in zwanzig Jahren Seedienst durchgerostete Schottwand bog sich unter dem Druck der Wassermassen, als wäre sie aus Pappe. Die Matrosen setzten ihr Leben bei der Befestigung von Holzstücken aufs Spiel. Aber an den Nähten sickerte das Wasser wie bei einer schadhaften Schleuse durch. Wenn diese Schottwand brach, so mußten die Kessel explodieren, und der Kreuzer würde sinken.

Auf Anregung des Schiffsingenieurs verfiel man darauf, Rückwärtsdampf zu geben. Dieses Manöver half. Der Druck des Wassers ließ erheblich nach, die Katastrophe war hinausgeschoben.

Das Heck ragte so weit heraus, daß die Schrauben zur Hälfte über Wasser lagen und wie gigantische Hände um sich schlugen. Das Schiff gehorchte dem Ruder schlecht und bewegte sich mit einer Geschwindigkeit von nur knapp drei Knoten. Auf der Brücke bewiesen die Offiziere dem Kommandanten, daß unter diesen Umständen «Admiral Nachimow» keine Fahrt mehr machen könne und daß man sich mit der Rettung der Menschen befassen müsse. Rodionow weigerte sich aber lange, den Kurs zu ändern.

«Nun gut», brabbelte er schließlich bitter. «Wir laufen die koreanische Küste an. Dort wollen wir mit Hilfe von Tauchern das Leck flikken und dann unseren Weg weiter nach Norden nehmen. Wir müssen doch nach Wladiwostok.»

Voll Ungeduld harrten die Menschen dem Morgen entgegen. Nur wenige konnten in dieser schrecklichen Nacht schlafen. Freudig wurden die ersten Anzeichen der Morgendämmerung begrüßt. Als die Sonne aufging, kamen die Spitzen unbekannter Berge in Sicht. Niemand wußte, um welche Küste es sich handelte.

In der Nacht waren die alten Schottwände gebrochen, das Wasser strömte in die Längsschotts der Backseite. Die Mannschaft hatte eine Menge Kohlen auf dieselbe Seite geschafft. Bis zum Morgen wurde die Krängung behoben. Dafür sank aber der Bug des Schiffs noch tiefer. Der Kommandant befahl aufgeregt: «Auf die Küste zuhalten!»

«Zu Befehl!» erwiderte der Navigationsoffizier, Oberleutnant Klotschkowski.

Vier Meilen vor der Küste wurde die Tiefe gemessen. Es waren etwa achtzig Meter. Die Maschinen wurden gestoppt. Der altersschwache und mit Wunden bedeckte «Admiral Nachimow» blieb folgsam stehen, er würde an dieser Stelle für immer von der Oberfläche verschwinden.

Der Kommandant Rodionow ärgerte sich über den Navigationsoffizier, als er erfuhr, daß sie vor der Nordspitze der Insel Tsushima lagen: «Ich habe Ihnen befohlen, das Schiff zur koreanischen Küste zu führen. Was haben Sie denn gemacht?»

Oberleutnant Klotschkowski sah den Kommandanten verlegen durch die Brille an und erwiderte: «Ich habe mir Mühe gegeben, Ihren Befehl genau auszuführen. Nach den gestrigen Erschütterungen des Schiffs kann aber niemand mehr für die Richtigkeit der Kompaßangabe garantieren.»

Die noch intakt gebliebenen Boote wurden ausgesetzt. Da aber die Vorrichtungen hierfür beschädigt waren, ging diese Arbeit sehr langsam vonstatten. Als die Verwundeten auf den zu Wasser gelassenen Ruderkutter transportiert wurden, zeigte sich im Norden das feindliche Torpedoboot «Shiranuhi».

Der Kommandant gab sofort folgende Befehle: «Flutventile öffnen! Den Kreuzer zur Sprengung fertigmachen! Die Mannschaft mit Rettungsmitteln versorgen!»

Bald darauf wurde im Süden der feindliche Hilfskreuzer «Sado Maru» festgestellt, den das Torpedoboot offenbar zu Hilfe gerufen hatte.

Im Torpedoraum von «Admiral Nachimow», wo Quecksilbersprengkapseln, trockene und feuchte Schießbaumwolle lagerten, brachte man eine Sprengpatrone an. Die Zündung konnte von dem Ruderboot erfolgen, auf dem der Minenoffizier, Leutnant Michailow, mit den Ruderern saß. Das Boot entfernte sich schon vom Kreuzer. Michailow hatte die Worte des Kommandanten gut verstanden: «Ich werde mich auf der Brücke aufhalten. Beobachten Sie mich. Wenn ich mit dem Taschentuch winke, muß die Sprengung erfolgen.»

«Und Sie selbst?» fragte erschrocken Michailow. Er nahm an, daß der Kommandant mit dem Schiff untergehen wolle.

«Das geht Sie nichts an», nuschelte Rodionow und runzelte streng die Brauen.

«Zu Befehl!»

Michailow entfernte sich bis zu drei Kabellängen vom Schiff und wartete auf das Signal von der Brücke.

Der Ruderkutter fuhr mit den Verwundeten und dem Chefarzt zur Küste. Die Gesunden verteilten sich auf die Barkassen. Wer keinen Platz mehr in den Booten fand, versah sich mit Matten, Rettungsringen und Gürteln. In den unteren Räumen war niemand mehr verblieben, dort kochte und schäumte schon das Wasser durch die geöffneten Ventile.

Das Torpedoboot «Shiranuhi» näherte sich «Admiral Nachimow» auf acht bis zehn Kabellängen und hißte das Signal: «Übergebt das Schiff und streicht die Heckflagge, andernfalls wird niemand gerettet.» Rodionow ließ antworten: «Signal bis zur Hälfte entziffert.» Dann rief er aus vollem Halse: «Rette sich, wer kann. Ich sprenge das Schiff!»

An Deck brach sofort eine Panik aus. Die Menschen stürzten ins Meer, wie erschrockene Kinder in die Arme der Mutter. Das Schiff, das bis jetzt ihr Leben beschirmt hatte, erschien ihnen nun wie ein furchtbares Ungeheuer, vor dem alle flüchteten. Viele schwammen zum Minendampfkutter, der versuchte, ihnen zu entgehen. Dabei stellte sich heraus, daß das Steuerruder nicht funktionierte und der Kutter nur im Kreis fahren konnte. Er verletzte viele Schwimmer, und die Maschine mußte gestoppt werden. Trotz des Schreiens und der Drohungen des Ersten Offiziers klammerten sich Dutzende von nassen Körpern an den Kutter. In die zerschlagenen Bullaugen strömte das Wasser, und der Kutter sank mit denen, die sich im Zwischendeck und Maschinenraum befanden.

«Sado Maru» ließ noch im Fahren die Boote zu Wasser.

Auf der Brücke von «Admiral Nachimow» waren nur zwei Personen verblieben: Rodionow und Klotschkowski. Der Navigationsoffizier hatte beschlossen, mit seinem Kommandanten unterzugehen. Als letzte sprangen die Torpedomaate und Elektriker von Deck. Sie brauchten sich nicht zu beeilen: Sie wußten, daß das Schiff ohnehin sank, und hatten daher die Leitungsdrähte unterbrochen. Rodionow regte sich auf, lief auf der Brücke umher und schrie solange, bis keine lebende Seele mehr an Deck war. Dann nahm er seine Mütze ab, wandte sich der Sonne zu und schlug inbrünstig das Kreuz. Klotschkowski umklammerte fest das Geländer. Aber auf das Zeichen mit dem Taschentuch blieb die Explosion aus. Der Kommandant schüttelte den Kopf und schluchzte laut.

Auf dem Ruderboot, auf das «Shiranuhi» zuhielt, wurden die Akkumulatoren und Leitungsdrähte ins Wasser geworfen. Am behelfsmäßigen Mast wurde eine weiße Matrosenbluse befestigt. Auch die anderen Boote hißten solche Blusen.

«Sado Maru» hatte drei Kabellängen entfernt von «Admiral Nachimow» gestoppt und fischte die Menschen in seine Boote. Eines dieser Boote legte am sinkenden Schiff an. Ein japanischer Offizier stieg mit einigen Matrosen an Deck. Rodionow und Klotschkowski verbargen sich hinter dem Ruderhaus und beobachteten die ungebetenen Gäste. Die Japaner hißten ihre Flagge, sahen, daß das Schiff unrettbar verloren war und bestiegen wieder ihr Boot. Der Kommandant und der Navigationsoffizier warteten noch etwas, kamen dann aus ihrem Versteck hervor und rissen die feindliche Flagge wieder ab. Bald neigte sich der Kreuzer nach Steuerbord, gurgelnd strömten Tausende von Tonnen Wasser hinein. Er sank mit dem Bug voran, erdrückt von dieser ungeheuren Last.

Rodionow und Klotschkowski wurden vom Wirbel mit in die Tiefe gerissen, ihre Rettungsgürtel trieben sie aber wieder an die Oberfläche. Sie sahen noch, wie «Sado Maru» und «Shiranuhi», nachdem sie alle Überlebenden aufgefischt hatten, auf «Wladimir Monomach» zuhielten, der sich gerade am Horizont gezeigt hatte. Die beiden wurden erst am Abend von vorüberfahrenden japanischen Fischern aus dem Wasser gezogen.

Begleitet vom Hahnenschrei

Am Morgen des 27. Mai wurde auf das Signal des Admiral Roshestwenski an Bord des Kreuzers «Wladimir Monomach», wie auf allen anderen Schiffen, Gefechtsalarm gegeben. Die Geschütze wurden scharf geladen. Bald darauf wechselte das Geschwader erste Schüsse mit japanischen Aufklärungseinheiten. «Wladimir Monomach» befand sich zu dieser Zeit auf der dem Feuer abgewandten Seite und beteiligte sich nicht am Schießen. Die feindlichen Aufklärer entfernten sich.

Der Kommandant des Kreuzers, Kapitän 1. Ranges Popow, trat aus dem Kommandoturm auf die Brücke und zupfte selbstzufrieden an seinem schwarzen Schnurrbart. In seinem hageren Gesicht mit der dicken Nase blitzten vergnügt die braunen Augen, von denen eines schief stand. Langsam, als ziehe er jedes Wort aus sich heraus, sagte er zum Artillerieoffizier, Oberleutnant Nosikow: «Mir scheint, wir haben die Japaner verjagt. Die werden uns nicht mehr belästigen. Kampflos werden wir Wladiwostok erreichen. Übrigens, sagen Sie mal, Nikolai Nikolajewitsch, Ihre 152-mm-Geschütze sind doch nicht geladen?»

Oberleutnant Nosikow, ein junger, schmächtiger Mann mit straffer Haltung, erwiderte höflich, aber bestimmt: «Sie sind geladen, Wladimir Alexandrowitsch. Das geht auch gar nicht anders. Sowie Gefechtsalarm gegeben wird, müssen alle Geschütze scharf geladen werden. Gleich nach acht Uhr habe ich Ihnen die volle Bereitschaft unserer Artillerie gemeldet.»

Das eine Auge des Kommandanten sah auf Nosikow, das andere irgendwo seitwärts, als ob es den Horizont beobachtete. Er fuhr fort: «Wie schade! Wie sollen wir sie nun entladen? Die japanischen Kreuzer werden sich wohl kaum mehr nähern. Wir werden nicht dazu kommen, sie zu beschießen. Wenn Ihre Geschütze verrosten, tragen Sie die Schuld.»

«Entladen kann man sie immer und wenn auch mit einer Salve auf ‹Idsumi›. Da fährt er steuerbord, Entfernung knapp fünfzig Kabellängen. Unsere 152-mm- und 120-mm-Geschosse könnten ihn durchaus erreichen.»

«Gut, gut, das könnte man schon, es ist aber doch besser, nicht zu schießen. Auf alle Fälle decken Sie zur Nacht die Rohre ab, damit sie nicht rosten. Das wird zweckmäßiger sein.»

Der Kommandant ging in das Kartenhaus. Nosikow sah ihm kopfschüttelnd nach. Andere Offiziere, die Zeugen dieses Gesprächs gewesen waren, tauschten spöttische Blicke aus.

Es gab an Bord des Kreuzers die Meinung, daß Popow sich gut in der Segelschiffahrt auskannte. Während der Fahrt nach dem Fernen Osten hatten sich aber alle davon überzeugt, daß er als Kommandant eines Kriegsschiffes unbrauchbar war. Von Artillerie, Torpedos und allen technischen Dingen hatte er kaum eine Ahnung. Offenbar störte ihn das auch selbst, denn er vermied es, mit Vorgesetzten zusammenzutreffen. Er hatte einen weichen Charakter und war nicht sehr anspruchsvoll im Dienst; nur selten verhängte er Disziplinarstrafen, er beschränkte sich auf Rügen. Es machte ihm Spaß, mit den Offizieren zu schwatzen, besonders über die Mängel anderer Kommandanten. Diese Angewohnheit hatte ihm den Spitznamen «Klatschweib» eingetragen. Er schwärmte für Behaglichkeit und ein geruhsames Leben. Fest glaubte er daran, daß man nur früh zu Bett zu gehen brauche, um hundert Jahre alt zu werden. Deshalb blieb er nachts nie auf der Brücke. Ob es stürmte, ob eine andere Gefahr im Anzuge war – der Kommandant begab sich Punkt 22.00 Uhr in seine Kajüte, nachdem er seinen Offizieren aufgetragen hatte: «Wenn etwas besonders Wichtiges vorfällt, das meine Anwesenheit erfordert, dann weckt mich.»

Seine Untergebenen störten aber nur selten den Schlaf ihres Vorgesetzten. Es hatte ohnehin keinen Zweck. Er verließ sein Bett nicht, gab irgendwelche, nicht immer verständliche Anweisungen, drehte sich auf die andere Seite und schlief wieder ein.

In Verwaltungs- und Finanzangelegenheiten war Popow dagegen peinlich genau. Jede Kopeke wurde registriert. Er war der geborene Bürokrat und schien nur durch irgendeinen Fehlgriff des Schicksals in den Militärdienst und zum Posten eines Schiffskommandanten gekommen zu sein. Vielleicht hätte er auch einen guten Bauern abgegeben. Jedenfalls kaufte er bei jeder Gelegenheit Hühner, die er besonders liebte und sie selbst für die Offiziersmesse nicht freigab, obwohl er wußte, daß sogar das Essen der Offiziere manchmal zu wünschen übrig ließ. Als der Kreuzer in der Tsushimastraße eintraf, hatte sich an Bord eine erhebliche Menge Hühner zusammengefunden. Käfige voll Federvieh standen gestapelt auf der Back und hingen an Stangen zwischen den Davits. Das Kriegsschiff war zu einem Hühnerhof geworden.

Die Matrosen scherzten: «Warum liebt der Kommandant nur diese Viecher so? Das Huhn ist doch der dümmste Vogel. Mitunter gackert eine Henne zwei Stunden lang, als wenn sich wer weiß was ereignen werde, und dabei hat sie dann doch nur ein einziges Ei gelegt.»

Am Nachmittag flankierten feindliche Spähschiffe das Geschwader. Sie hielten sich in großer Entfernung. Oberstleutnant Manewski stieg auf die Brücke. Als er den Kommandanten aus dem Ruderhaus treten sah, meldete er: «Ich stehe zu Ihren Diensten, Wladimir Alexandrowitsch. Ich möchte mich im Kampf betätigen. Ich bin bereit, bei Ihnen Ordonnanz zu sein.»

Der Kommandant Popow lächelte: «Ich danke Ihnen, Witali Alexandrowitsch. Das freut mich sehr. Ich glaube aber, ich werde von Ihrem edlen Anerbieten keinen Gebrauch machen können.»

«Warum denn nicht?»

«Wie man sieht, wird es der Gegner kaum wagen, sich auf eine Schlacht mit uns einzulassen.»

«Eine solche Schlußfolgerung könnte man nach meiner Meinung erst gegen Abend ziehen.»

Oberstleutnant Manewski war Oberauditor von der Division Admirals Nebogatow. Er befand sich an Bord von «Wladimir Monomach», gehörte aber nicht zu den Schiffsoffizieren und hatte auch sonst keinerlei dienstliche Verpflichtungen. Seine Aufgabe bestand lediglich darin, alle juristischen Angelegenheiten der gesamten Division zu behandeln, die von den Seeleuten begangenen Vergehen zu beurteilen und zu entscheiden, wer vor Gericht gestellt und wer nur mit einer Disziplinarstrafe bedacht werden mußte. Oberstleutnant Manewski war ein Pedant. Für dienstliche Schriftstücke empfand er eine krankhafte Leidenschaft. Wenn er einen Fleck oder einen Klecks auf einem Papier bemerkte, dann rümpfte er voll Widerwillen die feine, leicht geschwungene Nase. Ein zerknülltes, amtliches Papier bügelte er selbst mit einem Bügeleisen aus und heftete es sorgsam ein. Lag ein Bericht vor ihm, der mit schöner Handschrift und sauber geschrieben war, so lächelte er ihm zu und betrachtete ihn wie eine schöne Frau.

Am Tage vor der Schlacht wandte sich der Oberstleutnant an den

Kreuzerkommandanten: «Sagen Sie, Wladimir Alexandrowitsch, wenn Sie nun während des Kampfes ausscheiden, wer tritt dann an Ihre Stelle?«

«Natürlich der Erste Offizier», erwiderte Popow ohne lange zu überlegen.

«Sehr richtig, aber unklar für die weitere Zukunft. Es kann sein, daß auch der Erste Offizier verwundet oder sogar getötet wird. Wer übernimmt dann die Befugnisse des Kommandanten? Nach dem Sinn des Marinereglements fällt dann diese Ehre mir als dem rangältesten Offizier des Kreuzers zu. Das werden wir aber rechtzeitig in einem Schiffsbefehl verkünden müssen. Es muß alles seine Ordnung haben. Ohne genaue Anweisung werden die Untergebenen blindlings handeln, ein jeder nach seinem Belieben.»

Manewski setzte sich durch: Der Name des Oberauditors stand laut Tagesbefehl in der Liste der Stellvertreter des Kommandanten an zweiter Stelle.

Als das Gefecht zwischen dem Geschwader und den Hauptkräften des Gegners entbrannte, meldete sich der Artillerieoffizier, Oberleutnant Nosikow, beim Kommandanten: «Gestatten Sie, Wladimir Alexandrowitsch, das Feuer auf ‹Izumi› zu eröffnen. Das Schiff bietet uns ein sehr günstiges Ziel. Die Entfernung ist nicht zu groß.»

Der Kommandant entgegnete: «Wie können wir denn das Feuer eröffnen, wenn hierfür vom Admiral noch gar keine Anweisung vorliegt? Wir erhielten ja einen Rüffel wegen unserer Eigenmächtigkeit.»

«Der Admiral wird kein Signal mehr hissen, weil das ganze Geschwader schon in den Kampf verwickelt ist.»

Der Kommandant blieb störrisch, während Nosikow nachwies: «Es ist eine gute Gelegenheit, unsere Geschütze zu entladen. Sie können dann nicht verrosten.»

Dieses Argument stimmte den Kommandanten endlich um. Oberleutnant Nosikow brachte aber noch eine Bitte vor: «Gestatten Sie mir, das Feuer von der oberen Brücke aus zu leiten.»

«Nach dem Reglement müssen Sie sich während der Schlacht im Kommandoturm aufhalten.»

«Das weiß ich, nehme aber an, daß Sie mir zustimmen werden, wenn Sie berücksichtigen, daß ich im Kommandoturm nur ein Drittel des Horizontes überblicke. Vor mir steht der Fockmast und stehen Käfige mit Hühnern. Rechts und links die Minenkutter, Barkassen und wieder Hühnerkäfige. Achtern befinden sich der Schornstein, der Großmast mit der Plattform für die Scheinwerfer, Kutter und Ruderboote. Und an den Davits hängen wiederum Hühnerkäfige. Unter solchen Umständen kann ich keine Schußkorrekturen vornehmen, weil ich die Einschläge meiner Granaten nicht feststellen kann.»

Der Kommandant meinte etwas ärgerlich: «Sie müssen sich immer etwas ausdenken, was der Dienstvorschrift widerspricht. Nun gut, halten Sie sich auf der oberen Brücke auf, aber berichten Sie mir laufend über die Schießergebnisse.»

Die Entfernung zum japanischen Kreuzer «Izumi» wurde gemessen, die Geschütze schossen sich ein. Dann erst gab das Schiff eine Steuerbordbreitseite auf den feindlichen Kreuzer ab. Der Feind beantwortete das Feuer sofort.

Es genügt, in die Hände zu klatschen, um ein Huhn furchtbar zu erschrecken. Die vielen Hühner an Bord wurden beim Dröhnen der eigenen Geschütze, beim Bersten der feindlichen Granaten rings um den Kreuzer völlig verrückt. Niemals hatten sie solch einen Spektakel erlebt. Sie schrien aus vollem Halse, strebten mit aller Macht fort von diesem Grauen, sprangen unausgesetzt hoch, stießen gegen die Dekken der Käfige, stürzten übereinander, schlugen wild mit den Flügeln um sich und zuckten wie in Krämpfen. Aus den Käfigen flogen Federn wie große Schneeflocken über das Deck. Der Hühnerlärm mischte sich in das Donnern der Schüsse und übertönte alle Kommandos. Man konnte kein Wort verstehen. Offiziere und Matrosen auf den Brücken verfluchten auf jede Weise die Hühner: «Platzen sollen sie!» – «Toll geworden sind sie, die verfluchten Biester!»

Schon die ersten russischen Schüsse verursachten Schäden auf «Izumi». Sie trafen den Bugteil, der abzusacken begann. Nach einer Viertelstunde drehte der japanische Kreuzer steuerbord ab und entfernte sich. Für kurze Zeit verschwand er im Dunst, wurde aber bald wieder sichtbar. Er fuhr «Wladimir Monomach» in einer Entfernung von vierzig Kabellängen entgegen und wurde mit verstärktem Feuer belegt. Dieses Mal hüllte sich das Heck von «Izumi» in Rauch; das veranlaßte den Kreuzer, die Gefechtszone zu verlassen.[36]

«Wladimir Monomach» blieb unversehrt. Die feindlichen Granaten hatten entweder zu weit oder zu kurz gelegen, und nur eine hatte das Schiff getroffen. Der Kommandant Popow frohlockte. Als er den Artillerieoffizier Nosikow sah, versuchte er den Radau der Hühner zu überschreien: «Fein haben wir ihn fertiggemacht! Wie der geflitzt ist! Mit Volldampf ist er getürmt!»

Der Kommandant begriff nicht, daß er selbst an diesem Teilerfolg keinen Anteil gehabt hatte. Das gute Schießen war hauptsächlich das Verdienst Oberleutnant Nosikows und seiner Geschützführer, die er erzogen hatte. Dieser gebildete Offizier verstand sein Fach. Schon

1903, während der Artillerieausbildung, hatte er einen Preis für gute Leitung des Geschützfeuers und treffsicheres Schießen erhalten. Auf der Fahrt von Libau nach Tsushima wachte er darüber, daß die Bedienungsmannschaft so sorgfältig wie möglich ausgebildet wurde. Er brauchte weder zu fluchen noch zu schlagen. Geschützführer, Entfernungsmesser und Geschützbedienung verstanden ihn beim ersten Wort. Er tat seine Pflicht, studierte nebenher die Seekriegsgeschichte und verfaßte auch literarische Werke.[37]

In seinem Charakter vereinigten sich Weichherzigkeit und kriegerischer Geist sehr eigenartig. Er liebte alle Menschen, unabhängig von Rassenunterschieden, liebte sie innig und konnte doch begeistert ein feindliches Schiff voller Menschen versenken.

Der Kommandant Popow sah sich um. Ihm schien, daß das russische Geschwader nach Osten abdrehe und sich vom japanischen trenne. Er meinte: «Die Schlacht ist beendet, und wir werden friedlich nach Wladiwostok fahren. Nun, und was ist mit Ihren 152-mm-Geschützen? Ich hoffe, daß Sie sie mehrfach gegen den Feind entladen haben! Nun sind sie wohl nicht mehr geladen?»

«Doch, sie sind geladen», erwiderte Nosikow. «Nach dem Trommelsignal sieht das Reglement vor ...»

Popow unterbrach ihn ärgerlich: «Was soll denn das heißen? Ich hatte Ihnen doch gesagt, daß sie nicht wieder geladen werden sollten, und Sie tun, was Ihnen beliebt! Das Gefecht ist doch beendet.»

«Im Gegenteil, die Schlacht fängt erst an.»

Der Kommandant sprach nicht mehr mit seinem Artillerieoffizier.

Auf ein Signal des Admirals Enquist reihte sich «Wladimir Monomach» ins Kielwasser von «Dmitri Donskoi» ein und eröffnete wieder das Feuer auf die feindlichen Kreuzer. Der Kreuzer schoß abermals recht gut und erlitt selbst nur geringfügigen Schaden. Die Japaner waren bestrebt, zuerst die neuesten russischen Schiffe außer Gefecht zu setzen, und schienen den alten Kreuzer kaum zu beachten. Dennoch konnte das Schiff etwa gegen 16 Uhr nur durch einen Zufall seinem Untergang entgehen.

Eine Granate krepierte am Bugmunitionsaufzug der 152-mm-Artillerie. Aus dem Aufzug schlug eine grellgelbe Flamme, hochgeschleudert wie ein Wellenkamm. Das Pulver in der Kammer brannte! Die Matrosen erstarrten vor Schreck. Nur zwei Mann gelang es, in den Schacht zu schlüpfen, von wo sie über die Treppen nach oben gelangten. Die übrigen waren dem Tode geweiht. Sie drückten sich in die Ekken, verdeckten das Gesicht mit den Händen und keuchten inmitten der glühenden Gase. Drei Matrosen, die dem Munitionsaufzug am nächsten standen, waren sofort in Flammen gehüllt. Alle, die in der Kammer geblieben waren, mußten bei lebendigem Leibe verbrennen, so schien es.

Und der Kreuzer? Noch einen Augenblick – und er würde mit furchtbarem Getöse in die Tiefe sinken. Doch plötzlich rieselte von den Wänden Wasser. Aus einer Ecke spritzte am Fußboden eine starke Fontäne. Das Feuer erlosch, die Hitze ließ nach. Die Menschen konnten freier atmen. Nach ein bis zwei Minuten standen die zermürbten Matrosen in verbrannten Lumpen, Blasen auf der Haut, bis zum Gürtel im Wasser und strebten dem Ausgang zu. Als sie auf dem Zwischendeck anlangten, begaben sie sich alle zum Verbandraum. Sie wußten noch nicht, wem sie ihr Leben verdankten.

Auf einem Schiff kommt es vor, daß die Rettung der Besatzung von der Findigkeit und dem Mut eines einzelnen abhängt. Auf «Wladimir Monomach» war es der Unteroffizier, der für die Beflutungsanlage der Munitionskammern auf Steuerbord verantwortlich war. Er stand im Augenblick der Explosion in der Nähe des Munitionsaufzuges und hielt einen großen Schraubenschlüssel für die Wasseranlage in Händen. Die Flamme, die aus dem Aufzug schlug, ließ ihn zusammenzukken, er verlor aber nicht die Geistesgegenwart, lief nicht davon, sondern handelte sofort. Die Wasseranlage kannte er gut. Mehrere kräftige Drehungen mit dem Schlüssel retteten den Kreuzer und dessen Besatzung – auch ihn selber – vor dem Untergang.

Bis zum Abend des ersten Gefechtstages hatte «Wladimir Monomach» nur unbedeutende Schäden erlitten. Eine Granate hatte beide Kajüten der Geschützführer zerstört. Auf Deck waren mehrere Boote beschädigt, Sprachrohre und andere Anlagen zerstört worden. Der alte Kreuzer war also gut davongekommen. Von der Besatzung waren nur einige Mann ausgeschieden.

Mit Eintritt der Dunkelheit begannen Torpedoangriffe auf «Wladimir Monomach», die er aber erfolgreich abwehrte. Kurz nach 20.00 Uhr näherte sich ihm ein Torpedoboot. Man hielt es für ein feindliches und eröffnete das Feuer. Das Boot gab sofort Zeichen. Es war «Gromki». Das Feuer wurde eingestellt.

Als das Boot nahe an den Kreuzer herangekommen war, gab es nachstehendes Gespräch zwischen den Kommandanten beider Schiffe: «Auf Befehl des Geschwaderchefs habe ich ‹Wladimir Monomach› zu folgen», erklärte der Kapitän 1. Ranges Kern.

«Gut. Wenn Sie sich aber neben dem Kreuzer herumtreiben, werde ich Sie mit meinen Geschützen versenken», erklärte plötzlich gereizt, wie sonst nie, der Kapitän 1. Ranges Popow.

Kern rief darauf zurück: «Versuchen Sie es nur! Wenn auch nur ein Geschoß mein Boot trifft, dann sinken Sie hier, an dieser Stelle. Ich würde Sie mit einem Torpedo versenken.»

«Diese Unterredung ist überflüssig. Wir können uns morgen unterhalten. Jetzt weise ich Sie an, sich backbord querab vom Kreuzer zu halten.»

«Zu Befehl!»

Etwa um neun Uhr zeigten sich achtern drei niedrige Silhouetten. Es waren Torpedoboote – aber was für welche? Sie kamen auf, holten den Kreuzer ein und wurden beschossen. Eines zeigte Lichtzeichen, die man nicht zu deuten wußte. An Bord des Kreuzers schwankte man. Die einen meinten, es handle sich um feindliche, die anderen waren der Auffassung, daß es sich um eigene Schiffe handle. Der Kommandant Popow hatte wohl die Drohungen von Kern nicht vergessen und rief mit lauter Stimme: «Was tun Sie da? Warum beschießen Sie die eigenen Torpedoboote? Feuer sofort einstellen! Das Feuer darf ohne meine Genehmigung überhaupt nicht eröffnet werden!»

Am Mitteldeck des Schiffes wurde dieser Befehl unverzüglich befolgt, dagegen schoß die Heckbatterie weiter. Oberstleutnant Manewski lief dorthin, um dem Befehl Nachdruck zu verleihen.

Die Torpedoboote näherten sich dem Kreuzer. Jetzt waren es nur noch zwei. Wo war das dritte geblieben? Später erst wurde festgestellt, daß es sich von den anderen getrennt hatte, um näher an den Bug von «Wladimir Monomach» heranzukommen. Die hoch aufgetürmten Hühnerkäfige hatten das Boot verborgen. Es wurde erst sichtbar, als es, fast direkt neben dem Kreuzer, einen Torpedo abschoß. «Banzai»-Rufe waren hörbar, bei denen das Herz eines jeden, der auf Deck war, stockte. Die windige und unwirtliche Nacht wurde von einem kurzen Lichtschein zerrissen, und dann versank alles in schwarzer Finsternis. Auf dem tödlich verwundeten Kreuzer erlosch das Licht, und er schlingerte hilflos über der Tiefe. Dann krängte er nach steuerbord über.

Das Torpedoboot, das den Schuß abgefeuert hatte, wurde sofort von den Buggeschützen vernichtet.

Zwei bis drei Minuten später war die Beleuchtung wieder in Ordnung. Der Kreuzer hatte steuerbord am zweiten Kohlenbunker ein Leck, von dem sich Risse zum ersten und dritten Bunker hinzogen. Im Mannschaftsraum war das Panzerdeck an den Nähten geplatzt. Das Schott, das an den vorderen Heizraum grenzte, war eingedrückt, und durch die Ritzen sickerte das Wasser. Der Kessel Nr. 1 mußte sofort gelöscht werden. Die durch die Kohlenbunker führenden Röhren waren ebenfalls beschädigt worden und ließen Wasser in den achteren Heizraum durch.

Am Oberdeck bemühten sich die Matrosen lange um das Abdichten. Es war aber vergeblich. Alle verfügbaren Pumpen wurden in Betrieb gesetzt, die Krängung wurde aber immer stärker.

Der wachhabende Offizier, Oberleutnant Mordwinow, der wie stets angetrunken war, erklärte laut: «Die Gänse haben Rom gerettet, während diese verdammten Hühner dem Kreuzer das Leben kosten.»

Der Kommandant sagte nichts darauf. Vielleicht hielt er sich für schuldig an diesem Ereignis und schwieg deshalb bedrückt. Die Glocke hatte schon lange zehn Glasen geschlagen. Er war müde, zum Umfallen müde. Die Gewohnheit, früh zu Bett zu gehen, machte sich bemerkbar. Schließlich sagte er zu seinen Offizieren: «Ich gehe in meine Kajüte. Wenn sich etwas ereignet, melden Sie es mir.»

Als er fort war, fragte Oberstleutnant Manewski seine Kameraden: «Was kann sich denn noch ereignen?»

Jemand antwortete ihm mißgestimmt: «Bald werden wir auf den Meeresgrund übersiedeln.»

Die Japaner setzten die Verfolgung des Kreuzers fort. Seitdem der Kommandant nicht mehr auf der Brücke stand, störte den Artillerieoffizier Nosikow niemand mehr. Selbst in dieser Lage, als das stark beschädigte Schiff voll Wasser lief, verstand er es, fünf Torpedoangriffe abzuwehren und dem Feind Schaden zuzufügen.

Die Lage des Kreuzers wurde aber immer aussichtsloser. Etwa um zwei Uhr nachts drang das Wasser durch die Kohlenbunker in den Maschinenraum. Es war, als zerfalle das Schiff wie ein morsches Segel in seine Bestandteile. Alle Kessel des Bugkesselraumes waren ausgefallen. Solange die Maschinen noch arbeiteten, versuchte man die Küste anzulaufen, um die Besatzung zu retten. Das Schiff nahm Kurs nach Westen, zur koreanischen Küste.

Am Morgen konnte man nicht gleich erkennen, daß der Kreuzer sich der Insel Tsushima näherte. In Begleitung des Torpedobootes «Gromki» fuhr der Kreuzer auf die Küste zu. Die Krängung hatte bereits vierzehn Grad erreicht. Die Steuerbordmaschinen arbeiteten im Wasser.

Noch ein anderes Schiff lief die gleiche Insel an. Bald erkannte man es an seinen Rufzeichen – es war das alte Linienschiff «Sissoi Weliki». Mit dem Scheinwerfer signalisierte es: «Ich bitte, die Besatzung zu übernehmen.» «Wladimir Monomach» erwiderte darauf: «In einer Stunde sinke ich.»

Der Kommandant des Kreuzers war wieder auf der Brücke erschienen und gab seine Anordnungen. Er war weit weniger ermüdet als seine Offiziere, denn in der Nacht hatte er einige Stunden schlafen können. Er befahl «Gromki», sich dem «Sissoi Weliki» zur Verfügung zu stellen.

Das Boot stürmte davon. Als es sich «Sissoi Weliki» näherte, bewegte sich dieses Schiff im Rückwärtsgang auf den hügeligen Küstenstreifen von Tsushima zu. Am Tage vorher hatte er mehrere Unterwasserlecks im Bug erhalten. Der Vordersteven war schon so tief im Wasser, daß dieses bis zum ersten Turm reichte. Zerschlagen, versengt, die Lecks notdürftig mit Brettern abgedichtet, sah es aus, als käme ein Invalide vom Verbandplatz. Das schwere Heck des Riesen, den Torpedos in nächtlichen Angriffen verletzt hatten, ragte steil aus dem Wasser. Er fuhr nicht, sondern plätscherte nur noch mit den Schrauben.

Am Horizont zeigten sich feindliche Schiffe. Der Kommandant des Linienschiffes «Sissoi Weliki», Kapitän 1. Ranges Oserow, erhoffte von ihnen Hilfe bei der Bergung der Besatzung und schickte das Torpedoboot wieder zum Kreuzer zurück. «Gromki» nahm volle Fahrt auf, aus seinen vier Schornsteinen rollten dichte Rauchwolken. Drei feindliche Hilfskreuzer näherten sich «Sissoi Weliki»: «Shinano Maru», «Jawata Maru» und «Tainan Maru». Das Torpedoboot «Fubuki» begleitete sie. Das Schiff wartete nicht erst ab, bis die Japaner das Feuer eröffneten, sondern hißte das Signal «Ich sinke und bitte um Hilfe».

Die Japaner fragten zurück, ob man sich ergeben wolle. Oserow ließ das bejahen. Nach einer Stunde legte ein feindliches Ruderboot an. Als die Japaner an Deck waren, hißten sie vor allem auf der Gaffel ihre Flagge, konnten aber durchaus nicht die russische Flagge niederholen, die auf der Fockstange wehte. Sinkend schlingerte das Schiff unter den Flaggen der zwei feindlichen Mächte. Die Japaner wollten es in Schlepp nehmen, das Schiff schien sich aber zu sträuben. Um neun Uhr kenterte das von allen verlassene Linienschiff «Sissoi Weliki» und sank drei Meilen von der Küste entfernt. Die russischen Offiziere und Matrosen waren von japanischen Schiffen übernommen worden.

Etwa zwei Stunden später blieb «Wladimir Monomach» vier Meilen vor der Küste liegen und ließ die unversehrt gebliebenen Boote mit der Besatzung zu Wasser. Das japanische Torpedoboot «Shiranuhi» zeigte sich am Horizont, gefolgt vom Hilfskreuzer «Sado Maru».

«Wladimir Monomach» stand still und lief voll Wasser. «Sado Maru» gab einige Schüsse auf ihn ab, die unbeantwortet blieben. Auf den heruntergelassenen Booten hatten etwa zweihundertfünfzig Mann

Platz gefunden, die zum Ufer fuhren. Der feindliche Hilfskreuzer «Manschiu Maru» traf ebenfalls ein.

Als der Artillerieoffizier Nosikow ihn sah, wurde er unruhig und gab den Befehl: «Bedienung! An die Geschütze! Sechsundzwanzig Kabel.»

Der Kommandant rief aber böse:

«Nicht schießen! An Bord können Russen sein, die aufgefischt wurden. Bergen! Ich befehle, daß weiter geborgen wird!»

Zum Artillerieoffizier sagte er streng offiziell: «Oberleutnant Nosikow! Ich verbiete Ihnen zu schießen. Zudem haben wir fast gar keine Granaten mehr!»

Die Besatzung sprang über Bord, rettete sich auf Flößen, Bojen, Rettungsringen. «Sado Maru» und «Manschiu Maru» näherten sich dem russischen Kreuzer, ließen Boote zu Wasser und bargen die Menschen. Ein Boot legte bei «Wladimir Monomach» an. Japaner stiegen an Bord, um vom Schiff Besitz zu ergreifen, überzeugten sich aber, daß der Kreuzer sich kaum noch an der Oberfläche hielt. Daher beschränkten sie sich darauf, den Kommandanten Popow und den Ersten Offizier Jermakow gefangenzunehmen und mit ihnen auf «Sado Maru» zurückzukehren.

Japanische Boote und eine russische Barkasse bargen die Schwimmer. Von der Barkasse wurde auch der Oberleutnant Nosikow geborgen. Diese Barkasse hatte bereits eine Gruppe abgeliefert und legte nun zum zweiten Mal bei «Manschiu Maru» an. Die gefangenen Offiziere und Matrosen stiegen schnell an Deck des feindlichen Schiffes. Im Boot blieben nur noch Oberleutnant Nosikow und zwei Matrosen. Sie wollten das Boot nicht verlassen. Zwei japanische Unteroffiziere mit Gewehren auf dem Rücken stiegen zu ihnen hinunter. Einer der Japaner rief russisch: «Marsch auf Deck!»

Der andere holte unter dem Achtersitz ein Bündel hervor und entfaltete es. Es war die Andreasflagge der Barkasse. Der Japaner hatte gerade noch über seinen Fund lächeln können, als Nosikow ihm mit der linken Hand die Flagge entriß und mit der rechten seinen Säbel zog. Ehe sich der Japaner besann, durchstach Nosikow die Flagge, und sie versank, beschwert mit dem Säbel im Meer. Im ersten Augenblick war der Japaner ratlos. Dann stürzte Nosikow, von einem Kolbenstoß in den Rücken getroffen, auf den Boden des Bootes. Er wurde gewaltsam auf das Deck von «Manschiu Maru» gebracht.

Unter den Schiffbrüchigen, die sich noch schwimmend im Wasser hielten, befand sich auch der Oberauditor, Oberstleutnant Manewski. Angetan mit einem Korkgürtel, grau im Gesicht, schaufelte er mit dem einen Arm das Wasser, um schnell vom Schiff fortzukommen, während er in der Hand seines anderen Armes eine große schwarze Mappe so hoch über dem Wasser hielt, als wolle er sie allen zeigen. Die schrägen Sonnenstrahlen spiegelten sich in ihren vernickelten Ekken und Verschlüssen. Was für Papiere barg die Tasche? Berichte über abgeschlossene und angefangene Prozesse und Disziplinarstrafen gegen die Mannschaft?

Ein Matrose riet ihm: «Lassen Sie doch die Aktentasche sausen, Euer Hochwohlgeboren, sie stört Sie ja nur beim Schwimmen.»

«Das geht nicht, sie enthält wichtige Dokumente», erwiderte Manewski.

Jemand rief: «Diese Tintenseele wird sich doch nicht von den Dokumenten trennen!» – und ein anderer meinte spöttisch: «Hören Sie nicht auf die Leute, Euer Hochwohlgeboren, die verstehen doch nichts. Zu Hause werden Sie diese Papierchen für den Bürobetrieb gut brauchen können.»

Der Oberauditor sah sich nach denen um, die ihm böse Worte zuriefen, um sich die Gesichter zu merken. Vielleicht dachte er an die Paragraphen der Kriegsmarinegesetze, die Strafen für die Matrosen wegen Beleidigung eines Offiziers vorsahen. Er befand sich aber leider jetzt in einer Notlage, fror schrecklich und schwieg deshalb. Seine Sorge galt nur der Aktentasche. Alles war zusammengebrochen: Das Zweite Geschwader bestand nicht mehr, mit ihm waren die letzten Hoffnungen der Fernöstlichen Armee vernichtet. Rußland hatte nichts mehr, womit es den Gegner bezwingen konnte. Der Oberstleutnant Manewski nahm das aber nicht zur Kenntnis und hielt seine wichtigen Papiere immer noch für bedeutungsvoll. Er paddelte im Ozean umher und hielt seine Aktentasche wie eine Fahne über dem Kopf. Die ganze bürokratische Aufgeblasenheit des russischen Zarenreiches verkörperte sich in diesem Bild.

«Wladimir Monomach» wurde für das Auge immer kleiner, sank immer tiefer. Das Wasser reichte schon bis an die Bullaugen. Ein Zittern ging durch den Schiffskörper, und er verlor die letzte Schwimmfähigkeit. Von der Besatzung waren nur noch vier Matrosen und ein Leutnant an Bord. Ausgerüstet mit Schwimmwesten, bereit, jeden Augenblick ins Wasser zu springen, so standen sie und warteten. Die Barkasse holte sie. An Bord des Kreuzers blieben nur noch die Hühner – die unschuldigen Schuldigen für den Untergang des Schiffes. Sie hatten sich beruhigt. Auf Deck war es still geworden. Sie unterhielten sich so friedlich wie daheim im Dorf in ihrer Vogelsprache, als ob sie die Eindrücke der überstandenen Schrecken austauschen wollten.

Die Barkasse steuerte auf «Manschiu Maru» zu. Ein Hahn krähte, die Leute auf der Barkasse sahen sich um. Für einen Augenblick stellte sich der Kreuzer steil auf und sank dann langsam. Dem ersten Hahnenschrei antwortete prahlerisch ein zweites, schrilleres Krähen. Das Federvieh steckte voller Frühlingsfreude und glaubte sich außer Gefahr. Es konnte nicht ahnen, das dies sein letzter Gesang war. Den Hühnern war es nicht vergönnt, den noch bezauberndderen Schrei eines dritten Hahnes zu Ende zu hören – er brach auf dem höchsten Ton ab. Vom Kreuzer «Wladimir Monomach» ragten nur noch die Masten hervor. Aber auch sie sanken in die Tiefe des leuchtenden Meeres.

Einer gegen drei

Das Torpedoboot «Gromki» war dem Kreuzer «Oleg», auf dessen Mast die Flagge des Admirals Enquist wehte, beigegeben worden. «Gromki» fuhr achtern der zweiten Torpedobootgruppe. Alle Mann standen laut Gefechtsordnung an ihren Plätzen, bereit, sich mit dem Feind zu schlagen. Anfangs hatte aber das Boot überhaupt nichts zu tun. Nach der Instruktion bestand seine Gefechtsaufgabe darin, sich so weit wie möglich aus dem japanischen Schußbereich herauszuhalten. Es sauste umher, schlingerte auf den Wellen, seine vier Schlote qualmten so stark, daß es schien, als hinge das Schiff an vier zottigen Tauen am Himmel. Mitunter, wenn sich ihm leichte, feindliche Schiffseinheiten näherten, eröffnete es das Feuer. Freilich, seine fünf 47-mm- und das eine 75-mm-Geschütz konnten den Japanern wenig schaden. Manchmal stiegen auch in seiner Nähe die Wassersäulen japanischer Einschläge hoch.

Auf der Brücke des Torpedobootes standen mehrere Seeleute. Wie ein lebhafter, behender, blonder Junge sah trotz seiner sechsundzwanzig Jahre der Signalgast Skorodumow noch aus, der den Horizont beobachtete. Seinen scharfen, grauen Augen entging keine Bewegung der feindlichen Schiffe. Konnte er nicht gleich etwas erkennen, so beugte er sich über die Reling, als wollte er davoneilen. Der Rudergast Plahsin hielt sein Gesicht über den Kompaß gebeugt. Leutnant Schelaschnikow stand am Kartentisch und verfolgte sorgfältig den Kurs seines Schiffes nach der Karte. Dieser unscheinbare, stets bescheidene und sehr schwermütige Mensch – «Monja» nannte man ihn an Bord – war auch heute traurig. Vielleicht dachte er auch während des Gefechtes an seine Braut, die er in Petersburg zurückgelassen hatte.

Fast um einen Kopf überragte die anderen der Kommandant, Kapitän 2. Ranges Georgi Fjodorowitsch Kern. Immer wieder hob er sein

Fernglas an die Augen, um die Schlacht verfolgen zu können. In seiner hochgewachsenen hageren Gestalt mit der eingefallenen Brust, dem krummen Rücken und den hervortretenden Schulterblättern lag nichts Militärisches. Manchmal, besonders in privaten Gesprächen, wurde sein braungebranntes Gesicht mit den feinen Zügen durch ein solch kindliches, gutgläubiges Lächeln erhellt, daß man vergaß, in ihm einen Offizier vor sich zu haben. Er ging langsam und sah stets aus, als hätte er soeben eine schwere Krankheit überstanden. Aber im ausgemergelten Körper des Kommandanten verbarg sich ein unbezwingbarer Wille. Das wußten auch seine Untergebenen, die sich daran gewöhnt hatten, daß er in seiner Wortkargheit eine Anordnung niemals zweimal gab.

Die Fahrt des Zweiten Geschwaders nach dem Fernen Osten, technisch und organisatorisch schlecht vorbereitet und von einem unfähigen Geschwaderchef geführt, schien ihm ohne Aussicht auf Erfolg zu sein. Das war aus seinen Äußerungen und Gesprächen mit den Offizieren zu erkennen. Dennoch hatte er alles getan, damit jeder seiner Leute die soldatischen Pflichten ehrenvoll erfüllen konnte. Auf keinem Schiff des Geschwaders hatte die Besatzung eine solche Kampfausbildung genossen, wie auf dem Torpedoboot «Gromki». Auch seine nächsten Untergebenen, der Erste Offizier Oberleutnant Paskin, der Artillerieoffizier Leutnant Potjomkin, der Navigationsoffizier Schelaschnikow und der Schiffsingenieur Saks schätzten Kern sehr. Jeder war bestrebt, seinen Aufgaben in voller Übereinstimmung mit dem Kommandanten so gut wie möglich gerecht zu werden.

Der Signalgast Skorodumow wandte sich schnell an den Kommandanten und meldete: «Euer Hochwohlgeboren, japanische Kreuzer halten auf uns zu.» Kern richtete sein Fernglas auf die Schiffe und befahl: «Signal hissen für ‹Oleg›: ‹Sehe japanische Kreuzer auf Südwest 30 Grad.›»

Wie als Antwort auf dieses Signal wendete das Flaggschiff, fuhr an der Spitze seiner Kreuzerdivision auf die Japaner zu und eröffnete das Feuer. Die Transportschiffe und Torpedoboote waren geschützt. Die Besatzung atmete auf. Da ertönte der Ruf: «Mann über Bord!»

Im Wasser zappelte ein Mann mit zerzaustem Bart, in dem alle den Maschinenputzer Papilow erkannten. Kern befahl Rückwärtsfahrt. Während man sich mit Papilow beschäftigte, näherten sich die beiden Kreuzer «Dmitri Donskoi» und «Wladimir Monomach» dem Boot bedrohlich, so daß «Gromki» mit knapper Not einer Kollision entging. Der Mann wurde herausgefischt, das Torpedoboot nahm seinen Platz wieder ein. Alle umringten Papilow.

«Wenn du deinen zottigen Bart nicht hättest, wärest du schon auf dem Meeresgrund», scherzte jemand.

Papilow stand mit offenem Mund auf Deck, schweratmend, verständnislos die Augen weit aufgerissen. Aus seinem großen Bart und seinen Kleidern floß das Wasser. Auf die Frage des Ersten Offiziers konnte niemand sagen, wie Papilow über Bord geraten war. Dieser Zwischenfall blieb für alle ein Geheimnis, auch für Papilow selbst.

Aus der Tagesschlacht war «Gromki» unversehrt davongekommen. Am Abend erfuhr die Besatzung, daß Roshestwenski, der verwundet worden sei, den Befehl über das Geschwader dem Admiral Nebogatow übergeben habe. Bald darauf wurde auf dem Linienschiff «Nikolai I.» das Signal «Kurs Nordost 23 Grad» gehißt. Bei Eintritt der Dunkelheit hatte sich «Oleg» mit hoher Fahrt und unbekanntem Ziel vom Geschwader getrennt. In der Nacht schloß sich «Gromki» dem Kreuzer «Wladimir Monomach» an. Vor ihnen lag «Dmitri Donskoi», der aber nach einiger Zeit ebenfalls in der Dunkelheit der See verschwand. Allein geblieben, richteten sich «Wladimir Monomach» und «Gromki» weiter nach dem Befehl Nebogatows und hielten selbständig Kurs auf Wladiwostok. Die Pause nach dem Tageskampf dauerte nicht lange. Schon nach einer halben Stunde begannen die Torpedoangriffe. «Gromki» unterstützte die Kreuzer durch Artillerie- und MG-Feuer und stürzte sich auch selber auf die Japaner. Einmal wurde beobachtet, wie ein feindliches Torpedoboot von backbord an den Kreuzer «Wladimir Monomach» heranfuhr und ein Torpedo abschoß. Die Katastrophe schien unvermeidlich. Auf der Brücke sahen sich alle nach dem Kommandanten Kern um, der sich schnell über das Sprachrohr beugte und in den Maschinenraum den Befehl gab: «Volldampf voraus!» Gleichzeitig riß er am Hebel des Maschinentelegrafen.

«Gromki» stürzte davon, um dem Torpedo den Weg abzuschneiden. Offenbar hatte der Kommandant vor, eher mit seinem Schiff, das nur 350 Tonnen Wasserverdrängung und 73 Mann Besatzung hatte, in die Luft zu fliegen, als den Kreuzer mit seinen 5593 Tonnen und einer Besatzung von über 600 Mann untergehen zu lassen. In der Dunkelheit blieb Kerns Heldenmut unbemerkt. An Bord des Kreuzers wußte man nicht, daß das kleine Boot sich selbst aufzuopfern und das Leben des anderen Schiffes zu schützen bereit war, indem es den Torpedotreffer auf sich nehmen wollte. Dafür hatte man aber auf «Gromki» Kerns Absicht sofort bemerkt. Die Seeleute waren bis aufs äußerste erregt. Zum Glück sauste der Torpedo, das auf den Tiefgang eines großen Schiffes eingestellt war, unter «Gromki» durch und traf auch den «Wladimir Monomach» nicht. Der Wind hatte Stärke fünf erreicht, die Wogen rauschten. Es dröhnten die Schüsse, deren Aufblitzen für Augenblicke das schäumende Meer erleuchtete.

Ein anderer Torpedo traf «Wladimir Monomach». Das verunstaltete Schiff drehte mit Steuerbordschlagseite nach Westen ab, da es keine Hoffnung mehr gab, Wladiwostok zu erreichen. «Gromki», aufs engste mit dem Kreuzer verbunden, begleitete ihn bis zum Morgen. Der Tag brach an. Vom Schiff aus sah man die fremde Küste der Insel Tsushima. Am fernen, nördlichen Horizont dampften japanische Hilfskreuzer und Torpedoboote. Der Kommandant des Kreuzers, Kapitän 1. Ranges Popow, gestattete «Gromki», allein nach Wladiwostok durchzubrechen.

Lange starrte der Kommandant Kern durch das Fernglas. Die feindlichen Schiffe kamen näher. Er konnte schon drei Torpedoboote unterscheiden. Die Absicht der Japaner war klar: Sie wollten die russischen Schiffe umzingeln. Kern ließ das Glas sinken und befahl dem Leutnant Schelaschnikow: «Alle Herren Offiziere zu mir.»

Nach einer Minute waren alle auf der Brücke. Der Erste Offizier, Oberleutnant Paskin, trat an den Kommandanten heran und hob fragend die strengen Brauen über den von Schlaflosigkeit geröteten Augen. Der Kommandant ließ ihn nicht zu Wort kommen: «Warten Sie, Alexander Alexandrowitsch, die Frage geht alle an.»

Oberleutnant Paskin kannte seinen Kommandanten gut und wußte, daß etwas Wichtiges bevorstand.

«Zu Befehl», erwiderte er und sah sich nach den nahenden japanischen Schiffen um. Der Kommandant betrachtete das lange, glattrasierte Gesicht mit der geraden, schönen Nase und dem kurzen, seidigen Backenbart, als wollte er aus dem Mienenspiel die Meinung seines nächsten Unterstellten erraten.

Ein junger, vergnügter Mann stürmte singend die Treppe herauf, brach aber seinen Gesang auf einem tiefen Baßton ab. Dieser sorglose Leutnant Potjomkin sang bei jeder Gelegenheit. Nun war er etwas verlegen. Wie konnte man in einer solchen Situation singen! Er gab seinem kräftigen Körper militärische Haltung.

Als letzter erschien der füllige Schiffsingenieur Saks, der nicht die geringste militärische Haltung zeigte. Er lächelte und sah wie ein Mensch aus, der mit dem Leben durchaus zufrieden war. Die Schlacht war vorbei, seine Heizer und Maschinisten, Kessel und Maschinen waren heil geblieben und arbeiteten in schönster Ordnung. Er wußte nicht, worum es ging, und witzelte wie üblich: «Unser Papilow hat gestern seinen Bart so durchnäßt, daß er noch immer nicht trocken ist.»

Eine kurze, peinliche Pause trat ein. Das Gesicht des Kommandanten blieb ernst. Er richtete an Saks die Frage: «Reicht unsere Kohle bis Wladiwostok?»

«Ja, wenn wir sparsam fahren – nicht über zwölf Knoten.»

«Wir haben es mit drei Torpedobooten zu tun. Vor allem möchte ich den feindlichen Ring durchbrechen. Dazu brauchen wir volle Fahrt, wenn auch nur für zwei Stunden, dann können wir wieder halbe Fahrt machen. Wir wollen bis zur letzten Möglichkeit kämpfen. Bitte Ihre Meinung, meine Herren.»

Die Offiziere stimmten ausnahmslos zu.

In den Strahlen der Sonne stiegen nicht weit von ihnen glitzernde Wassersäulen auf. Die ersten fernen Schüsse rollten, sie störten die morgendliche Stille. Der Gegner hatte das Feuer eröffnet. Auf der Brücke blieben der Kommandant und der Navigationsoffizier Schelaschnikow. Die Besatzung ging an ihre Plätze. Auch in diesem aufregenden Augenblick wurde die Ordnung auf dem Schiff streng eingehalten. Die Schiffsglocke schlug die Zeit. Es war genau 8.00 Uhr.

«Gromki» nahm Kurs Nordost und ging sofort auf höchste Fahrt und beantwortete das Feuer. So begann das Gefecht damit, daß dem Feind die Umzingelung nicht glückte.

Die drei japanischen Torpedoboote verfolgten «Gromki». Bald blieben aber zwei zurück; es entwickelte sich nun ein Zweikampf über eine Entfernung von etwa zwanzig Kabellängen. Der Feind schoß aus dem 75-mm-Buggeschütz. Ihm antworteten nur die 47-mm-Heckkanonen. Nahe dem Bug von «Gromki» gingen die Granaten ins Wasser. Kern steuerte Zickzackkurs, um dem Gegner das Einschießen zu erschweren. Gleichzeitig gab er damit dem Oberleutnant Potjomkin die Möglichkeit, die 75-mm- und die zwei 47-mm-Buggeschütze abzufeuern. Das dauerte zwei Stunden. Bei einem der Ausweichmanöver schoß der Geschützführer Pjotr Kapralow das Buggeschütz ab. Nach einigen Sekunden rief der Signalgast Skorodumow aufgeregt: «Der Japaner brennt, Euer Hochwohlgeboren.»

«Ich sehe es», sagte Kern mit seiner üblichen leisen Stimme, ohne das Glas von den Augen zu nehmen.

Auf dem Oberdeck stießen zunächst einzelne Matrosen, dann alle zusammen freudige Rufe aus. Das feindliche Torpedoboot war in schwarzen Rauchwolken verschwunden. Für wenige Augenblicke wurde das Schießen unterbrochen. «Gromki» ging wieder auf Kurs Nordost 23 Grad. Plötzlich begann das Heckgeschütz wieder zu feuern. Trotz des Qualms war nicht nur der Bug, sondern die ganze Breitseite des japanischen Torpedobootes erkennbar. Nun konnte man genau sehen, daß auf seinem Bugteil das Feuer um sich griff. Der angeschlagene Feind fuhr auf die Insel Tsushima zu, er setzte einen Funkspruch ab. Der Funker Taranez störte die Sendung.

Der Feind war verschwunden. Auf «Gromki» wurde der Alarm abgeblasen. Kerns Plan war vorzüglich gelungen. In den zwei Stunden des Kampfes hatte das Boot keinen einzigen Treffer erhalten. Der Weg nach Wladiwostok war frei. Die Besatzung konnte ausruhen. Der Kommandant machte einen Rundgang durchs Schiff und dankte allen für ihre Pflichterfüllung. Viele konnten bei seinem Nahen nicht aufstehen, auf Deck lagen in den verschiedensten Stellungen Maschinisten und Heizer, die nach zwanzigstündiger ununterbrochener Wache an Maschinen und Kesseln abgelöst worden waren. Vor Hitze und Übermüdung hatten manche das Bewußtsein verloren. Sie wurden mit Wasser übergossen.

Die Gefechtspause dauerte eine halbe Stunde. Als Kern auf die Brücke zurückkehrte, bemerkte er achtern ein feindliches Torpedoboot und befahl erneut Gefechtsalarm. Vielleicht war es dasselbe Schiff, mit dem sie schon gekämpft hatten. Offenbar hatten die Japaner den Brand gelöscht und die Verfolgung wieder aufgenommen. «Gromki» ließ gerade die nördliche Spitze der Insel Tsushima hinter sich und fuhr ins Japanische Meer ein. Etwa um 11 Uhr zeigte sich steuerbord vorn ein zweites Torpedoboot, das den Kurs kreuzte. Kern befahl Volldampf. Das achtere Boot blieb zwar zurück, das entgegenkommende Schiff näherte sich aber und eröffnete das Feuer. Ein ungleicher Kampf stand bevor, es mußte etwas Dreistes unternommen werden, um aus der schwierigen Situation herauszukommen. Kern riskierte es. Als Torpedofachmann kam ihm der Gedanke, daß sich jetzt die Gelegenheit bot, die zwei Torpedorohre des Oberdecks gegen den Feind einzuschießen. Er befahl, den Ausstoß vorzubereiten. «Gromki» machte eine scharfe Wendung und strebte auf den achtern fahrenden Feind – wie sich später herausstellte, war es das Torpedoboot «Shiranuhi» gewesen – zu. Kern beschloß, diesen Feind zu torpedieren und dann das Artillerieduell mit dem anderen Boot aufzunehmen. Die Entfernung zwischen «Shiranuhi» und «Gromki» verringerte sich schnell. Die Besatzung wußte genau, daß ein entscheidender Augenblick gekommen war. Die Geschützführer verstärkten das Feuer. Jetzt spielten aber die Torpedogasten, die an ihren Rohren standen, die Hauptrolle. Plötzlich gab es in ihrer Nähe einen kurzen Blitz, und eine Rauchwolke stieg auf. Etwas Schweres löste sich aus Feuer und Qualm und flog über Bord. Der Erste Offizier Paskin wurde vom Luftzug gegen den Mantel des hinteren Schornsteins geschleudert. Als er zu sich kam, stürzte er zur Unfallstelle. Am Rohr lagen die Maate Abramow und Telegin, sie waren tot, vom Torpedogast Besdeneshnych war nur die Mütze übriggeblieben. Paskin beorderte die Matrosen Zepelew, Bogorjadzew und Radsijewski an das Rohr. Der Feind war schon auf zwei Kabellängen herangekommen. Der Kommandant gab den Befehl, das erste Torpedo aus dem Rohr auszustoßen. Das Torpedo schob sich knapp aus der Mündung heraus, streifte mit dem Ende die Bordwand und plumpste wie ein Balken ins Wasser.

«Es ist abgesoffen, das verfluchte Biest!» rief fluchend der Signalmaat Skorodumow.

Der Kommandant hatte die Arbeit der Torpedoschützen genau beobachtet. Er ballte krampfhaft die Fäuste und zischte durch die Zähne als Antwort auf die Flüche oder auch nur, um sich selbst eine Erklärung zu geben: «Das Pulver hat schlecht gezündet, ist feucht geworden.»

Das zweite Torpedo, das dem Feind entgegengeschickt wurde, lief richtig auf das Ziel zu. Kurz vor dem Augenblick der Detonation, als es an der Oberfläche knapp vor dem Heck auftauchte, wurde es vom Schraubenstrudel seitlich abgedrängt.

In dieser Gefechtsphase lagen alle Vorteile auf seiten von «Gromki». Der Feind hatte wohl seine Torpedos in der Nacht vorher verschossen, seine Rohre blieben geschlossen. Warum war er aber «Gromki» nicht ausgewichen, sondern hatte ihn auf Schußnähe herangelassen? «Shiranuhi» mußte befürchten, in die Luft zu fliegen. Ein solches Verhalten der Japaner war eigentlich unerklärlich.

Kerns Plan, das feindliche Torpedoboot zu torpedieren, ließ sich nun durch ein nicht vorauszusehendes Mißgeschick nicht verwirklichen. Er mußte alle Kraft aufwenden, um nicht zu verzweifeln. «Gromki» war in ein Kreuzfeuer geraten. Das Torpedoboot war von zwei Seiten einem Orkan aus Feuer und Eisen ausgesetzt. Das lähmte aber den Kampfwillen des Kommandanten nicht. Fester umklammerten seine Fäuste das Geländer. Er verfolgte genau die Einschläge der feindlichen Geschosse und kurvte geschickt, um ihnen zu entgehen.

Während des Torpedoangriffs erlitten beide Seiten schwere Verluste.

Auf «Gromki» hatte die erste Granate, die die Bordwand an der Wasserlinie durchschlug, im Maschinenzwischendeck einen Generator zerstört. Unter der Anleitung des Oberleutnants Paskin wurden Bretter über das Leck genagelt. Kaum war alles in Ordnung, detonierte eine zweite Granate an derselben Stelle und riß das Loch wieder auf. Es strömte so viel Wasser ein, daß bald der Bug absackte. Plötzlich spürten alle, daß das Boot einen Sprung machte und nach backbord krängte. Eine Granate hatte den Backbordkohlenbunker getroffen. Aus dem achteren Kesselraum kamen stöhnend die Heizer herausgekrochen. Zischend drang dichter Dampf aus dem Raum. Der Heizer Bojarow blieb tot beim Kessel liegen. Während man feststellte, daß am vierten Kessel die Röhren beschädigt waren, fiel auch der dritte Kessel aus.

Saks befahl dem Heizermaat Pritwod: «Beide Kessel abschalten!» Mit den zwei übriggebliebenen Kesseln des Bugkesselraums konnte «Gromki» die Fahrt nur noch mit siebzehn Knoten fortsetzen. Nun näherte sich auch das zweite feindliche Torpedoboot. «Gromki» mußte sich nach zwei Seiten wehren. Mit beispiellosem Mut nahmen die Matrosen und Offiziere den ungleichen Kampf gegen Feuer, Wasser und glühendes Eisen auf. Die verringerte Fahrgeschwindigkeit verhinderte ihr Entkommen, Hilfe konnten sie von niemandem erwarten.

Die Kajüten des Kommandanten und der Offiziere standen in Flammen. Das Wasser drang durch ein großes Leck in die Offiziersmesse und überschwemmte die Heckmunitionskammern. Mit jedem Augenblick verschlimmerte sich die Lage des Schiffs. Die Geschosse töteten und verwundeten die Menschen, aber nicht nur die Gesunden, auch die Verwundeten, verließen ihren Platz nicht und kamen, vom Kommandanten bis zum Matrosen, ihren Pflichten nach. Mit letzter Kraft löschten sie die Brände, dichteten die Leckstellen ab, schossen aus Geschützen und Maschinengewehren. Es schien aber alles vergeblich zu sein. Durch neue Leckstellen strömte das Wasser, und beide Munitionskammern, am Bug und am Heck, wurden überschwemmt. Um die Munition zu retten, wurde die Lenzpumpe in Gang gesetzt. Sie konnte aber den Wasserzustrom nicht vermindern. Die Geschütze erhielten keine Munition mehr. Die Geschützführer verbrauchten die letzten Vorräte. Der Erste Offizier Paskin, der beim Löschen der Brände half, war äußerst erstaunt, daß die Geschütze immer noch schossen. Er wußte, daß sie eigentlich schon längst schweigen mußten, denn die Überschwemmung der Kammern hatte er selbst dem Kommandanten gemeldet.

«Womit schießen sie denn?» fragte er die Matrosen, denen er auf seinem Gang durchs Zwischendeck begegnete. Was er in der Bugmunitonskammer sah, übertraf alle seine Erwartungen. Die Matrosen stiegen reihum in die überschwemmte Kammer, tauchten wie im Schwimmbecken unter und kamen mit Granaten wieder hoch. Niemand hatte das angeordnet, und überhaupt war das ein unerhörter Vorgang, der wohl kaum in der Geschichte der Seekriege ein Beispiel hatte. Paskin bemerkte voll Erstaunen, wie der Torpedogast Anton Fjodorow, der vom Beginn der Schlacht Munition zugereicht hatte, aus dem Wasser auftauchte. Ihm folgte, ebenfalls mit Munition beladen, der Matrose Molokow. Ein dritter Mann stand zum Tauchen bereit.

«Na, schnell, du Besen, du kannst es ja schon nach dem gestrigen Bade», scherzte prustend und fauchend Anton Fjodorow. Ein bärtiger Kopf verschwand im Wasser. Es war Jefim Papilow.

Diese durch große Einsatzbereitschaft der Matrosen verwirklichte Tat gab den Artilleristen die Möglichkeit, weiter zu feuern und hinderte den Feind daran, sich «Gromki» zu nähern. Die Japaner wagten keinen Enterangriff und hielten sich in einer Entfernung von fünf bis sieben Kabellängen. Manchmal schien es dem Feind, als sei das Schiff nun endgültig zerschlagen. Das sterbende Boot belebte sich aber immer wieder und biß um sich. Die mutigen Seeleute verkauften ihr Leben sehr teuer. Man sah, wie russische Granaten wiederholt auf «Shiranuhi» die Gefechtsflagge herunterschossen, wie das feindliche Boot selbst Feuer fing, Flammen und Qualm spie, wie manchmal auch Dampf ausströmte, und wie es sich sogar im Kreise drehte, weil offenbar die Steuerung versagte. Um die Mittagszeit wurde am zweiten Kessel das Abschlußventil zerschlagen. Die Heizer konnten gerade noch aus dem Kesselraum springen. Sie wurden ins Bugzwischendeck zum Verbinden gebracht; aber der einzige Feldscher war selber schwer verwundet, das Rückgrat war ihm gebrochen. Die Verwundeten halfen sich gegenseitig. Es dauerte geraume Zeit, bis die Heizer wieder in den Bugkesselraum steigen konnten, der mit heißem Dampf ausgefüllt war. Unter Lebensgefahr drangen sie ein und nahmen den ersten Kessel wieder in Betrieb. So bewegte sich das Boot noch immer vorwärts, wenn auch langsam.

In der ersten Mittagsstunde arbeiteten auf dem Torpedoboot «Gromki» noch ein Kessel, ein MG und ein Steuerbordgeschütz, die anderen Kessel und Geschütze waren zerstört. Die Zahl der Lecks nahm zu. Das Wasser strömte ins Boot. Aber nichts entmutigte die Besatzung, die um die Lebensfähigkeit ihres Bootes kämpfte. «Gromki» setzte seine Fahrt fort. Das Geschütz und das Maschinengewehr schossen noch immer.

Paskin ging über das Oberdeck, um die Schäden zu besichtigen. Als er steuerbord an der Funkkabine vorbeiging, überraschte ihn ein furchtbarer Knall. Ein Mann schwankte aus der Kabine. Paskin erblickte die kleine Gestalt des Funkers Taranez. Sein Gesicht mit einem ausgeflossenen Auge und einem abgerissenen Ohr war nicht mehr wiederzuerkennen. Schwankend hob er seine rechte Hand an den verstümmelten Kopf, streckte sich, rief: «Euer Wohlgeboren … ich …» und stürzte stöhnend zu Boden.

Eines der japanischen Boote näherte sich «Gromki», offenbar in der Absicht, vom Boot Besitz zu ergreifen. Die Japaner irrten sich aber. Auf der Brücke stand der unerschütterliche Kern, der wie die ganze Besatzung fest entschlossen war, bis zum Ende zu kämpfen. Er wußte, daß jeder Offizier und jeder Matrose den Feind haßte.

Um den Japanern weiteren Schaden zuzufügen, steuerte er «Gromki» unmittelbar auf «Shiranuhi» zu. Er wollte den Feind rammen. Als die Japaner diese Absicht durchschauten, wichen sie aus. «Gromki» hatte nicht genug Fahrt, den Feind einzuholen. Bei diesem gescheiterten Rammversuch flog der Großmast mit der Andreasflagge über Bord. Der Kommandant befahl: «Die Heckflagge auf der Fock befestigen! Der Feind darf nicht denken, daß wir uns ergeben!»

Der Signalgast Skorodumow brachte es fertig, den Befehl auszuführen. Über dem tapferen Boot wehte wieder die Flagge. «Gromki» setzte den Kampf fort.

Bis zum Schluß blieb Kern auf der Kommandobrücke und gab das Musterbeispiel eines wahren Kommandanten. Nichts schreckte ihn, weder der überlegene Feind noch der Verlust an Menschen, noch die Notlage des Schiffs, die sich jeden Augenblick verschlimmerte. Kern war entschlossen, selbst diese zerstörten Trümmer, die vor dem Kampf den Namen «Gromki» trugen, nicht dem Feind zu überlassen. Seine Gedanken äußerte Kern nicht sofort. So kaltblütig, als wollte er Mittag essen, fragte er den Ersten Offizier: «Wie spät ist es jetzt?»

«Halb eins», antwortete jener erstaunt. Diese Frage war so fern von dem, was sich vor ihren Augen abspielte, daß er sich unwillkürlich fragte, ob sein Vorgesetzter noch aller Sinne mächtig sei. Dann schämte er sich aber dieses Gedankens. Gemessen, wie bei Übungen, erteilte Kern die Anordnung: «Ich habe beschlossen, das Torpedoboot zu versenken. Öffnet die Ventile. Das Abdichten der Lecks einstellen! Signal- und Schiffsbücher, den Chiffreschlüssel und den Geldkasten über Bord! Alle versehen sich mit Rettungsgürteln!»

Paskin lief von der Brücke. Der Signalgast Skorodumow beschwerte die Bücher, um sie zu versenken. Leutnant Potjomkin, der Geschützführer Shishko und der Matrose Saleiko schlugen die Lecks wieder auf. Der Schiffsingenieur Saks öffnete mit den Maschinisten die Ventile und beschädigte die Rohre, damit das Wasser frei in alle Stationen gelangen konnte. Es war den Seeleuten schmerzlich, das eigene Schiff zu zerstören, aber noch schmerzlicher wäre es gewesen, es dem Feind zu überlassen.

Als alles zur Versenkung des Bootes vorbereitet war, trat die Besatzung nach oben. Die gesunden Männer schossen aus Gewehren auf den näherkommenden Feind. Leutnant Potjomkin befehligte das einzige Geschütz. Oberleutnant Paskin ging zur Brücke. Er kam aber nicht bis zum Kommandanten, um ihm zu berichten, sondern stürzte nieder, sein rechtes Bein war schwer verletzt. Der Navigationsoffizier Schelaschnikow lief zu ihm und verband ihn. Bald darauf wurde Paskin zum zweiten Mal verwundet und auf die Back getragen. Liegend gab er Potjomkin Ratschläge und hielt über ihn die Verbindung mit dem Kommandanten aufrecht. Als Kern sah, daß das Boot immer tiefer ging und nur noch Minuten bis zum vollständigen Versinken blieben, gab er endlich den Befehl: «Die Mannschaft hat sich zu retten!»

Das große Ruderboot wurde zu Wasser gelassen, es war von Splittern durchlöchert. An seinen Rändern hielten sich die Verwundeten, während die Gesunden mit Rettungsgürteln ins Wasser sprangen.

Der Kommandant stand auf der Brücke. Vor seinen Augen sank sein geliebtes Schiff, verloschen Menschenleben. Was ging in Kerns Gehirn vor? Niemals wird das jemand erfahren. Kern blieb nach wie vor ruhig. Jetzt beherrschte ihn nur die Sorge, Menschenleben zu retten. Neben ihm hielten sich auf der Brücke der Navigationsoffizier Schelaschnikow und der Rudergänger Nesterowski auf. Leutnant Potjomkin ging auf die Back, um nach dem Ersten Offizier zu sehen. Plötzlich war die Brücke leergefegt, als hätte dort niemand gestanden. Potjomkin begriff das nicht und lief hin. Auf der Brücke lagen der tote Nesterowski und Schelaschnikow sowie der schwerverwundete Kommandant Kern. Sein ohnehin dunkelhäutiges Gesicht war noch dunkler geworden. Es war zu erkennen, daß alles Leben aus ihm wich. Er vermochte noch zu sagen: «Ich sterbe. Übernehmen Sie das Kommando.»

Das waren seine letzten Worte.

Der Geschützführer Kapralow schoß, als räche er sich für den Kommandanten, die letzte Granate ab und sprang über Bord.

Erst als «Gromki» endgültig schwieg, wagten es die feindlichen Torpedoboote, sich ihm zu nähern. Zwei Boote fuhren auf «Gromki» zu. Von den dreiundsiebzig Mann der Besatzung waren nur einundzwanzig unversehrt geblieben. Die anderen waren tot oder verwundet.

Die Japaner waren bemüht, die Zerstörungen auf ihren Booten zu verheimlichen, und ließen die Gefangenen nicht unter Deck. Die russischen Seeleute zählten aber allein auf «Shiranuhi» über zwanzig schwere Einschläge und Löcher. Daraus konnte man sich ein Bild von den Zerstörungen machen. Das Oberdeck, auf dem die Gefangenen lagerten, war zerschossen, stark beschädigt und voll Blut. Formlose Eisenstücke lagen umher, Löcher gähnten wie nach einem Brand.

«Shiranuhi» hielt sich kaum noch über Wasser. In der gleichen Lage befand sich auch das andere feindliche Torpedoboot.[38]

«Gromki» schlingerte in der Dünung, krängte immer mehr über und sank immer tiefer. Die russischen Seeleute ließen ihre Augen nicht von der Gefechtsflagge, die sich immer tiefer zum Wasser neigte und wehend denen den Abschiedsgruß sandte, die sie so aufopferungsvoll verteidigt hatten. Das Torpedoboot kenterte nach steuerbord und bedeckte wie ein Denkmal die Körper der Toten. Es verging noch eine Minute, und über dem verschwundenen Schiff rollten Wellen in aufschäumendem Wirbel.

Was der Signalgast des Linienschiffes «Nawarin» sah

Das alte Linienschiff «Nawarin» unterschied sich durch sein Äußeres stark von allen anderen Schiffen des Zweiten Geschwaders. Sein breites Deck trug vier riesige Schornsteine, die im Viereck angeordnet waren wie die Beine eines umgekippten Tisches. An diesen Schornsteinen konnte man das Schiff sofort erkennen. Es sah sehr gefährlich aus, die Japaner wußten aber genau, daß selbst seine 305-mm-Geschütze, die mit Schwarzpulver schossen, nicht weiter als fünfundvierzig Kabellängen reichten. Die Offiziere und Matrosen nannten das Schiff «Schüssel mit Musik».

Kommandant dieses Linienschiffes war ein alter, erfahrener Seemann, der vierundfünfzigjährige Kapitän 1. Ranges Vietinghoff. Er war mittelgroß, eckig, schweigsam, hatte Augen von undefinierbarer Farbe, einen zerrissenen Nasenflügel und machte den Eindruck eines finsteren Menschen. In seinem vollständig kahlen Schädel wälzte er ständig irgendwelche sorgenvollen Gedanken. Vielleicht hielt er deswegen wenig auf sein Äußeres, die Uniform hing an ihm wie ein Sack, der graue Bart wurde selten gekämmt, der Hals war mit kleinen Kraushärchen wie mit Moos bewachsen. Er hatte die guten und die schlechten Seiten des Lebens kennengelernt, begeisterte sich niemals und verzweifelte nie. Sein Seelenleben war so ausgeglichen, daß ihn nichts mehr erregen konnte. Seinen Fachkenntnissen und der Summe seiner auf weiten Fahrten erworbenen Erfahrungen nach hätte er schon längst Admiral sein können. Er war aber zu bescheiden. Niemals tat er sich gegenüber den Vorgesetzten hervor, er erbat sich nichts von ihnen, sondern diente dort, wo er hingeschickt wurde.

Admiral Roshestwenski konnte Vietinghoff nicht leiden und nannte ihn «Zerrissene Nase».

Seinerseits sprach Vietinghoff vom Geschwaderchef nur als dem «Unfähigen Kommandanten», aber er tat es ohne jeden Ärger, als vermerke er nur eine nebensächliche Tatsache.

Während einer Schlacht wußten die Signalgasten immer mehr als andere Bescheid. Ausgerüstet mit Feldstechern und Fernrohren, verfolgten sie die Bewegungen der eigenen und der feindlichen Schiffe und meldeten alle wichtigen Begebenheiten sofort den Vorgesetzten. Sie nahmen die Signale des Geschwaderchefs entgegen und wiederholten sie. Wollte der Kommandant dem Admiral etwas melden, so konnte er es ohne sie nicht tun. Sie hielten sich in der Nähe des Kommandoturmes oder sogar in ihm auf, wo alle Informationen zusammenkamen, hörten die Anordnungen der Vorgesetzten und erfuhren alles, was an Bord des eigenen Schiffes vor sich ging.

Der Obersignalgast Iwan Sedow stand am Eingang des Kommandoturmes, da es hinter den Panzerwänden ohnehin schon eng herging. Groß und schwerfällig wie er war, führte er langsam das Glas an die Augen und beobachtete bald den Feind, bald die russischen Schiffe. Sein dickes, sommersprossiges Gesicht war wie geschwollen vor Anstrengung. Manchmal ging er auf die Brücke, um den Kampf besser verfolgen zu können. Er meldete als erster dem Kommandanten: «Euer Hochwohlgeboren, ‹Suworow› ist ausgeschieden.» Vietinghoff brummte darauf nur: «So?»

Bald darauf erbleichte Sedow. Er schrie in den Turm hinein: «‹Osljabja› sinkt!»

Die Offiziere gerieten in Erregung, während der Kommandant wiederum nur ein Wort sagte: «So?»

Der unerschütterliche Gleichmut des Kommandanten reizte Sedow. Eine starke Detonation auf Backbord stieß «Nawarin» nach steuerbord. Im Kommadoturm traf sofort die Meldung ein, daß das Wasser in den vorderen Torpedoraum dringe. Der Kommandant ordnete an: «Leck abdichten!»

Später sah Vietinghoff bei einer der Schwenkungen des Geschwaders, daß «Suworow» schwer unter den feindlichen Geschossen zu leiden hatte. Er befahl, daß sein Schiff das Flaggschiff decke. «Nawarin» erhielt gerade in diesem Augenblick zwei schwere Treffer in den Bug. Die Offiziersmesse stand in Flammen. Der Kommandant gab nach wie vor mit gleichmütig ruhiger Stimme seine Befehle, sein Gesicht zeigte keinerlei Veränderungen, es war wie aus Stein. Im Turm traf die Nachricht ein, daß die Brände gelöscht und die Lecks an der Wasserlinie mit Säcken, Werg, Matratzen und Decken wenigstens teilweise abgedichtet worden waren.

Es gab auch geringfügige Schäden an den Aufbauten. Einige Mann waren verletzt worden und wurden im Verbandraum versorgt.

Der Kommandant trat auf die Brücke hinaus. Gerade in diesem Augenblick krepierte ein Geschoß auf der Plattform des Vormars.

Splitter und Eisenteile fielen herunter. Vietinghoff sank sofort in die Knie und setzte sich dann auf die Brücke, ohne einen Laut von sich zu geben. Nur sein kahler Kopf, von dem die Mütze davongeflogen war, wurde schneeweiß. Durch die zerrissenen Hosenbeine waren Wunden an beiden Beinen zu sehen. Vornübergebeugt hielt er sich den Bauch. Als Sedow zu ihm gelaufen kam, sagte er: «So!»

Offiziere umringten ihn.

«Bruno Alexandrowitsch, sind Sie schwer verletzt?» fragte der Erste Offizier, Kapitän 2. Ranges Durkin.

«Gehörig. Ich glaube, die Därme sind zerrissen», antwortete der Kommandant im üblichen Tonfall, als ginge es um einen abgerissenen Jackenknopf.

«Vielleicht wird es wieder gut», tröstete ihn Durkin.

Der Kommandant hob den Kopf, die brechenden Augen waren aber nicht auf Durkin gerichtet, der Sterbende schien über die Grenzen des Lebens hinauszublicken, während er sagte: «Nein, mit mir ist es aus in dieser Welt.»

Als man ihn auf die Trage bettete, murmelte er vor sich hin: «Ich wußte, daß ich so enden würde.»

Man trug ihn in den Verbandraum im Zwischendeck. Das Kommando übernahm der Erste Offizier Durkin. Die Nacht brach an.

Auf ein Signal des Admirals Nebogatow hin steigerte das Geschwader die Geschwindigkeit auf zwölf bis dreizehn Knoten. «Nawarin» blieb hinter den anderen Schiffen nicht zurück und wehrte erfolgreich Torpedoangriffe ab. Auf der Brücke und auf dem Oberdeck standen Matrosen und beobachteten den Horizont. Immer wieder warnten aufgeregte Stimmen vor dem nahenden Feind. Selten nur zerriß das Mündungsfeuer des Linienschiffs die dichte Finsternis.

Der Obersignalgast Sedow war sehr müde und wollte schlafen, aber die Gefahr hielt ihn wach. Ständig hielt er sich im Kommandoturm auf, das Glas vor den Augen. Es war ärgerlich, daß die Artillerie nur Schwarzpulver besaß und daß dadurch nach jedem Schuß die feindlichen Torpedoboote unsichtbar wurden. Gegen 21 Uhr kam ein Mann auf die Brücke gestürmt, stieß mit Sedow zusammen und fragte aufgeregt: «Wo ist der Erste Offizier?»

An der Stimme erkannte der Matrose den Oberbootsmann.

«Im Kommandoturm. Was willst du von ihm?»

Der Bootsmann erwiderte nichts, stürzte zum Turm und schrie hastig: «Gestatten Sie zu melden, Euer Hochwohlgeboren ...»

«Was ist los?»

«Die Offiziersmesse steht unter Wasser, wahrscheinlich durch die schnelle Fahrt. Die Abdichtungen werden dem Druck nicht standhalten.»

Durkin befahl sofort: «Die Schotts schließen!»

Der Bootsmann wartete.

«Was ist denn noch?»

«Man müßte Persenning über die Lecks ziehen, Euer Hochwohlgeboren.»

«Da müßten wir ja stoppen und würden hinter dem Geschwader zurückbleiben. Erledige, was dir befohlen wurde.»

«Zu Befehl!» Der Bootsmann lief nach unten.

Auf Veranlassung des Ersten Offiziers folgte ihm der Wachhabende, Leutnant Puchow, der nach einer Weile zurückkehrte und meldete, daß der Befehl ausgeführt wurde. Bald war zu erkennen, daß das Schiff zurückblieb. Durkin beugte sich über das Sprachrohr und schrie in den Maschinenraum: «Volldampf voraus! Gebt Volldampf!»

Er beschimpfte die Heizer und verfluchte die Ingenieure. Trotz seines strengen Befehls konnte das Linienschiff aber dem Geschwader nicht mehr folgen. Die anderen Schiffe entfernten sich. Von der Brücke wurde gemeldet, daß das Heck absacke. Nach einer Minute wurde aus dem Maschinenraum gemeldet, daß im Bugkesselraum das Hauptrohr geplatzt war, wodurch drei Kessel abgeschaltet werden mußten. Die Fahrt verringerte sich zusehends.

Solange «Nawarin» sich im Geschwaderverband hatte halten können, waren die feindlichen Angriffe wenig erfolgreich gewesen. Gemeinsam waren sie leichter abzuwehren. Wenn «Nawarin» das Nahen der Torpedoboote übersah, so wurden sie von anderen Schiffen bemerkt. Für das Linienschiff, das mit Schwarzpulver schoß, war die jetzige Situation besonders gefährlich.

Sedow hörte, wie der Erste Offizier hitzig, mit versagender Stimme ins Sprachrohr schrie: «Sofort das Dampfrohr ausbessern! Alle Mittel dazu anwenden! Hört ihr? Ich befehle ... Ich verhafte euch ...»

Die Japaner verfolgten das Schiff. Der Artillerieoffizier, Oberleutnant Ismailow, befahl: «Brisanzgranaten laden!»

Die feindlichen Torpedoboote hatten sich in zwei Gruppen geteilt und «Nawarin» von beiden Seiten eingeschlossen; sie lagen etwas vorab und hatten ihre Scheinwerfer auf ihn gerichtet. Das geschah wohl, um die Russen zu verwirren, was auch gelang. Offiziere und Geschützmannschaften beobachteten angestrengt und merkten nicht, wie ein Torpedoboot sich an das Heck heranpirschte. Es wurde erst entdeckt, als es dicht neben dem Schiff auftauchte.

«Torbedoboot achtern!» riefen gleichzeitig mehrere Stimmen.

Sedow fühlte, wie ihm die Brücke unter den Füßen weggezogen wurde, er stürzte kopfüber hinunter. Ihm war, als hätte sich das Meer aufgetan, als heulte die Hölle selbst. Gleichzeitig wurde das Schiff gehoben; es bebte wie auf Sprungfedern. Eine Zeit lang lag der Obersignalgast bewegungslos da. Erst als er aufsprang, konnte er wieder denken, die Gegenstände, die Schreie der Menschen, den Donner der Geschütze unterscheiden. Er sah, wie der Leutnant Werchowski sich einen Rettungsring griff und über Bord sprang. Mehrere Matrosen folgten ihm.

«Halt! Was tut ihr denn? Das Schiff sinkt doch nicht!» schrie der Rudergänger Michailow, der die Leute beruhigen wollte.

«Keine Panik! An die Geschütze! Geschützführer, an die Geschütze!» kommandierte Durkin, mit den Armen fuchtelnd.

Langsam legte sich der Lärm. Es wurde Wasseralarm gegeben. Mit großer Mühe war es den Vorgesetzten gelungen, die Ordnung herzustellen und die Leute an ihre Plätze zu bringen. Die durch die Torpedodetonation entstandenen Schäden wurden festgestellt. Die Heckbordwand war steuerbord unter Wasser aufgerissen, aber Ruder und Schrauben arbeiteten noch. Von der Brücke kam die Anordnung, die Maschinen zu stoppen und ein Persenningstück über das Leck zu ziehen.

Den Kommandanten Vietinghoff brachte man aus dem Operationssaal in den Kommandoturm.

«Es ist vergebliche Mühe», sagte er schwach, als er die Offiziere sah. «In zwei Stunden bin ich tot. Rettet euch selbst, mich laßt auf dem Schiff.»

Nachdem sich Sedow von dem ersten Schrecken erholt hatte, ging er zum Heck, um zu sehen, was dort geschah. Am meisten überraschte ihn, daß er das Heck nicht sah. Bis zum 305-mm-Turm war es unter Wasser. Die Wellen rollten über das Achterdeck. Trotzdem kämpften die Männer, um das Schiff aus seiner Notlage zu befreien. Etwa vierzig Matrosen bemühten sich, um das Leck abzudichten. Im Schein transportabler elektrischer Lampen wurde eine Persenning ausgebreitet und vorsichtig über das überschwemmte Deck zur beschädigten Bordwand geschleift.

«Gebt euch Mühe, Leute, sonst müssen wir ersaufen», redeten die Offiziere den Matrosen gut zu.

Die Matrosen wußten das auch selbst und arbeiteten mit ganzer Kraft. Ein Matrose stürzte über Bord und schrie aus vollem Halse. Im gleichen Augenblick ergriff eine große Welle die Persenning, und sieben oder acht Mann, die darauf standen, wurden über Bord geschleudert. Die Ertrinkenden schrien um Hilfe. Die Leute auf dem Schiff konnten ihnen nicht helfen und starrten hoffnungslos in die Finsternis, aus der die Schreie klangen.

Der Bootsmann fluchte: «Der Teufel soll euch holen, die Persenning davonschwimmen zu lassen! Mönche seid ihr und keine Matrosen ...»

Sedow gab den Rat: «Man muß ihnen wenigstens Rettungsmittel zuwerfen!»

Sofort flogen Korkmatratzen ins Meer.

Die Arbeit wurde wieder aufgenommen, aber alle Mühen waren vergeblich. Noch mehrere Mann wurden ins Meer gespült, doch das Leck blieb nach wie vor offen. Wieder begannen die Torpedoangriffe. Das Schiff mußte wieder Fahrt aufnehmen. Beim Anfahren zuckte es zusammen, als erwache es aus tiefen Gedanken. Es fuhr nur mit vier Knoten Geschwindigkeit auf die koreanische Küste zu.

Sedow kehrte auf die Brücke zurück und achtete auf die Angriffsversuche japanischer Torpedoboote. Jedesmal, wenn ihre Umrisse in der Dunkelheit auftauchten, stockte ihm das Herz. Unglücklicherweise hatte der Torpedotreffer der Mannschaft jede Zuversicht geraubt, sie war verzweifelt. Die Artilleristen schossen schlecht, fast ohne zu zielen, viele verließen die Geschütze. In der Takelung heulte der Wind, die Wellen schlugen an die Bordwände. Es hörte sich an wie Trauermusik. Ringsherum kreisten todbringende Torpedoboote, es gab keine Aussicht auf Rettung. Die feindlichen Boote wurden immer bedrohlicher, griffen das Linienschiff an beiden Bordseiten an. Die Japaner schossen aus Maschinengewehren und aus Gewehren. Offenbar wollten sie das Schiff um jeden Preis erledigen.

Ein Splitter verletzte Sedow am Kopf. Das Bluß floß ihm in den Hemdkragen. Er lief in den Verbandraum. Als er im Zwischendeck ankam, dröhnte eine zweite Torpedodetonation steuerbord mittschiffs.

Durch das Leck strömte unter stärkstem Druck das Wasser und mischte sein Heulen mit den Schreien der Menschen. Es flutete über die Decks, drang in den Kesselraum, die Munitionskammern und andere Stationen. Das elektrische Licht erlosch. In der vollständigen Finsternis irrten Matrosen und Offiziere umher und wußten nicht, wo ein Ausgang zu finden war. Viele stürzten in die Luken und brachen sich die Knochen. Man konnte kaum ein paar Schritte tun, ohne in eine

Falle zu geraten. Aus den oberen und den unteren Räumen klangen Schreie der Verzweiflung, überbrüllten jede Regung der Vernunft. Es schien, als schreie das Schiff selber vor Schmerz.

Sedow fühlte Trockenheit und Bitterkeit im Halse. Mehrmals fiel er hin, bis er den Ausgang fand. Die erste Treppe überwand er schnell, an der zweiten hatten sich so viele Menschen gestaut, daß ein Weiterkommen unmöglich war. Jeder wendete seine ganze Kraft auf, um auf das Oberdeck zu gelangen. Blindwütig drängten alle gegen alle. Die Schwächeren wurden umgeworfen. Alle zappelten wie die Fische im Netz.

«Oh, ihr Teufel, geht doch raus!» riefen die von hinten, drückten gegen die vorderen, daß denen die Rippen schmerzten, und hämmerten mit den Fäusten auf die Köpfe.

«Gebt den Weg frei! Laßt mich durch! Ich bin Offizier!» befahl jemand wütend, nach Atem ringend und vom Druck der vielen Körper beengt. Niemand hörte auf ihn.

Sedow konnte sich nicht durchschlagen. Es war hoffnungslos. Plötzlich kam ihm ein dreister Gedanke. Er trat zwei Schritte zurück, sprang auf den Rücken seines Vordermannes und kletterte über die Schultern der Kameraden vorwärts. Auf den obersten Stufen hielten ihn fremde Arme fest, schlugen ihm Fäuste ins Gesicht und in die Rippen. Jemand biß ihm schmerzhaft ins Bein. Mit letzter Kraft stieß er sich durch die vorderen Reihen. Er war oben. Sofort ging er zum Kommandoturm.

Auf der Brücke traf er den Rudergänger Michailow, der ihm eine Korkmatratze gab. Offiziere und Matrosen liefen durcheinander. Sie banden sich Korkmatratzen und Schwimmgürtel um oder versahen sich mit Rettungsringen, lärmten und hörten nicht aufeinander. Einige Vorgesetzte meinten, man sollte das neue Leck abdichten, die anderen riefen, die Lenzturbinen müßten in Gang gesetzt werden, um das Wasser abzupumpen. In der rechten Hand ein Kreuz, in der linken Hand eine Schwimmatratze, so rutschte der Schiffspriester auf den Knien und betete zum schwarzen Himmel hinauf. An die Rettung des Kapitäns Vietinghoff, der im Kommandoturm lag, dachte niemand mehr. Der stellvertretende Kommandant Durkin schrie durchs Sprachrohr, bemüht die Hunderte von Stimmen zu überschreien: «Klar zur Rettung! Kutter und Boote zu Wasser!»

Langsam neigte sich «Nawarin» nach Steuerbord. Es war noch genug Zeit, um die Dampfkutter, Barkassen und Boote herunterzulassen. Von den siebenhundert Mann Besatzung hätten die meisten darin Platz gefunden. An Bord war aber alles außer Rand und Band. Über die Menschen herrschte nicht mehr der Kommandant, sondern die Todesangst. Alle Unterschiede zwischen Offizier und Matrosen waren verwischt, Ränge, Orden, Stände, hohe Herkunft galten nichts mehr. Alle Vorschriften waren vergessen. Nur ein Teil der Mannschaft folgte dem Befehl, die Boote klar zu machen. Aber auch diese Leute handelten hastig und falsch. Jemand hatte die Taue durchschnitten, an denen der Dampfkutter hing, er fiel ins Wasser und ging unter. Der zweite Kutter wurde zwar behutsamer heruntergelassen, es stürzten sich aber so viele Menschen auf ihn, daß ihn dasselbe Schicksal ereilte.

Sedow hatte sich eine Korkmatratze umgebunden und stand neben Michailow, bereit, jeden Augenblick ins Wasser zu springen. Das Gebrüll auf dem Oberdeck jagte ihm Schauer über den Rücken. Aus allen Luken strömten die Menschen auf der Suche nach Rettungsmöglichkeiten. Sie griffen nach Matratzen, Rudern, Brettern, Holzkisten. Die Nachdrängenden rissen ihnen diese Gegenstände wieder aus den Händen. Auf der Back hatten mehrere Mann gleichzeitig einen Rettungsring ergriffen und zerrten ihn hin und her.

«Ich hatte ihn zuerst!» rief der eine.

«Du lügst, Schuft, ich hatte ihn!» keuchte ein anderer.

Eine Schlägerei entstand. Mehrere Körper rollten ineinander verkrampft über Deck. An anderen Stellen bot sich das gleiche Bild.

«Nawarin» hielt sich kaum noch über Wasser. Die Krängung war schon so erheblich, daß die Geschützrohre der einen Bordseite im Wasser lagen, die der anderen zum Himmel starrten. An eine Abwehr der Torpedoangriffe war nicht mehr zu denken.

Die Japaner wußten wohl, daß das Schiff hilflos war. Ein Torpedoboot näherte sich seiner Backbordseite, ohne Schüsse befürchten zu müssen.

Die Matrosen sahen den Feind und riefen: «Er hält auf uns zu!» – «Schlagt ihn!» – «Über Bord!»

Offiziere und Matrosen stürzten ins Wasser, als hätte sie eine unsichtbare Macht hineingestoßen.

Das Torpedoboot kam ganz nahe heran. Man konnte sehen, wie im Bugteil ein Abschuß aufflammte. Es war ein Torpedo.

Sedow stand an der Backbordwand, klammerte sich an das Brückengeländer und spannte alle Muskeln, Sekunden vergingen, dann blendete ihn eine Flamme, die die Nacht zerfetzte. Die See stieg höher als die Masten und stürzte mit Hunderten von Tonnen auf das Deck, die Brücke, die Schultern des Signalgastes. Hastig kroch Sedow auf allen vieren an der Backbordwand des kenternden Schiffes hoch, um schneller zum Kiel zu gelangen. Für einen kurzen Augenblick sah er, daß die Bordwand zwei mit Menschen vollgestopfte Boote unter sich begrub. Gurgelnd sank das Schiff und riß Sedow mit sich in die Tiefe. Die Korkmatratze ließ ihn aber wieder hochkommen.

Als er zwischen zappelnden, um sich schlagenden Menschen auftauchte, beeilte er sich, aus der Masse herauszuschwimmen. Die langen Arme des Proviantmeisters Kosnjakow streckten sich nach ihm aus, er mußte sich gegen ihn mit den Fäusten wehren.

Er hörte Drohungen! «Komm mir nicht zu nahe! Ich erschlage dich!»

Balken, Bretter, Holzkisten wurden hochgetrieben. Die Leute klammerten sich daran. In der starken Dünung wurden viele durch die treibenden Holzteile verletzt.

Die japanischen Torpedoboote dampften davon, ohne einen Menschen zu bergen. Es stand eine furchtbare, sinnlos grausame, unendlich lange Nacht bevor. Sie mußte im Wasser schwimmend, auf den Wellen schaukelnd, ziellos und fast hoffnungslos verbracht werden. Über den Schwimmern hing die düstere Finsternis. Weder Verstand noch Mut, noch andere menschliche Eigenschaften konnten die Menschen aus ihrer Not befreien. Zitternd und vor Kälte keuchend hielten sie sich über Wasser, so lange es ging.

Als es dämmerte, schwamm Sedow zwischen lebenden und toten Kameraden. Ein Matrose, dessen Kopf von Brettern zerdrückt worden war, schwamm in einer Korkweste. Einige hatten die Korkmatratzen zu tief gebunden, gerieten mit dem Kopf unter Wasser und ertranken. Bald hier, bald da sah man Beine in der Dünung schaukeln. Vor dem Krieg wurde während der Ausbildung niemals dafür gesorgt, daß die Mannschaft den richtigen, sinnvollen Umgang mit den Rettungsmitteln erlernte.

Der neue Tag brachte neue Leiden. Ringsum war außer dem wolkenlosen Himmel und dem unendlichen Meer, das in den schrägen Strahlen der Sonne glänzte, nichts zu sehen. Um Sedow herum waren etwa dreißig Mann am Leben geblieben. Sie hielten sich möglichst dicht beieinander.

Unter ihnen war auch der Oberleutnant Puchow, der aus dem Rettungsring wie aus einem dicken Rad ragte. Etwas abseits klammerten sich fünf Matrosen an eine Holzkiste.

Etwa um 8.00 Uhr sahen sie am Horizont ein Schiff nahen. Es war ein japanisches Torpedoboot. Alle freuten sich in Erwartung der Rettung und schrien ihm zu. Es fuhr aber in einer Entfernung von zwei bis drei Kabellängen an ihnen vorbei. Die Japaner beobachteten die

Ertrinkenden durch Ferngläser. Lange noch folgten die Blicke der Schiffbrüchigen dem davonziehenden Boot.

Ein Matrose, der eine Korkmatratze umhatte, verlor den Verstand. Er schwamm auf den Oberleutnant Puchow zu, faßte ihn von hinten um den Hals und drückte ihn unter Wasser. Der erschrockene Offizier flehte, wasserschluckend: «Laß mich! Was habe ich dir getan?»

Der Matrose kreischte wild. Puchow wehrte sich schwach. Sedow hatte Mitleid mit ihm, der sich oft durch verständnisvolles Verhalten von den anderen Offizieren unterschieden hatte. Er schwamm hinzu und befreite den Oberleutnant von dem Matrosen. Dieser kam gleich darauf ums Leben. Eine Welle riß ihn um, sein Kopf geriet unter Wasser. An einem Bein saß noch ein Stiefel, das andere war nackt, mit krummen Zehen. Die Füße zuckten ein wenig, dann wurden sie starr.

Auch Oberleutnant Puchow lebte nicht mehr lange, er winkte mit den Armen, als wollte er jemanden abwehren, sagte einige unzusammenhängende Worte, ließ hilflos den Kopf hängen.

Sedow schwamm auf den Kasten zu, an dem sich fünf Matrosen hielten. Die Kameraden waren todmüde, hatten blauangelaufene Gesichter und hervorquellende Augen und riefen heiser um Hilfe, obwohl sie sahen, daß niemand da war, der ihnen helfen konnte. Die einen fluchten, die anderen beteten.

Die Sonne stieg langsam zum Zenit. Ein Matrose nach dem anderen ließ den Kasten los und versank. Diejenigen, die Matratzen oder Gürtel umhatten, erstarrten vor Kälte und starben, blieben aber mit verzerrten Gesichtern an der Oberfläche. Die Arme eines Toten hatten den Hals eines anderen so fest umklammert, daß die Wellen sie nicht zu trennen vermochten.

Gegen 16 Uhr war Sedow allein unter lauter Toten. Er fühlte, daß es auch mit ihm bald zu Ende gehen würde. Zwei schlaflose Nächte in angestrengter Arbeit und ständiger Todesangst hatten auch seinen starken Organismus geschwächt. Kälte umklammerte ihn und ließ ihn alle andere Leiden vergessen. Bleiern schwer sank sein Kopf auf die Brust, die Lider schlossen sich. Er strengte sich an, nicht einzuschlafen, immer noch gab er die Hoffnung nicht auf und starrte in die gähnende Leere um sich. Über ihm kreisten kreischend Möwen; manchmal gaben sie Laute von sich, die wie heiseres Lachen klangen. Eine Möwe mit blendend weißem Gefieder ließ sich auf das Knie eines Toten nieder und starrte mit den schwarzen, rotgeränderten Augen Sedow an, als warte sie auf seinen Tod. Mitunter schien ihm, als wanke die Sonne, als stürze der Himmel ein, als flöge er selbst irgendwohin. Dann war ihm wieder, als habe ein Ungeheuer seine Beine gepackt und zerre ihn in die Tiefe. Er zuckte hin und her, es waren in Wirklichkeit nur schwache Bewegungen, und er spürte, daß das Leben von ihm wich. Als alle Kräfte schon verbraucht waren, blieb Sedows Blick zufällig auf einem rauchenden Punkt haften. Er kam näher, wurde größer, schwoll an. Da begann sein Herz mit einemmal kräftiger zu schlagen. Es war, als ob die Luft heiß sei, die in seine Lunge drang. Im Kopf brummte es, als arbeiteten dort Turbinen. Bunte Sterne tanzten vor den Augen. In diesem wilden Sternentanz sprang eine riesige, grüne Sonne auf und ab. Plötzlich änderte sich die Kulisse. Bis zum Horizont dehnten sich die grünen Wiesen, über die schwankenden Gräser fuhr heftig rauchend «Nawarin». War denn das Schiff nicht gesunken? Und warum hatte es nur drei Schornsteine? Sedow mühte sich, einen klaren Gedanken zu fassen, aber er vermochte es nicht. Angst befiel ihn: Das Schiff fuhr direkt auf ihn zu. Er hob die Arme, als wollte er eine Sinnestäuschung abwehren und brachte heiser hervor: «Hilfe … Hilfe!»

Er wurde aus dem Wasser gezogen, er wurde entkleidet, es wurde ihm jede nötige Hilfe zuteil, während seine Gedanken nach seinen Kameraden vom Linienschiff «Nawarin» suchten und er nicht verstehen konnte, daß er sich an Bord eines japanischen Torpedobootes befand.[39]

Verlorene Ehre kann nicht wiedergewonnen werden

Die Kreuzerdivision des Zweiten Geschwaders wurde vom Konteradmiral Oskar Enquist geführt. Wovon hatte sich das Marineministerium leiten lassen, als es ihn auf diesen verantwortungsvollen Posten berief? Darüber ist nichts bekannt. Offenbar fiel die Wahl auf ihn, weil er über ein würdiges Äußeres verfügte. Auf der Fahrt des Geschwaders zeigte sich «der Alte» öfters mit einem runden, weißen Helm, in weißen Hosen und weißem, weitem Rock auf der Brücke. Lediglich die goldenen Knöpfe und die goldenen Schulterstücke mit den schwarzen Adlern ließen in ihm einen Admiral der russischen Flotte erkennen. Mit seinem Gang, seiner Haltung und Sprache glich Enquist mehr einem gutmütigen Gutsbesitzer, den alle gern hatten, weil er nicht bösartig, wenn auch nicht sehr klug war und weil er sich in nichts einmischte. Unter einem solchen Herrn lebten die Leibeigenen besser als die Bauern in der Nachbarschaft.

Im Zweiten Geschwader trug er den Spitznamen «Plantagenbesitzer».

Von 1895 bis 1899 führte er den Segelkreuzer 1. Ranges «Herzog von Edinburg». Auf diesem Schulschiff wurden Unteroffiziere ausgebildet, und Enquist entwickelte sich hier zu einem typischen Segelfachmann. Er hatte vor 1904 noch nie in seinem Leben Kriegsschiffe geführt, auch niemals auf modernen Linienschiffen oder Kreuzern, die mit neuzeitlicher Technik ausgerüstet waren, Dienst getan. Vor dem Russisch-Japanischen Krieg war er Stadthauptmann von Nikolajew gewesen, wo er sich durch seinen nachgiebigen, versöhnlichen Charakter die Zuneigung der Einwohner erwarb. Die höheren Stellen hatten ihn dieses Amtes enthoben und ihn beauftragt, Schiffe in die Schlacht zu führen, um die Japanische See zu erobern und den Verlauf des Krieges zu entscheiden. Unsicher, an allem zweifelnd, willenlos, fügte er jeder seiner Anordnungen gleich hinzu: «Wird es so gut sein?»

In solchen Fällen kam ihm stets sein Adjutant, Oberleutnant von Dehn, zu Hilfe, indem er erwiderte: «Es wird vorzüglich werden, Exzellenz.»

Dieser Adjutant, ein kluger, überlegen wirkender Aristokrat, besaß in der Flotte großen Einfluß. Enquist stimmte seinen Vorschlägen stets zu. Solange der Admiral sich während der Fahrt des Zweiten Geschwaders auf den Kreuzern «Almas» oder «Nachimow» aufhielt, führte von Dehn die Division.

Seit dem Aufenthalt in der Bucht Vanfong, nachdem Enquist seine Flagge auf «Oleg» gesetzt hatte, übte der Kommandant dieses Kreuzers, Kapitän 1. Ranges Dobrotworski, seinen Einfluß auf die Führung aus. Er war von riesigem Wuchs, stark, hatte ein gedunsenes Gesicht, das wie ein Luftballon aussah, und trug einen schwarzen, graumelierten Vollbart. Er war herrisch und selbstsicher und duldete keinen Widerspruch. Gegen ihn konnte von Dehn nicht ankommen, während Enquist sich ihm vollständig unterordnete. Die jungen Offiziere witzelten: «Dobrotworski lenkt die Meinung des Admirals wie der Rudergast das Schiff ...»

In seiner Jugend hatte Dobrotworski revolutionären Kreisen nahegestanden, die früheren Überzeugungen waren aber mit der Zeit wie rotes Tuch verblaßt. Er interessierte sich nur noch für seine Karriere. Dennoch hielten ihn die Offiziere für einen Liberalen. Er zeigte sich niemals mit den alten Marinetraditionen einverstanden und kritisierte sie heftig. Doch urteilte er ungerecht, wenn er von den ihm anvertrauten Kreuzer «Oleg», der ausgezeichnet see- und gefechtstüchtig war, sagte: «Nur ein Dummkopf konnte einen solchen Schiffstyp zulassen, der sich zwar für Aufklärungszwecke oder die Vernichtung feindlicher Handelsschiffe, nicht aber für eine Seeschlacht eignet. Die 152-mm-

Geschütze befinden sich entweder in Panzertürmen oder in gepanzerten Kasematten. Wunderbar! Die Bordwände sind aber nicht durch Panzerplatten geschützt. Von solchen Kreuzern kann man sagen: An den Händen tragen sie Handschuhe, aber der Körper ist nackt.»

Wegen seines Äußeren wurde Dobrotworski in der Flotte «Elefant» genannt.

Die Offiziere der Kreuzergruppe witzelten über Enquist und Dobrotworski: «Unser Plantagenbesitzer begann seine Gutsverwaltung damit, daß er sich einen Elefanten zulegte.»

Irgendwelche Beratungen zwischen dem Admiral und dem Kommandanten der Kreuzer fanden nicht statt. Worüber hätte man aber auch mit Enquist sprechen können? Sein Schädelinhalt war nicht darauf eingerichtet, etwas Neues auf militärischem Gebiet zu erfinden oder auszudenken. Direktiven in dieser Richtung bekam er aber auch vom Admiral Roshestwenski nicht. Deshalb besuchte er die Schiffe der Division nur in Ausnahmefällen. Er hatte auch keinerlei innere Verbindung zur Division, die eine Voraussetzung für erfolgreiche Führung ist. Er war populär wie eine gute Anekdote.

So gelangte er, still und bescheiden und keinem zur Last – wie auch das Bild des Schutzpatrons der Seeleute, des heiligen Nikolai, keinem zur Last fällt – mit seiner Division in die Tsushimastraße.

Nach der Anweisung von Roshestwenski, die lange vor der Schlacht herausgegeben worden war, hatten unsere Kreuzer bei der Begegnung mit der japanischen Flotte folgende Aufgaben: «Isumrud» und «Shemtschug» schützten ihre Linienschiffe vor Torpedoangriffen, die Aufklärer «Swetlana» (unter dem Breitwimpel des Kapitäns 1. Ranges Schein), «Ural» und «Almas» schützten die Transporter, «Oleg» (unter der Flagge des Konteradmirals Enquist), «Aurora», «Dmitri Donskoi» und «Wladimir Monomach» deckten ebenfalls die Troßschiffe und handelten nötigenfalls selbständig, indem sie den Hauptkräften halfen. Am 26. Mai ordnete Roshestwenski aber an, daß nur «Dmitri Donskoi» und «Wladimir Monomach» bei den Transportschiffen bleiben sollten. Enquist behielt für selbständige Handlungen nur zwei Kreuzer. Diese Kreuzer und alle übrigen Schiffe hatten Befehl, sich im Kampf auf Feuerlee der Linienschiffe zu halten, also außerhalb der Reichweite feindlicher Geschosse.

Am Tage der Schlacht, am 27. Mai, als die feindlichen Spähschiffe am Horizont erschienen, befand sich Enquist auf der Brücke, beobachtete den Gegner und meinte zu seinen Offizieren: «Natürlich müßten wir diese Schiffe vertreiben oder noch besser versenken. Wird es aber gut sein, wenn wir dies ohne den Befehl des Geschwaderchefs tun?»

Dobrotworski stimmte ihm zu: «Ja, der Admiral würde eine solche Handlungsweise bestimmt nicht gutheißen. Vielleicht hat er seine eigenen Absichten. Wir wissen nichts. Mit eigenmächtigen Handlungen können wir daher seine Pläne nur stören.»

Als die Hauptstreitkräfte des Feindes backbord in Sicht kamen, erhöhten unsere Kreuzer und Transporter auf Roshestwenskis Signal hin die Fahrt und setzten sich auf die Steuerbordseite der Linienschiffkolonne. Vor den Transportschiffen fuhren «Oleg» und «Aurora», am Schluß die Spähgruppe, backbord «Dmitri Donskoi» und steuerbord «Wladimir Monomach». Die Schlacht zwischen den Hauptkräften begann.

Von Osten her näherte sich der japanische leichte Kreuzer «Izumi» auf etwa vierzig Kabellängen und eröffnete das Feuer gegen die Troßschiffe. Unter der Einwirkung des russischen Feuers entfernte er sich aber bald. Nach einer halben Stunde beobachtete man auf «Oleg», daß vom Süden die dritte und vierte Division des Feindes nahte. Diesen Kampfgruppen gehörten folgende Panzerkreuzer an: «Kasagi» (unter der Flagge des Vizeadmirals Dewa), «Chitose», «Otawa» und «Niitaka»; ferner «Naniwa» (unter der Flagge des Vizeadmirals Uriu), «Takashiho», «Akashi» und «Tsushima». Sie beschossen unsere am Kolonnenende fahrenden Transportschiffe und Kreuzer.

«Wir müssen den Unseren helfen», murmelte Konteradmiral Enquist.

Dobrotworski hatte aber ohnehin schon seine Anordnungen getroffen. «Oleg» schwenkte auf die Japaner zu, gefolgt von «Aurora» und «Wladimir Monomach».

«Wird das aber auch gut sein?» stellte Enquist seine übliche Frage.

«Das werden wir nachher sehen», erwiderte Dobrotworski ungeduldig.

Das Gefecht entbrannte auf Gegenkurs in einer Entfernung von nicht mehr als dreißig Kabellängen. Die japanischen Kreuzer schossen nicht so genau wie die Linienschiffe, doch die russischen Kreuzer und Transporter hielten trotzdem nicht ihre Position. Der Feind wendete bald und setzte das Gefecht auf Parallelkurs fort. Seine fünfte Kampfgruppe trat ins Gefecht: «Itsukushima», unter der Flagge des Vizeadmirals Kataoko, «Chin Yen», «Matsushima», «Hashidate» und ein wenig später auch die sechste Gruppe mit «Suma», unter der Flagge des Konteradmirals Togo, eines jüngeren Verwandten Admiral Togos, «Chiyoda», «Akitsushima» und «Izumi». Die feindlichen Kräfte hatten sich also verdoppelt. Von diesem Augenblick an erlitten die Russen schwere Verluste. Die Transportschiffe quirlten auf einem Haufen durcheinander. Um einen Zusammenstoß zu vermeiden, wechselten die Kreuzer forwährend den Kurs. Die Bewegungen der russischen Schiffe verliefen so kreuz und quer, daß sie, wenn man sie aufzeichnen wollte, wunderliche Knoten und Schleifen darstellen würden.

Während die Verwirrung unter den Kreuzern und Transportern anhielt, hatte sich die Kolonne der Linienschiffe schließlich kämpfend abgesetzt. Nur «Suworow» blieb abseits verlassen und brennend zurück. Der gefühlvolle Enquist befahl sofort, ihm «Oleg» und «Aurora» zur Hilfeleistung zu schicken. Das war die erste entschlossene Handlung des Admirals. Als die Kreuzer näher an «Suworow» herankamen, sahen sie, daß auch Linienschiffe sich ihm wieder näherten. «Oleg» und «Aurora» kehrten daher um, gefolgt von «Isumrud» und «Shemtschug», die sich bisher bei den Transportschiffen aufgehalten hatten.

Die vier feindlichen Gruppen waren weit überlegen und überschütteten die russischen Transportschiffe und Kreuzer mit einem Geschoßhagel. «Oleg» und «Aurora» erhielten mehrere Löcher an der Wasserlinie, einige ihrer Schotts standen unter Wasser. Besonders gefährlich war «Olegs» Lage. Ein feindliches Geschoß hatte das Schiff steuerbord getroffen und die Drahtseile des Munitionsaufzuges zerrissen. Ein mit Munition beladener Korb stürzte krachend in die Tiefe. Im Munitionsraum brach Feuer aus. Die Matrosen liefen schreiend auseinander. Oben war jeder mit seinen Aufgaben beschäftigt, niemand ahnte, daß unten im Kreuzer jeden Augenblick die Hölle losbrechen konnte und alle in die Luft fliegen würden.

Zwei Männer retteten das Schiff. Neben dem brennenden Raum befand sich die Zentrale. Zufällig bemerkte der Ruderbootsmaat Magdalinski in den geplatzten Nietlöchern der Schottwand einen roten Schein. Er erstarrte vor Schreck, weil er wußte, daß ihnen allen der Untergang drohte. Dann aber stürmte er in das Zwischendeck. Seine Hände, die den Wasserschlauch hielten, zitterten so heftig, als würde Hochspannung durch seinen Körper gejagt. Ein dicker Wasserstrahl traf den Feuerherd und verzischte. Ein Elektriker kam Magdalinski zu Hilfe. Die Flammen wurden kleiner, aus der Luke quollen dichte Dampfwolken. «Oleg» war gerettet und setzte den Artilleriekampf fort.

«Shemtschug» hatte einige zufällige Treffer erhalten, als er sich noch bei den Hauptkräften aufgehalten hatte. Der Bug von «Swetlana» war abgesackt, das Schiff setzte aber das Feuer fort. Die russischen Kreuzer handelten uneinheitlich. Ohne einen bestimmten Plan drängten sie sich auf einem Haufen zusammen, als hätten sie niemals etwas von einer Gefechtsformation gehört. «Ural» hatte den Bug von

«Shemtschug» gerammt und die Schaufeln der Steuerbordschraube sowie das geladene Torpedorohr beschädigt. Das Torpedo fiel ins Wasser, detonierte aber nicht.

Bald hißte der Kreuzer «Ural» das Notsignal, weil er durch den starken Beschuß kampfunfähig geworden war: «Habe ein Leck, das ich nicht mit Bordmitteln abdichten kann.»

An der Bergung der Besatzung nahmen die Schlepper «Rus» und «Swir» sowie der Transporter «Anadyr» teil. Die Japaner setzten den Beschuß fort. Im Durcheinander und im Hagel der Granaten rammte «Anadyr» die Bordwände von «Rus» und das Schiff sank schnell. Die Besatzung konnte von «Swir» übernommen werden.

Das Werkstattschiff «Kamtschatka» erlitt einen Ruderschaden. «Ural», den die Besatzung vorzeitig verlassen hatte, schlingerte noch zwei Stunden auf den Wellen. Wenn die Japaner das gewußt hätten, wäre es ihnen ein leichtes gewesen, den Hilfskreuzer in den nächsten Hafen abzuschleppen. Sie ahnten aber nicht, daß kein Mensch mehr an Bord war. Dieser Hilfskreuzer wurde zufällig von den vorüberziehenden Hauptkräften des Feindes versenkt.

Bei diesem ungleichen Kräfteverhältnis wären alle russischen Kreuzer und Transporter dem Untergang geweiht gewesen, wenn die russischen Linienschiffe nicht zurückgekommen wären. Die kämpfenden Hauptkräfte hatten sich aus den Augen verloren; unsere Linienschiffe waren auf ihrer Fahrt nach Süden zwischen die eigenen und die japanischen Kreuzer geraten. Zu diesem Zeitpunkt hatte auch der Gegner empfindliche Verluste erlitten. «Kasagi» entfernte sich in Begleitung von «Chitose» vom Schlachtfeld. «Matsushima» war ausgeschieden und konnte den Anschluß an ihre Gruppe bis zur Dunkelheit nicht finden. Beschädigungen hatten auch «Takashiho» und «Naniwa» zu verzeichnen.

Etwa um 18 Uhr verließen die japanischen Kreuzer den Kampfraum und verschwanden in südwestlicher Richtung.

Die russischen Linienschiffe drehten wieder nach Norden ab und begegneten erneut den feindlichen Hauptkräften. Nun begann die letzte Stunde des Artillerieduells. Backbord achtern unserer Linienschiffe, etwa dreißig Kabellängen entfernt, folgten unsere Kreuzer. Da sie keinen Feind vor sich hatten, konnten sie sich erholen. Auf ein Signal von Enquist bildeten sie eine Kiellinie, an deren Seite sinnlos und ungeordnet die Troßschiffe fuhren. Die Torpedoboote sammelten sich weiter backbord. «Besupretschny» fuhr in voller Fahrt zu den Linienschiffen und hatte am Mast das Signal: Der Admiral Roshestwenski übergibt das Kommando dem Admiral Nebogatow. Kurs Wladiwostok.» Dieses Signal wurde von «Oleg» und den anderen Kreuzern wiederholt.

Bei Sonnenuntergang, als die feindlichen Hauptkräfte mit Kurs auf ihre Küste abgedampft waren, erschienen japanische Torpedoboote am Horizont. Unsere Linienschiffe stoben vor ihnen auseinander und nahmen Südkurs. Kreuzer, Torpedoboote und Transporter drehten ebenfalls ab und befanden sich nun vor den Linienschiffen. Es dunkelte schnell. Die Torpedoangriffe setzten ein, und es kam der Augenblick, in dem unsere Hauptkräfte die Hilfe der Kreuzer am nötigsten hatten. Waren sie schon am Tage weder den Transportern noch den Panzerschiffen eine Hilfe gewesen, so sollten sie sich wenigstens jetzt bewähren. Schon während der Fahrt nach dem Fernen Osten waren wir alle, angefangen vom Geschwaderchef bis zum letzten Matrosen, davon überzeugt, daß nicht so sehr der Artilleriekampf, als vielmehr die Torpedoangriffe für uns gefährlich werden würden. Das bestätigte sich jetzt. Auf Veranlassung des Kommandanten Dobrotworski fuhr der «Oleg» als Spitzenschiff Volldampf voraus. Dem Flaggsschiff konnten nur «Aurora» und «Shemtschug» folgen. Die Kreuzer «Dmitri Donskoi», «Wladimir Monomach» sowie der angeschlagene, stark nach Bug überhängende Kreuzer «Swetlana» blieben rasch zurück. «Isumrud» hielt sich an seine Linienschiffe. «Almas» strebte auf die japanische Küste zu, in der Annahme, daß es dort weniger gefährlich sei, nach Wladiwostok zu gelangen. Torpedoboote und Transporter fuhren in verschiedene Richtungen davon. Mit Eintritt der Dunkelheit hörte das Geschwader auf zu bestehen, es hatte sich in einzelne selbständige Gruppen und Einheiten aufgelöst.

«Oleg» entwickelte eine Fahrt von achtzehn Knoten und entfernte sich aus dem Feuerbereich. In der einbrechenden Nacht ließ sich schwer feststellen, wer auf wen schoß. Manchmal erschienen feindliche Torpedoboote in der Nähe und schossen Torpedos ab. Die Kreuzer konnten ihnen durch scharfe Kursänderungen ausweichen. Enquist regte sich auf: «Wir entwickeln eine so hohe Geschwindigkeit, daß wir uns von den Linienschiffen lösen. Ob das gut sein wird?»

Dobrotworski sagte bestimmt: «Sonst werden uns die Japaner in die Luft jagen. Wir müssen die Angriffe nicht mit den Breitseiten, sondern mit dem Heck abfangen, um durch den Kielwasserstrudel die Torpedos abzuwehren. So ist es taktisch richtig.»

Der Admiral war damit einverstanden und schwieg. Als sich dann in der Nacht das Kampfgetöse gelegt hatte, fing er wieder an: «Wir müßten umkehren. Was meinen Sie?»

Dobrotworski entgegnete: «Wir würden unseren Linienschiffen begegnen, die uns im gleichen Kurs folgen. In der Dunkelheit würden sie uns für den Feind halten. Es würden dann einige Granaten genügen, um unsere Pappkreuzer zu vernichten.»

Der Admiral konnte sich aber mit den Argumenten des Kommandanten nicht abfinden und wurde immer beharrlicher. Der Kampfbefehl, nach dem alle Schiffe Wladiwostok zu erreichen hatten, ging ihm nicht aus dem Kopf. Der Kommandant mußte sich endlich fügen. Im Laufe des Abends versuchte die Kreuzerdivision zweimal nach Norden zu wenden, stieß aber jedesmal auf feindliche Torpedoboote. Etwa um 22 Uhr bemerkte man von den Kreuzern aus Dutzende von Lichtern, die offenbar zu Fischerfahrzeugen gehörten.

«Das ganze japanische Geschwader verfolgt uns», sagte man besorgt auf der Brücke.

Danach wurde beschlossen, auf Südkurs zu gehen. Der Admiral war aber mit diesem Beschluß nicht zufrieden und hatte wieder nur Einwände. Dobrotworski beruhigte ihn: «Warum sollen wir eigentlich nach Wladiwostok gehen? Als wir noch in der Kamranhbucht lagen, habe ich gehört, daß das Hinterland von Wladiwostok bereits von den Japanern besetzt sein soll. Außerdem heißt es in Roshestwenskis Befehl ausdrücklich, daß wir nur mit vereinten Kräften nach Norden zu streben haben. Wir haben kein Recht, diesem Befehl zuwider zu handeln. Und schließlich, Exzellenz, wir haben doch selber gesehen, daß das Geschwader nach Süden abdrehte! Mit dem Untergang mehrerer Linienschiffe hat der Durchbruch nach Wladiwostok jeden Sinn verloren. Offenbar zieht sich das Geschwader nach Schanghai zurück, dort ließen wir sechs Transportschiffe zurück. Die Schiffe, die versuchten, nach Norden durchzubrechen, werden vernichtet werden. Das steht für mich fest. Und wenn dem so ist, dann ist es schon besser, sich in einem neutralen Hafen internieren zu lassen, als die Reste unserer Flotte zu opfern.»

Enquist seufzte und sagte nichts.

Gegen Morgen setzte «Oleg» die Fahrt auf fünfzehn Knoten herab. Die Torpedoangriffe hörten auf. An Bord des Kreuzers wurden die Reparaturarbeiten an den Leckstellen fortgesetzt, das Wasser wurde aus den Räumen gepumpt.

Im Morgengrauen des 28. Mai folgten «Oleg» nur noch «Aurora» und «Shemtschug». Am Horizont war kein Rauchwölkchen zu sehen. Um Kohlen zu sparen, wurde die Fahrt auf zehn Knoten herabgesetzt.

Es wurde festgestellt, wieviel Verluste die drei Kreuzer erlitten hatten: 32 Tote und 132 Verwundete war das Ergebnis.

Um die Mittagszeit übertrug der Admiral seine Flagge auf «Aurora» und nahm seinen Stab mit, also den Flaggnavigationsoffizier de Livron, die Adjutanten von Dehn und Sarin sowie einige Signalgasten und Ordonnanzen. Enquist beschloß, das Kommando über den Kreuzer zu übernehmen, weil der Kommandant der «Aurora», Kapitän 1. Ranges Jegorjew, gefallen und sein Erster Offizier Nebolsin schwer verwundet war.

Um 15.00 Uhr nahm der Kreuzer Kurs Südwest 48 Grad und fuhr mit acht Knoten nach Schanghai.

Kein einziges Mal mehr stellte der Admiral seine übliche Frage: «Wird das auch gut sein?» Er beruhigte sich und seine Untergebenen, indem er sagte: «Es ist möglich, daß uns das Geschwader morgen einholen wird. Wir schleichen ja nur dahin, während es wahrscheinlich nicht weniger als zwölf Knoten fährt.»

Am Morgen des 29. Mai meldete man dem Admiral, daß achtern am Horizont ein kleiner Dampfer aufkomme. Bald stellte sich heraus, daß es das Troßschiff «Swir» mit Kurs auf Schanghai war. Die Kreuzerdivision stoppte die Maschinen. Etwa um neun Uhr näherte sich der Dampfer «Aurora». Enquist griff nach seinem Sprachrohr und rief hinüber: «Kapitän! Wo ist unser Geschwader, und was ist mit ihm?»

Oberleutnant Schirinski-Schachmatow, der vom untergegangenen Hilfskreuzer «Ural» auf «Swir» übernommen worden war, antwortete ihm laut und vernehmlich: «Sie müssen es am besten wissen, Exzellenz, wo unser Geschwader ist!»

Enquist ließ hilflos das Sprachrohr sinken und wurde rot. Jetzt wußte er, daß die Offiziere ihn als Deserteur betrachteten, als einen, der vom Schlachtfeld davongelaufen war. Verlegen befahl er, ohne jemanden anzusehen: «‹Swir› soll nach Schanghai fahren und uns einen Transporter mit Kohlen schicken. Die Division fährt nach Manila. Die amerikanischen Behörden werden uns besser behandeln als die chinesischen; wir werden die Schäden ausbessern können, ohne die Waffen ausliefern zu müssen.»

Dann verließ der Admiral die Brücke und schloß sich in seiner Kajüte ein.

Die Kreuzerdivision stellte sich auf den sparsamsten Kohlenverbrauch ein und nahm Kurs auf die Philippinen.

Am dritten Tage abends, als sie sich auf der Höhe von Luzon, der größten Insel der Philippinengruppe befanden, begegnete ihnen ein deutsches Frachtschiff, das durch Signale mitteilte, daß es den russischen Hilfskreuzer «Dnepr» 19 Grad nördlicher Breite und 120 Grad östlicher Länge gesichtet habe. Die «Aurora» dankte für die Mitteilung und setzte die Fahrt fort.

Am 2.Juni liefen die Kreuzer den Hafen Sual an, fanden aber weder Kohlen noch Lebensmittel noch Werkstätten vor. Der Hafen war von den Amerikanern vernachlässigt worden. Sie fuhren weiter. Am nächsten Tag entdeckten sie hundert Meilen von Manila entfernt fünf Rauchfahnen voraus. Dann erschienen Schiffe, die ihnen in Kiellinie entgegen kamen. Es waren Kriegsschiffe. Hatten die Japaner wirklich erfahren, wohin sich die russische Kreuzerdivision begeben hatte, und wollten sie nun diese kümmerlichen Reste des Zweiten Geschwaders vernichten?

Die Nachricht flog durch das ganze Schiff. Was konnten drei zerzauste Kreuzer gegen fünf feindliche Kriegsschiffe ausrichten? Flucht war ebenfalls unmöglich, weil die Kohle nicht reichte. Matrosen und Offiziere sahen aus, als wären sie Opfer einer langwierigen Malaria.

Seitdem «Aurora» dem Troßschiff «Swir» begegnet war, hatte sich Admiral Enquist in seiner Kajüte aufgehalten. Er wußte nicht, ob feindliche Torpedos russische Schiffe versenkt hatten. Wahrscheinlich nahm er an, daß bei den nächtlichen Angriffen ein Teil des Geschwaders vernichtet worden sei. Und er hatte im allerkritischsten Augenblick die Flucht ergriffen, um selbst der Gefahr zu entgehen. Er verriet die Heimat, die ihn mit Rang und Orden ausgezeichnet hatte. Bis Tsushima glückte ihm alles. Er hatte gute Mitarbeiter gehabt, war aufgestiegen und galt als ausgezeichneter Admiral. Und nun mußte ihn das Schicksal mit Dobrotworski zusammenführen, der an allem Schuld trug. Enquist quälte sich in seiner Kajüte, kam nicht zum Vorschein und sprach mit niemandem.

Als man ihm meldete, daß ihnen japanische Kräfte entgegenkommen, schien er sich zu freuen. Schnell und leicht stieg er auf die Brücke. Auf seinem bärtigen, hageren Gesicht erschien ein Ausdruck von Entschlossenheit, den die Untergebenen nicht an ihm kannten. Er nahm ein Glas und blickte nach vorn. Die nahende Katastrophe verwirrte ihn nicht. Forsch wandte er sich an seine Untergebenen und befahl herrisch, wie es noch niemand an ihm erlebt hatte: «Alle Mann an Deck pfeifen!»

Die Back von «Aurora» war schnell voller Menschen. Der Admiral hielt ihnen von der Brücke eine Ansprache und sprach mit einer Begeisterung, die niemand von ihm erwartet hätte. Bei jedem Wort wakkelte sein langer, grauer Bart. Matrosen und Offiziere hörten sich die Rede ihres Vorgesetzten an und blickten sich traurig um: Nicht für sie glänzte der Morgenhimmel, dehnte sich weit das tropische Meer, nicht für sie erstreckte sich in der blauen Ferne die Insel Luzon, festen Boden und Sicherheit bietend. Blutleer waren die Gesichter, und trübe blickten die Augen im Wissen um die nahende Gefahr. Trotz der Hoffnungslosigkeit der Lage rief sie Enquist zu Mut und Tapferkeit auf: «Der freche Feind verfolgt uns sogar bis in die neutralen Gewässer. Nun gut! Wenn wir dem Kampf nicht entgehen können, dann fechten wir ihn eben aus, wie es sich für gute Seeleute gehört. Wir werden ehrenvoll für die Heimat sterben, aber auch zurückschlagen. Wir werden kämpfen, ohne uns zu schonen, bis wir alle Granaten verschossen haben. Mehr noch! Wir werden die feindlichen Schiffe entern! Jawohl, entern!»

Die letzten Worte schrie er heraus, legte die ganze Leidenschaft einer kranken Seele in sie und beschrieb mit dem rechten Arm einen Halbkreis.

Der Navigationsoffizier, Leutnant Eimont, witzelte halblaut: «Ruhm dir, Vertreter der Segelflotte!»

Der Admiral warf stolz den Kopf in den Nacken und befahl: «Gefechtsalarm geben!»

Hörner und Trommeln gaben die Signale, alle nahmen ihre Posten ein. Es wurde still an Bord. Auf der Brücke unterhielten sich die Offiziere halblaut mit dem Admiral, indem sie die nahenden Schiffe durch die Gläser betrachteten.

«Es sieht aus, als seien es Panzerkreuzer, Exzellenz.»

«Wahrscheinlich ist es Kamimura persönlich, der auf uns zukommt.»

«Warum eröffnen sie aber nicht das Feuer auf uns?»

Der Signalgast auf dem Vormars rief plötzlich mit hoher Stimme, krähte wie ein junger Hahn: «Das sind ja gar keine Japaner ...!»

Kurz darauf stellte der Adjutant von Dehn genau fest: Es war ein amerikanisches Geschwader unter der Flagge eines Vizeadmirals. Auf der Brücke wurde nun lauter gesprochen. Über das ganze Schiff bis in die untersten Räume strömte eine Woge ungewöhnlicher Freude. Der Alarm wurde abgeblasen. Anstatt des erwarteten Gefechts tauschten beide Seiten Salutschüsse aus. Das amerikanische Geschwader wendete und ging auf Parallelkurs mit der russischen Kreuzerdivision. Wie später festgestellt wurde, hatten die Amerikaner über Funk erfahren, daß sich die Reste der russischen Flotte den Philippinen näherten. Sie hatten zwei Linienschiffe und drei Kreuzer ausgesandt, um sie für den Fall des Erscheinens japanischer Schiffe in neutralen Gewässern unter ihren Schutz zu nehmen.

Nur Enquist teilte die allgemeine Freude nicht. Er war auf einmal wieder weich und finster – aus einem Admiral war wieder ein «Plantagenbesitzer» geworden. Es war klar, daß er keine Kraft fand, mit dem

Leben abzuschließen; er hatte sich aber ehrlich darauf vorbereitet, sich den japanischen Granaten zu stellen, um damit die verlorene Ehre wiederzugewinnen. Seine Erwartungen waren enttäuscht. Er verließ die Brücke, um sich in der Einsamkeit seiner Kajüte mit seinem belasteten Gewissen zu quälen.

Am Abend lief die russische Kreuzerdivision in Begleitung des amerikanischen Geschwaders in die Manilabucht ein und warf dort Anker.[40]

Ein Schiff, das seine Bestimmung verfehlte

Von den Schiffen des Zweiten Geschwaders zeichnete sich eines besonders durch formvollendete Gestalt, luxuriöse Inneneinrichtung und Sauberkeit aus: der Kreuzer 1. Ranges «Swetlana». Er war auf einer französischen Werft gebaut worden und sollte die Rolle einer leicht bewaffneten Reisejacht für den Großfürsten und Generaladmiral Alexej Alexandrowitsch spielen. Die Erbauer achteten wenig darauf, daß er starke Kampfeigenschaften brauchte. Sie dachten nicht daran, daß er möglicherweise einmal an einer Schlacht teilnehmen könnte. Ihre Hauptsorge war darauf gerichtet, der hohen Persönlichkeit und ihren Begleitern möglichst viel Bequemlichkeiten zu verschaffen. Erst zu Anfang des Krieges wurde das Schiff nach sechs Jahren Dienst mit Artillerie bestückt. Es erhielt 152-mm-Geschütze, vier 75-mm- und vier 47-mm-Kanonen. Auch Munitionskammern wurden eingebaut.

Trotz der Armierung war «Swetlana» kein gutes Kriegsschiff geworden. Nachdem das Schiff als leichter Kreuzer in das Zweite Geschwader aufgenommen worden war, blieb es noch immer eine Jacht mit allen Jachttraditionen. «Swetlana» hatte mehrere tausend Meilen zurückgelegt, und doch blitzten alle Aufbauten, alle Gänge im Inneren und die Luxuskajüten vor makelloser Sauberkeit. Die Matrosen mußten sich dafür unheimlich anstrengen. Bei der Kohlenübernahme setzte sich der Staub wie schwarzes Pulver auf die Ausstattung der Kajüten. Nichts konnte die Vorgesetzten von der Forderung nach äußerem Glanz abbringen, weden die Kriegszeit noch die Ozeanstürme noch die Schwierigkeiten der langen Fahrt noch die tropische Hitze. Jeden Tag wurden die Kupferteile geputzt, die Wände mit Seife und Soda gewaschen, die Decks mit Sand geschrubbt, verschiedene Einzelteile gestrichen, als stünde eine Inspektion bevor. Besondere Mühe wurde für die Instandhaltung der großfürstlichen Kajüten aufgewandt, die sich durch besonders vornehme Ausstattung auszeichneten.

Die Matrosen murrten: «Wie Dienstmädchen machen wir hier die herrschaftlichen Zimmer sauber, dabei ist Krieg.» – «Krepieren soll der, für den diese Luxusräume eingerichtet worden sind.»

An Bord wütete der Bootsmann Weschkow, ein schwarzhaariger Schreier, mittelgroß, mit steifem Gang. Seine laute Stimme erklang bald am Bug, bald am Heck, dann wieder in den inneren Räumen. Er war unerschöpflich im Fluchen und freigebig mit Faustschlägen, schlug aber die Matrosen nur auf den Kopf, um keine Spuren am Körper zu hinterlassen, und brauchte dabei nur die halbe Kraft, denn kaum ein Matrose hätte seiner ganzen Kraft standhalten können.

Und noch ein anderer, der Kapitän 2. Ranges Surow, übte eine scharfe Kontrolle über das Schiff aus. Hager und straff, beobachtete er die Arbeiten mit einer solchen Sorgfalt, als befände er sich auf dem eigenen Landgut. Wenn die Matrosen ihn nur von weitem sahen, seinen schwarzen Bart, die Adjutantenschnüre und die Mütze im Nacken, dann arbeiteten sie eifriger. Sie kannten ihren Ersten Offizier Surow gut und wußten sofort, in welcher Stimmung er sich befand. War er unzufrieden, so wackelte er mit seinem rechten Daumen hin und her. Vor langer Zeit hatte man ihn für die Marinegardedivision vorgesehen, er lehnte aber diese glänzende Karriere ab. Er wollte ein richtiger Seemann sein, kein «Speichellecker». So nannte man die Leute, die den Hofkreisen nahestanden. Dennoch entging er, der Sohn eines Generalleutnants, diesen Kreisen nicht; er wurde zum Adjutanten des Großfürsten Alexej Alexandrowitsch ernannt. Das tat aber Surows Liebe zum Meer keinen Abbruch. Der Dienst stand bei ihm an erster Stelle. Er verlangte viel von sich selber, war stets bereit, für die Flotte zu sterben und erwartete das auch von den anderen. Er war überzeugt, daß die Macht ihm nicht umsonst gegeben sei, daß alle seine Anordnungen heilig und unantastbar seien und daß die Matrosen selbst bei kleinsten Vergehen nicht unbestraft bleiben dürften. Die Namen der schuldigen Matrosen notierte er sich auf seinen schneeweißen Manschetten, ließ die Sünder dann zu sich kommen und diktierte ihnen die Strafen: «Du, Sohn des Teufels, hast zwei Stunden unter Gewehr zu stehen, und du, Sohn des Teufels, begibst dich für fünf Tage in Arrest.»

Überhaupt hatte Surow über alle Dinge seine feststehenden Ansichten und glaubte an sie wie an das Einmaleins. Sein Schiff hielt er so sauber, daß kein Staubkörnchen unbemerkt bleiben konnte; und für ein solches Staubkörnchen hatte stets jemand zu leiden. Einmal besuchte während des Aufenthaltes bei Madagaskar Roshestwenski den Kreuzer «Swetlana». Die Sauberkeit der Jacht überraschte ihn. Er verließ sie voll der angenehmsten Eindrücke. Darauf folgte der Geschwaderbefehl Nr. 129 vom 8. März 1905: «Ich befehle den Ersten Offizieren und den Artillerieoffizieren der Geschwaderschiffe, sich morgen, am 9. März um 8.30 Uhr, an Bord des Kreuzers ‹Swetlana› zwecks Studiums des Splitterschutzes und zusätzlichen Schutzes der Munitionsaufzüge einzufinden.

Auf dem Kreuzer ‹Swetlana› sind diese Einrichtungen nicht nur zweckmäßig, sondern auch elegant. Letzteres ist außerordentlich wichtig: Von zwei Schiffen, die die gleiche Ausrüstung für Angriff und Verteidigung besitzen und den gleichen Dienst tun, ist das elegante Schiff fraglos höher zu bewerten als das vernachlässigte, weil im ersteren Falle die Besatzung sich ständig mit ihrem Schiff befaßt und auf diese Weise mit allen Einzelheiten vertraut wird, während ein vernachlässigtes Schiff der Mehrheit der Offiziere und Mannschaften in seinem Organismus weitgehend unbekannt bleibt.

Ich bitte den Kommandanten des Kreuzers 1. Ranges ‹Swetlana›, die Ersten Offiziere von der Ordnung zu unterrichten, die den beispielhaften Zustand des Schiffes gewährleisten.»

Auf Grund dieses Befehls hatten die Offiziere die «Swetlana» zwar besucht und besichtigt, hatten auch in der Messe getrunken und waren dann auf ihre Schiffe zurückgekehrt. Nichts aber hatte sich daraufhin auf anderen Schiffen geändert. Der Erste Offizier des Linienschiffs «Orjol», Kapitän 1. Ranges Sidorow, bemerkte boshaft zu seinen Offizieren: «Nichts Besonderes ist da zu sehen. Das war eine Jacht und ist eine Jacht geblieben. Auf unserem Schiff sind die Schutzvorrichtungen zuverlässiger, wenn auch nicht so schön. Bestimmte Mädchen sind auch manchmal elegant. Heißt das aber, daß sie besser sind als die bescheiden angezogenen, ehrbaren Frauen?»

Während der Fahrt kamen noch eine ehemalige Jacht, die des Admirals Alexejew (der Kreuzer 2. Ranges «Almas») und der Hilfskreuzer «Ural» zum Geschwader; diese drei Schiffe wurden zur Aufklärung eingesetzt. Andere Aufträge konnten sie auch gar nicht erfüllen. «Almas» war nur mit zwölf kleinkalibrigen Kanonen ausgerüstet. «Ural», ein alter deutscher Passagierdampfer, war zu einem Hilfskreuzer umgebaut worden. Er war fast so groß wie ein Linienschiff und hatte 10 500 Tonnen Wasserverdrängung. Dieses Eisenungetüm sah zwar furchterregend aus, hatte aber nur zwei 152-mm-Geschütze. Der Gefechtswert dieses großen Schiffes war gleich Null; es konnte nur ein gutes Ziel für die feindlichen Granaten abgeben. Jedes Torpedoboot des Zweiten Geschwaders mit einem Dreißigstel der Wasserverdrängung war hinsichtlich des Gefechtswertes bedeutungsvoller als «Ural». Gegenüber den anderen Schiffen des Geschwaders besaß er einen einzigen Vorzug, nämlich den einer leistungsfähigen Funkanlage, wie sie auch kein japanisches Schiff besaß. Aber auch diesen Vorzug nutzte Roshestwenski nicht aus, denn er verbot zu Beginn der Schlacht, den Funkverkehr der japanischen Schiffe zu stören.

An der Spitze der Aufklärungsgruppe stand «Swetlana» mit dem Breitwimpel des Kapitäns 1. Ranges Schein am Mast. Niemals wurde dieser Gruppe eine ernste Aufgabe gestellt. Sie hielt sich vom Geschwader in einer Entfernung, auf die man die Flaggsignale gerade noch erkennen konnte. Solche Schiffe waren anscheinend dem Zweiten Geschwader nur zugeteilt worden, um die Zahl der Wimpel zu vergrößern.

«Swetlana» war nun unter Wahrung der Jachttraditionen bis Tsushima gelangt, sauber, leuchtend im Glanz der Luxuskabinen. Am Tage der Schlacht hätten diese Schiffe den Feind aufklären müssen. So verfuhren die Japaner. Bei uns verlief alles umgekehrt.

Um 8.00 Uhr gab Roshestwenski den Befehl, daß «Swetlana», «Almas» und «Ural», die einige Kabellängen vor dem Geschwader fuhren, sich an den Schluß des Geschwaders, der schon von anderen Kreuzern geschützt war, zu begeben hätten. Die Unsinnigkeit einer solchen Anordnung war allen klar. Die Aufklärungsgruppe wußte nicht, was sie während der Schlacht zu tun hatte. Erst um 12.00 Uhr erhielt sie den neuen Befehl des Chefs, die Transportschiffe zu schützen. Das war eine noch größere Unsinnigkeit. Auf «Swetlana» hatte niemand solchen Auftrag erwartet, da sich jedermann der geringfügigen Kampffähigkeit der Gruppe bewußt war.

Vielleicht war auch der Kommandant des Kreuzers, Kapitän 1. Ranges Sergej Pawlowitsch Schein, als für das Geschwader der entscheidende Augenblick gekommen war, deshalb so mißmutig. Gewiß, sein Gesicht mit der breiten Nase und dem runden Bart hatte schon während der Fahrt nur selten ein Lächeln gezeigt. Er war groß, schwammig, immer unzufrieden und sah alles schief an, als wäre ihm die ganze Welt zuwider. In Unterhaltungen mit seinen Untergebenen sprach er mit einer dünnen, weinerlichen Stimme, wobei er die Worte wie ein Diakon bei einer Totenmesse dehnte. Selbst wenn er sich über Matrosen ärgerte, schrie er nicht und erhob auch nicht seine Stimme, sondern belegte sie mit überraschenden Bezeichnungen: «Ihr seid ja Fässer, Nudeln, Sülze ...» Er sah dann aus, als könnte er jeden Augenblick in Tränen ausbrechen. Die Mannschaft nannte ihn daher auch «Heulsuse».

Und nun, als er den letzten Befehl von Roshestwenski erhalten hatte, ließ er seinen grauen, kürbisähnlichen Kopf noch tiefer sinken.

Als erfahrener Seemann wußte er, daß er für den Schutz der Transporter zwei Jachten und einen Passagierdampfer zur Verfügung hatte. Warum wußte das der Admiral nicht? Wozu veranstaltete er dieses Schiffchenspiel im Angesicht des starken Feindes? Nichts geschah so, wie es bei der Vorbereitung einer entscheidenden Schlacht hätte geschehen müssen. Der Kommandant ging in tiefen Gedanken auf der Brücke auf und ab. Seine rechte Hand hatte sich im Bart verkrampft, als führe er sich selber wie ein Pferd hin und her.

Die neue Aufgabe beschäftigte auch die Offiziere. Sie standen und besprachen den Befehl des Admirals. Manche äußerten sich scharf. Leutnant Graf Nirod, ein noch ganz junger Mensch mit einem dunkelblonden Schnurrbärtchen, sprach als erster, errötend vor Verlegenheit: «Den uns gestellten Auftrag, meine Herren, werden wir natürlich durchführen. Sie müssen aber zugeben, daß wir in eine seltsame Situation geraten sind. Es wird uns wohl kaum gelingen, uns selbst, das heißt unsere eigenen Schiffe zu schützen, geschweige denn die Transporter. Welche Möglichkeiten haben wir dazu?»

Oberleutnant Tolstoi, ein plumper Mensch auf winzigen Füßen, mit vorquellenden Augen und starkem Unterkiefer, lächelte böse, wobei er seine spitzen Zähne zeigte: «Ja, Georgi Michailowitsch, Sie haben recht. Wir sind nicht fähig, einen Kampf zu bestehen. Wir können nur ehrlich sterben.»

«Wenn sogar unser Tolstoi schon dem hoffnungslosen Pessimismus verfallen ist», meinte Oberleutnant Solnzew, «dann stehen unsere Dinge wirklich schlecht.»

Der Navigationsoffizier, Oberleutnant Diakonow, füllig, mit kleinem Bauch und roten Bäckchen, ein ausgeglichener und fröhlicher Mensch, redete ihnen mit seinem fistelnden Tenor gut zu: «Man soll nicht verzweifeln, es ist besser, alles ruhig auf sich zukommen zu lassen.»

Der Wachhabende, Oberleutnant Wyrobow, schwieg. Hätte man diesem großen, breitschultrigen Kraftmenschen einen Ringpanzer angelegt, so wäre er das Muster eines altrussischen Recken gewesen. Er war aber sehr unbeherrscht. Jetzt sah er die Umstehenden mit harten Blicken an und machte den Eindruck eines Menschen, dem es nichts ausmachen würde, ein Fäßchen Wodka auszutrinken und seinen Feind mit der bloßen Faust zu erledigen. Er entgegnete Diakonow: «Man kann nicht ruhig bleiben, Wladimir Wladimirowitsch, wenn man weiß, daß man wegen der Dummheit der Flottenführung sterben soll. Ich kann es durchaus nicht begreifen, wie unsere Gruppe die Transporter beschützen soll. Das einzige, was uns übrig bleibt, ist, daß wir uns zwischen diese und die japanischen Schiffe schieben und alle ihre Schläge auf uns nehmen, ohne ihnen aber den geringsten Schaden zufügen zu können. ‹Ural› ist ein riesiges Schiff und kann ein gutes Ziel abgeben. Wo war der Verstand bei diesem Beschluß, der uns unseren Haupttrumpf nahm, die Schnelligkeit und Beweglichkeit?»

«Ich bitte Sie, meine Herren, solche Unterhaltungen zu unterlassen», bemerkte der Erste Offizier Surow, der dies gehört hatte. «Haben Sie denn wirklich kein anderes Thema?»

«Entschuldigen Sie, Alexej Alexandrowitsch, aber habe ich denn die Dinge nicht richtig beleuchtet?» fragte Wyrobow hitzig.

Surow schob die Mütze, die seine breite Glatze verdeckte, noch weiter in den Nacken und erwiderte böse: «Unsere Aufgabe besteht nicht in der Kritik an den Vorgesetzten, sondern in der genauen Befehlsausführung. Sie können an Land Reden halten, soviel Sie wollen, nicht aber unter der Andreasflagge zu Beginn einer Schlacht!»

In trüber Stimmung sah auch die Mannschaft dem Kampf entgegen. Die Leute waren nur vorsichtiger in ihren Äußerungen. Auf dem Mitteldeck hatten sich Matrosen aus verschiedenen Stationen eingefunden. Auch sie diskutierten über den Befehl Roshestwenskis.

Beim Erscheinen der Hauptkräfte wurde auf «Swetlana» Gefechtsalarm gegeben. Alle stürzten zu ihren Plätzen.

Mit den anderen Schiffen eröffnete «Swetlana» das Feuer auf den Feind. Zuerst bestand die feindliche Gruppe, die die russischen Transporter überfiel, nur aus vier Schiffen, später gesellten sich noch zwei hinzu. Natürlich wären «Swetlana», «Almas» und «Ural» sofort zerschlagen worden, wenn nicht die Enquist-Gruppe herangekommen wäre. Für eine gewisse Zeitspanne retteten seine vier Kreuzer die Situation. Dennoch behielt der Feind die Oberhand. «Swetlana» blieb allerdings lange unversehrt, aber um 15.00 Uhr ereignete sich ein Vorfall, der weitere Folgen nach sich zog.

Kurz zuvor hatte der Kommandant befohlen, den Kreuzer auf alle Fälle zur Sprengung vorzubereiten. Die Torpedogasten brachten eine Batterie, Leitungsschnüre und Sprengpatronen in den Bugtorpedoraum und legten die Leitung durch die Luke zur Pulverkammer, wo etwa eine Tonne Sprengstoff lagerte. Hier befanden sich der Verwalter der Munitionskammer, Fähnrich Swerbejew, der Funker Smirnow, zwei Signalgasten und vier Maschinisten. Sie waren gerade auseinandergegangen, als sie einen starken Stoß gegen Steuerbord verspürten. Er schien von einer Salve der eigenen Batterie herzurühren. Im gleichen Augenblick fuhr durch den ganzen Torpedoraum ein donnernder Blitz, klirrend schlugen die Splitter eines feindlichen Geschosses gegen die eisernen Bordwände. Von Backbord schlug durch ein Unterwasserleck wie durch ein geöffnetes Schleusentor das Wasser. Die Menschen stürzten zum Ausgang, nur mit Mühe den starken Wasserdruck überwindend. Der Funker Smirnow rief noch schnell in die Luke der Munitionskammer: «Rettet euch, schnell, schnell!»

Er selbst lief ebenfalls zur Treppe, auf der sich schon die Torpedogasten drängten. In diesem Augenblick kam ihm der Gedanke, daß man die Luken der Munitionskammern schließen müsse. Er stürzte zurück, hörte aber die Schreie derer, die noch dort unten waren. Sie würden alle ums Leben kommen, wenn er die Luken dichtmachte. Er unterließ es daher. Smirnow war zwar mutig und entschlossen, hatte aber in der Erregung außer acht gelassen, daß die Matrosen auch durch die Röhren der Elevatoren die Kammern verlassen konnten. Im Torpedoraum war außer ihm der Fähnrich Swerbejew. Mit seinen kranken Beinen konnte er sich nicht zur Treppe schleppen, denn das Wasser hatte ihn umgeworfen und er zappelte hilflos. Die einbrechende Flut strömte immer weiter, gurgelte drohend über die Schwellen und überschwemmte brausend die Räume. Der eine Generator arbeitete schon im Wasser und warf röchelnd und keuchend Spritzer um sich. Alles das machte solch einen Lärm, als stürze ein Wasserfall von riesiger Höhe herab. Den Fähnrich verließ die Kraft. Smirnow packte ihn am Rockkragen und schleifte ihn zur Treppe. Oben angelangt, kam Swerbejew zu sich und brachte mühsam hervor: «Dank für die Rettung. Wenn ich am Leben bleibe, schenke ich dir die Hälfte meines Landgutes.»

«Jetzt haben wir keine Zeit, an so etwas zu denken», meinte Smirnow und lief zur Funkkabine.

Inzwischen war ein Reparaturkommando hinuntergestiegen und dichtete das Leck ab. Der Erste Offizier Surow war ebenfalls erschienen. Man meldete ihm, daß zwei Mann in den Kammern geblieben und lebendig begraben worden seien. Für Gefühle des Mitleids war jetzt aber keine Zeit. Oben wurde geschossen, während hier unten die Menschen um die Erhaltung des Schiffs und um das Leben der ganzen Besatzung kämpften. Man befürchtete, daß die Schotts den Druck des Wassers nicht aushalten würden. Es wurden Holzstützen angebracht. Bei dieser Arbeit zeichneten sich die beiden Zimmerleute Wassili Nikulin und Ado Lepp besonders aus. Mit unbändigem Eifer sägten und spalteten sie das Holz und befestigten Bretter unter den Stützen. Dabei schwitzten sie so, als kämen sie eben aus einem Dampfbad.

Diese Arbeit ging im Schein blakender Laternen vor sich. Alle vier Generatoren waren an einer Stelle konzentriert, und zwar im Bugteil des Schiffs. Beim Bau hatte man sie absichtlich weit weg von den großfürstlichen Räumen untergebracht, um den Allerhöchsten Passagier nicht durch den Maschinenlärm zu belästigen. Das war eine völlig unsinnige Gefälligkeit der Schiffskonstrukteure gewesen. Und jetzt geschah nun, was vorauszusehen war: Alle vier Dynamos setzten, unter Wasser geraten, zur gleichen Zeit aus. Auf dem Schiff wurde es mit einem Schlag dunkel. Die Menschen, besonders in den Unterdeckstationen, mußten schaurige Augenblicke durchmachen, ehe Laternen und Kerzen angezündet werden konnten.

Die gestützten Schottwände hielten zwar dem Druck stand, das Wasser drang aber durch die Ritzen klaffender Türen und sickerte an den Röhren entlang. Auf dem Zwischendeck wurde es mit Handpumpen und Eimern bekämpft. Hinter der eisernen Querwand, im Bugteil des Schiffs, waren die Munitionskammern überschwemmt. Schon vorher war «Swetlana» mit 1000 Tonnen überlastet gewesen, nun kam eine neue Last von ungefähr 400 Tonnen Wasser dazu. Das ergab ein Übergewicht des Bugs und eine Backbordkrängung. Das linke 152-mm-Geschütz konnte nicht mehr schießen. Der Kreuzer fuhr bedeutend langsamer.

Aus den Aufklärungskräften war der Hilfskreuzer «Ural» ausgeschieden und von seiner Mannschaft verlassen worden. Die Transportschiffe gerieten in ein völliges Durcheinander. Sie hatten jegliche Ordnung verloren. In diesem Wirrwarr kreiste kämpfend «Swetlana». Die Besatzung war an ihren Plätzen und führte gewissenhaft ihre Aufgaben aus. Ein Teil der Mannschaft war damit beschäftigt, die Geschosse vom Heck zu den Buggeschützen zu tragen. Sie mußten ungedeckt, unter dem Feuer des Gegners, hin- und herlaufen. Manchmal heulten die feindlichen Geschosse, flach über das Deck fliegend, so laut und durchdringend, daß sich einige Matrosen unwillkürlich duckten, als wichen sie im Faustkampf einem Schlage aus. Der Kommandant Schein befand sich unausgesetzt auf der Brücke, sah das und nörgelte weinerlich: «Ihr sollt euch vor den japanischen Granaten nicht verneigen!»

Später erlitt «Swetlana» noch mehrere Beschädigungen. Auf dem Oberdeck wurden einige Aufbauten und Boote zerstört. Ein großes Loch gähnte in der Bordwand in Höhe des Zwischendecks, gegenüber der großfürstlichen Kajüte. Die kostbare Edelholzverkleidung wurde von den Splittern zerfetzt. Das hier ausgebrochene Feuer wurde aber schnell gelöscht. Ein Stockwerk tiefer war die Kajüte des Oberingenieurs zerstört worden. Ein Leck in der Bordwand befand sich fast an der Wasserlinie, Wellen schlugen ins Innere des Schiffes.

Außer den zwei Mann, die im Munitionsraum geblieben waren, hatte «Swetlana» jedoch keine Toten. In der Abenddämmerung wurde der Artilleriekampf beendet.

Im Schutze der Nacht

In der Nacht verlor «Swetlana» den Anschluß an die Linienschiffe und Transporter und reihte sich in die Kiellinie der Kreuzerdivision des Admirals Enquist ein. Die Gruppe entwickelte aber eine so hohe Geschwindigkeit, daß «Swetlana» mit ihren wassergefüllten Bugschotts nicht folgen konnte. Der Flaggkreuzer «Oleg» hatte ihr keinerlei Weisungen für den einzuschlagenden Kurs hinterlassen. Bald war das Schiff allein auf dem Meer einsam in der Finsternis. In Befolgung des letzten Befehls Admiral Nebogatows, der noch vor Einbruch der Nacht gegeben worden war und der auf Kurs Nordost 23 Grad lautete, nahm «Swetlana» selbständig Kurs auf Wladiwostok.

Es waren keine feindlichen Granaten mehr zu befürchten. Aber auch inmitten der nächtlichen Stille blieben die Menschen unruhig, witterten sie Gefahr. Im Zwischendeck breitete sich das Wasser weiter aus. Es war gefährlich, zu stoppen und ein regelrechtes Persenningpflaster über das Leck zu ziehen, weil ständig Torpedoangriffe befürchtet werden mußten. Diese Arbeit wurde also auf den Morgen verschoben. Inzwischen mußte man sich auf die Versteifung der Stützen und andere Behelfsmaßnahmen zur Verhinderung des Eindringens größerer Wassermassen beschränken. Es wurde mit Handpumpen und Eimern gearbeitet, das Wasser stieg jedoch weiter.

«Swetlana» fuhr ohne Lichter. Auf der Brücke stand, die anderen mit seiner hohen, leicht gebeugten Gestalt überragend, ein Mann im weißen Offiziersrock, der einen Leuchtkäfer in der Hand zu halten schien. Dann und wann sah man die breite Nase und den runden grauen Bart im Lichtschein. In solchen Augenblicken leuchteten auch seine Augen kurz auf. Es war der Kommandant Schein. Er hatte keinen Vorgesetzten mehr über sich und wußte noch nicht einmal, wo sich die Admirale des Geschwaders befanden. Die Funkanlage arbeitete nicht, die Verbindung mit den anderen russischen Schiffen war endgültig abgebrochen. Er war sich selbst überlassen. Als alter, erfahrener Seemann erkannte er durchaus seine Verantwortung für sein Schiff und dessen Besatzung gegenüber der Heimat.

Entfernte Salven und einzelne Schüsse waren noch immer zu hören. Häufiger aber streckten sich hier und dort die langen Arme der

Scheinwerfer durch das nächtliche Dunkel. Schein war bestrebt, diesen Lichtkegeln zu entgehen, war das gelungen, dann nahm er wieder den alten Kurs auf.

Auf der Brücke war es dunkel und still. Die Scheinwerferkegel waren achtern zurückgeblieben. Gestützt auf das Geländer, sah sich Schein nach den hellen Strahlen anderer Schiffe um, die scharfe Winkel und Parallelen zogen, und nach den eigenen Schornsteinen, die dichten, pechschwarzen Rauch ausstießen. Viele Jahre war er zur See gefahren, und dieses nächtliche Schauspiel war ihm längst vertraut. In der Hoffnung, daß der Kreuzer von den patrouillierenden japanischen Schiffen nicht bemerkt würde, starrte er auf die drei rauchenden Schlote, als sehe er sie zum ersten Mal im Leben. Ein nicht ganz phantasieloser Mensch konnte in ihnen entweder drei massive Säulen sehen, die den dunklen Himmel stützten, oder drei gigantische Schläuche, die gekräuselte Fontänen einer schwarzen Flüssigkeit ausstießen.

Plötzlich geschah etwas, was niemand auf «Swetlana» gewollt hatte. Aus dem vorderen Schlot schlug eine Flamme wie aus einem Hochofen empor. Der Kommandant erkannte deutlich die beleuchteten Masten, Boote, das Deck mit den Geschützen, den Geschützführern und den Posten an der Heckflagge. Ein Funkenregen zerstob in der Luft. Das paßte durchaus nicht in den Plan des Kommandanten, der sich in der Dunkelheit verbergen wollte. Er machte eine heftige Bewegung, starrte seinen mittelgroßen, gutgebauten Nachbar an und rief mit hoher Stimme: «Leutnant Kartawzew, was soll denn das? Ich habe Sie doch gebeten, solch ein Feuerwerk unbedingt zu vermeiden. Was geht denn während Ihrer Wache vor? Unterbinden Sie sofort diese unangebrachte Festbeleuchtung!»

«Zu Befehl!» erwiderte gefügig der schuldbewußte Wachhabende und stürzte zum Telefon.

Der Funkenregen hörte auf. Das Schiff versank wieder in Finsternis.

Ein Mann, der stark an die Witzblattkarikatur eines Dickwanstes erinnerte, bestieg die Brücke. Breit und rund wie ein Heuschober, blieb er vor dem Kommandanten stehen. Sein großer Kopf mit dem offenstehenden Mund, durch den der in Atemnot befindliche Dicke heftig die Luft ausstieß, verschmolz mit dem Hals, als ob er in die breiten Schultern hineingewachsen wäre. Der Kommandant staunte, mit welcher Behendigkeit der sonst so schwerfällige Oberst Petrow auf ihn zukam. An Bord waren die Schlaffheit und Bequemlichkeit dieses Schiffsoberingenieurs bekannt. In den Tropen hatte er, vergehend von Hitze, unausgesetzt Wasser getrunken und hatte dann flach an der Maschinenluke unter dem Ventilator gelegen, übersät mit Pickeln, während ihm sein Bursche Wassiljew mit einem Handtuch den Schweiß vom Körper wischte. Eine erstaunliche Wandlung schien mit ihm vorgegangen zu sein. Selbst die Stimme klang jung, als er rief: «Sergej Pawlowitsch, ich habe alle Räume mit meinen Leuten inspiziert! In den Heckräumen ist kein Wasser, im Zwischendeck sickert nur wenig ein. Die Maschinen arbeiten gut, wir erreichen einhundertfünf Umdrehungen.»

«Das ist ausgezeichnet, Andrej Pawlowitsch», erwiderte freundlich der Kommandant, offenbar zufrieden mit dem überraschenden Eifer des Dicken. Eine gewisse Unzufriedenheit klang aber in seiner Stimme mit, als er dann sagte: «Alles das ist gut. Sie stören aber unsere Taktik. Wir verbergen uns in der Dunkelheit, während Ihre Kesselfeuerung durch den Funkenregen aus den Schloten uns dem Feind verraten kann. Ich bitte Sie noch einmal, sagen Sie den Heizern, daß sie beim Schüren behutsamer sein sollen. Wir wollen lieber auf schnellere Fahrt verzichten.»

«Zu Befehl», antwortete Petrow, «wir wollen uns Mühe geben. Über die Qualität der Kohle habe ich Ihnen berichtet. Wir haben mehr als genug davon, das ist aber keine Kohle, sondern fast Staub.»

Nach diesem Gespräch beeilte sich der Oberingenieur, wieder in den Maschinenraum zu gelangen. Ein anderer Mann, der zur Brücke eilte, begegnete ihm auf der Treppe. An der in den Nacken geschobenen Mütze erkannte Schein sofort seinen Ersten Offizier Surow. Auf der Brücke schüttelte er sich, und von seinen Achselschnüren spritzten die Wassertropfen. Der Kommandant sagte weinerlich: «Wo bleiben Sie denn so lange? Ich habe hier inzwischen großen Ärger gehabt. Aus diesem Schlot schlugen Flammen und Funken, daß man uns in Tokio hätte sehen können. Wo sind Sie denn so naß geworden?»

«Das Abpumpen des Wassers hat sich stark hinausgezögert. Die Matrosen haben vorzüglich gearbeitet. Selbst unser Priester, Vater Fjodor, hat von Anfang bis zu Ende ausgeharrt. Gott sei Dank, jetzt ist das Zwischendeck trocken. Im Morgengrauen werden wir die Persenning ...»

Surow brach ab und horchte. Aus dem Zwischendeck drangen die Klänge einer Ziehharmonika, dann auch die Stimmen der Sänger. Wie auf Wellen schaukelte das Lied:

«Als auf dem Mütterchen Newa-Fluß
Auf der schönsten Wassili-Insel
Ein junger Matrose die Schiffe takelte ...»

Harmonisch klangen die Tenöre und stimmten die Bässe ein, begleitet von der Harmonika. Es war, als hätte «Swetlana» keine Tagesschlacht und keinen Wassereinbruch überstanden. Das Lied ertönte so überraschend, daß selbst der Kommandant und der Erste Offizier ergriffen schwiegen. Als Menschen gaben sie sich diesem seltsamen Eindruck hin, dachten vielleicht einen Augenblick an die schöne Newa in der fernen Heimat. Als Offiziere durften sie aber diese Eigenwilligkeit in solcher Situation nicht dulden, das Singen nicht zulassen, wenn auch die Klänge ihre gequälten Seelen rührten.

«Oh, diese Teufelskerle, die sind wohl ganz verrückt geworden!» rief Surow und lief davon.

Allein auf der Brücke, lauschte der Kommandant noch eine Weile den altvertrauten Klängen des Matrosenliedes. Es brach plötzlich wie auf Kommando ab, auch die Harmonika schwieg. Dann folgte in vollem Kontrast zur abgerissenen Melodie die gereizte, harte Stimme Surows: «Was ist das für eine Schweinerei! Hat es denn den Befehl gegeben ‹Singen und fröhlich sein›? Ihr habt wohl vergessen, wo ihr seid? Hier sind nicht die Petersburger Inseln, hier ist der Kriegsschauplatz!»

Der Maschinist Medkow, der beste Vorsänger an Bord, versuchte eine Rechtfertigung: «Euer Hochwohlgeboren, wir sangen, um uns Mut zu machen. Den Kampf haben wir überstanden, das Wasser haben wir weggepumpt, die Gefahren haben wir überwunden, und nun fahren wir nach Wladiwostok, der Heimat entgegen. Gestatten Sie, vor Freude ...»

«Ruhe!» unterbrach ihn der Erste Offizier. «Jeden Augenblick kann ein Angriff erfolgen. Ich werde euch Kriegsdisziplin beibringen!»

Surow streckte den linken Arm wie bei einer Turnübung weit aus, bog ihn dann wieder und schrieb auf die Manschette, die ihm das Notizbuch ersetzte, den Namen der «Sünder» auf. Von den Sängern kam als erster der Vorsänger und Maschinist Medkow, als zweiter der Harmonikaspieler Schepkow auf die Liste. Es folgten der Geschützführer Fomow, die Matrosen Tschuikow und Fadejew und der Anstreicher Besedin. Surow betrachtete die strammstehenden Sänger und brummte: «In Wladiwostok werdet ihr erfahren, was die Kriegsgesetze für solche Dinge vorsehen. Dort werdet ihr eine andere Melodie singen. Wir befinden uns nicht in einer Kneipe, sondern auf einem Kriegsschiff, ihr Söhne des Teufels!»

Surow machte die ihn kennzeichnende Bewegung mit dem rechten Daumen und verließ das Zwischendeck.

Fast gleichzeitig wurden auf Deck die kleinkalibrigen Geschütze auf ein fremdes Schiff gerichtet, das auf «Swetlana» zuhielt. In der

Dunkelheit war nicht zu erkennen, ob es Freund oder Feind war. Noch ein Augenblick, und die Salve hätte die Rohre verlassen, da gab das Schiff Lichtzeichen. Es war das Torpedoboot «Bystry». Es schloß sich «Swetlana» an und blieb bis zum Morgen in der Nähe des Kreuzers.

Kurs auf die Küste

In der Tagesschlacht am 27. Mai hatte «Bystry» weder Schaden noch Menschenverluste erlitten. Im Gegenteil, zu seiner Besatzung waren noch zehn Mann hinzugekommen, die er vom untergegangenen Linienschiff «Osljabja» aufgefischt hatte. Alle Maschinen des Bootes arbeiteten störungsfrei.

Der neblige Morgen des 28. Mai fand die Wache auf ihren Plätzen. Auf der Brücke waren vier Gestalten zu sehen, von denen drei unbeweglich standen: Der Rudergänger ließ die Augen nicht vom Kompaß, während der Signalgast und der Wachoffizier den trüben Horizont absuchten. Die vierte Gestalt befand sich in ständiger Bewegung. Dieser Mensch war barfuß, lahmte auf dem rechten Bein und hinkte hastig zwischen den Geländern auf und ab, als wollte er die Entfernung abmessen. Mittelgroß, mit kleinem dunkelblondem Spitzbart und einem hängenden Schnurrbart, trug er ein Matrosenhemd mit den Rangabzeichen eines Unteroffiziers. Auf der Brust hing eine Bootsmannspfeife. Das Äußere dieses Menschen war unordentlich, er ließ sich aber durch die anwesenden Offiziere nicht stören und bewegte sich ganz zwanglos. Das zeigte sich auch, wenn er den seitwärts gehaltenen Ellbogen hob, um den goldgefaßten Kneifer zurechtzurücken.

Die Morgenröte breitete sich aus und hob den hauchdünnen Dunstschleier vom Horizont. Die Sicht wurde besser. Der lahme Mann blickte nach vorn und blieb plötzlich gebannt stehen. Er zeigte in die Ferne und fragte trocken, ohne sich an jemand besonders zu wenden: «Was ist das – Rauch oder Wolken?»

Der Signalgast erwiderte, das Glas vor den Augen, ohne sich umzudrehen: «Nein, das sind Felsen.»

«Offenbar ist es die Insel Ullondo, Otto Ottowitsch», erklärte der Wachhabende, Leutnant Pogoshew.

«Donnerwetter! Wir haben in der Nacht zu wenig Fahrt gehabt», regte sich der Mann mit der Bootsmannspfeife auf und schritt wieder auf und ab. Als er am Kompaß vorbeikam, schlug er dem Rudergänger auf die Schulter und warf hin: «Nicht wackeln, Freund! Halte den Kurs.

«Zu Befehl – Kurs halten!»

Etwas später wurden vier feindliche Schiffe steuerbord achtern beobachtet. «Swetlana» änderte den Kurs nach Backbord, «Bystry» folgte dem Kreuzer. Der Mann mit der Bootsmannspfeife wandte sich an den Wachoffizier Leutnant Pogoshew: «Wladimir Dmitrijewitsch! Fragen Sie beim Ingenieur wegen der Kohle an.»

Der Leutnant grüßte und rief ins Telefon: «Wie – geht zur Neige? Nur für zwei Stunden Fahrt? Und das Schmieröl auch?»

Der Hinkende wartete das Ende des Gesprächs nicht ab und befahl dem Signalgast: «Signalisiere, ‹Swetlana›: ‹Ich bitte um Öl und fünfundzwanzig Tonnen Kohle.› Sofort!»

In den Händen des Signalgastes wirbelten die Flaggen. Von «Swetlana» kam die Antwort, man wolle geben, aber erst später, wenn man weiter vom Feind entfernt sei. Da riß der Geduldsfaden des Hinkenden. Er sah den Artillerieoffizier und den Torpedooffizier heraufkommen und schrie ihnen entgegen, als beschwere er sich bei ihnen: «Haben Sie gesehen, meine Herren, wie unverschämt diese Aristokraten auf der Jacht mit uns umspringen? Unglaublich! Und wenn wir kämpfen müssen? Was können wir ohne Brennstoff tun?»

Die Offiziere zuckten nur stumm die Achseln. Der Hinkende zog eine goldene Uhr aus der Tasche, warf einen Blick darauf und befahl: «Veranlassen Sie das Wecken der übrigen Mannschaft. Es macht nichts, wenn es heute zehn Minuten früher geschieht.»

«Zu Befehl!» erwiderte Leutnant Rogoshew.

Gleich darauf trillerten im Mannschaftsdeck die Bootsmannspfeifen, und die gewohnten Rufe des Bootsmanns Iwan Ustinow ließen sich vernehmen. Die Menschen stampften über das Schiff und trugen ihre Matten an die vorgeschriebenen Plätze. Bald verklang dieser Lärm, und es wurde wieder still. Die Mannschaft war beim Frühstück.

«Habt ihr gesehen, Leute, die Japaner zeigen sich schon wieder!» meinte der Maschinist Baranenko, den heißen Tee aus dem Becher schlürfend. Der Maschinist Jefrenow, der an einem Tisch mit ihm saß, fügte hinzu, indem er sich nach den anderen Tischen umsah: «Otto Ottowitsch ist das alles egal. Ich habe ihn eben auf der Brücke gesehen. Er hat schon wieder das Matrosenhemd an, und die Pfeife baumelt an seinem Hals wie ein Talisman der Mutter.»

Die Matrosen unterhielten sich über die Seltsamkeit des Mannes mit der Bootsmannspfeife. Er hatte sich auch während der Fahrt schon so benommen, und dieses Verhalten war ein beliebtes Thema in den immer wiederkehrenden Gesprächen auf der Back und im Zwischendeck gewesen. Die Mannschaft empfand eine brennende Neugier für diesen eigenartigen Menschen, der im ganzen Roshestwenski-Geschwader nicht seinesgleichen hatte. Er war kein anderer als der Kommandant des Torpedobootes, Otto Ottowitsch Richter. Man konnte ihn öfters in Matrosenuniform mit der unvermeidlichen Bootsmannspfeife sehen. Als Kommandant verlangte er natürlich von den Matrosen Disziplin, suchte aber ihre Nähe, verkehrte ungewöhnlich einfach mit der Mannschaft und wollte in allem den Matrosen gleich sein. Seine Wäsche wusch er mit ihnen zusammen. Es kam auch vor, daß Richter mit den Matrosen an Land ging und in Matrosenuniform in Begleitung seines Burschen mit ihnen feierte und die Offiziere auf Matrosenart grüßte. Oft war er auf der Back, wo ihn dann die dienstfreien Matrosen umringten. In der Unterhaltung mit den Untergebenen verstand er es, einen jeden zu gewinnen, jeden zu ermutigen. Auch in der Ausdrucksweise paßte sich Richter ihnen an, wobei er sich weitgehend ihres Wortschatzes bediente. Damit gewann er die Zuneigung der Matrosen. Eine solche Schlichtheit des Kommandanten verblüffte die Mannschaft um so mehr, als sie einmal Gelegenheit gehabt hatte, Richters Vater zu sehen, der das Torpedoboot besuchte, einen Generaladjutanten, den Chef des Hauptquartiers des Zaren. Von ihren Offizieren wußten die Matrosen auch, daß ihr so gewinnend wirkender und in nichts an einen Aristokraten erinnernder Kommandant Otto Ottowitsch als Kind mit dem Zarewitsch Nikolai Romanow, dem jetzigen Zaren, erzogen worden war und mit ihm gespielt hatte.

Die Offiziere betrachteten die Leutseligkeit des Kommandanten gegenüber der Mannschaft als eine Narrheit. Hinter seinem Rücken verurteilten sie ihn schärfstens wegen dieses Verhaltens, weil es nach ihrer Ansicht seines Adelstandes unwürdig und mit dem Offiziersrang nicht zu vereinbaren war. Sie wagten aber nicht, sich über Richters Verhalten zu beschweren, weil sie wußten, daß er als Sohn eines Zarenbeamten in den höchsten Kreisen Unterstützung finden würde. Die Offiziere des Torpedobootes «Bystry» hatten einen bezeichnenden Vorfall, der sich während der Fahrt ereignete, im Gedächtnis behalten. In der Nossi-Bé-Bucht hatte Richter dem rangälteren Kommandanten des Torpedobootes «Bedowy», Kapitän Baranow, den Gehorsam verweigert. Jeden anderen hätte Roshestwenski für ein solches Vergehen und eine solche Verletzung der Disziplin mit aller ihm eigenen Strenge bestraft, vielleicht gar eingesperrt. Aber bei Richter beschränkte sich Roshestwenski in seinem Befehl Nr. 142 vom 11. März 1905 mit folgenden Worten auf eine gelinde Verurteilung: «Mit Bedauern überzeuge ich mich davon, daß das langfristige Kommando auf Torpedobooten seine Begriffe vom Dienst verdorben hat.»

Deshalb schwiegen die Offiziere. Die Matrosen verhielten sich unterschiedlich. Den einen gefiel Richter sehr, sie hielten ihn für einen einfachen Menschen, vergötterten ihn als ihren Gönner. Das war die Mehrheit. Andere machten sich lustig über die für einen Kommandanten ungewöhnliche Handlungsweise und hielten ihn für einen unschädlichen und ungefährlichen Narren. Einige glaubten aber, ihm gegenüber sehr mißtrauisch sein zu müssen, so vor allen der Torpedomaat Pjotr Galkin. Schweigsam im allgemeinen, äußerte er kaum jemals seine Meinung über den Kommandanten. Aber einmal sagte er bei einer Auseinandersetzung über ihn: «Ich glaube, daß er unter der Matrosenuniform eine Wolfsnatur verbirgt.»

Diese Worte verblüfften die Anhänger Richters, die Galkin heftig beschimpften. Seither mischte er sich nicht mehr in Gespräche über den Kommandanten.

Jetzt bewegte ohnehin eine ganz andere Frage die gesamte Mannschaft. Ihr Boot hatte keine Kohle mehr. Und wieder verblüffte Galkin alle, indem er sein Schweigen brach und sich nun auf Richters Seite stellte: «Der Kommandant hat recht. Es war falsch von ‹Swetlana›, uns keine Kohlen zu geben. Das Übernehmen hätte nicht mehr als fünfzehn Minuten gedauert. In dieser Zeit konnte der Feind gar nicht auf Schußweite herankommen.»

Nach etwa anderthalb Stunden fand die Begegnung mit dem Feind statt. Zwei seiner Kreuzer, «Otawa» und «Niitaka», sowie das Torpedoboot «Murakumo» fielen mit ihrem Feuer über «Swetlana» und dann auch über «Bystry» her.

Der Feind war bedeutend stärker. «Bystry» war daher nicht in der Lage, «Swetlana» zu helfen, und mußte abdrehen. Aber wohin? Wenn das Torpedoboot ausreichend Kohle gehabt hätte, wäre es mit Volldampf auf eigenem Kurs davongefahren. Die feindlichen Kreuzer wären nicht nachgekommen, denn erstens waren sie mit «Swetlana» beschäftigt, zweitens konnten sie keine so große Fahrtgeschwindigkeit entwickeln. Als Verfolger wäre nur das japanische Torpedoboot «Murakumo» in Frage gekommen. Ohne ein Gefecht wäre es wohl nicht abgegangen, aber die Kräfte wären ausgeglichen und der Ausgang offen gewesen. So aber blieb «Bystry» nichts weiter übrig, als die koreanische Küste anzusteuern und das Schiff zu sprengen.

In die Feuerung wanderten mit der restlichen Kohle auch Holzteile. In der Maschine glühten die Lager. Der Maschinist Filippow brachte zwei Pud Seife an und ersetzte durch sie das Schmieröl. Die Glut wurde gedämpft, aber das Schicksal des Bootes war nicht zu wenden. Auf Veranlassung des Kommandanten wurden die Schiffsdokumente,

Chiffreschlüssel und Seekarten über Bord geworfen. «Bystry» wurde vom Kreuzer «Niitaka» und vom Torpedoboot «Murakumo» verfolgt. Beide Torpedorohre wurden leergeschossen, aber kein Torpedo erreichte sein Ziel.

Das Schiff wurde zur Sprengung vorbereitet. Eine Sprengpatrone wurde in der Heckmunitionskammer ausgelegt, von hier aus wurde eine Zündschnur nach oben geleitet. Im letzten Augenblick flogen Maschinengewehre und Geschützschlösser über Bord. In einer Entfernung von ein bis zwei Kabellängen von der Küste stieß das Boot endlich auf Grund.

«Beide Boote zu Wasser!» befahl der Kommandant Richter.

Es waren nur kleine Segeltuchboote, in die vier gerettete Verwundete vom Linienschiff «Osljabja» und einige Heizer gesetzt wurden, die von der übermäßigen Arbeit tödlich erschöpft waren. Der Kommandant versammelte die Mannschaft um sich und erklärte: «Die übrigen müssen schwimmend das Ufer erreichen. Versorgt euch mit Schwimmwesten. Am Ufer sammeln wir uns wieder, dann werden wir sehen, was zu tun ist – entweder marschieren wir zu Fuß, oder wir fahren auf einer koreanischen Dschunke nach Wladiwostok.»

Stumm hörten die Matrosen ihrem Kommandanten zu. Zum letzten Mal standen sie auf Deck ihres jetzt schutzlosen Schiffes. Der Feind näherte sich, in wenigen Minuten würde alles aus sein. Möglich, daß jetzt alle die Unsinnigkeit des Krieges erkannten. Sie hatten eine lange Reise zurückgelegt, voll Entbehrungen und Leiden, voll schlafloser Nächte und Unruhe, voll Opferbereitschaft und Hoffnungen. Und nun standen sie vor dem sinnlosen Ende …

«Wer bleibt, um das Schiff zu sprengen? Vielleicht findet sich ein Freiwilliger?» fragte der Kommandant. Er beherrschte sich, um ruhig zu erscheinen, in seiner Stimme schwang aber Unruhe mit.

Ein Matrose hob seine Hand an die Mütze.

«Gestatten Sie mir, das auszuführen, Euer Hochwohlgeboren.»

Der Kommandant starrte verwundert in das etwas finstere, einfache und unscheinbare Gesicht. Vor ihm stand in strammer Haltung ein mittelgroßer Mann von achtundzwanzig Jahren. Für den Kommandanten war es überraschend, daß gerade Pjotr Galkin und kein anderer sich freiwillig meldete. Dieser Torpedomaat hatte sich während der Fahrt und auch im Kampf durch nichts ausgezeichnet. Er gehörte zu denen, die jeden Auftrag, ob wichtig oder nicht, mit der gleichen Gewissenhaftigkeit ausführten. Man kann einem solchen Menschen nichts nachsagen, erwartet aber auch nichts von ihm. Pjotr Galkin war stets als ein Durchschnittsmensch angesehen worden. Seine Meldung war besonders deshalb bemerkenswert, weil Galkin am Ende seiner Dienstzeit stand und im Herbst in die Reserve entlassen werden sollte.

«Wirst du diese Aufgabe auch durchführen können?» fragte der Kommandant und blickte Galkin prüfend an.

«Jawohl, Euer Hochwohlgeboren. Ich kann das sehr gut machen. Ich bin doch ausgebildet worden. Das Schiff wird auf jeden Fall gesprengt werden.»

Er sagte das mit einer Bestimmtheit, daß man ihm glauben mußte.

«Du kannst natürlich schwimmen?»

«Das hat man mir nicht beigebracht.»

«Hast du es auch als Kind nicht gelernt?»

«Nein, unser Dorf liegt an keinem Gewässer. Ich werde aber eine Matratze oder einen Rettungsring nehmen.»

«Fein! Ich werde dich zur Auszeichnung vorschlagen», sagte der Kommandant, der selbst nicht daran glaubte, daß es diesem Menschen gelingen würde, aus einem solchen Unternehmen heil herauszukommen.

«Danke ergebenst, Euer Hochwohlgeboren, ich bleibe aber nicht wegen der Auszeichnung auf dem Schiff. Ich möchte nur nicht, daß unser Schiff dem Feind in die Hände fällt. Wenn ich aber leben bleibe, dann ist es etwas anderes.»

Der Feind hatte sich eingeschossen, die Einschläge kamen näher. Eine Granate traf das Heck und richtete geringe Schäden an. Der Kommandant wünschte Galkin Erfolg und befahl: «Alle Mann über Bord!»

Als außer Galkin niemand mehr auf dem Boot war, sprang auch der Kommandant, mit einem Rettungsring versehen, ins Meer.

Die Japaner schossen auf die Schwimmer. Daran beteiligte sich nicht nur das Torpedoboot, sondern auch der Kreuzer «Niitaka». Die Dünung war ziemlich stark. Eines der Segeltuchboote kenterte. Kräftige Matrosen retteten die Insassen. Der Kommandant Richter hielt sich in einem Schwimmgürtel über Wasser, war aber so schwach, daß er kaum die Schwimmbewegungen ausführen konnte. Die Matrosen lösten sich ab und geleiteten ihn zum Ufer.

Endlich spürten die Menschen freudig festen Boden. Stürzend und wieder aufstehend, strebten sie durch die Brandung hastig dem Land zu. In der Luft barsten die Schrapnells, dünn pfeifend flogen die Kugeln. Ringsum war die Wasseroberfläche von kleinen Spritzern übersät, als spielten große Herden Fische; vorn an Land standen Staubwolken, als würfen Tausende von Händen den Staub hoch. Die stärkeren und schwimmgeübten Matrosen hatten schon das Ufer erreicht. Plötzlich dröhnte ganz nahe eine furchtbare Explosion. Bebend blickten sich alle um. «Bystry» versank sofort. Aus dem Wasser ragten nur die Schornsteine und der Bug, der auf Sand lag, heraus. Eine schwarze Rauchwolke zog wirbelnd und sich ausbreitend über das Meer und nahm den letzten Seufzer des Schiffes mit sich.

Bis zur letzten Granate

Der Rest der Nacht verlief auf «Swetlana» ohne sonderliche Störungen. Neue Gefahren brachte erst der Morgen, denn die zwei Kreuzer «Otawa» und «Niitaka» und das Torpedoboot «Murakumo» machten sich an die Verfolgung. Sie kamen in Kiellinie steuerbord auf.

Der Kommandant Schein, der seit dem Vortage nicht von der Brücke gewichen war, sah sich immer wieder nach den Verfolgern um. Er hatte veranlaßt, daß die Umdrehungszahl der Maschinen auf hundertzwanzig gesteigert wurde, die Geschwindigkeit war aber nicht über sechzehn bis siebzehn Knoten zu steigern. Das war alles, was der schwerangeschlagene Kreuzer, dessen Bug tief im Wasser lag, noch hergeben konnte.

Um 8.00 Uhr bestieg der Erste Offizier Surow die Brücke. Er sah aus wie ein Mensch, der alle Fragen entschieden hat und keinerlei Zweifel mehr hegt. Straff, die Mütze wie üblich tief im Nacken, berichtete er dem Kommandanten: «Auf Ihren Befehl sind alle Offiziere zu einem Kriegsrat zusammengetreten.»

Schein sagte leise und gedehnt: «Sie bleiben hier an meiner Stelle. Ich gehe.»

In der Messe, wo sich die Offiziere versammelt hatten, herrschte Halbdunkel. Das elektrische Licht funktionierte nicht mehr, nur durch die offene Tür und die Ritzen der verschlossenen Bullaugen drang schwaches Tageslicht. Die Offiziere warteten stehend auf den Kommandanten. Die Stille verlieh diesen Augenblicken eine düstere Feierlichkeit. Jeder verstand ohne viel Worte die allgemeine Stimmung: Der Untergang des Schiffes war unvermeidlich.

Im Türrahmen erschien die hohe Gestalt des Kommandanten. Er ging so gebeugt, als trüge er eine überschwere Last auf den Schultern. Einige Offiziere hatten ihn seit dem Vortage nicht gesehen. Ihnen fiel besonders auf, wie in dieser einen schlaflos und unruhig verbrachten Nacht sein Gesicht so verfallen und grau geworden war, als sei es voll Straßenstaub. Bedächtig trat er zum Tisch, legte das schon aufgeschlagene Marinereglement vor sich hin, richtete sich auf und sah seine

Untergebenen lange an. In seinem Blick lagen Liebe zu ihnen, Hoffnung, in jedem einen Helden zu sehen, und Mitleid mit der Jugend, die dem Untergang preisgegeben war. Fragend sahen ihn alle an. Was sollte er ihnen sagen, womit ihren Geist vor dem Kampf mit einem weit überlegeneren Feind stärken – auf diesem angeschlagenen, fast waffenlosen Schiff? Er zögerte, als könnte er sich nicht entschließen, die ganze Wahrheit einzugestehen.

Endlich erklang seine Stimme, ruhig und gleichmäßig: «Meine Herren, Ihnen allen ist klar, welchem verantwortungsvollen Augenblick wir entgegengehen. Ich habe versucht, davonzukommen, um dem ungleichen Kampf zu entgehen. Die geringe Fahrt hindert uns daran, wie Sie sehen. Wir haben zwei Kreuzer gegen uns, von denen jeder stärker ist als ‹Swetlana›. Die Munition reicht bei uns für zwanzig Minuten. Den Ausgang des Gefechts kann man im voraus bestimmen. ‹Swetlana› wird untergehen. Nun sagen Sie Ihre Meinung.»

Alle Offiziere, vom Jüngsten bis zum Ältesten, äußerten die gleiche Ansicht: kämpfen bis zum letzten Geschoß und dann den Kreuzer sprengen!

Der Torpedooffizier Woronez erklärte: «Seit gestern steht die Munitionskammer unter Wasser. Das Schiff kann nicht gesprengt werden.»

Der Ingenieur Derkatschenko brachte einen anderen Vorschlag ein: «Im letzten Augenblick müssen die Flutventile und die Türen der Schotten geöffnet werden, dann sinkt das Schiff in wenigen Minuten.»

Der Kommandant hatte die Dienstvorschrift mitgebracht, um nötigenfalls den entsprechenden Paragraphen daraus vorzutragen. Als er aber die Absichten aller kennengelernt hatte, sah er, daß das nicht notwendig war. Sein Schlußwort war kurz: «In einem solchen bitteren Augenblick haben Sie, meine Herren, mir durch Ihre Einigkeit eine große Freude bereitet. Somit ist beschlossen: Sobald die Munition verbraucht ist, wird der Kreuzer versenkt.»

Zum letzten Mal warf er einen Blick auf die Gesichter seiner Untergebenen. Es war, als nehme er Abschied von ihnen. Dann fügte er hinzu: «Und nun an die Plätze. Gefechtsalarm!»

Der Erste Offizier begrüßte den auf die Brücke zurückgekehrten Kommandanten mit den Worten: «Die Japaner holen uns ein.»

Schein unterrichtete ihn vom Beschluß des Kriegsrates.

«An Bord von ‹Swetlana› hat es keinen anderen Beschluß geben können», erwiderte Surow fest.

Der Kommandant befahl eine Kursänderung. «Swetlana» wandte sich der koreanischen Küste zu. Die Insel Ullondo, deren Felsen in der Ferne sichtbar waren, blieb steuerbords. Schein wollte wenigstens die Mannschaft retten, wenn schon der Kreuzer verloren war. Die Japaner hatten aber dieses Manöver durchschaut und blieben unter Ausnutzung ihrer Geschwindigkeit bemüht, die «Swetlana» vom Festland abzuschneiden.

Es wurde Gefechtsalarm gegeben. Der Erste Offizier durfte sich überall auf dem Schiff aufhalten, nur nicht auf der Brücke. So war es auf allen anderen Schiffen, nicht aber auf «Swetlana». Das war nicht etwa deswegen, weil der Kommandant seine Sache nicht verstand oder Angst hatte, – nein. Aber er konnte eine so tatkräftige Persönlichkeit wie Surow nicht entbehren. Niemand konnte so schnell und sicher die Ausführung eines Befehls gewährleisten, wie dieser Ordnungsfanatiker. Seine Anwesenheit auf der Brücke war auch deshalb vertretbar, weil er den Artillerieoffizier Barkow jederzeit ersetzen konnte, der als früherer Absolvent einer juristischen Fakultät nicht das Vertrauen des Kommandanten genoß.

Den ersten Schuß gab der Geschützführer Mjakotnikow aus einem 152-mm-Geschütz ab. Er lag zu kurz. Schein befahl, mit dem Schießen zu warten. Die Entfernung zum Feind, der Parallelkurs hielt und backbord querab von «Swetlana» zu gelangen suchte, verringerte sich. Einige Minuten später eröffnete «Swetlana» das Feuer aus zwei 152-mm-Geschützen. Durch das Absacken des Bugs waren die Buggeschütze ausgeschaltet. Fünfzehn Minuten lang erwiderte der Feind das Feuer nicht. Offenbar hoffte man, daß das Schiff sich ergeben werde, denn einen anderen Ausgang des Gefechts hielten die Japaner nicht für möglich. Sie behielten aber unrecht. An Bord von «Swetlana» gab es kaum einen Menschen, der aus Furcht vor der feindlichen Übermacht an die Übergabe gedacht hätte. Vielleicht erwarteten die Japaner, daß die Geschütze verstummen würden, «Swetlana» setzte aber den Beschuß fort. Endlich sah man auf der Brücke, daß auf dem feindlichen Spitzenschiff feurige Funken aufblitzten, gleich darauf stiegen Wassersäulen um «Swetlana» hoch.

Der Kreuzer änderte häufig den Kurs, um den Japanern das Einschießen zu erschweren. Trotzdem kam der Feind mit seiner höheren Fahrgeschwindigkeit immer näher, und es wurde immer schwieriger, den japanischen Schlägen zu entgehen. Zuerst nahm an diesem Gefecht nur der feindliche Kreuzer «Otawa» teil, dann aber griff auch «Niitaka» ein.

Die Heckgeschütze befehligte der Oberleutnant Arzybaschew, für den ein Unterstand aus Kesselrosten errichtet worden war. Er lehnte es ab, diesen Schutz zu benutzen, und stand offen da, bärtig und mit einer so forschen Haltung, wie bei einem Übungsschießen. Hellblonde

Locken ringelten sich unter der Marinemütze hervor, die er keck auf ein Ohr gesetzt hatte. Er gab seine Befehle mit Begeisterung, seine blauen Augen leuchteten jungenhaft. Auch die Geschützführer arbeiteten gut und wetteiferten mit ihm in der Tapferkeit. Plötzlich warf er die Arme hoch, als wollte er etwas auffangen, und stürzte hin. Aus seinem zertrümmerten Schädel rann ein Streifen hellroten Blutes.

Er wurde sofort durch Leutnant Kartawzew ersetzt. Die Artillerie setzte keinen Augenblick aus. Der Geschützführer Mjatkotnikow, der beste Geschützführer, zielte so eifrig, daß er geradezu mit seiner Waffe verschmolz. Sein breites Gesicht war streng, angespannt. Er zielte dieses Mal länger als sonst. Endlich warf das Rohr einen runden Blitz heraus. Wenige Sekunden später sahen alle an Deck, wie mitten auf dem japanischen Kreuzer «Otawa» eine Feuersäule und schwarzer Rauch hochstiegen.[41]

«Hier hast du es, den Rest kannst du behalten!» rief Mjatkotnikow.

Der «Rest» wurde aber doch noch herausgegeben; eine Granate detonierte in der Kajüte des Kommandanten, eine zweite durchbrach die Bordwand unmittelbar an der Wasserlinie beim achtundsechzigsten Spant. Die Wellen schlugen ins Schiffsinnere. Surow und der Mechaniker Derkatschenko liefen mit einer Gruppe Matrosen dorthin. Die Lecks wurden mit Matratzen, Holz und Kohlensäcken verstopft. Gleichzeitig hatten sich zwei Matrosen am Außenbord abgeseilt und arbeiteten dort, dem Hagel der Splitter ausgesetzt. Der Zustrom des Wassers verringerte sich.

Aber das Unglück nahm kein Ende. Eine Granate fegte den Unterstand aus Kesselrosten fort, durchschlug das Dampfrohr und legte die Backbordmaschine still. Sie mußte von der Steuerbordmaschine getrennt werden. Die Fahrt verminderte sich noch mehr. Die Munition ging zur Neige. Von der Brücke kam Anweisung, seltener zu schießen und noch besser zu zielen. Der Feind kam näher, die Treffer auf «Swetlana» häuften sich. Eine Granate warf den Schlot um und detonierte im mittleren Kesselraum. Die Matrosen in diesem Raum fielen alle. Immer wieder krachte bald hier, bald da dröhnend das Metall. Der Schiffskörper wurde durchlöchert, die Menschen wurden verstümmelt. Zwei Elemente – Feuer und Wasser schienen sich gegen «Swetlana» verschworen zu haben. Die Matrosen, die ihr Schiff mutig verteidigten, wurden aber zunächst Herr über die Wasser- und Feuergefahr.

Kommandant Schein beobachtete sehr bedrückt diese Hölle und harrte auf das Ende. Als er Surow sah, meinte er: «Alexej Jessandrytsch, ordnen Sie doch an, solange wir noch leben, daß die Geheimdokumente beschwert über Bord geworfen werden. Das wird uns das Sterben leichter machen.»

Der Erste Offizier entfernte sich, um den Befehl auszuführen.

Da geschah etwas mit der Schiffssirene. Wahrscheinlich hatte ein Splitter das Ventil zerschlagen. Die Sirene heulte so durchdringend, mit solch unheimlicher Kraft, als kündigte sie eine furchtbare Katastrophe an. «Swetlana» schien ein lebendiges Wesen zu sein, das seinen Untergang ahnte und voller Verzweiflung heulte. Die Menschen in den unteren Räumen, die nicht wußten, was oben vor sich ging, wurden von Entsetzen erfaßt. Manche glaubten, das Schiff ergebe sich, andere meinten, das sei das Signal zur Rettung. Das dauerte so lange, bis endlich ein Maschinist darauf kam, den Dampf abzusperren.

Beide Geschütze schwiegen.

«Wir haben keine Munition mehr!» brüllte verzweifelt der Geschützführer Mjakotnikow.

Die Artilleristen fluchten. Wutschnaubend schleuderten die Matrosen ihre Mützen auf Deck. Um den Gegner zu täuschen, schoß Mjakotnikow mit Übungsmunition weiter. Aber auch sie war bald verbraucht. Erst dann zog er sich niedergedrückt in die unteren Räume zurück.

Zu allem Übel setzte auch die zweite Maschine aus. «Swetlana» blieb hilflos liegen. Der feindliche Kreuzer «Niitaka» jagte dem Torpedoboot «Bystry» nach, aber «Otawa» blieb, kam noch näher und schoß mit besonderer Wut auf das bewegungslose, stumme Ziel.

Kommandant Schein befahl den Ingenieuren: «Es ist Zeit, das Schiff zu versenken. Wir nehmen jetzt Kurs auf den Meeresgrund. Öffnet die Flutventile!»

Als er Surow begegnete, fragte er ihn: «Alexej Jessandrytsch, wieviel Boote sind noch brauchbar?»

«Leider ist nur ein einziges Ruderboot unversehrt geblieben, Sergej Pawlowitsch.»

«Lassen Sie es sofort zu Wasser, damit die Verwundeten wegkommen.»

Der Kommandant wandte sich ab. Sein trauriger Blick blieb an einem jungen Offizier von mittlerem Wuchs und plumper Gestalt hängen. Er stand am Reep und starrte mit seinen Schellfischaugen auf die Brücke. Schein nickte in seiner Richtung und fügte hinzu: «Beauftragen Sie den Oberleutnant Tolstoi damit.»

Die Offiziere hielten Tolstoi für dumm, aber verwendbar. Auf der Fahrt hatte niemand die Matrosen so angebrüllt wie dieser Mensch. Sein Geschrei war auf dem ganzen Schiff zu hören gewesen. Die Vorgesetzten waren überzeugt davon, daß er die Matrosen haßte. In Wirklichkeit war das aber nur Tolstois Maske gegenüber den Offizieren gewesen. In Wirklichkeit stand er sich mit seinen Untergebenen gut und bestrafte sie nie.

Er nahm den Auftrag des Ersten Offiziers entgegen und trippelte auf seinen kleinen Füßen mit einer Matrosengruppe zu den Davits. Sie mußten den Kutter im Donner der feindlichen Schüsse herunterlassen. Plötzlich dröhnte eine starke Explosion. Schein, Surow und andere sahen sich um: Der letzte Kutter war zerschlagen, Tolstoi lag tödlich verwundet auf Deck.

Der Kreuzer sank immer tiefer, sein Umriß wurde zusehends kleiner. Der Befehl, über Bord zu gehen, war aber immer noch nicht erfolgt. Alle befanden sich noch auf ihren Plätzen. Mit Genehmigung des Kommandanten leitete Surow wie ein guter Hausverwalter die Verteilung der Matratzen, Rettungsringe und Korkgürtel. In erster Linie wurden die Verwundeten, die heraufgetragen wurden, damit ausgerüstet. Dann erst gab Schein sein letztes Kommando: «Rette sich, wer kann!»

Seine Herrschaft über das Schiff war zu Ende.

Aus den Maschinen- und Kesselräumen, den Munitionskammern und dem Batteriedeck, aus allen unteren Räumen kamen die Leute auf das Oberdeck geströmt. Sie sahen sich um und erkannten ihr eigenes Schiff nicht wieder. Die Takelung beider Masten war weggefegt, der achtere Schornstein umgefallen, überall ragten Eisenstücke, Holzteile schwelten, es roch brandig. Das Deck sah aus wie ein Wald nach einem Wirbelsturm. Ringsum detonierten immer noch feindliche Granaten. Die Leute liefen auseinander, um sich die besten Plätze zum Abspringen zu suchen. Nur zwei Mann an Bord hatten es nicht eilig: der Kommandant und der Erste Offizier. «Und wie ist es mit Ihnen, Sergej Pawlowitsch?» fragte Surow.

«Ich bleibe hier», erwiderte Schein mit finsterer Entschlossenheit.

«Ich auch.»

Surow verabschiedete sich vom Kommandanten und begann seine letzte Besichtigung. Die Sorge um «Swetlana» verließ ihn auch im Augenblick des nahenden Unterganges nicht. Er war standhaft und diszipliniert und so durch und durch Schiffsoffizier, daß er sogar seine Gedanken nach dem Marinereglement ausrichtete. Die Paragraphen dieses Reglements waren für Surows Verhalten in jeder Situation an Bord maßgebend. Wenn in diesen Augenblicken jemand die Disziplin verletzt hätte, wäre der Name des «Sünders» wie zu gewöhnlichen Zeiten auf seiner linken Manschette aufgeschrieben worden. Es schien, als sei er darauf bedacht, daß sein Schiff auch auf dem Meeresgrund in vollster Ordnung ankommen sollte.

An Deck wurde es leer. Nur noch einige Matrosen suchten hastig nach geeigneten Gegenständen, um sich zu retten. Sie beachteten den Mann mit den Adjutantenschnüren und der tief in den Nacken geschobenen Mütze nicht mehr. Dafür sah er alles. Als er bemerkte, daß der Geschützführer Fomow sich die Schwimmweste zu tief umbinden wollte, stürzte er auf ihn zu und rief:

«Was tust du? So bindet man doch die Weste nicht um! Sieh doch mal aufs Meer – da schwimmen schon welche mit den Beinen nach oben.»

Surow schnitt mit einem Messer ein Stück Schnur ab und befestigte damit die Schwimmweste auf der Brust des Geschützführers.

«Und nun, Gott mit dir!» sagte er und zeigte über Bord. Fomow sprang ins Wasser.

Surow stieg ins Zwischendeck hinab und warf einen Blick in den Verbandraum. Er bemerkte einen Mann im weißen Kittel und fragte streng: «Warum retten Sie sich nicht?»

Ein Gesicht mit einer großen Nase und dichtem, dunkelblondem, unordentlichem Haar wandte sich ihm zu. Es war das Gesicht des Chefarztes Karlow. Er sagte: «Eben hat man die letzten Verwundeten fortgetragen. Ich will gleich ...»

Eine Detonation unterbrach ihn. Ringsum krachte alles zusammen. Trümmer des Lazaretts begruben den zerfetzten Körper des Ersten Offiziers. Der Chefarzt kämpfte sich durch den Rauch nach oben.

Der Kommandant stand auf der Brücke und warf einen letzten Blick auf das Schiff. Geistesabwesend zog er seine weißen Handschuhe aus, zerknülle sie und zog sie wieder über. Seine Augen weiteten sich, als er die Gestalt eines seiner vertrauten Offiziere auf der Back liegen sah, den Kopf mit einer Jacke zugedeckt. Ein blutiger Armstumpf ragte darunter hervor. Die rechte Hand hatte sich um das Ankertau gekrampft. Der Navigationsoffizier Diakonow schien sich auch im Tode nicht von dem Kreuzer trennen zu wollen. Der Kommandant Schein starrte ihn an und sagte mit bebender Stimme: «Oberleutnant Diakonow ...»

Plötzlich schwankte er wie vom Grauen übermannt und verbarg das Gesicht unter den Händen. Seine weißen Handschuhe waren im Nu so rot, als weine er blutige Tränen. Matrosen halfen ihm, von der Brücke herabzusteigen, dann lehnte er ihre Hilfe ab und ging allein ganz langsam zum Heck. Gleich darauf traf ihn noch ein Splitter, der seinem Leben ein Ende machte.

Einige Rudergänger und Signalgasten stürzten jetzt zu ihrem unmittelbaren Vorgesetzten, dem Navigationsoffizier Diakonow. Er war bei der ganzen Mannschaft beliebt. Sie konnten sich nicht damit abfinden, daß dieser Mensch auf dem sinkenden Schiff blieb. Trotz seiner Proteste wurde ihm eine Korkmatratze umgebunden. Auch im Wasser verließen sie ihn nicht.

Der Kreuzer «Swetlana», der so viel gelitten hatte und vom Feind fast anderthalb Stunden beschossen worden war, neigte sich nach Backbord. Durch die geöffneten Ventile und den lecken Schiffskörper strömte das Wasser ein und brachte dem Schiff den Untergang. An Bord waren nur Leichen zurückgeblieben. Wer im Gefecht den Granaten entgangen war, versuchte so schnell wie möglich vom Schiff fortzukommen. Nur zwei allen Matrosen bekannte Lebewesen hatten «Swetlana» nicht verlassen: das Äffchen Koko und der alte, schlaue Papagei. Der Vogel befand sich in einem Käfig in der Messe, beobachtete die Männer, die besorgt das Schiff verließen, und rief ihnen böse etwas in seiner Vogelsprache zu. Das Äffchen Koko wurde zuletzt auf der äußersten Spitze des gebrochenen Fockmastes gesehen, wo es dem Unbegreiflichen entgegensah. Nach zwei bis drei Minuten versank «Swetlana» wie ein Gespenst im Meer.

Auf den glitzernden Wellen waren nur noch Menschenköpfe zu sehen, die von der Strömung auseinandergetrieben wurden. Mit Mützen und ohne Mützen schaukelten sie wie Bojen und riefen um Hilfe. Sie hegten nur die eine Hoffnung, der feindliche Kreuzer «Otawa» werde sie bergen. Er hielt auch mit Volldampf auf sie zu, während sie ihm entgegenschwammen. Wie groß war aber ihre Enttäuschung, als sie von Deck nur triumphierende «Bansai!»-Rufe hörten. Es war grausam und herzlos. Der Kreuzer fuhr mitten durch die Schar der mit den Wellen Ringenden und kümmerte sich nicht um die Menschen in Seenot. Viele wurden vom Schiffskörper zerdrückt oder von den Schrauben zerschnitten. So kamen der Quartiermaat Solomenski, der Matrose Sirotschenko, der Priester Chandalejew und der Koch Jegorow ums Leben. Am Heck des davonfahrenden Schiffs stand ein Japaner; er zeigte den russischen Seeleuten ein Geschoß, das er hoch über den Kopf hielt, mit der anderen zur Faust geballten Hand drohte er ihnen.

Der Kreuzer «Otawa» verschwand, als hätte er sich in der leuchtenden Ferne aufgelöst. Den Ertrinkenden blieb kaum noch Hoffnung auf Rettung. Über ihnen breitete sich teilnahmslos der blaue Himmel. In der Frühlingssonne glitzerte die bewegte See. Auf der einen Seite konnte man undeutlich, wie in Rauch gehüllt, die Felsen der Insel Ullondo erkennen, auf der anderen die bläulich schimmernde koreanische Küste. Das war alles, was sich den Blicken der verlassenen Menschen bot. Verzweiflung erfüllte ihre Herzen. Am meisten litten die Heizer und die Maschinisten. Aus ihren überhitzten Räumen hatten sie sich schweißüberströmt ins kalte Wasser gestürzt. Einige hielten diese Marter nicht aus und starben, andere verloren den Verstand. Manche begingen Selbstmord, indem sie sich absinken ließen.

Über zwei Stunden vergingen voll Todesnot und Schrecken. Da sahen sie das japanische Transportschiff «Amerika-Maru» kommen. Es stoppte und ließ drei Boote zu Wasser. Bis zum Abend dauerte die Bergung.

«Amerika-Maru» mit den russischen Gefangenen nahm Kurs auf die japanische Küste. Von der Mannschaft des leichten Kreuzers «Swetlana» fehlten 167 Mann. Das Meer hatte das Leben dieser Kämpfer geraubt. Der Rest der Mannschaft fuhr an Bord eines feindlichen Schiffes in ein fremdes Land. Die Matrosen hatten ein reines Gewissen ihrem Vaterland gegenüber. Schonungslos gegen sich selbst hatten sie sich gegen den stärkeren Feind gewehrt.

Worüber die Japaner staunten

Als die «Bystry»-Mannschaft die koreanische Küste erreicht hatte, strebte sie zunächst bergauf. Erst im Schutze der Berge wurde festgestellt, wer fehlte. Drei Mann waren es; sie waren offenbar beim Verlassen des Bootes umgekommen.

Die Schießerei hatte aufgehört; sie konnten weiterwandern. Jetzt erst bemerkten sie etwas, was man im russischen Geschwader nicht geahnt hatte: Entlang der koreanischen Küste waren Beobachtungsposten mit Funkstationen angelegt worden, denen keine Bewegung auf See entgehen konnte. Natürlich stellten die Japaner auf diese Weise auch fest, daß sich russische Seeleute an Land gerettet hatten. Am Abend waren die Geretteten bereits von Landungstrupps des Kreuzers «Niitaka» umzingelt. Waffenlos und ermüdet durch die zwei Gefechtstage auf See, mußten sie sich kampflos ergeben.

Aber auch in der Gefangenschaft verließ sie nicht das Gefühl der erfüllten Pflicht. Das Schiff war rechtzeitig versenkt worden! Die Erinnerung daran bereitete ihnen Genugtuung. Als sie an Land waren, hatten sie von weitem beobachtet, wie sich ein feindliches Torpedoboot vorsichtig, um nicht auf Grund zu geraten, «Bystry» genähert hatte. Dann blieb es liegen und setzte ein Boot aus, das zu den Trümmern fuhr.

Die russischen Seeleute waren davon überzeugt, daß der Feind ihr

Torpedoboot nicht mehr verwenden konnte. Dieses Bewußtsein verband die Mannschaft noch enger mit dem Kommandanten. An Land pflegte er den gleichen, freundschaftlichen Umgang mit seinen Matrosen wie auf dem Schiff. Nun waren sie alle um ihn vereint. Der Kommandant betrachtete freundlich seine Retter. Sie, seine Untergebenen, hatten ihm geholfen, an Land zu kommen, ohne ihre Hilfe wäre er den Wellen nicht entronnen. Zufrieden mit der Ergebenheit der Mannschaft, noch mehr aber damit, daß das Torpedoboot direkt vor der Nase des Feindes versenkt worden war, legte Richter die linke Hand aufs Herz und sagte erregt zu den Matrosen: «Brüder, ich werde euch das nie vergessen. Die Fahrt nach dem Fernen Osten und das gestrige Gefecht haben uns für ewig verbunden. Ihr müßt in mir für immer euren Freund sehen. Wenn wir erst zu Hause sind, dann schlage ich euch für Auszeichnungen vor. Außerdem bitte ich euch, mich in Petersburg, in meiner Wohnung aufzusuchen, wenn ihr etwas braucht. Ich helfe euch.»

Die Matrosen dankten ihm mit lauten Zurufen. Die Ansprache des Kommandanten hatte ihnen neuen Mut gegeben.[42]

Trotz der schweren Erlebnisse der letzten Tage fanden einige ihre fröhliche Stimmung wieder. Boshafte Scherze über den zu spät gekommenen Feind wurden laut. Jemand sagte lächelnd: «Sie hofften, ein Schiff zu gewinnen, können sich aber nur die Lippen lecken.»

«Das ist alles gut und schön, aber wie steht's mit Galkin?» fragte der Maschinist Jefremow.

Es wurde still, die Gesichter wurden ernst.

«Wir werden ihn wohl in die Liste derer aufnehmen müssen, für die wir Gedenkgottesdienste abhalten werden», seufzte ein Heizer und bekreuzigte sich.

«Warte mit dem Bekreuzigen, vielleicht lebt er noch.»

«Nein, das ist ganz unmöglich.»

«Ja, das war ein Bursche! Er blieb, den sicheren Tod vor Augen, und hat uns allen geholfen», meinte begeistert der Unteroffizier Filippow. Alle bedauerten den Kameraden, aber sie waren auf Pjotr Galkin stolz. Niemand wußte, was mit ihm geschehen war.

Als Galkin allein an Bord geblieben war, besorgte er sich ein Stück Tau, band sich einen Schwimmgürtel um und ging aufs Heck. Unwillkürlich blickte er sich nach den davonschwimmenden Kameraden um, die schon weit und außer Gefahr waren.

«Es ist Zeit!»

Der Maat erkannte seine eigene Stimme nicht, ihm war, als hätte ein ganz anderer den Befehl gegeben.

Er stieg ins Zwischendeck hinunter und blieb an der zurechtgelegten Zündschnur stehen. Ein Streichholz flammte in seiner Hand auf, er löschte es aber wieder. Regungslos stand er da und überlegte genau: Wieviel Zeit braucht der glimmende Funke bis zur Sprengpatrone? Acht Minuten. Das genügte vollauf, um sich in Sicherheit zu bringen. Dann entzündete er die Zündschnur. Er ging aber noch nicht fort. Brannte die Schnur auch richtig? Alles war in Ordnung, das Feuer kroch sicher dem Ziele zu. Es war, als winde sich eine dünne, schwarze Schlange auf die Munitionskammer zu. Galkin mußte daran denken, daß mit der abbrennenden Schnur sich auch sein Leben verkürzte, und ging zum Bug. Hier befestigte er das eine Ende des Seils an der Bordwand, während er das andere um seinen Leib band. So ließ er sich über Bord gleiten und hing wie hinter einer Panzermauer. Er wartete und sah, wie die ersten Matrosen schon an Land stiegen. Würde er die Kameraden je wiedersehen? Sie konnten noch nach Rußland zurückkehren. Und er ... Tränen traten ihm in die Augen, er rief laut: «Grüßt die Heimat!»

Er bekam keine Antwort, hörte nur das vertraute Schlagen der Wellen gegen die eisernen Bordwände. Dünner Rauch stieg aus den Schloten, als läge das Schiff vor Anker und sei keiner Gefahr gewärtig. Galkin empfand keine Furcht, dennoch war ihm, als friere sein Rücken. Natürlich waren nur wenige Minuten vergangen; ihm, der über dem Wasser hing, erschien es aber, als ob lange und qualvolle Stunden verstrichen seien. Besorgt dachte er: «Ob wohl die Zündschnur versagt hat?» Die Antwort war eine donnernde Explosion im Schiffsinneren. Fauchend und pfeifend flogen Eisenstücke über Bord, die schwersten fielen dicht beim Schiff ins Wasser, das hoch aufspritzte und Galkin durchnäßte. Ihm schien, er werde selbst mit hochgeschleudert und zerstiebe in funkelnde Spritzer. In der nächsten Sekunde aber wurde er so heftig am Seil hin- und hergerissen, daß er gegen die Bordwand schlug. Da wußte er, daß er noch lebte.

Als er den völlig intakten Bug sah, glaubte er, das Schiff wäre noch völlig unbeschädigt. Hatte er denn geträumt? Hastig kletterte er das Seil hoch. Aber oben konnte er feststellen, daß seine Arbeit erfolgreich gewesen war. Den Feind erwarteten nur Haufen zerstückelten Eisens. Er hatte hier nichts mehr zu tun, beeilte sich aber nicht, die Kameraden an Land einzuholen. Schwimmen konnte er nicht, auf den Rettungsgürtel verließ er sich nicht. Auch machten sich die Folgen der Explosion bei ihm bemerkbar. Nach der Überanstrengung schienen ihm seine Muskeln weich wie Watte zu sein, es fiel ihm schwer, sich zu bewegen, der Schädel brummte, er hatte Durst.

Ein feindliches Ruderboot legte an dem aus dem Wasser ragenden Bug des Torpedobootes an. Die Japaner redeten kehlig und kreischend durcheinander. Ihre Gesichter drückten Enttäuschung aus. Sie waren Jäger, denen die Beute entgangen war. Wütend schüttelten sie die Fäuste. Was sie sahen, reizte und wunderte sie: Auf dem Bugspriet des gesprengten Torpedobootes saß ein Mann und lächelte ihnen bescheiden zu. Der Torpedomaat Galkin wurde gefangengenommen.[43]

Langsam versinkt «Blestjaschtschi»

Für die Torpedoboote des Zweiten Geschwaders war die Fahrt nach dem Fernen Osten besonders schwer gewesen. Jedes Boot hatte eine Besatzung von über siebzig Mann. Die Mannschaft hauste in engen Räumen; da Gefrieranlagen fehlten, kamen sie nur selten in den Genuß von Frischfleisch. Schon bei verhältnismäßig geringem Wellengang, der auf die großen Schiffe keinen Einfluß hatte, schlingerten die Torpedoboote so, daß kein warmes Essen zubereitet werden konnte. Mitunter mußten sich Matrosen und Offiziere über eine Woche lang mit Konserven und Zwieback ernähren.

Noch schlimmer wurden die Verhältnisse während eines Sturmes. Zwar wurden alle Luken verschalkt, aber dennoch drang Wasser in die inneren Räume ein. Die nassen Kleider strömten muffigen Geruch aus, die Luft war schlecht. Die Torpedoboote schlingerten nicht mehr, sondern sprangen zwischen den wütenden Wellen, wurden von ihnen hin- und hergeschleudert. Die Menschen hatten das Empfinden, als säßen sie in einem verlöteten Faß, das unaufhörlich aus großer Höhe herunter- und wieder hinaufgeschleudert wurde. Es gehörte schon eine ungewöhnliche Standhaftigkeit dazu, die Beschwernisse einer solchen Fahrt zu ertragen.

Manchmal wurden die Torpedoboote von Transportschiffen in Schlepp genommen. Aber zum Erstaunen der ganzen Welt hatten diese kleinen Schiffchen die riesige Entfernung doch überwunden und waren auf dem Kriegsschauplatz erschienen. Die Besatzungen hatten hervorragende Einsatzbereitschaft bewiesen. Und was verlangte man von ihnen weiter? Der Geschwaderchef nutzte sie nicht im Kampf mit der japanischen Flotte.

So gab es auf «Blestjaschtschi» und «Bodry» keine klaren Befehle für das Gefecht. Kurz vor der Entscheidungsschlacht am 27. Mai ließ Roshestwenski signalisieren, daß «Blestjaschtschi» sich dem Kreuzer «Oleg» anzuschließen habe, «Bodry» dem Kreuzer «Swetlana». Warum, zu welchem Zweck?

«Blestjaschtschi» wurde vom Kapitän 2. Ranges Schamow geführt. Er stand auf der Brücke und blickte bald auf die feindlichen Schiffe, bald auf die russischen Kreuzer. In seinem runden Gesicht mit den starken Backenknochen und dem nachlässigen Schnurrbart war nichts, was auf einen höheren Rang schließen ließ. Sein ganzes Äußeres wies vielmehr auf einen schlauen, ernsten Bauern hin, der sich eine Offiziersuniform übergezogen hatte. Vielleicht war dies auch der Grund, daß er im Marinedienst nicht weiter gekommen war, obwohl er seinen Dienst gut verrichtete, ehrlich war und mit der Mannschaft gut auskam. Zu Anfang des Gefechtes hatte er nur die eine Sorge – sich möglichst weit entfernt von den japanischen Granaten zu halten. Zu seinen Füßen bewegten sich unruhig, verwirrt durch den Geschützdonner, zwei Hunde: der kleine zappelige Bobik mit dem Ringelschwanz, ein Geschenk seiner Kinder, und der riesige junge Bernhardiner Bansai, den er erst während des Krieges gekauft hatte. Der Kommandant sah die Tiere an und sagte: «Ihr habt euch anständig zu benehmen!»

Plötzlich hatten die auf der Brücke Stehenden den Eindruck, als habe sich mit großem Getöse der Boden des Bootes losgelöst. Mehrere Offiziere und Matrosen brachen zusammen. Der Kommandant wurde hochgeschleudert, konnte sich zwar aufrecht halten, drehte aber seltsam den Kopf hin und her. Die beiden Hunde jaulten zuerst erschrokken, als sie aber keinen Feind sahen, bellten sie laut in die Weite, der eine mit tiefem Baß, der andere hell kläffend. Auf «Blestjaschtschi» waren für einen kurzen Augenblick nur Flammen zu sehen; dann schlug das in Rauch gehüllte Boot eine andere Richtung ein, blieb aber über Wasser. Das Oberdeck war an vielen Stellen zerlöchert. Der Maschinentelegraf und die Dampfleitung am Ruder waren zerstört, die Wasserlenzturbine zerbrochen, der Dampfkessel außer Betrieb gesetzt, erbarmungslos waren mehrere Menschen verstümmelt worden. Ein Matrose schrie furchtbar. Der Heizer Kowaljow, dem ein Bein abgerissen worden war, kroch im Kreise herum, als suche er etwas, und rief angstvoll: «Helft mir! Wo ist es denn, mein Bein? Ich habe doch hier gestanden.»

Das alles war geschehen, weil eine feindliche 228-mm-Granate, die für einen Kreuzer bestimmt war, zufällig die Backbordwand des Bootes getroffen hatte. Im Zwischendeck entzündeten sich dadurch zwei Kisten mit 47-mm-Munition.

Der Kommandant veranlaßte, daß Feuer- und Wasseralarm gegeben wurde. Mit dem Feuer wurde man bald fertig, aber das Leck ließ sich nicht abdichten. Das darüber gezogene Persenningstück wurde durch die hohe Fahrt wieder abgerissen. Das Wasser füllte rasch den Bugteil.

Der Rudergänger mußte mit dem Handruder arbeiten. Das Boot begab sich zu der Stelle, wo «Osljabja» gesunken war, und barg mit anderen Booten die Schwimmer. Das war um 15.00 Uhr. Es gelang, mit Tauen acht Mann an Bord zu ziehen. Feindliche Kreuzer nahten und beschossen die bergenden Schiffe heftig. «Blestjaschtschi» fuhr zum Geschwader zurück.

Der Kommandant Schamow stand zu dieser Zeit am Heck beim Handruder. Rund um das Torpedoboot detonierten Granaten. Schamow sah Matrosen an Deck, die nicht gebraucht wurden, und rief ihnen zu: «Leute! Wer auf Deck nichts zu tun hat, geht hinunter! Es gibt sonst unnütz Tote und Verwundete.»

Dem Leutnant Loman sagte er: «Ich gehe auf die Brücke, um aufzupassen, daß wir nicht auf Treibminen stoßen. Sie bleiben hier.»

«Zu Befehl!»

Schamow lief mit gewohnt hastigen Schritten längs der Steuerbordwand, begleitet von seinen Hunden. Der leichtverwundete Leutnant Subow, ein unruhiger, leicht erregbarer Jüngling, folgte ihm. Die Hunde beschnupperten unterwegs, angezogen vom fremden Geruch der Pulvergase, die beschädigten Stellen des Decks. Am zweiten Schlot begegnete der Kommandant dem Bootsmann Fomin. Der kräftige Mann, der seine Pflichten vorzüglich erfüllte und niemals versagte, zog ein besorgtes Gesicht.

«Na, Franzose, wie stehen die Dinge?» fragte Schamow. Er nannte ihn stets so, obwohl bei Fomin nicht die geringste französische Eigenart festzustellen war.

«Schön sieht es nicht aus, Euer Hochwohlgeboren. Wir werden mit dem Leck nicht fertig, werden wohl den Meeresgrund kennenlernen.»

Der Kommandant blieb stehen, sah den Bootsmann verwundert an und rief: «Das muß ich von dir hören, Franzose! Und dabei weißt du dich doch stets herauszuwinden, wenn du betrunken bist. Es steht dir gar nicht, daß du vorzeitig den Kopf hängen läßt.»

«Wir haben doch alles unternommen, Euer Hochwohlgeboren. Das Wasser wird abgepumpt und mit Eimern geschöpft. Aber es steigt immer weiter. Die Bugschottwand kann kaum noch dem Druck standhalten. Nun bauen wir schon Stützen ein, ich nahm die Leitern und Bootsmasten dazu!»

«Nimm dir noch einen Teil der Mannschaft zu Hilfe. Du weißt schon selbst, was zu tun ist.»

Fomin stürzte davon, hatte aber keine zehn Schritte getan, als er gegen die Wand des Kesselraumes geschleudert wurde. Diesmal hatte eine Granate die Steuerbordwand getroffen und war im Kohlenbunker detoniert. Der zweite Kessel war unbrauchbar. Aus dem beschädigten Rohr fauchte der Dampf und übertönte die furchtbaren Schreie des verbrühten Heizers Konzewitsch. Fomin war unverletzt geblieben, er sprang hastig auf und sah sich um. Entsetzt blickte er auf das an vielen Stellen beschädigte Deck und auf die zu Boden gerissenen Menschen. Der Heizer Jermolin bewegte sich kaum noch, seine abgerissene Hand lag weit von ihm entfernt. Der Hilfssignalgast Sirenkow war in zwei Teile zerrissen worden. Beide hatten eben noch am 47-mm-Geschütz gestanden. Reglos lagen nicht weit von ihnen der Kommandant Schamow und die beiden Hunde Bansai und Bobik: Leutnant Subow, der eine Beinverletzung davongetragen hatte, war auf sie gefallen. Er stand auf und schleppte sich zum Verbandraum. Der Kommandant und seine zwei Hunde waren tot. Matrosen sammelten sich um sie. Schamow galt bei der Mannschaft als ungewöhnlich guter Vorgesetzter, und jeder, der ihn sah, äußerte sein Mitgefühl: «Nicht einmal aufschreien konnte der Arme.» – «Wie sollte er. In den Kopf und in die Brust hat es ihn getroffen.» – «Das war ein Kommandant! Verloren sind wir ohne ihn.»

Der Bursche des Kommandanten kam. Er schüttelte den Kopf und murmelte: «Um den Herrn ist es schade, von ihm kann man nichts Schlechtes sagen. Was aber die Hunde angeht, Gott sei Dank, daß sie tot sind, die haben mir viel Schmutz gemacht, immerzu habe ich aufwischen müssen.»

Alle waren mit dem Kommandanten beschäftigt, und nur wenige hatten bemerkt, daß die Splitter derselben Granate den einzigen voll ausgebildeten Signalgast, den Letten Wisul, verwundet hatten. Er war schon unterwegs zum Arzt, als ihm ein Offizier den Befehl gab, dem Admiral Enquist den Tod des Kommandanten zu signalisieren. Der schweigsame Wisul wußte, daß außer ihm kein Matrose imstande war, den Befehl auszuführen. Er rannte zur Flaggenkiste und suchte sich die Flaggen aus. Tief im Bein steckte ein heißer Splitter, an einer Hand fehlte ein Finger, an der anderen war die Handfläche durchschlagen. Er biß vor Schmerz heftig die Zähne zusammen; mit verzerrtem Gesicht führte er den Befehl aus. An der Schnur, mit der er die Flaggen hißte, blieben Blutspuren zurück. Erst dann wankte er hinkend zum Feldscher.

Das Kommando übernahm der Erste Offizier, Leutnant Loman.

Bald hatte das Boot den Feuerbereich verlassen und schloß sich seinen Kreuzern an, bei denen es bis zum Abend blieb. Als eine feindliche Torpedobootflottille angriff, entwickelten die Kreuzer eine so hohe Geschwindigkeit, daß «Blestjaschtschi» nicht nachkam und verstümmelt und einsam in der Finsternis zurückblieb. Sein Heck ragte weit aus dem Wasser heraus, die Schraubenflügel berührten kaum noch das Wasser. Das Schiff hatte seinen größten Vorzug, die Schnelligkeit, eingebüßt und war aus einem Traber zu einer lahmen Mähre geworden. Das Wasser drang in den Kesselraum. An der Stelle, wo die erste Granate detoniert war, wies das Schiff starke Schäden auf. Voll Grauen wartete jeder darauf, daß es auseinanderbrechen würde. Die Leute waren müde vom Kampf um die Schwimmfähigkeit des Schiffes. Der Heizer Shutschko, der jede Hoffnung auf Rettung aufgegeben hatte, verkroch sich in den Kohlenbunker und streckte sich dort aus. Als er den Unteroffizier Romanjuk sah, klagte er: «Ich habe keine Kraft mehr zum Arbeiten. Deck mich zu. Dann will ich zusammen mit dem Boot untergehen.»

Romanjuk mußte viel Mühe aufwenden, um ihn aus dem Kohlenbunker herauszubekommen.

Leutnant Loman beriet sich mit den Offizieren und nahm dann Kurs auf Schanghai.

Kurz nach 23 Uhr zeichnete sich achtern steuerbords die Silhouette eines kleinen Schiffes ab. Besorgt richtete die Besatzung auf «Blestjaschtschi» für alle Fälle die Geschütze gegen das Schiff. Gleich darauf wurde aber die Sorge von Freude abgelöst, denn durch Lichtsignale wurde festgestellt, daß es sich um das Torpedoboot «Bodry» handelte. Nachdem «Blestjschatschi» ebenfalls den Namen signalisiert hatte, fuhren die beiden Boote nebeneinander weiter.

Der stellvertretende Kommandant, Leutnant Loman, sagte zu seinen Offizieren: «Die Gefahr hat sich für uns wesentlich verringert. Wir entfernen uns vom Feind, und wenn wir sinken sollten, wird uns ‹Bodry› aufnehmen.»

Ein Offizier, der den Kommandanten des Torpedobootes «Bodry» kannte, äußerte Zweifel:

«Wird uns Iwanow auch nicht im Stich lassen? Von diesem Menschen ist alles zu erwarten. Wenn sein Boot weniger beschädigt ist als unseres, dann wird es sich nicht mit uns belasten wollen.»

«Das wird er nicht wagen, dazu ist er zu feige. Außerdem findet er sich auf der Seekarte nicht zurecht. Noch niemals hat er selbständig manövriert, er war immer bestrebt, sich jemandem anzuschließen.»

Auf «Blestjaschtschi» wurde weiterhin Wasser abgepumpt, es stieg aber unaufhaltsam. In dieser Nacht kamen weder Offiziere noch Matrosen zur Ruhe. Alle waren so entkräftet, daß sie sich kaum noch bewegen konnten. Im Morgengrauen meldete der Bootsmann Fomin dem neuen Kommandanten: «Mit uns ist es aus, Euer Wohlgeboren.

Es sieht schlimm aus. Das Boot bricht in der Dünung wie ein Pfefferkuchen auseinander.»

Leutnant Loman besichtigte das Boot, beriet mit den Offizieren und gab um 4.30 Uhr die Anordnung, an «Bodry» zu signalisieren: «Boot sinkt, übernehmt uns!»

Nach einer halben Stunde ging «Bodry» längsseits. Der Kommandant, Kapitän 2. Ranges Iwanow, ein verfetteter, älterer Mann mit breitem, grauem Bart, stand auf der Brücke so majestätisch da, als wäre er ein Admiral, und fragte: «Wo ist denn Sergej Alexandrowitsch Schamow? Warum ist er nicht zu sehen?»

Leutnant Loman antwortete: «Unser Kommandant liegt tot auf der Back.»

«Schade, sehr schade. Wir waren Freunde. Aber – ich habe wenig Kohlen.»

«Wir nehmen unsere Kohlen mit.»

Zuerst wurden die Verwundeten auf «Bodry» gebracht, dann die Kohlen und die wertvollen Gegenstände umgeladen: Sextant, Chronometer, Funkgeräte, Maschinengewehre, Gewehre, Maschinenmaterial und Logbücher. Von den Lebensmitteln konnten nur einige Zuckerhüte mitgenommen werden, alles andere war schon überschwemmt.

Mitten in der Arbeit meldete der Funker Poponin hastig dem Kommandanten Iwanow: «Euer Hochwohlgeboren, unsere Funkstation empfängt unverständliche Zeichen. Man kann nichts herausbekommen. Wahrscheinlich unterhalten sich Japaner.»

Bald darauf wurde der Rauch eines Schiffes am Horizont beobachtet. Man vermutete ein feindliches Schiff, die Arbeit wurde sofort abgebrochen. Es waren nur dreißig Sack Kohlen übernommen worden. Die Mannschaft wurde angetrieben, schneller auf «Bodry» überzugehen. Auf «Blestjaschtschi» waren nur wenige geblieben, um das Torpedoboot endgültig zu versenken. Auf Veranlassung des Leutnants Loman wurden die Ventile und die Bullaugen geöffnet. Die inneren Räume füllten sich mit Wasser, es brodelte und schäumte in ihnen wie in einem Kochgeschirr auf dem Feuer. Der Bootsmann Fomin band inzwischen den gefallenen Schamow und seine vierbeinigen Freunde an einer Geschützlafette fest, damit sie in der Tiefe bleiben sollten. Er nahm auch dem Kommandanten den Ehering vom Finger ab und gab ihn dem Leutnant Loman, der ihn für die Hinterbliebenen bewahren sollte. Von allen verlassen, sank jetzt das Boot; niemand hätte es aufhalten können.

«Bodry» warf um 18.00 Uhr die Belegtrosse ab und nahm Kurs nach Westen. Die Geschwindigkeit nahm zu, immer wirbliger wurden die

Schaumwellen von den Schrauben. Die übernommene Besatzung freute sich, der Gefahr entgangen zu sein, aber beim Anblick ihres sinkenden Schiffes empfanden alle Trauer.

Am Horizont war kein Rauch mehr zu sehen. Die See glitzerte. Die übermüdete Mannschaft konnte sich ausruhen.

Treibend

Der Kommandant des Torpedobootes «Bodry», Kapitän 2. Ranges Iwanow, sprach mit den auf sein Schiff übernommenen Offizieren des «Blestjaschtschi» über die Schlacht.

«Wir haben vorzüglich gekämpft. Gewiß, wir haben schwere Verluste erlitten, aber auch die Japaner haben allerhand abgekriegt. Sie verloren zwei Linienschiffe, eines mit zwei und eines mit drei Schornsteinen. Das eine war das Flaggschiff. Wahrscheinlich ist es mit dem Admiral Togo gesunken. Auf zwei oder drei feindlichen Linienschiffen wurden Brände beobachtet. Ein Schiff blieb hinter dem Geschwader mit starker Schlagseite zurück. «Wladimir Monomach» fuhr heran und erledigte es. Außerdem wurde beobachtet, daß von acht feindlichen Kreuzern drei ausschieden und wahrscheinlich auch gesunken sind.»

Ein Offizier erwiderte höflich: «Wir hatten einen anderen Eindruck – nämlich den, daß unser Feuer den Japanern fast keinen Schaden zufügte.»

«Da haben Sie schlecht beobachtet, verehrte Herren! Ich habe mit eigenen Augen gesehen, wie die feindlichen Schiffe untergingen.»[44]

Der Kommandant prahlte weiter, aber niemand glaubte ihm. Er besaß auch bei den eigenen Offizieren keine Autorität, weil er ihnen keinerlei Fachkenntnisse vermitteln konnte. Er hatte eine laute, ein wenig heisere Stimme, lärmte viel und mitunter ohne jeden Grund und stierte die Untergebenen geistlos mit seinen grauen Augen an. Im Gegensatz zu Schamow verstand er die Matrosen nicht. Sie mochten ihn nicht, sprachen immer höhnisch von ihm: «Das einzige, was er aufzuweisen hat, ist sein Bart, der nach beiden Seiten geht, so daß er niemandem etwas schuldig bleibt.»

Immer wieder kam es wegen des Essens zu Streitereien zwischen ihm und der Mannschaft. Die Matrosen beschwerten sich bei ihm, worauf er in der gemeinsten Art und Weise fluchte, auf seinen furunkelbedeckten Hintern wies und sagte: «Hier sitzt ihr mir, ihr Schufte.»

Einem Matrosen, der sich vergangen hatte, drohte er gewöhnlich:

«Der Hintere ist dein, der Wille aber ist mein – verprügeln lasse ich dich!»

Während der Schlacht war das Torpedoboot «Bodry» unter der Führung eines solchen Kommandanten für das Geschwader ebenso nutzlos wie eine Warze für den menschlichen Körper. Das Boot hatte keinen einzigen Schuß auf die Japaner abgegeben. Selbst Ertrinkende hatte es nicht geborgen. Nur einmal bemerkte man einen Menschen im Wasser, der um Hilfe rief. Das Torpedoboot wollte ihn retten, und es begann ein großes Durcheinander. Dem Mann wurden Taue zugeworfen, aber das geschah höchst ungeschickt. Der Kommandant wurde unruhig und wütend, er schrie heiser: «Rückwärts! Maschinen stop! Vorwärts! Ruder steuerbord! Ruder backbord!»

Der Maat Wolkow beobachtete die törichten Handlungen des Kommandanten und meinte: «Was hat uns doch der Herrgott da für ein Sauerkohlfaß gschickt ...»

Der Maschinenmaat Pinajew fügte trocken hinzu: «Der ist eben ein Landseemann.»

Das Torpedoboot mußte sich eine halbe Stunde um den Mann im Wasser herumdrehen, ehe er geborgen werden konnte. Er war ein kleiner, dicker Bursche, der zwar nur in Unterwäsche herausgefischt wurde, aber dennoch einen Finnendolch an einem Riemen am Körper trug und wie ein Pirat aussah, der bei einem mißglückten Überfall auf ein Schiff ins Wasser gefallen war. Einen Augenblick hing er schwer in den Armen der Matrosen. Sein Körper zuckte, sein Atem ging heftig und stoßweise. Auf dem breiten, bleichen Gesicht mit den starren, blauen Augen und dem offenen Mund lag ein Ausdruck, als hätte man diesen Mann gerade aus der Galgenschlinge gezogen. Er sah aus, als ginge es mit ihm zu Ende. Aber plötzlich richtete er sich auf, sah sich um, und seine blauangelaufenen Lippen lächelten. Es stellte sich heraus, daß es ein ziviler Rudergänger vom gesunkenen Schleppdampfer «Rus» war, ein Este aus Reval (Tallinn). Als der Dampfer «Rus» verlassen wurde, hatte man ihn auf seinem Posten am Ruder vergessen. Dort wartete er auf den Befehl, von Bord zu gehen. Es war aber niemand mehr da, der den Befehl hätte geben können. Das Schiff krängte immer mehr über. Der Este blickte sich besorgt um, stürzte auf die Brücke und sah, daß außer ihm kein Mensch mehr an Bord des Schiffes war. Nun sprang auch er über Bord. Anderthalb Stunden etwa war er einsam im Meer geschwommen, das zufällig vorbeifahrende Torpedoboot «Bodry» rettete ihm das Leben. Man zog ihm trockene Kleider an, er erhielt vom Proviantmeister Ignatjew einen Becher Rum und schlief in der Unteroffizierskajüte fest ein.

«Bodry» gab Volldampf und fuhr zu seinen Kreuzern. Wenige Minuten später schlug eine kleinkalibrige feindliche Granate in das Schutzschild des 47-mm-Geschützes ein und detonierte. Der Matrose Belkow sank tot um, der Geschützführer Zarew wurde schwer verwundet, weitere vier Matrosen erlitten leichtere Verwundungen. In einer Reservekiste mit 47-mm-Geschossen entzündete sich das rauchlose Pulver. Der Torpedomaat Rudnew verhinderte eine Explosion, ergriff die brennende Kiste mit den Händen und warf sie über Bord. Splitter zerstörten den Aufzug für die 75-mm-Geschosse und durchschlugen das Oberdeck. Diese Schäden wurden zwar bald behoben. Trotzdem beschloß der Kommandant Iwanow eigenmächtig, den Kampfraum zu verlassen.

Nachdem «Bodry» am 28. Mai die Mannschaft vom versenkten Torpedoboot «Blestjaschtschi» übernommen hatte, fuhr er ohne Unterbrechung mit Kurs auf Schanghai. Bis zum Abend war dem Boot niemand begegnet. Ungeduldig erwartete die Mannschaft die Nacht. Als sie anbrach, wurde sie aber unruhig. Ständig glaubte man – mal hier, mal dort – Lichter zu sehen. «Bodry» wechselte – aus Angst, Japanern zu begegnen – mehrmals den Kurs. Am nächsten Tage stiegen dem Kommandanten Zweifel an der Richtigkeit des Kurses auf. Eine weitere Sorge kam hinzu: Das bisher gute Wetter verschlechterte sich gegen Mittag. Das Barometer sank schnell. Der Südwind erreichte Stärke 10. Das Chinesische Meer schäumte, schwoll zu Hügeln an und spielte mit dem kleinen Schiff von 350 Tonnen Wasserverdrängung wie der Löwe mit dem Mäuschen. Es bestand die Gefahr, daß «Bodry», dessen Kielräume nicht ausgelastet waren, im starken Wellengang kentern würde. Um die Stabilität zu erhöhen, wurden die vier Bordgeschütze in die Kohlenbunker geschafft. Außerdem mußte das Boot mit dem Bug gegen den Wind gewendet werden; im Kampf gegen den Sturm konnten die Maschinen das Boot gerade noch auf demselben Fleck halten.

«Was wird denn», fragte der Proviantmeister Ignatjew vorbeigehende Matrosen, «wenn nun die Japaner kommen und unsere Kanonen sind im Kohlenbunker?»

«Der Schrecken gibt es viele, es gibt aber nur einen Tod», antwortete ihm wegwerfend der Geschützführer Klutschegorski.

Das Boot kam Schanghai kaum näher, und doch fraß die Feuerung den letzten Rest des Brennstoffs. Es wurden nicht mehr vier, sondern nur noch zwei Kessel geheizt. Das Schiff geriet in eine schreckliche Lage, vor der sich die Seeleute immer sehr fürchteten. Es war kein Alarm gegeben worden, und doch lief die ganze Besatzung vom Kommandanten bis zum Matrosen ratlos umher, als hätte sie von ihrem unmittelbar bevorstehenden Untergang erfahren. Gegen Mitternacht war die letzte Kohle verbraucht. Auf dem Schiff suchten die Menschen mit Beilen und Brecheisen nach Holz. Bald krachten und splitterten die Aufbauten. Regale aus den Vorratslagern, Lukendeckel, Holzkisten der Mannschaft und Hängematten, Eßtische, Treppen, Bretter, Holzverschalung, Werg, Öl – alles, was brennbar war, warf man in die Feuerung. Aber auch das hielt nicht lange vor. Zwei Rettungsboote wurden verheizt. Das war das letzte Brennmaterial. Der Dampf in den Kesseln ging aus. Die Schlote rauchten nicht mehr, das rhythmische Ächzen der Maschinen setzte aus. Der Wind spielte mit dem Schiff wie mit einem hochgeschwemmten Walfischkadaver und trieb es ins Ungewisse.

«Die Tiefe loten!» befahl mit bebender Stimme der Kommandant Iwanow, der sich in der starken Dünung kaum auf den Beinen halten konnte.

Die See war so tief, daß man nicht ankern konnte.

In dieser Nacht nahmen die Menschen an Bord Abschied vom Leben. Am Morgen des 30. Mai ließ der Wind nach. Der Navigationsoffizier stellte den Standort fest. Bis zum Leuchtturm von Schanghai, auf den das Schiff Kurs gehalten hatte, waren es noch 900 Meilen.

«Bodry» war in der Gewalt des Meeres. Aus Persennings und Matrosenmatten wurden Notsegel angefertigt und um 10.40 Uhr gehißt: Klüver-, Fock- und Großmastsegel. Das Boot hielt aber nicht Kurs und wich bald nach der einen, bald nach der anderen Richtung ab. Als Leutnant Dawydow die Wache antrat, sah er im Logbuch die Notiz seines Vorgängers und lächelte:

«Das nennt sich – Fahrt unter Segel! So hochtrabend wird unser Umherstampfen auf einem Platz genannt. Man sollte eher eintragen ‹Karussell unter Segel› oder ‹Walzer auf den Wellen› ...»

Die See wurde seichter. Jetzt sollte zum Vorwärtskommen die Flut ausgenutzt und während der Ebbe Anker geworfen werden. Aber der Erfolg blieb aus. Das Schiff war wie ein Mensch ohne Beine, der sich abmüht, eine riesige Entfernung auf den Händen zurückzulegen. Die See war nun bis zur Küste hin seicht. Das war gut und doch auch wieder schlecht. Es ermöglichte, während der Ebbe Anker zu werfen und die Entfernung nach Schanghai, wenn auch ganz langsam, zu verringern; es verschlimmerte aber die Lage des Bootes, weil in diesem Gebiet keine größeren Schiffe verkehrten, die Hilfe leisten konnten.

Nebel kam auf. Er spielte ebenfalls eine doppelte Rolle: Er verbarg das Schiff nicht nur vor den Japanern, sondern auch vor den Neutralen. Zu allem Übel gingen auch die Lebensmittel und das Wasser zur Neige.

Auf dem Boot, dessen Besatzung sich verdoppelt hatte, war es eng geworden. Zwei Schwerverwundete starben und wurden über Bord geworfen. Das Süßwasser, das noch in einem Kessel entdeckt wurde, war trübe, voll Rost und schmeckte abscheulich. Aber auch davon wurden nur zwei Glas pro Mann und Tag unter strenger Aufsicht ausgegeben. Am Kessel stand Tag und Nacht ein Posten, damit kein Diebstahl an diesem kostbaren Naß begangen werden konnte. Der Proviantmeister Ignatjew brummte zornbebend: «Ich möchte zu gern wissen, an welcher Stelle bei unserem Kommandanten Iwanow der Verstand verborgen ist. Er hätte sich doch sagen müssen, daß wir unser Ziel nicht erreichen. Folglich hätte er doch etwas Kohle für die Entsalzungsanlage übriglassen müssen!»

«Ja, wenn wir so das Seewasser aufbereiten könnten, hätten wir keine Not an Süßwasser», meinten die Matrosen.

Die Lebensmittelrationen wurden um die Hälfte verringert. Anstelle von Brot erhielt die Besatzung steinharten Roggenzwieback. Das Mittagessen, es gab Fleischkonserven, wurde mit Salzwasser zubereitet. Um nicht schon jetzt zu sterben, würgte man es hinunter, wie Kranke eine schlechtschmeckende Medizin schlucken. Und doch wußten die Menschen, daß dies noch nicht das Schlimmste war. Unter Ausnutzung der Flut näherte sich «Bodry» dem Festlande äußerst langsam, etwa fünf bis sieben Meilen am Tage. Wenn keine Hilfe kam, hatten sie bald keine Nahrungsmittel und kein Trinkwasser mehr. Die Zukunft sah nicht weniger grausig aus als die Schlacht bei Tsushima.

Die Matrosen von «Blestjaschtschi» gedachten ihres Kommandanten. «Unser Schamow – das war ein echter Seemann, der das Meer wie seine Wohnung kannte. Er hätte es auch auf ‹Bodry› mit den Kohlenvorräten geschafft. Der war nicht so wie euer Iwanow, der umherirrt wie ein Hammel. Mit unserem Kommandanten wären wir schon längst in Schanghai.» So sprachen sie.

Hierauf konnte die «Bodry»-Besatzung nur einen Offizier zum Vergleich mit Schamow anführen: «Wir hatten einen Navigationsoffizier, den Leutnant Gernet. Schade, daß er auf ‹Dmitri Donskoi› versetzt wurde. Solche Navigationsoffiziere sind selten. Der hätte ‹Bodry› wie auf Schienen nach Schanghai gebracht!»

Es verging ein Tag, es verging ein zweiter. Die Lage hatte sich nicht geändert. Die Leute waren so matt, daß sie sich weder etwas wünschen noch trauern konnten. Ihre ganze Arbeit bestand darin, morgens wie üblich das Deck zu scheuern und während der Ebbe Anker zu werfen. Sie wollten ihre Not vergessen, suchten Zerstreuung, versuchten zu scherzen. Der Bootsmann Fomin erzählte, und alle lauschten, ernst geworden: «Unsere Boote fuhren durchs Mittelmeer und kamen nach Kreta. Unser Kommandant Schamow besuchte dort euren Iwanow, der ihn herzlich empfing. Er ordnete sogar an, den Leuten unseres Ruderbootes je einen Becher Rum zu geben. Mir stellte er anheim, mir die Zeit mit dem Bootsmann Urupa zu vertreiben. Der Besuch zog sich hin. Plötzlich hörten wir nach Mitternacht Schreie. Die beiden Kommandanten konnten sich wegen des Krieges nicht einigen. Schamow bewies, daß der Krieg ohne Grund begonnen worden war, daß irre Abenteurer uns auf die Schlachtbank trieben. Iwanow wurde zornig und brüllte: ‹Wir sind Diener Seiner Kaiserlichen Majestät, und du darfst dich in meinem Beisein nicht so äußern! Mach, daß du fortkommst von meinem Schiff!› Ich sah, wie er meinem Kommandanten eine Medaille von der Brust riß und gleich einem Zigarettenstummel über Bord warf. Was da mit Schamow vorging ist kaum zu beschreiben! Er zitterte vor Wut, die Zähne knirschten … Im selben Augenblick wankte Iwanows schwerer Körper von einer Ohrfeige. Es begann eine regelrechte Schlägerei. Unser Kommandant brüllte außer sich: ‹Franzose! Schlag auch du den Iwanow!› Was sollte ich tun? Ich umfaßte meinen Kommandanten und trug ihn schnell zu unserem Ruderboot. Iwanow zog die Pistole und wollte schießen. Urupa nahm ihm die Waffe fort, wofür er einige Ohrfeigen einstecken mußte. Im Boot, unterwegs zu unserem Schiff, beruhigte sich Schamow und sagte zu mir: ‹Sag, Franzose, warum hast du meinen Befehl nicht ausgeführt, warum hast du Iwanow nicht geschlagen?› Ich erwiderte: ‹Das konnte ich doch nicht tun, Euer Hochwohlgeboren. Ich bin sehr stark und könnte mit einem Fausthieb einen Menschen töten. Und sollte ich dann dafür büßen?› Schamow überlegte und meinte: ‹Du hast recht, Franzose. Man müßte ihn zwar töten, aber das ist er doch nicht wert, daß einer seinetwegen mit Fußketten in die Verbannung geht.› Später söhnten sie sich wieder aus und besuchten einander auch wieder.»

Die Matrosen lachten und warfen Fomin vor: «Man hätte ihn doch mal kräftig schütteln sollen, natürlich nicht umbringen, aber doch so, daß ihm die Sterne vor den Augen getanzt hätten, wie bei einer Dynamomaschine. Im Durcheinander hätte er ja nicht bemerkt, wer das gewesen war.»

Anschließend gab der Torpedomaat Bugorkow etwas zum besten: «Eben wurde eine Dynamomaschine erwähnt, da fällt mir eine Begegnung ein. Einmal fragte Roshestwenski einen Torpedomaschinisten, aus welchem Gouvernement er stamme. Der Mann hatte viel mit elektrischen Dingen zu tun und antwortete verwirrt: ‹Gouvernement Pensa, Eure … Elektrizitenz!› Roshestwenski geriet außer sich, hämmerte dem Maschinisten mit den Fäusten auf den Kopf und schrie: ‹Ich bin keine Dynamomaschine, sondern Admiral der Flotte Seiner Majestät! Merk dir ein für allemal – du hast mich Exzellenz zu nennen!›»

So verkürzten sich die Matrosen die erzwungene Freizeit auf dem umherirrenden Schiff durch Erinnerungen an die Kindheit, die sie in fernen, abgelegenen Dörfern, in Wäldern oder Steppen der Heimat verbracht hatten. Sie erzählten auch von den Lieben daheim, nach denen sie Sehnsucht hatten.

Manchmal erschien der Maschinist Kotow mit der Ziehharmonika an Deck. Umringt von Matrosen spielte er mit großer Fertigkeit, während der Heizer Popow zu seinem Spiel sang. Beide erhielten dafür ein Glas Trinkwasser. Keck und rein ertönte Popows hoher Tenor zu den Klängen der Harmonika. Schmerz und auch Verwegenheit lagen in der rührenden Melodie, die die düsteren Todesgedanken der Matrosen vertrieb. Das einsame Schiff inmitten des undurchdringlichen Nebels schien für Augenblicke wieder zum Leben zurückzukehren, und allen wollte es scheinen, als ob doch noch nicht alles verloren sei und das Leben weiter gehe. Popow war ein großer Bursche, gut gebaut, mit regelmäßigen Gesichtszügen und kurzem, lockigem Bart. Er kannte eine Menge fröhlicher und trauriger Lieder und sang unentwegt und hingerissen. Die Matrosen sagten von ihm: «Er selbst ist schön, singen kann er aber noch schöner.» – «Wenn der im Frühling in einem Park singt, dann schweigen die Nachtigallen, um Popow zu lauschen.»

Die Eindrücke der überstandenen Schlacht bei Tsushima lagen als drückende Last auf den Herzen. Wie auf Vereinbarung sprach niemand davon, wie man über böse Zwischenfälle im Leben nicht gern spricht. Offiziere und Matrosen beschäftigte jetzt am meisten der Gedanke an Schanghai, wohin sie alle strebten. Unsichtbar und fern schwebte es ihnen als eine ungewöhnliche Stadt vor. Bestimmt mußte es doch seinen Grund haben, daß die Seeleute aller Länder Schanghai das «Paris Asiens» nannten.

In der Messe erzählte jeder, was er über die Stadt wußte. Aber jetzt interessierte niemanden diese Stadt der Gegensätze, des blendendsten Luxus und der grauenhaftesten Armut, vom sozialen politischen Gesichtspunkt aus. Hunger und Durst veranlaßten vor allem die Offiziere, alle Gespräche um das Thema der Restaurants kreisen zu lassen. Was würde es da zu essen geben? Mit den glänzenden Augen des unersättlichen Fressers überbot einer den anderen in der Beschreibung erlesener Speisen und Getränke. Die Zusammenstellung traumhafter Festessen schloß in jeder Erzählung mit den feenhaften Süßspeisen des Ostens und des Westens, mit Torten, Petitfours, Eisspeisen, tropischen Früchten, schwarzem Kaffee und aromatischen Likören von Weltruf. Man konnte meinen, daß sich hier Kochkünstler oder Oberkellner versammelt hatten, die lobpreisend ihre Speisekarten vorlasen.

Ähnliche Gespräche, doch auf ihre Art, führten die Matrosen. Ihre geschmackliche Vorstellungskraft war einfacher und natürlicher. Gebieterisch äußerten einige ihre Wünsche: «Wenn wir Kohlen hätten, könnten wir in knapp drei Stunden an Kneipentischen Anker werfen.» – «Und dann haben, was das Herz begehrt.» – «Wir würden so leben, daß uns das ganze Dasein wie ein Karussell vorkäme!»

Mit jedem weiteren Tage des langsamen Treibens beherrschte Schanghai immer stärker die Gedanken der Offiziere und Matrosen. Es lockte sie, wie Mekka die mohammedanischen Pilger lockt.

Aber nur langsam, allzu langsam bewegte sich das Schiff mit den selbstverfertigten Segeln, zwischendurch ankernd, vorwärts.

Aus der Messe klang in der Stille ein Satz, bald von der einen, bald von einer anderen Stimme gesungen: «Wenn wir zwanzig Tonnen Kohle hätten ...»

Diesen Satz griffen die Matrosen auf, die gleich einen Schluß hinzudichteten. Einer sang die erste Hälfte vor, wie der Diakon in der Kirche:

«Wenn wir zwanzig Tonnen Kohle hätten ...»

und die Matrosen fielen im Chor ein:

«Herrgott steh uns bei, daß wir kommen nach Schanghai!»

Diese blödsinnigen Worte, nach Art des Kirchengesanges geplärrt, waren von aufdringlicher Einprägsamkeit und blieben in den Gedanken der vom Irrsinn angekränkelten Mannschaft hängen wie eine leicht übertragbare Krankheit in geschwächten Körpern.

Die Mannschaften der Torpedoboote «Bodry» und «Blestjaschtschi» waren zwar mit den Vorgesetzten einig im Wunsch, so schnell wie möglich das Festland zu erreichen. Als aber das Umhertreiben des Bootes kein Ende zu nehmen schien, brach die alte Kluft auf, die sich täglich vertiefte. Die Matrosen legten immer deutlicher ein feindseliges Verhalten gegen die Offiziere an den Tag, sie verweigerten sogar den Gehorsam. Mitunter stießen sie Drohungen aus. Die Vorgesetzten spürten das und veranlaßten, daß alle Gewehre in der Messe aufbewahrt wurden. In der Nacht zum 2. Juni, als «Bodry» mit eingezogenen Segeln vor Anker lag, an dieser Stelle war es 36 Meter tief, und dichter

Nebel jede Sicht nahm, ließ der Kommandant den Torpedobootmaat Sergej Rudnew zu sich kommen und sagte freundlich zu ihm: «Hör mal zu. Die Japaner könnten uns überraschen. Ich will ihnen aber mein Boot nicht ausliefern. Da soll es schon lieber in die Luft fliegen. Deshalb bereitest du das Boot für alle Fälle zur Sprengung vor. Befasse dich sofort mit dieser Sache. Lege eine Leitung aus der Munitionskammer zur Messe und montiere dort einen Schalter an. Sobald sich der Feind zeigt, knipse ich am Schalter, um unsere letzte Pflicht zu erfüllen. Nun, ans Werk!»

«Zu Befehl, Euer Hochwohlgeboren!»

Rudnew legte die Absicht des Kommandanten auf seine Art aus. Nachdem er mit seiner Arbeit fertig war, erzählte er alles seinem Freund, dem Obermaat Wolkow: «Nun überlege mal, wozu hat er sich das ausgedacht?» fügte er hinzu.

«Wozu denn?» fragte Wolkow aufgeregt.

«Die Offiziere und vor allem der Kommandant fürchten, daß wir sie über Bord werfen. Die Japaner haben damit gar nichts zu tun. Würde denn so ein feiger Kommandant ihretwegen sein Boot sprengen? Aber ich habe auch noch Grips im Kopf! Die Leitung habe ich gelegt und auch den Schalter angebracht, den Strom kann er aber trotzdem nicht einschalten.»

«Gut gemacht, Freund!» lobte ihn Wolkow. «Die Kameraden werden dir Dank dafür sagen.»

Am Morgen des 2. Juni zerfloß der Nebel wie ein schwerer Traum. Wolkenlos blaute der Himmel, der Horizont weitete sich. Über das Wasser strich leichter Wind und verwandelte es in blaue Seide, auf die die Sonne goldene Flitter stickte. Der Glanz blendender Farben füllte die uferlose Weite. Möwen kamen geflogen und erfreuten die Irrfahrer mit der Gewißheit, daß das Land nicht allzu fern sein konnte. «Bodry» schaukelte aber immer noch mit seiner Besatzung ohne Fahrt und Führung auf den Wellen. Nichts hatte sich zum Guten gewendet. Infolge der mangelhaften Ernährung, der schlaflosen Nächte und der drückenden Gedanken waren die Menschen so abgemagert und schlapp, als hätte sie das Greisenalter überfallen. Mit tief in den Höhlen liegenden Augen beobachteten sie den Horizont.

«Seht doch, seht! Was ist das?» rief ein Matrose halb freudig, halb besorgt und zeigte in die leuchtende Ferne.

Alle Blicke folgten dem ausgestreckten Arm. Am Horizont zeigten sich zwei näherkommende, weiße, rauchlose Flecke. Es vergingen spannungsvolle Augenblicke. Allerlei Vermutungen wurden ausgesprochen, bis ganz deutlich, wie auf einem Bild, geblähte Segel erkennbar wurden. Es waren zwei chinesische Dschunken. Vom leichten Wind getrieben, schienen sie Kurs auf das Torpedoboot zu halten und den gequälten Seeleuten Rettung zu bringen. Aber schon bald war zu erkennen, daß die Dschunken vorbeifuhren. Auf «Bodry» wurde das Notsignal gehißt. Vom Deck, vom Großmast, von der Brücke winkten die Matrosen mit Armen und Mützen, um die Dschunken heranzurufen, die alle Zeichen unbeachtet ließen.

Jemand schrie: «Mansa … Mansa!»

So wurden in Ostsibirien die Chinesen oft genannt. Alle Matrosen und Offiziere, einschließlich des Kommandanten, stimmten in die Rufe ein, obwohl niemand wußte, was das Wort bedeutete. Es hörte sich wie ein vielstimmiger Verzweiflungsschrei an, als verlöre auf dem Boot jeder Mann sein Leben. Die Dschunken achteten auf das Geschrei ebenso wenig wie auf die Signale. Der Geschützführer Smolin wandte sich mit einer Bitte an den Kommandanten: «Gestatten Sie, Euer Hochwohlgeboren, ein Boot herunterzulassen? Wir könnten eine Dschunke zu Brennholz machen. Wenn sie uns nicht gutwillig helfen wollen, dann brauchen wir uns auch keinen Zwang anzutun.»

Der Kommandant Iwanow meinte: «Wir sind keine Piraten. Das dürfen wir nicht tun. Laßt alle schnell an Deck pfeifen!»

Eilig und besorgt wurde die Schiffsglocke geläutet. Zwei Warnschüsse wurden aus dem Heckgeschütz abgegeben. Aber auch das half nichts. Die Dschunken zogen in westlicher Richtung davon und waren bald in der Weite des Meeres verschwunden.

An Bord von «Bodry» beruhigten sich die Leute für kurze Zeit. Bald zeigte sich ein drittes Segelboot, dem nach einer Weile noch ein viertes folgte. Aber auch sie näherten sich dem Torpedoboot nicht, trotz der Signale, Schreie und Warnschüsse. Sie fuhren an dem hilfeheischenden Torpedoboot vorbei, ohne es zu beachten. Offenbar erschreckte die russische Andreasflagge die Chinesen.

Für die Schiffsküche waren bereits die Isolierungen der Heizräume und die Verschalung der Bordwände aufgebraucht worden. Nun war auch davon nichts mehr da. Die Matrosen holten aus der Offiziersmesse drei Stühle und gaben sie dem Koch Nasarow.

«Verbrenne sie! Morgen kommt das Offizierssofa dran.»

Um Mittag wurde die Position des Schiffes festgestellt. Vom Leuchtturm Schuwei-schen war man noch fünfundsechzig Seemeilen entfernt. Für diese Strecke würde das Boot etwa zehn Tage brauchen, da es nur auf die Flutströmung angwiesen war. In dieser Zeit würden viele Männer der Besatzung verhungert und über Bord geworfen worden sein. Auch ein Sturm konnte ausbrechen, dessen Druck selbst die zwei Anker nicht standhalten würden. Das Boot würde dann wieder Dutzende von Meilen ins Meer zurückgetrieben werden. Bestenfalls würden dann die Japaner, vielleicht von den Chinesen unterrichtet, kommen und die dann noch Überlebenden gefangennehmen. Im schlimmsten Falle aber würde das tote Schiff mit der toten Besatzung sich im Meer herumtreiben. Hierüber sprachen jetzt die Matrosen. Einer zog die Schlußfolgerung: «Offenbar werden wir um die Menschenfresserei nicht herumkommen ...»

«Ja, wir werden wohl nach dem Los einen nach dem anderen auffressen müssen», fügte ein zweiter finster hinzu.

Bei diesem furchtbaren Gedanken sahen sich die Matrosen stumm an. In der drückenden Stille sagte der Torpedomaat Osatschenko: «Warum nach dem Los? Mit dem Kommandanten fangen wir an! Er ist schuld daran, daß wir alle leiden. Er ist der Fetteste der Offiziere, ihn verarbeiten wir als ersten zu Koteletts.»

«Richtig!» gaben ihm mehrere gereizte Stimmen recht. «Und dann folgen noch einige, ohne daß wir zu losen brauchen.»

Der Kommandant Iwanow hörte das, erbleichte und stieg stumm in die Offiziersmesse hinab.

Von diesem Tage an wurde nur noch ein Glas Trinkwasser je Mann ausgegeben.

Am Abend frischte der Wind auf, das Meer wurde unruhig. Das Torpedoboot schlingerte stark und hielt sich kaum noch am knirschenden Ankertau. Die Mannschaft war verzweifelt. Die Offiziere befürchteten einen Überfall, hatten sich in der Messe eingeschlossen und erschienen nicht mehr auf Deck. Die Matrosen waren sich selbst überlassen und taten, was sie wollten. Die einen beobachteten aus freien Stücken den Horizont, andere hockten da, als wären sie vergiftet, oder räkelten sich in den Räumen, wieder andere strichen wie Mondsüchtige durch das Schiff. Mitunter fragte einer: «Warum müssen wir so zugrunde gehen?»

Eine solche Frage wirkt stets wie ein Peitschenhieb auf die Nerven der Mannschaft. Es begann ein Geschrei, untermischt mit fürchterlichen Flüchen. Alle Zaren und Götter wurden verflucht, die Offiziersmesse wurde bedroht. Den ausgemergelten Menschen fehlte aber die Kraft für längere Haßausbrüche, ihre Wut flaute ab, und es trat Stille ein. Dann konnte man wieder wie in einer Kirche den jammernden Singsang hören:

«Wenn wir zwanzig Tonnen Kohle hätten»

Und wieder fielen nach Bettlerart kläglich einige Stimmen ein:

«Herrgott steh uns bei, daß wir kommen nach Schanghai!»

Man sprach von Speisen und Getränken wie von etwas Unerreichbarem. Die Schwerverwundeten stöhnten und redeten irre.

Die Menschen benahmen sich, als befänden sie sich nicht auf einem Kriegsschiff, sondern auf einer billigen Bühne, wo sie ein törichtes Stück aufführten.

Der Bootsmann des Torpedobootes «Bodry» erkrankte; an seine Stelle trat der Bootsmann des «Blestjaschtschi», Fomin, ein willensstarker, entschlossener Mann. Er war auch gleichzeitig der Wachhabende. Alle Anordnungen an Bord gingen jetzt nur noch von ihm aus. Er munterte die Mannschaft auf, sprach den Leuten gut zu, noch einen Tag auszuharren. Nachts, als er die Wache antrat, befahl er, ohne den Kommandanten zu fragen, zwei rote Laternen am Mast zu hissen. Sie sandten in die stürmische Finsternis das Signal von der großen Not und riefen lautlos um Hilfe. Der Sturm nahm an Stärke zu, sein Heulen und Wimmern verstärkte die Hoffnungslosigkeit. Brausend warf das Meer riesige Wassermassen gegen das Schiff. Viele Matrosen beachteten das nicht und blieben an Deck. Völlig durchnäßt starrten sie unentwegt auf die bewegte See. Auch der Bootsmann Fomin beobachtete, auf der Brücke auf- und abgehend, den nächtlichen Umkreis. Im Heulen des Windes und im Rauschen der Wogen dachte er an den kommenden Tag. Er wollte, wenn sich der Wind legte, mit einem Leutnant, Loman oder Subow, und fünf Ruderern im Beiboot die weite und gefährliche Reise auf der Suche nach Rettung für das Schiff und sich selbst antreten. Er hatte sich schon ein Fäßchen Wasser und einen Sack Zwieback bereitgestellt. Den ganzen Tag hatte er mit dem Verlöten von leeren Kanistern und ihrer Anbringung am Beiboot verbracht, um dadurch die Schwimmfähigkeit zu erhöhen.

Nun war er müde. Um Kraft für den nächsten Tag zu sammeln, hatte er um 22 Uhr die Wache dem Torpedomaat Bugorkow abgegeben, sich auf der Brücke in ein Persenning gehüllt und schlafen gelegt. Er hatte gerade die Augen geschlossen, als ihn eine bekannte Stimme anrief: «Steh auf, Iwan Abramowitsch! Am Horizont ist ein Licht aufgetaucht!»

Fomin sprang auf, vor ihm stand Bugorkow. Beide starrten in die Ferne, aus der ein weißes Licht sich näherte. Auch andere Matrosen hatten es schon entdeckt und teilten sich gegenseitig freudig die Nachricht mit. Bugorkow stieg in die Messe und verkündete dort die aufregende Neuigkeit. Der Kommandant Iwanow folgte dem Leutnant zur Brücke, blickte sich aber ängstlich um, ob es sich nicht etwa um eine Falle handle, die ihm die Matrosen gestellt hatten, um ihn umzubringen. Als er aber die grünen und roten Bordlichter eines unbekannten

Schiffes sah, straffte und räusperte er sich. Mit Ausnahme der Schwerverwundeten waren alle Matrosen an Deck erschienen. Dumpfes Gemurmel erklang von dort. Was für ein Schiff das auch sein mochte, war aus den Stimmen herauszuhören, es würde auf jeden Fall das Ende dieses qualvollen Lebens bringen. Der Kommandant Iwanow befahl auf der Brücke mit lauter Stimme: «Geschütze laden! Torpedorohre schußfertig! Raketen abschießen! Notfeuer anzünden!»

Sinnloses Rufen begleitete den Wirrwarr an Deck. Zuerst leuchtete an Bord das Notfeuer auf, dann stiegen Raketen hoch, die der Geschützführer Kljutschegorski abschoß. Funkensprühend zerschnitten sie die Finsternis wie zwei Feuerschlangen.

In der Dunkelheit zeichneten sich die Umrisse eines nahenden Schiffes ab. Voll Freude erkannte man ein kleineres Handelsschiff, von dem in englischer Sprache etwas durchs Sprachrohr gerufen wurde. Keiner der russischen Offiziere verstand englisch. Man antwortete daher russisch: «Ein russisches Torpedoboot ... Havarie ... In Not ...»

Dasselbe wurde auf französisch wiederholt. Es half nichts, die Menschen verstanden sich nicht. Was sollte man tun? Wie sollte man den Engländern so rasch wie möglich beibringen, daß die Rettung der Besatzung nur von ihnen abhinge? Die Offiziere hasteten hilflos auf der Brücke umher, faßten sich an die Köpfe, vom Deck hörten sie das unruhige Murren der Mannschaft. Alle fürchteten, daß die Engländer davonfahren könnten.

Da fiel den Matrosen ein, daß an Bord der vom Troßschiff «Rus» gerettete Rudergast sei, der sonderbare Este. In den letzten Tagen, als die Besatzung so erregt gewesen war, hatte er sich abseits gehalten, hatte sich in nichts eingemischt und war so ruhig geblieben, als wäre er zu Hause. Auf alle Versuche, mit ihm ein Gespräch zu beginnen, hatte er geschwiegen und war so unerschütterlich an Deck umherspaziert, wie ein gleichgültiger Reisender. Man hatte von ihm nur erfahren können, daß er vor dem Krieg viel auf ausländischen Schiffen gefahren war. Solche Seeleute konnten meist englisch! Mehrere Mann redeten auf den Esten ein, der bedächtig auf die Brücke stieg und das Sprachrohr in die Hand nahm. Offiziere und Matrosen hörten mit angehaltenem Atem unverständliche Worte. Vom Dampfer kam keine Antwort. Der Este übersetzte dem Kommandanten: «Das englische Schiff ‹Kweilin› fährt nach Schanghai. Es fragt, was los sei.»

Der Kommandant befahl: «Frag ihn, ob er uns Kohlen geben kann. Sage ihm, wir hätten weder Lebensmittel noch Trinkwasser und seien in Seenot.»

Die Dünung hinderte das englische Schiff, nahe an «Bodry» heranzukommen. Es bestand die Gefahr eines Zusammenpralls. Der Este stand auf der Brücke und strengte sich an, das Heulen des Windes und das Rollen der See zu überschreien. Vom Frachter schallten nur Bruchstücke von Worten herüber. Die Unterhaltung zog sich hin, die Ungeduld auf dem Torpedoboot wuchs. Über hundert Menschen umstanden die Brücke. Ihre Gesichter waren nach oben gerichtet, sie fingen jedes Wort auf und wiederholten es, wenn sie es auch nicht verstanden. Der von ihnen zufällig gerettete Este war plötzlich zum Helden geworden, er sollte sie jetzt aus ihrer Notlage befreien. Starr standen sie da und schauten auf ihn mit der Hoffnung, mit der Angeklagte auf ihren Verteidiger blicken. Mit bebenden Herzen warteten sie auf die Entscheidung. Endlich erklärte der Este, daß das Schiff keine Kohlen abgeben könnte; er werde aber in der Nähe ankern und «Bodry» bei Morgengrauen in Schlepp nehmen.

Da kam Bewegung in Offiziere und Mannschaften. Man vergaß Hunger und Durst. Lebhafte Unterhaltungen erfüllten das Deck. Die Matrosen traten auf den Esten zu und schüttelten ihm die Hände. Er lächelte stumm und war bestrebt, so schnell wie möglich zu verschwinden.

Am Morgen nahm «Kweilin» das Torpedoboot «Bodry» in Schlepp und fuhr mit ihm davon.

Ein Mann, den das Grab freigab

Das Linienschiff «Borodino» war, wie auch unser «Orjol», geradewegs von der Werft in das Zweite Geschwader gekommen und wurde zum Kriegsschauplatz in den Fernen Osten geschickt, ehe die nötigen Kontrollfahrten absolviert waren. Während der Fahrt gab es fortwährend Havarien am Ruder, an den Maschinen und Kesseln. Bei Schwenkungen versagte das Ruder, und das Schiff drohte die Nachbarn zu rammen. Für die Wasserzufuhr zu den Kesseln mußte übermäßig viel Süßwasser verschwendet werden. Außerdem war das Schiff sehr instabil, besonders, wenn es viel Kohlen geladen hatte. Im Sturm krängte es so stark, daß alte, erfahrene Seeleute die Köpfe schüttelten und meinten, das könne nie und nimmer gut ausgehen.

«Borodino» erhielt fast täglich Rügen. In Roshestwenskis Augen war es das mangelhafteste Schiff des Geschwaders. Den Geschwaderchef ärgerte auch, daß der Schiffskommandant, Kapitän 1. Ranges Serebrennikow, ein unabhängiger Offizier war, der in seiner Jugend, wie auch Jung, der Kommandant des Linienschiffs «Orjol», revolutionäre Ideen vertreten und im Gefängnis gesessen hatte.

Ganz anders verhielt sich die Mannschaft zu ihrem Kommandanten. Er verstand die Leute zu nehmen, gab sich menschlich und ging auf die Nöte eines jeden ein. Die Matrosen seines Schiffes waren besser gekleidet und besser ernährt als ihre Kameraden auf den anderen Schiffen. Für die Matrosenbibliothek hatte der Kommandant vor der Ausfahrt nicht nur die dafür vorgesehene Summe ausgegeben, sondern auch eigene Mittel beigesteuert. Zeitungen, die während der Fahrt an Bord kamen, verteilte er selbst an die Matrosen. Auch der Dienst war auf «Borodino» besser organisiert, als auf anderen Schiffen. Unter dem Alpdruck, der auf dem ganzen Geschwader lastete, genügten bereits solche Kleinigkeiten, um die echte Zuneigung der Mannschaft zu gewinnen.[45]

Am Tage der Schlacht, nach dem Mittagessen, als die feindlichen Hauptkräfte am Horizont erschienen, wurde die Mannschaft des Linienschiffes «Borodino» auf der Back zusammengerufen. Serebrennikow hielt eine kurze Rede, in der er allen ans Herz legte, die Ehre des Schiffes hoch zu halten.

Unter den Matrosen befand sich auch Semjon Juschtschin. Er stammte aus dem Gouvernement Tambow, den abgelegenen Wäldern des Temnikower Gebietes. Durch seine gedrungene, wie aus Erz gegossene Gestalt mit der mächtigen Brust und den breiten Schultern unterschied er sich vorteilhaft von den Kameraden. Die Spitzen des großen, dichten Schnurrbartes, die schönheitshalber mit Seife zusammengedreht waren, stachen nach beiden Seiten furchterregend wie zwei scharfe Dolche ab. Juschtschin war ungebildet, aber aufgeweckt und keck. Sprach der Kommandant mit ihm, so sah Juschtschin ihn an, wie ein gläubiger Mensch ein wundertätiges Heiligenbild anschaut.

Nach der Ansprache wurde Gefechtsalarm gegeben.

Der Matrose Juschtschin trabte in die Bugkasematte, wo er nach der Gefechtsordnung die Pflichten des Ladekanoniers am 75-mm-Geschütz auszuüben hatte. Hier hatten sich zwölf Matrosen, der Unteroffizier Tschepakin und der Oberleutnant Graf Benningsen eingefunden. Der Oberleutnant hatte als Kommandeur der Bugkasematte befohlen, die Geschütze auf das feindliche Spitzenschiff zu richten, als dieses backbord querab aufkreuzte.

«Borodino» erbebte unter den eigenen Abschüssen. Das feindliche Feuer konzentrierte sich hauptsächlich auf die Flaggschiffe. «Borodino» fand kaum Beachtung. Zu Anfang des Gefechts erhielt das

Schiff daher nur wenige Treffer: Einige Granaten beschädigten die Aufbauten, das stellenweise ausgebrochene Feuer konnte aber schnell gelöscht werden.

Juschtschin kam seinen Aufgaben nach und dachte nicht an den Tod. Er liebte seine Heimat und wollte dafür sorgen, daß den Japanern so viel Schaden wie nur möglich zugefügt wurde. Sein erhitztes Gesicht war schweißüberströmt.

Plötzlich brach der Beschuß ab. Juschtschin richtete sich auf und bemerkte erst jetzt, daß «Borodino» nach steuerbord ausgeschert war und allein fuhr. Da muß etwas mit dem Ruder geschehen sein, dachte er, wahrscheinlich hat sich das Rad im Kommandoturm festgeklemmt.

Nach einer Viertelstunde waren die Schäden behoben. Als das Schiff wendete, um in die Kolonne zurückzukehren, warf Juschtschin einen Blick durch die Geschützpforte. Abseits von der Gefechtskolonne, in etwa zehn Kabellängen Entfernung, brannte «Osljabja», deren Bug bis zu den Ankerklüsen im Wasser steckte. Das sah auch der Oberleutnant Benningsen, der leise sagte: «Das Schiff wird sich nicht mehr lange über Wasser halten!»

«Schlagen müßte man sie, Euer Hochwohlgeboren, diese gelben Japse!» schrie Juschtschin plötzlich wie betrunken.

Graf Benningsen antwortete nicht. Matrosen gaben den Befehl durch: «Sanitäter, im Laufschritt zum Kommandoturm!»

Von oben kam ein Matrose in die Kasematte. Sein Gesicht war geschwollen und dunkel, die Haut der einen Wange war bis zum Ohr abgezogen. Er schüttelte den Kopf und schrie: «Oh, diese Teufel, diese Teufel!»

Juschtschin glaubte, der Matrose suche den Verbandplatz und könne ihn nicht finden. Er wollte ihn hinführen. Der Verwundete stieß ihn aber zurück.

«Laß mich in Ruhe!» schrie er und kletterte hastig nach oben.

In der Bugkasematte erfuhr man durch die Sanitäter Einzelheiten über den Kommandoturm. Am Turmeingang war eine schwere Granate detoniert, der die ganze Brücke zum Opfer fiel. Die beiden Navigationsoffiziere Tschaikowski und de Livron waren zerrissen worden. Der Torpedooffizier Leutnant Gehrken wurde bewußtlos weggetragen. Der Artillerieoffizier Sawalischin stieg noch selbst von der Brücke; aus seinem aufgeschlitzten Bach quollen die Därme, er brach zusammen und starb bald darauf. Der Funker und die Rudergasten waren tot. Der Kommandant Serebrennikow hatte eine Hand verloren und mußte zum Arzt gebracht werden. Das Kommando gab er ab.

Der Kommandoturm mit den Artilleriegeräten, dem Steuerruder

und dem Maschinentelegrafen war also völlig wertlos geworden. Die Führung des Schiffes ging auf die Brücke über. Das Kommando an Bord übernahm der Erste Offizier, Kapitän 2. Ranges Makarow.

Menschen und Geschütze schieden aus, Geräte wurden zerstört, die Zahl der Löcher in den Bordwänden nahm zu. Es war sehr schwierig, das Linienschiff von der Brücke aus zu leiten. Um den Kampf verfolgen und entsprechende Maßnahmen ergreifen zu können, mußte sich der neue Kommandant entweder auf dem Batteriedeck oder in einem der Geschütztürme aufhalten. Seine Anordnungen gab er durch Zurufe, die von anderen Offizieren an die übrigen Schiffsstationen weitergegeben wurden. Die Geschützabschüsse, die Detonationen der feindlichen Geschosse, die Schreie der Feuerwehrleute, das Stöhnen der Verwundeten – alles das behinderte die Kommandoführung. Worte wurden mißverstanden, Rückfragen wurden notwendig. Fast jeder, der einen Kommandoposten übernahm, fiel bald wieder aus. Und während man nach einem Ersatz für den Ausgeschiedenen suchte, war die Führung des Schiffes beeinträchtigt.

«Suworow» und «Alexander III.» schieden aus, «Borodino» mußte sich an die Spitze stellen. Schießend fuhr er vorwärts, zuletzt nur noch mit knapper Not von ein paar übriggebliebenen Leutnants geführt. Über Deck klang der Schrei: «Torpedoangriff!»

Semjon Juschtschin sah von der Bugkasematte aus mehrere feindliche Torpedoboote, gegen die lebhaftes Feuer eröffnet wurde. Sie mußten abdrehen, ohne dem Geschwader Schaden zugefügt zu haben.

Zweimal verloren die Japaner die russischen Schiffe aus den Augen. Nach 17.00 Uhr, während der zweiten Kampfpause, konnte sich «Borodino» noch ein wenig erholen. Die Unverletzten stiegen aus den unteren Räumen nach oben. In der Bugkasematte hatten sich mehrere Mann eingefunden. Auch der Oberleutnant Graf Benningsen, der kurz vorher verwundet worden war, war gekommen. Er fragte die Matrosen: «Na, wie steht es, Leute?»

«Abscheulich steht es, Euer Wohlgeboren», erwiderte Juschtschin. «Wenn uns die Japaner noch einmal angreifen, dann erledigen sie uns.»

Der Oberleutnant schüttelte den Kopf und meinte: «Ja, ich habe nicht gedacht, daß sie sich so schlagen werden.»

Dann spähte er zur Geschützpforte hinaus.

«Wo sind denn ‹Suworow› und ‹Alexander III.›?»

Man berichtete ihm, daß beide Schiffe brennend mit großen Zerstörungen an den Deckaufbauten ausgeschieden waren und ihr weiteres Schicksal unbekannt sei.

Der Oberleutnant seufzte: «Daß wir als Nichtskönner in den Krieg ziehen mußten ...»

«Borodino» hatte eine leichte Schlagseite nach Steuerbord. Jemand rief, man solle das Leck abdichten. Wo das Leck war und welchen Umfang es hatte, wußte Juschtschin nicht. Er machte sich an die Ausbesserung eines Geschützes. Während er damit beschäftigt war, erschienen von steuerbord her sechs feindliche Schiffe. In der Bugkasematte breitete sich sofort lähmende Stille aus, als ahnten alle, daß nun das Ende nahe.

Und wieder begann der Kampf. «Borodino» führte das Geschwader.

Die Japaner blieben auch dieses Mal bei ihrer anfänglichen Taktik, das Spitzenschiff anzugreifen. Bis jetzt hatte sich «Borodino» trotz seiner Schäden und Verluste an Menschen standhaft gehalten. Noch feuerten sein 305-mm-Heckturm und die drei 152-mm-Türme der Steuerbordseite. Unterwasserlecks hatte das Schiff offenbar nicht. Jetzt aber, unter den Salven der sechs feindlichen Schiffe, ging seine Kampfkraft schnell zur Neige. Es schien, als sausten tonnenschwere Hammerschläge auf das Schiff herab. Es stand rasch in Flammen. Mit Gasen vermischter Rauch drang in alle oberen Räume.

Juschtschin stand an seinem 75-mm-Geschütz und konnte vor Qualm kaum atmen. Die Augen tränten, im Halse kratzte es. Fast alle Augenblicke dröhnten im Schiff Explosionen.

Oberleutnant Graf Benningsen rief seinen Untergebenen zu: «Es ist zwecklos, mit der leichten Artillerie zu schießen. Man muß Schutz suchen.»

Er faßte sich plötzlich an die Brust, drehte sich wie in einem wilden Tanz um die eigene Achse und schlug hin.

Im gleichen Augenblick kam ein Signalgast völlig verstört gerannt. Sein Flanellhemd war zerrissen, sein Gesicht blutüberströmt.

«Wo sind Offiziere? schrie er und sah sich um.

«Da liegt einer tot», wurde ihm geantwortet. «Was ist los?»

«Oben ist kein Offizier mehr da. Wir suchen in allen Abteilungen und finden keinen Offizier. Entweder sind sie tot oder verwundet. Es ist niemand mehr da, der die Schiffsführung übernehmen kann.» Der Signalgast stürzte zum Heck davon.

Unter den feindlichen Schlägen bebend, setzte das Schiff seine Fahrt fort. Offenbar wurde es jetzt nur noch von den Matrosen geführt. Sein Artilleriefeuer wurde immer schwächer. Wohin es fuhr wußte niemand. Solange seine Maschinen störungsfrei arbeiteten, hielt es den Kurs, den es zufällig eingeschlagen hatte. Das ganze Geschwader mit den am Leben gebliebenen Kapitänen 1. Ranges und drei Admiralen schleppte sich hinter ihm her, wie eine Schafherde hinter dem Leithammel. Wahrscheinlich war es auch so gewesen, als «Alexander III.» das Geschwader geführt hatte. Die Grundlage dafür war der Befehl, den Roshestwenski vor der Schlacht gegeben hatte: «Wenn das Spitzenschiff ausscheidet, dann führt das nächstfolgende Linienschiff das Geschwader.»

Alle Matrosen, die sich in der Bugkasematte befanden, stiegen mit dem Unteroffizier Tschepakin unter das gepanzerte Deck hinab. Dort fanden sie mehrere Verwundete, die schon die erste Hilfe erhalten hatten. Juschtschin fragte sie: «Nun, wie geht es dem Kommandanten?»

«Er liegt und fragt immerzu, wie die Schlacht verläuft. Er selbst kann das Kommando nicht wieder übernehmen, der Blutverlust war zu groß.»

«Wo ist denn der Erste Offizier Makarow?»

«Er soll auch verwundet sein, im Verbandraum ist er aber nicht erschienen, und niemand weiß, wo er sich befindet.»

Tschepakin hastete wie ein Irrer umher und rief fluchend: «Was sind denn das für Sachen? Wir haben keinen einzigen Offizier mehr. Keiner ist da, der das Schiff führen könnte. Was sollen wir tun? Wir werden wohl ins Jenseits rutschen müssen. Die Japaner haben es besonders auf unser Schiff abgesehen, weil es vorn liegt. ‹Borodino› ist schon angeschlagen, daß es an der Zeit wäre, sich an den Schluß des Geschwaders zu begeben und sich dort zu erholen. Wenn wir aber jetzt wendeten, dann käme das ganze Geschwader uns nach.»

Oben wurde gerufen: «Alle Mann an Deck! Retten!»

Die Leute stürzten zur Treppe. Nach einer halben Minute waren Tschepakin, Juschtschin und andere Matrosen wieder in der Bugkasematte. Alle hasteten und schrien durcheinander. Niemand wußte, was an Bord passiert war und woher die Gefahr drohte. Das Schiff fuhr weiter und schoß nur schwach. Plötzlich wurde Juschtschin von einem Blitz geblendet. Er wurde hochgeschleudert und stürzte auf Deck. Er meinte, das Schiff sei gekentert. Im Augenblick der Detonation hatte er sich hinter einer Panzerquerwand befunden und keinen Splitter abbekommen. Er sprang auf und sah mit Grauen einen abgerissenen Kopf zu seinen Füßen. Am Ende ist es meiner? dachte er und faßte mit beiden Händen an seinen Kopf. In der Bugkasematte waren nur er und der Unteroffizier Tschepakin am Leben geblieben. Trotz des Rauches erkannten sie, daß die Geschütze entweder zerstört oder aus den Lafetten gehoben waren. Das Feuer breitete sich aus und näherte sich den MG-Patronen. Der Unteroffizier warf sie über Bord und befahl Juschtschin: «Lauf mal zum Heck und hole Leute. Wir beide werden mit dem Feuer allein nicht fertig. Da kommt schon Rauch aus dem Munitionsaufzug.»

Juschtschin ging zum Heck, es war aber nicht einfach, dorthin zu gelangen. Überall war es zu Zerstörungen gekommen, lagen Eisenteile und umgeworfene oder zerrissene Teile der Schottwände zuhauf. Nicht nur die Bordwände, auch das Deck war leckgeschlagen. Die Inneneinrichtung war ein Trümmerfeld, auf dem Leichen umherlagen. Juschtschin wollte weiter, die Verheerungen in den Offizierskajüten und heftige Flammen hinderten ihn aber daran. Hitze und Rauch ließen die Augen tränen. Ringsum hatte sich alles so verändert, daß er nicht wußte, wo er sich eigentlich befand. Er blieb über einer Luke stehen und sah auf das Batteriedeck hinunter. Er wollte hinuntersteigen, tat es aber doch nicht. Er sah keinen lebenden Menschen um sich, niemand löschte die Brände. Offenbar hatte die Angst die Menschen in die unteren Räume getrieben. Juschtschin stellte sich vor, daß er allein an Bord übriggeblieben sei, daß das Schiff weiter treibe, von keinem gelenkt, ungewiß wohin. Er zuckte bei diesem Gedanken zusammen und wollte auf das Oberdeck hinaufsteigen. Doch wozu? Er hätte es nicht sagen können.

Es dämmerte. Die Krängung nach steuerbord nahm zu. Die Aufbauten des Schiffes waren noch stärker zerstört als die unteren Räume. Die Masten waren gebrochen, die Takelung zerrissen, die Schornsteine schwankten, die Rettungsboote waren zertrümmert, die Achterbrücke umgerissen. Das ganze Heck stand in Flammen. Und die Granaten schlugen immer noch ein. Achtern war undeutlich «Orjol» zu sehen, ganz in Rauch gehüllt. Hinter «Oleg» fuhren noch mehrere Schiffe in Kiellinie. Unverständlich war, warum das ganze Geschwader sich hinter dem sterbenden Linienschiff «Borodino» einherschleppte.

Vom Schrecken gejagt, hetzte Juschtschin wieder zurück in die Bugkasematte, um Tschepakin alles zu berichten. Als er aber dort ankam, war der Unteroffizier nicht mehr da. Plötzlich bebte das ganze Schiff, von einer feindlichen Salve getroffen, und legte sich schnell nach steuerbord über. Juschtschin stand in diesem Augenblick an einer Geschützpforte und hielt sich an einem Rohr fest.

Er konnte sich später nur dunkel erinnern, was weiter mit ihm geschah. Das Schiff kenterte, während er, betäubt und fast zerdrückt von den heulenden Wassermassen, immer noch in der Bugkasematte steckte. Mit der einen Hand riß er sich alle Kleider vom Leibe, tastete mit dem Fuß nach der Geschützpforte und tauchte hinein. Vielleicht ging das alles auch ganz anders vor sich. Tatsache aber war, daß er für eine Weile, die ihm unglaublich lang vorkam, unter Wasser blieb, wasserschluckend und ohne zwischen oben und unten unterscheiden zu können. Fast völlig nackt schoß er wieder an die Oberfläche. Nur die Füße steckten noch in den Stiefeln, weil diese eng waren und sich nicht abstreifen ließen.

Alles, was Juschtschin in diesen ein bis zwei Minuten erduldet hatte, wirkte so betäubend auf ihn, daß er keine Angst mehr empfand. Er schlug die Augen auf und sah sein Schiff kieloben schwimmen. Beide Schrauben arbeiteten. Auf der Oberfläche tauchten hier und dort in der hohen Dünung Matrosenköpfe auf. Etwa zehn Mann hatten den Riesenboden des Schiffes erklommen, winkten mit den Armen und riefen etwas. Einer zog sein Hemd aus, hielt sich am Seitenkiel fest und streckte das Hemd Juschtschin entgegen. Der Matrose reagierte nicht sofort.

«Semjon, halt dich fest und komm zu uns.»

Juschtschin hatte einen Ärmel erwischt, eine Welle riß ihn aber fort, er behielt nur einen Teil des Ärmels in der Faust. Wieder tauchte er unter. Das Schiff entfernte sich schnell. Um nicht in die Schrauben zu geraten, schwamm er abseits. Er bekam ein Bootsmastwerk in die Hände und ließ es nicht mehr los.

Er sah nicht, wie das Schiff versank, er starrte nur auf die anderen Schiffe und schrie um Hilfe. In der Dämmerung zog, von Flammen umhüllt, wie eine ungeheure Fackel, «Orjol» vorbei und wurde von einem japanischen Eisenhagel überschüttet. Der Himmel dröhnte, das Meer heulte im bunten Sprühen der Fontänen, die Wellen wogten mit den Rauchfetzen, die an ihnen wie festgeklebt schienen. Der Untergang schien gekommen zu sein. «Nikolai I.» beschleunigte die Fahrt und wollte offenbar das vordere Schiff überholen, um sich an die Spitze des Geschwaders zu setzen. Die feindlichen Hauptkräfte hatten das Feuer eingestellt, aber die russischen Schiffe setzten das Feuer fort, wahrscheinlich gegen Torpedoboote. Die Reste des Geschwaders, ein Schiff nach dem anderen zog an Juschtschin vorbei: «Apraxin», «Senjawin», «Admiral Uschakow», «Sissoi Weliki», «Nawarin». Er schrie ihnen zu, nannte jedes Schiff beim Namen, sie fuhren aber alle an ihm vorbei. Von den übrigen Schiffen getrennt, erschien schließlich «Admiral Nachimow», dem kein anderes Schiff mehr folgte. Juschtschin zappelte in den Wellen, nahm alle Kraft so zusammen, als wollte er aus dem Wasser springen und hinter der letzten Hoffnung herlaufen. «Admiral Nachimow» schien ihn zu hören und sich ihm zuzuwenden, doch einen Augenblick später entschwand das Heck wieder. Nur noch das Hecklicht war zu sehen.

«Verflucht! Daß ihr alle auf den Meeresgrund sinken möget!» schrie Juschtschin im Wahn.

Verzweifelt kniff er die Augen zu. Ihn schwindelte, er meinte, in einem Abgrund zu versinken. Seine Hände ließen das Mastwerk los, schon aber kam er wieder zu sich und umklammerte es fest. Es wurde dunkel. Nichts konnte man mehr unterscheiden. Meer und Finsternis waren ein grauenvolles Ganzes. Dann und wann blitzten in der Ferne Abschüsse auf, aber auch das hörte bald auf. Juschtschin horchte – nicht ein menschlicher Laut durchdrang die Stille. So war er allein geblieben inmitten des grausamen Meeres, unter dem schwarzen Himmel der Nacht. Er hatte keine Vorstellung mehr von der Zeit. Den ungleichen Kampf gegen das Element gab er aber nicht auf. Die Wellen hoben ihn, schleuderten ihn hinunter, schlugen ihm ins Gesicht, dröhnten ihm höhnisch in die Ohren, rissen am Mastwerk, warfen den Körper hin und her, drückten die Brust ein, rollten über den Kopf. Manchmal schien ihm, als habe ihn ein Wolfsrudel überfallen und beiße ihn von allen Seiten. Er schluckte das bittere salzige Wasser, hustete, schrie und schnappte nach Luft. Längst spürte er die in den Stiefeln geschwollenen Füße nicht mehr, es schien ihm, als wären sie abgefallen. Der Körper wurde steif, die letzten Kräfte waren verbraucht, das Denken setzte aus.

Plötzlich sah Juschtschin, daß Mündungsfeuer die schwarze Ferne durchzuckten, Scheinwerfer aufblitzten und Schläge die Nacht erzittern ließen. War das Geschwader umgekehrt? Die roten Blitze kamen näher. Bald zogen an ihm in einer Entfernung von zwei bis drei Kabellängen formlose Schatten in völligem Durcheinander vorüber. Er winkte, er schrie, aber die schwarzen Schatten entfernten sich im Donner des Artilleriefeuers immer weiter von ihm, in die dunkle, furchtbare Ungewißheit.[46]

Epilog

Achteinhalb Monate hatten wir in Gefangenschaft verbracht. Endlich kam der glückliche Tag, an dem wir das Lager von Kumamoto verließen. Wir wurden mit der Eisenbahn in die Hafenstadt Nagasaki gebracht, wo uns schon das Transportschiff «Wladimir» erwartete. Unsere Gruppe fand genug Platz in seinem geräumigen, eigens für den Truppentransport eingerichteten Zwischendeck. Das Schiff blieb noch einige Tage im Hafen und nahm noch mehrere Personen auf. Vornehmlich waren es Matrosen und etwa zwei Dutzend Offiziere.

Am 15. Oktober 1904 hatten wir Rußland verlassen, Ende Januar 1906 kehrten wir in die Heimat zurück.

Um uns bei guter Laune zu erhalten, zahlte uns die zaristische Regierung während des Aufenthalts in Nagasaki unseren Lohn einschließlich der Zuschläge für neun Monate bar aus. Die in der Gefangenschaft verbrachte Zeit wurde uns als Dienstzeit an Bord angerechnet. Jeder von uns verfügte somit über eine beträchtliche Geldsumme. An Bord erhielten wir Halbpelze, Filzstiefel und Pelzmützen. Wenn man die gute Verpflegung hinzunahm, so war das die endgültige Abrechnung mit dem Staat. Erstmalig fühlten wir uns als mehr oder weniger freie Menschen.

Nagasaki liegt an einer tiefen, breiten Bucht, die von malerischen Fjorden zerklüftet und von Bergrücken umsäumt ist. An ihrem Eingang schützt die pinienbestandene Insel Kataboko die Bucht vor den Seewinden. An die Stadt schließen sich riesige Docks und Werften an. In der Bucht lärmten die Menschen, knirschte das Eisen der Kräne, rauchten die Schornsteine von Handelsschiffen. Zwischen den großen Ozeanriesen verschiedener Nationen flitzten wendige japanische Boote umher. Auf jedem blitzte eine lackierte Kajüte, jedes hatte einen eigenartigen Bugvorbau und sah aus wie ein Wasservogel mit vorgestrecktem Hals.

Gegenüber der Stadt, auf der nordwestlichen Seite der Nagasaki-Bucht, lag, in dichtes Grün und in Felsen gebettet, das Dorf Inosa. Viele Jahre vor dem Kriege hatte die russische Regierung hier ein Areal gepachtet, auf dem ein Bootshaus, Reparaturwerkstätten und ein Lazarett eingerichtet worden waren. Diese Gebäude gehörten zur Offiziersmesse, die von der liebenswürdigen japanischen Wirtschafterin Amazu-san betreut wurde. In der Messe gab es ein Billardzimmer und eine reichhaltige Bibliothek, die Wände waren mit Bildern von Admiralen und Offizieren geschmückt. Auf einem Hügel stand ein zweistöckiges Gebäude, das sogenannte «Hotel Newa». Am westlichen Ende der Siedlung lag ein Friedhof für die russischen Seeleute. Die Offiziere sprachen von Inosa wie von einem russischen Dorf, das jeder einmal allzu gern besuchen wollte. Dort wurden Glücksspiele veranstaltet, fanden sorglose Feste statt, konnte man junge Japanerinnen heiraten. Diese Ehen wurden nach einem Vertrag für die Zeit geschlossen, die das Schiff bei Nagasaki lag. Viele unserer Offiziere hinterließen hier ihre Kinder. Außerdem hatten es so die Japaner ungewöhnlich leicht, unsere Lebensart und die Kriegsmarine zu studieren.

An der steinernen Landestelle von Nagasaki, deren Stufen unmittelbar ins Wasser führten, begannen die europäisch eingerichteten Hotels und Restaurants. In den breiten Straßen traf man neben Japanern in ihrer Nationaltracht auch viele Engländer, Deutsche, Franzosen, Russen, Chinesen, sogar Afrikaner. Alle möglichen Sprachen schwirrten durcheinander. Weiter hinten, außerhalb des europäischen Viertels, schmiegten sich die japanischen Häuschen eng aneinander; sie waren aus Holz gebaut und nicht höher als zwei Stockwerke. Oben wohnte man, unten betrieb man Handwerk und Handel. Die vorderen Wände der Läden wurden am Tage auseinandergeschoben, und man konnte feststellen, ohne die Schilder lesen zu müssen, welche Waren sie führten: Schildpatterzeugnisse, gemusterte Fächer, japanisches Porzellan, bunte Seide. Man hatte den Eindruck, daß man nicht durch schmale Gassen ging, sondern sich in einem Pavillon befand und eine Ausstellung der japanischen Heim- und Fabrikarbeit betrachtete. Einige Häuser und Tempel befanden sich auf Berghängen und grünen Hügeln. Das verlieh der Stadt ein recht eindrucksvolles Gepräge.

In den Restaurants und Teehäusern dröhnte japanische und europäische Musik. Erregende Klänge lockten die ausländischen Seeleute an, die sonnenverbrannt, umweht von den Winden aller Breitengrade, aus fernen Ländern und Meeren kamen. Einige Russen, Offiziere und Matrosen, die soeben aus der Gefangenschaft entlassen worden waren, benahmen sich in ihrer Freude besonders laut. Man konnte sie von weitem erkennen: Sie grölten Lieder, fluchten und ließen sich zum Vergnügen in Rikschas umherfahren.

Ich betrachtete neugierig das bunte Leben der Stadt, während meine Gedanken bei einer Japanerin weilten, die in Kumamota geblieben war.

Als wir uns in Gefangenschaft befanden, hatte ich mich mit dem japanischen Dolmetscher angefreundet. Er sprach vorzüglich russisch und liebte unsere Literatur. Manchmal sprachen wir stundenlang über die Werke der russischen Klassiker und der zeitgenössischen Schriftsteller. Das brachte uns einander nahe. Er lud mich in seine Wohnung in der Stadt Kumamoto ein. Seine Schwester hieß Iosije; sie war ein Mädchen von zwanzig Jahren, klein, aber gut gebaut, und besaß ein zartes Gesicht mit schwarzen, strahlenden Augen.

Unsere Liebe nahm keine Rücksicht auf Rassenunterschiede und Kriegszeiten, sie entwickelte sich nach eigenen Gesetzen. Wenn Iosije mir anfänglich begegnete, verharrte sie wie ein Reh beim Nahen eines Jägers. Nachdem wir uns mehrere Male gesehen hatten, fühlten wir uns zueinander hingezogen. Ich sprach zu ihr, ihr Bruder übersetzte. Als sich herausstellte, daß sie etwas englisch verstand, wandte ich mich dieser Sprache zu. Die ersten Worte und Sätze, die ich lernte, bezogen sich natürlich auf die Begrüßung und die Liebe. Manchmal, wenn ich in Eifer geriet und meine Gefühle besser ausdrücken wollte, sprach ich russisch: «Oh liebe Iosije! Im Norden, am Polarkreis, hält die Nacht drei Monate an. Und wenn der Mensch nach so langer Zeit nur den goldenen Rand der Sonne für ganz kurze Augenblicke sieht, überkommt ihn unerhörte Begeisterung. Mit jedem Tage steigt das Himmelslicht höher, strahlt immer stärker. Ähnliches erlebte ich, als ich dich auf meinem Lebensweg traf.»

Ich gebrauchte die schönsten poetischen Worte, die ich nur kannte. Sie verstand natürlich nur ihren Sinn. Ihr kleiner Mund mit den vollen Lippen und den weißen, ein wenig schräg stehenden Zähnen lächelte, und ihre schwarzen, mandelförmigen Augen funkelten lockend. Auch ich verstand sie nicht, wenn sie, den Kopf mit der üppigen, schwarzen Frisur hintenübergebeugt, schnell zu sprechen begann. Die Japaner kennen in ihrer Sprache das «l» nicht und ersetzen es durch das «r». Wenn Iosije mich bei meinem Kosenamen «Aljoscha» nannte, klang es wie «Arjoscha». Aus ihrem Munde klang das besonders reizvoll.

Iosijes Bruder störte unsere Liebe nicht, und als ich ihm sagte, daß ich seine Schwester heiraten wolle, war er damit einverstanden. Vielleicht spielte hier der Umstand eine Rolle, daß sie Waise war. Als Politischer glaubte ich nicht nach Rußland zurückkehren zu können. Unterstützt von einem russischen Emigranten, Dr. Russel, der eigens nach Japan gekommen war, um die Gefangenen mit revolutionärer Literatur zu versorgen, wollte ich mit Iosije nach Amerika fahren. Ich wußte, daß ich in Japan Not leiden würde. Dort aber, jenseits des großen Ozeans, glaubte ich, mit einer so liebenswerten Gefährtin mein Leben besser einrichten zu können. Ich wollte die englische Sprache gründlich erlernen, auf einem Handelsschiff anheuern und Rußland erst später, als amerikanischer Bürger, wieder besuchen. Meine Heimat würde mir dann wieder zugänglich sein, und ich könnte dann politische Arbeit leisten. So erträumte ich mir die Zukunft; die Jugend, trunken vor Glück, denkt nicht an Hindernisse, bis sie mit dem Kopf gegen eine Mauer stößt.

Im Spätherbst trat eine Amnestie in Kraft. Das bedeutete für mich eine Schicksalswende: Ich konnte in die Heimat zurückkehren. Nach langen Zweifeln entschloß ich mich, von Iosije Abschied zu nehmen.

Am letzten Tage vor der Abfahrt machte ich meinen Abschiedsbesuch. Sie empfing mich mit einem strahlenden Lächeln und schien mir noch begehrenswerter als sonst in ihrem blauen Seiden-Kimono mit der breiten, gemusterten Schleife auf dem Rücken. Ich hatte mir schon Phrasen aus einer japanisch-englischen Sprachlehre zurechtgelegt. Mühsam erklärte ich ihr, daß ich nach Rußland fahren müsse und sie nicht mitnehmen könne, da dort Revolution sei. Ihre schmalen Schultern zuckten, sie warf einen Ärmel des Kimonos auf, als wollte sie davonfliegen. Über ihre schwarzen, leuchtenden Augen senkten sich die Lider mit den dichten Wimpern und verbargen die Tränen in den schmalen Schlitzen. Plötzlich wandte sie sich mir zu und sagte etwas in japanischer Sprache, vielleicht verfluchte sie unsere erste Begegnung. Sie sah mich bald flehend, bald haßerfüllt an. Dann warf sie sich mir an die Brust.

«Arjoscha», schluchzte sie mit schmerzdurchzitterten Kehllauten, die mir das Herz zerschnitten.

Iosije war klein und federleicht, aber ihr Lächeln, ihre leuchtenden Augen, ihre ganze Erscheinung strömten eine starke Anziehungskraft aus. Sie umstrickte meinen Willen, wie exotische Lianen einen Baum. Unser Abschied war qualvoll. Als ich sie endlich verließ, war mir so, als wäre mir das Herz aus der Brust gerissen worden.

Auch als ich weit entfernt von Iosije durch die lärmenden Straßen von Nagasaki schritt, klang in mir immer noch das unbeendete Lied unserer bittersüßen Liebe nach.

Überraschend kam der Ingenieur Wassiljew auf den Frachter «Wladimir» und bezog eine Kajüte. Wir sahen uns oft. Entweder besuchte ich ihn, oder er kam zu uns ins Zwischendeck. Begierig hörten wir zu, wenn er uns berichtete, was in letzter Zeit in Rußland geschehen war.

Eines Abends saßen mehrere Matrosen lange in seiner Kajüte. Wir sprachen über einige Admirale, und Wassiljew erzählte uns, er habe Roshestwenski in Gefangenschaft gesehen.

«Nun, wie geht es denn dem Helden der Tsushimaschlacht?» fragte der Bootsmann Wojewodin, dessen Kopf vom vielen Tee gerötet war.

Wassiljew berichtete lebhaft: «Seine Wunden sind geheilt, er schaut aber ebenso finster drein wie früher. Erstaunlich ist es, daß er noch immer überzeugt davon ist, uns habe während der Schlacht auch ein englisches Geschwader aufgelauert. Es hätte die Aufgabe gehabt, uns zu überfallen, wenn wir gesiegt haben würden.»

«Ist denn so etwas möglich?» fragte ich verwundert.

«Eine solche Dummheit könnte einem anderen vielleicht verziehen werden, nicht aber einem Admiral», antwortete Wassiljew und lächelte mit bitterem Spott.[47]

Er schob uns eine Schale mit Gebäck zu und fuhr fort: «Übrigens habe ich einen Zusammenstoß mit ihm gehabt. Dem Admiral war zugetragen worden, daß ich den Offizieren aufklärende Vorträge über die Schlacht bei Tsushima halte. Durch seine Stabsoffiziere hat er mich auf seine Seite locken und mich einzufangen versucht. Das ist ihm aber nicht gelungen. Ich kam nicht zu ihm. Der Admiral geriet in Wut, und als einer seiner Offiziere ihm meldete, daß ich Dr. Russel kenne und von ihm revolutionäre Literatur beziehe, befahl er mich dienstlich zu sich. Ich erschien in Zivilkleidung. Diese Betonung meiner Unabhängigkeit löste einen solchen Wutausbruch aus, daß er nicht einmal zusammenhängend sprechen konnte. Er drohte mir mit Festungshaft, wenn ich es wagen sollte, nach Petersburg zurückzukehren.»

«Offenbar glaubt Roshestwenski, selbst aus so einem tiefen Wasser wie dem Japanischen Meer herauszukommen, ohne sich den Pelz naß zu machen», bemerkte ich.

«So ist es!» lachte Wassiljew. «Mir hat er keine Angst einjagen können, aber viele Seeoffiziere fürchten ihn immer noch. Um sie einzuschüchtern, hat der Kapitän 2. Ranges Semjonow, ein Anhänger des Admirals, ein witziges Gerücht ausgeheckt. Er hat unter den gefangenen Offizieren verbreitet, Roshestwenski würde wieder zum Chef des Marinehauptstabes ernannt werden. So schwindelte er, damit es niemand wagen sollte, die Unfähigkeit des Geschwaderchefs zu entlarven ...»

Wie wir von Wassiljew erfuhren, habe Roshestwenski schon vor der Schlacht abgelehnt, das Geschwader weiter zu befehligen, sobald es Wladiwostok erreicht haben würde, da er krank sei. Das hatte er schon lange vor der Schlacht telegrafisch an das Marineministerium gemeldet. An seiner Stelle wurde der Vizeadmiral Biriljow ernannt, ebenfalls ein Zarengünstling. Er sollte Roshestwenskis Aufgabe vollenden und ruhmreich den Sieg des Imperiums im Fernen Osten erringen.

Mit dieser Bestimmung verließ Biriljow am 25. Mai 1905 die Hauptstadt. Alles, was in St. Petersburg einen Namen hatte, war auf dem Bahnhof erschienen, um Biriljow und seinen Stab nach dem Fernen Osten zu verabschieden. Aus St. Petersburg und Kronstadt strömten eine Menge von Admiralen, Kapitänen und jüngeren Offizieren auf dem Bahnsteig zusammen. Auch Damen der Hofgesellschaft und der höheren Marinekreise waren anwesend. Biriljow war rüstig und äußerlich energisch, nahm lebhaft Abschied vom hochgestellten Publikum, das ihn begeistert mit Hurra-Rufen überschüttete. Die Damen überreichten ihm Blumen, einige segneten ihn mit Heiligenbildern. Die Zurückbleibenden zerdrückten voll patriotischer Rührung Tränen in den Augen. Heiße Wünsche für den Sieg hallten dem Zug nach, der den Admiral auf den weiten Weg zum Ruhm entführte.

Während wir den furchtbaren Zusammenbruch vor der Insel Tsushima erlitten, eilte der neue Befehlshaber mit seinem Stabe nach Wladiwostok. Im Salonwagen träumte Admiral Biriljow davon, im Goldenen Horn, der Bucht von Wladiwostok, die siegreichen Schiffe der ihm anvertrauten Marinestreitkräfte aufkreuzen zu sehen. Er überschlug, wie viele der achtunddreißig Wimpel des Zweiten Geschwaders zu seiner Verfügung stehen würden. Er stellte sich vor, wie er nach Übernahme der Befehlsgewalt die Japaner auf See vernichten und wie er den russischen Landtruppen die Aufnahme der Offensive ermöglichen würde. Wieviel neue Orden würden sich zu denen gesellen, die er schon auf der Brust trug! Vielleicht blitzte in seinen Träumen auch schon der goldene Säbel an seiner Seite, den ihm der Zar für einen glänzenden Sieg verleihen würde. Sein Ruhm als genialer Flottenführer würde über die ganze Welt klingen!

Wie groß war aber seine Enttäuschung, als anstelle des Geschwaders nur drei Schiffe in Wladiwostok ankamen: die Torpedoboote «Grosny» und «Brawy» sowie der Kreuzer 2. Ranges «Almas», die umgebaute, ehemalige Jacht des Statthalters Alexejew, die so gut wie keinen Kampfwert hatte. Biriljow blieb nichts übrig, als umzukehren und in einem Sonderzuge nach St. Petersburg zurückzufahren.

Wassiljew fügte noch hinzu: «Ihr wißt alle, wie unzulänglich unser Geschwader ausgerüstet gewesen ist. Die Verantwortung dafür müßte mit den andern Schiebern auch Biriljow tragen. Er wurde aber nicht vor Gericht gestellt. Ihm gelang es sogar, sich den Posten des Marineministers zu erschleichen. So etwas ist eben nur unter der Mißwirtschaft möglich, die in unserem Staate herrscht.»

Kurz vor der Abfahrt des Transportschiffes «Wladimir» ließ mich der Ingenieur Wassiljew zu sich in die Kajüte kommen. Ich traf ihn beim Packen seiner Sachen an und fragte: «Was ist denn los, Wladimir Polijektowitsch? Warum haben Sie es so eilig?»

«Die Lage hat sich geändert. Wir müssen uns trennen. Die Offiziere erhalten ihr Reisegeld hier, in Nagasaki. Jedem ist es freigestellt worden, selbständig in die Heimat zurückzukehren. Viele haben den Seeweg über den Indischen Ozean gewählt. Ich habe ebenfalls die Gelegenheit wahrgenommen und fahre über den Pazifik nach Nordamerika. Von dort überquere ich dann den Atlantik und vervollständige so meine Reise um die Erdkugel.»

«Da haben Sie aber Glück gehabt!» rief ich.

Wassiljew gab mir ein Stück Papier.

«Hier ist die Adresse meines Vaters. Geben Sie sie zuverlässigen Genossen bekannt und sammeln Sie deren Adressen für mich. Schreiben Sie mir. Wir müssen in Verbindung bleiben. Und nun gehen Sie und versammeln Sie die Genossen im Zwischendeck. Ich will noch schnell meine Entlassungspapiere abholen und komme dann hinunter.»

Es geschah alles nach Wassiljews Anordnung. Wir versammelten uns im Zwischendeck im Bug. Von der Mannschaft unseres Linienschiffes «Orjol» waren der Heizer Baklanow, der Maschinenmaat Zunajew, der Unteroffizier Ossip Fjodorow, der Feldwebel Mursin, der Bootsmann Wojewodin, die Elektriker Starew, Golubew, Alferenko und viele andere Kameraden anwesend. Wassiljew teilte uns die letzten Nachrichten aus Rußland mit, die er in englischen Zeitungen gelesen hatte. Dann schilderte er uns die tatsächlichen Ereignisse, die sich in der Heimat zutrugen. Wir hingen an seinen Lippen. Ich sah ihn an und wunderte mich, wie alles an ihm so gut zusammenpaßte: der dunkelblaue Anzug, der steife Kragen mit der schwarzen Schleife, die gelben, sauber geputzten Schuhe. Die gleiche Ordnung und Sorgfalt zeichneten auch seine Gedanken und Handlungen aus. Jeder seiner Sätze war so durchdacht und klar, als lese er aus einem wissenschaftlichen Buch vor. Als er von der Schlacht bei Tsushima sprach, deckte er nochmals die Gründe unserer Niederlage zusammenfassend auf. Diese Gründe waren mir schon längst bekannt, standen mir vor den Augen wie die klare Schrift eines Buches.

Das russische Zweite Geschwader hatte nur etwa die halbe Kampfkraft der feindlichen Flotte besessen. Aber nicht das allein war der Hauptgrund seines Untergangs gewesen. Die russische Seekriegsgeschichte kennt ja nicht wenige Fälle, in denen technisch schwache und zahlenmäßig unterlegene Gruppen russischer Seeleute dem Feinde Niederlagen beibrachten. Ich will mich auf die Schilderung eines wenig bekannten Vorfalls beschränken, der die russischen Seeleute charakterisiert. Am 5. Juli 1773 zerschlugen im Seegefecht bei Balaklawa zwei russische Schiffe, «Korona» und «Taganrog», bewaffnet mit je zweiunddreißig Kanonen, die türkische Flotte, die aus zwei großen Schiffen mit je zweiundfünfzig Kanonen und aus zwei kleineren Schiffen mit zusammen fünfzig Kanonen bestand. Ein Holländer, der Kapitän 1. Ranges Johann Heinrich van Kinsbergen, führte damals die Russen. Begeistert von der Tapferkeit der russischen Seeleute, trug er in seine Erinnerungen folgende Notiz ein: «Mit solchen Burschen könnte ich den Teufel aus der Hölle jagen.»

Bei Tsushima hat es ebenfalls eine Reihe kühner und erfahrener

Kommandanten gegeben. Ihre wertvollen Kenntnisse wurden aber in keiner Weise ausgenutzt, und was noch schlimmer war – jeder kühne Entschluß war durch den unfähigen Befehlshaber unterbunden worden. Überhaupt war unser Geschwader auf eine Entscheidungsschlacht nicht vorbereitet gewesen. Nur eine völlig unfähige Regierung hatte es auf eine lange Reise gegen einen überlegenen Feind schicken können.

Unsere Dienstordnung war ganz und gar unbrauchbar. Wir verstanden nicht zu manövrieren, drehten uns während der Schlacht sinnlos im Kreise und gaben dem Feind die Möglichkeit, uns zusammenzuschießen.

Ganz abgesehen davon, daß unser Geschwader aus verschiedenartigen Schiffen bestand, die teilweise schon Museumswert besaßen, hatten wir die neuesten und schnellsten Schiffe in eine Kolonne alter, langsamer Schiffe eingereiht und dadurch ihre Fahrgeschwindigkeit um neun Knoten herabgesetzt.

Durch Überbelastung waren unsere Linienschiffe so tief mit ihren gepanzerten Teilen ins Waser gesunken, daß sie eigentlich aufhörten, Panzerschiffe zu sein; die Boote und das Holz, die Verschalung der Kajüten und die Möbel waren Nahrung für Brände, die viel Unheil anrichteten.

Die mitgeschleppten, überflüssigen Transportschiffe behinderten die Beweglichkeit der Kampfschiffe.

Die Japaner verfügten in jedem Turm, in jeder Kasematte über einen Entfernungsmesser, während wir nur zwei dieser Apparate auf jedem Schiff besaßen. Unsere gesamte Artillerie mit ihren oft versagenden Zündern, den nicht detonierenden Geschossen, den falschen Tabellen, den untauglichen Türmen, den schlecht montierten optischen Zielgeräten, deren Mechanismus nur wenige zu bedienen verstanden, und den unausgebildeten Geschützführern erwies sich für den Gegner in keiner Weise gefährlich.[48]

Eine innere Verbindung zwischen Vorgesetzten und Untergebenen kam schlecht und recht erst kurz vor der Schlacht zustande. Vorher war der Organismus des Geschwaders von scharfem Klassenhaß zerfressen worden, den die Offiziere nicht zu bemerken schienen.

Um nach Wladiwostok zu gelangen, durften wir unter keinen Umständen die Koreastraße wählen, wo die Japaner ihre wichtigsten Marinestützpunkte hatten.

Als sich das Geschwader der Insel Tsushima näherte, wurde keinerlei Aufklärung vorgenommen, und wir mißachteten den Feind, als führen wir zur Parade.

Nicht nur die Kommandanten der Schiffe, sondern sogar die Admirale waren über die strategischen und taktischen Voraussetzungen der bevorstehenden Schlacht nicht unterrichtet. Niemand von den Vorgesetzten wußte, welche Operationspläne der Befehlshaber Roshestwenski ausgearbeitet hatte; viele zweifelten daran, daß er überhaupt irgendwelche Pläne hatte. Etwas derartiges hat es wohl in der Geschichte der Seekriege noch nicht gegeben![49]

Es wurde auch nachgewiesen, daß im Verlauf der Tagesschlacht vom 27. Mai, die fünfeinhalb Stunden dauerte und die unsere Niederlage bereits besiegelte, kein Admiral den Oberbefehl führte. Unbekannte Offiziere, mitunter auch nur Matrosen, führten das Geschwader. Jede beliebige Kriegsflotte hätte dieses unsinnig organisierte Geschwader zerschlagen können!

Schon einer der angeführten Gründe hätte genügt, um dem Zweiten Geschwader eine Niederlage zu bereiten. Alle diese Gründe zusammen führten zu seiner so gut wie vollständigen Vernichtung. Viele Matrosen hatten das gleich nach der Schlacht erkannt. Jetzt hörten wir von Ingenieur Wassiljew neue Tatsachen. Am meisten staunten wir über eine Vergleichstabelle des Artilleriefeuers: «Das russische Geschwader feuerte in einer Minute einhundertvierunddreißig Schüsse ab, das japanische – dreihundertsechzig! Das russische Geschwader schleuderte in einer Minute zwanzigtausend Pfund Metall heraus, das japanische – dreiundfünfzigtausend Pfund! Was den Explosivstoff anging, mit dem die Granaten gefüllt waren, so ergab sich ein fast unwahrscheinlicher Unterschied: Das russische 305-mm-Geschoß enthielt fünfzehn Pfund Pyroxilin, das gleichkalibrige japanische Geschoß – hundertfünf Pfund Schimose! Das russische Geschwader schleuderte in einer Minute fünfhundert Pfund Sprengstoff heraus, das japanische – siebentausendfünfhundert Pfund! Aber auch das besagt noch nicht alles, Genossen, denn Schimose ist außerdem auch noch ein bedeutend wirksamerer Sprengstoff als Pyroxilin.»

Wassiljew umfing seine Zuhörer mit einem Blick, als wollte er prüfen, welchen Eindruck seine Mitteilungen gemacht hatten, und fuhr fort: «Welche Schlüsse müssen wir daraus ziehen? Rußland mit seinen halbfeudalen Zuständen, mit den Pestbeulen einer despotischen Gesellschaftsordnung bedeckt, hat die Prüfung auf dem Schlachtfeld nicht bestanden. Es ist greisenhaft und morsch geworden. Das durch kapitalistische Reformen gekräftigte Japan hat den militärischen Hochmut unserer Admirale und Generale gedämpft. Wer trägt an unserer Niederlage schuld? Das ganze staatliche System. Ein ‹Tsushima› erlebten wir nicht nur in der Straße von Korea, nein, auch an den

Landfronten! Vielleicht nicht so eindeutig wiederholte es sich auch auf den Eisenbahnen, in den Werken, im Schiffsbau, auf dem Gebiet der Schulbildung und überhaupt in unserem ganzen gedrückten, törichten Leben. Japan sollte aber nicht so sehr mit dem Säbel rasseln. Es hat nicht unser werktätiges Volk besiegt, sondern unsere zersetzte und von allen gehaßte Regierung. Einen zweiten solchen Sieg wird es nicht geben, wenn erst Vertreter einer anderen Klasse bei uns an der Macht sind. Diesmal hat uns Japan sogar geholfen. Selbst die ungebildeten Menschen sind sehend geworden. Unser Erfolg besteht darin, daß die Soldaten ihre Gewehre umdrehten – gegen diejenigen, die sie in den sinnlosen Tod schickten. Der Krieg endete mit einer Revolution. Uns, die wir Tsushima überstanden haben, kann nichts mehr schrecken ...»

Die Dampfsirene heulte zum Zeichen, daß alles zur Abfahrt bereit war.

Wassiljew konnte nicht länger bleiben. Ich gab ihm die Adressen der Genossen, und er kletterte, begleitet vom Beifallsklatschen Hunderter von Menschen, die Treppe hinauf. Wenige Minuten später verließ er, den Koffer in der Hand, seine Kajüte, um von Bord zu gehen. Er hatte gerade den Kai erreicht, als der Laufsteg eingezogen wurde.

Der Transporter «Wladimir» erreichte das offene Meer und nahm Kurs auf Wladiwostok. Der Nordwind verstärkte sich und peitschte die Wellen. In grauen, formlosen Fetzen trieben die Wolken südwärts.

Lange stand ich einsam auf der Back. Obwohl es kalt war, empfand ich kein Verlangen, nach unten zu gehen. Zum letzten Mal sah ich die Höhen von Nagasaki. Wahrscheinlich würde ich dieses Land des ewigen Grüns, der blühenden Chrysanthemen, der tanzenden Geishas, dieses rätselhafte lächelnde Japan niemals wiedersehen.

Der Tag verlosch, die japanische Küste verlor ihre Umrisse und verschmolz mit dem nebligen Himmel. Weiter hinter uns blinkte besorgt und geschäftig der Leuchtturm.

Durchfroren stieg ich in das Zwischendeck zu den lärmenden Menschen. Die Unterhaltungen drehten sich um die Familien, um die Geliebte, um den Krieg und die Revolution. Fröhlich dudelte die Ziehharmonika, jemand begleitete ihr Lied mit kecken Pfiffen. Einige sangen Volksweisen.

Etwas abseits von den Sängern und dem Harmonikaspieler hatte sich eine größere Gruppe Matrosen versammelt. Die Kameraden drängten sich ganz dicht aneinander und waren bestrebt, näher an einen Marinemaat heranzurücken. Gestützt auf eine Krücke, erzählte er etwas; die Zuhörer reckten die Hälse, um ja kein Wort zu verlieren.

Ich trat hinzu und sah jetzt den Sprecher gut, einen großen Mann mit einer Hakennase, etwa siebenundzwanzig Jahre alt, dessen linkes Bein durch eine Prothese ersetzt war. Sein großer Körper war hager und sehnig und schien starke Knochen zu besitzen. Seine ganze Gestalt war in ständiger Bewegung, bald strebte sie auf die Zuhörer zu, bald wich sie zurück. Er war sehr erregt. Seine großen, grauen Augen waren entzündet und rollten wie glänzende Kugeln, wenn er die Leute ansah. Klangvoll und scharf, wie die Schläge eines Schlegels, brachte er die Worte hervor: «So ist alles gekommen. Die verschworenen Feinde nahmen russische Admirale und Offiziere in Schutz. Die haben sich rasch verstanden ...»

Jemand unterbrach ihn:

«Was ist denn mit deinem Bein? Hat es ein Geschoß abgerissen?»

«Nein, ein Splitter verletzte den Knochen schwer. Wegen des Beines bin ich auch erst jetzt zu euch auf das Schiff ‹Wladimir› gekommen. Uns Verwundete hat man mit den Port-Arthur-Leuten zu allererst aus der Gefangenschaft entlassen. Man hat uns auf das Schiff ‹Woronesh› verfrachtet, und da fing der Zirkus mit dem Admiral Roshestwenski an. Daß ihn der Teufel zerreiße von Kopf bis Fuß! Da begann das, wovon ich euch erzählt habe. Mein Zustand hat sich dann verschlechtert, und ich bin ins russische Marinelazarett in Nagasaki gebracht worden. Das halbe Bein haben sie mir abgesäbelt. Hier sind zwei Mann vom ‹Woronesh›, die auch im Lazarett gelegen haben.»

Der Invalide erregte meine Aufmerksamkeit, ich suchte noch am selben Abend eine Begegnung mit ihm. Er nannte Dienstgrad und Namen – Unteroffizier Kusnezow. Aufmerksam hörte ich zu, als er erzählte, wie er Revolutionär geworden war. Vor und auch noch nach Kriegsausbruch war Kusnezow ein pflichteifriger, zuverlässiger Unteroffizier gewesen. Weder Agitatoren noch illegale Literatur beeinflußten ihn. Zum Revolutionär machten ihn eigentlich erst die Admirale und Generale, die unsere Niederlagen zu Wasser und zu Lande verschuldet hatten. Als Patriot litt er unter den militärischen Niederlagen und kam zur Überzeugung, daß die Oberbefehlshaber nicht verstanden hatten, die Tapferkeit der russischen Matrosen und Soldaten zum Siege zu führen. Das erbitterte ihn bis zum Äußersten. Sein Zorn gegen die Vorgesetzten wandelte sich langsam zum wütenden Haß gegen das ganze zaristische Regime.

Zwei seiner Kameraden, die mit ihm im Lazarett gelegen hatten, gesellten sich zu uns. Ich gab dem Gespräch eine andere Wendung und fragte alle drei ungeduldig nach den erstaunlichen Ereignissen auf der «Woronesh» aus. Was sie mir erzählten, haben mir später auch einige revolutionär gesinnte Offiziere bestätigt. In den Unterhaltungen mit diesen Offizieren klärte ich auch andere Tatsachen auf, die den Matrosen unbekannt geblieben waren. Durch die Verbindung der Augenzeugenberichte erhielt ich eine umfassende Darstellung der Ereignisse an Bord des Schiffes «Woronesh».

Nach der Ratifizierung des Friedensvertrages zwischen Rußland und Japan erhielten Roshestwenski und alle gefangenen Schiffskommandanten über den französischen Konsul aus St. Petersburg die Genehmigung, in die Heimat zurückzukehren. Sie brauchten die russischen Schiffe nicht abzuwarten und konnten sofort mit jedem beliebigen ausländischen Schiff über Europa heimkehren. Aus Furcht vor ausländischen Zeitungskorrespondenten und vor der weltweit bekannten Schmach lehnte der Admiral diese Vergünstigung ab. Er wartete, bis eine Abnahmekommission unter der Führung des Generalmajors Danilow in Tokio eintraf.

Diese Kommission war durch Kioto gekommen, in der sich Roshestwenski und sein Stab befanden. Sie hatte ihn aber nicht besucht, sich nicht einmal mit ihm in Verbindung gesetzt. Der Admiral war wegen dieser Nichtachtung entrüstet und sehr verwirrt. Trotzdem mußte er sich an Danilow mit der Bitte wenden, ihn mit dem ersten russischen Dampfer nach Wladiwostok bringen zu lassen. Seiner Bitte wurde entsprochen. Roshestwenski mit seinem Stab, Admiral Wiren mit seinem Adjutanten und ein General begaben sich an Bord des in Kobe eingetroffenen Dampfers «Woronesh». Auf dem gleichen Schiff kehrten etwa 50 Offiziere und etwa 2500 einfache Soldaten und Matrosen aus der Gefangenschaft heim. Am 16. November verließ «Woronesh» Kobe.

In den Zwischendecks war es eng und stickig. Die Matrosen stiegen an Deck und machten es sich bequem. Selbst der frische Nordostwind konnte sie nicht vertreiben. Hier atmete es sich leichter; alle waren froh, daß die lange Gefangenschaft zu Ende war. Der riesige Schornstein spie Wolken von schwarzen Rauch aus, am Heck wirbelten emsig die Schrauben und überwanden die Entfernung zur heimatlichen Erde.

Admiral Roshestwenski fühlte sich ganz wohl. Seine Wunden aus der Tsushimaschlacht heilten, der angesengte Bart wuchs nach. Ein Telegramm des Zaren hatte ihm während der Gefangenschaft Mut gemacht, er kehrte nach Rußland mit der Hoffnung zurück, man werde ihm wieder seinen früheren hohen Posten eines Chefs des Marinehauptstabes geben.

Er trug Zivilkleidung. Auf seinem Kopf saß ein rundes schwarzes Mützchen, wie es alte Gelehrte zu tragen pflegen. So ging er auf Deck. Und hier begannen die Geschehnisse, von denen der Unteroffizier Kusnezow erzählt hatte. Früher – vor Tsushima – wären die Matrosen und Soldaten beim Anblick des Admirals aufgesprungen und hätten strammgestanden. Jetzt standen die einen nachlässig da, die anderen saßen, einige hatten sich ausgestreckt. Niemand grüßte Roshestwenski, niemand äußerte Angst, man verhielt sich so, als sei er genau so ein Soldat oder Matrose wie alle anderen.

Roshestwenskis gute Stimmung verflog sofort. Er brauste auf, schüttelte die Fäuste und brüllte so laut, als hätte er lange Jahre als Viehtreiber gearbeitet: «Räumt diesen schmutzigen Haufen hier fort! Sofort! Unverzüglich!»

Ohne die Schiffsoffiziere abzuwarten, stürzte er sich selber auf die Leute, die an Deck saßen oder lagen. Er tat es mit einem so selbstverständlichen Glauben an seine Autorität, als habe es in seinem Leben weder den lächerlichen Zwischenfall von Hull noch Tsushima noch die schmachvolle Übergabe gegeben. Offenbar hielt er sich trotz der Revolution und seines vollständigen Scheiterns als Oberbefehlshaber immer noch für den allmächtigen Vorgesetzten. Für die Matrosen und Soldaten kam das völlig überraschend und wirkte wohl deshalb verblüffend. Ihr regelloser Haufen drängte zum Bug hin. Das Schreien des Admirals hatte die Schiffsoffiziere aufmerksam gemacht. Der Admiral sah sie böse an und brummte: «Schlappschwänze seid ihr und keine Vorgesetzten! Die Revolution hat euch wohl weich gemacht?»

Dann zog er sich in die Kajüte zurück, die ihm der Schiffskommandant, Kapitän 2. Ranges Schischmarjow, überlassen hatte.

Es ist anzunehmen, daß Roshestwenski nach diesem Zwischenfall sehr zufrieden mit sich war. Seine Macht, die eine solche Wirkung auf die Menschen ausübte, hatte ihre Kraft noch nicht verloren. Er ahnte aber nicht, daß die Menschen sich während des Krieges und der Gefangenschaft verändert hatten und daß es auch anders kommen könnte. In Port Arthur hatten es die Soldaten und Matrosen erfahren, mit welchem Stumpfsinn, mit welcher Angst um das eigene Leben die höheren Vorgesetzten sie führten. Admiral Alexej, General Stössel und andere Günstlinge des Zaren hatten nicht gekämpft, sondern nur Schmach über die russischen Waffen gebracht. Ihre Schuld war es, daß die Festung kapitulierte, daß die Schiffe sanken. Ihre Schuld war es, daß Zehntausende der Kameraden ihr Leben auf dem Meeresgrund und in Massengräbern ließen. Ihre Schuld war es, daß der Feind triumphierte.

Die Matrosen und Soldaten erfuhren auch über Roshestwenski alles Nötige. Während der Gefangenschaft hatten revolutionäre Agitatoren und illegale Literatur ihr Bewußtsein geweckt. Die Nachricht von Roshestwenskis Verhalten flog durchs ganze Schiff. Die Leute im Mannschaftsdeck erregten sich. Abends, nachdem das Essen ausgegeben worden war, drängten alle auf das Oberdeck. Das Essen wurde beanstandet, denn die Graupen waren bitter. Die Mannschaft ließ sie stehen, lärmte, drohte den Vorgesetzten. Es fanden sich Redner, die von irgendwelchen Aufbauten aus Ansprachen hielten. Der Schiffskommandant Schischmarjow konnte mit knapper Not die Leute beruhigen, indem er ihnen anderes Essen versprach. Er meinte, damit sei die Angelegenheit erledigt, und ging wieder auf die Brücke. Aber eine andere Frage, weit wichtiger als das Essen, regte die Massen auf. Ein Delegierter der Mannschaft erschien auf der Brücke und sprach über die Revolution. Dann verlangte er, daß Roshestwenski sich nicht mehr ein solches Verhalten gegen die Mannschaft herausnehmen dürfe.

Am Abend warf das Schiff an der Einfahrt zur Shimonosekistraße Anker, weil es in der Dunkelheit die Meerenge nicht durchqueren wollte.

Zu später Nachtstunde humpelte der Unteroffizier Kusnezow, gestützt auf seine Krücke, über das Oberdeck. Etwa zehn Matrosen und Soldaten begleiteten ihn. Sein linkes Bein hielt er hochgezogen; es war noch nicht verheilt, in den letzten Tagen eiterte die Wunde, das Fleisch wurde schwarz.

«Sei nur recht mutig, wir sind in der Nähe. Wenn es losgeht, dann steht die ganze Mannschaft hinter dir», munterten ihn die Kameraden auf.

«Ihr könnt ganz ruhig sein. Ich sage ihm die ganze Wahrheit, trage sie ihm wie einen Festbraten auf silberner Schüssel auf», erwiderte Kusnezow selbstbewußt.

«Richtig, richtig. Und gib reichlich Senf dazu!»

Die Kameraden blieben auf Deck, er ging allein zur Kapitänskajüte. Die Tür war nicht verschlossen. Der Unteroffizier öffnete sie und blieb an der Schwelle stehen, schweratmend, als ob er einen langen Weg zurückgelegt habe und müde sei. Der Admiral lag im Bett und las in einem Buch. Er wandte den Kopf zur Tür, sah den Invaliden mißtrauisch an und fragte: «Was willst du?»

«Mit Ihnen sprechen», erwiderte Kusnezow schroff.

«Worüber?»

«Über Ihre Flegelei!»

Eine solche beleidigende Antwort, noch dazu von einem Unteroffizier, hatte der Admiral zum ersten Mal im Leben vernommen. Er zuckte zusammen und setzte sich, wie von einer Feder hochgeschnellt, im Bett auf. Anfänglich drückte sein Gesicht äußerstes Erstaunen aus, dann lief es rot an. Aus schiefem Mund zischte er, als würge ihn etwas: «Ich hänge dich an die Rahe ...»

Kusnezow trat einen Schritt vorwärts, sah dem Admiral herausfordernd in die Augen und sagte noch schärfer: «Langsam, Exzellenz, langsam in der Kurve! Sonst könnten Sie umkippen und Ihren Schädel verletzen.»

Man hätte erwarten können, daß sich der Admiral auf diesen frechen Menschen stürzen und ihn auf der Stelle zermalmen würde. Es geschah aber etwas viel Seltsameres. Er blieb sitzen, als halte ihn der düstere Blick des Unteroffiziers gebannt. Roshestwenski war es gelungen, ein halbes Hundert Menschen vom Deck zu vertreiben, aber hier waren seine schwarzen Augen vor einem einzelnen Invaliden in grausiger Verwunderung erstarrt. Sein Unterkiefer hing schlaff herab.

Kusnezow trat noch einen Schritt näher und brüllte: «Mit welchem Recht haben Sie hier auf Deck Menschen geschlagen? Es ist wohl leichter, hier auf dem Schiff die eigenen Menschen zu schlagen, als im Kampf die Japaner? Feigling! Sie haben die Ehre der ganzen Flotte beschmutzt, der Heimat Schmach zugefügt und sich noch nicht vor Scham über Bord gestürzt! Ich bin gekommen, um Ihnen zu sagen, daß Sie das Schiff «Woronesh» verlassen sollen. Das fordert die gesamte Mannschaft!»

Der Admiral hörte den Unteroffizier so stumm an, als hätten sie die Rollen getauscht.

Kusnezows lautes Sprechen hatte die Offiziere alarmiert. Mit Mühe konnten sie ihn zum Gehen veranlassen. Als er aus der Kajüte humpelte, sagte er so scharf, als spräche er mit einem Untergebenen: «Vergessen Sie meine Worte nicht, Exzellenz!»[50]

Die Offiziere fühlten sich jetzt weniger wohl als in japanischer Gefangenschaft. Nur fünf Offiziere hatten Revolver. Nach dieser Nacht bewachten sie abwechselnd die Kapitänskajüte, in der der Admiral untergebracht war. Es war für sie ärgerlich, daß dreizehn Gewehre, von denen die Matrosen und Soldaten nichts wußten, verpackt waren. Sie hätten durch die Zwischendecks geholt werden müssen, was unter diesen Umständen gefährlich war.

Als am Morgen der Anker gelichtet wurde, erhielt Kapitän Schischmarjow vom General Danilow einen Geheimbefehl: In Wladiwostok sei eine Militärrevolte ausgebrochen, der Dampfer müsse bis auf weiteres zurückgehalten werden. Das Schiff fuhr daher nach Moji und hißte die gelbe Quarantäne-Flagge. Der Mannschaft wurde erklärt, daß in Kobe die Pest ausgebrochen sei; um sie nicht nach Rußland einzuschleppen, solle das Schiff hier solange vor Anker liegen, bis es erwiesen sei, daß an Bord keine Pestfälle vorkämen. Die Nachricht vom Aufstand in Wladiwostok erreichte die Mannschaft aber trotzdem. Händler auf Booten, die am Schiff anlegten, brachten sie mit. An Bord wurde es daher immer unruhiger. Nach einigen Stunden lichtete der Dampfer die Anker und fuhr nach Nagasaki zurück. Der Admiral und die Offiziere waren der Überzeugung, daß es dort weniger gefährlich sei.

Der Kommandant Schischmarjow wußte, daß an Bord eine rote Fahne bereitgehalten wurde. Er ließ das Schiff daher mit Absicht in der Nähe der Inseln entlangfahren. Den Offizieren wurde mitgeteilt, im Falle eines Aufstandes solle «Woronesh» an den Felsen zerschlagen werden.

Im Hafen von Nagasaki sollte das Schiff auf unbestimmte Zeit liegen bleiben. Das erregte die Mannschaft noch mehr. Seit dem Zusammenstoß zwischen Roshestwenski und den Matrosen wuchs ihre Verbitterung. Die weiteren Ereignisse steigerten diesen Zorn, wie der Wind einen Brand entfacht.

In den ersten Tagen spielte vor Roshestwenskis Kajüte ein Orchester. Während des Frühstücks, Mittagessens und Abendessens wurden Märsche, Polkas und Walzer gespielt. Bei den Klängen von Musik speiste es sich angenehmer. An Bord des Flaggschiffs «Suworow», das mit neunhundert Menschen auf dem Meeresgrund lag, hatte Roshestwenski selten ohne Blasorchester gespeist. Die Offiziere seines Stabes sorgten dafür, daß nun auf «Woronesh» das gleiche geschah. Es kam aber ein Morgen, an dem der Admiral ohne Musik frühstückte. Roshestwenski runzelte die Stirn, war launisch, mit dem Essen unzufrieden. Plötzlich hörte er das Orchester, aber nicht vor der Kajüte, sondern irgendwo weit ab. Es spielte – die Marseillaise. Roshestwenski wußte nicht, daß das Orchester seine Tätigkeit auf die Back verlegt hatte.

«Was soll denn das schon wieder?» sagte der Admiral und lief rot an. Gabel und Messer klirrten auf Deck.

«Das Volk hat die Musikanten beeinflußt, Exzellenz», sagte sein Bursche Pjotr Putschkow, der ihn bediente.

«Fort mit diesem Dreck, aus meinen Augen!» befahl Roshestwenski scharf und zeigte auf die Teller, als ob sie das Hauptübel wären.

Von diesem Morgen an wurde die Back zum fröhlichsten Aufenthaltsort auf dem Dampfer. Hier betätigten sich bald Musikanten, bald ein Chor, der revolutionäre Lieder sang. Gleichzeitig wurden in den Zwischendecks und auf dem Oberdeck Versammlungen abgehalten, auf denen scharfe Resolutionen gegen die Vorgesetzten verfaßt wurden. Dann bildeten die ehemaligen Gefangenen ein Vollzugskomitee, das nach und nach die Gewalt an sich nahm. Da die Befürchtung bestand, daß die Schiffsmannschaft die Maschinen beschädigen könnte, um den Abtransport nach der Heimat hinauszuzögern, ernannte es aus seiner Mitte zuverlässige Schiffsfachleute. Sie wachten Tag und Nacht an den Elektroanlagen, im Maschinenraum, im Ruderhaus und an anderen Stellen. Schließlich erklärten Vertreter des Vollzugskomitees dem Kommandanten:

«Nun haben wir genug von dem Märchen über die Pest. Wir verlangen, daß morgen der Anker gelichtet wird. Geschieht das nicht, so fliegen die beiden Admirale und ihre Knechte über Bord. Den Dampfer bringen wir dann selbst nach Wladiwostok.»

Roshestwenski zeigte sich nicht mehr auf Deck, er erhielt aber laufend Berichte über das Verhalten der Mannschaft. Nach der Nacht, in der ihn Kusnezow in der Kajüte besucht hatte, war er davon überzeugt, daß an Bord die Lage ernster geworden war, als man es erwartet hatte. Sie spitzte sich zu. Es ging jetzt nur darum, wie man der Gefahr entgehen konnte. Die Matrosen und Soldaten wurden immer kühner in ihren Forderungen, und das Vollzugskomitee erklärte vernehmlich, daß es zu entschlossenen Handlungen bereit sei. Gegen den Admiral standen 2500 Mann, während er auf seiner Seite nur die Offiziere hatte. Aber auch unter ihnen gab es einige, die mit dem Vollzugskomitee einverstanden waren.

Alles das reizte den Admiral sehr. In ohnmächtiger Wut knurrte er, ballte die Fäuste, wurde dann wieder stumm und saß erstarrt in seiner Kajüte, wie ein Dachs in der Höhle. Endlich reifte in seinem Kopf ein Gedanke, den er dem Flaggkapitän Clapier de Colongue, dem Kapitän 2. Ranges Semjonow und anderen Mitgliedern des Stabes anvertraute. Sein Entschluß wurde von allen gutgeheißen. Er ließ den Kommandanten Schischmarjow zu sich kommen und sagte ihm, heiser vor Wut: «Genug! Das kann nicht mehr geduldet werden. Benachrichtigen Sie Stehmann in Nagasaki, daß die Mannschaft meutert. Das Komitee droht, uns über Bord zu werfen. Stehmann soll in meinem Namen bei den Japanern um Militär bitten. Es ist an der Zeit, diese Meuterei zu unterdrücken.»

«Zu Befehl, Exzellenz!»

Der Kapitän 1. Ranges Stehmann hielt sich als Mitglied der Kommission des Marineministeriums für die Abnahme der Gefangenen im russischen Marinelazarett von Nagasaki auf. Sein Ersuchen hatte offenbar bei den Japanern vollen Erfolg. Schon am Abend traf aus Nagasaki an Bord von «Woronesh» ein hoher japanischer Polizeibeamter ein. Er war zu Roshestwenski und seinen Offizieren äußerst liebenswürdig. Seine ungewöhnliche Mission führte er mit besonderer Begeisterung aus. Für ihn als Japaner war das ein außerordentlicher Fall.

Der bei Tsushima so schmählich geschlagene russische Admiral hegte also auch im geheimen keinen einzigen Gedanken an Rache, sondern bat die Japaner, wie Freunde, um Waffenhilfe. Er vertraute dem Feind mehr als den eigenen Soldaten! In den liebenswürdigsten Ausdrücken, die englische Sprache gebrauchend, beruhigte der Polizeibeamte den erzürnten Admiral: «Die kaiserliche Polizei garantiert Ihnen völlige Sicherheit. Der Gouverneur zieht aus Sasebo Kriegsschiffe zusammen und aus den Lagern Truppen. Um die Ordnung bis dahin aufrecht zu erhalten, besetzt inzwischen unsere Polizei das Schiff.»

«Wieviel Mann?» fragte aufgeregt Roshestwenski.

«Siebzig Mann», erwiderte der Polizeibeamte.

«Zu wenig», bemerkte Roshestwenski enttäuscht und runzelte die Stirn.

Der Japaner sah ihn an, kniff die Augen zusammen und sagte hastig:

«Sie können ganz beruhigt sein, Herr Admiral. Solange Sie sich in japanischen Gewässern befinden, wird es niemand wagen, Sie anzutasten. Die Meuterer würden sie nur über die Leichen der Polizisten erreichen.»

Kapitän Semjonow fügte hinzu: «Exzellenz, soweit ich den Herrn Polizeibeamten verstanden habe, handelt es sich nur um eine zeitweilige Maßnahme. Nötigenfalls werden die Japaner Truppen schicken.»

Der Polizeibeamte verneigte sich zeremoniell vor Semjonow und sagte: «Sie haben mich richtig verstanden. Wir sind stark genug. Wenn es notwendig werden sollte, werden wir die ganze Gruppe Meuterer vernichten.»

Der triumphierend lächelnde Polizeibeamte ließ sich mit Wein bewirten. Erst nach einer Stunde erschien er wieder auf Deck und wankte betrunken zum Reep.

Am nächsten Tage besetzten japanische Polizisten mehrere Stationen des Schiffs. Bald darauf erschienen vier Torpedoboote; sie schlugen die Klappen der Torpedorohre auf und hielten sich in der Nähe des Schiffes. Es konnte jetzt jeden Augenblick torpediert und mit der ganzen Besatzung auf den Meeresgrund geschickt werden.

Die Matrosen und Soldaten regten sich auf: «Man hat uns den Feinden verraten.» – «Das hat alles Roshestwenski ausgeheckt.» – «Er hat sein Geschwader verlassen, ist vom Schlachtfeld getürmt und hat sich den Japanern ergeben. Und nun ruft er sie noch zu Hilfe.» – «Der ausreißende Admiral!»

Am meisten erregte sich der Unteroffizier Kusnezow:

«Brüder! Was geht denn nur in der Welt vor? Die russische und die japanische Regierung waren Feinde. Wenn es aber darum geht, uns zu erdrücken, dann sind sie sich gleich wieder einig! Wenn es sich um ihr Wohlergehen handelt, dann sind unsere Admirale und Generale bereit, nicht nur uns, sondern halb Rußland zu opfern.»

Er bebte vor Wut. Die Kameraden mußten Kusnezow gewaltsam nach unten führen.

Auf der Back wurde nicht mehr musiziert, auch die revolutionären Lieder wurden nicht mehr gesungen. Das Schiff stand zwar unter russischer Flagge, aber das Oberdeck, wo sich die Japaner aufhielten, war allen fremd geworden. Die Matrosen und Soldaten hatten sich nach unten zurückgezogen. Nun kochten dort unten die Leidenschaften, denn die Versammlungen wurden fortgesetzt. Auf Deck war alles ruhig. Die Vorgesetzten fühlten sich aber trotzdem unsicher. In der Nacht flüchteten mehrere Offiziere von Bord. Sie hatten sich an Seilen in japanische Ruderboote heruntergelassen und an Land fahren lassen.

Am übernächsten Tage traf General Danilow mit seinem Adjutanten, Kapitän Alexejew, an Bord ein. Beide waren in Uniform. Der füllige General mit dem großen, hängenden Schnurrbart begab sich gravitätisch in die Offizierskajüten. Zuerst unterhielt er sich mit Roshestwenski, dann ließ er die Mannschaft aufs Oberdeck rufen. Seinen Gruß beantworteten die Soldaten und Matrosen schwach und unlustig. Er erkundigte sich nach ihren Beschwerden; es wurden aber so viele Klagen auf einmal vorgebracht, daß nichts zu verstehen war. Der General schlug vor, die Mannschaft solle Vertreter wählen. Er empfing jeden Vertreter einzeln, dann befragte er noch einmal alle zusammen. Sie erklärten alle:

«Bei uns hat es keine Meuterei gegeben, Exzellenz. Alles hat Admiral Roshestwenski verschuldet. Er hat die Leute geschlagen.»

«Damit nicht genug – er hat japanische Polizei kommen lassen. Und dann drohen uns die Torpedoboote.»

Unter den gewählten Vertretern befand sich auch Kusnezow. Er sah finster aus, aber wie ein Mensch, der von seinem Recht überzeugt ist. Fortwährend zuckte sein Gesicht vor Schmerz, und er sagte lange nichts, bis er endlich fragte: «Wie ist das eigentlich, Exzellenz, wird man unsere Feinde auch nach Rußland lassen, um die Revolution niederzuwerfen?»

Der General bekam einen roten Kopf.

«Das wird nie geschehen. Wir werden uns schon irgendwie ohne Japaner behelfen.»

«Dank für das gute Wort. Wir bitten Sie – schicken Sie Roshestwenski von Bord. Wir wollen nicht mit ihm zusammen fahren. Schikken Sie uns ohne ihn in die Heimat, und es wird keinerlei Unruhen mehr geben.»

General Danilow hielt sich über drei Stunden an Bord auf. Er verlangte, daß die Anstifter ausgeliefert würden, gab aber sein Ehrenwort, sie kämen nicht vor Gericht. Alles endete damit, daß die Mannschaft auf zwei Schiffe – «Kiew» und «Tambow» – verteilt wurde, während auf «Woronesh» neue Mannschaft kam. Die Admirale Roshestwenski und Wiren fuhren auf dem kleinen Transporter «Jakut» nach Wladiwostok.

So hatten sich die herrschenden Kreise zweier Reiche, Feinde auf dem Schlachtfeld, plötzlich bei den Unruhen auf «Woronesh» verbrüdert und eine gemeinsame Front gegen die Matrosen und Soldaten gebildet. Das begriff Kusnezow, das begriffen auch die politisch bewußten Kameraden. Für sie war es klar, daß sich der russische Absolutismus notfalls nicht scheuen werde, die Japaner zur Hilfe zu rufen, um nicht nur eine Gruppe Meuterer, sondern auch das ganze revolutionäre Volk zu erwürgen.

Am nächsten Tage raste ein Taifun über das Meer. «Wladimir» stieß in die Berge der auf ihn zustürzenden Wogen und bäumte sich so hoch auf, als wollte er einen wahnsinnigen Sprung in die Tiefe tun. Schaum und Spritzer fegten über Deck, in der Takelung wimmerte der Wind. Unter den jagenden Wolken, inmitten der wogenden Wasserwüste schraubte sich das Schiff mit seinem dicken, rauchenden Schlot hartnäckig vorwärts in die graue, aufgewühlte Weite. Das Barometer fiel. Das bedeutete, daß dies die ersten Anzeichen eines nahenden Taifuns waren, dessen ungeheure Kraft schon zu spüren war; es kündigten sich Schläge an, die den zerbrechlichen Schiffskörper erbeben lassen würden.

Als von der Brücke verkündet wurde, daß wir an der Insel Tsushima vorbeifuhren, kamen fast alle Matrosen auf Deck. Sie blickten sich um, ihre besorgten Augen suchten gierig etwas, fanden aber nichts auf der Oberfläche des wogenden Meeres. Es war, als wäre hier niemals eine Schlacht geschlagen worden. Jemand riß die Mütze vom Kopf, und wie auf ein Kommando flogen die Hände an die Mützen, und alle standen barhaupt. Schweigend, bleich und finster standen sie da, hörten das vielstimmige Brüllen des Taifuns, der über dem Massengrab heulte.

Matrosen begannen zu reden, wie sie eben sprechen konnten. Sie waren andere als damals, bei der Ausfahrt zum Kriegsschauplatz.

Der Elektriker Golubew zog ein abgegriffenes Heft aus der Tasche, schüttelte es in seiner Faust und erklärte: «Hier ist es! Hier steht alles drin über die japanische und über unsere Flotte. Hier sind nur Tatsachen ...»

Ich wußte, worüber er sprechen wollte. Dieselben Tatsachen waren auch in meinem Heft vermerkt. Gewöhnlich ist es in Schlachten so, daß die eine Partei zwar die andere besiegt, gleichzeitig aber auch selbst gewisse Verluste erleidet, die mitunter sogar sehr bedeutend sind. In der Seeschlacht bei Tsushima war es anders gewesen. Unsere Seeleute hatten auch gegen die Japaner mutig und standhaft gekämpft. Auf einigen bereits halbgesunkenen Schiffen, die von überlegenen, feindlichen Kräften umgeben waren, schossen die Geschützführer bis zur letzten Granate. Eine ganze Reihe von Gründen, die ich schon anführte, brachten uns aber in eine Lage, aus der uns kein Heldentum mehr zu retten vermocht hätte. Das unzulängliche Führungssystem und die mangelhafte Ausrüstung der zaristischen Flotte setzten die Verluste der Japaner auf ein Mindestmaß herab.

Folgende Schäden hatten wir dem Feind zugefügt: Das Flaggschiff «Mikasa», auf dem der Geschwaderchef, Admiral Togo, seine Flagge gesetzt hatte, erhielt über dreißig schwere Granattreffer. Seine Schornsteine und die Decks waren durchschlagen, viele Geschütze beschädigt, einige Kasematten zerstört worden. Sechs Offiziere, ein Unteroffizier und hundertsechs Matrosen waren getötet oder verwundet worden. Der Kreuzer «Naniwa» erhielt ein Leck an der Wasserlinie und schied aus. Der Kreuzer «Kasagi», dem eine Granate die Bordwand unter der Wasserlinie durchschlug, mußte infolge starken Wassereinbruchs in der Bucht Aburadani Zuflucht suchen. Diese drei Schiffe hätten wir fraglos versenkt, wenn wir vollwertige Granaten gehabt hätten. Ernsthafte Treffer hatten die Linienschiffe «Shikishima» und «Fuji» aufzuweisen. Schäden hatten in der Schlacht auch die Kreuzer «Nisshin», «Kasuga», «Izumi», «Adsumi», «Yakumo», «Asama», «Chitose», «Akashi» und «Tsushima» erlitten. Der Aviso «Chihaya» bekam ein Loch in die Kohlenkammer und entfernte sich vom Schlachtfeld. Etwa zwei Dutzend Torpedoboote erhielten so schwere Schäden, daß einige ausschieden. Drei von ihnen wurden versenkt. Alles das wußten wir, und wir wußten auch, welche Verluste die Japaner bei der Blockade von Port Arthur erlitten hatten. Dort hatten sie zwei erstklassige Linienschiffe eingebüßt. Im Verlauf des Krieges hatte außerdem die feindliche Handelsflotte fünfunddreißig Schiffe verloren.

Diese Verluste hatten die Japaner aber ausgeglichen, indem sie in Port Arthur neunundfünfzig unserer Schiffe erbeutet oder wieder gehoben hatten. Ihre Kriegsflotte, die unser Erstes und Zweites Geschwader vernichtete, war also nicht kleiner, sondern größer geworden. Im Herbst 1905 veranstaltete der japanische Kaiser in der Bucht von Tokio eine Flottenschau, an der auch die erbeuteten Schiffe teilnahmen. Vom Ersten Geschwader befanden sich folgende, bei Port Arthur gehobenen Schiffe unter japanischer Flagge: die Linienschiffe «Retwisan», «Pereswet», «Pobeda» und «Poltawa», die Kreuzer «Pallada», «Warjag» und «Bajan», die Torpedoboote «Silny» und (in Tschifu gekapert) «Reschitelny» und die Torpedokreuzer «Gaidamak» und «Posadnik». In der Bucht war auch das Zweite Geschwader mit den Linienschiffen «Nikolai I.» und «Orjol», den älteren Panzerschiffen «Apraxin» und «Senjawin» und dem Torpedoboot «Bedowy» vertreten.

Der Elektriker Golubew sah aus wie ein strenger Richter, der die zaristische Regierung anklagte, als er aus seinem abgegriffenen Heft vorlas. Die Angaben über unsere Verluste waren uns schon lange bekannt. Hier aber, inmitten des Meeres, angesichts der für uns mit Trauer verbundenen Insel Tsushima, wirkten sie erschütternd auf die Hörer. Golubew selbst war bleich, seine Stimme bebte.

Schließlich hob er die Hände, als wollte er dem ganzen Volk die furchtbaren Beweisstücke zeigen, und rief: «War denn das ein Krieg? Die Japaner haben uns vernichtet, wie ein Robbenfänger die wehrlosen Robben auf dem Eise vernichtet ... Und wir sollten eine solche Regierung dulden?»

Der Dampfer schöpfte mit dem Bug Wasser, das gurgelnd über das Oberdeck strömte und die Füße naß machte. Aber die Matrosen hörten ihrem Kameraden weiter zu und blieben wie angewurzelt am Fleck. Die Offiziere auf der Kommandobrücke schielten ängstlich auf die finsteren Gesichter ihrer früheren Untergebenen herab.

Wir wußten alle, daß unter uns, in diesem wild wogenden Meer, fast das ganze Zweite Geschwader begraben lag mit Ausnahme der Schiffe, die sich ergaben, neutrale Häfen anliefen oder Wladiwostok erreichten. Hier, im nassen Massengrab auf dem Meeresgrund blieben über fünftausend unserer Seeleute.

Der Heizer Baklanow trat in die Mitte des Decks und setzte seine dicken Beine breit auf eine verschlossene Luke. Sein Gesicht mit dem eigenwillig ausladenden Kinn drückte das sichere Bewußtsein eigener Kraft aus. Die salzigen Tropfen, die ihm das Meer ins Gesicht schleuderte, störten ihn nicht. Mit tiefer Stimme dröhnte er: «Teilnehmer der Tsushimaschlacht! Ihr habt selbst erlebt, wie hier die Kameraden ums Leben kamen. Warum mußten sie die Todesstrafe auf sich nehmen? Wer ist daran schuld? Nun wissen wir, wo sich die Hauptverbrecher verbergen. Ich weiß nicht, wie ihr darüber denkt, aber ich werde ihnen die Köpfe abreißen. Ich werde nicht ruhen, solange mein Herz schlägt. Wir werden alle kämpfen, aber nicht um koreanisches Brennholz, sondern um unser zukünftiges, besseres Leben. Laßt uns dem Feind zu Hause auf den Leib rücken! Wie die Japaner hier unsere Schiffe versenkten, so werden wir das ganze zaristische Regime in einem Meer von Blut versenken ...»

«Richtig!» schrien mehrere. – «Alles fegen wir zu des Teufels Großmutter!» fügten andere Stimmen hinzu.

Baklanow fuhr fort: «Wir werden in unserem ganzen Land alle bisherigen Unterdrücker ausrotten, wie man Stubben im Walde rodet ...»

Das Meer brauste, das Schiff schaukelte und schöpfte Wasser; rings umher stiegen riesige Wogenberge hoch, die an Fontänen von Granateinschlägen erinnerten. Alles befand sich im hastigen Auf und Nieder. Auch die Menschen auf dem schwankenden Deck bewegten sich, hoben die Fäuste und riefen drohende Worte in den Raum.

Wir wußten, daß die Nachricht von Tsushima über das ganze Land geflogen war und Ströme von Tränen und Leid ausgelöst hatte. Rußland war zusammengezuckt. Einen Monat nach dem Untergang des Geschwaders, wie als Antwort darauf, hatte der Panzerkreuzer «Potjomkin» die Wellen des Schwarzen Meeres unter der roten Flagge durchschnitten. Die Seeleute des Kreuzers «Otschakow», die Marine-Infanterie-Regimenter in Kronstadt und Sewastopol hatten sich erhoben. Die Arbeiter in den Werken und Fabriken hatten gestreikt. Bauernaufstände waren ausgebrochen, Gutshäuser waren in Flammen aufgegangen. Um den Thron zu retten, war der Zar genötigt gewesen, eine Verfassung zu erlassen. Das Volk hatte aber bald erkannt, daß es Betrug war. In Moskaus Straßen hatten sich Barrikaden aufgetürmt. Durch das ganze Land jagten und wüteten, wie der Taifun im Japanischen Meer, blutige Stürme.

Alles, was ich aus den Zeitungen über die Heimat erfahren hatte, verband sich in meinem Hirn mit dem, was eben auf dem von Wogen überspülten Deck geschah. Dieses Erleben war so neu, so ungewöhnlich, daß mir das Herz bebte. Ich sah in die Gesichter der Kameraden, hörte ihre Reden und mir schien es, als ob die vorübergerollte Woge, die Revolution, die – einer Frühjahrsüberschwemmung gleich – das Land überflutet hatte, nur das Vorspiel zu noch größeren Ereignissen gewesen sei.

Die waldbestandene, von Unterwasserriffen und Felsen umgebene Insel Tsushima blieb backbords von uns liegen. Am 27. Mai 1905 war diese Insel zu einem ewigen Schandmal des zaristischen Regimes geworden.

Anmerkungen des Verfassers

mit Quellenangaben aus zeitgenössischen Archiven und Publikationen

1 W. P. Kostenko, mit dem ich an Bord des Linienschiffs «Orjol» zusammenkam, erwies sich für mein Buch als ein so unentbehrlicher Held, daß ich ihn hätte erfinden müssen, wenn es ihn nicht gegeben hätte. Deshalb widme ich ihm in diesem Buch so viel Platz. Sein Pseudonym ist Ingenieur Wassiljew. So wurde er aus Gründen der Geheimhaltung im engen Kreis der eingeweihten Revolutionäre an Bord genannt. Jetzt scheint mir, daß es ein Fehler war, ihn nicht bei seinem richtigen Namen zu nennen. Bei dieser Gelegenheit möchte ich auch die vielen Anfragen über das weitere Leben diese Helden beantworten: Als ungewöhnlich begabter Ingenieur ist er verantwortlich im sowjetischen Schiffbau tätig.

Ich will noch ein Pseudonym lüften: Der in meinem Buch Sidorow genannte Kapitän 2. Ranges ist der damalige Erste Offizier des Linienschiffs «Orjol», K. L. Schwede. Er starb 1933 im Alter von siebzig Jahren in Leningrad.

2 Da einige von mir beschriebene Personen zur Zeit der Niederschrift noch lebten, sind ihre richtigen Namen durch erfundene ersetzt worden.

3 Nach dem Krieg wurde Kurosch Kommandant des Torpedobootes «Bodry» im Fernen Osten. Am 30. Oktober 1907 erhoben sich die Matrosen gegen ihn, erschlugen ihn und warfen seine Leiche über Bord.

4 Später versuchten einige Offiziere, vor allem Roshestwenski selber, in ihrem Rapport an den Marineminister, außerdem der Kapitän 2. Ranges W. Semjonow in seiner Trilogie «Rasplata» (Vergeltung) zu beweisen, es habe sich an der Doggerbank nicht nur um Fischerboote, sondern auch um japanische Torpedoboote gehandelt. Zur Untersuchung des «Zwischenfalls von Hull» wurde eine internationale Kommission eingesetzt. Rußland war durch den Admiral Dubassow vertreten. Trotz seines fanatischen Chauvinismus war er genötigt, im Bericht an seine Regierung anzuerkennen, daß auch er jeden Glauben an das Vorhandensein von Japanern verloren habe und es unmöglich sei, diese Version aufrecht zu erhalten. Er müsse sich mit der These begnügen, daß die Schiffe, die von den russischen Offizieren für Torpedoboote gehalten wurden, für das Geschwader eine solche Bedeutung bekamen, weil angesichts aller Umstände, die den Vizeadmiral Roshestwenski veranlaßten, in dieser Nacht einen Angriff zu erwarten, diese Schiffe unbedingt als verdächtig angesehen und entschlossene Maßnahmen gegen ihren etwaigen Angriff unternommen werden mußten, um so mehr deshalb, weil der einzige zuverlässige Verbündete, auf den er sich verlassen konnte, der Admiral Fournier, als Vertreter Frankreichs, derselben Ansicht wie er war ...»

Über den «Zwischenfall von Hull» gibt es eine eingehende Studie von N. W. Nowikow, die im Heft 6 der «Marine-Sammlung» 1935 veröffentlicht wurde. Daraus geht hervor, daß nicht Roshestwenski allein die Schuld an diesem Zwischenfall trifft. Das Marineministerium befürchtete während der Fahrt japanische Anschläge gegen das Zweite Geschwader und beschloß, seinen Schutz zu organisieren. Seltsamerweise wurde diese verantwortungsvolle Aufgabe dem in der Geschichte der russischen revolutionären Bewegung bekannten Provokateur Garting-Landesen, einem Auslandsagenten der zaristischen Ochrana, übertragen. Ein besonderer Kredit in Höhe von einer halben Million Rubel war bewilligt worden. Der Provokateur hatte sich unter dem Namen Arnold in Kopenhagen niedergelassen und spann von dort das Agentennetz. Um möglichst hohe Ausgaben zu rechtfertigen, erfand er phantastische Sensationen über verdächtige Silhouetten und Lichter geheimnisvoller Schiffe und überschüttete den Marinehauptstab mit Falschmeldungen. Er war es auch, der den Glauben an die angebliche Gefahr eines Überfalls durch japanische Torpedoboote beim Geschwader wachrief.

5 Klados Artikel machten auch auf anderen Schiffen des Geschwaders großen Eindruck. In einem Brief an seinen Vater schrieb der Torpedooffizier Leutnant Wyrubow vom Linienschiff «Suworow» dazu: «Was sagt man zu unserem Klado? Es ist schon lange an der Zeit, unserem Ministerium auf die Finger zu klopfen, denn in Klados Artikel ist nicht einmal der hunderste Teil der Gemeinheiten und der unübertrefflichen Idiotie enthalten, die diese niedliche Institution, die unsere unglückliche Flotte so gründlich zerstörte, verübte und noch verübt. Wenn wir uns – so Gott will – wiedersehen, will ich Ihnen manches erzählen, was Sie sich selbst bei lebhaftester Phantasie nicht vorstellen können.»

6 Alles das untergrub den Kampfgeist selbst der flammendsten Patrioten. Über die niedergeschlagene Stimmung im Geschwader schrieb in einem Brief vom 14. März 1905 Oberleutnant Kosinski (Erster Flaggoffizier des Stabes des Admirals Fölkersam auf dem Linienschiff «Osljabja») an seine Frau: «Heute wurde plötzlich das Signal gehißt: ‹Bereit sein, die Anker in 24 Stunden nach Befehl zu lichten› ... Wieder Spielerei oder Fahrt? Und wohin? Der Glaube an den Sinn unserer Fahrt schwindet bei allen. Am längsten hielt sich noch Fölkersam, aber auch er zweifelt jetzt. Ein Abenteuer!? Nun, wir werden sehen, wie es weiter geht, und womit dieses Epos enden wird ...»

7 Diese Tatsache ist im Tagebuch des Kommandanten des Kreuzers «Aurora», Kapitän 1. Ranges Jegorjew, vermerkt: «Das kaum genießbare Pökelfleisch des Zweiten Geschwaders war vom Marinelazarett in Kronstadt beschafft worden. Zwölf Fässer mußten über Bord gehen, nur das dreizehnte Faß war mehr oder weniger brauchbar.» («Marinesammlung», Nr. 8–9, 1915.)

8 Später stellte sich heraus, daß der Konsul falsch berichtet hatte. Auf der Reede von Singapore hatte kein japanisches Geschwader gelegen.

9 In der Untersuchung gab der Erste Offizier an, daß er keine Zeit gefunden habe, die Beschwerde des Maschinisten weiterzuleiten. (Vgl. «Deistwije flota» [«Die Aktionen der Flotte»], Abtl. IV, Buch 3, S. 146.)

10 Dazu gibt es Aussagen in einem Brief des Leutnants D. Golownin vom Flaggschiff «Suworow»: «Nossi Bé, 2. Februar 1905. Lieber Petja! ... Die starke Herzensneigung unseres Admirals zur Oberschwester Sievers wirkt zersetzend auf alle Offiziere des Geschwaders; fast jeden Tag nehmen sie und die Nichte des Admirals, Pawlowskaja, beim Admiral oben das Mittagessen ein, wobei der Admiral mit seiner Nichte fast überhaupt nicht spricht, sondern immer nur mit der Sievers zusammensitzt. Gestern hatte die Sievers Geburtstag. Der Admiral schickte den Flaggoffizier mit einem riesigen Blumenstrauß zu ihr auf ‹Orjol›. Sie und die Pawlowskaja kamen zu uns auf ‹Suworow› und aßen Mittag beim Admiral; Musik, Tusch, Gratulationen, Champagner und so weiter. Täglich wird lebhafte Korrespondenz ausgetauscht; ich mußte mehrfach während meines Dienstes Briefe befördern. Hierzu wird ein besonderer Kutter mit dem Offizier vom Dienst geschickt. Der Austausch von Blumen erfolgt ebenfalls recht oft. Einmal schickte der Gouverneur von Nossi Bé dem Admiral eine riesige exotische Pflanze im Kübel. Der Admiral beauftragte sofort den Adjutanten vom Dienst, die Pflanze in den Kutter zu verfrachten und auf ‹Orjol› zu bringen. Beim Verladen wurde ein Zweig beschädigt; der Admiral putzte den unglücklichen Swerbejew fürchterlich herunter. Überhaupt wirkt das alles sehr negativ auf die Offiziere; hinzu kommt sein entsetzliches Mißtrauen gegen alle; niemand weiß und versteht etwas, außer ihm selbst natürlich ... Es küßt Dich Dein Bruder D. Golownin.»

11 In einem Brief an seinen Vater teilte der Torpedooffizier des Linienschiffs «Suworow», Leutnant Wyrubow, folgendes über unsere Protestaktion mit: «Auf ‹Orjol› ereigneten

sich zu Ostern Unruhen. Der Admiral fuhr hin, jagte den Leuten gehörigen Schrecken ein, brüllte sie an wie noch nie und sagte ihnen Dinge in so bildhaften Ausdrücken, daß es uns mindestens für zwei Tage Gesprächsstoff gab. J. und Sch. und auch die Offiziere haben einiges abgekriegt.»

12 Über seine Unterhaltung mit dem Geschwaderchef machte Admiral Nebogatow folgende schriftliche Aussage vor der Untersuchungskommission: «Am 9. Mai schloß sich meine Division auf See, an der Küste von Vietnam, Roshestwenskis Geschwader an. Ich wurde sogleich durch Signal zum Admiral befohlen, der mich auf dem Oberdeck begrüßte und in die Admiralsräume geleitete, wo wir uns im Beisein der Offiziere seines Stabes unterhielten; es war eine allgemeine private Unterhaltung, sie drehte sich um Fragen nebensächlichen Inhalts, die mit der bevorstehenden Aktion nichts gemein hatten.
Zunächst nahm ich an, daß der Admiral im Beisein der Offiziere seines Stabes mit mir nicht über die bevorstehenden Kriegshandlungen zu sprechen wünsche und daß er mich für sachliche Gespräche allein einladen würde. Das geschah aber nicht; nach halbstündiger Unterhaltung entließ mich der Admiral ...
Im Gespräch mit Admiral Roshestwenski sagte ich ihm unter anderem, daß ich beabsichtigt hätte, falls unsere Begegnung nicht stattgefunden hätte, selbständig nach Wladiwostok durch die La Pérousestraße zu fahren. Er beachtete aber meine Bemerkung nicht und interessierte sich auch nicht für Einzelheiten. Nur dieses einzige Mal bekam ich Admiral Roshestwenski zu Gesicht. Er hat mich niemals wieder zu sich kommen lassen und hat auch meine Schiffe nicht besucht. Weder über einen Plan noch über seine Vorhaben sprachen wir miteinander; er hat mir auch keine Instruktionen oder Anweisungen erteilt.» («Der Russisch-Japanische Krieg», Bd. 3, S. 49–50.)

13 Wenn auch der Kommandant Jung als ehemaliger Segelschiffsoffizier sich schlecht mit der komplizierten Technik eines modernen Linienschiffes auskannte, so bedeutet das doch nicht, daß er die Torheit unseres Vorhabens, das Japanische Meer zu erobern, nicht erkannt hätte. Er sah das traurige Ende des Zweiten Geschwaders kommen. Als zurückhaltender Mensch sprach er hierüber nicht mit seinen Offizieren, sondern behielt seine Gedanken über die kommende Tragödie für sich. Zu meiner Verfügung stehen aber seine Briefe, die er unterwegs an seine Schwester Sofia Wiktorowna Wostrossablina schickte.
Von Madagaskar aus schrieb er am 10.1.1904: «Was mit uns weiter wird, ist noch unbekannt. Meine persönliche Meinung ist, daß es unsinnig war, unsere verhältnismäßig schwachen Kräfte aus Kronstadt loszuschicken; ebenso unsinnig ist es, sie weiterzuschicken, da unsere Flotte im Fernen Osten vernichtet ist und wir mit unseren alten Schiffen, die – mit Ausnahme der fünf neuen Linienschiffe – nur zur Auffüllung der Zahl mitgenommen wurden, nichts ausrichten können. Das ist zu wenig, um ein Übergewicht über die Japaner zu haben und um ihre Seeverbindungen abzuschneiden. Das hat unser System erreicht – wir haben keine Flotte, und die Armee kann auch nichts ausrichten ...»
Aus dem Brief vom 15. Januar 1905: «Es wird wirklich ein wahres Glück für das arme Rußland sein, wenn der Krieg beendet wird, der mit Schwachsinn und kurzsichtiger Politik begonnen wurde. Wie schmerzlich und bedauerlich war es, anzuhören, was unser Chef, der uns in Reval das Geleit gab, sagte: daß wir auszögen, den Widerstand des Feindes zu brechen und für ‹Warjag› und ‹Korejez› Rache zu nehmen. Wie kindlich und naiv sind diese Worte, ein wie tiefes Mißverstehen der ernsten Lage Rußlands spricht aus ihnen ...»

14 Erst später erfuhren wir, daß sowohl «Rion» als auch «Dnepr» die Transporter nach Wusung bringen und dann im Bereich der Saddle-Inseln kreuzen sollten. Drei Tage

vorher hatten sich zwei weitere Hilfskreuzer, «Kuban» und «Terek», vom Geschwader gelöst. Sie sollten auf den Handelsstraßen vor der Ostküste Japans kreuzen.

15 Später zeigte sich, daß weder die Schiffskommandanten noch die jüngeren Flaggoffiziere wußten, durch welche Meerenge Roshestwenski das Geschwader führen würde. Den unmittelbaren Teilnehmern an der Fahrt nach dem Fernen Osten wurde es strengstens verschwiegen. Dafür kannte man in St. Petersburg den Weg unseres Geschwaders genau, man wußte ihn bereits einige Monate vor der Schlacht. Der Flaggoffizier, Oberleutnant Swentorshezki, schrieb in einem Privatbrief an Pawel Michailowitsch Wawilow, Stabskapitän in der Admiralität und Sachbearbeiter im Marinehauptstab, von Nossi Bé aus: «In einer Schlacht werden wir aus Mangel an taktischen Vorbereitungen keine geringen Verluste haben, die sich beim Durchbruch bei Tsushima, der Basis der japanischen Torpedoflotte, noch erhöhen werden.» Dieser Brief ist unvollständig, ohne Angabe des Empfängers, im Band 6 des Sammelwerkes «Der Russisch-Japanische Krieg» veröffentlicht worden.

16 In seiner Aussage vor der Untersuchungskommission schrieb Konteradmiral Nebogatow über Roshestwenski: «Viele Kommandanten erhielten in der Sprache des Admirals Benennungen, die an gröbste Beschimpfungen grenzten. Der Admiral genierte sich nicht, diese Spitznamen auf Deck, im Beisein anderer, zu gebrauchen.»

17 Im Buch «Der Weg nach Tsushima» von Professor P.K. Chudjakow sind Briefe von Offizieren angeführt. Ich bringe Auszüge aus ihnen. Hier ist die Ansicht A. N. Michailows, Ingenieur an Bord des Linienschiffs «Nawarin»: «Roshestwenskis Wut war unbeschreiblich. Wenn er einen Wutanfall hat, stürzt er auf Deck, seiner Brust entringen sich wilde, tierische Laute. Wer das hört, glaubt, das ganze Geschwader müsse es hören. Dann folgten Flüche.»

Die Meinung des Ingenieurs P. S. Fedjuschin an Bord des Flaggschiffs «Suworow»: «Es ist dies ein sehr strenger und wütiger Herr. Jeden Tag erfolgt eine Arreststrafe für einen Offizier, und das für die geringfügigsten Vergehen ...»

Die besten Informationen über Roshestwenski finden sich im Briefwechsel der Seeleute mit ihren Verwandten. Hier scheuen sich die Briefschreiber nicht, die ganze Wahrheit zu sagen.

So äußerte sich Leutnant P. P. Schmidt in einem Brief an seine Frau vom 30. Oktober 1904: «Der Vorfall mit Roshestwenski (Zwischenfall von Hull) erweckt Verdacht und große Befürchtungen. Ich selbst glaube nicht, daß es Torpedoboote waren. Roshestwenski ging von hier mit allen Anzeichen des gemeingefährlichen Wahnsinns weg; vielleicht war seine Ausschreitung gegenüber den Fischern ein Anfall des Wahnsinns. Auf der Revaler Reede hat er doch den Schiffsarzt mit seinem Revolver beschossen und dem Posten zugerufen: ‹Ziele auf den Kopf!›, obwohl er genau sah, daß der Arzt ihn erwartete. Der Arzt hatte die Parole nicht laut genannt. Etwas Ähnliches kann auch die Sache mit den Fischern gewesen sein.»

Oberleutnant Baron Kosinski schrieb am 30. März 1905 an seine Frau: «Die Kohlenübernahme ist am Morgen abgesagt worden. ‹Suworow› zeigt keinerlei Signale, schickt keine Telegramme, keine Rügen, keine Flüche. Was ist mit Roshestwenski geschehen? Er ist nicht krank, man sah ihn heute im Sessel an Deck sitzen. Vielleicht fühlt er sich nicht wohl und das Geschwader fährt – ohne Beschimpfungen!»

Das schien Kosinski deswegen so erstaunlich, weil er fünf Tage vorher, während der Überquerung des Indischen Ozeans seiner Frau ganz etwas anderes geschrieben hatte: «... Roshestwenskis für uns unsichtbarer Wahnsinn macht sich bemerkbar. Tag und Nacht arbeitet der Telegraf und winken die Flaggen. Selten sind die Masten seines Flaggschiffs ‹Suworow› auch nur wenige Minuten ohne Signale, und fast ausschließlich handelt es sich um Rügen und Drohungen. Rügen und Drohungen ...»

Noch schärfer äußerte sich der Leutnant Wyrubow über Roshestwenski in einem Brief an seinen Vater: «Auf den anderen Schiffen ist der Admiral seit der Abfahrt aus Rußland nicht gewesen. Die Kommandanten und Offiziere hält er alle für Schurken und Gauner. Er fährt in seinem Despotismus fort und begeht grobe Fehler. Wir sind alle von ihm längst enttäuscht und erwarten nichts Vernünftiges von ihm. Er ist ein Erzeugnis des gegenwärtigen Regimes und zudem stark durch Reklame aufgebläht. Seine Karriere verdankt er dem Zufall. Vielleicht ist er eine gute Hofschranze, als Geschwaderkommandant ist er aber nichts wert.»

Der Erste Artillerieoffizier des Flaggschiffs «Suworow», Oberleutnant P. E. Wladimirski, schrieb in Briefen an seine Frau Sofia Petrowna: Am 2. Oktober: «Unser Admiral hat offenbar nicht die Absicht, irgendwohin wegzufahren (ich glaubte, er würde vielleicht nach St. Petersburg fahren), schreit, und wir sind seiner überdrüssig geworden.»

Am 17. Oktober: «Der Admiral flucht weiter und hat Basil (Spitzname des Ersten Offiziers, Kapitän 2. Ranges Makedonski) so weit gebracht, daß er sich auf alle stürzt wie ein Kettenhund.»

Am 16. November: «Roshestwenski macht weiterhin alle madig.»

Am 26. Dezember: «Er führt sich höchst unanständig auf. Um dem Kommandanten auf der Bugbrücke etwas bestellen zu lassen, schreit er seinen Flaggoffizieren zu: ‹Bestellt diesem Blödian ...› oder ‹Bestellt diesen Dummköpfen auf der Kommandobrücke ...› und ähnliches.»

Am 21. Januar 1905: «Bald wird wohl der Admiral vollständig irre sein. Nachts glaubt er, Raketen angreifender Torpedoboote zu sehen; im Umgang mit den Untergebenen ist er soweit, daß er den Kommandanten eines Torpedobootes, einen Kapitän 2. Ranges, am Kragen packte. Bald wird er wohl um sich beißen.»

Um Roshestwenskis Bild zu vervollständigen, muß ich noch folgendes hinzufügen. An Bord des Flaggschiffs «Suworow» gab es vor der Ausfahrt einen großen Vorrat an Feldstechern und Fernrohren. Bei jedem Wutausbruch zerschmetterte der Admiral sie entweder an den Matrosenschädeln oder an Deck, oder er warf sie einfach über Bord. Da dies nun fast täglich geschah, war das Schiff, als das Geschwader bei Madagaskar lag, von Feldstechern und Fernrohren entblößt. Roshestwenski sandte an den Verwalter des Marineministeriums am 16. Februar 1905 ein Telegramm unter der Nummer 45: «Bitte um Bewilligung von 50 Fernrohren und 100 Feldstechern durch die Hydrografische Hauptverwaltung für das Geschwader.» Etwas präziser hätte er schreiben müssen, daß er die Feldstecher für seinen persönlichen Bedarf bei Wutausbrüchen benötigte. Das wäre richtiger gewesen.

18 In seinem Brief aus Nossi Bé vom 12. April bekannte Admiral Roshestwenski: «Den Colongue habe ich fertiggemacht; es kommt vor, daß er weint.»

19 Es ist dies, wie sich nach der Schlacht herausstellte, der japanische Hilfskreuzer «Shinano-Maru» gewesen, der sich auf nächtlicher Aufklärungsfahrt befand. Vor Morgengrauen war er auf eines unserer Lazarettschiffe gestoßen, angezogen von dessen grellen Lichtern. Bald darauf entdeckten die Japaner auch unser ganzes Geschwader. Der Kommandant des Hilfskreuzers, Kapitän 2. Ranges Narikawa, funkte sofort an Admiral Togo: «Feind in Quadrat 203, hält offenbar Kurs auf die östliche Meerenge.»

20 Admiral Roshestwenski sagte später vor der Untersuchungskommission aus, daß «Ural» ihn nicht am 27., sondern schon am 26. Mai um die Erlaubnis ersucht habe, den Japanern dazwischen zu funken. «Ich habe ‹Ural› dies nicht gestattet, weil ich Grund zu der Annahme hatte, daß das Geschwader noch nicht entdeckt sei.» («Der Russisch-Japanische Krieg», Bd. 3, S. 21.)

Wenn es sich tatsächlich um den 26. Mai gehandelt hätte, so hätte die Anordnung des Admirals einen Sinn gehabt. Aber das Schlimme ist ja, daß sich dieser Vorfall am

27. Mai zugetragen hat, als uns schon japanische Aufklärungsschiffe flankierten. So steht es in meinen persönlichen Notizen. Dasselbe bestätigen auch Offiziere des Linienschiffes «Orjol». Folgendes schrieb Oberleutnant Slawinski in seinem Bericht: «Am 27. Mai, etwa um halb zehn Uhr morgens, bat ‹Ural› durch Signal um die Erlaubnis des Admirals, die Japaner beim Funken zu stören. Auf ‹Suworow› erschien aber das Signal: ‹Nicht stören›. («Der Russisch-Japanische Krieg», Bd. 3, S. 55.)
Dasselbe schrieb auch Leutnant Schtscherbatschow (im gleichen Buch, S. 64). Selbst ein dem Admiral so ergebener Mensch, wie der Kapitän 2. Ranges Semjonow, sah sich vor der Untersuchungskommission zu der Aussage genötigt, daß sich das erst am Morgen des 27. Mai abgespielt hat. («Der Russisch-Japanische Krieg», Bd. 3, S. 97.) In seinem Buch «Vergeltung», in dem Semjonow als Autor ständig auf die Genauigkeit seiner Notizen hinweist, verschweigt er dieses Eingeständnis.
Weil wir die japanischen Aufklärungsstreitkräfte nicht am Funken hinderten, wußte Admiral Togo von unserem Geschwader alles, was ein Oberbefehlshaber über die eigenen Seestreitkräfte wissen muß. In einem Rapport über die Schlacht am 27. Mai berichtet er über seine Aufklärungstätigkeit: «Trotz des dichten Dunstes, der die Sicht auf etwa fünf Meilen beschränkte, gestatteten die bei mir eingegangenen Informationen, obwohl ich noch einige Dutzend Seemeilen vom Feind entfernt war, eine klare Vorstellung über die Situation des Feindes. Ich sah ihn noch nicht und wußte doch, daß die feindliche Flotte aus allen Schiffen des Zweiten und Dritten Geschwaders bestand, daß sie von sieben Transportern begleitet wurde, daß die feindlichen Schiffe in zwei Kiellinien fuhren ...»

21 Es sei darauf hingewiesen, daß in den Oktobertagen desselben Jahres der Petersburger Stadtgouverneur, General Trepow, im Kampf gegen die aufständischen russischen Arbeiter gerade umgekehrt verfuhr, indem er seinen berühmten Befehl gab: «Mit Munition ist nicht zu sparen!»

22 Zu welchem Zweck war dieses törichte Manöver ausgeführt worden? In Roshestwenskis Stab wurde hinterher eine Erklärung dafür ausgeklügelt. Der Anhänger des Admirals, Kapitän 2. Ranges W. Semjonow, sagt in seinem Buch «Schlacht bei Tsushima» (Verlag Wolf, 1911, S. 25–60:
«In der Annahme, daß die Japaner vorhatten, an unserer Spitze vorbeizuziehen und Treibminen auszuwerfen (wie sie es am 28. Juli 1904 vor Port Arthur getan hatten), beschloß der General, die erste Division in Dwarslinie nach steuerbord wenden zu lassen, um durch das Feuer seiner fünf besten Linienschiffe den Feind zu vertreiben.
Zu diesem Zweck schwenkte die erste Linienschiffdivision zunächst nach Steuerbord um acht Strich und sollte dann um acht Strich nach Backbord wenden. Die erste Hälfte des Manövers gelang vorzüglich, dann aber gab es ein Mißverständnis beim Signalisieren. ‹Alexander II.› folgte ‹Suworow› in Kiellinie, während ‹Borodino› und ‹Orjol›, die schon im Begriff waren zu wenden, glaubten, sie hätten sich geirrt und ‹Alexander III.› folgten. Letzten Endes befand sich auch die erste Gruppe nicht in Dwarslinie, sondern in Kiellinie, parallel der Kolonne der zweiten und dritten Division, lediglich ein wenig vorgeschoben.»
Die Unsinnigkeit der von Semjonow vertretenen Version liegt auf der Hand und soll nur Roshestwenskis Handlung rechtfertigen. Auf unserem Linienschiff ist das Signal des Geschwaderchefs genau erkannt worden. Das ist durch die Zeugenaussagen des Oberleutnants Slawinski und des Leutnants Schtscherbatschow aktenkundig erwiesen. Außerdem ist nicht anzunehmen, daß sich «Alexander III.» geirrt haben sollte. Abgesehen davon, daß dieses Linienschiff zuverlässige Signalgasten an Bord hatte, befand es sich dem Flaggschiff am nächsten und sah daher besser als die anderen Schiffe der Division das gehißte Signal. Aber nehmen wir einmal an, Semjonow hätte recht: «Alexan-

der III.» hätte sich geirrt und wäre «Suworow» gefolgt. Was würde daraus folgen? Das Manöver war nicht zum Spaß erdacht, es veränderte die ganze Gefechtssituation. Folglich hätte man sich ganz besonders verantwortungsbewußt verhalten und die Abwesenheit der Hauptkräfte des Gegners ausnutzen müssen, um sofort den entstandenen Fehler zu verbessern. Was sollte denn Roshestwenski nur daran gehindert haben, die erste Division in Dwarslinie aufzubauen?

23 Über das Verhalten des Admirals und seines Stabes während der Schlacht sagt der Stabsoffizier Oberleutnant Krshyshanowski in seinem Bericht aus:

«2.00 Uhr. Alle halten die Köpfe unterhalb der Panzerplatten und lugen alle Augenblicke nach dem Feind aus.»

«2.20 Uhr. Wendeten vier Strich Steuerbord. Der Admiral bleibt sitzen ... Der Admiral ist am Kopf verwundet ...»

«2.40 Uhr. Direkt von vorn schlug eine Granate in den Turm ein; ein Splitter verwundete den Admiral zum zweiten Mal, diesmal an den Beinen. Ich saß auf den Transportschienen des Entfernungsmessers und wurde durch den Luftdruck zu Boden geschleudert, die Mütze wurde mir vom Kopf gerissen ... Vor mir hockte der Kommandant, Ignatius war am Kopf verwundet ...» («Der Russisch-Japanische Krieg», Bd. 3, S. 34 bis 35.)

24 Interessant ist W. F. Babuschkins weiteres Schicksal. Erst einige Jahre nach dem Russisch-Japanischen Krieg hatte er sich völlig von seinen schweren Wunden erholt. Er gewann seine frühere Körperkraft zurück und wurde Berufsringkämpfer. Als solcher trat er nicht nur in Rußland, sondern auch im Ausland in Veranstaltungen auf. 1924 besuchte er sein Heimatdorf Sastrugi im Gebiet Wjatski-Poljansk. In seinem eigenen Hause wurde er von seinem vertrauten Gehilfen mit einem Revolver erschossen. Angeblich sollen Rivalen Babuschkins den Gehilfen bestochen haben. Ein Verwandter von ihm, N. Babuschkin, teilt über ihn mit: «W. F. Babuschkin wog über 10 Pud (d. h. mehr als 160 kg). Obgleich er groß war, hatte er einen leichten Gang und konnte mit einem trabenden Pferd Schritt halten.»

25 Der Zar war sehr erzürnt über die Auslieferung der vier Schiffe an die Japaner. Die Besatzungen dieser Schiffe waren aus der Gefangenschaft noch nicht zurückgekehrt und wurden ohne Untersuchung ihrer Dienstgrade enthoben. Übrigens wurde diese Verordnung später hinsichtlich der Mannschaft aufgehoben.

Im November 1906 hatten sich der ehemalige Konteradmiral Nebogatow und seine ehemaligen Offiziere (mit Ausnahme der Schwerverwundeten) als Angeklagte vor einem Kriegsmarinegericht des Kronstädter Hafenamtes zu verantworten. Die aufsehenerregende Verhandlung fand in einer der Petersburger Krjukow-Kasernen statt. Entgegen dem Wunsch der Regierung wurden in den Gerichtsverhandlungen alle Mängel der russischen Flotte angeprangert. Am meisten befaßte sich Nebogatow selbst mit Enthüllungen und mußte das teuer bezahlen. Er wurde zum Tode verurteilt, aber auf Ersuchen des Gerichts wurde die Strafe in zehn Jahre Festungshaft umgewandelt. Zum gleichen Strafmaß wurden auch die Kommandanten der Linienschiffe «Nikolai I.», «Apraxin» und «Senjawin» verurteilt. Die Ersten Offiziere dieser Schiffe sowie der Flaggkapitän Kross wurden zu mehreren Monaten Festungshaft verurteilt, die übrigen Offiziere wurden freigesprochen. Das Gericht erkannte an, daß sich das Linienschiff «Orjol» in einer so aussichtslosen Lage befunden hatte, daß die Kapitulation auch nach den Bestimmungen des Marinereglements gerechtfertigt war. Deshalb entschied es, daß der zeitweilige Kommandant des Schiffes, Schwede, und die anderen Offiziere für die Übergabe nicht verantwortlich zu machen seien.

Admiral Nebogatow wurde vorfristig aus der Festung entlassen, erlebte noch die Revolution und starb 1922 in Moskau.

26 Im Jahre 1906 zeichnete der Zar den Admiral Fersen mit dem «Goldenen Degen für Tapferkeit» aus.

27 Dieses kleine Büchlein befindet sich in meinem Tsushima-Archiv.

28 Als ich mein zweites Buch über Tsushima schrieb, übergab mir der ehemalige Navigationsoffizier des Linienschiffs «Orjol», L.W. Larionow, eine dicke, mit Schreibmaschine geschriebene Dokumentation: «Der Prozeß des Admirals Nebogatow». Dieses Material wurde in der Gerichtsverhandlung unter Ausschluß der Öffentlichkeit verwendet. Es enthält die ersten Aussagen des Admirals Nebogatow, der Offiziere und Matrosen. Auch meine Aussagen, die ich ganz vergessen hatte, finden sich dort. Nachdem ich kurz die Übergabe des Schiffes erwähnt hatte, griff ich hauptsächlich Burnaschow an, der sich die Schiffskasse angeeignet hatte. Ich erklärte damals: «Über den Intendanten muß ich aussagen, daß er ein Gauner ist, der die Mannschaft um Zucker und um Fleisch betrogen hat ...»

Es folgte eine lange Aufzählung seiner kriminellen Verbrechen mit Hinweisen auf Zeugen und andere Beweise. Zum Schluß fügte ich hinzu: «Es heißt, daß Burnaschow sich einen Umschlag des Kommandanten mit einem Inhalt von eintausendfünfhundert Pfund Sterling eingesteckt hat, die für die Schwester des Herrn Jung bestimmt waren. Gesehen haben es Koshewnikow und Semjonow.»

Daß Jung über viel Geld verfügte, geht aus seinen Briefen an seine Schwester, die Witwe Sofia Wiktorowna Wostrossablina, hervor. Er wollte nach dem Kriege den Dienst quittieren und sparte jede Kopeke. In seinen Aussagen hat Burnaschow selber auch zugegeben, daß er vierhundert Rubel vom Geld des Kommandanten genommen habe. 1933 fragte ich bei Sofia Wiktorowna Wostrossablina an, ob sie von ihrem Bruder über den Intendanten etwas erhalten habe. In einem Brief schrieb sie mir, daß Burnaschow ihr eine Schatulle überreicht habe, in der Orden, mehrere Alpakalöffel und eine alte Taschenuhr lagen; Geld habe die Schatulle nicht enthalten.

Leutnant Burnaschow schrieb in seiner Aussage, um meine Feststellungen zu entkräften: «Der Proviantmeister Nowikow war wenige Tage vor der Ausfahrt des Linienschiffs ‹Orjol› vom ‹Minin› mit den schlechtesten Zeugnissen und der Mitteilung übernommen worden, daß er, Nowikow, unter Polizeiaufsicht stehe. Der Kapitän 2. Ranges Schwede und alle Offiziere des Linienschiffs kennen Nowikow gut. Er agitierte gegen die Offiziere und entlarvte sich endgültig, als bei ihm Briefe an die Zeitungsredaktion ‹Rus› und an die Abteilung für den Fonds für Volksbildung gefunden und beschlagnahmt wurden. Nowikow war von mir in den ersten Tagen schon seiner Pflichten entbunden worden, da festgestellt worden war, daß er mehr Schnaps ausgab, als festgesetzt war.»

In Burnaschows Aussage ist alles richtig, bis auf den letzten Satz. Ich wurde zwar meiner Pflichten enthoben, aber nicht schon in den ersten Tagen meines Dienstes an Bord von «Orjol», sondern während des Aufenthaltes vor Madagaskar, und nicht für immer, sondern für eine Woche, weil bei mir während einer Durchsuchung Tagebücher und Notizen gefunden worden waren, in denen unsere Fahrt nüchtern und unbeschönigt dargestellt wurde. Hierüber ist im Buch eingehend berichtet worden.

29 Alle Briefe unseres Kommandanten Jung, die er während der Fahrt an seine Schwester richtete, atmeten Hoffnungslosigkeit. Er glaubte nicht an einen Erfolg des Zweiten Geschwaders. In dem Brief vom 18. Januar 1905 schrieb er aber in scherzhaftem Ton: «Der ehemalige Marineattaché ‹Iwan Iwanowitsch› Nomoto, den Du bei mir auf ‹Slawjanka› kennenlerntest, führt jetzt einen Kreuzer und kämpft gegen uns. Es wäre nicht schlecht, diesen Spitzbuben gefangen zu nehmen ...» Jung hatte sich geirrt: Der Kapitän 1. Ranges Nomoto befehligte nicht einen Kreuzer, sondern das Linienschiff «Asahi». Der Schlachtverlauf brachte es mit sich, daß Nikolai Viktorowitsch Jung selbst mit seinem Schiff ausgerechnet von Nomoto gefangen genommen wurde.

30 Wenn die Reste des russischen Geschwaders nach der Tagesschlacht des 27. Mai nicht versucht hätten, nach Norden durchzubrechen, so wäre der Triumph des Gegners nicht so groß gewesen. Hierüber enthält das japanische Buch «Die große Schlacht im Japanischen Meer» folgende Mitteilungen: «Der Aktionsplan für den 28. Mai war ungefähr derselbe wie der für den vorangegangenen Tag ...»
«Das Glück war unseren Aufklärungsschiffen hold, und es liefen bald Informationen ein, daß an einer Stelle ein Schiff, an einer anderen zwei, wieder an einer anderen drei Schiffe festgestellt seien, so daß die militärischen Aktionen, die als schwere Aufgabe vor uns gestanden hatten, in Wirklichkeit zu einer sehr leichten Sache wurden ...»
«Unser Geschwader wartete nur die Bewegungen des nahenden Feindes ab, der selbst in die von uns ausgelegten Netze ging ...»

31 Folgendes sagte der Erste Offizier Blochin vor der Untersuchungskommission aus: «Bemerkenswert ist die Tatsache, daß das unbewegliche japanische Torpedoboot auf eine Entfernung von etwa sechzig Metern vom ebenfalls unbeweglich stehenden Kreuzer erst mit dem sechsten Schuß aus einem der neuen 152-mm-Geschütze, das mit einer optischen Zielvorrichtung des Systems Perepjolkin versehen war, getroffen wurde.» («Der Russisch-Japanische Krieg», Bd. 3, S. 425.)

32 In den Aussagen des Kapitäns 2. Ranges Semjonow vor der Untersuchungskommission finden sich folgende Zeilen: «Ich kroch zurück und erreichte das Sofa, auf dem ich mich völlig entkräftet ausstreckte.»

33 In dem schon mehrfach wörtlich angeführten Buch «Der Russisch-Japanische Krieg» steht auf Seite 431 bezüglich der Revolte das bescheidene Bekenntnis des Ersten Offiziers Blochin: «Ich mußte von der Brücke hinuntersteigen und unter Anwendung aller Mittel die Leute zwingen umzukehren.»

34 Der Kommandant Lebedew starb im Lazarett in Sasebo.

35 Die Vernichtung des Zweiten Geschwaders erschütterte das Vertrauen des russischen Volkes zum Zaren bis in die Wurzel. Der Zar aber änderte trotzdem sein Verhalten zum unglückseligen Admiral Roshestwenski noch nicht und entzog ihm nicht seine Gunst. Davon zeugt folgendes Telegramm, das der Zar vier Tage nach der Schlacht schickte: «Tokio, an den General-Adjutanten Roshestwenski. Von Herzen danke ich Ihnen und allen Angehörigen des Geschwaders, die ehrlich ihre Pflicht in der Schlacht erfüllten, für Ihren selbstlosen Dienst an Rußland und mir. Nach dem Willen des Allmächtigen war Eurer Heldentat kein Erfolg beschieden, auf Euren grenzenlosen Mut wird das Vaterland stets stolz sein. Ich wünsche baldige Genesung. Es tröste Euch alle der Herrgott. Nikolai. 28. Mai 1905.» So dankte der Monarch dem Admiral Roshestwenski für Tsushima, während ihn das ganze Land verfluchte.
Später aber, als der Admiral 1906 aus der Gefangenschaft nach Rußland heimkehrte, wurde er unter dem Druck der Öffentlichkeit vor Gericht gestellt. Vor Gericht versuchte er es mit der Ritterlichkeit, verteidigte leidenschaftlich seine Mitarbeiter, nahm die ganze Schuld auf sich und bekannte: «Ehe die hier gegen mich gesammelten Beweise aufgezählt werden, halte ich es für meine Pflicht, festzustellen, daß ich seit dem Augenblick, da ich aus der Bewußtlosigkeit erwachte, in der ich auf ‹Buiny› hinübergetragen wurde, nicht mehr das Bewußtsein verlor. Die Zeugen, die aussagten, ich hätte im Fiebertraum geredet, irren ...» In seinem Schlußwort sagte er noch: «Durch eine ganze Reihe von Zeugenaussagen ist unzweifelhaft festgestellt, daß ‹Bedowy› kapitulierte, weil dies der Admiral befohlen hatte, der zu jener Zeit ohne Zweifel bei Bewußtsein war ...»
Er wurde freigesprochen. Er konnte nicht verurteilt werden, weil er zu genau wußte, was hinter den Kulissen unserer Flotte vorging. Während seiner Arbeit als Chef des Marinehauptstabes war er in verschiedene undurchsichtige Dinge des Schiffsbaues eingeweiht worden, in die auch höchstgestellte Personen verwickelt waren. Die Revolution war da-

mals noch nicht endgültig unterdrückt. Außerdem gab es eine Duma. Deshalb wurde die Anklagerede des Staatsanwaltes, General Wogak, hinsichtlich Roshestwenskis zu einer Verteidigungsrede.

Clapier de Colongue, Filippowski, Leontjew und Baranow wurden aus dem Militärdienst entlassen, die übrigen Offiziere wurden freigesprochen.

Übrigens muß noch ein historischer Fehler erwähnt werden. Der Kapitän 2. Ranges Semjonow veröffentlichte, als er aus der Gefangenschaft zurückgekehrt war, in der fortschrittlichen Zeitung «Rus» seine Notizen unter dem Titel «Rasplata» (Vergeltung), die bald darauf auch in Buchform erschienen. In diesen Notizen beklagt er sich über die Offiziere des Stabes, weil sie alles vor ihm verheimlicht hätten und er sich auf dem Schiff nahezu als Passagier gefühlt habe. Hier hat Semjonow wie üblich die Wahrheit entstellt, um seinem Buch den Anschein der Objektivität zu verleihen. Natürlich wußte er alles, ja mehr als nötig, weil ihn der Admiral als Freund ansah. Er verteidigte sowohl Roshestwenski als auch den Stab und sich selbst. Weil «Rus» als erste Zeitung die Notizen veröffentlichte, verhielten sich auch alle anderen fortschrittlichen Zeitungen jener Zeit nachsichtig gegen Roshestwenski, sahen in ihm nahezu einen Gesinnungsfreund, während die konservative Presse heftig über ihn herfiel. In Wirklichkeit war er aber ein höchst reaktionärer Admiral. Als das Geschwader vor Madagaskar lag, schrieb er am 20. Februar 1905 einen Brief an seine Frau: «... und welch ein Unfug geht bei uns in St. Petersburg und im europäischen Rußland vor! Die Versöhnlerei im Kriege wird zu nichts Gutem führen. Es ist dies gerade die Zeit, in der man alles in den Fäusten halten muß und die Fäuste selbst in voller Bereitschaft zu Handlungen, während bei euch alle den Kopf verloren haben und Maulaffen feilhalten. Gerade jetzt muß man alles mit Truppen abdrosseln und allen Freiheiten ein Ende machen, alle noch so wohlgemeinten Streiks verbieten und die Rädelsführer schonungslos erwürgen.»

Nach dem Ausscheiden aus dem Dienst führte Roshestwenski in Petersburg ein einsames Leben und war an seine Wohnung gekettet, wie ein lichtscheuer Uhu an sein Baumloch. «Ich bin ein schwarzer Rabe», sprach Roshestwenski finster die Worte des irren Müllers aus Antonin Dvořaks Oper «Rusalka» nach. Der Größenwahn verließ ihn nicht, bis sein Leben ein jähes Ende fand. In der Nacht zum 1. Januar 1910 fand in seiner Wohnung in engem Kreis das traditionelle Neujahrsfest statt. Am festlich gedeckten Tisch blieb jedoch der Pokal des Hausherrn ungenutzt: Beim Kartenspiel mit den Gästen regte sich «der schwarze Rabe von Tsushima» standesgemäß auf, zuckte zusammen, lief blau an, fiel vom Stuhl und war sofort tot.

36 Die englische Zeitung «The Japan Daily Mail», die in Yokohama erschien, brachte am 31. Mai 1905 die Notiz: «Der Kreuzer ‹Izumi› (früher ‹Esmeralda›, 2950 to) war schwer beschädigt worden und mußte das Schlachtfeld verlassen.»

37 Später schrieb N. Nosikow folgende Bücher: «Die Fahrt des Zweiten Stillozeanischen Geschwaders», Verlag des Marine-Generalstabes, 1914; «Auf Krusenstjerns Schiffen», Verlag Molodaja Gwardia, 1930; «Die Weltreise des ‹Litke›», Verlag MTP, 1933.

38 Die Japaner schreiben über das Gefecht mit «Gromki»: «Der Feind kämpfte tapfer; als unsere Gruppe seine Flagge herunterschoß, hißte er sofort eine andere, schoß geschickt ein Torpedo ab, dem das Torpedoboot ‹Shiranuhi› nur mit Mühe entging. Seine Granaten trafen gut, ‹Shiranuhi› erhielt über 20 Treffer. Die Steuerbordmaschine und das Ruder fielen aus, das Torpedoboot konnte daher nicht mehr gesteuert werden und war genötigt, sich kämpfend im Kreise zu bewegen. Auf ‹Shiranuhi› war schon viermal die Flagge ersetzt worden.»

39 Wie später festgestellt wurde, kamen von den siebenhundert Mann der Besatzung des «Nawarin» außer Sedow noch zwei Mann mit dem Leben davon: der Heizer Porfiri Derkatsch und der Geschützführer Stepan Kusmitsch. Nach dem Untergang des Schiffs

hielten sich beide vierzehn Stunden an einem Kistendeckel über Wasser. Derkatsch und Kusmitsch mußten die gleichen Schrecknisse wie Sedow überstehen. In halbbewußtlosem Zustand wurden sie von einem englischen Dampfer aufgefischt und in Tientsin dem russischen Konsul übergeben.

40 Die russischen Kreuzer mußten dann doch noch ihre Waffen abgeben. Später wußte die Regierung nicht recht, wie sie sich zu Admiral Enquist und seinen Offizieren verhalten sollte; sollte man sie vor Gericht stellen, weil sie einen Kampfbefehl nicht ausgeführt hatten, oder sollte man sie belohnen, weil sie dem Staat drei Schiffe erhalten hatten? Man ließ sie einfach laufen.

Enquist quittierte bald darauf den Dienst, zog in das stille Gatschina und zeigte sich nirgends. Selbst bei der Beerdigung seiner Frau war er nicht zugegen. Wie eine schwarze Wolke stand die Trauer zwischen ihm und dem Leben. Er wurde immer magerer, die Ärzte konnten seine Krankheit nicht ergründen und ihm nicht helfen. Seine Augen tränten immerfort, er schien dahinzuschmelzen wie ein Schneemann bei Tauwetter. 1911 wurde sein Leichnam auf dem Kronstädter Friedhof beigesetzt.

41 Im japanischen Buch «Beschreibungen der Kriegshandlungen auf See» heißt es auf Seite 156: «‹Otawa› erhielt ebenfalls zwei Treffer, die den Leutnant Mijasaka und vier Mann töteten und den Oberleutnant Isikawa, den Intendanten Nomura, neunzehn Matrosen und zwei Zivilisten verwundeten.»

42 1906 kehrten die Seeleute des Torpedobootes «Bystry» aus der japanischen Gefangenschaft in die Heimat zurück, über die eine Welle revolutionärer Ereignisse rollte. Wahrscheinlich haben viele Matrosen des Torpedobootes erfahren, was 1906 in Estland geschehen ist. Besondere Strafabteilungen hatten dort die Revolution unterdrückt; sie bestanden aus Matrosen, die wegen krimineller Handlungen verurteilt waren oder aus Gefängnissen und Strafbataillonen stammten. Die zaristische Regierung hatte ihnen Gnade versprochen, wenn sie sich bei der Abrechnung mit den Revolutionären Mühe gäben. Unter diesem Druck bemühten sie sich tatsächlich, das Land mit dem Blut der Arbeiter und Bauern zu überschwemmen.

Wohl kaum einer aus der «Bystry»-Mannschaft, die sich über die Städte und Dörfer verstreut hatte, erfuhr davon, daß eine der grausamsten Strafabteilungen von ihrem geliebten Kommandanten, jetzt Kapitän 2. Ranges, Otto Ottowitsch Richter, geführt wurde!

43 Im Buch «Beschreibung der Kriegshandlungen auf See», herausgegeben vom Marineadmiralstab in Tokio, wird auf Seite 157 abschließend über «Bystry» gesagt: «Auf dem feindlichen Torpedoboot wurde ein Unteroffizier gefangengenommen, das Schiff selbst war nicht mehr brauchbar.»

44 Der Kommandant des Torpedobootes «Bodry», Iwanow, beharrte auch später unerschütterlich bei seiner Meinung über den Umfang der japanischen Flottenverluste bei Tsushima und hat sie sogar dokumentarisch, wenn auch mit anderen Worten, in seinem amtlichen Bericht festzulegen versucht.

45 Der Leser weiß schon, wie hoffnungslos die Kommandanten des Linienschiffes «Orjol» und «Alexander III.», Jung und Buchwostow, die Fahrt des Geschwaders beurteilten. In der gleichen düsteren Stimmung fuhr auch der Kommandant des Linienschiffes »Borodino», Kapitän 1. Ranges Serebrennikow, nach Tsushima. Von Madagaskar aus schrieb er am 12. März 1905 nach Petersburg einen Brief, in dem er sich sehr offen aussprach: «Es heißt, daß wir bald nach Wladiwostok fahren. Wahrscheinlich ist es nicht wahr. Nach dem Fall von Port Arthur können wir mit den Schiffen, die wir haben, nicht dorthin durchstoßen, es ist sinnlos. Ich bin aber überzeugt, daß wir es nicht tun werden, selbst nach der Vereinigung mit dem Dritten Geschwader nicht. Nach dem Fall von Mukden, den uns heute französische Zeitungen meldeten, können wir nicht fahren; das darf nicht sein oder es wäre ein verhängnisvoller Fehler.»

46 Um ein Uhr nachts barg ein japanisches Torpedoboot einen nackten Mann. Es war der Matrose Semjon Juschtschin. Später wurde festgestellt, daß von den neunhundert Mann der Besatzung des Linienschiffes «Borodino» nur er am Leben geblieben war.

47 Über ein halbes Jahr nach der Schlacht schämte sich Roshestwenski nicht, diesen völlig sinnwidrigen Gedanken selbst in der Presse zu äußern, indem er Klados Artikel beantwortete: «Der Admiral der den Japanern verbündeten englischen Flotte, der seine Schiffe bei Weihaiwei konzentriert hatte, erwartete den Befehl, die russische Flotte zu vernichten, wenn die Japaner es nicht schaffen sollten, dieses endgültige Ziel Englands zu erreichen.» («Aus einem Brief an die Redaktion», Zeitung «Nowoje wremja» vom 21. Dezember 1905.)

48 Warum detonierten unsere Granaten nicht? Nach der Schlacht von Tsushima beschäftigte diese Frage viele Menschen, und alle waren überzeugt, daß das vor allem an den Zündern gelegen habe. Diese Auffassung vertrat auch das Marineministerium. In Wirklichkeit gab es eine andere Ursache. Ein Sachverständiger für die Seekriegführung, der bedeutende Akademiker A. N. Krylow, gab folgende Erklärung: «Irgend jemandem in der Artillerieverwaltung war eingefallen, daß für die Granaten des Zweiten Geschwaders der Prozentsatz für den Feuchtigkeitsgehalt des Pyroxilins heraufgesetzt werden sollte. Man ging hierbei davon aus, daß das Geschwader lange Zeit in den Tropen verbringen werde, daß man keine Zeit finden werde, die Granaten zu überprüfen, und daß es zu Selbstentzündungen kommen könne. Der übliche Feuchtigkeitsgehalt des Pyroxilins beträgt in den Granaten 10 bis 12 %. Für die Granaten des Zweiten Geschwaders wurden 30 % festgesetzt. Mit solchen Granaten wurde dann auch das Zweite Geschwader ausgerüstet. Was ergab sich? Wenn eine solche Granate das Ziel erreichte, so explodierten beim Aufschlagen die Sprengkapseln, das Pyroxilin in der Granate jedoch explodierte infolge des hohen Feuchtigkeitsgehaltes sehr oft nicht. Das alles stellte sich 1906 beim Beschuß der aufständischen Besatzung der Festung Sweaborg durch das Linienschiff ‹Slawa› heraus. Dieses Schiff war damals noch im Bau und kam deshalb nicht ins Zweite Geschwader, war jedoch mit den für dieses Geschwader bestimmten Granaten ausgerüstet. Beim Beschuß der Festung konnte man auf ‹Slawa› keine Granatdetonationen feststellen. Als die Artilleristen nach der Einnahme der Festung an Land gingen, fanden sie ihre Granaten fast unbeschädigt vor. Nur bei einigen fehlte der Boden, andere waren leicht auseinandergebogen. Darüber mußte damals Stillschweigen bewahrt werden.»

49 In der Untersuchungskommission führte Konteradmiral Nebogatow aus: «Es gab keinerlei Schlachtplan oder auch nur Anweisungen für die Gefechtsführung; überhaupt wußte ich nichts über Roshestwenskis Absichten.»

Aus den Aussagen des Konteradmirals Enquist: «Über die bevorstehenden militärischen Operationen wurde während unserer Fahrt nicht gesprochen. Weder ich noch meine Kommandeure waren in die Pläne des Geschwaderchefs eingeweiht. Nach unserer Meinung wurden wir ebenfalls nicht gefragt ... Ich wußte überhaupt nicht, wohin wir fuhren, und aus welchen Überlegungen heraus.»

Aus den Aussagen des Flaggkapitäns Clapier de Colongue: «Ich war damit beschäftigt, alle Befehle und Anordnungen des Admirals zu verwirklichen; und davon gab es so viele, daß ich keine Möglichkeit hatte, an Pläne zu denken, selbst wenn es solche gegeben hätte.»

Und Roshestwenski selber sagte aus: «Es hat keine Zusammenkunft der Flaggoffiziere zur Besprechung eines genau ausgearbeiteten Schlachtplanes gegeben, weil es überhaupt keine solche Ausarbeitung gab.»

50 Kapitän 2. Ranges Semjonow bemüht sich in seinem Buch «Preis des Blutes» auf Seite 136, diesen Zwischenfall in einem anderen Licht darzustellen, indem er die Revo-

lution in der Gestalt eines betrunkenen Soldaten verleumdet: «4. Oktober. Etwa um 3 Uhr nachts hatte der verschlafene Wachhabende nicht bemerkt, wie ein betrunkener Soldat in die Kajüte des Admirals eindrang und verlangte, daß sofort befohlen werde, Schnaps auszugeben. ‹Wir haben unser Blut vergossen. Das müßt ihr verstehen und würdigen! Und überhaupt – die Freiheit!› Der Admiral lag im Bett und war völlig schutzlos. Zum Glück hörte der Wachhabende den Lärm, es kamen Leute gelaufen, der Frechling wurde hinausgeführt. Festnehmen konnte man ihn aber nicht, weil er sofort in der halbbetrunkenen Menge, die ihn erwartete, verschwand.»

Schiffsregister

Kriegsschiffe des Zweiten russischen Pazifikgeschwaders

Nr.	Name	Stapellauf	Wasserverdrängung (t)	Höchstgeschwindigkeit (kn)	Artilleriebestückung[1] 12″	10″	8″	6″	120 mm	kleinkalibrige Geschütze	Torpedorohre
Linienschiffe											
1.	«Suworow»	1902	13 516[2]	18	4	–	–	12	–	42	4
2.	«Alexander III.»	1901	13 516[2]	18	4	–	–	12	–	42	4
3.	«Borodino»	1901	13 516[2]	18	4	–	–	12	–	42	4
4.	«Orjol»	1902	13 516[2]	18	4	–	–	12	–	42	4
5.	«Osljabja»	1898	12 674	18	–	4	–	11	–	46	5
6.	«Sissoi Weliki»	1894	10 400	16	4	–	–	6	–	30	6
7.	«Nawarin»	1891	10 206	15	[3] 4	–	–	8	–	32	6
8.	«Nikolai I.»		9 672	14,8	[3] 2	4	–	8	–	20	5
Panzerkreuzer											
1.	«Admiral Nachimow»	1885	8 524	16,7	[3] –	–	8	10	–	18	3
2.	«Dmitri Donskoi»	1885	6 200	16,5	–	–	–	6	4	34	5
3.	«Wladimir Monomach»	1882	5 593	15,5	–	–	–	6	6	26	3

[1] Angaben in Zoll (1 Zoll = 2,541⅔ cm)

[2] Diese vier Linienschiffe waren für eine Wasserverdrängung von 13 516 t konstruiert, besaßen aber vor der Schlacht infolge Überladung je 15 275 t Wasserverdrängung

[3] Mit veralteter Artillerie bestückt

Küstenpanzerschiffe										
1. «Generaladmiral Apraxin»	1896	4126	16	–	3	–	–	4	26	4
2. «Admiral Uschakow»	1893	4648	16	–	4	–	–	4	26	4
3. «Senjawin»	1894	4126	16	–	4	–	–	4	26	4
Kreuzer 1. Klasse										
1. «Oleg»	1903	6675	23	–	–	–	12	–	22	2
2. «Aurora»	1900	6731	20	–	–	–	8	–	32	3
3. «Swetlana»	1898	3727	21	–	–	–	6	–	13	–
Kreuzer 2. Klasse										
1. «Shemtschug»	1903	3106	24	–	–	–	–	8	6	5
2. «Isumrud»	1903	3106	24	–	–	–	–	8	6	5
3. «Almas»	1903	3285	19	–	–	–	–	–	12	–
Torpedoboote										
1. «Bedowy»	1902									
2. «Blestjaschtschi»	1902									
3. «Besupretschny»	1902									
4. «Bodry»	1902									
5. «Buiny»	1902	350	26							
6. «Bystry»	1902									
7. «Brawy»	1902									
8. «Gromki»	1903									
9. «Grosny»	1903									

Ferner 5 Hilfskreuzer, 1 Werkstattschiff, 1 Lazarettschiff, 12 Transportschiffe.

Japanische Flotte

Nr.	Name	Stapellauf	Wasserverdrängung (t)	Höchstgeschwindigkeit (kn)	Artilleriebestückung[1] 12″	10″	8″	6″	120 mm	kleinkalibrige Geschütze	Torpedorohre
Linienschiffe											
1.	«Fuso»	1877	3800	13	–	4	–	11	4	15	3
2.	«Chin Yen»	1882	7300	14	4	–	–	4	–	10	3
3.	«Fuji»	1896	13200	18	4	–	–	10	–	14	5
4.	«Shikishima»	1898	15100	18	4	–	–	14	–	32	4
5.	«Asahi»	1899	15430	18,5	4	–	–	14	–	32	4
6.	«Mikasa»	1900	15430	18,5	4	–	–	14	–	32	4
Panzerkreuzer											
1.	«Itsukushima»	1889	4300	16	1	–	–	–	12	12	4
2.	«Matsushima»	1890	4300	16	1	–	–	–	12	12	4
3.	«Hashidate»	1892									
4.	«Asima»	1898	9900	1,5	–	–	4	14	–	19	5
5.	«Tokiwa»	1898									
6.	«Yakumo»	1899	9800	20	–	–	4	12	–	19	5
7.	«Idzumo»	1899	9900	20,5	–	–	4	14	–	19	4
8.	«Iwate»	1899	9900	20,5	–	–	4	14	–	19	4
9.	«Adzuma»	1899	9500	20	–	–	4	12	–	19	5
10.	«Nishin»	1903	7700	20,5	–	–	4	14	–	16	4
11.	«Kasuga»	1903	7700	20	–	1	2	14	–	16	4

Leichte Kreuzer											
1.	«Izumi»	1883	3200	17	–	–	–	4	6	6	3
2.	«Naniwa»	1885	3700	18	–	–	–	8	–	6	4
3.	«Takashiho»	1885	3700	18	–	–	–	10	–	6	4
4.	«Chiyoda»	1900	2400	19	–	–	–	10	–	15	3
5.	«Akitsushima»	1892	3200	19	–	–	–	4	6	10	4
6.	«Suma»	1895	2700	20	–	–	–	4	6	12	2
7.	«Kasagi»	1898	5000	22,5	–	–	–	–	10	17	6
8.	«Chitose»	1898	4800	20	–	–	2	–	10	17	6
9.	«Akashi»	1897	2800	19,5	–	–	2	2	6	12	2
10.	«Tsushima»	1903	3400	20	–	–	–	6	–	14	–
11.	«Niitaka»	1903	3400	20	–	–	–	6	–	14	–
12.	«Otawa»	1903	3000	21	–	–	–	2	6	5	–
Avisos											
1.	«Tatsuta»	1894	900	21	–	–	–	–	2	4	5
2.	«Chihaya»	1900	1300	21,5	–	–	–	–	2	10	5
3.	«Yaeyama»	1889	1600	20	–	–	–	–	3	8	2
Torpedoboot-Begleitschiff											
1.	«Tiohashi»	1883	4100	12,5	–	–	–	–	2	4	–
Kanonenboote											
1.	«Sako»	1866	600	7,5							

Nr.	Name	Stapellauf	Wasserverdrängung (t)	Höchstgeschwindigkeit (kn)	Artilleriebestückung[1] 12″	10″	8″	6″	120 mm	kleinkalibrige Geschütze	Torpedorohre
2.	«Tshinhoku»	1879									
3.	«Tshinan»	1879									
4.	«Chinsei»	1879	450	8	mehrere kleine Schnellfeuer- und Revolverkanonen						
5.	«Chinto»	1879									
6.	«Chimpan»	1881									
7.	«Chunhui»	1881									
8.	«Amagi»	1887	900	10	–	–	–	–	4	6	–
9.	«Iwaki»	1878	700	10	–	–	–	1	1	2	–
10.	«Tshukushi»	1881	1400	14	–	2	–	–	4	3	–
11.	«Akagi»	1886	622	10	–	–	–	–	4	6	–
12.	«Maia»	1886	622	10	–	–	–	2	–	4	–
13.	«Choko»	1887	622	10	–	–	1	–	2	–	–
14.	«Atago»	1887	622	10	–	–	1	–	1	–	–
15.	«Oshima»	1897	640	13	–	–	–	2	4	6	–
16.	«Udsi»	1900	600	12	–	–	–	–	2	6	–
Küstenschutzschiffe											
1.	«Tsukuba»	1851 bis 1871	2000	8							
2.	«Terniu»	1878	1500	12							
3.	«Kondo»	1877	2300	13	mit kleinkalibrigen Geschützen bis 120 mm ausgerüstet						
4.	«Hijei»	1877	2300	13							
5.	«Katsuragi»	1885	1500	12							

6. «Yamato»	1885	1500	12	
7. «Musaschi»	1886	1500	12	
8. «Takao»	1883	1800	15	
Torpedoboote (Zerstörer)				
1. «Akebono»				
2. «Ikasutshi»				
3. «Inazuma»		311	31	
4. «Sasanami»				
5. «Oboro»				
6. «Murakomo»				
7. «Shininome»				
8. «Shiranuhi»				
9. «Jugiri»		279	30	Bestückung: je 2 Torpedorohre, je ein 75-mm- und je fünf 57-mm-Geschütze
10. «Kagero»				
11. «Ujugumo»				
12. «Shirakumo»				
13. «Akashiwo»		381	31	
14. «Akazuki»				
15. «Kasumi»				
16. «Harusame»				
17. «Hayatori»		381	29	
18. «Asagiri»				
19. «Murazame»				
20. «Fubuki»				

Ferner 20 Torpedoboote mit einer Wasserverdrängung von 152 t; 45 Torpedoboote bis 100 t; 27 Hilfskreuzer und Spezialschiffe.

Nachwort

Am 15. Oktober 1904, einem trüben, diesigen Herbsttag mit einer niedrig hängenden grauen Wolkendecke, trat das 2. Pazifische Geschwader der Flotte des zaristischen Rußland seine Fahrt um die halbe Erde an. Seine Reise führte in die Niederlage, für die an Bord der Schiffe befindlichen Matrosen und Offiziere in den Tod oder die Gefangenschaft.

Das Geschwader – die Order des Zaren zur Bereitstellung und Entsendung des Verbandes war dazu Mitte März ergangen – sollte die für das zaristische Rußland mehr als komplizierte militärische Situation im Fernen Osten retten. Dort hatte mit dem Überfall japanischer Torpedoboote in der Nacht vom 8. zum 9. Februar auf die russische Flotte, die auf Reede von Port Arthur (Lüshun) lag, der Krieg begonnen.

Der Russisch-Japanische Krieg war einer der Kriege der Anfangsperiode des voll ausgebildeten Imperialismus. Im Fernen Osten stießen die Widersprüche der imperialistischen Mächte zu Beginn des 20. Jahrhunderts besonders heftig aufeinander. Vor allem ging es um Einfluß in China und Korea, um den alle europäischen Großmächte, die USA und das zur Großmacht avancierte Japan miteinander rangen. Im besonderen Maße spitzte sich die Lage zwischen dem zaristischen Rußland und Japan zu, wobei jede Seite die andere insbesondere aus Nordchina und aus Korea zu verdrängen suchte. Darüber hinaus zielten die japanischen Interessen noch auf die rohstoffreichen Gebiete an der Küste Sibiriens. Schließlich entluden sich die imperialistischen Widersprüche, in denen auch die Interessen der übrigen Großmächte eine Rolle spielten, in einer militärischen Auseinandersetzung. Hierbei hatte Japan in Großbritannien, einem alten Rivalen des zaristischen Rußland im Nahen und Mittleren Osten, einen Verbündeten. Der am 30. Januar 1902 unterzeichnete britisch-japanische Bündnisvertrag richtete sich vor allem gegen Rußland. Er sicherte die expansiven Pläne Japans ab. Für Großbritannien bot sich damit die Gelegenheit, mit Hilfe des fernöstlichen Partners dem russischen Konkurrenten einen Schlag zu versetzen. Eine ähnliche, von den eigenen Zielen bestimmte Politik verfolgten auch die übrigen Großmächte. Die USA hofften, daß Rußland im Ergebnis eines Krieges geschwächt sein würde, um in der Folgezeit den Einfluß der Vereinigten Staaten in Asien ohne stärkeren Widerstand voranbringen zu können. Das kaiserliche Deutschland ermunterte beide Parteien zum Krieg, da es so hoffte, seine europäischen und überseeischen Interessen unter günstigeren Bedingungen verfolgen zu können. Das verbündete Frankreich unterstützte Rußland nur zögernd, da es auf die britische Haltung Rücksicht nehmen mußte.

In Rußland selbst trat eine reaktionäre und einflußreiche Gruppe innerhalb der herrschenden Kreise für einen sofortigen Krieg gegen Japan ein. Sie unterschätzte die militärischen Möglichkeiten des potentiellen Gegners und überschätzte die eigene Stellung in China und Korea. Zu den Gründen für die Kriegspolitik Rußlands zählten neben handfesten ökonomischen Interessen auch die Hoffnung, mit Hilfe eines siegreichen Krieges die sich im Lande anbahnende Revolution verhindern zu können.

Um die Jahrhundertwende verschärften sich zudem in Rußland die inneren Widersprüche. Die ungleichmäßige Entwicklung des Kapitalismus in diesem Land nahm nach dem Übergang zum Imperialismus zu. Neben dem fortgeschrittenen industrie- und finanzkapitalistischen Einfluß in Teilen Rußlands gab es weite Gebiete, in denen gerade erst der Übergang von patriarchalisch-feudalen und von naturalwirtschaftlichen Verhältnissen zum vormonopolistischen Kapitalismus erfolgt war. Das landwirtschaftliche Niveau war äußerst niedrig, Armut und Knechtschaft kennzeichneten das Leben der Millionen Bauern. Aber auch der sich entwickelnde Imperialismus war mit zahlreichen Resten feudaler Herrschaftspraktiken verflochten. Viele Überbleibsel der Leibeigenschaft, der Despotismus des Zaren und die Willkürherrschaft der Polizei bestimmten das öffentliche Leben.

Diese Verhältnisse fanden ihren deutlichen Niederschlag in der russischen Armee und der Flotte sowie in der mangelhaften Kriegsvorbereitung für die anvisierte Auseinandersetzung mit Japan. Der Verlauf des Russisch-Japanischen Krieges, der von beiden Seiten ein imperialistischer Krieg war, zeigte in aller Deutlichkeit die gesellschaftliche, ökonomische und militärische Rückständigkeit Rußlands.

Bis zum Tag des Auslaufens des 2. Pazifischen Geschwaders hatte Rußland eine Reihe von Niederlagen hinnehmen müssen. Obwohl das Zarenreich dem japanischen Rivalen potentiell überlegen war, konnte es seine Stärke im Fernen Osten nicht konzentriert zum Einsatz bringen. Der größte Teil der Armee war im europäischen Rußland disloziert. Die Truppen sowie Nachschubtransporte für den Fernen Osten kamen über die noch nicht voll leistungsfähige Transsibirische Eisenbahn nur mühsam an ihren Bestimmungsort. Die Seestreitkräfte waren auf drei Flotten verteilt, die sich im Schwarzen Meer, in der Ostsee und in den fernöstlichen Gewässern befanden. Die Schwarzmeerflotte durfte entsprechend internationalen Verträgen ihren Aufenthaltsort nicht verlassen. Die Baltische Flotte mußte aufgrund der zwiespältigen Haltung Großbritanniens zu lange in den Heimatgewässern zurückgehalten werden. Das Pazifische Geschwader lag bei Kriegsbeginn zum größten Teil in Port Arthur. Einige Kreuzer befanden sich in Wladiwostok und in koreanischen Häfen. Insgesamt war die russische Seite auf den Krieg schlecht vorbereitet. Die Armee- und Flottenführung war wenig befähigt und unentschlossen.

Anders Japan. Das Land hatte sich aus einem schwachen, rückständigen feudalen Staat verhältnismäßig rasch zu einer zentralisierten «modernen» Macht entwickelt. Seine Armee und Flotte waren gut organisiert, ausgerüstet und ausgebildet. Entsprechend der Lage konnte die japanische Führung sich auf strategische Schwerpunkte konzentrieren und so die potentielle Unterlegenheit ausgleichen. Durch entschlossene Operationen und überraschende Schläge gegen die russischen Seestreitkräfte im Fernen Osten schuf das japanische Oberkommando günstige Bedingungen dafür, daß seine Truppen auf dem asiatischen Festland landen konnten.

Die folgende Übersicht demonstriert die Kräfte beider Seiten.

Bestand der Flotten zu Beginn des Russisch-Japanischen Krieges

Schiffsklasse	Rußland	Japan
Linienschiffe	7	6
Panzerkreuzer	4	8
Kreuzer	7	12
Zerstörer und Torpedoboote	37	47

Bereits eine Woche nach dem Überfall auf die russische Flotte vor Port Arthur landeten die Japaner Truppen in Inchon in Korea. Bis Ende April stießen sie bis zum Fluß Yalu vor. Anfang Mai überschritten sie ihn, während die 2. Armee auf der Halbinsel Liaodong, nahe Port Arthur, landete. Das schlecht geführte Pazifische Geschwader war wenig aktiv, und die Einsätze unter Führung Admiral Makarows blieben aufgrund seines frühen Todes Episode. Rußland verlor die Seeherrschaft an die japanische Flotte. Nach schwersten Kämpfen kapitulierte Port Arthur am 2. Januar 1905. Damit war auch das Schicksal der Fernostflotte besiegelt. Die Schiffe, deren Geschütze man längst ausgebaut und an den Landfronten eingesetzt hatte, wurden von den eigenen Besatzungen versenkt.

Auch in den Kämpfen in Nordostchina erwies sich die Führung der zaristischen Armee als unfähig. In mehreren Schlachten, so in der Nähe von Liaoning, Anfang September 1904, und bei Mukden (Shenyang) im März 1905, erlitten sie Niederlagen.

Zu dieser Zeit befand sich das 2. Pazifische Geschwader bereits auf seiner schwierigen Fahrt um den Erdball. Seine Aufgabe war es, die Seeherrschaft im Fernen Osten wiederzugewinnen, wobei man mit dem 1. Pazifischen Geschwader in Port Arthur zusammenwirken wollte. Fieberhaft, geradezu übereilt waren die Schiffe in der Ostsee für diesen Einsatz klargemacht worden.

An Bord eines der neuesten und modernsten Schiffe der russischen Flotte, des Linienschiffes «Orjol» – es war so neu, daß es nicht einmal alle notwendigen Probefahrten absolviert hatte – befand sich der Autor des vorliegenden Buches Alexej Nowikow-Priboi. Er erlebte die Fahrt und die Seeschlacht bei Tsushima aus der Perspektive eines einfachen Seemannes, wenn auch in einer Verwaltungsfunktion. Der größte Unterschied zwischen ihm und der Mehrheit seiner Kameraden war jedoch seine revolutionäre Gesinnung, die engstens verbunden war mit einem regen geistigen Interesse. Nowikow-Priboi beobachtete das Geschehen, dem er, wie seine Kameraden, ausgeliefert war, mit wachem Geist. Nicht nur das Geschehen auf seinem Schiff interessierte ihn, er suchte Kontakt zu Gleichgesinnten und Bekannten auf anderen Schiffen des Geschwaders und erfuhr von ihnen vom Leben und Dienst während der Fahrt sowie über die Vorkommnisse im Verlaufe der Schlacht. Weit entfernt davon, nur passiver Beobachter zu sein, versuchte er, obwohl bereits als politisch verdächtig gebrandmarkt und besonders kontrolliert, seine revolutionären Ansichten unter den Matrosen zu verbreiten.

Das von ihm über diese Periode seiner Dienstzeit verfaßte Manuskript ging verloren, es wurde neu geschrieben, erschien in Fortsetzungen von 1932 bis 1935 und 1940 in erster Auflage in Buchform. Nowikow-Pribois Lebensweg hatte sich inzwischen grundlegend geändert. Aus dem Maat war ein Schriftsteller geworden, dessen Werk über die Seeschlacht von Tsushima beträchtliche Aussagekraft besitzt. Neben dem literarischen Wert vermittelt das Buch dem militärhistorisch Interessierten wissenswerte Einblicke in den Flottendienst und die Seekriegführung während des frühimperialistischen Stadiums des Kapitalismus. Wie im Brennpunkt einer Linse werden in dem Werk die Gebrechen und Widersprüche des zaristischen Rußland zu Beginn des 20. Jahrhunderts deutlich. Die Verhältnisse im Offizierskorps der Flotte, ihre Beziehungen zu den Unterstellten und die Lage der Matrosen entsprechen in den Grundzügen der gesellschaftlichen Situation des Landes. Es wird für die Flotte deutlich, was W. I. Lenin in bezug auf Port Arthur geschrieben hat: «Das Offizierskorps erwies sich als ungebildet, unentwickelt und ungeschult, es hat keinen engen Kontakt zu den Soldaten und besitzt nicht deren Vertrauen. Die Rückständigkeit, die Unwissenheit, die Stumpfheit der Bauernmasse, die die Masse der Soldaten stellen mußte, offenbarte sich mit erschreckender Deutlichkeit ...» (W.I. Lenin, Werke, Bd. 8, Berlin 1975, S. 38). Im vorliegenden Buch werden diese Worte am Beispiel der Zustände und des Schicksals des 2. Pazifischen Geschwaders geradezu belegt. Nicht vergessen werden darf, daß, trotz aller Besonderheiten, das Buch etwas über den Krieg und die Verhältnisse in den Streitkräften des beginnenden 20. Jahrhunderts aussagt. Es zeigt, wie wenig der Flottendienst und der Seekrieg etwas mit den romantischen Vorstellungen zu tun hatten, die nicht nur in Rußland, sondern auch in anderen Staaten junge Männer bewogen, freiwillig bei der Marine zu dienen.

Der Russisch-Japanische Krieg war nicht allein von seinem Charakter her einer der ersten imperialistischen Kriege, er war es auch vom Ausmaß und den eingesetzten Mitteln. Die Seekriegführung hatte sich seit den 90er Jahren des 19. Jahrhunderts grundsätzlich gewandelt. Der schnelle technische Fortschritt und das Hinüberwachsen des Kapitalismus in sein imperialistisches Stadium wirkten sich drastisch auf die Entwicklung der Seestreitkräfte und des Seekrieges aus. Die Widersprüche zwischen den Großmächten führten trotz der gewaltigen Kostensteigerungen zur Aufstellung immer größer werdender moderner Flotten, zu einem sich verschärfenden Wettrüsten auch auf dem maritimen Gebiet. Rasche Entwicklungen in der Schiffbautechnik, bei den Rumpfkonstruktionen, im Antrieb, bei der Artillerie, der Panzerung und den Unterwasserwaffen veränderten die Flotten grundlegend. Ihr Rückgrat bildete das Linien- oder Schlachtschiff. Es hatte eine Größe von 12 000 bis 15 000 ts, eine Geschwindigkeit von etwa 18 kn und war mit schweren Geschützen mit einem Kaliber bis zu 350 mm ausgerüstet. Dazu kamen eine Mittelartillerie von 150 bis 170 mm, die häufig in Kasematten angeordnet war, sowie 2 bis 5 Unterwassertorpedorohre. Neben diesen stark gepanzerten Fahrzeugen verfügten die Flotten über gepanzerte und ungepanzerte Kreuzer, über Torpedoboote und Zerstörer und nicht zuletzt über die ersten U-Boote.

Diese rasante Entwicklung zog in den Seestreitkräften aller imperialistischen Mächte beträchtliche Probleme nach sich. Spannungen zwischen «Technikern» und Seeoffizieren, veraltete Segelschiffserfahrungen bei den Kommandeuren verschiedenster Dienststellung zugespitzte soziale Gegensätze gehörten zu den neuen Anforderungen im Militärwesen, mit denen sich die Streitkräfteführungen in allen Staaten konfrontiert sahen. «Unwiederbringlich sind die Zeiten dahin, als Kriege von Söldnern oder Angehörigen einer vom Volk halbgelösten Kaste geführt wurden. Die Kriege werden jetzt von Völkern geführt...», schrieb Lenin, und an anderer Stelle erläuterte er die neuen Anforderungen: «Ohne bewußt handelnde Soldaten und Matrosen mit eigener Initiative ist im modernen Krieg ein Erfolg unmöglich.» (W. I. Lenin, Werke, Bd. 8, Berlin 1975, S. 38)

Aufgrund der bereits skizzierten gesellschaftlichen Verhältnisse im Lande konnte die zaristische Flotte den neuen Bedingungen nur äußerst mühsam entsprechen. Dazu kam eine Reihe nachgeordneter Faktoren, die sich auf den Einsatz der russischen Flottenkräfte und den Ausgang des Krieges auswirkten. Korruption und Schlendrian in den obersten Kommandobehörden der Flotte, Bürokratie und Unfähigkeit hemmten die Ausrüstung der Schiffe des 2. Pazifischen Geschwaders und verzögerten sein Auslaufen. Die Besatzungen der Schiffe waren unzureichend ausgebildet, ebenso ein großer Teil der Offiziere, deren Führungsqualitäten nicht befriedigen konnten. Vizeadmiral Roshestwenski, der Befehlshaber des Geschwaders, stand vor nahezu unlösbaren Aufgaben. Abgesehen von seinen menschlichen Qualitäten, Nowikow-Priboi schildert sie in aller Deutlichkeit, rechnete ihn die Führung der zaristischen Marine zu ihren angesehensten Offizieren. Bei Berücksichtigung aller Zweifel an seinen militärischen Fähigkeiten bleibt festzustellen, daß er seinen Verband trotz größter Schwierigkeiten nach einer fast achtmonatigen, bis dahin beispiellosen Fahrt an sein Ziel führte. Das Geschwader verlor dabei nicht ein einziges Schiff, obwohl die Besatzungen zum großen Teil aus jungen Wehrdienstpflichtigen und Reservisten bestanden. Auf dieser langen Seereise hatten die Schiffe keine Stützpunkte zur Verfügung, in denen notwendige Reparaturen, die Versorgung und nicht zuletzt Erholung für die Besatzungen erfolgen konnten. Als eines der größten Probleme erwies sich die Kohleversorgung, die Grundvoraussetzung der Fahrt und des Gefechtseinsatzes.

Mit welchen Maßnahmen der Erfolg erzwungen wurde, macht Nowikow-Priboi deutlich. Neben der Marinejustiz bildeten der tägliche und allgegenwärtige Druck durch Offiziere und Unteroffiziere, der sich nicht selten bis zur physischen Gewaltanwendung steigerte, das hauptsächlichste Mittel, um die Besatzungen in den imperialistischen Krieg zu treiben. Dem kam entgegen, daß viele, wenn auch zunehmend desillusioniert, nicht den Widerspruch zwischen den Zielen der herrschenden Klassen und denen der Volksmassen erkannten. In der Vorstellung verhaftet, das Vaterland zu verteidigen, leisteten sie Übermenschliches, um die ihnen gestellte Aufgabe zu erfüllen.

Die erste Etappe der Fahrt ging für das 2. Pazifische Geschwader zu Ende, als es am 9. Januar 1905 vor Madagaskar vor Anker ging. Hier erfuhr Roshestwenski, daß Port Arthur kapituliert habe und das 1. Pazifische Geschwader vernichtet worden sei. Trotz der jetzt völlig neuen Lage fuhr der inzwischen durch weitere, wenn auch ältere Schiffe verstärkte Verband weiter, seinem Ziel und dem Untergang entgegen.

Die nächste Etappe führte es über 5300 sm, eine in der Zeit kohlebefeuerter Schiffe besondere Bewährung, an die Küste des heutigen Vietnam. Von dort ging die auf 53 Schiffe angewachsene Armada am 14. Mai auf die letzte Wegstrecke nach Wladiwostok. Von drei Routen wählte Roshestwenski die, die ihn auf kürzestem Wege, durch die Tsushimastraße, nach dem jetzigen Bestimmungshafen führte. Am 27. Mai 1905 sichtete ein japanischer Kreuzer in der Nähe der Insel Tsushima die russische Flotte. Gegen 14.08 Uhr begann die Schlacht der Linienschiffe, am Abend bestand die russische Flotte nicht mehr. Die zerstreuten Schiffe, die ohne eine Führung handelten, ergaben sich am Morgen des 28. Mai den Japanern.

Der Blutzoll, den das russische Volk den imperialistischen Zielen seiner herrschenden Klassen entrichten mußte, war furchtbar. Mehr als 5000 Mann fielen im Verlaufe der Schlacht oder gingen mit ihren Schiffen unter. Etwa 6000 Matrosen und Offiziere gerieten in Gefangenschaft. Von den Schiffen des 2. Pazifischen Geschwaders wurden 20 versenkt, 7 strichen die Flagge und fielen in japanische Hand. In neutrale Häfen konnten 6 Schiffe fliehen, wo sie interniert wurden. Das Schicksal eines Schiffes läßt sich bis heute nicht klären, nur drei Schiffen gelang der Durchbruch, sie erreichten Wladiwostok.

Die japanische Seite verlor 3 Torpedoboote und 116 Mann an Toten und Verwundeten.

Die Schlacht bei Tsushima war die bis dahin größte des modernen Seekrieges. Sie brachte der Flotte des zaristischen Rußland eine vernichtende Niederlage. Damit endete auch der Russisch-Japanische Krieg, wie es bereits W. I. Lenin vorausgesehen hatte, mit einer Niederlage des Zarismus. Schon im Januar 1905 schrieb er: «... die Lage von Port Arthur ist hoffnungslos, das ihm zur Hilfe eilende Geschwader hat nicht die geringsten Aussichten auf Erfolg, ja nicht einmal darauf, an den Bestimmungsort zu gelangen ...» (W. I. Lenin, Werke, Bd. 8, Berlin 1975, S. 12). Die Bedeutung der Niederlage unterstreichend, schrieb der Führer des russischen Proletariats an einer anderen Stelle:

«Wir haben nicht nur eine militärische Niederlage, sondern den vollständigen militärischen Zusammenbruch der Selbstherrschaft vor uns.» (W. I. Lenin, Werke, Bd. 8, Berlin 1975, S. 482)

Der Russisch-Japanische Krieg und sein Ausgang verschärften die Widersprüche in Rußland derart, daß sie schließlich in einer Revolution kulminierten. Sie brach 1905 aus und war die erste Revolution in der Epoche des Imperialismus. Das russische Proletariat, die führende Kraft dieser Ereignisse, kämpfte um die Lösung der sozialen Probleme, aber auch gegen die imperialistische Kriegspolitik seiner herrschenden Klassen. Es erlitt eine Niederlage, doch waren die Jahre 1905/07 die Generalprobe für den Oktober des Jahres 1917 und damit ein wichtiger Markstein zur Beseitigung der vom Imperialismus ausgehenden Bedrohung des Friedens.

Der Geschützdonner der Seeschlacht von Tsushima war kaum verhallt, als die Marineführungen und Seekriegstheoretiker aller Staaten mit ihrer «Auswertung» begannen. Es wurden Lehren für den Schiffbau, die Bewaffnung und den Einsatz der Flotten gezogen. Die Vorbereitung für eine neue blutige Auseinandersetzung lief bereits auf Hochtouren. Sie begann 1914 und dauerte bis 1918. Diese Jahre des ersten Weltkrieges forderten Millionen von Menschenleben, darunter sehr viele auf See. Doch es wuchs ebenfalls der Widerstand gegen den Krieg, der sich seit der Oktoberrevolution auf die organisierte Macht der Arbeiter und Bauern stützen kann.

Nowikow-Pribois Werk ist mehr als ein marinehistorisch wertvolles Zeitdokument. Es vermittelt die furchtbare Realität eines imperialistischen Krieges. Zugleich macht es deutlich, daß der Kampf der Friedenskräfte in einer Traditionslinie mit den Bemühungen der Menschen steht, die sich bereits zu damaliger Zeit formierten und darum rangen, daß Kriege und ihre Ursachen für immer aus der Welt verschwinden.

Richard Lakowski

Inhaltsverzeichnis

Das Geschwader fährt weiter

Zweites Buch

DIE SCHLACHT

Vor dem ersten Schlag

Auf Kurs Nordost 23 Grad

Die Hauptstütze Seiner Majestät

Einzelschicksale

ANHANG